Das Unglück der Macht

Albrecht Rothacher

—

Das Unglück der Macht

Frankreichs Präsidenten von de Gaulle
bis Macron

Berliner
Wissenschafts-Verlag

Bibliografische Information der Deutschen Nationalbibliothek:
Die Deutsche Nationalbibliothek verzeichnet diese Publikation in der Deutschen
Nationalbibliografie; detaillierte bibliografische Daten sind im Internet über
http://dnb.d-nb.de abrufbar.

Coverabbildungen:

Portrait officiel d'Emmanuel Macron, Président de la République française (2017)
© DILA-La Documentation française. Photo Soazig de La Moissonnière

Portrait officiel de François Hollande, Président de la République française (2012)
© DILA-La Documentation française. Photo Raymond Depardon

Portrait officiel de Nicolas Sarkozy, Président de la République française (2007)
© La Documentation française. Photo Philippe Warrin

Portrait officiel de Jacques Chirac, Président de la République française (1995-2007)
© La Documentation française. Photo Bettina Rheims

Portrait officiel de François Mitterrand, Président de la République française (1981-1995)
© La Documentation française. Photo Gisèle Freund

Portrait officiel de Valéry Giscard d'Estaing, Président de la République française (1974-1981)
© La Documentation française. Photo Jacques-Henri Lartigue

Portrait officiel de Georges Pompidou, Président de la République française (1969-1974)
© La Documentation française. Photo François Pagès / Paris-Match

Portrait officiel de Charles de Gaulle, Président de la République française (1958-1969)
© La Documentation française. Photo Jean-Marie Marcel

© 2020 BWV | BERLINER WISSENSCHAFTS-VERLAG GmbH,
Markgrafenstraße 12-14, 10969 Berlin,
E-Mail: bwv@bwv-verlag.de, Internet: http://www.bwv-verlag.de

Druck: docupoint, Magdeburg
Gedruckt auf holzfreiem, chlor- und säurefreiem, alterungsbeständigem Papier.
Printed in Germany.

ISBN Print   978-3-8305-3959-9
ISBN E-Book   978-3-8305-4122-6

Inhaltsverzeichnis

Avant-propos

Um die vorletzte Jahrhundertwende beschrieb der damals populäre Komödienschreiber Tristan Bernard die „Genesis auf Französisch":

„Der erste Tag der Schöpfung wäre ein Sonntag gewesen. Mit der Arbeit hätte man am Montag begonnen um zwei Uhr nachmittags unverzüglich eine Kommission eingesetzt für die Sonne und den Mond, und dann eine Kommission für die Sterne; dann verschiedene zoologische Kommissionen, nicht zu vergessen die ornithologischen und ichthyologischen Unterausschüsse. Gefolgt wäre die Schaffung einer Kommission für die Erschaffung des Mannes, die Schaffung eines technischen Komitees für die In-Schlaf-Versetzung des Mannes, die Schaffung einer Sonderkommission zum Studium der Entfernung von Rippen, die Schaffung der hohen Kommission für die Erschaffung der Frau. Bis Sonnabendnachmittag drei Uhr wäre nichts geschehen.

Dann wäre, begleitet von Trommelwirbeln, der Präsident der Republik zur feierlichen Eröffnung erschienen, hätte eine Unmenge Zeltplanen von einem gewaltigen Steinhaufen gezogen, der nun dank einer Sondergenehmigung nicht mehr Chaos, sondern Universum hieß. Damit wäre das Wichtigste getan gewesen: verwaltungsmäßig hätte die künftige Welt existiert"[1].

Heute würde ein Präsidentschaftskandidat versprechen, seine Schöpfung würde die Gottes weit übertreffen. Es würde eine Welt ohne Krieg, Ausbeutung, Verbrechen, Krankheit, Armut, Tod und Diskriminierungen werden. Alle Menschen wären gleich, bekämen ein arbeitsfreies Einkommen, würden sich nur noch der Kultur und der Freizeit hingeben und nur noch gutes Französisch sprechen. Eine Religion sei in der neuen säkularen Schöpfung überflüssig, schließlich stammte sie vom Präsidenten der Republik.

Ein Staatsminister für die Schöpfung wird berufen. Ein neues Ministerium sowie dreißig weitere Kommissionen werden eingerichtet. Dann beginnt ein gewaltiger interministerieller Koordinierungsprozess mit allen Ministerien: Finanzen, Soziales, Wirtschaft, Landwirtschaft, Äußeres, Inneres, Bildung, Kultur, Frauen, Überseeische Provinzen, Europa, Außenhandel, Verteidigung, Umwelt, Jugend, Berufsausbildung, Gleichberechtigung, Integration und Sport. Matignon versucht verzweifelt alles zu koordinieren, während der Sonderschöpfungsberater des Präsidenten sofort alle Initiativen des Schöpfungsministeriums durch eigene Ideen und die der präsidialen Einflüsterer zu hintertreiben sucht. Die ersten Schöpfungsentwürfe scheitern im Parlament, während die Popularität des Schöpfungspräsidenten in den Keller rauscht. Die Rechte ist gegen die Abschaffung von Religion, Militär, Polizei und der Gefängnisse in der neuen gewaltfreien Welt. Die Linke gegen die der Finanz- und Arbeitsämter sowie der Gewerkschaften. Denn ohne Arbeit können sie gegen nichts mehr streiken. Zudem bleibt höchst umstritten, ob und wann Geschäfte im arbeitsfreien Jahr öffnen dürfen, der Müll abgeholt wird

---

1   Tristan Bernard. Contes, répliques et bons mots. Ed. Patrice Boussel. 1964, übersetzt in: Vincent Cronin. Paris im Aufbruch. Kultur, Politik und Gesellschaft 1900–1914. München 1989.

und die öffentlichen Verkehrsmittel fahren. Zum künftigen Weltklima geht es ebenfalls hoch her. Während die Küstenorte den ganzjährigen Sommer fordern, bestehen die alpinen Wintersportorte auf einer dauernden Skisaison. Die Bauern dagegen wollen die alten vier Jahreszeiten, allerdings mit einem strikten Hagel-, Hochwasser-, Sturm- und Dürreverbot. Nach wilden Massendemonstrationen aller Seiten, jahrelangen heißen Debatten, an denen sich sämtliche Staatsphilosophen, Staatskünstler und Publizisten beteiligen, erlässt der Präsident schließlich sein Schöpfungsdekret mit dem einzig akzeptablen Kompromiss: Ein Südseeatoll, das anstelle von Adam und Eva von einem gleichgeschlechtlichen Paar, Robinson Crusoe und Freitag also, besiedelt wird.

Alternativ die düstere Zukunftsvision von Michel Houellebecq von 2015:

„Mir war aber bereits klar geworden, dass jener sich seit Jahren verbreitende, inzwischen bodenlose Graben zwischen dem Volk und jenen, die in seinem Namen sprachen – also Politikern und Journalisten –, notwendigerweise zu etwas Chaotischem, Gewalttätigem und Unvorhersehbarem führen müsste. Frankreich bewegte sich, wie die anderen Länder Westeuropas auch, auf einen Bürgerkrieg zu."[2]

Optimistischer de Saint-Exupéry noch im Jahr 1942:

„Ich denke an einen alten Spruch, der so alt ist, wie meine Heimat: ‚Wenn in Frankreich alles verloren scheint, wird Frankreich durch ein Wunder gerettet'. Ich habe begriffen, weshalb. Es ist manchmal vorgekommen, dass ein Unglück die schöne Verwaltungsmaschine außer Gebrauch gesetzt hat, und sie sich nicht mehr instand setzen ließ. Da hat man sie in Ermanglung von etwas Besserem durch einfache Menschen ersetzt. Und die Menschen haben alles gerettet."[3]

Oder die Hypothese einer kollektiven Anamnese von Balzac anno 1834:

„Es liegt im französischen Charakter, sich zu begeistern, sich zornig zu ereifern, sich leidenschaftlich einzusetzen für den Meteor des Augenblicks, für die Seifenblasen des Tages. Sollten Kollektivwesen oder Völker womöglich kein Gedächtnis haben?"[4]

Stefan Zweig sieht 1929 die Vorteile unfreiwilliger Auszeiten, die wir als „traversée du désert" bei fast allen Präsidentschaftsaspiranten kennen lernen werden:

„Aber auch in der … in der politischen Welt schenkt ein zeitweiliges Aussensein dem Staatsmann eine neue Frische des Blicks, ein besseres Überdenken und Berechnen des politischen Kräftespiels. Nichts Glücklicheres kann darum einer Laufbahn geschehen als ihre zeitweilige Unterbrechung; denn wer die Welt einzig immer nur von oben sieht, von der Höhe des elfenbeinernen Turmes und der Macht, der kennt nur das Lächeln der Unterwürfigen und ihr gefährliches Bereitsein … Erst an der Ungnade [erfährt] der Staatsmann die wahre politische Übersicht. … Nur das Unglück gibt Tiefblick und Weitblick in die Wirklichkeit der Welt".[5]

---

2   Michel Houellebecq. Unterwerfung. Köln 2015.
3   Antoine de Saint-Exupéry. Flug nach Arras („Pilote de guerre"). Reinbek 1957.
4   Honoré de Balzac. Eugénie Grandet. Zürich 2007.
5   Stefan Zweig. Joseph Fouché. Bildnis eines politischen Menschen. Frankfurt/Main 2011.

Und schließlich der reine Zynismus bei Stendhal (1837):

„Jede Regierung, auch die der Vereinigten Staaten, lügt immer und in allem; wenn sie nicht im Ganzen lügen kann, so lügt sie im Einzelnen. Es gibt immer gute und schlechte Lügen. Die guten sind die, die bei den kleinen Leuten mit fünfzig Louis bis zwölf- bis fünfzehntausend Franken Einkommen Glauben finden; auf die vorzüglichen fallen auch einige Leute, die Pferd und Wagen halten, hinein; die abscheulichen sind die, die niemand glaubt und die nur von den schamlosen Anhängern des Ministeriums im Munde geführt werden. … Die Regierung bringt die Bevölkerung um ihre Rechte und ihr Geld, während sie jeden Morgen schwört, diese zu achten"; „Wenn es diesem Departement einfiele, einen vernünftigen Blick auf jene vierhundertunddreissig Trottel zu werfen, die in der Rue de Grenelle [dem damaligen Sitz des Innenministeriums, AR] Papier vollschmieren und zu denen auch wir gehören, … was würde da aus den mindestens dreihundertfünfzig Beamten werden, deren ganze Tätigkeit darin besteht, einen erbitterten Krieg gegen den gesunden Menschenverstand zu führen? Und genau besehen, was würde da aus dem König [Louis-Philippe]? Jedwede Regierung ist ein Übel, doch ein Übel, das vor einem schlimmeren schützt"; und: „Du wirst in die Lage kommen, eine Menge kleiner Schiebungen mitanzusehen; wirst Du als ein Untergebener dem Minister in diesen Dingen behilflich sein oder ihm entgegenarbeiten? … Einen Minister musst Du stets als Esel nehmen; er hat keine Zeit zum Nachdenken".[6]

Im Folgenden werden wir sehen, dass alle jene zeitlosen Aphorismen ihre Berechtigung haben.

6   Stendhal. Lucien Leuwen. Frankfurt/Main und Leipzig 1992.

Vorwort: Vom Unglück der Macht

Bis zum Sommer 2017 habe ich zwei Jahre lang als Austauschdiplomat im Range eines „Redakteurs" in der Europaabteilung des Quai d'Orsay gearbeitet. Ich kann nicht behaupten, ich hätte in jener subalternen Funktion meine damaligen Dienstherren, die früheren sozialistischen Premiers Laurent Fabius und Jean-Marc Ayrault sowie Jean-Yves Le Drieu, den früheren Verteidigungsminister, näher dienstlich kennengelernt, außer ihnen bei öffentlichen Vorträgen und den feierlichen Übergabezeremonien im Hof des Außenministeriums zu lauschen oder sie flüchtig im vorbeirauschenden Dienstwagen zu erspähen. Und noch weniger kann ich, wie Heiko Engelkes in seinen gemütvollen, leicht lesbaren, wenngleich einigermaßen unstrukturierten Erinnerungen an Chirac behaupten, im Élysée-Palast ein- und ausgegangen und vom Präsidenten gar gegrüßt und wiedererkannt worden zu sein[1]. Doch hoffe ich, dass der Leser mit der größeren Distanz von einer stärkeren analytischen Prägnanz gewinnen wird.

In meiner früheren Dienststelle, jener der Europäischen Kommission, der ich 35 Jahre lang in verschiedenen Inkarnationen angehören durfte, war es anders. Ich erlebte unter der französischen Politprominenz als Kommissionspräsidenten Jacques Delors, den früheren sozialistischen Finanzminister, und François-Xavier Ortoli, den vormaligen gaullistischen Wirtschafts- und Bildungsminister (als freilich schon abgeklärten französischen Gouverneur der Asien-Europa-Stiftung in Singapur), als Regionalkommissar Michel Barnier, den späteren Außen- und Agrarminister der Mitte-Rechten, den früheren Handelskommissar Pascal Lamy als Präsidenten der WTO, die majestätische Christine Lagarde, ehemals Wirtschaftsministerin unter Sarkozy, als Chefin des IWF, und unter etwas unerfreulichen Bedingungen die Wissenschaftskommissarin Edith Cresson, Kurzzeitpremierin unter Mitterrand (Was muss man tun, wenn sie ohne Ankündigung ihren Mantel abwirft oder ihre Akten fallen lässt? Sie im Fall auffangen natürlich! Zu dieser Einsicht war ich als örtlicher EU Bürochef bei ihrem Wienbesuch anno 1996 zu beschränkt gewesen.), sowie als Abgeordneten im Europaparlament den früheren Ministerpräsidenten Michel Rocard. Auch in der jahrelangen engen Zusammenarbeit in der Vorbereitung der EU-Osterweiterung mit François Lamoureux, dem ehemaligen Kabinettschef Cressons und stellvertretenden Kabinettschefs Delors, der in Britischen Medien oft als „Exocet" wegen seines zugegebenermaßen brutalen Durchsetzungsstils denunziert wurde, konnte ich weitere gesicherte Eindrücke gewinnen, wie das in Europa einzigartige, sehr hierarchisierte und disziplinierte französische System abgehobener Spitzenpolitiker und hochqualifizierter Elitebeamter funktioniert, mit all ihren Stärken, aber auch mit sehr viel Schwächen. Für alle hatte ich stets, abgesehen einmal von Cresson (die ich aber vor Jahresfrist längst ohne Amt und Würden in einer Buchhandlung am Boulevard Saint-Germain in Paris als freundliche ältere Dame erlebte, nicht dass sie sich an mich noch erinnerte), stets den allerhöchsten persönlichen und professionellen Respekt.

---

1   Heiko Engelkes. König Jacques. Chiracs Frankreich. Berlin 2005.

Wenn man im Pariser 5. Bezirk wohnt, also links der Seine entlang des Boulevards Saint-Germain zwischen Parlament, den meisten Ministerien und dem Quartier Latin, trifft man beim Einkauf, Spazierengehen, in Buchläden oder in Straßencafés gelegentlich politische Prominenz, etwa einen unweigerlich mürrisch dreinblickenden Lionel Jospin, Kohabitations-Premier unter Chirac, oder einen Bruno Le Maire, auch nicht sonderlich beglückt, nachdem er gerade im Spätsommer 2016 seine Vorwahlen bei den Republikanern verloren hatte. Solche Zufallsbegegnungen haben natürlich nur einen begrenzten Erkenntniswert. Dazu gibt es gegenüber dem Palais Bourbon, dem Sitz des Parlamentes, das Café Bourbon, wo sich die Abgeordneten von ihrem stresshaften Tageswerk mit Anhängern, Journalistinnen, Assistentinnen und Freundinnen gerne zum entspannten Abendessen treffen (ohnehin läuft in Frankreich alles über gemeinsame Diners). Auch dies ein netter Ort für Milieustudien, der auf meinem täglichen Heimweg vom Ministerium lag. Wichtiger war, dass ich den Präsidialwahlkampf vom Frühjahr 2017 mit seinem einjährigen Vorlauf in voller Schönheit miterleben konnte. Ich war bei den Nuit-debout-Protesten dabei, ebenso wie bei der schicksalshaften Massenkundgebung auf dem Trocadéro zugunsten von François Fillon und dem Protestmarsch von Jean-Luc Mélenchon und den verbündeten Kommunisten zum Place de la République, die zu einer anschaulichen teilnehmenden Studie der Zweispaltung der französischen Gesellschaft einluden. Und dann vielleicht versöhnlicher die Wahlveranstaltungen der Macronisten „En Marche", die schon fast sektenhaft kontroversielle Themen ausklammerten und nur ihren Führer messiashaft anriefen, oder ein onkelhaft humoriger Wahlvortrag des einstigen Premiers Jean-Pierre Raffarin vor der Deutsch-Französischen Handelskammer, der in seiner Abgeklärtheit seinen damaligen politischen Meister François Fillon kaum erwähnte. Ich kann also sagen, ich bin dabei gewesen, ohne freilich ins Zentrum der Macht je wirklich vorgestoßen zu sein.

Ich habe mich schon in früheren Studien gerne mit Elitenforschung befasst. So in einer frühen Studie zu damals noch frauenfreien Rekrutierungsmustern in die Führungsfunktionen der EU-Verwaltung[2]. Dann in einer früheren Studie zur japanischen Machtelite von LDP-Ministern, Spitzenparlamentariern, der Ministerialbürokratie der Eliteministerien und der Führungsebene der Großkonzerne und ihrer Verbände, wo es trotz aller sozialisierten Arbeitsdisziplin, der Vererbung der Wahlkreise und den ansonsten gestrengen Selektionsverfahren doch auch sehr menschelt[3]. Später in einer noch aktuellen Sammelbiographie deutscher und österreichischer EU-Kommissare, wo ihre Persönlichkeiten und Biographien im Gegensatz zum französischen Muster bei aller politischen Professionalität dem bürgerlichen, akademisch gebildeten Durchschnitt eher entsprechen und sie deshalb wesentlich menschlicher und persönlich zugänglicher erscheinen (bis sie am Ende ihrer EU-Karriere, wiederum anders als in Frankreich, stets im politischen Nirwana enden)[4]. Ich kann also aus persönlicher, beruflicher und akademischer Erfahrung durchaus begründete Vergleiche anstellen.

2   Malcolm Colling und Albrecht Rothacher. „The Community's Top Management: A Meritocracy in the Making". Courrier du Personnel No. 489, 10/1987. S. 10–25.
3   Albrecht Rothacher. The Japanese Power Elite. Houndmills, Basingstoke 1993.
4   Albrecht Rothacher. Die Kommissare. Vom Aufstieg und Fall der Brüsseler Karrieren. Eine Sammelbiographie der deutschen und österreichischen Kommissare seit 1958. Baden-Baden 2012.

In Summe ist das französische System wesentlich zentralistischer und hierarchisierter. Seine starke Exekutive kann deshalb in innen- und außenpolitischen Krisenlagen ohne parlamentarische Befassung schneller und härter reagieren. Gleichzeitig hat es durch vielfache Parallelstrukturen zwischen dem Präsidenten im Élysée, dem Premierminister im Matignon und den Ministerien mit ihren allesamt überbesetzten politischen Beraterstäben (Kabinetten) für alle Beteiligten frustrierende Vielfachstrukturen geschaffen, die notwendig zu Leerlauf, Reibungen und endlosen Konflikten führen. Eine kleine wahre Anekdote zur Illustration. Präsident Hollande fuhr Ende 2015 zu einem politisch wenig bedeutsamen Kurzbesuch von wenigen Stunden nach Island. Die zuständigen Beamten im Quai d'Orsay, die keinen Ahnung hatten, was der Präsident wirklich brauchte und wollte, stellten ihm dann einen kiloschweren Aktenordner zu allen bi- und multilateralen Themen unter der Sonne zusammen, nach dem Motto „Zu viel ist besser als zu wenig", vom Walfang und den Banken bis zum Kabeljau und den NATO-Flughäfen. Dabei hätten ihm drei kurze kappe Seiten als Sprechzettel mit etwas Hintergrund sicher viel mehr genutzt. So wird die Expertise in den Ministerien gehortet. Ob sie auf den verschlungenen Pfaden über die verschiedenen Ministerbüros rechtzeitig in einer verwertbaren Form im Élysée bei den Präsidentenberatern und dem Präsidenten selbst ankommen, ist oft mehr als fraglich. Dort wird dann oft, um politische Dynamik und Initiative darzustellen, auf unzureichender Informationsgrundlage aus der Hüfte schießend entschlossen. Die Ministerien werden dann gehalten, das Ganze baldmöglichst reibungslos umzusetzen. Das kann auch den staatsnahen Privatsektor treffen. Auch hierzu eine wahre Geschichte: Als Sarkozy im Jahr 2007 noch Gaddafis guter Freund war (der für sich und seinen Harem deshalb auch bei einem Staatsbesuch in einem abgeschirmten Park in Paris Beduinenzelte errichten durfte), wollte er ihm neben Kampfflugzeugen auch die zugehörigen Raketen verkaufen. Die hatten den Nachteil, dass sie auch italienische Militärstützpunkte treffen konnten. Marcel Dassault war als Firmenchef absolut gegen den Verkauf der Raketen, der ihm seinen italienischen Absatzmarkt zerstört und ihm unendliche Probleme mit den Amerikanern eingebracht hätte. Doch Sarko bestand darauf: Er sei der Präsident, der hier entscheide. Dassault tat in der Folge natürlich alles, um die Raketenlieferungen zu verzögern und diskret zu hintertreiben. Ähnlich, wie dies die Ministerialverwaltung bei ungeliebten oder für unsinnig erachteten Präsidialentscheidungen auch hält. Auch bei den großen, seit Jahrzehnten stets erneut versprochenen notwendigen Reformvorhaben wird ihre Umsetzung durch die Abgehobenheit des Élysées immer wieder verkompliziert, aus politischer Taktik manchmal überstürzt beschlossen, manchmal verschoben und verwässert, und scheitert dann oft am Widerstand der Betroffenen, deren Streiks und Proteste die Umfragewerte des Präsidenten von Mitterrand bis Macron verlässlich ins nichts stürzen lassen.

Doch haben die politischen Probleme Frankreichs auch viel mit der Rekrutierung und der Selbstauswahl der Spitzenpolitiker und höheren Beamtenschaft zu tun. In einem zentralistischen direkt gewählten Präsidialsystem – wie etwa in Frankreich, den USA, und etlichen Demokratien Asiens und Lateinamerikas, die sich die USA als politisches Vorbild genommen haben – werden von den Kandidaten beinahe notgedrungen Erwartungen geweckt und Versprechungen gemacht, deren Erfüllung angesichts der verschiedenen Widersprüche und unvorhersehbaren Widrigkeiten nahezu menschenunmöglich ist. Dazu ist die Entscheidung der Wähler eine personalisierte: Sie wählen schließlich keine Partei und ihre Liste, sondern jemanden, von dem sie glauben, dass er oder sie der bessere ist oder zumindest das geringere Übel. Der pseudomonarchische Nimbus und der fast schon zirkusähnliche Repräsentationsaufwand der französischen Präsidentschaften bestärken den Glauben, der Präsident könne die meisten Übel richten, vorausgesetzt er habe die richtige Einstellung, Einsicht und Fähigkeit. Weil er meist der Versuchung nachgibt, sich als allzuständig darzustellen, wird er in der Folge im Guten wie im Schlechten für fast alles verantwortlich gemacht, von den Arbeitslosenzahlen, den Milchpreisen, den Zuständen an Universitäten, Krankenhäusern, Gefängnissen, in den Vorstädten bis zur Müllabfuhr und der Pünktlichkeit der Staatsbahnen. Verständlicherweise setzten die öffentliche Enttäuschung, die mediale Kritik und die Widerstände der Bevölkerung gegenüber dem entzauberten Amtsinhaber oft schon nach wenigen Wochen der Amtsübernahme ein.

Dazu zieht der Präsidialapparat im Interesse der kraftvollen Selbstdarstellung des Präsidenten dauernd Entscheidungen an sich, die den normalen Regierungs- und Verwaltungsablauf eher stören, oft schlecht informiert und rechtlich zweifelhaft sind, und so mehr Schaden als Nutzen stiften. Der Regierungschef im Matignon ist dann nur noch frustrierter Erfüllungsgehilfe und der Verkünder schlechter Nachrichten. Seinen Ministern geht es oft nicht besser.

Die Rekrutierung ihrer Stäbe und der Spitzenbeamtenschaft erfolgt überwiegend aus elitären Verwaltungsakademien, wie der ENA oder der Polytechnique. Auch die Präsidenten Giscard, Chirac, Hollande und Macron sind Absolventen. Sie werden durch ihre rigorose Auswahl und im ständigen internen Wettbewerb (der durch die karriereentscheidende Reihung der Absolventen verschärft wird), eher zu brillanten, ehrgeizigen Einzelkämpfern denn als kooperative Gruppenarbeiter und künftige kollegiale Chefs geschult, stellen also eher das Gegenteil des deutschen oder gar japanischen Führungsideals dar.

Eine politische Spitzenkarriere ist auch in Frankreich nicht jedermanns Geschmack, zumal die Luft in der Nähe des politischen Olymps, des Élysées, wie wir sehen werden, wesentlich bleihaltiger ist, und Intrigen, Hinterlisten und Verrat hingebungsvoll gepflegt werden. Die Verhältnisse der Spitzenpolitik ermöglichen eigentlich nur den Aufstieg persönlichkeitsgestörter narzisstischer Egomanen als Überleben der Rücksichtslosesten und ziehen als Charaktertypen Männer (und nur sehr wenige Frauen) an, die an ihre einzigartige Überlegenheit und ihre schicksalshafte Mission fest glauben. Daniel Cohn-Bendit hat dies einmal kürzer so ausgedrückt: Nur ein Verrückter („fou") wolle französischer Präsident werden. So wird selbst auf dem Gipfel der Macht, am Ziel seiner Träume so gut wie niemand glücklich, am allerwenigsten ihre entfremdeten Familien und ihre geschundenen Mitarbeiter, von den betroffenen Bürgern und Steuerzahlern ganz zu schweigen.

Am Ende leidet das ganze Land unter diesem von de Gaulle 1962 absichtsvoll geschaffenen System, das seither mit der Macht der Gewöhnung und der steten Dämonisierung der kurzlebigen „schwachen" parlamentarischen Regierungen der III. und IV. Republiken jedoch niemand mehr ernsthaft abschaffen will. Tatsächlich ist und bleibt die Direktwahl des Präsidenten außerordentlich populär. Die Kenntnis des in Europa einzigartigen französischen Regierungssystems – seines Funktionierens, seiner Stärken und Schwächen – ist für die in der EU entscheidende deutsch-französische Zusammenarbeit unverzichtbar. Angesichts der Knappheit der einschlägigen Literatur erscheint jenes Verständnis in Berlin und andernorts gelegentlich noch unterentwickelt. Dem will dieser Band in lesbarer Form abhelfen.

Der guten Ordnung halber sei angeführt, dass dieses Buch nur persönliche Wertungen enthält – und keinesfalls jene meiner Arbeitgeber in Paris und Brüssel – und abgesehen von persönlichen Erlebnissen ausschließlich auf nachprüfbaren, öffentlich zugänglichen Quellen beruht.

Paris und Brüssel, im Oktober 2019

I. Menschen und Apparat

Kapitel 1

Schwächen und Stärken des Präsidialsystems

Vor jeder Präsidentenwahl multiplizieren sich die Versprechen der Kandidaten in der fast einjährigen Vorauswahlphase der beiden großen politischen Lager. Die Zeiten, als de Gaulle im Dezember 1965 erst vier Tage vor dem Wahltag seine Kandidatur bei einer Fernsehansprache an die Nation bekanntgab und verkündete, er selbst sei Programm, sind längst vorbei. Seit dem Ende der „dreißig glorreichen Jahre" (les trente glorieuses) des Nachkriegswachstums, die mit der ersten Ölkrise 1975 endeten, laboriert Frankreich an chronischen Haushaltsdefiziten, dem schleichenden Verfall der Wettbewerbsfähigkeit von Industrie und Landwirtschaft, überreglementierten Arbeitsmärkten, einer Massenarbeitslosigkeit um 10 %, die vier Millionen Menschen betrifft, Sicherheitsproblemen in den von Einwanderern dominierten, zunehmend gesetzlosen und verwahrlosten Vorstädten, verbunden mit einem unaufhaltsamen Wachstum einer unproduktiven Staatsbürokratie, ihrer Regelungswut und ständig wachsender Steuer- und Abgabenlasten auf Kosten der Leistungsträger der Mittelschichten bis zur mit 56 % höchsten Staatsquote der entwickelten Welt. Gleichzeitig wird den Wählern seit Jahrzehnten regelmäßig in wohlgesetzten Worten stets das Blaue vom Himmel heruntergesprochen: Wachstum, Vollbeschäftigung, eine gestärkte Kaufkraft, innere Sicherheit, mehr Gleichheit und geringere Steuern bei höheren Staats- und Sozialleistungen.

Es ist sicher schwierig, unter dem politischen Spitzenpersonal der G7- oder EU-Staaten der letzten beiden Jahrzehnte mehr als zehn echte Ausnahmegestalten als Führungspersönlichkeiten mit historischen Leistungen zu identifizieren. In Deutschland ist seit der Wiedervereinigung sicher Fehlanzeige. In Frankreich stoßen wir auf ein an Eliteanstalten und in Ministerkabinetten wesentlich besser geschultes und auch im klassischen Sinn kulturell, historisch und literarisch deutlich gebildeteres politisches Spitzenpersonal. Die politischen Debatten sind deshalb spannender, tiefschürfender, intelligenter und unterhaltsamer als das polit-juristische Korrektheitsgestotter der Einheitsparteien in Berlin und weiterer Umgebung[1]. Dennoch scheitern französische Politiker mit gleicher Regelmäßigkeit ebenso grandios, etwas spektakulärer sogar, weil die französische Wirtschaft nicht die Stärke und Steuerleistung der deutschen hat, und die sozialen Widerstände der Bevölkerung gegen Reformen aller Art wesentlich stärker

---

[1] Bedenkenswert ist sicher Dirk Schümers Argument in Bezug auf Emmanuel Macron, der sich im Wahlkampf 2017 als Kulturträger inszenierte, dass Philosophenkönige und hommes de lettres als Staatenlenker eher dysfunktional sind: „Distanz, Leidenschaftslosigkeit und Selbstverleugnung lernt ein Berufspolitiker nicht bei der Lektüre surrealer Poeten oder beseelter Romanciers, sondern beim Abarbeiten des Aktenstapels oder in nächtliche Gremiensitzungen, die über Rentenkürzungen oder Pendlerpauschalen entscheiden" und weiter: „Ein guter Staatsmann muss das Formulieren seinen Ghostwritern überlassen – und das Träumen seinen Bürgern. Politiker hingegen sollen rund um die Uhr verhandeln, Akten fressen, Tischvorlagen abzeichnen und banale Reden vorlesen, die niemandem wehtun". Dirk Schümer. „Entpolitisiert Euch". Die Welt 20.5.2017. Dieses merkelistische deutsche Politikverständnis ist dem französischen diametral entgegengesetzt.

sind und von militanten Gewerkschaften und Protestbewegungen geschickt operationalisiert werden.

Eine entscheidende Variable des Scheitern scheint jedoch paradoxerweise im französischen Präsidialsystem zu liegen, das von de Gaulle 1962 absichtsvoll eingeführt wurde, um die angeblichen Schwächen der parlamentarisch instabilen III. und IV. Republiken zu korrigieren[2] und Frankreich unter einer machtvollen Führung zu neuer Größe und Weltgeltung zu verhelfen. Die Direktwahl des Präsidenten ist populär. Es nährt immer wieder die Illusion, die von allen Kandidaten, ihrer Wahlpropaganda und von den sympathisierenden Medien geschürt wird, ein einziger starker Mann[3] werde es letztlich durch seine Intelligenz, Erfahrung und Machtfülle doch richten können. Die Transplantation des amerikanischen Systems, das im 18. und 19. Jahrhundert nach de Tocqueville in einer republikanischen ehemaligen Siedlungskolonie zum Zwecke der Nationenbildung unter der britischen Bedrohung in den jungen Vereinigten Staaten mit seiner komplementären starken örtlichen Selbstverwaltung seine historische Berechtigung gehabt hatte[4], nach Europa war in der zweiten Hälfte des 20. Jahrhunderts jedoch anachronistisch. Mitterrand hat jene personalisierte zentralisierte politische Macht in seinem „Le Coup d'État permanent" (1964) meisterlich kritisiert, obwohl er jene pathetische quasimonarchistische Rolle selbst dann 14 Jahre lang mit der nötigen selbstverliebten Arroganz ohne je von sichtbaren Selbstzweifeln angekränkelt zu sein bis zum bitteren Ende voll und genüsslich ausfüllte.

In der Tat gibt es in Frankreich zwei republikanische Traditionsstränge, der eine der III. und IV. Republik (von 1877 bis 1958 also), des Parlamentarismus, wo die Macht im Palais Bourbon bei der Nationalversammlung liegt, und der Präsident aus Furcht vor einem neuen Bonapartismus, wie in Deutschland, Österreich, der Schweiz und Italien nur ein harmloser Grußaugust und Staatsnotar ist, und der zweite, den de Gaulle und seine Mannen verkörperten, der nach einer starken Exekutive und der Ablehnung des chronisch instabilen Parlamentarismus und ihrer ständig streitenden und sich interfraktionell zerlegenden Parteien strebt, und der sich in der V. Republik bekanntlich bis auf weiteres durchsetzte.[5]

Immerhin schaffte die vielgeschmähte parlamentarische IV. Republik von 1946 bis 1958 den Wiederaufbau (hatten doch die Amerikaner und Briten die Städte Rouen, Caen, Royan, Saint-

---

2   In aller Fairness gab es in den zwölf Jahren der IV. Republik 22 Präsidenten des Ministerrates (= Ministerpräsidenten) neben den beiden längst vergessenen Präsidenten Vincent Auriol und René Coty, die fast ausschließlich repräsentative Funktionen hatten, und seit Beginn der V. Republik ab 1958 nur acht Präsidenten, jedoch immerhin zweiundzwanzig Ministerpräsidenten. Ich selbst habe in Paris in zwei Jahren (2015–2017) drei Außenminister und drei Europaministerinnen als oberste Dienstherren erlebt. Soviel zur Kontinuität in der Präsidialdemokratie. Zum Vergleich: (West-)Deutschland hatte nach 1949 acht Kanzler und Österreich nach 1945 deren fünfzehn.

3   Als Frauen scheiterten von wenigen betrauert Ségolène Royal 2007 und Marine Le Pen 2017 in der Endrunde.

4   Alexis de Tocqueville. De la démocratie en Amérique. Robert Laffont. 1986. S. 376 ff.

5   Nicolas Roussellier. La Force de gouverner. Gallimard 2015. Weil alle französischen Großverlage in Paris beheimatet sind, habe ich mich entschlossen bei Buchzitaten bei französischen Quellen in der Regel lediglich wie in Frankreich üblich den Verlag anzuführen (da sich Paris von selbst versteht) und nur bei deutschen und englischen Quellen nach deutscher Gepflogenheit den Erscheinungsort anzugeben.

Lô, Lisieux und La Rochelle völlig sinnlos zum Teil noch in den letzten Kriegstagen dem Erdboden gleichgemacht und alle wichtigen Eisenbahnlinien und die meisten großen Bahnhöfe und Industrieanlagen bombardiert[6], und die Deutschen beim Rückzug die meisten Brücken – außer in Paris – gesprengt und die Getreidelager leer geräumt), das französische Wirtschaftswunder der „Trente glorieuses", das bis 1975 dauerte, angekurbelt, die aufständischen kommunistischen Streiks von 1947 niedergeschlagen, den Marshallplan und die NATO-Mitgliedschaft akzeptiert, 1950 mit Jean Monnet und Robert Schuman die Europäische Kohle- und Stahlgemeinschaft erfunden, und 1957 die Verträge von Rom zur Gründung der EWG ausverhandelt und ratifiziert. All dies unter dem destruktiven Dauerbeschuss von Gaullisten und Kommunisten. Wo die IV. Republik natürlich scheiterte, waren die halbherzig geführten verlustreichen Kolonialkriege, zunächst in Indochina (1945–54) und dann in Algerien (1954–1962), aus denen sie nur verspätet oder überhaupt keinen Ausweg fand. Deshalb der nachträglich per Referendum legitimierte Putsch von de Gaulle von 1958, der 1962 eine auf seine Person geschneiderte Verfassung absegnen ließ.

Die Probleme jenes vom Volk gewählten Ersatzmonarchen sind jedoch die folgende:

- Der Selektionsmechanismus: Persönlichkeiten mit narzisstischen Ich-Störungen werden von der Kandidatur, und der jahrzehntelang intrigenbehafteten Vorbereitung magisch angezogen. Die meisten Politiker mit einem ausgeglichenen Seelenhaushalt ersparen sich die Tortur und die absehbare getaktete Existenz im goldenen Käfig

- Die neue Machtfülle und der zeremonielle Aufwand ließen bislang niemanden unberührt, auch deshalb weil die Öffentlichkeit ein entsprechend pompöses Auftreten zu erwarten scheint. De Gaulle, der persönlich anspruchslos blieb, hielt sich in offizieller Funktion für die Inkarnation der französischen Nation. Pompidou, ein wirtschaftlicher Erneuerer und literarisch-kultureller Schöngeist, fühlte sich als unmittelbarer Nachfolger contrecœur gezwungen, die pathetischen Usancen des großen Vorgängers weiter auszufüllen. Giscard hielt sich von königlichem Geblüt und führte sich entsprechend auf. Mitterrand schließlich ging in der Rolle des roten absolutistischen Ersatz-Monarchen voll auf, eine Rolle, die er zuvor intellektuell brillant bitter und polemisch als unrepublikanischen „permanenten Staatsstreich" attackiert hatte. Chirac demonstrierte trotz zahlloser Affären des Machtmissbrauches eine gewisse Bodenhaftung, gab sich wo nötig staatsmännisch und blieb deshalb persönlich populär. Beim manisch-depressiven Bling-Bling-Präsidenten Sarkozy wurden die Insignien der Macht und ihre Privilegien zur Karikatur. Beim harmlosen Bürger-Präsidenten Hollande fielen seine freundliche Normalität und Geschwätzigkeit beim Publikum durch. Der Nimbus fehlte plötzlich. Macron zog aus dem Scheitern seiner zwei Vorgänger den Schluss, sich nunmehr als jugendlicher „Jupiter" und als Reinkarnation der Jeanne d'Arc zu reinszenieren. Auch dieser Versuch scheiterte spätestens mit der Rebellion der Gelbwesten von 2018/19.

---

6   Jean-Charles Foucrier. La stratégie de la destruction. Vendémiaire. 2017.

– Die dysfunktionale Vermehrfachung und Komplizierung des Regierungsapparates durch eine übergelagerte Entscheidungsstruktur, die stets in einen Hofstaat intriganter konzentrischer Kreise degeneriert. Wer hat wann Zugang zum Ohr des Präsidenten? Wann trifft er in welcher Stimmung welche Entscheidung? Wer profitiert davon, wer versucht sie zu hintertreiben?

– De Gaulle hatte den Präsidenten als neutralen überparteilichen Schiedsmann der sozialen und politischen Teilungen Frankreichs und Garanten der Grundrechte konzipiert. Dieser Rolle hat keiner der seitherigen Inhaber, die außer Pompidou und Macron alle Parteikarrieren hinter sich hatten, entsprochen. Im Gegenteil. Stets verstärkten sie durch ihr Herrschaftssystem des „divide et impera" auch die Spaltungen und Rivalitäten im eigenen Lager. Ihre großen Ermessungsentscheidungen ermutigten den Machtmissbrauch – von klientelistischen Personalentscheidungen, politischen Kaltstellungen (bei de Gaulle auch: Hinrichtungen) bis zu den ominösen schwarzen Kassen des Élysée und einschlägigen Geheimdienstaktivitäten.

– Die monarchische Republik als großer personalisierter Legitimations- und Stabilitätsspender gegen die revolutionären Neigungen der französischen Jugend und Unterschichten: Schon die kopflose Flucht de Gaulles im Mai 1968 nach Baden-Baden sollte ihn eines Besseren belehrt haben. Krawalle und Massenstreiks blieben keinem Präsidenten erspart.

– Die große Enttäuschung: Mit zunehmender Häufigkeit rauschen angesichts hochgezüchteter frustrierter Erwartungen die Umfragedaten der amtierenden Präsidenten schon bald nach der Wahl in den Keller: Mit der Folge, dass ihre Risiko- und Reformbereitschaft abnimmt, ihr Durchgriff auf die eigene Partei, ihre Gefolgsleute und die Parlamentsfraktion sich verringert, und die Neigung zu inhaltslosen populistischen Gesten, leerer Ankündigungspolitik und Mätzchen als Symbolpolitik zunimmt. In anderen Worten: das genaue Gegenteil des ursprünglich gedachten machtvollen Präsidialsystems. Der Präsident hat dann angesichts seiner rebellischen eigenen Abgeordneten realiter nicht einmal mehr die Möglichkeit, das Parlament aufzulösen. Denn bei Neuwahlen hätte sich zum Beispiel François Hollande während 2014–2017 nur eine feindliche Mehrheit und ein System der Kohabitation eingehandelt, so wie dies der risikofreudigere Chirac anno 1997 schon einmal zum eigenen Schaden vorexerziert hatte.

– Schließlich die Neigung zu außenpolitischen Abenteuern, um die Rolle eines starken Präsidenten mit dem direkten Oberbefehl über die Streitkräfte zu spielen. Die katastrophalste Konsequenz jener afrikanischen Kleinkriege ist heute noch in Libyen zu besichtigen, wo Sarkozy, zusammen mit David Cameron und Bill Clinton 2011 beschloss, seinen vormaligen Sponsor Gaddafi gewaltsam zu eliminieren und das vormals wohlhabende Land ins Chaos und einen anhaltenden Bürgerkrieg zu stürzen.

Nach einem halben Jahrhundert ist die direkt gewählte Präsidentschaft ein Symbol des nationalen Stolzes geworden. Sie ist nicht das Ergebnis eines ausgemauschelten parlamentarischen Koalitionsabkommens, sondern steht in der Tradition eines siegreichen Bonapartismus, der bei allen Uniformträgern und Zeremonien aus jedem Knopfloch schaut. Die Franzosen, die sich selbst angelegentlich je nach Laune für bürgerliche Anarchisten oder proletarische Revoluzzer halten, lassen sich gerne – für eine begrenzte Zeit – einreden, sie hätten jene Bändigung von ihren selbstzerstörerischen Urtrieben nötig. Auch den Deutschen redet die politische und mediale Klasse mutatis mutandis jenen Unfug der entmündigenden Selbstfesselung seit Jahrzehnten in der Ablehnung demokratischer Plebiszite gerne ein. Ex-Premier Lionel Jospin („Le Mal napoléonien")[7] sieht in seiner Darstellung der politischen – nicht militärischen – Laufbahn Napoleons die Idee vom ursprünglich siegreichen Feldherrn mit diktatorischen Vollmachten sehr kritisch als einen im Idealfall gedachten paternalistischen Königs auf Zeit. Statt der erblichen Monarchie von Gottes Gnaden, erwuchs mit Napoleon nach dem Blutbad der Revolution eine dritte Legitimität, nämlich die des charismatischen Führers und Retters der Nation (so wie sie im Deutschen Reich 1933 auch unheilvoll zelebriert wurde). Der französische Staatschef der V. Republik präsentiert sich meist entsprechend. Er versucht eine Großmacht nicht nur protokollarisch zu impersonieren. Er agiert im internationalen Konzert unabhängig, rebellisch, ruhmreich, findet eigene Lösungen, sucht Referenzpunkt für andere zu sein, und erklärt Kriege nach eigener Fasson. De Gaulle, der in seinem Londoner Exil (1940–44) Churchill und Roosevelt damit ohne nennenswerte eigene Truppen gründlich auf die Nerven ging, war der erste, aber nicht der letzte[8].

Sein einziger adäquater weltweiter Gegenpart war und ist der amerikanische Präsident. Denn nur er ist wie der französische Präsident durch die direkte Volkswahl direkt legitimiert. Damit rechtfertigt sich auch Frankreichs universalistischer Ehrgeiz. Die Deutschen bohren Brunnen und bauen Dorfkliniken im Sahel, die Franzosen bestimmen mit der Fremdenlegion und ihren Conseillers im Staatsapparat, wer das Land führt. Die übliche Arbeitsteilung. Auch bei G7-Gipfeln haben nach dem Protokoll je nach Seniorität die US-Präsidenten oder die französischen Präsidenten Vorrang. Ministerpräsidenten und Kanzler sind nachrangig.

Die ENA – Kaderschmiede für Minister und Präsidenten aller Art

Der tatsächliche Unterbau der Macht ist etwas, das die Franzosen „Technostructure" nennen, in der die Absolventen der ENA[9], eine Art republikanischer Amtsadel, dominieren. Ihre Spit-

---

7   Seuil. 2014.
8   Siehe auch seine eigenen Memoiren: Charles de Gaulle. Mémoires de Guerre. L'unité 1942–1944. Plon. 1956. S. 19, oder auch S. 467 ff.; Éric Roussel. Charles de Gaulle. Band I. 1890–1945. Perrin. 2006. S. 295 ff.
9   Die École Nationale d'Administration wurde 1945 von de Gaulle in Zusammenarbeit mit den Kommunisten geschaffen, um die konservative Vichy-orientierte Spitzenverwaltung, die mit der Résistance nichts am Hut hatte, mit planungswirtschaftlich orientierten Kadern abzulösen. Die traditionellen Grandes Écoles stammen aus der Zeit von Louis XVI.: die École Polytechnique (ursprünglich für Militäringenieure), École des Ponts et Chaussées (Brücken- und Straßenbau), École des Mines (Bergakademie), und École du Génie (Ingenieurschule): Francois Bluche. Frankreich zur Zeit Ludwigs XVI. Stuttgart 1989. S. 224–6. Zum damaligen löbli-

zenlaufbahnen beginnen sie zunächst als „Inspecteur des Finances" im Rechnungshof (Cour des Comptes), als Verwaltungsrichter, oder als Präfekt in den 96 Départements. Posten, die man im deutschen System eher als nachrangig betrachten würde. Tatsächlich sind es die Schlüsselstellungen im Verwaltungsapparat, deren meisterliche Kontrolle die Herrschaft über alle gewählten Amtsträger gewährleistet. Wer von ihnen ernsthafte Fehler baut oder politisch in Ungnade fällt, könnte sich alsbald mit jeder Menge Straf- und Disziplinarverfahren kopflos auf dem Schindanger des polit-administrativen Nirwanas wiederfinden.

Interessant und folgenreich ist im Vergleich zum deutschen höheren Verwaltungsbetrieb auch die unterschiedliche einstudierte Methodik. Während deutsche Verwaltungsjuristen, die nach wie vor die meisten Ministerien in Bund und Land monopolisieren, mit ihrer bis zum 2. Staatsexamen jahrelang eingebläuten Falltechnik von den Fakten und der Rechtslage ausgehend zu einer einzigen, natürlich richtigen Lösung kommen und diese dann hartnäckig verfechten, wird dem ENArquen das umgekehrte Denken von den gewünschten Ergebnissen her eingetrichtert. Bei Option A werden Fakten und Rechtsgrundlagen eben etwas anders ausgewählt und gewichtet als bei Option B, C oder D, die je nach politischer Vorgabe genauso gut vorbereitet werden können. Entsprechend flexibel können Argumente gefunden und Kompromisse geschlossen werden. Das schafft natürlich einen Zusammenstoß der deutsch-französischen Verwaltungskulturen, den man im europäischen Geschäft jeden Tag in Rat und Kommission dutzendfach mehr oder minder amüsiert beobachten kann, zumal die deutschen Ministerien auch untereinander regelmäßig uneins und unkoordiniert sind. Die Franzosen sind damit als Verhandler wesentlich flexibler und erfolgreicher als die sturen Deutschen, für die es, wie gesagt, nur eine richtige Lösung gibt, die eigene nämlich, bei der es außer in technischen Details keine Kompromisse geben kann. Entsprechend selten suchen sie Bundesgenossen oder finden Unterstützer und reagieren bei ihren vorhersehbaren Niederlagen oft ungehalten und laut.

Das System der Eliteabsolventen und ihrer Seilschaften wird jedoch in Frankreich auch sehr kritisch gesehen. Einerseits sind ihre Absolventen in der Lage, komplexe rechtliche und wirtschaftliche Probleme in kurzer Zeit brillant zu synthetisieren und angemessene Lösungsalternativen stringent vorzuschlagen. Andererseits sind sie in der Regel ehrgeizige Einzelkämpfer hinter verschlossenen Bürotüren und für Teamarbeit und die Pflege des Betriebsklimas nicht zu haben. Wenn sie mit ihrer elitären Ausbildung und Gesinnung etwas zusammenhält – auch über Parteigrenzen und Firmeninteressen hinweg –, dann der feste Glaube an die eigene Überlegenheit. Legendär ist das Telefonbuch der Alumni, das sich wie ein Who is Who der wichtigsten Entscheidungsträger in Staat, Wirtschaft und Gesellschaft liest. Ich habe dort selbst Einblick genommen und alte Bekannte entdeckt, die seither längst in olympische Höhen entwichen sind. Allein die Hälfte aller Vorstände der französischen Aktiengesellschaften sind ENA-Absolventen. Jean Peyrelevade, selbst Polytechniker, der 1993–95 die Großbank Crédit Lyonnais mit Milliarden an Steuergeldern vor dem Konkurs retten musste, beschreibt das Vorgehen seines Vorgängers, des anscheinend größenwahnsinnigen Jean-Yves Haberer, eines ENArque,

chen Praxisbezug der „Ponts et Chaussées" siehe auch: Wilhelm von Wolzogen. Pariser Tagebuch 1788/89. Frankfurt/Main 1989. S. 178.

und das Fehlen jeglicher Kontrollen durch das Finanzministerium und die Bankenaufsicht so: „Heute wie damals, das gleiche verschwörerische Einverständnis, die gleiche Kumpanei, der gleiche Opportunismus, die gleiche Abwesenheit von Verantwortung, und die gleiche Inkompetenz, die man vergisst zu sanktionieren, produzieren nach wie die gleichen Fehleffekte". Ursächlich ist ein mandarinatsartiges vielfach vernetztes Machtkartell in Staat und Wirtschaft am Ruder, das sich für unendlich überlegen und unfehlbar hält[10].

Doch knapp ein Jahrzehnt später wird ein anderer ENA-Absolvent, Jean-Marie Messier, vormals Privatisierungsberater bei Premier Balladur (1993–95), den halbstaatlichen Wasser- und Baukonzern Générale des Eaux durch eine Serie wilder Firmenaufkäufe in Frankreich, Italien und den USA zu einem Multimediakonzern namens Vivendi Universal umbauen. Telekom, Kino, Themenparks, der Glitzer von Hollywood Filmstudios, all dies sollte modische Synergieeffekte bringen, die sich auch nach 14 Milliarden US-Dollar an Verlusten nicht einstellen wollten. Es waren dann amerikanische Aktionäre, die Messiers Sturz auslösten[11]. Auch bei ihm alle Anzeichen von Cäsarenwahn. Natürlich werden die meisten französischen Großfirmen von ENArquen profitabel geführt. Es handelt sich derzeit u. a. um Airbus, Accor, Air France, AXA, EADS, BNP Paribas, RATP, Cap Gemini, Crédit Lyonais, Gaz de France, Laforge, Peugeot, Fnac, SNCF, Suez, France Télécom, Sanofi, Saint-Gobain und die Société Générale. Das Hauptproblem ist jedoch nach wie vor, dass sie meist aus Spitzenfunktionen in der öffentlichen Verwaltung, oder gar nur mit Kabinettserfahrung in jene Führungsrollen katapultiert werden. Messier hatte, bevor er die Générale des Eaux übernahm und ruinierte, lediglich seine Sekretärin „geführt". Ein weiteres Beispiel: Hollande machte Pierre-René Lemas, den Generalsekretär des Élysée, seinen politischen Kabinettschef also, zum Chef der Caisse des Dépôts, der staatlichen Zentralsparkasse, einer 200 Jahre alten ehrwürdigen Institution, die mit 120.000 Angestellten Einlagen in Höhe von 260 Milliarden Euro kontrolliert und meist an öffentliche Institutionen Kredite vergibt[12]. Zweifellos ein politisch einflussreicher Posten, für den man aber in Deutschland Bankenerfahrung vorweisen müsste. Dazu kommt der clanartige Zusammenhalt der ENArquen. Hollande berief gleich zwei seiner Jahrgangskameraden der Promotion Voltaire (1978–80) zu Ministern: Michel Sapin (Finanzen) und Ségolène Royal (Umwelt), zusätzlich zu anderen ENArquen wie Emmanuel Macron (Wirtschaft), Matthias Fekl (Außenhandel) und Laurent Fabius (Außen). Neben den vier Präsidenten (Giscard, Chirac, Hollande und Macron), die ENA-Absolventen sind, waren dies auch acht der zweiundzwanzig Premiers der V. Republik: Jacques Chirac, Laurent Fabius, Michel Rocard, Edouard Balladur, Alain Juppé, Lionel Jospin, Dominique de Villepin und Edouard Philippe. Alain Juppé erzählte seinem Biographen, er habe nur wenige Freunde, weder aus seiner Jugend noch aus seinem Politikerleben, aber seine besten Freunde seien jene sechs mit denen er auf der ENA die Stube teilte und stets als Arbeitsgruppe zusammenarbeitete. Dazu zählten die künftigen Präsidenten von Radio France, der SNCF, von Air France und ein Minister unter Lionel Jospin, die meisten übrigens Sozialis-

---

10   Jean Peyrelevade. Journal d'un sauvetage. Albin Michel. 2016.
11   Jo Johnson und Martine Orange. The Man who tried to buy the World. Jean-Marie Messier and Vivendi Universal. London 2003.
12   Le Point 14.7. 2016. S 46 ff.

ten[13]. Hollandes entfremdeter Ziehsohn Macron machte auch gleich wieder einen ENArquen, Alexis Kohler, zu seinem Generalsekretär, einen weiteren, Édouard Philippe zum Premier (der seinerseits wieder einen ENA-Absolventen zu seinem Kabinettschef ernannte), sowie Bruno Le Maire, ebenfalls ENA, zu seinem Superminister für Wirtschaft und Finanzen. Allesamt Abziehbilder seiner selbst: jung-dynamische, unermüdlich tüchtige, ehrgeizige Karrieristen ohne großen Ballast an sperrigen Überzeugungen, die es in kurzer Zeit noch weiter bringen wollen.

Robert Menasse, der den ENArquen auch in Brüssel begegnete, beschrieb sie trefflich so: „sehr schlanke Männer mit unauffälligen, nicht zu teuren Anzügen, asketisch in jeder Hinsicht: fähig, stunden- und nächtelang zu verhandeln. Sie schienen kaum Essen zu brauchen und so gut wie keinen Schlaf, sie kamen mit wenigen Worten aus, mit wenigen Gesten, sie vermieden die Überzuckerung ihrer Seele durch die Süße der Empathie, sie brauchten keine Öffentlichkeit, ihnen genügte der Stoffwechsel im Inneren der Macht, sie entsagten dem äußeren Glanz. Es gab in ihrem Leben und in ihrer Arbeit kein Ornament, alles war so klar wie unsichtbar".[14]

Die traditionelle Kritik an den ENArquen war stets, sie seien durch ihre Herkunft und ihren elitären Werdegang von der Bevölkerung entfremdet, und dank ihrer colbertistischen Indoktrination zu etatistisch orientiert. Laut Marie-Françoise Bechtel ist die zweite Kritik überholt, denn seit dem Jahr 2000 – also auch für Macrons Alterskohorte – würde an der ENA nur noch die frohe Botschaft der „glücklichen Globalisierung" gelehrt. Dadurch sei eine noch größere Entfremdung von der Bevölkerung entstanden[15].

Die Machtfülle des Präsidenten

Zweifellos gibt es auch Stärken des zentralisierten Präsidialsystems. Dies ist in erster Linie die harte und schnelle Reaktion der Franzosen in Krisenzeiten. Es bedarf nicht wie in Berlin langatmiger Koalitionssitzungen oder grenzwertiger Diskussionen in Bundestagsausschüssen mit den merkwürdigsten Kompromissbeschlüssen.

Doch es bleiben die Globalisierungszwänge, die in den nationalstaatsorientierten Konjunkturprogrammen wie schon anno 1981 nur strohfeuerproduzierende Haushalts- und Handelsbilanzdefizite lieferten: Viel Konsum, ein enormer Importsog und kaum zusätzliche produktive Wirtschaftsleistungen, von Exporten ganz zu Schweigen. Umso pathetischer die Dramaturgie des Élysée, ein grandioses Protokoll, großspurige Verlautbarungen, die in Substanz denen eines Kinderkarussells entsprechen: Vor den Kameras frenetisch steuern, doch das Vehikel zieht seinen Kreis.

Das quasi-royale Gepräge der Präsidentschaft wurde zu einem Symbol des Nationalstolzes. Das von wirtschaftlichen und sozialen Krisen, islamischem Terror und gesetzlosen Vorstädten gebeutelte, zur europäischen Mittelmacht abgestiegene, reformunfähige und überschuldete

13   Bruno Dive. Alain Juppé. L'homme qui revient de loin. L'Archipel. 2016. S. 31.
14   Robert Menasse. Die Hauptstadt. Berlin 2017. S. 278.
15   Marie-Françoise Bechtel. „Les énarques reviendraient-ils à la mode". Le Figaro 19.5.2017.

Land konnte im Kreis der Großen immer noch mitspielen, im UNO-Sicherheitsrat als angeblicher Sieger des Zweiten Weltkriegs mit seiner Veto-Rolle jonglieren, im Europäischen Rat der Regierungschefs protokollarisch als Präsident als erster das Wort ergreifen, und bei den G7- bis G20-Gipfeln in der ersten Reihe mitmischen, gleich nach dem amerikanischen Präsidenten. Ein Élysée-Palast mit seinen napoleonischen Garden hat nun einmal ein anderes Gepräge als die als Sparkassenzentralen gebauten Bundeskanzlerämter von Bonn und Berlin. Wie stark war Giscards Kulturschock als er, der Sammler von Großwildtrophäen und feudalen Schlössern imaginierter royaler Vorfahren, von seinem Freund Helmut in Schmidts gutbürgerliche Vorstadtvilla von Hamburg-Langenhorn zu Lokis gutem Filterkaffee und als Höhepunkt in des Kanzlers verrauchte Kellerbar eingeladen wurde. Oder als Merkel Sarkozy eröffnete, sie freue sich bei einem neuen Käsehändler in Berlin-Mitte all samstäglich guten französischen Käse einkaufen zu können. Was, eine Kanzlerin, beim Käsekauf?

Doch bei allen Vorbehalten gegenüber den Reichen und Mächtigen kann sich der Prolet der Vorstadtkneipen noch mit der vorgeführten Größe der Nation identifizieren, selbst dann wenn er nur Mülltonnen leert oder Teller abwäscht. Frankreich wird von einem Präsidenten regiert, nicht von einer mickrigen parlamentarischen Koalitionsregierung, die wie in Belgien, Italien, Deutschland oder Spanien monatelang keinen Premier findet. Die napoleonische Tradition scheint ungebrochen. Es gab trotz seiner zehnjährigen Kriege, seines ausbeuterischen Besatzungsregimes in Europa und seiner Niederlagen, keine Gebietsverluste für Frankreich und damit keine Notwendigkeit für eine Vergangenheitsbewältigung. Vom Arc de Triomphe, über den Place de la Concorde (der Massenhinrichtungsstätte der Revolution) bis zum Invalidendom und dem Pantheon existiert ein in Stein gemeißelter ungebrochener offiziöser Traditionsstrang. Heute lebt der Bonapartismus dank de Gaulle, der eher der Tradition des heiligen Frankreichs, der ersten Tochter der Kirche und des auserwählten Landes Gottes verpflichtet war, weiter. Das napoleonische Übel hat Lionel Jospin trefflich beschrieben[16]. Es war für ihn der dritte Weg zwischen der erblichen Monarchie von Gottes Gnaden, die man 1793 guillotiniert hatte, und der unhandlichen demokratischen Legitimität: der charismatische Führer, der mit polizeistaatlichen Mitteln im Innern und außenpolitischer Aggression das Land aus seinen ewigen Querelen und Lähmung errettet. Die damals üblichen polizeistaatlichen Methoden haben sich seit Fouchés und Bonapartes Zeiten natürlich geändert. Die Grundidee bleibt.

Schließlich schaffen die Präsidentschaftswahlen die Parität mit den Vereinigten Staaten. Zwar starrt die ganze Welt zwei Jahre lang wie gebannt auf das US-Drama mit seinen Vorwahlen – und jedermann hat politische Lieblinge, auch wenn dies die amerikanischen Wähler völlig kalt lässt. Doch Frankreich macht seit etwa einem Jahrzehnt das gleiche, wenngleich mit weniger übersichtlichen, sich ständig ändernden Regeln bei den Vorwahlen (so als könne man Etappen der Tour de France gelegentlich auch mit dem Mofa oder Reisebus absolvieren). Doch für Frankreichs politische Klasse zählt nur die Parität mit den USA, nicht die mit Turkmenistan. Und nicht dass außenpolitische Themen, wie in allen Wahldebatten ebenso wie in den USA sichtbar, auch nur die geringste Rolle in den Wahlkämpfen spielten!

---

16   Lionel Jospin. Le Mal napoléonien. Seuil. 2014.

Tatsächlich hat de Gaulles Verfassung den Präsidenten zum Nabel der Republik werden lassen. Fünfzehn Verfassungsartikel definieren seine Macht. Alle wichtigen Institutionen müssen sich auf ihn beziehen. Als seinen Premierminister kann er sich aussuchen, wen er will (außer natürlich in Zeiten der Kohabitation, die de Gaulle nicht vorhergesehen hatte, als 1986, 1993 und 1997 die Opposition die Parlamentswahlen gewann). Die Zustimmung des Parlaments ist sonst reine Formsache. Das Ministerkolleg wurde auch stets fast immer einseitig (und verfassungswidrig) vom Präsidenten ausgesucht. Im Fall der Kohabitation waren es nur die Minister des Äußeren und der Verteidigung, da sie allein seiner direkten Kompetenz unterstehen.

Ansonsten gibt es für den Präsidenten kaum rechtliche Hemmnisse. Er kann im Prinzip tun und lassen was er will. Das gilt auch für Beförderungen, Absetzungen und den ganzen heiklen Bereich der Spitzenbesetzungen. Auswahlkommissionen und ähnliches sind völlig entbehrlich. Der Präsident kann für tausende an staatlichen und quasistaatlichen Positionen nach Gutdünken entscheiden. Oft waren und sind sie völlig professionell und korrekt. Doch in der abgehobenen Atmosphäre des präsidialen Hofstaats, in der Umgebung von Hofschranzen und politischen Glücksrittern massierten sich wie zu erwarten auch das übliche lichtscheue Gesindel, von der Bau- und Geheimdienst-Mafia der Gaullisten der 70er-Jahre bis zum Geschäftemacher Bernard Tapie der Mitterrand Jahre und dem Präsidentensohn Jean-Christoph als afrikanischem Waffenschieber. Premier Mauroy nannte sie zu Mitterrands Zeiten ohnmächtig „die Besucher der Nacht". Oft hatte der, der den Präsidenten zuletzt sprach, den ausschlaggebenden Einfluss auf seine Entscheidung. So etwa Jacques Attali, der in Mitterrands Vorzimmer saß und ihm 1989 die Idee der Europäischen Bank für Wiederaufbau und Entwicklung (EBRD) ins Ohr setzte[17] (die er dann auch prompt bis zu seinem Hinauswurf anno 1993 in London leiten durfte), oder die Rolle des Polit-Philosophen Bernard-Henri Lévy auf Sarkozys Entscheidung, seinen Ex-Freund Gaddafi im Jahr 2011 gewaltsam zu stürzen und damit Libyen der Anarchie auszuliefern.

Der Allmacht des Präsidenten entspricht die von de Gaulle gewollte Ohnmacht des Parlaments. Von den bisher zweiundzwanzig Premiers kann man fünfzehn als reine Kreaturen des Élysées betrachten: Michel Debré (1959–62), Georges Pompidou (1962–68), Maurice Couve de Murville (1968–69), Pierre Messmer (1972–69), Raymond Barre (1976–81), Laurent Fabius (1984–86), Edith Cresson (1991–92), Pierre Bérégovoy (1991–92), Édouard Balladur (1993–95), Alain Juppé (1995–97), Jean-Pierre Raffarin (2002–05), Dominique de Villepin (2005–07), François Fillon (2007–12) Jean-Marc Ayrault (2012–14) und Edouard Philippe (2017–). Pompidou zum Beispiel war als getreuer vormaliger Mitarbeiter de Gaulles und nachmaliger Direktor der Rothschild-Bank dem breiten Publikum zum Zeitpunkt seiner Ernennung völlig unbekannt gewesen und war noch nie in irgendeine öffentliche Funktion gewählt worden. Nur sechs Ministerpräsidenten haben den Posten aufgrund eigener Hausmacht durch den in der Folge regelmäßig eifersüchtigen und misstrauischen Präsidenten erhalten: Jacques Chaban-Delmas (1969–72), Pierre Mauroy (1981–83), Michel Rocard (1988–91),

---

17   Jacques Delors. Erinnerungen eines Europäers. Berlin 2004. S. 326.

Jacques Chirac (1974–76 und 1986–88), Lionel Jospin (1997–2002) und schließlich Manuel Valls (2014–16)[18].

Der Präsident kann seinen Ministerpräsidenten jederzeit ohne Angabe von Gründen entlassen, gelegentlich für den Betroffenen aus heiterem Himmel. Meist ist jedoch ein ernstliches Zerwürfnis durch Eigenmächtigkeiten des Premiers vorhergegangen: Etwa als Chaban-Delmas (1969–72) eine „neue Gesellschaft" verkündete, von der sein Präsident – Pompidou – nichts wissen wollte, oder er wurde als potentieller Rivale gesehen, der der eigenen Wiederwahl gefährlich werden konnte, wiewohl bislang nur Pompidou und Chirac den Sprung vom Ex-Premier zum Präsidenten schafften. Auch Manuel Valls musste Ende 2016, weil er angesichts der katastrophalen Umfragewerte von Hollande selbst präsidiale Ambitionen zu erkennen gab, gehen. Denn merke: Der Premier ist für die schlechten Nachrichten zuständig und wird für alle Fehler der Regierung haftbar gemacht. So wird er in aller Regel bei fallenden Umfragewerten wegen angeblicher Führungsschwächen ausgetauscht, auch um dabei die Ministerrunde mit neuen Gesichtern und Favoriten rundzuerneuern. Mitterrand tat dies siebenmal in seinen 14 Amtsjahren, zweimal allerdings unfreiwillig kohabitationsbedingt nach verlorenen Parlamentswahlen. Nur Sarkozy hielt 2007–12 in Treue stets zu François Fillon, obwohl er ihn gerne überging, öffentlich herabsetzte und verunglimpfte. Sie sind sich seither spinnefeind.

Nur einmal hat ein Premier von sich aus das Handtuch geworfen: Chirac gegenüber Giscard 1976. Sein Nachfolger Barre harmonierte deshalb relativ gut mit dem schwierigen Präsidenten, vor allem weil er anscheinend politisch ehrgeizlos war. Ist jedoch ein innerparteilicher Feind, wie Michel Rocard, Premier, dann wird seine Entlassung – in jenem Fall von Mitterrand im Jahr 1991 – als größtmögliche Demütigung wie eine politische Hinrichtung zelebriert.

Bei der Zusammenstellung der Ministerrunde beachtet der Präsident natürlich ein gewisses Gleichgewicht zwischen Männern und Frauen, den Regionen Frankreichs und den verschiedenen Fraktionen im Regierungslager. Seit Sarkozy/Hollande sind auch Vertreter der Minderheiten Pflichternennungen (auch wenn sie, an der Spitze komplizierter Ministerialbürokratien überfordert, meist bald wieder als erste ausscheiden). Ansonsten werden am liebsten enge, langjährige Gefolgsleute belohnt. Unter Hollande waren dies Jean-Yves Le Drian (Verteidigung), Michel Sapin (Finanzen) und Stéphane Le Foll (Landwirtschaft). Mitterrand hat den Anwalt Georges Kiejman, der einer der Hauptspender für die Stiftung seiner Frau Danielle war, gleich dreimal zum Minister gemacht (Justiz, Kultur und Äußeres). Um Offenheit zu demonstrieren ernannte Sarkozy auch Vertreter der politischen Linken wie z. B. Bernard Kouchner oder Frédéric Mitterrand in das Außen- und Kulturministerium. Vorherige politische Erfahrungen oder ein Parlamentssitz sind nicht unbedingt nötig. Da Präsidenten in aller Regel während ihres Wahlkampfes als Kandidat dutzenden ihrer Gefolgsleuten in motivierenden Andeutungen Hoffnungen auf einen Ministerposten machen, hält sich die Begeisterung über solche Seiteneinsteiger bei den leer Ausgegangen verständlicherweise in engen Grenzen. Ihre Anfängerfehler werden dann genüsslich der Presse gesteckt.

---

18   Ghislaine Ottenheimer. Poison présidentiel. Albin Michel. 2015. S. 36.

In den wöchentlichen Ministerratssitzungen präsidiert der Präsident. Die Minister sprechen strikt nur zu ihren Zuständigkeiten. Der Präsident kommentiert ihre Berichte und gibt Anweisungen (wenn er nicht gerade durch Krankheit – Pompidou und Mitterrand in ihren Schlussphasen – oder durch Liebeskummer – Sarkozy und Hollande zu Beginn ihrer Präsidentschaften – abgelenkt ist). Der Ministerpräsident und die anderen Minister schweigen, sofern sie nicht gefragt werden. Ausnahmen waren die Kohabitationsphasen von 1986–88 mit Chirac und 1993–95 mit Balladur, beide unter Präsident Mitterrand, sowie 1997–2002 Jospin unter Präsident Chirac, in denen sich das Regierungsgeschäft verparlamentarisierte und es der Regierungschef war, der die Arbeit seiner Kollegen anleitete und öffentlich vorstellte. Für alle – außer für den Präsidenten – waren dies relativ glückliche Zeiten.

Ansonsten verfügt er über eine weite Palette politischer Möglichkeiten, die de Gaulle 1962 für sich selbst geschaffen hatte: Er kann das Parlament auflösen (wird dies aber nur dann tun, wenn er sich sicher ist, dass seine Partei gewinnt, und nicht – wie dies Chirac 1997 erfahren musste –, verliert), Referenden anordnen (auch dann möglichst nur, wenn er sicher ist, sie zu gewinnen, und nicht wie de Gaulle 1969 und wieder einmal Chirac 1995 zu verlieren), mit Verordnungen regieren, und zur Not Gesetze mangels parlamentarischer Mehrheit, so Hollande im Fall der Arbeitsgesetze von 2016, am Parlament vorbei mit Art. 49.4 der Verfassung als Notverordnung in Kraft setzen. Er unterzeichnet alle wichtigen Ernennungsdekrete (die er vorher entweder selbst durchsieht oder von Kabinettsmitarbeitern durchschauen lässt), verkündet die Gesetze, oder schickt sie zur erneuten Beratung und Beschlussfassung ans Parlament zurück. Dann übt er allein das Gnadenrecht aus und ist Oberbefehlshaber der Armee. Er allein entscheidet über Militäreinsätze im In- und Ausland, gleich ob in Mali, Libyen oder Syrien. Dazu hat er die alleinige Verfügungsmacht über den Einsatz der französischen Atomwaffen. Sein Militäradjutant, ein General, trägt den versiegelten Geheimcode für den Abschussbefehl immer in einer Aktentasche in Begleitung des Präsidenten (sofern dieser sich nicht gerade privat diskret amüsiert). Dazu kann der Präsident bei Bedrohung der Unabhängigkeit oder des Territoriums Frankreichs nach Art. 16 der Verfassung den Staatsnotstand ausrufen und alleine regieren (und muss das Parlament erst nach dreißig Tagen konsultieren).

Es ist also der Élysée, der die wichtigsten politischen und personellen Entscheidungen trifft. Die Ausführung und Finanzierung wird dann den Ministerien überlassen. De Gaulle erfand hierfür den trefflichen militärischen Ausdruck: „L'intendance suivra" (will heißen: der Nachschub und die Zahlmeisterei folgen der kämpfenden Truppe). Dazu kann das Élysée jedes Thema an sich ziehen, das der Präsident und seine Ratgeber für wichtig oder für sympathietragende Schlagzeilen als gut erachten. Von der Mutter eines Arbeitslosen angesprochen, vermittelte Chirac per Autotelefon sofort dem jungen Mann bei einem befreundeten Industriellen eine Stelle (und ließ dafür sorgen, dass dies bekannt wurde). Auch die Präsidentengattinnen, sofern sie ihre traditionelle Rolle noch ernst nehmen, fungieren als eine Art nationaler Kummerkasten, deren im Élysée beheimatete Assistenten dann in hunderten von administrativen Einzelentscheidungen intervenieren, um von örtlichen Sozialämtern, Versicherungen oder

Justizbehörden günstigere Bescheide zugunsten der Bittsteller zu erwirken. Ein klarer Fall von Ersatzmonarchie.

Dazu kommen Dauerinterventionen in öffentliche Bauprojekte, die oft schon sehr weit gediehen sein mögen, wenn sie dem Präsidenten, seiner Gattin oder anderen Einflüsterern missfallen. Gelegentlich hat dies natürlich auch sein Gutes. Selbst der Modernisierer Pompidou berichtete, er habe die Verschandlung eines idyllischen Pyrenäentals durch Hochspannungsleitungen nach einem Hubschrauberflug vor Ort zu verhindern gewusst. Auch ließ der monarchistische Traditionalist Giscard 1974 die pharaonisch-modernistischen Bauprojekte seines Vorgängers Pompidou in Paris (sofern es wie beim Centre Pompidou und dem Abbruch der Pariser Markthallen nicht schon zu spät war) und andernorts stoppen und ersparte uns Schnellzuglinien und Stadtautobahnen entlang des Seine-Ufers. Auch ließ er das modernistische Mobiliar und Design seines Vorgängers aus dem Élysée-Palast wieder weitgehend entfernen und durch den von ihm bevorzugten Louis XV-Stil ersetzen.

Es reicht meist auch, das mündliche Einverständnis des Präsidenten zu bekommen, um damit positive Entscheidungen der subalternen Stellen zu erwirken. Das gilt für Minister, die den Premier oft umgehen (sofern sie vom Präsidenten gelitten sind), ebenso wie für Bittsteller für politische Ernennungen, Industrielle für Staatsaufträge, Investitionsgenehmigungen oder Kreditvergaben, Künstler für Kultursubventionen usw. Präsidenten mischen sich auch in die Entscheidungen von Privatfirmen ein, etwa bei beabsichtigten Betriebsschließungen und Entlassungen, wo sie die Vorstandschefs bei Unbotmäßigkeit mit allen Schikanen, die das Élysée mit einer informellen Anweisung an die zuständigen Ministerien und nachgeordneten Behörden auf sie loslassen kann, bedrohen[19].

Als Giscard 1974 das Élysée übernahm, wollte er dessen Allzuständigkeit beenden und gab seinen Mitarbeitern Anweisung, sich nur um essentielle strategische Fragen zu kümmern und den Kleinkram den Ministerien zu überlassen. Allein, als er merkte, dass sein ehrgeiziger Premier Chirac hurtig die neuen Freiräume nutzte, ließ er die alten Kontrollen und Interventionen sehr bald wieder einführen. Der Krieg zwischen Élysée und Matignon brach erneut aus, nicht nur auf Ebene der Chefs, sondern auch Mann gegen Mann zwischen ihren Mitarbeiterstäben mit Anweisungen und Gegenanweisungen, Desinformationen und Informationsvorenthaltung. Chaos in der höchsten Führungsebene, die die Arbeit in den Ministerien lähmte.

Auch François Hollande versicherte im Wahlkampf 2012 glaubwürdig, er wolle sich auf die großen Leitlinien beschränken und seinen Ministern vollen Freiraum geben. Die Abgeordneten der Nationalversammlung würden gehört und respektiert werden. Seine 45 offiziellen Kabinettsmitarbeiter sollten ihnen keine Anweisungen mehr geben dürfen. Tatsächlich änderte sich nach dem hektisch-aggressiven Sarkozy nur der Stil, nicht aber die weiter zentralisierte Entscheidungsstruktur, die sich dem guten Willen entzog. Weil der Präsident für fast alles im Land verantwortlich gemacht wird, müssen er und seine Mitarbeiter im Herzen der Regierungsmaschinerie reagieren. Und in der Tat werden sie auch stets und ständig von al-

---

19   Ghislaine Ottenheimer. Poison présidentiel. Albin Michel. 2015. S. 43 ff.

len um Entscheidungen lobbyiert: von Industrie- und Gewerkschaftsfürsten, Abgeordneten, Ministerkollegen, Regionalpolitikern, Hochschulfreunden und Künstlern aller Art[20]. Diesen Erwartungen versuchen sie verständlicherweise nach Kräften zu entsprechen. Immerhin traf sich Hollande mit seinem Premier, zunächst (2012–14) mit Jean-Marc Ayrault, und 2014–16 mit Manuel Valls, einmal wöchentlich unter vier Augen zum Mittagessen, um die laufenden Geschäfte zu besprechen. Das hatte es früher nie gegeben.

Dennoch zählt weiter der Schlüsselsatz: „Der Präsident hat gesagt …", der für alle Ministerien Befehl ist. Man stelle sich das gleiche in Berlin vor! Zu Chiracs Zeiten hieß es „Der Pharao hat gesagt", ein Bezug auf sein absolutistisches Gotteskönigtum oder seine Neigung zur Exotik. Mitterrand war umstandslos gleich „Dieu".

Seine Personalentscheidungen beziehen sich nicht nur auf die Ministernominierungen. Nach Art. 13 der Verfassung ernennt der Staatschef auch die Staatsräte („conseillers d'état"), den Großkanzler der Ehrenlegion, die Botschafter und Sonderbeauftragten, die Oberräte („conseillers maîtres") des Rechnungshofs, die Präfekte, die Generäle, die Rektoren der Akademien, die Generalinspektoren und die Direktoren der Zentralverwaltungen. 1986 erweiterte Mitterrand die Liste noch. Natürlich werden die Präsidenten der Staatsbetriebe und halböffentlichen Anstalten, die Polizei- und Geheimdienstchefs, die Vorsitzenden von Untersuchungs- und Forschungskommissionen, die Leiter der staatlichen Sparkasse („Caisse des Dépôts"), der Elektrizitätsgesellschaft EdF, von Radio France, von Air France, der Flughäfen, Nahverkehrsbetriebe und Krankenhäuser von Paris, des demographischen Instituts, des statistischen Amtes, der Finanzmarktagentur, der Museen und staatlichen Schlösser, die Mitglieder des Wirtschafts- und Sozialrates und des Rates für Währungspolitik von ihm ernannt. Ein ehemaliger Generalsekretär des Élysée wird von Ottenheimer zitiert, es sei der freudigste Moment für die Präsidenten, wenn sie die Personallisten mit den entsprechenden Kurzbiographien der Kandidaten durchgehen: „Sie werden davon wirklich absorbiert. Das ist fast eine körperliche Beglückung für sie"[21]. Loyale politische Freunde, Kabinettsmitarbeiter, alte Bekannte, persönliche Freunde, Studienkollegen und entfernte Verwandte werden belohnt, ehemalige Abgeordnete für das verlorene Mandat versorgt, und gelegentlich auch ein politischer Gegner aus Gründen des überparteilichen Images oder zu seiner Neutralisierung kooptiert. Das Ganze dient wie bei allen politischen Ernennungen (nicht nur in Frankreich!) dem Ausbau und Erhalt politischer Stütz- und Abhängigkeitsnetzwerke. Denn wer ernannt wird, schuldet seinem Wohltäter mehr als einen Gefallen und hat an dessen Wiederwahl ein elementares Interesse. Dazu kommt die Verleihung von Orden und Ehren, wie zum Beispiel die Mitgliedschaft in der von Napoleon gegründeten Ehrenlegion, denn so begründete der Kriegskaiser seine Entscheidung: „Mit Flitter lenkt man Menschen"[22]. Auch werden sämtliche Beförderungslisten der Zentralverwaltung und die Botschafterernennungen vom ihm durchgesehen und abgezeichnet. Dabei strich Gis-

---

20 Camille Pascal beschreibt zum Beispiel sehr witzig wie Gérard Depardieu, der sich durch nichts und niemanden einbremsen lässt, aus heiterem Himmel Sarkozy um die Finanzierung eines abseitigen Filmprojektes bittet: Scènes de la vie quotidienne à l'Élysée. Plon 2012. S. 88 ff.
21 Ottenheimer. Op. cit. S. 74.
22 David Chandler. Napoleon. München 1974. S. 63.

card einmal einen Neffen die verdiente Beförderung, weil er nicht des Nepotismus geziehen werden wollte.

Dazu sind moderne Präsidenten völlig überlastet. Die Zeiten, in denen sich Pompidou und Mitterrand bestimmte Vormittage zum Spazierengehen oder Bücherlesen freihielten, oder de Gaulle auf lange Wochenenden incommunicando ins ländliche Colombe-les-deux-Églises entschwand, sind längst passé. Die Tage sind vollgetaktet mit Sitzungen, Reisen im In- und Ausland, dem Empfang von Staatsbesuchen, öffentlichen Reden, Ordensverteilungen, Presse- konferenzen, Fernsehansprachen, Europaterminen in Brüssel, Gipfeltreffen, dem Empfang von Abgeordneten und Parteifreunden, die Besuche der wichtigsten Messen: der Landwirtschaft, des Buches, der Luftfahrt und der Automobile, plötzliches Krisenmanagement …

Das Protokoll, das Abschreiten von Ehrenformationen, das Anhören der Nationalhymnen, an- derer musikalischer Darbietungen, langweiliger, vorhersehbarer Reden, Galadiners und andere repräsentative Funktionen verschlingen eine Unmenge produktiver Zeit. Dazu schirmt eine immer strengere Sicherheit den Präsidenten effektiv vom Volk mehr und mehr ab. Vom pro- tokollarischen Aufwand beweihräuchert und der Bevölkerung abgeschnitten, fallen die Präsi- denten in ihrer einsamen Blase im Élysée-Palast immer mehr auf ihre politischen Vertrauten, alte Freunde und die Kabinettsmitarbeiter zurück, die als Höflinge ebenfalls Mitbewohner der gut gepolsterten Blase sind, in der sie endlos lange Arbeitsstunden absolvieren und allesamt nur ein Interesse haben: den Chef bei Laune zu halten und ihn nicht mit schlechten Nachrich- ten zu enervieren. Das Ergebnis – nicht nur in Paris – ist ein unvermeidlicher Realitätsverlust nach Jahren der Machtausübung. Ottenheimer zitiert Jean-Pierre Raffarin, der von 2002 bis 2005 Chiracs Premier war: „Die Macht der präsidentiellen Funktion ist ungeheuer. Es ist eine Fabrik des Egos. Das ist pathologisch." und: „Für den Präsident existiert nur er selbst. Er ist völlig selbstzentriert. Er ist es, der alles entscheidet"[23]. Und Xavier Musca, der Generalsekretär des Élysée unter Sarkozy, zitiert seinen damaligen Chef: „Fillon [sein Premier] und Juppé [der Außenminister], sie sagen was sie wollen, aber ich bin es, der entscheidet"[24].

Doch es wirkt auch das physisch-soziale Umfeld des Élysée-Palastes. So wird ein abendlicher Besucher des Präsidenten in der Schlussphase von Hollande zitiert: „Im Élysée ist es unmög- lich, den Kontakt mit der Realität zu halten. Du bist schon nicht einmal mehr in Paris, Du bist auf dem Land. Es gibt keinen Straßenlärm, man sieht auf Grünzeug und einen Park. Selbst auf den Korridoren hört man nichts, obwohl dort 860 Leute arbeiten. Und Du bist von ENArquen umgeben, die 35 Jahre alt sind und keinen politischen Verstand haben. In dem Alter liegen sie gegenüber einem Präsidenten nur noch flach".[25]

Weniger öffentlich und stilvoller fand auch unter Hollande, auch wenn er einmal wöchentlich montags mit seinem Premier speiste, die Abstimmung zwischen den verschiedenen Ministeri- umsinteressen (z. B. zwischen den Ausgabeministerien und dem Quai Branly, dem Finanzmi-

---

23 Ottenheimer, Op. cit. S. 51.
24 Ibid.
25 Le Point 7.4.2016. S. 35.

nisterium, das die Rechnungen begleichen und das Budget sanieren muss) und den verschiedenen Strömungen der Sozialistischen Partei, sowie die letztliche Entscheidungsfindung (die oft für viele Beteiligten nicht als positive Überraschung kommt) weiter im Élysée und nicht im Matignon statt. Eine Entscheidung des Präsidenten – durchaus auch aus einer Augenblickslaune heraus – kann einen vorher schon einvernehmlichen inter-ministeriellen Kompromiss wieder über den Haufen werfen. Die Arbeit beginnt dann wieder von vorne.

In seiner großen, radikalen Kritik von de Gaulles Machtergreifung und seines Präsidialsystems „Le Coup d'État permanent" von 1964 beschreibt Mitterrand höhnisch, wie der Regierungschef zum Kabinettschef (dem Büroleiter also) de Gaulles degradiert wurde, der nur noch ungefragt die Entscheidungen des Generals auszuführen hatte, und dabei selbst seine wenigen verfassungsmäßigen Rechte nicht mehr wahrnehmen kann. Die politische Gesellschaft hinge nunmehr von den Launen eines einzigen Mannes ab[26]. Dabei kümmerte sich de Gaulle eigentlich nur um die Außen-, Sicherheits- und (bei akuten Krisen) die Währungspolitik. Ansonsten überließ er als wirtschaftlicher Laie und nur an der hohen Politik interessiert, die meisten anderen Politikfelder seinem langjährigen Premier Pompidou, den er als ungewählten Wirtschaftsexperten aus der Bank Rothschild rekrutiert hatte, und seinen Fachministern, wie dem jungen Giscard als Finanzminister. Mitterrand hingegen, wiewohl ebenfalls wirtschaftspolitischer Laie, kostete als Präsident das von ihm so kritisierte Regime mit großem Geschick voll aus und mischte sich grundsätzlich, nachdem er sich sphinxhaft im ganzen Vorlauf der Diskussionen nur in ambivalenten Andeutungen oder in bedeutungsschweres Schweigen gehüllt hatte, dann zum Schluss in so gut wie alle Entscheidungen ein, und zwar in einer Weise, die keinen Widerspruch duldete.

Ein klassischer Fall: Chirac kam auf die Idee, eine Sondersteuer von 1 bis 45 Euro je nach Zielort auf Flugscheine zu erheben, die einem wohltätigen Zweck dienen sollte. Als das Geld hereinsprudelte, musste es natürlich auch ausgegeben werden. Sein damaliger Gesundheitsminister Philippe Douste-Blazy, damals auch Bürgermeister von Lourdes, hatte die nötige Eingebung: In der Dritten Welt AIDS-Medikamente gratis an Kinder zu verteilen. Für die Umsetzung dieser herzerwärmenden Idee bot sich sein Freund Bill Clinton mit seiner Clinton-Stiftung an, die in Afrika ja angeblich auch viel Gutes tut. Im Zuge dieser Transaktionen verschwanden erst einmal 20 Millionen Euro auf Nimmerwiedersehen[27].

Sarkozy war berüchtigt dafür, dass er zu jedem Thema, das ihm in den Sinn kam – vor allem jene, die gerade in den Abendnachrichten prominent aufschienen – Sondersitzungen mit jeweils unterschiedlichen, buntgemischten Beteiligten einberief, vor allem zu Sicherheits- und Immigrationsfragen, die ihm als ehemaligen begeisterten und engagierten Innenminister am geläufigsten waren: Vom Migrantendschungel von Calais über Gewalt an den Oberschulen, die Burka bis hin zu Einzelfällen: Ein Psychopath, der aus einer Anstalt ausgebrochen war, ermordet einen Jugendlichen. Sarkozy befiehlt eine sofortige Überarbeitung des Systems der Ein-

---

26   Zitiert in: Ottenheimer. Op. cit. S. 58 f.
27   Vincent Jauvert. „L'étrange ami français des Clinton". L' Obs. 27.10.2018.

weisungen und der Überwachung psychiatrischer Kliniken[28]. Allerdings schien Sarkozy meist nicht richtig zuzuhören und entschied am Ende das, was er ohnehin schon vor der Einberufung der Sitzung erreichen wollte. Er war nicht der einzige. Mitterrand entschied die Ausweisung des Finanzministeriums aus der Rue de Rivoli und die entsprechende Ausweitung des Louvre, sowie den Bau der Pei-Pyramide in dessen Hof, weil die Frau, die er wirklich jahrzehntelang liebte und Mutter seiner Tochter war, Anne Pingeot, Chefkuratorin für Skulpturen im Louvre war, und sich das so wünschte. Hollande entschied 2014 die Fusion und Neuaufteilung der Großregionen, indem er auf einer Frankreichkarte auf einem Beistelltisch herummalte. So verschwand zum Beispiel das Elsass, dessen rechte Wahlergebnisse ihn wohl schon lange gestört hatten, zusammen mit Lothringen in der neuen Region „Grand Est". Die Bretagne, dagegen, wo die Sozialisten unter Führung seines Freundes Le Drian noch populär waren, durfte als Traditionsregion überleben. Natürlich widersprach intern niemand. Entscheidungen, die auf einer so dünnen Informationsgrundlage und ohne echte Expertenbeteiligung aus dem Präsidentenbauch heraus getroffen werden, mögen gelegentliche Geniestreiche sein. In aller Regel aber sind sie es nicht und schaffen nur neue Folgeprobleme und Korrekturkosten.

Ähnlich trafen die Könige von Frankreich ihre Entscheidungen, weil ihnen die Sitzungen des formalen königlichen Staatrates zu zeitraubend und umständlich waren. Interessant der Gegensatz zu Deutschland: Als Sarkozy im Juli 2007 zu einem deutsch-französischen Gipfel nach Toulouse lud, um die ewige Führungsproblematik des gemeinsamen Airbus Unternehmens einmal mehr zu regeln, nervte ihn der detailverliebte und umständliche Inhalt und die Länge des Beitrags eines deutschen Ministers. Er meinte zu Merkel, sie solle seinen Redefluss baldigst abstellen. Die Kanzlerin, die auch keinen Widerspruch goutiert, antwortete, in Deutschland ginge das nicht so einfach[29].

Paris ist ein attraktiver Zielort. 180 Nationen kennt die Welt. Anscheinend hat jeder Staatschef den Ehrgeiz, mindestens einmal alle zwei Jahre hier mit Frau, Freundin oder Harem für einen politischen Fototermin und exklusives Shopping einzutrudeln. Damit ist das Stadt- und Regierungszentrum nahezu jeden vierten Tag beflaggt, von A wie Albanien bis Z wie Zimbabwe, und mit Tatütata braust die VIP-Fahrzeugkolonne über halbabgesperrte Straßen vom jeweiligen 5-Sternehotel[30] wohin? Zum Élysée-Palast natürlich. Selbst für einen bedeutungslosen Austausch von Gemeinplätzen mit einem Westentaschendiktator von 20 Minuten muss der Präsident mindestens eine Stunde freischaufeln, um die Ehrengarde abzuschreiten, den Hymnen interessiert zu lauschen, und beim Fototermin lächelnd die Hände drücken. Wenn er Pech hat und wichtige französische strategische, Rohstoff- oder Exportinteressen auf dem Spiel stehen, muss er noch fast den ganzen Abend für ein feierliches Abenddiner mit entsprechend spannen-

28   Ottenheimer. Op.cit. S. 63.
29   Ibid. S. 66.
30   Oberst Gaddafi wurde im Dezember 2007 erlaubt, in einem Park als Wüstensohn ein großes Beduinenzelt für sich und die Seinen zu errichten. Dreieinhalb Jahre später entschied sich sein damaliger Gesprächspartner Sarkozy unter dem Einfluss des Politphilosophen Bernard-Henri Lévy gegen den Rat seines Außenministers Alain Juppé für seine gewaltsame Eliminierung und stürzte mit britischer Unterstützung das Land in anhaltendes Chaos. Siehe: Bruno Dive. „Alain Juppé. L'homme qui revenait de loin". L'Archipel. 2016. S. 199.

den Reden (einschließlich der eigenen) opfern. Aber Aufwand lohnt sich in Summe natürlich für Frankreich. Luxemburg, Finnland und Island haben nicht das Problem.

Natürlich gibt es auch wichtige nationale Zeremonien. Die Parade des 14. Juli, der Tag des Bastillesturms von 1789, als ein Landstreicher, drei Geisteskranke und ein adliger Sittenstrolch heroisch befreit wurden, nimmt den ganzen Tag im vollen Licht der Kameras in Anspruch. Dann gibt es jede Menge anderer kalendarischer Jubel- und Trauertage, mit ihren entsprechenden Kranzabwürfen oder Ordensverteilungen und den obligaten Reden, die die Nation im Verlauf der letzten 1400 Jahre angesammelt hat. All dies ist vorhersehbare Symbolpolitik[31] (die zum Beispiel in Deutschland für den Bundespräsidenten der stresshafte Hauptberuf ist).

Hollande machte einen heroischen Versuch, das Protokoll, immerhin muss immer auch eine Ehrenkompanie mit 200 Mann antreten und verschwendet seine Zeit mit Exerzierübungen, Griffeklopfen und Stiefelputzen, zu vereinfachen und abzukürzen, scheiterte jedoch an traditionalistischen Einwänden. Die napoleonischen Uniformen und Rituale blieben. Macron, der sich im Wahlkampf als hemdsärmeliger und messianischer Start-up-Unternehmer gab, genießt als begnadeter Staatsschauspieler wieder das volle Protokoll, um die nötige Gravitas zu zelebrieren.

Lustig die Pressekonferenzen. Unter de Gaulle wurden die präsidialen Pressekonferenzen im Élysée eingeführt. Insgesamt gab es deren 17 während seiner zehn Jahre. Sie waren im Wesentlichen Regierungsverlautbarungen über getroffene wichtige Entscheidungen. Ausgewählte Journalisten durften seinen Monologen ehrfürchtig lauschen, mitschreiben und das war es denn auch. Auf vorher schriftlich eingereichte Fragen wurde geantwortet oder auch nicht. Unter seinen Nachfolgern wurde der Kreis der Auserwählten ausgeweitet und sorgsam platzierte spontane Fragen zugelassen. Giscard suchte seine telegene Ausstrahlung eher durch gezielte Fernsehinterviews zu nutzen. Unter Mitterrand und Chirac zeichneten sie sich vor allem durch ihre Seltenheit aus. Als Sarkozy an die Macht kam, versprach er im Gegensatz zu seinem Vorgänger Chirac, der es in zwölf Jahren auf deren vier schaffte, er würde mindestens drei Pressekonferenzen im Jahr geben. Tatsächlich wurden es dann ebenfalls vier in immerhin fünf Jahren[32]. Weil Nachfragen im Gegensatz zur allgemeinen westlichen Pressepraxis nicht zugelassen sind und als grob unhöflich und despektierlich gelten, schauen sich die meisten Journalisten mittlerweile das Ganze am Arbeitsplatz am Bildschirm an ...

Klassisch war die Funktion eines Königshofes, die mächtigen Regionalfürsten an die Hauptstadt zu binden, sie mit Repräsentationspflichten, Ritualen und Verlustigungen zu beschäftigen, um zu verhindern, dass sie in ihren heimatlichen Besitzungen heimlich rüsteten, feindliche Bündnisse schlossen und gegen die Königsmacht intrigierten. Louis XIV., der Sonnenkönig

---

31   Natürlich wird weiter wie im Arc de Triomphe immer nur der gewonnen Schlachten gedacht. Keine Métro-Station ist verständlicherweise nach Leipzig benannt. Sedanstraßen gibt es nicht, genausowenig wie eine Rue de Dien Bien Phu, und Waterloo Station befindet sich in London. Auch als Militärhistoriker brauchte ich eine Weile, um zu recherchieren, dass die Schießerei einiger Fremdenlegionäre auf das Afrikakorps bei Bir Hakeim eine wichtige Schlacht des Zweiten Weltkriegs war und deshalb den Namen einer Métro-Station verdiente.

32   Ottenheimer. Op. cit. S. 71.

(1661–1715), hat dies in Versailles mit 10.000 Höflingen sicher zur Meisterschaft gebracht, ein unerreichtes Vorbild des Élysée.

Am Élysée zählen nicht nur sein Generalsekretär[33] und die Kabinettsmitarbeiter zu jenem Hofstaat als „Mikrokosmos" (Raymond Barre), sondern all jene, die als Industrieführer, Bankiers, Chefintellektuelle, Spitzenbeamte, politisierende Anwälte und journalistische Edelfedern die stete Aufmerksamkeit des Präsidenten suchen, und dies nicht nur bei formalen Besprechungen, sondern auch bei Arbeitsfrühstücken, Mittagessen, Staatsdiners, bei Konzerten, Opernbesuchen, Eröffnungen, beim Golf, auf der Jagd, an Wochenendausflügen und am Urlaubsort. Wie an jedem Hofstaat gibt es konzentrische Kreise des Zugangs und Einflusses, sowie Aufsteiger und Absteiger in der Gunst des Chefs. Entsprechende Rangplätze werden bei Einladungen (am begehrtesten der Mitflug in der Präsidentenmaschine), Sitzordnungen, den verliehenen Orden und der Länge der Unterredungen sichtbar und werden mit großer Aufmerksamkeit und rasender Eifersucht verfolgt. Sind viele auch verglühende Kometen, so gibt es stets auch Fixsterne. In den 14 Jahren Mitterrands waren dies Alain Minc, Jacques Attali[34], Jean-Pierre Jouyet, Bernard Kouchner und Jack Lang. Manche tauchten dann auch bei Chirac und Sarkozy und allesamt bei Hollande wieder auf. Der Präsident hat in der Isolation seines Palastes die Illusion, unabhängige Meinungen zu hören, kann sich entspannen und Anekdoten erzählen, die seine Höflinge alle herzlich lustig finden. Über politische Widrigkeiten und Affären, verunglückte Initiativen, Streiks, Krankheiten, Eheprobleme und ein mieses Presseecho helfen ihre unvermeidlich aufbauenden Schmeicheleien. Auch sind sie nützlich, um bei formalen Essen und Empfängen im statusorientierten Paris in Ungnade gefallene Premiers und Minister an die Katzentische zu verbannen oder warten zu lassen, während der Präsident sich mit seinen Höflingen amüsiert. Natürlich lassen diese nicht uneigennützig alles stehen und fallen, wenn der Staatschef sie ruft. Neben dem abgeleiteten Sozialprestige sind sie Einflussagenten sowohl in eigener Sache, als auch Lobbyist von höchstem Status für alle jene, denen ein Draht zum Ohr des Präsidenten etwas wert ist.

Der Hof des Präsidenten

Für Ex-Premier Dominique de Villepin ist dieser Hof, der sich seit Louis XIV. immer wieder neu um den jeweiligen Herrscher gebildet hat, in Frankreich wegen des dortigen Zentralismus besonders rigide und blockiert das Land in seiner Entwicklung[35]. In Deutschland sei dies wegen der Vielzahl der vielen kleinen Hofstaaten (die sich heute um Kanzler, Vizekanzler, die

---

33 Nota bene, dass im Élysée der „Generalsekretär" der politische Leiter des Präsidentenkabinetts ist, während dort der „Kabinettschef" nur die Verwaltungsabläufe als major domus leitet. In den Ministerien ist es fast genau umgekehrt. Der Kabinettschef des Ministers leitet tatsächlich dessen politisches Kabinett als sein Alter Ego, während der Generalsekretär des Ministeriums der ranghöchste Beamte ist, dem deutschen beamteten Staatssekretär entsprechend.

34 Attali, der sich als Vorzimmerherrscher Mitterrands stets Unmengen an Notizen machte, veröffentlichte 1993–95 seine drei Bände „Verbatim" (Fayard), die jedoch von vielen Beteiligten als verfälschend und plagiarisierend kritisiert wurden. Auch Mitterrand selbst war nicht amüsiert.

35 Dominique de Villepin. De l'esprit de cour. Perrin. 2010.

16 Ministerpräsidenten als Duodezfürsten scharen) anders. Natürlich sind auch die Firmenzentralen von Gütersloh bis Jena, von Stuttgart bis Kiel im ganzen Bundesgebiet verstreut und
interessieren sich oft nur peripher für das politische Berlin, das wirtschaftsfern ohne große
Firmenzentralen auskommt. In Paris dagegen lebt die politische Elite („Tout Paris") in ihrer
eigenen, intensiv empfundenen Welt symbiotisch mit der Wirtschafts- und Kulturelite und ist
vom Volk in den Vorstädten und in der Provinz in jenem einzigartigen Sozio-Biotop mit seinen
Eigengesetzen, eigenem Wertekosmos, Sprachmustern, polit-kulturellen Referenzen, Bobo
(„Bohèmien-bourgeois")-Lebensstilen und Werten recht gründlich abgeschnitten. Auch gegenüber den Notabeln, der Führungsschicht der Provinzen, empfindet man sich als überlegene
nationale politische, kulturelle, administrative und nicht zuletzt auch wirtschaftliche Elite mit
einem deutlichen Führungsanspruch in allen vier Bereichen. Es überrascht daher zum Beispiel
wenig, dass die Pariser Zeitungen, die zählen (wie Le Monde, Le Figaro, Libération, Canard
Enchaîné), in der Provinz kaum gelesen werden und sie es selbst selten für nötig halten, aus jener Provinz in den Pariser Kosmos –außer bei skurrilen Verbrechen, grenzwertigen Skandalen
und kuriosen Wahlergebnissen – zu berichten.

Noch extremer ist natürlich die Situation im Élysée selbst. Die Problematik von einem Hofstaat
von Jasagern abgeschottet zu sein, ist jedem Präsidenten zu Beginn seiner Amtszeit von der
Beobachtung der Schwächen seiner Vorgänger nur allzu geläufig. So meinte Chirac zu seinem
späteren Premier de Villepin: „Der Hof hat immer einen entscheidenden Einfluss auf das politische Leben Frankreichs gehabt, der wirklich von Übel war. De Gaulle hatte seine Kriegskameraden wie Capitant, Pompidou seine Künstlerfreunde und Normalien. VGE hatte niemanden.
Mitterrand seine Getreuen, obwohl einige nicht vorzeigbar waren. Deshalb schätze ich Leute,
die den Mut haben, mir zu sagen, was sie denken. So können wir zusammenarbeiten"[36]. Das
war der gute Vorsatz, der jedoch Chirac nicht davon abhielt, in Verkennung der Volksmeinung
auf falsche Einflüsterer wie de Villepin selbst zu hören und 1997 das Parlament für Neuwahlen
aufzulösen, die er prompt verlor, und im Mai 2005 ein ebenso desaströses Referendum zur
Europäischen Verfassung anzusetzen.

Es lohnt bei in diesem so zentralisierten Machtsystem mit seiner ausgeprägten Hof-Proble-
matik ein historischer Exkurs, den kein anderer als de Villepin zu Zeiten der Herrschaft seines
Erzfeindes Sarkozy 2010 veröffentlichte. So war laut ihm der Hof im Ancien Régime unter-
würfig gegenüber dem König, arrogant gegenüber dem Volk, von dem er getrennt lebte, und
hatte nur seine Eigeninteressen im Sinn. De Villepin konstatiert, er sei als Minister im Quai
d'Orsay und Place Beauvau und als Premier im Matignon (2002–2005) von Parasiten verfolgt
gewesen, die nur ihre Privilegien genießen wollten, ohne im Gegenzug etwas dafür zu leisten[37].
Im Mittelalter dagegen galt der Hof neben den Klöstern und den wenigen Universitäten als
Kulturzentrum. Er praktizierte gute Umgangsformen, „Höflichkeit" im Verhalten und in der
Sprache, Ritterlichkeit im Umgang mit Frauen und Gegnern, Kultur und Literatur in einem ansonsten ziemlich barbarischen Umfeld, in dem die meisten Menschen in ihrer kurzbemessene

36   Ibid. S. 9.
37   Ibid. S. 11.

Lebensspanne in bäuerlichen Substenzexistenzen meist nur an ihr Überleben und ihre elementaren Grundbedürfnisse denken konnten. Interessant ist, dass sich der kulturelle Anspruch des Hofes in Paris weiter gehalten hat (im Gegensatz etwa zum Weißen Haus, der Downing Street oder dem Bundeskanzleramt), wenngleich in einer etwas pervertierten Form zur Imagepflege des Präsidenten und zur Subventionsverteilung an politisch genehme Staatskünstler und der Aufnahme von Claqueuren aus der medial inszenierten Kulturszene in die Académie Française.

Mit dem Machtzuwachs des Königs und seiner Sakralisierung mit der Krönung in der Kathedrale zu Reims wurde der Aufenthalt an der „curia regis" für die großen Vasallen, Barone und Prälaten zur Pflicht. Gleichzeitig stieg der kleine Dienstadel der Provinz, vor allem aus der Île-de-France, über Spezialfunktionen, wie der Leitung der Rechnungskammer, in Führungsstellungen am Hof auf. Der Hof hatte zunächst jene Doppelfunktion: die Leitung der sehr rudimentären Staatsverwaltung und Instrument der Unterwerfung der Herzögen und anderen Regionalherrscher. Sie wurden nach und nach rigiden Etiketten in einem streng hierarchisierten Hofstaat, dessen Vorbilder aus Spanien und dem Vatikan stammten, unterworfen. Sie verloren mit ihrer dauernden Abwesenheit ihre heimatliche Machtbasis und ihre ritterliche Traditionen. Zu höfischen Dienstboten degradiert wurden sie von den Launen des Herrschers und den Intrigen seiner Umgebung abhängig. In jener neuen Kaste, die mit der alten Aristokratie nur noch die ererbten Titel gemein hatte, wurden in Ermangelung einer eigenen Hausmacht Statusfragen zur Vergewisserung der eigenen Situation vorrangig. Selbst die geringsten Statusunterscheide in der vorgeschrieben Kleidung oder in der protokollarischen Reihung wurden zu enormer Wichtigkeit für das Ansehen und die temporäre hierarchische Machtsituation. Sie ermöglichten es dem regelsetzenden König die unerschöpflichen Eitelkeiten zu nutzen, um seine Höflinge stets in Unsicherheit zu wiegen und sie gegeneinander auszuspielen, um sich ihrer Loyalität zu versichern.[38]

Schon im 16. Jahrhundert umfasste der Hofstaat 2000 Personen, die wegen ihres vorgeschriebenen aufwendigen unproduktiven Lebensstils meist an der Zahlungsunfähigkeit entlang schrammten. Der Höhepunkt der zeremoniellen Prunkentfaltung war die lange Herrschaft des Sonnenkönigs Louis XIV. (1643–1715), der seine Herrschaft neben der Plünderung der Provinzen, der Bauern und Bürger, durch ständige Raubzüge von seinen europäischen Nachbarn finanzieren ließ. In Ermanglung eigener Gestaltungsfreiräume im Absolutismus dienten die Höflinge nicht dem Land, mit dem sie sich nicht identifizierten, sondern waren ausschließlich an der eigene Karriere und ihrer Refinanzierung interessiert. Doch verlor mit dem Tod von Louis XIV. der Hof von Versailles plötzlich seinen Mittelpunkt. Rituale und Intrigen interessierten unter der Herrschaft des Regenten und unter Louis XV. niemanden mehr. Die Höflinge übersiedelten nach und nach Paris, wo sie sich in philosophischen und literarischen Salons besser vergnügen konnten. Das erstarkende Bürgertum verachtete den verbliebenen Hofstaat um den als sittenlos verrufenen Louis XV. (VGEs großes Vorbild und adoptiver Ahnherr) und seine Madame Pompadour, der er 1753 den von ihr später umgebauten Élysée-Palast kaufte. Sie galten als faul, selbstsüchtig, gierig, arrogant und moralisch verkommen, eine in der dama-

---

38   Ibid. S. 41.

ligen Publizistik, in Theatern und Salons verbreitete Einschätzung, die von den aufgeklärten Teilen der Aristokratie und des Klerus geteilt wurde und die De-Legitimierung der Königsherrschaft und die Revolution von 1789 vorbereitete[39]. Dazu trug auch der siebenjährige Krieg (1756–1763) bei, in dem Frankreich seine wichtigsten Kolonien in Nordamerika und Indien an Großbritannien verlor. Der großbürgerliche britische Liberalismus schien für jedermann gegenüber der absolutistischen Ohnmacht Frankreichs überlegen.[40]

Nach dem Aderlass der Revolution entstand nach 1793 zunächst eine neue Oligarchie von Notabeln, einer bürgerlichen Besitzklasse, die den enteigneten Kirchenbesitz und die Schlösser der Aristokraten (ebenso wie Chirac und VGE 170 Jahre später) billig übernommen hatte[41]. Napoleon (1799–1815) hatte als ständig kriegführender Diktator im Prinzip keine Zeit für Höflinge, Zeremonien und gute Manieren. Doch suchte er als Parvenü seine usurpierte Herrschaft durch die Fusion alter und neuer Eliten zu legitimieren: die Überlebenden der alten Aristokratie mit ihren ehrwürdigen Titeln, seinen Verwandten, Generälen, hohen Beamten und den Käufern des Staatsbesitzes und den neuen imperialen Titeln. Seiner grenzenlosen Eitelkeit als selbsternannter Imperator schmeichelte die Errichtung eines neuen servilen Hofstaates mit einem wiedererweckten Protokoll. Mit der Schaffung der Ehrenlegion suchte er wie schon Louis XIV. (und heute die Präsidenten der V. Republik) die Eitelkeit anderer für sich billig dienstbar zu machen.

Nach seinem Sturz waren in der Restaurationszeit Louis XVIII. (1814–1824) und Charles X. (1824–1830) von einer Kamarilla zurückgekehrter Exilanten umgeben, die einem berühmten Bonmot zufolge nichts vergessen und nichts gelernt hatten. Unter Louis-Philippe (1830–1848), dem Bürgerkönig, und Napoleon III. (1848–1871) bereicherte sich die Bourgeoisie – oft auf Kosten des Staates und des Restes der Bevölkerung. So wird James de Rothschild im Jahr 1840 zitiert: „Ich gehe zum König, den ich dann sehe, wenn ich es will. Es vertraut mir völlig, hört auf mich und berücksichtigt, was ich sage"[42], sicher nicht der erste und absolut nicht der letzte einflussreiche „Besucher der Nacht"[43]. Der Hof von Napoleon III. und Kaiserin Eugénie pflegte im Dunstkreis der Reichen einen von der Bevölkerung entfremdeten Luxus in einem Sommerparcours, der in den Stadtpalais der Faubourg Saint-Germain (dem heutigen 7. Bezirk) beginnt und das Halbjahr vergnüglich nacheinander in Saint-Cloud, Fountainebleu, Plombières und Biarritz durchläuft. Den klassischen („régalien") Ministerien des Inneren, Finanzen und Haushalt, Äußeren, Verteidigung und Justiz werden jene für die Kolonien und für Arbeit und Gesundheit zugesellt. Die Spitzenbürokratie nimmt massiv zu. Doch bleiben die Salons entscheidend für die politische Meinungsbildung, mehr noch als die Nationalversammlung oder die Académie française[44].

---

39   François Bluche. Frankreich zur Zeit Ludwigs XVI. Ditzingen 1989.
40   De Villepin. Op.cit. S. 67.
41   Ibid. S. 85.
42   Zitiert in: idem S. 119.
43   Als ein wunderbares Sittenbild siehe auch den zweiten Teil von Stendhals unvollendetem Roman Lucien Leuwen. Leipzig 1996.
44   De Villepin. Op. cit. S. 135.

Mit der III. Republik (1871–1940) zieht der Parlamentarismus ein. Die neue politische Klasse lässt sich als Minister von hauptberuflichen Ministerbegleitern („conseillers") administrativ, moralisch und intellektuell unterstützen. Sie haben keine eigene Beamtenlaufbahn, sollen treu und kompetent sein und gleichzeitig einen Teil des Ministeriums im Namen des Ministers zu dessen Arbeitserleichterung führen. Im Gegensatz zur höheren Ministerialbürokratie sind sie jederzeit abrufbar, müssen sich deshalb dauernd rückversichern und ihre Minister mit guten Nachrichten bei Laune halten. Mit dem Fall der Regierung war es zunächst einmal mit dem „Conseiller"-Dasein vorbei. Doch gab es in jener „République des camérades"[45], in der die politischen Ratgeber mit Lobbyisten bestens vernetzt waren, stets weich gebettete Auffangstationen. Außerdem wurde der Minister ohnehin häufig erneut ernannt. So gab es zwischen 1871 und 1937 103 Regierungen, die im Schnitt knapp länger als ein halbes Jahr hielten, nicht anders als in der IV. Republik von 1944–1958. So war der in Deutschland als Partner von Gustav Stresemann sehr verehrte Aristide Briand zwischen 1909 und 1929 elfmal Président du Conseil (Ministerpräsident also) und mehr als zwanzigmal Minister gewesen.

In der V. Republik konstatierte de Villepin die Rückkehr zum „Château" einer imaginären Monarchie[46]. Unter Pompidou und Chirac hätten Pierre Juillet und Marie-France Garaud als „conseillers de la nuit" eine reaktionäre Politik betreiben können, für die sie nicht legitimiert gewesen seien.[47] Während der „Modernisierer" Giscard lediglich in Formalitäten und im Lebensstil seiner großbürgerlichen Faszination für den alten Hochadel Ausdruck verlieh, habe Mitterrand an seinem Hof das monarchistische Protokoll im Stil des Sonnenkönigs wiederbelebt. Er nutzte dabei die Eitelkeiten der Höflinge in seiner unberechenbaren Gunst- und Einladungshierarchie und beim Verleihen von Posten, Ehren und Dekorationen meisterlich aus, um damit die Rivalitäten von Ministern, Günstlingen und Parteifreunden gezielt zu steigern[48]. Unter seinem Erzfeind Sarkozy und dessen Hyperpräsidialregime schließlich sei durch die Allmacht seiner Conseillers über die Minister und den Ministerpräsidenten das Matignon mit Premier Fillon zur Notariatskammer degradiert worden. Das Ergebnis sei eine reine Anarchie gewesen.[49]

Und obwohl der Hof von Versailles längst verschwunden ist, und auch de Gaulle, der im persönlichen Umgang zwar zumeist höflich, aber doch ein schroffer und unnahbarer Einzelgänger war, der keinerlei Höflinge, außer seinen unmittelbaren Mitarbeitern und Ministern, um sich dulden wollte, seit einem halben Jahrhundert längst vergangen ist, überlebten die Eliten weiter in den gleichen Vierteln und nutzen die gleichen diskreten Lokale, Clubs und Diskussionszirkel, die die alten Salons abgelöst haben. Auf Reisen, Jubiläumsfeiern und Jagden treffen sich die „happy few" wie einst die alten Aristokraten andauernd, um Dienste und Informationen auszutauschen, von denen der normale Sterbliche keine Ahnung hat. Es handle sich um eine

---

45 Ibid. S. 134.
46 Ibid. S. 155.
47 Ibid. S. 177.
48 Man könnte argumentieren, dass der Keim des Zerfalls der von Mitterrand geschaffenen PS anno 2017 durch die so verschärften Kämpfe der personalisierten Fraktionen vom großen Meister in den 80er Jahren schon gelegt wurden.
49 Ibid. S. 208.

geschlossene Elite, in die der Einstieg durch einen sozialen Aufstieg nahezu unmöglich ist[50]. Schließlich produziere die ENA eine Homogenität von Absolventen, deren Rolle nicht nur in der Spitze der Staatsverwaltung sondern auch in der Führung der großen Privatkonzerne dem Aristokratenmonopol in der absoluten Monarchie gleichkomme, als höheren Offiziersstellen nur für den Adel reserviert waren[51]. Eine Beobachtung des ENA-Absolventen de Villipen, die nach dem Erscheinen seines Buches auch unter den Präsidentschaften der ENArquen Hollande und Macron, die nach ihrem Ebenbild ehrgeizige ENA-Kommilitonen als Minister und Kabinettsmitarbeiter vorrangig rekrutierten, weiter bestätigt wird.

Auch für den Schriftsteller Eric Orsenna, der 1982–83 für Kulturfragen und Redenschreiben im Kabinett Mitterrands zuständig war, war die Élysée-Erfahrung die Wiedergeburt der Hofes von Louis XIV.: „Alle arbeiteten ihm zu. Alles ging von ihm aus. Alles wurde ihm berichtet. Er sagte: ‚Ihr seid nichts. Es gibt keine Arbeitsgruppen, keine Ratgeber. Ich, ich bin gewählt worden. Ihr seid nichts'. In einer gewissen Weise war er der König. Am stärksten erlebte man das bei den Reisen des Präsidenten"[52]. Und selbst für die billigsten Komplimente von Jack Lang, der ihn mit den großen Königen der französischen Monarchie verglich, sei Mitterrand empfänglich gewesen. Ein anderer Schriftsteller, Georges-Marc Benamou, der nach dem Dienst für Mitterrand später als Wahlkampfberater und Kulturreferent zu Sarkozy wechselte, beschrieb dies so: „Für das Kabinett des Präsidenten, das entscheidende war Er. Nahe bei Ihm zu sein. In dem byzantinischen Protokoll des Élysée besser platziert zu sein, ist was die Ratgeber („conseillers") des Präsidenten von den anderen unterscheidet. Auf seinem Weg gesehen zu werden, an seiner Tür, in seinen Gedanken, in seiner Zeitaufteilung aufzuscheinen, bei seinen Flohsprüngen nach Brüssel ebenso wie bei den offiziellen Besuchen. Es ist empfehlenswert, um seinen Rang im Machtsystem zu erhalten, dass man bei seinem Durchgang gesehen wird, in der Karawanserei seiner auswärtigen Besuche sichtbar ist, im Airbus des Präsidenten sitzt, und – absolutes Privileg – Zugang zu seinem privaten Salon hat"[53].

Hubert Védrine, der spätere Außenminister Mitterrands und sein letzter Generalsekretär im Élysée schrieb: „Auf eine Reise eingeladen zu werden, ist nicht nichts. Aber man muss, um nicht das Gesicht zu verlieren, auch von Präsidenten zum Mittagessen einberufen werden, oder wenigstens zum Frühstück im Flugzeug. Empfangen zu werden ist gut, aber möglichst lange im Vergleich zu anderen, ist besser. Für einen Spaziergang eingeladen zu werden, ist sehr gesucht, aber unter der Bedingung, dass es möglichst wenig Begleitung gibt und dass man gesehen wird"[54]. Chirac spottete damals, Mitterrand würde eines Tages seinen Kammerdiener zum Botschafter in Washington machen.

Welche Management-Fähigkeiten hat ein Höfling als Kabinettsmitarbeiter aber nun tatsächlich erworben? Nicht wirklich eigene Projekte auf die Beine zu stellen und selbstverantwort-

50   Ibid. S. 215.
51   Ibid. S. 173.
52   Zitiert in: Ottenheimer. Op. cit. S. 88.
53   Georges-Marc Benamou. Comédie française. Pluriel. 2016. S. 169.
54   Hubert Védrine. Les Mondes de François Mitterrand, à l'Élysée 1981–1995. Fayard. 1996.

lich durchzuziehen, sondern in erster Linie die Bedürfnisse des Präsidenten oder Ministers zu erahnen, bevor er sie sie selbst gedacht oder ausgesprochen hat, und seinen Terminkalender und seine Prioritäten besser als die eigenen zu kennen. Zweitens bei Dossiers das politisch Relevante schnell vom unwesentlichen Verwaltungs- und Rechtsdetail auszusortieren und vorzeigbar und entscheidungsreif zusammenzufassen. Drittens die Dienste in den Ministerien per Telefon oder E-Post so einzuschüchtern[55], dass sie das richtige Material zur richtigen Zeit liefern und getroffene Entscheidungen zu den gesetzten Terminen umzusetzen – wozu auch gehört, widerstrebende Abteilungsleiter zur Not gnadenlos kaltzustellen („limoger")[56]. Viertens: persönliche und politische Freunde personalpolitisch strategisch zu platzieren und Feinde abzustrafen. Fünftens sich am Hofe in den konzentrischen Kreisen des Einflusses durch Dienstfertigkeit, Geschick und Intrige weiter ins Zentrum der Machtnähe vorzuarbeiten. Mit allen jenen Talenten wird man sicherlich ein guter politischer Beamter, der die vorherrschenden Winde rechtzeitig erfasst und sein Fähnchen schnell zu drehen vermag. Aber hat man je Beweise der Menschenführung – außer der Sekretärin und dem Fahrer einen „Guten Morgen" zu wünschen, wie es Macron stets tat, – abgelegt in Situationen, in denen es in der Regel nicht um die hohe Politik, sondern um lebenskluge juristisch saubere Entscheidungen ging, die eine möglichst nachhaltige produktive Zusammenarbeit in komplexen Verwaltungsabläufen ohne machtpolitische Hinterlist und Fallstricke ermöglichen? Wohl nur als Zufallsergebnis. Sie werden weder an der Polytechnik noch der ENA gelehrt, noch in den Kabinetts vermittelt. Schon Johann Gottfried Seume beobachtete 1805 im Blick auf den sächsischen Königshof zu Dresden: „Ungezogenheit und Impertinenz ist bekanntlich unter dem Hofgesinde der Großen zu Hause, das sich dadurch oft für die Misshandlungen schadlos zu halten sucht, die es von der eben nicht feinen Willkür der Herren erfahren muss. … Wehe dem Menschen, der zur Antichamber verdammt ist. Es ist ein großes Glück, wenn sein Geist nicht knechtisch oder despotisch wird; und es gehört mehr als gewöhnliche Männerkraft dazu, sich auf dem dazugehörigen Standpunkte der Menschenwürde zu erhalten"[57]. Zeitlose Einsichten, die sich nicht nur in Dresden und in Paris weiter bestätigten.

Die Ersatzmonarchie

Tatsächlich ist das heute verwendete Vokabular aus den Zeiten des Sonnenkönigs und des vorrevolutionären „Ancien régime" verräterisch: „Garde des Sceaux" (Siegelbewacher) für den Justizminister, der Élysée-Palast, der „le Château" genannt wird, die wichtigsten Minister sind die „ministres régalien", die wichtigsten Parteibonzen im Parlament und in den Regionen die „grands féodaux" oder „barons du régime". Wer gegen das Regime rebelliert wird wie bei den Sozialisten unter Hollande zum „frondeur", den einstigen Rebellen gegen den Absolutismus, die Louis XIV. in Bordeaux, Rennes, Marseille und andernorts hundertfach aufhängen ließ. Dazu kommt die öffentliche Faszination für Höflingen, Kurtisanen und Maitressen … Die

---

55   Entscheidend ist der Einleitungssatz: „Le President/le ministre veut …".
56   limoger = nach Limoges versetzen.
57   Johann Gottfried Seume. Spaziergang nach Syrakus im Jahr 1802. München 1985. S. 2.

Élysée-Berichterstattung des Canard Enchaîné erfolgte schon zu de Gaulles Zeiten unter dem Rubrum „La Cour" (Der Hof). Gerne wurde er abwechselnd als Louis XIV., Napoleon oder Jeanne d'Arc[58] karikiert. Giscard, dessen Vater und Onkel den vakanten Adelstitel „d'Estaing" in den 20er Jahren käuflich erworben hatten (später wurde noch das dazugehörige Schloss gekauft), hielt sich tatsächlich für einen Nachkommen von Louis XV. und für einen aufgeklärten Monarchen. Er ließ Teile des königlichen Protokolls einführen. So musste der ihm gegenüberliegende Platz in Abwesenheit seiner Frau immer leer bleiben. Auch verlangte er immer zuerst serviert zu werden. Der Nouvel Observateur veröffentlichte am 2. Februar 1981 sein berühmtes Titelbild: „L'homme qui voulait être roi" (der Mensch, der König sein wollte). Während auch sein Nachfolger Mitterrand königlichem Pomp nicht abgeneigt war, wurde dann erst wieder Sarkozy wegen seines umtriebigen diktatorischen Wesens (und seiner Körpergröße) mit Napoleon verglichen, auch wenn sein Auftreten nichts Aristokratisches mehr hatte. Tatsächlich wird das französische Präsidialsystem gerne mit einem nicht erblichen Wahlkönigtum verglichen, das zeitlich befristet ja auch bei Germanenstämmen üblich war. Der Élysée-Kenner Heiko Engelkes betitelte seine – etwas verunglückte – Chirac-Biographie denn auch nicht ohne Grund: „König Jacques", auch wenn Chirac nur bei formalen repräsentativen Funktionen sehr förmlich wurde.[59]

Der Terminus der „republikanischen Monarchie" ist nicht originell. Er wurde schon zu Anfang der V. Republik von Maurice Duverger geprägt[60] und von James Collins analytisch vertieft[61]. Tatsächlich hat de Gaulle in den 50er-Jahren lange öffentlich über die Wiedereinführung der Monarchie nachgedacht, fand aber 1962 dann keinen geeigneteren Kandidaten als sich selbst. Der Präsident sollte jedoch als Ersatzmonarch über den Parteien stehen und in seinem Auftreten, die Würde der französischen Nation als kulturelle und militärische Großmacht vor der Welt darstellen. Wiewohl persönlich bescheiden – er klebte seine eigenen Briefmarken auf die Umschläge, bezahlte seine Stromrechnungen selbst und fuhr gelegentlich mit dem alten 2CV seiner Frau – führte er für öffentliche Funktionen jeden erdenklichen Pomp ein, von aufwendigen Staatsbanquetten zu napoleonisch kostümierten Wachen, die noch heute prägend sind. Selbst der Élysée-Palast war ihm wegen seiner Ursprünge als Mätressenpalast für Madame Pompadour nicht gut genug. Er schreckte jedoch vor den Umbaukosten größerer Paläste, wie des Schlosses von Vincennes, dann doch zurück.

Zu der eigenen Küche, mit Chefs, die neben den täglichen Arbeitssessen auch Staatsdiners anrichten können, kommt ein erlesener Weinkeller, der mit 15.000 Flaschen wahrscheinlich unerschöpflich ist, ein Kino, und die üblichen Sitzungsräume für die wöchentlichen Kabinettssitzungen. Natürlich empfängt der Präsident häufig politische oder persönliche Freunde, wich-

58 In der Tat hat sich de Gaulle während seines Exils in London (1940–44) wiederholt mit Jeanne d'Arc verglichen, die zunächst ohne Armee einen göttlichen Auftrag zur Rettung Frankreichs verfolgte. Churchill, dem er häufig auf die Nerven ging, meinte man müsse wieder ein paar korrupte Pariser Professoren und französische Bischöfe finden, um ihn bei lebendigem Leibe verbrennen zu lassen. Britischer Kriegshumor.
59 Heiko Engelkes. König Jacques. Chiracs Frankreich. Berlin 2005.
60 Ottersheimer. Op. cit. S. 97.
61 James B. Collins. La Monarchie républicaine. Etat et société dans la France moderne. Odile Jacob. 2016.

tige Journalisten, Intellektuelle, Künstler oder Geschäftsleute. Eine Einladung ist eine große Ehre, die wohl niemand ohne triftige Gründe ausschlägt. Das Essen, Service und Ambiente sind natürlich immer vom feinsten. Man schreitet auf roten Teppichen über hohe Freitreppen. Die überhöhen Salons haben alle Holzintarsien, Gobelins an den Wänden, Blumengebinde auf den Seitentischen. 10 Downing Street und das Kanzleramt in Berlin können da nicht mithalten.

All dies ist, wie in den meisten Pariser Ministerien, die in alten festungsartigen Palästen untergebracht sind eher repräsentativ und eindrucksvoll gedacht als funktional und praktisch. Die Einrichtung der Ministerbüros wird aus einem Lager edler Möbel bezogen, das meiste, wie die Paläste im Stil des 18. Jahrhundert mit einer Überdosis an Wandteppichen und Goldgewirktem. Während de Gaulle sich eigentlich nur wie ein Untermieter fühlte, ließ sein Nachfolger Pompidou (unter dem Einfluss seiner Gattin Claude) den modernistischen Zeitgeist der 70er-Jahre spielen. Unter Giscard, dann wieder kehrt marsch: das Mobiliar von Louis XV. fand wieder Einzug. Unter Chirac herrschte Frau Bernadette mit einem eher traditionalistischen Geschmack über Mobiliar, Personal und Küche. Unter Sarkozy und Hollande übten ihre damaligen Kurzzeitlebensbegleiterinnen Cécilia Sarkozy und Valérie Trierweiler eine Weile nach dem Beginn der jeweiligen Präsidentschaft noch einigen kostspieligen Einfluss aus, bis sie sich zur großen Erleichterung des Personals anderweitig umorientierten. Emmanuel und Brigitte Macron modernisieren ab 2017 bis auf weiteres wieder modernistisch im Duett.

Für die Beamten, die außer den unmittelbaren Kabinettsmitarbeitern in den Repräsentationsräumen nichts verloren haben, ist die Arbeit in den vernachlässigten Seitentrakten für das Gesinde des Élysée und der Ministerien eher unpraktisch, mit langen Gängen, engen, düsteren Büros, die sich schlecht heizen lassen oder mit lecken Fenstern zugig sind. Dazu mangelt es an Sitzungsräumen. Der Weg zum Kopierer, Klo oder zur Kaffeemaschine ist stets ein längerer Fußmarsch. Der angestaute Sanierungsbedarf in jenen stadtfestungsähnlichen Palais ist enorm von leckenden Dächern und sanitären Anlagen angefangen bis zu dauerdefekten Heizungen und Aufzügen. Auch die Kantinenkost (die kein Minister je zu sich nimmt) ist eher bescheiden, mit Ausnahme jener des Élysée natürlich.

Natürlich hat jener repräsentative Luxus einen Einfluss auf die Mentalitäten und den Lebensstil. Giscard erlitt wie erwähnt einen tapfer genommenen Kulturschock, als er von seinem Freund Helmut Schmidt in seine bescheidene Villa in Hamburg-Langenhorn eingeladen wurde, wo Frau Loki Kaffee kochte. Wer einmal an Gärtner, Leibwächter, Köche, Chauffeure, Privatjets und Diensthubschrauber gewohnt ist, der fühlt sich – wie dies die französischen Präsidenten von Giscard bis Sarkozy taten – zu anderen Superreichen und Diktatoren der Dritten Welt, die einen ähnlichen Lebensstil auf Kosten ihrer Landsleute pflegen, näher hingezogen (und sie nahmen deren Einladungen zu Luxusurlauben von „Kaiser" Bokassa, über den König von Marokko, bis zu den Präsidenten-Diktatoren Mubarak, Bongo und Ben Ali gerne an[62]) als

---

62 Solche Vorteilsnahmen sind nicht auf Präsidenten beschränkt. Die mit Reptilienfonds gutdotierten Botschaften von Quatar und Saudi-Arabien, deren Emire ansonsten die Salafisten und sunnitischen Terror sponsern, werden regelmäßig von Parlamentariern um Spenden und Luxusgeschenke angebettelt – im Gegenzug für

zu den eigenen Volksgenossen (die „Zahnlosen", wie Hollande spottete[63]), die auf ein Einfa-milienhäuschen sparen oder die Raten für das Sofa abstottern. François Hollande, der 2012 versprach, volksnah sein und dem Bling-Bling seines Vorgängers abzuschwören, hielt sich den-noch einen Leibfriseur mit einem Gehalt von 9000 Euro im Monat, mehr als ein Staatssekre-tärsgehalt. Sein Nachfolger Macron gab bereits in den ersten drei Monaten seiner Herrschaft 26.000 Euro auf Staatskosten für Kosmetika und seine Chefvisagistin aus. Wohlgemerkt nur für sich selbst und nicht für seine Gattin.

Tatsächlich ist der Präsident in seinem Palast im goldenen Käfig isoliert. Er kann nicht einfach aufstehen und inkognito die Champs-Élysées herauf- und herunterspazieren und sich spontan in einem Straßencafé der Zeitungslektüre hingeben. Er hat kaum noch Zugang zu ungefilterten Informationen und zur authentischen Volksmeinung. Als Hollande eines Abends versuchte, auf einem Motorroller verkleidet zu einer Schäferstunde mit Juliet Gayet zu brausen, wurde er sofort von den Papparazzi erkannt und zum Gespött der Nation. Als Giscard von einem ähnlichen Abenteuer in den frühen Morgenstunden zurückkommend vor dem Élysée einen Milchwagen rammte, wusste es am anderen Tag auch das ganze Land. In seinem vergeblichen Bemühen volksnah zu wirken, machte Giscard ohnehin die meisten Verrenkungen. So ließ er einmal drei Müllwerker von ihrem Fahrzeug weg zum Mittagessen in den Palast einladen, oder ließ sich von Durchschnittsfamilien in der Provinz im Lichte der Fernsehkameras zum Abend-essen einladen. Die armen Leutchen fühlten sich fast verpflichtet, ihr Haus zu renovieren, so genaue Regieanweisungen bekamen sie vom Élysée-Protokoll. Pompidou und sein Zögling Chirac konnten, wenn sie in Stimmung waren, durchaus in ihren ländlichen Wahlkreisen und Urlaubsorten noch glaubwürdig den Kumpeltyp mimen und mit den örtlichen Kneipengän-gern und Bauern auf eine Zigarette und ein Glas Rotwein ungezwungen ins Gespräch kom-men. Tempi passati.

Andere frühe Versuche von Chirac und Hollande (die nicht zufällig in der rustikalen, fruga-len Corrèze ihre Wahlkreise hatten), eine „normale" Präsidentschaft zu führen, in dem sie mit dem Linienflugzeug statt mit dem Präsidenten-Airbus flogen oder den normalen Zug statt dem Autokonvoi nahmen, wurden bald aufgegeben. Protokoll, Sicherheit, Schwierigkeiten in der Organisation und Zeitplanung, all dies drängte die Präsidenten wieder in ihren monarchischen Käfig. Die meisten und vor allem ihre Frauen fühlten sich hier wie eingesperrt und versuchten anfangs noch in ihren Pariser Stadtwohnungen statt im Élysée zu logieren. Allein der Präsident muss stets erreichbar und geschützt sein.

Warum also tut man sich diesen Job an? Warum bereiten sich Dutzende in jahrzehntelanger politischer Knochenarbeit mit Hauen und Stechen, unter Opferung ihres Privatlebens auf eine

---

politisches Wohlwollen. Dabei taten sich Parlamentsminister Jean-Marie Le Guen (unter Hollande) und Ex-Justizministerin Rachida Dati besonders hervor. Ex-Premier Dominique de Villepin (unter Chirac) ließ sich erster Klasse zu einem bezahlten Vortrag am Doha Forum auf Botschaftskosten fliegen. Siehe: Georges Mal-brunot und Christian Chesnot. Nos très chers émirs. Michel Lafon. 2016, sowie „Liaisons dangereuses". Le Point 20.10.2016.

63 Das entspricht Hillary Clintons öffentlicher Einschätzung, die Hälfte der Trump Wähler seien „déplorables" (Erbärmliche), eine elitäre Arroganz, die ihr 2016 politisch das Genick brach und der Welt Trump bescherte.

Kandidatur vor? Warum, anderes Beispiel, will man General in Nordkorea werden, wenn die Wahrscheinlichkeit hoch ist, dass man erschossen wird? Warum also rangelten im Herbst 2016 mindestens zwanzig hochintelligente Männer und Frauen darum, von ihren Parteien und Wählergruppen aufgestellt zu werden, um im Mai 2017 in die Endrunde zu kommen?

Daniel Cohn-Bendit hat dies wohl am bündigsten zusammengefasst: Die Präsidenten würden durch die Wahlkampagne und ihr Amt geistesgestört. Im Übrigen würden nur Verrückte von der Funktion angezogen („elle attire les fous")[64]. Der Psychiater Maurice Berger hat diese pointierte Beobachtung etwas anspruchsvoller analysiert: „Psychisch gesunde Personen sind nicht bereit, alle jene Zugeständnisse zu machen, die unablässigen Kämpfe durchzustehen, andauernd in der Öffentlichkeit zu erscheinen, dauernd im gleichen Milieu zusammengepfercht zu sein"[65]. Wer sich dies dennoch antut, fühlt eine nicht unterdrückbare Notwendigkeit, eine affektive Abhängigkeit im Zentrum der Aufmerksamkeit zu stehen und Macht und Einfluss sichtbar auszuüben, der seinen Ursprung in einer narzisstischen Persönlichkeitsstörung hat. Narzissmus ist bekanntlich eine überzogene Eigenliebe, ein obsessiver Selbstbezug, der Glaube an die eigene Einzigartigkeit und Überlegenheit, und die Überzeugung von der Vorsehung (oder von Gott) für eine historische Rolle ausgewählt worden zu sein. Es reicht einem Präsidentschaftskandidaten nicht, ein paar Jahre ein Ministeramt auszuüben, drei Bücher zu schreiben, einen netten Botschafterposten oder ein gutbezahltes Vorstandsmandat zu haben. Nein, er will Nummer eins werden und niemanden mehr neben oder gar über sich dulden. Dazu nimmt er über Jahre hinweg jedes Opfer in Kauf. Im täglichen Umgang sind jene schwer gestörten Charaktere in der Regel ziemlich unangenehme Zeitgenossen. Jene Störung kann ihre Ursache sowohl in einem Mangel an Liebe und Zuneigung in der Kindheit, oder im Gegenteil, in einer idealisierenden Überaufmerksamkeit als potentielles Wunderkind haben. Die Eroberung der Macht hat den Zweck, dieses Defizit zu heilen. Jene Personen haben das Bedürfnis zu verführen (deshalb wohl auch die Manie der präsidialen Seitensprünge), Angst zu missfallen und wollen ihre Grenzen nicht erkennen. Sie leiden oft unter einem Realitätsverlust, um die eigenen Illusionen nicht zu verlieren. So lächelte François Hollande immer noch, als im November 2016 seine Zustimmungsraten auf 4 % gefallen waren und sich auf seinem unaufgeräumten Schreibtisch die Exemplare des „Le Figaro" stapelten, in dem er in fast jeder Ausgabe in den Leitartikeln der Titelseite der Unfähigkeit und Feigheit gezogen wurde.

Da grob geschätzt etwa ein Fünftel aller Kinder eine ähnlich missglückte frühkindliche Sozialisation durchmachen, um nachher aus eigener Kraft und Einsicht meist recht normale stabile Erwachsene mit unauffälligen Biographien zu werden, reicht jene notwendige aber nicht hinreichende Variable längst nicht aus, um zu erklären, warum und wie ein leicht neurotischer talentierter Junge eines Tages der Präsident Frankreichs wird. Da es sich nicht um Zufallskarrieren handelt, müssen wir uns im nächsten Kapitel also noch andere Faktoren ansehen, die im Leben unserer Probanden relevant waren und sind.

---

64   Zitiert in Ottenheimer. Op. cit. S. 112.
65   Maurice Berger. La Folie cachée des hommes du pouvoir. Albin Michel. 1993.

Die Präsidentschaft in der politischen Kultur Frankreichs

Tatsächlich sind die Erwartungen der französischen Öffentlichkeit widersprüchlich. Einerseits will sie den Ersatzmonarchen, der die Republik würdevoll repräsentiert. Andererseits wollen die Wähler Volksnähe und das Gefühl, dass ihre Sorgen und Nöte verstanden werden und dass auf sie eingegangen wird. Als Giscard Louis XV. spielte, fiel er beim Publikum durch, und als Sarko in Shorts im Bois de Boulogne verschwitzt joggte, idem. Auch Hollande mutierte auf seinem Motorroller zur Lachnummer, von der er sich nie erholte. Deshalb ist Frankreich wohl das einzige Land, wo die von Kaiser Friedrich II., der sich als Halbgott verehren ließ, ausgehende Studie von Ernst Kantorowicz zur Dualität des mittelalterlichen Königtums, mit einem zeitlichen, sterblichen Körper einerseits und einem überzeitlich unsterblichen Charakter andererseits, noch ausgiebig studiert und zitiert wird[66]. Auch auf sie bezieht sich Macron in seinem geschauspielerten Amtsverständnis. Neben de Gaulle hat sein Gegner Mitterrand mit seiner pseudosakralen Investitur im Pantheon, jener republikanisch-säkularen Grabeskirche, diese Dualität am besten ausgedrückt. Hatte nicht schon Louis XIV., der sich ähnlich wie später de Gaulle für die Verkörperung des Staates hielt, verkündet: „Die Nation wird nicht von Frankreich verkörpert, sondern ruht gänzlich in der Person des Königs"[67].

Als Sarkozy 2007 die Macht übernahm, verschwendete er keine Zeit mit Symbolismen, sondern stürzte sich hektisch wie ein frisch gewählter Kanzler ins Regierungsgeschäft, ließ Köpfe rollen und durch die Seinigen ersetzen, und genoss gleichzeitig ausgiebig mit seiner untreuen Noch-Gattin die Privilegien der Macht und die seiner reichen neuen Freunde. Der Nimbus der Dualität wurde zerstört. Aufs menschlich-allzu menschliche Zwergenmaß reduziert, stürzte Sarko zur eigenen Verblüffung ab. Sein Nachfolger Hollande war sicher menschlich zugänglicher, wirkte aber eher wie ein freundlicher Sparkassendirektor oder Schulrektor, der sich in den Élysée verirrt hatte. Auch das wurde gnadenlos in den Umfragen abgestraft.

Man kann also in dieser Funktion eigentlich nichts recht machen. Man kann nicht den pathetischen Halbgott spielen, wenn man genau weiß, dass man keiner ist (außer man ist wirklich verrückt). Doch wenn man mit menschlichem Anstand und professionellem Einsatz auftritt, ist auch das nicht gut genug. Eine klare Fehlkonstruktion!

Wie Ottenheimer schreibt: „Das Gift jener Funktion ist ihre Einsamkeit, ihre Zerbrechlichkeit. Der Präsident ist ein Koloss auf tönernen Füßen. Denn er ist allein und überbelichtet. Alles hängt von ihm ab und alles fällt auf ihn zurück. Folglich ist alles sein Fehler"[68]. In einem parlamentarischen System ist der Kanzler oder Premierminister der Repräsentant von 300 bis 400 Abgeordneten der Regierungsmehrheit, ihr Häuptling auf Zeit sozusagen, ohne Anspruch auf eine duale Halbgöttlichkeit. In der Regel kann er ungestraft die mangelhafte Umsetzung seiner Wahlversprechen auf seinen ungeliebten Koalitionspartner schieben. Er kann auch ohne

---

66 Ernst Kantorowicz. Die zwei Körper des Königs. Eine Studie zur politischen Theologie des Mittelalters. München (1957) 1990.
67 Pierre Goubert. Louis XIV et vingt millions de Français. Fayard. (1966) 1982. S. 91.
68 Ottenheimer. Op. cit. S. 119.

Probleme in der Badehose im öffentlichen Schwimmbad oder mit Schweißflecken in Bayreuth gesehen werden. Und wenn ein Minister Mist baut, war es der Fehler des Ministers und nicht der seines Premiers.

Es ist nicht so, dass das Präsidialsystem unbedingt stabil ist. Deutschland hatte zwischen 1974 und 2017 vier Kanzler, Großbritannien acht Premiers, Frankreich sechs Präsidenten, 17 Premierminister, 25 Finanzminister, 25 Europaminister und 21 Bildungsminister. Seit 1981 wurde noch nie eine parlamentarische Mehrheit wiedergewählt. Es gab in der V. Republik 24 Verfassungsreformen. Ständig werden die Ministerien in ihren Gliederungen und Aufgabenbereichen umgebaut, zusammengelegt, auseinandergerissen und umbenannt, so dass man die klassischen Ministerien mittlerweile nur nach dem Hauptgebäude oder Straßennamen benennt. So steht das Hôtel Matignon für das Amt des Premierministers, Quai d'Orsay für das Außenministerium und Europa; Rue de Grenelle für Soziales; Quai Branly (früher Rue Rivoli): für die Finanzen und den Haushalt; Place Beauvau: das Innenministerium; Rue de Bercy: Wirtschaft; Hotel de Brienne: Verteidigung; Place de Vendôme: Justiz, etc.

Frankreichs politische Nationalkultur ist immer noch vom Königsmord und Terror des Jahres 1793 traumatisiert. Auch das Links-Rechtsschisma, das sich in der Kommune von 1871, der Volksfront von 1936, mit Vichy von 1940–44, der Befreiung von 1944–45 und dem Mai 1968 fortsetzte, ist im Grunde genommen immer noch der unversöhnliche Kampf zwischen den imaginierten (oder tatsächlichen) Nachkommen der Henker und der Geköpften. Man ist mental entweder auf der einen Seite oder auf der anderen. Was beiden Seiten gemein ist, dass sie Angst vor dem Volk haben. Alle französischen Ministerien sind wie Festungen gegen das aufständische Pariser Volk konstruiert. Deshalb hatten sich die eingeschlossenen Wehrmachtsverbände im August 1944 hier anfänglich auch noch relativ günstig verschanzen können, bei ausbleibendem Entsatz eine freilich sinnlose Lösung ...

Weil sie sich im Prinzip potentiell persönlich bedroht fühlen, weniger natürlich durch einen physischen Königsmord als durch einen politischen Tod durch jene von der CGT bestens durchexerzierten Streikwellen im öffentlichen Dienst und in den Infrastrukturbetrieben (Bahn, Nahverkehr, Post, Flugverkehr, Raffinerien, Kraftwerke, Müllabfuhr ...), gab bislang seit Mitterrand jeder Präsident bei massiven Protesten, sei es gegen Arbeitsmarktreformen (durch die Linke) oder im Fall der kirchlichen Privatschulen (durch die Rechte) nach. Selbst de Gaulle floh im Mai 1968 kopflos nach Baden-Baden in den Schutz der französischen Besatzungstruppen von General Massu. Alle sehen im Falle jener Konflikte ihre Umfragedaten ins Nichts stürzen, zumal die meisten Franzosen, auch wenn sie nicht direkt betroffen sind, eher instinktiv Sympathien für die arbeitskämpfenden Werktätigen oder demonstrierende Studenten und Schüler als für die politische Klasse haben. Gleichzeitig machen sich im Haifischbecken der Pariser Politik die politischen Rivalen unübersehbar bemerkbar. Mit einem angeschlagenen Selbstwertgefühl kann kein Amtsinhaber die Idee einer künftigen Niederlage ertragen. Das heißt im Klartext: Mit jener „starken" Präsidentschaft ist genau das Gegenteil eingetreten: Die meisten Präsidenten geben sofort nach, und dies oft schon antizipatorisch, wenn sich Widerstände gegen Reformen durch Besitzstandwahrer und Beschwichtiger zu äußern drohen. Damit bleibt mit halbherzigen komplizierten Neuregelungen nach viel öffentlicher Erregung alles in der Regel beim Alten, und die Probleme der rückläufigen Wettbewerbsfähigkeit, der Massenarbeitslosigkeit, der rechtlosen Vorstädte, der Überbürokratisierung und des aufgeblähten Staatsapparats schleppen sich weiter fort.

So entsteht ein Paradox: Je stärker die formale Macht des Präsidenten – und mag er sich (wie Hollande und Sarkozy) bei singulären militärischen Entscheidungen: Bomben hier, Fremdenlegion dort, durchaus mutig und beherzt austoben – desto schwächer ist tatsächlich seine Durchsetzungsfähigkeit bei kontroversen Entscheidungen im Inneren. Bekanntlich hielt sich Mitterrand (wahrscheinlich zu recht) in der Tradition de Gaulles für den letzten großen Präsidenten: „Nach mir gibt es nur noch Buchhalter, kleine Präsidenten"[69]. Benamou gibt das Beispiel von Sarkozy, an dessen Wahlerfolg er 2007 mitwirkte: Er sei bereit zum Engagement und zum Opfer gewesen, habe alle Möglichkeiten gehabt, Anhänger, Talent, Härte, Non-Konformismus und Eigenwillen, um sich dem Abstieg Frankreichs entgegenzustemmen. Allein, ihm fehlte wie seinen Vorgängern das Entscheidende: Ein Plan und eine Überzeugung, ein Messianismus vom Typ de Gaulle, dem Retter von 1944 (vor den Deutschen, dem Bürgerkrieg mit den Kommunisten und der US-Dominanz) und 1958 (aus dem Schlamassel des Algerienkriegs) oder jenes Mysterium des nationalen Zusammenhalts wie bei Mitterrand. So habe er wie viele andere nur die Macht um der Macht willen gewollt, um sich an ihr zu vergnügen, ohne aber zu wissen, was er damit anfangen sollte, als er sie hatte[70]. Das Ergebnis sei eine archaische Konzentration von Macht, die aber gleichzeitig schlecht die faktische politische Ohnmacht verschleiere, ein monarchistischer Apparat und Hoftratsch, die das Land infantilisierten, und schließlich, was Sarkozy und Hollande anging: die Lüge über den Zustand des Landes, die Angst, den Franzosen, die Wahrheit zu sagen. Der Präsident sei für fünf Jahre gewählt. Er muss sich erst in seine neue Rolle finden, verliert damit zwei Jahre. Dann spielt er etwas an den Schalthebeln des Machtapparats herum. Und weil das nicht so recht funktioniert, gibt er entweder auf oder ist mit wenig zufrieden, um sich alsbald voll auf seine Wiederwahl zu konzentrieren. Während all dieser Zeit berausche er sich daran, der Chef der fünftgrößten Macht der Welt zu sein.

Bezeichnend ist die Geschwindigkeit des Übergangs vom Kandidaten, der sich ein Jahr lang in einem enormen physischen und psychologischen Stress auf den Wahlkampf konzentrieren musste, binnen Minuten, wenn die Glückwunschtelegramme von Präsidenten und Kanzlern eintreffen, im Scheinwerferlicht Macht und Verantwortung zu übernehmen und sein Leben komplett umzustellen.[71]

Es mag auch sein, dass die jahrzehntelangen Bemühungen des politischen Aufstiegs, nach dem Erklimmen des Gipfels nur noch Erschöpfung auslöst. Mitterrand fühlte sich im Jahr 1981, wie er Attali eingestand, im Alter von 65 Jahren als bereits zu alt für einen großen Aufbruch. Inhaltliche Ziele und ursprüngliche politische ideale mögen auf dem langen Weg zur Macht bei allen

69   Benamou. Op. cit. S. 321.
70   Ibid. S. 322.
71   Emmanuel Galiero. „Présidentielle, un sport de combat". Le Figaro 5.4.2017.

jenen urvermeidlichen Winkelzügen auch abhandengekommen sein und dem üblichen Zynismus Platz gemacht haben. So erliegen Präsidenten gerne der Versuchung einer inhaltsarmen Symbolpolitik und flüchten sich in einen pathetischen Nimbus, der vor den Niederungen und Anfeindungen einer konkreten ergebnisorientierten und nachprüfbaren Politik zu schützen scheint. Ihre Regierungsarbeit erschöpft sich dann im Repräsentieren, Pöstchenverteilen, in Projektvergaben, Redenhalten, kleinen Staatsintrigen, Militäreinsätzen von marginaler Bedeutung, in der internationalen Besuchs- und Gipfeldiplomatie und den Verwaltungs- und Repräsentationsroutinen des Élysée. Am deutlichsten wurde dies während der zweiten Mandate von Mitterrand und Chirac, in der Spätphase fast aller Präsidenten, und bei Hollande schon nach den missglückten ersten einhundert Tagen. So gesehen ist er in jenem Stadium der selbstinduzierten Macht- und Kraftlosigkeit vom Bewohner des Schlosses Bellevue zu Berlin dann kaum noch zu unterscheiden.

Bis 1975, dem Ende der „Trente Glorieuses", wurde der politischen Klasse und dem Präsidenten viel vergeben, schienen sie doch, allen Fehlern zum Trotz, den Weg in eine sichere, wohlhabendere Zukunft für die große Mehrheit und ihre Familien zu weisen. Mit den beiden Ölkrisen und ihren Rezessionen, die in Giscards Regierungszeit fielen, wurden in den letzten 40 Jahren die wirtschaftlichen und sozialen Probleme nachhaltig und wollten nicht mehr verschwinden: eine hohe Arbeitslosigkeit, Haushaltsdefizite, beständig steigende Staatsschulden, Außenhandelsdefizite, Investitionsmangel, ein Verfall der Wettbewerbsfähigkeit und des sekundären Schulsystems, das Anwachsen prekärer Beschäftigungsverhältnisse und von Massenarmut, Wohnungsnot und die Kriminalität in den zunehmend gesetzlosen Vorstädten. Entsprechend schnell stürzen seither, beginnend mit Giscard, mit schöner Regelmäßigkeit die Umfragedaten der frisch gewählten Präsidenten nach einigen Monaten ab, weil sie in den Augen der Wähler ihre Versprechen gebrochen hatten und enttäuschten.

Eine echte Reform der sozialen Sicherungssysteme wie in Deutschland, Großbritannien, Schweden oder Finnland, wurde nie unternommen. Stattdessen stiegen Staatsausgaben und Steuern unablässig weiter. Es handelt sich nicht um Italien, Griechenland oder um ein Entwicklungsland, wo Klientelismus, Korruption, obsolete Prozeduren und Vetternwirtschaft den öffentlichen Dienst lahmlegen, sondern immerhin um einen Staat mit den bestausgebildetsten Beamten der Welt, die unbestechlich sind, die nur nach strengen Aufnahmeprüfungen rekrutiert werden und deren Aufstieg dann auch meist streng meritokratisch nur nach jahrelanger Bewährung erfolgt und die ihre dienstlichen Aufgaben als im nationalen Interesse befindlich in der Regel sehr ernst nehmen, manchmal zu ernst.

Die Frage nach der Rolle des Parlaments stellt sich. Mehr als 95 % aller Gesetze sind Regierungsvorlagen. Untersuchungsausschüsse gibt es nicht. Die Regierungsmehrheit verlässt sich in aller Regel auf Informationen und Vorgaben aus dem Verwaltungsapparat. Die Opposition beschränkt sich darauf, der Regierung am Zeug zu flicken ohne sich jedoch bemüßigt zu fühlen Gegenvorschläge zu produzieren, die ohnehin ignoriert werden. Der Präsident hat das Recht, jederzeit das Parlament aufzulösen, wird dies aber nur dann tun, wenn er sich sicher ist, dass seine Seite gewinnt und er einen triftigen Grund hat, das Volk vorzeitig wieder zu den

Urnen zu rufen. Chirac scheiterte damit 1997 in einer gewaltigen Fehlkalkulation und wurde mit einer fünfjährigen Kohabitation mit Lionel Jospin gestraft. Debatten und Abstimmungen finden im Palais Bourbon meist vor bestenfalls halbgefüllten Rängen statt, denen die Presse nur selten folgt. Einzig Schulklassen und Rentnergruppen auf Parisausflug findet man auf den Besuchertribühnen. Gleichzeitig fehlt den Parlamentariern zunehmend die Basis. Während die Sozialisten (PS, zuvor: SFIO – die Section Française de la internationale ouvrière) zum Beispiel sich noch in den 80er-Jahren auf die organisierte Lehrerschaft und eine reiche Landschaft linker Debattierclubs stützen konnten, bestand 2016 die halbierte Mitgliedschaft von knapp 200.000 aus Profis im politischen Geschäft: Parlamentsassistenten, Lokalmandatare, Kabinettsmitarbeiter und Beamte, die Karriere machen wollten.[72] Bei den Konservativen (die nach endlosen Neugründungen, dem Rassemblement pour la République [RPR] durch Chirac, den Les Républicaines [LR] durch Sarkozy, deren Mitgliedschaft einschließlich Karteileichen auf 150.000 geschrumpft ist, ist die Lage ähnlich. Parteitage und die alljährlichen Sommeruniversitäten sind eher in medialer Absicht inszenierte Heerschauen, in denen die nationalen Häuptlinge (bei den Sozialisten „Elefanten" und bei den Konservativen „Barone" genannt, bei beiden gelegentlich auch „Kaziken") ihre Gefolgsleute unter den Notabeln und Apparatschiks mobilisieren und sich ihrer fortgesetzten Loyalität versichern. Parteiwahlen werden gelegentlich noch immer gefälscht. Doch kontroverse Debatten liegen auch bei den Sozialisten schon ein Menschenalter zurück. Für eine echte Parlamentarisierung, in der der Regierungschef vom Parlament gewählt wird und seine Minister aus ihm hervorgehen, müsste also noch einiges an Vorarbeiten hinsichtlich der innerparteilichen Demokratie und einer nachhaltigen Mobilisierung der Basis geleistet werden. Denn tatsächlich erwarten sich die Franzosen vom Parlament auch (fast) nichts: Die Macht liegt schließlich beim Präsidenten und der soll es als starker Mann mit seinen Leuten richten[73]. Auch geht der Zug der Führerbewegung des Macronismus mit seinem Anti-Parteienreflex seit 2017 eher in Richtung einer weiteren Entparlamentarisierung. Die 577 Abgeordneten werden in erster Linie gewählt, um örtliche Anliegen in Paris zu vertreten, oder – noch häufiger – werden sie in einer Denkzettelwahl ins Parlament gespült, um beim nächsten politischen Zyklus wieder herausgespühlt zu werden. Da sie (wie die meisten Minister) bis 2017 immer noch in ihrem Wahlkreis irgendwo Bürgermeister waren (und damit Bodenhaftung behielten und nützliche Arbeit taten), war ihre Karriere damit in der Regel nicht zu Ende. Für die Wahlkreisarbeit waren die Notabeln, die kommunalen und regionalen Mandatsträger, jahrzehntelang das wichtigste Bindeglied zu den Wählern und ihren Sorgen, viel wichtiger als die wenigen Parteiaktivisten. Sie hatten auch ihre Verbindungen zu jener Vielzahl an sozialen örtlichen Gruppierungen, von den Freimaurern (die in Frankreich wie in allen katholischen Ländern stark sind), über die verschiedenen katholischen und laizistischen Organisationen zu den Berufsverbänden, Elternvereinen, Traditions- und Heimatverbänden, den Klubs der Jäger, Fischer oder Umweltschützer und den Sportvereinen, von deren Ansichten und Bedürfnissen man im noblen 7. Pariser Bezirk und im erlauchten Élysée natürlich nach wie vor keine Ahnung hat.

---

72   Muriel Frat. „Français et politiques: le divorce". Le Figaro 28.1.2016.
73   Ottenheimer. Op. cit. S. 204.

Persönlichkeit und Geschichte

Grundsätzlich stellt sich einmal mehr die Frage nach der Rolle von Individuen in der Geschichte. Sind sie relevante Akteure, die historische Weichenstellungen vornehmen können, oder eher Charaktermasken im Räderwerk anonymer Systemzwänge, als da sind: der Druck der Demographie, von Kapitalrenditen, von sozialpolitischer Umverteilung, außenpolitische Zwänge, Innovationsnotwendigkeiten, der Globalisierungsdruck, internationale Normen, die Last der Staatsschulden oder die Macht bürokratischer Großapparate, sichtbar etwa in der Brüsseler Komitologie oder in den militär-bürokratischen Komplexen? Sind auch Präsidenten dann nur noch aufgeblasene Staatsschauspieler, die PR-gesteuert Themen besetzen und schnell vergessene, folgenlose Sprechblasen in die Kameras und in Twitterzeilen absondern?

Die Antwort ist: beides stimmt. In Krisenzeiten, in denen es auf möglicherweise epochale Einzelentscheidungen ankommt, sind charismatische Persönlichkeiten gefragt, die wie de Gaulle historische Prozesse entscheidend beeinflussen können, in Zeiten der Normalität gibt es Präsidenten, die wie François Hollande mangels Charisma und Willenskraft vor politischen Blockaden und Systemzwängen resignieren, oder solche, die in ihrer Anfangsphase oder bei Krisen zur Hochform auflaufen (Mitterrand, Chirac, Sarkozy) und bei der Rückkehr in die Normalität sich wieder in ritualisierten Routinen genügen und die Macht der Apparate obwalten lassen.

Zusammen mit den Präsidenten Russlands, der Türkei und Chinas sowie des indischen Premiers gehört der französische Präsident zu den mächtigsten Männern des eurasischen Kontinents. Direkt gewählt kann er das Parlament auflösen, die Regierung und ihre Minister ernennen, hat bei allen ihren Entscheidungen das letzte Wort, kontrolliert mit seinem persönlichen Stab die Schaltstellen der Macht eines straff gegliederten Zentralstaats, ist Oberkommandierender der Armee mit dem direkten Durchgriff in der Außen- und Sicherheitspolitik, ist Herr über Krieg und Frieden, vom Einsatz der Fremdenlegion bis zu dem von Atomwaffen. Der deutsche Kanzler oder der britische Premier können ihm, was seine Machtfülle angeht, nicht entfernt das Wasser reichen.

Auch seine politische Sozialisation ist anders. Er ist – ich überzeichne leicht – nicht der beste Leitwolf der Parlamentsfraktion in Westminster, nicht die akzeptable Leitfigur eines Koalitionsabkommens wie im Bundestag oder der Fraktionen der Regierungspartei wie in Nagatachō (Tokyo), sondern eine sehr solitäre Existenz. Über Jahre hinweg hat er seinem Willen zur Macht alles geopfert, sein Privatleben, seine Familie, seine Lebensqualität, seine Existenz als Kulturmensch und seine Freundschaften, die alle Nützlichkeitskriterien für den politischen Aufstieg und die dauernden personalisierten Machtkämpfe unterworfen wurden. Die Jahrzehnte jener Vorbereitung in Kabinettsposten, Partei- und Ministerämter werden in jener kuriosen Atmosphäre des steten Zeitmangels und des gelangweilten Angespanntseins verbracht. Kein Thema kann richtig vertieft werden. Auf alles, was wichtig sein kann, muss zum richtigen Zeitpunkt und zur Not sofort reagiert werden. Gleichzeitig muss eine Unmenge Zeit in unproduktiven geschwätzigen Koordinierungs- und Parteisitzungen von minimalem Informationswert vergeudet werden, auf denen es nur darauf ankommt, präsent zu sein, Kontakte zu pflegen

und das Feld nicht der Konkurrenz zu überlassen. Im Amt und im Schloss mit seinem pompö-
sen Zeremoniell selbst steht er unter Dauerbeobachtung im Rampenlicht, einschließlich seines
Liebeslebens, und wird durch seine Allzuständigkeit und scheinbare Allmacht für (fast) alle
Geschehnisse im öffentlichen Raum verantwortlich gemacht.

Vor jenen im allen Wahlkämpfen neu stimulierten nahezu überirdischen Erwartungen der
Wähler muss auch die talentierteste irdische Existenz nahezu notwendig enttäuschen und
scheitern.

Dazu tritt nahezu unvermeidlich eine professionelle Deformation ein, der selbst psychisch
gefestigt erscheinende Charaktere wie Pompidou, Chirac und Hollande nicht entkamen, die
den Zwängen des Lebens und Arbeitens im Élysée entspringen. Sie haben ihre Ursache in den
Zwängen des unablässigen Arbeits- und Entscheidungsdruckes und des Dauerrepräsentierens
in einem abgeschirmten Rahmen, der nicht umsonst meist als „Goldener Käfig", „Gefängnis"
und „Burg" (Château) umschrieben wird. In einer Kabinettssitzung während zweier Stunden
ein Dutzend wichtiger Entscheidungen nach nur kursorischer Besprechung des Themas und
nach Lektüre einiger Seiten synthetischer Kabinettsvorlagen im Zehnminutentakt zu treffen,
ist angesichts der notgedrungen unvollständigen Informationslage und Irrtumswahrschein-
lichkeit eigentlich nur möglich, wenn man beginnt, sich für ein positives Genie zu halten und
an die eigene Unfehlbarkeit zu glauben. In der jahrelangen Praxis verfestigt sich der ursprünglich vielleicht ungewisse Glaube zur festen Gewissheit, dessen Bezweiflung massiven Unwillen
hervorruft. Das Höflingssystem und die schmeichelnden Abendbesucher tun ein weiteres zur
Festigung des Glaubens an sich selbst. Zweitens gibt es jene interne Seite der Medaille der
Macht, die den Präsidenten als den absoluten Herrschern in ihrem Hofstaat erlaubt, nunmehr
völlig ungebremst ihre persönlichen Neigungen und Stimmungen ausleben zu können: politischen Stress, private und Gesundheitsprobleme, die jeder andere Beschäftigte tunlichst zu
beherrschen lernt. Das reicht von Skurrilitäten – Mitterrand, der es ablehnte, Uhren zu tragen,
oder Giscard, Bargeld bei sich zu führen – über die chronische Unpünktlichkeit von Mitterrand
bis Macron, bis zum Ausleben von Launen und dem Austoben von Zorn. Dieser erfolgte bei
de Gaulle, Pompidou und Sarkozy sehr lautstark und bei Mitterrand, Giscard und Macron in
Form eisigen Schweigens. Die wöchentlichen Ministerratssitzungen, offiziell das oberste Entscheidungsgremium Frankreichs, nahm unter dem Vorsitz der Präsidenten bei aller akklama-
torischen Ritualisierung – mit den Ministern in der Rolle von Statisten und dem Ministerpräsidenten als Conférencier und Zeremonienmeister – dann doch sehr personalisierte Formen
an. So liebte es de Gaulle nach jedem Ministerkurzvortrag kurz zu deklamieren, Pompidou
als gelernter Schulmeister zu lektorieren. Giscard musste seine intellektuelle Brillanz scheinen
lassen. Mitterrand blieb sphinxhaft einsilbig und gab seine Entscheidung später schriftlich bekannt. Chirac war meist abgelenkt und hörte nicht zu. Sarkozy redete ohne Unterlass selbst
und ließ niemanden richtig zu Wort kommen. Hollande ließ die Minister reden und amüsierte
sich lieber mit Textbotschaften. Macron schließlich spielt den amerikanischen CEO: Vorge-
fasste Entscheidungen fallen im Fünfminuten-Takt. Eines haben alle acht Präsidenten gemeinsam. Sie ließen keine Gruppendiskussionen zu. Die Ministerrunde blieb bei allen, abgesehen

von den drei Kohabitationsphasen, ein ritualisiertes Akklamationsorgan, das alle Beteiligten für eigentlich entbehrlich hielten.

Die Frage stellt sich nach der Qualität der jeweiligen Präsidentschaft, die eine Funktion der jeweiligen Persönlichkeit, seiner Werte und der Angemessenheit seines politischen Programms und dessen Umsetzung ebenso ist wie jener der Zeitumstände, der politischen und wirtschaftlichen Konjunktur und jener unberechenbaren Kategorie, die man politisches Glück nennen könnte. In Summe will es erscheinen, als habe in Frankreich wie auch sonst in der westlichen Welt die Qualität der politischen Führung während der letzten Jahrzehnte unübersehbar abgenommen. Das liegt zum einen an der Rigidität der politischen Ökonomien postmoderner Nationalstaaten unter den Bedingungen der Globalisierung. Strukturreformen werden von den Betroffenen in wirtschaftlichen Stagnationssituationen als Nullsummenspiele betrachtet, die sie als Minderheiten (gleich ob als Rentner, Arbeitsplatzbesitzer oder Staatsdiener) durch Verweigerungshaltungen verhindern wollen. Eine über die Jahre akkumulierte Staatsquote erdrückt mit ihrem Regelungsgestrüpp und ihrer Steuerlast die Leistungskraft des Privatsektors. Eine nicht länger bedienbare öffentliche Schuldenlast schränkt innovative Haushaltsinitiativen und die Finanzierung von Zukunftsinvestitionen massiv ein, von der Krisenvorsorge ganz zu schweigen. Während der Bürokratismus eines mehr und mehr nur noch selbstreferentiellen, sich selbst genügenden Staatsapparates zunimmt, nimmt seine Leistungsfähigkeit für Dienstleistungen zugunsten der Bürger ab. In Frankreich mag die Tradition des colbertistischen Etatismus, der dem Privatkapital traditionell misstraut und in dem politische Beamte die staatsnahen Industrien und Banken führen, besonders stark ausgeprägt sein, gefördert auch von einem geringen wirtschaftlichen Sachverstand großer Teile der Öffentlichkeit, die wenig Verständnis für die Notwendigkeiten der Wettbewerbsfähigkeit und für Produktivitätszuwächse hat. Doch auch in den in der Nachkriegszeit noch ordoliberal verfassten Niederlanden und in Deutschland können wir die gleiche lähmende Etatisierung mit einem zeitlichen Verzug erkennen.

Die geschwächte Leistungsfähigkeit der überblähten Staatsbürokratie zeigt sich auch in einem schleichenden außen- und sicherheitspolitischen Einflussverlust. Gingen de Gaulle, Pompidou, Mitterrand und Chirac noch wie selbstverständlich von einer Weltmission und globalen Rolle Frankreichs aus, so beschränkt sie sich seit zwei Jahrzehnten nur noch auf Rückzugsgefechte in der destabilisierten Peripherie des Sahel und des Nahen Ostens, eher schlecht als recht unterstützt von den europäischen Partnern, ohne die es dem Vernehmen nach nicht länger geht.

Dazu kommt die nahezu universelle Legitimationskrise der politischen Klasse in den westlichen Demokratien. Sie werden nicht zu Unrecht als abgehobene eigennützige Eliten wahrgenommen, denen der Niedergang der Mittelschichten, die Prekarität und der Bildungsverfall der Jugend, nationale und regionale Identitäten, die Geschichte und das Kulturerbe ihrer Völker gleichgültig sind, die die Probleme der Staatsfinanzen und der Zukunftsfinanzierung der Sozialsysteme ignorieren, und sich in der EU in heillose Probleme der Währungs- und Einwanderungspolitik verstrickt haben, deren Diskussion sie sich verweigern und die in Summe als Politikversagen wahrgenommen werden.

Tatsächlich spiegeln die Biographien und Profile der Präsidenten der V. Republik recht getreulich den sozialen und politischen Wandel Frankreichs wieder. Die Frage ist natürlich hypothetisch, würden ein de Gaulle, ein Pompidou oder selbst ein Giscard oder Mitterrand die
heutigen Probleme lösen und das Rad der Geschichte zu den Trente Glorieuses, als die Welt
im Oktogon noch in Ordnung war, zurückdrehen können? Selbst wenn sie es vermöchten, so
würden sie doch nicht aufgestellt und nicht gewählt werden. Der postmoderne Präsidialkandidat und Präsident zeichnet sich im Gegensatz zu ihnen durch eine maximale Beliebigkeit seiner
politischen Überzeugungen aus, die er nach Opportunitätsgründen wie seine Krawattenfarbe
wechselt. Politik ist für ihn vorrangig Netzwerkbau und mediale Inszenierung. Sein Familienleben ist chaotisch, seine militärischen Leistungen null, seine literarischen Talente marginal.
Wenn es eine Konstante gibt, dann eine narzisstische Selbstbesessenheit und ein abgehobene Machtpraxis. Die Frage, ob nationaler Abstieg durch die schlechte Qualität des politischen
Spitzenpersonals verursacht wurde, oder umgekehrt: Hat jedes Land die Politiker, die es verdient?, ist wie die Frage nach dem Huhn oder dem Ei seit dem Niedergang des Imperium Ro-
manum immer wieder gestellt worden, und harrt seit 1700 Jahren noch immer der Antwort.

Kapitel 2

Familiäre und politische Sozialisation

Fast alle Präsidenten (außer Nicolas Sarkozy, der in Neuilly in der Pariser Peripherie aufwuchs) entstammen der bürgerlichen Oberschicht der Provinzen, wo sie auch ihre Kindheit und Jugend verbrachten. Keiner entstammte dem Adel (also auch nicht de Gaulle und Giscard d'Estaing, wie man in Deutschland oft Glauben macht, und Giscard selbst zu glauben vorgab), noch den unteren Mittelschichten. Der Beruf der Väter war zweimal das höhere Lehramt (de Gaulle, Pompidou), Unternehmer und Verbandschef der Essighersteller (Mitterrand), Spitzenmanager mit etlichen Aufsichtsratsmandaten (Giscard), Privatbankier (Chirac), Klinikbesitzer und Immobilienentwickler (Hollande), Medizinprofessor (Macron) sowie PR Manager: Sarkozy, bei dem angesichts der Dauerabwesendheit des Vaters der Anwaltsberuf der Mutter und der seines Großvaters (Facharzt für Geschlechtskrankheiten) wichtiger gewesen sein dürfte.

An ihrer primären Sozialisation fällt auf, dass alle acht Präsidenten (außer Sarkozy) die Lieblingskinder ihrer Eltern – bei de Gaulle des Vaters, bei den anderen der Mutter, bzw. bei Macron der Lieblingsenkel der Großmutter – waren, die große Dinge von ihnen erwarteten und diesen Glauben auch gezielt förderten. Insofern verbrachten die meisten eine verwöhnte Jugend mit einer für alle Schwächen verständnisvollen und alle Leistungen bewundernden Mutter in materieller Sorglosigkeit (sieht man von Chiracs Kriegsjugend und der kurzzeitigen Episode seiner Flucht aus Paris 1940 einmal ab). In ihrem Schulgang meist an „guten" katholischen Privatschulen fällt weiter auf, dass von jenen Muttersöhnchen ein leichtes Lernen mit einer schnellen Auffassungsgabe, ein gutes Gedächtnis und meist nur selektiven Anstrengungen in Fächern ihres Interesses (meist Geschichte, Französisch, alte Sprachen) berichtet werden, und sie mit geringen Leistungen in desinteressierenden Fächern wie Mathematik, Naturwissenschaften, neuen Sprachen und Sport meist ungeschoren blieben. Lediglich Giscard war durchgängig in allen Fächern ein Streber und der vaterlos aufwachsende Sarkozy konstant faul und schulisch schlecht. Interessant ist weiter, dass alle als einzelgängerische unsportliche Bücherwürmer und Träumer geschildert werden. Kein Einziger – von Chirac vielleicht einmal abgesehen –, der „chef de bande" wurde oder zum Klassensprecher sich hatte wählen lassen. Vom künftigen Ruhm träumten sie bei der Lektüre historischer Romane als Jünglinge eher praxisfern.

Der Bildungsgang, der in Frankreich (wie in Japan oder England) für Elitekarrieren prädestinierend ist, reicht von der Militärakademie Saint-Cyr (de Gaulle), die Ecole Normale Supérieur (des „Normalien" Pompidou) über die Sciences Po (Mitterrand), bis zur Krönung an der Elite-Kaderschmiede ENA (Giscard, Chirac, Hollande, Macron). Nur Sarkozy absolvierte einen normalen juristischen Studiengang mit, von der Politik abgelenkt, sehr durchschnittlichen Ergebnissen. Bei den ENArquen, sowie bei Pompidou folgte dann fast unmittelbar nach dem Abschluss (vor allem bei Giscard und Hollande) eine profilierte Kabinettstätigkeit.

Neben de Gaulle, der seine politische Laufbahn 1940 als provisorischer Brigadegeneral begann und bald selbsternannter Chef der Exilregierung in London wurde, leisteten außer Macron alle ihren Wehrdienst. Mitterrand, Pompidou, Giscard und Chirac dienten als junge Feldwebel, Leutnants, Gefreite und Unterleutnants in Kriegszeiten in Frankreich, Deutschland und Algerien. So wie de Gaulle im Ersten Weltkrieg geriet Mitterrand im Zweiten Weltkrieg bei Verdun verwundet in deutsche Kriegsgefangenschaft, aus der er im Gegensatz zu de Gaulle, der immer wieder eingefangen wurde, beim zweiten Versuch auch entkommen konnte. Hollande diente nach einer anfänglichen Freistellung wegen Untauglichkeit trotz seiner Kurzsichtigkeit als Leutnant in Friedenszeiten, und Sarkozy als Mannschaftsdienstgrad in einer Putzkolonne in einer Pariser Luftwaffenkaserne, wo er nie ein Kampfflugzeug zu Gesicht bekam. Jene Kriegs- und Wehrdienstzeiten, die bei de Gaulle längere Einsatzzeiten im besetzten Deutschland, in Polen, Syrien und im Exil in London einschlossen, blieben die einzig längeren Auslandsaufenthalte während ihrer formativen Jahre (mit entsprechend schlechten Fremdsprachenkenntnissen als Ergebnis). Eine Ausnahme war Jacques Chirac, der sich Anfang der 50er Jahre ein Jahr lang meist als Tellerwäscher in den USA durchschlug. Giscard verbrachte einige Monate als Aushilfslehrer in Québec und Macron als Praktikant an der französischen Botschaft in Nigeria. Profunde Auslandskenntnisse etwa durch ein Auslandsstudium, das Studium einer fremden Philologie oder Kulturwissenschaft, oder eine langjährige internationale Berufserfahrung brachte niemand mit.

Ihre knappen Urlaubszeiten verbrachten sie als Jugendliche und als Erwachsene wie alle guten Franzosen meist im eigenen Land, abgesehen von Bildungsreisen nach Italien oder im reiferen Alter nach Ägypten. Dem Ferntourismus huldigten nur Chirac (der Exotik wegen), Giscard (für die Großwildjagd) und Sarkozy (um seine Frauen zu beeindrucken). De Gaulle absolvierte seine einzige längere Urlaubsreise erst nach seinem zweiten Rücktritt an die irische Westküste, dem Land seiner entfernten Vorfahren. Ansonsten endet der empirisch erlebte mentale Bezugsrahmen an den Landesgrenzen des Oktogons mit Paris als dem Zentrum des politischen und intellektuellen Universums.

Geheiratet haben die meisten (unter Ausschluss von Hollande, der in weiser Voraussicht nie heiratete) d.h. de Gaulle, Pompidou, Giscard, Chirac – nicht aber Mitterrand (und lassen wir sein Konkubinat mit Anne Pingeot, die aus einer Industriellenfamilie stammt, als Sonderfall einmal beiseite) – sowie Sarkozy in dritter Ehe Gattinnen aus Familien mit höherem Status und mehr Vermögen. Sie mochten in der Frühphase ihres Berufslebens wie Pompidou und Chirac durchaus den sanften Karrieredruck ihrer Schwiegereltern verspürt haben, sich durch entsprechende Errungenschaften zu beweisen. Über ihr meist defektes Ehe- und Familienleben als Berufspolitiker und zu den durchaus gemischten Lebensläufen ihrer Kinder und Enkel wird in den nachstehenden Kapiteln berichtet. Der Fall Macron mit seiner Ehe mit seiner 24 Jahre älteren Theaterlehrerin ist sicher ein Sonderkapitel. Doch auch sie entstammte einer Unternehmerfamilie der Provinz. Er versuchte sich in seinen jungen Jahren ohnehin nur seiner Großmutter und ihr zu beweisen.

Alle Präsidenten waren mehr oder minder katholisch. De Gaulle sicherlich lebenslang am ernstesten in seiner nationalkatholischen Überzeugung, der Neigung zu lateinischen Messen und der Überzeugung von der göttlichen Sonderrolle Frankreichs als der ersten Tochter der Kirche. Mitterrands ursprünglich ähnlich geprägter Glauben ist am Ende des Krieges agnostischeren Einstellungen gewichen. Pompidou stammte aus einer streng laizistischen Lehrerfamilie, genoss allerdings eine kirchliche Unterweisung. Für ihn wie für die anderen Präsidenten war der Katholizismus Privatsache, auch wenn Sarkozy gelegentlich ein impulsives öffentliches Interesse an theologischen Fragen und Kirchenkontakten zeigte. Von Hollande, der lange dem überzeugten Linkskatholiken Delors zuarbeitete, ist nichts dergleichen überliefert. Macron, der einer laizistischen Familie entstammte, besuchte eine Jesuitenschule, ließ sich mit 12 Jahren taufen und wurde danach jedoch bald wieder agnostisch.

In Fragen, die mit der Kirche strittig waren, wie den Privatschulen, ordnete Mitterrand gegen die eigenen Parteiaktivisten einen Rückzieher an. Giscard dagegen liberalisierte auf Initiative von Simone Veil das Abtreibungsrecht. Hollande führte auf Druck der aus Guyana stammenden Christiane Taubira die „Ehe für alle" ein. Katholische Sozialisationseinflüsse gibt es also nur noch in homöopathischen Dosen. Das politisch aktive katholische Wählerpotential befindet sich zumeist am rechten Traditionsflügel der Gaullisten und wird bei etwa 50–60 % nominellen Katholiken noch auf maximal 14 % geschätzt[1]. François Fillon war bei den Wahlen von 2017 ihr prominentester Repräsentant. Protestantische Politiker (Lionel Jospin, Michel Rocard, Maurice Couve de Murville) scheiterten bislang alle auf dem Sprung zur Präsidentschaft, vielleicht weil sie dem Klischee der freudlosen, dogmatischen und asketisch-calvinistischen Einzelgänger nachlebten, das ihnen vorausgeht und das bei den Wählern schlecht ankommt. Das gegenteilige Klischee war bislang möglicherweise auch ein Hinderungsgrund für jüdische Politiker (Léon Blum, Pierre Mendès-France, Michel Debré, Laurent Fabius, Dominique Strauss-Kahn)[2]. Islamische Politiker wurden erst von Sarkozy und Hollande in den nationalen Vordergrund geschoben und scheiterten bislang in ihren anspruchsvollen Funktionen, auf die sie in jeder Hinsicht schlecht vorbereitet waren, im Konkurrenzdruck der nationalen Spitzenpolitik, der kein Pardon kennt, schnell[3].

Einen Großteil ihrer Jugend verbrachten nur Giscard und Chirac in Paris, sowie Sarkozy in der Vorstadt Neuilly. Die anderen künftigen Präsidenten kamen erst im Laufe ihres weiteren Bildungsweges (Höhere Gymnasialjahre und Studium) dorthin mit all jenen Umstellungsproblemen eines jungen Provinzlers in der in jeder Hinsicht überwältigenden Großstadt. Macron stellt seine damaligen Erfahrungen wie ein literarisches Erweckungserlebnis dar: „Mit 16 Jahren verließ ich meine Provinz, um nach Paris zu gehen. Das war für mich das schönste Abenteuer. Ich begann die Orte zu erleben, die nur in Romanen existiert hatten. Ich folgte den Wegen

1 Addiert man 2–3 % Protestanten – eher konservative Lutheraner in Elsass-Lothringen und progressivere Calvinisten meist im Süden (Drôme, Ardèche), plus knapp 1 % Juden sowie 5 % Muslime, die allerdings aus Desinteresse meist Wahlenthaltung üben, so beträgt das religiös beeinflusste Stimmverhalten etwa 20 %.

2 Es gibt wenig überraschend im Netz die üblichen Verschwörungstheorien, die jeden französischen Politiker mit ausländischen Vorfahren oder einem fremdländischen Familiennamen – von Sarkozy bis Hollande – dem Judentum zuordnen (z. B. „Juifs celèbres de France" [Version vom 17.2.2011]. Diese werden sehr überzeugend von der Seite Marcoroz „Les juifs qui ne le sont pas" [Version vom 28.1.2017] mit dem nötigen biographischen Detail zurechtgerückt und korrigiert).

3 Ein Argument gegen Michel Houllebecqs Sci-Po Roman „Die Unterwerfung" (2016).

der Figuren von Flaubert und Hugo". Im Übrigen sei er „vom verzehrenden Ehrgeiz der jungen Wölfe von Balzac beflügelt" worden[4]. Von der unvermeidlichen Einsamkeit und Anomie des 16-jährigen in der unbekannten Metropole ist in seiner Wahlkampfschrift nicht die Rede.

Die frühe Übersiedelung nach Paris erlaubte jenen Spitzenpolitikern in Hinkunft, für die Karriere wichtig, immer zweierlei spielen: einmal die regionale Verwurzelung – immerhin sind 80 % der Wähler Nicht-Pariser, die nachvollziehbare Vorbehalte gegen die kulturell, wirtschaftlich und politisch allmächtige Hauptstadt pflegen – und dann später in den elitären Zirkeln von ‚Tout Paris' selbst ihre weitläufige Vertrautheit mit ihren kulturellen Normen, sozialen Codes, unausgesprochenen Usancen und status-hierarchischen Abläufen der Polit-, Wirtschafts-, Medien- und Kulturzirkel der Hauptstadt, die ein Frischimport als Landei und frischgewählter Abgeordneter aus der braven Provinz nicht kennen kann.

Die regionale Verwurzelung mit der „France profonde", deren Darstellung im Wahlkampf enorm wichtig ist (und nach dem Einzug ins Amt und seine Würden stets etwas vergessen wird) wird neben der jugendlichen Herkunft (de Gaulle: Lille; Pompidou: Montboudif in der Auvergne, später in Albi; Giscard: Clermont-Ferrand; Mitterrand: Jarnac in der Charente; Chirac: Sainte-Féréole in der Corrèze; Hollande: Rouen; Macron: Amiens) durch adoptive Wahlkreise verstärkt. Sie wurden im Fall von Giscard und seinem Wahlkreis Puy-de-Dôme um Clermont-Ferrand schlicht vom Urgroßvater über den Großvater Jacques Bardoux an ihn im zarten Alter von 30 Jahren vererbt. In den anderen Fällen (abgesehen von de Gaulle und Macron, die niemals für ein Parlament kandidieren würden) wurde ihnen von der Parteiführung oder einem politischem Patron ein Sitz freigemacht oder reserviert – oft mit anfänglich durchaus gemischten Siegeschancen. So für Pompidou in Cantal in der Auvergne, für Mitterrand in Château-Chinon im Département Nièvre in Burgund, für Chirac und Hollande in Tulle in der Corrèze. Nicht zu vergessen der allerdings selbsteroberte Wahlkreis von Neuilly (Hauts-de-Seine) von Sarkozy. Dort müssen sie sich im Fall der Adoption möglichst schnell, oft binnen weniger Wochen, in die örtlichen Gegebenheiten[5], die Geographie, Geschichte, und den Dialekt einarbeiten und die lokalen Notabeln möglichst innig befreunden, um nicht als aus Paris eingeflogener Überflieger („Parachûtage") abgelehnt und von einem rivalisierenden Lokalmatador besiegt zu werden. Drittens gibt es natürlich die Tradition des Pariser Bürgertums der Zweitwohnsitze in hübschen Orten der Provinz zwecks Sommerurlaubs oder verlängerter Wochenende. De Gaulle pflegte dies in seinem berühmten Exilort, dem herben Colombey-les-deux-Églises (das allerdings nur eine Kirche aber dafür auch noch einen Gemischtwarenladen hat) und Pompidou in Orvilliers in der Île-de-France und noch rustikaler in Cajarc am Fluss Le Lot nahe Cahors[6]. Mitterrand besaß offiziell das rustikale Landhaus in Latche in Les Landes,

---

4   Emmanuel Macron. Révolution. XO. 2016.
5   Witzig zum Beispiel Hollande, der beim ersten Fußballspiel vor Ort dem falschen siegreichen Verein zujubel-
     te.
6   Man könnte sich also durchaus einen Frankreich-Urlaub der besonderen Art auf den Spuren der Präsidenten
     vorstellen, jenseits der Umwanderung des Élysée-Komplexes und des Palais Bourbon und solcher modernis-
     tischen Pariser „Attraktionen" wie dem Centre Pompidou, dem Musée Chirac und den Bibliothekstürmen
     von Mitterrand: Von der herben Schönheit der „Boisserie" (Eintritt: 5,50 Euro) und ihrem 2-Hektar-Park,

im Hinterland der südlichen Atlantikküste, wo er auch wichtige ausländische Gäste empfing, und ein geheimes Landhaus in Gardes im Luberon-Gebirge für seine Zweitfamilie mit Anne und Mazarine Pingeot. Chirac residierte eher ungern in seinem Schloss Bity in der Corrèze und Giscard mit mehr Vergnügen in den Schlössern seiner Familie in Zentralfrankreich (billig zu erwerben und teuer im Unterhalt) mit seinen Trophäensammlungen. Sarkozy musste mangels finanzieller Masse mit Carla Brunis Familienvilla in Cap Nègre bei Le Lavandou (unweit der offiziellen Ferienburg Bregançon der Präsidenten) in der Provence Vorlieb nehmen. Hollande hatte zwar ein schönes und teures Anwesen nahe Cannes, das er aber als Sozialist nicht öffentlich vorführen konnte, weswegen er zu Valérie Trierweilers Zeiten den Kontakt mit dem Urlaubervolk nahe Bregançon suchte. Die meisten dieser Urlaubsquartiere ergaben günstige Gelegenheiten für fotogene Homestories (bei de Gaulle und später bei Hollande natürlich Fehlanzeige), sowie um bei einem Rotwein und der Zigarette im Mundwinkel in der Dorfkneipe rustikale Volksverbundenheit mit dem Landvolk zu demonstrieren – eine Spezialität von Pompidou und Chirac, zu der die anderen unfähig oder unwillig waren.

Alle Präsidenten genossen in ihrer Frühphase die Gunst eines politischen Mentors. Im Falle de Gaulle hatte in der Zwischenkriegszeit Marschall Pétain über den ungestümen und unbeliebten Hauptmann und Major während seiner Generalstabslaufbahn seine schützende Hand gehalten (weswegen de Gaulle ihn 1945 auch nicht erschießen ließ). Pompidou wurde nach 1944 von de Gaulle und nach 1946 von Édouard de Rothschild protegiert. Chirac wurde Pompidous loyaler Ziehsohn. Giscard erbte, wie erwähnt, seinen Wahlkreis vom mütterlichen Großvater, während später de Gaulles wohlwollendes Auge auf dem tüchtigen jungen Staatssekretär und Finanzminister ruhte. Mitterrand musste sich dagegen 1946 den ihm überlassenen Wahlkreis

in dem sich de Gaulle regelmäßig erging, im lothringischen Colombey-les-deux-Églises bis zum Naturpark des Plateau de Millevaches, der politischen Wahlheimat von Chirac und Hollande, erlebt man jene mysteriöse ländlich-traditionelle „France profonde", die die politische Phantasie der wichtigsten Präsidenten belebte und motivierte. Empfehlenswert auch das Ferienhaus von Pompidou in Cajarc (Lot), jetzt ein Kunstmuseum mit seinen modernen Sammlungen im Besitz der Familie von Françoise Sagan. In seinem Geburtsort, dem Bergdorf Montboudif in der Auvergne gibt es auch ein kleines im Sommer geöffnetes Pompidou-Museum, interessanter vielleicht eher für den Genus loci eines armen Bauerndorfes als für seine Exponate. Interessant ist sicher auch ein Besuch in Château-Chinon (Nièvre) im Nationalpark von Morvan, wo Mitterrand 22 Jahre lang Bürgermeister war. Man kann dort sein Hotelzimmer und im Musée du Septennat seine Staatsgeschenke bewundern und seine Lieblingswanderwege abschreiten. In Sarran (Corrèze) kann man ein Gedenkmuseum für Chirac besuchen (4,50 Euro Eintritt), während sein dortiges baufällig gewordenes Château de Bity weiter von der Gendarmerie abgeriegelt wird, obwohl der Alt-Präsident es wohl nie wieder besuchen wird. Dagegen ist das Château d'Estaing in Avyron, das seit 2005 (!) im Familienbesitz ist, für 6 Euro Eintritt, einschließlich einer VGE-Ausstellung, trotz Renovierungsarbeiten weiter zu besichtigen. Mitterrands berühmtes Landhaus in Latche (Landes) wird von seinem Sohn Jean-Christophe und einer Enkelin bewohnt und ist daher nicht zugänglich. Idem das bescheidene Zweithaus von Pompidou in Orvilliers (Yvelines), in dem noch sein Sohn Alain lebt. Dagegen hat sich nach der Wahl Macrons ein beträchtlicher Tourismus nach Touquet-Paris-Plage (Pas-de-Calais) an der Kanalküste entwickelt, wo man am Ende der Fußgängerzone das Ferienhaus von Brigitte Macron mit seinen vielen Balkonen bestaunen kann. An all jenen Orten wird man bereitwillig über die Lieblingslokale der Präsidenten, ihre Stammplätze und ihr Lieblingsessen informiert, das auf der Speisekarte verewigt, weiter erhältlich ist. Das in Paris befindliche von Hubert Védrine geleitete Institute François Mitterrand, das die Biographie Mitterrands in allen Details seit seinem Ableben ausleuchtet, ist dagegen nur von politologisch-zeitgeschichtlichem Interesse.

in Nièvre erst durch komplexe Absprachen mit den Rechten und später mit den Kommunisten erobern. Danach war er in der IV. Republik lieber der taktisch wendige Chef seiner eigenen halblinken Kleinpartei, da er sich niemandem, schon gar nicht den Elefanten der SFIO, unterordnen wollte, bis er die Sozialisten dann 1971 einem Kraftakt zur PS einigte, sich an ihre Spitze setzte und in einem Wahlbündnis die Kommunisten nach dem gemeinsamen Sieg von 1981 nach und nach erdrückte. Auch Sarkozy war von früh an sein eigener Mann und setzte sich bei der Wahl zum Bürgermeister von Neuilly 1983 im Alter von 28 Jahren gegen seinen frühen Mentor Charles Pasqua und die örtlichen Parteigrößen durch, schlüpfte dann für einige Jahre unter die Flügel Chiracs, für den Sarkozy damals eine Art Sohnersatz war, bis dieser ihn 1995 zugunsten von Balladur verriet. Hollande bot sich zunächst Mitterrand an (wo er zugunsten seiner attraktiveren Gefährtin Ségolène Royal zurückstecken musste), dann Jacques Delors – diesmal ein Fall von „Vaterersatz" –, um sich als „Delorist" dann im Haifischbecken der feindlichen PS-Strömungen nach dem Kandidaturverzicht seines Helden von 1995 alleine langsam nach vorne zu schwimmen und diskret durchzubeißen. Macron hatte ohnehin die Kunst des politischen Protegiertwerdens von Jacques Attali über David de Rothschild bis Hollande zur Meisterschaft entwickelt und sich damit eine parlamentarische Ochsentour erspart.

Für die meisten Präsidenten war also der politische Aufstieg eine Frage

– einer bildungs- und leistungsorientierten bürgerlichen mutterzentrierten Kindheitssozialisation zumeist in der Provinz

– des Kennenlernens der Pariser Oberschul- und Hochschulszene als später Teenager

– einer postuniversitären Elitenformation, die von der Hälfte an der ENA absolviert wurde

– einer profilierten Tätigkeit im Kabinett eines wichtigen Ministers oder des Präsidenten

– der polit-personellen Protektion in quasi-feudalen Führer-Gefolgschaftsbeziehungen, oft in Gestalt eines väterlichen Mentors, in der kritischen Frühphase des Aufstiegs in der nationalen Politik, und

– ab erstem Staatssekretär/Ministerposten des Glücks, der richtigen Umstände, Zeitpunkte und inhaltlichen Positionierungen, der taktischen Bündnisentscheidungen und der eigenen Willenskraft, Durchsetzungsfähigkeit, Einsatzfreude und Netzwerkkunst in der Heimatregion wie in der Pariser Polit- und Medienszene.

War zu ihrem 25. Lebensjahr ihr Lebenslauf als politisch interessierte (Pompidou war jedoch damals viel eher kulturell und de Gaulle militärhistorisch interessiert!), universitär geschulte intelligente junge Männer, die aus mittel- bis großbürgerlichen Familien der Provinz stammten, wenig unterschiedlich von, sagen wir, 5 % ihrer Alterskohorte, so verschärft sich mit den folgenden Sozialisations- und Karriereerfahrungen die Selektion erheblich. Die Schulkameraden wurden Schullehrer, Apotheker, Zahnärzte und Bauunternehmer und vielleicht nebenher Lokalpolitiker, die meisten späteren ENA-Genossen Präfekte, Kabinettschefs, Botschafter, Medienunternehmer, Manager von Staatsbetrieben und vielleicht noch Staatssekretär. Doch der Durchbruch in der dünnen und bleihaltigen Luft zur olympischen Spitze bleibt den allermeisten notgedrungen versagt. Mutmaßlich wollen sie ihn wie 99,9 % (meine Schätzung) aller erwachsenen Franzosen auch gar nicht. Hier beginnen acht singuläre Einzelschicksale und Laufbahnen, die sich in ihrer Unwägbarkeit und Unvorhersehbarkeit in einem meritokratisch-demokratischen System (im Gegensatz zur erblichen Monarchie oder einer orientalischen Despotie, etwa der Älijews oder der Kims) der Sozialstatistik entziehen.

So hätte es ohne den deutschen Panzerdurchbruch von 1940 bei Sedan keinen Präsidenten de Gaulle gegeben, ohne die Vermittlung eines Studienkollegen ins Kabinett de Gaulles 1944 keinen Präsidenten Pompidou, ohne seine gelungene Flucht aus einem deutschen Oflag 1943 keinen Präsidenten Mitterrand, etc. etc. Und wäre Pal Sarkozy de Nagy-Bocsa ein getreuer Ehemann und liebender Vater gewesen, wäre sein Sohn nicht so rastlos vom Ehrgeiz zerfressen und von inneren Derwischen getrieben, sondern ein wohlbestallter in sich ruhender Anwalt und Notar der Reichen und Schönen von Neuilly geworden? Umgekehrt gewendet, hätte Jacques Delors 1995 kandidiert, wäre er bis 2002 sicherlich ein viel bewunderter und wahrscheinlich erfolgreicher Präsident geworden. Idem Lionel Jospin 2002 für die Zeit bis 2007, wären die Stimmen der Linken nicht im ersten Wahlgang unter acht linken Kandidaten aufgesplittert worden. Idem Dominique Strauss-Kahn für die Zeit 2012–17, wäre der triebhafte IWF-Chef nicht im Mai 2011 im Sofitel von New York über eine westafrikanische Putzhilfe gestolpert. Idem François Fillon für 2017–22, wäre nicht im Wahlkampf ruchbar geworden, dass er für die Scheinbeschäftigung seiner Frau als seine Parlamentsassistentin eine Million Euro eingesteckt hatte. Die Liste der Konjunktive ließe sich beliebig fortsetzen.

Politische Einstellungen

Von großem Interesse ist natürlich die Entwicklung der politischen Einstellungen der künftigen Präsidenten in jungen Jahren (die im biographischen Teil noch vertieft wird) und ihre Prägung durch Elternhaus, Schule und Hochschule. Bei dreien ist sie unverrückbar gegeben:

Bei de Gaulle ein unerschütterlicher Glaube an die göttliche Mission und welthistorische Sonderrolle Frankreichs, mit der einzigen biographischen Mutation, dass er als Royalist ab 1940 nicht mehr die Monarchie wiedereinführen wollte sondern sich selbst als republikanische Inkarnation derselben sah. Deshalb der häufige Selbstbezug auf Jeanne d'Arc, der ihn in normalen Zeiten in psychiatrische Behandlung gebracht hätte. Zweitens bei Giscard, der immer der konservativ-liberale Modernisierer der pseudo-aristokratischen Oberschicht blieb – vom ehrgeizigen Jüngling bis zum abgeklärten Greis. Drittens Sarkozy – aus völlig unterschiedlichen Motiven: In seiner unglücklichen einsamen Jugend in Neuilly fühlte er sich stets seinen reicheren, größeren und besser aussehenden Kameraden unterlegen und suchte zwanghaft ihre Akzeptanz durch einen sozialen Status, den am ehesten die Politik bot. Mit seiner ethnischen Promenadenmischung – zur Hälfte ungarischer Exil-„Adel" (ohne Schloss, ohne richtigen Titel, Wappen und Stammbaum – Giscard Senior hatte all dies für die Seinen in den 20er Jahren käuflich erworben –, und ohne vorzeigbaren Vater), zu einem Viertel griechisch-jüdischer und dem Rest „richtiger" französischer Herkunft, identifizierte er sich voll mit dem Land seiner Geburt, so dass er „Identität" häufig zum Leitmotiv seiner Diskurse machte, ebenso wie er stets die Agenden der Oberschichtler seiner Heimatstadt vertrat (freihändlerische Wirtschafts-interessen, eine konservative Fiskal- und liberale Wirtschaftspolitik, law and order, und die entspannten Normen eines locker-liberalen Lebenswandels). Macron schließlich entstammte einem sozial-liberalen Elternhaus. Nur die Großmutter hatte als pensionierte Lehrerin dezi-diert sozialistische Sympathien. Er selbst blieb zeitgeistig gesellschaftspolitisch halblinks und wirtschaftspolitisch halbrechts im jeweils situativ angepassten politisch Unbestimmten. In der Abwesenheit fester Überzeugungen gab es bei ihm auch keine biographischen Brüche.

Bei den anderen gibt es interessante Wandlungen. Pompidou stammte aus einer laizistisch-sozialistischen Lehrerfamilie. Laut Giscard, der auch aus der Auvergne stammte, hatte sein Großvater noch mit den Tieren im Stall geschlafen. Der Vater war glühender Verehrer des 1914 ermordeten sozialistischen Pazifisten Jean Jaurès. Pompidou hing als Student noch undogma-tisch der Linken an, war allerdings politisch weder sonderlich interessiert noch engagiert, son-dern eher den schönen Seiten des Lebens, der Literatur, dem Theater, der Malerei und seiner Frau zugetan. So konnte er sich undogmatisch 1944 de Gaulle als Redenschreiber anschließen und übernahm als späterer Wirtschaftsreformer in pragmatisch-moderater Form auch dessen patriotische Agenden (wobei er den wahren Gaullisten der ersten Stunde stets suspekt blieb). Mitterrand stammte im Gegenteil (ebenso wie de Gaulle) einer erzkatholisch-patriotisch-mo-narchistischen Familie, pflegte diese Werte auch aktiv als Student bis zum Kriegsausbruch. Er brach mit ihnen erst langsam zunächst religiös in der Kriegsgefangenschaft und politisch im geeigneten Moment des Überganges von Vichy zur Résistance 1943/44. 1945 ging ihm die linksradikale Nachkriegs-Programmatik schon sehr flüssig von der Feder. Als Parlamentarier und junger Minister bewegte er sich dann jedoch in der nicht-klerikalen anti-gaullistischen Mitte. Vom Anti-Kommunisten und aufgeklärten Kolonialpolitiker der IV. Republik mutierte er nach de Gaulles Machtergreifung zum Anhänger der Vereinigten Linken, einschließlich des Bündnisses mit den Kommunisten, die er in inniger Umarmung die Internationale singend nach 1981 nahezu liquidierte. Abgesehen vom Gaullismus und Kommunismus war Mitterrand also schon in allen politischen Lagern und Glaubensbekenntnissen zu Hause gewesen. Chirac kam aus einem konservativen Stall, flirtete als jugendlicher Rebell an der Sciences Po mit Mi-chel Rocards Sozialistischem Studentenverband (was die lebenslange Freundschaft zwischen beiden begründete), umflankte ihn dann links, als er vor Saint-Sulpice die „Humanité" verkauf-te (der erste Schritt zur Mitgliedschaft in der KPF) und den kommunistischen Stockholmer Friedensappel unterschrieb. Nach seinem Wehrdienst als Unterleutnant der Fallschirmjäger in Algerien bewegte er sich jedoch zur Erleichterung seiner Schwiegereltern wieder brav zur Rechten zurück. Wie Mitterrand blieb er jedoch stets ein gelegentlicher, nicht immer vorher-sehbarer Grenzgänger zwischen den beiden Lagern. Hollande schließlich stammte aus einem stramm rechten Elternhaus. Sein Vater war 1965 Parteigänger und Kandidat in Rouen für Tixier-Vignancour und dessen Bewegung von Nostalgikern von Vichy und Französisch-Al-gerien. Wann der politische Bruch mit dem Vater erfolgte, ist bei dem harmoniebedürftigen

Hollande unklar. Zumindest war Hollande seit seiner ENA-Zeit im linken Lager und auf der Suche nach einem politischen Ersatzvater, den er in dem distanzierten Mitterrand nicht, aber dann zeitweise in Jacques Delors fand.

Zu den Konstituenten der französischen politischen Landschaft und Gesellschaft zählt ihre Zweispaltung seit spätestens 1793. Es fängt schon damit an, mit welcher Inbrunst man den 14. Juli als Tag des Bastillesturms von 1789 feiert, das Staatsmotto von Liberté, Egalité und Fraternité rezitiert und die Laizität betont. Durch die Familienbiographie und Sozialisation bedingt, ist man schicksalshaft entweder links oder rechts von jener politischen Wasserscheide geboren und aufgewachsen. Entweder Adel, Katholizismus und Bürgertum oder der Vierte Stand. Die Identifikation entweder mit der Revolution oder den Opfern der Guillotine, der Kirchenschändungen und der Massaker in der Vendée und in Lyon. Dies setzt sich durch alle Schismen der französischen Geschichte fort: Die Aufstände von 1830, 1848, die Kommune von 1871, der antiklerikale Kulturkampf der III. Republik, die Volksfront von 1936, Vichy, die Säuberungen und Rechnungsbegleichungen von 1944/46, die Kolonialkriege von 1945–62, und schließlich der Mai 1968. Die Mehrzahl der französischen Präsidenten – und sicher nicht nur sie ! – beweisen, dass diese gleichsam zugeschriebenen politische Loyalitäten und Lagergrenzen durch eigene Überzeugungen und Einsichten überwindbar sind – und sei es im schmerzhaften Bruch mit der eigenen Familie. Einmal gewählt – und das zentristische, nicht-sozialistische Lager, das Giscard und später Macron nur vorübergehend konsolidieren konnten, gilt eigentlich doch der bürgerlichen Rechten zugehörig – hat man als Spitzenpolitiker natürlich zu seiner politischen Familie („le peuple de gauche", „le peuple de droite") loyal und verlässlich zurechenbar zu sein. Mit „Öffnungen" zu irrlichtern, wie dies für die politische Optik Chirac und Sarkozy versuchten, tut nicht gut – weder im eigenen Lager, das sich um Pfründe, Posten und gewählte politische Positionen betrogen sieht, noch beim politischen Gegner, der die Schau nicht ernst nimmt und die Renegaten, die das lockende Angebot annehmen, als Verräter verachtet und hinfort schneidet. Das Schisma setzt sich also fort – auch unter dem Mantel einer „Republikanischen Front" als gemeinsamem Abwehrreflex gegen die Außenseiter der 1944 und 1962 ausgestoßenen extremen Rechten und heutige Wahlkoalitionen gegen die FN (und jetzige RN). Ob Macrons einzigartiges politisches Experiment, als sozialliberaler Zentrist mit Rekrutierungen aus beiden Lagern und überparteilichen Neulingen im Jahr 2017 die historischen Gräben zuzuschütten, gelingen wird, erscheint weiter mehr als ungewiss.

Zur Ethik und Selbstselektivität des politischen Betriebs

Die grundsätzliche Frage stellt sich, warum ausgerechnet der politische Betrieb als so intrigenhaft, verlogen und unehrenhaft wahrgenommen wird. Im öffentlichen Ansehen rangieren Politiker in Frankreich nur noch knapp vor Kinderschändern, Drogenhändlern, Straßendirnen, Finanzhaien und Journalisten. Ähnlich intrigenhaft, wird oft behauptet, seien nur die Generalität, der Kunst- und Kultursektor und der Hochschulbetrieb. Warum? Einmal weil in jenen Bereichen Leistung und Erfolg nicht einfach mess- und zuortbar sind. Ein Dachdecker deckt ein Dach sturmfest oder nicht, ein Polizist fängt Diebe oder nicht, ein Autohändler verkauft seine

PKWs oder auch nicht, einem Chirurgen gelingen seine Operationen oder eben gelegentlich nicht. Das Gewerbe eines Politikers besteht in Ankündigungen und Versprechungen: Ich löse Eure Probleme, mache Euch reicher, sicherer und glücklicher. Dinge, über die er meist nicht die geringste Lösungskompetenz verfügt. Er kann meist schlichtweg gelogene Erfolgsmeldungen ungestraft in die Welt setzen – wer kann schon kurzfristig Arbeitslosenzahlen, Kriminalitätsziffern, die Außenhandelsstatistik, das Bildungsniveau oder die Inflation herauf- oder herunter bewegen? –, um in jener Gemengelage von Geschwätz und heißer Luft mit der richtigen Bündnisstrategie und geschickten Medienbegleitung in Partei und Öffentlichkeit hierarchisch nach oben vorzustoßen. Die ideale Branche also für Blender, Hochstapler (deshalb die Neigung zu geschönten Lebensläufen und plagiierten Dissertationen), Profilneurotiker, Glücksritter und intrigante Durchstecher. In Unternehmen und Verwaltungen gibt es diese Typen natürlich auch. Sie werden dort angesichts transparenterer Leistungsbilanzen nur früher oder später durchschaut und ausgesiebt, entlassen oder kaltgestellt.

In den klassischen Altparteien deutschen Typs gab es, solange sie noch Volksparteien waren, natürlich auch Selektionsmechanismen dank der früher massenhaften Mitgliedschaften. Nur wer sich auf örtlicher Ebene vor den Augen seiner Mitbürger und Parteifreunde jahrelang bewährte, empfahl sich für Höheres wie Land- oder Bundestagsmandate, die klassische Ochsentour also. Doch haben mittlerweile auch dort die Überflieger und Berufspolitiker, die sich von der Uni direkt als Assistenten oder Verbandsfunktionäre verdingen, das Ruder übernommen, die als politikstudierte Partei- und Abgeordnetenassistenten die Kunst des manipulativen Schaumschlagens („spin") gelernt haben und jetzt als Zauberlehrlinge selbst applizieren. Zweitens ist, wer sich auf das politische Geschäft hauptberuflich – im Gegensatz zur soliden handwerklichen, akademischen, professionellen, administrativen oder unternehmerischen Laufbahn – einlässt, mit hoher Wahrscheinlichkeit psychisch beeinträchtigt. Ehrgeiz und Geltungssucht, der manische Glaube an die eigene Einzigartigkeit und Überlegenheit, der nach dauernder unstillbarer Bestätigung heischt, die wegen frühkindlicher Störungen – entweder Liebesentzug oder übertriebener Zuwendung – entstanden, suchen nach dringenden unstillbaren Kompensationen: die Massenzuwendung, Statussymbole, die Praxis der Macht, die mediale Aufmerksamkeit (als erstes werden Zeitungen aufgeschlagen, um zu sehen, ob man selbst prominent drin steht) und die Interaktionen mit anderen Mächtigen zur gegenseitigen Rückversicherung (nichts ist deshalb schöner als Staatsbesuche und Gipfeltreffen, und nichts schlimmer, wenn man nicht mehr eingeladen wird). Da die gesamte meist dürftig qualifizierte politische Klasse nach oben drängt und Abgeordnetenmandate und Ministerposten trotz bester Anstrengungen nicht unendlich vermehrt werden können, wird naturgemäß die Luft dort oben immer dünner.

Der Selektionsprozess ist offenkundig nicht nach objektiven Kriterien möglich. Drei Komplikationen:

- Die Probanden sind meist hochgradig neurotisch und für keine praktische Arbeit qualifiziert, nicht einmal fürs Taxifahren. Ségolène Royal sagte im Vorwahlkampf von 2011 über ihren Ex: „Der Schwachpunkt von François Hollande ist sein Nicht-

Handeln. Können sich die Franzosen an eine einzige Sache erinnern, die er in dreißig Jahren seines politischen Lebens verwirklicht hat?"[7] Gute Frage, zumal sie selbst in der gleichen Zeit genausoviel oder wenig geleistet hat. Und beide sind dabei in guter, zahlreicher Gesellschaft. Das heißt:

–   Sie sind nicht nur subjektiv statusunsicher, sondern auch ganz objektiv dauergefähr-
det. Sie stehen also immer, bei jeder möglichen Neuwahl oder Kabinettsumbildung
vor dem Absturz ins nichts, vor dem sie mehr noch als jeder Normalbürger (der meist
noch irgendwo ein Auskommen hat: der Anwalt seine Kanzlei, der Lehrer seine Schule, der Handwerker seine Werkstatt, die Krankenschwester ihr Spittal, der Bauer seinen
Stall) aufgrund ihrer psychischen Konstitution panische Angst haben: Der Verlust von
Ansehen, Aufmerksamkeit, Status, Einkommen, ja selbst des Ehepartners (der jemanden heiratete, der sich als elitärer Erfolgstyp darstellte und als deprimierter Verlierer
seinen Sex-Appeal schnell verliert). Der Sturz des statusfixierten Überfliegers ist sicher viel tiefer als der eines normalen Arbeitslosen, der sein berufliches Missgeschick
meist nicht bei sich selbst suchen muss und in der Regel leichter ohne große Selbst-
wertverluste pragmatische Lösungen sucht und findet.

–   Das Rezept der Rückversicherung gegen jene berufliche wie persönliche Katastrophe
liegt im Konzept von Seilschaften, die in scheinbar Sicherheit stiftende Führer-Ge-
folgschaftsverbänden organisiert sind. Dabei verspricht der Führer, an dessen Erfolg
man glaubt und von dessen Wohlwollen man abhängt, ähnlich einem frühneuzeitli-
chen Condottiere oder Landsknechtsführer seinen Leuten einen Anteil an der Beute
(Mandate und Posten) im Falle des Sieges im Gegenzug für unverbrüchliche Treue,
und im Fall der Niederlage eine Abfindung, d. h. einen Versorgungsposten als Warte-
stellung für die nächste Gelegenheit oder für den geruhsamen möglichst arbeitsfreien
politischen Lebensabend.

Wie in allen archaisch-dysfunktionalen Systemen bestimmen Verrat und Intrigen, Dolchstö-
ße und Vatermord die dramatischen Abläufe in jenen alles entscheidenden Seilschaften, die
sich natürlich auch untereinander bekriegen und sich wieder gegen dritte zu verbünden. Diese
unschönen Abläufe spielen sich möglichst unter Ausschluss der Öffentlichkeit in den eigenen
Reihen ab. Das Ganze erinnert in seinem Anachronismus, seiner Statusobsession und seiner
Blutrünstigkeit sehr an die fränkische Königsgeschichte von den Merowingern bis einschließlich Karl dem Großen, die mit Vorliebe die Rivalen der eigenen Familie liquidierten. Weniger
Sinn dagegen hat es, einen außerparteilichen politischen Gegner ins politische Jenseits zu ex-
pedieren, es sei denn es bringt intern Pluspunkte oder man kämpft um den gleichen Wahlkreis.

Im Gegensatz zu gesalbten Monarchen kann der Politiker an der Spitze sich nie völlig sicher
fühlen. Obwohl er einen gewaltigen Macht- und Verwaltungsapparat unter sich hat, der ihm
beständig aufs Kommando zuarbeitet und in dem er seine Vertraute in Schlüsselstellungen
platziert hat (nachdem er die seines Vorgängers sorgfältig säuberte und kaltstellte), kann er

7   Richard Michel. François Hollande. L'inattendu. L'Archipel 2011. S. 230.

jederzeit durch eine Palastrevolte gestürzt werden oder die nächsten Wahlen verlieren. Es gilt also politische Rivalen, ihre Seilschaften und mögliche Verräter in den eigenen Reihen rechtzeitig zu erkennen, sie entweder durch Kooption zu neutralisieren oder sie so zu vernichten, dass sie zur Gegenwehr und Rache nicht mehr fähig sind. Am schönsten hat es immer Jacques Chirac gemacht: Nach seinen politischen Hinrichtungen kümmerte er sich immer anteilnehmend um die Witwe.

Politische Überzeugungen und Ideologien sind in jenem Spiel relativ nachrangig. Sie liefern lediglich Codewörter in der Freund-Feind-Erkennung, aus denen die Eingeweihten die aktuelle jeweilige Positionierung zu diesem oder jenem politischen Führer, seiner Seilschaft oder Fraktion erkennen und sich entsprechend einstellen können. Die Zeiten des desinteressierten herrschaftsfreien Diskurses – das Ideal der Athenischen Demokratie – sind in der professionalisierten politischen Landschaft sicher vorbei.

Ganz offensichtlich lassen sich die Einsichten dieses Exkurses zur Funktionsweise postmoderner Politik in nahezu universalistischer Weise nicht nur auf die französische, sondern auch auf die deutsche, österreichische, italienische oder japanische Politik übertragen.

Grundsätzlich jedoch will scheinen, als sei die französische politische Diskussions- und Streitkultur ausgeprägter und wird inhaltlich und persönlich schärfer ausgetragen als andernorts in der zivilisierten Welt. Dazu muss man nicht den diskussionsfreudigen Nationalcharakter und Anekdoten von lautstark ausgetragenen Debatten auf der Straße bemühen, bei denen Argumente gelegentlich mit Fausthieben unterstrichen werden.

Einige Thesen:

1. Es herrschen in den Führungsriegen der beiden großen Lager ENA-Typen (oder ihre Imitate) vor: kühle Ehrgeizlinge, die sich besonders schlau vorkommen und dies andere merken lassen müssen, und wenig kumpelhafte Honoratioren zum Schulterklopfen und Biertrinken.

2. Die politischen Dossiers sind überkompliziert, ebenso wie die Gesetzeslage zu jedem Thema. Das primäre Arbeitsrecht allein umfasst mehrere dickleibige Bände. Wer in diesen mit forensischer Schärfe geführten Debatten nicht mithalten kann – vor allem als Parteiführer oder Minister – kommt gnadenlos unter die Räder. Nichts ist schlimmer als Schwachkopf allgemeiner mitleidiger Verachtung anheimzufallen (weswegen die meisten französischen Verwünschungen die geistigen Fähigkeiten des Gegenübers in Abrede stellen). Reden und Fragestunden im Bundestag wirken dagegen wie die Erbauungsstunde in einer beschützenden Werkstätte.

3. Es wird mit harten Bandagen gekämpft und mit allen Mitteln, am liebsten mit der systematisch gestreuten Diffamierung. Dazu eignen sich neben gern gelesenen Internet-Seiten, die jeden Informationsmüll unbesehen übernehmen, auch die in Paris üblichen Arbeitsessen mittags und abends, bei denen man unterhaltsame einprägsame Geschichten elegant verbreiten und korrupte Praktiken, sexuelle Abarten und serielle

Ehebrüche des avisierten Opfers ungestraft und unauffällig amüsant weitererzählen kann. Das geht schnell, wenn man bedenkt, dass das politische „Tout Paris", politische Journalisten inklusive, vielleicht 2000 Personen umfasst, die sich dieser Leidenschaft Vollzeit hingeben.

4. Zur Trickkiste zählt, über jeden, der ein potentieller Gegner werden könnte, kompromittierendes Material zu sammeln – und sei es nur, um dessen Sammlung zu neutralisieren. Zur Not gibt es: redaction@lecanardenchaine.fr oder seinen diskreten Redaktionsbriefkasten in der Rue Saint-Honoré, oder ein befreundetes Magazin. Damit wird der Fall für die seriöse Presse zitierfähig und zum Material für eine politisierte Justiz.

5. Weil die Rechtslage, wie erwähnt, sehr komplex ist und sich französische Parteien längst nicht so generös aus dem Steuersäckel selbst bedienen dürfen wie es die deutschen tun, ist die Versuchung groß und die Anzahl der tödlichen Fallstricke und -gruben zahlreich. Großspenden gibt es nur gegen Gegenleistung. Auf den Beitragszahlungen der relativ wenigen Parteimitgliedern (die bei den Sozialisten und Republikanern um die 200.000 fluktuieren) sitzt der Apparat der Parteizentralen. Jeder führende Politiker, der eine notgedrungen teure eigene Kampagne plant, steht eigentlich immer schon mit einem Bein im Gefängnis. Dazu sind sie vom Temperament her risikofreudige und recht skrupelfreie Entscheider, wenn es ihrer eigenen guten Sache nützt. Ergebnisse haben rasch zu erfolgen. Die Finanzierung ist Sache der Buchhaltung. Bedenkenträger sind unerwünscht.

6. Dazu gibt es in Frankreich eine regionale Mafia, die verständlicherweise politische Protektion gegen übereifrige Staatsanwälte durch entsprechende Spitzenkontakte und Dienste der besonderen Art sucht. Auf Korsika wurden und werden die Gaullisten kultiviert (Stichwort: Charles Pasqua), und in Marseille die Sozialisten (Stichwort: Gaston Deferre). US-Kriminalisten sprechen von der „French Connection": Drogentransporte von Lateinamerika über New York nach Marseille. So haben beide Lager kein Interesse an übergroßer Publizität. Doch sind jene Verstrickungen eine ständige Quelle für Veruntreuungen öffentlicher Mittel, für Korruption, ihre Assoziierung mit üblen Verbrechern und Arbeit für sehr mutige Untersuchungsrichter.

7. Statusfragen haben eine enorme Wichtigkeit. Sie treffen das Herz des verletzlichen Egos. Am Élysée ist die protokollartige Behandlung die für alle sichtbare Darstellung des jeweils aktuellen Ranges am Hof, nicht anders als bei Louis XIV. Bei zentralen Parteiveranstaltungen stellt sich vorrangig die Präsentation des jeweiligen Machtstatus. Wo bin ich in der Sitzordnung platziert? In welcher Reihung bei der Begrüßung erwähnt? Wie lange dauerte der Händedruck? Mit welcher Bemerkung wurden meine Verdienste erwähnt? Wie lange dauerte die Unterredung mit dem Chef? Hat er mich warten lassen? Oder – absoluter Horror – wurde ich gar vergessen, geschnitten oder übersehen? Sie ist das Äquivalent einer Kriegserklärung, eine „Verletzung", die noch jahrzehntelang später unvergessen und unverziehen, in den Memoiren der Erwähnung

wert ist. So hatte die lebenslange Feindschaft zwischen de Gaulle und Mitterrand, die sich in ihrer Herkunft und der Ausübung des Präsidentenamts als sphinxhafte Ersatzmonarchen auf ihre Art am relativ ähnlichsten waren, in ihrem ersten Treffen in Algier 1943 ihren Ursprung, bei dem der junge „Morland" dem General seine Widerstandsbewegung der entsprungenen Kriegsgefangenen vorstellen wollte. De Gaulle behandelte Mitterrand (der den Fehler machte, zuerst seinem Rivalen Giraud seine Aufwartung zu machen) mit großer Herablassung, fragte höhnisch, ob er nicht auch eine Résistance der Bäcker und Friseure begründen wolle, und verlangte schließlich seine Unterordnung unter den Verband seines – aus Mitterrands Sicht – unfähigen Neffen.

8. Die Fraktionierung der Lager scheint wie in Japan bei den Liberaldemokraten (der LDP) und den Demokraten (DPJ)[8] oder den Correnti der verblichenen italienischen Christdemokraten wesentlich ausgeprägter als in Deutschland, wo einstens mächtige Landesverbände mit ihren „Landesfürsten" oder starke Verbände wie die Sozialausschüsse, die Mittelstandsvereinigung etc. den Ton angaben, die in der ausgezehrten Kanzlerpartei jedoch keine Rolle mehr spielen. Doch auch mit der SPD mit ihren drei Berliner Flügeln, den Kanalarbeitern des Seeheimer Kreises, der Parlamentarischen Linken, und dem Netzwerk Berlin, sind sie in ihrer harten und öffentlichen Ausprägung und oft unversöhnlichen inneren Feindstellungen nicht zu vergleichen. Bei Republikanern wie Sozialisten werden die Bosse, die entweder große Parlamentarierkontingente in Paris oder in den Regionen ihre Parteiorganisationen und Lokalmandatare kontrollieren, gemeinhin „Barone", „Elefanten", „Kaziken" oder „Tenöre" genannt. Bei den Sozialisten organisiert jede Strömung auch regional organisierte Debattierklubs, die sie für nationale Kampagnen mobilisieren können, die sich aber auch örtlich nach Herzenslust befehden, um auch in der Provinz am Streit im fernen Paris ein wenig teilzuhaben. So gab es im Frühjahr 2017 bei den Republikanern drei Hauptgruppen: die Fillonisten (die Erben des Pasquaflügels der Altgaullisten) zur Rechten, die Yuppieisten des Lagers von Chirac und Pompidou zur Linken, und schließlich die irrlichternden Sarkozysten (ehemalige Balladur-Anhänger und Renegaten des Chirac-Lagers) dazwischen und daneben. Dann gab es Leute, die es weiter mit Nachwuchshoffnungen wie dem zentristischen Bruno Le Maire oder Nathalie Kosciusko-Morizet (NKM) auf der Linken hielten. Weiter gab es noch jede Menge Regionalbosse wie Christian Estrosi an der Côte d'Azur („Paca") oder Valérie Pecresse (Île-de-France), die ihr eigenes Süppchen kochten, oder Einzelkämpfer wie Rachida Dati, die einfach nur in den Medien Wind machten. Bei den Sozialisten war die Szene wesentlich unübersichtlicher, wo – vereinfacht – das ursprüngliche Schisma bei der Vereinigung von 1971 zwischen linken Mitterrandisten und sozialdemokratischen Rocardisten fortbestand. Im Frühjahr 2017 wurden von rechts nach links: Vallsisten, Royalisten (Anhänger von Ségolène), Hollandisten (ex-Deloristen, oder ex-DSKler: die „gauche caviar" des Pariser Groß-

---

8   Albrecht Rothacher. The Japanese Power Elite. Houndmills, Basingstoke 1993. S. 17 ff. und: Ders. Demokratie und Herrschaft in Japan. Ein Machtkartell im Umbruch. München 2010. S. 100 ff.

bürgertums), Fabiusisten, Aubryisten, Hamonisten und Chevènmenisten gezählt (die Liste ist unvollständig), wobei der rechte Flügel dabei war, mit fliegenden Fahnen zu Emmanuel Macron überzulaufen (um sozusagen Macronisten zu werden), einem früheren Ziehsohn Hollandes (also selbst ein ex-Hollandist und zuvor ein DSKler), der sich an den Vorwahlen der PS nicht beteiligte, um nicht zu verlieren und außerhalb der Partei zu kandidieren. Deren Vorwahlen hatte Benoît Hamon vom linken Flügel gegen die sozialdemokratischen Vallsisten gewonnen. Als „Frondist" hatte Hamon mit seinen Leuten während 2014–17 die meisten von Hollandes Reförmchen im Parlament erfolgreich abgelehnt. Als offizieller Parteikandidat verkündigte er nunmehr die reine Lehre, hatte aber keinerlei Wahlchancen, zumal ihm linksaußen ein noch radikalerer PS-Renegat, Jean-Luc Mélenchon, im Mai 2017 im Bund mit der KPF das linke Votum mit noch hemmungsloserer Demagogie abjagte. Hamon endete mit 6 % der Stimmen und führte damit die einstmals stolze PS von François Mitterrand in die (vorübergehende?) Bedeutungslosigkeit. Selbst der Verkauf der feudalen Parteizentrale in der Rue Solferino für 55 Millionen Euro und die Entlassung der meisten Mitarbeiter genügte im Januar 2018 nicht, die aufgelaufenen Schulden der Partei zu tilgen.

9. Jene Strömungen sind außerhalb von Paris auch für den Wahlkampf entscheidend. Wenn ein politischer Boss seine Wahlempfehlung ausspricht, werden seine Abgeordneten in ihren Wahlkreisen und seine Gefolgsleute in den Provinzen und Verbänden aktiv, mit einem Schneeballeffekt für die örtlichen Notabeln, die sich jetzt für den Kandidaten in den Wahlkampf auf Stimmenfang stürzen. Jeder Polit-Baron weiß, oder behauptet zu wissen, wieviel hunderttausend Stimmen er bewegen kann. Damit ist bei den häufig sehr knappen Wahlausgängen mit Differenzen von um eine Million Stimmen bei Präsidentschaftswahlen die Motivation solcher Chefs und die dafür nötigen Streicheleinheiten und Versprechungen (Ministerposten und Subventionen für seine Lieblingsprojekte) enorm wichtig. Das merkt der Kandidat dann bei Besuchen vor Ort. Bei Besuchen im Freundesland wird der Empfang wunderbar wie am Schnürchen organisiert, mit Empfängen durch die Bürgermeister, örtlichen Würdenträger, Reden in vollen begeisterten Hallen, fotogenen Betriebsbesichtigungen, dem Bad in einer freundlichen Menge und positiven Medienberichten. Alles funktioniert und wird im Wahlergebnis sichtbar werden. Nur auf die eigene Pariser Wahlorganisation gestützt, könnten die Hallen halbleer bleiben und die meisten Notabeln andere Termine haben …

10. Die brutal und öffentlich geführten Endlosdispute, die oft ihren Ursprung in gefühltem Verrat, Demütigungen und Niederträchtigkeiten haben, die zum Teil Jahrzehnte zurückliegen, verbittern nicht nur die Debatten sondern auch die Akteure. Es herrscht allenthalben Misstrauen und Zynismus. Stets wird von den übelsten, hinterlistigsten Absichten bei den freundschaftlichsten Angeboten ausgegangen, und ein machiavellistischer Plan, der über vier Billiardwände gespielt wird, durchschaut (man ist schließlich nicht blöd) und bei dem man selbst zum Handkuss kommen soll. Das fördert

nicht die Zusammenarbeit und das Vorankommen wirklich wichtiger politischer Projekte. Zwei Konsequenzen:

11. Der wachsende Überdruss der Öffentlichkeit über die selbstzentrierten Intrigen der politischen Klasse, die sie für die hohe Steuerlast, die erdrückende Bürokratie und schlechten öffentlichen Dienste zu recht verantwortlich macht, und ansonsten für alle anderen Widrigkeiten ihres Lebens (für die politische Klasse nichts kann, deren Verbesserung sie aber ständig verspricht). Man kann die wahren Gläubigen des politischen Systems und die mobilisierbar sind vielleicht mit jenen 640.000 örtlichen Mandatsträgern und Parteimitgliedern gleichsetzen, die noch brav mitspielen. Das sind 1 % der Bevölkerung. Jene Informationselite liest – wenn man die Auflagen summiert – auch die nationalen Qualitätszeitungen und politische Bücher. 10 % (etwa 6 Millionen, bei den Sozialisten wurde wieder wie üblich betrogen) der Wähler haben sich 2016/17 an den Vorwahlen beider Lager beteiligt. 90 % sind die anderen, die sich mehr und mehr entfremdet fühlen. Gut die Hälfte waren 2017 bereit, die Kandidaten der extremen Rechten oder Linken (Le Pen, Hamon und Mélenchon) zu wählen, die ein anderes politisches und wirtschaftliches System versprachen. Oft geht der Hass auf die politische Klasse soweit, dass Wähler aus Protest ohne Rücksicht auf deren Programm genau jene Partei wählen, die bei jener Klasse am meisten Abscheu erregt. Stieg schon 1981 der Komiker Coluche (eigentlich: Michel Colucci) bedrohlich in den Umfragen (er bekam jedoch nicht die erforderlichen 500 Unterschriften der Notabeln für eine Kandidatur), waren es danach militante Trotzkisten und ab 2002 zunehmend die Front National.

12. Mit jener Kultur des „Ras le bol" (Schnauze voll) und der verlässlich gebrochenen Wahlversprechungen und enttäuschten Erwartungen wird mittlerweile immer mehr ein Gegentyp zum abtretenden oder abgewählten Amtsinhaber gewählt. So folgte auf de Gaulle mit Pompidou ein vorsichtiger Modernisierer ohne royale Allüren, auf ihn Giscard ein jugendlich-dynamischer Reformer mit königlichem Stil. Danach kam Mitterrand als sozialistisch-enigmatischer Ersatzmonarch, der mit dem Versprechen antrat, alle Lebensverhältnisse zu verändern. Danach mit Chirac ein liberaler Konservativer mit populistischen Neigungen und zunehmend weniger Initiativen („le roi fainéant"), gefolgt vom Sarkozy, einem geltungssüchtigen Hyperpräsidenten, der dem Vernehmen nach schneller rannte als sein Schatten, gefolgt von Hollande, der gewählt wurde, weil er einfach nur normal sein wollte, aber in dem Job scheiterte, weil jener kein normaler ist. Auf Hollande folgte schließlich Macron, ein charismatischer Einzelgänger, der sich von einer personalisierten Führerbewegung weitgehend programmfrei zum messianischen Hoffnungsträger ausrufen ließ und sich selbst mit Jeanne d'Arc und Jupiter gleichsetzte. Tödlich ist in jedem Wahlkampf der Verdacht, es so machen zu wollen wie der Vorgänger – auch Ministerpräsidenten werden deshalb nie am Ende ihrer Amtszeit zum Präsidenten gewählt, wie Chirac 1988, Balladur 1995, Jospin 2002 und Valls 2016 erfahren mussten. Jeder Präsident zeigt deshalb eine Neigung, sich von seinem Vorgänger in Stil und Inhalt abzusetzen und dessen symbolträchtigste

Entscheidungen möglichst bald zu annullieren, und sei es beim ständigen Umbau der Innenarchitektur des Élysée.

13. Ein politischer Führer wird als Überlebender in jenen jahrzehntelangen Dauerkonflikten sehr hart, auch dann wenn er sich wie Pompidou, Chirac oder Hollande ein Außenbild von Bonhomie zulegt. Er hat von Freund und Feind viel einstecken müssen. Verrat und Treuebruch sind von jedem sowohl in der Partei wie von den Kabinettsmitarbeitern jederzeit zu erwarten. Sensiblere, dünnhäutigere Seelen hätten längst aufgegeben. Er wird im Zweifelsfall, vor allem bei wahrgenommenen Bedrohungslagen, rücksichtslos und brutal zu seinen Mitarbeitern, zu seiner Familie, zu seiner Verwaltung und politischen Mitstreitern. Anweisungen sind sofort auszuführen. Einwände sind unwillkommen. Wer nicht spurt, kann gehen. Es gibt andere. Der leiseste Verdacht von Illoyalität hat ohnehin einen Bannfluch zur Folge.

14. Im persönlichen Umgang können Präsidenten, die an der hierarchischen Spitze stehend auf niemanden mehr Rücksicht nehmen müssen, durchaus unangenehm sein. Die Wutanfälle von de Gaulle bis Sarkozy waren legendär. Aus kleinlichem Anlass konnte Sarkozy bis zu 40 Minuten lang toben, brüllen und Freund und Feind als Idioten und Nullen verwünschen. Berühmt wurde sein vulgärer Ausbruch beim Besuch des Salon d'Agriculture, als ein Besucher ihm den Handschlag verweigerte: „Casse-toi, pauvre con" (milde übersetzt: Verpiss Dich, armseliger Idiot). Franz-Olivier Giesbert berichtet vom Zorn des damaligen Budgetministers, als er Zweifel an den Wahlchancen des von Sarkozy favorisierten Balladur äußerte. Sarkozy sprang bei dem gemeinsamen Essen auf, zertrat ein Insekt am Boden und schrie: „Das werde ich mit Dir machen, kleiner Franz, wenn wir gewonnen haben". Später versuchte Sarkozy Giesbert wegen missliebiger Artikel, die er als Herausgeber von „Le Point" z. B. über das extensive erotische Vorleben von Carla Bruni zu verantworten hatte, als „Kanalratte" und „stinkenden Perversling" bei seinen Arbeitgebern und dem Fernsehen zu denunzieren, doch ohne Erfolg und ohne viel Nachdruck, nachdem der Zorn verraucht war. Im Gegensatz zu Putin haben französische Präsidenten auch keine Journalisten umbringen oder wie Erdogan einsperren lassen. Dagegen habe Mitterrand Giesbert nach einem unliebsamen Buch abhören lassen und ihm die Steuerfahndung auf den Hals gehetzt.[9] Im Umgang mit einem Präsidenten, der den direkten Zugriff auf die Geheimdienste und über den Justizminister auf die Staatsanwaltschaft hat, ist also Vorsicht angesagt.

15. Auf Frauen scheint die Brutalität der politischen Kultur einen besonders üblen Einfluss auszuüben. Intelligente und hochqualifizierte Frauen wie Ségolène Royal, Martine Aubry und Édith Cresson wurden in Machtpositionen und Stresssituationen zu hysterischen Furien, wenn ihr oft wankelmütiger Wille nicht so wie momentan gewünscht sofort umgesetzt wurde. Zwei Profile von Richard Michel, der ihrem Lager zuzurechnen ist: Royal: „Eine Frau mit Charakter, die sich nicht auf die Füße treten

---

9   Franz-Olivier Giesbert. M. le Président. Scènes de la vie politique 2005–2011. Flammarion. 2011. S. 12.

lässt und die es mag, im Vorübergehen alles umzuwerfen. Sie ist misstrauisch, und manche nennen sie irrationell, paranoid und gelegentlich unstabil. Ihre Gegner im Élysée (in dem damals Sarkozy saß) oder in der Parteizentrale der PS zögern nicht, den Fall Royal zu psychiatrieren. Unter einer psychologischen Schwäche leidet diese Frau seit langem. Ein Syndrom, das spätestens seit ihrer ENA-Zeit offenkundig wurde und das ihr Präsidialwahlkampf (von 2007) verschlimmert hat"[10]. Aubry: „Auch sie eine Frau mit Charakter. Ihr vulkanisches Temperament ist bekannt. Sie ist eine komplexe Persönlichkeit, „doppelt" wie manche Gegner und selbst ihre Freunde sagen. Sie kann liebenswürdig, aufmerksam, lustig sein, aber plötzlich wütend, aggressiv, ungerecht, ja heimtückisch werden. Wer ihr wechselhaftes Temperament erlitten hat, behält es in deutlicher Erinnerung … Sie lässt niemanden indifferent. Sie arbeitet und kennt ihre Akten. Nach einem hastigen Frühstück mobilisiert sie ab 6 Uhr früh ihre Mitarbeiter."[11] Ich selbst habe in Wien 1996 Édith Cresson als Technologiekommissarin erlebt, die die Tendenz hatte, alles wütend zu Boden zu werfen. So warf sie ihren Mantel und ihre Besuchsakte so ab, dass ihr Kabinettsmitarbeiter sie im freien Fall auffangen musste (ich selbst war zu begriffsstutzig). Auch ein Exemplar von „Le Monde", dass wir auf ihren Wunsch besorgt hatten, schmiss sie am Podium sitzend missmutig auf den Boden. Drei Jahre später brachte sie mit der Scheinbeschäftigung eines Zahnarztfreundes, der ihre Bürgermeistergeschäfte in Châtellerault (einer hübschen Mittelstadt im Département Vienne) wahrnahm – eine aus ihrer Sicht lässliche Sünde – bekanntlich die gesamte Kommission von Jacques Santer zu Fall. Szenenwechsel. IWF-Jahrestagung 2012 in Tokyo. Christine Lagarde durchschreitet eiligen Schritts mit eisiger Miene die Gänge des Imperial Hotels, umeilt und scharwenzelt von Höflingen, die sie mit abfälligen Handbewegungen und kurzen Befehlen abfertigt. Ich freue mich, dass ich nicht sie oder den cholerischen Wolfgang Schäuble, sondern den netten EU-Vizepräsidenten Olli Rehn zu betreuen habe. Die Sarkozy-Jüngerin Lagarde wurde dann im Dezember 2015 wegen der Veruntreuung von 403 Millionen Euro zugunsten des Spekulanten Bernard Tapie vom Gerichtshof der Republik (einen Sondergerichtshof von und für Politiker) schuldig gesprochen und aus Staatsinteresse nicht bestraft, um weiter in Washington amtieren zu können.

16. Gibt es ein Positivum in jenem Haifischbecken? Ja: das französische System ist dank seines destabilisierenden Dauerstreits viel reagibler bei aktuellen Krisen (auch kann der Präsident viel schneller entscheiden). Es gibt keine Tabus, keine Denkverbote (Vokabeln wie „undenkbar" und „alternativlos", die in Berlin vom Kohlismus-Merkelismus gepflegt werden, hätten keine Überlebenschance), keine heiligen Kühe. Der unter Giscards Vorsitz verfasste Europäische Verfassungsvertrag, der unter dem Etikett „Lissaboner Vertrag" dann weitgehend unverändert 2009 in Kraft trat, wurde bekanntlich im Mai 2005 von 55 % der Franzosen (sowie einer Mehrheit der Niederländer) abge-

10   Michel. Op. cit. S. 112; er bezieht sich dabei auf: Daniel Bernard. Madame Royal. Jacob-Duvernet. 2010.
11   Ibid. S. 116 ff.

lehnt. Neben Kommunisten und der FN agierten der Souveränitist Nicolas Dupont-
Aignan im Regierungslager und bei den Sozialisten Laurent Fabius, und Jean-Luc
Mélenchon (sowie, nicht zu vergessen Danielle Mitterrand) gegen den Vertrag. Auch
wenn man ihre Argumente nicht teilt, gibt es in Deutschland, dem Land der politisch
korrekten Selbstzensur, jene offene Debattenkultur quer durch die politischen Lager
einfach nicht.

17. Nachdem auch die Kritik des eigenen Systems eine französische Leidenschaft ist, und
ohne Zweifel ist de Gaulles Vision eines Präsidenten, der über den Parteien und den
politischen Schismen Frankreichs steht, schon zu seinen Amtszeiten grandios gescheitert – gibt es Lösungen? Würde nicht, so fraktioniert, zerstritten und disziplinlos die
Parteien und ihre Häuptlinge sind, bei einer Parlamentarisierung sofort wieder das
Chaos der III. und IV. Republik ausbrechen, wo manche Regierungen sich nur knapp
eine Woche hielten? Oder die Situation Belgiens, wo Regierungsbildungen mit einem
halben Dutzend Parteien mehr als sechs Monate dauern können? Das System eines
konstruktiven Misstrauensvotums wäre in diesem Fall sicher hilfreich. Doch schon
die Aufstellung von Landeslisten für ein Verhältniswahlrecht nach deutschem Muster
würde in jeder Region ein unfassliches Hauen und Stechen auslösen …

Kapitel 3

Sichtbarkeit und Öffentlichkeit

Im Gegensatz zu allen anderen Staaten der Welt erwartet man in Frankreich von seinem Präsidenten literarische Qualitäten. Das grammatikfreie Gestammel gewisser US-Präsidenten und deutscher Bundeskanzler käme nicht gut an. Und natürlich wurden sie in der V. Republik von ihren bedeutsamsten Präsidenten, de Gaulle und Mitterrand, entsprechend verwöhnt. De Gaulle begann seine militärische Laufbahn als Unterleutnant eigentlich als Militärschriftsteller, nämlich als Ghostwriter für Marschall Pétain (und verzankte sich mit ihm, als der Marschall einen Oberst Korrektur lesen lassen wollte). Seine dreibändigen Mémoires de Guerre (1954–57 erschienen) verkauften 1,5 Millionen Exemplare in Frankreich und wurden in 22 Sprachen übersetzt. Der Autor verdiente sich damit ein Honorar von umgerechnet 6,3 Millionen Euro. Seine zweibändigen Lebenserinnerungen (von 1970 und posthum 1971) waren ein ähnlicher Erfolg. Mitterrand, der seit 1945 zwanzig Bücher unterschiedlicher Qualität veröffentlichte, lebte nach eigenen Angaben in den 70er-Jahren hauptsächlich von seinen Tantiemen. Damals in den 60er- und 70er-Jahren waren 100.000 verkaufte Exemplare bei politischen oder historischen Büchern nicht selten. Giscard ließ als Präsident seine „Démocratie française", eine Mischung aus Gesellschaftsanalyse und liberalem Programm schreiben und verdiente mit dem dünnen Bändchen dank einer Million verkaufter Exemplare 570.000 Euro. Seine dreibändigen Memoiren „Le pouvoir et la vie"[1], die er im Verlag seiner Tochter Valérie-Anne veröffentlichte, brachten noch einmal 1,3 Millionen Euro. Doch es gab auch Flops: Sarkozys „Témoignage"[2], das seine Liebeserklärungen an Cécilia enthielt, verkaufte 2006 gerade 13.000 Exemplare und verdiente ihm „nur" 27.000 Euro.[3] Mittlerweile lässt man eher einen Lohnschreiber, der entweder „nègre" oder eleganter „plume" genannt wird, den Griffel führen, oder man gibt geneigten Journalisten eine Serie von Interviews, die dann zu einem Buch versaftet werden. Doch Politikerbücher müssen im bibliophilen Frankreich sein: Es ist schließlich das einzige Land der Welt, in dem es Bildbände zum Thema „Die schönsten Bücherschränke" oder: „Wie gestalte ich meine Bücherwände am attraktivsten" zu kaufen gibt. Die Frage ist nur, wieviel tatsächlich wirklich gelesen wird. Denn in den Pariser Literatencafés wird auch nur noch getextet.

Das System der Präsidentschaft schafft dreierlei für die Öffentlichkeit: Es ist Zentrum der zentralisierten politischen Macht und steht damit im Mittelpunkt des politischen Interesses. Es ist weiterhin fleischgewordenes Symbol der französischen Republik und damit Bezugspunkt aller vaterländischen Gefühle vom Linksnationalismus bis zum Traditionspatriotismus. Schließlich ist es eine Ersatzmonarchie und somit ein Zentrum der Aufmerksamkeit des Boulevards und

---

1   Auf Deutsch als Die Macht und das Leben. 1988 bei Ullstein erschienen.
2   XO. 2006.
3   Jean-Marc Philibert. L'argent de nos présidents. Max Milo. 2008.

der Regenbogenpresse. Kurzum, die Persönlichkeit und das politische wie private Verhalten des jeweiligen Amtsinhabers (ebenso wie das seiner Vorgänger und seiner potentiellen Nachfolger) und die Nachrichten und Gerüchte aus dem Hofstaat des Élysée stellen nahezu eine nationale Obsession dar.

Jene 80 % der Franzosen, die an den Präsidentschaftswahlen regelmäßig teilnehmen[4], erinnern sich noch Jahrzehnte später genau, wann und warum sie für diesen oder jenen Kandidaten gestimmt haben, und warum ihre Hoffnungen sich so selten erfüllten. Der doppelte Wahlakt ist also Teil der eigenen politischen Biographie. Auch die eigene Familiengeschichte wird gern mit den Wahlentscheidungen der Verwandten illustriert.

Nur etwa 20 % entziehen sich dem gänzlich. Sie interessieren sich genausowenig für Politik wie ein Fußballfan für das Golfspiel oder ein Hardrocker fürs Ballett. Es gibt also ein etwa 30-millionenfaches Gefühl der Betroffenheit und der Mitverantwortung für die jeweils getroffene personalisierte Wahlentscheidung. Dies ist fundamental anders als in Deutschland, wo man in erster Linie für eine Landesliste stimmt und nachher das Berliner Koalitionsgemauschel zur Kenntnis nehmen muss, oder als in England, wo man nur den Wahlkreisabgeordneten wählt. Dieses nachvollziehbar ungeheuer starke öffentliche Interesse an der Persönlichkeit des Präsidenten wird medial und publizistisch massiv bedient und befeuert – und natürlich auch von den Betroffenen genutzt. Während de Gaulle sich erst mühsam und wider Willen ans Fernsehen gewöhnen musste (aus seiner Londoner Zeit glaubte er noch an die Macht seiner Worte in Radioansprachen) und seine seltenen „Pressekonferenzen" einseitig feierlich vorgetragene Präsidialverlautbarungen waren, geht heute nichts ohne Dauerübertragungen und wilde Fernsehdebatten, wo sich alle Teilnehmer stets ins Wort fallen. Doch es gibt auch informativere gesittetere Formate. Nur ein Beispiel zweier Kanäle (France 2 und France 3): In der Woche vom 10. bis 16. Oktober 2016 – also weder Wahlkampf- noch Saure-Gurken-Zeit – gab es zur besten Sendezeit allein fünf präsidiale Persönlichkeitssendungen. Es waren dies:

– „Sarkozy, l'homme qui courait plus vite que son ombre" (Der Mann, der schneller als sein Schatten lief), 90 Minuten, eine psychoanalytisch angehauchte Diabolisierung

– „François Mitterrand, albums de familles", ein zweiteiliger Film über sein Doppelleben als Bigamist

– „Jacques Chirac, l'homme qui ne voulait pas être président" (Der Mann, der nicht Präsident sein wollte), 105 Minuten, eine Bilanz seines öffentlichen und geheimen Lebens

– „Bernadette Chirac, une femme libre", ein Profil der Präsidentengattin, die als langjährige Regionalabgeordnete in der Präfektur Corrèze auch eine eigene politische Karriere hatte

---

4   Die Wahlbeteiligungen für den ersten und zweiten Wahlgang liegen meist knapp über 80 % (am höchsten 1974 mit 87 % mit der Wahl Giscards und am niedrigsten 1969 mit 69 % mit der Wahl Pompidous, gefolgt 2017 von der Wahl Macrons [75 %]) Zum Vergleich: die Wahlbeteiligung bei Kommunal- und Regionalwahlen oszilliert in der Regel um die 60 %, und jene bei Europawahlen bei knapp über 40 %.

- „NKM, la singulière" ein gemischtes Profil von Nathalie Kosciusko-Morizet, ehemals Umweltministerin Sarkozys, eine schon damals ziemlich aussichtslose Kandidatin in der konservativen Präsidialvorwahl vom November 2016.

Die Buchproduktion ist noch beeindruckender. Das ist einmal die unglaublich produktive Schaffenskraft der Spitzenpolitiker selbst, oder die Auswertung ihres Nachlasses, und die Biographien oder Kritiken der Journalisten, die für die Qualitätstages- oder Wochenzeitungen auf den Élysée angesetzt werden und nach jahrelanger Erfahrung mit den entsprechenden Kontakten alles wissen, dann die Erinnerungsbände von ehemaligen Kabinettsmitarbeitern, die nach ihrer Trennung vom „Hof" und dem Ende der Präsidentschaft ihr Insiderwissen und Leiden gewinnbringend auspacken (vor allem dann, wenn die Anschlusskarriere nicht geklappt hat). Meine Durchsicht der Buchbesprechungen von Le Figaro und Le Monde und der Durchgang durch die drei führenden Buchhandlungen am Boulevard Saint-Germain (Albin Michel, Gallimard und L'Écume des Pages) ergab eine sehr konservative Schätzung von mindestens fünfzig solcher Neuerscheinungen während Januar-Oktober 2016 allein. Was die Produktion sicher beflügelte, war der 100. Geburtstag von Mitterrand, der Vorwahlkampf für die Präsidialwahlen von 2017, und das absehbare Ende der Präsidentschaft von François Hollande. Einzig zu Giscard erschien nichts. Erstens lebte er noch. Zweitens ist er denkbar unbeliebt. Drittens ist er für potentielle Biographen nicht zu sprechen. Zu de Gaulle ist zu berücksichtigen, dass es zu seinem Leben und Wirken bereits 4000 Titel gibt (die meisten natürlich zu seiner Rolle im Zweiten Weltkrieg), so dass das Erkenntnisinteresse, die Bücherschränke und Bibliotheken bereits saturiert sein dürften. Schauen wir uns die Titel einmal an (denn alle zu lesen – die meisten Bücher umfassen 300 bis 500 Seiten – würde mindestens ein Jahr in Anspruch nehmen):

- **Zu de Gaulle**: Jean-Noël Jeanneney. „Un Attentat. Petit-Clamart 22 août 1962". Seuil
- Fréderic Turpin „Jacques Foccart". CNRS éditions ('Monsieur Afrique', graue Eminenz unter de Gaulle bis Chirac)

- Jean-Pierre Bal, Pascal Geneste. „**Georges Pompidou**. Une certaine idée de modernité". Belin
- Alain Pompidou. „Claude. C'était ma mère". Flammarion

- **Zu Mitterrand**: Eine 8-bändige Ausgabe seiner gesammelten Werke angefangen mit seinen Briefen in der Collection Goût des Idées
- François Mitterrand. „Lettres à Anne 1962–1995". Gallimard (1280 Seiten von Liebesbriefen an Anne Pingeot)
- François Mitterrand. „Journal pour Anne 1964–1970". Gallimard (die sehr aufwändige Reproduktion von handschriftlichen Niederschriften mit Collagen von Zeitungsauschnitten und anderen Mementos seiner Reisen und Erfahrungen, die er in der räumlichen Trennung von ihr machte, sehr berührend)
- Marguerite Duras, François Mitterrand. „Bureau de poste de rue Dupin". Folio (ein Briefwechsel)
- Jack Lang. „Dictionnaire amoureux de François Mitterrand". Plon

- Éric Roussel „François Mitterrand". Robert Laffont
- Philip Short „François Mitterrand. Portrait d'un ambigu". Nouveau Monde
- Hubert Védrine. „François Mitterrand, un dessin, un destin". Nouvelle édition
- Hubert Védrine. „Les mondes de François Mitterrand. A l'Élysée 1981–1995". Fayard (eine Neuauflage)
- Georges-Marc Benamou. „Dites-leurs que je ne suis pas le diable". Plon (Anekdoten und Unterhaltungen aus den letzten drei Jahren seiner Präsidentschaft)
- Jean-Louis Bianco. „Mes années Mitterrand". Fayard
- Marie de Hennezel. „Croire aux forces de l'esprit. François Mitterrand, une quête spirituelle". Fayard
- Alain Bergounioux. „Les mots de Mitterrand". Dalloz (ein Brevier)
- Laure Adler. „François Mitterrand. Journées Particulières. Le Roman d'un ambitieux". Flammarion
- Michel Dresch. „Rien que des soupçons". Cohen & Cohen (ebenfalls eine romanhafte Darstellung des Wirkens Mitterrands)
- Hervé le Tellier. „Moi et François Mitterrand". JC Lattés (ein einseitiger Briefverkehr des Autors)
- Frédéric Mitterrand. „Mes regrets sont des remords". Laffont (Erinnerungen des Neffen des Präsidenten, der 2009/12 Kulturminister unter Sarkozy war)

- Béatrice Gurrey. „**Chirac**". Chêne-Le Monde
- Jocelyne Sauvard. „Jacques et Bernadette. Une histoire d'amour". L'Archipel
- Laureline Dupont, Pauline de Saint-Rémy. „Jacques et Jacqueline. Un homme et une femme face à la raison d'état". Robert Laffont (Chiracs Liebesgeschichte mit Jacqueline Chabridon)

- Éric Roussel. „**Nicolas Sarkozy**, de près, de loin". Robert Laffont.
- Samuel Pruvot. „Le mystère Sarkozy". Éditions du Rocher
- Georges-Marc Benamou. „Comédie française. Choses vues au cœur du pouvoir". Pluriel (Sarkozys Wahlkampfberater und Redenschreiber berichtet)
- Patrick Buisson. „La cause du people". Perrin (Sarkozys rechtskonservativer Ideengeber rechnet ab)

- Carl Meuss. „**François Hollande**. Le président du temps perdu". Stock
- Laurent de Sutter. „Le Livre des trahisons. Le gouvernement Hollande contre la gauche". puf
- Corentin Dautreppe, Clément Parrot, Maxime Vaudano. „Lui, Président. Que reste-t-il des promesses de François Hollande?". Armand Colin
- Cyril Graziani. „Le premier secrétaire de la République". Fayard (ebenfalls Kritik Hollandes)
- Charlotte Chaffanjon, Bastien Bonnefonus. „Le pari". Plon (idem)
- Antonin André, Karim Rissouli. „Conversations privées avec le président". Albin Michel.

- Gérard Davet, Fabrice Lhomme. „Un Président ne devrait pas dire ça". Stock (Unterhaltungen mit Hollande, die die Glaubwürdigkeit und Reputation des geschwätzigen Präsidenten nachhaltig erschütterten)
- Soazig Quéméner, François Aubel. „Julie Gayet. Une intermittente à l'Élysée". Éditions du Moment (Profil von Hollandes Freundin)
- Patrick Guilloton. „La Princesse Royal". Cherche Midi (Kritik der Amtsführung von Hollandes Ex-Lebensbegleiterin und Umweltministerin als Präsidentin der Region Poitou-Charentes)

- **Unter den Kandidatenbüchern**: Nicolas Sarkozy. „La France pour la vie". Plon
- Nicolas Sarkozy. „Tout pour la France". Plon
- Alain Juppé. „Pour un état fort". JC Lattès
- Bruno Le Maire. „Ne vous résignez pas!". Albin Michel
- François Fillon. „Vaincre le totalitarisme islamique". Albin Michel
- François Fillon „Faire". Albin Michel

- **Profile von Kandidaten**: Bruno Dive „Alain Juppé. L'homme qui revient du loin". L'Archipel
- Antonio Rodriguez „Arnaud Montebourg". Cherche Midi

- **Sonstige Politikerbücher**: Charles Pasqua. „Le serment de Bastia. Mémoires". Fayard (posthume Memoiren des rechtsgaullistischen Ex-Innenministers, der 2015 starb)
- Jean-Louis Debré. „Ce que je ne pouvais pas dire". Robert Laffont (Memoiren des Präsidenten des Verfassungsrates)
- Jean-Pierre Chevènement. „Un défi de civilisation". Fayard (Programmatisches vom linksnationalistischen Ex-Verteidigungsminster)
- Laurent Fabius. „37, Quai d'Orsay. Diplomatie française 2012–2016". Plon (knapp 6 Monate nach dem Ausscheiden aus dem Amt des Außenministers geschrieben)
- Jean-Christophe Cambadélis „A Gauche les Valeurs décident de tout". Plon (Programmatisches vom PS-Generalsekretär)
- Hubert Védrine. „Sauver l'Europe!". Liana Levy (Ex-Außenminister)
- Pierre Moscovici. „S'il est minuit en Europe". Grasset (EU-Wirtschaftskommissar und Ex-Wirtschaftsminister)
- Etc. etc.

Was am meisten an dieser Flut erstaunt ist, dass sich manche dieser Bücher – freilich nicht alle – erstaunlich gut verkaufen. So gab es während 2013 bis 2015 die folgenden Politbestseller: Philippe de Villiers (ehemals Kulturstaatssekretär unter Chirac und Regionalpräsident der Vendée): „Le moment est venu de dire ce que j'ai vue": 185.000 Exemplare; François Fillon (Premierminister unter Sarkozy): „Faire": 76.000 Exemplare; Bruno Le Maire (Landwirtschaftsminister unter Sarkozy): „Jours de pouvoir"[5]: 46.000 Exemplare, und Jean-Luc Mé-

---

5   Auf Deutsch erschienen als Zeiten der Macht. Reinbek 2015.

lenchon (linkssozialistischer Ex-Minister für Berufsausbildung): „Le Hareng de Bismarck"[6]:
40.000 Exemplare[7]. François Hollandes selbstzerstörerischer Interviewband „Un président ne
devrait pas dire ça", bei dem der Verlag mit einer Auflage von 25.000 gerechnet hatte, schoss
im Herbst 2016 an die Spitze der Bestsellerlisten, war zeitweise unerhältlich und verkaufte in
wenigen Wochen über 200.000 Exemplare. Grund ist laut Ko-Autor Davet, dass Hollande als
Mann des Ausgleichs in dem politisch gespaltenen Land sowohl bei der Rechten wie bei der
Linken verhasst ist und verachtet wird, und sich Opposition zu den Herrschenden gut verkauft[8].

Ein Verkaufsgeheimnis mag auch daran liegen, dass Franzosen als bibliophile Nation signier-
te Bücher mit persönlichen Widmungen lieben. Manche lassen sich stapelweise Bücher mit
Widmungen an die ganze Verwandtschaft und Bekanntschaft versehen (im Stil von: „Für Opa
Dupont. Beste Wünsche von Sarko") als ideale, nicht allzu teure Weihnachtsgeschenke. Politiker tun dies vorzugsweise am Rande von Parteitagen und öffentlichen Auftritten mit eigenen Anhängern. Bei jenen Signierstunden gibt es dann auch die Gelegenheit zu einem kurzen
persönlichen Gespräch, einem gemeinsamen Foto und dem Austausch von Visitenkarten. Das
kann nicht schaden und der Autor verdient dabei ohne viel Anstrengung gut mit. Aber die
populärsten Werke liegen auch ohne Widmung stapelweise in Bahnhofs-Zeitungskiosken aus
und verkaufen sich. Die deutsche Politik hat dieses Instrument noch nicht entdeckt, aber wer
würde sich die gesammelten Reden und Ergüsse von Kohl, Schröder, Merkel, Wulff, Steinmeier, Gabriel, Nahles und Co. schon antun und sie gar in Geschenkpapier wickeln?! Denn
wie Guillaume Tabard meint: Auch in Frankreich muss ein Politikerbuch stilistische Qualität
aufweisen[9], sonst blieben die Verkäufe unter der 1000er/2000er Marke[10]. Die Herausgeberin
der Werke von Sarkozy (insgesamt 250.000 verkaufte Auflage), der anti-deutschen Polemik
von Mélenchon (70.000 Verkäufe) und der Memoiren von Bernadette Chirac, Muriel Beyer
vom Verlag Plon erklärt ihre Erfolge mit dem Drama der Vorwahlkämpfe und des Präsidial-
wahlkampfs. Die Politik sei ein andauerndes Spektakel, eine Komödie der Macht, und faszinie-
re deshalb weiter. Allerdings würden sich die Werke unbekannter Abgeordneter, die ihre programmatische Sicht der Zukunft Frankreich erklären wollten, mit Sicherheit nicht verkaufen[11].

Die reiche publizistische Aktivität ist jedoch auch Ausdruck einer noch intakten politischen
Debattenkultur in Frankreich. Damit ist nicht das Geschrei und das sich gegenseitig ins Wort-
Fallen bei den politischen Talk-Shows gemeint. Weiter gilt es in der guten Gesellschaft als
schick, wenn Politik geistvoll diskutiert wird. Da ist es natürlich passend einfließen zu lassen,

---

6   Eine Polemik gegen die deutsche Griechenlandpolitik.
7   GfK-zertifizierte Zahlen entnommen aus Le Figaro 27.1.2016.
8   Interview mit Gérard Davet. Jürg Altwegg „Er wäre der ideale Kanzler für eine große Koalition". Frankfurter
     Allgemeine Zeitung 7.12.2016.
9   Die, ohne auf Bismarcks „Gedanken und Erinnerungen" zurückgehen zu müssen, m. E. im zeitgeschichtlichen
     Deutschland nur Helmut Schmidt und Ralf Dahrendorf und unter den Nachkriegsheroen Theodor Eschen-
     burg, Carlo Schmid, Theodor Heuss und Reinhold Maier besaßen. Und in Österreich natürlich Bruno Kreis-
     ky.
10   Guillaume Tabard. „La parution d'un livre permet-elle de rebondir en politique?". Le Figaro 27.1.2016.
11   Muriel Beyer. „Avec mes auteurs, je suis un caméléon". Le Figaro 15.12.2016.

man habe gerade das Werk des diskutierten Politikers gelesen und halte es für intelligent, stilvoll, bemerkenswert oder absolut schrecklich. Noch eindrucksvoller ist es dann natürlich, wenn der Gegenüber darauf aufgrund eigener Lektüre beipflichten oder taktvoll widersprechen kann. Auch den gebildeten und politisch interessierten Schichten in der Provinz geben die Lektüren kritischer Journalistenbiographien – anders als das Aussitzen wohlfeiler Fernsehdebatten – das Gefühl durch die ungefiltert vermittelte Erkenntnis der Programmatik, des Werdegangs und des Innenlebens der wichtigsten Akteure am politischen Geschehen im fernen Paris aus erster Hand informiert und beteiligt zu sein und ein treffsicheres Urteil fällen zu können. Als Konsequenz bersten die Bücherschränke ... Schließlich gibt es natürlich weiter die kleine Minderheit der wahren Gläubigen und Parteiaktivisten („militants"), beider Lager als Leser, die die Absonderungen ihrer Helden nicht als taktisches PR-Instrument sondern als orientierungsstiftende Bibel sehen, von der Argumentationsmuster übernommen werden und fast jeder Satz als glückhaftes Manna aufgesogen wird.

Auch wenn sich programmatische Publikationen konkurrierender Bewerber wahrscheinlich gegenseitig neutralisieren, und als Medium heute inflationiert sind, weil alle das gleiche machen, hatten bestimmte Veröffentlichungen doch einen durchschlagenden politischen Erfolg. Das Erscheinen seiner reichlich geschönten Kriegserinnerungen („Mémoires de Guerre") schob den in Colombey-les-deux-Églises im politischen Abseits grollenden Kriegshelden wieder ins Rampenlicht und bereitete seine Machtergreifung von 1958 vor. Mitterrands scharfzüngige antigaullistische Kampfschrift „Le Coup d'État permanente" war 1964 eine Sensation und half alle Wettbewerber in der Kandidatur gegen de Gaulle im Folgejahr aus dem Felde zu schlagen. Mit seiner reichlich fiktiven Autobiographie cum Programmschrift „Ma part de vérité", die 1969 in Form eines Dialogs erschien, bereite Mitterrand intellektuell die Linksunion mit den Kommunisten vor, die in seiner Umarmung in der Folge erdrückt werden sollten. Chirac gelang es 1994 mit „Une nouvelle France. Réflexions 1" sich vom umtriebigen Pariser Bürgermeister und Politmatador der Corrèze zum denkenden Staatsmann zu profilieren und damit seinen Rivalen Balladur aus dem Wege zu schieben. Ähnliches gelang Sarkozy mit seinem programmatischen „Libre" im Jahr 2001, das ihm aus einem politischen Tief den Weg zur Präsidentschaft sechs Jahre später eröffnete. Natürlich gelingen solche Unterfangen nicht immer. Giscard ließ als Präsident 1976 seine „Démocratie française" schreiben, eine Bestandsaufnahme und Programmatik Frankreichs aus liberaler Sicht. Obwohl das dünne Werk mit gut einer Million Exemplaren deutlich die erfolgreichste politische Publikation in der neueren französischen Geschichte wurde, änderte es an seiner Unbeliebtheit während der Ölkrisen und seinem Wahlverlust gegen Mitterrand im Jahr 1981 nichts.

Doch können Bücher auch eine zweite Funktion haben, nämlich als öffentliche mea culpa der politischen Rehabilitation dienen. So schrieb der vom Bluterskandal angeschlagene Laurent Fabius 1995 „Les blessures de la vérité" und der wegen fiktiver Beschäftigungen in der Pariser Verwaltung mit Haft auf Bewährung vorbestrafte Alain Juppé 2009 ein Werk mit dem denkwürdigen Titel: „Je ne mangerai plus des cerises en hiver". Dagegen kann ein missglücktes Buch auch einen nachhaltigen Reputationsschaden auslösen. So schrieb Giscard, der sich auch für einen begnadeten Schriftsteller hielt, 2009 einen Softpornoroman mit dem Titel „La princesse et le président", der die Liebesaffäre zwischen Lady Patricia, einer Prinzessin zu Cardiff, und einem französischen Präsidenten namens Lambertye in den 80er-Jahren zu Inhalt hatte und sofort Spekulationen auslöste, ob der Autor eine solche – wiewohl sehr unwahrscheinlich – auch mit Lady Di gepflegt hatte. In sämtlichen Medien wurde das Werk als inhaltsarme spätpubertäre Projektion einschließlich peinlicher Zitate genüsslich verrissen und laut gefragt, wie ein Verlag einen solchen Müll drucken konnte.

Drittens ist ein gut verkauftes Buch natürlich auch finanziell interessant. Angesichts der erwarteten guten Verkaufszahlen sind die Verlage mit Vorschüssen großzügig und machen von sich aus Vorschläge für Themen und literarische Helfer. Bei einem mit 20 Euro ausgepreisten Buch dürften je nach Vertragsgestaltung pro verkauftem Exemplar 2 bis 3 Euro an Tantiemen herausspringen. So konnte de Gaulle mit dem Erlös seiner Kriegserinnerungen den Park um sein Anwesen in Colombey-les-deux-Églises um etliche Hektar erweitern, und Bernadette Chirac sich sehr über den unerwarteten Verkaufserfolg der zweibändigen Memoiren ihres Gatten, dessen Erinnerungsvermögen zu leiden begann, freuen.

Doch auch die Verwandtschaft greift zur Feder (von ehemaligen Mitarbeitern und Mitstreitern einmal abgesehen), um Memorabilien und schriftliche Hinterlassenschaften herauszugeben oder persönliche Erinnerungen zu veröffentlichen. Eine kleine Auswahl der Autoren: Philippe de Gaulle (Sohn), Claude Pompidou (Witwe), Alain Pompidou (Adoptivsohn), Robert Mitterrand (Bruder), Danielle Mitterrand (Witwe), Anne Pingeot (Konkubine Mitterrands), Mazarine Pingeot (Tochter), Bernadette Chirac (Gattin), Cécilia Attias (Ex-Sarkozy), Valérie Trierweiler (verschmähte Geliebte Hollandes). Auch hier: Die Tendenz der inhaltlichen und literarischen Qualität geht unübersehbar abwärts.

Nicht jeder ist freilich glücklich mit der verbalen Überproduktion, mit der mittlerweile jeder Präsidentschaftskandidat dem Erstbuch im Quartalsabstand noch ein Zweit- und Drittbuch hinterherschiebt, um im Gespräch zu bleiben, in den Zeitungen rezensiert zu werden und sich damit sozusagen Werbefläche einzukaufen. Für die Schriftstellerin Solange Bied-Charreton ist dies Wortmüll geworden, politisch nahezu inhaltsfreies Geschwätz verbunden mit Tratsch aus dem eigenen Privatleben (wie bei Sarkozy, Hollande und Macron), das die höheren staatlichen Funktionen weiter entsakralisiert und entwertet[12].

12   Solange Bied-Charreton. „Livres politiques: un déluge de mots pour ne plus rien dire". Le Figaro 26.1.2016.

Kapitel 4

Das Leben und Leiden im Élysée

François Hollande, der als ehemaliger Journalist der verblichenen sozialistischen Parteizeitung „Le Matin" den Journalismus und die Transparenz liebt, ließ erstmalig ein Team von Le Monde hinter die Kulissen des Élysée schauen[1]. Ein Tabubruch, vor dem selbst Sarkozy in letzter Minute zurückschreckte, und der Hollande mit jener Desakralisierung nicht gut tat. Ein Priester lässt seine Gemeinde auch nicht in die Sakristei. Natürlich sind bestimmte Bereiche für Besucher und für Minister während der wöchentlichen Kabinettssitzungen zugänglich. Einmal jährlich gibt es einen Tag der offenen Tür, an dem sich die Besucherschlangen bis zum Place de la Concorde hinziehen, um Stunden später einen Blick in die wenigen zugelassenen Räumlichkeiten zu erhaschen[2]. Der Großteil jenes Palastes, den Louis XV. 1720 für seine Mätresse, die Madame de Pompadour in der Faubourg Saint-Honoré unweit des unteren Ende der Champs-Élysées umbauen ließ, eine jener merkwürdigen Mischung aus feudaler Residenz und nationaler Politikzentrale, ist jedoch normalerweise eine verbotene Zone, bei der selbst die angrenzenden Fußgängerwege gesperrt sind.

Arbeits- und Entscheidungsabläufe an der Spitze

Die Reporter fangen eines Montagfrüh an, als die etwa 40 Kabinettsmitarbeiter vor ihrer wöchentlichen Dienstbesprechung vor der Kaffeemaschine scherzend eintrudeln. Unter dem Vorsitz des Generalsekretärs des Élysée (des politischen Bürochefs des Präsidenten) Jean-Pierre Jouyet geht es um die gerade verlorenen Senatswahlen. Weil das Desaster absehbar war, ist man ziemlich entspannt. Als der Präsident kommt, steht wie früher in der Schule alles auf. Zunächst wird sein Tageskalender durchgegangen: Ein Treffen mit dem Präsidenten Mauretaniens, dann mit den Abgeordneten des Limousin, das montägliche Mittagessen mit Premier Manuel Valls, gefolgt von weiteren Sitzungen und Terminen bis spät in den Abend. Dann das Wochenprogramm des Präsidenten: Es geht um den Haushalt, die Finanzierung der sozialen Sicherung, verschiedene Fragen des Familienrechts und der reglementierten Berufe (Notare, Apotheker etc.). Hollande verlangt dazu inhaltliche Vorlagen, die ihm prompt gereicht werden. Dann werden aktuelle Tagespunkte in bunter Mischung durchgesprochen: Die Lage von Air France, verschiedene Ernennungen, die Demonstrationen von Apothekern, der Verteidigungsrat, der Irak, die Ukraine, ein Treffen mit der Chefetage von TF1, eine Sitzung

1 Vanessa Schneider, Jean-Claude Coutausse. L'énigmatique monsieur Hollande. Dans les coulisses de l'Élysée. Stock. 2015.
2 Es gibt als zeitsparende Alternative auch ein Video „Découvrez le Palais de l'Élysée comme vous y étiez", das die Präsidialverwaltung auf ihre Netzseite gestellt hat. Es zeigt menschenleere Empfangsräume und Gänge mit blattgoldüberladenen Wänden, Gobelins, Kristalleuchtern, Wanduhren, Polstermöbeln, unbenutzte Deko-Bücherwände, Stuckdecken, Claude Pompidous Kinosaal und schließlich als einzigen Arbeitsschreibtisch, den des Präsidenten.

über die Beendigung des Lebens, der Besuch beim Automobilsalon, eine Rede vor dem Audiovisuellen Ausschuss und der bevorstehende Besuch des finnischen Premierministers.[3] Zu allen Punkten verlangt der Präsident Sprech- und Hintergrundvermerke, die der riesige Beamtenapparat der Pariser Ministerien anscheinend nur sehr langsam und in letzter Minute auswirft. Selbst sein Terminkalender wechselt häufig ohne sein Einverständnis. Die Redetexte kommen oft in letzter Minute an, und bei allem Überformalismus scheint gelegentlich auch seine Post verloren zu gehen. Die Journalisten beobachten, dass wahrscheinlich jeder Firmenchef über ein besser organisiertes Büro verfügt. Lustig ist sein unaufgeräumter Schreibtisch. Links liegen Stapel von Le Monde und Le Figaro. Während Le Monde ihm noch halbwegs gewogen ist, bringt Le Figaro so gut wie jeden zweiten Tag einen Kurzkommentar auf der Titelseite, der ihn der Unfähigkeit, Faulheit, Eitelkeit und Entschlussschwäche zichtigt. Jeder normale Mensch würde entweder in Depressionen verfallen, zurücktreten oder zumindest das Abonnement kündigen. Hollande lächelt alles weg. Wie ist das möglich? Die Antwort: Der Hofstaat und seine Zeremonien, die öffentliche Ehrerbietung, denn von Angesicht zu Angesicht sind auch die erbittertsten Gegner und wüstende Pamphletisten gegenüber einem Präsidenten, der stets im Mittelpunkt der Aufmerksamkeit steht, überaus höflich. So war er von jener Dauerkritik und Zustimmungsraten, die Ende 2016 nur bei 4 % lagen, einigermaßen immunisiert.

Im Untergeschoss des Palastes gibt es eine Küche mit 22 Angestellten. Sie kochen die Mahlzeiten des Präsidenten – bei Chirac musste es recht deftig sein, bei Hollande eher frugal und bio –, die seiner Kabinettsmitarbeiter und der anderen 840 Élysée-Bediensteten, die Menüs der Staatsessen, die Galadiners für bis zu 300 geladene Gäste und die Cocktails der großen Empfänge. Dann gibt es jede Menge Dienstboten, Sekretäre und Gärtner, die den Despotismus gewisser Präsidentengattinnen, von Bernadette Chirac zum Beispiel, die von ihrem untreuen Mann separat im Élysée wohnte, ebenso überlebten wie die Wutanfälle von Nicolas Sarkozy, dem nichts schnell genug gehen konnte. So wurden Sicherheitsbeamte strafversetzt, weil sie am Telefon zu laut gelacht hatten, oder es wurde dem Personal verboten, über den Kies des Innenhofes zu gehen. Der Wohntrakt des Élysée ist ohnehin für fast alle Tabu. Umso grösser der Schock, als „Voici" im November 2014 den Präsidenten in Begleitung von Julie Gayet auf der privaten Terrasse, die zu einem abgeschirmten eigenen Garten führt, ablichtete. Es war dabei klar, dass das Foto von dem privaten Trakt aus aufgenommen worden sein musste. Skandal! Die unvermeidlichen Säuberungen folgten.

Natürlich gibt es auch Ausflüge „inkognito", um plötzlich bei einer Theatervorstellung aufzutauchen. Dann fahren zwei Polizisten auf Motorrädern voran, zwei „neutrale" Wagen ohne Blaulicht folgen. Man bleibt auch bei Rotlicht stehen. Oder steht im Stau. Früher konnte Hollande noch jedes Wochenende in der Corrèze bei seinen bäuerlichen Wählern den Puls fühlen. Im Amt gibt es sofort eine automatische Distanz.

Jeden Mittwochvormittag ist die Ministerratssitzung im Élysée. Zuvor bespricht sich der Präsident mit seinem Premier. Hollande legte auf den kollegialen Umgang mit seinem Premier

3   Ibid. S. 13.

wert. Seine Vorgänger taten dies in aller Regel nicht. Die Minister trudeln vorher ein und müssen ihre Mobil-Telefone abgeben. Es ist der einzige Ort, wo sie sich während der Woche gemeinsam sehen. Obwohl sie oft politische Rivalen sind, geht es dank ihrer jahrzehntelangen Bekanntschaft im gleichen politischen Lager recht kameradschaftlich zu und man duzt sich. Wenn der Präsident gefolgt vom Premier den Raum betritt, steht alles auf[4], wie früher in der gymnasialen Unterstufe oder bei der Bundeswehr. Dann wird nach der historischen Hierarchie der Ministerien, die „régaliens" zuerst, einer nach dem anderen der Minister zum Kurzrapport abgerufen. Die Minister sprechen nur zum Thema und den Kompetenzen des eigenen Hauses, so gut wie nie zu denen der Kollegen. Der Präsident kommentiert das dann kurz, teilt seine Entscheidung mit oder bleibt ambivalent. Echte Strategiedebatten gibt es also nicht.

Die Hälfte der Zeit des Präsidenten wird von der Außen- und Europapolitik eingenommen, die aber seinen Wähler meist herzlich egal ist, denen Wirtschaftsfragen und ihr täglicher Wohlstand am Herzen liegt, für den sie den Präsidenten haftbar machen. Wegen außenpolitischer Entscheidungen oder militärischer Interventionen vom Syrien bis Mali wird ein Präsident auch so gut wie niemals von der Opposition angegriffen. Was die Wähler wirklich stört, sind die wirtschaftliche Konsequenzen: Dass zum Beispiel nach der Krim-Annektion als Folge der russischen Gegensanktionen seit 2014 kein französischer Käse, Gemüse oder Schweinefleisch mehr nach Russland exportiert werden kann. Die Reaktion Hollandes auf die Kritik: ein Schulterzucken. Wichtiger ist es beim Pressetermin mit dem finnischen Premier die Krawatte vorher zurechtzurücken.[5]

Gibt es noch ein Privatleben? Hollande war der erste unverheiratete Präsident im Élysée. Valérie Trierweiler, seine vormalige Zwischenlebensabschnittspartnerin, hat ihre einschlägigen Élysée-Erfahrungen als „erste Hure der Republik", wie sie sich bitter nannte, bestsellermäßig zu Papier gebracht[6]. Es blieb somit ohnehin nichts mehr privat. Spätestens seit Sarkozy sein wechselhaftes Liebesleben thematisierte, wurden präsidiale Privatangelegenheiten auch für die seriöse Presse zum akzeptierten Thema, jenseits sorgsam kontrollierter „Home stories" für die Illustrierten Paris Match, Gala, Clover, etc. Dazu kommen seit zwei Jahrzehnten der massive Entzug von Freizeit und der gefühlte Zwang zur ständigen Medienpräsenz. Hollandes neue Partnerin, die Schauspielerin Julie Gayet, die einer konservativen bürgerlichen Familie der Provinz entstammt, war wesentlich diskreter. Sie kam nur abends, wenn das meiste Personal gegangen war und vermied alle offiziellen Termine. In den Medien wurde die junge Schauspielerin deshalb weitgehend geschont.

Unter seinen Mitarbeitern herrschte unter einer höflichen Fassade stets der Kleinkrieg der Höflinge. Klassisch sind die Konflikte zwischen den Außenpolitikern („pôle diplomatique") und den Wirtschaftlern („pôle économique") nicht erst seit Hollande. Sie sind sozusagen die vierte Konfliktebene. Die erste ist intraministeriell zwischen den Ministerialabteilungen, die zweite zwischen den Ministerien selbst, die dritte in der Vermittlung beim Premierminister

---

4   Ibid. S. 21.
5   Ibid. S. 29.
6   Valérie Trierweiler. Merci pour ce moment. Les Arènes. 2014.

im Matignon, und die vierte schließlich am Hof des Präsidenten selbst. Die Reibungsverluste betragen nach meiner oberflächlichen Schätzung zirka 90 % der ministeriellen Arbeitszeit und Energien. Oft werden jene Konflikte absichtsvoll zwischen Mitarbeitern und Ministerien nach dem Motto „divide et impera" vom Präsidenten gestreut. Der Generalsekretär des Élysée hält dann jeden Freitag einen großen Aussprachetermin mit den 40 wichtigsten Mitarbeitern, der zwar dem Vernehmen nach inhaltlich nicht viel bringt, jedoch jenen hochkalibrierten Egos erlaubt, Dampf abzulassen und sich auszusprechen, bis zur nächsten Woche …

Der Premierminister war für Hollande der häufigste Besucher: ein gemeinsames Mittagessen am Montag, Abendessen am Dienstag, gemeinsame Sitzung vor dem Ministerrat am Mittwoch. Ein solch intensives kooperatives Ritual ist in der V. Republik absolut ungewöhnlich gewesen. Allzuoft haben Präsidenten ihren Premier und ihren Generalsekretär intern und gelegentlich auch öffentlich wie einen besseren Praktikanten behandelt.

Öffentliche Termine haben es in sich. Zum einen ist immer zu fürchten, dass es impromptu wie bei der Landwirtschaftsmesse in Paris zum Austausch von Beleidigungen zwischen dem Präsidenten und seinen unzufriedenen Untertanen kommt. Berühmt-berüchtigt war zum Beispiel die Begegnung Sarkozys mit einem unbekannten Bauer, der sich weigerte ihm die Hand zu geben: darob Sarko erbost vor laufender Kamera: „Schleich Dich, armseliger Idiot" (Casse-toi, pauvre con). Zum anderen sorgt man sich um die umfangreichen Sicherheitsvorkehrungen und das richtige Medienbild für die Kameras. Alles muss minutiös vorausgeplant und nichts dem Zufall überlassen bleiben. So mussten beim Besuch der Automobilmesse alle allzu leicht bekleideten Fotomodelle, die sich wie üblich auf den PKWs räkelten, die Halle stracks vorher verlassen. Wahrscheinlich deshalb, weil sie in ihrer Schönheit vom Präsidenten als biederem Anzugsträger abgelenkt hätten.

Im Élysée ist der Samstag ein normaler Arbeitstag und die Folgewoche beginnt schon sonntagnachmittags. Jedermann ist formal mit Schlips und Jackett kostümiert. Einmal mehr gibt es wichtige Besprechungen für den Verlauf der nächsten Woche.

Natürlich gibt es auch jede Menge Besucher, die Freunde des Präsidenten aus seiner langen Studienzeit und politischen Laufbahn. Manche hatte Hollande, wie Stéphane Le Foll, Jean-Yves Le Drian, Michel Sapin, oder die Mutter seiner vier Kinder, Ségolène Royal zu Ministern oder zum Generalsekretär (Jean-Pierre Jouyet) gemacht. Es gibt im Élysée ein Kino, wo erlesene Gäste sich mit dem Präsidenten Filme anschauen dürfen, ein in Frankreich einzigartiges Ritual[7]. Denn das Audiovisuelle ist bekanntlich nach dem Tod des italienischen, englischen, japanischen und deutschen Films in Frankreich eine hochgeschützte und subventionierte heilige Kuh. Das Erscheinen neuer seriöser Kinofilme ist ein Pariser Gesellschaftsereignis. Doch nicht alle seine Abendtermine sind unterhaltsam oder intellektuell belebend. Als er nach dem mörderischen Attentat auf die Redaktion des Charlie Hebdo zu einem abendlichen Gesprächstermin mit den üblichen Vertretern der islamischen Gemeinschaft und der politischen Korrektheit eingeladen hatte, langweilte sich Hollande bei dem absehbaren monologartigen Ge-

7   Das unter Macron nicht mehr fortgesetzt wird.

schwätz ihrer Vertreter sichtbar zu Tode. Zu einer politischen Schlussfolgerung konnte er sich freilich nicht aufraffen.[8]

Im Prinzip ist das Élysée in eine militärische und eine zivile Verwaltung aufgeteilt. Dem militärischen Teil steht ein General vor, dem zehn Stabsoffiziere unterstehen. Der Stabschef des Präsidenten berät ihn in allen Sicherheits- und Verteidigungsfragen und hält den Kontakt zur Armee. Tief unten im Keller befindet sich ein Atombunker namens Jupiter, der den Gefechtsstand des Präsidenten darstellt. Dort gibt es Kameras, Bildschirme und Mikrophone für die Sprech- und Sichtverbindung zum Generalstab. Von hier aus kann er auch durch einen Geheimkode den Abschuss der französischen Atomwaffen von Flugzeugen oder Atom-U-Booten anordnen. Für den unmittelbaren Schutz des Gebäudes stehen 300 Mann der Republikanischen Garde bereit. Sie stellen die Palastwache und sind in ihrer professionellen Doppelfunktion auch für die Sicherheit des Wagenparks und die Haustechnik zuständig. Ganz oben befindet sich linksseitig die Privatwohnung des Präsidenten, die jedoch nur 180 m² groß ist, also nur einen Bruchteil des 12.000 m² großen Komplexes ausmacht.

Das Leben der Ratgeber im Präsidialkabinett

Die Arbeitsprozesse im Élysée sind relativ überschaubar. Im Prinzip ist es die Hauptaufgabe der 140 Conseillers dem Präsidenten zu einem in ihrem Arbeitsbereich drängenden oder gewünschten Thema eine schriftliche Kurzvorlage, bestehend aus einer möglichst knappen und zutreffenden Sachverhaltsdarstellung und einer oder mehrerer Handlungsempfehlungen zu verfassen, oder die Vorlage des zuständigen Ministeriums entsprechend zu kommentieren. Diese Vorlagen kommen dann meist mit kurzen schriftlichen Anmerkungen zurück, die entweder Vorbehalte, Nachfragen oder den hinhaltenden Wunsch zur späteren Beschlussfassung und Wiedervorlage beinhalten mögen, oder aber das ersehnte OK geben. Der Vorschlag ist damit als präsidentielle Anweisung validiert und wird („le président veut") zur Ausführung an die zuständigen Institutionen weitergegeben, deren Ausführung überwacht werden muss. Dabei ist es wichtig, den Terminkalender des Präsidenten zu kennen (und sein persönliches Sekretariat zu kultivieren), um bei ihm nach Möglichkeit einmal wöchentlich einen Kurztermin zu erhalten und ihm zum richtigen Zeitpunkt die passenden Vermerke zum jeweils aktuellen entscheidungsreifen Thema zukommen zu lassen

Komplizierter ist das Redenschreiben, um das ein ungeheurer Aufwand getrieben wird. In allen öffentlichen Institutionen der Welt werkeln an den Reden des Spitzenpersonals viele Köche, was den Brei am Ende nicht besser werden und vom Erstentwurf in der Regel wenig übrig bleiben lässt. Im Élysée werden bei wichtigen („historischen") Reden nicht nur Kabinettsmitarbeiter, sondern auch Minister und andere Vertraute des Präsidenten zu stundenlangen gemeinsamen Formulierungssitzungen gezwungen, wo jedes Wort semantisch und politisch Satz um Satz kollektiv abgeklopft und revidiert wird. Eine Tortur für alle Beteiligten. Bei Mitterrands berühmter Rede vom Januar 1983 vor dem Bundestag wurde der so erstellte Text, der

---

8   Schneider, Coutausse. Op. cit. S. 60.

den großen Meister nie völlig befriedigte, erst in der letzten Minute fertig. Schließlich hatte er für ihn vor den Augen der Ewigkeit zu bestehen. Anders natürlich der stets abgelenkte Sarkozy. Er nahm seine Texte oft erstmalig beim Vortragen zur Kenntnis und extemporierte dann gerne. Danach waren Reinterpretationen und Schadensbegrenzungen angesagt.

Es gibt jede Menge Memoiren von Präsidentenmitarbeitern, die alle das allgemein karrierebeflügelnde Leben im Halbschatten der Macht genossen, andererseits die Abstriche an Lebensqualität, den Zwang zur ständigen Verfügbarkeit, die Abhängigkeit von den Launen des Präsidenten und die ständigen Intrigen der lieben Kollegen, die auch alle vom Ehrgeiz getrieben sind (es handelt sich ja schließlich nicht um das Kollegium einer Dorfschule) erleiden mussten. Georges-Marc Benamou, der ursprünglich für Mitterrand in dessen Spätphase gearbeitet hatte, war von Sarkozy als Wahlkampfberater engagagiert worden, und dann zwei Jahre lang (2007–08) bis zu seinem Hinauswurf Kultur- und Kommunikationsberater im Élysée geworden, hatte also die Säuberung seiner alten Mannschaft durch Cécilia Sarkozy nach der Machtübernahme überlebt.

Zunächst übernimmt er in einem Seitenflügel das alte Büro von Jacques Foccart, der zehn Jahre lang bis in die 70er-Jahre als der berühmt-berüchtigte „Monsieur Afrique" Verbindungsmann zwischen allen Diktatoren des frankophonen Afrika und den Präsidenten de Gaulle, Pompidou und Chirac gewesen war[9]. Begehrter sind natürlich die kleineren Büros in der Nähe des Präsidenten. Das Zeremoniell beeindruckt: das Habacht der Gendarmen, die Exerzier-Kommandos auf dem Schlosshof, der stete Fluss von Staatsgeheimnissen in Telegrammform, die direkten Telefonlinien zum Präsidenten, allen Ministern, Präfekten und militärischen Chefs. Für den Rest der Menschheit ist dies eine verbotene Stadt, zu der niemand Zutritt hat. Gleichzeitig jede Menge VIP-Einladungen und Glückwunschschreiben von vielen Freunden und Bekannten, die man längst aus den Augen verloren zu haben glaubt. Schließlich gelten die Ratgeber im Élysée als mächtiger als die Minister. Sehr viele wichtige Medien- und Fernsehbosse haben plötzlich Zeit für ein Mittagessen in edlen Restaurants, schätzen den Esprit ihres Gegenübers und laden in ihre Ferienhäuser von Venedig bis Marrakesch ein. Der Titel, ein Dienstwagen (den man sich selbst aus dem Katalog aussuchen kann), ein eigener Chauffeur, eine Dienstwohnung am Quai Branly, das Dekorum, die subalterne Höflichkeit allenthalben, alles stimmt in jener abgeleiteten Macht, die im Kleinen jene des Präsidenten reproduziert. Und sie erklärt, warum die Furcht vor dem Machtverlust, dem Sturz ins Nichts, so traumatisiert und ein lähmendes Erschrecken für alle Beteiligten auslöst.

Und dann der fast unverzügliche Beginn von Kabinettskriegen, bei denen der Generalsekretär Claude Guéant unter Sarkozy, und sein Stellvertreter Henri Guaino Schlüsselrollen als bestplatzierteste Einflüsterer des Präsidenten (nach dem Abtritt von Cécilia) spielen. Hass, Angst und ein ständiges Misstrauen greifen bald um sich. Für manche gilt es nur noch, in der Isolation ihrer Büros zu überleben. Benamou fühlt sich bald unglücklich, er muss an Claude Pompidous geflügeltes Wort vom Maison du malheur („Haus des Unglücks") denken. Unter der Mehrzahl

---

9   Georges-Marc Benamou. Comédie française. Choses vue au cœur du pouvoir. Pluriel. Fayard. 2016. S. 157 ff.

der ENArquen, die ein ähnliches Profil, eine großbürgerliche soziale Herkunft, und ähnliche Laufbahnen in der Inspektion der Finanzen, im Rechnungshof, im Staatsrat oder als Präfekte hinter sich haben, fühlt er sich als Außenseiter. Für sie ist ein Kabinettsposten im Élysée der entscheidende Karrierebeschleuniger, sei es an die Spitze eines Großunternehmens, einer Staatsbank oder des Fernsehens, oder im öffentlichen Dienst auf einen Botschafterposten oder als Generalsekretär in einem Ministerium. Wenn sie gut, loyal und leidensfähig sind, sucht der Präsident sie zu halten und verspricht ihnen einen tollen Posten bei seinem Abgang. Taugen sie aus seiner Sicht nichts, werden sie nett in einer bequemen mittleren Führungsfunktion abgefunden, um sie problemlos zu entsorgen.

Die Stammmannschaft freut sich zunächst auf die Ankunft des Dynamikers Sarkozy, denn unter Chirac hatte man sich zum Schluss doch sehr gelangweilt. Sarkozys Büro sieht zunächst aus wie nach einer Hochzeitsnacht. Aufgerissene Geschenkpackungen, Pralinenkisten, verstreute Buchbände. Auch Sarkozys Vater schaut vorbei, während sein Sohn stolz, die Füße auf dem Schreibtisch, von seinen Telefonaten mit Obama, Merkel und Putin erzählt, die jetzt seine neuen Kumpels sind. Er verkündet, er wolle nur eine Präsidentschaftszeit absolvieren und dann wie die Blair und Clinton viel Geld verdienen und das gute Leben genießen. Anscheinend glaubt er damit, die mit dem reichen PR-Unternehmer Richard Attias abtrünnige Cécilia wieder zurückerobern zu können, nachdem sie von der Rolle der Première dame wider Erwarten doch nicht genug fasziniert war.

Zu den ungeschriebenen Gesetzen des Élysée gehört, dass es sich für das Zentrum des französischen politischen Universums hält, das Matignon, wo sich Premier François Fillon zu Sarkos Zeiten langweilte, verachtet und souverän ignoriert, und die Minister und ihre Ministerien eigentlich nicht existent sind[10]. Und wie soll man mit Parlamentariern und regionalen Notabeln umgehen, wenn schon die Minister nicht zählen? So geht vom Élysée im Namen des Präsidenten ein unablässiger Strom von Anweisungen aus, die von der nachgeordneten Verwaltung, den Ministerien, Botschaften, Départements auszuführen sind. Notgedrungen ist auch bei den brillantesten Einzelkämpfern die Kenntnis der Sach- und Rechtslage nicht immer perfekt. Ständige Reibungsverluste oder Fehlentscheidungen sind die Folge. Wenn der Präsident unterwegs oder anderweitig zu stark beansprucht ist, kann sich der Conseiller auch beim Generalsekretär als Kabinettschef Anweisungen und Absegnungen einholen? Nur war er in Benamous Fall an dessen Kultur-Agenden nicht im Geringsten interessiert. Internationale Gipfel und die Befreiung der bulgarischen Krankenschwestern aus libyscher Haft hatten damals Vorfahrt.

Und was wurde bei der ganzen Hektik außer geschicktem Krisenmanagement erreicht? Philippe Séguin, ein gaullistisches Urgestein zitierte Benamou gegenüber de Gaulle, der vor der Portugalisierung Frankreichs gewarnt habe. Prophetisch meinte Séguin, Sarkozy werde sie nicht aufhalten: Er habe keinen Mut. Er gestikuliere, habe eine große Klappe, aber es fehle ihm der politische Mut. Er habe zu viel Angst, vor dem Volk, den Gewerkschaften und den Umfragen.

10   Ibid. S. 195 und S. 199.

Er wage nichts, und das sei sein großer Fehler.[11] Die gleiche Botschaft ging auch an Sarkozy selbst, an Premier François Fillon und an Henri Guiano, den Generalsekretär. Doch die neuen Mächte blieben taub, entschieden nichts zu tun, und stattdessen die Macht und ihre Insignien im Rausch des Anfangs zu genießen und sich vom Konformismus der Spitzenbeamten bestätigen zu lassen, aus Angst die Probleme des Landes zu konfrontieren. Benamou zieht eine Analogie zum Kriegsversagen von 1940, als der Generalstab der damals mächtigsten Armee der Welt mit vielen vorgeschobenen Gründen die Panzerwaffe und die Luftwaffe vernachlässigte und glaubte, mit den wunderbaren Bunkern der Maginotlinie noch einmal den Ersten Weltkrieg zu kämpfen und zu gewinnen und Deutschland durch eine Kontinentalblockade mit Hilfe der Royal Navy und der eigenen Marine erneut aushungern zu können. Der Präsident habe die Macht um ihrer selbst und ihres Genusses willen angestrebt, und als er sie hatte, wusste er nicht, was er damit anfangen sollte.[12]

Natürlich gibt es auch kleinere Pannen im hektischen Élysée-Betrieb. Reden, die so oft umgeschrieben werden, dass für die Durchsicht der Endversion keine Zeit mehr bleibt. Oder dass anno 2007 das in den USA urlaubende Ehepaar Sarkozy (ohnehin eine Häresie für einen französischen Präsidenten), das von den Bushs freundschaftlich zum Abendessen eingeladen wird, mit dem Ergebnis, dass Cécilia plötzlich keine Lust mehr hat und lieber Einkaufen geht und der Präsident, der sie verzweifelt umzustimmen sucht, 45 Minuten zu spät kommt.

Derweil versucht Benamou als Kulturratgeber Sarkozys das Kulturministerium, das aus seiner Sicht ohne strategische Richtung ziellos Subventionen verteilt, auf Vordermann zu bringen, und macht sich dadurch vorhersehbar universell unbeliebt. Er wird in der Presse angegriffen. Als sich Nicholas und Cécilia im Oktober 2007 „einvernehmlich" trennen, gelten im Élysée die von Cécilia platzierten Günstlinge gefährdet. Sarkozy stürzt sich noch hektischer in seine personale Machtausübung, privilegiert die Polizei, versucht die Medien zu kontrollieren und verachtet offen Justiz und Parlament. Premier Fillon will er nicht mehr sehen und bestellt Minister direkt gezielt zum Rapport. Irgendwann fällt auch Benamou in Ungnade. Seine Beiträge werden ignoriert und er bekommt kaum noch Termine. Das spricht sich schnell herum und das Verhalten seiner Kabinettskollegen gegenüber einem solchen „lebenden Toten" verändert sich. Er wird geschnitten und missachtet. Es gibt Konflikte um die Abschaffung des Englischen in dem im Ausland ausgestrahlten Sender TV5 und seine Leitung durch die Frau von Außenminister Kouchner, sowie nicht näher benannte Auseinandersetzungen mit Frédéric Mitterrand, dem Neffen des Altpräsidenten, der ebenso wie er und Bernard Kouchner von der Linken zu Sarkozy übergelaufen war und den Posten des Kultusministers ergattert hatte. Ohnehin hat Benamou schon seit Wahlkampfzeiten einen ideologischen Dauerkonflikt mit Patrick Buisson[13], der Sarkozy auf eine stramm rechte, national-katholische Linie trimmen wollte, während Benamou als ehemals Linker und Jude für einen liberaleren Kurs agitierte. Kurzum, einmal des

---

11   Ibid. S. 229.
12   Ibid. S. 322.
13   Der seither auch ein vernichtendes Enthüllungsbuch über Sarkozys Präsidentschaft geschrieben hat: Patrick
      Buisson. Au nom du people. Perrin. 2016.

präsidialen Wohlwollens entzogen, galt er bald nicht mehr als etwas vorlauter Wunderknabe, sondern als „émmerdeur", als nervtötender Langweiler, der sich in kleinkarierte Kompetenzstreitigkeiten verstrickt hatte, und den man in einem gestressten Arbeitsteam am wenigsten brauchen kann. Das Ende war also für alle Beteiligten absehbar. So erhält Benamou denn nicht unerwartet das Consilium abeundi. Sarkozy versucht ihm im südländischen Ausland noch als Trostpflaster halbdiplomatische Kulturposten in Rom und auf Malta anzubieten (zumal dessen Brücken zu den linken Medien verbrannt sind, und die rechten ihm weiter nicht trauen), doch Benamou will nicht ins sonnige Exil.

Camille Pascal, der Benamous Funktionen als Redenschreiber und als Zuständiger für Audiovisuelles in den letzten 18 Monaten von Sarkozys Präsidentschaft ausübte, hinterließ eine positivere persönliche Bilanz. Er trauerte dem Präsidenten, als einer dynamischen, großzügigen, energischen und entschlussfreudigen Persönlichkeit sowie Carlas zurückhaltender Eleganz und freundlichem Charme noch lange nach den verlorenen Wahlen von 2007 als loyaler Gefolgsmann hinterher. Seine Arbeitserinnerungen sind sehr anschauliche und einfühlsame Vignetten von heiterem Ernst, ganz ohne die übliche Bitterkeit der „trahison des clercs" oder des „kiss and tell" der US Amerikaner in vormaligen Funktionen der Führungsassistenz. Daneben ist sein Buch auch eine Art Kunstführer durch das Élysée mit seinen oft gewöhnungsbedürftigen Kunstschätzen an Gobelins, Gemälden und goldüberladenem Mobiliar und Standuhren der imperialen Art, die Jacques Dupont und Jeanette Dubois als steuerzahlende Normalverbraucher so gut wie nie in natura zu Gesicht bekommen, es sei denn sie verbringen acht Stunden in der Warteschlange am jährlich einzigen Wochenende der offenen Tür[14].

Als Fernsehmanager (Generalsekretär von France Télévisions) war Camille Pascal Sarkozy durch seine unkonventionellen Diagnosen aufgefallen. Er hatte ihn mit einem Dompteur verglichen, der bislang seine zahlreichen Feinde in den Medien im Schach gehalten hatte. Jetzt aber hätten sie durch die Clearstream-Affäre, in der sein Parteifeind de Villepin ihn auf eine Schwarzgeldkontenliste gesetzt hatte, Blut geleckt und würden sich auf ihn wie ein hungriges Wolfsrudel stürzen, um ihn niederzumachen[15]. So wurde Pascal gleichsam über Nacht rekrutiert. Das „Château" kommt ihm zuerst eher wie eine Kaserne denn als Palast vor. Denn alle Bedienstete – gleich ob Fahrer, Büroboten, Oberkellner, Garderobepersonal oder Hausmeister – sind neben ihren eigentlichen Aufgaben, die sie makellos erbringen, zugleich Gendarmen, die für die Sicherheit ausgebildet und zuständig sind. Das Kabinett des Präsidenten dagegen wirke eher wie ein Haufen Rekruten, die sich in ein Militärlager verirrt hätten. Als er seinen prestigereichen Dienstausweis erhält, wird Pascal gewarnt, ihn in der Öffentlichkeit besser nicht zu gebrauchen. Allzu leicht würde er bei Missetaten an den Canard Enchaîné kopiert werden. Es sei besser eine gewisse Telefonnummer anzurufen, die das Problem diskret regeln würde, als nachher peinliche Oppositionsfragen durch den Innenminister beantwortet zu sehen. Eine weitere Instruktion ist, nie über den gekiesten Innenhof zu gehen, sondern stets über die gepflasterten Außenwege. Außerdem habe er sich jeder Vertraulichkeit mit den Medien

---

14 Im Jahr 2017 war dies das Wochenende des 16. und 17. September. Eintritt frei (selten genug in Paris!).
15 Camille Pascal. Scènes de la vie quotidienne à l'Élysée. Plon. 2012. S. 20.

zu enthalten, denn PR Typen wie er stünden stets im Verdacht für Lecks verantwortlich zu sein. Im 3. Stock erhält er zunächst ein fensterloses Büro, eher eine Studentenbude mit einem Blechschrank, ein vormaliges Dienstbotenzimmer. Zu Mitterrands lockeren Zeiten nutzten angeblich Mitarbeiter jene Zimmerflur für Begleiterinnen der Nacht. Wegen ihrer karrierefördernden Folgen hießen sie intern deshalb „Büros für Beförderungen". Später findet er dann zufällig ein noch günstiger gelegenes, leeres Büro mit Blick auf den Park, das er sich mit verlassenem Mobiliar wohnlich einrichtet. Eigentlich arbeiten nur fünf Mitarbeiter in der Nähe des Präsidenten. Alle anderen, einschließlich der „diplomatischen Zelle" arbeiten verstreut. Oft müssen sie bei Schnee und Regen über den Hof auf Abruf ins Präsidentenbüro laufen. So sei das Élysée – nachdem die Tuillerien als einstiger Regierungssitz 1871 von dem Kommunarden angezündet und zerstört worden waren –, sicher der eleganteste Regierungssitz Europas, aber gleichzeitig der am wenigsten funktionalste. Beim Redenschreiben kam es vorrangig darauf an, dem bisherigen Haupt-Redenschreiber und den zuständigen Fachkollegen im Élysée nicht auf die Füße zu treten. Der erste bekommt das Recht zugestanden, sich zuerst auszusuchen, welche Reden er übernimmt, während die anderen bei den gemeinsamen Redaktionssitzungen, etwa in Gestalt der Bedenkenträger der diplomatischen Zelle, stets darauf bedacht sind „Ziegel", d. h. Abschnitte mit diplomatischen Allgemeinplätzen in den Redeentwurf einzubauen, die ihn unnötig verlängern und langweilig werden lassen. Wenn es um Themen geht, die die Kompetenzen mehrerer Ministerien betreffen, geht ein ungeheures Gerangel los, denn jedes will die eigenen Agenden möglichst ausführlich lobend erwähnt sehen. Danach gilt es abzuwarten und nicht zu früh nach Hause zu gehen, denn Sarkozy will stets den Autor vor sich haben, während er den Redetext durchgeht, Nachfragen hat, Kritik anmeldet und laut deklamiert.[16] Oft fliegen dann die mühsamen eingebauten Bürokratenpassagen mit ihrer hölzernen Sprache als erstes dem präsidialen Rotstift zum Opfer, wenn er dann nicht doch in letzter Minute vor seinen Zuhörern entscheidet, frei zu improvisieren. Nach den ersten Erfolgen seiner Entwürfe, die vom Präsidenten mit Wohlgefallen aufgenommen werden, steigt Pascals Reputation bei den Kollegen, zumal aus Sicht des Präsidenten gelungene Reden eine enorme Wichtigkeit zukommt, fast wie reales Regierungshandeln. Eine von Pascals Spezialitäten als konservativer Historiker ist zusammen mit Patrick Buisson die Beziehungspflege zum katholischen Klerus und die häufige Erwähnung der katholischen Wurzeln Frankreichs und sein religiöses Erbe, Themen, die Sarkozy ernst nimmt und die bei ihm gut ankommen.

Allmorgendlich kann Pascal um 8.30 an einem Arbeitsfrühstück der wichtigsten Mitarbeiter teilnehmen, wo noch einmal die Tagesordnung des Präsidenten durchgegangen, die Morgenpresse nach möglichen notwendigen Reaktionen durchgesehen wird und die aktuellen Parlamentarierlaunen der Mehrheit (Abgeordnete, die stets Angst vor Neuwahlen haben und des ständigen Zuspruchs bedürfen, wie sehr sie der Präsident persönlich schätzt) besprochen werden. Wenn Sarkozy zugegen ist, geht er alle Teilnehmer mit der Standardfrage „Nichts Neues?" durch und ist befriedigt, wenn tatsächlich nichts Neues anliegt. Gleichzeitig erlebt Pascal die ständige Evolution der Lage in der Elfenbeinküste und in Libyen, wo französische Truppen

---

16 Ibid. S. 35.

im Kampfeinsatz sind. Entscheidungen müssen getroffen werden, die Sarkozy sehr belasten. Schließlich können die dortigen Präsidenten „auf Lebenszeit" sich nicht mehr automatisch auf französischen Schutz verlassen[17]. Zu Pascals eigenem Zuständigkeitsbereich, dem Audiovisuellen, gibt es einen Konflikt an die Spitze von „Audiovisuel Extérieur de la France", dem mit der Deutschen Welle vergleichbaren Auslandssender Frankreichs, beizulegen, der sich zur Staatsaffäre ausgeweitet hat. In monatelangen mühsamen Verhandlungen gelingt es ihm, eine Antagonistin, die stellvertretende Generaldirektorin, Bernard Kouchners Gattin, zum gesichtswahrenden Ausstieg zu überreden.

Gleichzeitig gibt es noch Sondersitzungen der Kommunikationsberater mit dem Präsidenten bei denen strategische Themen diskutiert werden. So war bis zu seiner Sofitel Affäre am 14. Mai 2011 Dominique Strauss-Kahn (DSK) als gefährlichster Gegner eingeschätzt worden. Als IWF Direktor sollte er als Vertreter der globalisierten Eliten dargestellt werden und Sarkozy als bodenständiger Verteidiger des französischen Volkes. Doch auch nach dem später notwendigen Strategiewechsel bestand Buisson darauf, die nationale Identität in den Vordergrund zu stellen. Es sei das wichtigste Gut der von der Globalisierung bedrohten Arbeitnehmer und Kleinunternehmer, die von der Linken verlassen worden seien[18]. Tatsächlich wurde dann jedoch Nathalie Kosciusko-Morizot (NKM), die unter Sarkozys Republikanern eher zur konventionellen linken Mitte zählte, zum Zwecke der „Feminisierung" seines Profils als Parteisprecherin erkoren. Diese eher informellen Treffen, bei denen Sarkozy locker und informell von seinen verschiedenen Begegnungen und Unterredungen erzählt, finden auch in seiner Privatwohnung im 16. Bezirk statt, wo Carla Kaffee kocht und serviert. Gerne mochte Sarkozy, der sehr ungern alleine war, auch salonartige Unterredungen, bei denen es um aktuelle Filme und klassische Literatur ging, und von denen er sich neue Anregungen holte.

Gerne hatte der Präsident auch Arbeitsessen mit ausgewählten Zielgruppen im Élysée. So organisierte Pascal Treffen mit jungen Klerikern, mit denen er ethischen Themen wie Euthanasie und die Todesstrafe (die Sarkozy verabscheute) debattierte, und mit universitären Historikern, die fasziniert waren, einmal einen historischen Akteur in Fleisch und Blut zu erleben. Sarkozy vertraute ihnen an, er sei vom Sturz Mubaraks, den er sehr schätzte, im Januar 2011 völlig überrascht worden und habe im Juli 2008 Putins Panzer vor dem Vorstoß auf Tiflis abgewendet. In der Einschätzung seiner Vorgänger zeigte er neben der pflichtgemäßen Verehrung für de Gaulle die meisten Sympathien für Georges Pompidou und die geringsten für François Mitterrand, der die schamlose Lüge zur Regierungsmethode ernannt habe[19].

Als Arbeitsmethode hatten, wie erwähnt, die Referenten des Kabinetts dem Präsidenten Kurzvermerke mit ihren Informationen und Vorschlägen zu allen möglichen Themen zu schreiben, die ihm nach Durchsicht durch den Generalsekretär, dem politischen Chef des Élysée-Kabinetts, alsbald vorgelegt wurden. Sie kamen mit drei schriftlichen Reaktionen zurück: Entweder „Ja", „Nein" oder Rücksprache („m'en parler"). Die Anrufe des Präsidenten konn-

17   Ibid. S. 149.
18   Ibid. S. 181.
19   Ibid. S. 197.

ten einen überall erreichen: im Vorstadtzug oder im Urlaub unter der Dusche. Falls machbar, bestand er darauf, seine Mitarbeiter alsbald sehen zu wollen. Bei Nichtverfügbarkeit stieg die Wahrscheinlichkeit eines Wutanfalls, der aber laut Pascal, ein eher einstudiertes, bewusst eingesetztes Disziplinierungsinstrument war. Von drei solchen Episoden berichtet er, die jeweils vor versammelter Mannschaft stattfanden. Einmal war Putin als Ministerpräsident von Fillon zu ausführlichen Galadiners eingeladen und bei Sarkozy nur ein kurzer Höflichkeitsbesuch vorgesehen gewesen. Der unmittelbar bevorstehende Termin wurde nach lauten internen Beschimpfungen abgesagt. Ein zweites Mal wurde der Chef von Peugeot telefonisch niedergemacht, der im Verein mit dem Wirtschaftsminister einen Sozialplan mit 4000 Entlassungen ankündigen wollte, ohne dass Sarkozy etwas davon wusste. Die Freisetzungen wurde als Ergebnis von Sarkozys Gebrüll und impliziten Drohungen, Peugeot solle nicht mehr wegen Finanzhilfen zu ihm angewinselt kommen, annulliert. Schließlich war ihm durch eine Informationspanne vom Innenministerium vorenthalten worden, dass der muslimische Mörder der jüdischen Kinder von Toulouse vom März 2012 mit dem Täter, der in Montauban zuvor drei Soldaten erschossen hatte, identisch war. Sarko drohte fassungslos, seine gesamte Kabinettsmannschaft wegen Unfähigkeit herauszuwerfen[20].

Der Zorn verrauchte freilich folgenlos. Im März 2012 teilte sich die Mannschaft in einen Teil von Wahlkämpfern, die in der Wahlkampfzentrale arbeiteten, und eine Hälfte, die sich weiter im Élysée staatsmännischen Tätigkeiten hingab. Den Wahlkämpfern gelang es tatsächlich den 10-Punkteabstand in den Umfragen des von den meisten Redaktionen und Intellektuellen inbrünstig gehassten Sarkozy am Wahltag auf 3,4 Punkte zu reduzieren. Auch bei jenem ehrenvollen knappen Verlust galt es nun Umzugskisten packen und der unbekannten Mannschaft von Hollande einen besenreinen Élysée, in dem die Gendarmen weiter wie eh ihren Dienst diskret und gewissenhaft verrichteten, zu überlassen.

Interessant ist, dass sich Benamou und Pascal, die unter dem gleichen Chef die fast gleichen Aufgaben zu verrichten hatten, und mit ihren unterschiedlichen Biographien, ideologischen Einstellungen und Temperamenten zu solch unterschiedlichen Einschätzungen ihres Chefs, ihrer Arbeitsbedingungen und Kollegen kommen konnten. Vielleicht haben sie ja beide recht. A nous de juger. Aber sicherlich waren beide erleichtert, als alles vorbei war.

20   Ibid. S. 231.

Kapitel 5

Präsidiale Programme und ihre Schwierigkeiten

Es geht natürlich auch in Frankreich vorgeblich nie um die Macht und die sie ausübenden Personen, sondern nur um politische Inhalte und das Wohl des Vaterlandes. Bei de Gaulle um die Schaffung neuer Institutionen, um eine unabhängige Außenpolitik kraftvoll führen zu können und die Größe Frankreichs wieder zur Geltung zu bringen. Bei Pompidou um die industrielle Modernisierung Frankreichs unter Einbezug der zurückgebliebenen agrarischen Randregionen. Bei Giscard um liberale Öffnungen der staatsbürokratischen Beschränkungen und eine Weltorientierung der französischen Wirtschaft. Bei Mitterrand um eine Vielzahl von Nationalisierungen, um planvoll und zielgerichtet soziale Umverteilungen vornehmen zu können. Bei Chirac um die Überbrückung der sozialen Gräben und die Verteilung von Wohltaten an seine Getreuen in alle Himmelsrichtungen. Bei Sarkozy und Hollande waren zielgerichtete, inhaltlich konsistente Programmatiken einmal mit rechtem, und einmal mit linkem Anstrich, jenseits der Rhetorik nur noch unter Schwierigkeiten identifizierbar. Macron schließlich hat in seinem Wahlkampf 2017 ein Meisterstück an Wohlfühl-Unverbindlichkeiten („weder rechts, noch links") abgeliefert.

Das sind keine Vorwürfe. Denn alle großen programmatischen Entwürfe scheiterten. De Gaulle führte Frankreich mit dem Austritt aus der militärischen Struktur der NATO, der Sabotage des frühen europäischen Einigungsprozesses, den Dauerkonflikten mit den USA und Kanada eher in die Isolation. Pompidou förderte die Massenimmigration nordafrikanischer Arbeiter in die neuen HLM (Habitation à Loyer Modeste) Vorstädte, die nach ein bis zwei Jahrzehnten gesetzlose Slums wurden. Mitterrand schuf durch die einseitige Stimulierung einer offenen Volkswirtschaft nur einen unbezahlbaren Anstieg der Importe, während die eigene kostenbelastete und verunsicherte Wirtschaft an Wettbewerbsfähigkeit verlor. Zusätzlich schuf er die Regionen als Zwischenglied zwischen dem Zentralstaat und den 95 Départements, die in Summe ein Mehr an Verwaltungsaufwand und Bürokratie brachten. Und Chirac, der angetreten war, die sozialen Spaltungen der Gesellschaft als eine Art Linksgaullist zu überwinden, galt schließlich bald als roi farniente. Ein König, der sich wie Louis XVI. nur mit seinen Hobbies, dem Schlosserhandwerk und der Jagd, amüsierte und nichtstuend seinem Ende entgegen sah.

Natürlich gab es auch wichtige justizpolitische Reformen. Die Legalisierung der Abtreibung unter Giscard (die von Simone Weil betrieben wurde) zum Beispiel. Oder die Abschaffung der Todesstrafe (unter dem Einfluss von Robert Badinter) unter Mitterrand, der als Innenminister der IV. Republik noch hunderte von algerischen Köpfen hatte rollen lassen.

Der Machterwerb

De Gaulles Putsch an die Macht erfolgte 1958, als die Pieds-noirs in Algerien den Aufstand probten, Teile der Armee rebellierten und die Regierungen der IV. Republik keinen Ausweg aus dem zutiefst unpopulären Algerienkrieg fanden. Er trat als charismatischer Retter der Nation an, die sich um ihn über die Parteigrenzen hinweg scharen würde. Trotz aller bonapartistischen Allüren ließ er sich im Dezember 1965 mit 55,2 % der Stimmen (gegen 44,8 % für Mitterrand) wählen. Spöttisch bemerkte er damals, dass Diktatoren normalerweise nicht Wahlniederlagen riskierten. Nach dem Rücktritt des durch die Unruhen vom Mai 1968 schwer angeschlagenen Generals symbolisierte sein von ihm ungeliebter Nachfolger und langjährige Premier Pompidou ab 1969 eine onkelhafte Stabilität und gleichzeitig eine modernisierende Kontinuität in jenen turbulenten Zeiten des wirtschaftlichen Hochwachstums. Der 48-jährige Giscard präsentierte sich 1974 als französischer Kennedy, als ein liberal-zentristischer Reformer und Repräsentant des Generationenwechsels, der die Heroen der gaullistischen Resistance ablöste, die vordem die Macht monopolisierten. Er profitierte von den nach dem Tod Pompidous uneinigen Gaullisten, weil Chirac sich weigerte, Pompidous entfremdeten Ex-Premier Chaban-Delmas zu unterstützen. Um seine Volksfront mit den misstrauischen Kommunisten zusammenzubringen, die er für eine Stimmenmehrheit brauchte, stellte sich Mitterrand ab 1977 als dogmatischer Sozialist dar, der er jedoch niemals war, und verkündete, das Heil des sozialen Frankreichs läge in der größtmöglichen Anzahl von Nationalisierungen von Banken und Schlüsselindustrien[1]. Als sich nach seiner Machtergreifung von 1981 nach einem Jahr die vorhersehbare wirtschaftliche Katastrophe abzeichnete, opferte er seinen Premier Pierre Mauroy und ließ ungerührt eine Kehrtwende durchführen. Die Schönheit der ideologischen Bekenntnisse war also stets nur falscher Schein. In Herrschaftsstil und Auftreten waren sowohl der patriotische de Gaulle, der liberale Giscard ebenso wie der egalitäre Mitterrand sämtlich monarchistisch mit der Tendenz zum Absolutismus. Auch bei Macron finden sich in der ersten Hälfte seiner Herrschaft 2017–19 vielversprechende Ansätze.

Netzwerke der Macht

Die personelle Schwächen der Parteien und ihr im Vergleich zu Deutschland sehr schlanker Apparat zwingen Präsidenten und Premiers zu alternativen Netzwerken, auf die sie sich stützen, denen sie vertrauen und sie als Quelle von Anregungen und zarter Kritik nutzen können. 1968 wurden zwanzig ENArquen in die Nationalversammlung gewählt. Unter Georges Pompidou fanden sich bald zwölf als Minister wieder. Zudem waren der Generalsekretär des Élysée, Michel Jobert, und sein Stellvertreter Édouard Balladur, sowie drei weitere Kabinettsmitarbeiter ENA-Absolventen. Dies, obwohl Pompidou selbst „nur" Normalien war und die Lehrbefugnis (Aggregation) für Latein und Griechisch an Gymnasien besaß. Auch François Hollande stützte sich 2012 bekanntlich auf ENArquen, und zwar jene seiner Promotion Voltaire, und seine wenigen Freunde (Stéphane Le Foll, Michel Sapin und Jean-Yves Le Drian), die

---

1   Gilles Martinet. Les Clés de la Ve République. Seuil. 2002. S. 12 f.

ihm durch dick und dünn in allen Grabenkämpfen gegen Laurent Fabius und Martine Aubry die Treue gehalten hatten. Giscard hatte 1974 ein anderes Problem: Er traute seiner Partei, den Republicains Independents mit ihren vielen feindlichen Strömungen und Rivalen nicht. So stützte er sich lieber auf die Mitglieder des von ihm gegründeten zentristischen Debattierclubs „Realités et perspectives". Mitterrand hielt es mit seinen Sozialisten ähnlich. In Vichy und später in der Resistance und in den ersten Jahren der IV. Republik hatte er sich auf seine Bewegung der ehemaligen Kriegsgefangenen gestützt, und in den 50er- und 60er-Jahren eine halblinke Splitterpartei, die UDSR (Union démocratique et socialiste de la Résistance), geführt. Den Sozialisten trat er mit seiner Handvoll Gefolgsleuten erst beim Kongress von Épiney im Jahr 1971 bei, übernahm damals aber gleich die Partei, die vormalige SFIO, deren Altkadern wie Michel Rocard er jedoch zeitlebens misstraute. So holte er sich während seiner ersten Präsidentschaft (1981–88) zehn Freimaurer in die Regierung, die hauptsächlich aus der Loge „Grand Orient" stammten[2]. Später stützte er sich dann auf seine eigenen Schützlinge (Lionel Jospin, Laurent Fabius), die ihm als seine Kreaturen im Sinne des in Frankreichs politischer Klasse üblichen Neofeudalismus absolut loyal sein mussten. Im Gegenzug gewährte er eine nachhaltige Protektion. In jener zweiten Phase seiner Präsidentschaft (1988–95) war es unerlässlich, förderndes Mitglied von Danielle Mitterrands Stiftung „France Libertés" zu werden (wie zum Beispiel der Polit-Advokat Georges Kiejman, der es 1990–93 nacheinander zum Vizeminister für Justiz, Kultur und Äußeres brachte), die weltweit sozialistisch korrekte gute Werke vollbrachte. Symbolischer Höhepunkt des präsidentiellen Ritterschlags der Akzeptanz in den inneren Zirkel der Macht war es, zum einmal jährlich stattfindenden Pilgergang auf den historischen Felsenhügel Solutré in der burgundischen Franche-Comté eingeladen und in der Nähe des Präsidenten beim Aufstieg abgelichtet zu werden.

Chirac hatte sich als Premier Giscards 1974–76 noch auf eine ererbte Mannschaft alter Pompidouisten (Pierre Juillet, Marie-France Garaud) verlassen müssen. Als er 1977 zum Bürgermeister von Paris gewählt wurde, hatte er genug Zeit und Patronagemöglichkeiten, eine eigene Truppe (mit Édouard Balladur und Alain Juppé) aufzubauen, mit der er die ständige Rechtsopposition in seiner RPR durch Altgaullisten wie Philippe Séguin und Charles Pasqua im Schach halten konnte. Bei Sarkozy wurden Loyalitäten eher spontan auf Zuruf eingefordert und waren deshalb am wenigsten dauerhaft. Hollande verließ sich eigentlich nur auf die Kommilitonen seiner Promotion Voltaire. Macron schließlich perfektionierte das System mit seiner handverlesenen Führerbewegung „En Marche", in der es mangels eigener politischer Hausmacht kein rivalisierendes Machtzentrum und aus Altersgründen keine Kronprinzen geben konnte.

Das System außerparteilicher Debattierzirkeln von loyalen Gefolgsleuten ist sehr beliebt bei Politikern, die nicht als Vorsitzende und Generalsekretär die Kontrolle über den Parteiapparat haben. So etwa „Echanges et Projets" für Jacques Delors, „Convaincre" für Michel Rocard, oder im Jahr 2016 „En Marche!" für Emmanuel Macron. So konnten sie unter scheinbar harmlosen Vorzeichen unverbindlicher Debattierklubs eine nationale Wahlkampforganisation aufbauen mit Leuten, die politisch interessiert sind, mit ihren Ideen sympathisieren, die man eine Weile

---

2   Ibid. S. 20.

in ihrem politischen und persönlichen Verhalten beobachten konnte und die im Zweifelsfall loyaler sind als unabhängige Notabeln mit einer eigenen Machtbasis als Hausmacht oder gar die Apparatschiks einer Gegenfraktion.

Politische Werte und Unwerte

Zu den stets von beiden Lagern bekundeten und unbefragten politischen Werten Nachkriegs-Frankreichs zählt das positiv gewendete Erbe der französischen Revolution von 1789 (bürgerliche Freiheiten, die Nation, der Fortschritt), das der III. Republik (eine Laizität, die 1905 radikal die Trennung von Staat und katholischer Kirche durchsetzte), sowie jene tradierten Werte der öffentlichen Ordnung, der Familie und der Ruhm des Vaterlandes, seiner Geschichte und die Weltgeltung von französischer Kultur und Sprache[3], sowie jene neuen Werte, die der sozialen Solidarität und der Erhalt der natürlichen Umwelt und des aktuellen Weltklimas. Die Codes der politischen Korrektheit gelten eigentlich nur auf der politischen Linken (auch dort häufig nur als Lippenbekenntnisse), und werden auf der Rechten als originäre US-Importe eher distanziert gesehen. Doktrinäre politische Ideologien sind, nachdem die 68er-Generation entweder bourgeoisiert („gauche caviar"), in Pension gegangen oder zur Rechten übergewechselt ist, eine recht periphere Angelegenheit geworden, die nur noch kursorische Neugier in gewissen Intellektuellenzirkeln erregt. Sie reichen von völkisch-korporatistischen Ideen oder der eher regionalistisch orientierten Identitären im Dunstkreis der FN über den globalistischen Liberalismus im Flugsand der politischen Mitte bis zum revolutionären Trotzkismus und Anarchismus, die zum Beispiel die linksradikale Gewerkschaft SUD beherrschen. Politische Gewalt geht neben der Hauptgefahr des fanatisierten Islamismus, der eindeutig auch antisemitische und frauenfeindliche Züge trägt, im ersten Jahrzehnt des 21. Jahrhunderts von anarchistischen Schlägerbanden, den casseurs, aus, die am Rande von Großdemonstrationen Scheiben von Läden und öffentlichen Einrichtungen zerschlagen und Polizeiautos nebst Insassen anzünden. Gewalt von rechts gibt es seit dem Terror der OAS, als sich die Algerierfranzosen 1962 von de Gaulle verraten sahen, eigentlich nicht mehr.

Ein gewichtiges Element des patriotischen Selbstbewusstseins ist die Obsession mit Frankreichs Platz in der Welt und der Weltrolle der französischen Sprache als Ausdruck ihrer überlegenen kulturellen Ausstrahlung. So verkünden viele Entscheidungsträger, einschließlich der Präsidenten an den üblichen nationalen Feierstunden, fest zu davon überzeugt zu sein, dass das 56 Millionenvolk nach wie vor eine Weltmacht ist. Immerhin hat man im Gegensatz zu Deutschland einen Flugzeugträger, Atom-U-Boote, einen Sitz im UNO-Sicherheitsrat, einige defizitäre Kolonialgebiete und ein einsatzfähiges Militär. Der Koffer mit den Codes für den Atombombeneinsatz wird stets von einem General in der Nähe der Präsidenten, gleich ob Sozialist oder nicht, herumgetragen. Den fünften Dauersitz im Sicherheitsrat der UNO hatte de

---

3   Im Gegensatz zu Deutschland gibt es in Frankreich auch einen starken Linkspatriotismus, der von Chevènement bis Mélenchon nicht nur die Globalisierung, sondern auch die europäische Integration ablehnt und die Rollen der USA sowie Deutschlands als angeblicher Einflussmacht des Wirtschaftsliberalismus und von Austeritätspolitiken sehr kritisch sieht.

Gaulle erbeutet, als er genauso glaubwürdig wie Chiang Kai-shek behauptete, zu den Siegern des Zweiten Weltkriegs zu gehören. Glanzstücke seiner Hybris waren sicher die Politik des leeren Stuhls in Brüssel 1965 gegen den Kommissionspräsidenten Walter Hallstein[4], der Austritt aus den Kommandostrukturen der NATO im Jahr 1966 und sein Aufruf für den Separatismus in Québec anno 1967 in Montreal („Vive le Québec libre"), weil er die Kapitulation von Louis XV. zweihundert Jahre zuvor immer noch missbilligte.

Der ebenso unaufhaltsame wie bedauerliche Abstieg des Französischen als Weltsprache steht dem des Deutschen nicht nach. Mit dem entscheidenden Unterschied, dass Frankreich heroische Anstrengungen der Gegenwehr unternimmt, während hierzulande grauenhaft schlechtes Amerikanisch Vorfahrt hat. Eine Anekdote zu jenem heißen Thema: Zur Ausrichtung des ergebnisfreien Weltgipfels der Frankophonie (für die sehr teure Reisespesen für mindestens zwanzig afrikanische Staatschefs anfielen) spendierte Frankreich 1997 der Führung in Hanoi ein schönes pseudoklassizistisches Portalgebäude nach dem Geschmack der vietnamesischen Kommunisten. Am Portikus prangte oben stolz „Maison de la Francophonie". Kaum waren die Staatschefs abgefahren, wurde es in „Ministry of Education" umgetauft.

Zu Europa gibt es auch eine gewisse Ambiguität. Bei de Gaulle waren die Widersprüche am eklatantesten. Einerseits wollte er ein Französisch dominiertes westliches Kontinentaleuropa (ohne die britischen Rivalen) als Gegengewicht zu den USA und der Sowjetunion, andererseits tolerierte er keinen Verzicht auf nationale Souveränitätsrechte. Das konnte so nicht funktionieren. Seit Pompidou wurde die französische Europapolitik wesentlich pragmatischer, auch dann wenn sich etwa Chirac 1995 als Präsidentschaftskandidat noch deutlich euroskeptisch äußerte und ein künftiger Außenminister wie Laurent Fabius 2005 in der Referendumsdebatte gegen den Europäischen Verfassungsvertrag agitierte. Frankreich wurde mit Deutschland und den Benelux-Staaten jahrzehntelang zu den Hauptträgern des europäischen Einigungswerks, wenngleich mit etlichen Fußnoten und Vorbehalten. Denn nicht nur de Gaulle, sondern auch Pompidou und Mitterrand, pflegten trotz aller öffentlichen Liebesbekundungen deutliche Vorbehalte gegen Deutschlands Zuwachs an wirtschaftlicher und (zumeist ungenutzt bleibender) politischer Macht[5].

Die Logik der zeitgenössischen Pro-Europäer in Frankreichs politischer Klasse ist dagegen eine realistischere. Da Frankreich auf sich alleine gestellt seine angestammte legitime Weltrolle mit Wettbewerbern wie den USA und China nicht mehr spielen kann, muss es dies über die europäische Schiene tun und dabei alles unternehmen, um die französischen Interessen im Schulterschluss mit dem stärksten EU-Partner, dem merkwürdigerweise ambitionslosen und binnenzentrierten Deutschland, im EU-Verbund umzusetzen. Dabei ist Deutschland jedoch nicht

---

4   Albrecht Rothacher. Die Kommissare. Baden-Baden 2012. S. 49 ff.
5   Laut Mitterrand gab es 1990 drei deutsche Staaten: die BRD, die DDR und Österreich. Da er die Wiedervereinigung nicht aufhalten konnte, suchte er sie in Gesprächen mit Gorbatschow und der DDR-Führung wenigstens noch zu komplizieren und zu verzögern. Gleichzeitig fürchtete er mit dem Beginn der Balkankriege dort einen stärkeren deutschen Einfluss dank historischer kroatischer und slowenischer Freundschaften. Martinet. Op. Cit. S. 58.

unbedingt der Wunschpartner. Militärisch arbeitet man viel lieber mit den pragmatischen, zynischen und verlässlicheren Briten zusammen. Kulturell steht man Spaniern und Italienern näher, Länder, die man zumindest aus dem Urlaub kennt. Welches Mitglied der politisch-medialen Klasse hat je mehr als drei Tage am Stück in Nachkriegsdeutschland verbracht? Wie Sarkozy einmal meinte: „Berlin, das ist der Horror für mich! Und Frankfurt auch!"[6] Es sind die britischen Extratouren, das polnische Desinteresse und die innenpolitischen Dauerkrisen in Spanien und Italien, die Deutschland durch den Ausfall aller Alternativen zum Zwangspartner Frankreichs machen. Eine belastbare Vernunftehe also, keine Liebesheirat. Entsprechend pflegt man eine offene Partnerschaft und vergibt Berlin, wenn es in Fragen der Energiepolitik, der Verteidigung und der Immigration ohne Rücksicht auf die europäischen Partner und EU unkoordiniert tut und lässt, was es will. Umgekehrt orientiert sich Frankreich primär an seinen nationalen Interessen. So war de Gaulle, der zwischenzeitlich zum Säulenheiligen der deutsch-französischen Aussöhnung erhoben wurde, auch nach der Unterzeichnung des Élysée-Vertrags von 1961 bereit, Westdeutschland (ähnlich wie schon die Westalliierten anno 1944) an die Sowjets zu verraten, als die schwache Bundesregierung es nicht wagen konnte, als Frankreichs Juniorpartner wie von de Gaulle gewünscht, sich gegen die Interessen der US-Besatzungsmacht zu wenden.

So wird von Frankreich ab initio der von Kanzler Schröder als erstem gebrochene Stabilitätspakt zur Einführung des Euro mit dauernden Haushaltsdefiziten über 3 % des BIP ohne schlüssige Gründe weiter verletzt. Nationale Schlüsselindustrien wie die Eisenbahnen und das Strommonopol EdF werden vor ausländischer Konkurrenz geschützt. Und wenn es darum geht, Abfüller von Mineralwasser vor einer schweizerischen Übernahme (Nestlé) zu schützen, werden auch sie kurzerhand zu strategischen Industrien erklärt. Selbst im Juli 2017 ließ der große Europäer Macron die notleidende Schiffswerft Saint-Nazaire verstaatlichen, um sie von einer italienischen – und möglicherweise chinesischen – Übernahme zu schützen. Mit EU-Recht hat dies alles wenig zu tun. Es handelt sich um Europapolitik à la carte. Angesichts des EU-Rechtsversagens in Berlin in Sachen Grenzöffnung und seines Bruchs des Schengener Abkommens anno 2015 verbietet sich jegliche Wertung. Im Jahre 2001 gab es die von Jacques Delors formulierte und von Chirac und Jospin unterstützte Idee der „Föderation der Nationalstaaten" zwischen Frankreich, Deutschland und anderen, die in ihrer vagen Ausformulierung einmal mehr weder die Leidenschaften der Europäischen Föderalisten noch den Mann auf der Straße, der dem Nationalstaatsgedanken anhängt, befriedigen konnte. Sie starb den üblichen Tod hochgemuter Europaideen. Auf pathetische Festreden folgte das folgenlose Vergessen.

Giscards „Démocratie Française"[7]

Nehmen wir uns pars pro toto unter den Dutzenden von programmatischen Präsidentenbüchern die kommerziell erfolgreichsten vor. Mit einer Million verkaufter Exemplare wurde dies der politische Bestseller par excellence. Anno 1976 hatte Giscard in der Mitte seiner Präsident-

---

6   Yasmina Reza. Frühmorgens, abends oder nachts. Ein Jahr mit Nicolas Sarkozy. Frankfurt/Main 2011. S. 97.
7   Valéry Giscard d'Estaing. Démocratie Française. Fayard. 1976.

schaft jenes dünne Werk schreiben lassen. Im Vorwort preist er seinen Leistungskatalog an: Die Volljährigkeit ab 18. Die zulässige Höchstarbeitszeit von 54 auf 50 Stunden wöchentlich reduziert. Das Rentenalter für Arbeiter auf 60 Jahre gesenkt (immerhin war dies noch das Zeitalter des Babybooms!). Die Schulpflicht bis zum Collegeabschluss verlängert (einer Art Mittlerer Reife mit dem Abschluss „diplôme national du brevet" der dreijährigen Mittelschule), die Unabhängigkeit des Fernsehens eingeführt. Die Zensur für Kinofilme annulliert. Das Recht der Opposition gegen Gesetze das Verfassungsgericht anzurufen eingeführt. Die Telefonüberwachungen abgeschafft. Das Abtreibungsrecht liberalisiert, Verhütungsmittel zugänglicher gemacht und Adoptionen erleichtert zu haben. Dazu hatte er megalomanische innerstädtische Großstadt-Projekte gestoppt und die Planung von Grünflächen in Großstädten eingeführt.[8]

Vierzig Jahre später haben die damals einigermaßen banalen Gesellschaftsprognosen Giscards einen gewissen intellektuellen Reiz. Die Urbanisierung und Modernisierung einer Agrargesellschaft während 1950–1975, einer Zeit, in der sich die Kaufkraft der Arbeiter verdreifacht hatte, führte sie aus der Armut in den bescheidenen Wohlstand der unteren Mittelschicht. Derweil sei laut Giscard jedoch der französische Nationalcharakter gleich geblieben: „Schnell, bis zur Wechselhaftigkeit, großzügig im Elan, aber gleichzeitig immer sich auf den eigenen Grundbesitz beziehend; sehr diskussionsfreudig, aber doch wieder klare Tatsachen vorziehend; stolz auf Frankreich, aber ohne große Kenntnisse des Auslandes; geistig orientiert, sensibel, anständig; die einfachen Freundlichkeiten, das Gelage, den Widerspruch liebend; gerne zynisch und aufschneiderisch, doch insgesamt das sensibelste Volk der Welt"[9]. Kann man sich einen deutschen Politiker vorstellen, der den Mut hätte, den zeitgenössischen Nationalcharakter mutatis mutandis ähnlich zu beschreiben?

Es geht Giscard aber hauptsächlich um die vom Wohlstand ausgelassenen Zonen der Bauern und Industriearbeiter, die wirtschaftlich und sozial reintegriert werden sollten. Und dies möglichst ideologiefrei, denn Frankreich sei nach wie vor ein Land, wo sich die Sozialwissenschaften eher an vorgefassten Meinungen, denn an empirischen Fakten orientierten[10]. Tatsächlich entwirft Giscard ein Gesellschaftsmodell, wo alles nach oben geht. Die Pauperisierung der Mittelschichten (Zinsverlust, Hochbesteuerung, Präkarisierung, Stagnation der Gehälter) ist nicht vorgesehen. Schließlich sollen die nötigen Reformen von der Justiz, bis zur Armee und dem Bildungssystem trotz jener historischen mediterranen Leidenschaften und des latinischen Absolutismus durchgesetzt werden[11]. Und in der Europapolitik verheddert er sich auch zwischen dem großartigen Ziel einer Wirtschafts- und Währungsunion und der Weigerung diesem Anspruch mit konkreten Initiativen zu folgen[12]. In Summe endet sein Versuch einer Gramsci'schen sozialphilosophischen Herrschaftslegitimierung in der Vision einer privilegien- und konfliktfreien wohlgeregelten Mittelschichtengesellschaft. So weit, so schön. Dabei

8 Ibid. S. 16 f.
9 Ibid. S. 29.
10 Ibid. S. 43.
11 Ibid. S. 155 f.
12 Ibid. S. 162 f.

fordert er gleichzeitig die damals modischen Konzepte der partizipativen Demokratie, des Volkskapitalismus, der Dezentralisierung und des Umverteilungsstaats.

Mitterrands „Ma part de vérité"[13]

Ein zweites politisch einflussreicheres Beispiel. Mitterrand war zum Zeitpunkt der Veröffentlichung Erster Sekretär der Sozialisten, schon seit zehn Jahren führender Oppositionspolitiker und in der IV. Republik sieben Jahre lang Minister in elf Regierungen gewesen. Er antwortet sehr ausführlich auf die höflich gestellten Fragen des Journalisten Alain Duhamel. Beim biographischen Einstieg schönt er seine Vichy-Vergangenheit und ernennt sich kaum aus der Gefangenschaft entkommen gleich zum Widerstandskämpfer[14]. Tatsächlich arbeitete er erst einmal ein Jahr lang getreulich für Pétain und Vichy. Schon 1936 habe er in Paris die Volksfront bejubelt[15]. Dabei war er damals eindeutig im rechtskatholischen Lager. Er lügt also wie gedruckt. Aber dies ist kein Novum in französischen Politiker-Autobiographien. Die historische Funktion jenes Buches, das starke literarische Qualitäten hat, war es, die Volksfront mit den Kommunisten zu rechtfertigen und sein Versagen im Mai 1968 vergessen zu machen. Mitterrand kritisiert die Afrikapolitik des Gaullismus, der zuerst die Kolonialpolitik vertrat und sich dann für die Entkolonialisierung feiern lässt[16]. Seine eigene Rolle als Innen- und Justizminister während des Algerienkriegs spart er schamhaft aus. Mitterrand behauptet zweitens die Kandidatur Gaston Deferres, des sozialistischen Bürgermeisters von Marseille, 1965 gegen de Gaulle unterstützt zu haben. Er sei aber wegen der fehlenden kommunistischen Stimmen gescheitert. Folglich sein Plädoyer für eine Volksfront, vorgeblich um die Macht der Monopole zu brechen[17]. Programmatisch bleibt er sehr vage. Ein Oberster Gerichtshof soll her, habeas corpus, die planwirtschaftliche Auswahl produktiver Investitionen, ein staatlicher Wohnungsbau, demokratisierte Unternehmen, Reformen des Bildungswesens, des Steuer- und Sozialsystems, die Nationalisierung der Geschäftsbanken und der Rüstung- und Flugzeugindustrie.[18] Nach links will Mitterrand mit seinem Wirtschaftsprogramm Wähler gewinnen, und nach rechts durch mehr bürgerlich-liberale Freiheiten. Er erkennt an, dass die Kommunisten wesentlich mehr Industrien, Banken und Versicherungen verstaatlichen wollen, und sie die Europäische Integration als deutsches Komplott unter amerikanischer Hegemonie ablehnen. Es sei aber Unfug, die nationale Souveränität zum Totem zu machen, wenn das US-Kapital den Gemeinsamen Markt infiltriert und die Sowjetarmee in der Lage ist, mit ihren Atomwaffen jeden europäischen Staat binnen einer Viertelstunde auszulöschen[19]. Er verspottet die Bildungspolitik der Gaullisten: Neunmal hätten sie in zehn Jahren den Erziehungsminister gewechselt und jetzt messe Pompidou den Fortschritt in den Quadratmetern der Bildungsinstitutionen[20]. Gleich-

13 François Mitterrand. Ma part de vérité. De la rupture à l'unité. Fayard. 1969.
14 Ibid. S. 25.
15 Ibid. S. 23.
16 Ibid. S. 43.
17 Ibid. S. 91.
18 Ibid. S. 111 ff.
19 Ibid. S. 116.
20 Ibid. S. 128.

zeitig bleibt Mitterrand gegenüber den Rebellen vom Mai 1968 weiter distanziert. Er hält sie, Daniel Cohn-Bendit eingeschlossen, für unverantwortliche Trotzkisten und Anarchisten. Stattdessen hält er die Programmarbeit der sozialistischen Clubs: „Jean Moulin", „Citoyen 60" „Club d'études et recherches socialistes" und die Kolumnen des Novelle Observateur, Témoignage Chrétien, Dire und Les Temps Modernes für relevanter.[21]

Während Giscards kommerziell erfolgreicherer Bestseller politisch ohne Echo verhallte, zumal er 1981 seine Wiederwahl verlor, legte Mitterrands Interviewband die intellektuellen Grundlagen für seinen Wahlsieg über Giscard.

21   Ibid. S. 248.

Kapitel 6

Das Geld und die Präsidenten

Charles de Gaulle, Georges Pompidou, François Mitterrand, aber auch Jacques Chirac und François Hollande entstammten, wie erwähnt, dem konservativen Bürgertum der Provinz. Die drei ersten, ebenso wie Emmanuel Macron, dessen Elternhaus eher linksliberal war, eher dem Mittelbürgertum, die letzten beiden jedoch zu Geld gekommenen großbürgerlichen Vätern. Für alle gibt es zum Thema Geld eine eiserne Regel: Man spricht nicht davon, zeigt es nicht und gibt so wenig wie möglich davon aus. Das war bei Giscard anders, der neben Diamanten und Großwildtrophäen auch Schlösser sammelte[1], und sicherlich auch bei Sarkozy, dem Präsidenten des Bling-Bling, der vaterlos aufgewachsen, seine reichen Freunde in Neuilly stets durch einen ähnlichen Lebensstil beeindrucken suchte. Beiden ist zudem gemein, dass sie ihre Wiederwahl verloren und ihre Adelsprädikate eher dubiosen Charakter haben.

Sowohl die Väter von Giscard (aus Kolonialbesitz und in führenden Managementfunktionen), von Chirac (als Privatbänker und Finanzberater von Marcel Dassault) und von Hollande (als erfolgreicher Klinikbetreiber und Immobilienentwickler) hatten es zu einigem Wohlstand mit einem entsprechenden zu erwartenden Erbe gebracht. Strategisch geheiratet haben de Gaulle, Chirac und Giscard, sowie in dritter Ehe Sarkozy. De Gaulle heiratete als 30-jähriger Hauptmann die fromme Yvonne Vendroux, deren Familie eine Werft der Marine kontrollierte und später auch Essensrationen für die Armee herstellte. Anne-Aymone de Brantes hatte für Giscard nicht nur den Vorteil tatsächlich blaublütig, sondern auch eine Miterbin der Dynastie Schneider, der damals größten Stahlindustrie Frankreichs mit Sitz in Creusot, zu sein. Bernadette Chodron de Courcel brachte zwei mittelständische Unternehmen für Chirac mit in die Familie: Eine Steingut- und eine Emaillefabrik. Carla Bruni schließlich brachte als Mitgift aus ihrem väterlichen Erbe – die Familie hatte den italienischen Reifenhersteller CEAT kontrolliert – Immobilienbesitz von etwa 12 Millionen Euro, plus Kunstsammlungen und Antiquitäten, die bei Sotheby's für die Erben 19 Millionen Euro erlösten, in den Hafen von Sarkozys dritter Ehe[2]. Macron schließlich heiratete mit Brigitte Auzière in die picardische Süßwarendynastie der Trogneux ein, deren Erbe er ein Ferienhaus in Touquet-Paris-Plage verdankt.

---

1   Von seinem Vater hatte VGE das Château de Varvasse geerbt, auf dem er seine Jugend verbrachte. 2005 kaufte er sich noch das Schloss d'Estaing dazu, dessen ausgestorbenen Adelstitel sich Vater und Onkel in den 20er-Jahren erworben hatten. Seine Frau Anne-Aymone besitzt übrigens auch ein eigenes Schloss, L'Etoile, ebenso wie seine Schwestern die Châteaux du Saillant und Prinsuejols, und sein Bruder Olivier das Château de Chaillot. Dazu gehören seinen Vettern, Cousinen, Schwägern und Schwägerinnen jede Menge ansehnlicher Manoirs und Domänen. Gleichzeitig war Giscard pathologisch geizig, ging als Präsident stets ohne Geldbeutel aus, ließ seine Mitarbeiter die Rechnungen begleichen und vergaß regelmäßig die Erstattung.

2   Jean-Marc Philibert. L'argent de nos présidents. Max Milo. 2008. S. 41.

Während de Gaulle, Giscard, Chirac und Hollande zeitlebens nur in öffentlichen Funktionen tätig waren, und Mitterrand und Sarkozy gelegentlich als Anwälte wirkten, hatte Georges Pompidou 1955–62 bei der Bank Rothschild und als Aufsichtsrat bei ihren verschiedenen Industriebeteiligungen gutes Geld selbst verdient, von dem er viel in seine Sammlung zeitgenössischer Kunst[3] und in Urlaube mit Claude in Saint-Tropez steckte. Ein halbes Jahrhundert später wirkte auch Macron von 2008 bis 2012 bei Rothschild, wo er in jenen vier Jahren als Investmentbanker ein Salär von 2,8 Millionen Euro einstrich, von denen seinen Vermögensauskünften zufolge jedoch nichts übrigblieb. Soviel zu seinen Talenten in der persönlichen Geldanlage als Noch-Nichtpolitiker.

Interessant sind die detaillierten Vermögensaufstellungen, die seit der zweiten Amtszeit Mitterrands zu Beginn und Ende jeder Präsidentschaft veröffentlicht werden müssen. So besaß Mitterrand mit seiner Frau eine Pariser Stadtwohnung in der Rue de Bièvre, die er 1971 für 380.000 Francs (58.000 Euro) gekauft hatte und deren Wert 1995 auf 710.000 Euro geschätzt wurde, einen Zweitwohnsitz in Latche mit 22 Hektar Grundbesitz, den er 1965 für sage und schreibe 4500 Francs (680 Euro) in allerdings stark renovierungsbedürftigem Zustand erworben hatte, dessen Wert 1995 auf 170.000 Euro geschätzt wurde. Dann besaß das Paar noch Mobiliar und seine antiquarische Büchersammlung mit einem Versicherungswert von 380.000 Euro, und Bankguthaben in Höhe von 38.000 Euro[4].

Die Chiracs, die in Zugewinngemeinschaft lebten, hatten 1969 für den Gefälligkeitspreis von 30.000 Euro das Schloss Bity in der Corrèze mit 10 Hektar Grund erstanden[5] (und sanierten das darauf zum Kulturdenkmal erklärte Schloss mit öffentlichen Mitteln). 2007 wurde sein Wert auf 500.000 Euro geschätzt. Dazu kam das geerbte Häuschen seiner Mutter in der Provinz, das auf 60.000 Euro taxiert wurde. In Paris hatten die Chiracs ihre Stadtwohnung in der Rue de Seine 1995 für 330.000 Euro erstanden. Sie wurde 2002 auf 470.000 Euro geschätzt und zwei Jahre später ihrer Tochter Claude geschenkt. Das versicherte Mobiliar wuchs im Wert von 110.000 Euro (1995) auf 200.000 Euro (2007). Bernadettes Aktien- und Anleihendepot stieg von 500.000 Euro (1995) auf 640.000 Euro (2002), und fiel dann wieder auf 570.000 Euro (2007). Im Vergleich zum allgemeinen Aktienindex und der Entwicklung der Immobilienpreise keine sonderlich beeindruckende Leistung. Auf dem Sparbuch hatte er 2007 einen Kontenstand von 26.000 Euro und sie einen von 48.000 Euro. Wurden 2002 noch zwei alte Peugeots (Baujahr 1970 und 1984) als stolzer Besitz gelistet, so war 2007 nur noch der von 1984 übrig[6].

Alles in allem der Besitz und Lebensstandard der oberen Mittelschicht, keinesfalls der Superreichen, auch wenn der Repräsentationsaufwand auf Kosten der öffentlichen Hand während der Jahre im Élysée (und bei Chirac zusätzlich während seiner 18 Jahre in der Pariser Bürgermeisterei) ein gewaltiger und die eigenen Ausgaben für die Lebenshaltung dort minimal

---

3   Ein Teilverkauf erlöste 2008 nach dem Tod von Claude Pompidou 775.000 Euro.
4   Ibid. S. 287 ff.
5   Pompidou meinte damals zu seinem jungen Staatssekretär: „Wenn man in der Politik ist, besitzt man keine Schlösser, außer man hat sie seit Louis XIV." Angeblich war alles Bernadettes Idee.
6   Ibid. S. 293 ff.

waren. Reich wurde im Élysée – ähnlich wie der Papst im Vatikan – jedoch niemand. Was an zahlreichem Schwarzgeld aus Schmiergeldzahlungen, Rückflüssen bei Rüstungsexporten und den schwarzen Kassen des Élysée selbst in Umlauf war, scheint im Wesentlichen in die Wahlkampfführung, den Kauf politischer Unterstützer und die Parteienfinanzierung geflossen zu sein, nicht aber – soweit einsehbar – zur persönlichen Bereicherung der Machthaber.

Und wenn, dann ist wenig geblieben. So verkauften die Chodron de Courcel 1993 ein Stück Land an der Seine an eine von ihnen selbst gegründete Briefkastenfirma für 63,5 Millionen Francs, die es gleichtägig für 83 Millionen Francs an den staatlichen Hafen von Paris weiterverkaufte. Gewinnanteil für Bernadette Chirac: umgerechnet 285.000 Euro. Der Bürgermeister war damals ihr Gatte. Nicolas Sarkozy, Bürgermeister von Neuilly, kaufte dort 1997 mit Cécilia sehr günstig für 824.000 Euro von einer befreundeten und städtisch begünstigten Immobiliengruppe ein Duplex auf der Île de la Jatte in der Seine, und verkaufte es 2006 noch günstiger für 1.933.000 Euro [7]. Doch wie gewonnen, so zerronnen.

Auch Mitterrand fand nichts dabei, seinen zweiten Haushalt mit seiner Geliebten Anne Pingeot und der gemeinsamen Tochter Mazarine in einer Dienstwohnung von der Gendarmerie bewacht, auch noch von befreundeten Vertrauten alimentieren und organisieren zu lassen, obwohl Anne, die aus einer wohlhabenden Industriellenfamilie in der Provinz stammte, einen gut bezahlten Job als leitende Kuratorin für Skulpturen im Louvre hatte[8].

Von Mitterrands materiellem Erbe ist nichts geblieben. Seine Witwe Danielle verkaufte nach seinem Tod die Büchersammlung und die Immobilien, um die Geldstrafen für ihren missratenen Sohn Jean-Christophe wegen dessen dubioser afrikanischer Geschäfte, des Waffenschmuggels und seiner Steuerhinterziehungen zu zahlen und um ihm eine längere Gefängnishaft zu ersparen. Sie pumpte dabei auch noch Freunde und Verwandte (darunter auch den Schauspieler Roger Hanin – „Kommissar Navarro") an, die nach ihrem Tod von ihrem Geld nichts wiedersahen.

Interessant übrigens auch die Erklärung von Nicolas Sarkozy von 2007. Immobilien, Aktien, Anleihen, wertvolle Möbel, Juwelen: Fehlanzeige. Lediglich einige Lebensversicherungen mit einem Auszahlungswert von 2 Millionen Euro. Kontostände: Er: 20.000 Euro, Cécilia: 11.000 Euro, die drei Söhne zusammen: 52.000 Euro. Schulden für die Renovierung seiner Wohnung: 50.000 Euro. Ein alter Austin Mini, Wert 15.000 Euro in der Garage[9]. Nach drei Jahrzehnten in der Politik war der Bürgermeister von Neuilly, Nationalratsabgeordnete, Präsident des Regionalrates Hauts-de-Seine und ehemalige Innenminister immer noch so arm wie eine Kirchenmaus. Sein Monatsgehalt hatte in Summe 21.800 Euro betragen: davon 11.000 Euro als Innenminister, 6500 Euro als Abgeordneter von Hauts-de-Seine und 3800 Euro als Bürgermeister von Neuilly. 15.000 Euro kostete ihn nach eigenen Angaben bei der Alimentationsverhandlung

7   Ibid. S. 57 ff.
8   Ibid. S. 93.
9   Ibid. S. 307 ff.

um die Söhne seiner ersten Ehe sein monatlicher Lebensaufwand und Cécilias Shopping[10] (die ansonsten keiner geregelten Tätigkeit nachging). Kein Wunder, mussten ihn Cécilias (und sein eigener) Lebensstil damit zu immer ehrgeizigeren politischen Großtaten mit neuen Einkünften und zur Vorteilsannahme der Gunstbeweise seiner reichen neuen Freunde treiben. Fünf Jahre später ist die Situation nicht viel besser. Der Auszahlungswert seiner Lebensversicherungen ist auf 2,6 Millionen Euro gestiegen. Er gibt jetzt Sammlungen (Autographen, Luxusuhren[11], Statuen und Briefmarken[12]) im Wert von 100.000 Euro und einen Kontostand von 60.000 Euro an. Von Immobilien, Aktien, Mobiliar, Autos keine Rede. Dagegen hat er 2011 seinen Anteil von 34 % an der Anwaltsgesellschaft Arnauld Claude et Associés verkauft, die ihn früher einmal kurzzeitig beschäftigt hatte. Dafür steht jetzt eine Bürgschaft von 544.000 Euro für einen Bankenkredit jener Kanzlei als Obligo seiner Bilanz. Dazu kommen monatliche Alimenteverpflichtungen von je 3000 Euro für seine erste Frau Marie-Dominique Culioli und für Sohn Louis[13], für den Cécilia Attias das Sorgerecht hat. Mit Carla besteht aus gutem Grund jetzt Gütertrennung.

François Hollandes Vermögen besteht im Wesentlichen aus einem Einfamilienhaus in Mougins (oberhalb Cannes gelegen) und zwei Eigentumswohnungen in Cannes, an denen er zwischen 1986 und 2000 Anteile von 30 bis 70 % für insgesamt 304.000 Euro gekauft hatte. Im Jahr 2012 waren sie insgesamt 1.170.000 Euro wert, sein 60 %-Anteil am Haus in Mougins allein 800.000 Euro. Ansonsten besitzt Hollande so gut wie nichts: Die Lebensversicherung war 3500 Euro wert, die Möbel (mutmaßlich von IKEA) 15.000 Euro, und das Girokonto stand bei 8000 Euro (das meiste bei der Postbank). Kein Auto, keine Aktien, keine Vermögensanteile. Dafür eine Menge Schulden: Bei den Banken 85.000 Euro, bei Vater Georges 30.000 Euro und bei Bruder Philippe, einem pensionierten Jazzmusiker, 140.000 Euro[14]. In anderen Worten: während Sarkozy von der Hand in den Mund (gut) lebte, hatte Hollande ein echtes Liquiditätsproblem, zumal er ja auch seine vier Söhne mit Ségolène Royal versorgen musste.

Emmanuel Macrons Finanzgebaren ist noch bizarrer. Als Investmentbanker hatte er bei Rothschild 2,9 Millionen Euro verdient, von denen der Fiskus 1,4 Millionen kassierte. Von dem Rest habe er den Kredit von 500.000 Euro getilgt, den ihm Henry Hermand, der sozialdemokratische König der Hypermarchés (und Sponsor Michel Rocards) nach seiner Heirat 2007 für den Kauf einer Stadtwohnung in Paris gewährt habe, 100.000 Euro habe er in deren Renovierung gesteckt und 300.000 Euro in die Renovierung von Brigittes Ferienhaus. Blieben also noch 700.000 Euro. Als stellvertretender Generalsekretär im Élysée verdiente er 370.000 Euro. Als Wirtschaftsminister bezog er eine Dienstwohnung am Quai de Bercy. Seine Repräsen-

10   Ibid. S. 42.
11   Wie bei Putin lassen sich die Geschmacksverirrungen neureicher Potentaten an ihrem linken Handgelenk ablesen. So wurden bei Sarkozy sieben Luxusuhren im Wert von 1200 bis 45.500 Euro gesichtet. Trotzdem blieb er weiter chronisch unpünktlich. Seine beiden ältesten Söhne bekamen Modelle zu je 16.200 Euro. Übrigens gibt es im Élysée 460 Wand- und Standuhren.
12   Briefmarken sind bekanntlich die Gemäldegalerie des kleinen Mannes!
13   Déclaration de situation patrimoniale de Monsieur Nicolas Sarkozy, Président de la République. JORF no. 0072 du 24. Mars 2012. S. 5363.
14   Déclaration de situation patrimoniale de M. François Hollande, Président de la République, JORF no. 0110 du 11. Mai 2012. S. 9000.

tationsausgaben als Minister beliefen sich während 2016 bis zu seinem Rücktritt im August auf 120.000 Euro. Er konnte mit seinen Freunden und Gönnern also recht gut auf öffentliche Rechnung essen und trinken. Auch bei Rothschild hatte er nicht auf eigenen Kosten eingeladen und diniert. Natürlich hatte er in allen jenen Funktionen einen Dienstwagen mit Chauffeur. Bei seiner Vermögensaufstellung im März 2017 rangierte er mit Guthaben von 610.000 Euro und Schulden von 300.000 Euro unter den ärmsten Kandidaten[15]. Von einem Immobilienbesitz ist nicht mehr die Rede. Die Pariser Wohnung, die nach der Renovierung einen Wert von mindestens 1 Million Euro gehabt haben muss, muss also verkauft worden sein. Seit seinem Ausscheiden bei Rothschild im Mai 2012 hat der Kinderlose[16] neben seinem nicht gerade knappen laufenden Gehalt als Generalsekretär und Minister, trotz weitgehend freier Kost, Logis und Transporten in fünf Jahren sage und schreibe 1,4 Millionen Euro verprasst. Pro Tag wären dies 770 Euro, von denen ein Mindestlohnempfänger einen Monat lang auskommen muss, plus natürlich das laufende Gehalt, das auch nicht auf dem Sparbuch landete.

Die Immobilienwerte von Mitterrand, Chirac und Hollande sind sicher ohne viel eigene Anstrengung in der allgemeinen Preisentwicklung und Inflation nach oben geklettert. Spitzenpolitiker haben nicht viel Zeit, um sich um ihre Privatfinanzen zu kümmern. Vielleicht sollten sie dies auch nicht zu intensiv tun. Aber es bestürzt dennoch, wieviel ökonomischer Analphabetismus in jenen wenigen Kennziffern der persönlichen Investitionsentscheidungen – außer Giscard hat kein Einziger je Aktien oder Anleihen besessen und mit ihnen gehandelt, oder ein Unternehmen erfolgreich geführt! – bei der Führung der fünftgrößten Volkswirtschaft der Welt zum Ausdruck kommt. Jeder erfolgreiche Handwerksmeister oder Gastwirt hat im Schnitt einen gesünderen Wirtschaftsverstand.

Es stellt sich natürlich die Frage nach der Wahrhaftigkeit dieser präsidialen Selbsterklärungen, die im Gegensatz zu denen aller anderer Politiker (Parlamentarier, Minister, Bürgermeister ab Mittelstadtgröße) seit 1988 auch veröffentlicht werden müssen. Formal werden sie nicht überprüft. Doch sind sie deshalb kursorisch dahingeschriebene Unterschätzungen, wie jene der meisten EU-Kommissare zum Beispiel? Ich habe nicht den Eindruck, zumal Unwahrheiten und Auslassungen im Prinzip strafbar sind. Sie werden nicht nur vom Canard Enchaîné penibel nachrecherchiert. Zu allen Anwesen gibt es im Internet jede Menge akribische Informationen berufener und unberufener Journalisten. Ein Schloss kann nicht einfach als bessere Gartenhütte deklariert werden[17]. Und könnte nicht ein Präsident sein Geld einfach ins Ausland verbunkern? Er oder seine Gattin können nicht einfach mit dem Geldkoffer an einen Bankschalter in Genf oder Luxemburg gehen und erzählen: „Bon jour, ich bin Jacques Dupont und möchte gern ein Konto eröffnen". Selbst der diskrete Besuch eines Bankdirektors im Hotelzimmer hat stets früher oder später ungezählte Mitwisser. So hielt sich im Jahr 2006 hartnäckig das

15   Marc de Boni. „Les candidats dévoilent leur patrimoine". Le Figaro 23.3.2017.
16   „Seinen" sieben Enkeln schenkt er stets nur Bücher. Sie sind also kein wirklicher Kostenfaktor.
17   Als zum Beispiel Chirac, damals in wesentlich weniger strengen Zeiten als Staatssekretär erklärte, sein frischerworbenes halbverfallenes Schloss Bity habe nur acht Fenster, ironisierte die Presse sofort: „Ja, auf jeder Etage." Auch seine Behauptung, es sei nur von einem Hektar Ödland und Wüstenei umgeben, wurde sofort widerlegt.

Gerücht, der Sumo-Fan Chirac habe bei einem seiner zahlreichen Japanbesuche als Pariser Bürgermeister 300 Millionen Francs (45 Mio. Euro) an Bestechungsgeldern bei der obskuren Tokyo Sowa Bank gebunkert, die einem dubiosen Geschäftsmann namens Shōichi Osada gehörte, den er 1994 zum Ritter der Ehrenlegion geschlagen hatte. Trotz intensiver Suche der Geheimdienste unter dem Sozialisten Jospin als Premier und der Amtshilfe der japanischen Staatsanwaltschaft gab es jedoch keinerlei handfeste Beweise. Die Bank ging 1999 Pleite und Osada wurde 2003 wegen illegaler Transaktionen zu drei Jahren Haft verurteilt (was in Japan selten genug vorkommt). Nun wäre das Geld mit dem Konkurs ohnehin verloren und Chirac kann sich ab dem Jahre 2017 auch an nichts mehr erinnern. Die Moral von der Geschichte: Das Verbunkern im Ausland wäre ja noch machbar, aber, was noch wichtiger und noch schwieriger ist: Man muss über das Geld, seine Anlage und Repatriierung auch verfügen können und alle Beteiligten jahrzehntelang das Schweigen bewahren. Auch die ungetreuen Buchhalter diverser Schweizer Banken und der Panama-Papers sowie die mitwissende Gattin im Rosenkrieg der Scheidung. Das wurde auch dem sozialistischen Budgetminister Jérôme Cahuzac (wie Sarkozy ein Sammler von Luxusuhren) 2013 zum Verhängnis, der 2,5 Millionen Euro der Erträge seiner Praxis für Schönheitsoperationen steuerschonend in der Schweiz und auf der Isle of Man angelegt hatte und damit aufflog, nachdem er der Steuerhinterziehung den gnadenlosen Kampf angesagt hatte.

Das offizielle Budget des Élysée

Als de Gaulle 1958 antrat, betrug der offizielle Jahreshaushalt für das Élysée 1,8 Millionen Francs, nach damaliger Kaufkraft 2,6 Millionen Euro. Bei seinem Abtritt 1969 waren es inflationsbereinigt umgerechnet nur noch 2,5 Millionen Euro[18]. Der Betrag stieg moderat bei Pompidou auf 2,8 Millionen Euro (1974) an, etwas flotter bei Giscard: 3,3 Millionen Euro (1981), verflacht bei Mitterrand im Zuwachs auf 3,6 Millionen Euro (1995). Am Ende der Präsidentschaft von Chirac waren es nach einigen buchhalterischen Reformen in Richtung Realität 32 Millionen Euro (2007). Bevor wir uns aber an jener Sparsamkeit begeistern, die für die Ausgaben der deutschen Bundespräsidenten, die für ihre gewichtige Amtsführung zwischen 2008 und 2018 jährlich 24 bis 33 Millionen Euro fürs weltweite Redenhalten, Händedrücken und Kranzabwerfen ausgeben dürfen, vorbildlich sein könnte, sei eingestanden, dass die von der Nationalversammlung für das Élysée formell bewilligten Zahlen reiner Schwindel waren und weiter fauler Zauber sind.

Zunächst einmal stehen fast alle Mitarbeiter, auch jene des Kabinetts, auf der Gehaltsliste ihres Ursprungsministeriums. Die Wache und die hohen Militärs auf jener des Verteidigungsministeriums, die Gendarmen auf der des Innenministeriums, die Diplomaten auf der des Außenministeriums und die meisten ENArquen als ehemalige Inspecteurs de Finance auf jener des Finanzministeriums. Die Gärtner und Handwerker werden vom Kultusministerium bezahlt, handelt es sich bei jenem nicht sonderlich schönen Palast doch um ein Kulturdenkmal. Wei-

18   Philibert. Op. cit. S. 101.

ter spenden natürlich Staatsbetriebe wie Air France, die Post und France Télécom sowie die Stadt Paris gerne auf eigene Kosten Personal. Dazu werden alle Ministerien je nach Sachlage um weitere Beiträge im Namen des Präsidenten angebaggert, dessen Wunsch sie sich natürlich nicht entziehen dürfen. So wird der ganze Flugbetrieb (zwei Airbusse, sechs Falcons) aus dem Haushalt des Verteidigungs- und Innenministeriums bestritten, auch dann wenn Mitterrand, was er gerne tat, sich zum Mittagessen mit einem verehrten Literaten einmal 500 km entfernt zum angeregten Plausch in einem edlen Landrestaurant treffen wollte und für den Hin- und Rückflug seinen Militärhubschrauber benutzte. Chirac, den es gerne in die weitere Ferne zog, kostete mit seinen 1080 Flugstunden im Jahr 2004 allein das Verteidigungsministerium 6 Millionen Euro.[19] Die Ausgaben waren also in Wahrheit außerhalb jeglicher Kontrolle, entzogen sowohl der parlamentarischen ex-ante-Bewilligung wie der ex-post-Kontrolle durch den in Frankreich sonst sehr mächtigen Rechnungshof, jenseits auch richterlicher Untersuchungen und Sanktionen.

René Dosière[20] schätzte, dass Chirac mit einem offiziellen Budget von den erwähnten 32 Millionen Euro in Jahr stattdessen 90 Millionen Euro ausgab, und während seiner gesamten Amtszeit von 1995 bis 2007 in Summe die Kleinigkeit von 800 Millionen Euro. Sarkozy, der alles besser machen wollte, ließ sich für 2008 im Namen der Transparenz dann einen Haushalt von 100,8 Millionen Euro bewilligen, darunter einen Posten von 15,3 Millionen Euro für seine Reisespesen. Als der Canard Enchaîné alle Posten summierte, vor allem jene der Personalkosten für 800 Mitarbeiter in Höhe von 50,2 Millionen Euro, fehlten 3 Millionen Euro bis zur budgetierten Gesamtsumme[21]. Eine französische Verwaltung macht keine Rechenfehler. Später wurden vom Parlament weitere nicht spezifizierte 2,5 Millionen Euro für das Élysée bewilligt. Sarkozy hatte also in Summe 5,5 Millionen Euro Spielgeld, mit denen er tun und lassen konnte, was er wollte. Viel ging an Gehältern für zusätzlich angestellte Mitarbeiter drauf, und für Umbauten, die er sich selbst bewilligte. Aber es gab auch Einsparungen. So gingen die Ausgaben für Wein bei der Weihnachtsfeier um 44 % zurück[22], zumal Sarkozy, wenn er nicht gerade in Begleitung von Putin war, eigentlich nie trank.

Die Kassen und Geheimkassen des Élysée

Die Repräsentationsausgaben des Präsidenten unterliegen der Vertraulichkeit. Die Regeln kann der Präsident selbst setzen, ähnlich wie dies mancher Botschafter im Kleinen zu tun versucht. Zu Zeiten von Sarkozy war es eine Art Volkssport, die Preise seiner italienischen Maßanzüge und seiner englischen Lederschuhe mit besonders hoher Sohle zu schätzen. 500.000 Euro kostet der jährliche Empfang für die 5000 geladenen Gäste am 14. Juli. Für einhundert Euro pro Kopf können jene oberen Fünftausend die Revolution mit sehr viel gutem Champagner feiern.

---

19 Ibid. S. 126.
20 René Dosière. L'Argent caché de l'Élysée. Seuil. 2007.
21 Les Dossiers du Canard. April 2008.
22 Philibert. Op. cit. S. 110.

Im Jahr 2002, zu Chiracs Zeiten also, wurde, als allzuviel üble Gerüchte über sein Finanzgebaren ruchbar wurden, die Zahl von 1,6 Milliarden Euro für seine Repräsentationsausgaben
veröffentlicht[23]. 2008 unter Sarkozy eine Ziffer von 3,5 Milliarden Euro, die aber auch die Ausgaben für die Logistik und die gesamte Haushaltsführung des Élysée beinhaltete. Den Rechnungshof gehen diese Beträge nichts an. Man will nicht, dass irgendwelche Prüfer in den Tele-
fonrechnungen herumschnüffeln.

Schließlich hat der Präsident auch ein Gehalt. Normalerweise sind alle Gehälter im öffentlichen
Dienst gesetzlich genau fixiert. So verdiente Sarkozy, wie erwähnt, als Bürgermeister von Neuilly 3800 Euro, als Abgeordneter der Region Hauts-de-Seine 6500 Euro, und als Innenminister
11.000 Euro, wobei er diese Funktionen (und Gehälter) wie alle Politiker trefflich zu kumulieren
verstand. Für den Präsidenten dagegen gilt das angenehme System, dass er sein Gehalt, das innerhalb des Rahmens der theoretisch für seine Haushaltsführung vorgesehen ist, selbst bestimmen
darf. So genehmigte sich der sparsame General de Gaulle 1962 75.000 Francs aus der Gesamtdo-
tation von 450.000 Francs, nach heutiger Kaufkraft ein Jahresgehalt von 108.000 Euro. Es wurde
nie erhöht, und entsprach bei seinem Abtritt 1969 inflationsbedingt nur noch 76.000 Euro, also
6300 Euro im Monat, ein besseres Direktorengehalt in einem heutigen Ministerium. Er bezahlte
davon seine Mahlzeiten und die Briefmarken seiner Privatbriefe, die er selbst draufklebte, ebenso
wie er selbst das Licht immer ausknipste. Pompidou hielt ebenfalls von Gelddingen einen deutlichen Sicherheitsabstand, und beließ es bis zu seinem Tod 1974 bei dem von seinem Vorgänger
entschiedenen Betrag. Wie zu erwarten war, genehmigte sich Giscard 1977 eine Gehaltserhö-
hung auf umgerechnet 148.000 Euro im Jahr. Der Sozialist Mitterrand beförderte sich 1988 auf
193.000 Euro, die Chirac für sich 2006 wieder auf 101.000 Euro herunterstutzte[24]. Sarkozy erhöhte es 2007 wieder auf 232.000 Euro, auf das gleiche Niveau wie das seines Premierministers.
Wie bereits dargelegt, handelt es sich eigentlich nur um das offizielle Taschengeld. Von Giscard
war bekannt, dass er zum Unterhalt seiner Schlösser und Freundinnen mehr als das Vierfache seines offiziellen Gehaltes aus seiner Gesamtdotierung abzwackte[25]. Bei sozialistischen Präsidenten
ist zu berücksichtigen, dass sie wie alle Mandatare 10 % ihres Einkommens als Parteisteuer an die
PS Zentrale in der Rue Solferino abführen mussten. Man ist schließlich nicht umsonst Sozialist.

Zum Vergleich: der US-Präsident verdient stolze 400.000 US-Dollar im Jahr und der deutsche
Bundeskanzler 190.000 Euro brutto (2018), während der Bundespräsident für das stresshafte
Durchtrennen von Eröffnungsbändern und salbungsvolle Gedächtnisreden mit 199.000 Euro
noch fürstlicher besoldet wird.

Schließlich gibt es noch die ominösen Geheimkassen. Unter Lionel Jospin als Premier wurde
bekannt, dass es sich im Jahr 2001 dabei um insgesamt 75 Millionen Euro handelte. Das meiste wurde in Bargeldumschlägen für diskrete Geheimdienstaufgaben verwendet, sehr viel aber
auch im Matignon für steuerfreie Prämien von etwa 2000 Euro im Monat an die Kabinettsmitarbeiter in den Ministerien und im Élysée – ein bisschen Selbstbedienung musste sein. Ab

23   Ibid. S. 111.
24   Ibid. S. 114.
25   Ibid. S. 122.

2001 gibt es nur noch geheimes Bargeld für Geheimdienstoperationen, die das Licht des Tages scheuen. Unter de Gaulle war der bereits erwähnte Jacques Foccart für die schwarze Kasse und die Verteilung seiner Umschläge in Frankreich, Afrika und dem Rest der Welt zuständig. Mitterrand ließ damit den Lebensunterhalt seines Konkubinats mit Anne Pingeot und ihrer Tochter Mazarine finanzieren, sowie auch normale Repräsentationskosten, die er lieber bar geregelt haben wollte[26]. Die Kuratorin Pingeot und ihre Tochter hatten eine offizielle Residenz auf Staatskosten im Palais de l'Alma am Quai Branly und für das Wochenende Wohnrecht im Château Souzy-la-Briche mit 15 Hektar Grund. Dort konnte Mazarine auch auf einem Vollblut-Araber reiten, ein Geschenk der Vereinigten Emirate. Sie wurden rund um die Uhr von sechs Gendarmen als Leibwächter beschützt.

Viele Gelder gingen auch in die Ankäufe moderner Kunst durch Pompidou und die Käufe von wertvollen antiquarischen Raritäten durch Mitterrand, die er sich aber auch oft, nachdem er seinen Neigungen deutlich gemacht hatte, von reichen Freunden schenken ließ. Chirac schließlich sammelte leidenschaftlich exotische Kunstwerke überseeischer Kulturen, von afrikanischen Masken, Samurairüstungen bis zu indianischen Marterpfählen, Schrumpfköpfen und chinesischen Vasen. Jene Sammlung, die in ihrer eklektischen Mischung an die eines alten Kapitäns erinnert, ist heute im Museum Branly zu bewundern. Kostenpunkt jenes Sammelsuriums für den Staat: 235 Millionen Euro. Immerhin für Kinder sicher sehr erbaulich. Für Giscard hingegen gab es hauptsächlich die afrikanische Großwildjagd auf Staatskosten, wo er in Zentralafrika in einem seinem Vetter François gehörenden Revier von 700.000 Hektar, der Größe einer französischen Präfektur, auf alles, was da kreuchte und fleuchte, nach Herzenslust ballern konnte, so wie dies schwerbewaffnete alkoholisierte französische Jäger in jedem Herbst gerne tun, wenn selbst Hauskatzen und Kanarienvögel ihres Lebens nicht mehr sicher sind. Giscards Trophäensammlung ist dagegen etwas großformatiger: Geparden, Löwen, Waldelefanten, Büffel, Nashörner, Gazellen, Antilopen. Ganz offensichtlich lebte der Mann im falschen Jahrhundert!

Andere Privilegien

So hat der Präsident das Recht auf eine Residenz auch im Schloss Rambouillet. Weil Cécilia jedoch der Pavillon de la Lanterne, der dem Premierminister in Versailles zusteht, besser gefiel, requirierte ihn Sarkozy kurzentschlossen für sich[27], und gab die Sommerresidenz in Rambouillet auf. Giscard dagegen hatte das königliche Schloss ausnehmend besser gefallen. Er ließ dort königliche Zeremonien und Treibjagden mit edel bekleideten Treibern wieder einführen und den G7-Gipfel von 1975 abhalten.

---

26 Philibert. Op. cit. S. 130.
27 La Lanterne, ein ehemaliges Jagdschloss, das im Park von Versailles vor neugierigen Augen gut abgeschirmt und bewacht ist, umfasst auch ein Schwimmbad und einen großen Tennisplatz. Für Gäste gibt es dort vom abgeordneten Élysée-Personal freie Kost und Logis, auch für Präsidentenkinder und ihre Freunde. Kostenpunkt: Ein Staatsgeheimnis. Emilie Lanez. La garçonnière de la République. Grasset. 2017.

Als Gerhard Schröder einmal Bernadette Chirac erzählte, er habe für den Spanienurlaub seiner Familie für den Flug mit der Militärmaschine aus eigener Tasche 8000 D-Mark zahlen müssen, war die gute Frau restlos entsetzt. Denn bei Fernflügen ihres Gatten ließ sie sich aus Termingründen oft separat auf Staatskosten in einer Präsidentenmaschine hinterherfliegen. Auch für ihre wohltätigen Werke ließ sie sich auf Kosten des Élysée herumfliegen und die Rechnungen für Aufenthalte in Luxushotels begleichen. Cécilia Sarkozy ging in ihrer kurzen Zeit als Präsidentengattin gar mit einer Kreditkarte des Élysée einkaufen[28]. Als die Geschichte ruchbar wurde, erklärte die Verwaltungschefin des Élysée, sie habe nur Blumen und Geschenke für die Gattinnen ausländischer Staatsbesucher auf unbürokratisch effiziente Art gekauft. Tatsächlich erstattete Cécilia angesichts der peinlichen Enthüllungen nur die Ausgaben für zwei Mittagessen.

Der Präsident kann auch über ein staatliches Ferienschloss, das Fort de Brégançon an der Côte d'Azur verfügen. De Gaulle verbrachte nur eine einzige Nacht dort: das Bett war ihm zu klein und die Mücken zu zahlreich. Unter den Pompidous wurde ein Privatstrand und ein kleiner Jachthafen angelegt und das Schloss modernisiert, mit einem großen Büro mit Meeresblick. Auch Giscard und Chirac kamen gerne nach Bregançon, nicht zuletzt, um sich in der sonnigen Umgebung volkstümlich zu geben. Sarkozy kam nur für hektische Wochenendaufenthalte, die er gleich in Arbeitstreffen umfunktionierte. Das gemeine Volk hat zu jener baumbestandenen Festungsinsel, die mit einem kurzen Fahrweg mit dem Festland verbunden ist, keinen Zutritt. Sie darf auch nicht überflogen werden. Auch Schiffe müssen Abstand halten. Gelegentlich nehmen die Präsidenten im nahen Bormes-les-Mimosas das Bad in der touristischen Menge, lassen sich knipsen und geben Autogramme. So geschehen im Sommer 2014 durch François Hollande, damals noch an der Seite von Valérie Trierweiler.

Vermächtnisse und Geschenke

Bei einer intensiven offiziellen Reisetätigkeit und der Vielzahl an hochrangigen Besuchern, die in Paris im Élysée vorgelassen werden, sammeln sich unvermeidlich Tonnen an zumeist völlig nutzlosen, aber sehr teuer und aufwendig gemachten Geschenken an. Im Prinzip kann ein Präsident damit machen, was er will. Lebendtiere werden meistens sofort in den Zoo gebracht. De Gaulle vermachte alles dem Staate, außer einigen wenigen Sachen, die er wirklich schätzte, wie zum Beispiel eine Bibel aus dem 14. Jahrhundert, die ihm Adenauer verehrt hatte, und die er in der Familie halten wollte. Mitterrand vermachte die in 14 Jahren eingesammelten insgesamt 3500 Schätze zwei Museen, einem in seinem Geburtsort Jarnac in der Charente-Maritime und einem in Château-Chinon in Nièvre, wo er lange Bürgermeister gewesen war. Es handelt sich dabei – vorhersehbar – um eine wilde Mischung: arabische Ziersäbel, russische Samoware, Keramik, Möbel, Glaswaren, Stoßzähne, Wandbehänge, Teppiche, Orden, Masken und Gemälde und Statuetten in allen Kunstrichtungen und Geschmacksverirrungen. Eine Mischung aus einem besseren Flohmarkt und Antiquitätenbasar. Viele Bücher, die der als bibliophil bekannte Präsident im Laufe seines Politikerlebens eingesammelt hatte, vermachte er der Bibliothek

---

28 Philibert. Op. cit. S. 143.

von Nevers in Nièvre. Auch werden dort 12.000 Werke mit den persönlichen Widmungen der Autoren unter Verschluss gehalten. Anscheinend hatten sich viele stolze Publizisten bemüßigt gefühlt, dem Präsidenten ihre unsterblichen Werke persönlich zu übereignen. Auch Chirac ließ mittlerweile in Sarran in der Corrèze in seinem alten Wahlkreis für seine Hinterlassenschaften ein Museum bauen. Leider hat das Geschenkmuseum im Jahr nur 62.000 Besucher. Bei 220.000 Euro an Einnahmen kostet es jedoch 1,7 Millionen Euro an Unterhalt, den der Generalrat der Corrèze aufbringen muss. Auch will Chirac die 10.000 Bücher, die er in zwölf Amtsjahren erhalten hatte (obwohl bekannt war, dass er abends lieber Sportsendungen und Westernfilme mit Corona-Bier ansah) an eine Bibliothek vermachen. Von Giscard ist ähnliches nicht bekannt. Er deutete an, er könne sein nutzloses Schloss d'Estaing damit verzieren (sofern die Wände nicht schon mit Großwildköpfen vollgehängt sind). Eine Diamantenabteilung wird man sicher vergeblich suchen. Das meiste dürfte er jedoch bereits diskret verkauft haben. Von Gattin Anne-Aymone wurde bekannt, dass sie eine beim G7-Gipfel in Venedig von den italienischen Gastgebern verteilte wertvolle Handtasche flugs vor dem Abflug in einen Bargeldgutschein umtauschte. Ein Sarkozy Museum gibt es nicht. Offensichtlich sammelte er Accessoires und Gegenstände ein, die zuerst Cécilia und dann Carla Freude machen würden. Auch dies ein nachvollziehbarer Reflex. Gerade bei Besuchen in den reichen Golfstaaten und in Saudi-Arabien sind die Geschenke wirkliches Geld wert. Das Protokoll des Élysée ist lediglich für den Austausch der Geschenke zuständig, nicht für ihren Verbleib.

Auf die schlaue Idee, eine „no gifts"(keine Geschenke)-Politik einzuführen, wie sie nach den Skandalen und Exzessen der 80er-Jahre in Japan praktiziert wird, scheint in Paris bislang noch niemand gekommen zu sein. Immerhin kosten die Gegengeschenke die Staatskasse ja auch einiges. Ein blinkender Plastik-Eiffelturm tut's nicht.

Die Geschäfte der Familie

Mitterrand machte seinen ältesten Sohn Jean-Christophe, einen ehemaligen Agenturjournalisten, 1983 zu seinem Afrikaberater. Er besuchte auf dem dunklen Kontinent bald alle wichtigen Machthaber, die ihn „Papamadit" (Papa sagte mir) nannten, sowie alle lustigen Nachtklubs. Um den politischen Peinlichkeiten ein Ende zu machen, wurde Jean-Christoph mit einem gut dotierten Job bei der Générale des Eaux aus dem afrikanischen Verkehr gezogen, wurde nach dem Tod des Vaters jedoch bald arbeitslos und kehrte nach Afrika zurück, wo er sich als Waffenschieber nach Angola, das wegen seines Bürgerkriegs von einem Waffenembargo betroffen war, betätigte. Dazu hatte der feinsinnige Präsidentensohn, der dafür 3,8 Millionen Euro an Provisionen eingestrichen hatte, vergessen, seine Einkommenssteuern zu zahlen. Mutter Danielle, die es immer mit den Erniedrigten und Beleidigten dieser Welt hielt, konnte von ihrer bescheidenen Witwenpension von 5400 Euro nicht die Kaution von 760.000 Euro zahlen. Sie mobilisierte Verwandte und die linke Schickeria. Drei Wochen musste der Junior daher nur hinter schwedischen Gardinen absitzen. Als er schließlich doch noch seine Steuerschulden von 600.000 Euro und eine Strafe von 30.000 Euro zahlen soll (widrigenfalls er seine Bewährungstrafe von 13 Monaten absitzen muss), musste Danielle unter lautem Gezeter ob der „Erpressung" durch die Justiz das Präsidentenerbe verscherbeln[29].

Auch für den Giscard-Klan war Afrika prägend, angefangen von den Diamanten, die er vom „Kaiser" Bokassa bei seinen Großwildsafaris in dem bettelarmen und ruinierten Zentralafrika angenommen und eingesteckt hatte und die dem Habgierigen politisch das Genick brechen sollten. Vater Edmond hatte schon bei der Rheinlandbesetzung Frankreichs Geld gemacht (weswegen Valéry 1926 auch in Koblenz auf die Welt kam), hauptsächlich aber mit Geschäften in den französischen Afrikakolonien. In den 30er-Jahren wurde er Präsident der Société financière française et coloniale und blieb dies vierzig Jahre lang, als die Firma längst in „Société financièr pour la France et les pays d'outre mer" umbenannt worden war. Sie finanzierte hauptsächlich Plantagen von Kautschuk, Kaffeesträuchern, Palmöl und Tropenhölzern in Äquatorialafrika, in Kamerun, der Elfenbeinküste und in der Zentralafrikanischen Republik. Giscards gleichaltriger Vetter François leitete in den 60er-Jahren die Zentralbank der Staaten Äquatorialafrikas und Kameruns, wurde dann Direktor der französischen Außenhandelsbank und saß im Aufsichtsrat zahlreicher Firmen, darunter der Versicherung AGF, die in Afrika starke Wirtschaftsinteressen haben. Sein jüngerer Bruder Jacques wurde 1971 Finanzchef des Kommissariats für Atomenergie (CEA) und war als solcher für die Lieferverträge von Uran aus Zentralafrika, dem Niger und dem Iran zuständig. Anscheinend störte es Bokassa sehr, als sich Giscard als Präsident in die Verhandlungen zugunsten seines Bruders einmischte[30], worauf der nunmehr untragbar gewordene Diktator im September 1979 mit der Operation Barracuda vom französischen Militär gestürzt wurde. Der Auslandsgeheimdienst durchsuchte dann den leeren Präsidentenpalast nach kompromittierenden Diamantenquittungen, wurde auch fündig, und prompt fanden Kopien – möglicherweise aber auch Fälschungen – auf verschlungenen Pfaden ihren Weg zum Canard Enchaîné.

Dazu spekulierten Giscard und seine Frau gerne an der Börse. Das war besonders erfolgversprechend, da man ja die wichtigsten Firmenchefs alle persönlich kannte und mit ihnen über bevorstehende Interna, Gewinnentwicklungen und geplante Übernahmen jederzeit zwanglos plaudern konnte, wenn man nicht ex officio bei Aktiengesellschaften mit großen staatlichen Beteiligungen schon informiert war, bevor dies die staunende Öffentlichkeit erfuhr.

Die adoptierten Heimatbezirke

Fast alle Präsidenten hatten ihre tatsächliche und angenommene regionale Heimat in der Provinz, la France profonde, außerhalb des politischen Dampfkessels von Paris. Charles de Gaulle hatte Colombey-les-Deux-Églises als Refugium, ein schmuckloses, nach und nach erweitertes Landhaus in jenem Dorf im konturenlosen burgundischen Hügelland, das sich durch nichts anderes auszeichnet außer auf halber Strecke zwischen Paris und den großen Garnisonen des

29   Ibid. S. 138 f.
30   Ibid. S. 141.

Ostens zu liegen, ein Kriterium, das für den Obristen der Zwischenkriegszeit entscheidend war[31].

Georges Pompidou hatte sein Landhaus in Cajarc in der südwestlichen Präfektur Lot. Giscard besaß in ganz Zentralfrankreich verstreute Schlösser, Chirac seines in der Corrèze, Mitterrand sein Landhaus in Latche in Landes im Südwesten, allesamt in landschaftlich, historisch und klimatisch ansprechenden Gebieten. Nur der wurzellose Sarkozy bewohnte die Pariser Vorstadt Neuilly, ein teures Pflaster, aber nicht gerade ein Ferienort. Dazu hatte Carlas Familie natürlich eine edle Ferienvilla im exklusiven Cap Nègre an der Côte d'Azur. Und der Sozialist Hollande hatte eine schöne Villa oberhalb von Cannes. Macron schließlich kann das große Ferienhaus seiner Frau in Touquet-Paris-Plage nutzen, wo sich die Bourgeoisie der Picardie im Sommer ein Stelldichein gibt.

De Gaulle nutzte seine „Boisserie", um dort während 1946–58 und nach seinem Abtritt 1969 seine Memoiren zu schreiben und lange Waldspaziergänge in seinem großen Park zu machen. Besucher empfing er nur selten. Dass er Adenauer hier 1958 zur Übernachtung einlud, war ein seltenes Privileg.

Es war Claude Pompidou, die das stark renovierungsbedürftige Landhaus in dem Weiler nahe Carjac in der Präfektur Lot, umgeben von einem Naturpark von hunderten Hektaren, von hügeligem Busch- und Brachland, das hauptsächlich als Schafweide genützt wird, aussuchte. Dort gaben die Pompidous gerne Gesellschaften, vor allem mit der befreundeten Industriellenfamilie Quoirez, der Françoise Sagan, die 1935 in Cajarc geboren wurde, entstammte. Am Sonntag ging Pompidou im Rollkragen mit der Zigarette im Mundwinkel gerne in die Dorfgasthöfe des 1000-Seelen-Ortes, um mit den Bauern Rotwein zu trinken und der Volksmeinung den Puls zu fühlen.

Mitterrand tat dies in seinem abgelegenen eingeschossigen Landhaus in Latche nicht. Vor hundert Jahren von Harzschröpfern als Herberge in einer Waldlichtung erbaut, wirkt es umgeben von flachen sandigen Pinien- und Korkeichenwäldern von außen nach wie vor wie ein halbverfallenes Bauernhaus mit einem großzügigen, halbverwilderten Garten. Innen waren die Regale bis zu den Decken mit Taschenbüchern vollgestopft. Mitterrand empfing hier (oder in Edelrestaurants in der näheren und weiteren Umgebung) Literaten, französische und internationale Sozialistenführer wie Mário Soares, Schimon Perez, Helmut Schmidt, aber auch Helmut Kohl und Michail Gorbatschow und besprach mit ihnen die Weltlage in jener rustikalen Atmosphäre, vom Hund begleitet auch bei langen Waldspaziergängen (gut beschützt natürlich von zwei diskret verteilten Hundertschaften der Gendarmerie). Die Wochenenden verbrachte Mitterrand dagegen lieber mit seiner Zweitfamilie im Schloss Souzy-la-Briche, oder fuhr mit ihnen nach Venedig oder zum Neujahrsurlaub nach Assuan.

Bei Giscard wird die Urlaubsgeschichte noch komplizierter. Drei Lieblingsschlösser gibt es wohl, das Château de l'Étoile seiner Frau in Authon im zentralfranzösischen Loir-et-Cher, wo

---

31   Er kaufte es 1934 für eine Leibrente von einer alten Dame, die drei Jahre später starb.

auf 540 Hektar ein guter Wein hergestellt wird, und die Châteaux de la Bâttise und de la Varvasse in Chanonat, beide im Puy-de-Dôme, im Zentralmassiv. Sein vorgebliches großes Stammschloss d'Estaing liegt als Festung mitten im Ortszentrum von Aveyron, hatte immer einen großen Renovierungsbedarf, galt lange als unbewohnbar und lud deshalb zum längeren Verweilen weniger ein. Dazu machte VGE gerne bei den Reichen und Schönen Urlaub, Ski in Courchevel und Segeln in Saint-Jean-Cap-Ferrat, von der Großwildjagd ganz zu schweigen. Und deshalb weder Zeit, noch Lust und Gelegenheit mit dem Landvolk bei einem Rotwein zu fraternisieren.

Chirac hatte wie Giscard den Hang zu luxuriösen Fernreisen, konnte aber ebenso wie Pompidou mit der Zigarette im Mundwinkel in Wirtshäusern den zugänglichen Kumpeltyp spielen. Die Fernreisen tarnte er oft raffiniert, in dem er sich auf Staatskosten in solch exotische Überbleibsel des Kolonialreiches wie Mauritius und La Réunion flog, sich dort offiziell empfangen ließ, um am nächsten Morgen mit den örtlichen Notabeln ein Arbeitsfrühstück abzuhalten. Dann verschwand er für den Rest der Woche in einem 5-Sternehotel am Strand des Indischen Ozeans. Schließlich wurde im Jahr 2000 dann doch publik, dass ein Dreiwochen-Vergnügen des Präsidenten und seiner Entourage auf Mauritius den Steuerzahler die Kleinigkeit von 80.000 Euro gekostet hatte[32]. Reumütig machte er im Folgejahr wieder brav in Besançon Urlaub. Das Schloss Bity überließ er lieber Frau Bernadette, die in der Corrèze im Regionalparlament saß, im örtlichen Sarran Gemeinderätin war und dort ihren Wahlkreis pflegen musste.

Sarkozy brach wieder mit allen Traditionen. Weil weder er noch Cécilia ihren luxuriösen Lebensstil finanzieren konnten, ließ er sich von seinen Milliardärsfreunden nach dem Amtsantritt 2007 einfach einladen. So von Vicente Bolloré („Vivendi") auf seine Jacht La Paloma nach Malta, oder ein wenig später im Sommer 2008 in eine Luxusvilla in Wolfeboro am See Winnipesaukee in der exklusivsten Ecke Neuenglands (wo Cécilia die Bushs brüskieren und ihren Noch-Ehemann schwer blamieren sollte). Sein Unrechtsbewusstsein: Null. Es habe doch den Steuerzahler nichts gekostet. Nach seiner Liaison mit Carla Bruni wurde das edle, streng abgeschirmte Anwesen auf Cap Nègre ihr gemeinsamer Urlaubsort. Weiter im Luxus, aber keine lästigen Nachfragen mehr.

Hollande hat eine sehr attraktive Zweitresidenz „La Sapinière" mit Schwimmbad im Ort Mougins, oberhalb Cannes, in dem auch sein Bruder ab und zu wohnte. Mougins gilt als das Neuilly der Côte d'Azur, mithin als das teuerste Pflaster dort, was einiges heißen will. Kontakte mit dem werktätigen Volk beschränken sich wahrscheinlich auf die mit der Putzfrau und dem Gärtner. Valérie Trierweiler hat in ihrem verbitterten Enthüllungsbuch recht anschaulich beschrieben, wie sehr der verwöhnte Großbürgersohn auf seine proletarischen Zeit- und Parteigenossen herabsah[33].

Auch wenn er (und früher Chirac) noch häufig ihren Wahlkreis in und um Tulle in der Corrèze besuchen mussten, um dort, wie Chirac es ausdrückte, den Kühen den Hintern zu streicheln, merkt man in jenem Zeitraffer die systematische Entfremdung der präsidialen Amtsinhaber,

---

32   Ibid. S. 165.
33   Valérie Trierweiler. Merci pour ce moment. Arènes. 2014.

zum einem von ihren realen oder adoptiven ländlich-provinziellen Wurzeln (die bei de Gaulle, Pompidou, und vielleicht auch schon etwas imaginär bei Mitterrand und Chirac noch sehr stark waren), und zum zweiten die Entfremdung vom eigenen Volk und seiner Erlebniskultur mit dem Hang zum Luxus, zur Abschottung und zum Ferntourismus von Giscard bis Sarkozy über Hollande bis Macron.

Das Leben danach

Ex-Präsidenten müssen Altersarmut nicht befürchten. Ein Gesetz aus dem Jahr 1955 bestimmt, dass sie weiterhin das Gehalt eines Staatsrates, des bestbezahlten Beamten also, als Pension beziehen, und dies kurioserweise ganz unabhängig von der Dauer ihrer Präsidentschaft. Die 12 Jahre im Élysée brachten Chirac nicht mehr als jene 7 Jahre für Giscard oder 5 Jahre für Sarkozy. Jeder bekommt für diese Verdienste eine Pension von 5250 Euro monatlich. Dazu kumulieren sich Pensionsrechte für frühere Zeiten im öffentlichen Dienst und in der Politik, Bürgermeister, Regionalabgeordneter, Abgeordneter im Nationalrat, Senator, Minister, etc. (die oft parallel liefen). Bei einer politischen Laufbahn, die fast vier Jahrzehnte umfasste, kam Chirac dann auf eine schöne Pension von 18.750 Euro. Sie setzte sich aus 5 Jahren im Rechnungshof (3500 Euro), 30 Jahren lokaler Mandate in der Corrèze und als Bürgermeister in Paris (5000 Euro), 19 Jahren Abgeordneter in der Nationalversammlung (5000 Euro), und schließlich 12 Jahren Präsident (5250 Euro) zusammen.[34]

Dazu werden Alt-Präsidenten eingeladen, Mitglied des Verfassungsrates (Conseil constitutionnel) zu werden, in dem verdiente Weise als Altenrat verfassungspolitische Ratschlüsse treffen. Eine Erfindung de Gaulles, die ziemlich anstrengungsfrei zusätzliche 11.000 Euro im Monat bringt. Giscard übt diese wichtige Funktion seit 1981 aus. Als Chirac aus gesundheitlichen Gründen 2011 zurücktrat, war seine Gattin ob dieses Einkommensverlustes sehr ungehalten.

Dazu spendiert die Republik weiter ein Büro von 200 m² am Boulevard Saint-Germain, zwei Mitarbeiter, drei Sekretärinnen, zwei Leibwächter und einen Dienstwagen mit zwei Chauffeuren. Dies verursacht pro Ex-Präsidenten Personal-, Büro-, Material- und Sachkosten von etwa 540.000 Euro im Jahr[35]. Dazu gibt es Freiflüge bei Air France und Gratisfahrscheine bei der SNCF (nützlich nur, wenn sie nicht gerade streiken). Deswegen brauchen sie natürlich nie einen Privatwagen zu kaufen und zu unterhalten. Mit ihrem Immobilienbesitz leben die meisten (außer Sarkozy) mietfrei. Diese Wohltaten gibt es erst seit 1985, als sie Laurent Fabius als Premier (mutmaßlich auf Weisung) für Mitterrand erfand. De Gaulle hatte nichts gewollt. Er hatte sich 1969 grollend nach Colombey zurückgezogen. Pompidou starb 1974 im Amt. Giscard hatte 1981 nicht mit seinem Wahlverlust gerechnet und setzte zunächst seine politische Karriere als Präsident des Regionalrates der Auvergne (1986–2004) für ein Comeback weiter fort. Doch auch der schwer kranke Mitterrand konnte jene Wohltaten in jenen acht Monaten, die ihm 1995 nach seiner Amtszeit noch blieben, sicher nicht genießen.

34   Yvan Stefanovitch. „Ce que coûte Chirac aux contribuables" France Soir 5.4.2016.
35   Philibert. Op. cit. S. 231.

Dazu gibt natürlich noch nette Zuverdienste: Vortragshonorare, gut dotierte Preise aus dem In- und Ausland, Tantiemen, Honorare für die Memoiren, die zu schreiben Pompidou und Mitterrand wegen ihres baldigen Todes nicht vergönnt war. Die Memoiren de Gaulles und selbst Chiracs wurden sofortige Bestseller. Als Robesspiere 1793 das Schafott besteigen muss-te, besaß der bis dahin mächtigste Mann der I. Republik eine Barschaft von dreizehn Francs und zehn Sous[36]. Die Zeiten haben sich offenkundig seither geändert.

Weiter konnte man auch noch eine nette Stiftung für gute Werke gründen: Die Fondation Chi-rac, zum Beispiel, die dem Schutz der Biodiversität, dem Dialog der Kulturen, dem Respekt für die Umwelt und dem Weltfrieden dienen soll. Mit den üblichen Ehrenmitgliedern von Kofi Annan bis zu jeder Menge Ex-Präsidenten und Ex-Premiers ein medial interessantes Model, ein Finanzierungsinstrument und ein selbstkontrolliertes Forum, um weiter öffentliche Anerken-nung und ein präsidiales Auftreten zu ermöglichen, die nach dem Abtritt natürlich bitterlich abgehen.[37] Eine Million Euro trieb Chirac allein im Jahr 2008 an privatem Stiftungskapital ein. Noch erfolgreicher stieg François Hollande 2017 ins Stiftungsgeschäft ein. Seine „La France s'engage" hatte seit 2014 ein Kapital von 38 Millionen Euro eingesammelt, das er seither an sozial und ökologisch nützliche Start-ups ausschütten lässt.

Normalerweise wurden Stiftungen wie die Fondation Charles de Gaulle, die Association Georges Pompidou oder das Institut François Mitterrand erst nach dem Ableben ihrer Na-mensgeber gegründet. Die Ersten Damen schlugen mit ihren wohltätigen und gutmenschli-chen Werken noch viel früher zu: Die Fondation Anne-de-Gaulle (von Yvonne de Gaulle), die Fondation Claude Pompidou, die Fondation pour l'enfance (von Anne-Aymone Giscard), die Fondation France Liberté (von Danielle Mitterrand), und die Fondation Hôpitaux de France (von Bernadette Chirac). Gemeinsam ist ihnen der karitative Zweck, der stark erleichterte Zugang zur Finanzierung und zur öffentlichen Anerkennung. Es hatte alles damit angefangen, dass Yvonne de Gaulles drittes Kind, ihre Tochter Anne, behindert geboren wurde, die un-glückliche Mutter dies als eine Strafe Gottes sah und es für das von Spasmen gepeinigte kleine Mädchen bis zu ihrem frühen Tod keine effektiven Behandlungen gab. Die Stiftung von Claude Pompidou wurde dagegen von keinerlei persönlichen Dramen motiviert. Sie wurde 1970 als konventionelle Wohltätigkeitsorganisation gegründet. Danielle Mitterrands „France Liberté" von 1986 hatte demgegenüber eine klare linke Agenda, zumindest so wie sie sie definierte, von der Unterstützung der Diktatur Fidel Castros bis zu den Rechten unterdrückter Völker, vor allem der Kurden. Anscheinend wurde diese Stiftung so gut von Danielle geführt, dass sie nach den Strafmandaten für Sohn Jean-Christophe auch noch das letzte Haussilber (Mitterrands Pantoffeln für 150 Euro!) für deren Schulden versteigern musste[38]. Auch Pompidous Samm-lung moderner Kunst musste zur Begleichung der Erbschaftssteuern von seinem Adoptivsohn teilweise versteigert werden. Die Plünderung der Mittelschichten durch die hohe Politik frisst buchstäblich auch deren eigene Kinder.

36   Stendhal. Lucien Leuwen. Frankfurt/Main, Leipzig 1984. S. 676.
37   Philibert. Op. cit. S. 248.
38   Ibid. S. 154.

Kapitel 7

Erste Damen

In Deutschland überlässt man das eigentlich ergiebige Thema gern dem Boulevard und der Regenbogenpresse: Je fünf Frauen eines Ex-Kanzlers und Ex-Außenministers, ein Bigamist als Alt-Bundespräsident, homosexuelle Lebensgefährten eines Ex-Außenministers und eines vormalig Regierenden Bürgermeisters. Das Privatleben von öffentlichen Figuren ist kein Thema für die seriöse Publizistik. In Frankreich ist es dies aber (ebenso wie natürlich in den USA), und zwar nicht so sehr wegen des Voyeurismus, sondern aus guten bzw. weniger guten Gründen. Erstens haben die ersten Frauen oft einen starken politischen, vor allem personalpolitischen, Einfluss. Zweitens beeinflusst das Liebesleben des Präsidenten sein politisches Verhalten, sein öffentliches Ansehen und seine Machtausübung, die, wie wir gesehen haben, in einem quasimonarchistischen System sehr stark personalisiert sind. Drittens wird das Thema spätestens seit Sarkozy von den Hauptakteuren und von manchen ihrer Ehefrauen und Lebensabschnittsbegleiterinnen auch selbst öffentlich thematisiert. Viertens weiß ganz Frankreich Bescheid, und deshalb sollten wir vielleicht auch eine Ahnung haben. Fünftens bildet sich ebenso wie sonst im Westen in jenen vergangenen sechzig Jahren an der Spitze des Staates ein Wertewandel ab, der pars pro toto die gesamtgesellschaftlichen Entwicklungen reflektiert und der durch seine Sichtbarkeit auch eine wichtige Rolle für die gesellschaftliche Akzeptanz der Rollenbrüche spielt. Dessen muss man sich bewusst sein.

Genug der Rechtfertigungen. Das Ehe- und Liebesleben der Staatschefs lässt sich nach verlässlichen Quellen sehr leicht zusammenfassen – und zeigt im zeitlichen Verlauf eine erstaunliche Entwicklung der öffentlichen Sitten und dessen, was an der Spitze des Staates als statthaft gilt. De Gaulle und Pompidou waren monogame getreue Ehemänner. Die wahre Liebe des asketischen Generals galt nur dem ewigen Frankreich. Er schätzte seine Frau „Tante" Yvonne (1900–1972), eine fromme, streng gläubige Katholikin, die nach seinem Tod den letzten Abschnitt ihres Lebensabends in einem Nonnenkloster verbrachte, als gute Mutter, verlässliche Kameradin und tüchtige Ehefrau. Wenn sie sich gegen Minister oder Kabinettsmitarbeiter aussprach, weil sie geschieden waren oder einen liederlichen Lebenswandel führten, hatte das oft Folgen für die Betroffenen. Oft aber beschied der General ihr, sie verstünde nichts von Politik, was wohl auch stimmte. Der lebenslustigere Pompidou war zeitlebens in seine Frau Claude (1912–2007) verliebt und ihr innig zugetan. Entsprechend groß war ihr Einfluss in der Kunst-, Kultur- und Architekturpolitik. Auch megalomanische Modernismen, wie das Centre Pompidou in Paris, gehen auf ihr Konto. Bösartig gestreute Gerüchte gab es zu ihrem Lebenswandel, da sie sich in den langen Zeiten seiner beruflichen Abwesenheit gerne in Kreisen der leichtlebigen Pariser Bohème und Künstlerwelt amüsierte. Als ein dubioser Leibwächter Alain Delons namens Marković 1968 ermordet aufgefunden wurde, versuchten vermutlich rechtsgaullistische Geheimdienstkreise Claude entsprechende Beziehungen anzuhängen, mutmaßlich um

Pompidous Chancen in der de Gaulle Nachfolge zu hintertreiben. Diese nie völlig aufgeklärte üble Intrige machte ihm emotional lange schwer zu schaffen, zumal seine Frau als Folge suizidgefährdet war, und vergiftete seine Beziehungen zu vielen Rechtsgaullisten.

Von 1974 bis 2007 begann mit Giscard, Mitterrand und Chirac die Phase der verheirateten, aber pathologisch untreuen Ehemänner. So wie sie politische Ämter eroberten, mussten sie in ihrem Narzissmus auch möglichst jede attraktive Frau in Sichtweite verführen[1]. Am beliebtesten waren (ähnlich wie bei Willy Brandt) junge Journalistinnen, die sie – von ihren Redaktionen absichtsvoll auf der Suche nach „Scoops" platziert – auf Auswärtsterminen in der Provinz begleiteten, sowie attraktive Schauspielerinnen und Künstlerinnen[2]. Den Ehefrauen blieb dies natürlich nicht unbekannt. Sie reagierten auf unterschiedliche Weise. Anne-Aymone Giscard mit nobler und frommer Resignation, mit einem intensiven Familienleben und der Vermögensverwaltung, Danielle Mitterrand mit einer eigenen offenen Affäre, einem hektischen Gutmenschentum und einem weltumspannenden linken Politaktivismus, der auf französische Interessen und die Politik ihres Mannes keine Rücksicht nahm (weswegen die Botschaften die diskrete Anweisung hatten, ihr keine Pressetermine zu organisieren), und Bernadette Chirac mit einem regionalpolitischen Mandat in der Corrèze, der Terrorisierung des Élysée-Personals (vor allem jener, die sie wie die Fahrer verdächtigte, den Stelldicheins Vorschub zu leisten) und öffentlichen Szenen zur Gaudi des Publikums. Das tat Chiracs Popularität keinen Abbruch, im Gegenteil. Jeder Mann konnte sich gut vorstellen, wie es ist, mit jemandem wie Bernadette verheiratet zu sein. Außerdem half Tochter Claude dem Vater unermüdlich, die Ausfälle Bernadettes, solange er Präsident war, zu neutralisieren.

Alle drei Präsidenten haben gemein, dass sie in ihrer Jugend und als junge Erwachsene außerordentlich gut aussahen, über eine ausgezeichnete Ausbildung verfügten, eine vielversprechende Zukunft hatten und über ein von keinerlei Zweifeln angefochtenes Selbstbewusstsein verfügten. Sie hatten schon früh als Herzensbrecher einschlägige und anscheinend meist ermutigende Erfahrungen sammeln können. Giscards Ehe mit der sehr vermögenden Anne-Aymone Sauvage de Brantes (1933–) war allem Anschein nach eine Zweckehe, auch um seine Nachkommen durch echtes blaues Blut, das auf Charles X. zurückging, zu edeln. Mitterrand, der streng konservativ-katholischer Herkunft war, wurde erst zum Don Juan, nachdem seine erste große Liebe ihm den Laufpass gegeben hatte, als er in deutscher Kriegsgefangenschaft saß. Er heiratete dann Danielle (1924–2011), die im Gegensatz zu ihm aus einer laizistisch-sozialistischen Lehrerfamilie stammte und die er in der Resistance kennengelernt hatte. Seine spätere Lebensliebe, die 27 Jahre jüngere Kuratorin Anne Pingeot (1943–) traf er 1962. Zu der Beziehung und zu der gemeinsamen Tochter bekannte er sich öffentlich erst auf dem Totenbett. Nebenher gab

1   Historisch nichts Neues. So starb im Élysée Präsident Felix Faure (1895–1899) am 16. Februar 1899 einen glücklichen Tod in den Armen seiner Mätresse Marguerite Steinheil.
2   Als längerfristige Beziehungen wurden und werden öffentlich gehandelt: für VGE: die Sängerin Marie Laforet, die Schauspielerinnen Marléne Jobert, Cathy Rosier und Mirelle Darc, die Fotografin Marie-Laure Decker, die schwarze Tänzerin Malidor und in der Milchwagen-Affäre Catherine Schneider; für Mitterrand die Sängerin Dalida, die Astrologin Elisabeth Tessier und die Schauspielerin Annie Girardot; für Chirac: seine Mitarbeiterin Marie-France Garaud, die Journalistin Elisabeth Friedrich sowie Claudia Cardinale.

es natürlich auch weitere Affären. Chirac heiratete seine Kommilitonin Bernadette Chodron de Course (1933–), die aus einer Industriellenfamilie stammte, als wehrpflichtiger Unterleutnant im Algerienkrieg. Die Vielzahl seiner Seitensprünge war bald legendär. Als eine Beziehung mit einer jungen Journalistin mit einer gemeinsamen Wohnung ernsthaft zu werden drohte und Bernadette eine Scheidung in Aussicht stellte, zog Chirac die Reißleine, kehrte zurück und rettete mit Rücksicht auf seine Karriere seine Ehe (idem Mitterrand und Giscard). Alle drei hielten es in den 70er- bis 90er-Jahren für unvorstellbar, dass ein geschiedener Präsident gewählt werden könnte. Als semantische Fußnote sei angefügt, dass bis Chirac einschließlich sich die Ehepartner stets siezten (also „vous" plus Vorname), und man sich erst ab Sarko duzte.

Mit Sarkozy und Hollande begann ab 2007 ein neues Zeitalter der sequentiellen Ehen, Lebensabschnittspartnerschaften und Patchwork-Familien im Élysée. Nicolas Sarkozy, dessen Vater ungarischer Landaristokrat war, der als Exilant und Unternehmer der Werbebranche in Paris die Tochter eines griechischen Juden und Facharztes für Geschlechtskrankheiten und einer Französin heiratete und sie dann mit drei kleinen Söhnen mittellos sitzen ließ, war bereits verheiratet und hatte zwei Söhne, als er als Bürgermeister von Neuilly die Eheschließung von Cécilia Ciganer (1957–) mit dem reichen Filmproduzenten Jacques Martin offizierte. Dabei traf Sarkozy wie in einer Seifenoper ein „coup de foudre", der Liebesblitz aus heiterem Himmel (für den in Frankreich jedermann Verständnis zu haben scheint, schließlich kann das jedem einmal unvermutet passieren …). Er ruhte und rastete nicht, bis er seinem Freund Martin die Frau ausgespannt hatte, die beiden sich jeweils scheiden ließen und nunmehr ehelichen konnten. Doch die schöne Cécilia langweilte sich bei dem hektischen Politikerleben ihres untreuen Gatten, der mittlerweile Innenminister geworden war, und nachdem ein gemeinsamer Sohn geboren war, enfleuchte sie immer häufiger nach New York in die Arme eines noch reicheren Werbeunternehmers namens Richard Attias. Auch die gewonnene Wahl ins Élysée konnte, entgegen Sarkozys Erwartungen, die Ehe nicht retten. Cécilia kam nur kurz für fünf Monate mit Unterbrechungen zurück, wobei es ihr gelang, seine Reputation durch unbeherrschte Auftritte und einen hemmungslosen Hang zum Luxus in kürzester Zeit irreparabel zu ruinieren. In tiefe Depressionen gestürzt, die ihn bis an den Rand des Rücktritts brachten, tröstete sich Sarkozy nach einer Weile anderweitig, bis er auf die Sängerin und das Fotomodel Carla Bruni (1967–) stieß, die aus einer italienischen Großunternehmerfamilie stammend, wenigsten ihr eigenes ererbtes und ersungenes Geld mitbrachte und die sich als First Lady im Gegensatz zu ihrer Vorgängerin mit einem ewigen Botox-Lächeln trotz ihres ebenfalls bewegten amourösen Vorlebens geziemend aufführte.

Auch bei Hollande sind die Verhältnisse kompliziert, auch wenn der Sohn eines reichen rechtsradikalen Klinikbetreibers vorsichtigerweise nie heiratete. Zunächst lebte er mit Ségolène Royal (1953–), seiner Studienkollegin an der ENA, der Tochter eines Kolonialoffiziers und Mutter seiner vier Kinder zusammen, die 2014–17 seine Umweltministerin war. Es folgte eine mehrjährige Beziehung zu der Journalistin Valérie Trierweiler (1965–), die sich in zweiter Ehe mit drei Söhnen deshalb scheiden lässt. Sie entstammte einfachen Verhältnissen, der Vater ist arbeitsunfähiger Kriegsinvalide, die Mutter Kassiererin im Schwimmbad. Trierweiler legt als „erste Hure der Republik" (ihre Worte) etliche öffentliche hysterische Szenen hin und entblättert ihre Beziehung nach ihrem Scheitern in einem bitteren Enthüllungsbuch, der prompt zum Bestseller des Jahres 2015 wird und Hollandes Reputation nachhaltig schädigt[3]. Hollande tröstet sich dann mit der 16 Jahre jüngeren Schauspielerin Julie Gayet (1972–), die aus einer Ärztefamilie stammend wohlgeraten auftritt, in der Öffentlichkeit als die „Verlobte des Präsidenten" jedoch keinerlei Rolle spielte. Tatsächlich war sie jedoch kinopolitisch aktiv und nutzte als Regisseurin ihr Netzwerk von Kinematographie und Politik zur Förderung ihres „Centre national du cinéma". Bei dem kulturpolitisch desinteressierten Hollande setzte sie im Jahr 2015 die Beförderung von Audrey Azoulay zur Kulturministerin durch.[4] Azoulay wurde nach seinem Abtritt im Sommer 2017 Generaldirektorin der UNESCO.

Wenn es zwischen dem besonnenen Hollande und dem getriebenen Sarkozy Parallelen gibt, dann ist es jener – vielleicht zufällige – Dreiklang: erst eine kinderreiche bürgerliche Bilder-buchehe, gefolgt von einer wilden Phase mit einer schwierigen, unbeherrschten Partnerin, und schließlich die Liaison mit einer viel jüngeren wohlerzogenen Schönheit aus Film und Fernse-hen. Die französische Öffentlichkeit hat ihnen dies (abgesehen vom politischen Versagen und dem Brechen von Wahlversprechen) nie vergeben. Der Reputationsschaden blieb irreparabel. Sie hatten den Nimbus des höchsten Staatsamtes mit ihren öffentlich ausgetragenen Tren-nungsdramen desakralisiert und banalisiert. Giscard, Mitterrand und Chirac hatten auf ihre diskretere Art doch recht gehabt.

So lag der IWF Direktor und ehemalige sozialistische Wirtschaftsminister Dominique Strauss-Kahn bei den Umfragen mit 46 % Zustimmung für einen künftigen Präsidenten weit vorne, als er im Mai 2011 auf dem New Yorker Flughafen verhaftet und beschuldigt wurde, eine af-rikanische Putzfrau im dortigen Sofitel sexuell misshandelt zu haben. Er kommt schließlich nach Monaten gegen eine nie veröffentlichte Zahlung an die Dame von ebenfalls zwielichtigem Leumund, die sich in Widersprüche verstrickt hatte, ohne Prozess frei. Darauf melden sich zwei Journalistinnen, sie seien ebenfalls von DSK vergewaltigt worden, und eine Anklage folgt wegen der Teilnahme an einer gewalttätigen Gruppensexpartie mit Prostituierten im Hôtel Carlton in Lille. Schließlich hat eine Anwältin namens Marcela Iacub Mitleid mit dem von allen Seiten Geprügelten und von der Ehefrau, der Power-Journalistin Anne Sinclair, Verlasse-nen. Sie schreibt dann aber über ihre Beziehung ein Buch[5], in dem sie DSK als einen Zwitter, halb Mensch, halb Schwein, beschreibt. Später schliddert dann sein neuer luxemburgischer Investitionsfonds, gegen den wegen Goldwäsche und Betrugs ermittelt wird, in den Konkurs. DSKs Umfragedaten sind mittlerweile ins Jenseitige eingebrochen und Hollande, der zuvor in seinem Windschatten gesegelt hatte, gewinnt 2012 die Endrunde gegen Sarkozy. Auch wenn viele der führenden Mitglieder der politischen Klasse glauben, sich buchstäblich alles erlauben

---

3   Valérie Trierweiler. Merci pour ce Moment. Les Arènes. 2014.
4   Patricia de Sagazan. „Mademoiselle sans gêne" in: Les secrets de l'Élysée. Valeurs actuelles; Hors-série no 10. 2017. S. 87.
5   Marcela Iacub. Belle et bête. Stock. 2012. DSKs Versuch, das Buch verbieten zu lassen, scheiterte.

zu können und straflos über den Gesetzen zu stehen, gibt es doch Grenzen und nach der Aufdeckung ein gnadenloses Ende der Karriere und des gesellschaftlichen Ansehens.

Mit Macron und seiner kinderlosen Ehe mit der 23 Jahre älteren Brigitte, die drei erwachsene Kinder aus ihrer ersten Ehe hat, begann im Jahr 2017 ein neues Élysée-Kapitel. Ob die Ehe den Belastungen des zunehmend überfordert und dünnhäutig wirkenden Präsidenten mit „Bibis" bewährter Art der konstruktiven Manöverkritik und des permanenten Coachings überleben wird, bis er am Ende seiner ersten Amtszeit im Jahr 2022 44 Jahre alt sein wird und sie 68, ist Gegenstand weitverbreiteter Spekulationen aller Art.

Die Rollenbilder der ersten Damen

Unter den Präsidentenfrauen haben eigentlich nur Yvonne de Gaulle, Claude Pompidou, Anne-Aymone Giscard und Bernadette Chirac dem erwarteten Rollenbild entsprochen: Mit jener Mischung aus für die Öffentlichkeit intaktem Familienleben, politischer Zurückhaltung, repräsentativem Auftreten, karitativen Werken und kulturellem Interesse. Kurioserweise haben sich diese Damen sowohl zu Amts- und Lebzeiten ihrer Männer, wie auch danach immer sehr gut verstanden, vermutlich weil sie alle eigentlich die gleichen Erfahrungen im Élysée hatten durchmachen müssen. Danielle Mitterrand war sicher eine Außenseiterin. Sie hielt nichts von politischer Zurückhaltung und engagierte sich lauthals ohne viel Rückfragen, wo immer ihr linkes Herz vom Rio de la Plata bis ins wilde Kurdistan am heißesten schlug. Eine Gemeinsamkeit hatten eigentlich alle der mehr oder weniger unfreiwilligen Gefangenen im Goldenen Käfig. Sie alle – außer Bernadette Chirac und bislang Brigitte Macron – waren nach eigenem Bekunden darin unglücklich, auch wenn sie wie die Königinnen dort hatten herrschen können und entsprechend bedient wurden, und waren froh, als alles vorbei war[6]. Interessant ist eine Bemerkung von Anne-Aymone Giscard: Sie bedaure alle königlichen Hoheiten, wie jene von England, Dänemark und den Niederlanden, die lebenslang jenen nicht eben lustigen Repräsentationspflichten im steifen Format und der medialen Dauerbeobachtung unterlägen. Ihre Zeit sei dagegen nur befristet gewesen. Das klingt wie: lieber sieben Jahre Knast als lebenslänglich.

Yvonne de Gaulle (1900–1979)

Mit 20 Jahren war Yvonne Vendroux (1900–1979) von ihrem Bruder, der ebenfalls Absolvent der Militärakademie Saint-Cyr war, dem Hauptmann de Gaulle vorgestellt worden. Sie entstammte einer Großbürgerfamilie in Calais, die acht Generationen lang auf ihrer Werft den Bau von Kriegsschiffen betrieben hatte. Ihr Vater besaß eine Fabrik für Hartkekse (hauptsächlich für Militärrationen) und war Chef der Handelskammer, sowie Honorarkonsul für etliche Länder, von den USA angefangen, deren Schiffe in Calais anlegten. Die Eltern lebten auf großem Fuß und versuchten dabei die englische Aristokratie zu imitieren. Der wirtschaftlich aus wesentlich bescheideneren Verhältnissen stammende Studienratssohn de Gaulle machte nach Yvonnes positiven Signalen bei ihrer Familie seinen Antrittsbesuch und hielt erfolgreich um

6   Robert Schneider. Premières Dames. Perrin. 2014. S. 12.

ihre Hand an. Nach seiner Rückkehr aus Polen, wo er die polnische Armee ausgebildet hatte, wurde im April 1921 die Hochzeit gefeiert. Yvonne muss sich nun an die häufigen Versetzungen und den relativ bescheidenen Lebensstil einer Offiziersfrau gewöhnen, zumal de Gaulle an materieller Bequemlichkeit völlig uninteressiert war. Gegenstände müssen entweder eine funktionale Nützlichkeit haben oder gewisse Erinnerungen hervorrufen, ansonsten interessierten sie ihn nicht.

Yvonne de Gaulle konnte im Jahr 1958, auch als ihr Gatte schon im Élysée die Macht übernommen hatte, weiter unbehelligt und unerkannt in Paris in Läden und auf den Wochenmärkten einkaufen gehen. Warum? Es gab von ihr keine veröffentlichten Bilder. Sie hatte nur einmal 1943 kurz in einem in England gedrehten Propagandafilm auftreten müssen. Erst im Jahr 1954 ließ de Gaulle Reporter des Paris Match in seine Boisserie in Colombey-les-deux-Églises, um den ersten Band seiner Kriegserinnerungen zu bewerben. Es sollte auch das letzte Mal sein, und sie mussten für jenes Exklusivereignis auch 4 Millionen Francs (600.000 Euro) an die Stiftung Anne de Gaulle spenden. Auch bei seiner Amtseinführung im Januar 1959 sollte sie nicht an seiner Seite sein, schließlich war er ja allein gewählt worden und nicht seine Frau. Nach seinem Rücktritt im Januar 1946 hatte de Gaulle erwartet, die von ihm verachteten Parteipolitiker würden sich bald so zerzanken, dass sie ihn binnen kurzem als Retter der Nation zurückrufen würden. Allein, sie ließen sich dafür sehr viel Zeit. In all jenen Jahren, die gemeinhin „la traversée du désert" (die Durchquerung der Wüste) genannt werden, sann de Gaulle, während er an seinen Kriegsmemoiren bastelte, auf eine Rückkehr, die ihm Yvonne, die mit dem ruhigen Leben in Colombey, dem geräumigen Haus, dem Park, den Blumen und Enkelkindern sehr glücklich war, vergeblich auszureden suchte. Um die Rückkehr zur Macht legitim erscheinen zu lassen, brauchte de Gaulle ein Drama, ähnlich wie 1940. Er phantasierte vom Dritten Weltkrieg, um das Oberkommando noch einmal zu übernehmen.

Als es 1958 wegen des ungelösten Algerienkriegs für de Gaulle so weit ist, wirkt er mit seinen 68 Jahren plötzlich glücklich und verjüngt. Das Élysée mögen beide nicht. De Gaulle nutzt die fünf privaten Wohnräume eher wie ein Hotelzimmer. Es gibt keine privaten Mementos. Sie lässt nur ein größeres Bett (von 2,1 m Länge für ihren 40 cm größeren Gemahl einräumen und bestellt eine Pietà aus den Mobiliarlagern. Ansonsten blieb sie am liebsten in La Boissiere. Und wie der General zu seiner Familie meinte: „Ich bin sozusagen der Herrscher Frankreichs, aber hier regiert Eure Mutter"[7]. Sie leitet die Küche, die Gartenarbeit, das Haus, die Finanzen, denn der General ist an alledem herzlich desinteressiert. Im Élysée kümmert sie sich bei Staatsessen um die Küche, ist entsetzt ob der teuren Kosten und verlangt die Ernährung ihres Mannes möglichst salz- und fettarm zu gestalten und ihn dabei gleichzeitig bei Laune zu halten. Nur bei Staatsbesuchen mit Frauenbegleitung, also bei Farah Diba, Jacqueline Kennedy, den Königinnen Fabiola und Juliana, wird von ihrem Mann ihre Gegenwart erwünscht. Bei Staatsdinners sitzt sie oft neben Geistesheroen wie André Malraux oder Politprofis wie Giscard und Pompidou, wo sie doch am liebsten über ihre Kinder spricht, das Einkochen von Marmelade, das Stricken, die Gartenpflege oder Urlaubsreisen. Man kann sich jene seelische Tortur gut vorstellen.

---

7   Ibid. S. 23.

Während seiner Amtszeit von zehn Jahren besuchte de Gaulle alle 77 Präfekturen. Besuche die zwischen vier bis sechs Tage dauerten. Yvonne fuhr in einem Sonderwagen im präsidentiellen Konvoi mit und hatte ihr eigenes Programm, das sie zum Besuch von Krankenhäusern, Kinderkliniken, Altersheimen, Waisenhäusern oder Behindertenanstalten verdammte. Yvonne akzeptierte ihr Kreuz ohne Klagen, unter der Bedingung, dass es keine Bilder und keine Presseberichterstattung gab[8]. Dagegen genießt sie die offiziellen Fernreisen in die französischen Kolonialgebiete, vor allem jene des Pazifik, wie Tahiti, die Neuen Hebriden und Neukaledonien, sowie nach Nord- und Südamerika und in die Sowjetunion.

Während sich Yvonne nie mit der Arbeitsatmosphäre, dem Gefühl des Eingesperrtseins und den Repräsentationspflichten anfreunden kann, nimmt sie sich der an sie adressierten Post – hunderte von Hilfsansuchen, die das Élysée jeden Monat erreichen – aus dem Gefühl christlicher Nächstenliebe sehr gründlich an. Ihr stehen dabei eine Sekretärin und eine Sozialarbeiterin zur Seite. Die Post wird entweder direkt von ihr beantwortet oder an die Dienste des Élysées oder des Gesundheits- und Sozialministeriums zur sofortigen Befassung weitergeleitet und die Reaktion überwacht. Der Tagesablauf im Élysée war damals im Vergleich zur heutigen Hektik wesentlich entspannter und familiärer. Mme de Gaulle gibt morgens dem Küchenpersonal Anweisungen für das Menü. Das Paar nimmt das Mittagessen gemeinsam ein, gelegentlich in Begleitung von Mitarbeitern. Nach dem Café gehen sie im Park des Élysées spazieren, wo Yvonne mit altem Brot die Enten füttert. Um 15.00 begibt sich de Gaulle zur Lektüre von Le Monde, während sie Einkäufe macht, im Büro arbeitet oder Auswärtstermine zur sozialen Wohltätigkeit wahrnimmt. Um 20 Uhr sehen sich beide die Abendnachrichten an, nehmen das Abendessen gemeinsam ein, um sich dann wieder dem Fernsehen hinzugeben. Sonntagmorgen gehen beide zur Messe, die von François de Gaulle, ein Neffe und vormaliger Missionar in Afrika, in der neu eingerichteten Kapelle des Élysées zelebriert wird. Mittags kommen Kinder und Enkel zu Besuch. Auf das gemeinsame Essen folgt eine jugendfreie Kinovorstellung. Ein bis zweimal im Monat fahren sie zurück nach Colombey. Das Ganze wirkt wie eine friedliche Rentnerexistenz, immerhin waren der General 1959 bereits 69 und Yvonne 59 Jahre alt.

Die friedliche Idylle wird für Yvonne durch offizielle Diners und Empfänge unterbrochen, die sie verabscheut, obwohl sie brav das Musikprogramm (meist Händel und Vivaldi) auswählt und die Vorbereitungen überwacht. Nie würde sie je einen politischen Kommentar abgeben. Wenn sie politische Meinungen hat, dann nur zu Themen wie der Familien- und Gesundheitspolitik und dem Adoptionsrecht. Und auch dann teilt sie sie ihrem Mann nur unter vier Augen mit. So gelang es ihr einmal, ihn zur Legalisierung von Verhütungsmitteln zu überreden, um die Vielzahl von illegalen Abtreibungen einzudämmen.

Ihre grundsätzlichen Anschauungen entsprachen jedoch denen des konservativen Katholizismus der Epoche, einschließlich der lateinischen Messe. Sie verachtete die Linke und die KPF in Sonderheit, sowie Mitterrand, den scharfzüngigen wichtigsten Gegenspieler ihres Gatten, den sie für den „Teufel" hält, aber auch die äußerste Rechte, die Kollaborateure von Vichy und

---

8   Ibid. S. 27.

die OAS, die gegen de Gaulles Algerienpolitik Bomben wirft und Attentate verübt. Einzig die wahren Gaulisten der Kriegszeit finden in ihren Augen Gnade. Kurzum, ihre Meinungen entsprachen genau jenen des Generals. Wenn sie nach 1946 gegen das erneute politische Engagement von Charles argumentierte, wurden ihre Einwände von ihm souverän weggewischt und ignoriert[9].

Gleichzeitig war ihr personalpolitischer Einfluss stark. Das Spitzenpersonal der Republik hatte die guten Sitten zu wahren. Geschiedene, Ehebrecher, Homosexuelle und abtrünnige Priester hatten unter den Ministern, Präfekten, Botschaftern und Kabinettsmitarbeitern nichts zu suchen. Ihr Urteil war rigoros und für die Karriere des Betroffenen oft vernichtend. Hauptinformationsquelle waren die Damenkränzchen, bei denen über die Laster der Männer zwanglos geplaudert wurde. Für die Einladungslisten zum Élysée musste ihr der Protokolldienst des Élysée detaillierte Darstellungen des Privatlebens aller Kandidaten vorlegen: Eheschließungen, Kinder, ihre Erziehung und Krankheiten. Wer von ihr missbilligt wurde, wurde sofort und für immer gestrichen.

Natürlich gab es Ausnahmen. André Malraux, dessen skandalöses Vorleben von ihr abgelehnt wurde, wurde von de Gaulle als Literat und getreuer Gefolgsmann geschätzt und blieb weiter unbehelligt Kulturminister. Auch Brigitte Bardot wurde von de Gaulle im Élysée empfangen.

Yvonnes Menschenbild war schlicht und manichäisch. Es gab die Guten, die nach den christlichen Geboten lebten, und die Bösen, Missratenen und Verkommenen, die in der Sünde lebten. Wen sie für die ersten hielt, der erlebte sie als freundlich, lächelnd und anteilnehmend. Wer zur zweiten Gruppe gehörte, als kalt, engstirnig und unnachgiebig.[10]

Wegen ihrer Neigung alles zu überwachen, zu reglementieren und ihrer moralischen Strenge war sie beim Personal sowohl des Élysée und wie der Boisserie denkbar unbeliebt, zumal sie es auch häufig austauschte oder entließ. Auch Familienmitglieder zeichnen vorsichtig das Porträt einer autoritären Frau mit einem schwierigen Charakter, die mütterliche Zuneigung so gut wie nie zeigte, mit der man kaum reden konnte und die immer ihren Willen durchsetzen musste. Wenn der Vater die Kinder Philippe (1921–) und Elisabeth (1924–2013) kurz ohrfeigte, setzte es von ihr noch Härteres hinterher. Eine Schwiegertochter wurde als zu meinungsstark missbilligt und zur Einweihung des Lothringerkreuzes in Colombey nach dem Tod von Charles nicht eingeladen. Auch wenn die seriöse Presse weiter diskret blieb, erfuhr doch die Öffentlichkeit über den Canard Enchaîné das karikaturhafte Schreckensbild einer Despotie am Élysée. Als Präsidentengattin versprühte sie weder die Eleganz noch den Charme einiger ihrer Vorgänger- und Nachfolgerinnen. Die Herzen der Franzosen eroberte sie nicht. Eher machte man Witze über die altmodische „Tante Yvonne".

Robert Schneider erklärt den frappanten Persönlichkeitswandel von einer fröhlichen, optimistischen jungen Frau, die eine unbeschwerte Jugend in einer intakten wohlhabenden Familie

---

9   Ibid. S. 32.
10   Ibid. S. 42.

hatte, zu einer kalten, engstirnigen, strengen und kompromisslosen alten Dame mit dem Trauma der Geburt der geistig stark behinderten Tochter Anne mit 28 Jahren in Trier und der jahrzehntelangen aufreibenden Pflege. Sie wurde nicht in ein Heim gegeben, sondern blieb bis zu ihrem Tod mit 20 Jahren im Jahre 1948 in der Familie und wird von ihr täglich umsorgt. Dabei machen sie alle Auslandseinsätze des Vaters mit: 1929–31 in Beirut, 1940–43 das Exil in London, 1943–44 die provisorische Regierung in Algier. Auch wenn der Vater sich gelegentlich liebevoll um das Mädchen kümmert, bleibt die Hauptbürde der Fürsorge doch bei der Mutter. Nach ihrem Tod gründet sie die Fondation Anne de Gaulle, mit deren Mitteln sie in einem restaurierten Schloss ein Heim für Schwerbehinderte einrichtet und in der intensiven Stiftungsarbeit dreißig Jahre lang die Erinnerung an ihre unglückliche Tochter wachhält[11].

De Gaulle selbst war sicher auch nicht Sentimentalitäten zugeneigt. Er schrieb einmal: Da die Liebe eher bitter als süß sei, solle sie nicht zu den Hauptbeschäftigungen des Mannes zählen, sondern nur eine Würze des Lebens darstellen. Mit Frauen, die in den Élysée geladen wurden, sprach er eigentlich nur über ihre Kinder. Nach den Abendessen nahm er die Herren in der Regel beiseite und verkündete: „Jetzt können die Damen sich über Strickwaren unterhalten". Als ein fortschrittlicher Mitarbeiter ihm einmal vorschlug, ein Frauenministerium einzurichten, antwortete er: „Und warum nicht ein Staatssekretariat für Handarbeiten?". Für ihn lag die Rolle des Mannes in der öffentlichen Sphäre, und die der Frau in der häuslich-familiären. Als am 22. August 1962 bei Petit-Clamart das Präsidentenauto vom Feuer von Maschinenpistolen eines OAS-Kommandos beschossen wird, und die de Gaulles auf dem Rücksitz, Schwiegersohn de Boissieu auf dem Beifahrersitz, der Fahrer und die Polizisten des Begleitfahrzeugs mit zerschossenen Reifen und Scheiben nur knapp entkommen, blieb sie kaltblütig und erkundigte sich nur nach den Hühnern im Kofferraum: „N'oubliez pas les poulets, j'espère qu'ils n'ont rien". Die Gendarmen waren über ihre Anteilnahme und noch mehr über die Wortwahl sehr erstaunt. Denn das französische „Poulet" entspricht unserem „Bullen" für ihre Kollegen. De Gaulle, der mit Komplimenten geizte, lobte sie: „Vous êtes très brave, Yvonne". Das Prädikat der Tapferkeit war die höchste Form der Anerkennung für den alten Soldaten.

Nach dem Verlust des Referendums von 1969 und de Gaulles endgültigem Rücktritt ist Yvonne sehr glücklich in Colombey, während ihr Gatte mit der Undankbarkeit der Franzosen und des angeblichen Verrats seines Nachfolgers hadert, kaum noch Besucher empfängt, und an seinen politischen Memoiren schreibt. Wegen seiner Todesahnungen möchte der 79-Jährige sie möglichst zügig abschließen, bleibt aber wie je ein langsamer und gewissenhafter Schreiber.

Gemäß seinem Testament findet die Beerdigung im privaten Rahmen auf dem Dorffriedhof von Colombey in das Familiengrab statt, in dem schon Anne ruht. Yvonne verbrennt alle seine Habseligkeiten. Es soll keinen Reliquienkult geben. Sie zieht sich auch völlig aus dem öffentlichen Leben zurück und nimmt keine Einladungen mehr an. Politisch macht sie im privaten Kreis ihre Sympathien für den eher linksgaullistischen Jacques Chaban-Delmas gegenüber den verräterischen Modernisierern Pompidou und Giscard deutlich. Nach Jahren der

---

11   Ibid. S. 46.

Einsamkeit in Colombey fühlt sie ihre Kräfte schwinden und findet für ihre Haushälterin keinen Ersatz. So bezieht sie ein winziges Klosterzimmer in Paris bei den Schwestern der Unbefleckten Empfängnis unserer Lieben Frau von Lourdes, wo sie ein Jahr später im Alter von 79 Jahren im September 1979 in aller Abgeschiedenheit an einem Krebsleiden stirbt.

Claude Pompidou (1912–2007)

Der Gegensatz zu ihrer Vorgängerin könnte größer nicht sein. Schon vor ihrem Einzug ins Élysée war die Frau des früheren Premierministers allen Franzosen von den bunten Seiten der Gesellschaftsmagazine vertraut. Eine schlanke elegante Gestalt, mit blauen Augen, einer makellosen Frisur, die mit einem Lächeln und oft einer Zigarette im Mundwinkel teure Designer- oder Freizeitkleidung vorführte, ob beim Opernbesuch, am Strand von Saint-Tropez oder am Steuer eines Porsche. Im Frankreich der 60er-Jahre, wo alles aufwärts ging und die meisten froh waren, dem grauen Elend der Nachkriegszeit entronnen zu sein, nahm dies niemand übel. Im Gegenteil. Die Pompidous stellten ein modernes erfolgreiches Paar dar, das das Leben zu zweit offensichtlich genoss.

Dabei waren beide bei der Amtseinführung im Juni 1969 denkbar unglücklich. In Paris zirkulierten manipulierte Fotomontagen, die Claude bei angeblichen Sexparties zeigten, die von Stevan Marković, dem zuvor ermordeten Chauffeur Alain Delons organisiert worden seien. Für diese obskure nie richtig aufgeklärte Affäre hielt Pompidou die alte Garde der Gaulisten für verantwortlich, die ihn als Usurpator – schließlich entstammte er nicht der Résistance, sondern hatte nach seinem Wehrdienst im Krieg in Paris wieder Latein- und Griechischunterricht erteilt – mit allen Mitteln, einschließlich jener ihrer üblen Freunde im Geheimdienst noch zu verhindern suchten. Diese Intrige gab Claude einen Vorgeschmack, was sie an Einschränkungen und Verlusten an Lebensqualität und Freiheiten im Élysée noch zu erwarten hatte. Schon die Ernennung zum Premierminister 1962, bei der Georges seinen opulent bezahlten Job bei Rothschild aufgeben musste, hatte sie mit Schrecken erfüllt. Doch er erklärte ihr, jemandem wie de Gaulle könne man nicht Nein sagen, außerdem sei es eh nur für maximal sechs Monate, da ihn die Politik und die Macht nicht interessiere. Er lässt sich bei Rothschild zunächst einmal nur beurlauben.[12]

Claude Cahour wurde 1912 in Château-Gontier, einer Kleinstadt mit 7000 Einwohnern in der bretonischen Präfektur Mayenne als älteste Tochter eines ebenso tüchtigen wie autoritären und cholerischen laizistischen Landarztes geboren[13]. Die Familie gehörte mit wohlhabenden Advokaten zu den Notabeln der Provinz. Der Großvater war Anwalt und als radikaler Sozialist stellvertretender Bürgermeister gewesen. Ihre Mutter starb früh im Jahr 1919 an der damals grassierenden Spanischen Grippe, der in Frankreich 400.000 Menschen zum Opfer fielen (den französischen Gefallenenzahlen jeweils von Verdun und der Somme entsprechend). Sie war damals knapp über sechs Jahre alt. Ihre kleine Schwester Jacqueline zwei Jahre. Ihr

---

12   Ibid. S. 61.
13   Henry Gidel. Les Pompidou. Flammarion. 2014. S. 35 ff.

überarbeiteter Vater hatte keine Zeit, sich um die Kinder zu kümmern. Also machten dies eine Hausangestellte, die zugleich die Ordination führen musste, eine Großmutter, eine Tante (die als Angehörige der Résistance später im KZ Ravensbrück umkam) und sie selbst. In eine bürgerliche Klosterschule der Ursulinen eingeschult, förderte eine Lehrerin ihr Interesse an den alten Sprachen und ihre Großmutter an der Literatur. Insgesamt wohl eine recht freudlose Jugend, die aber früh zur Selbständigkeit erzog. Sie profitierte von der großen Bibliothek ihres belesenen Vaters, und als Wildfang ohne viel Kontrollen aufgewachsen rauchte sie als Jugendliche, trug Hosen, machte mit 18 ihren Führerschein und fuhr im Wagen ihres Vaters gern mit hoher Geschwindigkeit spazieren, recht unüblich in der bretonischen Provinz der Zwischenkriegszeit. Zwar musste sie auf Bestehen des Vaters etwas Vernünftiges, nämlich Jura, und nicht wie ersehnt Literatur, studieren, doch gelang es ihr statt der Provinzuniversität Nantes, Paris als Hochschulort durchzusetzen, dem Mekka ihrer kulturellen und intellektuellen Träume.

Georges Pompidou traf die 23-jährige Jurastudentin zufällig mit Freundinnen im Jardin de Luxembourg in Paris. Mit ihren gemeinsamen Interessen für Literatur, Theater und Kunst traf sich das richtige Paar mit dem üblichen „coup de foudre". Es gelang Georges die sozialen Vorbehalte des Schwiegervaters gegen einen Lehrersohn aus einer Bauernfamilie zu überwinden. Ein Jahr später heirateten sie. Er war 25, hatte gerade seinen Militärdienst hinter sich und sollte seine erste Stelle in Marseille als Gymnasiallehrer antreten. Die unbeschwerte Erkundung der Schönheiten des Südens mit dem Auto in den Vorkriegsjahren gehörte zu den schönsten Zeiten ihres Lebens. Auch im „drôle de guerre" von 1939/40 sind sie unzertrennlich. Sie folgt ihm in die verschiedenen Einsatzorte vom Elsass bis zur Somme. Ihr großer Traum ist es, er möge Professor im schönen Aix-en-Provence werden. Nachdem Pompidou in den Wirrnissen der unmittelbaren Befreiungszeit über Empfehlungen gaullistischer Freunde erst Redenschreiber und dann führender Kabinettsmitarbeiter bei de Gaulle wurde, wurde er nach dessen Abtritt 1946 Kommissar für den Tourismus, ein schöner Job, bei dem sie auf Dienstreisen zusammen viel zu Einweihungen, Festivals und Konzertpremieren fahren konnten. 1956 wechselt Georges in die Bank Rothschild, wo sein Freund Guy de Rothschild ihm einen schnellen Aufstieg, ein glänzendes Gehalt und nette Aufsichtsratsposten verschafft. Die beiden Ehepaare befreunden sich. Die Pompidous werden regelmäßig in das Schloss de Ferrières und nach Louveciennes eingeladen, wo sich Tout-Paris, alles was in der Kultur-, Kunst- und Medienszene Rang und Namen hat, trifft: Von André Malraux, Joseph Kessel, Jean d'Ormesson, Françoise Sagan bis zu Yves Montand, Marlon Brando, Brigitte Bardot und Alain Delon, dazu jede Menge Spitzenpolitiker und Zeitungsherausgeber beider Lager. In Venedig werden sie von den Rothschilds in die internationale Schickeria eingeführt: die Agnellis, Onassis, Elizabeth Taylor, Richard Burton, Maria Callas, Herbert von Karajan et tanti quanti. Wiederum ist Claude glücklich. Urlaub an der Seite des damaligen Jetsets im sonnigen Süden, schicke Autos und die Möglichkeit, sich moderne Kunst und Skulpturen zusammenzukaufen. So bewohnen sie auf der Seine-Insel Saint-Louis im Herzen von Paris ein großzügiges Apartment am Quai de Béthune, das sie selbst stilvoll mit moderner Kunst und Mobiliar ausstattet.

Schon bei Georges Ernennung zum Premierminister hatte sie sich 1962 geweigert, in die Dienstwohnung des Matignon zu ziehen. Jetzt, sieben Jahre später, blühte ihr die aus ihrer Sicht hässliche alte und seelenlose Wohnung im Élysée, die nicht zu umgehen war. Der gefundene Kompromiss war, dass sie nicht nur die Dienstwohnung, sondern auch große Teile des repräsentativen Trakts avantgardistisch umbauen und im Stil der 70er-Jahre dekorieren ließ (in den Kinoräumen sind jene Scheußlichkeiten aus Plastik vom Typ Carnaby Street noch zu sehen), um anschließend nur die Montag- und Dienstagnächte dort zu verbringen. Den Rest am Quai de Béthune und die Wochenenden in ihrem Haus im Dorf Orvilliers im Westen der Île-de-France. Auch in der offiziellen Ferienfestung Brégançon lässt sie die Kronleuchter, schweren Teppiche und massiven Luxusmöbel entfernen, die de Gaulle dort für Staatsbesucher, die nie kamen, hatte einrichten lassen, und eine moderne große Ferienwohnung einbauen.

Claude lässt sich edle Gewänder aller großen Modenhäuser von Chanel bis Dior schneidern und sich mit ihnen bei formellen Terminen gerne ablichten. Sie wird so zur Modebotschafterin ihres Landes. Schon bald beginnt ihre Leidenschaft, noch größere architektonische Kulturzentren zu schaffen. So besteht sie darauf, das etwas heruntergekommene Viertel Beaubourg im östlichen Zentrum von Paris schleifen zu lassen und dort ein gigantisches Kreativitäts- und Kulturzentrum zu bauen (so als würde Kreativität in großen zugigen gläsernen Stahlbetonhallen geboren). Der Canard Enchaîné beginnt sie 1971 „La reine Claude" und „Mme Pompadour" zu nennen. Gaullistische Traditionalisten im Élysée stellen sie als launische Frau mit schwachen Nerven und zweifelhaften Bekanntschaften dar. Man lästert über die ungehobelte Dame aus der Provinz, die glaubt, zu „Tout Paris", der edlen Gesellschaft gehören zu wollen, eine Neureiche mit dem Hang zum Luxus, eine Snobistin, die einen unguten Einfluss auf ihren Mann ausübt[14].

Ihren Posteingang, der für Yvonne so wichtig war, lässt sie vom Präsidentensekretariat erledigen, besucht aber stattdessen große Wohltätigkeitsgalas, Vernissagen und Versteigerungen zu guten Zwecken. Georges legt Wert darauf, dass die öffentlichen Auftritte seiner Frau im höchsten protokollarischen Rahmen erfolgen: Mit Polizeieskorte und einem uniformierten Präfekten an ihrer Seite. Wenn sie irgendwo einen Raum betritt, hat alles aufzustehen und ein kleines Mädchen ihr einen Blumenstrauß zu überreichen. Zudem bekommt sie zur protokollarischen Besuchsorganisation einen Diplomaten Vollzeit abgestellt[15]. Bei einem USA Besuch im Februar 1970 passiert dennoch ein Malheur. Weil Frankreich den Libyern Mirage-Flugzeuge verkaufte, belästigen erzürnte jüdische Demonstranten das Präsidentenpaar vor und im Hotel Waldorf in Chicago und beschimpfen sie als Mörder. Claude ist mit ihren Nerven am Ende, Georges wütend und droht mit dem Abflug. Es bedurfte einer Entschuldigung Richard Nixons, um ihn zu beruhigen. In Paris wird das Paar kritisiert, weil er überreagiert und sie die Nerven verloren habe. Außerdem sei die dauernde Vorführung von Luxuskleidung wie bei einer Modenschau peinlich und verfehlt. Claude muss also verlautbaren lassen, sie würde alle Kleider,

14   Schneider. Op. cit. S. 71.
15   Ibid. S. 73.

Mäntel und Accessoires nach einmaligem Tragen den Modehäusern selbstverständlich zurückgeben.[16]

Tatsächlich ist ihr normaler Tagesablauf im Élysée einigermaßen monoton. Frühs liest sie die
Zeitung und telefoniert, oft lange mit ihrer Schwester Jacqueline, die ihre Vertraute ist. Oft lässt
sich Claude zum Schneidern und zum Anprobieren fahren. Mittags isst sie meist alleine. Nach
dem Ende seiner Arbeitssessen trifft sie Georges oft im Park. Am Nachmittag eröffnet sie Ausstellungen, und besucht vom Protokoll organisiert, soziale Einrichtungen von Kindergärten
bis zu Sterbehospizen und beehrt Wohltätigkeitsbasare. Bei Empfängen reicht die Zeit auch
mit interessanteren Zeitgenossen nur zum Austausch von Small Talk, Banalitäten also. Abends
essen die beiden gegen 21 Uhr gemeinsam. Für sie ist ihr Familienleben ein „Leben im Büro"
geworden. Doch er freut sich immer, wenn er sie abends wieder trifft, entspannt sich, wird wieder witzig und wirkt plötzlich glücklich.[17]

Trotz der protokollarischen Beschränkungen versucht Claude im Élysée die Verbindung zu
„Tout Paris" weiter zu pflegen. Beide laden Künstler und Mäzene (den Geldadel, darunter die
Rothschilds, also) zu Filmabenden ein. Die Filme werden von ihr ausgewählt, gefolgt von Galadiners mit 24 Gedecken an zwei Rundtischen, an denen die beiden jeweils präsidieren. Die
Freundschaften werden weiter gepflegt, sind aber förmlicher, weniger natürlich und spontan
geworden. Schon Ende 1969 schreibt Georges Pompidou an einen Freund: „Das Leben als
Staatschef ist in Wahrheit ein Gefangenenleben unter dauernden Beschränkungen. Claude leidet darunter weniger als ich im Prinzip, aber doch mehr in der Praxis, weil ich sehr beschäftigt
bin, zu sehr beschäftigt, um an das alles zu denken, was ich mir vorenthalte. Ich gehe nicht
mehr aus, weder ins Theater noch ins Kino, ich lese praktisch nicht mehr, gehe niemals in ein
Restaurant, sehe praktisch meine Freunde nicht mehr, und wenn dann in einer eingefrorenen
Umgebung"[18].

Georges übertrug seiner Frau auch protokollarische Aufgaben, zum Beispiel ihn bei der Trau-
erfeier für 56 tote Seeleute, die bei einer U-Bootexplosion ums Leben gekommen waren, im
Marinehafen Toulon zu vertreten. Als er im Januar 1971 erfuhr, dass er unter der unheilbaren
Waldenström-Krankheit, einer Art langsamer Leukämie, litt, übertrug er ab 1972 wegen zunehmender Erschöpfungszustände durch die starken Kortisondosen mehr und mehr öffentliche
Auftritte an seine Frau. Charlie Hebdo karikierte diese mit verlässlicher Geschmacklosigkeit
unter der Überschrift: „Die Abenteuer der Witwe Pompidou", während Chaban-Delmas und
Giscard bereits um die Nachfolge ritterten. Claude selbst will nichts wissen und hält sich an die
offizielle Version: Starke Grippe-Rückfälle, zumal Georges selbst immer wieder behauptet, es
ginge ihm wieder besser und alles andere als bösartige Gerüchte abstreitet. Ende März 1974
kehrt Claude mit dem Schwerkranken in die Wohnung am Quai de Béthune zurück, wo er am
2. April, für sie überraschend, stirbt.

---

16   Ibid. S. 75.
17   Ibid. S. 76.
18   Zitiert in: Ibid. S. 82.

Die Beerdigung findet in Orvilliers statt. Am Staatsakt in Notre-Dame nimmt Claude nicht teil. Ihr erster Reflex war, wie Yvonne de Gaulle abzutauchen. Dann macht sie das Gegenteil. Sie wird zu einer Art Staatswitwe. Mit Jacques Chirac, der stets ein getreuer Pompidouist war und von Georges auch entsprechend gefördert wurde, als Bundesgenossen sucht sie zunächst das pharaonische architektonische Erbe, das er konzipiert hatte, gegen Giscard, der geschichtsbewusst diese ahistorischen Bauten[19] zu kassieren sucht, zu vollenden. Immerhin gelang es Giscard, die Stadtautobahn, die beide Seineufer in Paris hätte verschandeln sollen, doch noch im Staube zu ersticken. Dann eröffnet sie einen äußerst einflussreichen polit-kulturellen Salon in ihrer Wohnung am Quai de Béthune. Sie führt die Chiracs ebenso bei Tout Paris ein, wie sie es von den Rothschilds zwei Jahrzehnte zuvor hatte erfahren können. Während ihrer langen 33 Jahre dauernden Witwenschaft war ihr Chirac während seiner vier Jahre als Premier, achtzehn Jahre als Pariser Bürgermeister und zwölf Jahre als Präsident für ihre Projekte in vieler Hinsicht zu Gefallen. Dazu suchte sie mit allen Mitteln eine positiv geschönte Erinnerung an ihren Gatten hochzuhalten, einschließlich stets harmonischer Beziehungen mit de Gaulle, auch dann, wenn sie nicht der historischen Wahrheit entsprachen.[20] Weiter entwickelte sie eine rege Reisetätigkeit in exotische Länder und zu reichen Freunden, bei denen sie Spenden für ihre Fondation Claude Pompidou, die gute Werke von Waisenhäusern bis zu demenzkranken Alten tut, und Kunstwerke für das Centre Pompidou einsammelte. Bei Besuchen ausländischer Staatsleute von Jimmy Carter bis Indira Gandhi führte Claude sie stolz durch ihr Zentrum. 1997 veröffentlichte sie ihre nicht sonderlich bemerkenswerten Lebenserinnerungen[21], die nur 20.000 Exemplare verkauften.

Trotz all dieser Aktivitäten fühlte sie weiter als Tragik ihres Lebens, dass sie nach jenem Opfer von sechs Jahren Premierministerschaft und fünf Jahren Präsidentschaft keinen Tag ihres langen Lebensabends gemeinsam mit ihrem Mann hatte verbringen können und fühlte sich deshalb oft sehr einsam. In das Élysée, das Haus ihres Unglücks, das sie niemand anderem wünsche, hat sie nie wieder ihren Fuß gesetzt, auch dann nicht, als ihre Freundin Bernadette dort 14 Jahre lang das Zepter schwang.

In ihren letzten drei Lebensjahren nahmen Gesundheitsprobleme zu. Sie wurde sehr schwach und magerte deutlich ab. Sie starb im Juni 2007 im Alter von 94 Jahren und wurde in Orvilliers an der Seite von Georges beigesetzt.

---

19   Le Monde nannte das Centre Pompidou, das Giscard, nachdem es einmal gebaut war, eigentlich Centre Beaubourg nennen wollte: „eine Gewalttat, eine Vergewaltigung, eine Art architektonisches King Kong", und Le Figaro: „ein monströser vielfarbiger abgehäuteter Balg, aus dem die Gedärme quellen". Es ist schwierig, mit diesen Urteilen nicht übereinzustimmen. Allerdings ist das Centre Pompidou in den vierzig Jahren seiner Existenz mit 325 Ausstellungen und 100 bis 200 Millionen Besuchern zu einer unstreitigen Touristenattraktion geworden.
20   Schneider. Op. cit. S. 89.
21   Claude Pompidou. L'élan du Cœur. Plon. 1997.

Anne-Aymone Giscard d'Estaing (1933–)

Anne-Aymone de Brantes wurde 1933 als drittes von fünf Geschwistern geboren. Ihr Vater war Oberstleutnant der Kavallerie, diente als Militärattaché in der Vorkriegszeit in London und Lissabon (wohin ihm die Familie auch folgte) und starb wegen Résistance-Aktivitäten verhaftet 1944 im KZ Mauthausen in Oberösterreich entweder durch Hunger oder Krankheit. Väterlicherseits war der Großvater General, die Großmutter stammte aus dem burgundischen Industriellengeschlecht der Schneider, das die Interessen der französischen Schwerindustrie auch politisch artikulierte. Mütterlicherseits entstammt sie dem Baronengeschlecht de Faucigny-Lucinge ab, das seine Ursprünge bis ins 10. Jahrhundert in Savoyen verfolgen kann. Als einer ihrer Vorfahren 1828 die uneheliche Tochter des zweiten Sohnes von Charles X. ehelicht, wird ihm vom König nach der Legalisierung der Tochter ein italienischer Prinzentitel auf Lebenszeit verliehen, da er ja nunmehr ein Verwandter des Königs sei, des letzten regierenden Bourbonen, der bald darauf 1830 gestürzt wurde. So ist einerseits richtig, dass in Anne-Aymones Adern Bruchteile königlichen Blutes fließen. Andererseits erscheint die häufige Behauptung französischer Medien, Giscard habe eine Prinzessin geheiratet, weit hergeholt.

Einen Teil ihrer Jugend verbrachte Anne im Familienschloss Château du Fresne in Authon, in der zentralfranzösischen Präfektur Loir-et-Cher. Im noblen aber langweiligen 16. Bezirk von Paris besuchte sie das Lycée Notre-Dame-des-Oiseaux mit dem Schwerpunkt „humanités feminines", in anderen Worten: Kochen, Schneidern, Haushaltsführung und Kunstgeschichte in jener Klosterschule für höhere Töchter. Eine ähnliche Ausbildung wie Yvonne de Gaulle, die aus der Großbourgeoisie des Nordens stammte, anderthalb Generationen früher. Nach dem Abitur besucht sie eine Sprachschule, wo sie fließendes Englisch lernt, das viel besser ist als das ihres Gatten je sein sollte. Anne war knapp 20, als sie Valéry, der gerade die ENA hinter sich gebracht hatte, Anfang der 50er Jahre trifft. Sie ist hübsch, elegant, wohlerzogen und reich. Offensichtlich eine gute Partie, nobler und reicher als Giscards großbürgerliche Familie auf alle Fälle, zumal in jenen Kreisen die Eheschließung mit guten Gründen auch als möglicher Karrierebeschleuniger angesehen wurde. Der junge, gleichfalls sehr gut aussehende Valéry, der seinen Weg zur Spitze schon programmiert hat, ist der geborene Verführer. Im Grunde sucht er wie seinerzeit de Gaulle nach dem Vorbild seines Vaters eine Frau, die ihm wie seine Mutter ihrem Mann völlig ergeben ist. Er macht der jungen schüchternen, naiven und völlig unerfahrenen Anne nach Regeln der Kunst den Hof: Er lädt sie in die Oper, ins Theater ein, schreibt ihr Gedichte, führt ihr seine Künste beim Skifahren, Tennisspielen, Tanz, im Spiel von Klavier und Akkordeon und in der Konversation vor. Einzige Irritation: Sein zügelloser Intellektualismus überfordert das arme Mädchen, wenn er sich allzu schlau darstellen will[22]. In Summe war er aber unwiderstehlich. Und was sie für Liebe hielt, war in Wirklichkeit nur die Reflektion seines eigenen Narzissmus. So heiratete sie im Dezember 1952 im Schloss von Fresne in einer wunderschönen Zeremonie unter Teilnahme von was man seither „Bon chic, bon genre" nennt, einen Mann, der nur sich selbst liebte. Während Yvonne de Gaulle einen Berufsoffizier

22   Schneider. Op. cit. S. 105.

heiratete und Claude Pompidou einen Gymnasiallehrer, die damals beide keinerlei politischen Ehrgeiz zeigten und eine politische Laufbahn und der Weg ins Élysée denkbar unwahrscheinlich erschienen, brannte Giscard schon in jungen Jahren vor Ehrgeiz. Mit 30 Jahren ist er Abgeordneter, mit 33 Jahren Staatssekretär für Haushaltsfragen und mit 36, im Jahr 1962, de Gaulles Finanzminister. Um Anne und die Kinder kümmert er sich in seinem Siegesrausch wenig. Er umgibt sich lieber mit Leuten, die der politische Erfolg anzieht. Nur bei Niederlagen, etwa als er 1959 bei den Bürgermeisterwahlen in Clermont-Ferrand von einem sozialistischen Michelin-Arbeiter ausländischer Herkunft geschlagen wird, oder als er im Januar 1966 den Posten des Finanzministers verliert, lässt er sich zuhause trösten. Laut seiner Mutter sprach er manchmal wie Superman, und dann wieder wie ein Säugling[23].

Im Wahlkampf von 1967 befiehlt er ihr in Bergdörfern in der Kälte Plakate zu kleben, und 1974 zwingt Valéry, der als Frankreichs jugendlicher Kennedy wirken will, Anne die Rolle der glamourösen Jacqueline zu spielen. Sie fügt sich wie immer, obwohl sie der Schüchternen absolut nicht liegt. Auch die Kinder müssen wie bei den Kennedys vor die Fotografen und auf die Plakate. Giscard hatte als Staatssekretär Kennedy 1961 für einige Minuten im Weißen Haus getroffen und war von dem unbekümmerten jugendlichen Schwung und der geldreichen Brillanz des Großbürgersohns begeistert. Schließlich jagten sie ja beide der Macht und den Frauen hinterher.

Valérys Untreue war pathologisch, er liebte Frauen und musste sie erobern, ähnlich wie seine Großwildjagden. Im Oktober 1974 brachte der Canard Enchaîné unter der Überschrift „Valéry Folamour" die Nachricht, der ausgeliehene Sportwagen des Präsidenten sei vor dem Élysée in den frühen Morgenstunden mit einem Milchwagen zusammengestoßen. Mit an Bord war eine seiner Mätressen, eine ihrer Cousinen. Während sie seine Seitensprünge stets mit Schweigen tolerierte, war diesmal die Tatsache schrecklich, dass ganz Frankreich davon erfahren hatte. Im Jahr 1973 hatte Giscard dem Vernehmen nach mit einer Scheidung geliebäugelt, nahm davon jedoch Abstand, als er erkannte dass Pompidou todkrank war. Als geschiedener Präsidentschaftskandidat hätte er für die Nachfolge damals nach eigener Einschätzung keine Chance gehabt.

Ihre Arbeit im Élysée nimmt Anne wie eine gute Hausfrau an, kümmert sich um die Gärtner, korrigiert die schlimmsten Geschmacksverirrungen der Vorbenutzer, überwacht die Blumendekorationen und die Küche, überfliegt die Zeitungen, erledigt die Post und empfängt Besucher verschiedener sozialer und kultureller Einrichtungen, die jeweils halbstündig, also eher Höflichkeitstermine sind. Ins Élysée zu ziehen weigerte sie sich jedoch standhaft, schließlich war es für ein Familienleben mit vier halbwüchsigen Kindern denkbar ungeeignet. Sie bleiben in der viel schöneren und größeren Wohnung im edlen 16. Bezirk, wo sie schon zur Schule gegangen war. Im Élysée hat sie nur ein kleines Schlafzimmer für besondere Spättermine, getrennt von Valéry. Das Mittagessen nimmt sie zuhause mit den Kindern ein, und auch das Abendessen, wenn keine offiziellen Termine dazwischen kommen. An Nachmittagen liegen

23   Zitiert in: Ibid. S. 107.

entweder weitere Schreibtischarbeit, Besuchertermine oder soziale Auswärtsbesuche an, oder sie kauft für sich und die Familie ein. Dazu kommen natürlich die offiziellen regionalen oder Auslandsreisen als Unterbrechung. Das klingt nicht wahnsinnig stressig, wurde aber auch von ihr als belastend, sehr ermüdend und unbedankt befunden. Sie war nie berufstätig gewesen und hatte jetzt diese formalisierten fremdbestimmten Zehnstundentage zu absolvieren. Sie sagte, sie empfinde sich wie ihre Schwester Marguerite, die in einen Orden eingetreten sei, und bedauerte die unglücklichen Monarchen von England, Dänemark und den Niederlanden, die das ein ganzes Leben lang tun müssten. Bei ihr sei wenigstens ein Ende abzusehen.

Natürlich gründet sie auch eine Wohltätigkeitsstiftung, die Kinder, die Opfer von Gewalt geworden sind, zugutekommen soll. Bei den Bittbriefen, die sie persönlich beantwortet, legt sie oft einen Schein von 500 Francs (75 Euro) bei. Als der Canard Enchaîné davon erfährt, höhnt er über die Rückkehr der Patronatsdamen und müßigen Gattinnen der Schlotbarone.

Normalerweise spricht sie stets in respektvollen Tönen von ihrem Mann, den sie stets „der Präsident" und „der Vater der Kinder" nennt und ihn als aufmerksamen Gatten und vorbildlichen Familienvater beschreibt. Nur einmal verliert sie bei einem Interview mit Madame Figaro die Kontrolle, als sie um Wortspenden zum Porträt eines mitfühlenden Ehemannes gebeten wird: „Mitfühlend, wo denken Sie hin! Das ist nur fürs Publikum! Für das Bild, das er von sich selbst geben will. Er hat sich noch nie um jemand anderes gekümmert, als um sich selbst. Es gibt keine Geste, kein Wort, das nicht berechnet ist. Es ist ich, ich, ich"[24].

Gelegentlich vertraute ihr Giscard auch offizielle Missionen von drittrangiger Bedeutung an, etwa nach Andorra, wo der französische Präsident Mitregent ist, oder um ihn bei der Amtseinführung von Johannes Paul I. zu vertreten. Am 31. Dezember 1975 sollte sie bei der offiziellen Neujahrsansprache einige Worte sagen, wobei ihr vor Nervosität die Stimme jedoch versagte. Auch sonst legt Valéry Wert auf königliches Protokoll für sie und seine Kinder. So macht die wenig schmeichelhafte Rede von der Königin im Élysée im republikanischen Frankreich die Runde.

Ab 1976 mehren sich die Wahlniederlagen für Giscards Unabhängige Republikaner. Skandale und Morde häufen sich in seinem politischen Umfeld. Und schließlich werden dann die Diamanten von Bokassa publik, eine Geschichte, die er zunächst mit schweigender Verachtung strafen will und die ihm letztlich politisch das Genick brechen sollte. Je mehr er publizistisch unter Feuer gerät, desto arroganter klammert er sich an protokollarische Würden, und nimmt Zeitungen und das Fernsehen nicht mehr zur Kenntnis. Anne selbst kommt auch wegen einiger Börsengeschäfte in die Feuerlinie.

Als er 1981 von Mitterrand nach Chiracs Abfall nach nur einer Präsidentschaftsperiode geschlagen wurde, ist der 55-Jährige, dem bislang als jüngster und bester fast immer alles gelungen war, ein emotionales Wrack. Als er das Élysée verließ, wurde er von Passanten und Parteigängern der Sieger ausgepfiffen. Bis 1988 las er nach eigenem Eingeständnis keinen einzigen

---

24   Zitiert in: Ibid. S. 114.

Zeitungsartikel, in dem sein Namen erwähnt wurde, so tief war die narzisstische Kränkung. Anne-Aymone dagegen war zufrieden, dass sie jetzt endlich wieder ein freieres normaleres Leben führen konnte. Ihr wird 1983 der Bürgermeisterposten in der Gemeinde Chanonat (Puy-de-Dôme) angeboten, wo das Familienschloss de la Varvasse steht, und ihr Schwiegervater (1932–47) schon Bürgermeister war. Sie wird aber lieber einfaches Gemeinderatsmitglied. Die Führung ihrer Stiftung, die sie stets wesentlich diskreter führte als Claude Pompidou oder Bernadette Chirac, gab sie 2012 ab, führt aber weiter den umfangreichen Immobilienbesitz der drei Wohnsitze. Memoiren hat sie im Gegensatz zu den meisten anderen ersten Damen keine geschrieben, auch keine Biographie inspiriert. Es hatte ihr genügt, dass ihr seelisch schwer angeschlagener Mann wieder zurückkam und sie ihn nach und nach wieder aufbauen konnte.

Danielle Mitterrand (1924–2011)

Die 1924 im noch kriegszerstörten Verdun geborene Danielle Mitterrand kommt aus der anderen Hälfte der französischen Gesellschaft. Die Tochter laizistischer sozialistischer Lehrer hatte mit dem Katholizismus nichts zu schaffen, wurde im Gegensatz zu Yvonne de Gaulle und Anne-Aymone Giscard nicht als höhere Tochter erzogen, hatte ein völlig anderes Geschichts- und Gesellschaftsbild und entsprechend unterschiedliche Verhaltensweisen. Ihre Sympathien sind auf der anderen Seite der politischen Barrikade, bei den Revolutionären von 1789, den Kommunarden von 1871, der Volksfront Léon Blums von 1936 und den Partisanen des Maquis von 1944.

Beim Wahlsieg ihres Mannes im Mai 1981 teilte sie die Euphorie der sozialistischen Parteigänger mit ihren Hoffnungen auf einen linken Wandel der Gesellschaft. Sie sang die Internationale mit und freute sich am lange erkämpften Sieg ihres Mannes. Die künftige Rolle einer ersten Dame war ihr ziemlich gleichgültig. Sie wollte sich auch im Élysée nicht einsperren lassen, zumal sie es aus Mitterrands langer Ministerzeit in der IV. Republik, zum ersten Mal als 23-Jährige, gut kannte. Eine Rolle als oberste Wohltäterin und unpolitische Sozialfürsorgerin der Nation sah sie für sich zunächst nicht. Dennoch schuf sie unter dem Eindruck der an sie herangetragenen Gesuche kleine spezialisierte Sektionen für Arbeitsfragen, Wohnungen, Familien von Strafgefangenen und Menschenrechtsverletzungen, die sich dann direkt an die Ministerien wandten. Wenn sie sich als „verbunkerte, anonyme Verwaltung" unkooperativ zeigten, griff Danielle selbst zum Telefonhörer und rief direkt den Minister an, um ihm unmissverständlich klarzumachen, was sie von ihm erwartete. So geschehen im Fall eines depressiven jungen Poeten, den sie vom Wehrdienst freistellen lässt (den hunderttausende andere deprimierte Nicht-Dichter jedoch brav weiter ableisten mussten).[25] Bald gründet sie mit Gesinnungsgenossen drei verschiedene Vereine, die sich dem Wohl und den Menschenrechten in der Dritten Welt verschrieben haben. Sie fusioniert sie schließlich zu „France Libertés Fondation Danielle Mitterrand". Ihr Generalsekretär wird ihr Vertrauter Raphaël Doueb, ein aus Algerien stammender Jude, vormals ein linksextremer Aktivist. Er gilt als ebenso arrogant wie umtriebig. Es wird

---

25   Danielle Mitterrand. Gezeiten des Lebens. Düsseldorf 1996. S. 140.

ihm häufig vorgeworfen, als eine Art Rasputin seinen Einfluss auf Danielle für seine Interessen auszunützen, hilft ihr aber in der unübersichtlichen Szene internationaler Exilanten und selbsternannter Gutmenschen der gauche caviar, den Spreu vom Weizen zu trennen, die Hochstapler und Glücksritter von den wahren Märtyrern und selbstlosen Helfern zu unterscheiden und so die wildesten Fehltritte zu vermeiden, die sie in ihrer Naivität zu begehen droht, und betreibt auf eine nicht immer untadelige Art die Finanzen der Stiftung[26]. Auch ein junger ENArque namens François Hollande werkelt in der Stiftung als Aufpasser des Präsidenten mit.

Ihr Vater war als Schulleiter, der sich weigerte Listen von jüdischen und ausländischen Kindern anzulegen, von den Vichy-Behörden entlassen worden. Seither schlug er sich mit Privatunterricht und kleineren Hilfsdiensten für die Résistance durch, in die die ganze Familie einbezogen wurde. Mitterrand hatte die 20-jährige Abiturientin, die Botengänge und Sanitätsdienste für die Résistance erledigte, Ostern 1944 kennengelernt und schon im Oktober geheiratet. Doch schon in der Hochzeitsnacht entfleuchte er zu einer politischen Sitzung seiner Kriegsgefangenenvereinigung. Tapfer begleitet sie ihn. Bald muss sie erkennen, dass er mit seinen Heimlichkeiten, seiner Verschwiegenheit und seinem getriebenen Ehrgeiz ein zweites Leben führt, das er nicht mit ihr teilt und das ihr nicht zugänglich ist. Als ihr erster Sohn Pascal 1945 schon als Säugling mit zweieinhalb Monaten stirbt, hat für François die Politik Vorrang. Er lässt seine junge Frau in ihrer Trauer allein. Auch nach der Geburt der Söhne Jean-Christophe (1946) und Gilbert (1949) führt er eine Paralellexistenz als Junggeselle und kümmert sich nicht um die Familie, außer bei Presseterminen und vor Besuchern, wo sie das klassische Paar spielen. Vom Hausfrauendasein unausgefüllt erlernt sie das Buchbinderhandwerk (schließlich ist François leidenschaftlicher Bibliophiler …). Das Magazin Elle listet 1951 François unter die zehn bestaussehenden Franzosen, ein Vorteil, den er wie Giscard und Chirac weidlich für eine unendliche Serie von Eroberungen ausnutzt. Danielles Szenen lassen ihn kalt. Weil auch für ihn eine Scheidung nicht in Frage kommt, schlägt er eine offene Partnerschaft vor. Jeder kann tun und lassen, was er will und mit wem er will. Sie erzählt ihm schließlich ganz offen auch ihre Eroberungen. Sie habe schließlich nicht ein Keuschheitsgelübde abgelegt, weil ihr Mann fremdging, erklärt sie mit 85 Jahren Paris Match[27]. Als sie um 1960 von seiner Liaison mit Anne Pingeot erfährt, weiß sie, dass dies nicht mehr eine der üblichen Kurzaffairen einiger Nächte ist, sondern dass sie auch als Hauptfrau seines Herzens abgemeldet ist. Die Geburt von Mazarine sei für sie „weder Enthüllung noch Drama" gewesen, behauptet sie später.[28] So nimmt sie sich ihrerseits einen Sportlehrer, Chauffeur und Leibwächter namens Jean. Er bezieht ein Dienstbotenzimmer über ihrer Familienwohnung und verbringt die Zeit mit ihr und ihren Söhnen. Sie fahren auch zusammen in den Winterurlaub (ohne François, der das mit Anne und Mazarine tut), wo es sich gut trifft, dass Jean auch Skilehrer ist. François akzeptiert dies als Preis seiner Freiheit zunächst zähneknirschend, dann fast freundschaftlich, zumal Jean sehr diskret auftritt und nach der Wahl ins Élysée verschwindet und seine eigene Familie gründet. Sie empfindet dies als ungerecht und tobt, zumal François keinerlei Anstalten macht, sich

26   Jocelyne Sauvard. Les trois vies de Danielle Mitterrand. L'Archipel. 2012.
27   Zitiert in: Schneider. Op. cit. S. 141.
28   Danielle Mitterrand. Gezeiten des Lebens. Düsseldorf 1996. S. 112.

von Anne zu trennen. Sie sieht Jean nie wieder und erwähnt ihn auch auf keiner Zeile ihrer 335-seitigen Lebenserinnerungen („En toutes libertés").

Dennoch steht Danielle politisch weiter zu Mitterrand, auch in der langen Oppositionsphase von 1958 bis 1981, die mit mehr Tiefen als Höhen, bei allen Politikern – bei de Gaulle von 1946 bis 1958 – „la traversée du désert" (die Wüstendurchquerung) genannt wird, nimmt ungerechte Pressekommentare den Schreibern und Herausgebern persönlich übel, und begeistert sich bei öffentlichen Auftritten und Parteitagen an Mitterrands großartiger sozialistischer Rhetorik, vor allem, nachdem er beim Kongress von Epinay 1971 die Führung der Partei übernommen hatte.

Im Élysée selbst, wo sie sich eher „als Zuschauerin und Nebendarstellerin" fühlt[29], lässt sie ihre Räumlichkeiten modernisieren und klopft das aufgeblasene Repräsentationsbudget nach Einsparmöglichkeiten ab. Bald merkt sie, dass bei dem System der Hoflieferanten eine niedrigere Auftragssumme schnell schlechtere Qualitäten bewirkt. Im Stil macht sie als Lehrerstochter Anregungen, gibt nicht Befehle, wie es die Großbürgertöchter Yvonne de Gaulle und Anne Giscard schon in ihrer Jugend gegenüber Hausangestellten zu erteilen gewohnt waren. Dabei bemerkt sie, dass das Präsidialamt des Élysée seit de Gaulles Zeiten vom Militär verwaltet wird und die Mitarbeiter in der Hausverwaltung, im Transport- und Küchenwesen Teil einer Befehlskette mit strengen Dienstplänen sind, in die sie mit freundlichen Hinweisen nicht hineinregieren kann. Befehle ans Personal werden über den Kabinettschef an den Militärintendanten übermittelt.[30]

An den Staatsbesuchen ihres Gatten mit einer eigenen Schlafkabine im Präsidentenflugzeug nimmt sie eher unlustig aus Pflichtbewusstsein teil. Zu anderen First Ladies findet sie nach eigenem Bekunden keinen rechten Draht. Trotz anfänglicher Hoffnungen ist sie von Raissa Gorbatschowa enttäuscht. Hillary Clinton will von ihr Details des französischen Sozialversicherungssystems wissen, bei denen sie passen muss. Ihrerseits nervt sie Barbara Bush mit einem stundenlangen Monolog zur Kurdenfrage, der auch nicht gut ankommt[31].

In dem in Frankreich stets schwelenden Kulturkampf zwischen privaten (katholischen) und öffentlichen (laizistischen) Schulen nimmt Danielle öffentlich Partei, obwohl Mitterrand, der selbst eine katholische Erziehung genossen hat, das kontroverse Thema herunterunterspielen will. Wie alle sozialistischen Parteigänger fühlt sie sich nach der Kehrtwende von 1983, als Mitterrands schuldenfinanziertes Konjunkturprogramm nur Importe ins Land gezogen und die Zahlungsbilanz und den Franc hatten abstürzen lassen, enttäuscht und verraten, zumal ihr wirtschaftlicher Sachverstand abging und sie lieber an die Verschwörungen des internationalen Finanzkapitals glauben wollte. Den aalglatten und arroganten jungen Laurent Fabius mag sie nicht als Nachfolger für den gestandenen Arbeiterführer Pierre Mauroy aus Lille als Premierminister. Sie lehnt die Einheitliche Europäische Akte von Jacques Delors ebenso ab, weil sie

---

29   Ibid. S. 134.
30   Ibid. S. 147 ff.
31   Ibid. S. 184 ff. S. 251 und S. 231 ff.

Kapitalflüsse in Europa erleichtert, wie den Bau des Pariser Disneylandes, weil er fruchtbare Zuckerrübenfelder vernichtet. Diese Meinungen teilt sie aber nur François (der sie offenkundig ignoriert) und nach seinem Tod in ihren Memoiren mit. Während der beiden Kohabitationen von 1986–88 (Chirac) und 1993–95 (Balladur) dagegen kann sie mit dem Segen Mitterrands die bürgerlichen Mehrheitsregierungen offen kritisieren und tut dies auch lauthals. So im Fall der Abschiebung von 101 illegalen Maliern und gegen die strengeren Einbürgerungsregeln und Polizeikontrollen von Innenminister Pasqua. Die Kritik der Rechten lässt nicht auf sich warten: Mit welcher Legitimation mischt sich die von niemandem gewählte erste Dame als selbsternannte La Pasionaria eigentlich in die Tagespolitik ein?

Ab 1983 engagiert sie sich mit ihrer Stiftung vermehrt zugunsten verfolgter Völker, vor allem der Kurden, aber auch der Sahrauis (der ehemaligen Spanisch-Sahara), der Osttimorer und Tibetaner und legte sich dabei mit den Regierungen der Türkei, Marokkos, Indonesiens und Chinas sowie der Diplomatie ihres Gatten an[32]. Später radikalisiert sie sich und agitiert mit ihrer Stiftung für die Indios in Lateinamerika, die Opfer der Apartheid in Südafrika, die landlosen Bauern in Brasilien, die Straßenkinder von Manila, die Waisenkinder in Bangladesch, und befreundet persönlich die Diktatoren Fidel Castro auf Kuba und Daniel Ortega in Nicaragua. Alle sind laut Danielle Opfer des US-Imperialismus, des monströsen Bündnisses von Drogenkartellen, des CIA und des Großkapitals. Als „aufrichtige Freundin Kubas" will sie mit ihren Umarmungen Fidel überreden, sein Regime zu lockern, die Pressefreiheit einzuführen, politische Häftlinge freizulassen und die Todesstrafe abzuschaffen.[33] Wie man weiß, mit durchschlagendem Erfolg. 1993 erhält sie in Washington einen Menschenrechtspreis für ihr Kurdenengagement und denunziert dabei laut das „barbarische" US-Embargo, das gnadenlos die Kubaner erwürge. Sie beschreibt es später als die „größte Ungerechtigkeit, die ein Volk je erlitt"[34]. Man fragte sich in Paris nach der Motivation für ihre Provokationen. Will sie sich an ihrem Mann rächen? Die französischen Diplomaten ärgern, die sie nicht mag? Oder hat sie einfach nur ihr Temperament nicht unter Kontrolle? Bei all ihren Auslandsreisen haben die Botschafter diskret Anweisung, zu erwartende Entgleisungen schnell zu reparieren und Pressekontakte möglichst zu unterbinden[35].

Inzwischen war die Stiftung mit 65 Filialen in den Präfekturen und etlichen Schwesterstiftungen im Ausland mit einem Jahreshaushalt von 2 Millionen Euro (1989) gewaltig gewachsen. Mitterrand steckt seine Vertrauten in den Aufsichtsrat und lässt die Finanzen professionell von einem Präfekten führen, um jede Skandalisierung durch die Opposition zu verhindern. Während Danielle behauptet, ihre Stiftung sei eine völlig unabhängige Nichtregierungsorganisation wie alle anderen, hat ihre Präsidentin doch offiziellen Status und fährt mit Polizeieskorte. Für den Rest der Menschheit bleibt sie eher die Frau des Präsidenten als die Chefin von France Libertés.

---

32   Ibid. S. 220 und 290.
33   Ibid. S. 237 und 247.
34   Ibid. S. 243.
35   Schneider. Op. cit. S. 160.

Im Sommer 1994 muss sie eine schwere Herzoperation durchmachen, während Mitterrands Krebsleiden sich verschlimmert. Damals wurde auch die Existenz von Mazarine publik, deren Vaterschaft er so lange öffentlich zu unterdrücken wusste. Als Roland Duras ihr das taktvoll nahezubringen versuchte, meinte Danielle, schon seit Annes Schwangerschaft habe sie Bescheid gewusst. Erst am Grab von Mitterrand am 11. Januar 1996 begegneten sich beide Frauen, sowie Mazarine und ihre Halbbrüder zum ersten Mal.

Mitterrand hatte sein 30-jähriges Doppelleben, so kompliziert dies bei einen überengagierten Spitzenpolitiker im Rampenlicht auch sein möchte, sauber organisiert: Mit Danielle das Neujahr und den Monat August in Latche, das Pfingstwochenende in Solutré in Burgund, das Sonntag-Abendessen mit ihr und engen Freunden in der Stadtwohnung in der Rue de Bièvre. Mit Anne Weihnachten oft in Ägypten, den Karneval in Venedig, die Wochenenden in der Präsidentenresidenz von Souzy, den Juli in Gordes, und die Abende und Nächte in Annes Stadtwohnung am Quai Branly. Mit Anne, die ihm völlig ergeben war und keine anderen Männer kannte, hatte er den geistig-kulturellen Austausch und die gemeinsame Leidenschaft für das 19. Jahrhundert, die ihm mit Danielle abging. So wie das Élysée ein Geschenk von Louis XV. an seine Mätresse die Madame de Pompadour war, so war der Umzug des Finanzministeriums aus der Rue de Rivoli und die Errichtung der Pei-Pyramide ein Geschenk des Präsidenten an seine getreue Kuratorin im Louvre. Seine letzten Wochen verbrachte der sterbende Präsident in Annes Wohnung. Wenn Danielle zu Visiten kam, signalisierten dies die Polizeibeamten an Anne und Mazarine, die sich daraufhin diskret verzogen.

Nach Mitterrands Tod zog sich Anne in ihr Skulpturenkabinett im Musée d'Orsay zurück, während Danielle den politischen Kampf zugunsten der Erniedrigten und Beleidigten in Lateinamerika, Tibet und Kurdistan wieder aufnahm. Mit der extremen Linken forderte sie die Legalisierung aller illegalen Einwanderer, demonstrierte mit Attac und rief 2005 zum „Nein" gegen den Europäischen Verfassungsvertrag auf, der die Menschen den Wirtschaftsinteressen versklave. Mittlerweile Medienpromi der Altermondialistas, trat sie mit den üblichen anderen Verdächtigen, dem Dalai Lama, Nelson Mandela, Rigoberta Menchú und Mutter Teresa zu nahezu allen Themen des weltweiten linken Gutmenschentums mit Wortspenden und Fototerminen auf.

Mit 71 Jahren veröffentlichte sie 1996 kurz nach seinem Tod ihre bereits zitierten Lebenserinnerungen, die sich zu zwei Dritteln um ihren internationalen Politaktionismus und ihre Stiftungsaktivitäten drehen – und in der Tat kommen ihre beiden Söhne mit ein paar lapidaren Floskeln im Vergleich zu ihrer langatmigen Verehrung für Fidel Castro und den Dalai Lama buchstäblich stiefmütterlich weg! In ihnen erscheint „François" als eine Art geduldiger Übervater, der ihre leidenschaftlichen Eskapaden langmütig vergibt, Überschwänge gelegentlich einbremst, aber ansonsten nichts tut, weder im Positiven wie im Negativen, und sie gewähren lässt. Gegen Kritiker (meist der Rechten) nimmt sie ihn mit polemischer Aggressivität in Schutz, während seine tatsächliche Innen- und Außenpolitik – entweder aus Desinteresse, Diskretion oder Unverständnis – für sie kein Thema ist. Gleichzeitig verbreitet sie weiter die Mythen vom Mitterrands direkten Übergang vom geflohenen Kriegsgefangenen zum Widerstandskämpfer[36] und vom progressiven antikolonialistischen Innen-und Justizminister während des Algerienkriegs[37], so als hätte er dort nicht Dutzende von Köpfen rollen lassen und vor tausenden von Folterungen und Massenexekutionen der Armee die Augen aus Opportunitätsgründen verschlossen. Behauptungen wider bessere Einsicht.

Man versteht nach der Lektüre natürlich auch den intellektuell-emotionalen Graben, der das Paar trennte: Hier die gradlinige Danielle, die feste polit-moralische Einstellungen pflegte, sie so gut wie niemals änderte und sie stets laut, emotional und überdeutlich vertrat. Dort ihr machiavellistischer Mann, der in seinem langen Politikerleben zu jedem Thema schon jede Meinung gehabt hatte, sich nur sphinxhaft äußerte und im Rahmen seiner jeweils aktuellen Machtstrategie fünf taktische Winkelzüge vorausdachte und sich entsprechend vorsichtig, reflektiert und orakelhaft bewegte. Danielle musste aus seiner Sicht eine hoffnungslos naive Oberschülerin geblieben sein, deren Aktionen er mit spöttischer Herablassung und gelegentlichem Augenrollen zur Kenntnis nahm und die nie als ernsthafte Gesprächspartnerin des von ihm geschätzten hohen polit-philosophisch-literarischen Kalibers in Frage kam. Man lebte parallele mentale und soziale Existenzen und war sich dabei gegenseitig nützlich. Sie nützte seinen Status für ihren globalen Politikaktionismus, den sie sonst nicht hätte entfalten können. Er brauchte sie für die öffentliche Fiktion eines intakten, bodenständigen Familienlebens, das er in Latche vorführen konnte, aber auch für zeremonielle Formalien wie Staatsempfänge und -besuche, auf die er protokollfixiert viel Wert legte. So war in Summe beiden gedient.

Mit 80 Jahren musste sie dann um die Freiheit ihres Sohnes Jean-Christophe kämpfen, der sich in Angola als Waffenschieber und in Mauretanien als Geldwäscher betätigt hatte. Wie erwähnt, musste sie Mitterrands Bibliothek, sein Mobiliar und das Gros seines Immobilienbesitzes für die „Erpressungsgelder" einer „verdorbenen" Justiz veräußern, damit ihr missratener Sohn nicht in Strafhaft musste[38].

Von einem vierwöchigen Einsatz in Brasilien, Argentinien und gegen den Staudammbau in Patagonien in Chile kehrte die 84-Jährige völlig erschöpft nach Paris zurück. Vor ihrem Tod ordnet sie noch ihre Angelegenheiten und wird im November 2011 auf dem Friedhof in Cluny in Gegenwart einer Hundertschaft von Kurdenaktivisten in einer laizistischen Zeremonie beigesetzt. Mitterrand hatte Danielle entgegen ihrem Wunsch nicht in seinem Grab auf seinem heimatlichen Jarnac haben wollen.

Anne Pingeot (1943–)

Natürlich war Anne nie „Première dame", sondern blieb als Zweitfamilie und Frau des Herzens von Mitterrand 32 Jahre lang bis kurz vor seinem Tod stets diskret im Schatten und spielte politisch auch keine Rolle. Dennoch ist sie aus dem Leben des Präsidenten nicht wegzudenken. Bei ihrer ersten Begegnung in Hossegor in Landes 1962 war der oppositionelle Ex-Minister

36   Danielle Mitterrand. Op. cit. S. 74.
37   Ibid. S. 86.
38   Schneider. Op. cit. S. 167.

46 Jahre alt und Anne gerade einmal 19, als beide bei einer Theatervorstellung, an der sie mitwirkte, der berühmte „coup de foudre", der Liebesblitz aus heiterem Himmel traf, für den die Franzosen so viel Verständnis haben. Eine interessante Hypothese ist, dass sie ihn in ihrer kultivierten, intelligenten und gläubigen Art sehr an seine erste große Liebe Marie-Louise Terrasse (der späteren Fernsehsprecherin Catherine Langeais) erinnerte, und sie seine Liebe für Kunst, Musik und Literatur des 19. Jahrhunderts teilte[39]. Die 1943 geborene Anne musste sich in der Folge auch gegen die Widerstände ihrer Familie großbürgerlicher Industrieller (ihr Großvater hatte das Gasfeuerzeug erfunden) aus Clermont-Ferrant durchsetzen, die die Mesalliance mit einem verheirateten, 27 Jahre älteren linken Politiker mit der Reputation eines Schürzenjägers nicht gerade wohlwollend sah. 1974 wurde ihre gemeinsame Tochter Mazarine in Avignon geboren. Als Oppositionspolitiker konnte Mitterrand sein Konkubinat noch relativ problemlos organisieren und kaschieren. Bei seiner Wahl zum Präsidenten brach Anne jedoch in Tränen aus (ganz im Gegensatz zum Jubel von Danielle), denn sie wusste, dass der im Brennpunkt der Öffentlichkeit und vom Protokoll und den Dienstpflichten eingeschränkte Präsident nun wesentlich weniger zugänglich sein würde.

Als 73-Jährige veröffentlichte sie bei Gallimard, vielleicht auch um sich vor ihrer Familie zu rechtfertigen, zum 100. Geburtstag Mitterrands im Herbst 2016 zwei dickleibige Bände: „Lettres à Anne", mit 1218 Liebesbriefen von 1962 bis September 1995 auf 1280 Seiten, und „Journal pour Anne" ein Album mit Reiseberichten, Erlebnissen, Reflektionen, literarischen Betrachtungen, Landschaftsbeschreibungen, Gedichten und Liebeserklärungen aus den Jahren 1964 bis 1970 auf 496 Seiten, die François auf fast kindliche Art mit eingeklebten Fotos (vor allem von Kirchen), Zeitungsausschnitten, gepressten Blüten und Blättern, Einladungen, Postkarten und Fahrkarten als eine Art illustriertes personalisiertes Tagebuch für sie verfasst hat. Politisches sucht man hier vergeblich. Auf die naheliegende Frage, ob es statthaft war, offenkundig Privates zu veröffentlichen, reagierte das publizistische Frankreich einhellig positiv: Man war stolz auf die literarischen Fähigkeiten, die Liebe zum Land und den kulturellen Tiefgang des toten Präsidenten[40]. Für Bernard-Henri Lévy ist jene Briefsammlung sogar eine Bereicherung der langen und schönen französischen Literatur der Liebesdichtungen.[41]

Bernadette Chirac (1933–)

Bernadette Chodron de Courcel entstammte einer reichen Industriellenfamilie mit illustren diplomatischen Vorfahren, die zwei Schlösser besaßen und wuchs in einem großen Anwesen in Orly mit ihren Neffen und Cousinen, umgeben von Kindermädchen und Hausangestellten auf.

Bernadette und Jacques lernten sich als Studenten an der Sciences Po kennen. Sie war damals 20 und er 22, schon damals ein notorischer Herzensbrecher, der schlaksig, entspannt, gut aussehend und lustig lächelnd von allen Studentinnen angehimmelt wurde. Bernadette, nicht die

---

39   Éric Roussel. „Mon amour …". Le Figaro 7.10.2016.
40   Le Monde 19.10.2016.
41   Le Point 13.10.2016.

schönste, eleganteste oder brillanteste unter ihnen, verliebt sich in ihn unsterblich und tut alles, um seine Aufmerksamkeit zu erheischen. Sie schreibt ihm Lektüreprotokolle, um ihm nützlich zu sein. Schließlich entweicht er nach Skandinavien, um die dortige Sozialdemokratie und die blonden freien Mädchen kennenzulernen und später nach den USA, wo er sich in Boston in eine amerikanische Studentin verliebt, die er auch heiraten will. Seine Eltern pfeifen ihn rechtzeitig zurück. Die von ihm schon fast vergessene Bernadette vergibt ihm und er hält um ihre Hand an. Vor allem ihr Vater hält den ungehobelten Burschen für ungenügend standesgemäß, immerhin war Bernadettes Großvater Botschafter in Rom und Konstantinopel gewesen. Schließlich gewinnt ihre Hartnäckigkeit, sein Charme und nicht zuletzt die Tatsache, dass er als drittgereihter der Sciences Po die Zulassung zur ENA und damit Aussichten auf eine brillante Verwaltungslaufbahn in der Tasche hat.

Im März 1956 heiratet sie den frischgebackenen Unterleutnant der Kavallerie. Statt in die Flitterwochen zu fahren, muss er am nächsten Morgen für 18 Monate zum Kampfeinsatz nach Algerien abrücken. Sie wartet derweil auf Jacques Rückkehr in ihrer kleinen Wohnung im 16. Bezirk. Er fängt nach dem Abschluß der ENA im prestigereichen Rechnungshof an, wo er sich zu Tode langweilt. 1958 werden Laurence und 1962 Claude geboren. Im gleichen Jahr tritt er in das Kabinett von Premier Pompidou ein und entdeckt als ehemals linker Student sein Herz für die Politik und den Pompidouismus, die ihn zeitlebens nicht mehr loslassen würden. Mit seiner Reputation als „Bulldozer" lässt er sich in seinem hektischen Ehrgeiz von nichts aufhalten, auch von keinem Familienleben und am wenigsten von seiner Frau. Abends kommt er meist nicht zum Essen, und das nicht immer deshalb, weil er im Matignon Überstunden machen muss. 1967 wird er erstmals in der Corrèze in die Nationalversammlung gewählt. Bei gelegentlichen Einladungen zu Filmabenden und Diners bei den Pompidous freundet sie sich mit Claude an und wird von ihr in die hohe Gesellschaft von Paris eingeführt. Als er Minister wird und noch seltener nach Hause kommt, nimmt sie gegen seinen Widerstand ein Studium der Archäologie auf. 1974 wird er unter Giscard Premierminister. Jacques verliebt sich in eine Journalistin des Figaro und will sich scheiden lassen.[42] Bernadette warnt ihn, dass dies seine Chancen je Präsident zu werden, auf null sinken lassen würde. Das Argument zieht. Er bricht die gefährlich gewordene Beziehung jäh ab und lässt wieder intakte Familienbilder auf dem Sofa mit Hund und Kindern schießen. Dies hält ihn aber nicht davon ab, tagelang unentschuldigt nicht zu Hause zu erscheinen, sondern, wie er es nennt, das Angenehme mit dem Nützlichen zu verbinden, und es weiter mit Journalistinnen, Parteiaktivistinnen, Beamtinnen und Mitarbeiterinnen zu treiben. Nur sein Fahrer weiß dann, wo der Bürgermeister von Paris sich gerade aufhält[43].

Doch sie rächt sich. Als er 1978 nach einem Verkehrsunfall im Krankenhaus emotionalen Rückhalt und Hilfe braucht, verweigert sie sie dem Hilflosen. Und als der Präsidentschaftskandidat Ronald Reagan ihn dort besuchen will, weist sie ihn am Eingang ab. Diese Bösartigkeit sollte sich im Alter noch zu ungeahnten Höhen steigern.

---

42   Schneider. Op. cit. S. 200.
43   Ibid. S. 202.

Während Jacques Zeit als Bürgermeister von Paris (1977–95) kann Bernadette bereits in Paris erste Dame spielen: Große Empfänge im Rathaus organisieren lassen, bei denen sich „Tout Paris" trifft, eine Vereinigung zur Förderung der Künste gründen, die Krankenhäuser, Altersheime und Sozialämter der Hauptstadt regelmäßig besuchen und die Präsidentschaft der Stiftung der Spitäler von Paris zu übernehmen, und natürlich ihren eigenen Hofstaat aufzubauen und herumzukommandieren.

Als Jacques Chirac 1995 im zweiten Anlauf zum Präsidenten gewählt wurde, war Bernadette glücklich. Sie hätte ihrem Vater beweisen können, dass sie nicht wie befürchtet unter ihrem Stand den jungen Unterleutnant und Hallodri geheiratet hatte. Und sie würde ins Élysée einziehen, ebenso wie sie es zuvor 18 Jahre lang im Hôtel de Ville von Paris und zweimal zwei Jahre im Matignon gehalten hatte. Wie zuvor im Rathaus mit seinen 1000 m² würde es auch im Élysée mit 300 m² wesentlich geringerer Wohnfläche zwei getrennte Wohnungen geben. Wiederum fliegt der Modernismus der Pompidous und Mitterrands heraus, zurück kommt der Klassizismus der Giscards und von Bernadette. Dazu lässt sie wieder alles umbauen, diesmal im Stil der Luxusklasse. Als ihr der Marmor der Badezimmer nicht gefällt, muss er zweimal wieder herausgerissen werden. Das Budget für Blumengebinde, die überall stehen müssen, verdoppelt sich. Im Élysée muss sie sich erst einmal durchsetzen. Dem Militär, das dem Präsidenten direkt untersteht, passt es nicht, von ihr herumkommandiert zu werden. Wenn sie in letzter Minute vor Staatsdiners die Tischservietten wechseln lässt, weil ihr die Farben nicht gefallen, oder sie die teuersten Weine des Kellers kredenzen lässt, und das Personal höflich Einwände erhebt, empört sie sich über diese subalterne Renitenz. Bernadette erwartet Gehorsam ohne Widerrede[44].

Während Jacques als Morgenmensch bereits um 6.30 am Schreibtisch sitzt, kommt Bernadette erst langsam ab 9 Uhr in die Gänge. Wie bei ihren Vorvorgängerinnen sind die Morgen der Überwachung des Hauspersonals gewidmet, vor allem der Küche, damit der Gatte seine reichliche Mahlzeit für ein Arbeitsessen (an dem sie nie teilnimmt) pünktlich bekommt. Zwei- bis dreimal die Woche hat sie morgens ihre Friseurtermine. Nachmittags geht sie die Korrespondenz durch, für deren Bearbeitung sie mittlerweile über einen Stab von 13 Mitarbeiterinnen verfügt (bei Yvonne hatten noch zwei genügt). Dazu kümmert sie sich um die Lokalpolitik in der Corrèze, ihre Stiftungen und die Familienfinanzen. Beim gemeinsamen Abendessen spricht Jacques angeblich mehr mit dem Hund als mit ihr und lässt gleichzeitig von einem Sender zum andern springend die Abendnachrichten laufen. Danach schaut er sich mit Vorliebe Western, Krimis, Kriegsfilme oder Sportübertragungen mit reichlich Corona-Bier an, bei denen Bernadette nicht stören darf. Es geht im Élysée also durchaus kleinbürgerlich-robust zu. Während sie Empfänge und mondäne Essen im Rampenlicht der Kameras mag, verabscheut er sie. Deshalb geht sie meist alleine hin. Bei Besucherterminen im Élysée dagegen ist sie in aller Regel nicht eingeladen. Dafür sorgt schon ihre Tochter Claude, die als Kommunikationsberaterin in absoluter Loyalität zum Vater hält, und der sie in offener gegenseitiger Abneigung begegnet. Als Paris Match 1997 eine „home story" zum Familienurlaub der Chirac auf Mauritius bringt, bei

44   Béatrice Gurrey. Les Chirac. Les secrets du Clan. Robert Laffont. 2015. S. 63.

der Jacques sehr nett mit seinem 16 Monate alten Enkel Martin spielt, gibt es auf sechs Seiten keine einzige Aufnahme mit Bernadette. Claude hatte alle zensiert, denn nichts ärgert ihn mehr als mit ihr zusammen fotografiert zu werden. Bernadette rächt sich, in dem sie offizielle Empfänge im Élysée boykottiert und sich in die Corrèze verabsentiert. Während Mitterrand pro forma noch Wert auf intakte Familienbilder legt, beschleunigt Chirac bei unvermeidlichen öffentlichen gemeinsamen Auftritten eher die Gangart, um sie auf Abstand zu halten.

Die gegenseitige Entfremdung hatte sich mit Chiracs Niederlage gegen Mitterrand 1988 verstärkt. In eine schwere Depression gestürzt, suchte er damals Tröstung bei seiner Tochter Claude und lehnte die Angebote seiner Frau ab. Wenn er dann von seinen Verpflichtungen als Bürgermeister von Paris, als Parteichef der RPR und Abgeordneter der Corrèze nach Hause kam, widmete er sich vorrangig seiner kranken, selbstmordgefährdeten ältesten Tochter Laurence, die, nachdem sie mit 15 Jahren an einer Gehirnhautentzündung erkrankt war, seither an einer unheilbaren Magersucht litt. Meist weigerte sie sich zu essen, wenn nicht ihr Vater mitaß. Er nahm mit ihr dann nach den offiziellen Diners noch eine zweite Mahlzeit ein.

Als Wahlkampfberaterin taugte Bernadette anscheinend nichts, weil sie altmodisch war, zu katholisch, traditionalistisch und zu bourgeois. Zu den jüngeren städtischen Wählern, die Chirac nach dem Abfall der Traditionsgaullisten um Philippe Seguin und Charles Pasqua gewinnen musste, hatte Claude zweifellos den besseren mentalen Zugang. Doch wurde das Desaster der mutwilligen Parlamentsauflösung und der Neuwahlen von 1997, vor denen Bernadette stets – ungehört – gewarnt hatte, und die Chirac zu einer fünfjährigen lähmenden Kohabitation mit dem Sozialisten Lionel Jospin zwangen, zu einem persönlichen Triumpf. Offensichtlich war sie besser mit der „France profonde", dem echten Frankreich der Provinz verbunden, als Jacques, Claude und ihre im Élysée eingebunkerten schlauen Ratgeber.

Da sie sich in Paris an der Seite ihres Mannes kaltgestellt fühlte, eröffnete sie zwei neue Aktionsfelder. 1979 fanden in der Corrèze Regionalwahlen statt. In einem Kanton fehlte seiner RPR ein attraktiver Kandidat. Also musste Bernadette her, die Schlossherrin von Bity, in dessen Gemeinde Sarran sie bereits Gemeinderätin war, ein ziemlich unpolitisches Mandat. Eher widerwillig wird sie von Chirac gezwungen, sich als erste Frau in das Regionalparlament der Corrèze wählen zu lassen. In den ersten drei Jahren, in denen sie gemeinsam im Regionalrat sitzen, zischt er ihr meist zu, sie solle den Mund halten, wenn sie das Wort ergreifen will. Erst nach seinem Abgang kann sie ihre eigene Rolle spielen. Sie wird zunächst akzeptiert, weil sie die Frau des großen Jacques ist, der so viel Geld in das arme Landdépartement gebracht hat, gut isst und trinkt, hinter jeder Schürze herjagt und derbe Witze erzählt. Die mondäne und prüde Pariserin hat nicht das gleiche Profil, passt sich aber auf ihre Art an. Sie durchkreuzt in einem alten roten Peugeot unermüdlich ihren Wahlkreis und tauscht die Designer-Stiefeletten gegen Gummistiefel für Besuche auf den Bauernhöfen und die Hausbesuche bei den Wahlkämpfen ein. Schließlich übt sie ihr Mandat insgesamt 32 Jahre lang ununterbrochen aus.

In Paris nahm sie die guten Werke ihrer Vorvorgängerinnen wieder auf: die üblichen Besuche von Krankenhäusern, Altersheimen und Sozialämtern. Nach dem Fall der Mauer gründet sie

1989 einen Verein namens „Pont neuf", der Stipendien an osteuropäische Studenten verteilt, um Französisch zu lernen. 1994 übernimmt sie den Vorsitz der „Fondation Hôpitaux de Paris" und unterstützt energisch ihr Spendenaufkommen mit der Aktion „pièces jaunes". So werden in den meisten Bäckerläden Sammelbüchsen aufgestellt, aber auch Firmenspenden, zum Beispiel von Disneyland und etlichen Medien, eingetrieben, die der kindergerechten Verbesserung von pädiatrischen Krankenhausabteilungen zu Gute kommen sollen: durch Gemeinschaftsräume für Eltern mit ihren kranken Kindern, gefälligere Wartezimmer, Spielecken und den Kauf von Spielzeug. Wie Claude Pompidou veranstaltete Bernadette, wie man sich vorstellen kann, auch gerne Galadiners im Élysée, wo die Eingeladenen ihr Scheckbuch zum guten Zweck zücken durften, zumal sie das Medienecho und die öffentliche Anerkennung ihres Engagements sehr genießt. So treiben die „pièces jaunes" im Jahr zwischen 5 bis 10 Millionen Euro an Spendengeldern ein, wovon an Werbungs- und Verwaltungskosten 40 % abgehen, nichts Ungewöhnliches bei solchen Wohltätigkeiten.

Bernadette schafft es auch, die Tour de France in ihren Wahldistrikt zu bekommen, die darauf ihr Dorf Sarran umkreisen darf. Auch Hillary Clinton kommt auf ihre Einladung in die herbe Corrèze. Ihrem Kantonalwahlsieg von 1998 steht nichts mehr im Wege. Als sie gegen die Homoehe und gegen Frauenquoten in Interviews Stellung nimmt, verlangen die junggaullistischen Abgeordneten ihre stärkere Medienpräsenz. Bei den Stadtratswahlen von 2001 wird sie landesweit von RPR-Kandidaten für öffentliche Auftritte angesucht. Zwar gewinnen längst nicht alle der von ihr unterstützten Kandidaten, doch ist sie jetzt ein Medienliebling der Rechten. Obwohl es ihren Mann und ihre Tochter nervt, drängen sich bei Parteitagen die großen wie die kleinen Notabeln, um mit ihr aufs Foto zu kommen. Auch François Hollande, der in der Corrèze, die Chiracs Hochburg geworden ist, einen Wahlkreis erobern will, hält sie für den besseren Wahlkämpfer.[45] Im Jahr 2001 wird sie noch vor dem linken Bernard Kouchner von Médecins sans Frontières in Umfragen zur am meisten geschätzten politischen Persönlichkeit Frankreichs gekürt. In diesem Jahr veröffentlicht sie ihre Autobiographie und schlichte Weltsicht in einem Buch in Dialogform, in dem sie auf die einfachen Fragen des Journalisten Patrick de Carolis einfache Antworten gibt[46]. Intime Details ihres Familienlebens werden nicht ausgeplaudert. Stattdessen bekundet sie ihren Glauben an Gott, die Familie, die Ehe, die Treue und ihre ewige Liebe zu ihrem erfolgreichen Mann. Bis zum Erscheinen des etwas anders gearteten Trierweiler-Buches war Bernadettes Werk mit 450.000 verkauften Exemplaren der absolute Bestseller unter allen Autobiographien der Ersten Damen, die auch Claude Pompidou, Danielle Mitterrand und Cécilia Attias vorlegten[47], und die bei allen Unterschieden allesamt eine große sprachliche und intellektuelle Schlichtheit gemein haben.

So sieht sich vor den Präsidentschaftswahlen von 2002 ihr von Affären und schlechten Umfragedaten gebeutelter Gatte gezwungen, das zu tun, was er am wenigsten mag: Mit ihr für eine lange Fotositzung für Paris Match zu posieren. Er hofft damit bei den Älteren und bei konserva-

---

45   Schneider. Op. cit. S. 193.
46   Bernadette Chirac avec Patrick de Carolis. Conversation. Plon. 2001.
47   Challenges 11.9.2014.

tiven katholischen Wählern, die ihn nie gemocht haben, und denen sie aus dem Herzen spricht, zu punkten. Zum ersten Mal lässt er sich zu einer Eulogie hinreißen, mit der er bezüglich seiner Frau bislang immer sehr gegeizt hatte: „Sie ist schon immer mein bester Bundesgenosse gewesen. Sie hilft mir sehr und ich bin ihr sehr dankbar. Es ist gut, wenn sie bestimmte Wahrheiten ausspricht, die sie in ihren Kontakten als Abgeordnete in einer schwierigen und armen Region wie der Corrèze, aber auch in ihrer Arbeit für die Kranken, die Kinder und die Alten erfahren hat"[48]. Natürlich blieben dies wohlfeile Sprüche fürs Wahlvolk.

Im ersten Wahlgang erhält er zwar nur mickrige 19,9 %, doch dank des Ausscheidens von Jospin werden es im zweiten Wahlgang gegen Jean-Marie Le Pen im Mai 2002 triumphale 82 %. Ein Scheintriumpf sicherlich, doch diesmal kann sich Bernadette im Rampenlicht des Sieges sonnen. Es gelingt ihr, ihren Favoriten Jean-Pierre Raffarin als Premier durchzusetzen. Die Minister und Kabinettsratgeber, die mit den Bereichen ihrer Expertise zu tun haben: den Krankenhäusern, den Alten, den sozial schwachen Jugendlichen und den Behinderten, konsultieren sie, und in den Medien wird sie als „Frau Präsidentin" und „Königin von Frankreich" hochgejubelt. Beim Gründungskongress der UMP wird sie von 15.000 Parteiaktivisten gefeiert. Im Mai 2003 fliegt sie nach Afghanistan, konferiert mit Präsident Karzai, weiht ein Krankenhaus ein und besucht französische Truppen. Sie genießt die eleganten Galadiners, wo sie bei reichen Freunden ihren Mann vertritt, und die Bildberichterstattung auf den Gesellschaftsseiten der bunten Tratschblätter. Tatsächlich gefällt ihr das Leben im Élysée, niemals wurde ihr so geliebedienert, war ihr Einfluss so stark und konnte sie ihre Launen gegen die, die ihr missfielen, so austoben. Die Köpfe rollen schnell, wenn man nicht schnell oder gut genug auf ihre politischen oder persönlichen Wünsche reagiert. Eher graust ihr die Idee, dass die schöne Zeit einmal ein Ende haben könnte[49]. Laut ihrer Freundin Claude Pompidou ist sie sehr politisch geworden. Bernadette möchte sogar für den Senat kandidieren, um dort landesweit traditionelle katholische Werte zu verteidigen. So wie Danielle Mitterrand weit links von ihrem Mann steht, so steht Bernadette weit rechts von Jacques. Deshalb unterbindet er ihre Senats-Pläne ähnlich wie Mitterrand Danielle lieber nach Nicaragua schickte. Nach Chiracs Gehirnblutungen von 2005, die seine Reaktionen verlangsamen, sein Erinnerungsvermögen beeinträchtigen und ihn schnell erschöpfen, wird bald allen klar, dass eine dritte Amtsperiode, von der sie träumt, nicht mehr in Frage kommt. Sie versucht deshalb die Chiracisten mit dem Verräter Sarkozy (der 2002 zu Balladur übergelaufen war) zu versöhnen, um einen Einfluss auf den künftigen Amtsinhaber zu bewahren.

Doch der unvermeidliche Auszug 2007 aus dem Élysée wird bitter: Das Ende des Lebens im Schloss, keine Staatsdiners mehr, keine Polizeieskorten mit Blaulicht, Schluss mit Staatsbesuchen im In- und Ausland. Zum ersten Mal in vierzig Jahren müssen die 70-Jährigen statt in einer mondänen Dienstwohnung auf Staatskosten zu residieren, ihre eigenen vier Wände beziehen. Da trifft es sich gut, dass ein Familienfreund, der libanesische Milliardär und Ex-Premier Rafic Hariri ihnen eine Wohnung mit 400 m² gratis anbieten kann, wo sie ihrem streng

---

48   Zitiert in: Schneider. Op. cit. S. 193.
49   Ibid. S. 210.

getrennten Lebenswandel nachgehen können. Je mehr der einst dominante Jacques an Vitalität verliert, desto heimtückischer ist ihre Rache für die Demütigungen der Vergangenheit. Sie leitet nicht nur ihre eigenen Stiftungen, sondern übernimmt nach ihrem Tod 2007 auch jene ihrer Freundin Claude Pompidou. Während Jacques aus den Medien und der Öffentlichkeit verschwindet, ist sie weiter im Rampenlicht der Gesellschaftsseiten. Wenn sie auf ihn angesprochen wird, beleidigt sie ihn vor laufenden Mikrophonen: „Er ist nicht eingeladen, weil er nicht mehr lustig ist", „Er passt auf den Hund auf", oder: „Er ist alt geworden. Unfasslich, dass er mal Präsident war." Gelegentlich wird ihr von Chirac-Loyalisten auch der Mund verboten, so infam über ihren kranken Freund herzuziehen. Nur noch mit Schwierigkeiten kann er wegen ihrer Verbote heimlich eine Zigarette rauchen oder ein Bierchen zischen. Bei den seltenen gemeinsamen Auftritten in der Öffentlichkeit brüllt sie dem fast taub gewordenen ihre Beleidigungen so laut ins Ohr, dass sie von der gesamten Umwelt wahrgenommen werden[50]. Für den einst mächtigsten Mann Frankreichs war das ein trauriger Abstieg.

Ebenso amüsant wie bezeichnend ist ein sehr schönes YouTube-Video aus dem Jahr 2009 in der Corrèze, als Bernadette als Regionalrätin eine gewichtige Rede hält, mit Hollande und Chirac auf den Plätzen auf dem Podium dahinter. Als die hübsche sozialistische Abgeordnete Sophie Dessus (1955–2016) erscheint, bestellt Chirac laut (er ist schließlich halb taub) einen Stuhl für sie neben sich, was ihm von Bernadette strafende Blicke einhandelt. Dann beginnt der alte Schwerenöter mit ihr schüchtern zu flirten, worauf Bernadette ihre Rede unterbricht, um ihn zur Ordnung zu rufen. Schuldbewusst wie ein Schuljunge auf der letzten Bank zwinkert er Dessus dann noch einmal zu. Landesweit mit Begeisterung gesehen, gehen seine Sympathieraten in die Höhe, im Gegensatz zu Sarkozy an der Macht, während Bernadette in das Bühnenfach skurrile Alte wechselt.

Politisch sind die beiden mittlerweile auch in zwei getrennten Lagern. Während Bernadette 2012 es wieder mit Sarkozy hält, und Jacques und Claude für die Wahl ihres Freundes François Hollande aus der Corrèze aufriefen, hielt es Bernadette bei den Vorwahlen 2016 mit dem wirtschaftsliberalen Traditionsgaullisten François Fillon (aus der Schule von Philippe Séguin) und setzt damit auf das vorübergehend richtige Pferd, während es Jacques und Claude mit ihrem getreuen Gefolgsmann Alain Juppé hielten, der ebenso wie Sarkozy die Vorwahlen verlor, und schließlich beide als die letzten Chiracisten (aus der Schule von Georges Pompidou) aus dem Rennen für 2017 ausscheiden.

Nach dem Tod von Laurence im April 2016 geht es beiden gesundheitlich immer schlechter. Sie werden im Herbst 2016 in verschiedene Spitäler eingeliefert.

Bei dem Gedenkgottesdienst für Jacques Chirac am 30. September 2019 in Saint-Sulpice und dem Staatsakt anläßlich der Beisetzung auf dem Friedhof Montmartre mit einem Grab an der Seite von Laurence fehlte Bernadette, wie es hieß, aus Gesundheitsgründen.

---

50   Ibid. S. 219.

Cécilia Sarkozy (1957–)

Ihr Vater war ein erfolgreicher Pelzhändler namens André Ciganer (eigentlich Aron Chou-ganov), halb jüdisch-rumänischer, halb moldawisch-zigeunerischer Herkunft, der die besse-re Gesellschaft und die Halbwelt von Paris belieferte und zuhause empfing. Cécilia, die eine katholische Schule besuchte, verbrachte nach eigener Darstellung – im Gegensatz zu Nico-las – eine glückliche Jugend im Wohlstand.[51] Mütterlicherseits entstammte sie einer spanischen Diplomaten- und Musikerfamilie, den Albéniz, weswegen sie bis zu ihrer ersten Ehe den Dop-pelnamen Ciganer-Albéniz trug. Nach dem Oberschulabschluss arbeitet sie als Fotomodell und hat bald eine Serie reicher junger Freunde, die sie mit ihren Sportwagen und Luxusleben beeindrucken. Sie lässt sich zu Autorallyes, in mondäne Nachtclubs und zu Auslandsreisen nach Acapulco, Venedig, den Barbados und Panama einladen. Mit 26 Jahren heiratet sie 1984 den 50 Jahre alten Fernsehstar Jacques Martin. Die Ziviltrauung im Rathaus von Neuilly wird von Bürgermeister Sarkozy für seinen Freund Martin durchgeführt. Er selbst ist seit 1982 mit Marie-Dominique Culioli, der Tochter eines Apothekers aus Korsika verheiratet. Die Paare befreunden sich, zumal auch die beiden kleinen Söhne der Sarkozys und die zwei Töchter der Martins im gleichen Alter sind. Das Ganze geht gut, bis Marie bei einem gemeinsamen Ski-urlaub die beiden im Bett erwischt (wobei Nicolas noch die Flucht durchs Fenster und den Schnee gelang …). Cécilia lässt sich 1989 scheiden. Doch die gläubige Katholikin Marie wil-ligt erst 1996 in eine Scheidung ein. Danach ist für beide der Weg frei.

An der Seite von Nicolas genießt Cécilia die Sonnenseiten der Macht, beschützt, bedient, an-erkannt, komplimentiert und begleitet zu werden. Im Rampenlicht stehend gibt es auch Neid, Missgunst und Vorbehalte. Nach ihrer Trennung von Jacques Martin 1989 wird sie in Neuilly „die Hure des Bürgermeisters" genannt. Im Bercy, im Finanzministerium, wird sie wegen ihrer Launen und ihres Größenwahns kritisiert. Auch im Place Beauvau, dem Innenministerium, gilt die Frau eines Ministers unter den höheren Polizeioffizieren nicht sonderlich viel. In der Parteizentrale der UMP, wo sie als Kabinettschefin von Nicolas agieren durfte, missfiel ihr die fremde politische Kameradie, die oft genug falsch war und Intrigen, Verrat und politische Meu-chelmorde tarnte.

Rund 18 Jahre dauerte die Beziehung mit Nicolas, in der sie bis auf die Schlussphase seine Dau-erbegleitung war. Von 1996 bis 2007 waren sie verheiratet. Sie organisierte seine Abenddiners, Empfänge und Begegnungen. Im Gegensatz zu de Gaulle, Pompidou, Mitterrand, Chirac und selbst Giscard, die in Frankreichs Regionen, seiner Geschichte und Kultur verwurzelt und in seiner Geopolitik und Diplomatie beschlagen waren, waren die Interessen und Orientierungen der beiden grundsätzlich andere: Als Parvenüs ohne Bodenhaftung waren sie vom Bling-Bling der Pariser Schickeria des großen Geldes und der audiovisuellen Medien magisch angezogen. Als Sarkozy einmal vorgeworfen wurde, dass er nichts lese und keinerlei intellektuellen Inter-essen habe, zog er ab sofort bei Flügen ein Taschenbuch heraus, das er vor laufender Kamera dann durchblätterte. Denn auch beider Familiengeschichte ist ähnlich: Während Nicolas noch

---

51   Ibid. S. 233.

zu einem Viertel französischen Geblüts ist (was ihn für seine Wahlkampf-Diskurse zur nationalen Identität sehr qualifizierte), liegt bei ihr als spanische Muttersprachlerin – die Mutter entstammt, wie erwähnt, einer spanischen Diplomatenfamilie – der Anteil bei null. Als Migranten der zweiten Generation in Oberschichtenvierteln aufgewachsen ist beiden die Sucht nach Anerkennung, sozialem Status, Macht, Ruhm und Erfolg gemeinsam. Intellektueller Tiefgang und historisches Verständnis gehören nicht dazu.

Im Vorlauf des Präsidialwahlkampfes bemüht sich die halb-abwesende Cécilia weiter um Sarkozys Erfolg, so als sähe sie es als ihre letzte Pflicht an, ihn noch ins Élysée zu bringen und dann Schluss zu machen. Sie hat ein Büro im Kabinett des Innenministeriums und zieht im Hintergrund die Stränge. Sarkozy-Loyalisten, vor allem jene, die sie verdächtigt, ihm, der nicht allein sein kann, während ihrer Abwesenheiten hübsche Journalistinnen zugeführt zu haben, werden gnadenlos gesäubert. Nicolas lässt es geschehen. Auch in New York wird sie von ihrer Vertrauten Rachida Dati über alle Geschehnisse und Intrigen genauestens ins Bild gesetzt. Per Fernsteuerung bestimmt sie seinen Sprecher und lässt seiner PR Firma kündigen. Nicolas lässt alles geschehen, um sie zurückzugewinnen, auch nachdem sie ihn aus der gemeinsamen Wohnung in Neuilly geworfen hat.

Die Siegesfeier im Fouquet's, einem der teuersten Restaurants von Paris, organisiert sie und kontrolliert die Einladungslisten: Millionäre aus dem Mediengeschäft und Filmsternchen sind willkommen, politische Freunde und Wahlmanager nicht. Sie selbst taucht nicht auf. Die erste Imagekatastrophe der neuen Präsidentschaft. Bei der großen Siegesfeier am Place de la Concorde für das Wahlvolk taucht sie erst auf flehentliche Bitten ihrer Töchter mit starker Verspätung und äußerster Unlust auf. Es folgt ein Jachturlaub auf Einladung des Medienmilliardärs Vincent Bolloré vor Malta. Wieder ist die öffentliche Optik fatal. Doch für Nicolas zählt: Auf dem Luxusschiff ist für sie kein Entkommen. Tatsächlich raufen sie sich noch einmal zusammen. Cécilia bestimmt seine Kabinettszusammensetzung und redet bei den Ministerbestellungen mit. So bekommt ihre Freundin Rachida Dati die Justiz, die Tochter eines marokkanischen Maurers und als Nichtjuristin eine glatte Fehlbesetzung, und der Sarkozy-Loyalist Brice Hortefeux wird von ihr als Verteidigungsminister verhindert. Im Amt bleibt sie weiter in Neuilly wohnen, taucht aber ab und zu im Élysée auf, um ihre Posterledigung zu überwachen, die immer noch waschkorbweise mit allen Kümmernissen an die Präsidentengattin eintrudelt. Einige Wochenende verbringen sie noch in Besançon und dem Versailler Parkschlösschen Lanterne, das eigentlich dem Premierminister zusteht, Sarkozy aber auf Cécilias Wunsch von François Fillon einfach konfiszierte. Schließlich erfährt sie von einer Geheimmission von Sarkozys Generalsekretär Claude Guéant nach Tripolis zur Befreiung der fünf bulgarischen Krankenschwestern. Von ihrem romantischen Selbstbild als Heldin beflügelt, besteht sie auf seiner Begleitung, trifft in Tripolis auch kurz Gaddafi und die von ihm inhaftierten Schwestern. Zehn Tage später kann sie mit ihnen nach Sofia fliegen, wo ihnen ein Heldenempfang bereitet wird. Gerüchte von kompensatorischen Waffengeschäften und Lösegeldzahlungen werden alsbald nicht sehr glaubwürdig dementiert. Cécilias Coup stellte auch die Leistungen der EU-Außenkommissarin Ferrero-Waldner in den Schatten, die gleichzeitig in gleicher Mission in Libyen wiederholt und diskreter verhandelt hatte.[52]

Ab August 2007 wird ihr Verhalten dann zunehmend bizarr. Im August weigert sie sich in Kennebunkport, wo sie wieder in einer Luxusvilla urlauben, der Einladung der Bushs zu einem Dinner der Präsidentenpaare zu folgen. Nicolas kommt deshalb viel zu spät, spricht von einer plötzlichen Grippe, während die Zeitungen sie am Folgetag kerngesund beim Shoppen ablichten. Beim G8-Gipfel in Heiligendamm fährt sie vorzeitig vor dem Abendessen für Ehegatten ab, das Professor Sauer dort ausrichten muss. Und nach Sofia will sie Anfang Oktober 2007 auch nicht mehr fahren, obwohl die Regierung sie noch einmal feiern will. Nicolas nimmt dort an ihrer statt die für sie gedachten Geschenke entgegen. Am 18. Oktober 2007 gibt das Paar seine einvernehmliche Trennung bekannt. Die erste Scheidung eines französischen Präsidenten.

Als Sarkozy im Mai 2007 ins Amt eingeführt wurde, waren sie noch gemeinsam auf dem roten Teppich ins Élysée eingezogen. Cécilia wirft in eine elegante Seiden-Garderobe gehüllt den Fotografen Kusshändchen zu. Ein Novum. Frühere Präsidentengattinnen waren bei der Amtsübergabe nie zugegen gewesen, schließlich waren sie ja auch nicht gewählt worden und man war nicht in den Vereinigten Staaten. Sarkozy lässt sogar das Lied „Austurias", das Cécilias Urgroßvater Isaac Albéniz komponiert hatte, von der Militärkapelle spielen, um eine moderne harmonische Ehe vorzugaukeln. Doch ganz Frankreich weiß, dass sie kriselt, tritt doch Cécilia seit zwei Jahren immer häufiger an der Seite von Richard Attias, einem PR-Manager und Inszenator von UMP-Großereignissen, in der Öffentlichkeit auf. Meist ist sie bei ihm in New York. Selbst an den Wahlen hat sie nicht teilgenommen. Sarkozy selbst gibt noch als Innenminister in der Vorwahlkampfzeit in Fernsehinterviews die Schwierigkeiten seiner Ehe zu, um der Geschichte den Wind aus den Segeln zu nehmen. Für Sarkozy ist ihre Untreue absolut unfasslich und psychisch destabilisierend. Er wollte sie zur Königin von Frankreich machen und sie brennt mit dem Beleuchtungstechniker („l'éclairagiste"), wie er ihn nennt, durch.[53] Er versucht Medienberichte über Cécilia und Attias mit Fotos beider aus Cannes, Paris und New York zu unterdrücken, ist im Wahlkampf abgelenkt, irritiert, versucht unendlich oft, die Wankelmütige durch Dauertelefonate zu überstimmen, und tröstet sich nebenher in aller Öffentlichkeit vom Herbst 2005 bis Frühjahr 2006 mit Anne Fulda, einer Journalistin des Figaro.

Das wiederum macht in jener Seifenoper Cécilia, wie von Sarkozy beabsichtigt, rasend vor Eifersucht. Sie kommt kurzfristig aus New York zurück. Die Journalistin wird geopfert. Nach gemeinsamen stark publizierten Kurzurlauben in Guyana, London und Venedig entfleucht Cécilia jedoch wieder in die Arme von Richard. Laut ihren in der Tonalität sehr egozentrischen und selbstmitleidigen Memoiren – eigentlich habe sie nur ein einfaches liebevolles Familienleben führen wollen, und sei nur schicksalshaft wider Willen ins Scheinwerferlicht gezwungen worden – hatte Nicolas mit seiner manisch-possessiven Eifersucht und seinem Kontrollwahn (u. a. ließ er sie als Innenminister von seinen Polizisten beschatten) ihr die Freiheit und jegliche

---

52   Albrecht Rothacher. Die Kommissare. Baden-Baden 2012. S. 221.
53   Ibid. S. 226.

eigene Gestaltungsfreiheit genommen. So hatte sie 2004 mit der Idee geflirtet, in die Regionalpolitik der Hauts-de-Seine oder in die Lokalpolitik von Neuilly zu gehen. Vordergründig
hatte ihr Mann sie ermutigt, realiter aber ihre Kandidaturen hintertrieben. Er wollte sie nur
für sich alleine haben. Attias dagegen stellte für sie den Ausweg aus der erdrückenden Präsenz
von Sarkozy, seinen Wutanfällen, seiner häuslichen Gewalttätigkeit, seiner beunruhigenden
Impulsivität, seiner ständigen Unruhe und seinem ebenso erstickenden wie desorientieren-
den hektischen Wirbelwind, wo die Kommunikation sich in manischen Liebeserklärungen
(meist an sich selbst) und oberflächlichem, schnell vergessenem Sprücheklopfen erschöpfte.
Mental sei er ein Kind geblieben, das der ständigen Zuwendung bedurfte. Richard Attias dagegen vermittelte ihr das Gefühl von Sicherheit, Ruhe, Solidität, Präzision, Selbstsicherheit und
Verlässlichkeit – kurzum das genaue Gegenteil von Nicolas – und gab ihrem unsteten Leben
und launischen Temperament zum ersten Mal Halt[54]. Beruflich musste er sich freilich etwas
umorientieren, da der rachsüchtige Sarkozy nach und nach alle seine französischen Kunden
unter Druck setzte, die Verträge mit ihm zu kündigen. So musste sich Attias von der Agentur
Publicis trennen und die Organisation des Forum Davos abgeben. Stattdessen organisiert er
seither ähnliche Großereignisse von New York über Doha bis Shanghai. Und in der Tat scheint
Cécilias dritte Ehe, unterstützt von dem von ihm finanzierten Lebensstil des Jet Set unter den
Reichen und Schicken, wider Erwarten bis auf weiteres zu dauern.

Carla Bruni-Sarkozy (1967–)

Wenige Wochen nach seiner Scheidung traf der vereinsamte Präsident auf Carla, die eher zufällig bei einem Dinner neben ihn gesetzt wurde. Die äußeren Ähnlichkeiten zu Cécilia waren
nicht zu übersehen: eine exquisite Schönheit, groß, schlank, brünett, mit teurer Eleganz in offiziellen Funktionen und lockerem Freizeitlook privatim. Mit Carla als einer jugendlicheren
Variante von Cécilia war Nicolas sofort Feuer und Flamme. Auch sie war nach einem bewegten
Liebesleben, einschließlich acht Jahren mit Mick Jagger, wieder auf der Suche. Als reiche italienische Erbin, die zusätzlich noch sehr gut durch Werbeverträge und Plattenverkäufe verdiente, hatte sie den weiteren Vorteil, ihr eigenes Geld auszugeben und über ein abgeschirmtes
Luxusferienhaus in Cap Nègre zu verfügen. Politisch gehörte sie zwar zur gauche caviar, der
linken Schickeria, der Künstler und Lebemänner („bobo" = Bohèmiens bourgeois) des linken Seine-Ufers und hatte 2007 für Ségolène Royal gestimmt, doch traf man sich zum ersten
Date im Disneyland von Paris und dann dank des Privatjets von Freund Vincent Bolloré im
Kurzurlaub in Ägypten (Luxor und Scharm El-Scheich) und Jordanien (Petra). Obwohl Nicolas weiter Cécilia mit Textnachrichten traktierte und um ihre Rückkehr flehte, wurde nach
dem Ausbleiben der erwünschtem Reaktion schon vier Monate nach der ersten Begegnung
die Hochzeit im Februar 2008 angesetzt. Frankreich hatte eine neue Erste Dame, die erste,
die nichts für den Aufstieg des Präsidenten geleistet hatte, aber dafür genau das mitbrachte,
was ihm abging: Schönheit, eine gute Haltung und Kinderstube, Eleganz, Kultur und Reichtum. Für sie war die Verbindung an der Seite des mächtigsten Mannes Frankreichs ein neues

---

54   Cécilia Attias. Une envie de vérité. Flammarion. 2013. S. 182 f.

faszinierendes Abenteuer, das ihre bisherigen Liebhaber nicht hatten bieten können. In ihrem Vorleben hatte sie öffentliche Affären mit Promis wie Trophäen gesammelt. Neben Rockstars wie Jagger und Eric Clapton, waren jede Menge Schauspieler, Sänger, Regisseure, der Philosoph Luc Ferry, der Anwalt Arno Klarsfeld, der Verleger Enthoven und sein Sohn Raphaël (mit dem sie ihrerseits einen Sohn zeugte und der sie gerade verlassen hatte) und ein Präsident der Nationalversammlung darunter. Es fehlte eigentlich nur noch der Präsident in der Sammlung. Sie mochte Erfolgstypen und war von Stars und ihrer Aura fasziniert. Offen bekannte sie, dass sie die Monogamie für tödlich langweilig hielt und die Freuden des Sex mit zunehmendem Alter und einschlägigen Erfahrungen nur besser werden könnten. Es war sozusagen die Story: „Kennedy heiratet Marilyn"[55]. Tante Yvonne würde sich im Grabe drehen.

Ihr Großvater hatte in Turin mit CEAT eine Großfirma für elektrische Kabel gegründet, der zweitgrößte Industriebtrieb nach FIAT in Turin, war vom Judaismus zum Katholizismus konvertiert und hatte dem Vernehmen nach einen ähnlichen sexuellen Appetit wie seine Enkelin. Sein Sohn Roberto war als Komponist eher an Musik als an Frauen interessiert, heiratete pro forma eine franco-italienische Pianistin, die Carla mit ihren beiden Geschwistern aber von anderen Vätern, sämtlich Musikern, zeugte. Sie werden von Kindermädchen aufgezogen, da sich Roberto nicht um sie kümmert und die Mutter meist auf Tournee ist. Aus Angst vor dem Terror der Roten Brigaden zieht die Familie 1973 aus ihrem Turiner Schloss in den Pariser 16. Bezirk und in ein Landhaus bei Rambouillet um. Die sechsjährige Carla fühlt sich völlig vereinsamt, zumal ihre Gouvernante, ihre Ersatzmutter, bald nach Italien zurückkehrt. In ihrer einsamen Kindheit beschließt sie, nur sich selbst vertrauen zu können. Ihre Modellaufbahn beginnt sie mit großem Selbstbewusstsein. Wo andere junge Frauen völlig gestresst sind und dummes Zeug stammeln, ist sie völlig entspannt, witzig und gibt intelligente Antworten – und ist entsprechend beliebt und erfolgreich. Kein Wunder, sie hängt materiell von den Verträgen nicht ab. So läuft sie von Bühne zu Bühne, Laufsteg zu Laufsteg, Land um Land, von Liebhaber zu Liebhaber.

Das Élysée hat für sie nichts Einschüchterndes. Sie ist in einem fast ebenso großen Schloss aufgewachsen. Ihre Eltern gaben jede Menge Empfänge. Die Blitzlichter und Fotografen ist sie gewohnt. Designerklamotten idem. Die Presse? Hunderte von spritzigen Interviews hat sie schon gegeben. In ihren persönlichen und Medienkontakten in der neuen Funktion geht sie absolut professionell vor. Sie kann sich auf ihre Kunst der Empathie, der Verführung und ihren Charme verlassen. Ziel ist es als die Schönste, Bewundernswerteste und Begehrenswerteste zu gelten – Narziss lässt grüßen – um so den Gegenüber und die Zuhörer- und Leserschaft zu manipulieren und zu dominieren. Talente, über die keine ihrer Vorgängerinnen verfügte[56]. Mit den beiden auf dem Titelblatt verkauft Paris Match 800.000 Exemplare. Sarkozy ist begeistert. Die Franzosen weniger. In den Umfragen stürzt er während seines pubertären Liebesgeturtels um 20 % ab, ein Rückschlag von dem er sich nie erholen sollte.

---

55 Schneider. Op. cit. S. 259 f.
56 Ibid. S. 266.

Für die Öffentlichkeit ist Carla ein neuerlicher Rückfall in das Bling-Bling der Jet Set-Schickeria, mit der sich der Durchschnittsfranzose, der in seinen kleinen Häuschen oder seiner Vorstadtwohnung gerade über die Runde kommt, kaum identifizieren kann. Dazu befremdet ihr promiskes Vorleben, das als freischwebende Künstlerin niemanden störte, für eine Präsidentenfrau für viele doch peinlich und schockierend wirkt. Im Gegensatz zu Cécilia hat Carla jedoch begriffen, annulliert allzu snobistisch wirkende Auftritte im Casino de Paris. Die Nicht-Konforme wird zur absolut bescheidensten, diskretesten und selbstverleugnensten aller Präsidentenfrauen. In Interviews – sie werden seltener – erzählt sie nur noch Banalitäten. Bei ihrem Mann rühmt sie seine Qualitäten der geistigen Flexibilität, des Undogmatischen, der Toleranz, seine Selbstsicherheit. Er sei keinesfalls nervös, sondern immer Herr seiner selbst. Kein Mensch glaubt ihr.

Gleichzeitig muss Carla politische Nachhilfestunden bei einem von Nicolas bestimmten Mentor nehmen, denn sie hat weder eine blasse Ahnung vom Institutionengefüge noch von den handelnden Personen, einschließlich der entscheidenden Freund-Feind-Erkennung innerhalb und außerhalb von Sarkozys UMP. Ihre Vorgängerinnen hatten dies über Jahre und Jahrzehnte nolens volens mitbekommen.

Statt ins Élysée zieht Carla in Sarkozys 2000 m²-Wohnung im 16. Bezirk, wo sie ein Tonstudio einrichtet und dort tagelang arbeitet ohne auszugehen. Während die französischen Medien und das heimische Publikum unbeeindruckt bleiben, ist Carla im Ausland eine Erfolgsgeschichte. Die Mischung von Seifenoper, Glamour, Macht, Schönheit und adrettem Auftreten fasziniert von London (wo die Tabloids alte Nacktbilder ausgraben und veröffentlichen) über Delhi bis Peking, füllt die Fernsehnachrichten und die Titelseiten. Sarkozy ist glücklich und fühlt sich (ebenso wie seinerzeit Giscard) mit jener Schönheit an seiner Seite wie John F. Kennedy. Carla ist bei jenen offiziellen Besuchen jedoch unglücklich. Sie sind von früh bis spät zugetaktet ja keine Vergnügungsreisen. Bei Rundreisen von Land zu Land sind für manche Hauptstädte oft nur halbe Tage vorgesehen: Flughafen, Eskorte in die Hauptstadt, Luxussuite im 5-Sternehotel, Eskorte zum Präsidentenpalast, Pressetermin, Eskorte zur Botschaft, Galadinner, zurück zum Hotel, Eskorte zum Flughafen, fertig. Vom Land hat man nur einen flüchtigen Eindruck aus dem abgedunkelten Autofenster einer gepanzerten Limousine, die über eine abgesperrte Stadtautobahn jagt. Gipfel finden in der Bunkeratmosphäre von abgeschirmten Sicherheitszonen statt. Wenn touristische Attraktionen besucht werden, sind dies reine Fototermine, die in einer halben Stunde zu absolvieren sind und bei denen die Betroffenen sich nichts in Muße ansehen können. Carla will mehr Zeit, mehr Freiheiten vom Protokoll, ihren eigenen Rhythmus und Mitsprache bei der Programmgestaltung. Manchmal gelingt es wie in Tunesien einen Strandtag einzuschieben, meistens wie in Israel aus Sicherheitsgründen nicht. In Italien wird sie wegen Eigeninitiativen in der Spendenaktion für das vom Erdbeben verwüstete L'Aquila 2009 von der Berlusconi-Presse angegriffen, mit der sie offene Rechnungen hat.[57]

57   Ibid. S. 271.

Dagegen amüsiert sich die französische Regenbogenpresse, in dem sie die „Italienerin" Bruni mit der „Spanierin" Attias als Titelgeschichten vergleicht, bis hin zu den körperlichen Maßen. Immerhin duellieren sie sich tatsächlich. Am Tag als Nicolas und Carla heiraten, kündigt Cécilia ihre Eheschließung mit Attias an. Carla findet es hingegen unerträglich, wenn „la Ciganer" weiter Instruktionen an das Élysée schickt, oder seinen Sicherheitsdienst, der Sohn Louis in New York und Paris zusteht, für eigene Zwecke gebraucht. Dennoch macht sie sich heroisch ans Werk, die beiden Paare, wenn schon nicht auszusöhnen, so doch eine vernünftige gegenseitige Gesprächsbasis, auch um Louis willen, herzustellen. Sie organisiert zwei diskrete Abendessen, eins in New York und eins in Paris, wo die ursprünglich eisige Atmosphäre zumal zwischen den beiden Herren der Schöpfung langsam schmolz. Ähnliche Initiativen in Nicolas Familie, der sich im Laufe der Zeit mit fast allen Verwandten zerstritten hatte: Mit seiner Mutter, die ihm Cécilia nicht verziehen hatte; mit seinem Vater, den er seit seiner Kindheit verachtete; mit seinem Bruder François; und mit seiner ersten Frau, Marie-Dominique, die eine gute Freundin Carlas wurde[58].

Zu den eher obskureren Geschichten zählt, dass Carla nach dem Auftauchen von Gerüchten gegenseitiger Untreue vermutete, dass jene von Rachida Dati (ex-Justizministerin) und deren Freundin Sophie Douzal (Exfrau von François Sarkozy) gezielt gestreut waren worden, um die präsidiale Ehe zu zerrütten und die Rückkehr von Cécilia rechtzeitig vor den Wahlen vorzubereiten. Sie ließ daraufhin die Gegenspionage den Ursprung jener Gerüchte untersuchen, die die beiden Damen von jener unwahrscheinlichen Intrige freisprach, die jedoch leider dank Carlas unbeherrschter erster Reaktionen mit ihren unbewiesenen Anschuldigungen schon publik geworden war.[59] Wiederum eine Lehre, dass vieles, was in einem temperamentvollen Künstlerleben üblich und noch als passabel durchging, als Bewohnerin des Élysée absolut unstatthaft geworden war.

Sie hält sich in der Folge mit öffentlichen Äußerungen, vor allem solcher politischer Art, noch strenger zurück, und versucht sich stattdessen in der Wohltätigkeit. Zunächst ist sie Botschafterin des Weltfonds zum Kampf gegen Aids (an dem ein Bruder starb), Tuberkulose und Malaria. Das lastete kaum aus. So gründete sie 2009 eine eigene Stiftung, die sich dem Kampf gegen Analphabetentum und soziale Ungleichheiten in den Problemvierteln Frankreichs widmen soll, nicht gerade Gegenden, in denen sie bislang ein- und ausgegangen ist. Zwar organisiert sie die üblichen Galadiners, doch bleibt der Spendeneingang gering. An Aktivitäten oder gar Ergebnissen wird nichts Konkretes verlautbart. Nicht zu vergleichen mit der landesweit bekannten Aktion „Pièces Jaunes" von Bernadette Chirac oder selbst der „Fondation Anne de Gaulle".

Hatte Carla Einfluss auf politische Entscheidungen ihres Mannes? So plädierte sie erfolgreich für die Ernennung von Frédéric Mitterrand, ihrem Freund „Frédo", ein Neffe des toten Präsidenten, zum Kulturminister. Dies, obwohl jener Mitterrand in seiner Autobiographie ausführlich und in abstoßendem Detail über seine Verführung minderjähriger Knaben im einschlägi-

58   Ibid. S. 274.
59   Ibid. S. 279.

gen Viertel Patpong in Bangkok berichtet hatte[60]. Sie befürwortet Bekannte bei Ernennungen zu Chefposten im öffentlichen Fernsehen und die Verabschiedung eines Gesetzes gegen die Internet-Piraterie, das von einem ihrer „Ex" verfasst wurde. Schließlich lässt sie auf Drängen ihrer Schwester Sarkozy die bereits beschlossene Auslieferung einer Ex-Terroristin an Italien widerrufen[61]. Politik mit einem kleinen „p" also.

Wichtiger ist sicher ihre Rolle für das Seelenheil des ewig Umgetriebenen, um ihn auch nach der Niederlage von 2012 auf ein Leben nach der Politik, die für sie „inhuman" und „die Hölle" ist, vorzubereiten. Ihre eigenen endlosen psychoanalytischen Erfahrungen mochten dabei hilfreich sein, um ihn von den Komplexen seiner Kindheit zu kurieren. Sie führt ihn in die Welt des Films, der Literatur und ihrer Künstlerkollegen ein. Dazu organisiert sie Reisen ohne Stress, fernab der Pariser Intrigen, und nicht zuletzt versucht sie, ein funktionales Familienleben um die im Oktober 2011 geborene Giulia Sarkozy im Rahmen der allgemeinen Patchwork Verhältnisse zu bewerkstelligen. Carla, die nach außen stets gelassene Heiterkeit ausstrahlte und gleichzeitig, wie erwähnt, ständig psychoanalytische Betreuung in Anspruch nahm, war 2012 bei der Übergabe ihres „Amtes" und Büros, das sie so gut wie nie benutzt hatte und wiewohl sie Krankenhäuser und Altersheime nicht besucht und sich um die Bittstellerpost nie gekümmert hatte, an Valérie Trierweiler so erleichtert, dass sie in Tränen ausbrach[62].

Im Jahr 2016 wollte es Sarkozy noch einmal wissen. Als Chef der von ihm umbegründeten LR (Les Républicains) trat er bei den Vorwahlen seiner Partei noch einmal an. In einem Feld von sechs Bewerbern fiel er bei den Seinen nach dem Motto: Du hast deine Chance gehabt und sie versiebt, gnadenlos durch, ebenso wie der Favorit und Chirac-Gefolgsmann Alain Juppé. Carla, die weiter auf Großanzeigen für internationale Markenartikel (Bulgari zum Beispiel) warb, war bei den wichtigsten Auftritten stets mit einem botoxgestützen Dauerlächeln an seiner Seite. Sie schien ihm weder zu nutzen noch zu schaden. Das Publikum schien sich nach Hollandes Eskapaden an alles gewöhnt zu haben. Denn auch Juppé war kein Kind von Traurigkeit. Der in 2. Ehe mit einer Journalistin (!) verheiratete Bürgermeister von Bordeaux deutete seinem Biographen an, dass er es in den 80er-Jahren an der Seite von Chirac mit seinem „Harem" noch wilder als sein Meister getrieben habe[63]. Stattdessen wurde François Fillon mit zwei Dritteln der Stimmen der Republikaner nominiert, ein braver Katholik, Traditionsgaulist und Vater von vier Kindern, die von der gleichen Mutter stammten, seiner ersten und einzigen Frau[64].

60   Frédéric Mitterrand. La mauvaise vie. Robert Laffont. 2005. S. 293 ff.
61   Schneider. Op. cit. S. 282.
62   Valérie Trierweiler. Merci pour le Moment. Les Arènes. 2014. S. 190.
63   Bruno Dive. Alain Juppé. L'homme qui revient de loin. L'Archipel. 2016. S. 60.
64   Nur wurde nach Fillons Vorwahlsieg, wie von Zauberhand gestreut, bald ruchbar, dass er sie als Parlamentsassistentin mit einer Million Euro aus Steuermitteln hatte finanzieren lassen, ohne dass sie für ihn je nachweislich politisch gearbeitet hatte.

Valérie Trierweiler (1965–)

Als Sarkozy im Mai 2012 sein Amt an François Hollande übergibt, gibt es auch erstmals eine parallele Übergabe der Ersten Damen. Carla Bruni-Sarkozy weist Valérie Trierweiler in die Büros ein und klagt ausführlich über das Grauen der letzten vier schrecklichen Jahre. Valérie glaubt davon unbetroffen zu sein. Sie ist seit zwanzig Jahren politische Journalistin und kennt sich aus, ist keine sensible naive Künstlerseele. Während sich die beiden Männer bei der richtigen Machtübergabe kalt die Hand geben, umarmen sich die beiden Frauen. Weil selbst Le Monde und Le Figaro die langweiligen Titelbilder eines Hollande für schwer verkäuflich halten, bilden auch sie das neue Paar auf Seite 1 ab. Das nährt Valéries Illusion gemeinsam gewählt worden zu sein. So spricht sie zu jedem Thema in jedes Mikrofon und vor jeder Kamera, die sich bieten. Und wenn jene nicht verfügbar waren, tweetet sie unbeschwert, ohne sich anscheinend darüber im Klaren zu sein, dass alles nun analysiert, bewertet, kommentiert und karikiert werden würde. Erste Profile unterstrichen ihr gutes Aussehen, ihren Wunsch nach Unabhängigkeit, ihren schwierigen rebellischen Charakter und ihre Hollywood-Allüren. All dies gefiel ihr gut und bestätigte sie.[65]

Valérie Massonneau wurde 1965 als fünftes von sechs Kindern in Angers geboren. Die Familie wohnte mit der Großmutter im sozialen Wohnungsbau (HLM). Ihrem Vater hatte im Alter von 12 Jahren 1944 eine Mörsergranate ein Bein zerrissen. Zeitlebens war er arbeitslos und wird von Valérie als tyrannisch beschrieben. Die Mutter war anfangs Verkäuferin im Blumenladen eines Onkels, später im Sommer Kassiererin im städtischen Schwimmbad, im Winter im Eislaufstadion. Die Einkäufe für die neunköpfige Familie musste sie täglich mit dem Fahrrad erledigen. Ihre Jugendlektüre bezog Valérie aus dem Buchclub „France Loisirs"[66], den ihre Eltern abonniert hatten. Die Urlaube verbringt die Familie auf einem Campingplatz am Strand in der Vendée. Mit 23 Jahren hat sie noch nie das Mittelmeer gesehen, war nur einmal in Deutschland auf einem Sprachkurs im Ausland, und noch nie in einem Restaurant gewesen. „Dîner en ville" hieß für sie mit dem Bus in die Innenstadt zu fahren. Der Theaterbesuch beschränkte sich auf ein Musical.[67]

Dennoch gelang es ihr nach dem Gymnasium, in Paris Politik und Kommunikation zu studieren und politische Reporterin bei der Illustrierten Paris Match zu werden, für sie das identitätsstiftende Vehikel ihres sozialen Aufstiegs. Gleichzeitig moderiert sie einige Fernsehsendungen. Nachdem die erste Ehe mit ihrer Jugendliebe in die Brüche geht, heiratet sie 1995 Denis Trierweiler. Drei Söhne werden geboren: Anatole (1992), Lorraine (1995) und Léonard (1997). Obwohl sie seit April 2005 eine Affäre mit Hollande hat, beantragt sie erst 2007 die Scheidung, die sich bis 2010 hinziehen soll. Während 2009/10 ist Hollande, der in Umfragen im Schatten von Strauss-Kahn steht, ziemlich isoliert. Während des Wahlkampfes versucht sie, diese ungestörte Intimität beizubehalten und drängt sich zwischen ihn und seine Mitarbeiter,

65 Schneider. Op. cit. S. 297.
66 Von ähnlichem Kaliber wie der frühere Bertelsmann Buchclub.
67 Valérie Trierweiler. Merci pour le moment. Les Arènes. 2014. S. 114.

was allgemein auf Missfallen stößt und angesichts ihres explosiven Temperaments entbehrliche Spannungen und Reibungsverluste verursacht. Im Élysée hat sie zwar erstmals ein eigenes Büro und mit einer Kabinettschefin und drei Mitarbeiterinnen eigene Untergebene, eine im Vergleich zu Bernadettes Zeiten stark geschrumpfte Mannschaft. Es stört sie auch kein eigenes Budget zu haben. Doch ist der gemeinsame Antrittsbesuch bei den Obamas ein Erfolg: Die amerikanischen Medien erfreuen sich an einer attraktiven „First Girl Friend". Allerdings beschwert sie sich, dass sie weder beim Tête-à-Tête im Oval Office noch als Journalistin bei der Pressekonferenz im Weißen Haus zugelassen wird.

Im Juni 2012 duellieren sich im Wahlkreis Charente-Maritime in der sozialistischen Hochburg La Rochelle Ségolène Royal, die von der Pariser Zentrale dekretierte offizielle Kandidatin der PS, und Olivier Falorni, ein sozialistischer Dissident und verdienter Lokalmatador. Während Hollande seiner Ex ein offizielles Unterstützungsschreiben schickt (obwohl er sich eigentlich nicht in den Wahlkampf hat einmischen wollen und davon anscheinend auch Valérie nichts sagte), twittert sie Falorni einen herzlich gehaltenen Glückwunsch zu einem erfolgreichen Wahlkampf. Am Ende gewinnt Falorni mit 62 % der Stimmen überlegen. Ihm wird aber von Martine Aubry, der Ersten Parteisekretärin, die Mitgliedschaft in der sozialistischen Fraktion verweigert. Valérie fühlt sich von François verraten. Hätte Ségolène, ihre Erzrivalin, die alles getan habe, um sie aus Paris Match zu verdrängen, gewonnen, wäre sie Präsidentin der Nationalversammlung geworden, der vierten Position im Staate, und ihrem François wieder bei jeder Menge protokollarischer Ereignisse nahe gekommen. Alle Kabinettsmitarbeiter und die PS-Apparatschiks halten ihre Aktion für unverantwortlich, zumal sie die gleichen beliebten Mediengeschichten der Marke „Psychodrama im Élysée", das sie bei Sarkozy kritisiert hatten, zu replizieren droht. Sie allerdings fühlt moralisch im Recht: War nicht Falorni immer einer der wenigen verlässlichen Hollande-Loyalisten gewesen, der sie in La Rochelle stets gastlich empfangen hatte und war nicht die Nominierung von Royal ein Fehler gewesen? Weil die Sozialisten intern trotz aller Fraktionskämpfe eine sehr ruppige formale Disziplin pflegen – vielleicht weil sie sich immer noch im Klassenkampf glauben – lässt Hollande sie von zwei Unterlingen, Premier Jean-Marc Ayrault, und dem PS-Gruppenchef im Senat, François Rebsamen, öffentlich zusammenstauchen. Für die Sozialisten ist klar, sie haben Hollande gewählt und niemand Trierweiler. Also hat sie den Mund zu halten. Ihre wenigen Parteigänger berufen sich auf Danielle Mitterrand, die auch zur Unzeit radikale Meinungen äußerte.

Als Reaktion zieht Valérie im Eklat aus dem Élysée aus und bezieht wieder ihre alte Wohnung. Hollande und sie selbst schweigen nach ihrem Krach in der Öffentlichkeit, während die Presse sich in geheucheltem Entsetzen überschlägt, zumal das Ganze schön als politisiertes Eifersuchtsdrama, das den Staatschef lähmt, zwischen der Neuen und der Ex und ihren jeweiligen Gefolgsleuten dargestellt werden kann. In der Presse und in der öffentlichen Meinung stürzt sie massiv ab[68]. Während Royal mit mehr Geschick das Opfer spielt, das durch „Verrat" um ihr Mandat gekommen ist, wird Valérie als die rachsüchtige Gewinnerin des Beziehungsduells wahrgenommen, die die Spuren und politische Existenz der Vorgängerin auslöschen will.

---

68   Schneider. Op. cit. S. 307.

Mit 67 % Missbilligungsraten ist sie die mit Abstand unbeliebteste Präsidentenbegleiterin der V. Republik. Fast tragisch wirkt, dass Falorni auch ohne Valéries Tweet haushoch gewonnen hätte, jener also herzlich überflüssig war. Drei Wochen lang zieht Valérie sich in ihre Wohnung zurück und weigert sich François zu sehen. Dieser schickt ihr zwar während Kabinettssitzungen dutzende von Textnachrichten (offensichtlich waren die Debatten nicht weltbewegend), doch beginnt er sich gleichzeitig anderweitig zu trösten …[69]

Zu ihrem weiteren langen Sündenregister zählt ein von ihr herausgegebener Band mit Wahlkampfbildern, auf denen sie auf 146 Seiten 50-mal abgebildet ist. Sodann ein Film zur Geschichte der Sozialisten von Jean Jaurès bis Hollande, in dem nur ein Name fehlt, der von Ségolène Royal, die 2007 als erste sozialistische Kandidatin immerhin 17 Millionen Stimmen erhalten hatte. Weiter der Versuch, das Versöhnungsfoto auf der Großkundgebung von Rennes im Mai 2012 von Ségolène, der Kandidatin von 2007, und François, dem Kandidaten von 2012, das die wiedergefundene Einheit der PS darstellen sollte, zu sabotieren. Bei der Machtübergabe vom Januar 2012 werden erstmals die Regionalpräsidenten nicht eingeladen. Warum? Weil Ségolène Präsidentin von Poitou-Charentes ist. Natürlich hat der entschlussschwache, schweigsame Präsident alles getan, um seine temperamentvolle Liebhaberin zur rasenden Eifersucht zu treiben. Jahrelang hat er ein Doppelspiel getrieben, weil er mit der Mutter seiner Kinder nicht brechen wollte. Nie weiß sie, was er wirklich denkt und fühlt. Umgekehrt hat er, der Harmoniesüchtige, der Problemen lieber ausweicht oder sie aussitzt – privat wie in der Politik – Angst vor ihren hysterischen Szenen und Wutausbrüchen, und belässt die Dinge lieber in der ambivalenten Schwebe, die sie zum Wahnsinn treibt.

Die ersten biographischen Skizzen erscheinen zum Thema Trierweiler: „La Favorite" von Laurent Greilsamer, „Entre deux feux" von Anna Cabana und Anne Rosencher, und „La Frondeuse" von Alix Bouilhaguet und Christophe Jakubyszyn. Allen ist gemeinsam, dass sie eine Frau profilieren, die starrköpfig, überheblich, arrogant, schroff und jähzornig ist. Sie habe seelische Störungen und lasse ihr Psychodrama zur Staatsaffäre werden. Sie drohte gegen jene Beleidigungen zu prozessieren[70]. Das entsprach auch ihrem Bild in der Öffentlichkeit und ihrem Spitznamen „Rottweiler". Dagegen sehen sie ihre wenigen Freunde anders: Etwas hitzig und ungestüm zwar, doch offen, ernsthaft, loyal, mutig und sogar witzig[71].

Nach der Twitter-Affäre ist ihr Ansehen bei den Élysée-Mitarbeitern im Keller. Sie beginnen ihre Instruktionen zu ignorieren oder zu hintertreiben. Dennoch versucht Valérie einen neuen Anfang. Sie ändert die Frisur, nimmt ab, versucht ruhiger und bescheidener zu sein. Aber es fehlt dabei an Natürlichkeit, Spontanität und Wärme. Sie beginnt sogar, sich Gedanken für künftige wohltätige Werke im Sinne der Traditionsdamen des Hauses zu machen. Doch entscheidet sie sich für Danielle Mitterrand als Rollenvorbild und adoptiert statt der Kurden während 2013 die Frauen und Mädchen von Sud-Kivu, die dort der Gewalt vergewaltigender und mordender Milizionäre anheimfallen. Sie verteilt vor Ort Medikamente und denunziert

---

69   Trierweiler. Op. cit. S. 349 f.
70   Trierweiler. Op. cit. S. 281 f.
71   Schneider. Op. cit. S. 311.

sexuelle Gewalt bei den üblichen UNO-Konferenzen, die wie immer folgenlose Resolutionen absondern.

Derweil orientiert sich François emotional langsam um. Während 2013 erfährt Valérie von dem Verhältnis mit Julie Gayet, macht Szenen und reagiert hysterisch. François lässt sie allein in den Urlaub fahren, während er das Familienschloss der Gayets in Gers besucht. Eine Weile versucht sie noch, sich bei öffentlichen Äußerungen zu disziplinieren, bis ihr dies im Fall einer mit der Ausweisung bedrohten kosovarischen Schülerin misslingt. Selbst eine öffentliche Versöhnung mit Ségolène hatte sie bei einer von ihr organisierten Filmvorführung im Élysée geplant. Doch erschienen weder Ségolène noch François. Als schließlich das Skandalblatt Closer ein gemeinsames Bild von François und Julie veröffentlicht, dreht sie durch. Ihr Gebrüll durchschallt die ehrwürdigen Élysée-Gemäuer und obwohl sie im Präsidentenbüro nur eine Vase zerschmiss, machte angesichts des Lärms bald das Gerücht von einem Millionenschaden die Runde. Weil die Wachleute in ihrer Wohnung einen medikamentösen Selbstmordversuch befürchten, wird sie zur Beruhigung ihrer Nerven mit dem eigenen Einverständnis vierzehn Tage lang hospitalisiert. Zwischenzeitlich kommen alle bunten Blätter mit Julie Gayet auf der Titelseite heraus, und bringen durchweg positive Porträts wie sympathisch, sanftmütig, diskret, ruhig und selbstsicher sie sei. Also das genaue Gegenteil von Valérie. Ségolène schien ihrerseits vom Ende ihrer Rivalin sehr befriedigt. Sie meinte privatim: „Statt unausgesetzt mich zu überwachen, hätte sie lieber auf die nächste aufpassen sollen".[72]

Vom Krankenhausbett noch lässt Valérie verlautbaren, sie sei bereit François zu verzeihen und einen neuen Anfang zu machen – so wie alle betrogenen Ehefrauen des Élysée von Anne-Aymone Giscard bis Bernadette Chirac. Seine Mitarbeiter halten den Atem an: Würde Hollande wieder einknicken? Das ganze Drama von neuem beginnen? Da lässt Hollande eine Presseverlautbarung von einzigartiger Brutalität per AFP verbreiten: „Ich lasse wissen, dass ich das gemeinsame Leben, das ich mit Valérie Trierweiler geführt habe, beendet habe". Wenn man nicht verheiratet ist, geht das mit 17 Worten (18 im französischen Original).

Hollande bemühte sich dann hinter den Kulissen mit dem Herausgeber von Paris Match die Wiedereingliederung von Valérie in die Redaktion zu ermöglichen, in der sie während der 18 turbulenten Monate im Élysée nur eine Kolumne mit Buchbesprechungen gehabt hatte. Die ehemaligen Kollegen sahen sie nur ungern zurückkommen, waren doch auch sie Opfer ihres Drucks aus dem Élysée geworden.

Da erscheint ein Jahr später ihr Enthüllungsbuch[73], die ihre Version der Dinge darstellt, ihren Ex als gefühllosen, zynischen, narzisstischen, charakterlosen, großbürgerlichen Snob erscheinen lässt, der aus Feigheit dauernd lügt, sowohl ihr gegenüber hinsichtlich seiner Beziehung zu Julie wie auch zu Parteifreunden, denen er (wie alle Spitzenpolitiker) dauernd Posten und Mandate in Aussicht stellt – Versprechen, die er nie zu halten gedachte. Man fragt sich dann nur, warum sie sich in den Unhold je verlieben konnte und ihm immer noch nachtrauert. Für

72   Ibid. S. 323.
73   Trierweiler. Op. cit.

eine politische Journalistin ist das Buch grauenvoll schlecht geschrieben: Statt einer sauberen Chronologie variieren die Zeitebenen dauernd. Passagen mit reiner Polemik, Selbstmitleid und Beschimpfungen wechseln abrupt mit solchen ab, die eher sachliche Einsichten vermitteln. Politische Reflektionen irgendeines Anspruchsniveaus sucht man vergeblich. Kurzum, man hat das Gefühl, dass hier jemand weder seine Emotionen noch seinen Intellekt unter Kontrolle hat. Ohnehin scheint ihr Liebeskummer das einzige Thema zu sein das für sie in Frankreich von Wichtigkeit ist. Jeder Politiker wird einzig danach beurteilt, wie er sich in jenem persönlichen Krisenjahr (2013/14) zu ihr verhalten hat. Aufschlussreich ist auch, dass sie weitaus mehr Gift und Galle gegen ihre Vorgängerin Ségolène verspritzt als gegen ihre Nachfolgerin Julie (die sie anscheinend nie getroffen hat). Auch ohne jede Werbung war das Buch ein voller Erfolg: 440.000 verkaufte Exemplare im ersten Erscheinungsjahr. Der politische Bestseller von 2015, ein besserer Groschenroman, der aber auch am Rande gelegentliche Einsichten in den Regierungsstil von Hollande und das Funktionieren des Élysée vermittelt.

Trierweiler war sich über ihr schlechtes Image im Klaren. Medien schilderten sie als die „Diebin des Ehemannes, Zerstörerin der Familie, als hysterische und cholerische Intrigantin". Die öffentliche Meinung nahm in ihren Worten weiter Ségolène Royal als Mutter seiner Kinder als Hollandes eigentliche Frau wahr, sie dagegen blieb illegitim. Doch würde sie wie alle Präsidentengattinnen der öffentlichen Geldverschwendung und unzulässiger Einflussnahmen verdächtigt. Vielleicht habe Hollande sie nur aus Angst vor Ansteckung vor jenem Image-Schaden verstoßen?[74] Dabei war es in ihrer Darstellung François gewesen, der ihre Familie zerstört habe, die eigentlich sehr glücklich gewesen sei. Sie hatte ihren (zweiten) Ehemann Denis geliebt und mit ihren drei Söhnen in einem großen Haus mit Garten und Hund in einer schönen Vorstadt eine perfekte Idylle gelebt. Aber nachdem sie vor zehn Jahren seine journalistische Begleiterin („Lieblingsjournalistin") geworden war, habe er sie bedrängt, um ihre liebevolle Freundschaft in eine leidenschaftliche Liebe zu steigern. Sie bezahlte dafür, verlor ihre Familie, musste den politischen Journalismus aufgeben, erlitt einen massiven Reputationsschaden und fühlte sich (vor dem Verkaufserfolg ihres Buches) von Prekarität bedroht[75].

Einmal mehr sehen wir hier das merkwürdige Ergebnis jener symbiotischen Intimität von Politik und Journalismus mit ihren komplizenhaften Annäherungen, die gerade in der Pariser Politik besonders ausgeprägt ist. Einsame, narzisstische Männer auf dem Weg zur Macht und jüngere, ehrgeizige Frauen, die von solchen Typen – mit einer Mischung aus Eigennutz (die perfekte Story, das Aufstiegsvehikel, die soziale Statusquelle) und als Vaterersatz (denn mit Valéries Vater war nicht viel Staat zu machen) – magisch angezogen wurden.

Ihre glücklichste Zeit war laut Valérie François Zeit in der politischen Wildnis von 2008 bis 2011 gewesen. Nachdem er elf Jahre lang erfolgloser PS-Parteisekretär gewesen war, wurde er („Monsieur 3 %") 2008 für Ségolènes verlorene Präsidialwahl vom Vorjahr verantwortlich gemacht und nach den bei den Sozialisten üblichen betrügerischen Wahlen (bestimmte Re-

---

74   Ibid. S. 95 f.
75   Ibid. S. 102 ff.

gionalverbände sind traditionell käuflich) von Martine Aubry abgelöst. Ségolène hatte ihn nach ihrer gegen Sarkozy knapp verlorenen Wahl nach dem Bekanntwerden der Affäre aus der Wohnung geworfen. So war er notgedrungen bei Valérie eingezogen. Er brauchte keine Überstunden mehr zu machen. Es gab keinen Chauffeur mehr. Lange Urlaube wurden gemeinsam in Südeuropa und Südfrankreich verbracht. Zwar kann sie François Familie im Jahr 2007 besuchen, als seine Mutter unheilbar krank ist. Doch wird sie zur Beerdigung nicht zugelassen, da die vier Kinder Hollandes ihre Gegenwart einhellig ablehnen.

Ab November 2010 plant Hollande seine Präsidentschaftskandidatur. Im März 2011 kündigt er sie an. Zunächst segelt er bei den sozialistischen Vorwahlen noch im Windschatten des großen Dominique Strauss-Kahn, bis dieser sich durch seine Übergriffe auf eine afrikanische Dienstmagd[76] in einem New Yorker Hotelzimmer und seine entwürdigende öffentliche Vorführung vor dem dortigen Untersuchungsrichter als nicht länger präsidiabel im Mai 2011 aus dem Rennen kegelte. Schließlich gewann Hollande wider Erwarten die Vorwahlen gegen Martine Aubry und die Präsidialwahlen gegen Sarkozy. Auch nach eigener Darstellung war Valérie schon während der Wahlkampagne schwierig. Mit seinem Team verkracht sie sich. Es ist für sie eine eitle Gockelbande („bande de coqs")[77]. Sie schickt beleidigende Tweets über Putin ab: ein „Phallokrat", den sie der Homophobie und des Rassismus bezichtigt. Entgleisungen, auf die sie weiter stolz ist[78]. Bald wird ihr klar, dass Hollande sie als Störfaktor nicht mehr in seinem politischen Leben haben will. Selbst für eine Marginalie der Symbolpolitik, den Frauentag am 8. März, werden ihre Ideen zu seiner Feier als „exzellent" bewertet – und keine einzige umgesetzt.[79] So setzt auch ihrerseits nach eigener Darstellung eine Entfremdung ein. Sie beginnt zu bemerken, dass er nur an Politik und seiner Karriere interessiert ist, weder an Literatur, Musik, Theater noch an seinen Mitmenschen. Seine einzigen Freunde sind die Karrieristen seiner Promotion Voltaire der ENA[80]. Als sie sich dreißig Jahre nach ihrem Abschluss zum Abendessen im Élysée treffen, benehmen sie sich wie „Halbgötter", trunken an ihrer Macht[81], eine wahrscheinlich sehr treffliche Beschreibung! Nie habe François dagegen seinen Vater oder seinen Bruder ins Élysée eingeladen[82]. Als sie ihn einmal zu einer Weihnachtsfeier zu ihrem Klan in Angers einlud, wo es unter 25 Menschen der Arbeiterklasse lustig, herzlich und ohne große Umstände zuging, hatte er für ihre Verwandten nur Verachtung übrig. Ohnehin spotte der edle Sozialist über Arme nur als die Zahnlosen („sans-dents"), sei vom täglichen Leben entfremdet und habe eine fatale Neigung zum Luxus: Nur das beste Gourmet-Essen, die feinsten Restau-

---

76 Sein Opfer erhielt unbestätigten Medienberichten zufolge von ihm 1,5 Millionen US-Dollar Schmerzens- und Schweigegeld. Davon eröffnete sie angeblich ein Restaurant für westafrikanische Spezialitäten in New York und ließ drei Luxusappartments in Dakar bauen. Damit leistete DSK, der der erste Präsident nordafrikanisch-jüdischen Ursprungs geworden wäre, privat möglicherweise einen größeren Beitrag zur Entwicklungshilfe als als vormaliger Präsident des IWF.
77 Trierweiler. Op. cit. S. 243.
78 Ibid. S. 240.
79 Ibid. S. 176.
80 Ibid. S. 257.
81 Ibid. S. 292.
82 Ibid. S. 271.

rants und teuersten Hotels seien gut genug. Nicht ganz stimmig in ihrer Darstellung ist freilich, dass sie erst einmal seine billigen Anzüge von der Stange habe ausmisten und wegwerfen müssen, um ihn dann (von Ségolène vernachlässigt) vernünftig standesgemäß habe einkleiden zu können.[83]

Mit zunehmender Machtausübung im Élysée ließ Francois, von Höflingen umgeben, keine Kritik mehr an sich zu. Er würde immer inhumaner, unfähig zur Empathie und verachte seine Mitarbeiter. Auch Jean-Marc Ayrault sei nur wegen Hollandes schlechter Umfragedaten zugunsten von Manuel Valls als Premier geopfert worden[84]. Und nun am Ende ihrer Beziehung wurde sie, unbequem geworden, genauso von ihm behandelt.[85]

Einen aufschlussreichen Dialog produziert Valérie noch verbatim. Sie sprechen über Außenminister Laurent Fabius, dereinst ultraambitionierter Ziehsohn von Mitterrand. Hollande: „Furchtbar, er hat sein Leben verhauen". Sie: „Warum?" Er: „Weil er nicht Präsident geworden ist." Sie: „Aber er scheint glücklich zu sein. Bist Du glücklich?" Er: „Nein".[86]

Julie Gayet (1972–)

Die Szene des auf dem Motorroller inkognito zum nächtlichen Stelldichein brausenden Präsidenten machte Hollande im Januar 2014 zum Gespött der Nation. Von seiner vermurksten Trierweiler-Beziehung traumatisiert, hat es der Entschlussschwache nie geschafft, seine Beziehung zu Julie anzuerkennen, mit einem gemeinsamen öffentlichen Auftritt zu „offizialisieren", wie es so schön heißt. Sie hat also kein Sekretariat im Élysée, bekommt keine Kummerkastenpost und hat keinen Platz bei Staatsbanketten oder bei Staatsbesuchen. Dies obwohl sie nach Dienstschluss im Élysée ein und ausging, dort oft an Wochenenden übernachtete, gelegentlich Diners organisierte, die beiden in regem SMS-Kontakt stehen, gemeinsam urlauben und nächstens am Seine-Ufer spazieren gehen. Nur bei solchen Privatterminen mit dem Präsidenten genoss sie Polizeischutz, sonst nicht. Wenn in der Präsidentschaft Sarkozy eine prominente weiblich-repräsentative Rolle gebraucht wurde, so wurde sie von seiner Ex, Ségolène Royal, der Umweltministerin, nach dem Hinauswurf von Trierweiler ersatzweise ausgeübt, zum Beispiel beim Staatsbankett für den König von Spanien. Im Sommer 2016 wurde Julie mehrmals prominent auf den Titelblättern von Paris Match und Co. abgebildet. Das nährte Spekulationen, Hollande wolle sich liieren, um mit romantischen Bildern seiner darniederliegenden Popularität für die Wiederwahl Auftrieb zu geben. Allein, nichts passierte. Seinen Interviewern von Le Monde vertraute er an, sie wolle zwar, aber er nicht. Außerdem sei er zu alt fürs Heiraten. Das rührte keine Herzen. Die Umfragedaten blieben bei 4 % im Keller. Von den Genossen, vor allem seinem Premier Manuel Valls, bedrängt, warf er im Dezember 2016 das Handtuch, der erste Präsident, der dies bei bester Gesundheit tat.

---

83   Ibid. S. 218.
84   Ibid. S. 313.
85   Ibid. S. 288.
86   Ibid. S. 293; von mir leicht zusammengefasst.

Das ausbleibende Happy End hat Julie Gayet die Bürden des Protokolls und des Goldenen Käfigs erspart und gleichzeitig zu einer Prominenz verholfen, die Einladungen zu erstklassigen Filmrollen und Fernsehauftritten ermöglichte, die sie, da institutionell frei, nach eigenem Gutdünken auch wahrnehmen konnte.

Julie wurde 1972 in Suresnes geboren. Vater und Großvater waren renommierte Chirurgen. Die Mutter, eine Antiquarin, entstammt der Industriellenfamilie Faure aus Revin in den Ardennen, die dort Herde und Öfen herstellte und eine Gasheizung auf Rädern erfunden hatte. Die Firma ist mittlerweile in Electrolux aufgegangen.[87] Die Eltern bewohnen ihr renoviertes Château de Cadreils im Département Gers in Südwestfrankreich. Schon während des Studiums (Kunstgeschichte, Psychologie und Film) in Paris begann sie erste Film- und Fernsehrollen anzunehmen. Von 2000 bis 2006 war sie mit einem spanischen Regisseur verheiratet. Der Ehe entsprangen zwei Kinder, Tadeo (2004) und Ezechiel (2006). Politisch zählte sie sich als PS-Aktivistin immer zur Linken, warb 2007 für Ségolène Royal und 2012 für Hollande. Mit ihm tauchte sie auch auf verschiedenen PS-Veranstaltungen in seiner politischen Wahlheimat Tulle in der Corrèze auf. Obwohl ihre Positionierungen für die Homoehe und den wie auch immer gearteten Kampf gegen den Sexismus bekannt sind, enthält sie im Gegensatz zu Valérie Trierweiler und Danielle Mitterrand doch öffentlicher Stellungnahmen. Einflussnahmen auf ihren 18 Jahre älteren Freund im Élysée sind soweit erkennbar wie schon bei Carla Bruni nur bei Personal- und Subventionsentscheidungen im Kulturbereich sichtbar, etwa beim Kultusministerium, der Leitung von Museen, dem nationalen Filmzentrum (CNC) oder der Villa Medici in Rom.[88]

Brigitte Auzière-Macron (1954–)

Im Frühjahr 1993 traf der 15-jährige Emmanuel Macron im Theaterklub des Jesuitengymnasiums „La Providence" von Amiens auf die 40-jährige Brigitte Auzière, die als Französisch- und Lateinlehrerin jenen Klub mit großem Engagement leitete. Jeden Freitagnachmittag sind sie gemeinsam am Texten von für Schulaufführungen adaptierte Klassikerstücken, die bald zum Selbstzweck werden. Der talentierte, blondgelockte, obsessive Knabe ist in jener intellektuellen Kameradschaft zweier überdrehter Romantiker der drängende Part. Immerhin ist sie seine erste große Liebe. Noch versucht sie abzuwehren. Denn es drohen ein Skandal, der Verlust ihrer bürgerlichen Existenz und der Reputationsschaden in der betulichen Provinzstadt Amiens.[89] Jedermann in Frankreich, einem Land (es ist nicht das einzige) in dem viele pubertierende Schüler von ihren attraktiven Lehrerinnen bzw. Lehrern träumen, kennt das traurige Schicksal von Gabrielle Russier, einer geschiedenen 32-jährigen Studienrätin, die im Dezember 1968 wegen einer Affäre zu ihrem minderjährigen Schüler in Marseille zu 12 Monaten Haft verurteilt, Selbstmord verübte. Unzucht mit minderjährigen Abhängigen in der Vertrauensstellung in loco parentis ist auch in Deutschland strafbar.

---

87   „Julie Gayet l'Ardennaise, héritière de la dynastie Faure" L'Est éclair 2.2.2014.
88   Soazig Quéméner, François Aubel. Julie Gayet. Une Intermittente à l'Élysée. Éditions du Moment. 2016.
89   Anne Fulda. Emmanuel Macron. Un jeune homme si parfait. Plon. 2017. S. 56.

Brigitte wurde 1954 in die Pralinen- und Schokoladendynastie der Trogneux in Amiens geboren, die mit ihrer Spezialität der Mandel-Makronen allein in Amiens drei Fachgeschäfte unterhält und in der ganzen Picardie verbreitet und berühmt ist. Ein Neffe führt heute den Familien-
betrieb in der fünften Generation. In ihrer Jugend war sie eine fröhliche Rebellin, die trotz oder
wegen ihrer konservativen Familie und katholischen Schulerziehung im Minirock whiskybe-
schwingt auf lustige Partys ging. Doch schon früh heiratete sie, des Kinderwunsches wegen,
wie sie sagte, mit 20 Jahren einen angehenden Direktor der französischen Außenhandelsbank,
André-Louis Auzière. Die nächsten Stationen waren Straßburg, sowie kurzzeitig Lille und Paris, bevor sie nach Amiens zurückkehrten. Drei Kinder entsprossen der Ehe: Sébastien (1975),
heute Marktforscher, und die Töchter Laurence (1977), eine Klassenkameradin von Emmanuel, heute Kardiologin, sowie Tiphaine, die 1984 zur Welt kam, und als Anwältin als einzige sich
in En Marche ihres Stiefvaters einreihte. Während sie ihre junge Familie mit den drei kleinen
Kindern großzieht, absolviert Brigitte ein Lehramtsstudium und erledigt von 1982 bis 1984
die Öffentlichkeitsarbeit für die Industrie- und Handelskammer in Nord-Pas-de-Calais, bis sie
schließlich in Vollzeit mit großer Begeisterung ihr Lehramt ausüben kann. In ihrem Wunsch-
beruf ist sie nach allen Bekundungen beliebt und übt durch ihre thematische Begeisterung eine
natürliche Autorität aus, ein Ruf, der sie auch später am Pariser Edel-Gymnasium Saint-Louis-
de Gonzague umgibt.

Leider ist jedoch ihr Eheleben nach zwanzig Jahren in der bekannten Krise von Lieblosigkeit,
Routine und gegenseitiger Langweile. Gerüchte schwirren immer mehr in Amiens herum.
Nein, der junge Emmanuel hat keine Liebschaft mit seiner Klassenkameradin Laurence, sondern mit der Mutter. Seine liberalen Eltern verbitten ihr ernstlich den Umgang mit ihm bis zu
seinem 18. Lebensjahr, aber sie erstatten keine Strafanzeige. Stattdessen wird der vielversprechende Jüngling für sein gymnasiales Endjahr zur Vorbereitung auf die diversen Eliteunis auf
das Lycée Henri IV geschickt. Paris sollte den exaltierten Knaben fürs erste ablenken und beruhigen, hätte man wie alle besorgten Eltern meinen sollen. Doch weit gefehlt. Die Liebenden
telefonierten weiter täglich und trafen sich an Wochenenden heimlich, unter anderem wurden
beide am Bahnhof Lille innig umschlungen von Ex-Schülern der Auzière geäugt, was prompt
die Runde im skandalgeschwängerten Amiens machte. Da Emmanuel kaum Freunde hatte und
ihre Beziehung von beiden Familien und dem Bürgertum von Amiens, die ihre bisherige soziale Welt ausmachen, abgelehnt wird, sind die beiden ziemlich isoliert.

Dennoch überlebte die unwahrscheinliche Beziehung den gesamten Ausbildungsgang des jungen Macron in Paris, an der ENA in Straßburg und sein Praktikum in Nigeria, wo er sich nie
von gleichaltrigen Kommilitoninnen ablenken ließ. Fünfzehn Jahre nach dem Beginn ihrer Beziehung setzte Brigitte die Scheidung durch. Erst im Jahr 2007 heiraten die beide in Touquet-
Paris-Plage glamourös dank des Hypermarché-Königs Henry Hermand als reichem Sponsor
im ersten Westminster-Hotel in dem angelsächsisch beeinflussten Küstenstädtchen. Die eigentlich beabsichtigte Trauung in der ehrwürdigen Kathedrale von Amiens hatte der Bischof
den beiden Sündern aus nachvollziehbaren Gründen verweigert. Emmanuel war damals 29,
Brigitte 54 Jahre alt.

In Paris lehrt sie weiter Französisch und Literatur am ehrwürdigen katholischen Elitegymnasium Saint-Louis-de-Gonzague. Hier ist „BAM" bei den Schülern genauso beliebt wie zuvor in Amiens. Sie mag seine ertragreiche Tätigkeit bei Rothschild, die ihr wie weiland Claude Pompidou, die ebenfalls der Bourgeoise der Provinz entstammte, in Paris ein Leben in der Hochkultur und im Luxus ermöglichte und bedauerte gleichfalls seinen Umstieg in die Politik, der sie sich aber auch nicht widersetzte[90]. Mit seinen Bankiers hatte sie wenig Kontakt, da ihr die Welt des Investment-Banking und der Unternehmenskäufe fremd bleiben.

Alles ändert sich, als er als Stellvertretender Generalsekretär Hollandes ins Élysée und später als Minister ins Bercy einzieht. Da der Workaholic meist erst nach Mitternacht nach Hause kommt und noch bis um drei Uhr früh textet, gibt sie 2015 ihren geliebten Beruf auf, um ihn überhaupt noch zu sehen und als Beraterin seiner politischen Karriere zu dienen. Sie organisiert sein soziales und kulturelles Leben. Theaterleute, Sänger, Romanautoren, Regisseure, Schauspieler und Journalisten werden regelmäßig abends (auf Staatskosten versteht sich) in die Dienstwohnung ins Bercy eingeladen. Als seine präsidialen Ambitionen deutlicher werden, organisiert sie zweimal wöchentlich die Diners für potentielle Sponsoren, schließlich lebt auch „En Marche" außerhalb der etablierten Parteien nicht nur von Luft und Liebe. Dem Vernehmen nach genießt sie alle jene sozialen Ereignisse mit stets guter Laune und belebt die Atmosphäre mit jenen Reichen und Gewichtigen mit gespielter Naivität, spontaner Direktheit und witzigen, geistvollen Einlagen, die das Eis brechen und für ihr Jung-Genie den Geldbeutel locker machen oder die Unterstützung wichtiger Alt-Politiker für den von den Sozialisten entfremdeten Außenseiter mobilisieren. Sie redigiert sein biographisches Programmbuch „Révolution"[91], das ohne ihren Rotstift vielleicht noch schlechter und schwafeliger geworden wäre. Alle seine wichtigen Reden, seine messianischen Auftritte werden mit ihr durchgesprochen und einschließlich der Gesten und Rhetorik begutachtet und sorgsam gemeinsam einstudiert, ähnlich wie seine Auftritte im Schülertheater zwei Jahrzehnte zuvor. Dazu überwacht sie sein Gewicht und seine Garderobe, Typ taillierte Maßanzüge mit hellblauen Hemden und dunkelblauem Schlips. Während des Wahlkampfes wählt sie sorgsam die Medien für seine selektiven Interviews aus und schaffte es zuvor mit ihm zweimal auf die Titelseite von Paris Match, einschließlich mit einem händchenhaltenden Strandbild, eine Szene, die der rundliche Einzelgänger Hollande seinen Ministern ausdrücklich verboten hatte. Auf den Wahlkampfreisen war sie stets dabei und machte sich bei Pressekonferenzen immer Notizen. Ihr Einfluss gilt als mäßigend, aber sie konfrontiert ihn nicht. Für sein sensibles Ego bietet sie, wie in seiner frühen Jugend seine Großmutter, weiter die Mischung von Anforderung, Bestätigung, Besänftigung und Ermutigung, die für ihn unverzichtbar ist. Szenen à la Danielle oder Bernadette glaubt sie sich in jener ungleichen Beziehung nicht leisten zu können. Gelegentlich bricht es auch aus ihr heraus: „Er hält sich für Jesus" und: „Es ist nicht leicht mit Jeanne d'Arc zu leben"[92] Gleichzeitig zensuriert und limitiert ihr kontrollfixierter Gatte ihre medialen Auftritte ebenso wie jene seiner Minister und Kabinettsmitarbeiter.

90   Caroline Derrien, Candice Nedelec. Les Macron. Fayard. 2017. S. 164.
91   Emmanuel Macron. Révolution. C'est notre combat pour la France. XO. November 2016.
92   Derrieu, Nedelec. Op. cit. S. 94.

Für ihre Rolle im Élysée hat sich Brigitte, die mit 63 Jahren die Älteste der bisherigen ersten Damen bei Amtsantritt ist, Carla Bruni als Vorbild auserkoren, die scheinbar unpolitisch stets eine gute Figur machte. Dank der Dauerfreundschaft mit Bernard Arnault (LVHM) ist sie in Louis Vuitton-Garderobe, deren Wert oft auf 15.000 Euro geschätzt wird, stets aufs Neue makellos eingekleidet. Publizistische Stilbeobachter nannten die engen Leder-Hosen mit Stöckelschuhen „manikürten Rock'n Roll"[93]. Bei manchen Beerdigungen, wie bei jener seines Förderers Michel Rocard im Juli 2016, gab es öffentliche Kritik: Ihr Lederrock sei zu kurz und die Stilettos zu hoch gewesen. Eine Beerdigung sei keine Modenschau.

So genießt sie, ohne snobistisch zu werden, in ihrem unerwarteten zweiten Leben das Rampenlicht, den Wechsel vom Jesuitengymnasium und dem Provinzbürgertum in die Glitzerwelt von Paris, die Auftritte mit den Literaten, Medienpromis, Superreichen und Mächtigen der Welt und ihre Komplimente wie jene von Donald Trump, der wiewohl um ein Jahrzehnt älter und auf einem anderen Frauentyp stehend, in Paris im Juli 2017 meinte, sie habe sich ja sehr gut gehalten[94]. Ihre Auftritte in den Gesellschaftsblättern, die nach dem geräuschvollen Abtritt der Trierweiler unter Entzugserscheinungen leiden, sind beliebte Quotenbringer. Als Frau wirkt sie einerseits modern und traditionell, ist klassisch als provinzielle Französischlehrerin und gleichzeitig eine unerschrockene Tabubrecherin, und führt mit einem ungezwungenen Dauerlächeln stets gute Laune vor. Mit der Mutter Emmanuels, die geschieden in Paris lebt, hat sie sich längst ausgesöhnt und ihre erwachsenen Kinder nebst den sieben Enkeln ihrem Stiefvater nahegebracht, den sie nunmehr „Daddy" nennen.

Zu ihrem Gatten sieht sie öffentlich bewundernd auf: „Mein Mann ist ein Arbeitstier, ein Ritter, eine Persönlichkeit eines anderen Planeten, der eine seltene Intelligenz mit einer außergewöhnlichen Humanität mischt. Alles ist in seinem Kopf an der richtigen Stelle. Er ist ein Philosoph, ein Schauspieler, der Banker und Politiker wurde, ein Schriftsteller, der noch nichts publiziert hat (!). Und ich behüte die Manuskripte".[95] Bislang erscheint sie offenkundig als die einzige Frau in seinem Leben, ist Gattin, Mutter und Großmutter zugleich. Bei Trennungen telefonieren sie dreimal täglich. Mit ihrer offenen und direkten Art, die stets optimistisch, lustig, bewundernd und gleichzeitig fordernd ist, ist sie Stabilisations- und Fixpunkt, Bestätigung und Rückversicherung für den ewigen Jüngling Emmanuel.

Spielt Brigitte eine politische Rolle? Während der Wahlkampagne von 2016/17 und beim Beginn im Élysée wurde beobachtet, Emmanuel mache nichts ohne ihre Zustimmung, von der Rekrutierung der Mitarbeiter beim Kabinettschef angefangen bis zur Wahl des Anzugs, der Krawatte und des Haarschnitts[96]. Aus ihrer Sicht nimmt sie dies anders wahr: „Ich sage, was ich denke, und er macht, was er will"[97], ein schönes Motto für jede gute Ehe. Anscheinend versucht

---

93   Jennifer Wiebking. „Vorbild par excellence". Frankfurter Allgemeine Sonntagszeitung 14.5.2017.
94   Wenig überraschend praktiziert sie seit Jahrzehnten eine strenge – auch schokoladenfreie – Diät, strampelt täglich ausgiebig auf dem Heim-Fahrrad, macht eine Stunde Gymnastik und ist, hellblond gefärbt, schon beim Frühstück makellos geschminkt.
95   Derrieu, Nedelec. Op. cit. S. 192.
96   David Le Bailly und Caroline Michel. „Les Macron, mari, femme et associés". L'Obs. 1.9.2016.
97   Nicolas Prisette. Emmanuel Macron. Le président inattendu. First-Gründ. 2017. S. 98.

sie ihn zu mäßigen, wenn er sich für den Messias hält, abhebt oder durchdreht. Aber mit 24 Jahren Altersunterschied will sie ihre Ehe nicht riskieren[98]. Bei steifen sozialen Funktionen spielt sie mit fröhlichen, lockeren, scheinbar naiven Sprüchen die Eisbrecherin, und organisierte das soziale Leben des Paares, von den Abendessen bis zu den Grußbotschaften. Als seine ehemalige Theaterregisseurin studiert sie seine öffentlichen Auftritte ein und redigiert und kürzt seine Redetexte, so wie ein guter Lehrer seinen Schüler auf eine Prüfung vorbereitet[99]. Sie überwacht seinen Terminplan und seine Agenden. Als er Wirtschaftsminister war, nahm sie an Auslandsreisen und Wirtschaftsterminen nicht teil. Sie nahm aber auch während des Wahlkampfes alle Termine zu Themen wie Bildung, Kultur, Frauen und Gesundheit wahr, ohne dort zu sprechen und fasste sie nachher in Vermerken zusammen[100]. Nach seiner Wahl wollte Macron ihr einen formalen Status einer „ersten Dame" mit einem Gehalt und einem Stellenplan mit festen Mitarbeitern anstelle der bisherigen informellen Arrangements verschaffen. Der Plan scheiterte schnell nach einer protestierenden Unterschriftensammlung Hunderttausender aus dem linken Lager. Aus einer katholischen traditionellen Familie stammend, werden ihr eher konservativere Neigungen unterstellt[101]. Sie folgt bürgerlichen Konventionen, ohne sie besonders ernst zu nehmen. Kinder- und Frauenrechte liegen ihr am Herzen. Tatsächlich wurde als einzige Dissonanz zu ihrem Gatten ihre Ablehnung der Frauenverschleierung bekannt. Das ist nicht gerade viel. So scheint sie ihr zweites Leben mit einem Gefühl des täglich stets neu überraschten Optimismus zu genießen, solange es hält. Frei nach Liza Minnelli: „Das Leben ist ein Kabarett".

Resümee

Es stellt sich einmal mehr die Frage: Wie konnten aus netten, hübschen und intelligenten jungen Frauen aus gutem Hause, die nach zahlreich vorhandenen Bilddokumenten und Zeitzeugnissen fröhliche und lebenslustige Menschen waren, nach Jahren und Jahrzehnten an der Seite der Politiklaufbahnen ihrer Gatten zumeist verbitterte, unglückliche und despotisch agierende Kreaturen werden, die in ihrem Umfeld häufig Furcht und Schrecken verbreiteten?

Eindeutig sind dies Faktoren, die eine französische Durchschnittsfamilie, selbst solche großbürgerlichen Zuschnitts, nicht betreffen:

- Die dünne Luft der nationalen Politik: Verrat, Abstürze ins Nichts, Entehrungen durch Skandale, Enthüllungen und Prozesse lauern überall

- Öffentliche Schmähungen der Medien und politischen Gegner inner- und außerhalb der Partei, die persönlich genommen werden

- Die Obsession mit Status und Protokoll: Jede vermeintliche Herabsetzung wird als ehrabschneidende Verletzung und Beleidigung angesehen

---

98   Derrieu, Nedelec. Op. cit. S. 94.
99   Emilie Lanez. „Le destin de ‚Bibi'" Le Point 11.5.2017.
100   Derrieu, Nedelec. Op. cit. S. 93.
101   Prisette. Op. cit. S. 182.

– Ein zerrüttetes Eheleben, die dauernde physische und mentale Abwesenheit der oft pathologisch untreuen Ehemänner

– Protokollarischer Druck und ständige, oft geisttötende Pflichttermine, bei denen die Frauen – oft durchaus genüsslich – wie aus dem Ei gepellt im Designeroutfit erscheinen müssen und die das Familienleben als de facto alleinerziehende Mutter belasten

– Die Unmöglichkeit, eine eigene professionelle Laufbahn zu verfolgen, ja selbst eine Vermögensverwaltung (Aktienkäufe etc.) effektiv zu gestalten, stattdessen der Zwang wie manisch Krankenhäuser und Altersheime zu besuchen und die Schirmherrschaft über sterbenslangweilige Wohltätigkeitsbasare auszuüben

– Von Claude Pompidou, Carla Sarkozy und Brigitte Macron einmal abgesehen: die Abwesenheit eigener kultureller oder intellektueller Interessen, die sie noch hätten pflegen können

– Die Dauerexistenz im Zentrum der politischen Aufmerksamkeit, von den Paparazzi der Regenbogenpresse bis zum Standardthema der Nachbarschaftsunterhaltungen: das Fehlen von Privatheit und letztlich die jahrelangen Gefangenschaft im goldenen Käfig des Élysée

– Im Élysée selbst die Droge der Macht: ein entscheidendes Wort bei Ernennungen für Freunde oder gegen alte Feinde einzulegen, öffentliche Bauprojekte anzustoßen, Subventionen für Bekannte zu organisieren, Gutmenschentum zu zelebrieren oder das Hofpersonal zu schikanieren.

Die hier profilierten elf Ersten Damen haben jeweils auf ihre Art auf diesen giftigen Cocktail reagiert:

Yvonne de Gaulle und Anne Aymone Giscard: als schicksalshafte Verstrickung ihrer Ehemänner, der sie sich aus traditionellem Pflichtgefühl beugten; Claude Pompidou, die dies letztlich auch tat, aber ihre kulturpolitischen Freiräume schuf und von der Zeit danach (und zuvor) träumte; Bernadette Chirac, die abgeleitete Macht ihres Gatten durchaus genoss und zunehmend, am Ende schon karikaturhaft, auskostete; Danielle Mitterrand, die sich, nachdem die Buchbinderei nicht länger befriedigte, in einen eskapistischen Politaktivismus stürzte, je exotischer und weiter entfernt von Frankreich und seinen Problemen desto lieber; Valérie Trierweiler, die es ihr gleichtun wollte, bis sie an sich selbst und an Hollande scheiterte; Cécilia Sarkozy, die radikalste und ehrlichste, die von Anfang erklärte, sie mache es nicht mehr mit und nach fünf Monaten alles hinschmiss; Carla Bruni-Sarkozy, die unbelastet von Nicolas Weg zur Macht eine unbefangene Distanz zu dem ganzen Betrieb und dem hektischen Aktionismus ihres Ehemanns wahrte; Julie Gayet, die mangels Status in der Öffentlichkeit so gut wie unsichtbar blieb und ihre Filmprojekte weiter betrieb. Dies gilt natürlich in noch größerem Ausmaß für Anne Pingeot. Brigitte Macron schließlich, die als Novizin selbst im Jahr 2019 alles noch wie ein amüsantes, unverhofftes Schauspiel wahrzunehmen scheint.

Die Frage stellt sich: Wurde jemand im Élysée glücklich? Nein, kaum jemand, außer vielleicht auf ihre unterschiedlichen Weisen Bernadette Chirac und bislang Brigitte Macron. Wieviele wurden unglücklich? Wohl die allermeisten.

Kapitel 8

Präsidentenkinder

Frankreich kennt wie Deutschland im Gegensatz zu den USA mit den Roosevelts, Kennedys und Bushs und zu Asien (China, Japan, Korea, die Philippinen, Singapur, Thailand, Burma, Indonesien, Indien und Pakistan) sowie Griechenland eigentlich keine nationalen politischen Dynastien. Ausnahmen bestätigen die Regel: die Debrés zum Beispiel: Vater Michel Debré war Premier unter de Gaulle (1959–62), Sohn Jean-Louis Innenminister (1995–97), Präsident der Nationalversammlung (2002–07) und des Verfassungsrates (2007–16), Jacques Delors/ Martine Aubry (der Vater Finanzminister und Kommissionspräsident, die Tochter Sozialministerin und Bürgermeisterin von Lille), und natürlich die Le Pens; oder in Deutschland die Adenauers, Strauß/Hohlmeier, die von Gutenbergs, Albrecht/von der Leyen. Das war's auch schon. Auch war die zweite Generation meist kurzlebig und blieb im zweiten Glied.

Nur wenige der französischen Präsidentenkinder drängte es bislang in die hohe Politik. Gut ein Viertel erreichte aufgrund des Namens und regionaler Abhängigkeiten nationale und regionale Mandate, die jedoch allesamt kurzlebig blieben und nirgendwo in Ministerämter mündeten. Insofern könnte dieses Kapitel entbehrlich sein und bleibt deshalb auch kurz. Dennoch ist von Interesse, ihre Lebenswege kurz Revue passieren zu lassen, und zu prüfen, wie ihre einzigartige Sozialisation sie geprägt, begünstigt oder benachteiligt hat. Es gibt sicherlich viele Väter, die berufsbedingt in der Familie ebenso wie Berufspolitiker meist durch Abwesenheit glänzen: Von Fernfahrern, Montagearbeitern, Zugführern, Wanderschauspielern und Reiseführern bis zu Offizieren, Geologen, Entwicklungsingenieuren, Piloten und Schiffskapitänen. Ganze Generationen wuchsen in Kriegszeiten (1914–18 und 1939–45) vaterlos auf, ohne nachhaltige psychische Schäden davonzutragen. Was bei Präsidentenkinder sicher einzigartig ist, ist ihre frühe Prominenz durch den Namen und den Status des Vaters, den man häufiger im Fernsehen als in natura sieht, das Aufwachsen in einer Sonderrolle umgeben von dienstbarem Personal und dauernde Bewachung durch Sicherheitsleute vom Kinderspielplatz bis zum Klassenzimmer, der Zwang zum sozialkonformen Verhalten in allen Lebenslagen als Person des öffentlichen Interesses und zum adretten gefälligen Auftreten bei häuslichen Medienterminen und öffentlichen Auftritten, und schließlich die Rolle der Mutter, die durch die Belastungen des Amtes und die ehelichen Dauerkrisen oft unglücklich ist und ebenfalls durch repräsentative und soziale Termine sehr häufig beansprucht, abgelenkt und außer Hauses ist. Materiell fehlte es dem Nachwuchs sicher an nichts. Sie wuchsen wie die Kinder Giscards entweder im edlen 16. Bezirk oder wie jene Sarkozys im schicken Neuilly auf: Bon chic, bon genre, aber sicherlich affektiv-emotional unterversorgt. Und selbst wenn die Präsidentschaft des Vaters erst im eigenen frühen Erwachsenenleben erfolgte, waren die Bedingungen des Vorverlaufs als kriegführender General, Kabinettsmitarbeiter, Minister, Premierminister, Parteichef und Wahlkämpfer für das Familienleben nicht sehr dienlich. Claude Chirac etwa meinte, sie könne sich als 15-Jährige an keinen einzigen Sonntag erinnern, an dem ihr Vater je ganztätig zu Hause gewesen sei[1]. Auch wenn niemand in dem für Kinder völlig ungeeigneten Élysée aufwachsen musste, sind diese Sozialisationsbedingungen doch einzigartig und atypisch selbst für das Aufwachsen der meisten Oberschichten- oder Aristokratenkinder.

Die Tragik der geistig behindert in Trier geborenen **Anne de Gaulle** (1928–48) wurde bereits beschrieben. Nicht zu vergessen der kleine **Pascal Mitterrand** (1945), der im Alter von nur zweieinhalb Monaten an einer Toxikose starb, bei dessen Tod der Vater sich in die politische Arbeit stürzte und seine Frau in ihrer Trauer alleine ließ. Im Falle von **Laurence Chirac** (1958–2016), die nach einer Gehirnhautentzündung unter lebenslanger Magersucht und Depressionen litt, verbittet sich die laienhafte Psychodiagnostik, doch empfahlen die behandelnden Psychiater eine möglichst häufige Gegenwart des Vaters, der dieser eingestanden schuldbewusst und reuevoll jedoch nur sehr unvollkommen nachzukommen wusste[2]. Wäre diese Erkrankung zu vermeiden gewesen, wäre Chirac, wie er es ursprünglich einmal vorhatte, nur braver Präfekt in der Corrèze geworden?

Kurzbiographien

Philippe de Gaulle (1921–). Nach dem Kriegsdienst in der Marine seines Vaters Offizierslaufbahn bis zum Admiral (1980). Danach Senator der RPR (1986–2004), war jedoch als intendierter Fackelträger des Gaullismus einigermaßen einflusslos. Vier Söhne (Charles (1948–), Anwalt, 1993–2004 Europaabgeordneter der RPR, jetzt Front National; Yves (1951–), Generalsekretär der GDF Suez; Jean (1953–), Steuerprüfer, 1993–2007 Abgeordneter der Nationalversammlung (UMP), Stellvertretender Bürgermeister von Paris 1996–2001, in der Affäre der fiktiven Beschäftigungen der Stadt Paris verurteilt; Pierre (1963–), in nicht näher bekannter Funktion für die Bank Rothschild tätig.

Elisabeth de Gaulle (1924–2013). Leitete 1979–88 die Anne de Gaulle-Stiftung. Traf 1942 Alain de Boissieu (1914–2006) in London, der aus einem Oflag in Pommern ins sowjetisch besetzte Ostpolen geflüchtet, dort erneut inhaftiert und 1941 nach der Auslieferung russischer Emigranten durch die Briten in die Sowjetunion im Tausch freigelassen wurde. Heirat 1946. General de Boissieu wurde nach Einsätzen im Weltkrieg und Algerienkrieg 1971–75 Chef des Generalstabs des Heeres. Eine Tochter: Anne (1959–), die mit 19 Jahren Etienne de Laroulliére heiratete, der seine „EDL Management Consulting" leitet.

Alain Pompidou (1942–). Erfuhr erst zufällig mit 35 Jahren, dass er 1944 adoptiert worden war. Professor und Forschungslaborleiter der mikroskopischen Anatomie, Embryologie und Zellengenetik in Paris. 1989–99 Mitglied des Europaparlaments (RPR), wo er zu den EU-Forschungsprogrammen im Bereich Biotechnologie, Bioethik, Innovationspolitik und Weltraumforschung arbeitete. 2004–07 Präsident des Europäischen Patentamts in München. Drei Söhne: Thomas (1969–), vormaliger Investmentbanker in New York, Mitbegründer eines In-

---

1   Schneider. Op. cit. S. 183.
2   Anne Fulda. „Laurence Chirac, la discrète". Le Figaro 15.4.2016.

vestorenclubs namens „Marker"; Romain (1972–), Dramaturg, Schauspieler und Komödiant in der Pariser Kunstszene; Yannick (1973–) Sachbearbeiter in der Beschwerdeabteilung der Postbank.

Valérie-Anne Giscard (1953–). Ging nach zweijähriger Kabinettstätigkeit im Kulturministerium ins Verlagswesen. Seit 1980 Verlegerin („Compagnie 12"), hauptsächlich von Kinderbüchern, die Technik verständlich machen, und von VGEs Memoiren), und Galeristin für Fotografien. In 2. Ehe verheiratet mit dem Verleger Bernard Fixot („Éditions XO"). Zwei Kinder: Iris Fixot, Adoptivtochter aus Polen, die in Australien das Hotelfach studiert, und Guillaume Fixot, der anscheinend als beschäftigungsloser Heranwachsender in Marseille lebt.

Henri Giscard (1956–). Abgeordneter in der Regionalversammlung von Loir-et-Cher (1978–92). 1987–94 Manager bei Danone. Seit 1997 in der Führung von Club Med, ab 2002 als Generaldirektor (PDG). Nach dem Scheitern seiner Sanierungsbemühungen 2015 Verkauf an die chinesische Fosun-Gruppe. Drei Kinder (Fréderic, der in einer Gesellschaft für ausgelagerte Kundenbeziehungen für den Firmenzukauf zuständig ist; Sophie, die an der New York University ein Graduiertenstudium der Friedens- und Geschlechterfragen absolviert, und May, Einkaufsleiterin für die Supermarktkette Monoprix.

Louis Giscard (1958–). Zunächst Tätigkeit in der Moët Hennessy – Louis Vuitton-Gruppe. 2002–12 Abgeordneter von Puy-de-Dôme (UDI), Bürgermeister von Chamalières, wo VGE schon Bürgermeister gewesen war. Regionalrat in Auvergne-Rhône-Alpes. Seine erste Frau, eine amerikanische Musikerin, starb 2011. Wiederheirat 2016. Ein Sohn: Pierre-Louis, vermutlich noch Oberschüler.

Jacinte Giscard (1960–2018). Tierärztin. Gründete Reiterverein, der Reitveranstaltungen und Ponyclubs („Poneyland") organisierte. Mitglied im Vorstand des Reitverbandes der Île-de-France. Ein Sohn: Martin Guibout.

Jean-Christophe Mitterrand (1946–). Vormals Afrikakorrespondent der AFP. 1983–92 Afrikabeauftragter im Élysée-Kabinett seines Vaters. Nach Verstrickungen im Netz von „Françafrique" erhält er einen Posten bei der staatlichen Générale des Eaux (später „Vivendi"), der nach dem Ende von Mitterrands Präsidentschaft gekündigt wird. Als internationaler Konsulent und Geschäftemacher verschiebt er trotz internationaler Sanktionen russische Waffen in das Bürgerkriegsland Angola. Nach seiner Verhaftung wird er 2001 gegen eine Kaution von 770.000 Euro freigelassen. 2006 wird er wegen Steuerhinterziehung zu 30 Monaten Haft auf Bewährung und 600.000 Euro Geldstrafe und 2009 wegen Waffenschmuggels im „Angolagate" zu drei Jahren Haft auf Bewährung und 375.000 Euro Geldstrafe verurteilt. In 2. Ehe mit einer kolumbianischen Malerin verheiratet. Ein Sohn: Adrien, Experimentalfilmemacher.

Gilbert Mitterrand (1949 –). Juraprofessor in Paris, Leiter des Instituts François Mitterrand. 1997–2003 Präsident von France Libertés. 1981–93 und 1997–2003 Abgeordneter der Nationalversammlung (PS). 1981–89 Abgeordneter der Regionalversammlung von Aquitanien. 1989–2011 Bürgermeister von Libourne. Drei Kinder: Pascale (Fotografin und Reiseberichterstatterin für France Libertés); Justine (bietet von Latche aus Gartenarbeiten, Hausreparaturen, Essenslieferungen, Haushalts- und Einkaufshilfen und Tierbetreuungen an); und Guillaume.

Mazarine Pingeot (1974–). Gymnasiallehrerin für Philosophie, Schriftstellerin. Veröffentlichte seit 1998 zwölf Romane mit großem Medienecho, aber sehr gemischten Kritiken, da ihre dekonstruvistischen Texte wirrer Familienverhältnisse schwer verständlich sind. Verwaltungsrätin im Institut François Mitterrand. Zunächst mit Ali Baddou, einem marokkanischen Fernsehsprecher, dann mit Mohamed Ulad-Mohand, einem ebenfalls marokkanischen Filmregisseur (Drei Kinder: Astor, Tara und Marie, alle noch im Schulalter), und später mit Didier Le Bret liiert, ehemals Botschafter in Haiti und Geheimdienstkoordinator im Außenministerium, gescheiteter PS-Kandidat eines Wahlkreises für Auslandsfranzosen im Jahr 2017.

Claude Chirac (1962–). Kommunikationsexpertin. 1989–2007 hauptamtlich für den Vater tätig, zuerst in der Bürgermeisterei von Paris, dann im Élysée. Seit 2007 Direktorin für Öffentlichkeitsarbeit im Vorstand der Pinault-Gruppe. 1992–93 Ehe mit dem Politologen Philippe Habert, der durch Selbstmord endete. 2011 Heirat mit Frédéric Salat-Baroux, Generalsekretär im Élysée unter Chirac. Aus der Verbindung mit einem Judoka geht Sohn Martin Rey-Chirac hervor, der ohne ein Studium im Marketing des Aktionshauses Christie's in Paris arbeitet.

Anh Dao Traxel (1957–). Mit 21 Jahren spontan von Chirac als Boatperson am Flughafen adoptiert. Verbrachte zwei Jahre im Haushalt der Chiracs, zu dem sie keine Verbindungen mehr hat. Beamtin im Tourismusministerium, China-Lobbyistin und mit einem Polizeioffizier verheiratet.

Pierre Sarkozy (1985–). Nach abgebrochenem Jurastudium Gründung der Rap-Band „Da Cream Chantilly". Hip-Hop Produzent unter dem Pseudonym DJ Mosey. Mit einer Sängerin verheiratet.

Jean Sarkozy (1986–). Nach häufig unterbrochenem Studium arbeitet er als Jurist in der Kanzlei seines Vaters. Lehrbeauftragter für Gesellschaftsrecht. Kantonsrat von Neuilly-Süd. Regionalrat für Hauts-de-Seine. Heiratete mit 22 Jahren eine Erbin von Darty, einer Ladenkette für Elektrohaushalts-, Audio- Fernseh- und Informatikgeräte. Zwei Kinder, Solal und Lola, die noch im Schulalter sind. Sollte mit 23 Jahren, im 2. Studienjahr durchgefallen und ohne Berufserfahrung, 2009 die Leitung des Stadtplanungsamtes für La Défense (EPAD), einem Viertel mit 2500 Firmensitzen im Westen von Paris übernehmen. Nach nationalen Protesten und internationalem Spott („Bananenrepublik Frankreich")[3] beschränkte er sich auf das Amt eines Verwaltungsrats in EPAD.

Louis Sarkozy (1997–). Besuch der Valley Forge Academy, einer Militärakademie nördlich von Philadelphia.

Giulia Sarkozy (2011 –).

---

3   Le Monde 12.10.2009.

Thomas Hollande (1984–). Auf Arbeitsrecht spezialisierter Anwalt. Organisierte 2007 die Internet- und Haus-zu-Hauskampagnen für seine Mutter („Ségosphére") und 2012 für seinen Vater.

Clemence Hollande (1986–). Fachärztin für Innere Krankheiten.

Julien Hollande (1987–). Barkeeper in einer Pariser Diskothek, produziert Drogenfilme auf YouTube.

Flora Hollande (1992–). Psychologin.

Die Kinder von Brigitte Macron **Sebastien Auzière** (1975–) studierter Statistiker und Marktforscher, **Laurence Auzière** (1977–) Kardiologin und **Tiphaine Auzière** (1984–) Anwältin und anno 2017 stellvertretende Kandidatin von En marche sind in einer normalen bürgerlichen Familie in Straßburg und Amiens aufgewachsen und insofern atypisch für unsere Kohorte. Das gilt sicher auch für die sieben Enkelkinder von Brigitte.

Die Karriere- und Lebensmuster der 20 gesund überlebenden Präsidentenkinder und der 24 Enkel sind soweit erkennbar offenkundig denkbar unterschiedlich. Sicherlich konnten Philippe de Gaulle und sein Schwager de Boissieu in der nach dem Krieg neu aufgebauten französischen Armee wie alle Gefolgsleute de Gaulles eine wunderbare Karriere machen, weil die Mehrzahl der Offiziere, die auf Vichys Kommando gehört hatten, gesäubert oder kaltgestellt worden waren. Louis Giscard und Gilbert Mitterrand verdankten ihre Abgeordnetenmandate nach allgemeiner Einschätzung ihren Vätern. Sie fühlen sich, ebenso wie Alain Pompidou und Claude Chirac, auch als die politischen oder publizistischen Sachwalter des Erbes ihrer Väter. Vielleicht übernehmen auch einmal Jean Sarkozy oder Thomas Hollande diesen Part. Auf der anderen Seite gibt es jene in der zweiten und dritten Generation, die sich bewusst von der Politik und dem Status ihrer Väter abgewandt haben und mit unterschiedlichem Erfolg ihr Heil und Glück in der Kunst- und Kulturszene oder in einer gutbürgerlichen professionellen Karriere außerhalb des Staatsapparates suchen. Bei gut einem Viertel beider Generationen scheinen die Karriereaussichten eher problematisch. Es scheint, als nähme diese Tendenz in der jüngeren Generation zu und als hätten die konservativeren traditionellen Erziehungsmethoden in den Familien de Gaulle und Giscard bei ihrem Nachwuchs mehr Selbstdisziplin und Leistungsbereitschaft erzeugt als in den diversen nachfolgenden Patchwork-Familien. Als letztes Privileg gegen ein soziales Abrutschen bleibt natürlich, den Namen des illustren Großvaters in der Masse der Pariser Kunstschaffenden mit einem gewissen Aufmerksamkeitswert zu nutzen – wie etwa Romain Pompidou im Centre Pompidou. Zur Not helfen auch Jobs bei den unvermeidlichen präsidialen Stiftungen, die auch für den eigenen Nachwuchs gute Werke zu leisten mögen. Große Reichtümer dürften nur bei den Giscards (neben hohen Unterhaltskosten für die Schlösser), für die Tochter von Carla Sarkozy-Bruni, für Claude Chiracs Sohn Martin und die Kinder von Jean Sarkozy als Erbe zu erwarten sein. Für den Rest der dritten Generation sind Mittelschichtenexistenzen angesagt: Wie Otto Normalverbraucher von der eigenen Arbeit leben zu müssen. Ein Hauch von Buddenbrook umweht also das Ganze.

Ein Wort zum schwarzen Schaf dieser Truppe: Jean-Christophe Mitterrand, dessen Geldstrafen seinen Klan so verarmen ließen: Zum 20. Todestag seines Vaters, bei dem Hollande in Begleitung von Gilbert und Mazarine am 8. Januar 2016 als Präsident das Grab in seinem Geburtsort Jarnac besuchte, war der zweimal Vorbestrafte persona non grata[4].

Man könnte mit aller Vorsicht im Lichte der oft nur unvollständig zugänglichen Biodaten und der Tatsache, dass viele noch sehr junge Erwachsene am Anfang ihrer beruflichen Laufbahn stehen oder noch in Ausbildung sind, versuchen, den Nachwuchs nach ihrem beruflichen Status sozial zu klassifizieren. Dann könnte man 16 weiter zur Oberschicht rechnen (vor allem in den Familien von de Gaulle und Giscard), acht zur Mittelschicht, und acht eher prekären Verhältnissen zurechnen, vor allem in der überbevölkerten Pariser Kunstszene, wo sie für künftige normale angestellte Laufbahnen ausfallen dürften. Insofern beträgt die Abstiegsquote mehr als 50 %, bei einem Viertel erscheint sie unübersehbar akut. Bei dem Bohren auf harten Brettern, wie der Vorbereitung auf die Grandes Écoles, ist bei allen außer bei dem ENArquen Yves de Gaulle Fehlanzeige.

Die Frage, ob der Präsidentenberuf wie für die Ehefrauen auch mehr Unglück über die Kinder bringt als ein normaler bürgerlicher Broterwerb, lässt sich nicht absolut abschließend beantworten. Ist das Streben jener Minderheit, die es nach politischen Mandaten und vergebens nach hohen Ämtern drängt, der Wunsch, wie bei Sarkozy selbst, dem ewig abwesenden Vater es doch noch zu beweisen und seine fehlende Anerkennung zu erringen? Und ist das Gegenteil, der radikale Ausstieg und die Abscheu alles Politischen und die Weigerung an öffentlichen Auftritten teilzunehmen, nicht eine untrügliche Reaktion auf den kindlich erlittenen Liebesentzug und die verlogenen Fototermine der „homestory"-Publizität, die mit Hund, Kindern und liebender Ehefrau auf dem Sofa und der Gartenbank eine heile Welt vorgaukelten, die es nie gab? Mutmaßlich ja. Auf ihre kaputten Elternhäuser reagiert die post-moderne zweite Generation auch höchst unterschiedlich. Für Mazarine Pingeot, die ihren Vater sicher häufiger sah, als ihre Halbbrüder dies je konnten, ihn aber nie mit „Papa" anreden durfte, gibt es erklärterweise keine lebenslange Liebe. Sie lässt sich daher nur auf sequenzielle Partnerschaften ein. Umgekehrt sind die Affinität zum amerikanischen Militär und seiner Disziplin und sein freiwilliger Eintritt in eine Kadettenanstalt des jungen Louis Sarkozy nicht auch eine Reaktion auf die chaotischen emotionalen Zustände im Hause Sarkozy-Ciganer?

Während die Kinder sich zu ihrer Jugend und zur Rolle ihres Vaters in der Öffentlichkeit nicht oder nur sehr vorsichtig äußern, sind die veröffentlichten Erinnerungen der Enkel erbaulicher. In jenem jungen Alter wurden das Zeremoniell und Dekorum des Élysée nicht als einschüchternd erlebt, sondern als ein lustiger Zirkus und eine bunte Schau, bei dem der geliebte Großvater die Hauptrolle spielte. Die Enkel von de Gaulle und Mitterrand berichten nahezu gleichlautend von Idyllen bei ihren Besuchen auf den Landsitzen von Colombey und Latche. Der Großvater (von den Großmüttern ist weniger die Rede!), der mit ihnen geduldig spielte und sich Zeit nahm, ihnen auf langen Spaziergängen Bäume, Pflanzen und Tiere zu erklären. Denn

---

4　　Le Figaro 26.10.2016.

beide hielten auf ihrem ausgedehnten Grundbesitz auch Hühner, Schafe und Esel. Auch in diesen rustikalen Neigungen waren sich die beiden politischen Erzfeinde sehr ähnlich.

Ein dynastischer Exkurs

Vergleicht man die dynastischen Misserfolge der Präsidentenfamilien mit den jahrhundertealten Erfolgsgeschichten des Adels, oder vielleicht nur der eigenen bürgerlich-bäuerlichen Familiengeschichte, dann fällt eine Erklärungsvariable sofort ins Auge: die absolute Vernachlässigung seines Familienlebens – seiner Frau und seiner Kinder – durch den Familienvater, der keinerlei Rollenvorbild darstellte. Schon in der Wahl ihrer Ehefrau waren die meisten nachlässig vorgegangen und hatten sich auch später von „coups de foudres" aller Art leiten lassen. Wenn es Analogien gibt, dann zu Geschichten von Unternehmerfamilien, in denen es im Gegensatz zu Politikerfamilien wenigstens signifikante Werte und Firmen, die am profitablen Laufen gehalten werden müssen, zu vererben und zu führen galt. Doch auch hier gibt es nahezu universell jene verhängnisvolle Sequenz: Ein dominanter Gründervater, der seinem Unternehmenserfolg nahezu manisch alles opfert (neben seinem Familienleben oft auch sich selbst), eine Generation der Söhne, die viel daransetzt, seine übergroßen Fußspuren auszufüllen, den Erfolg des Familienunternehmens zu halten und zu mehren, und schließlich die meist zerstrittene dritte Generation, die im materiellen Überfluss lieblos aufgewachsen oft in Internate gesteckt, seriellen Verbindungen entstammt, einen geringen Zusammenhalt hat und ohne innere Bindungen zum Über-Großvater und mit wenig unternehmerischen Talenten (die bekanntlich nicht erblich sind) sich eher kulturellen oder hedonistischen Neigungen hingibt[5]. Ein interessantes Phänomen der inter-generationellen Entfremdung, das nicht nur europäische, sondern auch auslandschinesische Unternehmen regelmäßig heimsucht, wo bereits die an anglo-amerikanischen Business-Schulen ausgebildete zweite Generation vom hemdsärmelig-despotischen Gründervater mental, sprachlich und intellektuell entfremdet ist[6].

Sind politische oder unternehmerische Dynastien also notwendigerweise zum Scheitern verurteilt? Wenn politische Dynastien in einer Demokratie – wie in der japanischen Regierungspartei LDP[7] – nachhaltig sein sollen, dann erscheinen vier Faktoren notwendig:

–   die Bereitschaft konservativer Wähler, die Verdienste des Vaters und Großvaters auf den Sohn oder Enkel zu übertragen,

–   die Schaffung einer gut geölten lokalen politischen Maschine, etwa der Demokraten in Boston oder Chicago, in japanischen Wahlkreisen oder in den Provinzen der Philippinen, die von einer Familie mit ihren Patronage-Netzwerken kontrolliert wird,

---

5   David Landes. Die Macht der Familie. Wirtschaftsdynastien in der Weltgeschichte. München 2008. S. 179 ff.
6   Leo Douw e. a. (Hg.). Qiaoxing Ties. Singapur 1999. S. 22 ff.; Chan Chiang (Hg.). Stepping out. The Making of Chinese Entrepreneurs. Singapur 1994. S. 32 ff.; Albrecht Rothacher (Hg.). Corporate Globalization. Business Cultures in Asia and Europe. Singapur 2005. S. 13 ff.
7   Albrecht Rothacher. Demokratie und Herrschaft in Japan. München 2010. S. 111 ff.

– die systematische Ausbildung und Vorbereitung des auserkorenen Nachfolgers mit zunehmenden Verantwortungen und Profilierungen für die künftige Führungsrolle,

– die entscheidende Rolle der Mutter für den familialen Zusammenhalt zu sorgen und ihren Nachwuchs entsprechend zu motivieren.

Es gibt natürlich sehr viele gute Gründe, die gegen politische Dynastien der Roosevelts, Kennedys, Bushs, Churchills, Papandreous und Kishi-Abes in einer Demokratie sprechen. Unabhängig von den biographischen Schicksalen sind damit Frankreich und Deutschland gute Beispiele für eine weitgehend nicht-dynastische, meritokratische Politik.

Kapitel 9

Die Hölle des Matignon

War in der IV. Republik der meist kurzlebige Ministerpräsident („Président du Conseil") mächtiger als der „Président de la Republique" (damals Vincent Auriol (1946–54) und René Coty (1954–59)), so war es in de Gaulles V. Republik bewusst umgekehrt. Der Premierminister kann, solange der Präsident die Parlamentsmehrheit kontrolliert, von ihm nach Belieben ernannt oder abgesetzt werden. Seine durchschnittliche Verweildauer im Amt beträgt zweieinhalb Jahre. Viel lässt sich in dieser knappen Zeit ohnehin nicht bewegen. Der Präsident bestimmt die Außenpolitik und ist oberster Befehlshaber der Armee. Er kann das Parlament nach Gutdünken auflösen, zu jedem Thema Plebiszite ansetzen, und zur Not auch per Dekret regieren. Er präsidiert bei Sitzungen des Ministerrates und entscheidet nach dem Aktenvortrag des zuständigen Ministers. Dem Premier kommt dabei lediglich die Rolle eines Moderators zu. Er sitzt nur vor, wenn der Präsident außer Landes oder durch Krankheit verhindert ist. Beim Tod des Präsidenten wird sein Amt interimistisch vom Präsidenten des Senates geführt, so durch Alain Poher nach dem Tod von Pompidou 1974. Entgegen dem Verfassungstext bestimmt der Präsident in der Regel auch die meisten Ministerernennungen. Bei ihm wichtigen Themen bestellt er Minister direkt zu sich und gibt ihnen unter Umgehung des Matignon direkte Anweisungen. Die Rolle des Premiers ist also – abgesehen von den Phasen der Kohabitation, wenn er von der Opposition mit ihrer parlamentarischen Mehrheit gestellt wird (Jacques Chirac unter Mitterrand, 1986–88; Édouard Balladur unter Mitterrand, 1993–95; Lionel Jospin unter Chirac, 1997–2002) – denkbar unerfreulich, vergleichbar etwa mit der eines Vizepräsidenten in den Vereinigten Staaten, der, obzwar kaum absetzbar, wenig zu tun hat, obwohl die USA auf einen Premier gänzlich verzichten. Ist er also in Frankreich nicht auch entbehrlich – und mit ihm die Maschinerie des Matignon? Oder sollte nicht umgekehrt seine Position gestärkt und die des Präsidenten eingeschränkt werden?

Die Liste unglücklicher Premiers ist lang[1]: Michel Debré, der sich von de Gaulle als Kabinettdirektor missachtet fühlte; Pompidou, den de Gaulle nach sechs Jahren treuer Dienste unbedankt entließ; Jacques Chaban-Delmas, dessen sozialliberales Programm einer „Neuen Gesellschaft" von Pompidou sofort abgelehnt wurde; Chirac, der von Giscard und Mitterrand systematisch destabilisiert wurde; Pierre Mauroy, der als Sündenbock für das Scheitern von Mitterrands sozialistischen Reformen herhalten musste; Michel Rocard, der von Mitterrand ständig öffentlich gedemütigt wurde; Édith Cresson, die sichtlich überfordert in einer Rekordzeit von zehn Monaten zur Aufgabe gezwungen wurde; Pierre Bérégovoy, der für die Wahlniederlage der PS von 1993 verantwortlich gemacht wurde und sich erschoss[2]; Alain Juppé, der nach sei-

---

1   Bitte den Anhang für die chronologische Übersicht von Präsidenten und Premiers konsultieren.
2   Didier Arnaud. „Bérégovoy, au grand regret des Neversois". Libération 3.8.2017.

nen Reformversuchen von Massenstreiks zum Abtritt gezwungen später für Chiracs Pariser Finanzgebaren verurteilt wurde; Dominique de Villepin, der sich in der Clearstream-Affäre verstrickte; François Fillon, der stumm leidend fünf Jahre lang von Sarkozy herabgewürdigt und umgangen wurde; Jean-Marc Ayrault, der für Hollandes erste Serie von Fehlbesetzungen und gebrochenen Wahlversprechen verantwortlich gemacht wurde; Manuel Valls, der von Hollandes Unbeliebtheit infiziert und unlustig gezwungen war, dessen Loblied zu singen und die Vorwahlen der PS 2016 krachend verlor[3]; Bernard Cazeneuve, der obwohl er täglich nach eigenen Angaben angeblich 10.000 Akten abarbeitete, in den wenigen verbliebenen Monaten von Hollandes Mandat doch nichts erreichen konnte[4]; und schließlich ist da Édouard Philippe, Ex-LR-Bürgermeister von Le Havre, der ohne eine eigene Hausmacht von einem autoritären Hyperpräsidenten Macron dominiert wird und mit einer politisch völlig inkohärenten Minis-terriege zusammenarbeiten muss[5].

Gibt es zufriedene Ex-Premiers? Vom Temperament her waren es Pierre Messmer als diszipli-nierter Soldat unter Pompidou, der Provinzpolitiker Jean-Pierre Raffarin unter Chirac, sowie Raymond Barre als Ökonom unter Giscard. Allen drei war gemeinsam, dass sie scheinbar ehr-geizlos nie vom Präsidenten als potentielle Rivalen angesehen wurden. Dazu die zwei Kohabi-tationspremiers Édouard Balladur in der resignierten Endphase Mitterrands und Lionel Jospin unter dem zentristischen und phlegmatisch gewordenen Chirac. Schließlich vielleicht noch Laurent Fabius als jugendlicher Ziehsohn Mitterrands, obwohl er letztlich über die Blutkon-servenaffäre stolperte. Das Verhältnis von Unglück zu Zufriedenheit beträgt also mindestens 15 zu 6, ein deutliches Missverhältnis, das zur näheren Untersuchung einlädt.

Raphaëlle Bacqué, eine Journalistin für Le Monde, hat im Jahr 2008 zwölf der damaligen 20 Ex-Premiers der V. Republik interviewt[6]. Den unglücklichsten aller Premiers, Pierre Bérégovoy (1992–93), konnte sie freilich nicht mehr befragen. Er hatte sich nach verlorenen Wahlen und einer undurchsichtigen Kreditaffäre am 1. Mai 1983 eine Kugel in den Kopf geschossen. Auch kommen de Gaulles autokratische Gewohnheiten in dem Band notgedrungen nicht vor. Sei-ne drei Premiers (Michel Debré, Georges Pompidou und Maurice Couve de Murville) waren zum Zeitpunkt der Interviews schon gestorben. In jedem Fall ist diese Sammlung wertvoller Primärquellen so einzigartig, dass ich sie stark komprimiert nachstehend kommentiert zusam-menfasse und ergänze.

Vorab einige Zitate zur Einstimmung: „Sie wollen von mir wissen, was das Matignon ist? Ein großartige Zerkleinerungsmaschine." (Jean-Pierre Raffarin, 2002–05); „Es ist eine Hölle, um zu führen" (Michel Rocard, 1988–91); „An einem Tag erhalten Sie 10 % gute Nachrichten

3   Renaud Dely, Marie Guichoux. „Manuel Valls. Le prisonnier de Matignon". L'Obs 19.5.2016.
4   Er sagte: „Ich regiere. Ich habe jeden Tag 10.000 Dossiers auf dem Schreibtisch" zitiert in: Marcelo Wesfried. „A l'Élysée François Hollande occupe le temps qu'il lui reste". Le Figaro 14.3.2017. Offenkundig lag bei ihm ein Missverständnis von Regierungskunst vor.
5   Frédéric Joignot. „De multiples premiers". Le Monde 20.5.2017.
6   Raphaëlle Bacqué. L'enfer de Matignon. Albin Michel. Paris. 2008. Von den zwölf Premiers sind Pierre Mess-mer und Raymond Barre bereits 2007, Pierre Mauroy 2013 und Michel Rocard 2016 gestorben. Sie hinterlie-ßen in diesen Interviews einen Teil ihres politischen Vermächtnisses.

und 90 % schlechte" (François Fillon, 2007–12); „Wenn man auf diesem Posten ist, freut man sich am Abend zu schlafen, um alles zu vergessen" (Pierre Mauroy, 1981–83); „Es ist ein Amt des Opfers mit einer fast christlichen Dimension. Gott (der Präsident) gibt seine Söhne und Töchter dem Land, und von da an wird man eine Beute. Den Leuten macht das Spektakel Spaß, die Gegner sind unzählig, die Presse losgelassen. Im Grunde genommen ist es eine großartige Beobachtungsstelle der menschlichen Natur." (Édith Cresson, 1991–92); „Es ist eine dauernde Überarbeitung … Nach meinem Abschied vom Matignon habe ich mehr als ein Jahr gebraucht, um wieder meinen Auftriebspunkt zu finden" (Raymond Barre, 1976–81); „Es ist der härteste Job in der Republik." (Dominique de Villepin, 2005–07); „Man muss wirklich die Seele eines Apostels haben, oder sogar die eines Märtyrers, um zu akzeptieren, eine ähnliche Rolle zu spielen. Wie dem auch sei, ich habe noch nie von jemandem gehört, dass er sich geweigert hätte, es zu werden." (Édouard Balladur, 1993–95). In der Tat fragt man sich, warum und welche Politikertypen sich dieses Martyrium antun, und oft alles unternehmen, um im vollen Licht der Kameras in aller Öffentlichkeit erniedrigt und beleidigt werden und nach ihrem unvermeidlichen Hinauswurf auch oft noch dem Amt hinterherzutrauern, zumal für die meisten dieses Amt der Schlusspunkt ihrer politischen Karriere war. Der Premier ist bekanntlich für die schlechten Nachrichten zuständig und deshalb in der Regel wesentlich unpopulärer als der Präsident und somit der prädestinierte Wahlverlierer. Dies musste als prominentestes Opfer Jacques Chirac erfahren, als er als Premier im Mai 1988 gegen Mitterrand antrat und diesem trotz aller seiner Rückschläge zu einer zweiten Amtsperiode verhalf. Sieben Jahre später verlor Premier Balladur im April 1995. Chiracs Ex-Premier Jospin erlitt das gleiche Schicksal, als er im April 2002 ebenfalls schon in der ersten Runde mit nur 16 % scheiterte.

Die Nominierungen

Es liegt offensichtlich im Ermessen des Präsidenten, wie und wann er seine Entscheidung dem Betroffenen und der Öffentlichkeit bekannt gibt. Pierre Messmer (1972–74) erfuhr dies schon ein Jahr vorher von Präsident Pompidou, der sich mit seinem damaligen Premier Jacques Chaban-Delmas (1969–72) programmatisch wegen dessen Theorien zu einer sozial ausgeglichenen „neuen Gesellschaft" entzweit hatte[7]. Er wartete dann nur noch auf einen ausreichenden Fehler, um ihn politisch zu köpfen. Raymond Barre erhielt nach Chiracs Rücktritt 1976 (den einzigen den ein Premier je gewagt hatte!) nach der Rückkehr aus dem Sommerurlaub einen Anruf vom Generalsekretär des Élysée sich über einen diskreten Nebeneingang bei Präsident Giscard einzufinden. Weil ein anderer Kandidat öffentlich gehandelt wurde, antizipierte er einen wahrscheinlichen Wechsel von seinem Wirtschaftsressort zu den Finanzen oder der Außenpolitik. Tatsächlich bekommt er den Job angeboten, der ihm binnen weniger Tage von Chirac übergeben wird, ohne dass er Zeit hatte, darüber viel nachzudenken. Pierre Mauroy, der ebenso wie Michel Rocard aus einer oppositionellen Fraktion der PS entstammte, bekam von Mitterrand in einem Restaurant schon ein halbes Jahr vor seinem Wahlsieg den Posten des Premiers versprochen, nachdem er öffentlich seine Präsidentschaftskandidatur unterstützt hat-

---

7   Ibid. S. 21.

te. Nach Mitterrands gescheiterten Konjunktur- und Verstaatlichungsprogrammen und einer verlorenen Europawahl musste Mauroy gehen. Mit seinen Nachfolgekandidaten spielte Mitterrand Katz und Maus, lud jeden vor, machte ihnen Hoffnungen und entließ sie dann ohne einen klaren Bescheid. Schließlich erfuhr sein Lieblingsminister, der 37-jährige Laurent Fabius aus dem Radio, dass er nominiert worden sei[8]. Nach seiner Wiederwahl 1988 hatte sich Mitterrand ein anderes Ritual ausgedacht. Er lud die beiden Hauptkandidaten Pierre Bérégovoy, seinen vertrauten ehemaligen Generalsekretär des Élysée und Staatsminister, und seinen innerparteilichen Feind, Michel Rocard, zum Mittagsessen ein und verkündet während eines langen Monologs beiläufig, dass er in knapp einer Stunde den neuen Premier nominieren müsse, und dass im Lichte einer klaren politischen Analyse ohne jede Rücksichtnahme auf Gefühle der Freundschaft oder des Vertrauens die Wahl knapp auf Rocard gefallen sei[9]. Eine von Rocard berichtete Szene, die sehr an Reality-Fernsehen erinnert! Drei Jahre später hat Mitterrand von Rocard genug und bestellt, laut ihrer Darstellung aus heiterem Himmel, Édith Cresson, seine frühere Europaministerin dringend ins Élysée zum Essen ein, um sich über Rocard ausgiebig zu beschweren. Ein zweites Mittagessen folgt bald darauf zum gleichen Thema, und beim dritten wird ihr die Ministerpräsidentschaft angeboten. Sie sieht die kommenden Schwierigkeiten richtig voraus, will lieber ein ökonomisches Ministerium und schlägt Bérégovoy als Premier vor, der auf diesen Posten schon 20 Jahre lang wartet. Mitterrand besteht jedoch darauf, sie als erste Frau zur Premierin zu machen, ebenso wie er sie schon 1981 zur ersten ungeliebten Landwirtschaftsministerin gemacht hat. Tatsächlich hielt sie sich auf diesem Posten, auf dem sie sich bei unüberlegten Interviews um Kopf und Kragen redete (zum Beispiel über schwule Engländer und ameisengleiche Japaner …), nur knapp zehn Monate. Ihr Nachfolger: kein anderer als der unglückliche Bérégovoy, der ihr das Leben zuvor schwer gemacht hatte. Nach den 1993 verlorenen Wahlen musste Mitterrand einen Kandidaten der Rechten nominieren. Da Chirac nach seinen leidvollen Erfahrungen von 1988 als Bürgermeister von Paris keine Lust auf einen neuen Kohabitationsposten mehr hatte, lag Édouard Balladur in den Umfragen als wahrscheinlichster Aspirant vorne. Mitterrands Generalsekretär Hubert Védrine berief ihn zu einer unverbindlichen einstündigen Unterredung ins Élysée ein. Später sah er dann in den Fernsehnachrichten, dass Mitterrand ihn nominiert hatte. Niemand hatte ihm Bescheid gesagt.

1995 oblag es Chirac einen Premier zu benennen. Auch er hielt seine Karten zunächst lange bedeckt vor seiner Brust, um einflussreiche Hoffnungsträger nicht vorzeitig zu frustrieren. Alain Juppé erhielt seinen Ruf ziemlich unvorbereitet, als er als Außenminister gerade seine Hauptstadtrunde für die neue französische EU-Ratspräsidentschaft in der damaligen frisch erweiterten EU-15 absolvierte. Als er nach seiner vorzeitigen und unüberlegten Parlamentsauflösung 1997 die Parlamentswahlen verlor, lud Chirac den unterlegenen sozialistischen Präsidentschaftskandidaten von 1995 Lionel Jospin ins Élysée ein. Jospin durfte dann vor der versammelten Presse selbst verkünden, er habe Chiracs Angebot angenommen[10]. Nach dem Ende der Kohabitation 2002 spielt Chirac ebenso wie Mitterrand früher Katz und Maus mit etlichen

---

8   Ibid. S. 26.
9   Ibid. S. 28.
10   Ibid. S. 32.

Aspiranten, wie Juppé, Sarkozy, Fillon etc., denen er öffentliche Gunstbeweise darbringt. Eines Morgens erhält Jean-Pierre Raffarin Journalistenanrufe, die von ihm Fernsehauftritte haben wollen, weil er als Premier nominiert sei. Doch erst im Laufe des Tages wird er von Dominique de Villepin, dem Generalsekretär, ins Élysée zu Chirac zitiert, wo ihn kurz und bündig der Premiersessel angeboten wird. De Villepin wird dann als Außenminister seine Nummer Zwei in der Regierung, so wie sich das die beiden vorher im Wahlkampf ausgeschapst hatten[11]. Als nach etlichen Wahlniederlagen und dem negativen EU-Referendum Raffarins Stern 2005 im Sinken begriffen war, schwankte Chirac zwischen Sarkozy, seinem aggressiven Innenminister und seiner Verteidigungsministerin Michèle Alliot-Marie, um schließlich den Posten doch de Villepin anzutragen.

Sarkozy selbst offerierte François Fillon schon ein Jahr vor seiner Präsidentschaftswahl von 2007 den Posten des Premiers, ohne mit Fillon jedoch jemals die Einzelheiten eines Regierungsprogramms durchzusprechen. Er begann seine fünfjährige Ministerpräsidentschaft somit auch notgedrungen mit einiger Improvisationskunst.

Die Anfänge im Amt

Die Freuden der Anfänge scheinen meist ähnlich: das ungewohnte Rampenlicht, die positiven Umfragedaten der frischen Erwartungen und die Euphorie über die ambitiösen Reformprogramme, die nur durch die Entdeckung der desaströsen Kassenlage, die der Vorgänger hinterlassen hat, gedämpft wird. Raymond Barre stolperte 1976 in eine jener damals periodischen Währungskrisen des Franc. Angesichts der ständigen Handelsbilanzdefizite waren die Devisenreserven auf wenige Monate abgeschmolzen. Eine Abwertung drohte. Gleichzeitig verlangen in der Rezession nach der ersten Ölkrise die Gewerkschaften mehr Lohn, die Bauern (am lautesten) mehr Subventionen und die Unternehmer Steuererleichterungen. Die „Trente Glorieuses" waren unter Giscard zu Ende gegangen und der soziale Ton wurde rauer. Die im Lichte der Währungskrise eigentlich nötige harte Deflationspolitik erschien nicht durchsetzbar, dennoch versucht Barre durch eine strenge Haushaltspolitik den Druck auf die Währung und den Preisauftrieb zu verringern. Im Zuge der Ölkrise lässt Barre den damals reglementierten Benzinpreis steigen, um einen sparsameren Verbrauch anzuregen.

Nach den 1981 von Giscard verlorenen Wahlen muss Pierre Mauroy Mitterrands radikales Wahlprogramm umzusetzen versuchen. Bei der Machtübergabe im Matignon, die in der Regel binnen zwei Stunden mit Fototerminen im Freien, einem halbstündigen Tête-à-Tête mit seinem Vorgänger Barre und Dankes- und Willkommensreden an die Presse und die Mitarbeiter – im Vergleich zu dem Zirkus vor dem Élysée – recht undramatisch vollzogen wird, sowie bei den Zeremonien mit Mitterrand: beim obligatorischen Kranzabwurf am Arc de Triomphe und dem Präsidentenbesuch im Pantheon, dem republikanischen Heiligtum, geht ihm durch den Kopf, dass er am ersten Tag von Mitterrands Amtszeit den Franc nicht abwerten darf. Die massiv einsetzende Kapitalflucht macht dies aber in Bälde unumgänglich. Im Matignon stellt

11   Ibid. S. 35.

sich ein Küchenmeister vor: Er habe schon unter Guy Mollet (1956–57) gedient. Die Premiers kommen und gehen im Matignon, die Köche aber bleiben[12].

Édith Cresson, die 1991 – gegen Ende der zweiten Amtszeit Mitterrands – das Matignon von Rocard übernahm, bekam vom Präsidenten ihr Arbeitsprogramm vorgeschrieben: die Unternehmen wieder in Schwung bringen, das riesige Loch in der Sozialversicherung stopfen und die Wirtschaft für den EU-Binnenmarkt, der 1993 in Kraft treten sollte, dynamisieren. Nicht mehr und nicht weniger, und dies in kürzester Zeit. Dazu war das Handelsbilanzdefizit wieder einmal bedrohlich, und die Arbeitslosigkeit wuchs. Bei der Machtübergabe zeigte ihr Rocard den Code für den Knopfdruck für die Atomwaffen (für den Fall dass der Präsident den Knopf, der ihn in einem Stahlkoffer immer begleitet, nicht mehr drücken kann!) und sonst wenig[13]. Als erstes musste sie die Sozialabgaben für alle erhöhen …

Als Alain Juppé 1995 Édouard Balladur (der in Kohabitation mit dem gesundheitlich immer stärker leidenden Mitterrand regieren musste) als Chiracs erster Premier ablöste, musste er als Hauptaufgabe Frankreich fit für den Euro machen. Das Haushaltsdefizit musste von 5,6 % des BIP auf das Maastricht-Maximum von 3 % gedrückt werden. Dazu fehlten die genauen Zahlen der Schulden der Sozialversicherung und des Staates, zumal etliche Milliardenausgaben (nicht nur in Griechenland und in Italien) nicht sauber budgetiert waren.[14]

Als Chirac 1997 seine Neuwahlen verlor, musste Juppé gehen und übergab Lionel Jospin, dem neuen Kohabitanten von Chirac, in einer als frostig beschriebenen Atmosphäre ein auf 3,6 % reduziertes Defizit, sowie ein Blatt mit den wichtigsten noch zu machenden ökonomischen Hausaufgaben, die Jospin in seinen eigenen Worten dann kalt lächelnd ignorierte.

Jean-Pierre Raffarin, der seinerseits 2002 von Jospin übernahm, bietet ein ernüchterndes Bild jener Übergabe, die man sich nicht so wie zwischen verantwortlichen Führungskräften in der Wirtschaft oder Verwaltung vorstellen dürfe: „Hier sind die wichtigsten Akten, hier die größten Probleme Frankreichs, hier die Geheimkodes, hier die Geheimdienstinformationen". Nein, es sei eine formale Zeremonie, mitunter ganz herzlich, doch ohne inhaltliche Bedeutung. In weniger als 24 Stunden nach Chiracs zweitem Wahlsieg (diesmal problemlos gegen Jean-Marie Le Pen, da Jospin schon in der ersten Runde kläglich verloren hatte) sei er Premier geworden. Nun musste er in den nächsten zwei bis vier Tagen vierzig Regierungsmitglieder nominieren (wobei Chirac sicher eine helfende Hand lieh!), sowie siebzig Kabinettsmitarbeiter rekrutieren (denn bei einem Machtwechsel wird reiner Tisch gemacht, außer bei den Küchenchefs, Gendarmen, Gärtnern und Putzfrauen), sowie jede Menge anderer öffentlicher Ernennungen vorbereiten.

Von einer herzlicheren Übergabe berichtet Michel Rocard, der 1988 von Chirac übernahm, der als Kohabitationspremier gerade die Wahlen gegen Mitterrand verloren hatte. Die beiden kannten und duzten sich aus alten Sciences Po-Studententagen, wo beide zur politischen Lin-

---

12   Ibid. S. 44.
13   Ibid. S. 45.
14   Loc. cit.

ken zählten. Während sie sich Witze erzählten und so laut lachten, dass sie die Sitzung ihrer Kabinettschefs störten, die ernsthaft im Nebenzimmer tagten, legte ihm Chirac noch einige verdiente Mitarbeiter ans Herz, die noch versorgt werden müssten, und gab ihm Tipps, wie man den beginnenden Aufstand der Kanaken auf Neukaledonien militärisch niederschlagen müsse (Rocard ignorierte erfreulicherweise die Ratschläge). Schließlich gab Chirac ihm zu ihrem gemeinsamen Feind Mitterrand noch mit auf dem Weg: „Nimm Dich in Acht, wenn er meisten lächelt und am freundlichsten ist, dann ist sein Dolch Deinem Rücken am nächsten"[15]. Drei Jahre später traf ihn Mitterrands Dolch und zwanzig Jahre später erinnerte sich Rocard noch immer Wort für Wort an Chiracs Vermächtnis.

Die Ministerernennungen

Die Gestaltungsmöglichkeiten der Ministerpräsidenten waren je nach Neigung des Präsidenten und politischer Lage unterschiedlich. Michel Rocard und Édith Cresson bekamen von Mitterrand direkt oder indirekt Ministerlisten vorgelegt. Idem Raymond Barre durch Giscard. Alain Juppé und François Fillon hatten unter Chirac und Sarkozy etwas mehr Gestaltungsfreiheit. Die Kohabitationspremiers Édouard Balladur und Lionel Jospin waren ohnehin frei – außer beim Außen- und Verteidigungsminister, die wegen dessen Verfassungsprärogativen den Segen des Präsidenten haben mussten.

Édith Cresson berichtet, Mitterrand habe ihr 1991 von einem kleinen Zettel die Namen der erwünschten Minister vorgelesen. Dazu solle sie auch „une petite beur" (eine nordafrikanische Einwanderertochter) namens Kofi Yamgnane zur Staatssekretärin für Soziales und Integration machen. Jene „beur" stellte sich allerdings in der Folge als ein aus Togo stammender Ingenieur heraus, der den Posten dennoch bekam. Die Liste war laut Cresson Mitterrand von Laurent Fabius eingeflüstert worden. Weil sie weitgehend dem alten Kabinett entsprach, war für alle Welt klar, dass sie keinerlei Einfluss auf ihre neue Truppe ausüben konnte. Entsprechend litt ihr Ansehen. Es gelangen ihr lediglich zwei eigene Ernennungen in ziemlich subalterne Positionen: Martine Aubry zur Ministerin für Arbeit und Berufsbildung, und Dominique Strauss-Kahn zum Vizeminister für Außenhandel.[16]

Bei Rocard war Mitterrand 1988 noch subtiler vorgegangen. Er ließ sich von Rocard eine Liste vorlegen, dem jedoch klar war, dass nur Vertrauensleute des Präsidenten wie Pierre Joxe im Innenressort, Pierre Bérégovoy in der Wirtschaft und Jean-Pierre Chevènement in der Verteidigung eine Chance haben würden. Mitterrand drückte dann auch prompt seine Leute im Außenamt (Roland Dumas) und in der Justiz (Pierre Arpaillange) durch. Seinem Vor-Vorgänger Laurent Fabius hatte Mitterrand 1984 die Sondierungen der Ministerkandidaten auf der Grundlage der bisherigen Mauroy-Regierung überlassen. Am wichtigsten war es nach dem Ausstieg der vier kommunistischen Minister deren – ziemlich marginale – Posten nachzubesetzen.

15 Ibid. S. 48.
16 Ibid. S. 53.

Giscard gab Raymond Barre 1976 „zu seiner politischen Entlastung" die wichtigsten Minister-namen als Vorgaben, die dieser dankbar annahm[17].

François Fillon (der zum Zeitpunkt des Interviews noch aktiver Premier war) meinte dagegen, Sarkozy habe mit ihm während des Wahlkampfs von 2007 viel über die künftige Ministerorga-nisation gesprochen. Es sollten nicht mehr als 15 werden, das Finanzministerium geteilt und die Umwelt- und Arbeitsministerien umstrukturiert werden. Aber ansonsten seien ihm keine Minister aufgedrückt worden, die er nicht haben wollte.

Alain Juppé berichtet, er habe 1995 wie alle Premiers zunächst eine kleine Ministerrunde von zehn bis maximal fünfzehn klassischen Staatsfunktionen (Außen, Finanzen, Bildung etc.) zu schaffen vorgehabt. Dann habe er den Fehler begangen, den Sozialbereich, der eine politische Priorität Chirac darstellte, durch neue Ministerfunktionen (für Familien, die Krankenversiche-rungen, Beschäftigung, Frauen etc.) aufzuwerten. Nach der Wahlnacht war dann der Druck un-widerstehlich geworden, auch für andere Politikbereiche Stellen für Vizeminister und Staats-sekretäre zu schaffen, um verdiente wichtige Parteigänger im Parlament zu belohnen und dem regionalen und sonstigen Proporz Rechnung zu tragen. So sei er wieder bei einer Zahl um die 35 angekommen.[18]

Jean-Pierre Raffarin bekam im Jahr 2002 von Chirac drei feste Besetzungen vorgesetzt: Außen (Dominique de Villepin), Innen (Sarkozy) und Verteidigung (Michèle Alliot-Marie), die der Präsident ihnen fest versprochen hatten. Der Rest wurde gemeinsam entschieden. Dabei mach-te Raffarin für den Landwirtschaftsminister zur Auflage, dass er fließend Deutsch können müs-se[19], um in Brüssel effektiv verhandeln zu können, und der Außenhandelsminister Englisch. So endete ein fremdsprachenunkundiger Kandidat Chiracs schließlich als Familienminister.

Lionel Jospin konnte als Kohabitationspremier mit seiner parlamentarischen Mehrheit 1997 mit Chirac aus einer Position der Stärke verhandeln. Er setzte seine gesamte Kabinettsliste, auch die für Äußeres (Hubert Védrine) und Verteidigung (Alain Richard) ohne Abstriche durch. Auch er wollte ein kleines Ministerkabinett, das gemeinsam diskutieren und kollektiv entscheiden sollte – im Gegensatz zu den bisherigen Präsidentenentscheidungen. Deshalb wollte er starke Persönlichkeiten, darunter zur Hälfte Frauen, mit Martine Aubry als seine Stellvertreterin als Sozialministerin und Élisabeth Guigou als Nummer Drei für die Justiz. Na-türlich musste er auch die verschiedenen Strömungen unter der stark fraktionierten neuen lin-ken Mehrheit berücksichtigen …

Umgekehrt konnte Édouard Balladur 1993 Mitterrand seine Liste vorsetzen, die dieser nur mäßig mäkelnd akzeptieren musste. Auch er wollte ein kleines Team mit starken Persönlich-keiten, darunter Simone Veil als Sozialministerin, Charles Pasqua als Innenminister und Alain

17　Ibid. S. 60.
18　Ibid. S. 57.
19　Man muss sicher sehr lange und mutmaßlich vergeblich suchen, um einen deutschen Agrarminister zu finden, der verhandlungssicheres Französisch beherrscht. Auf die naheliegende Idee, dass man damit in Brüssel bes-sere Ergebnisse erzielen könnte, ist man in Berlin (und früher Bonn) noch nie gekommen.

Juppé als Außenminister. Auch seine Riege der rechten Mehrheit musste auf den Proporz der beiden Parteien RPR von Chirac und UDF von Giscard, von Pro- wie Anti-Europäern Rücksicht nehmen.

Kabinettsneu- und Umbildungen sind für alle Betroffenen nervenaufreibend und für die Verlierer oft entwürdigend, werden ihre Namen doch sämtlich in der Öffentlichkeit gehandelt. Während sie auf den Anruf aus dem Matignon und Élysée hoffen, der möglicherweise nie kommt, rufen dauernd Journalisten an, ob man etwas geworden ist. Bei einer subalternen oder gar keiner Ernennung wird der Betroffene dann mit der üblichen Häme als Verlierer gehandelt. Beim oft ungerecht, unerklärt und unbedankt empfundenen Ämterverlust muss gleichtägig die Dienstwohnung geräumt werden. Dienstwagen, Leibwächter, Sekretärinnen und Kabinettsmitarbeiter verschwinden[20]. Zum ersten Mal seit Jahren muss der Ex-Minister sich wieder Metro- und Eisenbahntickets kaufen und seine Einkäufe selbst erledigen[21]. Den tiefen sozialen und politischen Sturz empfinden jene nach Machtpositionen strebenden narzisstischen Charaktere natürlich umso schmerzlicher und verbittern, als sich viele Freundschaften plötzlich rarmachen und der Nachfolger im Rampenlicht steht und an der Arbeit des Vorgängers selten ein gutes Haar findet. Zudem erscheint durch den sichtbaren Machtverlust oft auch die eigene materielle und professionelle Laufbahn als Berufspolitiker gefährdet, fühlen sich durch die Schwächung des alten Platzhirsches auch inner- und außerparteiliche Rivalen vor Ort in der eigenen regionalen Machtbasis ermutigt.

Die Rolle des Finanzministeriums

Weil sich die Namen und der Zuschnitt der Ministerien dauernd ändern und ihre Abkürzungen unaussprechlich oder unverständlich sind (MAEDI zum Beispiel aktuell für das Außenministerium), werden die klassischen Ministerien in der Presse und im Alltagsgebrauch kurzerhand nach den über Jahrhunderte unverändert bleibenden Straßennamen ihres Hauptsitzes benannt. Eine Ausnahme ist das wichtigste Ministerium: das Finanzministerium, das ursprünglich „Rue Rivoli" hieß und nach seinem dortigen Hinauswurf zum Zwecke der Louvre-Erweiterung durch Mitterrand (cherchez la femme) mittlerweile, weil an den Quai Branly umgezogen folgerichtig „Branly" heißt. Weil es auf den Geldsäcken sitzt und ebenso verzweifelt wie vergebens seit Jahrzehnten versucht, Haushaltsziele zu erreichen und die Staatsschuld (Tendenz nach fünf Jahren Hollande: 100 % des BIP, 2017) einzudämmen, liegt es mit allen anderen ausgabenfreudigen Ministerien und ihrer Führung im Dauerstreit. Während eine Hälfte des Ministeriums sich dem Budget widmet, ist die zweite (die gelegentlich abgespalten und dann wiedervereinigt wird) mit Wirtschaftsfragen und der Regulierung des Finanzsektors befasst. Historisch geht das Ministerium auf die Superintendenten der Finanzen des 16. Jahrhunderts zurück, die mit der Eintreibung von immer höheren Steuern für die stets verschuldeten Könige sich beim dritten Stand höchster Unbeliebtheit erfreuten. Die Beamten

---

20   Christine Kelly. François Fillon. Coulisses d'une ascension. L'Archipel. 2017. S. 224.
21   In Österreich muss sogar das am Monatsersten zu viel gezahlte Ministergehalt pro rata zurücküberwiesen werden.

des Branly gelten deshalb als besonders penibel, durch die genaue Kenntnis von Gesetzen, Erlassen, Regularien und Prozeduren im Abwehrkampf gestählt, gegen politischen Druck mit allen Wassern gewaschen und sind nach wie vor universell unbeliebt. Mit ihrer konservativen Autonomie arbeitet hier die Elite der Elite, an der sich auch die politische Klasse oft die Zähne ausbeißt. Intelligenten Ministern allerdings gelingt es, mit dem Apparat anstatt gegen ihn zu arbeiten und so die eigene Macht zu stärken. So konnten Minister wie Giscard und Delors[22] mit dramatischen Zahlen zur Zahlungsbilanz und dem Schrumpfen der Devisenreserven und der drohenden Abwertung des Franc, eine nationale Schande für die Wirtschaftslaien de Gaulle und Mitterrand, ihre politischen Meister zum gewünschten Einlenken bewegen. Doch auch Barre, Bérégovoy, Fabius, Balladur und nicht zuletzt Sarkozy konnte „Rue Rivoli"/„Bercy" als Karrieresprungbrett zu Höherem nutzen. Als Premier oder Präsident konnten sie jene Festung dann meist eher meistern.

Laurent Fabius zum Beispiel stauchte die Ex-Kollegen von der Budgetabteilung zusammen, als sie als größtes Haushaltsrisiko die Erhöhung der Beihilfen für Behinderte, ein Wahlkampfversprechen Mitterrands, definierten[23]. Raymond Barre übernahm als Premier 1976 auf Anregung Giscards in Personalunion zugleich das Finanz- und Wirtschaftsministerium, um Reibungsverluste zu vermeiden. Édouard Balladur ging 1993 den umgekehrten Weg. Im Kohabitationskontext wollte er nicht zwischen einem sozialistischen Präsidenten und einem Superminister zerrieben werden. So zerschlug er das Ministerium in seine Budget- und Wirtschaftshälften und übertrug die Haushaltsgestaltung an den jungen Sarkozy, auf den er sich hundertprozentig verlassen konnte.[24] Auch Fillon plädierte für diese Teilung, allerdings aus eher inhaltlichen Gründen: Der budgetorientierte Konservatismus des Hauses sollte nicht ständig eine innovative Wirtschafts- und Beschäftigungspolitik beeinträchtigen.

Édith Cresson dagegen meinte, Bérégovoy, der ihr von Mitterrand aufgezwungen worden war, sei als gelernter Einrichter und technischer Zeichner, der bei der Gaz de France vor seiner Gewerkschaftslaufbahn gearbeitet hatte, mit der Führung des Ministeriums so überfordert gewesen, dass ihm dessen Bürokratie jeden Strich diktierte. Wenn sie Geld für die Förderung von Klein- und Mittelbetriebe wollte, war die Antwort stets negativ. Schon früher als Industrieministerin war sie an Bercy gescheitert. Das Ministerium wollte die Fusion des notleidenden Rechnerherstellers Bull mit IBM, während sie Hewlett-Packard als Retter und Partner bevorzugte[25].

Auch Alain Juppé unterstreicht die Wichtigkeit eines engen Vertrauensverhältnisses zwischen dem Premier und dem Finanzministerium. So habe ihm Chirac 1995 seinen getreuen Wahlkampfhelfer Alain Madelin aufgedrückt. Dieser habe aber die dringend nötigen Finanzreformen allzu zögerlich umgesetzt und dazu den gemeinsam vereinbarten vertraulichen Sanierungsplan im Radio ausgeplaudert. Nach hundert Tagen ließ er ihn mit Chiracs Segen auswechseln.

22 Jacques Delors. Erinnerungen eines Europäers. Berlin 2004. S. 169 ff.
23 Bacqué. Op. cit. S. 68.
24 Ibid. S. 74.
25 Ibid. S. 69.

Jospin ernannte als Kohabitationspremier 1997 in diese Funktion seinen Vertrauensmann Dominique Strauss-Kahn, den er als intellektuellen Supermann beschreibt, der sowohl sein Ministerium im Griff hatte als auch gegenüber Interessengruppen resistent war, und mit dieser Ernennung vermied, dass ihm Bercy die Politik diktierte[26]. Jospin ließ den Brauch abschaffen, dass Minister stundenlang in dortigen Vorzimmern warten mussten, bis sie von höheren Beamten aufgerufen wurden und dann ihr Budget auseinandergenommen bekamen. Zwanzig Jahre später im Jahre 2016 mussten sie unter Hollande vor dem Finanzstaatssekretär Christian Eckert antanzen und hatten dabei pünktlich zu sein!

Die Beziehungen zum Präsidenten

Élysée und Matignon sind keine Ponyhöfe, sondern werden von politischen Alpha-Tieren behaust. Beziehungen können aber dennoch durchaus von Vertrauen geprägt sein und im Idealfall eine fruchtbare Allianz darstellen. Sie können aber auch genauso gut von einer misstrauischen Rivalität beginnend in eine offene Feindschaft ausarten, eine Art asymmetrischer Kriegsführung, in der der Präsident immer am längeren Hebel sitzt. Und wo Elefanten kämpfen, leidet bekanntlich das Gras.

Zu den positiveren Erfahrungen zählen jene, wo sich Premier und Präsident schon lange kannten, und der Premier ohne eigene bedrohliche Hausmacht offenkundig keine Ambitionen auf das Präsidentenamt zeigte. Raymond Barre berichtet, dass er Giscard schon seit 1962 kannte und sich die Beziehungen, als er 1967–73 Vizepräsident der EG-Kommission für Wirtschaft und Finanzen war, weiter mit dem damaligen Minister für Finanzen und Wirtschaft freundschaftlich vertieft hatten. Giscard sei immer etwas distanziert und hochmütig gewesen, gleichzeitig aber freundlich und charmant. Er kannte seine Akten. So konnte man inhaltlich vertieft diskutieren. 1976 nominierte Giscard, der nach dem Abgang von Chirac keinen Gaullisten mehr als Premier haben wollte, den parteilosen Barre und verlängerte seine Amtszeit bis zum Ende seiner eigenen, also bis 1981, obwohl nach verlorenen Wahlen und schlechten Umfragedaten nach Barres eigener Überzeugung eigentlich ein Austausch sich angeboten hätte.

Pierre Messmer berichtet von Diskussionen mit Pompidou auf Augenhöhe. So hasste der gerne schnell fahrende Präsident Sicherheitsgurte. Erst nach langen Debatten und statistischen Studien habe er das Gesetz zur Gurtpflicht akzeptiert[27]. Dagegen habe der Pompidou – ebenfalls zum Thema Verkehrssicherheit – ein Projekt zum Fällen aller Alleebäume, das schon interministeriell abgestimmt war, in letzter Minute abgelehnt[28].

Pierre Mauroy erzählt von noch engeren persönlichen Beziehungen zu Mitterrand. Sie hätten sich gegenseitig kleine Geschenke gemacht und die Geburtstage gegenseitig gefeiert. Gelegentlich hätten sie in Paris kleine Spaziergänge gemacht oder seien abends zusammen ins Bistrot gegangen. Politische Divergenzen seien nie nach außen gedrungen. Nie habe Mitterrand

---

26   Ibid. S. 72.
27   Jean Louis Andreani. Bail précaire à Matignon. Jacob-Duvernet. 2006. S. 34.
28   Ibid. S. 141.

ihm gegenüber eine autoritäre Entscheidung getroffen. Jedoch habe er stets dessen Rolle als Präsident respektiert.

Laurent Fabius, der als politischer Ziehsohn Mitterrands galt, meinte, 1984 sei sein einziges Problem sein Alter (38) gewesen, so dass er immer noch als Mitterrands Kabinettschef betrachtet wurde, nachdem er Premier geworden war. Er löste dieses Problem durch eine betonte Forschheit, die ihm nicht gerade viele Sympathien zufliegen ließ. Er sah Mitterrand zwei bis drei Mal wöchentlich. Dazu telefonierten sie oft. Spontan hatten sie zu Problemen meist die gleiche Reaktion – außer beim Empfang von General Jaruzelski 1985 im Élysée, dem ersten Empfang des Kriegsrechtsverwalters von 1981 durch ein westliches Staatsoberhaupt, gegen den Fabius öffentlich Vorbehalte äußerte, jedoch nicht zurücktrat.

Édith Cresson meinte, sie habe Mitterrand wie üblich einmal die Woche vor den Ministerratssitzungen, denen er vorsaß, gesprochen, und dann je nach Bedarf zusätzlich einmal alle 14 Tage. Er habe ihren Vorschlägen immer zugestimmt, aber gemeint, er könne nichts gegen die Unzufriedenheit in der sozialistischen Parlamentsfraktion, die sich von ihren schlechten Umfragedaten bedroht sah, und gegen die Medienkampagne tun, die ihre Ablöse forderte.

Michel Rocard erinnerte an seine lange politische Gegnerschaft zu Mitterrand. Sie hatte während des Algerienkriegs kulminiert, als Rocard – sie waren damals in unterschiedlichen linken Kleinparteien – den damaligen Justizminister, der zum Tode verurteilten algerischen Terroristen den Gnadenerweis verweigerte, als Mörder zieh. Dann war er aus Protest gegen Mitterrands Einführung des Verhältniswahlrechtes, der nicht nur aus Rocards Sicht Le Pen gegen die Gaullisten begünstigte, als Landwirtschaftsminister in Mitterrands erster Regierung zurückgetreten. Zweimal die Woche habe er mit Mitterrand die Ernennungs- und Beförderungslisten mindestens eine Stunde lang durchsprechen müssen, die der Präsident (nach Vorlage der entsprechenden Lebensläufe) persönlich durchsah, abänderte, ergänzte und abzeichnete, bevor sie vom Ministerrat abgesegnet wurden. Es habe sich um mehr als 3000 Namen im Jahr gehandelt, eine Zahl, die Mitterrand vor seiner Wiederwahl von 1988 noch erweiterte. Während der Präsident stets politische Treue belohnen, Patronage praktizieren wollte, sei es ihm um die professionellen Meriten der Betroffenen gegangen. Die unterschiedlichen Ansätze hätten in seinen drei Jahren als Premier zu dauernden Konflikten geführt. Es ging dabei hauptsächlich um die Bestimmung der Chefs der öffentlichen Unternehmen, der verstaatlichten Finanzwirtschaft, von Fernsehen und Radio, von Spitzenbeamten, wie Botschafter, Präfekte, Polizeikommandeure und Generäle der Armee. Einige Köpfe konnte er dabei retten. Manchmal half jedoch auch ein Kampf von sechs Monaten nichts.[29]

Édouard Balladur sah als Kohabitationspremier Mitterrand jeden Mittwochmorgen vor den Ministerratssitzungen, auf den jene des Verteidigungsrates folgte. An ihm nahmen neben den beiden auch die Außen-, Verteidigungs- und Entwicklungshilfeminister und der Generalstabschef teil. Es ging dabei damals hauptsächlich um die Lage der der französischen Truppen auf dem Balkan und in Afrika. Wenn bei den Vorbesprechungen zwischen Präsident und Premier

29   Bacqué. Op. cit. S. 85.

die Tagesordnungen erledigt waren, plauderte Mitterrand zur Weltlage, zu Nominierungsfragen, zur Geschichte, Literatur und zu seinen Kriegserfahrungen. Wenn es während der Sitzungen Divergenzen gab, wurden sie am Folgetag ausgesprochen, nicht jedoch vor den Ministern. Dennoch gab es laut Balladur keine grundsätzlichen Dispute mit Mitterrand[30]. Offensichtlich ging er manche seiner eigenen Genossen (Rocard, Cresson) viel härter an.

Alain Juppé berichtet von einem großen Freiraum, den Chirac ihm erlaubt habe. Die beiden Kabinette hätten eine osmotisch gute Zusammenarbeit gepflegt. Vielleicht wäre in manchen Situationen, in denen er zu rasch gehandelt habe, etwas mehr Führung durch den erfahreneren Präsidenten besser gewesen ...

Lionel Jospin bezeugt als Kohabitationspremier auch eine korrekte und sogar herzliche Beziehung zu Chirac. Er sei im Zugang einfach, weder aufgeblasen noch protokollarisch gewesen. Allerdings sei es immer schwierig gewesen, ihm in wichtigen politischen Fragen wirklich zu vertrauen. Wenn er sich bedroht fühlte, konnte er außerordentlich hart und heftig werden. Dabei hatte Jospins Regierung mit Chiracs Problemen der Schwarzen Kassen gar nichts zu tun[31] (sondern Chiracs Pariser Stadtverwaltung und seine Art der Parteifinanzierung).

Für Jean-Pierre Raffarin war seine Autorität als Premier nur eine abgeleitete des Präsidenten. Es ging also um ein gemeinsames Regierungsprojekt. Bei Meinungsverschiedenheiten, die immer diskret blieben, wurde das Thema vertagt und binnen Wochenfrist erneut besprochen. Für die Beziehung half, dass Chirac schon mit seinem Vater, der Chef der französischen Agrargenossenschaften war, gut zusammengearbeitet hatte: Bei den sozialpartnerschaftlichen Abkommen von Grenelle, bei denen der junge Sozialstaatssekretär der Rebellion von 1968 den Wind aus den Segeln nahm, und später 1972 bis 1974 als Chirac Landwirtschaftsminister war.

Für Dominique de Villepin war die langjährige Zusammenarbeit als Generalsekretär des Élysée von 1997 bis 2002, dann als Außen- und Innenminister, trotz unterschiedlicher Charaktere, Grundlage für ein vertrauensvolles Verhältnis zu Chirac, der wusste, dass de Villepin ihn niemals verraten würde. Wenn er ihm intern wiedersprach, sei nie etwas an die Öffentlichkeit gedrungen. Chiracs Entscheidungen habe er stets respektiert. Gleichzeitig habe Chirac um die Sturheit und Unbestechlichkeit seines Wesens gewusst. Und in der Tat hat de Villepin seine politische Laufbahn in seiner Vendetta gegen Sarkozy in der Folge kräftig an die Wand gefahren.

François Fillon zitiert Michel Debré, der 1959 bis 1962 de Gaulles Premier war: „Der General hielt den Premierminister für einen Oberdirektor seines Kabinetts. Er hat mir verboten, mich mit Algerien zu befassen[32]. Er denkt, dass ich nur der Verwaltungschef bin"[33]. Zu Georges Pompidou, Premier von 1962 bis 1968, habe er gesagt: „Sie sind nicht der Chef der Regierung. Ich bin der Chef der Regierung". Dagegen habe Chirac während seiner zweiten Amtszeit

---

30 Ibid. S. 88.
31 Ibid. S. 89.
32 Algerien hatte damals die Rechtsform dreier französischer Départements, war also keine „Kolonie" sondern Teil des Mutterlandes.
33 Ibid. S. 92.

von 2002 bis 2007 (während der Premierschaften von Raffarin und de Villepin also) die Zügel zu sehr schleifen lassen, die Führung vernachlässigt und damit einen Teil der Immobilität des Landes mitverursacht. Dabei braucht das Regierungssystem eine Kommandostruktur, die die Arbeit der Ministerien koordiniert und zu allen Themen dauerhaft Vermittlungsdienste leistet. Diese zeitaufwändige und unbedankte Rolle kann der Ministerpräsident nicht übernehmen. Sarkozy und er kannten sich erst seit 2004, im Vorlauf des Präsidialwahlkampfes von 2007 also. Sarkozy habe den Willen gehabt, die ganze Regierung zu leiten und Fillons Aufgabe sei es gewesen zu prüfen, welche seiner Ideen umsetzbar seien oder nicht, und die Regierung, die aus lauter Solisten besteht, als Orchester spielen zu lassen. Unter Sarkozy gab es nicht nur die formellen Ministerratssitzungen, sondern auch vier bis fünf strategische Sitzungen in der Woche zu allen wichtigen Themen. Man sprach sich also täglich und oft sah man sich auch sonntagabends.

Für die meisten Minister hatten die weitgehend debattenfreien Ministerratssitzungen mit dem Präsidenten einen eher rituellen Charakter. Der frühere Landwirtschaftsminister Bruno Le Maire, der unter Sarkozy (und ab 2017 als Wirtschafts- und Finanzminister unter Macron) diente, meint: „Jeder ehrliche Minister wird zugeben, dass die einzige Tätigkeit des Rats, abgesehen von gelegentlichen Mitteilungen, darin besteht, ernst mit dem Kopf zu nicken, um den Reden des Präsidenten beizupflichten"[34].

Unter Präsident Hollande, der bekanntlich anders und normal sein wollte, hatte Manuel Valls (2014–16) allwöchentlich bei einem montäglichen Mittagessen, bei einem Abendessen diens-tags und beim Treffen vor dem Ministerrat mittwochs neben den vielen Telefonaten Gelegen-heit zur Aussprache[35]. Dennoch gab es den üblichen Dauerstreit zwischen ihren Kabinetten, und der Stolz des gebürtigen Katalanen wurde von Hollandes öffentlichen Witzeleien gele-gentlich verletzt. Gravierender war die Ernennung von Hollandes politischem Ziehsohn Em-manuel Macron zum Wirtschaftsminister, den Valls als undisziplinierten politischen Rivalen mit dem gleichen Programm eines behutsam liberalisierenden Sozialdemokratismus ablehn-te. Nachdem Macron im Sommer 2016 mit einer „weder rechts noch links"-Bewegung „En Marche" seine Präsidentschaftsambitionen außerhalb der PS verkündete und damit das linke Votum zu spalten drohte (und bald als Minister zurücktrat), erzwang Valls angesichts dessen katastrophaler Umfragedaten im Dezember den Kandidatur-Verzicht Hollandes, trat selbst an und vom Amt des Premiers zurück. Ohne den Segen Hollandes war er dann bei den Vorwahlen der PS einer von sieben Kandidaten in meist leeren Sälen, wurde in der Bretagne geohrfeigt und in Straßburg mit Mehl beschmissen[36]. Sein Nachfolger, Innenminister Bernard Cazeneuve (2016–17), trat sein Amt, in dem er außer laufenden Aufgaben und Krisenmanagement in knapp fünf Monaten eigentlich nichts mehr bewegen konnte, dann auch recht lustlos und erst nach einigem Nachdruck von Hollande an.

---

34   Bruno Le Maire. Zeiten der Macht. Reinbek 2014. S. 40.
35   Vanessa Schneider, Jean-Claude Coutausse. L'énigmatique monsieur Hollande. Stock. 2015. S. 39 f.
36   „Fariner" ist der Terminus technicus als Verb für diesen Protest, der weder Verletzungen noch Schaden anrich-tet.

Die Kohabitation

Wie wir bereits gesehen haben, waren die drei Phasen der Kohabitation die glücklichsten für die Premiers und die frustrierendsten und arbeitsfreiesten für die Präsidenten. Das Thema verdient also eine Vertiefung: Könnte nicht die damit verbundene Parlamentarisierung des Regierungsgeschäfts eine Lösung sein? Oder wäre ein parlamentarisch bestellter Regierungschef, der seine Ministerrunde selbst zusammenstellt, die Quelle eines dauernden Blockadekriegs zwischen Élysée und Matignon?

Édouard Balladur: Es gibt Vor- und Nachteile für den Premier. Zu den Nachteilen zählt, dass es leicht Konflikte mit dem Staatschef gibt; zu den Vorteilen, dass er seine Regierungsmannschaft voll im Griff hat. Mitterrand habe sich bei ihrer ersten Unterredung sehr bescheiden gegeben: Er (Balladur) habe jetzt die Macht, während er selbst nur noch Notar sei[37]. Das war natürlich eine Untertreibung. Aber für einen guten Modus Vivendi war wichtig, sich gegenseitig nicht mit politischen Entscheidungen zu überraschen, sondern sie vorher anzukündigen. Das galt sowohl für Innenpolitik, in denen der Premier weitgehend frei operiert, aber auch für die Außenpolitik, die in eine gemeinsame Kompetenz fällt. Der Verfassungstext ist ambivalent: Der Präsident ist der Oberkommandierende der Streitkräfte, aber der Premier ist für die nationale Verteidigung verantwortlich. Der Präsident verhandelt und ratifiziert Verträge, aber die Regierung bestimmt die nationale Politik. Wichtig ist dass diese Ambivalenz (die bei einer präsidialen Parlamentsmehrheit natürlich keine Rolle spielt) in einer Kohabitation vor den Augen der französischen und Weltöffentlichkeit möglich unbemerkt bleibt. Für die Weltgipfel (G7) hatte Mitterrand ihm eine Mitteilnahme vorgeschlagen und für die weniger lustigen EU-Gipfel eine abwechselnde Präsenz. Balladur lehnte jedoch, Chiracs Erfahrung von 1986 in Tokyo eingedenk, die freundliche Einladung, beim G7-Gipfel am Katzentisch teilzunehmen, freundlich aber bestimmt ab. Ohnehin diskutierten die Gipfel meist nur unverbindliche Gemeinplätze ohne operative Konsequenzen. Die französische Delegation erhielt ihre Instruktionen sowieso vom Ministerrat, und bei den Fachtreffen der G7 waren die Außen- und Wirtschaftsminister ex officio präsent. Zu EU-Gipfeln, wo die Regeln weniger streng waren, kamen sie problemfrei meist zu zweit, ebenso wie später Chirac und Jospin.

Lionel Jospin musste anfangs vor versammelter Regierungsmannschaft 1997 Chiracs Forderung, bei allen Entscheidungen das letzte Wort zu haben, zurückweisen. Nach Art. 20 und 21 der Verfassung entscheidet und führt die Regierung die Geschicke der nationalen Politik, und es ist der Premierminister, der die Regierung leitet. Dennoch habe sich Chirac, der deshalb nicht vertrauenswürdig sei, gelegentlich öffentlich in die Regierungsgeschäfte eingemischt. So habe er während der von britischem Knochenmehl verursachten BSE-Krise die Regierung alarmistisch kritisiert und Maßnahmen gefordert, die man ohnehin diskret durchzusetzen im Begriffe war. Als Ergebnis stürzte der Rindfleischkonsum ins nichts, das nicht mehr verwendbare Tiermehl häufte sich zu Bergen und die Agrarkrise verschärfte sich unnötig.

---

37 Bacqué. Op. cit. S. 98.

Resümierend meint Alain Juppé im Vergleich zur Kohabitation oder Konflikten zwischen Präsidenten und Premier seien harmonische Beziehungen zwischen beiden das präferable Modell. Allerdings habe es davon in der V. Republik nur zwei bis drei gegeben[38]. Bei bis dato (2008) neunzehn solcher Paarungen erscheint diese Statistik nicht gerade ermutigend. Sie hat sich auch im folgenden Jahrzehnt nicht sichtbar verbessert.

Die Führung der Regierung

Wie kann man eine Ministerriege führen, die aus starken Persönlichkeiten besteht, die ihren eigenen Apparat, Kabinette und Minsterialverwaltungen, nebst nachgeordneten Behörden haben, und oft als Favoriten des Präsidenten ihren eigenen Draht zum Élysée pflegen oder politische Rivalen sind? Wie also effektiv regieren, die Präsidentenwünsche befriedigen und gleichzeitig die innerparteilichen Gegner neutralisieren?

Am offensten äußerte sich François Fillon über seine bisherigen Chefs als Ministerpräsidenten: Alain Juppé, Édouard Balladur und Jean-Pierre Raffarin, deren Stärken und Schwächen ihn während 2007–12 inspirierten, obwohl Sarkozys Regierungsstil es erzwinge, dass alle Entscheidungen im Élysée diskutiert und getroffen würden[39]. Balladur war laut ihm in der Menschenführung am versiertesten und effizientesten. Er war immer gutgelaunt und auch für die niedrigsten Mitglieder seiner Regierungsmannschaft zugänglich. Wenn ein Minister in Schwierigkeiten war, konnte er auf den Premier zählen, der sich eine Stunde Zeit nahm, um auch komplexe Vorgänge gemeinsam durchzusprechen. Danach plauderte man ungezwungen über das Leben, über Lektüren oder den letzten Film, den man gesehen hatte. Balladur meinte dazu, er habe die Entscheidungen so weit wie möglich dezentralisiert. Wenn sie wichtige Themen hatten, kamen die Minister und sie wurden zusammen geregelt. Ministerratssitzungen konnten kurz und bündig zu sein, und wenn die Themen vorher durch kurze stringente Vermerke vorbereitet waren, konnte man nach wenigen Minuten gemeinsam entscheiden. Wenn es um langwierige, technisch schwierige Kapitel ging, wie die langwierigen GATT-Verhandlungen, versammelte er die fünf betroffenen Minister und besprach mit ihnen ihre Einschätzungen ein- bis zweimal die Woche während einiger Monate durch. Für gemeinsam getroffene Entschlüsse übernahm er die Verantwortung und ließ seine Minister nie im Regen stehen. Ministerrücktritte aus Gründen des angeblichen Scheiterns ihrer Politiken habe er nie angenommen[40].

Dagegen sei es mit Alain Juppé genau umgekehrt gewesen, meint François Fillon. Juppé habe abrupt entschieden und Ministern keine Zeit gelassen sich zu erklären oder ihre Position zu verteidigen. Juppé dagegen argumentierte, viele Sitzungen und Unterredungen seien überflüssig. Leute kämen, die nicht viel zu sagen haben und man selbst habe auch nicht viel zu sagen. Reine Zeitverschwendung. Für viele Minister sei einfach der Vorgang wichtig, vom Premier empfangen zu werden. Wenn es unproduktiv ist, sollte man das minimieren.

---

38   Ibid. S. 104.
39   Ibid. S. 111.
40   Ibid. S. 109.

Auf seine Art war Jean-Pierre Raffarin wieder das Gegenteil von Juppé gewesen, beobachtet Fillon: Er scheute vor Entscheidungen zurück. Es gab endlos lange Sitzungen, doch am Ende wenig Ergebnisse. Deshalb hätte die meisten Minister, er selbst eingeschlossen, Raffarin umgangen, um im Élysée bei einer Audienz mit Chirac ein wichtiges Dossier schneller und effizienter zu regeln. Ein Mitarbeiter Fillons aus dem Sozialministerium wird von Kelly noch drastischer zitiert: „Mit Raffarin wusste man nie, wo man dran war. Er hat den Gewerkschaften eine Version erzählt, eine andere der Presse abgegeben, und eine dritte an Fillon, und letztlich wollte er niemals entscheiden."[41] Raffarin meint dazu, Matignon sei eine Schiedsinstanz. Das verschlinge notgedrungen viel Zeit und Sitzungen. Am Ende seien dann viele Minister unzufrieden. Ehrgeizige Minister wie Sarkozy oder de Villepin konnten einem das Leben dann in ihrer Frustration kompliziert machen.

Pierre Mauroy erinnerte an seine Zeit mit Mitterrand (1981–83). Es sei immer schwierig gewesen mit Leuten zusammen zu arbeiten, die einen bewusst umgingen. Figuren wie Industrieminister Pierre Joxe hätten ihn komplett ignoriert. Jack Lang, der jeden Sonntag bei Mitterrand zum Abendessen eingeladen war, konnte dort Kulturprojekte durchsetzen, die er zuvor abgelehnt hatte. Andere Favoriten wie Édith Cresson spielten fair. Ansonsten gab es die Wochenendbesucher in Latche, die „Besucher am Abend", ganze Horden von Einflüsterern. Da war es besser, eine gute eigene Vertrauensbeziehung zum Präsidenten zu haben.[42]

Die innerparteilichen Gegner

So berichtet Barre etwa, Chirac habe ihm schon 1978 während eines freundschaftlichen Abendessens angekündigt, seine RPR werde ihn 1981 als Premier von Giscard angreifen, dessen Koalitionspartner sie waren. Er solle dies aber nicht persönlich nehmen. Schließlich kostete das Ausbleiben der gaullistischen Unterstützung Giscard die Wahlen und brachte mit Mitterrand die Sozialisten an die Macht.

Pierre Mauroy erzählt wie unter anderem Laurent Fabius und Pierre Bérégovoy hinter seinem Rücken als „Abendbesucher" Mitterrand die Idee ins Ohr setzten, Frankreich müsse aus dem europäischen Wahrungssystem austreten, um seinen Wirtschaftsproblemen zu entkommen. Nur seine Rücktrittsdrohung und die Unterstützung von Jacques Delors, dem Finanzminister, hätten Mitterrand noch einmal umgestimmt[43].

Auch Édith Cresson beschwert sich über die „Abendbesucher" aus der Parteiführung, Abgeordnete, andere Freunde, die übrigens auch den ganzen Tag über zu Mitterrand gekommen seien und ihm unkontrolliert alles Mögliche erzählten, darunter jede Menge Unfug, der aber schwierig zu korrigieren war, wenn man nicht dabei war. Bérégovoy habe ihr die ganze Zeit das Leben schwer gemacht. Er habe jeden Dienstagvormittag eine Journalistenrunde um sich ge-

41 Christine Kelly. François Fillon. Coulisses d'une ascension. L'Archipel. 2017. S. 160.
42 Bacqué. Op. cit. S. 112.
43 Ibid. S. 119.

schart, um sie zu kritisieren. Tatsächlich habe er nach zehn Monaten die Regierung übernehmen können und sich dann beschwert, dass ihm bis zu den Wahlen zu wenig Zeit bliebe.

Jean-Pierre Raffarin meinte, es sei in jeder Regierung normal, dass zwei Minister glaubten, sie hätten das Zeug zum Premier. Er aber hatte vier bis fünf davon in seiner Regierung gehabt, plus die gleiche Zahl ihrer Gefolgsleute. Zuerst sei die Beziehung zu Dominique de Villepin noch ganz korrekt gewesen, zumal er als Außenminister viel auf Reisen war. Erst als Sarkozy, der nach den verlorenen Regionalwahlen die Führung der UMP übernehmen wollte und sich deshalb mit Chirac zerstritt, die Regierung verließ und ihm de Villepin auf den Posten des Innenministers nachfolgte, begann dieser seine Ambitionen offen zu zeigen und ihn öffentlich zu kritisieren, bis er 2005 dann tatsächlich die Regierung übernahm.

De Villepin meinte, Sarkozy habe ihn 2007 für seinen gefährlichsten Rivalen gehalten, weil er mit seinem Eintreten für Frankreichs Unabhängigkeit und gegen den amerikanischen Irakkrieg im Land sehr populär war. Als er Sarkozy versicherte, er trete nicht zu den Präsidentenwahlen an, habe der ihm nicht geglaubt und stets darauf gedrängt, von ihm und Chirac öffentliche Unterstützungserklärungen zu bekommen.

Für Pierre Messmer war es ein Problem, dass er mit Giscard (für Finanzen) und Chirac (zuerst Landwirtschaft, später Inneres) junge Politiker mit präsidialem Ehrgeiz in seiner Regierung hatte, die ebenso wie andere, die solche Illusionen pflegten, ihn gerne umgingen und direkt zu Präsident Pompidou gingen.

Die Rolle der Parteien und des Parlaments

Balladur berichtet von einer Unterhaltung mit Mitterrand, der seine Vernachlässigung von Netzwerken und Freundeskreisen missbilligte. Diese seien enorm wichtig und bedürften der ständigen Pflege. De Gaulle, so Balladur, habe zwar die Direktwahl des Präsidenten eingeführt, um ihn vom Parteieneinfluss zu befreien. Doch er habe sich getäuscht. Er wurde zwar gewählt, weil er de Gaulle war, doch spätestens 1965 auch nur noch mit Unterstützung der damals größten Partei, der UDR. Die Parteien stellten nun einmal die größte, wohlorganisierte und eingespielte nationale Wahlorganisation dar, ohne die keiner seiner Nachfolger gewählt werden konnte. Giscard wurde 1974 als Chef einer relativ kleinen Partei nur deshalb gewählt, weil die Gaullisten mit Chaban-Delmas und Chirac gespalten waren.

Édith Cresson berichtet, sie habe zu keiner Fraktion („courant") ihrer Partei gehört. Das Fehlen einer solchen Machtbasis habe ihr das Leben schwer gemacht. Manche ihrer Vorgänger wie Fabius oder Rocard hatte ihre eigene Fraktion in der PS gehabt, die sie kontrollierten und damit ein Machtwort sprechen konnten.

Raymond Barre meinte, er habe immer geglaubt, sich mit Chirac gütlich einigen und sogar vertrauensvoll zusammenarbeiten zu können. Aber dessen Partei, die RPR, habe den Verlust des Élysée und des Matignon nicht verkraften können und drängte auf die Rückeroberung[44].

Juppé glaubte, es sei ein Fehler gewesen 1995 nicht gleich das Parlament aufzulösen und Neuwahlen anzusetzen, um eine solide präsidentielle Mehrheit anstelle der gespaltenen Rechten im Parlament zu bekommen. Tatsächlich ging es in der Nationalversammlung mit dauernden Tumulten sehr feindselig zu. Die Linke griff aggressiv an, die Rechte antwortete. Es war als Minister enorm schwer, die Ruhe zu bewahren und einen vernünftigen Vortrag zu halten.

Pierre Messmer: Ein Premier muss Chef der parlamentarischen Mehrheit sein, sonst wird er von den Abgeordneten nicht ernst genommen. Das einzige, was sie wirklich interessiert, ist ihre Wiederwahl. Nun verlieren aber seit 1981 alle Premiers regelmäßig ihre Wahlen.

François Fillon ist vom Gegenteil überzeugt: Ist der Premier Chef der Partei, sind Dauerkonflikte mit dem Präsidenten unausweichlich. Der Präsident muss seine Partei und seine parlamentarische Mehrheit weiter kontrollieren. Der Premier dagegen sei für das operative Geschäft und den allwöchentlichen Dauerkontakt mit den Abgeordneten zuständig.

Raffarin hielt sich für einen der Premiers mit den besten Beziehungen zu seiner parlamentarischen Mehrheit. Die gemeinsamen Sitzungen waren immer friedlich, stets wurde ihm applaudiert. Nur ein einziges Mal meuterten sie: Als er den Pfingstmontag zum Arbeitstag machen wollte[45].

Verwaltungsprobleme

De Villepin: Es kam immer wieder vor, dass man merkte, dass vom Präsident oder Ministern getroffene Entscheidungen einfach nicht umgesetzt wurden. Die Anweisungen des Kabinetts waren dann bei einem Bürochef hängen geblieben, der Einwände hatte und glaubte, den Minister überleben zu können. Oder die Anweisungen waren einfach auf dem Weg in die Dienststellen versiebt worden. Letztendlich konnte man im Matignon auch einfach nichts tun, wenn die Zeiten und die Umfragen gut waren, und dort ein gutes Leben führen.

Édith Cresson setzte als Europaministerin Studiengruppen ein, mit Freiwilligen unterschiedlicher Meinungen aus ganz Frankreich, die ihr ein Abbild der Einschätzungen vor Ort liefern sollten. Die eigene Verwaltung konnte das nicht. Sie hatte ihre eigene Sicht und war von den sozialen Realitäten entfremdet. Warum hat Frankreich keine effizienten Häfen? Warum sind die Krankenschwestern frustriert? Diese „Details" interessierten in der Verwaltung niemanden[46]. 15 Jahre lang hatte die Verwaltung der ENA Rückzugsgefechte geliefert, bis die von ihr

---

44   Ibid. S. 129.
45   Und er ist bis zum heutigen Tag ein Feiertag geblieben!
46   Bacqué. Op. cit. S. 141.

anno 1991 beschlossene Übersiedelung nach Straßburg im Jahr 2005 endlich durchgesetzt wurde[47].

Laurent Fabius würde heute wenige Minister ernennen, ihnen aber eine Menge politisch erfahrener Staatssekretäre zur Seite stellen, die für präzise Aufgaben und ihre Umsetzung zuständig sind. Sonst hat der großartigste Minister keine Möglichkeit, die Ergebnisse zu kontrollieren.

Alain Juppé beobachtet, dass sich die Ministerkabinette anstelle der Verwaltungsführungen setzten und deren Arbeit täten. Dieses französische Übel geschieht, weil die Minister kein Vertrauen in ihre Spitzenbeamten hätten und deshalb die eigenen Kabinettsleute damit betrauten. Es reicht eigentlich nur einen Direktor auszutauschen, um die entsprechende Verwaltung zu dynamisieren und die Doppelgleisigkeiten und „schlechten Schmierstoffe" des Verwaltungsapparats auszuschalten.

Dominique de Villepin meint, es gäbe eklatante Informationsdefizite. Ebenso fehlten Instrumente und Netzwerke. Die Verwaltung produziere oft inhalts- und ideenlose Papiere, die über den hierarchischen Instanzenweg zunehmend an Substanz verloren. Außerdem würden bei jedem Ministerwechsel alte Vorschläge aus den Schubladen gezogen und recycelt.

Michel Rocard beobachte, nur die Abschaffung der Todesstrafe und Steuererhöhungen hätten sofort funktioniert. Alle anderen Reformen brauchten mit ihren ständigen Konzertierungen und Feinabstimmungen furchtbar viel Zeit. Frankreich brauche etwa 350 detaillierte Verwaltungsreformen, deren Durchsetzung und Umsetzung sicher 15 bis 20 Jahre Arbeit kosten würde[48].

Geheimnisse und Lügen

Laurent Fabius kommt auf die „Rainbow Warrior"-Affäre von 1985 zu sprechen. Der Auslandsgeheimdienst hatte Verteidigungsminister Charles Hernu vorgeschlagen, das Schiff von Greenpeace, das die Atomversuche auf Mururoa stören wollte, durch eine Bombenexplosion im Hafen von Auckland zu sabotieren. Dabei kam ein portugiesischer Fotograf ums Leben. Präsident Mitterrand war natürlich eingeweiht. Er hatte sich aber, wie oft in solchen heiklen Lagen, zuvor nur kryptisch geäußert: „Reglez le problème". Nur Premier Fabius und die Öffentlichkeit waren im Dunkeln geblieben. Ein erster Untersuchungsbericht, der den offiziellen Lügen Glauben schenkte, sprach die französische Politik und ihre Dienste von aller Schuld frei. Schließlich ergaben Presserecherchen von Le Monde und die Arbeit der neuseeländischen Polizei und die Verhaftung zweier Agenten zweifelsfrei die französische Involvierung[49], die ein militärischer Geheimdienst, der direkt dem Verteidigungsminister und dem Präsidenten unterstand, nicht auf eigene Faust unternehmen konnte. So mussten schließlich Verteidigungsminister Hernu, ein alter Gefolgsmann Mitterrands, und der Geheimdienstchef, ein Admiral, ihren Hut nehmen.

---

47   Jean Louis Andreani. Ball précaire à Matignon. Jacob-Duvernet. 2006. S. 141.
48   Bacqué. Op. cit. S. 146.
49   Auch ein Bruder von Ségolène Royal war Mitglied des Teams der Bombenleger.

Raymond Barre hatte einen Kabinettschef mit Geheimdiensterfahrung genommen, der ihm riet, allmontaglich eine Sitzung der Dienste anzuberaumen, um auf dem Laufenden zu bleiben, und keine Überraschungen zu erleben. Dennoch wurde 1978 er von der Operation Kolwezi erst nach ihrem Anlaufen von Giscard informiert. Französische Legionäre und belgische Fallschirmjäger eroberten die Stadt in Katanga, wo Aufständische Hunderte von Europäern als Geiseln genommen hatten und sie zu massakrieren begannen, dann im Handstreich zurück.

Édouard Balladur meinte, eigentlich müsste der Innenminister, dem die Polizei untersteht und am besten informiert ist, seinem Premier alles erzählen. Doch er erinnert an eine Geheimdienstintrige, die Innenminister Charles Pasqua hinter seinem Rücken veranstaltet hatte. Er hatte dem Gegner eines seiner Schützlinge einen Bestechungsversuch unterschieben wollen[50].

Michel Rocard befand, im Prinzip müssten alle Polizeiberichte und abgehörten Telefonate auch dem Matignon vorliegen. Allerdings kämen viele Berichte oft nur sehr deformiert an.

Die Einsamkeit der Macht

De Villepin spricht von einem enormen Zeitdruck bei Krisen. Unter dem Druck der Ereignisse und der Medien müssen Lösungen sofort kommen. Man hat nicht die Zeit der Verwaltungsgänge oder der parlamentarischen Politik. Oft muss man nachts oder am Wochenende arbeiten, auch dann, wenn die wichtigsten Mitarbeiter auf Reisen oder im Urlaub sind.

Raffarin: Große Reformen brauchen sicher mindestens ein Jahr Zeit. Aber seine effektivste Reform war ein Runderlass, der nicht mehr als zehn Minuten in Anspruch nahm. Er lautete: „Ab sofort wird bei Streiks im öffentlichen Dienst kein Lohn mehr gezahlt"[51].

Laurent Fabius meint, das Matignon sei schlussendlich die Schiedsstelle für schwierige, komplizierte Probleme, die die Ministerien allein nicht lösen könnte. Man brauche dafür eine robuste Gesundheit, einen gewissen Sinn für Humor und ein starkes intellektuelles Rückgrat. Man muss sich dann Zeit für Entscheidungen nehmen, sie am besten allein bei einem langen Morgenspaziergang überdenken.

Alain Juppé beobachtet, in der Regierung habe der Erfolg viele Väter, aber bei einem Misserfolg sitzt der Sündenbock im Matignon. Man sei nicht unfehlbar und oft wiegen Entscheidungen schwer. Wenn der Mindestlohn (SMIC) angepasst werde, seien Millionen Menschen und Arbeitsplätze betroffen. Eines Tages sei er von einem Regionalabgeordneten eines Pyrenäentals kontaktiert worden, der ihn wegen des geplanten Baus einer Hochspannungsleitung, die das ganze Tal verschandeln würde, um Hilfe anrief. Das Umweltministerium war dagegen, das Wirtschaftsministerium dafür. Nach einem Besuch vor Ort habe auch er sich dagegen entschieden. Man habe dann bald eine andere technische Lösung gefunden.

---

50   Ibid. S. 156.
51   Ibid. S. 165.

Lionel Jospin berichtet von einer erfolgreichen, hochriskanten Entsorgung eines defekten Giftgaslagers aus dem Ersten Weltkrieg bei Vimy[52]. Man habe, um die Bevölkerung nicht unnötig zu beunruhigen, nur die gefährdetsten Wohnbezirke räumen lassen und dann während der mühsamen Entsorgungsarbeiten nicht schlafen können. Nach der erfolgreichen Operation habe er mit dem Innenminister in aller Stille gefeiert[53].

Stress

Jean-Pierre Raffarin erinnert sich: „Der Tag begann für mich mit einer Tasse Kaffee mit meiner Frau in der Küche des Matignon, mit der Zeitungslektüre und den kommentierten Radionachrichten. In der Regel waren die Nachrichten nicht sehr gut. Die Handlungen des Premiers wurden meist kritisiert. Man begann also den Tag mit gemischten Gefühlen über das vorherrschende Klima"[54]. Zunächst traf er sich gegen 7.30 mit seinem Sekretariat, um dann ab 8 Uhr seinen halbstündig getakteten Tagesplan abzuarbeiten. Wenn es einmal gute Nachrichten gab, wie gute Statistiken oder Erfolge in der Industrie wurden sie binnen zwei Stunden von schlechten wieder ausgelöscht, wie einem Unfall, einer Krise, einem plötzlichen Problem. Die durfte man nicht persönlich nehmen: „Je mehr man vom persönlichen Ehrgeiz getrieben war, desto unglücklicher war man im Matignon. Je mehr man sich als Diener des allgemeinen Interesses fühlt und der Funktion dient, desto mehr schützt man sich"[55]. Um funktional zu bleiben, hörte er um 23 Uhr zu arbeiten auf, um zu versuchen, gegen Mitternacht schlafen zu können, um dann um 6 Uhr wieder aufzuwachen. Am schwierigsten ist es nachts geweckt zu werden, sei es weil es Telefonate mit Zeitverschiebung gibt, oder weil es internationale Spannungen oder Unvorhergesehenes bei Geiselnahmen gibt. Wenn man um 2 Uhr am Telefon eine Erpressung ablehnt, kann man danach nicht mehr einschlafen. Erst nach dem Ende seiner Amtszeit erhalte man auf der Straße Komplimente, man habe es gut gemacht.

Raymond Barre berichtet: „Das ist eine sehr belastende Funktion, die auf Kosten des Charakters und der Nerven geht. Der Premier muss die Regierung am Laufen halten, die Beziehungen mit dem Parlament ... Gewerkschaften empfangen, die Vertreter der Gebietskörperschaften, der überseeischen Territorien, ausländische Führer. Das tägliche Leben im Matignon ist eine ständige Überarbeitung ohne einen Moment echter Freiheit. Der Premier kommt am 1. Januar in sein Büro und findet dort seinen Kalender bis zum 31. Dezember mit Terminen gefüllt an"[56]. Die Arbeitswoche ist von der Ministerratssitzung am Mittwoch geprägt. Mit Giscard hatte er zusätzlich montags noch eine Vorbereitungssitzung, und am Donnerstag noch eine zur Nachbereitung für die Schlussfolgerungen. Ansonsten war der Tag voll mit Treffen und Arbeitssitzungen, abends oft Staatsbankette mit Präsenzpflicht. Am schlimmsten war es mitter-

---

52   Bekannt durch seine großen Tunnelanlagen auf beiden Seiten der Front und ein riesiges kanadisches Sieges-
     denkmal, das Canadian Memorial, auf dem „Vimy Ridge", siehe auch: Albrecht Rothacher. Die Feldgrauen.
     Leben, Sterben und Kämpfen an der Westfront 1914–1918. Beltheim-Schnellbach 2014. S. 618.
53   Bacqué. Op. cit. S. 171.
54   Ibid. S. 193.
55   Ibid. S. 194.
56   Ibid. S. 195.

nachts endlich nach Hause zu kommen und dann mit allen Dossiers im Kopf nicht einschlafen zu können. Ausländische Staatschefs mussten am Flughafen empfangen und dorthin wieder begleitet werden. Das gleiche galt für den eigenen Präsidenten bei seinen Auslandsreisen, eine zeitaufwändige Unsitte, die erst von Chirac abgeschafft wurde. Eigene Reisetermine waren nur zwischen Freitag und Sonntagabend möglich. Bei Fernreisen und ihrer Zeitverschiebung eine Tortur.

Pierre Mauroy: „Mit dem Tag, an dem man Premier wird, lebt man nicht mehr auf die gleiche Art … Wie oft habe ich gedacht: ‚Wenn ich nur einige Tage mehr Zeit zum Überlegen hätte, wäre das besser für eine richtigere Entscheidung'. Aber die Dinge kommen im steten Tempo. Es entsteht Entscheidungsdruck … Das Matignon ist in dieser Hinsicht eine Belastungsprobe"[57].

Alain Juppé dagegen hatte Zeit und Energie für zusätzliche Aufgaben. Er entschied, weiter Bürgermeister von Bordeaux zu bleiben, was er von 1995 bis 2004 war, und seither ab 2014 auch wieder ist. Sein Vorgänger in Bordeaux, Jacques Chaban-Delmas (Bürgermeister 1947–95) hatte es ebenso gehalten wie Pierre Mauroy in Lille (1973–2001) und Jacques Chirac in Paris (1977–95), eine verlässliche Machtbasis als politische Lebensversicherung. Gleichzeitig blieb Juppé als verlässlicher Gefolgsmann Chiracs Chef der Gaullisten (RPR), eine Aufgabe, die er abgesehen von dem Besuch einiger Parteiveranstaltungen allerdings an den Apparat delegierte. Freitags und samstags war er in Bordeaux. Auf dem Rückweg verbrachte er am Sonntagnachmittag zur Entspannung einige Stunden in La Lanterne, der Residenz der Premierminister im Park von Versailles. Er sei dennoch am Ende der Woche völlig ausgewrungen gewesen. Erst im Rückblick sei ihm klar geworden, dass der Zeitaufwand furchtbar und sehr erschöpfend gewesen war.

Michel Rocard: „Der Premier wird erst dann mobilisiert, wenn die Probleme so verrottet sind, dass weder die Ministerialverwaltung noch der betroffene Minister sie noch lösen können. … Das Metier eines Premiers ist eigentlich erschreckend und man muss eine Bärengesundheit haben, um es auszuüben. Oft muss man zwischen Tür und Angel, … auf dem Sprung zum Flughafen … entscheiden."[58] Ein schwächeres Nervensystem, Erschöpfungszustände, oder die Neigung zum Jähzorn oder zu Rachegelüsten gefährdeten rationale abgeklärte Entscheidungen.

Lionel Jospin: „Ich arbeitete auf eine methodische Art und wurde in meinem Kabinett und meiner Regierung von Leuten unterstützt, die auch methodisch arbeiteten. Ich habe das physische und sportliche Minimum gemacht, um fit zu bleiben. Ich habe auch aufgepasst, dass ich nicht zunehme, sonst heißt es gleich ‚Er schlägt sich den Bauch voll'. Ich muss sagen, dass ich die Aufgabe absolut faszinierend gefunden habe … ja selbst die Härten, ohne besonders masochistisch zu sein …, die mir ein Gefühl der Erfüllung gaben. Die Notwendigkeit, schnell von einem Thema zum anderen zu wechseln, nur mit jener intellektuellen Beweglichkeit konnte man die Masse der Arbeit bewältigen …"[59] Zur Entspannung hörte er Musik oder unterhielt

---

57   Ibid. S. 196.
58   Ibid. S. 197.
59   Ibid. S. 198.

sich mit Frau und Kindern (was von niemand anderem sonst erwähnt wird!). Außerdem konnte Jospin sofort einschlafen.

Laurent Fabius meint, drei Faktoren hätten das heutige Regieren stark erschwert: die Verviel-
fachung der zu entscheidenden Themen und der erhöhte Geschwindigkeitsdruck, die neue,
bewegliche geografische Tragweite der Entscheidungen: Europa, internationale Beziehungen,
die Globalisierung, und schließlich der Zwang, dauernd die öffentliche Meinung zu berücksichtigen.

François Fillon: Wie als Innenminister muss man 24/7 rund um die Uhr ohne Unterbrechung
abrufbar sein. Nie darf das Telefon abgeschaltet werden. Jeden Moment kann täglich etwas
passieren. In dreißig Jahren in der Politik sei es ihm immer gelungen, Urlaub und die Wochenende frei zu nehmen, regelmäßig abzuschalten. Als Premier sei ihm dies erstmals nicht mehr
möglich gewesen.

Dominique de Villepin: Um nicht wie ein k. o. geschlagener Boxer von einer Ecke in die an-
dere des Ringes herumgehauen zu werden, muss man die Kontrolle über seine Ziele, seine
Handlungen und Kontakte bewahren. Die Anstrengung, jeden Tag die gleiche Energie und An-
spannung zum Einsatz zu bringen, nutzt jedoch ab. Deshalb sei es gut, wenn nach zwei Jahren
Schluss ist und eine Auswechslung erfolgt. Fünf Jahre (wie bei Pompidou, Barre, Jospin oder
Fillon, AR) seien einfach zu viel.

Das Familienleben

Édith Cresson: Es gibt keine Zeit und keinen Urlaub für ein Familienleben. Doch ist die Unterstützung durch die Familie sehr wichtig. Ihr Mann habe Pressemappen ihrer Arbeit angelegt,
kannte also die öffentliche Kritik, habe aber nie von ihr gesprochen. Sie habe sich geweigert,
in das Matignon, jenen „furchtbaren Ort" zu ziehen. Die Büros und der Park seien herrlich,
die darüberlegende Wohnung aber grässlich. Es sei viel beruhigender und entspannter mit der
Familie zu leben und zu Hause zu schlafen.

Raymond Barre: Ursprünglich habe er nicht in die drei kleinen Zimmer des Matignon ziehen
wollen. Doch dann hätten sich die Abendtermine regelmäßig so in die Länge gezogen, dass der
Einzug doch zweckmäßiger war. Dort war er dann fünf Jahre lang geblieben.

Pierre Mauroy: Er habe weiter sein Haus in Lille gehabt, sei aber mit seiner Frau aus den kleinen Einzimmerstudios, die die Nationalversammlung den Abgeordneten aus der Provinz zur
Verfügung stellt, in die unpraktische Matignon-Wohnung gezogen. Spätabends hätte er sehr
gerne noch im Park Spaziergänge gemacht oder habe mit dem Auto zur Entspannung noch
Spritztouren durch Paris gemacht, um dem Matignon zu entkommen. Erst nach einem Jahr
erfuhr er, dass der Premier auch ein Lustschloss in Versailles, La Lanterne, zur Verfügung hat[60].

---

60   Ibid. S. 209.

Alain Juppé hatte 1995 keine Wahl, als am Vortag der Geburt seiner dritten Tochter Clara ins Matignon einzuziehen. Der Staatsanwalt hatte ihm genau drei Tage Zeit geben, aus seiner bisherigen, zum Billigsttarif vermieteten Stadtwohnung in der von Chirac beherrschten Stadt Paris auszuziehen, widrigenfalls er ein Korruptionsverfahren an den Hals bekomme. Juppé sah von Zeit zu Zeit seine Kinder vor dem Abendessen um 20 Uhr noch eine Viertelstunde.

Lionel Jospin wohnte zwei Jahre lang noch in seiner Stadtwohnung, die er zum Abendessen mit seiner Frau besuchte, um dann wieder ins Büro zurückzukehren, um bis 23 Uhr oder später zu arbeiten. Dann befand er, dass es praktischer für das Leben zu zweit war, 20 Meter entfernt vom Büro mit seiner Frau im Matignon zu leben. Sie behielten jedoch ihre Stadtwohnung als Refugium bei.

François Fillon wollte es ursprünglich seinem früheren Chef Balladur (1993–95) nachmachen und jeden Abend um 20 Uhr zu den Fernsehnachrichten zu Hause sein. Das stellte sich wegen der rund um die Uhr nötigen Verfügbarkeit und der Präsenz vor Ort trotz moderner Kommunikationsmittel als nicht machbar heraus. So zog er mit seinen fünf kleinen Kindern ins Matignon, obwohl die Anlage trotz ihrer Großartigkeit für ein modernes Leben nicht sonderlich praktisch war. Immerhin konnte er so seine Kinder ab und zu sehen, besser als gar nicht. Weil Sarkozy ihm La Lanterne weggenommen hatte, blieb ihm als Rückzugsort zur Entspannung und zum Nachdenken nur sein schlossartiges Landhaus (Manoir) in seinem nördlich der Loire gelegenen Wahlkreis La Sarthe.

Michel Rocard: Als er das Matignon 1991 verließ, hatte er sich scheiden lassen. Seine Frau sei eine intelligente Frau der Macht gewesen, die sich gerne an seiner statt gesehen hätte. Sie sprach mit den Ministern, interessierte sich für die Dossiers. Die Frau eines Premiers habe jedoch Zurückhaltung zu wahren. Wegen ihrer Präsenz im Matignon war jedoch das Gegenteil der Fall. Dazu kamen der Dauerstress, der ständige irre Arbeitsanfall und das Verschwinden der Privatsphäre, die das Privatleben beeinträchtigten. Der kleinste Fauxpas, ein Wort zuviel, der kleinste politische oder Verwaltungsfehler lösen ein Trommelfeuer aus, das für niemanden angenehm sei. Deshalb seien seine Kinder nicht in die Politik gegangen[61].

Gesundheitsprobleme

Nicht nur das Privatleben, wenig überraschend litt auch die Gesundheit.

Michel Rocard brach nach seiner Rückkehr aus Neukaledonien, wo er zwischen aufständischen Kanaken und den europäischen Siedlern, die sich einer Unabhängigkeit bewaffnet widersetzten, vermittelte, bei einer Ministerratssitzung mit Nierenkoliken zusammen. Mitterrand ließ ihn sogleich vom Militärarzt des Élysée erstversorgen. Während des wichtigen folgenden Diners im Matignon, das die beiden Parteien näher bringen sollte, musste er periodisch zur Behandlung und Ruhe den Speisesaal verlassen. Doch jedes Mal, wenn er den Raum verließ,

---

61 Ibid. S. 213.

fingen die Kontrahenten erneut an zu streiten, anstatt das gemeinsame Kommuniqué voran zu bringen, das die Friedensverhandlungen in Gang setzen sollte.

Raymond Barre erlitt einen Anfall von Bluthochdruck, bei dem der behandelnde Arzt im Spital Val-de-Grâce[62] meinte, er wundere sich, dass er nicht schon früher eingetreten sei. Nach acht Tagen Behandlung wurde er trotz weiter „extremem" Blutdruck entlassen und konnte den chinesischen Premier Hua Guofeng betreuen, blieb dabei jedoch schwach und schnell erschöpft. Fast ein Jahr habe er nach seiner Zeit als Premier gebraucht, um zu seiner alten Energie zurückzufinden.

Jean-Pierre Raffarin berichtet von einer entzündeten Gallenblase, die er als Ergebnis des Arbeitsdruckes erlitten habe. Er habe vor seiner Operation im Val-de-Grâce Chirac um Erlaubnis gefragt, ob er sich operieren und so den Feiern zum 8. Mai fernbleiben dürfe. Mit dessen Einverständnis ließ er sich am Wochenende operieren, musste aber schon am Dienstag zwischen de Villepin und Sarkozy vermitteln, die sich als alte Feinde über die Maßnahmen gegen die Kleinkriminalität zerstritten hatten. Danach musste er wieder liegen. Insgesamt habe er nur zwei bis drei Tage zur Erholung gehabt[63].

Pierre Mauroy kam von einer anstrengenden Afrikareise mit einer Infektion durch Parasiten zurück, die die Ärzte in Val-de-Grâce nicht gleich erkannten. Sein Rachen und Rippenfell sahen sehr schlecht aus. Da verbreitete sich das Gerücht von Krebs. Schon versammelten sich fünfzig Journalisten vor dem Krankenhaus. Nach einigen Tagen wurde er dann geheilt entlassen. Die Journalisten waren verschwunden.

Bei Krankheit des Präsidenten

Pierre Messmer berichtet von Pompidous tödlicher Wallerström-Krankheit, einer seltenen unheilbaren Form der Leukämie. In den sechs Jahren seiner Premierszeit (1962–68) war Pompidous Gesundheit robust gewesen. Aber mit dem Beginn der Präsidentschaft setzte die Krankheit ein, die Pompidou zeitlebens verheimlichte und selbst nicht wahrhaben wollte. Das gelang, weil es mehr oder minder lange Erholungsphasen gab, bei denen er sich Heilungsillusionen machte. Nach außen wurde behauptet, er habe eine bösartige Grippe, eine Version, die auch von den Medien verbreitet wurde. In seinem letzten Lebensjahr, also ab 1973, war allen Beteiligten klar, dass er schwer krank war, und in den letzten Wochen auch, dass es zu Ende ging. Pompidou blieb mehr und mehr zuhause in seiner Stadtwohnung am Quai de Béthune, konzentrierte sich nur noch auf die Außenpolitik und delegierte mehr und mehr. Nur bei wichtigen Themen, wie Maßnahmen zur Ölkrise, kam er noch ins Élysée zu einer Ministerrunde. Dabei musste er sich auf die Loyalität seines Premiers und seines Generalsekretärs, damals Michel Jobert und Édouard Balladur, voll verlassen. Manche Minister interessierten sich jedoch allzu offensichtlich für den Gesundheitszustand des Präsidenten. Chaban-Delmas kündigte seine Kandidatur schon an, bevor Pompidou beerdigt worden war. Verfassungsmäßig

---

62   Ein großes Pariser Krankenhaus, das auch alle französischen Präsidenten benutzen.
63   Ibid. S. 223.

übte nach dem Tod der Präsident des Senats, damals Alain Poher, interimistisch die Präsidentschaft aus, während er selbst die Amtsgeschäfte des Premiers weiterführte.

Pierre Mauroy erzählt, Mitterrand habe ihn bereits 1981 diskret von seiner frisch diagnostizier-
ten Krebserkrankung berichtet, indem er ihm in einem Nebenzimmer seinen Medikamenten-
tisch zeigte. Er beteuerte aber er würde geheilt und sei keineswegs beeinträchtigt. Tatsächlich
wirkte er bald darauf wieder völlig erholt und führte seine belastenden Agenden ungebremst
fort.

Als Édouard Balladur zehn Jahre später 1993 Premier wird, ist Mitterrands Krankheit schon offiziell bekannt. In Vorbesprechungen zum Ministerrat kam Mitterrand oft auf seinen Gesundheitszustand zu sprechen. Balladur versichert jedoch, er habe, wiewohl als politischer Gegner
und Chef einer Kohabitationsregierung, nie die Schwäche des Präsidenten ausgenutzt, um seine eigenen politischen Ziele zu befördern.

Dominique de Villepin erfuhr von Chiracs Schlaganfall bei einer Sommeruniversität der UMP
und musste nach dessen Einlieferung nach Val-de-Grâce seinen Vortrag verlesen. Chirac sagte
ihm telefonisch, er sei in Kürze wieder fit. Tatsächlich dauerte die Erholung doch einige Wochen und schränkte die Fernreisefähigkeit des Präsidenten für längere Zeit ein[64].

Die feindlichen Medien

Édith Cresson wird von ihren Mitarbeitern ein Video der Bébête-Show von karikaturalen Pup-
pen vorgeführt, in dem sie nach ihren Worten als ein hirnloses, lüsternes Schweinchen, das
halb Nutte, halb Furie sich vor Mitterrands Füßen suhlt, dargestellt wird. Dagegen war nichts
zu machen, aber sie versteht nun die öffentliche Kampagne gegen sie. Während man sich das
Fernsehen nicht anzusehen brauche, müsse man als Premier die Presse lesen, um zu verstehen,
was die Leute denken sollen. Sie sei die Zielscheibe gewesen, weil man eigentlich Mitterrand
treffen wollte, und weil sie eine Frau war. Schon als Agrarministerin hätten die Bauern gerufen,
sie hofften, sie sei im Bett besser als im Ministerium.[65]

Michel Rocard las am Ende die innenpolitischen Seiten nicht mehr. Er meint, die öffentliche
Meinung sei ein Konsumartikel geworden, die manche Medien bedienten, indem sie nach Herzenslust alle Verantwortungsträger, Präsident, Premier etc. beleidigten. Die politische Funktion genieße keinen Respekt mehr, den sie zu Zeiten der Vollbeschäftigung (also vor 1973) noch
gehabt habe. „Die Könige hatten auch ihre Hofnarren gehabt, aber die durften nicht in die
Kathedrale. Heute besetzen die Hofnarren die Kathedrale und die Politiker müssen sich vor
ihnen entschuldigen"[66].

Alain Juppé berichtet, als Außenminister habe er eine gute Presse gehabt, vielleicht deshalb
weil sie spezialisiert war. Auch als Chef der RPR war sie nicht schlecht. Alles änderte sich,

---

64   Ibid. S. 234.
65   Ibid. S. 240.
66   Ibid. S. 241.

als er 1995 im Matignon ankam. Die meisten Zeitungen waren 1995 pro-Balladur gewesen und sahen Chirac und ihn deshalb als illegitim an. Im Wahlkampf hatte man alles versprechen können. Jetzt in der Realität angekommen, musste man bittere Pillen verteilen. Die Presseberater sagten: „Mehr lächeln"! Wie kann man das Defizit in der Sozialversicherung oder die Sanierung der Staatsfinanzen mit einem breiten Lächeln darstellen? Mal wurden ihm mehr, mal weniger Pressegespräche empfohlen. Die Umfragedaten fielen so oder so.

Raymond Barre: Die Pressekampagnen liefen immer nach dem gleichen Muster ab. Ein Artikel in Le Monde am Montagabend, gefolgt vom Canard Enchaîné am Mittwoch, darauf die Wochenzeitungen und das Fernsehen. Er habe immer die Zeitungslektüre genossen, vor allem den Canard Enchaîné und die hervorragenden Kommentare von Journalisten der Qualitätspresse, die seine Politik verstanden hatten, und von deren Kritik man lernen konnte. Andere waren dagegen intellektuell steril.

Dominique de Villepin: Presseberichte werden zunächst einmal geglaubt, auch wenn sie falsch sind, auch von Mitarbeitern und von Gefolgsleuten, was das Leben einigermaßen kompliziert. Seine Dispute mit Sarkozy seien immer wieder übertrieben dargestellt worden, weil sie ein interessantes Thema waren.

François Fillon: Jeder Politiker liest an jedem Morgen seine Presseübersicht, auch wenn er das Gegenteil behauptet. Manchmal, werden in den Medien Spannungen zwischen Präsidenten und Premier übersehen, wo es sie gibt, und manchmal da hineininterpretiert, wo es sie nicht gibt. Diese Berichte bekommen mit dauernden Wiederholungen dann ein Eigenleben, die das reale Verhältnis unnötig verkomplizieren.

Lionel Jospin: Oft wirkt ein unglücklicher Satz in einem Fernsehinterview gravierender, als etwa die Tatsache, die Zahl der Arbeitslosen um 900.000 gesenkt zu haben.

Laurent Fabius: Manchmal gelingen ungeplante PR-Aktionen sehr schön. So fuhr seine junge Frau im 2CV in den Hof des Matignon, oder er selbst ging einmal in Hausschuhen zum Zeitungskauf an einen Kiosk, nette Bilder, die sich kein PR-Berater so schnell ausdenken konnte.

Pierre Messmer: Als „Le Point" wahrscheinlich auf die Einflüsterung von Chaban-Delmas titelte: „Messmer muss gehen", habe er den Eigentümer einbestellt und ihm gesagt dann könne sein Verlag eben keine Beteiligung an Radio Luxemburg erwerben (für die eine staatliche Genehmigung damals nötig war). Prompt erstarb die Kampagne.

Fallende Umfragen

Jean-Pierre Raffarin: Am Anfang sind die Umfragen hilfreich, weil sie den politischen Kurs bekräftigen. Am Ende sind sie freilich nutzlos.

Pierre Mauroy: Die ersten drei Monate lang sei er enorm populär gewesen. Überall seien die Minister bei Auftritten mit großen Erwartungen bejubelt worden. Als sich die Wirtschaftslage eintrübte und Ausgabenkürzungen nötig wurden, sei die Stimmung freilich schnell abgesackt.

Raymond Barre: Als Nichtpolitiker habe er auf Umfragedaten wenig gegeben. Wichtiger erschien es ihm, einen für richtig erachteten Kurs zu halten unabhängig vom wankelmütigen Meinungsbild einer öffentlichen Meinung, die oft komplex und diffus war. Auch bei unpopulären Maßnahmen würde eine klare Linie honoriert.

Édith Cresson: Ihre Gnadenfrist habe genau eine Woche gedauert. Dann sei ihr die Tatsache, dass ihr Vorgänger, Rocard, sehr populär gewesen war auf den Kopf gefallen. Sie musste unpopuläre Maßnahmen wie EU-Richtlinien umsetzen und habe mit der allgemeinen Frauenfeindlichkeit der Medien und politischen Klasse zu kämpfen gehabt.

Alain Juppé: Bei Amtsantritt sei er noch sehr populär gewesen. Drei Monate später hätten Demonstranten seinen Rücktritt gefordert. Wichtiger als auf Umfragen zu schauen, sei es die Regionen zu besuchen und mit Parlamentariern zu reden, um ein ausgewogenes Meinungsbild zu bekommen.

Pierre Messmer: Zu seiner Zeit habe es noch keine Umfragen gegeben. Die Leute waren noch voller Hoffnung, der soziale Aufstieg funktionierte und man akzeptierte Reformen problemlos.

Michel Rocard: Wenn ein Präsident und ein Premier ihre Pflicht gut erfüllen wollen, müssen sie gegenüber Beliebtheitswerten völlig indifferent und kalt bleiben.

Dominique de Villepin: Es war eine Belastungsprobe. Die Umfragen rutschen ab, und man kann nichts dagegen tun. Zwei meiner Kinder sind deshalb ins Ausland gegangen und eines aus Paris weggezogen.

Édouard Balladur: Mein Fehler war, zu glauben, die guten Daten könnten anhalten. Ich hing von ihnen politisch ab, denn Mitterrand war mir nicht wohlgesonnen, und Chirac und Giscard kontrollierten ihre Parteien mit ihren eigenen Absichten.

Der Weg zum Élysée?

Anscheinend ist der Lockruf des Élysée unwiderstehlich. Kaum im Matignon angekommen greift bei den meisten, die ebenfalls der Spezies Alphatiere angehören, unweigerlich der Gedanke Besitz, man könne den Job im Élysée eigentlich genauso gut, wenn nicht besser machen als der aktuelle Chef, den man ohnehin dann als Plagegeist los wäre und das Spielchen vom Koch und Kellner (in Gerhard Schröders zeitlosen Worten zu seinem einstigen Vizekanzler) gegenüber einem anderen Opfer einfach umkehren. Die allermeisten jener Träume scheiterten und vergifteten oft das Verhältnis zum Präsidenten, der den Braten roch und seinem Rivalen in jeder Hinsicht dann das Leben schwer machte und dessen Reputation und Machtbasis zu zerstören suchte. Nur Pompidou und Chirac gelang das Unterfangen, freilich erst nach einer mehr oder minder langen Durststrecke. Und nur Fabius, Juppé und Ayrault schafften es, ihre politische Karriere als wichtige Minister weiter fortzusetzen. Glücklich war, von der überforderten Cresson einmal abgesehen, wer wie Messmer, Barre oder Raffarin keinen offen politischen Ehrgeiz zeigte.

Édouard Balladur erklärt seine Ambition und sein Scheitern gegenüber Chirac von 1995: Er habe geglaubt, seine Politik in der Währungs- und Außenhandelspolitik sei die einzig richtige und er sei der klassischen Illusion erlegen zu glauben, nur er allein könne es richten. Tatsächlich habe er den Wunsch der Wähler nach neuen Gesichtern und nach Veränderung unterschätzt. Als Premier konnte er auch keine vollmundigen Wahlversprechungen machen, die unglaubwürdig gewesen und an seinem bisherigen Handeln gemessen worden wären. Außerdem hatte er eine unbedeutende „Affäre" am Hals gehabt – Dinge, die Amtsinhabern immer angehängt werden können – und die im Wahlkampf natürlich hochgespielt wurden[67].

Lionel Jospin, der 2002 schon im ersten Wahlgang gegen Chirac und Jean-Marie Le Pen verlor, meint dagegen, es gäbe kein Gesetz des Scheiterns für einen amtierenden Premier. Wenn 2002 die Linke nicht so leichtfertig, verantwortungslos und masochistisch zersplittert angetreten wäre, hätte er doch am Ende gewinnen können. Ein Blick auf das Wahlergebnis vom April 2002 (Anhang II) zeigt, dass er so Unrecht nicht hatte.

Michel Rocard: Jeder Premier würde von der Presse schon beim Amtsantritt sofort verdächtigt, präsidiale Ambitionen zu haben, egal was er tue oder nicht tue.

Dominique de Villepin: Sarkozy hat von Anfang an mich als seinen Rivalen für die Präsidentschaft gesehen und entsprechend behandelt.

Jean-Pierre Raffarin: Viele Schmeichler erzählen einem auch gerne, was für einen tollen Präsidenten man abgeben würde.

Alain Juppé traf Chirac auf einer Treppe des Élysée, der zu ihm meint: „Na, ist das nicht hart, he?", und bei seufzender Bejahung darauf: „Sie werden sehen, hier (im Élysée) ist es viel besser."[68]

Das Ende

Michel Rocard berichtet, ihm sei von Mitterrand 1991 eine Stunde vor einer Ministerratssitzung eröffnet worden, er habe am Nachmittag seinen Rücktrittsbrief zu schreiben. Seiner guten Umfragedaten (mit mehr als 50 % Zustimmung) ungeachtet sei er zu verhandlungsorientiert und kompromisslerisch. Nur mit harten Debatten und Konfrontation könne man Wahlen gewinnen.

Édith Cresson: Nach für den die PS verlorenen Kantonal- und Regionalwahlen von 1992 hält sie auf der Hannoverschen Messe auf Einladung von Kanzler Schröder eine Rede. Dort warnt sie der Anruf einer Mitarbeiterin des Präsidenten, es gehe in Richtung Bérégovoy. Bei ihrer Rückkehr nach Paris meint der Präsident nur kryptisch, es sähe schlecht aus. Am Abend erreicht sie der Anruf des Élysée, bis zum nächsten Morgen ihr Rücktrittsschreiben abzuliefern. Sie meint, einerseits machte es keinen Sinn an einer unerträglich gewordenen Situation fest-

---

67   Ibid. S. 269.
68   Ibid. S. 272.

zuhalten, andererseits hatte sie den ohne Angabe von Gründen erfolgten Hinauswurf doch als erniedrigend empfunden.

Pierre Mauroy: Nachdem der Präsident im Mai 1984 das Gesetz gegen die katholischen Privatschulen nach den großen Massendemonstrationen zurückgezogen hatte, habe er Mitterrand seinen Rücktritt bei einem Frühstück tête-à-tête für den Mittag angekündigt. Der Abschied sei für beide dann sehr emotional, doch ohne Worte vor sich gegangen.

Raymond Barre: Der letzte Arbeitstag sei traurig gewesen. Giscard habe 1981 die Wahlen unverdient trotz seiner großen Verdienste um die Modernisierung Frankreichs verloren. Er habe dann noch eine Warnung vor den Folgen des unhaltbaren sozialistisch-kommunistischen Gemeinschaftsprogramms veröffentlicht und damit recht behalten, als Mitterrand 1983 mit einem Kurswechsel wieder auf die alte Politik und die Mitarbeit im Europäischen Währungssystem einschwenkte. Die Linke hatte behauptet, sie hätten 1981 alle Schreibtische leer geräumt und keinen Bleistift hinterlassen. Das sei eine idiotische Lüge. Die Übergabe sei ordentlich erfolgt und alle Akten ins Nationalarchiv verbracht worden.

Jean-Pierre Raffarin: Nach dem verlorenen Referendum zum Europäischen Verfassungsvertrag von 1995 habe er seinen Rücktritt angeboten, den Chirac nur widerwillig angenommen habe. Der Abschied vom Matignon und seinen Mitarbeitern seien ihm und seiner Frau sehr schwer gefallen, ebenso wie den Kollegen dort auch. Dagegen sei der Empfang seines Nachfolgers de Villepin, dem eine entsprechende Reputation vorauseilte, sehr kalt und ohne Applaus vorgegangen.

Dominique de Villepin: Chirac habe sich 2007 schon seit einiger Zeit auf seinen Abgang vorbereitet. Deshalb kam auch der eigene nicht als Überraschung. Obwohl sein Verhältnis zu Fillon eher „kalt" gewesen sei, sei der Übergang korrekt erfolgt. Er habe als Novum sogar die wichtigsten anliegenden Aufgaben in einem großen Dossier übergeben. Nach dem Weggang aus dem Matignon habe er ein Gefühl der Befreiung empfunden. Endlich wieder normal mit seiner Frau auf der Straße allein zu gehen und in einem einfachen Restaurant essen gehen zu können.

Das Leben danach

Pierre Mauroy: „Wenn man das Matignon verlässt, hat man das merkwürdige Gefühl, man muss seine Druckverminderung organisieren. Diese Untätigkeit kam als Schock"[69]. Er habe weder Lust gehabt, nach Lille zurückzugehen, noch in den Urlaub zu fahren. Stattdessen habe er den Sommer verbracht, seinem Enkel in einem Militärschwimmbad in Paris das Schwimmen beizubringen. Erst nach einigen Monaten habe er in Lille als Bürgermeister wieder große Projekte angefangen.

---

69   Ibid. S. 289.

Raymond Barre: Er habe ein Gefühl der Befreiung empfunden. Zum ersten Mal sei er wieder in seinem Auto gefahren und eine große Tour entlang der Seine in Paris gemacht. Die Leute hätten ihn bei Rotlicht gegrüßt. Endlich wieder in der Wirklichkeit angekommen!

Laurent Fabius: Er habe nicht wie Bérégovoy die Angst vor dem weißen Blatt Papier gehabt, wenn man nach jener Hyperaktivität plötzlich vor dem nichts steht, wenn die Leute, die einen vorher mit Ehrfurcht grüßten, wie den letzten Dreck behandeln. Als 1993 die Wahlen verloren gingen, habe Bérégovoy dies sehr persönlich genommen. Genossen der eigenen Partei, die ihm vorher aus der Hand fraßen, kannten ihn plötzlich nicht mehr. In einem Führungskomitee der PS hatte kaum noch jemand zugehört, als er sprach. Die Leute haben einfach untereinander weitergeredet. Es war ein Fehler, ihn wegen seiner wahrscheinlich klinischen Depression nicht in einem Krankenhaus behandeln zu lassen. Bei ihm selbst war es 1986 anders: Die PS bereitete die Präsidentschaftswahlen von 1988 vor, von denen man sicher war, sie zu gewinnen.

Michel Rocard: Man hat drei Jahre lang 80 bis 90 Stunden gearbeitet, alle Abende und Wochenende. Man hatte keine Zeit Einkäufe zu machen, das haben andere besorgt. Man ist vor allem geschützt, von Sekretären und Assistenten, die sich um alles kümmern. Dann von einem Tag auf den nächsten, nichts mehr. Ich hatte nicht einmal mehr ein Büro. Obwohl ich noch Bürgermeister von Conflans (einer Mittelstadt im Département Yvelines in der Île-de-France) war, hatte man mein Büro dort umgewidmet, weil ich so selten da war. Auch meine Sekretärin dort arbeitete mittlerweile für meine Stellvertreter. Ich las also die Zeitung. Um den psychologischen Schock abzumildern, habe ich auf Rat eines Freundes drei Wochen auf einem Boot im Mittelmeer gekreuzt und dabei Homers Odyssee gelesen.

Alain Juppé: Seine Mitarbeiter hätten ihm acht Tage Urlaub in Venedig mit seiner Familie spendiert. Das habe bereits viele Wunden geheilt. Dann habe er sich als Bürgermeister nach Bordeaux zur „Überquerung der Wüste" (la traversée du désert) zurückgezogen, wo er viel Interessantes machen konnte und eine Depression vermied. Das gleiche tat Juppé übrigens auch im November 2016 nach dem Verlust der Vorwahlen bei den Republikanern.

Dominique de Villepin: Sechs Monate lang gibt es noch eine Gehaltsfortzahlung. Er habe sich um die Zulassung als Anwalt bemüht, wieder das Schreiben und eine Vortragstätigkeit aufgenommen. Es gab keine Zeit Trübsal zu blasen. Auch habe er sich wegen der Clearstream-Affäre gegen den neuen Präsidenten verteidigen müssen. Das habe Zeit, Energie und Geld gekostet.

Jean-Pierre Raffarin: Nach der Übergabe steht sofort der Nachfolger im Rampenlicht und Erschöpfung macht sich bemerkbar. Man muss die Mitarbeiter versorgen und aufpassen, dass niemand in Schwierigkeiten gerät. Nachdem dies geregelt war, machte er mit seiner Frau Urlaub auf Kreta, um ein neues Eheleben zu beginnen, und einen Wanderurlaub am Mont Blanc. Danach standen Senatswahlen an, bei denen er erfreulicherweise wiedergewählt worden sei.

Édouard Balladur: Nach einem Urlaub habe er sich wieder ins Abgeordnetenhaus wählen lassen und Zeit gefunden, über politische Themen nachzudenken, sowie die Freiheit des Lebens und Denkens genossen.

Édith Cresson: Zuerst habe sie mit ihrem Mann Urlaub in den Wüsten des Senegal und in Arizona gemacht, dann eine Firma gegründet, die Mittelständlern bei ihren Ostexporten helfen sollte. Den ursprünglichen Groll, den sie auf Mitterrand noch gehegt habe, sei mit der Versöhnung auf dem Totenbett verflogen[70].

Das System reformieren – aber wie?

Édith Cresson: Es ginge theoretisch natürlich auch ohne einen Premierminister mit dem Präsidenten als Regierungschef. Doch de Gaulle habe ihn als „Sicherung" zwischen dem Präsidenten und seinem schwierigen Volk haben wollen. Wichtig sei aber die Intensivierung der parlamentarischen Kontakte des Präsidenten. Er solle mindestens einmal im Jahr vor der Nationalversammlung wie der US-Präsident eine Rede zur Lage der Nation halten.

François Fillon: Der dem Präsidenten (abgesehen von Kohabitationszeiten) verantwortliche Premier sei zugleich auch dem Parlament verantwortlich, nicht aber der Präsident. Er muss mit dieser ambivalenten Doppelverantwortung beide möglichst versöhnen. Das sei schwierig, wenn viele Abgeordneten der Regierungsmehrheit gewisse Politiken des Präsidenten ablehnen. Weil die Franzosen die Direktwahl des Präsidenten leidenschaftlich befürworteten, dürfte es schwierig sein, wie in den meisten Demokratien ein parlamentarisches System einzuführen.[71]

Raymond Barre: Das System funktioniert nur, wenn zwischen Präsident und Premier Harmonie herrscht. De Gaulle nannte Pompidou sein „Double". Das endete, als Pompidou einen eigenen Ehrgeiz für seine Nachfolge zeigte. Der Präsident sollte die langfristigen Orientierungen der Politik definieren und als gesellschaftlicher Schiedsrichter fungieren. Dazu bedarf es der Distanz zu den Parteien und dem Alltagsgeschäft der Politik. Diese Rolle hat als Zwischenschaltung zum Schutz des Präsidenten der Premier zu übernehmen.

Édouard Balladur: Die Verfassung sollte die Rollenverteilung beider schärfer und klarer definieren. Es wäre durchaus vorstellbar, dass der Premier nur noch als Stabschef des Präsidenten fungiert, also ohne eigene Autonomie dem Parlament nicht mehr verantwortlich ist, das Parlament dagegen wie in den USA größere Kontrollmöglichkeiten erhält, etwa in der Außenpolitik, um zwischen beiden Institutionen in einem Präsidialsystem ein größeres Gleichgewicht herzustellen.

Lionel Jospin: Man hat die Wahl zwischen einem Präsidenten, der gleichzeitig als Regierungschef für seine Entscheidungen verantwortlich ist, oder einem, der nach seiner Direktwahl nur symbolisch-repräsentative Funktionen ausübt. Dann läge die ganze Macht beim Matignon. Eines Tages wird man so oder so ein einziges Machtzentrum schaffen und die aktuelle Dualität abschaffen müssen.

---

70   Ibid. S. 296.
71   In Österreich, in Finnland und in den meisten Reformstaaten Mittelosteuropas ist die Direktwahl des Präsidenten durchaus mit einem parlamentarischen Regierungssystem vereinbar.

Dominique de Villepin: Frankreich braucht die doppelte Exekutive, weil der nationale Konsens so schwach und zerbrechlich ist. Bei einem starken nationalen Konsens wie in den USA oder Großbritannien reicht ein Kopf an der Spitze. In Frankreich muss der Premier unpopuläre Maßnahmen verkünden und die Prügel einstecken, um den Präsidenten zu schützen und aus der Feuerlinie zu halten, ansonsten würde das Land weniger regierungsfähig.

Laurent Fabius: Die Parlamentsrechte seien für ein besseres institutionelles Gleichgewicht zu stärken. Der Präsident sollte zu einer reinen Schiedsstelle ab- und der Premier zu einem echten Regierungschef aufgewertet werden.

Alain Juppé: Es braucht keine neue Verfassungsreform. Die Verkürzung des siebenjährigen Präsidenten auf fünf Jahre (effektiv seit 2002) war gut und reichte, um durch häufigere Wahlen eine höhere Legitimität zu erhalten. Der Präsident sollte eine stärkere innenpolitische Rolle erhalten und der Premier eher sich als „erster Minister" mit Koordinationsfunktionen für die Regierung beschränken. Wichtiger aber sei es die Gesetzesflut einzudämmen: die Unsitte abzuschaffen, immer mehr „große Gesetze" zu produzieren und zu verabschieden.[72]

Pierre Mauroy: Es braucht eine effektive Parlamentarisierung und ein Gleichgewicht der Macht zwischen Präsident und Premier. So könne man auf EU-Initiativen und -Richtlinien funktionaler reagieren.[73]

Man sieht, dass von jenen, die es am besten beurteilen können, die Reformvorschläge in alle Himmelsrichtungen gehen. Der Status quo, der schön ist, wenn sich nur alle vertragen. Ein Präsident mit Funktionen als Staatsnotar und Grußaugust bis zu seiner noch stärkeren Anhäufung von Macht. Ein Premier, der als ausschließlich parlamentarisch verantwortlicher Regierungschef als Kanzler die Macht in Händen haben sollte, bis hin zu seiner faktischen Abschaffung und Degradierung zum Ober-Kabinettsdirektor. Einig scheint man sich über eine gewisse Aufwertung des Parlaments zu sein. Wenn es aber konkret wird, wird außer mehr parlamentarischen Kontrollrechten und mehr Präsidialkontakten (die eigentlich selbstverständlich sein sollten) wenig geboten. Schließlich hält mancher Ex-Premier das Ganze für ein Randthema von sekundärer Bedeutung. Dem geschätzten Leser steht es also frei, sich unbeeinflusst ein eigenes Urteil zu bilden.

72   Ibid. S. 309.
73   Andreani. Op. cit. S. 212.

Kapitel 10

Das bittere Ende

Im normalen Berufsleben ist der berufliche Ausstieg eine erfreuliche Angelegenheit, wenn er aus freiem Willen in der Regel gegen Mitte 60 erfolgt. Die eigenen Leistungskräfte lassen langsam nach, die Lust sich morgens zum Arbeitsplatz zu schleppen auch. Es gibt nachdrängende dynamische Nachwuchs- und Führungskräfte, die nur allzu deutlich zeigen, dass sie das meiste anders und besser machen wollen – also gut, warum nicht? Nach 30, 40 Jahren beruflicher Hektik kann man als Teil des normalen Lebensrhythmus auf eine reiche produktive Bilanz zurückblicken, gleich ob als Baggerführer, Dachdecker, Arzt, Apotheker, Französischlektor, Pfarrer oder Hochschullehrer, und freut sich auf ein selbstbestimmtes zweites Leben mit einem Urlaub, der nicht zu enden braucht.

Anders ist es natürlich bei Altersarbeitslosen, die am verfrühten Ende ihrer Berufslaufbahn gegen ihren Willen aus dem Arbeitsmarkt ausgestoßen werden, sich aber noch arbeitsfähig und -willig fühlen und oft ihren Lebensabend dann verbittert und frustriert erfahren. Auch in zwei Führungssparten unserer Gesellschaft ist jenes Phänomen des unfreiwilligen Endes mit ähnlichen emotionalen Folgen verbreitet: In den Spitzenfunktionen von Wirtschaft und Politik. Ihre mittlere Führungsebene, der Filial- und Abteilungsleiter und der Bürgermeister mag oft noch einen harmonischen selbstbestimmten Abgang wählen. Bei Vorstandsposten und Ministern ist der Abgang meist jäh, unfreiwillig und für die Betroffenen nach allzu kurzer Verweildauer in Amt und Würden, bitter und traumatisierend. Während Spitzenmanager nach ihrem Hinauswurf entweder noch für weitere Führungsfunktionen zur Verfügung stehen, oder sich dank ihrer großzügigen Gehälter, Boni und Abfindungen (die meist nicht in Luxusvillen und Jachten investiert werden) noch eine selbständige Existenz als Unternehmer aufbauen können, ist dies in der Politik anders. Erstens hat der Politiker kaum Vermögen, zweitens hat er außerhalb des Politapparats sehr wenig verwertbare Fähigkeiten. Bei staatlichen Haushalten geht es schließlich hauptsächlich ums konsumtive Geldausgeben, nicht um produktives Geldverdienen. Neben dem materiellen Aspekt werden die Umstände des meist unerwarteten und unfreiwilligen Karriereendes als bitter, ungerecht, entwürdigend und als persönliche Katastrophe empfunden. Es handelt sich um verlorene Wahlen, Entlassungen, verlorene Parteivorsitze, erzwungene Rücktritte und Kandidaturverzichte, das Ergebnis von Intrigen, Skandalen, von Rufmord und Verrat. Eigenes Unvermögen oder Fehlentscheidungen lassen sich in der Politik von den Betroffenen, auch vor sich selbst, immer noch schön- und wegreden. Der Sturz aus den lichten Höhen der nationalen Politik von Charakteren, die gerade aus Gründen ihrer psychischen Verfassung und Ich-Schwäche die stete öffentliche Anerkennung und Machtausübung brauchten und gesucht haben, wird deshalb umso schmerzhafter und traumatisierend empfunden, vergleichbar vielleicht mit einem Musikstar, dessen Platten durchfallen, oder einem Promi-Schauspieler, der keine Auftritte mehr erhält. Freunde machen sich rar, und der

Sex-Appeal der Macht ist erschlafft. Die Häme der Medien, die den Gewinner hochschreiben und den Verlierer niedermachen, reibt zusätzlich Salz in offene Wunden.

In Frankreich kann man als Ex-Minister, vorausgesetzt man hat die lokale Machtbasis genügend gepflegt und geölt, noch einige Jahre weiter als Bürgermeister, Abgeordneter oder Senator vor sich hindämmern und gehaltvolle Kommentare zur Lage des Ortes, der Partei, der Nation oder der Welt absondern, die freilich nur noch minderes Interesse wecken. Memoiren kann man auch nur einmal schreiben (außer man heißt Helmut Schmidt). Dazu gibt es in Frankreich keine steuerfinanzierten Parteistiftungen mit ihren Versorgungsposten. Die wichtigen Führungsfunktionen in den Staatsbetrieben und in der staatsnahen Wirtschaft sind für ENArquen und Ex-Mitarbeiter der Kabinette reserviert, keinesfalls für entlassene Minister oder abgewählte Abgeordnete.

Für den Präsidenten ist der Sturz naturgemäß noch tiefer. Die Würde des Amtes und die hohe Selbstachtung verbieten es, sich wie Bill Clinton, Tony Blair, Gerhard Schröder oder Barack Obama mit Reden, Stiftungen, Aufsichtsräten und Konsulenzen den Höchstbietenden weltweit zu vermarkten. Selbst Sarkozy, der keine Skrupel hätte, konnte dies bislang nicht umsetzen. Es bleibt als einzig respektable Tätigkeiten die Mitarbeit im schläfrigen Verfassungsrat und das Verfassen von Memoiren. Pompidou und Mitterrand blieb dies wegen ihrer frühen Tode versagt. De Gaulles Erinnerungen mussten unvollendet bleiben. Chirac dämmerte nach seinen Schlaganfällen in die Senilität. Giscard und Sarkozy, die ihre Niederlagen nicht wahrhaben wollten, versuchten ein Comeback. Giscard als Regionalpräsident der Auvergne (1986–2004), bis er schließlich auch dort die Wahlen verlor. Sarkozy verlor die Vorwahlen seiner Partei im November 2016 abgeschlagen hinter François Fillon und Alain Juppé. Für beide Ex-Präsidenten eine zweite, diesmal finale Niederlage. Sie hatten aus Sicht der Wähler ihre Chance bereits gehabt und ihre Erwartungen enttäuscht. Warum sollten sie es ein zweites Mal besser machen? François Hollande wurde schließlich Ende 2016 wegen seiner katastrophalen Umfragedaten von seinem Premier Manuel Valls von der erneuten Kandidatur verdrängt, so dass er den Rest seiner Amtszeit bis zum Mai 2017 im Wahlkampf um seine Nachfolge nur noch ein politisches Schattendasein führte.

Es ist also nicht nur der Sturz selbst ins politische Nichts, der Auszug aus dem Élysée, sondern auch schon der subtile Vorlauf, wenn Nachfolgekandidaten sich unübersehbar in Stellung bringen, die Medien unausgesetzt solche Gerüchte und Geschichten kolportieren, die gewohnte Deferenz spürbar abnimmt, die eigenen Kabinettsmitarbeiter sich diskret nach neuen Karrieren umschauen, einst loyale politische Gefolgsleute zu desertieren beginnen, Diadochenkämpfe um die Nachfolge sich abzeichnen, die Einsicht, dass große politische Projekte sich nicht mehr stemmen lassen, das Rampenlicht langsam woanders hin schwenkt und die eigene Existenz statt von politischer Führung sich mehr und mehr zur Verwaltung laufender Angelegenheiten, zur Repräsentanz, äußeren Form und beginnender Nachlassverwaltung – etwa der pharaonischen Bauten der beide todkranken Pompidou und Mitterrand – erschöpft. Der Bauer, der seinen gut geführten Hof seinem tüchtigen Sohn und seiner Schwiegertochter übergibt, ist sicher ein glücklicherer Mensch.

Charles de Gaulle

Der 78-jährige General war von den Studentenkrawallen und den Massenstreiks von Mai/Juni 1968 so angeschlagen und überrascht, dass er kopflos mit dem Hubschrauber in die Arme der Rheinarmee nach Baden-Baden flüchtete. Auch nachdem sich seine Herrschaft wieder konsolidiert hatte, war er von der zivilisatorischen Malaise und dem Übel des modernen Materialismus überzeugt. Zwar war die Linke nach den Wahlen im Herbst 1968 politisch besiegt, doch begann sie im Hochschul- und Kultursektor und in den Medien ihre Hegemonie auszubauen. Zunächst setzte de Gaulle seine übliche Politik fort: die Ablehnung jeder Abwertung des Franc, die Schaukelpolitik zwischen Ost und West – auch nach der Invasion des Warschauer Paktes in die CSSR –, eine pro-arabische Politik im Nahen Osten, seine Kritik des US-Vietnamkrieges und die Ablehnung des britischen EG-Beitritts. Als Schock erlebte er die unerwartete Ankündigung von Georges Pompidou, seines politischen Ziehsohns, den er aber als Premier von Couve de Murville hatte ablösen lassen, im Januar 1969 in Rom, er stehe für die Nachfolge bereits, falls de Gaulle abtreten wolle[1]. Da wollte es der General doch noch einmal wissen. Erneut wollte er sein Erbe institutionell absichern. Ein später Konvertit zu Ideen der Dezentralisierung und Partizipation, die damals im Schwange waren, wollte er den Senat, die von Notabeln gewählte[2] zahllose zweite Kammer, die im Palais de Luxembourg residiert, durch einen regional konstruierten neokorporatistischen Wirtschafts- und Sozialrat ersetzen, der allerdings ausschließlich konsultative Befugnisse haben sollte. Das neue Konzept war einigermaßen vage, fand wenig Freunde, während die Abschaffung des Senats sofort Widerstände auslöste, vor allem bei der politischen Linken, sowie bei allen Senatoren und ihren Freunden. Einmal mehr will de Gaulle eine Akklamation per Referendum, auch wenn politische Anhänger, wie Premier Couve de Murville und sein Finanzminister Giscard Vorbehalte haben. Da de Gaulle wie immer seinen Verbleib im Amt vom Ausgang des Referendums verknüpft, geht es in der öffentlichen Debatte bald nur noch darum: Will man ihn noch als Präsidenten oder soll ein Nachfolger übernehmen, der zum Beispiel in Gestalt von Pompidou erprobt und vertrauenswürdig wirkt? Nach elf Jahren seiner zunehmend exzentrischen Herrschaft stimmte am 29. April 1969 eine knappe Mehrheit von 52,4 % mit Nein. Noch vor der Verkündigung des Endergebnisses, das er schon vorher erahnt hatte, tritt de Gaulle zurück, um in Colombey mit der – unvollendet gebliebenen – Abfassung seiner „Memoiren der Hoffnung" zu beginnen. Er macht noch zwei Auslandsreisen: zu Éamon de Valera, dem Gründer der irischen Republik und zu General Franco, zwei historische Gestalten, denen er sich nahe fühlt. Von Todesahnungen verfolgt, stirbt er in seiner Eremitage an einem plötzlichen Herzschlag am 9. November 1970, knapp anderthalb Jahre nach seinem Rücktritt.

---

1   Arnaud Teyssier. „Charles de Gaulle" in: Alexis Brézet, Solenn de Royer (Hg.). Le Deuil du pouvoir. Perrin, Le Figaro. 2017. S. 101–135. S. 111.
2   Das Wahlrecht haben nur jene 645.000 Kommunal-, Kanton- und Regionalabgeordnete und Bürgermeister, also etwa 1 % der französischen Bevölkerung. Wer als nationaler Politiker stets seine politischen Freunde vor Ort gepflegt hat, kann sich seiner Wiederwahl als Senator – es reichen pro Wahlkreis einige tausend Stimmen – bis ans Lebensende ziemlich sicher sein.

Georges Pompidou

Pompidous letztes Halbjahr im Amt war von seiner schweren Waldenström-Krankheit, einer seltenen Art von Leukämie, geprägt. Schon 1968 diagnostiziert hatte er seiner optimistischen Natur entsprechend, bei längeren Erholungsphasen immer an eine Heilung geglaubt, die Krankheit vor seiner Frau Claude und seiner Umwelt so lange wie möglich verheimlicht. Offiziell wurden nur Rückfälle einer bösartigen Grippe bekannt gegeben, eine Version, an die sich die französische Presse auch bis zum Schluss hielt. Ab Herbst 1973 jedoch wurde die Krankheit zur Qual. Erschöpfungszustände wurden immer stärker, Hämatome und Blutungen traten auf. Treppensteigen und Flugreisen – noch heute erschrecken die Bilder seiner Reise nach Reykjavik, wo er von starken Kortisondosen und der Chemotherapie geschwächt kaum aus dem Flugzeug kam – wurden unerträglich. Dinners und die abendlichen Kinoabende mussten abgesagt werden. Nach und nach übernahm Édouard Balladur als Generalsekretär des Élysée die Amtsgeschäfte. Doch dachte Pompidou nie an Rücktritt. Zu stark misstraute er der Meute der feindseligen alten gaullistischen Barone um Jacques Chaban-Delmas. Unter den eigenen Loyalisten befand er bei seinem Premier Pierre Messmer zu geringe Führungsqualitäten und die jungen ehrgeizigen Minister Giscard und Chirac als noch zu unerfahren[3]. Ursprünglich eher eine Frohnatur wird Pompidou im Umgang unter dem Einfluss seiner Schmerzen und Medikamente oft irritabel, schneidend und ungeduldig. Anfang April lässt er sich in einer akuten Krise aus seinem Landhaus in Orvilliers in seine Stadtwohnung am Quai de Béthune auf der Ile Saint-Louis zurückfahren. Dort stirbt er am 2. April 1974 im Alter von nur 63 Jahren, nachdem er von seiner Amtszeit statt sieben Jahre nur vier Jahre und neun Monate hatte ableisten können. Ein politisches Testament hat Pompidou nicht hinterlassen. Als Senatspräsident übernahm Alain Poher dann interimistisch die Präsidentschaft.

Valéry Giscard d'Estaing

1980 waren die Umfragedaten noch alle in Ordnung. Niemand bezweifelte, dass Giscard im Folgejahr wiedergewählt und Mitterrand, der ewige Herausforderer, erneut scheitern würde. Doch dann verschlimmert sich im Zuge der zweiten Ölkrise die Wirtschaftslage, Inflation und Arbeitslosigkeit steigen. Die Regierung von Raymond Barre wird mit ihrer Austeritätspolitik von Blut, Schweiß und Tränen unpopulär. Giscard trifft bei seinem Diamantenskandal durch beredtes Ignorieren nicht den richtigen Ton. Seine royalistischen Allüren – am liebsten ist ihm das Königsschloss Rambouillet als Aufenthaltsort[4]– kommen in einer Wirtschaftskrise beim Publikum nicht gut an. Dazu tut ein Teil der Gaulisten unter Chirac alles, um seine Wiederwahl zu hintertreiben. Erst Anfang März, sieben Wochen vor dem ersten Wahlgang – Noblesse oblige, ein Präsident wie er kann schließlich keinen banalen Wahlkampf führen – gibt er seine Kandidatur bekannt. So kam am 10. Mai 1981, was kommen musste. Im elterlichen Schloss in Chanonat eingebunkert spricht er abgesehen von drei Telefonaten mit niemandem und geht

---

3   Marie-Amélie Lombard-Latune. „Georges Pompidou" in: Brézet, de Royer (Hg.). Op. cit. S. 137–169. S. 163.
4   Guillaume Tabard. „Valéry Giscard d'Estaing" in: Brézet, de Royer (Hg.). Op. cit. S. 171–197. S. 178.

früh zu Bett. Erstmals wurde ein amtierender Präsident zu seiner eigenen Fassungslosigkeit abgewählt. Mitterrand, der wie üblich zu spät kommt, übergibt er zehn Tage später das von allen Mitarbeitern verlassene Élysée und drei Dossiers: eines zur nuklearen Zusammenarbeit mit den Vereinigten Staaten, eines mit Umsturzplänen gegen Gaddafi und einen Begnadigungsakt für einen Polizistenmörder. Unter einem Pfeifkonzert der siegreichen Sozialisten verlässt der Gedemütigte zu Fuß das Élysée. Er ist gerade einmal 55 Jahre alt.

François Mitterrand

Obwohl an seinem Prostata-Krebs schwer leidend, gelang es Mitterrand noch nach der Wahl von Chirac am 7. Mai 1995 seine vierzehnjährige Präsidentschaft testamentarisch abzuschließen, sich von seinen Mitstreitern und den wichtigsten Stationen seines Lebens zu verabschieden und das von Personal und Mobiliar gelehrte Élysée dem Wahlsieger geordnet zu übergeben. Dennoch war die Zeit nach seiner zweiten Operation ab Ende 1994 im Élysée gespenstisch. Der Präsident war von seiner Krankheit gezeichnet. Nur mit Mühe konnte er noch seine Neujahrsansprache aufzeichnen lassen: Seine letzte Botschaft lautete: Europa bauen, gegen Unrecht zu kämpfen und Freiheit und Gleichheit nicht zu trennen. Gäste, darunter auf Danielles Insistieren auch ihren Freund Fidel Castro, kann er oft nur im Liegen empfangen. Er muss sich häufig übergeben. Hubschrauber- und Autofahrten werden zur Qual. Die Kabinettsmitarbeiter streiten sich. Das Machtvakuum lockt Profiteure an. Jacques Attali, der einstig im Vorzimmer privilegierte Höfling, der in Verbatim II erneut seine Version von Mitterrands Vertraulichkeiten vermarktet, fällt endgültig in Ungnade. Immerhin ist Édouard Balladur, der schon dem sterbenden Pompidou gedient hat, ein taktvoller Kohabitationspremier, der seine Situation nicht ausnutzt. Dazu wechselt Mitterrand sein Ärzteteam, als müsste er sie wie Politiker gegeneinander ausspielen, und nimmt auch von Quacksalbern Wundermittel. Auch ihn hat die Krankheit verändert. Er beschwert sich über Mitarbeiter, Minister und selbst über die Küche, an die er Mahlzeiten mit giftigen Kommentaren zurückschickt.

Allerdings absolviert er trotz seiner Beschwerden noch tapfer ein aufwendiges Reiseprogramm an Orte, die ihm wichtig sind, alles mit dem Tenor Abschiednehmen, sowohl als Präsident als auch vom Leben: an den Oberen Nil, um den Assuan und die Pharaonengräber noch einmal zu sehen, die ihn stets fasziniert hatten, nach Jarnac zu seinem Geburtshaus, zur Kirche und dem Friedhof seiner Eltern, in den Panthéon, um Pierre und Marie Curie dort noch umzubetten, nach Kopenhagen zum Weltsozialgipfel, wo er sich als weiser alter Mann für die Tobin-Steuer, jene Transaktionssteuer auf den vermeintlich spekulativen Devisenhandel, stark macht, und zum Feier des Kriegsendes am 7. bis 9. Mai nach London, zur Parade in Paris, nach Moskau und Berlin. In Berlin würdigt er die Leistungen des Deutschen Volkes und die Tapferkeit der Wehrmacht und rührt dabei seinen Freund Helmut Kohl zu Tränen. Schließlich weiht er trotz seiner Erschöpfungszustände sein eigenes pharaonisches Erbe ein: Unter anderem die Türme der Très Grande Bibliothèque de France, deren Schönheit im Auge des Beschauers liegt. Ganz offensichtlich arbeitet er jetzt nur noch an seinem Bild für die Nachwelt und was von seinem Werk wohl die Zeit überdauern würde. Ohnehin meint er zu Benamou: „Je suis le dernier des

grands présidents"[5]. Bisher hat er damit Recht behalten. Sieben Monate nach seiner Machtübergabe stirbt Mitterrand am 11. Januar 1996 mit 79 Jahren in Paris.

Die Frage stellt sich, warum so ungleiche Persönlichkeiten wie Pompidou und Mitterrand die
einzigen Präsidenten waren, die Paris mit ihren pharaonischen Bauprojekten verunstalteten.
War es deshalb, weil sie die einzigen waren, die wussten, dass sie bald sterben würden und
sich in ihrer existentiellen Verzweiflung in Superlativen der Pariser Baugeschichte verewigen
wollten?

Jacques Chirac

Chirac, der einstige „Bulldozer", der in seinen besten Jahren immer vier Treppenstufen auf
einmal nahm, nahm seine Machtübergabe nach zwölf Jahren im Élysée an seinen ungeliebten
Nachfolger Sarkozy im Mai 2007 nur noch als melancholischer Zuschauer wahr. Wenn der Abschied vom Élysée etwas Bemerkenswertes hatte, dann jener von Bernadette, der bis zur letzten
Minute gefürchteten und anspruchsvollen Ersten Dame, die mit ihren Umzugskisten in Verzug
geriet. Am 5. September 2005 hatte er vom Urlaub zurückgekehrt einen „leichten" Schlaganfall erlitten, der erst Jahre später offiziell als „Anosognosie", eine Alzheimer-ähnliche neuro-
psychologische Krankheit, diagnostiziert wurde, die das Gedächtnis und das Bewusstsein des
Kranken beeinträchtigt, ohne dass dieser es bemerkt. So war Chirac nach dem Verlust des EU-
Verfassungsreferendums vom 2005 auch die Kontrolle über seine Partei, der UMP, entglitten,
in der sich Sarkozy und de Villepin einen gnadenlosen Nachfolgekrieg lieferten und bei dem
Chirac völlig passiv blieb[6]. Nach seinem Sieg machte sich Sarkozy zum Präsidentschaftskandidaten, ohne auf den zögerlichen Chirac zu warten. In jener Schlussphase der Präsidentschaft
macht der früher so reiselustige Chirac auch keine Auslandsfahrten mehr – außer einem Kurz-
trip zu Angela Merkel im Mai 2007 nach Berlin. Er hinterlässt im Gegensatz zu Mitterrand auch
keine testamentarischen Verkündigungen, sehen wir einmal von Gemeinplätzen zu Toleranz,
Dialog und Respekt zwischen Kulturen und Menschen ab. Chiracs einstige Gefolgsleute laufen
zum siegreichen Sarkozy über. Doch selbst für seinen Schwiegersohn Frédéric Salat-Baroux,
dem Mann von Claude Chirac, die seit 1989 selbstlos und energisch für ihren Vater gearbeitet
hat, gibt es nicht den versprochenen Ministerposten.

Chirac würde nun mit 75 Jahren erstmals in seinem Erwachsenenleben kein öffentliches Amt
mehr ausfüllen. Auf ihn warten Prozesse, Affären, die noch der Klärung harren, Langeweile,
Isolation, Krankheit und Depression. Zwar hat er Anrecht auf einen gut bezahlten Sitz im Verfassungsrat, der bis 2016 unter Vorsitz seines Freundes Jean-Louis Debré[7] und in Gegenwart
seines Feindes Giscard tagte. Doch gibt er auch diesen Posten krankheitsbedingt „bis auf wei-

5   Solenn de Royer. „François Mitterrand" in: Brézet, de Royer (Hg.). Op. cit. S. 199–238. S. 230.
6   Philippe Gouillaud. „Jacques Chirac" in: Brézet, de Royer (Hg.). Op. cit. S. 241–267. S. 254.
7   Im Jahr 2016 verschaffte Hollande seinem Ex-Parteifeind Laurent Fabius diesen achtjährigen ehrsamen Ver-
     sorgungsposten.

teres" auf[8]. Bei seinen Prozessen schützt ihn der Verlust seines Gedächtnisses. Weil er sich an nichts mehr erinnern kann (was er selbst nicht wahrhaben will), müssen wegen Prozessunfähigkeit alle Verfahren eingestellt werden.

Nicolas Sarkozy

Sarkozy war im Mai 2012 erst 57 Jahre alt und noch voller Tatendrang. Allerdings war er sich nicht sicher, ob er wieder Präsident werden wollte. Die zweiten Mandate von de Gaulle, Mitterrand und Chirac seien alle katastrophal gewesen, meinte er oft[9]. Sarkozys Umfragedaten waren miserabel, zuerst gegenüber Strauss-Kahn, dann gegen Hollande. Als Hyperpräsident hatte er sich für alles zuständig erklärt und wurde deshalb für alle Missstände verantwortlich gemacht. Er war immer „woanders" – in Flugzeugen, auf Gipfeln. Obwohl er zuvor nie ein öffentliches Amt ausgeübt hatte, wirkte Hollande bodenständiger und weniger abgehoben. Kein Bling-Bling und keine Affinität zur Schickeria und dem Jet Set. Schließlich trat Sarkozy doch noch an und gewann am Wahlkampfgetöse wieder Gefallen. Die Strategie war, der Front National Wähler abzujagen. Doch war die Kampagne operativ zu improvisiert und wegen des Zeitverlustes zu schlecht vorbereitet. So wirkte Sarkozy fast erleichtert, als Hollande am Ende doch noch gewann. Im Jahre 2016 wiederholte sich das Spiel bei den Vorwahlen. Sarkozy verlor bei den eigenen Parteigängern mit nur 20 % der Stimmen. Er übergab seine Partei, die Republikaner (LR) dem Wahlsieger François Fillon, und verkündete einmal mehr erleichtert wirkend, seine politische Laufbahn sei beendet. Diesmal angeblich wirklich endgültig.

François Hollande

Mit 3 % der Umfragewerte lag Hollande, der Mann der ein normaler Präsident sein und es zuerst auf der Linken und später in der linken Mitte jedermann recht machen wollte und deshalb zwischen allen Stühlen landete, in der zweiten Jahreshälfte 2016 verlässlich auf Platz fünf der gehandelten Kandidaten. Ja es war unwahrscheinlich geworden, dass er die Vorwahlen der Sozialisten überhaupt gewinnen würde – und in der Tat verlor sein politisches Alter Ego, Pre-

---

8   Die interessante hypothetische Frage stellt sich, ob Spitzenpolitiker häufiger als normale Sterbliche in geistig anregenden Berufen und einem intellektuellen Lebenswandel im Alter geistiger Umnachtung anheimfallen. Die – angesichts seiner Tabuisierung völlig unvollständige – zeitgenössische Liste ist ziemlich lang. Sie reicht neben Chirac von Ronald Reagan, Cyrus Vance und Margaret Thatcher zu Heinrich Lübke, Walter Scheel, Helmut Kohl, Ernst Albrecht, Lothar Späth und Herbert Wehner. Bewirkt die jahrzehntelange stresshafte Existenz, die meist in angespannter Langeweile und geistiger Unterforderung mit dem Anhören und Absondern von leerem formelhaften Geschwätz auf Parteitagen, Feierstunden, Ausschuss- und Parlamentssitzungen eine Art Berufskrankheit, zumal Politiker nach jenen langen „Arbeits"tagen wohl zu müde und abgespannt für ernsthafte Reflektionen und anspruchsvolle Lektüren als Gedankentraining sein dürften? Ohnehin haben die meisten von ihrem Persönlichkeitstypus her wenig Selbstzweifel, auf die meisten Probleme eine sofortige Antwort, schließen unerwünschte Optionen als „undenkbar" und alternativlos gerne aus, und würden somit Opfer ihres eigenen Flachdenkens. Kann es sein, dass jene Krankheit in Deutschland häufiger auftritt als in Frankreich, das von seinen Politikern im Idealfall anspruchsvolle Reden, literarische und philosophische Kenntnisse, intelligente selbstgeschriebene Bücher und ein anspruchsvolles intellektuelles Profil verlangt?

9   Charles Jaigu. „Nicolas Sarkozy" in: Brézet, de Royer (Hg.). Op. cit. S. 269–296. S. 272.

mier Manuel Valls prompt gegen den linken „Frondeur" Benoît Hamon im Januar 2017. Er behauptete, ein glücklicher Präsident zu sein, auch als die meisten seiner Kabinettsratgeber ihn als offenkundig sinkendes Schiff schon verlassen hatten. Alle öffentliche Kritik an seiner Amtsführung und seiner nicht mehr sichtbaren Politik perlte an ihm spurenlos weggelächelt ab. Er genoss nur noch die Fernreisen, die Diners und die abendlichen Kulturaktivitäten[10]. Mit seiner Partei, die er von 1997 bis 2008 als Parteisekretär führte, hatte er faktisch gebrochen, als er sich in dem Interviewband „Un président ne devrait pas dire ça" über die meisten Parteifreunde in Anfällen von narzisstischer Hybris abschätzig und verletzend äußerte. Es kommt nicht gut an, wenn man politische Freunde, die lange zu einem gehalten haben, öffentlich als charakterschwache Idioten abqualifiziert. Hollande engagierte sich auch nicht im Wahlkampf um seine Nachfolge, gab keinerlei Empfehlungen für seinen Ex-Premier Valls noch für seinen abtrünnigen Günstling Emmanuel Macron ab, die am ehesten noch sein politisches Erbe eines moderaten Sozialdemokratismus vertreten hatten – so, als seien ihm die politische Zukunft Frankreichs und seine einstmalig bekundeten Überzeugungen völlig gleichgültig geworden. Er habe sein Lebensziel bereits erreicht, verkündete er seinen vertrauten Le Monde-Journalisten Davot und Lhomme an[11]. Narziss hatte seine Erfüllung gefunden. Er genügte sich nur noch selber. In seinen letzten Amtswochen im Frühjahr 2017 stürzte er sich noch in eine nervöse Hyperaktivität, so als wolle er das nahe Ende nicht wahrhaben und absolvierte eine Serie zielloser Kurzreisen in Länder von drittrangiger Bedeutung für Frankreich: Mali, Chile, Malta, Portugal. Die wenigen Berater, die ihm noch blieben, mussten wie Schwerarbeiter weiter Aktenvermerke und Redeentwürfe für Vorträge liefern, von denen niemand mehr Kenntnis nahm. Träume, doch noch in letzter Minute in den Wahlkampf als Kandidat einsteigen zu können, zerschlugen sich, ebenso wie die Idee, Donald Tusk als Präsidenten des Europäischen Rates zu beerben. Im Wahlkampf distanzierte sich der offizielle PS-Kandidat Benoît Hamon. Auch der Renegat Emmanuel Macron verbat sich am Ende seine Wahlempfehlung: Nichts würde ihm mehr schaden, als der von den Republikanern gestreute Eindruck von fünf weiteren verlorenen Jahren von „mehr Hollande". Wenn er in der Provinz in einem intensiven Besuchsprogramm Plätze einweihte und Rathäuser besuchte, interessierte dies weder die Medien noch die Öffentlichkeit. Er empfängt den Präsidenten von Armenien und verteilt Auszeichnungen an verdiente Sozialisten von Gilbert Mitterrand bis Louis Schweitzer[12]. Das Telefon klingelte nicht mehr. Die Presse war an seinen Reden, Kommentaren, seinem Privatleben und Witzen nicht mehr interessiert. Doch mit 62 Jahren wollte er im Gegensatz zu Mitterrand 1995 keine Abschiedsrunden machen[13].

So wird eigentlich auch im Abgang der großen Männer ein Sittenbild der politischen Klassen und ihrer gewandelten Ethik überdeutlich. Hatten sich de Gaulle, Pompidou, Mitterrand und Chirac im Dienst für ihre Nation, ihre Entwicklung und Weltgeltung buchstäblich geopfert, so laufen die Vertreter einer hedonistischen Generation wie Sarkozy und Hollande nicht nur von

10   Solenn de Royer „L'abdication" in: Brézet, de Royer (Hg.). Op. cit. S. 299–316. S. 314.
11   Gérard Davot, Fabrice Lhomme. Un président ne devrait pas dire ça. Stock. 2016.
12   Marcelo Wesfreid. „A l'Élysée François Hollande occupe le temps qu'il lui reste". Le Figaro 14.3.2017.
13   Serge Raffy. „Le fantôme de l'Élysée". L'Obs 16.2.2017. S. 42 ff.

ihren Ehen und Familien, sondern auch von ihren Staatsämtern und ihrer politischen Verantwortung mit einem müden Schulterzucken weg.

Schlussfolgerungen

Die Enttäuschungen am Ende ihrer Präsidentschaften gelten für alle: die französischen Wähler und ihre Präsidenten. Die Wähler, weil sie in ihrer Mehrheit an den Gewinner, den sie gewählt hatten, oft messianische Erwartungen hatten – bei jeweils über 84 % Wahlbeteiligung sehr stark bei de Gaulle (1965) als zweimaligem Retter der Nation, bei Giscard (1974) als dem großen Modernisierer, und am stärksten bei Mitterrand (1981), als man die soziale Umgestaltung auch der eigenen Lebenswelt erwartete – und am relativ geringsten bei der Wiederwahl von Chirac (2002), als es bei den meisten seiner 82 % der Wähler nur darum ging, als „nützliche Stimmen" die Wahl von Jean-Marie Le Pen zu verhindern. Idem Macron, der aus den gleichen Motiven 2017 66 % der Stimmen gegen Marine Le Pen erhielt. Die meisten jener oft diffusen Erwartungen mussten in ihrer Überhöhung unweigerlich enttäuscht werden. Man muss einmal Wahlveranstaltungen mitgemacht haben, wenn tausende normalerweise vernünftige und nüchterne Zeitgenossen wie von Sinnen minutenlang „XY président" skandieren. Die personalisierte Direktwahl bringt unweigerlich einen Prozess der Übersteigerung der Kandidaten von in Summe unhaltbarer und widersprüchlicher Versprechen mit sich. Kandidat A verspricht ein Konjunkturprogramm von 20 Milliarden Euro. Also stellt Kandidat B eine Woche später eines für 200 Milliarden Euro in Aussicht, das durch unbestimmte Sparmaßnahmen bei bürokratischen Verschwendungen gegenfinanziert werden soll. Versprechen folgen im Wahlkampf im Tagestakt, um in den Schlagzeilen zu bleiben: Strukturreformen, die alle glücklich und niemanden ärmer machen, Ausgabensteigerungen und Steuerkürzungen, ein neues magisches Wachstum, ökologische Harmonie, Besitzstandsschutz und neue Subventionen für die Bezieher staatlicher Transferzahlungen (der direkten Klientele der Politik): Bauern, Rentner, Sozialhilfeempfänger, Staatskünstler, Studenten und Staatsbedienstete: Eisenbahner, Müllwerker, Beamte, Soldaten, Polizisten, Lehrer, Busfahrer … Selbst dann, wenn Versprechen vage bleiben, projiziert jeder seine diffusen Hoffnungen auf den Kandidaten seiner Wahl. Der Absturz in den Umfragen erfolgt seit Ende der „Trente Glorieuses", die seit 1975 schon sehr lange vorbei sind, und dem nicht länger wachsenden Verteilungskuchen unvermeidlich – und zwar in immer kürzeren Abständen von der Nachwahleuphorie. Das Zeitfenster für die von der präsidentiellen Popularität getragenen Reformen wird also immer kürzer, die Zeit der Frustrationen über eine gelähmte Präsidentschaft immer länger.

Christine Clerc behauptet gar, binnen zwei Jahren hätten alle Präsidenten seit VGE Schiffbruch erlebt und sich danach nur noch mit Repräsentationspflichten, Verwaltungsroutinen und der Flucht in die Außenpolitik durchgewurstelt[14]: Für Giscards Schicksal war der Rücktritt Chiracs im August 1976 und die folgende Gründung seiner anti-giscardistischen RPR entscheidend; für Mitterrand die wirtschaftspolitische Kehrtwende vom März 1983 und seine Austeritätspo-

---

14   Christine Clerc. J'ai vu cinq présidents faire naufrage. Robert Laffont. 2017.

litiken, um den Defiziten zu entrinnen; für Chirac im April 1997 die Auflösung der National-versammlung, um die Balladuristen loszuwerden, worauf er eine Zweidrittel-Mehrheit von So-zialisten bekam. Sarkozy wurde nach der Finanzkrise von 2008 von 2,7 Millionen Arbeitslosen belastet, die ihm angekreidet wurden. Hollandes Reputation brach spätestens mit der Scooter-Affäre vom Januar 2014 unrettbar ein, als er als wankelmütiger Feigling zum Gespött der Nati-on wurde. Macrons Nimbus als jupitergleicher Reformer wurde spätestens von der Rebellion der Gelbwesten, dem Aufstand der unteren Mittelschichten der Provinz, von 2018/19 zerstört.

Der Verlust von Amt und Macht betrifft natürlich in besonderem Maße die handelnden Haupt-personen selbst. De Gaulle wurde 1969 aus dem Amt gejagt und verbitterte in Colombey. Pompidou starb im Amt und Mitterrand kurz danach. Chirac verdämmert traurig in einer de-primierten mentalen Zwischenwelt. „Fillon, wer ist das?" fragte er im Wahlkampf von 2017. Giscard und Sarkozy verloren ihre Wiederwahlen, die sie – vor allem Giscard – als eine vernich-tende persönliche Niederlage empfanden. Beide Comeback-Versuche misslangen spektakulär. Ein zweites, finales Misserfolgserlebnis. Hollande trat mit 3 % Sympathiewerten nicht einmal mehr an und wurde in den letzten Monaten seiner Amtszeit zur Nichtperson. Niemand, kein einziges Medium, interessierte sich noch für seine Reisen, Auftritte und Stellungnahmen. Kein einziger Ex-Präsident wurde angesichts der starken öffentlichen Verachtung zum „elder states-man". Ihr während ihrer langen politischen Laufbahn zerrüttetes Privatleben, die Vernachläs-sigung von Frau und Kindern wurden bereits erwähnt. Sie konnten nicht in intakte Familien zurück, weil es keine mehr gab. Dazu lauerten jede Menge Prozesse und juristische Fallstricke. Wie andere rüstige Rentner den Hund auszuführen, im Bistrot von alten Zeiten plaudern und mit den Enkelkindern spielen, das wollte nicht mehr funktionieren.

Cui bono? Wer gewinnt? Es sind dies drei kleine Gruppen. Erstens die politischen Journalisten und ihre Verleger, die immer spannende Geschichten von Aufstieg und Fall mit Hochjubeln und systematischem Niederschreiben auflagesteigernd verkaufen können. Zweitens die Kabi-nettsmitarbeiter im Élysée, die rechtzeitig und in Gnaden den Ausstieg und Umstieg auf lukra-tive Spitzenfunktionen im Staatssektor und in der Privatwirtschaft geschafft haben. Die 4 bis 5 Jahre Knochenarbeit im „Château" haben sich dann arbeitslebenslang ausgezahlt. Drittens die vielen politischen Führungsernennungen aus dem Dunstkreis des Präsidenten: die Spitzen-botschafter, Generäle, Gerichtspräsidenten, Chefs der Staatsbetriebe, der Museen, Fernseh-, Film- und Rundfunkgesellschaften. Viertens gibt es die wirtschaftlichen Gewinner präsidialer Beschaffungsaufträge und Exportförderungen von Dassault über Total bis Vivendi und LVHM. Für das Privileg und die politischen Renditen jener Wenigen bringt ein ganzes Volk mit einem suboptimalen, zunehmend dysfunktionalen Führungssystem das Opfer.

II.   Die Biographien

Kapitel 1

Charles de Gaulle (1890–1970), die inszenierte Inkarnation Frankreichs

Ohne Zweifel gilt de Gaulle noch heute, ein halbes Jahrhundert nach seinem Tod als „großer Präsident". Was aber machte seine historische Größe aus? Sein einsamer Aufruf zum Widerstand von 1940? Das er 1944 einen Bürgerkrieg verhindert hat? Dass er es schaffte, dass Frankreich sich 1945 zu den Siegermächten zählen konnte? Dass er 1958 die Politiker der IV. Republik entmachtete und ein Präsidialsystem errichtete, das heute noch andauert? Dass er 1962 den Algerienkrieg beendete? Dass er die französischen Atomwaffen forcierte und eine eigenständige Rolle Frankreichs unter den Großmächten durchsetzte? Dass er – fixiert auf das traditionelle Konzept der Nationalstaaten und der Machtpolitik – die supranationale Entwicklung der Europäischen Gemeinschaft und den britischen Beitritt ein Jahrzehnt lang blockierte? Dass in der Dekade seiner Präsidentschaft Frankreich wohl die glücklichste Phase der „Trente glorieuses" durchlief, die Wirtschaft wuchs, das Land sich behutsam modernisierte, während der Lebensstandard und die Lebensqualität weitgehend gleichgewichtig für alle fühlbar stieg? Schließlich lässt sich auch in seinem Scheitern 1969 eine gewisse Größe nicht abstreiten. Keine Frage, als Individuum und historische Ausnahmeerscheinung hat er einen Unterschied gemacht, den ein anderer Durchschnittspolitiker oder -offizier nicht hätte leisten können. Die französische und die europäische Geschichte hätten also einen anderen Gang genommen.

Herkunft und Jugend

Die Familie de Gaulles entstammt dem Pariser Bürgertum. Seine Großeltern Julien und Joséphine de Gaulle waren klerikal-konservative Pamphletisten und Historiker, deren christliche Erbauungsgeschichten, historische Romane aus der heilen Welt des vorindustriellen, vorrevolutionären Frankreichs und das Monumentalwerk einer Geschichte von Paris sich jedoch nur schlecht verkauften. Rastlos wechselten sie ihre Wohnungen in Paris. Mütterlicherseits überwiegen wohlhabende Textilhändler und Fabrikanten des Nordens. In einem jener reichen Bürgerhäuser von Lille sollte de Gaulle im November 1890 zur Welt kommen. Auch hier war die herrschende Ideologie die eines monarchistischen Katholizismus und Patriotismus, der die Revolution und ihr Erbe verabscheute. Sein Vater Henri de Gaulle wurde als Unterleutnant 1870 bei Saint-Denis verwundet. Er studierte Jura und Literaturwissenschaften und wurde Sachbearbeiter im Innenministerium. Nach neun Jahren ohne Beförderung und weil er mit dem anti-klerikalen Kurs der III. Republik und seines Ministers nicht einverstanden war, nimmt er im Jahr 1884 seinen Abschied und tritt in den kirchlichen („freien") Schuldienst ein, wo er an einem Gymnasium der Jesuiten Philosophie, alte Sprachen, Geschichte und Mathematik lehrt. Zu seinen Schülern zählen die späteren Generale de Lattre de Tassigny und Leclerc.

1886 heiratet er seine Cousine Jeanne Maillot, eine noch meinungsstärkere Anhängerin eines kompromisslosen puritanischen katholischen Traditionalismus.[1] Die Familie und ihre katholisch-nationalistisch geprägte Erziehung des jugendlichen Charles de Gaulle befindet sich im Widerspruch zum laizistischen Zeitgeist der III. Republik. Er wächst gemeinsam mit drei Brüdern und einer Schwester auf. Zwei der Brüder werden Bergbauingenieure, einer geht ins Bankfach, während die Schwester einen Kaffeehändler in Le Havre heiratet. Bei Spielen mit Zinnsoldaten kommandiert Charles stets die französischen Truppen. Er gilt als schwieriges Kind, das die Anweisungen der Mutter stets ignoriert und in der Schule nur für Fächer wie Französisch und Geschichte lernt, die ihn interessieren. Mit 15 Jahren schreibt er einen Aufsatz, wie er im Jahr 1930 als General an der Spitze von 200.000 Mann das deutsche Heer schlägt. Den altsprachlichen Schulabschluss schafft er mit 16 Jahren ohne Auszeichnungen. Nach dem Verbot von Ordensschulen in Frankreich im Jahr 1907 weicht Charles zum Studium der Mathematik nach Belgien aus, tritt aber im September 1909 mit neunzehn Jahren in die Militärakademie Saint-Cyr ein, wo er sich für einen Wehrdienst von sieben Jahren verpflichtet. Er wird dem 33. Infanterieregiment in Arras zugeteilt, wo er zunächst eine einjährige Rekrutenausbildung absolvieren muss. Er gilt als guter Kamerad, ist allerdings dem militärischen Arbeitsdienst und der formalen Kasernenroutine abgeneigt. Schon früh erhält der 1,93 m große Infanterist den Spitznamen „connétable", der den höchsten Generalrang im alten königlichen Heer darstellte. Nebenher schreibt er unter einem Pseudonym Liebesromane. In Beurteilungen in Saint-Cyr wird de Gaulle als talentierter Offizier eingeschätzt, der voller Tatendrang und Entscheidungsfreude sei. Gleichzeitig zeigt er seine intellektuelle Überlegenheit durch eine Distanz und formale Steifheit. Als 119. von 221 angenommenen Bewerbern beendet er die Militärakademie im Jahr 1912 auf Rang 13. Mittlerweile hat er sein intensives Lektüreprogramm auf antike Klassiker, mittelalterliche Theologen und französische Klassiker ausgeweitet. Der katholische Nationalist Charles Péguy und Charles Maurras, der Begründer der rechtsgerichteten Action Française, lenken sein bisheriges Weltbild zu den mythischen Dimensionen der Nation, jenseits seines bisherigen Royalismus. Es geht jenen Autoren um die moralische Erneuerung der Nation, die Ablehnung des fraktionierenden Parlamentarismus und des deutschen Erzfeindes. Für de Gaulle zählen fortan nur Frankreich und seine Größe, der Rest der Menschheit lässt ihn gleichgültig. Die Beziehungen zwischen den Nationen werden durch Konflikte und Machtbeziehungen geregelt. Dabei schwächt der korrumpierende Parlamentsbetrieb die Position Frankreichs.

Statt sich in die Kolonien zu melden, wo in der Exotik Ruhm und Ehre zu ernten ist, geht der Leutnant lieber wieder ins nordfranzösische Arras, wo ein 56-jähriger Oberst namens Philippe Pétain das Regiment befehligt. Als nicht-konforme Denker beginnen sie eine fruchtbare intellektuelle Partnerschaft, die bis 1940 dauern sollte. So hatte Pétain als Professor der nationalen Artillerieschule die herrschende Doktrin der Offensive um jeden Preis (als dessen Folge die französische Armee im August 1914 nach Lothringen und in die Ardennen vorstieß und in den Grenzschlachten vom deutschen Heer geschlagen wurde) kritisiert und stattdessen die

1   Éric Roussel. Charles de Gaulle. Band I 1890–1945. Perrin. 2006. S. 23.

Wichtigkeit von konzentrierter Feuerkraft unterstrichen. Möglicherweise haben der elegante Oberst und der junge Leutnant auch das Pariser Nachtleben in weiblicher Begleitung zusammen genossen.[2]

Mit dem Ausbruch des Ersten Weltkriegs erlebt de Gaulle das schlechte Zusammenspiel von Artillerie und Infanterie, das Versagen einzelner Generäle und kritisiert die verspätete Mobilmachung. Er selbst wird am 19. August 1914 bei seiner Feuertaufe an der Maasbrücke von Dinant am Wadenbein verwundet und muss in Paris operiert werden. Als er im Oktober 1914 zu seinem Regiment in die Champagne zurückkommt, hat sich nach dem deutschen Rückzug von der Marne der Grabenkrieg bereits überall durchgesetzt. In seinen Tagebuchnotizen wettert er gegen alles, was die französische Wehrkraft schwächen könnte, von den Friedensfühlern des Papstes bis zur eigenen „Krämer-Regierung", dem widerlichen Parlament oder unfähigen Generälen. Im März 1915 wird er erneut durch eine Schusswunde, diesmal an der linken Hand verwundet. Im Herbst 1915 zum Hauptmann befördert, wird seine Kompanie in Februar 1916 in Verdun eingesetzt, wo sein alter Chef Philippe Pétain die II. Armee kommandiert. Vor Douaumont soll er eine abgekämpfte Einheit ablösen, gerät jedoch in heftiges Artilleriefeuer, so dass von seinen 180 Männern bald nur noch 37 einsatzfähig sind. Bei einem versuchten Gegenstoß werden sie überrannt. De Gaulle bekommt im Nahkampf einen Bajonettstich in die Hüfte ab und verliert bei einer Granatenexplosion das Bewusstsein. Als er wieder zu sich kommt, ist er in deutscher Kriegsgefangenschaft. Dies zumindest ist die offizielle heroische Version. Interessant ist, dass 24 Jahre später ein junger Feldwebel namens François Mitterrand ebenfalls vor Verdun verwundet wird und in deutsche Kriegsgefangenschaft gerät. De Gaulle kommt zuerst in ein Feldlazarett in Mainz, dann in ein Offizierslager (OfLag) in Osnabrück. Als Offizier brauchte er nicht zu arbeiten und konnte sich den in den Lagerbibliotheken vorhandenen Lektüren hingeben, die sein Verständnis für die deutsche Kultur schärften, ihn jedoch nicht ausfüllten. Nach seinem ersten Fluchtversuch wird er zuerst in der Feste Ingolstadt inhaftiert, dann in der Festung Rosenberg oberhalb von Kronach im Frankenwald. Dort gelingt es ihm zweimal zu entkommen. Einmal ist er zehn Tage lang auf der Flucht. Einmal wird er gleichtägig gefasst und in Passau zu 60 Tagen Haft verurteilt, die er wieder in Ingolstadt absitzen muss. Anfang 1918 sitzt er in der Festung Wülzburg bei Weißenburg in der Frankenalb ein, wo er zweimal zu entkommen sucht. Einmal fasst er zwei Monate Zellenhaft, dann wegen Beleidigungen vierzehn Tage. Im September 1918 sitzt er im Gefängnis Magdeburg ein. Erst am 28. November 1918, zehn Tage nach dem Waffenstillstand, kommt er nach Frankreich zurück. Offensichtlich hätte de Gaulle seine zweieinhalbjährige Gefangenschaft in einem OfLag auch gemütlicher absolvieren können als eine Tour durch die Festungszellen des Deutschen Reiches. Doch war ihm die Vorstellung unerträglich, mit halbem Sold und einer Beförderungssperre zur Untätigkeit verdammt zu sein, während sich das historische Schicksal von Frankreich entschied. Ein kurioser Effekt seiner Abwesenheit von der Front war, dass er zeitlebens das kriegsentscheidende Eingreifen der USA 1917 auf dem ausgebluteten westeuropäischen Kriegsschauplatz unterschätzte.

---

2   Ibid. S. 32.

Die Zwischenkriegszeit

Um die verlorene Zeit und Karrierechancen aufzuholen, meldet sich Hauptmann de Gaulle im April 1919 als Ausbilder zur polnischen Armee, die von General Józef Piłsudski frisch gegründet, gleich mit den meisten Nachbarn in kriegerische Auseinandersetzungen verstrickt war. In Rembertów bei Warschau leitet er die Kurse für Stabsoffiziere. Von den Polen hat er keine gute Meinung: „Sie taugen nichts, und das schlimmste ist, sie halten sich in allem für ausgezeichnet". Auch von polnischen Juden hält er wenig: „Sie werden von allen Gesellschaftsklassen verachtet, haben vom Krieg auf Kosten der Russen, der Boches und der Polen profitiert"[3]. Ein Jahr später bietet man ihm im Kriegsministerium nur eine Stelle im Referat für Ordensverleihungen. So geht er im Mai 1920 nach Polen zurück, wo Budjonny und Tuchatschewski gerade die siegreiche sowjetische Gegenoffensive durchführen. De Gaulle wird als (zeitweiser) Major bei Operationen gegen die Rote Armee in Süden und Norden eingesetzt. Dabei rät er seinen polnischen Freunden dringend, sie mögen ihre Territorialforderungen reduzieren und mit ihren Nachbarn – Litauern, Deutschen, Tschechen und Russen – Frieden schließen. Mit französischer Unterstützung gelingt es der polnischen Kavallerie trotz des von de Gaulle kritisierten Chaos in der Planung und Logistik die Kosakenarmee von Budjonny zurückzuschlagen. Von einer romantischen Affäre mit einer polnischen Aristokratin wird berichtet, doch optiert de Gaulle dann für die konventionellere Option einer arrangierten Heirat mit der Industriellentochter Yvonne Vendroux, deren Vater auch Bürgermeister von Calais ist. Im April 1921 heiratet er in diesen Klan reicher Notabeln des Nordens ein, die ursprünglich im Schiffsbau für die Marine, dann mit Militäraktionen ihren Wohlstand erworben hatten, nun aber profitabler Kekse in Dosen herstellten[4].

Sein Sohn Philippe, der spätere Admiral, wurde im Dezember 1921 geboren und seine Tochter Élisabeth im Mai 1924. Für seinen Einsatz in Polen dekoriert, wird de Gaulle im Februar 1921 Dozent für Militärgeschichte in Saint-Cyr. Während Napoleon Bonaparte, der in fast zwanzig Jahren Krieg Frankreich und Europa ausbluten ließ und zweimal scheiterte, vor seinen Augen Gnaden findet, ist er gegenüber den überseeischen Kriegen, die Charles X., Louis-Philippe und Napoleon III. in Algerien, Mexiko und auf der Krim führten, wesentlich kritischer. Er zählt zu den Militärs, die die kontinentaleuropäische Vorwärtsverteidigung der französischen Interessen im Sinn hatten und lehnt jene ab, die sich in ferne Abenteuer und Interventionen stürzen wollten. Im Mai 1922 wird de Gaulle für eine zweijährige Generalstabsausbildung an der „École supérieure de guerre", der auf dem Pariser Marsfeld befindlichen Kriegsakademie, zugelassen. Als Vorbereitung muss der Infanterieoffizier Praktika bei anderen Truppengattungen, den Dragonern, der Luftwaffe und bei der Panzerwaffe ableisten.

---

3   Ibid. S. 51.
4   Die Firma „Vendroux Biscuits Calais" ging in den 50er-Jahren in „Alsaciennes" auf, die später von Belin und LU übernommen wurden.

1924 veröffentlicht er sein erstes Buch „La discorde chez l'énnemi", der die deutsche Militär-
philosophie und Truppenführung von 1866 bis 1918 kritisierte, die aus seiner Sicht zu risi-
kofreudig und disziplinlos von vorgefassten Plänen und Befehlen abwichen (so General von
Kluck, der beim Vorstoß auf Paris 1914 eigenmächtig abschwenkte) und damit zur deutschen
Niederlage von 1918 betrugen, und sie mit der überlegenen französischen Organisation und
Führungsdisziplin kontrastierte. Dagegen machte er sich mit seinen unkonventionellen Einschätzungen und scharfen Kritik an der inflexiblen, auf der Maginotlinie basierenden, De-
fensivstrategie des Generalstabs bei den vorgesetzten Offizieren nicht immer beliebt. In Per-
sonalbeurteilungen werden seine großartigen intellektuellen Leitungen mit seiner Arroganz
und Intoleranz gegenüber anderen Meinungen kontrastiert mit der er sich als „König im Exil"
aufspiele.[5] Im Übrigen sei er als Generalist besser im allgemeinen Erfassen von Problemen als
in der praktischen Umsetzung von Lösungen. Schließlich soll de Gaulle nach Mainz als Besat-
zungsoffizier auf einen Nachschubposten abgeschoben werden. Marschall Pétain befreit ihn
von dieser misslichen Versetzung, in dem er als Vizepräsident des Kriegsrates ihn als Ghostwriter[6] und Kenner der Militärgeschichte in sein Kabinett holt. Pétain wollte damals mit einem
Werk zur Rolle des Soldatentums bis zum Ersten Weltkrieg seine Kandidatur für einen Sitz
in der Académie française bekräftigen[7]. De Gaulle kann hier sein bekanntestes Buch der Zwischenkriegszeit „Le fil de l'épée" (Des Schwertes Schneide)[8] verfassen, in dem er aus einigen
Vortragstexten seine Theorie zur napoleonischen Ausnahmeerscheinung in der militärischen
Führungskunst entwickelt. Er akzeptiert zwar den Primat der Politik, gibt aber doch der militärischen Führung eine herausragende Rolle: Um ihren Auftrag zur Landesverteidigung auszuführen, müsse sie die Schwächen der unfähigen Politik ausgleichen. Es sollte 1932 erscheinen,
wurde positiv besprochen, verkaufte aber nur 700 Exemplare.

Im September 1927 erhält der schriftstellernde Hauptmann auf Empfehlung von Pétain wieder
einen Truppenbefehl, der für seine Beförderung zum Major notwendig ist. Er kommandiert
das elitäre 19. Jägerbataillon, das in Trier stationiert ist. Seine Offizierskollegen in der Garnison
hält er jedoch alle für Idioten. Die linksrheinische französische Besatzungspolitik versuchte
damals den rheinischen Separatismus zu unterstützen, gewann als landesverräterische Kollaborateure jedoch nur halbseidene und kriminelle Abenteurer[9].

Dort wird im Januar 1928 seine zweite Tochter Anne geboren, die mit einer schweren mongo-
loiden Behinderung (Trisomie) ein lebenslanger Pflegefall bleibt, und seine Frau in den nächsten zwei Jahrzehnten sehr belasten sollte. Schließlich soll er für Pétain dessen militärpolitisches
Vermächtnis abschließen. Auftraggeber und Autor – der Marschall und der eigenwillige Batail-
lonschef – zerstreiten sich jedoch, weil es de Gaulle unerträglich findet, dass Pétain ein eigenes
resümierendes Fazit schreiben und andere Offiziere mit dem Korrekturlesen und Redigieren

---

5   Ibid. S. 61.
6   Im Französischen „plume" oder abfällig „nègre" genannt.
7   Wilfried Loth. Charles de Gaulle. Stuttgart 2015. S. 30.
8   Auf Deutsch als „Staatsmacht und Persönlichkeit" Bonn 1961 veröffentlicht.
9   Günter Zerfass (Hg.). Die Pfalz unter französischer Besatzung von 1918 bis 1930. Koblenz 1996 (eine Doku-
      mentation der Bayrischen Staatsregierung von 1930).

betrauen will. Er schreibt seinem väterlichen Protektor einen giftigen Brief, in dem er verlangt, das Buch („La France et son Armée") unter seinem eigenem Namen unverändert zu veröffentlichen – was nach einigen editorischen Auseinandersetzungen erst im Jahr 1938 erfolgte – und bot Pétain nur ein Vorwort an. Obwohl er meint die Arbeit sei geistiges Eigentum des Generalstabs gewesen, lässt Pétain ihn erstaunlicherweise gewähren, auch wenn de Gaulle nach dem Krieg behaupten wird, er sei zu diesem Zeitpunkt schon senil geworden.

Nach zwei Jahren an der Mosel wird de Gaulle nach Beirut versetzt, wo Frankreich mit einem Völkerbundsmandat im Libanon und Syrien mehr schlecht als recht einen Teil des Konkursmasse des osmanischen Reiches verwaltet, die hier bereits 9000 Mann das Leben gekostet hat. In seiner Schrift „L'histoire des troupes françaises au Levant" von 1930 rechtfertigt er die französische Präsenz, die sich auch auf die Kreuzzüge berufen könne. Die Bevölkerung sei hier nie mit etwas oder mit jemandem zufrieden, respektiere aber den Willen des Stärksten.

1932 wird er von Pétain in den nationalen Verteidigungsrat geholt, wo er zur Militärdoktrin Studien abfassen soll. In diesem Jahr stirbt sein Vater, dem er sehr nahegestanden war und der ihn auch bei seinen militärhistorischen Forschungen unterstützt hatte. In seinen Analysen sieht de Gaulle die wachsende Kriegsgefahr eines kurzen Krieges mit Deutschland, Italien oder Russland und die mangelnde Verlässlichkeit der anglo-amerikanischen Partner. Er plädiert für eine „Lateinische Union" zusammen mit Spanien, Portugal, Italien und Belgien als Gegengewicht gegen die verachteten Angelsachsen und für die Annektion des Saarlandes und des Aachener Raumes, um dem deutschen Feind die Kohlegruben zu nehmen, dies alles noch zu Zeiten der Weimarer Republik vor Hitlers Machtergreifung![10] Als unmittelbare Dienstpflicht schreibt er den Entwurf eines Gesetzes zum Kriegsrecht, das 1938 in Kraft treten wird und im Wesentlichen auf seinen Vorstellungen beruht.

Im Frühjahr 1934 erwirbt de Gaulle für seine Familie das Anwesen „La Boisserie" im Dörfchen Colombey-les-deux-Églises im Département Haute-Marne. Es hat in jener konturenlosen Hügellandschaft den Vorteil, auf halber Strecke zwischen Paris und der militärisch wichtigen Ostgrenze zu liegen, wo sich die meisten Garnisonen befinden. Es handelt sich um eine ehemalige Poststation mit einem großen Garten und angrenzenden Wiesen und Wäldern (die de Gaulle nach und nach dazukaufen sollte). Vor allem seine Tochter Anne genoss diese Umgebung mit den Haustieren in der ländlichen Ruhe sehr. Zu dem Gunstfall des Erwerbs zählt, dass er mit einer Leibrente erfolgte und die Verkäuferin, eine alte Witwe, praktischerweise schon nach drei Jahren starb.

In einem Anfang 1933 erschienenen Artikel in der Revue militaire française zum Thema der wirtschaftlichen Mobilmachung im Ausland und der Notwendigkeit einer totalen nationalen Verteidigung lässt er sich positiv über den italienischen Faschismus aus, der die Disziplin verstärkt habe, dem kollektiven Interesse den Vorrang gäbe und die patriotische Begeisterung gefordert habe. Angesichts der europaweit grassierenden intellektuellen Mode für den Rechtsradikalismus ist das noch recht bescheiden. Auch hielt de Gaulle zu extremistischen Geheim-

10   Roussel. Bd. I. Op.cit. S. 82.

bünden wie der Cagoule einen weit größeren Sicherheitsabstand als etwa seinerzeit der junge Mitterrand[11]. In seinem „Vers l'armée du métier" (Auf dem Weg zu einer Berufsarmee) von 1934 vertieft der zum Oberstleutnant beförderte Autor einmal mehr sein Lieblingsthema einer soldatischen Kriegerethik mit einer besonderen spirituellen und moralischen Größe. Auch die komplizierter gewordene Kriegstechnik, die die deutsche numerische Überlegenheit ausgleichen solle, verlange Berufssoldaten. Er entwirft als strategisches Konzept das einer Panzerarmee, die in sechs Divisionen gegliedert und 100.000 Mann stark, von mobiler Artillerie, Infanterie und technischen Truppen unterstützt, den Feind noch im Aufmarschstadium empfindlich treffen und verwirren sollte. Er war damals nicht der Einzige, der ein solches panzerbasiertes Blitzkriegkonzept entwickelte, das von Heinz Guderian perfektioniert werden sollte. Dabei hatte er den Einsatz der Luftwaffe, etwa von Stukas als unterstützende Offensivwaffe nicht verstanden, sondern wollte Jägergeschwader wie im Ersten Weltkrieg nur als Aufklärer einsetzen. Immerhin war er General Gamelin und dem französischen Kriegsministerium weit voraus, die hinter der Maginotlinie und der Rheingrenze verschanzt, die Deutschen auflaufen und verbluten lassen wollten[12]. De Gaulles Buch wird in der rechten Publizistik – denn nur diese scheint sich für militärische Themen zu interessieren – positiv besprochen. Der konservative Parlamentarier Paul Reynaud, der vor der deutschen Wiederbewaffnung warnt, macht sich als einziger Politiker de Gaulles Thesen zu eigen und bringt sie 1935 im Palais Bourbon zur Sprache – freilich ohne jede praktischen Folgen. Der Kriegsminister antwortet, nachdem man so viele Milliarden schon für den Festungsbau ausgegeben habe, könne man unmöglich noch mehr für eine Panzerarmee ausgeben. Es sei irrsinnig, sich jenseits jener uneinnehmbaren Barriere in unübersehbare Abenteuer einzulassen[13]. Léon Blum sieht als Chef der Volksfrontregierung (1936–37) in de Gaulles Vorschlägen zunächst nur den Versuch, eine Prätorianergarde zu schaffen, die einen Militärputsch nach spanischem Muster ermöglichen könnte. Innerhalb des Generalstabs selbst ist man in einem Vermerk an Kriegsminister Édouard Daladier 1936 weiter der Meinung, Panzer könnten nur eine unterstützende Rolle für Infanterieeinheiten spielen. Sie wurden weiter ziellos und unkonzentriert verteilt. Man fiel also in der Doktrin hinter den Stand vom Sommer 1918 zurück, als man mit beweglicheren leichten Renault-Panzern in konzentrierter Form die überdehnte deutsche Front hatte aufrollen können[14].

---

11   Ibid. S. 85 f.
12   Interessant ist, wie französische Generalstäbe aus vergangenen Kriegen konsequent die falschen Schlüsse zogen. Nach der Niederlage von 1870/71 wurde ein aggressives Offensivkonzept nach Nordosten entwickelt, das im August/September 1914 scheiterte. Nach den Erfahrungen des Ersten Weltkriegs mit seiner Dominanz von Defensivwaffen und den deutschen Bunkerbauten folgte das reine Defensivkonzept der Maginot-Linie in der Zwischenkriegszeit bis 1940, verbunden mit der Erwartung einer erneuten britischen Kontinentalsperre zum Aushungern des Feindes. Bei einem deutschen Angriff erwartete man damals wieder wie anno 1914 den Hauptstoß durch Belgien und schickte die Truppen in den Norden ins Leere, die durch Guderians „Sichelschnitt" von Sedan bis zur Kanalküste abgeschnitten in die Gefangenschaft gerieten. Jedes Mal sollte der letzte Krieg noch einmal gekämpft und gewonnen werden.
13   Ibid. S. 102.
14   Albrecht Rothacher. Die Feldgrauen. Leben, Sterben und Kämpfen an der Westfront 1914–1918. Beltheim-Schnellbach. 2015. S. 461.

Daladier lässt eine gepanzerte Division als Experiment zu und setzt de Gaulle auf die Beförderungsliste für Obristen (auf der sein Name gefehlt hatte, obwohl er die nötige Seniorität hatte). Er wird im September 1937 Kommandeur des 507. Panzerregiments in Metz, wo er mit seinen zwei Panzerbataillonen, eines mit leichten und eines mit mittelschweren Renault-Panzern, die Möglichkeit hat, seine Theorien in der Praxis zu erproben. Bis zum Kriegsausbruch im September 1939 hat er dann ein Konglomerat von fünf gepanzerten Bataillonen zusammengesammelt, die jedoch längst nicht den Großverband darstellen, den er es sich vorstellt. Zudem streitet er sich dauernd mit seinem Vorgesetzten, General Henri Giraud, den er später 1943 in Algier ausbooten sollte.

Politisch nähert sich de Gaulle einem Zirkel von Christdemokraten ("Temps présent") an, darunter François Mauriac, wobei er sowohl das Appeasement gegenüber rechten Diktaturen, den Pazifismus der Linken wie auch die Demokratie als Staatsform ablehnt.[15] Beim deutschen Angriff auf Polen erkennt er im September 1939 das effektive Zusammenspiel der schnellen Panzerspitzen mit massiven Bodenangriffen der Luftwaffe, bei denen das polnische Ein-Millionen-Mann Heer in fünf Wochen eingekesselt und zerschlagen wird. Anfang 1940 unternimmt er den ungewöhnlichen Versuch, an etwa 80 wichtige Persönlichkeiten seine aufrüttelnden Einsichten in einem direkt zugesandten Memorandum zu vermitteln. Paul Reynaud und Léon Blum teilen die Meinung des Obristen, die aber vom Generalstab weiter abgelehnt wird. Als im März 1940 nach dem finnisch-sowjetischen Friedensschluss die Daladier-Regierung, die die finnische Niederlage im langen Winterkrieg nicht aufhalten konnte, zurücktreten musste, wird Paul Reynaud Regierungschef. De Gaulle glaubt seine Stunde gekommen und hofft auf einen Generalsekretärsposten im Kriegsrat. Daladier, der nunmehr Verteidigungsminister wurde, blockiert seine Ernennung, weil er ihn für einen Kriegstreiber hält[16].

Der Krieg in Frankreich

Am 26. April 1940 wird ihm als interimistischer Brigadegeneral das vorläufige Kommando über die 4. Kürassierdivision erteilt. Erst am 12. Mai übernimmt er hastig die Truppe, denn schon am 10. Mai war der deutsche Angriff mit dem Durchbruch bei Sedan nördlich der Maginotlinie über die Maas erfolgt. De Gaulle soll bei Laon auf den alten Schlachtfeldern der Somme den Zugang nach Paris blockieren. Er besetzt die Ortschaft Montcornet, einen östlichen Straßen-Knotenpunkt nach Reims, Laon und Saint-Quentin, und macht dabei einhundert Gefangene. Doch muss er sich zwei Tage später verzögert (was sinnlose Opfer kostet) nach Süden zurückziehen, wo er zwei Somme-Überquerungen halten soll. Dies misslingt, weil die angeforderten Verstärkungen ausbleiben und die deutschen Luftangriffe zu stark sind. Schließlich soll er mit seinen Panzern einen deutschen Brückenkopf südlich der Somme eindrücken, der nur von Infanteristen mit Panzerabwehrwaffen gehalten wird. Da viele seiner Panzermänner schlecht ausgebildet sind und die Koordinierung der verschiedenen Truppenteile auch wegen schlechter Funkverbindungen nicht klappt, misslingt auch diese "Schlacht" von Abbeville und

---

15   Roussel. Bd. I, Op.cit. S. 111; Loth. Op. cit. S. 45.
16   Ibid. S. 115.

dem Mont Caubert vom 28. bis 30. Mai, von der er später zur mythenhaften Legendenbildung viel Aufhebens machen wird[17], nach ersten Anfangserfolgen und hohen eigenen Verlusten. Von seinen 140 Panzern werden 106 abgeschossen. Auf den Feldzugsverlauf hatten jene Gefechte nicht den geringsten Einfluss. In nur 10 Tagen Vormarsch hatten die deutschen Truppen bei Abbeville die Kanalküste erreicht, die alliierte Truppen entzweigeschnitten – ein Kriegsziel, das im Ersten Weltkrieg in viereinhalb Jahren nicht gelingen wollte – 1,2 Millionen alliierte Soldaten im Norden abgeschnitten und nach und nach im Kessel von Dünkirchen eingekreist. Paris wurde am 14. Juni besetzt und die größte Militärmacht Europas besiegt.

Über ein Lokalradio kündigt der von den Realitäten und der Misere vor Ort völlig unberührte Brigadegeneral den künftigen Sieg Frankreich mit seinen Panzerdivisionen und Kampffliegern an. Gegenüber dem Leid und Elend seiner Soldaten, die sich tapfer geschlagen haben und ihre gefallenen Kameraden betrauern, ist er völlig mitleidslos. Nach Berichten von Überlebenden beschuldigt er sie, mit denen er sonst nie spricht, herzlos des Verrats und der Materialvergeudung[18]. Keiner von ihnen, weder Offiziere noch Mannschaften, sollten sich je seinem Widerstand anschließen. Schon am 1. Juni – nach einem Krieg, der für ihn in der Führung aktiver Kampfeinsätze gerade einmal 18 Tage gedauert hat – wird er nach Paris gerufen, wo ihm Paul Reynaud, der die Regierung von Daladier übernommen hat, den Oberbefehl über die verbliebene Panzerwaffe oder ein Unterstaatssekretariat im Kriegsministerium anbietet. De Gaulle optiert ohne Zögern für den sicheren Schreibtischjob, wo er sich bei der demoralisierten Armeeführung in den nächsten Tagen weiter mit Memoranden unbeliebt macht, er habe immer recht gehabt und recht behalten. Am 6. Juni wird ernannt und am 18. Juni ist er schon im sicheren London.

Immerhin gab jener subalterne Staatssekretärsposten, den er im Chaos der Niederlage kaum richtig ausfüllen konnte, und der provisorische Rang eines Brigadegenerals, den er auch nur wenige Tage ausübte, ihm für die Zukunft jene dünne Firnis an Legitimation, sich in London „General" und Mitglied einer Regierung nennen zu können, ähnlich wie jeder bessere mexikanische Räuberhauptmann zu Zeiten Pancho Villas, auch wenn er als theoretisierender Schreibtischoffizier nur sehr wenige Jahre als Truppenkommandeur und zeitlebens weniger Gefechtserfahrungen als ein durchschnittlicher Obergefreiter an der Ostfront aufzuweisen hatte.

Schon am Tage seiner Ernennung hatte er um seine Reise nach London angesucht, um mit Churchill, seit sechs Wochen als Nachfolger von Chamberlain britischer Premier, direkt zu verhandeln. Hauptsächlich ging es ihm darum, die Engländer zu bewegen, statt ihr geschlagenes Expeditionskorps von knapp über 300.000 Mann nach England zu evakuieren, lieber in die Bretagne, das von ihm damals favorisierte – im Übrigen durch nichts und niemanden vorbereitete und somit rein fiktive – Rückzugsgebiet („réduit") für ein gemeinsames Aushalten

---

17   Das erinnert ein wenig an die Geschichtsschreibung des Großen Vaterländischen Krieges unter Breschnew, als die Großtaten des damaligen Politkommissars beim Gefecht um Malaja Zemlia (nahe Noworossijsk) eine kriegsentscheidende Bedeutung annahmen.

18   Ibid. S. 121.

zu schicken[19]. Erst später verbreitete er die Version, der Kampf hätte gemeinsam in Nordafrika fortgesetzt werden sollen. Am 9. Juni fliegt er mit wenigen Begleitern vom dem bombardierten Flughafen Bourget bei Paris ab. Im War Office wird ihnen von den Briten, die die Franzosen zum Aushalten ermuntern wollen, versichert, bis zum 25. Juni würden vier neue Divisionen nach Frankreich verschifft. Die Franzosen müssten sie dann nur noch mit schwerem Gerät ausrüsten. Zwischendurch werden per Telefon Hiobsbotschaften durchgegeben: Rouen ist gefallen, der Hafen von Le Havre muss evakuiert werden. De Gaulle bittet Churchill dann um britische Luftunterstützung, wobei ihm dieser bescheidet, die einzig intakte Waffe Englands sei seine Luftwaffe, die sie aber zum Schutz ihrer Rüstungsindustrie und Bevölkerung gegen deutsche Angriffe im eigenen Land benötigten. Als er nach Paris zurückkehrt, kann de Gaulle nur das Scheitern seiner Mission berichten. Frankreich ist sich selbst überlassen.

Am 10. Juni erklärt Italien Frankreich den Krieg. Die Regierung muss Paris verlassen. Im französischen Kabinett wogt die Debatte zwischen den Anhängern eines Waffenstillstands wie dem Armeechef Weygand (der den glücklosen syphilitischen Marschall Gamelin abgelöst hatte) und Marschall Pétain, gegen Regierungschef Reynaud und de Gaulle, die für das Weiterkämpfen sind. Auch bei einer weiteren Konferenz zwischen Churchill und Pétain in Briare gibt es von den Briten nur hinhaltende Absichtserklärungen: 20 bis 25 Divisionen seien im Frühjahr 1941 einsatzfähig.

Intern wurde die Frage einer Evakuierung des französischen Restheeres nach Nordafrika von Admiral Darlan und der Marineführung abschlägig beschieden: Die Transportkapazitäten reichten für Menschen und Material einfach nicht aus. So wurde nur die französische Luftwaffe nach Algier verlegt. Zum Schicksal der französischen Flotte selbst konnte man sich nicht einigen (die Briten sollten einen Großteil mit Mann und Maus in Mers-el-Kébir am 3. Juli 1940 mit 1300 Toten heimtückisch versenken). Doch schien Churchill zu de Gaulles Empörung die nunmehr eigentlich zwingende Vorstellung eines separaten französischen Waffenstillstandes zu akzeptieren[20].

Am 15. Juni fuhr de Gaulle auf einem Kriegsschiff von Brest nach Plymouth noch einmal nach England. Jean Monnet versuchte in dieser Zeit, eine britisch-französische Union improvisiert aus der Wiege zu heben, um den Krieg beider formal fortsetzen können. Doch de Gaulle, der den genialen Waffen- und Cognac-Händler verachtete, hielt dies für einen von Monnet erfundenen Mythos. Er selbst habe diese Idee gehabt, um die französische Regierung noch vor der Unterzeichnung des Waffenstillstandes umzustimmen.[21] Nach dem Rücktritt von Reynaud übernahm in Bordeaux, von Präsident Lebrun beauftragt, sein Stellvertreter Pétain die Regierung. Die Vereinigung mit dem geschlagenen Frankreichs würde die noch unbesetzten Teile des französischen Reiches nach ihrer Meinung zum Status eines britischen Dominiums reduzierte haben. De Gaulles Plädoyer kam vergeblich und das Föderierungs-Projekt sicherlich zu spät.

19   Ibid. S. 133 ff.
20   Ibid. S. 155.
21   Ibid. S. 161.

Schließlich schickte Churchill am 16. Juni General Spears nach Bordeaux mit dem Auftrag, wichtige französische Regierungsmitglieder, wie zum Beispiel Paul Renaud, ins Exil nach London mitzunehmen, da Pétain ein Waffenstillstandsangebot an Hitler abgeschickt hatte, dessen Annahme und Bedingungen noch ausstanden. Doch erklärte sich unter den befragten Politikern niemand dazu bereit, außer dem Unterstaatssekretär de Gaulle, der ohne von seinem Regierungsamt zurückzutreten, mit seiner Familie Spears im Flugzeug begleitete. Weil er dies ohne Genehmigung als Soldat in Kriegszeiten tat, war er rechtlich fahnenflüchtig.

In London angekommen musste sich de Gaulle als eine Ein-Mann-Regierung mit einer Phantom-Armee – und er war kein gekröntes Haupt wie Königin Juliana im Exil – in den nächsten vier Jahren an fünf Fronten durchsetzen:

- Die Anerkennung durch die Alliierten – denn die Amerikaner und Roosevelt selbst präferierten lange Vichy und ihren alten Kriegspartner Pétain (die sich in widrigen Umständen alleingelassen zumeist um die größtmögliche Autonomie von den Deutschen bemühten) als jenen selbsternannten Rebellen, der sie mit seinem autokratischen, egomanischen und antidemokratischen Stil eher an einen größenwahnsinnigen Faschisten wie Mussolini erinnerte.

- Die Ausschaltung aller Rivalen in London und in Algier – auch solcher Militärs höheren Rangs mit wesentlich mehr Truppen und größeren Verdiensten wie General Giraud und Admiral Darlan – sowie nach der Befreiung jener der inneren Résistance, einschließlich der Kommunisten, die im Gegensatz zur äußeren Résistance und zu de Gaulle Kopf und Kragen riskierten.

- Der Kampf um die politisch-rechtliche Legitimität gegen die vom Präsidenten und Parlament ermächtigte Regierung von Vichy und um die Akzeptanz durch die Mehrheit der Franzosen.

- Sichtbare Erfolge der Resistance gegen die deutsche Besatzung, die bis zur Invasion im Juni 1944 auf sich warten ließen und danach viel militärisch sinnloses Blutvergießen auf beiden Seiten verursachte.

- Schließlich als eigentlicher Kriegsverlierer die Anerkennung als eine der fünf großen Siegermächte, der zwar bei den Kriegskonferenzen der Alliierten – wenn überhaupt – nur am Katzentisch sitzen durfte, doch immerhin weiterhin im Sicherheitsrat der UNO der Kriegsgewinner auch als absteigende Mittelmacht einen Dauersitz mit Vetorecht genießt.

Diese denkbar unwahrscheinlichen Erfolge konnte nur eine Ausnahmepersönlichkeit erreichen, die von sich selbst und ihrer historischen Mission jenseits aller Selbstzweifel manisch beseelt war und dafür auch, falls für nötig erachtet, skrupellos und mit wenig Bedauern über Leichen ging. Natürlich haben nur die einzigartig widrigen Umstände des Krieges und der französischen Niederlage de Gaulles Rolle möglich gemacht, ebenso wie jene Churchills. Ohne den Krieg von 1940 wäre de Gaulle heute ein längst vergessener reaktionärer Militärschriftsteller,

der als querulatorischer Oberst spätestens 1950 nach Colombey-les-deux-Églises pensioniert
worden wäre. Das muss ihm selbst in lichten Momenten auch klar gewesen sein, hielt er sich
doch von der göttlichen Vorsehung auserkoren und identifizierte sich offen mit Jeanne d'Arc als
der schicksalshafte Retter Frankreichs – zuerst von der Unterdrückung durch die Deutschen,
später vom Parteienstaat und dann den Angloamerikanern. Doch der Reihe nach …

Im Londoner Exil

Am 18. Juni 1940, also schon am Folgetag der Ankunft, verlas de Gaulle seinen historischen
Aufruf an alle Franzosen zum Widerstand über BBC. Da nur wenige Franzosen ihn wirklich
empfangen und hören konnten, wurde er in seiner Druckversion später noch etwas geschönt.
So wurde der berühmte Anfangssatz „Frankreich hat den Krieg nicht verloren" erst später ein-
gefügt. Auch gab er noch nicht seine Funktion als Chef des Freien Frankreichs an, weil es ihn
als Anspruch oder Organisation noch nicht gab[22]. Ohnehin hatte das Foreign Office Vorbehalte
gegen jene Durchsage, da man es mit der Regierung in Bordeaux, immerhin einem Verbündeten mit dem man noch diplomatische Beziehungen unterhielt, noch nicht verscherzen wollte,
wurde aber von Churchill überstimmt. Schon am 19. Juni verfasst de Gaulle einen Aufruf im
Namen Frankreichs an alle Kommandeure der französischen Kolonialtruppen, sich seinem
Oberbefehl sofort zu unterstellen. Der Aufruf wird von den Briten unterbunden, da man hofft,
dass Mitglieder der Regierung in Bordeaux sich noch nach Nordafrika zum fortgesetzten Widerstand absetzen könnten. De Gaulle wird der Zensur des Foreign Office unterstellt. Am 21.
Juni wird in Compiègne der Waffenstillstand unterzeichnet, der in Vielem den alliierten Bedingungen vom 11.11.1918 ähnelt. Für de Gaulle ist Pétain nun ein „Verräter"[23]. Doch Frankreich
behält seine Regierung in der Freien Zone und braucht im Gegensatz zum Deutschen Reich
damals weder seine Luftwaffe noch seine Flotte auszuliefen. London ist nun bereit zum Bruch
mit Frankreich. De Gaulle darf den Waffenstillstand in der BBC in den stärksten Tönen verurteilen und ein Französisches Nationalkomitee bilden. Damit ist er natürlich noch längst nicht
als Chef einer Exilregierung wie etwa Władysław Sikorski von Polen (bis zu dessen mysteriö-
sen Flugzeugtod im Juli 1943) anerkannt, sondern lediglich Leiter einer Gruppe, die den französischen Widerstand koordinieren soll, und der zudem Probleme hat, Mitstreiter zu finden,
da Persönlichkeiten wie Jean Monnet und André Maurois mit ihm nicht zusammenarbeiten
wollen[24]. Er bleibt also allein und hat für die Briten zunächst nur Propagandawert. Am 26. Juni
ruft de Gaulle zur Bildung einer französischen Freiwilligenlegion auf, die an der Seite der Engländer kämpfen soll. Schließlich überstellt ihm der französische Botschafter in London eine
Urkunde, die seinen Dienstgrad aberkennt, ihn zwangspensioniert und ihm befiehlt sich binnen fünf Tagen im Untersuchungsgefängnis zu Toulouse wegen des Aufrufs zum militärischen
Ungehorsam einzufinden. Dort wird er am 4. Juli zu vier Jahren Gefängnis verurteilt. Später

22   Ibid. S. 184.
23   Loth. Op. cit. S. 57.
24   Roussel. Bd. I. Op. cit. S. 207.

wird ihm die Staatsbürgerschaft entzogen und er am 3. August wegen Fahnenflucht zum Tode verurteilt – in Abwesenheit freilich.

Nach dem unprovozierten, von Churchill lange geplanten Angriff am 4. Juli auf die vor Mers-el-Kébir in Französisch-Algerien liegende Flotte wurden auch alle in britischen Häfen liegenden französischen Schiffe – 86 Kriegsschiffe und 150 Fischkutter – konfisziert und ihre Mannschaften interniert, und das größte französische Schlachtschiff, die Richelieu, im Hafen von Dakar von britischen Flugzeugen bombardiert. De Gaulle, der Churchill mehrfach versichert hatte, Darlan werde seine Flotte nie an die Deutschen ausliefern, ist zunächst rasend vor Wut, beruhigt sich dann aber bald, wie sein Betreuer Spears dem Premier berichtet.[25] Nachdem er die französische Flotte versenkt hatte, beginnt Churchill eine Charmeoffensive. De Gaulle erhält ein schönes Hauptquartier in Carlton Gardens und darf ab dem 14. Juli feierlich mit der Rekrutierung und Ausbildung seiner Truppen mit den von den Briten gestifteten Ausrüstungen anfangen. Von den 30.000 aus Dünkirchen evakuierten Franzosen, den Legionären aus Narvik und den Marinesoldaten der Schiffe meldet sich (Mers-el-Kébir eingedenk) nur ein Bruchteil, obwohl die diplomatischen Beziehungen jetzt abgebrochen sind und Churchill alle pétainistische Propaganda verboten hat. Im August 1940 umfasst de Gaulles Armee gerade einmal 2700 Mann, einige Bataillone also nur, die unter britischem Oberbefehl stehen. Die allermeisten Soldaten, die sich gerade Großbritannien befinden, lassen sich jedoch nach Nordafrika repatriieren. Zu seinem Stab gesellen sich André Dewavrin, ein Professor aus Saint-Cyr, der als Oberst Passy sein folternder Geheimdienstchef wird; ein exzentrischer Vizeadmiral namens Émile Muselier, den er später ausbooten wird; Pierre Messmer, der spätere Premierminister; René Pleven, sein Verbindungsmann nach Washington; Gaston Palewski, ein früherer Mitarbeiter von Reynaud; Jacques Soustelle, ein Ethnologe aus Mexiko, später Gouverneur von Algerien; der linkskatholische Journalist Maurice Schumann; sowie der wichtigste Gefolgsmann: Georges Catroux, der von Vichy entlassene frühere Gouverneur von Indochina, immerhin ein richtiger 4-Sterne-General, der sich unter den Befehl des interimistischen Brigadiers stellt. Doch sind de Gaulle bis Ende 1940 kein einziger Präfekt, kein Ministerialdirektor, kein Botschafter und kein Botschaftsrat gefolgt. Das offizielle Frankreich hält fast geschlossen noch zu Vichy und Pétain.

Um als Befreier Frankreichs glaubwürdig zu sein und nicht als britische Marionette zu erscheinen, braucht de Gaulle eine eigene territoriale Basis. Dies ist auch den Briten klar. Zudem will er unabhängig von ihren Kontrollen operieren. Sein Ziel ist es mit einem franko-britischen Verband Dakar als Brückenkopf zu besetzen und von dort das französische Kolonialreich in Afrika, bevor die Deutschen eingreifen können, aufzurollen. Churchill stimmt zu, zumal er auch den Propagandagewinn der Operation sieht. Vorbehalte der britischen Admiralität werden weggewischt. Die Planung verläuft einigermaßen dilettantisch. Man hat keine aktuellen Informationen über die Küstenbefestigungen von Dakar und besorgt sich die Informationen in Reisebüros. Vor Ort gibt es keine reputierlichen Gaulisten, nur Abenteurertypen. Zu Gouverneur Boisson, der von einem sozialistischen Minister ernannt wurde und anti-deutsch ein-

25   Ibid. S. 219.

gestellt ist, hat man keinen Kontakt. De Gaulle stellt sich die amphibische Operation so vor, das die unter französischer Flagge segelnde britische Flottille von einem Flugzeugträger, sechs Kreuzern, einigen Zerstörern und Transportschiffen auf die Verteidiger einen so machtvollen Eindruck machen würde, dass es genügen würde, dass die 2000 Landetruppen, von denen nur ein Bataillon Fremdenlegionäre und zwei britische Bataillone Marineinfanterie gut ausgebildet waren, mit Flugblättern und patriotischem Geschrei („Vive la France", „Vive de Gaulle", „À bas les Boches") an Land zu gehen bräuchten, um die Verteidiger zum kampflosen Überlaufen zu bewegen. Bei Widerstand würden sie vernichtet und bestraft. Dass zwischenzeitlich die Garnison von Dakar von fünf Kreuzern aus Toulon verstärkt worden war, wurde ohne Reaktion zur Kenntnis genommen. Nach längerer Seereise, bei der auch ein Meutereiversuch niedergeschlagen wurde, kam man am 23. September 1940 vor Dakar an, wo dichter Nebel den Blick auf die machtvolle Armada versperrte. Der Gouverneur lehnte de Gaulles Übergabeforderung ab und ließ durch seine Küstenbatterien und die im Hafen befindliche Kreuzer das britische Feuer erwidern. Ein britischer Kreuzer wurde schwer beschädigt. An eine Landung der kleinen Truppe war nicht länger zu denken. De Gaulle war über das unerwartete Scheitern seiner so dilettantisch geplanten und durchgeführten Aktion so erschüttert, dass er in wochenlange Depressionen stürzte, in denen ihn auch gute Nachrichten, wie der gleichzeitige Beitritt des Tschad, von Kamerun und Kongo-Brazzaville Ende August zum Freien Frankreich nicht trösten könnte. Später bekannte er, dies seien die schlimmsten Momente seines Lebens gewesen, während der er an Selbstmord gedacht habe[26]. Während die Vichy-Propaganda den abgewehrten Landeversuch weidlich ausschlachtete und betonte, de Gaulle habe sein Versprechen gebrochen, nur auf die Feinde Frankreichs und nicht auf Franzosen zu schießen, zogen die Amerikaner aus seinem Unvermögen die Schlussfolgerung, ihn und das Freie Frankreich bei ihren eigenen für 1942 avisierten Invasionsplänen für Nordafrika völlig im Dunkeln und außen vor zu lassen.

Am 8. Oktober 1940 begibt sich de Gaulle über Duala in Kamerun nach Fort-Lamy im Tschad, wo er erneut einen grandiosen Vorstoß seiner wenigen Kolonialtruppen und Fremdenlegionäre in das von Italien gehaltene Libyen plant. Es erfreut auch die Nachricht, dass sein Hauptmann Leclerc und der Korvettenkapitän d'Argenlieu Gabun mit 120 Gefallenen für ihn erobert haben.

Die Briten versuchen indessen General Maxime Weygand, den französischen Oberkommandierenden, aus dem Lager von Vichy zu gewinnen. Auch sucht das Foreign Office weiter de Gaulles aggressive Rhetorik zu bremsen, um Vichy nicht noch mehr an die Seite Deutschlands zu drängen[27]. Denn über Madrid laufen weiter intensive Kontakte. So versprechen die Briten die Versorgungswege aus Nordafrika in die Häfen der Provence nicht zu stören, während Vichy zusagt, der Achse keine Flottenstützpunkte in ihrem verbliebenen Reich einzuräumen. Dazu stört, dass de Gaulles Abgesandte sich aufführen, als seien sie der Repräsentant eines souveränen Staates, der zum Beispiel an der Verteidigungsplanung für den Pazifik zwischen Amerikanern, Briten und Australiern gleichberechtigt beteiligt sein will. Seine eigene Launen,

---

26   Ibid. S. 261; Loth. Op. cit. S. 70.
27   Roussel. Bd. I. Op. cit. S. 267.

einstudierten offenen Wutanfälle und egomanischen Thesen, er sei Jeanne d'Arc, oder nur er allein repräsentiere das ganze Frankreich, stoßen die an gute Manieren und konfliktfreie Zurückhaltung gewohnte britische politische Führung ab, mit der er in London regelmäßig Umgang hat[28].

An de Gaulles Hof in Carlton Gardens finden sich derweil immer mehr Abenteurer und Hochstapler ein, wie sie für Exilgesellschaften typisch sind. Admiral Muselier befördert freihändig seine Freunde in hohe Offiziersränge. Schließlich wird er Opfer einer Intrige, als die Briten ihn wegen fabrizierter Spionagevorwürfe zu de Gaulles Empörung verhaften. De Gaulle verlangt einige britische Einheiten, um Französisch-Somaliland und Dschibuti in die Hand zu bekommen. Als britische Truppen 1941 für dieses Nebentheater nicht abkömmlich sind, glaubt er, die Briten wollten diese Kolonien nach dem Krieg selbst annektieren. Den gleichen Verdacht hat er, als er im Mai 1941 für die Besetzung der Levante vier Divisionen anfordert, die die Briten dringender für den Feldzug gegen Rommels Afrikakorps benötigen. In Syrien sitzen derweil 35.000 gut ausgerüstete Vichy-Soldaten, die keinerlei Anstalten machen zu de Gaulle überlaufen zu wollen. Erst nachdem im Irak ein prodeutsches Regime von den Engländern gestürzt wird und Hitler zum Eingreifen syrisches Territorium benützen will, rückt eine australische Division im Juli nach Damaskus vor. Nach einigen Kämpfen und Bombardierungen lassen sich die meisten Franzosen nach der Zerstörung ihres Geräts nach Frankreich repatriieren. Nur 6100 Mann schließen sich de Gaulle an, der einmal mehr an üble britische Absichten denkt, zumal sie nunmehr Syrien und den Libanon besetzt halten und den rastlosen Einheimischen die baldige Umsetzung von General Catroux' Unabhängigkeitsversprechen in Aussicht stellen. In Beirut erklärte de Gaulle dem US-Generalkonsul, er denke daran, den Briten den Krieg zu erklären[29]. Diese stellen daraufhin die Beförderung seiner Telegramme und die Geheimdienstzusammenarbeit ein. Sie beordern ihn nach London zurück, worauf er sich natürlich nicht einlässt, sondern zu einer Afrikareise aufbricht. In Brazzaville erzählt de Gaulle einem Reporter der Chicago Daily News, die Engländer wollten via Vichy mit Hitler einen Separatfrieden schließen. Nur die Amerikaner würden den Krieg gewinnen. Deshalb biete er ihnen seine Häfen in Nordafrika an. Das am 27. August 1941 erscheinende Interview schlug nicht nur in London hohe Wellen. Churchill erklärte, de Gaulle müsse wohl den Verstand verloren haben.[30] Ohnehin unternimmt er seine Kolonialkampagnen ohne jede Rücksicht und Abstimmung auf alliierte Pläne und verkündet lauthals, es sei ihm völlig egal, ob England den Krieg gewönne, solange nur Frankreich dies tue. Nach seiner Rückkehr nach London lässt Churchill seinen eigenwilligen Bundesgenossen schneiden und verkündet ihm, seiner Ein-Mann-Schau überdrüssig, de Gaulle müsse nun einen Führungsstab bilden, der die Politik des Freien Frankreichs bestimme.[31]

28   Ibid. S. 280.
29   Loth. Op. cit. S. 84.
30   Roussel. Bd. I. Op. cit. S. 320.
31   Ibid. S. 327.

Im Londoner Exil erklärt Pierre Cot, ehemals Luftfahrtminister der Volksfont Léon Blums, de Gaulle für einen Faschisten und befürchtet nach dem Krieg von ihm eine Militärdiktatur in Frankreich. Auch Admiral Muselier rebelliert. Vorwürfe werden laut, de Gaulles Geheimdienst operiere wie eine Art Gestapo. Dennoch gelingt es de Gaulle, ein Nationalkomitee mit pseudo-ministeriellen Verantwortungen zu bilden, in dem unter seinem Vorsitz sechs von acht Mitgliedern seine Gefolgsleute sind[32]. Das war nicht, was die Briten im Sinne gehabt hatten.

Sie erkennen zwar sein Nationalkomitee nicht als Regierung an, doch lassen sie ihn weiter gewähren. Außenminister Anthony Eden erkennt seinen Propagandawert im besetzten Frankreich. Durch die täglichen Propaganda-Ausstrahlungen der BBC repräsentiert sein Name das Freie Frankreich. De Gaulle selbst machte siebzig Radioansprachen während des Kriegs. Auch die Résistance organisierte sich mittlerweile. Ursprünglich nur von ausgemusterten Offizieren und rechten Patrioten getragen, verübten nach dem Bruch des Deutsch-Sowjetischen Abkommens Kommunisten zunehmend Terroranschläge – so der kommunistische „Oberst" Fabien, der als ersten Mord den Seefähnrich Alfons Moser im August 1941 in der Metrostation Barbès erschießt –, die Gegenrepressalien, wie Geiselerschießungen (viele davon Kommunisten und Juden) auslösten. Die KPF versprach sich davon eine verstärkte Repression und eine entsprechende Radikalisierung, die vermehrte Stationierung deutscher Truppen in Frankreich und den Nimbus einer „Parti des fusillés". De Gaulle und die Londoner Führung sahen die Rolle der Résistance jedoch damals noch eher in der Spionage, gelegentlichen Sabotage und Informationsbeschaffung als in der militärisch sinnlosen Ermordung einzelner deutscher Soldaten[33]. In der unbesetzt gebliebenen Freien Zone von Vichy gelang es dem linken Ex-Präfekten Jean Moulin die rechten (Combat) und linken (Libération und Francs-tireurs et partisans (FTP)) Résistance-Gruppen, die alle ihre Autonomie bewahren wollten, soweit zu koordinieren, dass sie nach seinem Besuch bei de Gaulle im Oktober 1941 in London dessen fernen Oberbefehl anerkannten. Er konnte also zufrieden sein und sich auch als Chef eines Gutteils der inneren Résistance darstellen.

Nach dem Beginn der Operation Barbarossa, des deutschen Angriffs auf die Sowjetunion, am 22. Juni 1941 steckte de Gaulle auch diplomatische Fühler nach Moskau aus, zumal Vichy die diplomatischen Beziehungen dorthin abgebrochen hatte, auch um ein Gegengewicht gegen die Angelsachsen zu bekommen. Die Sowjets reagierten positiv, weil sie hofften, er würde deren Kreise nützlicherweise stören, und befahlen der KPF-Spitze, die sich in Moskau im Exil befand, mit ihm zu kollaborieren, um in Frankreich den Bürgerkrieg gegen Vichy vorzubereiten[34]. Demgegenüber gestalteten sich die Beziehungen zu Washington komplizierter. Vichy unterhielt dort weiter eine Botschaft, die von einem Senator und Bürgermeister von Versailles geleitet wurde. Für de Gaulle dagegen arbeitete nur eine Vereinigung namens „France Forever", die von einem befreundeten Parfümhändler geführt wurde, der von den französischen Intellek-

---

32   Ibid. S. 352.
33   Ibid. S. 335.
34   Ibid. S. 375.

tuellen in New York geschnitten wurde und zu niemandem Zugang hatte[35]. Zwar hatte der von ihm entsandte René Pleven, der in London für Wirtschaft und Finanzen zuständig war, bei einem Besuch in Washington Unterredungen mit Henry Morgenthau, Harry Hopkins und Sumner Welles, doch war die US-Führung von Anthony Eden und anderen vorgewarnt worden: De Gaulle halte sich für den Messias und mache mehr Probleme als alle anderen Exilregierungen zusammengenommen. In Vichy wirkte weiter Roosevelts Vertrauensmann Admiral Leahy, der auf den Kriegshelden Weygand setzte und dessen Hauptkontakt Maurice Couve de Murville war, später Außen- und Premierminister des Generals. Ein bizarrer Streit entlud sich um das Neufundland vorgelagerte französische Inselchen Saint-Pierre-et-Miquelon, auf dem sich ein Vichy-Propagandasender befand. Admiral Muselier wollte sie mit seiner Flotte von drei Korvettenschiffen und einem U-Boot im Dezember 1941 befreien. Doch legte Roosevelt sein Veto ein: Die Kanadier sollten dies tun. Einmal mehr reagierte de Gaulle – nicht zu Unrecht – explosiv. Doch ging er in Summe Churchill jetzt so auf die Nerven, dass die Briten beschlossen, ihn und seine Freien Franzosen bis auf Weiteres von der Kriegsplanung auszuschließen und versuchten, ihn in seiner Führungsfunktion auszubooten[36].

Der zweite Plan ging jedoch bald schief, denn Admiral Muselier, von de Gaulles Eigenmächtigkeiten in seiner Marine zermürbt, drohte im Nationalkomitee seinen Rücktritt an, der prompt angenommen wurde. Bei einer zweiten Auseinandersetzung verurteilt de Gaulle ihn zu 30 Tagen Festungshaft, die zwar mangels Festung nicht vollstreckt werden kann, aber de Gaulle ist seinen gefährlichsten militärischen Rivalen im eigenen Lager los. Ohnehin schaffen es weder Briten noch Amerikaner eine geeignete Alternative zu de Gaulle aufzubauen. Da er sie verdächtigt, das französische Kolonialreich unter sich aufteilen zu wollen, fängt de Gaulle an, die Sowjetunion zu befreunden. Zwar verachtet Stalin Frankreich nach seiner Niederlage und bietet ihm nichts. Dennoch trifft de Gaulle im Mai 1942 Außenminister Molotow und offeriert ihm zur Irritation der Briten französische Kampftruppen aus Syrien und 40 Piloten, die spätere Normandie-Njemen-Staffel[37]. Die Spannungen zwischen den Briten und de Gaulle nehmen weiter zu. De Gaulle denkt daran, mit seinen Leuten nach Moskau zu übersiedeln und die Briten daran, ihn auf der Isle of Man zu internieren[38]. Anfang Juni 1942 kam die Nachricht von dem Gefecht von Bir Hakeim, als in der Schlacht von Tobruk eine Infanteriebrigade von Fremdenlegionären die deutsch-italienische Flanke angriff und den Briten half, sich in Richtung El-Alamein abzusetzen. Diese glorreiche Fußnote des Afrikafeldzugs, nach der in Paris auch eine Metrostation benannt ist, trug durch ihre propagandistische Ausschlachtung zur vorübergehenden Ehrenrettung de Gaulles in London bei.

Auch zu der beabsichtigten Besetzung Madagaskars durch die Briten (die kurioserweise Angst vor einer japanischen Besetzung hatten) gibt es Streit, weil man sich über die Beteiligung des Freien Frankreichs an der Inselverwaltung nicht einigen konnte.[39] Die Briten besetzen schließ-

---

35 Ibid. S. 357.
36 Ibid. S. 382.
37 Ibid. S. 404.
38 Ibid. S. 411.
39 Ibid. S. 432.

lich den Haupthafen des Nordens und belassen den Rest der Insel der Vichy-Verwaltung. Churchill wirft de Gaulle vor, eher die Briten statt der Deutschen zu bekriegen. Die Zusammenarbeit beider Geheimdienste wird beendet, und de Gaulle überlegt sich, von London nach Zentralafrika auszuweichen[40]. Da erkennt Moskau Ende September 1942 sein Nationalkomitee an, obwohl die sowjetische Führung ihn für einen französischen Imperialisten hält[41].

Am 8. November 1942 landen die Amerikaner mit ihrem britischen Juniorpartner an der marokkanischen und algerischen Küste. Wie schon im Pazifik ist dank ihrer Material- und Ressourcenüberlegenheit das Gesetz des – freilich sehr langsamen – Handelns zu ihnen gewechselt. Sie können zuschlagen, wo sie wollen und fragen niemanden um Erlaubnis, auch de Gaulle nicht. Der ist so verbittert, dass er hofft, die Vichy-Truppen würden sie ins Meer werfen[42]. Tatsächlich erwarteten die Amerikaner nach den Kontakten ihres Botschafters in Vichy, Admiral Leahy, und des US-Konsuls in Algier nach den ersten schweren Kämpfen bei Algier, Oran und Casablanca eine Verhandlungslösung mit Vichy, bei der de Gaulle nur stören würde. Nachdem die Generäle Weygand und Giraud, der nach seiner Flucht aus der Kriegsgefangenschaft in Königstein von den Amerikanern mit einem U-Boot angelandet worden war, abgesagt hatten, hofften sie auf Admiral Darlan, der als ranghöchster Offizier der französischen Truppen Nordafrikas am 2. Dezember 1942 die Seiten wechselt und gegen den Willen Pétains (dessen Reststaat nun von Deutschland besetzt wird) den Waffenstillstand mit ihnen unterzeichnet. Solange er ihnen nützlich ist, scheint die Amerikaner wenig zu stören, dass er von Februar 1941 bis April 1942 Regierungschef von Vichy war und alle Entscheidungen dort mitgetragen hatte. Faktisch wird er wie ein Gefangener gehalten, während die Briten auf seine Beseitigung sinnen[43], da er mit seinen Truppen als vorläufiger Hochkommissar ein unabhängiges Machtzentrum und gleichzeitig den gefährlichsten Rivalen für das Londoner Nationalkomitee darstellt. Am 24. Dezember 1942 fällt Darlan einem Mordanschlag zum Opfer. Der Attentäter, ein junger Student mit angeblich monarchistischen Neigungen, wird sofort abgeurteilt und am Folgetag erschossen. Doch zeigen alle Wege, mitwirkende Unterstützer und die Finanzierung des Verbrechens nach London, wo auch de Gaulle über das Ende seines Rivalen, den er für einen zu liquidierenden Verräter hielt, nicht unglücklich ist[44]. Zunächst versuchte man propagandistisch den Mord der Achse anzuhängen[45]. Doch meinen auch Beevor und Cooper: „Die Gesamtbeweislast weist stark auf ein gaullistisches und royalistisches Zusammenspiel, an dem die Briten mitwirkten."[46]

In Algier

Als militärischen Nachfolger für Darlan bestimmen die Alliierten General Giraud – ein neuer Rivale für de Gaulle, der ihn aber als reinen Soldaten politisch für weniger gefährlich hält.

---

40   Ibid. S. 435.
41   Ibid. S. 460.
42   Ibid. S. 438.
43   Ibid. S. 464.
44   Ibid. S. 476.
45   Rick Atkinson. An Army at Dawn. The War in North Africa 1942–1943. New York 2002. S. 253
46   Anthony Beevor und Artemis Cooper. Paris. After the Liberation: 1944–1949. London 1995. S. 24.

Die Briten schlagen eine Art Doppelspitze beider in einem „Französischen Rat für Afrika" vor, die für de Gaulle nicht akzeptabel ist, bis Churchill ihm androht, ihm in London Strom, Nahrungsmittel und Wasser abzudrehen (was die Amerikaner schon lange vorgeschlagen haben)[47]. Giraud dagegen wird von den Amerikanern mit Waffen, Munition und Treibstoff versorgt. Sie sind also beide in gleichem Masse von ihnen abhängig. De Gaulle, der die Amerikaner als neuen Hegemon ablehnt, versucht Giraud in eine reine militärisch ausführende Rolle, der unter dem Diktat der Angelsachsen nicht viel Luft haben würde, zu relegieren und sich selbst als politischer Hochkommissar den Oberbefehl und politische Autonomie zu reservieren. Bei der Konferenz in Anfa, einem Vorort von Casablanca, im Januar 1943 zwingt Roosevelt beide sich vor laufender Kamera die Hand zu geben[48]. Für Churchill und Roosevelt ist Henri Giraud sicher der leichtere Partner. Von de Gaulles anti-britischer und anti-amerikanischer Grundeinstellung sind sie ebenso überzeugt wie von seinem egoistischen, skrupellosen und irrationalen Charakter, von dem sie sich in langen entnervten Memoranden immer wieder berichten. Aber Scherze, ihn Frankenstein zu nennen, oder wie für die Jungfrau von Orleans müsse man nur noch die Bischöfe finden, um ihn lebend zu verbrennen, oder Roosevelts Plan ihn zum Gouverneur von Madagaskar zu machen, helfen ihnen auch nicht. Das Argument von de Gaulle und seinen Gefolgsleuten ist, nur er kontrolliere den Inneren Widerstand und könne dank seines politischen Einflusses den künftigen Bürgerkrieg in Frankreich verhindern. Sein Rivale Giraud sei dagegen ein Antidemokrat und in Nordafrika den reaktionären Einflüssen von Vichy unterworfen.[49] Jean Monnet wird deshalb von den Amerikanern beauftragt, General Giraud Nachhilfe in demokratischer Rhetorik zu geben (bis Monnet im Juni 1943 selbst zu den Gaullisten überläuft). Andererseits meinte Churchill, de Gaulle sei mit seinen faschistischen und diktatorischen Neigungen einzig in der Lage den Kommunisten Paroli zu bieten[50], womit er Recht behalten sollte! Zu Gunsten der Taktik von Roosevelt lässt sich sicher argumentieren, der Weg von Darlan über Giraud habe in Nordafrika unter den Franzosen einen potentiellen Bürgerkrieg verhindert, denn die örtlichen Colons waren wie alle Diaspora-Franzosen (z. B. auch in Québec) konservative und katholische Anhänger von Vichy, die mit de Gaulle und den Kommunisten nichts im Sinn hatten (und deshalb von de Gaulle 1962 ohne viel Skrupel an die FLN verraten wurden). Deshalb hätte de Gaulle ihm als Wegbereiter eigentlich dankbar sein können[51] – was er natürlich nie war.

Vor der Bildung des gemeinsamen Nationalkomitees in Algier im Juni 1943 lässt de Gaulle alle ehemaligen Vichy-Offiziere, die in Nordafrika gedient haben, verdrängen. Dann setzt er wie schon in London eine ihm hörige Mehrheit durch, um schließlich die absolute Unterordnung des Militärischen, d. h. von Giraud, der de Gaulle von Gangstern und Glücksrittern umgeben sieht, durch seine politische Führung zu verlangen. Roosevelt tönt laut, er habe Nordafrika nicht erobern lassen, um es de Gaulle zu überlassen. Es dürften im US-besetzten Gebiet kei-

---

47 Roussel Op. cit. S. 484.
48 Atkinson. Op. cit. S. 292.
49 Roussel. Op. cit. S. 495.
50 Ibid. S. 520.
51 Beevor, Cooper. Op. cit. S. 25.

ne zivilen Entscheidungen ohne US-Genehmigung fallen. Auch werde man weiter direkt mit den Verwaltungen der einzelnen Kolonialgebiete verhandeln und nicht über Algier oder gar London gehen. Die USA lassen dann aber die gaullistische Übernahme der französischen Armee doch zu. Auf die Kampagne der an der Seite amerikanischer und britischer Einheiten operierenden französischen Truppen gegen den großen deutsch-italienischen Brückenkopf in Tunesien vom Februar-Mai 1943 haben gaullistische Offiziere freilich noch keinen Einfluss. Sie waren alle noch von Weygands Männern befehligt[52]. Interessant sind die Bewertungsunterschiede der jeweiligen Kriegsgeschichten. Während auf der französischen Seite vom kampfentscheidenden Heroismus der 75.000 Kämpfer die Rede ist, sprechen US-Berichte von 35.000 miserable ausgerüsteten und untermotivierten Leuten, denen von Stiefeln und Munition bis zu Panzerabwehrwaffen und Zugmaschinen alles fehlte und die immer nur Hilferufe aussandten, um irgendwo in den Bergen vor den Deutschen gerettet zu werden[53], in anderen Worten einigermaßen nutzlos und kontraproduktiv waren. Bei der Invasion von Sizilien im Juli 1943 waren dann wenig überraschend keine französischen Truppen mehr beteiligt. Die historische Wahrheit liegt wahrscheinlich irgendwo in der Mitte.

Mit der Verhaftung von Jean Moulin durch die Gestapo im Juni 1943 verliert de Gaulle seine Kontrolle über große Teile der inneren Résistance, da Moulin die größten Gruppen zusammengehalten und lose koordiniert hatte. Mit seinem Tod bestehen ihre Chefs wieder auf ihrer Autonomie und verbitten sich Befehle aus dem sicheren London, zumal auch die Kommunisten sich über den General keine Illusionen machen und ihn weiter für einen Reaktionär und verkappten Faschisten halten. Mühsam gelingt es Georges Bidault, dem christdemokratischen Nachfolger Moulins, den Draht zwischen de Gaulle und den Kommunisten wieder herzustellen. Wie in de Gaulles Verhältnis zu Moskau, dem er die Zukunft Frankreichs an der Seite der Sowjetunion verspricht[54] (denn die Briten würden sich auf ihre Insel zurückziehen), ist die Zusammenarbeit stets taktisch und von gegenseitigem Misstrauen geprägt. Jeder versucht den anderen zu betrügen, um ihn am Ende an die Wand zu drücken. Auch den Westalliierten blieb das durchsichtige Schaukelspiel des Generals nicht verborgen, zumal man sich gegenseitig nach Kräften bespitzelte.

In Algier, wo er erstmals wieder länger mit Frau und Tochter zusammen ist, hat de Gaulle jetzt, was ihm bislang immer fehlte: Einen territorialen Embrionalstaat, eine Verwaltung für die Kolonien, eine provisorische Regierung, die von vielen Commonwealth-Ländern und der Sowjetunion anerkannt wurde, und sogar eine kleine provisorische beratende Versammlung von 84 Mitgliedern, von denen vierzig aus der Résistance und zwölf aus Exilgruppen stammten, sowie zwölf Generalräte und zwanzig tatsächlich gewählte Abgeordnete des Vorkriegsparlamentes waren, wo sie zu jener kleiner Minderheit gehört hatten, die nicht für die Bevollmächtigung von Pétain gestimmt hatten. Sie war notgedrungen sehr linkslastig und gegenüber Vichy-Leu-

52   Roussel. Op. cit. S. 544.
53   Rick Atkinson. An Army at Dawn. The War in North Africa 1942–1943. New York 2002. S. 303. Die anglo-amerikanische Einschätzung der Franzosen entsprach also in etwa jener der Deutschen gegenüber den Italienern in Nordafrika.
54   Roussel. Op. cit. S. 551.

ten rachsüchtig, hatte aber mit einem ausgiebigen Fragerecht bestenfalls die Kompetenzen eines Bezirksparlamentes. In seiner umgebildeten Regierung saßen unter anderem René Pleven, General Catroux, René Capitant, Pierre Mendès France und Henri Queuille (der Ziehvater Chiracs), Henry Frenay (der spätere Chef Mitterrands, der von ihm ausgebootet werden sollte), die alle in der IV. Republik noch eine wichtige Rolle spielen sollten. An de Gaulles Seite war auch Couve de Murville gekommen, der Anfang 1943 noch Vichys Direktor für den Devisenhandel und Fremdwährungen war und 1968 sein letzter Premierminister werden würde. Giraud wurde von de Gaulle bis zu seinem Rücktritt im April 1944 nach und nach ausgeschaltet, zumal er die Korsen mit Hilfe der Briten bewaffnete, ohne de Gaulle als seinen Regierungschef um Genehmigung zu fragen, was diesen neuerlich erzürnte.

Im August 1943 setzte sich der ehemalige Innenminister von Vichy, Pierre Pucheu, leichtfertig auf ein Ehrenwort und einen Geleitbrief Girauds vertrauend über Spanien nach Nordafrika ab. Er wurde jedoch auf Druck der kommunistischen Parlamentarier und ihrer Agitation bald verhaftet und erhielt einen Schauprozess, bei dem er prompt zum Tode verurteilt und am 22. März 1944 erschossen wurde. Auch de Gaulle hatte ein Interesse an diesem Prozess, ging es ihm doch darum, das Vichy-Regime ab dem Waffenstillstandsabkommen als grundsätzlich illegitim und seine eigene Herrschaft als die einzig legale ab initio urteilen zu lassen. Insofern war jeder ehemals führende Repräsentant von Vichy, auch wenn er überlaufen wollte, ein todeswürdiger Verräter, dem er die Begnadigung verweigerte[55]. Die verbliebenen Vichy-Leute wussten nun auch, was ihnen blühte.

Inzwischen laufen in den USA Planungen für die Nachkriegsordnung für das zu befreiende Frankreich an. Roosevelt, der auch in Frankreich und de Gaulle das Übel des Nationalismus sieht, den es in Europa auszulöschen gilt, will eine lange US-Besetzung, mit freien Wahlen am Ende, die zu einer legitimen Regierung zu führen[56], und nicht de Gaulles Nationalkomitee wie in Algier an die Macht bringen. Auch für eine künftige europäische Föderation, die nicht nur im State Department sondern auch von Föderalisten in Exilregierungen wie dem Belgier Paul-Henri Spaak befürwortet werden[57], passt der nationale Chauvinist de Gaulle nicht ins Bild. Zudem ist de Gaulles Kriegsziel eines wiedererstandenen französischen Kolonialreiches nicht mit der Entkolonialisierungsideologie Roosevelts vereinbar. Für Marokko stellt er ihr Protektoratsmandat in Frage. In Indochina werden die Amerikaner 1945 auf Roosevelts Befehl alles tun, um die Rückkehr der Kolonialmacht zu sabotieren. US-Politiker und -Medien ergötzen sich an Annexionsplänen für Neukaledonien (das Roosevelt noch 1944 den Australiern und Neuseeländern vermachen will), und den Antilleninseln sowie an Dakar als US-brasilianischer Luftwaffen- und Marinestützpunkt[58], Dinge, die sie ihrem britischen Bundesgenossen, der wertvollere und strategisch interessantere Kolonien besitzt, natürlich nicht zumuten.

---

55   Ibid. S. 577.
56   Ibid. S. 567.
57   Ibid. S. 568.
58   Ibid. S. 590.

Im Winter 1943–44 wurde bekannt, dass de Gaulles Geheimdienst unter Oberst Passy Franzosen, die vom Festland kamen, oft in London gefangen hielt und sie in ihren Kellern der Duke Street bei Verdacht folterte. Unter den mit dem Leben davongekommen klagte dann ein gewisser Dufour. Zu de Gaulles Empörung war das peinliche parlamentarische und transatlantische Medienecho über die Gestapo-Methoden seiner Leute beträchtlich[59]. Eden befürchtete nach der Hinrichtung von Pucheu die Wiederholung von kommunistisch inspirierten Scheinprozessen im befreiten Frankreich[60]. Kurzum man hielt de Gaulle und seine Leute für verantwortungslos und regierungsunfähig. Auf Roosevelts Befehl wurden die Vorbereitungen für ein Allied Military Government of Occupied Territories (AMGOT) in Charlottesville (Virginia) beschleunigt. Die bisherigen Ortsbehörden mit ihren Leitern sollten bestehen bleiben. Sogar die Geldscheine für das US-Besatzungsregime für Frankreich wurden schon gedruckt, die de Gaulle verbittert Falschgeld nannte.

Von den Invasionsvorbereitungen für die Normandie, für die die USA eine Million Mann mobilisieren, wird de Gaulle absichtsvoll ausgeschlossen. Das Gros der französischen Truppen – gerade einmal 2000 Kampftruppen – stehen im April 1944 in Italien unter General Juin an der Front. Diese sollen nach der Besetzung Korsikas für die nachrangige Landung von Jean de Lattre de Tassigny am 15. August in der Provence eingesetzt werden und als „1. Armee" entlang des Rhonetals nach Norden vorstoßen. Auf de Gaulles Drängen bequemen sich die Amerikaner eine Division, die aus einem zusammengewürfelten Haufen von 16.000 Kolonialtruppen, Fremdenlegionären, Seeleuten, Spanienveteranen und Abenteurern zusammengestellt wird, von Rabat heranzuführen, um sie als 2. Panzerdivision (2e DB) unter dem Kommando von Philip Leclerc in amerikanischen Uniformen und mit US-Sherman-Panzern unter dem Oberbefehl von Eisenhower in einer nur symbolisch gedachten Funktion einzusetzen. Jene Division machte also gerade einmal 1,6 % der gesamten alliierten Truppenstärke der Invasionstruppen aus. Wenn man der bald einsetzenden gaullistischen Propaganda glauben will, hat sie zusammen mit der Résistance, die nur in den Alpen und im Zentralmassiv hinter den deutschen Linien militärisch eine gewisse Rolle spielte, indem sie den Nachschub sabotierte und den Rückzug behinderte, Frankreich allein befreit.

Vor der Invasion am 6. Juni 1944 soll de Gaulle nach Eisenhower eine Radioansprache zum französischen Volk halten. Er weigert sich und zieht in seinem Zorn auch 200 Verbindungsoffiziere ab. Schließlich hält er doch über BBC eine schöne Ansprache, die alle Franzosen zum Kampf aufruft. Am 14. Juni darf er auf dem Zerstörer „La Combattante" die Invasionsfront und Montgomerys Hauptquartier besuchen. Er setzt, von der Bevölkerung begeistert begrüßt, in der unzerstört gebliebenen historischen Kleinstadt Bayeux auch gleich seinen Kommissar der Republik für die befreiten Gebiete der Normandie ein. Mit jenem fait accompli hat er die Schlacht gegen AMGOT mit einem Meisterstreich schon halb gewonnen.

---

59   Ibid. S. 586.
60   Ibid. S. 591.

Im befreiten Paris

Nun gilt es die Schlacht um Paris gegen die Kommunisten zu gewinnen. Dabei sollte Leclercs 2e DB, die am 1. August unangefochten anlandete, gegen den Willen Eisenhowers freilich eine entscheidende Rolle spielen. Der 29-jährige „General" Jacques Chaban-Delmas hatte von de Gaulle die strenge Anweisung erhalten mit seinen gaullistischen Milizen dafür zu sorgen, dass in Paris ein voreiliger Aufstandsversuch, den die Kommunisten aktiv betrieben, unterblieb. Das Risiko war dreifach: Würde der Aufstand von Wehrmacht und SS niedergeschlagen, drohte Paris das Schicksal von Warschau. Wäre er erfolgreich, drohte durch die kommunistische Kontrolle von Paris der landesweite Bürgerkrieg und eine Machtergreifung der Kommunisten, sowie als Alternative die de Gaulle ebenfalls feindlich gesonnene Herrschaft der Okkupanten, des AMGOT. Alles schloss eine künftige Rolle Frankreichs als Siegermacht kategorisch aus. Die Kommunisten kontrollierten mit den Franc Francs-tireurs et partisans (FTP) die stärkste bewaffnete Widerstandsgruppe, die Gewerkschaften und die Untergrundpresse. Der kommunistische Aufstandsplan war bekannt. Die Stadt würde durch einen Generalstreik, der auch Bahn, Post, Metro, E-Werke und die Polizei umfassen würde, lahmgelegt, Massendemonstrationen würden die Bevölkerung radikalisieren, Barrikaden an den Seinebrücken und wichtigen Kreuzungen errichtet und bewaffnet besetzt werden, anschließend alle wichtigen öffentlichen Gebäude: Bürgermeistereien, Kommissariate, Bahnhöfe, Telefonzentralen, Kasernen besetzt, die Gefängnisse befreit, und die Besatzer in blutigen Straßen- und Häuserkämpfen besiegt und anschließend die Kollaborateure in kurzen Volkstribunalen gerichtet werden[61]. Paris hat seit 1789 über 1830 und 1871 Erfahrung mit solchen Volkserhebungen, weswegen die Ministerien und Paläste denn auch wie innerstädtische Festungen gebaut sind, in denen sich die deutschen Kampftruppen, nach dem rechtzeitigen Absetzen der Verwaltungsstäbe, von Gestapo, SS und SD nach Osten[62], auch provisorisch verschanzt hatten.

Zweitens will de Gaulle auch verhindern, dass Pierre Laval, der Regierungschef sowohl in der III. Republik wie auch in Vichy war, zusammen mit Édouard Herriot, bis 1940 Präsident der Nationalversammlung, nach Paris die Abgeordneten einberuft und mit dem Segen Roosevelts wieder eine parlamentarische Regierung errichtet, die de Gaulle verabscheut und bei der er natürlich das Nachsehen hätte.[63] Laval wurde dann nach einem Schauprozess im Oktober 1945 im Gefängnis von Fresnes erschossen.

Nachdem die Gaullisten den Beginn des kommunistischen Aufstands am 20. August 1944 nicht vereiteln konnten, übernehmen sie im Handstreich das zentrale Polizeikommissariat auf der Île de la Cité und haben somit einen entscheidenden innerstädtischen Stützpunkt. Dann verhandeln sie über Vermittlung des schwedischen Konsuls mit dem deutschen Stadtkommandanten General Dietrich von Choltitz einen Waffenstillstand, auch um den deutschen Angriff auf ihr Polizeipräsidium, den sie verloren hätten, abzubrechen. Choltitz hat zwar von Hitler

---

61   Larry Collins, Dominique Lapierre. Brennt Paris? Bern, München 1964. S. 24.
62   Ibid. S. 73.
63   Charles de Gaulle. Mémoires de Guerre. L'unité 1942–1944. Plon. 1956. S. 360.

den üblichen Befehl des Kampfs bis zur letzten Patrone und der verbrannten Erde erhalten, überlasst es aber weiter der US-Luftwaffe auf den Bahnhöfen, Hafenanlagen und Industriezentren in Paris die schlimmsten und blutigsten Kriegsschäden anzurichten. Zudem weiß er nicht, dass zwei SS-Divisionen im Anmarsch sind. An eine aussichtsreiche langfristige militärische Verteidigung des von Hitler verlangten, überdehnten, südlichen äußeren Gürtels ist für ihn daher nicht zu denken. Die kommunistische FTP mit ihren Führern, den „Obersten" Rol-Tanguy und Pierre Fabien, denken jedoch nicht daran, sich an den vereinbarten Waffenstillstand zu halten, sondern verlangen von ihren Leuten den fortgesetzten Kampf[64]. Nun war es entscheidend, dass reguläre Truppen nach Paris vorstießen, denn bei den allgemeinen Schießereien und Straßenkämpfen mit undisziplinierten Banden und ihrer Ermordung von Kriegsgefangenen war an eine deutsche Übergabe nur an reguläre Truppen zu denken[65]. Eisenhower, wie immer von der Logistik beherrscht, wollte jedoch nicht seinen gemächlichen Umfassungsplan für Paris aufgeben. Gegen seinen Befehl rückt nun auf Geheiß von de Gaulle Leclercs 2e DB in Eilmärschen von Südwesten auf Paris vor. Gleichzeitig werden trickreich Waffenabwürfe für die FTP verzögert, denen bald die Munition ausgeht. Die Gaullisten mobilisieren ihre Force Gouvernementale, die aus ihren Waffenverstecken bewaffnet das Matignon für eine provisorische Regierung besetzt, bereit sowohl gegen Deutsche wie gegen Kommunisten zu kämpfen. Ein Schattenkabinett von Stellvertretern steht bereit, um zu amtieren, bis die richtige provisorische Regierung, deren Abflug aus Algier von den Amerikanern auf Weisung des State Departments verzögert wird, eintrifft[66]. De Gaulle selbst trifft im Gefolge von Leclercs, sowie etlicher abgezweigter amerikanischer Divisionen in Paris ein, und nimmt im Kriegsministerium in der Rue Saint-Dominique, in dem er vier Jahre zuvor als Staatssekretär einige Tage lang gewirkt hatte, Quartier[67]. Seine Doktrin war, die französische Regierung habe in den letzten vier Jahren unter seiner Führung ohne Unterbrechung geherrscht. Der Waffenstillstand und die Verordnungen von Vichy seien von Anfang an null und nichtig gewesen. Keinesfalls würde er hier von den Amerikanern oder einem Volksaufstand inthronisiert. Er begrüßt am 25. August 1944 vom Rathausbalkon die jubelnden Volksmassen (die seiner Meinung nach die gleichen sind, die Pétain ein halbes Jahr zuvor im April 1944 begrüßt hatten) als Regierungschef, ignoriert die Vertreter der Widerstandsbewegung und hat für die Westalliierten kein Wort des Dankes und der Anerkennung: Paris habe sich selbst allein befreit. Ungeachtet möglicher Gefahren – hie und da wird immer noch geschossen – marschiert er vor allen Regierungs- und Résistancevertretern inmitten von angeblich zwei Millionen Menschen den Élysée herunter und lässt sich zum Dankgottesdienst zur Notre-Dame fahren. Fünf Siegesparaden lässt er in der Folge allein in Paris abhalten: Alle mit US-Panzern und US-Kampffliegern, die mit US-Treibstoff befeuert werden.

64   Collins, Lapierre. Op. cit. S. 157.
65   Beevor, Cooper. Op. cit. S. 45.
66   Collins, Lapierre. Op. cit. S. 185.
67   Das Élysée, das seit der Okkupation im Juni 1940 leer stand, wurde erst 1947 von Präsident Vincent Auriol wieder bezogen. François d'Orcival. Élysée sous l'Occupation. Perrin/Tempus. 2017.

Um den Amerikanern keinen Vorwand für ihr AMGOT-Projekt zu liefern, befiehlt er die Eingliederung der FFI-Partisanen in die reguläre Armee und die Ablieferung ihrer Waffen und Munition. Denn in Bälde müssen die meisten seiner und der alliierten Truppen Paris wieder verlassen, um sich weiter bis zum Rhein vorzukämpfen. Derweil herrschen auf den Straßen, Hinterhöfen und in den von den Kommunisten übernommenen Gefängnissen und Lagern wie dem Vélodrom d'Hiver, Drancy und Fresnes weiter Terror, Denunziationen, willkürliche Verhaftungen, Lynchmorde, Folter und Plünderungen, oft begangen von kriminellen Banden und Kollaborateuren, die in der letzten Minute zu Widerständlern wurden, einschließlich vieler Gendarmen, die eine KPF-Mitgliedskarte als neue Lebensversicherung erwarben[68]. Diese „wilden Säuberungen", die einschließlich der summarischen Todesurteile der Volksgerichte, zwischen 11.000 bis 15.000 Opfer forderten, dauerten bis August 1945 an, bevor sie abflauten[69]. Doch auch der Geheimdienst der Gaullisten, die Brigade de Surveillance du Territoire, praktizierte Gestapo-Methoden, die in den anschließenden Indochina- und Algerienkriegen bis 1962 nahtlos fortgesetzt werden sollten.

Die Frage nach dem Ausmaß der kommunistischen Gefahr stellt sich. Stalin wollte im Sommer 1944 keine Probleme mit den misstrauischen Westalliierten, sondern den fortgesetzten Nachschub von Munition, Treibstoff, Nahrungsmitteln und Waffen. Zudem befürchtete er einen Separatfrieden der Imperialisten mit den Faschisten, oder schlimmer noch, ihr gemeinsames Vorgehen gegen die Sowjetunion. Die Situation Frankreichs und der ihm hörigen französischen Genossen war demgegenüber nachrangig. Die KPF-Kader bekamen deshalb Anweisung, von offen revolutionären Aktionen, wie der Besetzung von Ministerien, abzusehen und stattdessen Schlüsselstellungen der Staatsverwaltung und strategischer Betriebe mit ihren Kadern zu unterwandern, die alte Elite zu diskreditieren, mit Prozessen einzuschüchtern und ihre Stellen mit Sympathisanten zu besetzen.[70] Unter den Gewerkschaften wurde die CGT erfolgreich unterwandert und bis zur Stunde gleichgeschaltet. Im Kulturbetrieb wurde der „progressime" KP-naher Intellektueller, Journalisten und Künstler unter Führung des Stalinisten Louis Aragon die herrschende Doktrin. In den Großbetrieben wurden die Eigner und Führungskräfte, die mit den Deutschen notwendigerweise zusammenarbeiten mussten, wie zum Beispiel Marius Berliet in Lyon verhaftet und Louis Renault in Fresnes getötet und ihr Besitz enteignet. Überall wurden Straßen und in Paris Metrostationen nach ihren Résistance-Helden umbenannt. Mit der „Humanité" als Kern wird in ganz Frankreich mittels enteigneter Verlage ein Zeitungsreich aufgebaut[71]. Die herrschende Ideologie wurde über Nacht jener pro-kommunistische „progressisme", der mit Vertretern wie Jean-Paul Sartre, der in der Besatzungszeit unangefochten seine Stücke aufführen konnte, die gesamte Nachkriegszeit dominieren sollte[72].

Erst am 23. Oktober 1944 wurde de Gaulles provisorische Regierung von den Alliierten anerkannt. Christdemokraten wie Georges Bidault im Außenministerium stellen die meisten

68   Beever, Cooper. Op. Cit. S. 35.
69   Ibid. Op. cit. S. 98.
70   Ibid. S. 65.
71   Ibid. S. 243.
72   Ibid. S. 119.

Minister. Die Helden der ersten Stunde in London erhalten nur noch zweitrangige Posten: René Pleven als Kolonialminister, Henri Catroux als Vizeminister für Nordafrika und unter den ehemaligen Chefs der inneren Résistance wird Henri Frenay Minister für Kriegsgefangene. Die anderen Minister – Radikale, Sozialisten und Kommunisten – entsprangen zwar auch der Résistance, hatten dort aber keine Führungsfunktionen gehabt. Das Muster ist klar: Alle potentiellen Rivalen sehen sich reduziert, alle alternativen Machtzentren in möglichst subalternen Funktionen eingebunden. Ohnehin hatten die Minister wenig Einfluss. De Gaulles Meinung stand meist schon vor den Kabinettssitzungen fest. Haupteinflüster war sein Kabinettchef Gaston Palewski. De Gaulle sieht sich mehr denn je von seiner nationalen historischen Mission erfüllt und bestätigt, die mit einem normalen politischen Ehrgeiz nichts gemein hat. So meint er denn: „Ich verachte jene, die mir dienen, und die, die mir widersprechen, ertrage ich nicht"[73]. Dass es noch einen im Jahre 1932 erstmals und 1939 wiedergewählten unbescholtenen Präsidenten namens Albert Lebrun gibt, dessen Amtszeit noch bis zum 10. Juni 1946 läuft, scheint den ehemaligen Staatssekretär überhaupt nicht zu stören. Als provisorischer Regierungschef maßt de Gaulle sich zugleich die Funktionen eines Staatsoberhauptes, einschließlich des Gnadenrechts, an.

Die Kommunisten vermeiden den offenen Kampf mit de Gaulle, mit dessen Popularität sie rechnen müssen. In Wirtschaftsfragen, Nationalisierungen und einer zentralen Wirtschaftsplanung, sind sie ohnehin einer Meinung. In den Regionen und in den Betrieben setzen sie auf Volksfrontstrategien mit den üblichen „nützlichen Idioten". Im Oktober 1944 musste sich KP-Chef Maurice Thorez im Gegenzug für eine Amnestie von seiner Fahnenflucht von 1939 nach Moskau verpflichten, seine Milizen aufzulösen. Um dem Banditismus und der Selbstjustiz der verbliebene FFI-Einheiten Einhalt zu gebieten, bei dem sich ehemalige Spanienkämpfer und Kriminelle, die sich als Kommunisten ausgaben, vor allem im Südwesten in der Gegend von Toulouse, wo nach dem deutschen Rückzug ein Machtvakuum entstanden war, besonders auszeichneten, setzte de Gaulle energisch auf die Wiederherstellung der staatlichen Ordnung. Dabei musste er notgedrungen auf ausgebildete Verwaltungskräfte, Bürgermeister, Rektoren, Polizeibeamte und Richter zurückgreifen, die während des Krieges vor Ort geblieben, natürlich Vichy gedient hatten. Damit gewinnt er die Loyalität des Bürgertums, das sich von der allgemeinen Gesetzlosigkeit bedroht fühlte[74]. Die Todesurteile der Volksgerichte, die mit den Säuberungen beauftragt wurden, mussten de Gaulle als Regierungschef zur Bestätigung bzw. zur Begnadigung zu lebenslanger Zwangsarbeit vorgelegt werden. Von 1554 Todesurteilen begnadigte er 998 Verurteilte (64 %) und bestätigte den Rest. Seine Kriterien waren nicht immer klar. So ließ er einen Schriftsteller, Robert Brasillach, den er wenig schätzte, trotz aller Intelektuellenplädoyers, erschießen, dazu alle, die in deutschen Uniformen gedient hatten, jedoch keine Frauen. Oft jedoch wurden Begnadigte von den örtlichen Milizen in ihren Zellen kurzerhand umgebracht[75].

73   Roussel. Op. cit. S. 681.
74   Roussel. Op. cit. S. 650.
75   Roussel. Op. cit. S. 690 f.

Obwohl die Armee von Vichy 1943 aufgelöst wurde und viele seiner Gefolgsleute wie Leclerc, Lattre de Tassigny und Thierry d'Argenlieu in jungen Jahren in Siebenmeilenschritten in Generals- und Admiralsränge befördert worden waren, entschloss sich de Gaulle, die alte Armee wieder entstehen zu lassen. Um als Siegermacht zu erscheinen, musste seine Armee möglichst schnell möglichst umfangreich werden. 120.000 von 400.000 Resistance-Kämpfern wurden übernommen. Dazu benötigte man allerdings amerikanisches Gerät, Waffen und Uniformen, die jene nur sehr zögerlich an die schlecht ausgebildeten, zusammengewürfelten, möglicherweise kommunistisch infizierten Haufen abtreten wollten. Viele Offiziere mit Zugang zu Waffen hatten 1943 die „Organisation de Résistance de l'Armee" (ORA) gebildet, die allerdings zu Giraud loyal geblieben war. Die Eingliederung entsprungener und entlassener Kriegsgefangener, von jungen Wehrpflichtigen, die sich dem STO entzogen hatten, und von FFI-Partisanen mit ihren sehr unterschiedlichen politischen Einstellungen und militärischen Erfahrungen gestaltete sich naturgemäß als sehr problematisch. Die Feindseligkeiten im Offizierskorps sollten sich bei den kommenden Kriegen in Indochina und Algerien überdeutlich nachteilig bemerkbar machen[76]. Zunächst aber mussten glorreiche Siege errungen werden, wie am 18. November 1944 die Einnahme von Straßburg durch Leclerc, sowie möglichst auch ein Vorstoß ins Rheinland und Ruhrgebiet erfolgen, um dort Annektionen vorzunehmen oder wie bis 1931 eine ausbeuterische Besatzungszone zu errichten[77]. Tatsächlich aber mussten die französischen Truppen 1945 nach der Überquerung des Rheins bei Germersheim und Speyer dann auf Befehl Eisenhowers wenig kriegsentscheidend über den Schwarzwald und die Donau in Richtung Vorarlberg vorstoßen. In Bad Reichenhall lässt Leclerc am 7. Mai 1945, also einen Tag vor Kriegsende, noch zwölf versprengte französische Soldaten der Division Charlemagne summarisch erschießen. Ohne Standgericht ein klares Kriegsverbrechen.

Nach der deutschen Kapitulation ließ de Gaulle auch das frankophone italienische Aostatal und einige italienische Riviera-Orte besetzen und dort eine französische Verwaltung einrichten. Mit der Drohung, alle Hilfen an Frankreich einzustellen, erzwang Präsident Truman den Rückzug auf die Grenzen von 1939[78].

Um die sowjetische Unterstützung für seine Pläne zu erhalten, bricht de Gaulle im November 1944 mit seinem Gefolge zu einer Russlandreise via Kairo, Teheran, Baku, Rostow am Don und Stalingrad auf. Dort bekundet er seine Bewunderung, dass die Deutschen so weit gekommen seien.[79] In Moskau schlägt de Gaulle Stalin einen anti-deutschen Pakt vor, hofft auf die sowjetische Unterstützung einer Rheinland-Annektion, ein Gegengewicht zu Roosevelt und Churchill, und eine wohlwollende Kontrolle der KPF[80], erhält jedoch nichts. Stalin unterrichtet ihn

---

76   Während die meisten der insgesamt 2000 aus der FTP stammenden Offiziere ihren Kriegsdienst in den Kolonien ohne Beanstandungen versahen, gab es Fälle von bewusst nur minimalem Einsatz, von Geheimnisverrat, Fahnenflucht und Überlaufen zum Viet Minh, bis hin zum Dienst als Politkommissar in französischen Gefangenenlagern. Jacques Dalloz. La guerre d'Indochine 1945–1954. Seuil. S. 168 ff.
77   Ibid. S. 656.
78   Loth. Op. cit. S. 114.
79   Roussel. Op. cit. S. 659.
80   Beevor, Cooper. Op. cit. S. 133.

lediglich über die beabsichtigte Westverschiebung Polens zur Oder und Neiße und über die wünschenswerte Errichtung einer anti-deutschen Staatenkoalition in der Nachkriegszeit. Die Sowjets sehen sein Umfeld von Neofaschisten beherrscht, hielten französische Rüstungsgüter als hilfreich beim deutschen Angriff von 1941, und hatten nichts gegen die US-Politik, Frankreich zu schwächen[81]. Im Gegenzug weigert sich de Gaulle mit der polnischen Exilregierung in London zu brechen und das kommunistische Komitee von Lublin anzuerkennen. Innenpolitisch war der Besuch in Moskau sicher ein Erfolg. De Gaulle war in einer Siegerhauptstadt empfangen worden und spielte offenkundig im Konzert der Großen mit. Die Kommunisten geben ihre beginnende Obstruktionspolitik vorübergehend wieder auf. Mit den Westalliierten dagegen wurde die Saat des Misstrauens weiter gedüngt. Bei der deutschen Ardennenoffensive weigerte sich de Gaulle, sich dem US-Räumungsbefehl für das Nordelsass zu fügen. Die USA drohten ihm die Sperre allen militärischen Nachschubs und Treibstoffs an. De Gaulles kühne Gegendrohung war, ihnen dann die Nutzung des französischen Eisenbahn- und Telefonnetzes zu untersagen[82]. Als eine Gruppe von US-Senatoren auf einem Militärflughafen ohne Einreisevisen ankam und bei ihm um eine Audienz ansucht, lässt er sie hinauswerfen und empfängt sie erst mit sauberen Stempeln in ihren Pässen. Im Januar 1945 besucht Roosevelts Chefberater Harry Hopkins de Gaulle in Paris. Es handelt sich dabei um einen Dialog der Tauben. De Gaulles Opposition gegen die beabsichtigte amerikanische Nachkriegsordnung – einer von den USA beherrschten multinationalen Weltordnung der Vereinten Nationen – bringt dem Anhänger einer nationalzentrierten Machtpolitik die Nichteinladung zur Konferenz nach Jalta. Trotz Churchills Plädoyers wollen die Amerikaner und die Sowjetunion Frankreich auch von der Besetzung des besiegten Reiches ausschließen[83].

Im März 1945 muss de Gaulle in Indochina eine letzte militärische Niederlage durch Japan einstecken. Nach Pearl Harbour hatte er gratis und franco Japan den Krieg erklärt und die Bevölkerung von Indochina zum Widerstand aufgerufen, für den diese keine realistischen Mittel besaß, noch von Briten und Amerikanern zu erwarten hatten. Ab dem August 1944 konnte der Vichy-Gouverneur Admiral Decoux vor Ort nicht länger vorgeben, die französische Regierung zu vertreten. Seine Strategie war es, durch Attentismus das französische Kolonialregime in Indochina über die absehbare japanische Niederlage hinaus unversehrt zu retten. Dagegen wollte de Gaulle um jeden Preis einen Kampf gegen die Achsenmächte, um als Siegermacht sein Kolonialsystem wieder zu errichten. Dies obwohl Roosevelt es ablehnte und bei den Konferenzen von Teheran und Kairo keine Schwierigkeiten hatte, Stalin und Tschiang Kai Schek davon zu überzeugen[84]. De Gaulles aggressive Rhetorik, der ungeschickte Einsatz seiner Agenten, englische Fallschirmabwürfe und die offenkundige Spionagetätigkeit für die Amerikaner hatten das japanische Militär und seinen paranoiden Geheimdienst, die die strategischsten Stellen Französisch-Indochinas besetzt hielten, überall Horchposten bei den Einheimischen besaßen und seit 1940 relativ auskömmlich neben der Vichy-Administration von Admiral Decoux ko-

81 Roussel. Op. cit. S. 658.
82 Ibid. S. 676.
83 Ibid. S. 694.
84 Jacques Dalloz. La guerre d'Indochine 1945–1954. Seuil. 1987. S. 58.

existiert hatten, aus Furcht vor einem französischen Seitenwechsel und einer amerikanischen Landung in Indochina so hellhörig und misstrauisch gemacht, dass sie nach einem kurzfristigen Ultimatum die wenig vorbereiteten und schlecht ausgerüsteten, verstreuten französischen Kolonialtruppen überwältigten und unter brutalen Bedingungen internierten[85]. Wo tapferer Widerstand geleistet wurde, wie durch General Lemonnier in der Grenzfestung Lang Son, wurden er und die anderen Überlebenden von den Japanern geköpft[86]. De Gaulles martialische Durchhaltebefehle aus der sicheren Ferne, auch Zivilisten – französische wie indochinesische – waffenlos gegen die Japaner zu mobilisieren[87], mussten den dem Terror der Japaner und des Viet Minh Ausgelieferten wie ein trauriger Witz erscheinen. Seine skrupellose Verantwortungslosigkeit ist offenkundig.

Gegen Ende des Krieges kamen auch die von der SS verhafteten Verwandten de Gaulles, sein Bruder Pierre, seine Schwester Marie-Agnès, ihr Ehemann und seine Nichte Geneviève aus deutschen KZs zurück. Himmler hatte jene wie 7000 andere prominente Gefangene als Faustpfand für die Aufnahme von Separatfriedensverhandlungen nutzen wollen. De Gaulle hatte auf sein Schreiben nie geantwortet und sich auch sonst nicht um seine Verwandten kümmern können oder wollen. Geneviève (1920–2002) war im Juli 1943 mit Resistance-Papieren in der Tasche in Paris verhaftet worden, hatte sechs Monate im Gefängnis Fresnes verbracht und war dann für ein Jahr bis Ende 1944 ins KZ Ravensbrück deportiert worden. Dort hatte sie ab Oktober 1944 als Schreibkraft in einem Vorzeigeblock eine gewisse Sonderbehandlung erfahren und konnte dank medizinischer Betreuung auch überleben.[88] Sie wurde vorzeitig im Dezember 1944 in die Schweiz entlassen. Nach 1958 erhielten sie und ihr Ehemann Jobs im Kabinett von André Malraux. Danach engagierte sie sich christlich inspiriert weltweit für Obdachlose und Arme. Bei Yvonne de Gaulle fiel sie mit ihrem politisierenden Linkskatholizismus damit freilich in Ungnade.

Die Nachkriegszeit

In dem für die meisten Franzosen ersten Friedenswinter von 1944/45 war die Versorgungslage dank der Zerstörungen und geringen Ernten des Sommers schlimmer als unter deutscher Besetzung, als man noch Zwangsablieferungen zugunsten des Reichs zu stemmen hatte. Die meisten Brücken, Bahnhöfe, Lokomotiven, Hafenanlagen, Fabriken der Großindustrie von den Renaultwerken in Boulogne-Billancourt bis zu den Michelin-Reifenfabriken in Clermont-Ferrand waren durch amerikanische Bomben zerstört, viele Bergwerke geflutet, die Küstenstädte Caen, Le Havre, Saint-Lô und Cherbourg von den Alliierten ausradiert. Der Badeort Royan wurde noch Anfang Januar 1945 von der US Air Force vernichtet, obwohl er nicht mehr den geringsten militärischen Wert hatte. Dazu die historischen Zentren von Saint-Na-

---

85   Roussel. Op. cit. S. 697.

86   Heute verläuft die Avenue du Général-Lemonnier durch die Tuilerien, von wo japanische Touristen gerne Aufnahmen vom Innenhof des Louvre machen, ohne eine Ahnung vom Schicksal des Namensgebers zu haben.

87   Philippe Franchini. Les guerres d'Indochine. De la conquête française à 1949. Pygmalion. 2008. S. 265.

88   Geneviève de Gaulle-Anthonioz. La Traversée de la nuit. Stuttgart 2005 (1998).

zaire, Rouen, Évreux. 75.000 Zivilisten waren dem Bombenterror zum Opfer gefallen. Die Invasion hatte die gesamte Normandie verwüstet. Die zerrüttete Wirtschaft konnte nur durch amerikanische Kredite und Finanzhilfen am Laufen gehalten werden. Doch de Gaulle, der den Kapitaleignern und Arbeitgebern, die notgedrungen nolens volens mit Vichy und der Besatzung hatten zusammenarbeiten müssen (sonst wären sie ihres Besitzes verlustig gegangen und in Buchenwald gelandet) und damit dem „laissez-faire"-Kapitalismus misstraute, setzte als ökonomischer Laie reflexartig auf etatistische Lösungen. Ein Stratege kümmert sich nicht um den Nachschub („L'intendance suivra"). Wie von den Kommunisten gewünscht, billigte er in seiner colbertistischen Denkart eine staatliche zentralistische Wirtschaftslenkung und die alsbaldige Nationalisierung damaliger Schlüsselsektoren wie der Kohlegruben, großer Teile der Schwerindustrie, der Gas- und Elektrizitätswirtschaft, der Raffinerien, der Renault-Werke, der Pariser Verkehrsbetriebe, der Hochseeschifffahrt, von Air France, von kollaborationsverdächtigen Verlagshäusern, der neun größten Versicherungen, der Banque de France und der fünf größten Geschäftsbanken. Durch die Kontrolle der Kreditwirtschaft sollte das knappe Kapital in strategisch wichtige Wirtschaftsprojekte fließen. Dies wurde von Dezember 1944 bis Anfang 1948 umgesetzt. Die Folgen der Verstaatlichungen sind im schlecht geführten streikanfälligen „état actionaire" noch heute sicht- und fühlbar. Eine von Wirtschaftsminister Pierre Mendès France geplante Währungsreform, die den Schwarzmarkt ausgetrocknet hätte und – ähnlich wie in Westdeutschland anno 1948 – jedem Erwachsenen nur 5000 Francs und jedem Kind 2000 Francs gebracht hätte, scheiterte an politischen Widerständen und führte zu Mendès' Rücktritt. Ein nationaler Planungsrat und ein Planungskommissariat unter Leitung von Jean Monnet nahm im Januar 1946 die Arbeit auf.

Schon seit Jahresbeginn 1945 häuften sich Zwischenfälle in Syrien und im Libanon, wo arabische Nationalisten die vergangenen Unabhängigkeitsversprechen einforderten. Im Juni werden die Unruhen von französischen Truppen mit 1000 Toten brutal niedergeschlagen. De Gaulle hatte die Anweisung gegeben, das alte Kolonialreich um jeden Preis wiederherzustellen. In Algerien hatten die ‚grand colons', die einflussreiche Gruppe des französischen Großgrundbesitzes und der Kolonialwirtschaftsführer, die Reformen von 1936, die versucht hatten, die einheimische Elite und Mittelschicht politisch durch Gleichberechtigungen zu kooptieren, erfolgreich hintertrieben. Gleichzeitig erschien die Kolonialherrschaft durch den Nordafrikakrieg und die Rivalität zwischen Giraud und de Gaulle geschwächt. So kam es am 1. Mai 1945 in Algier und Oran zu gewalttätigen Demonstrationen, die am 8. Mai, am Tag der deutschen Kapitulation in Sétif in ein grauenvolles Massaker an 21 Europäern ausarteten. Weitere hundert wurden in der Umgebung ermordet und verstümmelt. Auf Befehl von de Gaulle erfolgte eine brutale Niederschlagung, der offiziell 1500, je nach seriöser Schätzung zwischen 10.000 bis 25.000 Araber durch Erschießungen durch Polizei, Militär und bewaffnete Zivilisten, sowie durch Schiffsartillerie und Bombardierungen wahllos zum Opfer fielen. Die von der FLN propagierte Zahl von 50.000 Toten geht sicher zu weit.[89] Die Opferzahlen stellen selbst die

---

89   Jacques Duquesne. Pour comprendre la Guerre d'Algérie. Perrin. 2003. S. 32 f.; Bernard Droz, Évelyne Lever. Histoire de la Guerre d'Algérie 1954–1962. Seuil. 1982. S. 32.

übelsten Vergeltungsmaßnahmen der SS im besetzten Frankreich von Oradour bis Tulle in den Schatten. Dazu gab es 4500 Verhaftungen und 151 Todesurteile, von denen 28 vollstreckt wurden. In den Protektoraten Tunesien und Marokko ist mit moderaten Vertretern der Nationalisten wie Habib Bourguiba und Sultan Mohammed in Abwesenheit einer nennenswerten französischen Besiedlung die Situation besser unter Kontrolle als in Algerien.

In Europa versucht de Gaulle die wirtschaftliche Annektion der Saar durchzusetzen. Den Amerikanern unter Harry Truman ist es recht: Deutsche Lieferungen von Kohle und Stahl erleichtern die unbedankte US-Wirtschaftshilfe an Frankreich. Sein Wunsch nach einer vollen Annektion des Rheinlandes und der Wirtschaftskontrolle des Ruhrgebietes, beißt bei Truman, der unter dem Einfluss von John Foster Dulles und George Kennan schon an eine Integration des besiegten Westdeutschlands in eine europäische Föderation denkt, dagegen auf Granit. Während de Gaulle behauptet, die Sicherheit Frankreichs verlange die fortgesetzte Zerschlagung des deutschen Staates, will Truman die langsame Wiederherstellung der deutschen Staatlichkeit[90]. Weil de Gaulle in Potsdam im Juli/August 1945 nicht eingeladen wurde, werden dort nur die sowjetischen und polnischen Gebietswünsche bedient und nicht die seinigen. Als er einseitig französische Truppen ins italienische Aosta-Tal schickt, wurden sie von den Amerikanern, wie erwähnt, wieder hinausgeworfen.[91]

Schon 1932, also noch vor Hitlers Machtergreifung, bewies de Gaulle in einem Memorandum ein gehöriges Maß an imperialistischer Phantasie. Er forderte weiter unverdrossen die Rheingrenze. Rheinländer, Saarländer und Pfälzer sollten ebenso assimiliert werden wie vordem Lothringer und Elsässer. Dass das brutale Experiment des von der Besatzungsmacht geförderten Separatismus 1930 als gescheitert abgebrochen werden musste, schien ihn nicht zu stören. Der französische Kolonialbesitz in Westafrika sollte auf Kosten der Briten arrondiert werden. In Lateinamerika solle Frankreich den US-amerikanischen Einfluss vermindern, in Osteuropa die östlichen Nachfolgestaaten der Donaumonarchie durch eine frankophile Föderierung gestärkt werden. Frankreich selbst solle mit Spanien, Portugal, Italien und Belgien eine „Lateinische Union" bilden. Im Wesentlichen ging es also um machtpolitisch und hegemonial konzipierte Gleichgewichtsmodelle auf Kosten Deutschlands und der Briten. Mit dem Kriegseintritt der Sowjetunion 1941 suchte er ihre Unterstützung, um die britische Übermacht auszugleichen und ihre Hilfe für die Rheinlandannektion, die Zerschlagung Preußens und die Abtrennung des Ruhrgebiets zu bekommen. Er wollte auch einen Streifen von 100 km östlich des Rheins besetzt halten, der dann dem Westen angegliedert werden sollte. Stalin war jedoch nur an den eigenen Territorial- und Reparationsforderungen interessiert und ließ sich von de Gaulle bei seinem Moskaubesuch im Dezember 1944 nicht beeindrucken.[92] Bei der Potsdamer Konferenz vom Juli 1945 bleiben die „Großen Drei", wie erwähnt, unter sich und teilen de Gaulle als Besatzungszone neben dem Saarland die Regierungsbezirke Trier und Koblenz sowie Südbaden und Südwürttemberg zu, die weder Bodenschätze noch Großindustrien hatten

90   Éric Roussel. Charles de Gaulle II. 1946–1970. Perrin. 2002. S. 23.
91   Beevor, Cooper. Op. cit. S. 248.
92   Loth. Op. cit. S. 127 ff.

und als räumlich getrennte Territorien für seine Annektionspläne kaum geeignet waren. Dennoch lässt er für das erweiterte Saarland und Kehl als rechtsrheinischen Brückenkopf unmittelbare Annektionspläne vorbereiten und Pläne für die Internationalisierung des Ruhrgebiets ausarbeiten[93].

In Frankreich selbst gehen die Säuberungen nach dem Abschluss der wilden Phase weiter. 310.000 Untersuchungen werden durchgeführt. Davon münden 58.000 in Strafprozesse, die zu 70 % in Gefängnisstrafen und zu 12 % in Todesurteilen enden, von denen 767 auch vollstreckt werden. Darunter ist auch Pierre Laval, der in der Vorkriegszeit sozialistischer Premier war, und dessen Prozess und Hinrichtung unter einigermaßen abstoßenden Umstanden – unter anderem wurden Entlastungszeugen nicht zugelassen und der Verteidigung der Zugang zu Dokumenten verwehrt – vonstattenging. Marschall Pétain, der gegen den Willen de Gaulles, der seinem einstigen Mentor und einem Marschall von Frankreich diesen Prozess gerne erspart hätte, aus der Schweiz eingereist war, bekommt die Todesstrafe zu lebenslänglicher Haft umgewandelt. Allerdings besteht de Gaulle in diesem Prozess wie schon im Fall von Pucheu in Algerien 1943 darauf, in erster Linie den Waffenstillstand als Verrat und Vichy als von Anfang illegal zu verurteilen, um sein eigenes Handeln als einzig legitimes bestätigt zu bekommen. Das gewünschte politische Urteil implizierte, der Marschall hätte nicht unter dem widrigen Zwang der Kriegsereignisse gehandelt, sondern hätte den Krieg absichtlich verloren, um einen Staatsstreich durchzuführen[94].

Derweil meldete sich der Parteienstaat wieder kräftig ins Leben zurück. Zwar waren bei einem konsultativen Referendum im Oktober 1945 fast alle (96 %) mit der provisorischen Staatsordnung einverstanden. Die Franzosen wollen eine verfassungsgebende Nationalversammlung und damit keine direkte Rückkehr zur III. Republik. Die Wähler, darunter erstmals auch Frauen, teilen sich bei den gleichzeitigen Wahlen in drei nahezu gleich große Lager. 4,5 Millionen wählen die christdemokratische MRP (25,6 % und 152 Sitze), die damals de Gaulles Interessen vertrat, 4 Millionen die Sozialisten der SFIO (24,6 % und 142 Sitze) und machten mit 5 Millionen Stimmen die Kommunisten zur relativ stärksten Partei (26,1 % und 160 Sitze). Die linksliberalen „Radikalen" erhielten mit nur 9,3 % 29 Sitze, und diverse Kleingruppen der Resistance, denen Jacques Soustelle, René Pleven und François Mitterrand angehörten, kamen auf 30 Mandate. Mit einer marxistischen Mehrheit in der Nationalversammlung verlangten die Kommunisten eine linke Volksfrontregierung, die ihnen de Gaulle verweigerte. Schließlich akzeptieren sie die vier Ministerien für staatliche Wirtschaft, für die Industrieproduktion, für Arbeit und für Rüstung. Prompt gibt es Konflikte mit de Gaulle über den Verfassungsentwurf, denn die Linke will den Staatspräsidenten auf eine rein repräsentative Rolle beschneiden. Dazu wollen Sozialisten in dem Land, wo das Brot noch rationiert werden muss, den Rüstungsanteil von 28 % um ein Fünftel kürzen.

---

93   Ibid. S. 136 f.
94   Beevor, Cooper. Op. cit. S. 186 f.

Für de Gaulle ist dies nicht akzeptabel, immerhin wird in Indochina wieder gekämpft. Er macht zum ersten Mal seit 1939 wieder einige Tage Familienurlaub in Antibes. Nach ausgedehnten einsamen Spaziergängen tritt er nach seiner Rückkehr am 20. Januar 1946 zurück. Die Parteien haben seit 1940 den Staat wieder für sich allein. Seine Gefolgsleute fühlen im Stich gelassen.[95] Ganz offenkundig kam er mit den im parlamentarischen Regierungsgeschäft nötigen Kompromissen nicht klar. Widerspruch war für ihn Verrat.[96]

Die Durchquerung der Wüste

Schon bald tauchen Spekulationen auf, ob und unter welchen Umständen de Gaulle zurückkommen würde. Er selbst rechnet mit einem Ruf angesichts des wachsenden politischen und wirtschaftlichen Chaos, denn die Politiker der IV. Republik ähneln jener der III. auf eine frappante Art nicht nur in der Physiognomie und ihrem Alter, sondern auch im Verhalten und ihrer unbegrenzten Streitlust. Nach der Beseitigung der Kriegsschäden zieht er mit seiner Familie wieder in sein Anwesen in Colombey zurück, um an seinen Kriegserinnerungen zu arbeiten. Um sein Exil durch eine höhere Pension angenehmer zu gestalten, schlägt ihm der Verteidigungsminister eine Beförderung – De Gaulle ist immer noch provisorischer Brigadegeneral – und eine hohe Auszeichnung vor. Er lehnt empört ab: „Man dekoriert Frankreich nicht"[97]. Auch in seinem burgundischen Dorf hält er sich weiter für die Inkarnation der Nation.

Im Sommer 1946 brach de Gaulle mit der MRP, auch weil er ihren Chef Georges Bidault nicht mochte, und beginnt eine Reihe öffentlicher Auftritte an historischen Erinnerungsorten, so in Bayeux, der ersten unzerstört befreiten Stadt der Normandie, wo er ein Präsidialsystem fordert, in der Festung Mont-Valérien bei Paris, wo etwa 1000 Widerständler erschossen worden waren, und in Bar-le-Duc, wo er vor der deutschen Gefahr warnt. Seine Getreuen versuchen trotz seiner anfänglichen Vorbehalte eine Sammlungsbewegung mit bald 120.000 Mitgliedern zu organisieren und werben 21 Abgeordnete, zumeist aus den Reihen der MRP, ab. Im Oktober 1946 wird die neue parlamentarische Verfassung von der Bevölkerung gebilligt. Bei den Wahlen im November werden die Kommunisten stärkste, die MRP zweitstärkste Partei in der Nationalversammlung. De Gaulle hat dort jedoch niemanden mehr. Vincent Auriol wird erster Präsident der IV. Republik. Politisch pendelt sich im Jahr 1946 eine Art „tripartisme" als Machtsystem ein: Die Teilung der Macht zwischen der KPF, der sozialistischen SFIO und der christdemokratischen MRP, die in Ermanglung einer rechten Partei auch die Stimmen der rechten Wähler bekommt. Der Tripartisme endete im Mai 1947 mit dem Hinauswurf der kommunistischen Minister – der zu einem ähnlichen Zeitpunkt wie in Belgien und Italien erfolgte –, weil sich die KP-Minister auf Befehl Moskaus zunehmend disloyal zur Regierungspolitik verhielten, politische Streiks in strategischen Industrien anzettelten und in Indochina offen

95   Ibid. S. 261.
96   Loth. Op. cit. S. 122.
97   Roussel. Bd. II. Op. cit. S. 52.

den Kampf des Viet Minh unterstützten. Für de Gaulle war die KPF von Leuten beherrscht, „die den Dienst für eine fremde Macht über alles stellen"[98].

1947 setzt er seine Kritik der französischen Kolonialpolitik und der Besatzungspolitik in Deutschland fort, die ihm beide zu nachgiebig sind. Nach großen Reden in Bruneval in der Normandie und in Straßburg lässt er im März 1947 seine Sammlungsbewegung „Rassemblement du Peuple Française" (RPF) aus der Taufe heben. Sie sucht den dritten Weg zwischen Kommunismus und Liberalismus und soll für alle offen sein, außer für Kommunisten und ehemalige Vichy-Leute. Presse, Intellektuelle und Notabeln gehen meist auf Distanz. KP-Chef Jacques Duclos verlangt die Auflösung jener „illegalen und faschistischen paramilitärischen Organisation, die eine Diktatur errichten will"[99]. Doch herrscht statt des befürchteten Führerprinzips ein achtköpfiges Führungsgremium über jene erste von vielen gaullistischen Parteien. Mit 400.000 Mitgliedern tritt sie ein halbes Jahr später im Oktober 1947 bei den Kommunalwahlen an und erzielt mit 40 % der Stimmen aus dem Stand einen rauschenden Erfolg und beherrscht nun 13 der 25 größten Städte, darunter Paris, Bordeaux, Marseille und Straßburg. De Gaulle macht jedoch klar, dass er in einem parlamentarischen System nie die Regierungsverantwortung übernehmen werde. Seine kompromisslose antiparlamentarische Rhetorik des Alles oder Nichts stößt die Wähler ab. Auch werden konservative Sympathisanten von seinem „Dritten Weg" abgestoßen. So kann er vom Versagen der politischen Klasse mit ihren dauernden Regierungskrisen nicht profitieren. Robert Schuman (MRP) zum Beispiel schafft vom 5. bis 11. September 1948 mit sieben Tagen den neuen Rekord der Kurzlebigkeit einer Regierung. De Gaulle setzt weiter auf eine ernste innenpolitische Krise – etwa einen Putschversuch der Kommunisten, oder auf eine außenpolitische Katastrophe, wie einen Krieg mit Sowjetrussland – die Berlin-Blockade hat gerade begonnen –, um als Retter in der Not wieder auftreten zu können. Trotz der Dauerkrisen der Nachkriegszeit und des Kalten Kriegs geht jedoch kein Ruf an ihn. Innenminister Jules Moch widersteht den kommunistischen Streiks im Winter 1947. Die Gelder des Marshallfunds und Jean Monnets Wirtschaftspläne bringen den Wiederaufbau langsam in Gang.

Inzwischen ereilten ihn auch private Tragödien. Im November 1947 fiel sein Lieblingsoffizier, General Leclerc, in Algerien einem Flugzeugabsturz zum Opfer. Viele Gaullisten mutmaßen als Unfallursache die kommunistische Sabotage der Maschine[100]. Dem Draufgänger Leclerc hatte er seine ersten Siege in Afrika bei der Oase Kufra und von Bir Hakeim, seinen Einzug in Paris, die Befreiung Straßburgs und wahrscheinlich auch in hohem Masse die Siegerrolle Frankreichs zu verdanken. Im Februar 1948 starb mit zwanzig Jahren seine behinderte Tochter Anne an einer Lungenblockade. Obwohl er immer wenig Zeit für seine Familie hatte, und sie während der Bombennächte in England sehr gelitten hatte, war er seiner unglücklichen Tochter doch immer sehr zugetan gewesen. Testamentarisch bestimmte er, an ihrer Seite in Colombey beigesetzt zu werden.

---

98   Beevor, Cooper. Op. cit. S. 345.
99   Ibid. S. 390.
100 Beevor, Cooper. Op. cit. S. 367.

Der kommunistische Putsch von Prag und die Verschärfung des Kalten Krieges zwingt Frankreich die Seite des Westens zu nehmen. Nach dem Ende der Berliner Blockade tritt es der NATO bei. Spätestens nach dem Londoner Abkommen vom Frühjahr 1948 wird die seit 1944 von de Gaulle und Bidault verfolgte Deutschlandpolitik unrealistisch. Die Einsicht verbreitet sich auch in Paris, dass für den Wiederaufbau und die Verteidigung Westeuropas die Beteiligung Westdeutschlands unabdingbar ist. De Gaulle aber vertritt weiterhin seine Forderung der Zerlegung Deutschlands in Kleinstaaten[101]. Ja selbst die Fusion der Pfalz mit dem Rheinland ging ihm schon zu weit. Deutschlands Kleinstaaten sollten sich wie im Morgenthau-Plan vorgesehen von der Landwirtschaft ernähren, während Frankreich zum Industriezentrum Europas werden sollte[102]. Das hält Robert Schuman am 9. Mai 1950 nicht davon ab, Jean Monnets Konzept einer gleichberechtigten Europäischen Gemeinschaft für Kohle und Stahl zu verkünden.

Bei den Kantonalswahlen vom März 1949 konnte die RPF noch gute Ergebnisse einfahren. Doch verließen viele der gewählten Notabeln bald die Bewegung und schlossen sich ihren angestammten Parteien wieder an. Bei den Wahlen zur Nationalversammlung vom Juni 1951 dagegen schien der Nimbus des Generals verbraucht. Nicht nur hatte er es nicht für nötig befunden, selbst anzutreten, auch schien seine Hand bei der Auswahl der Kandidaten unglücklich, da er amtierende Parlamentarier und die Würdenträger des Systems bevorzugte. Dazu bestand sein Programm im Wesentlichen aus antikommunistischen Warnungen.[103] So erzielte die „Dritte Kraft" als republikanische Sammlungsbewegung von Henri Queille 51 % der Stimmen, die KPF von Thorez 26 % und de Gaulles RPF als dritter nur noch 22 % mit 121 Abgeordneten.

Im März 1952 wird der klassische Rechte Antoine Pinay mit der Regierungsbildung beauftragt. Zum ersten Mal seit Vichy sieht sie die Chance der Rückkehr ins Matignon. Während de Gaulle – ähnlich wie die Kommunisten – auf Dauerobstruktion besteht, stimmen 27 RPF-Abgeordnete für ihn und werden prompt exkommuniziert. Sie bilden fortan eine „Action républicaine et sociale". Zu de Gaulles großem Missfallen beteiligen sich zwischen 1953 und 1957 ständig einzelne Ex-Gaullisten an den Regierungen, darunter auch General König und Jacques Chaban-Delmas. Auf amerikanischen Druck, die in der Sowjetunion den nächsten Kriegsgegner sehen und mit einer einseitigen Bewaffnung Deutschlands und einem Ende der Wirtschaftshilfen an Frankreich drohen, falls sich die Europäer nicht einigen und Frankreich weiter blockiert, entwickeln René Pleven und Jean Monnet das Konzept einer europäischen Verteidigungsgemeinschaft. Sie erregt sofort den höchsten Widerwillen de Gaulles, als ein vaterlandsloses Gemenge mit den Kriegsverlierern Italien und Deutschland. Ohne eigene Armee würde Frankreich zu einem Protektorat, polemisiert er und hat keine Skrupel sich zur Ablehnung des EVG-Vertrages mit Kommunisten und Rechtsradikalen zu verbünden.[104] Aus seinen im Krieg verstärkten anti-angloamerikanischen Ressentiments hegt er reflexartig pro-russische Sympathien, ist aber gleichzeitig streng anti-kommunistisch eingestellt. Mit dieser paradoxen

101   Roussel. Op. cit. S. 80.
102   Beevor, Cooper. Op. cit. S. 252.
103   Roussel. Op. cit. S. 85.
104   Ibid. S. 96.

Gemengelage an Einstellungen sieht sich de Gaulle in der im Kalten Krieg einigermaßen illusionären Position einer Brücke zwischen den verfeindeten Supermächten[105], zwischen denen als
Stellvertreterkrieg 1950–1953 der Koreakrieg tobte.

Bei den Lokalwahlen vom April 1953 verliert seine RPF 60 % der 1947 gewonnenen Stimmen
und die meisten Mandate. Offensichtlich scheint der Weg ausgeschlossen, über Wahlen an die
Macht zurückzukommen. Mit den zahlreichen Besuchern in Colombey aber auch bei seinen
häufigen Parisbesuchen werden mit Vertrauten Varianten für Putschszenarien, die Operation
„Résurrection" (Wiederauferstehung) mit Hilfe der Armee unter einem legalen Mäntelchen
ventiliert[106]. Dies zumal sich in Indochina mit der verlorenen Schlacht von Dien Bien Phu und
der Kapitulation der überrannten Festung am 7. Mai 1954 eine militärische Katastrophe abzeichnet. Sehr trefflich wurde beobachtet, dass de Gaulles politische Aktien zwischen 1946
und 1959 wie der Goldpreis variierten: Beide stiegen in Krisenzeiten und fielen in Zeiten fried-
licher Normalität[107]. So wollten 1956 in Umfragen nur noch 2 % der Bevölkerung seine Rückkehr an die Macht.

Mitte der 50er-Jahre bewertet de Gaulle die weltpolitische Lage um. Er sieht Westdeutschland fest im Westen verankert und nicht länger als eine zu bekämpfende Bedrohung. Statt ei-
ner europäischen Integration, die er weiter ablehne, solle die bilaterale Zusammenarbeit mit
Deutschland vorangetrieben werden[108]. Der Sowjetunion sah er den baldigen Zerfall und
China in 25 bis 50 Jahren den Aufstieg zur Weltmacht voraus. Dazu würden die Völker der
Dritten Welt rastlos an die Macht drängen. Algerien sei eher ein emotionales Thema als eines,
das die französische Metropole direkt berührte. Er mäßigt auch sonst seine kolonialpolitischen
Äußerungen. Um die Spannungen in der westlichen Allianz auszugleichen, sollte man mit der
Sowjetunion auskömmlich zusammenarbeiten[109]. Auch der Antikommunismus des RPF wird
deutlich abgemildert. Gleichzeitig pflegt das Orakel von Colombey in seinen öffentlichen und
privaten Diskursen weiter eine doppelte Sprache, die meisterlich seine wahren Absichten im
Dunkeln lässt. Gelegentlich wirken seine Äußerungen auch bizarr: Ein Atomkrieg stehe unmittelbar bevor, ebenso wie kommunistische Machtergreifung in Paris und die Europäisierung
von Elsass-Lothringen als Ergebnis eines amerikanisch-deutsch-russischen Abkommens[110].

Derweil arbeitet de Gaulle nahezu täglich vier bis fünf Stunden an seinen zweibändigen Kriegserinnerungen, an die er hohe stilistische Ansprüche stellt und für die er umfängliche Doku-
mentationen benötigt und verarbeitet. Seine Tochter Élisabeth tippt die handschriftlichen
Aufzeichnungen dann regelmäßig ab. Schon der erste Band („L'appel", 1940–1942) erscheint
1954 und wird ein großer Verkaufserfolg, ebenso wie seine Fortsetzung („L'unité", 1942–1944)
im Jahr 1956. Für Yvonne de Gaulle waren die Jahre 1946 – 1957 wahrscheinlich die Zeit, die

105 Beevor, Cooper. Op. cit. S. 264.
106 Roussel. Bd. II. Op. cit. S. 98.
107 Beevor, Cooper. Op. cit. S. 458.
108 Loth. Op. Cit. S. 227.
109 Roussel. Bd. II. Op. cit. S. 106 f.
110 Ibid. S. 112.

sie nach dem Tod von Anne (1948) am meisten hatte genießen können. Zum ersten Mal hatte sie ein geregeltes Familienleben in jener ländlich-herben Idylle (verbunden mit regelmäßigen Paris-Besuchen), das nicht wie in der Zwischenkriegszeit durch dauernde Abordnungen, dann den Krieg, die Wirren des Exils in London, in Algier und der Nachkriegspolitik unterbrochen und überlagert wurde. Die Rückkehr ihres Mannes in die Politik, die dieser mit Ungeduld und meist schlechter Laune erwartete, in der er die Weltlage und die handelnden Politiker mit sarkastischer Bitterkeit kommentierte, sah sie deshalb mit Bangen und hoffte – im Gegensatz zu ihm (dem ihre Meinung jedoch gleichgültig war) – dieser Augenblick würde nie eintreten. Inzwischen hatte er sich mit den meisten Politikern seiner RFP zerstritten, die sich aus der Ferne nur ungern herumkommandieren ließen. Eine Nachfolgepartei, die sich Sozialrepublikaner nannte, erhielt bei nationalen Wahlen im Januar 1956 nur noch 3,9 % der Stimmen und 21 Abgeordnetenmandate. Dies tat jedoch de Gaulles persönlicher Popularität keinen Abbruch.

Nach dem französischen Rückzug aus Nordvietnam nach dem Genfer Abkommen vom Juli 1954 flammt im November jäh der Algerienkrieg auf. Als die fortgesetzten politischen Turbulenzen der IV. Republik ihn als genauso wenig gewinnbar und nur seine weitere Verschleppung wie im Indochinakrieg wahrscheinlich erscheinen lassen, sprechen im Dezember 1956 zwölf junge Abgeordnete, darunter Giscard d'Estaing, bei Präsident René Coty vor und regen die Berufung de Gaulles an. Zu ihrer Überraschung scheint der erst 1953 gewählte Coty der Idee nicht abgeneigt. Derweil mobilisieren de Gaulle und seine Gefolgsleute diskret ihr Netzwerk alter Kameraden in Politik und Armee.

Die V. Republik

Im April 1957 wird die Regierung von Félix Gaillard gestürzt. In das Tohuwabohu scheiternder Versuche neuer Regierungsbildungen und der Formation der Regierung von Pierre Pflimlin (MRP), des Bürgermeisters von Straßburg, trifft die Nachricht eines Militärputschs der Algerienarmee. Mit Unterstützung der einheimischen Pieds-noirs (einer Million europäischer Siedler, die meist aus Korsika, der Provence, dem Elsass, Süditalien und Andalusien stammten) und der subtilen Einflüsterung von Rechtsgaullisten wie Michel Debré und Jacques Soustelle hatte der Generalstab in Algier mit den Generälen Salan und Jouhaud und Admiral Auboyneau in den drei algerischen Départements Nationale Wohlfahrtsausschüsse (Comités de salut public) ausgerufen, die, um den Verbleib Französisch-Algeriens beim Mutterland zu gewährleisten, nur noch auf militärisches Kommando gehorchen würden. Auch viele Gaullisten waren beteiligt. Bald bildeten sich auch auf Korsika solche Ausschüsse. Es wurde angedroht mit vier Fallschirmregimentern in Paris und Umgebung zu landen, um die Politiker gehörig zu erschrecken. Nach einigen Ministerrücktritten wirft Pflimlin, auf den de Gaulle, unterstützt von Georges Bidault (MRP) und Jacques Soustelle via Präsident Coty Druck ausgeübt hatte, nach wenigen Tagen am 28. Mai 1957 das Handtuch. Präsident Coty, der das Land am Rande eines Bürgerkrieges sieht, beauftragt den 67-jährigen de Gaulle mit der Regierungsbildung. De Gaulle verlangt von ihm eine volle Ermächtigung („pleins pouvoirs"), einschließlich der Vorbereitung einer neuen Verfassung. Am 1. Juni 1957 segnet die Nationalversammlung mit 329 – auch mit den meisten sozialistischen Stimmen – gegen 224 de Gaulles zweite Machtübernahme ab. Abgesehen von den Kommunisten, die eine faschistische Machtergreifung denunzieren, und der äußersten Rechten, erfolgt die lebhafteste Opposition durch Pierre Mendès France, der an de Gaulles Nichtverurteilung des Putsches von Algier Anstoß nimmt, und durch François Mitterrand, der sich durch seine grundsätzliche Ablehnung von de Gaulles Regime und dessen Ermöglichung dank des Militärputschs – bald wird seine Streitschrift „Le Coup d'État permanent" gegen de Gaulles Präsidialregime Furore machen – national profilieren konnte. In der Tat unterscheidet sich der Machttransfer an de Gaulle 1957 durch nichts von jener von 1940 an Marschall Pétain, dem ebenfalls ein Auftrag des Präsidenten vorherging und dem ein positives Parlamentsvotum folgte, mit dem entscheidenden Unterschied natürlich, dass Frankreich 1940 militärisch geschlagen vor der völligen Besetzung bedroht wurde und siebzehn Jahre später nur einen bestellten Militärputsch in der Peripherie und einen komplexen, militärisch aber durchaus gewinnbaren Kolonialkrieg zu bewältigen hatte. Schon am 3. Juni 1958 akzeptierte das Parlament seine gewünschten Vollmacht für sechs Monate und seine Sondervollmachten für Algerien. Dies obwohl niemand wusste, worin seine Algerienpolitik wirklich bestehen würde.

Im Januar 1944 hatte er in Brazzaville verkündet, die Kolonien sollten über Autonomierechte zur Unabhängigkeit, die freilich mit Frankreich definitiv verbunden sein sollte, geführt werden. Wie dieses nebulöse Konzept konkret aussehen sollte, hüllte er sich seither in Schweigen, lehnte aber später im Jahr 1944 die Forderung des damals noch moderaten Nationalisten Ferhet Abbas nach einer Föderierung Algeriens mit Frankreich ab[111], obwohl sie das Problem der Nicht-Gleichberechtigung der Nationalitäten gelöst hätte. Zu den Absurditäten gehört, dass er 1957 von Ultras wie General Salan („Vive de Gaulle") aus Algerien an die Macht gerufen wurde. Auch General Massu hatte im Dezember 1957 öffentlich de Gaulles Rückkehr als einzigem Garanten für Französisch-Algerien gefordert[112]. Allgemein erwartete man eine Wunderlösung für den verfahrenen Krieg, der in der indifferenten und schlecht informierten Metropole denkbar unbeliebt war. 400.000 Wehrpflichtige mussten hier zwei Jahre lang Kriegsdienst leisten. Zu den menschlichen Opfern kamen die hohen Kosten mit ihren Steuerlasten. Die Kampagnen der linken, aber auch der katholischen Publizistik gegen den systematischen Einsatz der Folter bei gefangenen verdächtigten FLN-Leuten tat ein Übriges, um den Krieg zu delegitimieren[113].

Für de Gaulle war das „System", das Parteienregime, vor dem er immer gewarnt hatte, verantwortlich für den „Abgrund der Katastrophe" vor dem das Land stand[114]. Der Krieg war stets halbherzig mit ungenügenden Mitteln, unter ständigen politischen Interventionen, aber gleichzeitig ohne den Willen zur Lösung und Beendigung des Konflikts als Spielball des politischen Hickhacks und der Intrigen des politischen Paris geführt worden – nicht anders als der verlore-

---

111   Bernard Droz, Évelyne Lever. Histoire de la Guerre d'Algérie 1954–1962. Seuil. 1982. S. 185.
112   Ibid. S. 172.
113   Ibid. S. 149.
114   Ibid. S. 176.

ne Indochinakrieg, der von Pierre Mendès France 1954 in Genf zur allgemeinen Erleichterung in Frankreich beendet wurde.

De Gaulle stellt prompt ein überparteiliches Kabinett zusammen mit Pierre Pflimlin (MRP), Guy Mollet (SFIO) und Félix Houphouët-Boigny aus der Elfenbeinküste als Hauptstützen. Antoine Pinay erhält das Finanzministerium, ein Radikaler das Erziehungsministerium (keine Angst vor einer Rekatholisierung!), ein Christdemokrat wird Arbeitsminister. Gaullisten gehen außer Maurice Couve de Murville (Außen), Michel Debré (Justiz) und Edmond Michelet (Veteranen) weitgehend leer aus. Auch die Algerienlobby bleibt unberücksichtigt. Das Algerienministerium ist ihm direkt zugeordnet. Georges Pompidou muss seinen gutbezahlten Posten bei der Rothschild-Bank aufgeben und wird sein Kabinettschef.

Obwohl ihn der Entwurf einer neuen Verfassung am meisten interessiert, ist Algerien das drängendste Problem. Schon am 4. Juni 1957 fliegt er nach Algier. Die vom Terror der FLN bedrohten europäischen Siedler bereiten ihm einen frenetischen Empfang. Die Massen bejubeln seine Rede und empfinden nicht die Zweideutigkeit seiner berühmten Worte „Je vous ai compris" (Ich habe Euch verstanden), mit denen sie ihn auf ihrer Seite glauben. Am 6. Juni verkündet er sogar „Vive l'Algérie française" vor den jubelnden Zuhörern[115]. Die Generalsrevolte wurde bis auf weiteres abgesagt. Bei einer folgenden Afrikareise verkündete er das Selbstbestimmungsrecht der Kolonien – im Rahmen einer Union mit Frankreich. Der spätere marxistische Diktator von Guinea, Sékou Touré (1958–1984), auf dessen Konto etwa 50.000 politische Morde gehen, nahm de Gaulle beim Wort. Er ließ im Folgejahr die Union mit Frankreich ablehnen und erklärte als erste französische Afrikakolonie die Unabhängigkeit und den Bruch aller Beziehungen zu Frankreich. Wichtiger jedoch war, dass de Gaulles Projekt einer Präsidialverfassung und einer Regierung, die von ihm später eingesetzt, sowohl dem künftig direkt gewählten Präsidenten als auch der Nationalversammlung verantwortlich sein wird, im September 1957 in einem Referendum von 79 % der Bürgers bei einer Wahlbeteiligung von 84 % gebilligt wurde. Als letzter Premierminister („Président du Conseil" in der IV. Republik) war de Gaulle hauptsächlich mit jenen Verfassungsfragen befasst.

Gegenüber Europa lässt er eine subtile Änderung erkennen: Wenn schon eine Europäische Wirtschaftsgemeinschaft, dann soll sie von Frankreich geführt und französischen Interessen dienen und nicht von den Briten zu einer Freihandelszone verwässert werden[116]. Zu diesem Zweck suchte er einen Partner und zwar in Gestalt von Adenauers Bundesrepublik. So lud er im Sommer 1958 den Kanzler und seinen Außenminister von Brentano – rarissime – nach Colombey ein[117] und bedauerte dabei auch seinen 1944 mit Stalin geschlossenen anti-deutschen Pakt.

Auch der NATO will de Gaulle noch eine Chance geben. Im September 1958 richtet er ein Memorandum an Präsident Eisenhower und Premier Harold Macmillan, in dem er ein atlanti-

115   Anne-Marie Duranton-Crabol. Le Temps de l'OAS. Complexe. 1995. S. 22 f.
116   Roussel. Op. cit. S. 164 ff.
117   Loth. Op. cit. S. 236.

sches Dreier-Direktorium der USA, Frankreichs und Großbritanniens vorschlägt, die gemeinsam die Entscheidungen des Bündnisses treffen, einschließlich des Einsatzes der US-Atomwaffen. Nach der vorhersehbaren Absage durch die Amerikaner steht sein Entschluss fest, die
NATO zum erstbesten Zeitpunkt zu verlassen[118].

Mit der neuen Verfassung musste im November 1958 die Nationalversammlung neu gewählt
werden. Die Wählerschaft der KPF reduziert sich um 30 % von 5 Millionen (1956) auf 3,8 Millionen. MRP und SFIO halten sich. Große Gewinner sind die Linksgaullisten, die sich „Union
pour une nouvelle république – Union démocratique pour le travail" (UNR-UDT) nennen,
mit 20,4 % der Stimmen und 196 Sitzen, die als Sammlungsbewegung recht unorganisiert mit
den konservativen Unabhängigen (22,1 % und 132 Sitze) eine absolute Mehrheit im Parlament
haben. Für seine neue Ministerrunde beruft de Gaulle jedoch vorrangig Fachbeamte, um nicht
von seinen Gaullisten und den verbündeten Konservativen abhängig zu werden und in Algeri-
en weiter freie Hand zu behalten[119]. Vorrangig drängen Wirtschaftsprobleme: das Haushaltsdefizit, eine zu hohe Inflationsrate und Devisenabflüsse als Folge der Zahlungsbilanzprobleme –
die ewigen Probleme der mangelnden Wettbewerbsfähigkeit der französischen Wirtschaft.
Jacques Rueff, der Wirtschaftsberater de Gaulles, rät zur Verminderung der Staatszuschüsse an
defizitäre Staatsbetriebe und die Sozialversicherung, zur Erhöhung von Verbrauchssteuern für
Tabak und Alkohol und zu erhöhten Gebühren der Versorgungsbetriebe (Strom, Gas, Kohlen
Post, Transport), denen de Gaulle folgt, denn nichts halten er – und seine Nachfolger – für
schändlicher als eine Abwertung des Franc.

In Algerien stellt er die Putschisten, die seinen Weg zur Macht geebnet haben, graduell kalt.
Stattdessen lässt er einen großartigen Entwicklungsplan für Algerien beschließen, der durch In-
dustrialisierungs- und Schulbauprojekte der Armut und Perspektivlosigkeit der autochthonen
arabischen und berberischen Bevölkerung abhelfen soll. Die einheimische Jugend soll endlich
voll eingeschult werden. Ackerland und Neuland sollen zu ihren Gunsten umverteilt, und mit
Milliardenkrediten die Schwerindustrialisierung vorangetrieben werden, um qualifizierte Arbeitsplätze zu schaffen, zumal sich die neuentdeckten Ölvorkommen in der Sahara als sehr
vielversprechend erweisen. Vor Ort lässt er versuchen, noch andere Gesprächspartner als die
fanatisch national-marxistische FLN zu finden. Dies stellt sich als schwierig heraus, denn die
FLN ist schon lange dabei, solche „Verräter" entweder zu liquidieren oder völlig einzuschüchtern. Auch die gutgemeinten Entwicklungspläne kommen mindestens ein Jahrzehnt zu spät.

Ende Dezember 1958 wird de Gaulle noch nach altem Recht gegen einen kommunistischen
und einen linken Zählkandidaten von 78,5 % der Wahlmänner des Kollegiums als Nachfolger
von René Coty zum Staatspräsidenten gewählt und zieht vom Matignon in den ungeliebten
Élysée-Palast um. Als Ministerpräsidenten beruft er seinen bisherigen Justizminister Michel
Debré, der wiewohl leidenschaftlicher Befürworter von Französisch-Algerien als gaullistischer
als de Gaulle gilt[120]. Ohnehin hat de Gaulle die Algerien-Dossiers zu sich ins Élysée gezogen.

---

118   Roussel Op. cit. S. 175.
119   Loth. Op. cit. S. 193.
120   Roussel. Bd. II. Op. cit. S. 189.

Dort findet er die von Coty ererbte Struktur mit einem Generalsekretär und vier Ratgebern (Conseillers) für die wichtigsten Ministerien als mehr als ungenügend. Im Kabinett sind alle Strömungen von Halblinks bis Mitte-Rechts vertreten. Es gibt bei den Finanzen auch einen jungen Staatssekretär namens Giscard d'Estaing. Doch eine Neuerung tritt sofort in Kraft: Es gibt keine Ministerratssitzungen ohne die Gegenwart des Präsidenten mehr. Der Premierminister ist damit zum Moderator zwischen seiner Truppe und dem allmächtig entscheidenden Präsidenten reduziert. Bei Pressekonferenzen haben die Minister bei seinen Monologen, die von wenigen abgesprochenen Fragen unterbrochen werden, hinter ihm aufgereiht zu erscheinen. Der seit seiner Londoner Zeit an Rundfunkansprachen gewohnte Präsident tut sich mit dem neuen Medium Fernsehen zunächst erst schwer, beherrscht nach einer unwillig ertragenen Schulung dann aber mit seiner einstudierten Gravitas die Kunst der Fernsehansprache – ohnehin ein Staatsmedium – an seine Untertanen. De Gaulle beginnt auch ein systematisches Programm von Provinzbesuchen, bei der er die Notabeln trifft und bei öffentlichen Ansprachen das Genie und die Einzigartigkeit des entsprechenden Départements preist.

Bei den Senatswahlen vom März/April 1959 ging es dann dennoch nicht ganz nach Plan. Die traditionellen Parteien werden gestärkt und die bei den Nationalratswahlen des Vorjahres abgewählten Abgeordneten wie François Mitterrand und Gaston Defferre haben jetzt als Senatoren wieder eine politische Bühne.

Das Ende von Französisch-Algerien

Im Sommer 1959 macht er bei Gesprächen und Ansprachen einige Eckpunkte seiner Algerienpolitik bekannt. Er wollte nicht mit den Banden der FLN verhandeln. Es müsse erst eine richtige Volksabstimmung in Algerien geben. Im Gegensatz zu Tunesien und Marokko habe Algerien nie eine eigene Regierung und Staatlichkeit gehabt. Es sei eher eine ungeordnete Ansammlung von Menschen. In jedem Falle wolle Frankreich weiter die Ölförderung und Atomversuche in der Sahara betreiben[121], die ihm anscheinend wichtiger waren als das Schicksal der europäischen Siedler. In einer Radioansprache am 16. September 1959 gab er für die Abstimmung zur Selbstbestimmung der Algerier drei Optionen aus: jene der Trennung, die er verwarf, weil sie für das Land Armut, Chaos und eine kommunistische Diktatur brächte, jene der französisierenden Assimilation, die er für nicht sonderlich realistisch hielt, und schließlich jene der Assoziierung, mit einer inneren Autonomie und Selbstregierung in einer Union mit Frankreich und einer gemeinsamen Außen-, Wirtschafts-, Verteidigungs- und Bildungspolitik[122]. Für seinen Vorschlag bekommt er mehr Zustimmung von der Linken, Sozialisten und Radikalen, und der MRP als von den eigenen Leuten, die jene Assoziierung realistischer nur als Zwischenstadium zur völligen Unabhängigkeit sehen. Mit 441 Stimmen wird sein Algerienkonzept von der Nationalversammlung gebilligt. Die 60 Abgeordnete der drei algerischen Départements, die von Europäern gewählt wurden, boykottieren die Abstimmung. Aus der

---

121 Ibid. S. 196 ff.
122 Ibid. S. 200.

gaullistischen Fraktion und der Parteiführung werden die lautesten Anhänger von Französisch-Algerien wie Jacques Soustelle ausgeschlossen bzw. kaltgestellt.

Gegenüber seinen Ministern macht de Gaulle klar, dass er für die Algerien- und Afrikapolitik (die Kolonien also) und die Außen- und Verteidigungspolitik allein zuständig ist. Als der konservative Finanzminister Antoine Pinay, der sich höchster Popularität erfreute, wagte, die NATO-Politik Frankreichs als gefährlich zu kritisieren, explodiert de Gaulle und fordert ihn auf, sich um seine Finanzen zu kümmern[123]. Im Januar 1959 entzieht er die Mittelmeerflotte dem NATO-Oberbefehl (an und für sich kein sonderlich dramatischer Schritt) und verbietet bald darauf die Stationierung und Lagerung von US-Atomwaffen auf französischem Territorium. De Gaulle beschließt die Beschleunigung der eigenen Atomrüstung gegen die Vorbehalte der eigenen Militärs, die lieber die konventionellen Streitkräfte gestärkt sehen wollen. Seit der Suezkrise von 1956, als Amerikaner und Sowjets gemeinsam die britisch-französisch-israelische Intervention zum Rückzug zwangen, hegt er ein verstärktes Misstrauen gegenüber der US-Nuklearpolitik und den Geheimnissen ihres Einsatzes (die diese einem unberechenbaren Bundesgenossen wie de Gaulle natürlich am allerwenigsten anvertrauen wollten). Gegenüber Adenauer erwähnt er im März 1959, die US-Politik habe Afrika von Frankreich entfremdet und ins Lager Moskaus getrieben. Ohnehin versucht de Gaulle Bonn als Juniorpartner zu kultivieren, um das Gewicht Frankreichs gegenüber den Angelsachsen zu verstärken. So unterstützt er während der Berlinkrisen von 1958 bis 1960 sofort die westdeutsche Position[124]. Die junge Bundesrepublik ist natürlich nicht in der Lage, eine solche Schaukelpolitik gegenüber der wichtigsten Besatzungs- und Schutzmacht mitzuspielen. Bei einem weiteren Treffen mit Adenauer in Rambouillet im Juli 1960 wird auch de Gaulle klar, dass sich Westdeutschland nicht von den USA trennen lassen kann und will. Zwar bekräftigt seine Rhetorik weiter das gleichberechtigte Selbstbestimmungsrecht der Völker, doch zielen alle diplomatischen Initiativen, wie die der von seinem Premier Debré wiederholten Forderung nach einem Dreier-Direktorat der NATO, darauf ab, dass nur die drei Atommächte im Westen wirklich zählen[125]. So zündete Frankreich im Februar 1960 die erste Atombombe in der Sahara, und im April die zweite. Danach lässt de Gaulle Mittelstreckenraketen bauen, die sowjetisches Territorium erreichen können.[126]

In der Nationalversammlung und im Senat wehren sich Abgeordnete der Mitte und Linken vor allem sein einstiger Förderer Paul Reynaud und Guy Mollet (SFIO) gegen die Kosten des Nuklearprogramms. Erst nach drei Lesungen werden sie dank der gaullistischen Mehrheiten genehmigt. Als das Parlament mit ihm und seiner Regierung auf die Initiative des Bauernverbandes FNSEA die Agrarkrise diskutieren will, weigert sich de Gaulle. Der Wunsch solcher Verbände sei für ihn null und nichtig[127].

123   Ibid. S. 205.
124   Ibid. S. 211.
125   Ibid. S. 234.
126   Loth. Op. cit. S. 229.
127   Roussel. Op. cit. S. 241.

Als erster sowjetischer Führer seit der Oktoberrevolution besucht Nikita Chruschtschow im März 1960 Paris. Doch de Gaulle findet ihn weniger beeindruckend als Stalin, den er 1944 in Moskau traf. Er hat den Eindruck, Chruschtschow wolle keinen Krieg, um die Fortschritte der Sowjetunion nicht zu gefährden und plädierte für den Beginn einer friedlichen Koexistenz. Tatsächlich verhärtet sich der Standpunkt Moskaus bald wieder.

In Algerien wachsen derweil die Wut und die Angst der Anhänger eines Französisch-Algerien. De Gaulle lässt die bisherige Armeeführung absetzen und durch ihm willigere Linke ersetzen. Auch der ehemalige Generalgouverneur und getreue Gefolgsmann Jacques Soustelle verliert seinen Kabinettsposten und wird aus der gaullistischen Partei ausgeschlossen. Erste Barrikaden entstehen wieder in Algier. Im Februar 1960 lässt sich de Gaulle mit 441 gegen 75 Stimmen vom Parlament die Genehmigung geben, zur Not mit Dekreten zu regieren. Doch findet er weiter keinen anderen Verhandlungspartner als die FLN. Diese lässt sich nicht auf die von Frankreich gewollte Vorbedingung eines Waffenstillstands ein. Der Krieg geht weiter. In dem Rest von Afrika wird de Gaulle während 1960 das französische Kolonialreich schneller los. Nachdem Guinea sich durch die Ablehnung seiner Verfassung schon 1958 verabschiedet hatte, folgen Anfang 1960 die ehemals deutschen Kolonien Kamerun und Togo als Mandatsgebiete, gefolgt im Laufe des Jahres vom Senegal, Dahomey, Niger, Obervolta, der Elfenbeinküste, dem Tschad, der Zentralafrikanischen Republik, Kongo-Brazzaville und Gabun. Die Entfärbung der Weltkarte von französischem Rot wird in der Heimat mit großer Gelassenheit zur Kenntnis genommen und tut de Gaulles Popularität keinen Abbruch. Große Massen jubeln weiter bei allen Provinzbesuchen[128]. Die Linke und die Algerien- und Kolonialnostalgiker auf der Rechten können tun und lassen, was sie wollen. De Gaulle ignoriert die politischen Eliten, diskutiert nicht mit ihnen, gibt keine Erklärungen, lässt alle über seine Absichten im Unklaren und pflegt das Mysterium der Macht.

Im November 1960 ernannte er Louis Joxe zu seinem neuen Minister für Algerische Angelegenheiten und ließ im Ministerrat ein recht vages Projekt zur politischen Umorganisierung Algeriens im Blick auf die Selbstbestimmung vorstellen. Im Januar 1961 setzte er dazu ein Referendum an. Bei 76 % Beteiligung – bei der damaligen Politisierung nicht sonderlich hoch – stimmten 75 % mit Ja. In Algerien waren dies nur die Moslems, während die Europäer, die den Braten rochen, überwiegend ablehnten. Inzwischen waren Terror und Krieg von der FLN vom flachen Land mit seinen Überfällen und Massakern entlegener Bauernhöfe, Militärposten und Konvois in die Großstädte mit Bombenterror und weißem Gegenterror getragen worden. Einmal mehr machten wirre Putschkonzepte und die Idee, de Gaulle bei einem Algerienbesuch zu fangen und als Verräter abzuurteilen, im Zustand der allgemeinen Erregung der Siedler, die sich mit dem Rücken zur Wand gedrängt fühlen, die Runde.

Im Fall einer Sezession meint de Gaulle, würde Frankreich seine Landsleute aus Algerien repatriieren und dafür die damals 350.000 Algerier im Lande, von denen viele FLN-Sympathien

---

128   Ibid. S. 242.

pflegten, zurückschicken und durch Italiener ersetzen[129]. Eine gemeinsame muselmanische Polizeitruppe wird geplant, in der Harkis und Ex-FLN-Leute gemeinsam für Ordnung sorgen sollten, so als hätten Vichy-Milizionäre und FTP-Leute 17 Jahre zuvor zusammen auf Streife gehen sollen. Dass die Harkis als algerische Hilfstruppen allesamt von der FLN zwei Jahre später massakriert werden würden, wollte man sich in Paris im Ministerium für algerische Angelegenheiten nicht vorstellen.

Im Februar 1961 schickt de Gaulle seinen Emissär Georges Pompidou, der mittlerweile kurzfristig wieder als Direktor zur Rothschild-Bank zurückgekehrt war, nach Wallis in der Schweiz zu Geheimgesprächen mit der FLN-Führung. De Gaulles Instruktionen sind einfach: ein Waffenstillstand sei die Vorbedingung für Verhandlungen. Die FLN habe die Wahl zwischen Kooperation oder Trennung. Im Falle einer Trennung wolle Frankreich strategische Punkte wie den Marinestützpunkt Mers-el-Kébir und die menschenleere Sahara als Atomtestgelände behalten. Doch beißt Pompidou auf Granit. Auch bei einem zweiten Treffen bekommt er nur anti-französische Beschimpfungen zu hören. Dennoch werden offizielle Gespräche im Kurort Évian am Genfer See anberaumt. Die FLN hat also bereits gewonnen: Sie ist alleiniger Verhandlungspartner und von einem Waffenstillstand als Vorbedingung ist keine Rede mehr, denn de Gaulle drängt auf eine schnelle Lösung. Darauf ermordet die Geheimorganisation der Ultras, die OAS, die in Algerien den Gegenterror organisiert, den Bürgermeister von Évian. Auch in der Armeeführung in Algerien beginnt es überdeutlich zu rumoren. Viele Offiziere sind fest entschlossen, nach der Kapitulation in Indochina diesmal nicht eine zweite politisch induzierte Niederlage und den Verlust dreier französischer Départements – ähnlich Elsass-Lothringens mit einer anderskulturellen Mehrheit – hinzunehmen, zumal sie die FLN für militärisch besiegt halten und ihnen die internationale Lage – negative Resolutionen in den Vereinten Nationen und eine schlechte Reputation Frankreichs in der antikolonialistisch gestimmten Dritten Welt – einigermaßen gleichgültig ist. De Gaulle ignoriert den aufkommenden Unmut und Hass. Aus Sicht der putschistischen Verschwörer ist seine Legitimation nicht besser als die ihrige. Hat er doch in der Stunde der Not 1940 in London, 1943 in Algier, 1944 in Paris und 1957 erneut in Paris die Macht an sich gerissen. Sie selbst waren damals zum großen Teil seine Gefolgsleute gewesen, während jene Offiziere und Beamte die 1940 der formal legitimen Herrschaft von Pétain loyal blieben, nach 1944 zum Handkuss kamen.

Nach dem neuerlichen Generalsputsch in Algier, der faktisch auf der illusorischen Prämisse beruhte, Französisch-Algerien könne allein bestehen – denn der Putschversuch auf dem Festland brach schlecht vorbereitet schnell zusammen – hält de Gaulle eine Radioansprache, in der er allen Soldaten verbot, den Befehlen ihrer putschenden Offizier zu gehorchen. Jeder Feldwebel, jeder Gefreite sah sich mit dem Militärgerichtshof bedroht. De Gaulle lässt einen Sonder-Hochgerichtshof für jene Vergehen einrichten und verordnet mit ebenfalls dubioser Legalität haufenweise Verhaftungen, Absetzungen, Strafversetzungen und die Auflösung von

129   Ibid. S. 254.

Militäreinheiten. Allein 1000 Offiziere und Unteroffiziere werden degradiert. Zum Ausgleich werden auch Ausgaben der „Humanité" beschlagnahmt.[130]

Als Präsident Kennedy in einem viel publizierten Besuch im Mai 1961 Paris visitiert, ist man in Paris einerseits erleichtert, dass die USA keinen isolationistischen Pfad einschlugen, andererseits besteht de Gaulle auf einem Ausgleich mit Moskau, das den wirtschaftlichen Austausch mit dem Westen brauche. Zum Vietnamkrieg, in dem sich die USA mehr und mehr verstrickten, zählt de Gaulle dem amerikanischen Präsidenten ihre frühere Indochinapolitik durch seine subtile Kritik heim. Das Plädoyer Kennedys für einen britischen EWG-Beitritt hört sich de Gaulle höflich an. Es stimmt sein Nein aber nicht um.

Im Juli 1961 verlangt Tunesiens Präsident Bourguiba nach Krawallen mit Todesfällen die Räumung des französischen Stützpunkts Bizerte. Die Forderung macht ihn zum Helden der arabischen Welt. In Algerien verstärkt die FLN ihren Bombenterror mit Dutzenden von Todesopfern. Die OAS reagiert mit Gegenterror. In wenigen Monaten gehen 500 kleinere Plastikbomben auf ihr Konto. Ständig gibt es neue blutige Straßen- und Barrikadenkämpfe. De Gaulle, der die Kolonien und die Pieds-noirs noch nie gemocht hatte, weil sie seine Kreise störten und bis 1943 zu lange zu Vichy gehalten hatten, hält sie mit ihren Sympathien für die OAS und die Putschisten nunmehr für Idioten und für Verräter, denen das Vaterland nichts mehr schulde[131]. Je stärker die OAS Widerstand leistet, desto mehr versteift sich seine negative Haltung. Er gibt im September 1961 den Anspruch auf die Sahara auf, um die Gespräche mit der FLN wieder in Gang zu setzen. Erneut radikalisieren sich die Pieds-noirs, die sich in ihrer Existenz bedroht fühlen. Als Giscard, sein junger Finanzstaatssekretär eine Teilung Algeriens – aus dem man ähnlich wie Spanien Ceuta und Melilla aus Marokko, in Algerien die stark europäisch besiedelten städtischen Zonen um Oran-Mostaganem, Algier-Blida und Constantine-Philippeville-Bône hätte herauslösen können – lehnte dies de Gaulle ohne Umschweife als impraktikabel und wegen des dauernd nötigen Militärschutzes als zu teuer ab[132]. Bei einem Besuch in Korsika, woher viele Kolonisten stammen und weiter Verwandtschaftsbeziehungen pflegen, bleibt der übliche Jubel aus.

Am 8. September 1961 gab es einen ersten Attentatsversuch auf de Gaulle, als sein Dienst-Citroën DS auf der Nationalstraße 19 unter Feuer genommen wurde. Dank der Kaltblütigkeit seines Fahrers entkam er unverletzt, lehnte aber weiter alle Sicherheitsmaßnahmen ab, so dass knapp ein Jahr später ein ernsthafterer Anschlag erfolgen sollte. Mittlerweile schwächen die mit brutalen Geheimdienstmethoden vorgenommenen Verhaftungen die Terrororganisation OAS in der Metropole und ihre dortigen Sympathisanten (darunter Georges Bidault, Jacques Soustelle, Saharaminister Max Lejeune und Jean-Marie Le Pen). Die Staatsstreichgefahr ist gebannt. Als in Paris im Oktober 1961 die FLN 30.000 algerische Anhänger demonstrieren ließ, werden sie von der Pariser Polizei unter dem Kommando des Polizeipräfekten Maurice Papon brutal zerschlagen. Es gab etliche Tote. Offenkundig wollten die Pariser Gendarmen ihre in

---

130 Ibid. S. 264.
131 Ibid. S. 281 und 283.
132 Ibid. S. 282.

Algerien von der FLN ermordeten und verstümmelten Kameraden rächen. Im Januar 1962 wird auch eine von kommunistischen Sympathisanten organisierte verbotene Demonstration mit acht Toten unterdrückt. De Gaulle kündigte intern an, er wolle das Problem der 400.000 in Frankreich wohnenden Algeriern nach der Lösung des Krieges definitiv regeln. Dies sei eine Masse von Fremden und keine Franzosen[133]. Es blieb jedoch bei der Ankündigung.

Je näher das Abkommen von Évian rückt – ohne dass eines der ursprünglichen Verhandlungsziele Frankreichs erreicht worden wäre –, desto mehr verstärken beide Seiten, OAS und FLN, in Algerien ihren Bombenterror und ihre gezielten Ermordungen. De Gaulle drückt auf Zeit. Er will das leidige Algerien-Kapitel endlich abschließen. Das Thema des Schutzes der Harkis, der algerischen Hilfstruppen, interessiert ihn nicht. Er überlässt sie der grausamen Rache der Sieger, die ganze Familien abzuschlachten beginnen, als sich die Armee vom flachen Land in ihre Kasernen in den Küstenstädten zurückzieht. Im März 1962 wird nach der Unterzeichnung der Abkommen ein Waffenstillstand ausgerufen, der aber nur von der französischen Armee und Polizei beachtet werden muss. Beim Referendum vom 8. April 1962 stimmen 90,7 % der Franzosen dem Friedensschluss zu. Wie de Gaulle haben sie genug von dem siebenjährigen Krieg, der nicht enden wollte, obwohl die FLN im Gegensatz zum Viet Minh keine befreiten Territorien kontrollierte, keine schweren Waffen hatte, keine Schlachten geschlagen und gewonnen hatte und über die Terrorphase des Aufstandes nicht hinausgekommen war. Frankreich kapitulierte, weil es des Krieges überdrüssig war, nicht weil es ihn verloren hatte. 550.000 Mann, die meisten davon Wehrpflichtige, konnten in die Heimat zurückkehren. Mit dem Abkommen von Évian zog de Gaulle eigenhändig auch den Schlussstrich unter das französische Kolonialreich, ebenso wie er 1944 mit seinen Durchhalte- und Eingreifbefehlen die Serie der Kriege in Indochina (und der brutalen Niederschlagungen der Aufstandsversuche in Sétif und in Madagaskar) begonnen hatte. Die IV. Republik war von ihm wegen ihres Versagens, die von ihm begonnenen Kriege entweder mit vollem Einsatz zügig zu gewinnen oder energisch mit Teilrückzügen und Friedenslösungen zu beenden, 1957 gestürzt worden. Dabei hatte Pierre Mendès France 1954 in Genf bei einem verlorenen Indochinakrieg gegenüber der gut gerüsteten Armee des General Giap noch den Rückzug des Viet Minh aus dem Süden Vietnams, aus Kambodscha und dem Großteil von Laos, und die Evakuierung hunderttausender französischer Parteigänger aus dem kommunistisch gewordenen Norden erreichen können. Der Kontrast zu de Gaulles Kapitulation bei einem nicht verlorenen Krieg vor einer Terrorgruppe einiger Zehntausender in Évian könnte größer nicht sein.[134] Warum? Weil ihm Land und Leute, Harkis und Pieds-noirs gleichermaßen schlicht gleichgültig waren. Nur seine Definition der nationalen Interessen zählte. Moral und menschliche Empathie waren nachrangig.

So entließ er bald nach dem gewonnenen Referendum seinen getreuen Michel Debré als Premierminister ziemlich umstandslos. Der glühende Anhänger Französisch-Algeriens konnte sei-

133   Ibid. S. 285.
134   Jacques Dalloz. La guerre d'Indochine 1945–1954. Seuil. 1987. S. 276.

ne Vorbehalte gegen de Gaulles Algerienpolitik nicht immer erfolgreich verstecken. Außerdem ging dem General sein detailversessener, delegationsunfähiger Führungsstil auf die Nerven[135].

Es ist lohnenswert, de Gaulles Umdenken in der Kolonialfrage nachzuvollziehen. Wie immer ist der Ton seiner öffentlichen Verlautbarungen apodiktisch und duldet keinen Widerspruch. Im August 1946 erklärt er, ohne Kolonien sei Frankreich keine Großmacht mehr. Im August 1949 lehnt er Verhandlungen mit dem Viet Minh ab. Sie käme einer Kapitulation vor Ho Chi Minh gleich. Im September 1959 sagt er voraus, die Unabhängigkeit Algeriens würde katastrophal, zu schrecklichem Elend, furchtbarem politischem Chaos, gegenseitigem Abschlachten und bald zu einer aggressiven kommunistischen Diktatur führen, und im April 1961 verlautbart de Gaulle: „Die Dekolonisierung ist in unserem Interesse und deshalb unsere Politik", ein Fortbestand von Kolonien sei teuer, blutig und aussichtslos[136]. Es ist jedoch nicht zu bestreiten, dass er in allen jenen widersprüchlichen Aussagen meistens Recht hatte.

Der Gaullismus in der Innen- und Außenpolitik

Im März 1962 ernannte er Georges Pompidou zu seinem Premier. Pompidou konnte delegieren, schnell entscheiden und hatte für ihn als Rothschild-Banker die ersten Geheimverhandlungen mit der FLN-Führung geführt. Pompidou war kein Résistancemann gewesen, sondern hatte, nachdem er nach seinem Kriegsdienst ohne in Gefangenschaft geraten zu sein aus der Armee entlassen worden war, in der Besatzungszeit glücklich mit seiner Frau in Paris gelebt und dort an einem Gymnasium weiter Alte Sprachen gelehrt. Nach der Befreiung von Paris war er des Schuldienstes überdrüssig als Redenschreiber in de Gaulles Kabinett eingetreten und hatte dort die Wertschätzung des Generals wegen seiner schnellen Auffassungsgabe und absoluten Loyalität errungen. Nach dem Rücktritt de Gaulles im Januar 1946 hatte er einige Jahre den angenehmen Job eines Kommissars zur Tourismusförderung ausgeübt und wechselte dann wiewohl branchenfremd zu den besser zahlenden Rothschilds, wo er sich als Gentleman-Banker bald um wichtige Industriebeteiligungen kümmerte, gleichzeitig aber auch ständig zu seinem alten Chef de Gaulle Kontakt hielt, dem er von der geplanten Rückkehr in die Politik jedoch abriet. Pompidou hatte nie für ein politisches Amt kandidiert und war in der Öffentlichkeit völlig unbekannt. Viele der alten Mitstreiter de Gaulles aus London, Algier und der inneren Résistance hassten ihn als angeblichen Höfling de Gaulles lebenslang aus voller Seele. Umso mehr konnte sich der General der Loyalität dieses tüchtigen Mannes ohne Hausmacht und ohne sichtbaren politischen Ehrgeiz und Leidenschaften sicher sein.

Pompidou will ein Signal der Öffnung setzen und lädt Christdemokraten und Sozialisten zur Mitarbeit in seiner Ministerrunde ein. Die Sozialisten von der SFIO weigern sich, und von den Christdemokraten von der MRP erklären sich Leute wie Pierre Pflimlin und Maurice Schumann unter dem Vorbehalt pro-europäischer Politiken zu einer Mitarbeit bereit. Die meisten der alten gaullistischen Garde bleiben Minister, darunter André Malraux, Pierre Messmer und

---

135 Roussel. Op. cit. S. 304.
136 Bernard Droz. La fin des colonies françaises. Gallimard. 2009. S. 127 ff.

Couve de Murville als Außenminister. Pompidou, der ein noch ungeübter Redner ist, erhält in der Nationalversammlung im April 1962 nur 259 gegen 198 Stimmen. Gerade die umworbene politische Mitte stimmt meist gegen ihn. Debré hatte 1959 bei seinem Einstand noch 459 Stimmen erhalten[137].

Im Mai 1962 wendet sich de Gaulle öffentlich gegen ein supranationales Europa und wettert gegen dessen vaterlandslose Beamte, die ein kulturloses Volapük[138] oder Esperanto sprächen und schrieben. Der Gemeinsame Markt sei ein Handelsvertrag, der die französische Industrie modernisieren solle. Wenn es eine politische Zusammenarbeit unter den Sechs geben solle, so habe diese zwischen Frankreich und Deutschland zu erfolgen, zu dem sich eines Tages noch England hinzugesellen könne. Wiederum kommt seine Direktoratsidee auf Kosten der kleineren Länder zum Zug, diesmal statt in der NATO auf europäischer Ebene, um mehr Unabhängigkeit von den USA zu erreichen. Zwischen Adenauer und de Gaulle hatte schon 1961 eine Serie von Treffen begonnen, die auf bewussten Missverständnissen beruhten. De Gaulle glaubte Deutschland als Juniorpartner für sein intergouvernementales und amerikakritisches Europakonzept zu gewinnen und setzte dafür seinen beträchtlichen Charme ein. Adenauer wollte bessere Beziehungen zu Frankreich, konnte es aber gleichzeitig nicht mit den USA verscherzen und wollte den bitter enttäuschten de Gaulle von einer föderalen, vertragstreuen Europakonzeption überzeugen. Schließlich treten die MRP-Minister, die weniger Illusionen haben, wegen seiner Europapolitik zurück. Pompidous Projekt der Öffnung ist gescheitert, bevor es überhaupt richtig begonnen hat.

Inzwischen verurteilte in den Nachwehen des Algerienkriegs das militärische Sondergericht das Oberhaupt der Generalsverschwörung, General Salan zu lebenslanger Haft, während es seinen minderbelasteten Stellvertreter General Jouhaud zum Tode verurteilte. De Gaulle war über die Urteile so wütend, dass er Jouhauds Gnadengesuch ablehnen und ihn erschießen lassen wollte, um die feigen Richter zu beschämen. Außerdem sollten alle OAS-freundlichen Zeitungen und Zeitschriften verboten werden. Pompidou musste mit seinem Rücktritt drohen, um de Gaulle umzustimmen.[139] Nach dem Abzug der französischen Truppen beginnt im Juli 1962 in Algerien die große Abrechnung, als FLN-Kämpfer systematisch alle 60.000 bis 80.000 noch im Lande befindliche Harki-Veteranen verhaften, öffentlich foltern und abschlachten, oder sie mit ihren Söhnen beim Minenräumen zum Tode befördern. Bis Ende 1962 mussten auch eine Million Pieds-noirs, die zum Teil schon seit Jahrzehnten, oder als Juden noch viele länger, in Algerien gelebt hatten, und nun unter Rücklassung ihres Besitzes mit wenigen Habseligkeiten in Notunterkünften zumeist im französischen Süden erbärmlich einquartiert werden. De Gaulle fand nie ein Wort des Mitleids mit seinen Opfern, so als seien sie die Einzigen, die für 130 Jahre französischer Kolonialgeschichte zu sühnen hätten. In ihrem nachvollziehbaren Hass auf de Gaulle stellen die meisten Pieds-noirs und ihre Nachkommen einen Großteil der

137 Roussel. Bd. II. Op. cit. S. 311.
138 Eine im 19. Jahrhundert entwickelte Kunstsprache, die nur aus Silben besteht.
139 Roussel. Bd. II. Op. cit. S. 319.

Stammwähler der nicht-gaullistischen Rechten, das heißt zumeist der Front National, in den Mittelmeerdepartments Frankreichs.

Am 22. August 1962 wurde auf de Gaulle auf der Fahrt in seinem Citroën DS nach Colombey, diesmal bei dem Ort Petit-Clamart ein zweiter Anschlag verübt. Mit im Auto saßen mit ihm hinten seine Frau Yvonne und vorne neben dem Fahrer sein Schwiegersohn General de Boissieu. Der Wagen wurde von etlichen Einschüssen getroffen. Doch gelang es dem Fahrer mit zwei zerschossenen Reifen zu entkommen. Die Insassen blieben unverletzt. Mit den Schießkünsten der Angreifer konnte es nicht so weit her gewesen sein, so dass bald Gerüchte auftauchten, sie hätten ihn nur fangen und dann aburteilen wollen. Haupttäter war der 35-jährige Oberstleutnant Jean Bastien-Thiry, ein talentierter Raketenkonstrukteur, der aus einer gaullistischen Familie stammend aus christlicher Überzeugung in der Tradition von Stauffenbergs einen Tyrannenmord vollziehen wollte. Er wurde von zwei ungarischen Exilanten unterstützt, die in de Gaulle einen Verräter des Westens sahen. Weil Bastien-Thiry auch das Leben seiner Frau gefährdet hatte, ließ de Gaulle den zum Tode Verurteilten, der seither ein Märtyrer der anti-gaullistischen Rechten ist, ein Jahr später mitleidslos erschießen[140].

Da ihm seine Sterblichkeit nun gewahr wurde, beauftragte de Gaulle Pompidou schon zwei Tage später mit einem Verfassungsprojekt: der Direktwahl des Präsidenten. Das politische Frankreich sollte danach nicht mehr das gleiche sein. Einmal mehr sollte das Parlament nicht befasst, das Projekt direkt per Referendum beschlossen werden. Nach einer Radioansprache des Generals sind die Kommunisten und Guy Mollet von den Sozialisten sofort dagegen. Aus den eigenen Reihen kommen Vorschläge, das Mandat auf fünf Jahre zu begrenzen oder den Posten eines Vizepräsidenten zu schaffen. Michel Debré meinte, dann müsse wie in den Vereinigten Staaten auch die Legislative als Gegengewicht gestärkt werden.[141] Die Gegner aus der politischen Klasse versuchen vergeblich Prozeduren und Legalismen gegen das Projekt zu bemühen. Am 28. Oktober 1962 stimmen 62 % der Wähler der Direktwahl zu. Bei den Parlamentswahlen im November 1962 werden vor allem die zentristischen Gegner der Direktwahl geschlagen. Kommunisten und Sozialisten erzielen leichte Zugewinne. Doch erreichen die Gaullisten eine absolute Mehrheit.

Während sich Frankreich nach dem Ende des Algerienkriegs der Innenpolitik hingibt, bricht im Oktober 1962 die Kuba-Krise aus, als Chruschtschow dort Nuklearraketenstellungen, die gegen Ziele in den USA gerichtet sind, installieren will. Die Kennedy-Administration schwankt zwischen einem militärischen Embargo und einer Bombardierung der Stellungen. Als die Welt vor einem Atomkrieg steht, nimmt de Gaulle – wie immer wenn es kritisch wird – die amerikanische Seite[142]. Es zählten für ihn weiter nur die großen Mächte. Nach den USA und der Sowjetunion lag für ihn Frankreich auf Rang drei. Die Lieblingsprojekte der Kennedy-Administration: die Multilateralisierung der NATO und den britischen EWG-Beitritt, durchkreuzte er weiter. Er übersah dabei, dass er damit nicht nur die Chancen seines Dreier-Direktori-

140   Jean-Noël Jeanneney. Un attentat. Petit-Clamart, 22 août 1962. Seuil. 2016.
141   Roussel. Bd. II. Op. cit. S. 326.
142   Ibid. S. 333.

umskonzept für die NATO, das er seit 1958 forderte, ruinierte, sondern auch in den Briten einen potentiellen Bundesgenossen gegen die supranationalen Pläne der Fünf in der EWG ausschloss. Mit Deutschland schloss er am 22.1.1963 den Deutsch-Französischen „Élysée"-Freundschaftsvertrag, der zu Themen der Außen- und Verteidigungspolitik, aber auch zu Bildungs- und Jugendthemen eine verstärkte Zusammenarbeit vorsah, wahrscheinlich die neben den frühen EU-Verträgen fruchtbarste politische Vereinbarung in der neueren europäischen Geschichte. Sie schuf zwar nicht, wie von de Gaulle beabsichtigt ein Zweierdirektorium, das die französische Lenkung der Geschicke des Gemeinsamen Marktes ermöglichen sollte[143], doch bereitete sie eine effektivere Form einer informellen Achse durch das ständige jahrzehntelange Zusammenspiel der politischen Klassen und Ministerialbürokratien vor, die sich in den vielen kommenden europäischen Krisen vor allem während der Tandems Schmidt-Giscard und Kohl-Mitterrand bewähren sollte. Adenauer, der sich schon beim Mauerbau vom 13. August 1961 von der Kennedy-Administration alleingelassen und wie alle Europäer während der Kuba-Krise im Dunkeln gelassen fühlte, hegte zunehmende Zweifel an den US-Sicherheitsgarantien und suchte eine Rückversicherung durch Frankreich[144]. Auf Druck der USA, die den Braten rochen, und der amerikaphilen Kreise in CDU und SPD verabschiedete der Bundestag im Mai 1962 den Élysée-Vertrag mit einer verharmlosenden pro-atlantischen Präambel, von der de Gaulle erst ex post erfuhr und sich wegen des Doppelspiels der Deutschen empörte. Die westdeutsche Öffentlichkeit bekam von dieser Entzweiung wenig mit. Die Deutschlandreise des Generals im September 1962 wurde deshalb zu einem vollen Erfolg. Der Mann, der 1945 noch das Rheinland annektieren, die Ruhr besetzen und in einer Allianz mit Stalin Rest-Deutschland in agrarische Kleinstaaten zerschlagen wollte, wurde in allen besuchten Großstädten von Massenjubel empfangen. Mit Adenauers Ablösung durch den Atlantiker Ludwig Erhard im Oktober 1963 brach der freundschaftliche persönliche Draht zum deutschen Kanzler freilich jäh ab[145].

Wirtschaftlich holte Frankreich in den 60er-Jahren die Wirtschaftswunder Deutschlands und Italiens der 50er-Jahren mit Wachstumsraten um die 6 % nach, die ein Jahrzehnt später nur noch von Japan, gefolgt von Korea, Singapur und Taiwan, sowie seit den 90er-Jahren von Chi-

---

143 Ibid. S. 351.
144 Ibid. S. 347. Von einem pensionierten Botschafter und ehemaligen Mitglied des Kabinetts von PM Rocard wurde mir im Februar 2017 halbwegs glaubhaft versichert, dass es zum Élysée-Vertrag ein geheimes Zusatzprotokoll gebe, das den französischen Atomschutzschirm auch über deutsches Territorium erstrecke, dass also im Fall eines Angriffs auf Deutschland automatisch der französische Gegenschlag erfolge, und nicht wie bei den Amerikanern deren autonome Ermessensentscheidung sei. Die Logik aus französischer Sicht ist klar: die Verteidigung des eigenen Territoriums ist möglichst weit im Vorfeld von den eigenen Grenzen entfernt. Das spricht für die Glaubwürdigkeit und den Abschreckungswert der Garantie. Andererseits hat der Gegner – es kann sich nur um die Sowjetunion bzw. Russland handeln – eine so starke Zweitschlagskapazität auch zur restlosen Vernichtung Frankreichs, dass sich ein französischer Präsident den Automatismus zweimal überlegen könnte. Helmut Schmidt, der letzte deutsche Kanzler, der strategisch dachte und schrieb und seine Sorgen gegenüber seinem Freund Giscard sicher nicht verheimlichte, hat von diesem Protokoll anscheinend keine Kenntnis gehabt. Mitterrand hat später eine französische nukleare Garantie für Deutschland gegenüber Kohl ausdrücklich abgelehnt. Sehr weit kann es mit diesem „Geheimprotokoll" also nicht her sein.
145 Wilfried Loth. Charles de Gaulle. Stuttgart 2015. S. 238.

na übertroffen wurden. Der Verlust der Kolonien gefährdete nicht, wie befürchtet, die Versorgung der Wirtschaft mit ihren Rohstoffen. Durch die Abschaffung der innereuropäischen Zollgrenzen und der Außenhandelskontingente (1960), die Konvertibilität des Franc Ende 1961 und die graduelle Liberalisierung von Auslandsinvestitionen im Lande gewann auch die französische Wirtschaft im Gemeinsamen Markt. Mental begannen sich die Unternehmen von der alten Kolonialpräferenz auf die wesentlich lukrativeren Exportmärkte von Europa und Nordamerika umzustellen. Wachstumsträger waren vor allem die Automobil-, Chemie – und Flugzeugindustrie, während Stahlhütten und Textilfabriken darniederlagen. Für de Gaulle war eine modernisierte französische Wirtschaft notwendig für Frankreichs Weltrolle in der Außen- und Militärpolitik. Schließlich konnten Agrarländer nur Infanterieregimenter aufstellen und ausrüsten. Deshalb hatte er den Wirtschaftsfachmann Pompidou berufen und ihn bei seinen liberalisierenden Reformen (die für den Etatisten Michel Debré Anathema waren) gewähren lassen. Der Pragmatiker Pompidou lockerte auch die rigiden Vorgaben des Plankommissariats in Richtung indikative Planung und stärke damit die unternehmerische Eigenverantwortung durch freie Kreditvergaben. In der Regionalentwicklung intensivierte er die Industrialisierungs- und Infrastrukturentwicklungspolitik für die idyllisch-verschlafene Westhälfte Frankreichs, vor allem im zurückgebliebenen Zentralmassiv und im Südwesten. Doch gab es, wie zu erwarten war, bald Wachstumsschmerzen. Die Bergleute in den wenig produktiven Kohlegruben der Picardie und Lothringens begannen 1963 gegen ihre zurückbleibenden Löhne zu streiken. Pompidou, der als Nichtpolitiker und Rothschild-Banker keine soziale Antenne hatte, ließ sich von de Gaulle Dienstverpflichtungen zum Durchgreifen genehmigen und verschlimmerte damit die kommunistisch organisierten Streiks. Die Regierung hatte plötzlich schlechte Karten, zumal die Bergleute in ihren – schon von Émile Zola anschaulich beschriebenen – miserablen Industriedörfern des Nordens stets auf öffentliche Sympathien zählen konnten. Auch die Bauern waren unzufrieden. Sie setzten Agrarminister Edgard Pisani gefangen und zwangen ihn literweise Milch zu trinken. Wegen des Anstiegs der Inflation (und der damit verbundenen Abwertungsgefahr) ließ Finanzminister Giscard sich von de Gaulle – häufig an Pompidou vorbei – ein Stabilitätsprogramm absegnen, das Ausgabenkürzungen, neue Steuern auf Pferdewetten und Immobilien, sowie Preiskontrollen vorsah[146].

Nach der Ermordung John F. Kennedys im Oktober 1963 kommt de Gaulle mit seinem Nachfolger Lyndon Johnson, den er für einen „radikal-sozialistischen Cowboy" hält, wesentlich schlechter zurecht[147]. Nachdem eine erste Mexiko-Reise im Jahr 1964 sehr erfolgreich verläuft, beschließt er eine ausführlichere Rundreise in die Einflußsphare der Amerikaner, wo die Gringos ab 1920 den britischen Einfluss verdrängt haben. In neun lateinamerikanischen Ländern wird er begeistert gefeiert, kann aber die US-Hilfe nicht ersetzen. Johnson beschließt seine Aktivitäten öffentlich zu ignorieren, schäumt aber in internen Gesprächen vor Wut, vor allem als de Gaulle immer häufiger die Neutralisierung von Indochina und die Aufnahme von Verhandlungen mit Nordvietnam und China verlangt, für Johnson denkbar unpassende öffentliche

---

146 Roussel. Bd II. Op. cit. S. 365.
147 Ibid. S. 380.

Ratschläge, als der weltweit unpopuläre Krieg immer mehr eskaliert[148]. Auch gegenüber Israel leitet de Gaulle einen Schwenk ein. Nach 1945 hatte er die Gründung des Staates Israel unterstützt, zumal er mit Ben Gurion befreundet war. Die unter der IV. Republik nach dem Suez-Abenteuer begonnene Förderung der israelischen Atomwaffenrüstung stellte er nach seiner Machtergreifung bald ein. Obwohl er für die arabische Welt, die während des Algerienkriegs sich in anti-französischer Agitation austobte, keinerlei Sympathien empfand, suchte er doch nach und nach ausgeglichenere Beziehungen. Seine Überlegung war schlicht, dass langfristig die arabische Welt für Frankreich wichtiger sein würde als der Kleinstaat Israel[149].

De Gaulle machte aus seiner Abneigung gegen multilaterale Institutionen kein Hehl. Das „Dings" („machin") der Vereinten Nationen sei ineffizient und prinzipiell falsch konzipiert. Frieden sei nur durch ausgewogene Verträge zwischen Nationalstaaten möglich[150]. Gleichfalls lehnte er das von den USA dominierte internationale Währungssystem ab. An der EWG ärgerte ihn die Verpflichtung zu einer gemeinsamen Handelspolitik, denn er wollte mit den Ostblockstaaten separate Handelsverträge zur Unterfütterung seiner autonomen Ostpolitik abschließen. Gegen den Kommissionspräsidenten Walter Hallstein pflegte er eine persönliche Antipathie und verweigerte ihm den Handschlag. Er warf ihm vor, sich wie ein Staatschef aufzuspielen. Noch in seinen Memoiren kritisiert er Hallsteins „Anmaßungen" sich mit den Insignien der Souveränität auszustatten. Hallstein habe die EWG nur benützen wollen, um Deutschlands Gleichberechtigung ohne Gegenleistungen zu erreichen und damit sein späteres wirtschaftliches Übergewicht politisch nützen zu können[151]. In der Tat, hatte sich Hallstein, der ebenso wie de Gaulle persönlich uneitel war, sich bei Auslandsbesuchen, u. a. in Washington auf einem roten Teppich empfangen lassen, um die Bedeutung des künftigen Europäischen Bundesstaates darzustellen[152]. Schließlich brachte Hallsteins Vorschlag, die Einnahmen des Gemeinsamen Außenzolls der EWG als Eigenmittel für die Agrarpolitik (und damit einer Dauerforderung Frankreichs für höhere Landwirtschaftssubventionen entsprechend) zu verwenden und nicht mehr von nationalen Parlamenten, sondern von der Parlamentarischen Versammlung der EWG (die Vorläuferin des EP) genehmigen zu lassen, das Fass zum Überlaufen. Für de Gaulle war dies der Versuch, eine europäische supranationale Eigenstaatlichkeit zu schaffen, die Frankreich zu einem Gliedstaat reduziert hätte. Im Juni 1965 ordnete er im Rat die vertragsbrüchige Politik des leeren Stuhls an. Die junge EWG konnte ohne französische Beteiligung keine Beschlüsse mehr fassen und war in eine existentielle Krise geraten. Sie endete erst im Januar 1966 mit dem Luxemburger Kompromiss und seiner Einstimmigkeitsregel im Ministerrat, die den Integrationsprozess enorm verlangsamte.

Im Vorlauf der im Dezember 1965 fälligen ersten Direktwahlen des Präsidenten liefen bei der zersplitterten Opposition schon 1964 erste Sondierungen über einen gemeinsamen Gegenkandidaten gegen den übermächtigen General an. Der „L'Express" mit seinem Herausgeber

148   Ibid. S. 385.
149   Ibid. S. 390.
150   Ibid. S. 392.
151   Charles de Gaulle. Mémoires d'espoir. Bd. I. Le renouveau. Paris 1970. S. 195 f.
152   Albrecht Rothacher. Die Kommissare. Baden-Baden 2013. S. 68 ff.

Jean-Jacques Servan-Schreiber (1924–2006) begann Gaston Defferre, den Bürgermeister von Marseille und ein gemäßigter Sozialist, der pro-europäisch und pro-atlantisch war, zu favorisieren. Defferre versuchte eine breite Koalition vom MRP bis zu den Kommunisten zustande zu bringen. Doch beharrten die Sozialisten unter Guy Mollet auf ihrem Laizismus, und das MRP wollte sich keinesfalls mit Kommunisten verbünden. Als Defferre sein Scheitern konstatieren musste, warfen Jean Lecanuet, der Präsident des MRP, und mit Hilfe der Kommunisten François Mitterrand als Kandidat der Linken ihren Hut in den Ring. Mitterrand hatte sich als scharfzüngiger rhetorisch beschlagener Kritiker de Gaulles profiliert, mit dem ihn seit seinem Algier-Besuch im Jahre 1943 eine auf Gegenseitigkeit beruhende Abneigung verband. Auf der äußersten Rechten kandidierte der Anwalt Jean-Louis Tixier-Vignancour, der die Anliegen der Nostalgiker von Vichy und Französisch-Algerien vertrat – und dabei von Jean-Marie Le Pen als Wahlkampfleiter und von Georges Hollande, dem Vater von François Hollande, im heimatlichen Rouen unterstützt wurde.

Der 74-jährige de Gaulle, der unter Augen- und Prostatabeschwerden litt und zunehmend kritikempfindlich und autoritärer agierte – unter anderem bescheinigte er sich per Dekret die einzige Verfügungsgewalt über die Force de frappe – ließ sich bis Anfang November 1965 Zeit, anzukündigen, ob er kandidieren würde, ließ aber auch seine Umwelt und Getreuen über seine Absichten im Dunkeln. Missmutig nahm er zur Kenntnis, dass sein Ministerpräsident Pompidou, der an Popularität und Statur gewonnen hatte, öffentlich als Kronprinz gehandelt wurde. Als er schließlich im Staatsfernsehen seine Kandidatur ankündigte, stellte er seine ungenannt bleibenden Mitbewerber als unseriöse Gefährder des Gemeinwohls dar, deren Sieg den Zusammenbruch der V. Republik und katastrophale politische Wirren verursachen würde. Nur er allein könne jene Funktion weiter ausfüllen. Angesichts guter Wirtschaftsdaten und seiner hohen Umfragewerte, die bei 67 % lagen, hielt er die Wahlen für eine reine Formsache. Er weigerte sich ein Wahlprogramm zu verkünden und einen Wahlkampf zu führen, die ihn auf das Niveau seiner Gegner herabgewürdigt hätten. Die rhetorisch talentierten, viel jüngeren und gut aussehenden Kandidaten Lecanuet und Mitterrand hatten nun das Staatsfernsehen für ihre für die Zuschauer ungewohnten Oppositionsdarbietungen für sich alleine. Sie stiegen in den Umfragen in dem Maße, wie de Gaulle abstürzte. Schließlich kam am 5. Dezember 1965 der Schock. Statt im ersten Wahlgang wie erwartet sofort gewählt zu werden, erhielt er nur 44,6 % der Stimmen, Mitterrand 31,7 %, Lecanuet 15,5 % und Trixier-Vignancourt 5,2 %. De Gaulle ließ sich schließlich von einem politisch nahen Journalisten im Fernsehen interviewen und zeigte sich witzig, spritzig und unterhaltsam, wie ihn die Franzosen bei seinen üblichen pathetischen Ansprachen noch nie erlebt hatten. Er amüsierte sich über Leute, die „auf ihrem Sessel Luftsprünge machten, jedes Mal wenn sie ‚Europa, Europa, Europa' riefen"[153], und: „Manche Leute sagen, ich sei ein Diktator. Hat man jemals einen Diktator gesehen, der sich zur Wahl stellen musste?"[154]. Andererseits sah sich Mitterrand in der Endrunde gegenüber der in Gang gesetzten, mächtigen gaullistischen Maschine gezwungen, Unterstützer zu suchen, wo er sie

---

153 Guillaume Tabard. „Le général de Gaulle en ballotage, qui l'eût cru?". Le Figaro 20.12.2016.
154 Guillaume Perrault. „Il y a 50 ans, la présidentielle de 1965". Le Figaro 4.11.2015.

nur finden konnte: von der äußersten Linken über die klerikale Mitte bis zur äußersten Rechten. Das Ergebnis brachte dann am 19. Dezember 1965 mit 54,5 % einen deutlichen Sieg für de Gaulle, der ihm aber immer noch zu gering war, um sich als überparteilicher Präsident aller Franzosen zu fühlen, und 45,5 % für Mitterrand. Mitterrand hatte Mehrheiten vor allem im Süden, bei den unter 35-Jährigen und bei berufstätigen Männern erzielt. Mit dieser Wahl begann die Epoche der Rechts-Links Konfrontationen in den Präsidialwahlen der V. Republik, eine Entwicklung, die de Gaulle, der ein überparteiliches Präsidentenideal hatte, eigentlich vermeiden wollte, doch schon mit seiner ersten Wahl mitprägte. Es war außerdem für jedermann – auch für de Gaulle – offenkundig, dass die Franzosen langsam aber sicher einen Wechsel wollten. Zudem fühlte er sich durch seine kurze Zeit als Wahlkämpfer persönlich auf das Niveau eines der von ihm verachteten Parteipolitiker herabgewürdigt.

Das Verhältnis zwischen de Gaulle und Pompidou war zwischenzeitlich stark abgekühlt, zumal der General ihn noch vier Wochen vor dem Wahltermin im Ungewissen gelassen hatte, ob Pompidou als wahrscheinlicher Kronprinz noch als Kandidat gegen die immer gefährlicher werdende Opposition einsteigen sollte oder nicht. Um den General nicht zu verärgern, durfte er keinerlei sichtbare Vorbereitungen treffen, andererseits stieg mit jedem Tag das Risiko einer Niederlage. Tatsächlich sprach angesichts de Gaulles Alter und Gesundheitszustand viel gegen ein neues Antreten (das auch von Yvonne nicht gewollt wurde), da er im Jahr 1972 am Ende seiner zweiten Amtszeit 82 Jahre alt geworden wäre. In der Tat hätte er es lebend nicht erreicht, wäre er nicht 1969 schon zurückgetreten. Pompidou wurde wegen der im Frühjahr 1967 bevorstehenden Parlamentswahlen im Amt belassen. Er bestand auf der Entlassung des jungen Finanzministers Giscard, den er als Rivalen sah und dessen Eigenmächtigkeiten ihn irritierten. Nun hatte Pompidou einen rastlosen Feind außerhalb seiner Ministerriege. De Gaulle insistierte auf einer unveränderten Mannschaft für die anderen Posten und ließ Michel Debré das Finanzministerium übernehmen.

De Gaulle wurde derweil wieder misstrauisch gegenüber dem deutschen Wiedererstarken. Er meinte, von den USA ermutigt wolle es seine Ostgebiete zurückhaben und die Kontrolle über Atombomben bekommen[155]. Gleichzeitig wünschte er sich Westdeutschland weiter als Partner gegen die USA, denn in Westeuropa kam dafür niemand anderes in Frage. Schließlich kam er zu dem Schluss, dass eine weitere US-Truppenpräsenz im siegreichen Frankreich zu Friedenszeiten unerträglich geworden sei. Er verkündete, zum 1. Juli 1966 würden alle französischen Truppen dem NATO-Oberbefehl entzogen, und ein Jahr darauf müssten alle US-Stützpunkte auf französischem Grund geräumt sein.

Im Juni 1966 unternimmt de Gaulle eine Reise in die Sowjetunion. Er darf im Kreml übernachten, in Kosmodrom von Baikonur als erster Westler einem Satellitenstart beiwohnen und besucht auch Kiew und Leningrad. Laut Hélène Carrère d'Encausse sah de Gaulle immer das historische Russland hinter dem Sowjetreich. Deshalb habe er ein grundsätzliches strategisches Verständnis für russische Bedürfnisse, die dreihundert Jahre lang unter dem Joch der

---

155 Roussel. Bd. II. Op. cit. S. 421.

Tataren gelitten hatten[156]. Breschnew behauptet ihm gegenüber, Westdeutschland bewege sich in den Nazismus zurück, und fordert, Frankreich solle die DDR anerkennen. Doch de Gaulle widerspricht: Die deutsche Politik sei eine Funktion der Blockteilung, die überwunden werden sollte. Mit der Wiedervereinigung habe es aus französischer Sicht keine Eile. Die DDR sei ein künstlicher Staat. Eine Anerkennung sei bedeutungslos und ohne praktischen Wert[157]. Ohnehin glaube er, dass bei einem Abzug der sowjetischen Besatzungstruppen das SED-Regime sofort zusammenbrechen werde[158].

Kurz darauf in Phnom Penh verurteilt er im September 1966 öffentlich den US-Krieg in Vietnam. Er bezieht sich auf das Selbstbestimmungsrecht der Völker, da er glaubte es handle sich um eine Revolte im Süden, die vom Norden lediglich unterstützt würde. Gegenüber Kossygin, der ihm die sowjetische Militärhilfe („Wir befinden uns im Krieg mit den USA") mit der Lieferung von Waffen, Instrukteuren und Beobachtern offen zugab[159], gab es von de Gaulle keine Kritik, weil er die sowjetische Unterstützung für das Überleben des nordvietnamesischen Regimes für wichtig hielt. Für die USA war der Krieg die Verteidigung eines Außenpostens des freien Westens gegen die kommunistische Aggression, die von der regulären nordvietnamesischen Armee unternommen wurde. Dies hinderte den General keineswegs, seine Reise in die letzten pazifischen Außenposten des französischen Kolonialreiches nach Neukaledonien, den Neuen Hebriden und nach Polynesien weiter fortzusetzen, wo er als Demonstration der französischen Macht einer A-Bombenexplosion beiwohnt. In seiner Logik dienten alle jene disparaten Elemente: der Austritt aus der Militärorganisation der NATO, seine Deutschlandpolitik, seine Moskaureise, seine Vietnamkritik und schließlich jene Demonstration der Stärke, einem Ziel: eine blocküberwindende Entspannungspolitik zu betreiben, bei der Frankreich und Westeuropa nicht unter die Räder kamen. Als nach dem Sturz Erhards in der neuen großen Koalition Willy Brandt Außenminister wird, ist de Gaulle über seinen neuen Gesprächspartner höchst erfreut und empfängt ihn im Dezember 1966 sogar im Élysée, wo er Brandts beginnender Ostpolitik seinen Segen gibt und ihm die deutsche Wiedervereinigung, die im Kalten Krieg nicht möglich gewesen sei, als Ergebnis der Überwindung der Blöcke in Aussicht stellte[160]. US-Außenminister Dean Rusk, den er ebenfalls im Dezember empfängt, macht er die Aussichtslosigkeit des US-Unterfangens in Indochina in einer jener völkerpsychologisch-historischen Kurzanalysen klar, die der General so liebt (obwohl er noch nie in Vietnam gewesen war): Die Leute aus Tonkin im Norden seien harte Krieger, die im Süden viel weicher und komplexer. Stets hätte der stärkere Norden den Süden zu beherrschen und der Süden vergeblich versucht, dem zu widerstehen. Mit dem Kommunismus habe das nichts zu tun[161].

156 Helene Carrère d'Encausse. Le Général de Gaulle et la Russie. Fayard. 2017, und: Dies. Entretien „Notre histoire russe". Le point 16.11.2017.
157 Roussel. Op. cit. S. 429.
158 Loth. Op. cit. S. 227.
159 Roussel. Op. cit. S. 437 f.
160 Ibid. S. 441.
161 Ibid. S. 445.

Afrika besuchte der General außer einer Kurzvisite 1966 nach Dschibuti und Äthiopien nach den Unabhängigkeiten von 1960 nicht mehr, obwohl er die neuen Staatschefs natürlich in Paris empfing. Die gesamte Afrikapolitik delegierte er an seinen Generalsekretär Jacques Foccart (1913–1997), der als graue Eminenz im Élysée jahrzehntelang seine Fäden im frankophonen schwarzen Kontinent („Françeafrique") spann und zog. Für ihn ging es im Einvernehmen mit de Gaulle, später mit Pompidou und teilweise noch mit Giscard und Chirac darum, den französischen Einfluss und den Zugriff auf die Rohstoffquellen vor russischen, chinesischen, kubanischen und amerikanischen Interessen zu sichern und war mit seinen Mitteln, die von Geld und Geheimdienstmethoden bis zu Militäreinsätzen und Putschen reichten, nicht zimperlich. Es ging ihm um die stabile Herrschaft von Frankreichs Freunden und die Eliminierung seiner Feinde, nicht um Demokratie, gute Regierungskünste oder Menschenrechte[162].

Wirtschaftspolitisch betreibt Pompidou weiter prioritär eine Industrialisierungspolitik. Dabei erzwingt er Fusionen von Großbetrieben wie von Renault und Peugeot und in der Stahlindustrie sowie bei den Großbanken, um die für die internationale Wettbewerbsfähigkeit nötigen Skalengrößen zu fördern. Während der konservative Wirtschaftslaie de Gaulle instinktiv auf Währungsstabilität (weil er Abwertungen verabscheut) und auf einem ausgeglichenen Staatshaushalt besteht, glaubt Pompidou – ebenso wie später Chirac, Sarkozy und die Sozialisten –, das schuldeninduzierte Wirtschaftswachstum würde als keynesianisches Wunder alle jene Probleme lösen[163]. Von den sozialpolitischen Forderungen der mit ihm verfeindeten Linksgaullisten nach Belegschaftsaktien und Gewinnbeteiligungen der Arbeitnehmer an ihren Betrieben hält Pompidou nichts und lässt die Vorschläge in Ausschussdiskussionen versanden, zumal weder Arbeitgeber noch Gewerkschaften das geringste Interessen an der Verwischung ihrer Fronten zeigen. Prompt gibt es wieder im Winter 1966 Streiks um höhere Löhne, diesmal hauptsächlich bei den Staatsbetrieben EDF und SNCF. Einmal mehr zeigt der Ex-Privatbankier eine unglückliche Hand, weil er mit Gewerkschaftsführern nicht klar kommt und mit ihnen den richtigen Ton nicht findet.[164]

Der soziale Frieden ist umso wichtiger, als François Mitterrand für die bevorstehenden Parlamentswahlen im März 1967 eine Wahlkoalition der sozialistischen und demokratischen Linken organisiert hat, und Pompidou sich gezwungen sieht, mit seinen Gegnern Giscard und dessen Unabhängigen Republikanern und den Linksgaullisten ebenfalls ein Wahlbündnis und möglichst gemeinsame Kandidatenlisten zu vereinbaren. In der ersten Runde gelingt es der Regierungs-Rechten zwar noch mit 37,5 % das Ergebnis von 1962 zu erreichen. Doch nach der zweiten Runde hat sie in der Nationalversammlung nur noch eine Mehrheit von drei Sitzen. Die Regierung wird dort vom Wohlwollen von Giscards 45 Abgeordneten abhängig. De Gaulle hatte beabsichtigt, Pompidou nunmehr durch seinen Außenminister Couve de Murville abzulösen. Doch hatte Couve im noblen Pariser 7. Bezirk, dem Sitz seines Ministeriums, seinen Wahlkreis verloren und kam deshalb zunächst nicht mehr in Frage. Pompidou konnte also

162   Frédéric Turpin. Jacques Foccart. Dans l'ombre du pouvoir. CNRS. 2015.
163   Loth. Op. cit. S. 250.
164   Roussel. Bd. II. S. 447.

noch bis auf weiteres bleiben. Es gelingt ihm bei der Kabinettsneubildung, drei Vertraute auf Staatssekretärsposten unterzubringen, darunter den jungen Jacques Chirac, der sich um Beschäftigungsfragen kümmern soll. Später kann er noch François-Xavier Ortoli (1925–2007), den künftigen Präsidenten und Vizepräsidenten der Europäischen Kommission (1973–1985), als Minister für Infrastruktur unterbringen. De Gaulle verkündet der alt-neuen Regierung die Arbeitsbedingungen („la condition ouvrière") seien wichtiger als Löhne und sollten in den abgewirtschafteten Industrie- und Kohlegebieten des Pas-de-Calais und Lothringens vordringlich verbessert werden. Die Unbestimmtheit seiner grundsätzlich berechtigten Forderung machte ihre Umsetzung schwierig, zumal sie auch für Giscard und seine wirtschaftsliberalen Parteifreunde als Kostenbelastung für jene notleidende Wirtschaftssektoren unannehmbar war und Giscard sich bereits für eine künftige Präsidialwahl positionieren wollte. Dabei kommt für ihn als liberalen Europapolitiker auch die zunehmende anti-amerikanische und anti-britische Fixierung de Gaulles zu Hilfe. Im Mai 1967 weist er ein neues britisches Beitrittsansuchen, das von 428 Unterhausabgeordneten unterstützt wurde, erneut zurück. Auch wohlmeinende Amerikaner, wie Robert Kennedy, meinen nach Parisbesuchen, de Gaulle hintertreibe mögliche Friedensversuche in Vietnam bewusst, um die Amerikaner noch länger in diesem Konflikt zu lähmen.[165] Andererseits verkündet de Gaulle, man müsse dort den Beginn des Dritten Weltkriegs verhindern.[166]

Im Mai 1967 erzwingen ägyptische Drohungen den Abzug der UNO-Blauhelme von der Sinaihalbinsel. Nasser lässt Scharm El-Scheich besetzen und an der Enge von Tiran den Golf von Akaba schließen. Für Israel ein Kriegsakt. Sie bitten de Gaulle um Vermittlung. Der weigert sich: der verhinderte Schiffsverkehr nach Akaba sei so gering, dass von einem Kriegsakt keine Rede sein könne und verhängt stattdessen ein Waffenembargo gegen Israel und die sieben arabischen Verbündeten. Nasser fühlt sich damit von Frankreich unterstützt und setzt seine Drohungen fort. Da schlägt Israel in einem Überraschungsmoment zu und erzielt in einem Sechstagekrieg Blitzsiege über seine zahlreicheren und viel stärker bewaffneten Gegner Ägypten, Syrien und Jordanien. Frankreich taumelt in eine pro-israelische Siegeseuphorie. Nur die KPF hatte Nasser politisch unterstützt. Pro-israelische Resolutionen und Demonstrationen werden von allen anderen politischen Lagern organisiert und geteilt, einschließlich vieler Gaullisten, die intern de Gaulles neutralistische Nahostpolitik als unzweckmäßig kritisieren. Anfang Juni empfängt er den Außenminister von Syrien und König Faisal von Saudi-Arabien im Élysée, um die Beziehungen zur arabischen Welt und ihrem Öl weiter zu verbessern. Von de Gaulle sind keinerlei antisemitischen Einstellungen überliefert, die ihm damals oft unterstellt wurden. Möglicherweise wurde seine israelkritische Einstellung eher von der Solidarität Israels mit den Anhängern Französisch-Algeriens gefärbt, unter denen sich viele der dort seit Jahrhunderten ansässigen Juden befanden. Jene große Minderheit von 150.000 Menschen unter den repatriierten Pieds-noirs gehörten angesichts des Verlustes ihrer Heimat und ihres Besitzes zu seinen

---

165   Ibid. S. 457.
166   Ibid. S. 466.

schärfsten Kritikern[167]. Wie Raymond Aron sehr schlüssig beobachtete, ging es de Gaulle wie immer in seiner Außenpolitik – auch in seiner Deutschlandpolitik – im Falle Israels und der arabischen Welt nicht um Sympathien oder Antipathien, sondern ausschließlich um die Verfolgung der französischen nationalen Interessen, die er in diesem Fall durch eine Neutralität, um eine Distanz zur US-Politik zu demonstrieren und den Zugang zu arabischem Öl weiter zu sichern, am besten gewährt sah. Dazu kamen noch für die Tonalität seiner Politik seine Launen und verletzte Eitelkeiten[168].

Wenn es eine Auslandsreise mit fatalen Konsequenzen gab, bei der er sich nicht an französischen Interessen sondern nur an seinem sentimentalen Nationalismus orientierte, dann jene unvergessliche vom Juli 1967 nach Kanada. Zunächst sprach nichts für sonderliche Sympathien de Gaulles für Québec, das 1763 nach dem verlorenen Siebenjährigen Krieg an die Briten abgetreten worden war. Im Zweiten Weltkrieg war jene konservativ-katholische Provinz von Diaspora-Franzosen Vichy-freundlich gewesen[169]. Bei einem ersten ereignisarmen Kanadabesuch 1960 blieb der Empfang in der „Belle Province" kühl. Mit der rasanten Wirtschaftsentwicklung Québecs in den 60er-Jahren entwickelt sich vor Ort neben der Schwächung des traditionellen Klerikalismus auch ein national-kulturelles Selbstbewusstsein, das auf der Gleichberechtigung mit der anglophonen Bevölkerungsmehrheit bestand. Gleichzeitig entstand eine separatistische Bewegung, deren wachsende Kontakte mit Frankreich als Mutterland von Ottawa mit wachsendem Unbehagen gesehen wurden. Auch besteht de Gaulle auf Direktkontakten zu den Behörden in Québec und weigert sich Anfang 1967 zum 200. Geburtstag Kanadas zu gratulieren, das er für ein angelsächsisches Kunstgebilde hält[170]. Dass Louis XV. „La Nouvelle France" und mit ihr 250 Jahre französischer Kolonialgeschichte den Briten 1763 überlassen hatte, hält er für einen unverzeihlichen historischen Fehler.[171] Für die Provinz war dies der wichtigste Besuch seit jenem Vertrag von Paris im Jahr 1763. Die Stimmung ist schon im Vorlauf des Besuches aufgeladen. In Québec wurde ihm dann von Ort zu Ort ein immer frenetischer werdender Jubel Hunderttausender zuteil, so als sei die Provinz gerade von einer zweihundertjährigen Fremdherrschaft befreit worden. Auf dem Balkon des Rathauses von Montreal fallen dann zur Euphorie der Menge und zum Entsetzen von Ottawa nach seinem Bezug zu einer ähnlichen Massenfreude wie bei der Befreiung von Paris anno 1944 die Worte: „Vive le Québec libre! Vive le Canada française et vive la France". Dazu muss man wissen, dass „Québec libre" der

---

167   Auch ihre Nachfahren sucht man vergeblich bei den Gaullisten. Häufig sind sie bei der Linken, wie Jacques Attali oder Dominique Strauss-Kahn oder wie Éric Zemmour auf der Rechten politisch einflussreich und publizistisch aktiv.

168   Raymond Aron. De Gaulle, Israël et les Juifs. Plon. 1968. S. 24.

169   Tempi passati. Heute ist Québec bedingungslos modernistisch geworden und hat sich von der Herrschaft der katholischen Bischöfe gründlich emanzipiert. Das Französische wird als Amtssprache und als Unterweisungssprache an den Hochschulen graduell aufgegeben. Sterbehilfe und Eidesleistungen in Vollverschleierung sind zulässig. Termini wie „Vater" und „Mutter" aus den Schulbüchern verbannt. Vom kulturellen und linguistischen Freilichtmuseum der Zeit von Louis XV. zur globalisierten Post-Moderne in vierzig Jahren. Mathieu Bock-Côté. Le nouveau régime. Boréal. 2017. Zur Einstimmung siehe auch: Monique Proulx. Les aurores montreales. Boréal. 2005.

170   Loth. Op. cit. S. 247.

171   Christophe Tardieu. La dette de Louis XV. Cerf. 2017.

Wahlspruch einer gewalttätigen separatistischen Splittergruppe war. Obwohl de Gaulle seine Worte stets mit Bedacht wählte, mochte er dies vielleicht nicht gewusst haben, noch wurden sie ihm von seinen Gastgebern eingeflüstert.[172] Nach einer Fernsehansprache des kanadischen Premiers, der seine Ansprache als inakzeptabel qualifiziert, verzichtet de Gaulle auf die geplante Weiterfahrt nach Ottawa und kehrt direkt nach Paris zurück, wo er seinen betreten dreinschauenden Ministern von seiner „herrlichen" Reise stolz berichtet. In der Pariser Presse wird sein Verhalten rundum kritisiert. Man schreibt von einem peinlichen Größenwahn. Die Briten werden noch deutlicher und beschreiben den traurigen Verfall eines Staatsmannes, der zum Clown geworden sei.[173]

Der Mai 1968

Doch es gab auch eine zunehmende Entfremdung des 78-jährigen Generals von der sich wandelnden Gesellschaft. Die Immigration aus Nordafrika und eine fortgesetzte Landflucht hatten unwirtliche Satellitenvorstädte entstehen lassen, die von Stadtautobahnen durchkreuzt wurden und in denen schon damals die Jugendarbeitslosigkeit grassierte. Die ebenfalls in ihren Folgen undurchdachte Bildungsexpansion ließ Massen von Oberschulabsolventen mit freiem Hochschulzugang in überfüllte sozialwissenschaftliche Fakultäten strömen, deren halbgebildete Absolventen auf dem Arbeitsmarkt nur sehr mäßige Aussichten hatten. Das Unbehagen an der Moderne, an Konsum, Gelderwerb, entfremdeter Arbeit und Kapital wurde von der Agitation neomarxistischer Assistenten genährt, die überall im Schnellverfahren angestellt wurden, um die Studentenmassen zu versorgen. Im Januar 1968 begann es in Nanterre, einer sozialwissenschaftlichen Neugründung zweifelhaften akademischen Rufs in einer Pariser Industrievorstadt, wegen einer undurchdachten Prüfungsordnung zu gären. Von dem deutschfranzösischen damaligen Anarchisten Daniel Cohn-Bendit geschickt inszeniert, entzündeten sich die Krawalle an der Banalität der nächtlichen Besucherrechte in den nach Geschlechtern getrennten Studentenwohnheimen. Trotzkisten, Maoisten und Vietnam-Komitees begannen ihre rastlose Agitation. Am 3. Mai wurde die Sorbonne erstmals besetzt. Dauerdemonstrationen im Quartier Latin folgten. Pompidou war auf Auslandsreise im Iran und Afghanistan, und die Minister, die autonomer Entscheidungen entwöhnt waren, blieben unschlüssig über die Art der Reaktion. Sie hatten Angst, tote Studenten würden als Märtyrer die Proteste und Besetzungen weiter anheizen. De Gaulle ordnete ein hartes Durchgreifen an und gab Parolen wie „Keine Kapitulation vor Aufrührern" aus. Derweil häuften sich Promiappelle, verhaftete Krawallmacher wieder freizulassen, während sich im Quartier Latin die Barrikaden verbreiteten. Mit ihrer Räumung stieg die Zahl der Verletzten auf beiden Seiten in die hunderte.

172 Roussel. Op. cit. S. 486.
173 Die rüden Einmischungen eines Staatsgastes in die inneren Angelegenheiten eines in zwei Weltkriegen und für die Verteidigung des Westens stets freundschaftlich verbündeten Land, dass allein im Ersten Weltkrieg 61.000 Mann vor Ypern und in der Somme für die Verteidigung französischer Interessen geopfert hatte (wobei die Logik dieses Opfers auch einhundert Jahre später noch der Klärung harrt), ist tatsächlich in den Annalen der modernen Diplomatie einmalig. Man stelle sich die Reaktion des Generals auf einen ähnlichen Auftritt der Staatschefs Spaniens in Perpignan, Italiens in Nizza und Ajaccio, Belgiens in Dünkirchen, oder gar Deutschlands in Straßburg vor!

De Gaulle verlangt, die Armee eingreifen zu lassen. Doch Verteidigungsminister Pierre Messmer hält entgegen, die Soldaten seien für solche Situationen weder ausgebildet noch ausgerüstet. Zudem bestehe das Risiko, dass junge Wehrpflichtige sich solidarisieren würden. Aus Sicht Pompidous und der Minister konnte de Gaulle mutmaßlich als Alterserscheinung die neue Situation nicht mehr adäquat erfassen. Um Normalität zu demonstrieren, fuhr der General zu einem Staatsbesuch in das Rumänien von Nicolae Ceausescu, der gegenüber Moskau eine ähnlich halbautonome Außenpolitik praktizierte. Das Krisenmanagement blieb also im Matignon. Mittlerweile waren das Odéon und die Sorbonne erneut besetzt worden, und Mitterrand, der wie alle Politiker von der Studentenbewegung überrascht wurde, erklärte sich voreilig zur Regierungsübernahme bereit.

Zwar sahen die machtvolle CGT und die KPF die Studentenunruhen nicht zu Unrecht als ziellose Krawalle verwöhnter Bürgerkinder und deshalb der Solidarisierung durch die Arbeiterklasse für unwürdig an, doch machte sich an der Basis die Agitation trotzkistischer und maoistischer Aufrührer bemerkbar. Am 15. Mai traten die Renault-Werke in den Streik, gefolgt von einem Ausstand der Eisenbahner. Andere Gewerkschaften wie die CFDT sprangen auf den fahrenden Revolutionszug. Die Streiks weiteten sich landesweit aus. So wurde Frankreich neben Italien das einzige Land, in dem die Studentenbewegung von 1968 tatsächlich den Schulterschluss mit der Arbeiterbewegung schaffte. Auf ihrem Höhepunkt streikten 10 Millionen Arbeitnehmer, die das ganze Land und seine Produktion und seinen Verkehr lähmten. Es war der 36-jährige Staatssekretär Jacques Chirac, der diesen Schulterschluss wieder aufhob. In nächtelangen Verhandlungen mit der CGT und den Arbeitnehmern im Sitz des Arbeitsministeriums (deshalb: „Grenelle-Abkommen" genannt[174]) hob er den Mindestlohn SMIC um ein Drittel an. Die Industrielöhne sollten im Laufe des Jahres um 10 % steigen. Und als die Streiks sich teilweise weiter fortsetzten, folgten eine Reihe weiterer drastischer spartenweiser Lohnerhöhungen, die über die nächsten Jahre gestaffelt wurden.

De Gaulle, dessen Räumungsbefehle von seinen Ministern ignoriert wurden, schwankte derweil mit wenigen Getreuen im Élysée zwischen Depression und Panik. Am 28. Mai 1968 ließ er sich mit Frau und Schwiegersohn zum Militärhubschrauberplatz fahren und, ohne der Regierung Bescheid zu geben, nach Baden-Baden zu seinem Freund General Massu, dem Chef der französischen Besatzungstruppen ausfliegen. In der Tradition von Louis XVI., Charles X. und Louis-Philippe hatte er vor dem aufrührerischen Pariser Volk die Flucht ergriffen. Bald fand die Regierung Pompidou heraus, dass der Präsident nicht wie vermutet in Colombey angekommen, sondern schlicht verschwunden war[175]. Bei der Verhinderung des Staatspräsidenten hätte sein Amt interimistisch vom Präsidenten des Senates, Gaston Monnerville, einem aus Guyana stammenden politischen Gegner, ausgeübt werden müssen. In Baden-Baden überzeugte General Massu in beruhigenden Gesprächen de Gaulle, dass er seine Regierung nicht einfach im Stich lassen und wie beabsichtigt in Deutschland ins Exil gehen könne. Nach einigen Stunden

174 Die Abkommen, das den Fiskus viel Geld kostete, wurden unter Ausschluss von Michel Debré, des wutentbrannten Finanzministers, geschlossen. Georges Valance. VGE, une vie. Flammarion. 2011. S. 264.
175 Roussel. Op. cit. S. 531.

kehrte de Gaulle dann wieder per Hubschrauber am 29. Mai nach Colombey in die Heimat zurück.

De Gaulle hält darauf eine Radioansprache, die vor der Bedrohung durch eine kommunistische Diktatur warnt. Darauf folgt eine Massendemonstration gegen die politischen Streiks und Studentenkrawalle von über einer Million Menschen, die aus ganz Frankreich mit Bussen herangeschafft wurden, auf den Champs-Élysées angeführt von der gesamten gaullistischen Prominenz. Die von Jacques Foccart und Charles Pasqua mit ihrem muskulösen, Geheimdienstaffiliierten Service d'action civique (SAC) und dessen „Kriegsmethoden zu Friedenszeiten"[176] organisierte Großtat bringt die Wende. Das Land beruhigt sich. Die Schulen nehmen wieder ihren Betrieb auf. Nur die Studenten krawallieren noch bis zum Beginn der Semesterferien. Pompidou muss seine Ministerriege umbilden und gegen seinen Willen viele Traditionsgaullisten aufnehmen, auch jene des linken Flügels. De Gaulle beginnt wieder wie in der Nachkriegszeit vom „Dritten Weg" zwischen Kapitalismus und Kommunismus zu sprechen, und sieht „participation", die Demokratisierung einer mitbestimmten Wirtschaft also, als das Zauberwort. Pompidou, der damit nichts anfangen kann, sieht seine Tage gezählt. Für den Fall seiner Absetzung hat er schon seit geraumer Zeit Fühler zu zentristischen Politikern wie René Pleven und Jacques Duhamel und gaullistischen Baronen von Jacques Chaban-Delmas bis Jacques Foccart ausgestreckt[177].

Rechtzeitig vor den Neuwahlen der Nationalversammlung Ende Juni werden Salan und die anderen Offiziere des Generalsputsches amnestiert und nach vier Jahren aus der Haft entlassen. Soustelle und Bidault dürfen aus dem Exil zurückkehren. Die Wahlen am 30. Juni 1962 bringen dann einen gaullistischen Erdrutschsieg auf Kosten sowohl der Mitte wie der Linken, einschließlich der Kommunisten. „La France profonde" hatte reagiert. Mitterrand, der sich schon als Regierungschef gesehen hatte, verliert wie viele sein Mandat und muss erstmals als Anwalt arbeiten.

In jener Stunde des Triumpfes entlässt de Gaulle Pompidou nach sechs Jahren im Matignon und ersetzt ihn durch Couve de Murville, den seitherigen Außenminister. Wiewohl bitter, konnte der Hinauswurf nach einer erfolgreich bewältigten schweren Staatskrise und einer triumphal gewonnen Wahl für Pompidou nicht zu einem besseren Moment erfolgt sein. Pompidou übernimmt die Führung der gaullistischen UDR Fraktion in der Nationalversammlung und kann dort seine politischen Verbindungen für die Nachfolge pflegen.

Derweil setzt die Regierung Couve de Murville, trotz ihrer protektionistischen Neigungen, die zur Umsetzung der Zollunion der EWG noch nötigen Maßnahmen bis zum 1. Juli 1968 fristgerecht um.

Am 20. August 1968 liquidierte die Invasion sowjetischer und vier zwangsverbündeter Warschauer Pakt-Truppen, darunter die Nationale Volksarmee der DDR, den Prager Frühling. Auf

---

176   Blaise de Chabalier. „Pasqua, itinéraire d'un Gaulliste". Le Figaro 29.6.2016; Frédéric Turpin. Jacques Foccart. CNRS. 2015.
177   Roussel. Op. cit. S. 497.

Anweisung de Gaulles fiel die französische Reaktion sehr verhalten aus, verglichen vor allem mit seiner Kritik des US-Vietnamkriegs. Privat meinte er, es handle sich um eine Querele unter Kommunisten.[178] In Unterredungen mit Kanzler Kurt Georg Kiesinger im September 1968 versteigt er sich zur Behauptung, Westdeutschland trage Mitschuld an der Invasion, weil die Sowjetunion Angst haben müsse, im Fall eines chinesischen Angriffs von Deutschland im Rücken angegriffen zu werden[179]. Seine strategischen Analysen werden also zunehmend bizarrer.

Anfang 1969 wird Pompidou bei einer halb-privaten Romreise mit seiner Frau eher beiläufig gefragt, ob er für die Nachfolge de Gaulles zur Verfügung stünde. Er antwortet, im derzeit nicht existierenden Fall eines Rückzuges des Präsidenten würde er kandidieren. Diese banale Aussage schlägt in Paris wie eine Bombe ein und wird von de Gaulle als unverzeihliche Majestätsbeleidigung ausgelegt.

Anfang 1969 laufen die Vorbereitung für de Gaulles Dezentralisierungsreferendum und den Ersatz des Senats durch eine beratende Kammer von Sozialpartnern und Regionalvertretern an. Der Widerstand gegen die Reformen reicht von den Kommunisten über Giscard bis zu vereinzelten Gaullisten, vor allem jene, die als Senatoren ihre Mandate verlieren würden. Am Ende einer lustlosen Kampagne für das „Ja" droht de Gaulle in Falle eines „Nein" in einer Fernsehansprache am Vorabend des Referendums mit seinem Rücktritt. Damit bekommt das Referendum ein neues, entscheidendes Thema. De Gaulle scheint den Ausgang geahnt zu haben, denn er verabschiedet sich vor seiner wochenendlichen Abfahrt noch ausführlich von den wichtigsten Mitarbeitern im Élysée. Noch während die Stimmen am Abend des 27. März 1969 ausgezählt werden und sich das „Nein" mit 53 % – vor allem in den Großstädten und in Paris – abzeichnet, gibt er seinen Rücktritt bekannt.

De Gaulle lässt das Élysée von allen Mitarbeitern und Papieren räumen. Der neue Senatspräsident, der Zentrist Alain Poher, zieht interimistisch in die leeren Räume des Palais ein, während de Gaulle inkommunikando in Colombey bleibt. Die gut besoldete Mitgliedschaft im Staatsrat als obersten Verfassungsschiedsorgan schlägt er aus und begnügt sich mit der Einrichtung eines kleinen Büros in Paris. Pompidous Kampagne unterstützt er mit keinem Wort. Ob Poher oder Pompidou seine Nachfolge anträten, mache keinen großen Unterschied. Gerne hätte er wieder in Frankreich eine Monarchie errichtet, aber es gab außer ihm zehn Jahre lang als Ersatzmonarch kein geeignetes Personal, meinte er intern.[180] Auch Pompidous späteren Sieg und seine Wahl von Chaban-Delmas als Regierungschef kommentiert er nur abschätzig.

Im Mai 1969 fahren de Gaulle und seine Frau für einige Wochen an die Westküste Irlands, der Heimat der Vorfahren seiner Mutter. Er schreibt in einem abgelegenen Hotel die ersten Seiten seiner politischen Erinnerungen ‚Mémoires d'espoir'. Nach seiner Rückkehr nach Colombey intensiviert er seine Niederschrift. Er gibt deshalb keine Interviews, die seine Arbeit unterbrechen würden, um sie noch, wie er sagt, vor seinem Tod zu beenden. Er bricht aber noch einmal

---

178   Ibid. S. 555.
179   Ibid. S. 559.
180   Ibid. S. 587.

zu einem Kurzbesuch bei dem greisen General Franco (1892–1975) nach Madrid auf, den er für eine wichtige historische Persönlichkeit hält, die er ohne politische Wertungen noch persönlich treffen will. Am 9. November 1970 arbeitet de Gaulle wie gewohnt an seinem Schreibtisch, bricht dann aber mit einem Schmerzensschrei zusammen. Der herbeigerufene Dorfarzt und der Priester können nicht mehr helfen. Die Besetzung findet in Colombey in einem bescheidenen Grab neben seiner Tochter Anne statt. Am Staatsakt in Notre-Dame nimmt seine Witwe Yvonne nicht teil. Sie verbrennt stattdessen den physischen Nachlass ihres Mannes, einschließlich seines Bettes, damit sie nicht als Reliquien, wie sie sagt, missbraucht werden. De Gaulles politische Lebenserinnerungen bleiben mit dem zweiten Band unvollendet.

Würdigung

De Gaulle war sicher der in seiner historischen Bedeutung wichtigste französische Staatslenker des 20. Jahrhunderts. Die Liste seiner Errungenschaften ist lang: Der einsame Aufruf zum Widerstand am 18. Juli 1940, die Kontrolle über den französischen Widerstand, die Verhinderung eines Bürgerkriegs in Frankreich 1944/45, die provisorische Gestaltung der politischen Nachkriegsordnung, die Durchsetzung des Status einer Siegermacht, die Schaffung der V. Republik und ihres Präsidialregimes, das brachiale Ende des Algerienkriegs, der Ausbau der Atomwaffen, die Wiedererrichtung der militärischen Souveränität und seine pionierartigen Versuche, die Blockkonfrontation des Kalten Kriegs aufzubrechen und in Europa eine Entspannungspolitik einzuleiten.

Gegenüber diesen historischen Errungenschaften – über deren Einzelheiten man durchaus geteilter Meinung sein kann (und es ist klar, dass Frankreich auch ohne de Gaulle 1944/5 von den Alliierten befreit und besetzt worden wäre – mutmaßlich unter widrigeren Umständen –, und dass der Algerienkrieg Anfang der 60er-Jahre beendet worden wäre, möglicherweise unter günstigeren Bedingungen) –, die ein anderer in Summe nicht hätte leisten können, verblassen seine Schwächen: Seine Arroganz und sein Autoritarismus, die Zweifel und Kritik als illoyal nicht zuließen, sein Rekurs zu außerrechtlichen Methoden, um an die Macht zu kommen, sein buchstäblicher Gang über Leichen – von der Ausschaltung Admiral Darlans, über die Nichtbegnadigungen von 1944/45, den Verrat an den Harkis und den Algeriensiedlern, bis zur Erschießung von Bastien-Thiry –, die Härte gegenüber sich selbst und seinen Mitarbeitern, die Fähigkeit, sowohl seine Soldaten im Sommer 1940 als auch langjährige Gefolgsleute aus Opportunitätsgründen mitleidlos im Stich oder fallen zu lassen, und schließlich in den Jahren des Alters ab 1965 die innenpolitischen Zeichen der Zeit nicht mehr zu verstehen und, sich seinen anti-angloamerikanischen Ressentiments hingebend, eine zunehmend skurril wirkende Außenpolitik zu betreiben.

In seinen geschichtlichen Leistungen und seinem letztlich unabweichlichen Scheitern mit einer Verfassungsordnung, die in einer historisch gespaltenen politischen Kultur überparteilich sein wollte, drängen sich die Parallelen zu Napoleon Bonaparte, dem größten französischen Herrscher des 19. Jahrhunderts, auf, auch wenn die zwanzig Jahre Krieg in Europa (1796–1815), die der Korse anrichtete, mit seinen Zerstörungen, Toten und Unheil eine ganz andere Dimension hatten[181], was freilich das offizielle Frankreich nicht von seiner fortgesetzten Verehrung abhält. Ebenso wenig wie die endemische Korruption, hemmungslose Vetternwirtschaft und Selbstbereicherung für sich, seinen Klan und seine Generäle, die das besetzte Europa plünderten, und Vermischung privater und öffentlicher Kassen, die Napoleon offen praktizierte und die de Gaulle völlig fremd blieb. Beide haben als Väter der Nation den Staat gestärkt, versuchten die revolutionsbedingten Antagonismen zwischen links und rechts zu überwinden, die republikanische Staatsordnung in ihrer Person zu zentralisieren und zu monarchisieren und sich mit Plebisziten über die Mittelsmänner der Parteien hinweg direkt vom Volk zu legitimieren. Schließlich hinterließen beide ein umfangreiches Werk, das die eigenen Leistungen literarisch verarbeitete und – für beide wichtig – als historisches Vermächtnis in der gewünschten, nicht immer wahrhaftigen, Form der Nachwelt übermittelte.[182]

Wenn de Gaulle heute zum Zwecke des Abfeierns von europäischen Feierstunden der politischen Klasse von Redenschreibern zum „Großen Europäer" – im Sinne von Männern wie Jean Monnet, Robert Schuman und Jacques Delors – befördert wird, so ist dies natürlich Unsinn. Seine Europapolitik blieb stets widersprüchlich: einerseits die Ablehnung jeder Supranationalität (bestenfalls war die Zollunion der EWG für ihn noch hinnehmbar, wenn auch nur zähneknirschend) andererseits ein gewünschtes Gegengewicht zu den Supermächten, das jedoch mit seinem intergouvermentalen „Europa der Vaterländer" unter französischer Vorherrschaft nicht herstellbar war. Sie war also konzeptionell zum Scheitern verurteilt. Als europäischer Säulenheiliger taugt er also nicht, außer man ernennt axiomatisch und sinnentleerend jeden großen Franzosen auch zum „großen Europäer".

Geschichtliche Ausnahmegestalten brauchen historische Ausnahmesituationen. Wer erinnerte sich je an einen Friedensgeneral? Ohne die Revolutionskriege wäre Napoleon ein obskurer Artillerieoffizier geblieben. Ohne die französische Kriegserklärung von 1939 an Deutschland wäre de Gaulle als schriftstellernder Oberst in Pension gegangen, dessen teilweise wirre Theorien, etwa die Luftwaffe einzusetzen, um den Panzerlärm bei Überraschungsangriffen zu übertönen, längst vergessen wären. Idem Churchill ohne Hitler, Hitler ohne den Ersten Weltkrieg und Versailles, Stalin ohne Lenins und Trotzkis Oktoberrevolution, Roosevelt ohne die Große Depression, Merkel ohne Kohl …

De Gaulle war ein schwieriger Mensch, sicher kein Politiker „zum Anfassen", biederte sich niemandem an (den Vorschlag, er möge 1965 eine Wahlkampfrede im Fernsehen halten, lehnte er höhnisch spottend ab: „Soll ich sagen: ‚Guten Tag. Ich heiße Charles de Gaulle'?"). Er war von früher Jugend an ein Einzelgänger, eigensinnig, phantasiebegabt, hochintelligent, rechthaberisch und stur. Er war in formalen Situationen auf eine altmodische Art sehr höflich – so erkundigte er sich bei Frauen unweigerlich anteilnehmend nach ihrem Familienleben und ihrer Kinderzahl – und konnte seinen beträchtlichen Charme einsetzen, wenn es ihm taktisch ins strategische Kalkül passte. Gleichzeitig war er jähzornig und in seiner Identifikation mit dem

181   David Chandler. Napoleon. Bergisch Gladbach 1978.
182   Patrice Gueniffey. Napoléon et de Gaulle. Deux héros français. Perrin. 2017.

„ewigen Frankreich" – ein fiktives Konstrukt? – dem Cäsarenwahn nahe und ohne jede moralische und ethische Skrupellosigkeit, um die von ihm durchaus im Laufe der Zeit (etwa in der Dekolonialisierungsfrage) variabel definierten nationalen Interessen (die mit den eigenen politischen Ambitionen stets übereinstimmten) zu verfolgen.

Von alle Präsidenten der V. Republik hat de Gaulle sicher das bleibendste politische Erbe hinterlassen, und zwar abgesehen von einem gewöhnungsbedürftigen überdimensionierten Lothringerkreuz bei Colombey (das, wie er selbst spottete, die Hasen zum Widerstand animieren würde)[183], keine steingewordenen Geschmacksverirrungen wie bei Pompidou und Mitterrand. Sein Präsidialsystem wurde seit Chirac und spätestens Sarkozy weitgehend entmonarchisiert und entmystifiziert. Trotz (oder wegen) seiner in Westeuropa einzigartigen Machtkonzentration hat es sich spätestens seit Mitterrands gescheiterten Gesellschafts- und Wirtschaftsreformen von 1981/82 bis zum noch zu erbringenden Beweis des Gegenteils als unfähig für Strukturreformen herausgestellt. Es gelang ihm auch nicht, wie ursprünglich beabsichtigt, dass fortgesetzte Links-Rechts-Schisma der französischen politischen und intellektuellen Landschaft zu überwinden. Der viel deklarierte Präsident aller Franzosen muss erst noch gewählt und mutmaßlich erst noch geboren werden. Selbst dem Pragmatiker Chirac gelang dies im Jahr 2002 mit 82 % aller Stimmen einer ‚republikanischen Front' nicht. Idem Macron mit seinen 66 % in Jahr 2017, den die Linke für einen „Präsidenten der Reichen" und die republikanische Rechte für einen identitätsfeindlichen Globalisierer hält. De Gaulle hinterließ mit den abgestraften und diskriminierten Erben von Vichy und den Nachkommen der von ihm verratenen Harkis und Siedlern aus Französisch-Algerien auch eine gespaltene Rechte, deren rechtsextremer Teil in den folgenden Jahrzehnten gut auf ein Viertel der Wähler anwachsen und die Kommunisten als klassische Anti-Systempartei des Protestes der kleinen Leute ablösen sollte.

Interessanterweise enthält – von der Geschichtspolitik einmal abgesehen – deren politisches Programm in Gestalt der Front National unter Marine Le Pen im Jahr 2017 erstaunlicherweise wesentlich mehr gaullistische Elemente, als jenes seines selbstdeklarierten politischen Erben François Fillon, der sich immerhin auf Philippe Séguin (1943–2010) als politischen Ziehvater berufen kann. Das Programm der FN beruht implizit auf einer falschen Nostalgie nach den 60er-Jahren der Trente Glorieuses, als Frankreich noch eine autonome Weltrolle spielte, seinen Binnenmarkt mit Zöllen schützte, die Währungspolitik eigenständig definierte, Staatsentscheidungen die Wirtschaft lenkten, der soziale Kuchen in einer Wachstumswirtschaft schmerzfrei umverteilt werden konnte und die fremdkulturelle Migrantenpopulation bedeutungslos war. Demzufolge verlangte die FN 2017 in linksgaullistischer Tradition den Austritt aus der NATO, eine Schaukelpolitik mit Russland aus anti-amerikanischen und anti-deutschen Reflexen, eine starke Rolle des Staates um die globalisierenden Wirtschaftsinteressen zugunsten der Nationalinteressen zurückzuführen, vermehrte Sozialstaatsleistungen im Sinne einer volksgemeinschaftlichen Solidarität für die kurz gekommene Arbeiterschicht, die Rentner und die Kleinbauern, den Austritt aus dem Euro und dem EU-Binnenmarkt (und de facto aus der EU), um Zollgrenzen und den Franc wieder einzuführen, den Vorrang nationaler Rechtssetzung vor den

---

arbiträren Entscheidungen des Luxemburger EuGH, und schließlich die Wahrung des christlichen Erbes Frankreichs und die Repatriierung der muslimischen Massenmigranten. Im Sinne der Devise „weder rechts noch links" pflegt die Front trotz ihres Anti-Kommunismus Elemente eines anti-globalistischen Anti-Kapitalismus sowie starke (kaum finanzierbare) soziale Umverteilungsforderungen[184].

François Fillon konnte als Präsidentschaftskandidat der post-gaullistischen Rechten von 2017 zwar ein solideres Familienleben, einen profunden katholischen Glauben und eine konsistente konservative Agenda darstellen. Er wollte aber keinesfalls die EU, den Euro und die NATO verlassen, sondern mit wirtschaftsliberalen Reformen die französische Wettbewerbsfähigkeit und den Arbeitsmarkt stärken und mit Verwaltungsreformen den überbordenden Staatssektor einschränken. Alles zwar sehr vernünftig, aber keine gaullistische Orthodoxie. Insofern droht das intellektuelle Erbe des Generals – über dessen Wert man geteilter Meinung sein kann – aus seiner Sicht mutmaßlich in die falschen Hände zu fallen.[185]

184   Michel Eltchaninoff. Dans la tête de Marine Le Pen. Actes Sud. 2017. S. 41 ff.
185   Zu den jährlichen Pilgerfahrten der politischen Rechten und Ultrarechten zu de Gaulles Grab am 9. November siehe: Tristan Berteloot. „A Colombey-les-Deux-Eglises, ‚De Gaulle doit se retourner dans sa tombe'". Libération 10.11.2017.

Kapitel 2

Georges Pompidou (1911–1974), der konservative Modernisierer

Der Sohn eines sozialistischen Gymnasiallehrers und Anhängers von Jean Jaurès war als Nicht-Widerständler ein unwahrscheinlicher Gaullist. Als Studienrat für alte Sprachen, Liebhaber der Poesie und der modernen Kunst, Redenschreiber für de Gaulle, Privatbankier bei Rothschild und Geheimverhandler mit der FLN wurde er von de Gaulle 1962 zum Ministerpräsidenten gemacht, ohne zuvor auch nur bei einer einzigen Wahl je angetreten zu sein. In der Tat verachtete er die Politik so sehr, dass er nie eine Zeile zum Thema veröffentlichte. Zum Präsidenten in den Nachwehen des Mai 1968 gewählt, war es sein Ehrgeiz, seine Zeit als Premier (1962–1968) und als Präsident (1969–1974) solle dadurch in historischer Erinnerung bleiben, dass in dieser Zeit die Franzosen in einem moderneren Land ihren Wohlstand, wirtschaftlichen und sozialen Fortschritt und ihren Lebensstandard in Frieden und Freiheit gemehrt haben würden[1]. Er war der letzte Präsident, dem dies gelang: Nach seinem frühen Tod gingen auch die Wachstumsperiode der Nachkriegszeit, die Trente glorieuses, unwiderruflich zu Ende.

Von allen Präsidenten der V. Republik ist sein Lebenslauf sicher der atypischste. Im Gegensatz zu allen seinen Nachfolgern war er nicht absichtsvoll linear auf eine politische Spitzenkarriere angelegt. Die Idee de Gaulle zu beerben und Präsident zu werden, kam ihm wahrscheinlich erst Mitte der 60er-Jahre als er knapp 45 Jahre alt war. Hätte de Gaulle nach seiner 2. (eigentlich 4.) Machtergreifung 1957 nicht auf seiner Mitarbeit als Kabinettschef bestanden, wäre Pompidou ein schöngeistiger Bankdirektor und Spitzenmanager geblieben, der politisch nur peripher mit der gaullistischen Bewegung verbunden gewesen wäre und als sozial aufgestiegenes Mitglied der Pariser Großbourgeoisie hauptsächlich die schönen Seiten des Lebens an der Seite seiner geliebten Frau genossen hätte. In der Öffentlichkeit hätte niemand außerhalb der einschlägigen Wirtschaftskreise und Künstlerzirkel von jenem entspannten und kenntnisreichen Mäzenen je erfahren. Bleibende Spuren hätte er nur in seinem wirtschaftlichen Wirken und in seiner Gemäldesammlung hinterlassen. Eigentlichen Ehrgeiz entwickelte Pompidou erst nach und nach in seiner Zeit als Premierminister (1962–1968), als er Freunde fördern wollte und Feinde (meist in den eigenen Reihen) bekämpfen musste und wirtschafts- und außenpolitische Ziele definierte, die er umsetzen wollte und deren zahlreiche Irrwege er zu verhindern suchte. Kein Egotrip also, sondern eine intrinsische Motivation und ein Pflichtgefühl – zuerst gegenüber dem General, dann gegenüber der Nation, dem er sich beugte und im Zuge seiner schrecklichen Krankheit auch opferte.

---

1   Éric Roussel. Georges Pompidou. Perrin. 2004. S. 11.

Herkunft und Jugend

Pompidous Vorfahren waren Pachtbauern oder Knechte, die die trockenen Hochebenen der Auvergne bestellten. Es gab dort Weidewirtschaft mit Rindern und Schafen, die Schweinezucht, den Hanfanbau, Apfelbäume und Esskastanien. Man stellte eine gute Schweineleber und einen trinkbaren Cidre her. Das Bergdorf Montboudif im Département Cantal war zum Zeitpunkt seiner Geburt im Juli 1911 mit seinen damals 520 Einwohnern in 1000 Metern Höhe im Winter von der Außenwelt abgeschnitten. Damals lebten die meisten noch in strohgedeckten Katen. Nur wenige Steinhäuser umgaben die Kirche des Marktplatzes. Eines, neben seinem Geburtshaus befindlich, beherbergt jetzt das Museum Georges Pompidou, die Hauptattraktion des nur heute noch 230 Seelen zählenden Dorfes. Aus jener rustikalen Umgebung bewahrte sich Pompidou zeitlebens eine Vorliebe für die deftige lokale Küche: „la potée" (einen Eintopf aus Kohl, Kartoffeln und Speck) und „boeuf-carottes" (Rindsgulasch mit Karotten).

Väterlicherseits war Georges Urgroßvater noch Analphabet. Sein Großvater war Knecht auf dem Hof seines Bruders. Da sie weitgehend Selbstversorger waren, benötigte er Geld nur für den Kauf von Tabak. Eine Dorfschullehrerin bemerkte die Talente seines Vaters Léon und ließ die Eltern ihn auf die Mittelschule nach Murat schicken. Danach konnte er mit Hilfe von Stipendien die Oberschule in Aurillac und das Lehrerseminar besuchen, wo er zusammen mit seiner künftigen Frau Marie-Louise Chavagnac studierte. Ihre Familie war mit dem Tuchhandel wohlhabend geworden (weswegen Pompidous Geburtshaus – es handelt sich um das der Schwiegereltern – noch heute einigermaßen ansehnlich ist), in dem sie die örtlich gewebten Textilien auf Bauernmärkten und Messen in der Region gewinnbringend feilboten. Obwohl Léon Pompidou statt einem Erbe nur einige Diplome vorzuweisen hatte, konnten sie im Jahr 1910 heiraten. Die beiden Eltern arbeiteten zunächst noch als Dorfschullehrer im nahen Murat. Doch begann der Vater schon bald nach der Geburt von Georges an der Mittelschule in Albi Spanisch und Französisch und die Mutter Naturwissenschaften und Mathematik zu unterrichten. In seinen ersten Lebensmonaten wurde Georges noch meist bei seinen Großmüttern in Montboudif versorgt. Nebenbei studiert der Vater in Toulouse, um die gymnasiale Lehrbefugnis („aggregation") in Spanisch zu erreichen. Im August 1914 wird Léon Pompidou eingezogen und während der Grenzschlachten beim französischen Angriff auf Mülhausen bald schwer am Bein verwundet. Nach seiner Genesung meldet er sich freiwillig zur Armée d'Orient, die 1915–18 in Griechenland und auf dem Balkan kämpfte, interessantere und weniger blutige Gefechts- und Kulturerfahrungen als jene an der Somme und vor Verdun auf jeden Fall. Bis zu seiner Rückkehr im Mai 1919 hat der achtjährige Georges – ebenso wie seine jüngere Schwester Madeleine – seinen Vater nie mit Bewusstsein erlebt.

Als Lehrer hatte Léon noch den im Juli 1914 in Paris ermordeten Jean Jaurès erlebt und geschätzt, der am gleichen Gymnasium in Albi Philosophie unterrichtet hatte. Er selbst wird auch Mitglied der SFIO und lässt sich 1925 für einige Jahre in den Stadtrat von Albi wählen. Léon Pompidou (1887–1969) ist dabei kein dogmatischer Sozialist. Er kombiniert pazifistische und patriotische Einstellungen, ebenso wie das Ideal der Gleichheit mit der Überzeugung, dass nur eigene Anstrengungen, Fleiß und Ausdauer – wie in seiner eigenen Biografie – ein Fortkommen und Fortschritt ermöglichen. Obwohl er wie die meisten Lehrer in der III. Republik (1871–1940) laizistischer Sozialist ist, lassen die Eltern beide Kinder taufen und haben nichts gegen ihre religiöse Unterweisung und Kommunion. Weil sich die Lungenkrankheit der Mutter zunehmend verschlechtert, muss sie in den 20er-Jahren den Unterricht aufgeben, um sich nur noch intensiv der Erziehung und Bildung ihrer Kinder zu widmen. Bis zu ihrem frühen Tod an Tuberkulose 1945 hatte sie sicherlich einen prägenden Einfluss auf den Leistungs- und Bildungswillen von Georges. Um das wirtschaftliche Auskommen der Familie zu sichern, muss der Vater zusätzliche Lehraufgaben übernehmen und seine akademischen Interessen in der spanischen Sprachkunde hintanstellen. Er gibt jedoch im Laufe der Jahre ein umfangreiches Französisch-Spanisches Wörterbuch heraus, das noch heute in neuen Auflagen als autoritativ gilt und bei Hachette verlegt auch im Internet abrufbar ist. Die Familie lebt in einem bescheidenen bürgerlichen Haus mit einem großen Garten in Albi. Die Führung des Lehrerhaushaltes ist von Sparsamkeit geprägt.

Der junge Georges Pompidou zeichnet sich von früh an durch eine große Wissbegierde, intellektuelle Neugierde und die Lust an Büchern aus. Mit drei Jahren kann das Wunderkind dank seiner Mutter schon lesen[2]. Sein Pensum als Jugendlicher liegt nach eigenen Angaben bei einem Buch pro Tag, einschließlich französischer, antiker, englischer und russischer Klassiker[3]. Sowohl in der Grund-, Mittel- wie Oberschule sammelt er die besten Noten und Auszeichnungen ein, ohne, wie es übereinstimmend in verschiedenen Quellen heißt, je ernsthaft lernen zu müssen. 1929 erhält er in der Abschlussklasse des Gymnasiums Albi zum Stolz seiner Eltern den ersten Preis für Griechisch, hat aber in seinem „bac" (Abitur) nur relativ durchschnittliche Gesamtnoten, weil er in Fächern, die ihn nicht interessierten, wie lebende Fremdsprachen und Naturwissenschaften, nur sehr mäßige Leistungen ablieferte[4]. Dennoch kann er mit einem Stipendium die zweijährige Vorbereitungsklasse („hypocagne") für die École Nationale Supérieur in Toulouse besuchen. Da hier nur seine Lieblingsfächer gelehrt werden, sammelt er ohne Anstrengung fünf erste Preise in Griechisch, Latein, Geschichte, antike Geschichte und Deutsch, sowie einen zweiten Preis im französischen Aufsatz ein. Der 18-Jährige gibt sich als cooler Dandy und beeindruckt damit erfolgreich die junge Damenwelt. Politisch zählt er zur nicht-marxistischen Linken, liest die Parteizeitung „Le Populaire", ist jedoch eher an Ästhetik, klassischer Philosophie und Poesie interessiert als an Politik. Für sein zweites Vorbereitungsjahr wird er 1930 an die Eliteschule „Louis-le-Grand" in Paris zugelassen. Mit 19 Jahren kommt er zum ersten Mal aus Albi, einer damals noch hübschen Mittelstadt mit 50.000 Einwohnern in die große Hauptstadt, die er bisher nur aus Romanen kennt. Wie jeder andere in einer vergleichbaren Situation hat er den typischen „Provinzkomplex", der die weitläufigen, eleganten und weltgewandten Pariser Kommilitonen zunächst für Übermenschen hält, die erst langsam entmystifiziert werden. Einer seiner Klassenkameraden, Léopold Sédar Senghor (1906–2001), der spätere Dichter der Négritude und erste Präsident des Senegal, dürfte ähnliche

2   Henry Gidel. Les Pompidou. Flammarion. 2014. S. 15.
3   Frédéric Abadie, Jean-Pierre Corcelette. Georges Pompidou. Le désir et le destin. Nouveau Monde. 2014. S. 22.
4   Roussel. Op. cit. S. 32.

Empfindungen gehabt haben. So begründete sich denn eine lebenslange Freundschaft, auch wenn der aristokratische Senghor damals noch Monarchist war und die „l'Action Française" las[5]. Senghor bemerkte bewundernd, dass Pompidou seine Lektionen immer nur einmal las und sie dann beherrschte. Sodann rauchte er eine Zigarette und gab sich seinen Lieblingslektüren hin[6]. Er schließt sich in jener politisch aufgewühlten Zeit – es war nach dem Schwarzen Freitag vom 1929 die Zeit der Weltwirtschaftskrise und der beginnenden Massenarbeitslosigkeit auch in Frankreich – jedoch der linken „Liga der der republikanischen und sozialistischen Universitätsaktionen" (LAURS) an, die, von Pierre Mendés France begründet, als Antifa die starke Rechte an den Hochschulen bekämpft, bei der ein gewisser François Mitterrand aktiv sein wird. Weil er zu viel Politik treibt und zu viele Theatervorstellungen, Museen und Kunstaustellungen besucht, muss Pompidou sein zweites Vorbereitungsjahr wiederholen und wird erst 1931 an der École Nationale Supérieur zugelassen. In den ersten zwei Jahren jener Eliteanstalt herrscht eine entspannte Ungezwungenheit. Von der Sorbonne als Normalien einen ersten Abschluss („licence") zu bekommen, war nur eine Formalität. Mit seinen Freunden kann er sich nach Herzenslust dem Theater, Kino, Vorträgen und Diskussionen hingeben, kurz: allem, was Paris Anfang der 30er-Jahre zu bieten hat[7]. Gelegentlich verfolgt er auch auf der Besuchergalerie Debatten in der Nationalversammlung, lässt jedoch seine Mitgliedschaft bei den sozialistischen Studenten verfallen. Bei einer Reise nach Deutschland (München), Österreich und Italien (Turin) erschreckt ihn die Militanz der rechtsradikalen Agitation und er fühlt sich als Franzose diskriminiert. Das bestärkt noch einmal seine linken Überzeugungen[8].

Zu seinen frühen Karriereentscheidungen zählt auch, nicht wie die meisten Normalien weiter zur Sciences Po für Führungsfunktionen im Staatsdienst zu gehen (die ENA wurde erst 1945 von de Gaulle gegründet), sondern setzt seinen normalen „Cursus" fort und schreibt seine Abschlussarbeit über den belgischen Dichter Émile Verhaeren (1855–1916), einen französisch schreibenden Flamen, den er allerdings später für so bedeutungslos einschätzt, dass er ihm in seiner „Anthologie de la poésie française"[9] (Pompidous einziges literarisches Werk) nur eine einzige Seite widmet. Seine Motivation für die Beschäftigung mit dem mittlerweile vergessenen Dichter: Der Zirkel der „Freunde von Verhaeren" hatte einen Preis ausgelobt und die Veröffentlichung der Arbeit versprochen. Pompidou war also schon früh Pragmatiker. In seinem letzten Studienjahr musste er freilich hart bis Mitternacht arbeiten, um die „Aggregation" nicht zu verhauen. Mit seinem Abschluss betrauert Pompidou das Ende seiner intellektuell so unbeschwerten Jugend. Als erstes folgt der Militärdienst, den die Normaliens zusammen mit anderen auserwählten Intelligenzlern recht privilegiert als Reserveoffiziersanwärter ableisten dürfen. Sechs Monate lang sind sie bei Niort in einem alten Kloster mit einer guten Küche einquartiert. Morgens gibt es Sport, nachmittags Reiten, Vorträge und die Pflichtlektüre des „Handbuchs für

5   Ibid. S. 37.
6   Gidel. Op. cit. S. 23.
7   Man versteht seine Verzweiflung, wenn er 40 Jahre später einem Freund aus dem Élysée schreibt, er habe in diesem Käfig keine Zeit mehr Theateraufführungen zu sehen oder ein Buch zu lesen!
8   Ibid. S. 43.
9   Georges Pompidou. Anthologie de la poésie française. Hachette. (1961) 1974.

Offiziere im Feld"[10]. Pompidou tat dies unlustig, ohne jedoch negativ aufzufallen. Er galt weiter als ein sozialistisch angehauchter Intellektueller und alter Linksliberaler („vieux radical")[11]. Als Leutnant durfte er sich seine Garnison aussuchen und wählte Clermont-Ferrand, die Hauptstadt der Auvergne. Die französische Armeeführung wollte nicht wieder den Fehler machen, eine ganze Generation ihrer besten Hochschulabsolventen als subalterne Infanterieführer wie im Ersten Weltkrieg abschlachten zu lassen (so wie dies die deutschen Armeen auch erfolgreich in zwei Weltkriegen taten), sondern wollte sie diesmal in Generalstabsfunktionen für den künftigen – siegreichen – Frieden konservieren. Einerseits sei die Rationalität nachvollziehbar, andererseits würden die Intellektuellen privilegiert und vom Schicksal ihres Volkes getrennt, schreibt Pompidou[12]. Er weigert sich in jener grundsätzlichen Erwägung, aber auch aus Faulheit, der Generalstabsausbildung in Niort zu folgen und meldet sich stattdessen im Frühjahr 1935 als Unterleutnant zu einem Infanterieregiment, dem IR 82[13]. Vom frühen Wecken nicht angetan, lässt er sich einmal von einem Taxi zu einer Feldübung ins Gelände fahren, was bei seinen Vorgesetzten nicht sonderlich gut ankommt. Bei einem Kurzurlaub vom Militär macht er eine nostalgische Reise nach Paris, wo er unter den Studentenmassen den Boul' Mich' entlang bis zum Kastanienpark des Jardin du Luxembourg (in dessen Palais der Senat seinen Sitz hat) schlendert. Dort kommt der junge Leutnant mit einer hübschen, lebenslustigen Jurastudentin namens Claude Cahour ins Gespräch, die seine Leidenschaft für Dostojewski, Tolstoi und moderne Dichter teilt. Jedem französischen Leser ist der „coup de foudre", der Liebesblitz aus heiterem Himmel, der dann erfolgt, ein allzu vertrautes Phänomen.

Junglehrer, Ehe und Krieg

Nach dem Ende seines Wehrdienstes beginnt er im Oktober 1935 ohne sichtbare Begeisterung seinen Schuldienst am Gymnasium Saint-Charles in Marseille. Er hat jetzt den Beruf, den seine Eltern hoch schätzen und für ihn gewünscht haben. Ohne fixe Zukunftsidee und ohne von der Pädagogik sonderlich fasziniert zu sein, hat der 24-Jährige sich ohne eigene Initiativen dorthin abordnen lassen. Die Aussicht auf lateinische Konjugations- und Deklinationsübungen in der gymnasialen Unterstufe motivieren nicht allzu sehr. Immerhin lockt das ihm noch unbekannte Midi mit seinen kulturellen, landschaftlichen und kulinarischen Reichtümern.

Im Unterricht, den er lebendig und anregender gestalten will, pflegte Pompidou seinen eigenen Stil, auch wenn dies den Schulinspektoren missfällt. Er ist stets stutzerhaft gekleidet. Um von Frontalunterricht abzugehen, geht er in der Klasse auf und ab, um Gedichte und Textpassagen zu rezitieren, regt Diskussionen der Schüler untereinander an, setzt sich mitten in die Klasse, um den Vorträgen – auch solcher auf Latein – seiner Zöglinge zu lauschen und lässt sie ihre Arbeiten untereinander korrigieren und bewerten. Auf einem Klassenbild sitzt er pomadisiert etwas distanziert vorne inmitten der Jungenklasse, die alle brav Anzug tragen. Wie so oft

10   Gidel. Op. cit. S. 30.
11   Roussel. Op. cit. S. 48.
12   Abadie, Corcelette. Op. cit. S. 35.
13   Ibid. S. 49.

in der Provinz gibt es auch in Marseille einen literarischen Zirkel, in dem sich gleichgesinnte Intellektuelle und Lehrer mit akademischen und literarischen Ambitionen um die Zeitschrift „Cahiers du Midi" treffen, die sie gemeinsam herausgeben. Pompidou ist auch mit dabei. Um Politik kümmert er sich nicht mehr, obwohl er 1936 noch für die Volksfront von Léon Blum stimmt. Mit Claude hat er sich mit dem zögerlichen Einverständnis ihres Vaters (schließlich kommt sie aus einer besseren Familie) in Clermont-Ferrand verlobt. Im Oktober 1935 heiraten sie in Château-Gontier. Gemeinsam erkunden sie im Renault des Schwiegervaters mit Freunden die Schönheiten der sonnigen Provence – einschließlich des damals noch nicht snobistischen Saint-Tropez – und unternehmen Ausritte zu Pferd in die Umgebung, zumal ihm sein Lehrerberuf, so extensiv wie er ihn betreibt, viel Freizeit lässt[14]. Oft kommen auch die jüngeren Schwestern Jacqueline Cahour, die eine lebenslange Vertraute von Claude bleiben sollte, und Madeleine Pompidou, die sich ebenfalls auf das Lehrfach vorbereitet, zu Besuch. Sein knappes Lehrergehalt geht derweil zur Gänze für Claudes Garderobe drauf, denn zeitlebens sollte ihr Geschmack nicht nur für Textilien erlesen und teuer bleiben. Ansonsten hat Claude nur einen Karrierewunsch: Georges möge Professor für Gräzistik im schönen Aix-en-Provence werden. Voraussetzung ist jedoch die Produktion einer dickleibigen Habilschrift, die Jahre intensiver Arbeit in Anspruch nehmen würde, ein Projekt das Georges deshalb nur sehr unlustig anpackt[15] (und bald wieder fallen lässt).

In diese arkadische Idylle platzt im Oktober 1938 die Nachricht des Unterrichtsministeriums von seiner Versetzung an das prestigereiche Lycée Hoche nach Versailles, die zu seinem noch größeren Glück in letzter Minute zu einer an das Gymnasium „Henri IV" in Paris umgewandelt wird, das ebenso wie seine Alma Mater „Louis-le-Grand" für die École National Supérieur vorbereiten darf. Er selbst ist mit 27 Jahren dort der jüngste Professor und soll Französisch zur Vorbereitung auf die Kolonialschule unterrichten. Gleichzeitig wird auch sein Vater Léon nach Paris zum städtischen Kolleg Lavoisier versetzt. Auch seine lungenkranke Mutter zieht aus Albi mit nach Paris. Als sein Vater zu ihm begeistert meint, der Lehrerberuf sei doch der schönste der Welt, entgegnet sein Sohn, er wäre lieber Kunstkritiker oder Dekorateur geworden.[16] „Als Prof betrittst Du Deine Klasse mit 5 Jahren und verlässt sie mit 65" witzelt er. Georges und Claude nehmen in Paris ihren „bobo"(bohèmien-bourgeoisen)-Lebenswandel wieder auf: Sie besuchen mit alten Freunden kleine Restaurants, Antiquariate, Ausstellungen, Kinos, Theater und zunehmend Kunstgalerien, wo er unter Claudes Einfluss Werke unbekannter Künstler zu kaufen beginnt, denn für bekannte reicht das Geld nicht. Dennoch ist ihr Pariser Lebensstil so teuer, dass sich Georges bei Hachette einen Nebenverdienst mit der Edition klassischer Werkausgaben besorgen muss.

Nach einem Jahr allerdings wird er wie Millionen seiner Landsleute nach der französischen Kriegserklärung am 3. September 1939 mobilisiert und zum Gebirgsjägerregiment (chasseurs alpin) 141, das an der italienischen Grenze stationiert ist, eingezogen. Im Oktober wird das

---

14   Abadie, Corcelette. Op. cit. S. 39.
15   Gidel. Op. cit. S. 50.
16   Ibid. S. 53.

Regiment in die Gegend von Bitsch in Lothringen vor die Maginotlinie verlegt. Außer einigen nächtlichen Schießereien und Patrouillen passiert jedoch im „drôle de guerre" während des Polenfeldzugs in jenem kalten Winter an der Westfront nicht viel[17]. Im April 1940 soll das Regiment bei der alliierten Besetzung des neutralen Norwegens eingesetzt werden, der die Deutschen jedoch zuvor kommen. Pompidou liegt mit seinen Leuten bei Brest, als der deutsche Durchbruch am 16. Mai nördlich der Maginotlinie erfolgt. In aller Eile werden sie mit der Bahn und Autobussen nach Ham (nördlich Saint-Quentin) auf das alte Schlachtfeld der Somme transportiert. Dort wird das Regiment zum Rückzug nach Compiègne gezwungen und nach harten Kämpfen, wo es ein Viertel seiner 2900 Mann verliert, kommt es im brennenden Sully an der Loire im allgemeinen Chaos von fehlender Bewaffnung, wirren Befehlen und Gegenbefehlen zu letzten Gefechten, bei denen dank der deutschen Übermacht an Panzern und Stukas der Sieger feststeht[18]. Nach dem Waffenstillstand vom 24. Juni 1940 ziehen sich die Reste des Regimentes nach Limoges zurück. Im Juli erhält Leutnant Pompidou das Kriegskreuz und wird mit seinen Kameraden demobilisiert. Mit seinem Regimentskommandeur diskutiert er de Gaulles Durchhalteparolen an die geschlagene Armee. Der Oberst hält sie für die „Eitelkeiten eines wirren Geistes"[19] und war damit nicht allein.

Claude hatte ihren Mann in Bitsch und in Brest besuchen können, hatte den Mai und Juni dann ohne Nachricht in großer Sorge in ihrer Wohnung in Paris verbracht, hatte sich dann wie hunderttausende Pariser in ihrem Wagen der Massenflucht in den Süden angeschlossen, und dabei durch ein mittleres Wunder das Regiment 141 und ihren unversehrten Mann in Limoges aufgespürt. Gemeinsam kehrten sie nun in das von Deutschen besetzte Paris zurück. Wie die meisten Rückkehrer geht Georges im Oktober 1940 an seinen alten Arbeitsplatz und gibt wieder Französisch-, Griechisch- und Lateinunterricht am Gymnasium Henri IV. Nach der einjährigen Unterbrechung scheint alles wieder normal, außer dass viele Lehrerkollegen noch Jahre in Oflags und Stalags[20], in Kriegsgefangenenlagern, verbringen müssen. Wie so viele Soldaten der in wenigen Tagen geschlagenen Armee, die sich mit ihren uneinnehmbaren Grenzfestungen für die stärkste der Welt gehalten hatte, blieb Pompidou zeitlebens kritisch gegenüber den Vorkriegspolitikern und dem Generalstab, die sie für die unerwartete Niederlage verantwortlich machten.

In Paris war das Leben freilich nicht normal. Die Nahrungsmittel werden rationiert. Benzin gibt es nur auf Sonderbezugsscheine. Die Straßen sind ruhig geworden. Alles fährt Fahrrad. In den Bücherläden, Museen und Cafés sind die einzigen Touristen deutsche Offiziere in Uniform[21]. Theateraufführungen und Kinoprogramme gehen ohne Unterbrechungen weiter, oft mit beeindruckenden Neuschaffungen. Im Laufe der Zeit wird nach 1941 mit den ersten Morden der kommunistischen Résistance das Besatzungsregime härter, Fliegeralarme häufiger, die Nahrungsmittelversorgung schlechter. Auch der Zigarettenkonsum des Paares wird durch

---

17   Roussel. Op. cit. S. 58.
18   Abadie, Corcellette. Op. cit. S. 46.
19   Ibid. S. 47.
20   „Offizierslager" und „Stammlager" für Unteroffiziere und Mannschaften.
21   Gidel. Op. cit. S. 62.

Rationierungen eingeschränkt. In der Schule wird, um niemanden zu gefährden, über Politik nicht gesprochen. Pompidou hält die Aktion von Schülern, die das Porträt von Pétain im Klassenzimmer abhängen, oder Traktate zum Widerstand in der Bibliothek verteilen, für puerilen Aktionismus. „Er wollte vor allem, dass wir keine Dummheiten machen", sagte ein ehemaliger Schüler[22]. Er bespricht mit ihnen aber Vercors „Le silence de la mer", den im Untergrund erschienenen Roman zum passiven Widerstand. Nach der alliierten Invasion im Juni 1944 hält es sieben seiner Schüler nicht mehr. Sie schließen sich den Partisanen von Sologne an, werden da sie völlig unerfahren und unausgebildet sind, überrascht und mit 41 anderen erschossen. Nur einem gelingt es zu entkommen[23].

Im Juli 1942 adoptiert das Paar nach siebenjähriger kinderloser Ehe den Säugling Alain, der die Familie nun vervollständigt. Gerade in der Zeit der Kriegswirren von 1940–44 war die Zahl der unehelichen Geburten, die in den Waisenhäusern abgeliefert wurde, enorm angestiegen. Erst als Erwachsener erfuhr Alain von seiner Herkunft. Die beiden hatten ihn stets wie ihren leiblichen Sohn behandelt und er sich auch immer so gefühlt. Nach der Invasion halten sie es für ratsam, aus Paris nach Château Gontier zu ihrem Schwiegervater zu ziehen, der Untauglichkeitspapiere für junge Männer austeilt, die zum Zwangsarbeitsdienst (STO) nach Deutschland geschickt werden sollen. Wie 90 % aller Franzosen war das junge Paar „attentiste", wartete ab, jeglichen Kontakt mit der Besatzungsmacht vermeidend.

Die Nachkriegszeit mit de Gaulle

Am 25. August erlebt Pompidou inmitten von Millionen jubelnder Pariser den Vorbeimarsch de Gaulles auf dem Champs-Élysée an der Spitze seiner provisorischen Regierung. Gerade hatte er eine wissenschaftliche Edition von Racines „Britannicus" für Hachette abgeschlossen. Doch die Vorstellung, in dieser historischen Stunde mit ihren emotionalen Erregungen im Herbst wieder zu Seneca und Ovid in seine Schulklassen zurückkehren zu müssen, erschütterte ihn nachhaltig. Nach acht Jahren Schulpraxis hat er genug. Er kontaktierte deshalb einen alten Schulfreund, René Trotobas, der Kabinettschef von Informationsminister Jacques Soustelle war, und bot seine Dienste in einer beliebigen Funktion an[24]. Dieser empfiehlt ihn de Gaulles Kabinettschef René Brouillet, dem Pompidou dann auch schreibt. Brouillet suchte dringend eine Assistenz beim Redenschreiben für den anspruchsvollen General. So erhielt Pompidou für ihn überraschend ab Oktober 1944 eine Anstellung im Kabinett de Gaulles mit der Zuständigkeit für Information, Bildung und Probleme der Innenpolitik. De Gaulle hatte seine Zustimmung gegeben, ohne ihn auch nur gesehen zu haben[25]. Damals war das junge Regime der Gaullisten weder bei der linken Intelligenzija noch bei der durch Vichy mehr oder minder kompromittierten Elite der Staatsdiener beliebt, so dass die Initiative eines unbelasteten, in der hohen Verwaltung unerfahrenen 33-Jährigen Normalien einen unerwarteten Erfolg hatte.

22   Abadie, Corcelette. Op. cit. S. 49.
23   Gidel. Op. cit. S. 70.
24   Roussel. Op. cit. S. 64.
25   Abadie, Corcelette. Op. cit. S. 56.

Im Sitz des Kabinetts im Kriegsministerium (wo de Gaulle schon 1940 einige Tage als Staats-sekretär gewirkt hatte) arbeitet sich Pompidou schnell ein, hält sich aus den zahlreichen internen Streitereien heraus und stellt zu seinen älteren Kollegen und seinen Vorgesetzten, René Brouillet und Gaston Palewski, freundschaftliche Beziehungen her, auch wenn ihm der Stallgeruch der Résistanceerfahrungen fehlt. Er zeichnet sich dabei durch seine Klarheit im Denken und Schreiben, seinen Realitätssinn, das schnelle Erfassen des Wesentlichen und seine stets gute Laune aus. Bald kommt es zu einem ersten Konflikt mit dem Erziehungsminister René Capitant, einem Linksgaullisten, der das ganze Bildungssystem umkrempeln will, und dabei bei dem Normalien Pompidou, der vom Fach ist, auf Granit beißt. Pompidou geht siegreich vom Feld und hat einen einflussreichen Feind fürs Leben.[26] In der Informationsarbeit gilt es vor allem Reibereien zwischen de Gaulles Kabinett und dem des neuen Informationsministers Pierre-Henri Teitgen (MRP) zu vermindern, die sich um das Wiedererscheinen der linksliberalen „La Dépêche de Toulouse" (heute: „Dépêche du Midi") und die Gründung von „Le Monde" entzünden. Innenpolitisch geht es vorrangig darum, die summarischen Folterungen und Erschießungen der „Volksgerichte" in rechtstaatlich geregeltere Bahnen zu lenken und die Reichweite und die Modalitäten der beabsichtigten Verstaatlichungen zu klären, um den Wiederaufbau der Wirtschaft nicht zu lähmen.

Politisch hat sich Pompidou von der SFIO seiner Jugend entfernt. Er stellt fest, dass die Sozialisten und ihre Abgeordneten am meisten mit den Besatzern kollaboriert hatten, und der Widerstand eher auf den Christdemokraten und den Kommunisten beruht habe.[27] Vergeblich versucht er, den Schriftsteller Robert Brasillach, dessen Werke er schätzt, vor der Erschießung zu retten[28]. In anderen weniger prominenten Fällen kann er ungerechte Bestrafungen, Enteignungen und Säuberungsmaßnahmen rückgängig machen. Er muss nun erstmals in seinem Leben hart arbeiten, nicht überraschend in dieser Funktion 15 Stunden am Tag. Spätabends kommt er von politischen Abendessen oder mit einer dicken Aktentasche zum Nacharbeiten nach Hause. Um die Reden des Generals zu entwerfen, liest er dessen zahlreiche Vorkriegspublikationen gründlich und versucht seine Logik und liebgewonnene Stilwendungen, Metapher und Allegorien möglichst häufig zu verwenden. Dazu hat er die Aufgabe, regelmäßig die Entwicklung der öffentlichen Meinung nach Bevölkerungsgruppen zur direkten Unterrichtung des Generals zu analysieren. Da er dies ungeschminkt, klar und nachvollziehbar tut, kommen seine Berichte mit den lobenden Anmerkungen des Adressaten an den stolzen Autor zurück.

Nach und nach wird de Gaulle durch die Qualität seiner Arbeit auf Pompidou persönlich aufmerksam. Er rückt am Hof des Generals graduell zum inneren Kreis auf. Die erste Begegnung ist freilich ein Anschiss, weil de Gaulle an einem Samstagnachmittag seine beiden Chefs Brouillet und Palewski nicht in ihren Büros antrifft[29]. Ab dem Frühjahr 1945 wird Pompidou gelegentlich mit seiner Frau zu einem privaten Abendessen oder im September für eine ge-

---

26   Roussel. Op. cit. S. 69.
27   Ibid. S. 70.
28   Gidel. Op. cit. S. 76.
29   Abadie, Corcelette. Op. cit. S. 59.

meinsame Besprechung mit Léon Blum und André Malraux in seine Residenz eingeladen. Derweil nehmen während des Jahres die parteipolitischen Streitereien und Dispute um die Pfründe und Beute der Sieger (das Motto der de Gaulle-treuen MPR war: „Dienen wir der guten Sache und bedienen wir uns") und die Obstruktionspolitik des Kommunisten so zu, dass de Gaulle enttäuscht und entnervt nach mehreren Rücktrittsdrohungen am 20. Januar 1946 das Handtuch wirft. Er zieht sich nach Marly-le–Roi im Westen von Paris zurück, solange in Colombey noch nicht die Kriegsschäden beseitigt sind. Pompidous Kabinettskarriere ist also nach 14 Monaten bereits zu Ende, bevor sie überhaupt richtig angefangen hat.

Pompidou erhält nun eine Stelle als „Maître de requêtes" im Staatsrat (Conseil d'État), in dem ehrwürdige Politiker – darunter auch alle ehemalige Präsidenten – als Verfassungsrichter fungieren. Für den Nichtjuristen Pompidou, der an der Sciences Po nur einige Grundlagenvorlesungen desinteressiert angehört hatte, eine Herausforderung, die er jedoch dank seiner legendären schnellen Auffassungsgabe gut meisterte. Nicht ausgelastet übernimmt er als Teilzeitjob den Posten des stellvertretenden Kommissars für den Fremdenverkehr, wo er neben der Einweihung neuer Hotels auch für Großaustellungen verantwortlich ist. So wird im Mai 1948 eine Ausstellung „Acht Jahrhunderte britischer Zivilisation" veranstaltet, mit der man zahlungskräftige US-Touristen wieder nach Paris locken will. Pompidou sorgt dafür, dass sie von Prinzessin Elizabeth und ihrem Verlobten, dem Herzog von Edinburgh, eingeweiht wird. Pompidou kann nunmehr wieder ein normales Familienleben mit seinem vierjährigen Sohn und die früheren Kontakte mit der Pariser Kunst- und Kulturszene wiederaufnehmen. Da trotz dieser Doppeljobs das Geld nicht reicht, gibt Pompidou zusätzlich Kurse – diesmal der Geschichte, der Geographie, der Wirtschaftswissenschaften und des Verfassungsrechtes! – an der Sciences Po[30], denn Claude hat nach den Entbehrungen des Krieges ihre teure Vorkriegsgewohnheit, sich bei der Haute Couture elegant einzukleiden, wieder aufgenommen. Das Festival von Cannes, Theaterpremieren, Konzerte und Einweihungen an der Seite ihres Gatten geben stets neue Anlässe, die Garderobe zu erneuern.

Claudes Schwester Jacqueline heiratet in der Zwischenzeit François Castex, der durch Georges' Vermittlung Direktor des Comitée Vendôme, der Vereinigung der Juweliere und Luxusläden des gleichnamigen Pariser Platzes, wurde. Seine Schwester Madeleine hatte einen Lehrerkollegen geehelicht, aus deren Verbindung zwei Kinder entsprossen. Georges Mutter war bereits am Vorweihnachtsabend 1945 in dem von seinem Schwiegervater geleiteten Hospiz von Château-Gontier an einer Lungentuberkulose gestorben. In Orvilliers, einem Dorf im Département Yvelines westlich Paris, überließ ein Onkel von Claude der Großfamilie ein großzügiges, von außen sehr bescheiden wirkendes Landhaus „La Maison Blanche", das früher einmal ein Postamt gewesen war[31], zur allgemeinen Benutzung. So trafen sich hier häufig alle drei Geschwisterpaare mit den beiden Witwern Léon Pompidou und Doktor Cahour und den Enkeln zum harmonischen Beisammensein, unter anderem auch in einem großen Billiardzimmer.

---

30 Dem Vernehmen nach gab er die Vielzahl jener Vorlesungen völlig stressfrei in einem Sessel sitzend, während er sich Zigarette rauchend die Pfeife stopfte. Gidel. Op. cit. S. 95.
31 Es wird heute noch von Sohn Alain bewohnt.

Gleichzeitig hält Pompidou weiter Kontakt zu de Gaulle, seinen ehemaligen Kabinettskollegen und den Spitzen der fragmentierten gaullistischen Bewegung. An de Gaulle bewundert er weiter dessen Willensstärke und visionäre Kraft, während seine Nachfolger sich im Stil der III. Republik wieder in Ohnmacht und kleinkarierten Intrigen zerstreiten[32]. Im Frühjahr 1946 wird er gebeten, den ehrenamtlichen Posten des Generalsekretärs der Stiftung Anne de Gaulle zu übernehmen. Er besorgt Spenden, organisiert die medizinische Betreuung, lässt das Grundstück für das geplante Heim kaufen, und erfüllt diese Aufgaben so zur vollen Befriedigung von Yvonne de Gaulle, dass sie bald auch ihrem Mann davon des Lobes voll berichtet. Obwohl zunächst sehr zurückhaltend gewinnt auch er dessen Wertschätzung als uneigennütziger Organisator und Manager[33]. Pompidou tritt so langsam in den kleinen Zirkel der wenigen Vertrauten ein, mit denen der grantelnde General in seinem inneren Exil die (düstere) Weltlage und seine Zukunftspläne zur Rettung der Nation mehr oder minder offen bespricht. Umgekehrt ist er auch weiter an Pompidous ungeschminkten Einsichten zur Entwicklung der öffentlichen Meinung interessiert. Von der Gründung von de Gaulles Sammelbewegung RPF im April 1947 will Pompidou freilich erst aus der Zeitung erfahren haben. Er hält nichts von diesem Projekt, weil er sich de Gaulle – zu Recht – nicht als Parteiführer vorstellen kann[34]. So hält er sich beim Aufstieg und Fall der Bewegung von 1948 bis 1953 öffentlich völlig zurück, zumal viele „Gaullisten der ersten Stunde" zu ihm meist unterkühlte Beziehungen unterhalten, kandidiert trotz etlicher Offerten für kein Parteiamt und Abgeordnetenmandat und demonstriert so überzeugend seinen Mangel an politischem Ehrgeiz. Tatsächlich trifft er sich aber mit der Führungsriege der RPF weiter. So bei ihren Unterredungen im Maison de l'Amérique Latine regelmäßig mit André Malraux, Jacques Foccart, Jacques Soustelle, Jacques Chaban-Delmas und Michel Debré. Er animiert den intellektuellen Debattenclub („groupe de réflexion") der Führungskader von Gaston Palewski, der die große Strategie und die wichtigsten Themen jenseits der Alltagstaktik erörtert. Gleichzeitig kümmerte er sich diskret um die Finanzen der RPF und besorgte ihr die nötigen Industriespenden.

Der General hatte jedoch weiter das Bedürfnis, an ihm mindestens zweiwöchentlich in Colombey seine politischen Ideen zu testen. Während er grundsätzliche Ablehnungen nicht tolerierte, schätzte er Pompidous Art, sie mit gezielten Fragen weiterzuentwickeln oder auf Gefahren und Opposition aufmerksam zu machen – und über die Gespräche stets diskret zu bleiben[35]. Normalerweise kam Pompidou am späten Vormittag mit dem Wagen aus Paris. Man diskutierte dann einschließlich des Mittagessens und beim Café, sowie beim folgenden Nachmittagsspaziergang im Wald bis zur Abfahrt gegen 16 Uhr. Eckermanns Gespräche mit Goethe sozusagen. Pompidou gehörte zusammen mit Malraux auch zu den ersten Lesern des Manuskriptes

---

32 Von 1946 bis 1953 gab es 16 Regierungen, von denen viele nur 10 Tage bis 6 Wochen hielten, bis sie vom Parlament wieder gestürzt wurden – meist von Parteiführern, die mit der Ministerliste unzufrieden waren.
33 Ähnlich sollte fast 50 Jahre später die organisatorische Leitung der Fondation France Libertés von Danielle Mitterrand für François Hollande zum Karrierebeschleuniger werden.
34 Abadie, Corcelette. Op. cit. S. 70 f.
35 Roussel. Op. cit. S. 84.

von „L'Apell" und durfte mit dem Verlagshaus Plon auch den Publikationsvertrag aushandeln und abschließen.

Im April 1948 ernennt ihn de Gaulle unvermittelt zu seinem „Kabinettschef" in Paris, das heißt zum faktischen Privatsekretär für die Termine seiner zweimal wöchentlich stattfindenden Parisbesuche. Alle Gesprächsansuchen haben ab sofort über die graue Eminenz des Georges Pompidou zu erfolgen. Gleichzeitig soll er weiter Meinungsbilder schreiben. Diskret wird diese zusätzliche Belastung mit der Führung des Conseil d'État akkordiert. Doch muss Pompidou wegen des Zeitaufwandes zu Claudes Kummer 1949 seinen schönen Tourismusjob aufgeben[36].

Mit dem Zerfall der RPF 1953 glaubt Pompidou nicht länger an eine erfolgreiche Rückkehr des Generals in die Politik, von der er ihm auch abrät, und deren Verhinderung das einzige Thema ist, das die zerstrittenen Parteien noch eint. Eine Fortsetzung seiner Kabinettschefstätigkeit ohne Kabinett, die er zwischen 1948 und 1953 brav abgeleistet hatte, macht also keinen Sinn mehr. Er übergibt die Amtsgeschäfte seinem bisherigen Stellvertreter und Freund Olivier Guichard und sucht jenseits des Conseil d'État, dessen Routinen ihn zunehmend langweilen und unterfordern, nach neuen Ufern[37].

Die Rothschilds

Zu Eintritt Pompidous in die Bank Rothschild 1954 gibt es unterschiedliche Versionen. Die wahrscheinlichste, auch von Guy de Rothschild bestätigte Version ist die, dass René Fillon, Schatzmeister der RPF, wie Pompidou Normalien und Prokurist der Bank, 1954 Senator von Französisch-Sudan (des heutigen Mali) werden wollte[38]. Da sein bisheriger Posten eine Vertrauensstelle war, schlug er als Ersatz Pompidou vor. Guy de Rothschild lässt Pompidou die Probleme der im Besitz der Bank befindlichen Gesellschaft Transocean analysieren, die nach dem Krieg zur Außenhandelsfinanzierung gegründet worden war, jetzt aber Probleme wegen der Devisenbewirtschaftung hat. Eigentlich war jener Test gedacht, den von Fillon empfohlenen branchenfremden Kandidaten abzuschrecken und elegant loszuwerden. Doch Rothschild ist beeindruckt, wie schnell sich Pompidou in die komplexe kommerzielle und finanztechnische Problematik, die ihm zuvor völlig fremd war, einarbeiten und gut durchdachte realistische Lösungsvorschläge machen konnte[39], die später zu ihrer Sanierung führten. Nach einer 15-tägigen gemeinsamen Studienreise durch West- und Äquatorialafrika (Liberia, Guinea, den Kongo und Senegal) kommen sie sich freundschaftlich näher. Rothschild schätzt seine Kultur, seine Neugierde, und seine Mischung aus Distanz und menschlicher Wärme.[40]

---

36   Gidel. Op. cit. S. 90.
37   Gidel. Op. cit. S. 103.
38   Damals waren die Kolonien im Senat repräsentiert, oft von Senatoren, die mit dem Land wenig zu tun hatten. Die wenigen – meist weißen – Wähler waren dort leichter zu überzeugen als in der Metropole. So schlug Senghor seinem Freund Pompidou eines Tages auch vor, Senator des Senegals zu werden.
39   Roussel. Op. cit. S. 90 f.
40   Gidel. Op. cit. S. 106.

Aus Sicht einer klassischen Bank mochte es befremdlich erscheinen, jemanden, der völlig fach-fremd war und der in den ersten vierzig Jahren seiner Existenz nicht das geringste Interesse an wirtschaftlichen Fragestellungen gezeigt hatte, in eine Führungsfunktion zu berufen. Dabei ist zu berücksichtigen, dass französische Privatbanken stets eine Tradition von Gentlemen-Bankern[41] gepflegt hatten, von kultivierten Herren mit „common sense" und Lebenserfahrung, die sich nicht als Bankkaufleute oder Börsen-Jobber von der Pike hochgedient hatten. So ent-täuschte Pompidou die Erwartungen nicht, indem er mit seiner schnellen Auffassungsgabe sich umgehend in den Jargon und die Usancen des ihm zunächst völlig fremden neuen Gewer-bes einarbeitete, zumal er immer erst zuhörte, bevor er ein abgewogenes Urteil fällte. Im Üb-rigen konnte es aus Sicht eines der reichsten Investoren im staatsregulierten Frankreich nicht schaden, jemanden in der Führungsetage zu haben, der das Vertrauen des unberechenbaren Generals hatte, ihm möglicherweise fixe antikapitalistische Ideen austreiben oder zumindest die Bank diskret warnen konnte, bevor es zu spät war.

Pompidou wird so bald zum Direktor für das Bankgeschäft und für die Ölförderung in der Sahara gemacht und wird zum vertrauten Ratgeber für Guy de Rothschild. So erstreckte sich sein Einfluss auf den gesamten Geschäftsbereich der Frères Rothschild, deren wichtigste Hol-ding damals die Compagnie du Nord war (die das Eisenbahnnetz des Nordens besessen hatte, das 1937 verstaatlicht an die SNCF verloren ging). Sie umfasste einen Rüstungsbetrieb, eine Schifffahrtsgesellschaft, Kühl- und Lagerhäuser, eine Baufirma, die Ölgesellschaft ANTAR sowie Bergbaubeteiligungen in Neukaledonien, Frankreich, Nordafrika, Brasilien und Spani-en (die nach einigen Umgruppierungen 1974 zum damals größten multinationalen Konzern Frankreich namens IMETAL verschmolzen werden sollten). Zwar immer noch beträchtlich, war jenes Reich nur noch ein Schatten des Reichtums und der Wirtschaftsmacht der Roth-schilds des 19. Jahrhunderts. Am Ende war Pompidou für die ganze Compagnie du Nord-Gruppe mit zuständig. Er entwickelte damit jene Erfahrung und das Expertenwissen für die Infrastrukturentwicklung und die Grundstoffindustrien, die die intellektuell-programmatische Basis für seine spätere Modernisierungsagenda für Frankreich darstellte. Im Gegensatz zu allen späteren Präsidenten wusste er meist, was er an wirtschaftspolitischen Projekten entschied: Wie man Häfen, Eisenbahnlinien und Autobahnen baute, was sie kosteten und nutzten. Was bei der Bankerperspektive aus der Chefetage und der Pariser Schickeria freilich fehlte, war die Vermittlung des Gefühls für die Lebenswelt der einfachen Arbeiter und kleinen Angestellten, der Unter- und unteren Mittelschichten, für die er später unwirtliche Sozialbau(HLM)-Blöcke in sterilen Trabantenstädten hochziehen ließ. Das gilt auch für seine Immigrationspolitik, wo es ihm und den Arbeitgebern schlicht um nicht-streikende Gastarbeiter ging, deren soziale Bedürfnisse und kulturell-religiöse Problematik völlig ausgeblendet blieb.

Gemeinsam entwickelte man damals seltene Investitionsfonds, die das Geld von Kleinanle-gern sammeln und in Tourismus-, Immobilien- und Ölprojekte investieren sollten, sowie eine Finanzierungsgesellschaft für die überseeische Ölexploration. In seinem eigenen Geschäfts-bereich tat sich Pompidou durch eine gute Personalführung und die Fähigkeit zur Delegation

---

41   Von dieser Tradition sollte auch ein gewisser Emmanuel Macron ein halbes Jahrhundert später profitieren.

an die richtigen Mitarbeiter hervor. So ließ er sich seine finanziellen Kalkulationen immer von zwei verschiedenen Mitarbeitern nachrechnen[42], um sicher zu gehen, dass er keinen Fehler gemacht hatte. Daher blieb sein Schreibtisch (abgesehen von einem griechischen Gedichtband) stets leer[43]. Die Rothschilds, deren Reichtümer im Vergleich zum 19. Jahrhundert unter den Zeitläufen gelitten hatten, bezahlten jedoch weiter ein attraktives Gehalt. Auch konnte Pompidou durchaus scharf werden, wie Guy de Rothschild beobachtete, allerdings nicht gegenüber Untergebenen sondern gegenüber Managern, die in den höheren Hierarchieetagen zu Lügen und Ausflüchten Zuflucht nahmen[44]. Die Pompidous mieten schließlich eine neue Wohnung am Quai de Béthune auf der Stadtinsel Saint-Louis mit Blick auf die Seine an. Beide sollten dort auch ihr Leben beschließen. Mit dem schönen Gehalt von Georges erwirbt Claude sich einen schicken Porsche und beginnt in Antiquariaten, Galerien und bei Vernissagen einzukaufen. Es beginnt wieder eine Lebensphase, die beide später als sehr glücklich und intellektuell erfüllt beschreiben sollten. Zu häufigen Gästen zählt die Familie von André Malraux. Sie gehen in Industriellenzirkeln aus und ein, sowie im Lustschloss der Rothschilds, wo sich der kulturelle Jet Set der 50er-Jahre von Tout-Paris trifft. Dazu kommen weiter die diskreten regelmäßigen Ausflüge nach Colombey.

Im Mai 1958 schließlich ergreift de Gaulle wieder die Macht und lässt sich zum Regierungschef ernennen. Als Kabinettschef ernennt er den in der Öffentlichkeit weithin unbekannten Pompidou, der als eine klassische graue Eminenz mit seinem Wirken hinter den Kulissen erscheint. Da de Gaulle alle Macht und alle wichtigen außen- und verteidigungspolitischen Entscheidungen bei sich konzentriert hat, ist Pompidou der letzte Kabinettschef eines Regierungschefs, der den Zugang zu einer solchen Machtfülle hat[45]. Seine Hauptaufgabe ist neben der Vorbereitung der Entkolonialisierung – in vier Monaten von Oktober bis Dezember 1958 hat de Gaulle ganz Französisch-Afrika die Unabhängigkeit versprochen – die Ausarbeitung der neuen Präsidialverfassung zu koordinieren, die im September 1958 von 76 % der Wähler bei einem Referendum gebilligt wird. Derweil erzwingen Handels- und Zahlungsbilanzdefizite und die schwindenden Devisenvorräte Frankreichs eine Abwertung des Franc um 17,6 %. Um einen „harten Franc", den de Gaulle will, vorzubereiten, lässt Pompidou Subventionen streichen, Kredite verknappen und setzt die weitgehende Konvertibilität durch. Im November 1958 gewinnt die von Jacques Soustelle neugegründete Union pour la nouvelle République (UNR) aus dem Stand die Mehrheit der Sitze in der Nationalversammlung. Doch de Gaulle und Pompidou halten zu der neuen gaullistischen Sammlungsbewegung (es sollte nicht die letzte sein) Abstand. Im Januar 1959 erfolgt de Gaulles Wahl zum Präsidenten. Während de Gaulle vom Matignon in den Élysée-Palast umzieht, geht sein Kabinettschef wieder zu den besser zahlenden Rothschilds zurück, wo er mehr Freiheiten und das Kunst- und Kulturleben nach jenem halbjährigen Intermezzo in der hohen Politik erneut genießt. Der angebotene Pos-

---

42   Sein altes System der Gegenkontrollen, das er schon vor 20 Jahren am Gymnasium in Marseille erfunden
      hatte!
43   Abadie, Corcelette. Op. cit. S. 95.
44   Gidel. Op cit. S. 112.
45   Roussel. Op. cit. S. 100.

ten eines Finanzministers reizt ihn nicht.[46] Stattdessen erhält er einen Sitz im Verfassungsrat, der gut bezahlt und wenig arbeitsintensiv ist. Ja er findet sogar die Zeit, bei Hachette die bereits erwähnte Anthologie der französischen Poesie herauszubringen.

Doch schon im Februar 1961 ereilt Pompidou der Wunsch des Élysée, er möge in der Schweiz mit der FLN geheime Vorverhandlungen führen. Drei Runden finden in Luzern statt, wohin er seinen Winterurlaub verlegt hat. Ende März können dann die offiziellen Verhandlungen in Évian zusammen mit Algerienminister Pierre Joxe anlaufen. Immerhin kann er den Rothschilds nun diskret stecken, dass es angesichts der harten Linie der FLN um ihre Algerieninvestitionen und das Öl in der Sahara sehr schlecht steht. Es gibt von ihr nur vage Versprechungen, die Investitionen weiter nutzen zu können, die aber mit ihrer Verstaatlichung durch Boumedienne 1971 gebrochen werden. Wieder wird ihm der freigewordene Posten des Finanzministers angeboten. Zu Claudes Freude lehnt er erneut ab. Der junge Giscard d'Estaing wird stattdessen stolzer Minister.

Im Matignon

Erst als im April 1962 Michel Debré als Premier abtritt, der mit dem Rückzug aus Algerien und dem Abkommen von Évian vom März 1962 nicht einverstanden war und eine supranationale Entwicklung der EWG ablehnte, glaubt Pompidou sich dem General, der in ihm in erster Linie den Wirtschaftsfachmann sieht, nicht länger verweigern zu dürfen. Er, der nie in irgendeine Funktion gewählt worden war, zieht zum Erstaunen der politischen und medialen Klasse ins Matignon ein.

Die Frage nach de Gaulles Motiven ist deshalb naheliegend. Wie allen Politikern misstraute er seinen Mitstreitern, die eigene Ideen und politischen Ehrgeiz hatten, zumal zum heiklen Thema Algerien, das ihre patriotischen Überzeugungen und Leidenschaften unmittelbar berührte. Außerdem glaubten sie sich durch ihre Meriten in der Résistance intellektuelle und operative Freiheiten herausnehmen zu können, die der General nicht dulden wollte. Ohnehin waren viele der vormaligen Helden der inneren und äußeren Résistance oft sperrige Charaktere, die sich nicht zur Anpassung und Unterordnung als brave Befehlsempfänger eigneten. So kam denn Pompidou genau recht: hochintelligent, diskret, loyal während des Jahrzehnts des inneren Exils de Gaulles ohne erkennbaren politischen Ehrgeiz und ohne sichtbare Leidenschaften für Französisch-Algerien, wo er noch nie gewesen war.

Pompidou verabscheut nach wie vor das Leben im Rampenlicht und die fremdbestimmte Zeiteinteilung. Was ihn – im Gegensatz zu seinen Nachfolgern – motiviert sind Pflichtgefühl und Loyalität, nicht die Karriereplanung und persönlicher Ehrgeiz[47]. Tatsächlich sind seine persönlichen Leidenschaften und Neigungen: ein genussvoller Lebensstil, ein nonchalantes Auftreten, die Poesie, Philosophie, die moderne Kunst, Theaterbesuche und das entspannte mondäne Reisen mit seiner Frau mit einer aufreibenden politischen Laufbahn weitgehend

---

46   Gidel. Op. cit. S. 132.
47   Abadie, Corcelette. Op. cit. S. 156.

unvereinbar. Doch wird der 51-Jährige mit seinem gemütlich wirkenden, meist gutgelaunten öffentlichen Auftritten ohne Staralüren, als glaubwürdiger Mann des Volkes und ist mit seiner Mischung aus Bodenständigkeit – der Lehrersohn mit den kleinbäuerlichen Wurzeln aus der tiefsten Provinz – und schöngeistiger Intellektualität deshalb bald beliebt. Als erstes versucht er seine Regierung durch den Einschluss „vernünftiger" Sozialisten wie Guy Mollet und Konservativer wie Antoine Pinay über den Kreis der Gaullisten hinaus zu erweitern. Schließlich akzeptiert nur eine Handvoll Christdemokraten der MRP wie Pierre Pflimlin und Maurice Schumann nachrangige Ministerposten. Bald treten sie wegen der Europapolitik des Generals zurück, der sich weiter über vaterlandslose Integristen, die nur Esperanto und Volapük sprechen, erregt. Die politische Öffnung ist also gescheitert, bevor sie überhaupt in Gang gekommen war. Schon bei seiner Vorstellung des Regierungsprogramms in der Nationalversammlung kommt Pompidou, der damals noch ein schlechter, weil ungeübter Redner ist, nicht gut an. Er kennt die Örtlichkeiten im Palais Bourbon nicht, liest mit tonloser Stimme vom Blatt ab und lässt sich von Gelächter aus dem Konzept bringen. Die Quittung der Politprofis gegenüber dem Außenseiter kommt sofort: Nur 239 stimmen dafür, und 198 dagegen.[48] Auch die eigenen Leute in der UNR haben Vorbehalte. De Gaulle musste sich fragen, ob er den richtigen Mann ausgesucht hatte. Er will einen willfährigen Premier, aber auch einen, der mit den Parteien auskommt und sie ihm vom Hals hält.[49]

Im Sommer 1962 werden die vier rebellischen Generäle von Algier abgeurteilt. Drei werden zu lebenslanger Haft und einer, Edmond Jouhaud, der nur eine nachrangige Rolle spielte, zum Tode verurteilt. De Gaulle, der sich über die milden Urteile ärgert (bei einer Besprechung im Élysée wirft er mit Stühlen um sich und zerschmeisst einen Aschenbecher), will ihn erschießen lassen. Nur die Rücktrittsdrohung Pompidous und der meisten seiner Minister rettet in den letzten Stunden vor dem Hinrichtungstermin das Leben des Ex-Generals[50]. Schließlich müssen in diesem Sommer die 800.000 Pieds-noirs aufgenommen und untergebracht werden, die am Ende von 130 Jahren Siedlungspolitik meist völlig mittellos in südfranzösischen Häfen ankommen, und mit der Wahl zwischen Koffer oder Sarg die Rechnung für de Gaulles Abkommen von Évian begleichen müssen. Die 30.000 bis 150.000 Harkis, die mit dem französischen Militär kollaboriert hatten, haben diese Wahl nicht. De Gaulle, der die Algerienpolitik einzig und allein entscheidet, überlässt sie ihrem Schicksal. Nur etwa 15.000 gelingt es, nach Frankreich zu entkommen.

Schließlich will de Gaulle, der nach dem Attentatsversuch von Petit-Clamart seiner eigenen Sterblichkeit gewiss geworden war, in einer Verfassungsreform die Direktwahl des Präsidenten durchsetzen. Das Parlament, einschließlich der meisten Gaullisten, wollte der eigenen Entmachtung nicht zustimmen und sprach der Regierung im Oktober 1962 mit 480 Stimmen gegen 28 das Misstrauen aus. De Gaulle nimmt den Rücktritt von Pompidou nicht an und löst stattdessen das Parlament auf. Die Direktwahl ist jedoch bei der Bevölkerung, die froh ist, dass

48 Gidel. Op. cit. S. 149.
49 Roussel. Op. cit. S. 129.
50 Abadie, Corcelette. Op. cit. S. 167 ff.

der Algerienkrieg vorbei ist und der Terror der OAS unterdrückt wird, populär: 62 % stimmen am 28. Oktober 1962 zu. Als im November die Nationalversammlung neu gewählt wird, erhält die UNR wieder eine absolute Mehrheit. Die meisten Gegner der Direktwahl verlieren ihre Sitze. Die V. Republik hat jetzt erst richtig angefangen.

Während de Gaulle das englische Beitrittsansuchen zum Gemeinsamen Markt der EWG im Januar 1963 genüsslich ablehnt, Atomwaffen bauen lässt und im Januar 1964 die Volksrepublik China anerkennt, sieht Pompidou die Notwendigkeit, die Strukturprobleme der französischen Wirtschaft anzupacken. Die Landflucht treibt immer mehr Menschen in die Städte, wo der Wohnraum knapp und die Infrastruktur überlastet wird. Nur eine Minderheit der Bevölkerung verfügt über Kühlschranke, Waschmaschinen, Telefone und PKW. Der Masse an Kleinbetrieben fehlt der Zugang zum Kapital und modernen Technologien zu ihrer Modernisierung. Stahl-, Textilindustrien und Schiffswerften sind überschuldet und wenig wettbewerbsfähig. Gerade das Zentralmassiv und der Südwesten, grob gesprochen die Regionen westlich der Linie Le Havre-Marseille, sind wirtschaftlich besonders zurückgeblieben. Pompidous Antwort ist, das Straßennetz auszubauen, Billigwohnungen (HLM) in den Vorstädten hochzuziehen, Schulen, Krankenhäuser und Hochschulen zu bauen, ein Programm der umfassenden Regionalentwicklung (DATAR) mit einer dezentralisierten Industriepolitik in Gang zu setzen und dabei die damaligen Zukunftsindustrien: Chemie, Petrochemie, Elektronik, Telekom und den Flugzeug- und Fahrzeugbau, zu fördern. Im öffentlichen Sektor (EDF, SNCF, RATP), im Bergbau und der Automobilindustrie ist weiter die Streikhäufigkeit sehr hoch. Um den angeblichen Arbeitskräftemangel abzustellen und Druck auf Löhne und Streikende auszuüben, werden massenhaft aus Nord- und Schwarzafrika Gastarbeiter angeworben und in Schiffsladungen importiert. Die Warnungen auch von Gewerkschaftsseite vor den sozialen, kulturellen und menschlichen Folgen jener unkontrollierten Grenzöffnung werden in den Wind geschlagen[51] – und von Giscard und seinem Premier Chirac noch verschlimmert, die später den ungebremsten Familienzuzug („regroupement familial") erlauben. So sind im Jahr 1966 bereits 15 % der Metallarbeiter Ausländer, und auf den Baustellen sind es 30 % (1968).[52]

Als die Inflation 1963 wieder auf 5 % steigt und de Gaulle eine neuerliche Abwertung fürchtet – in seiner schlichten und durchaus stimmigen konservativen Wirtschaftssicht sollte Frankreich nicht mehr verbrauchen als es herstellt, und der Staat nicht mehr Geld ausgeben als er einnimmt – lässt er sich von Giscard ein Stabilisierungsprogramm ausarbeiten, das auf einem ausgeglichenen Haushalt beruhte und das der Finanzminister sich hinter dem Rücken Pompidous absegnen ließ[53]. Der pragmatische Premier befürchtet davon eine Wachstumsbremse, geringere Gewinne, rückläufige Investitionen und soziale Unruhen: Gewerkschaften, die um die Kaufkraft, und die Bauern, die um ihre Erzeugerpreise fürchten[54], und vor allem im Südwesten keine Hemmungen haben links zu wählen. Kurz die beiden Auvergner, die von ihrer Herkunft,

---

51   Roussel. Op. cit. S. 192.
52   Abadie, Corcelette. Op. cit. S. 195.
53   Roussel. Op. cit. S. 187.
54   Roussel. Op. cit. S. 162.

Lebensstil und Karriereplanung unterschiedlicher nicht sein könnten, werden in kurzer Zeit lebenslange Feinde.

Claude hatte sich geweigert in die Dienstwohnung des Matignon zu ziehen. Sie dekoriert nur die Büros ihres Mannes mit modernen Gemälden. Obwohl er bis zu 12 Stunden am Tag arbeitet, wirkt sein Schreibtisch wie schon bei den Rothschilds fast immer leer. Nur eine Zigarettenschachtel[55]mit Streichhölzern ist verlässlich zu sehen. Mitarbeiter bekommen ihre Endlos-Produktion von Vermerken sofort mit den Randbemerkungen zurück: „Oui", „Non", „Vu", „Attendre" und „M'en parler". Jedes Ministerium wird (wie im Élysée seit 1959) von einem Conseiller oder Arbeitsteam abgedeckt. Élysée und Matignon sind also immer über alle ihre wichtigen Vorgänge und Projekte auf dem Laufenden (und zögern nicht einzugreifen). Mittwochs ist die Ministerratssitzung unter dem Vorsitz von de Gaulle, am Vortag eine Vorbesprechung mit ihm. Doch besteht der General darauf, dass der Premier und seine Frau ihn bei allen formellen Empfängen, Staatsdiners und dem Empfang von Staatsgästen begleiten. Claude, die die Politik und die Politiker hasst, kann also nicht wirklich entkommen. Dennoch versucht sie weiter am Quai de Béthune sich mit ihren Künstlerfreunden zu treffen und in Orvilliers mit der Großfamilie. Ansonsten fahren sie gerne weiter mit dem Porsche nach Saint-Tropez oder ins Schloss der Rothschilds in den Urlaub, was in der Presse als das Aufstiegsverhalten neureicher Provinzlinge glossiert wird. De Gaulle sieht sich bemüßigt, dieses Freizeitverhalten zu missbilligen. Auch Claudes Porsche im Matignon wird von ihm als unpassende ausländische Luxusmarke kritisiert. Schließlich entdeckt Claude in Cajarc, dem Geburtsort ihrer Freundin Françoise Sagan (eigentlich: Quoirez) auf einem Hügel im Süden ein halbverfallenes Landhaus in einer außerordentlich reizvollen Landschaft. In sicheren 600 km Entfernung vom Pariser Politikbetrieb wird dort ein neues Refugium hergestellt, das heute Teile ihrer Kunstsammlungen beherbergt. Georges, der Orvilliers fertig saniert hat, hat nun für sein Heimwerken am Sonntag ein neues Betätigungsfeld. Der mittlerweile 20-jährige Alain studiert derweil Medizin. Nur können er und seine Freunde weder mit Kunst noch Politik etwas anfangen. Viel lieber ist Alain deshalb bei seinem Großvater in Château-Gontier, den er von klein auf bei seinen Klinikrundgängen und nachmittäglichen Patientenbesuchen begleitete.

Im Dezember 1965 standen die ersten direkten Präsidentschaftswahlen an. Pompidou hatte in seinen drei Jahren als Premier an Statur gewonnen. Er war nicht länger nur Sprecher des Élysée. Pompidou begann ab 1964 Auslandsreisen nach Schweden, Indien, Pakistan und Japan zu machen, sowie auf präsidentielle Art die Départements zu besichtigen. Zunehmend wurde er ab 1964 als potentieller Erbe de Gaulles angesehen[56]. Bei wirtschaftspolitischen Projekten war jedermann klar, wer der Autor war, zumal sich de Gaulle in der Öffentlichkeit nur zu außen- und verteidigungspolitischen Themen äußerte.

Dafür, dass er die Direktwahlen eingeführt und durchgesetzt hatte, zeigte de Gaulle sich bei seiner ersten demokratischen Feuertaufe erstaunlich nonchalant. In den ersten Umfragen

---

55 Der Tageskonsum lag bei drei Schachteln Winston, plus gelegentlicher Zigarren. Madame rauchte Chesterfields.
56 Roussel. Op. cit. S. 174.

lag er mit 66 % weit vorne. Mit Mitterrand, der sich im September 1965 die Unterstützung von SFIO und der KPF sicherte, war jedoch ein ernsthafter Gegner entstanden, der von de Gaulle jedoch stets als Charakterlump betrachtet und mit verächtlicher Nichtachtung gestraft wurde. Er weigerte sich sogar, um das Amt des Präsidenten nicht zu beflecken, die ihm vorgelegten Vichy-Verstrickungen Mitterrands zu verwenden, die Mitterrand damals politisch das Genick gebrochen hätten. Auch der zentristische Kandidat Lecanuet und der rechtsradikale Tixier-Vignancour würden der bürgerlichen Rechten Stimmen kosten. Falls de Gaulle – wie es Yvonne wünschte – angesichts seiner angeschlagenen Gesundheit und seines Alters (75) auf eine weitere 7-Jahresperiode verzichtete, würde es für einen alternativen Kandidaten im eigenen Lager zunehmend enger. Weil er den „Abenteurer" Mitterrand verhindern wollte, deutete Pompidou zart an, stünde er zur Not bereit. Doch de Gaulle spielte die Sphinx und ließ sich nicht drängen. Erst vier Tage vor der Wahl gab er in einer Fernansprache seine Kandidatur bekannt, Tenor: „De Gaulle oder das Chaos". Von einem ernsthaften Wahlkampf konnte keine Rede mehr sein: Mit der bekannten Konsequenz der verfehlten absoluten Mehrheit (44,7 %) im ersten Wahlgang am 5. Dezember 1965. Nach jenem Schock bequemte sich de Gaulle doch zu einem kommunikativen Fernsehinterview und einem Wahlkampf durch die gaullistische UNR, der von Pompidou auch mit Hilfe der für solche Zwecke verfügbaren Geheimfonds vom Matignon aus organisiert wurde[57]. Nach der siegreichen Stichwahl (55,2 %) gegen Mitterrand am 19. Dezember 1965, wollte de Gaulle, für den Dankbarkeit keine politische Kategorie war, Pompidou eigentlich durch Michel Debré ablösen, der aber unpassenderweise seinen Parlamentssitz verloren hatte. Pompidou konnte im Januar 1966 sein drittes Ministerkabinett bilden. Debré bekam das Finanzministerium, und Giscard, dem er den Stabilisierungsplan von 1963 nicht verziehen hatte, ging leer aus, nachdem er ein angereichertes Infrastrukturministerium abgelehnt hatte. VGE konnte sich nun auf seine zentristische Parteigründung konzentrieren, die der Unabhängigen Republikaner (RI), die er mit ihren 31 Abgeordneten zum Zünglein an der Regierungswaage ausbaute. Giscards Spezialität wurde es, Pompidous Regierungspolitik bitter zu kritisieren, den Staatschef aber stets zu schonen.

Die Ben Barka-Affäre, die Entführung des marokkanischen Oppositionellen gegen die Herrschaft von Hassan II. im Herzen von Paris – genauer vor der Brasserie Lipp, einem Stammlokal der politischen Klasse – im Oktober 1965 durch den marokkanischen Geheimdienst unter Mithilfe ihrer französischen Kollegen vom SDECE schlugen weiter Wellen. Sie blieb weiter unaufgeklärt, zumal auch Ben Barka auf Nimmerwiedersehen verschwunden bleibt. De Gaulle lastet sie wütend indirekt Pompidou an und weigert sich, sich mit dieser „vulgären und subalternen Sache" zu befassen.[58] Wichtiger ist für ihn im März 1966 die Aufkündigung der französischen Mitarbeit in den NATO-Strukturen und die Ausweisung aller US-Truppen von französischem Territorium. In Phnom Penh kritisiert er den US-Krieg in Vietnam und fordert die Selbstbestimmung für alle Völker Asiens[59]. In Moskau feiert er die französisch-russische

---

57 Abadie, Corcelette. Op. cit. S. 223.
58 Roussel. Op. cit. S. 190.
59 Mit Ausnahme sicher jenes der Kanaken in Neukaledonien und der Einwohner Französisch-Mikronesiens.

Freundschaft. Er sieht dies als Beiträge zur Blocküberwindung an, die Pompidou intern vorsichtig für „voreilig" hält, sich aber vor öffentlichen Kommentierungen hütet[60].

René Capitant und andere Linksgaullisten versuchen de Gaulle derweil für das Konzept der „Partizipation", Mitbestimmungsrechten der Arbeitnehmer, sowie ihrer Gewinnbeteiligung und Belegschaftsaktien zu begeistern – damals in Deutschland Volkskapitalismus genannt. De Gaulle sah darin die letzte große Reform seiner Präsidentschaft. Die Arbeitgeber fürchten das Konzept der Arbeitermacht („pouvoir ouvrier") der CFDT, Arbeiterräte und Sowjets mit roten Fahnen auf ihren Fabrikdächern und ihre Gewinne und Verfügungsrechte schwinden. Pompidou, der gerade die Steuern auf Dividenden und die Einkommensteuerprogression gesenkt hat, sieht dies ähnlich, und versenkt diese interessanten Vorschläge in einer Studienkommission[61]. Ohnehin versucht er durch weitere Unternehmensfusionen, wie von Usinor, Ugine-Kuhlmann, der BNP, sowie von Total und ELF, die Eigenkapitalbasis und internationale Schlagkraft der französischen Unternehmen und Grundstoffindustrien zu stärken. Die gaullistische Linke hasst ihn deshalb als „Commis des Patronats", frei übersetzt als Kapitalistenknecht. Immerhin sollte Pompidou, im Jahr 1970 selbst Präsident, bei Renault, einem Staatsbetrieb, das Konzept von Belegschaftsaktien erstmals umsetzen, gefolgt von der Flugzeugindustrie (1973), Banken und Versicherungen, so dass mittlerweile sieben Millionen Arbeitnehmer in dieser oder anderen Formen am Gewinn und Vermögen ihrer Unternehmen beteiligt sind.

Im Blick auf die Wahlen von 1967 versucht Pompidou die UNR vom Wahlverein verdienter Résistance-Veteranen und Notabeln zu einer Regierungspartei mit einer gewissen Verbindlichkeit („contrat de majorité") zu machen. Doch de Gaulle sieht keine Notwendigkeit für ein Parteiprogramm. Die Abgeordneten sind schließlich in seinem Namen gewählt. Er und seine Ideen reichen als Programm[62]. Pompidou hat sich in den Jahren der Machtausübung gewandelt. Zwar ist er weiter der gutgelaunte, entspannte Gastgeber am Quai de Béthune, in Orvilliers und in Carjac, doch ist er in vier Jahren als Premier hart geworden und neigt mittlerweile wie sein entfremdeter General zu jähen Wutanfällen[63], die in ihrem wütenden Infantilismus nichts mit der souveränen Gelassenheit des partizipativen Gymnasiallehrers oder des kunstbeflissenen Bankdirektors von einst gemein zu haben scheinen. Doch fördert er, im Gegensatz zu de Gaulle, junge Talente, meist ENA-Absolventen, wie François-Xavier Ortoli, der sein Kabinettschef war und 1967 Infrastrukturminister wurde, Olivier Guichard als Industrieminister, und Jacques Chirac als Staatssekretär für Arbeit, von dem er bewundert sagte, wenn er ihm abends sagen würde, einen Tunnel von seiner Residenz zum Matignon zu graben, wäre er am Morgen fertig.

Bei den Wahlen zur Nationalversammlung im März 1967 erhält die Regierungskoalition von UNR und RI nur noch sieben Sitze Vorsprung vor der Opposition. Giscards RI verfügen sogar über 43 Sitze und sind damit unumgänglich geworden. Pompidou wird – erstmals – in

60   Gidel. Op. cit. S. 205.
61   Roussel. Op. cit. S. 193.
62   Abadie, Corcelette. Op. cit. S. 235.
63   Roussel. Op. cit. S. 198.

seinem Heimatdépartement Cantal in Auvergne gewählt – seine erste siegreiche Wahl. Zu seinem Regierungsglück fällt Couve de Murville bei den Wahlen durch. Wieder einmal hat es ein Ablösekandidat de Gaulles nicht geschafft. Pompidou darf bis auf weiteres weiter machen. Doch hält ihn de Gaulle für abgenützt und glaubt, die Franzosen wollten nach vier Jahren einen Wechsel des Premiers[64]. Weil die Regierungsmehrheit im Dauerdisput zwischen rebellischen Linksgaullisten und den Wirtschaftsliberalen um Giscard ständig gefährdet ist, bemüht sich Pompidou um einen guten Draht und einen Modus Vivendi zu den Zentristen um René Pleven und Jacques Duhamel. Wie immer stellen sich die Zentristen jedoch als wankelmütige Partner heraus. Gleichzeitig will er im Blick auf die Zukunft die UNR konsolidieren und ruft im Oktober 1967 zu einem Parteitag („Assises nationales") nach Lille auf. Als erstes verweigern die Linksgaullisten der UDT (Union Démocratique du Travail) ihre Teilnahme. Es gelingt ihm, die Regierungspartei in Union der Demokraten für die Fünfte Republik (UDR) umzutaufen und mit Robert Poujade seinen Vertrauten als Generalsekretär mit der Kontrolle über den Parteiapparat und die Kandidatenaufstellung zu installieren. In der Presse werden die Manöver als Vorbereitungen für die Nachfolge de Gaulles gehandelt. Der General ist offenkundig nicht erfreut.

Inzwischen hatte de Gaulle bei Israels Sechstagekrieg im Juni 1967 eine Neutralität Frankreichs erklärt, die aber wegen des gleichzeitigen Waffenembargos von den französischen Juden (und nicht nur von ihnen) als israelfeindlich empfunden wurde. Giscard, Mendès France und Lecanuet unterschrieben einen Appell der Solidarität mit Israel. Nachdem de Gaulle im Juli seine Québec-Reise absolviert hatte, und Le Monde offen an seiner Zurechnungsfähigkeit gezweifelt hatte, schrieb Giscard im August eine flammende Deklaration gegen die personale Einzelmacht. Er hatte damit offen den Nachfolgekrieg eröffnet[65].

Der Mai '68 und die Folgen

Bekanntlich begann alles laut Cohn-Bendit mit den sexuellen Frustrationen der 15.000 Studenten in den hoffnungslos überfüllten sozial- und geisteswissenschaftlichen Fakultäten der freudlosen Industrievorstadt Nanterre. 1963 gebaut, waren sie die klassischen Produkte der pompidouistischen Modernisierung: lieblose Bauprogramme in öden Trabantenstädten und eine konzeptlose Bildungsexpansion. Masse vor Qualität. Verbaute Betonkubikmeter und Diplomziffern vor Ästhetik, menschlichen Bedürfnissen und akademischer Qualität. Neben der Studienmisere, dem Überdruss der Studenten und der marxistischen Heilslehre ihrer missionierenden Assistenten war der Mai '68 in Frankreich sicher auch eine Rebellion gegen die fortgesetzte Herrschaft der Nachkriegseliten, als deren Inkarnation sich die gaullistischen Résistancehelden schon mehr als zwei Jahrzehnte lang an den Futtertrögen der Macht eingerichtet hatten und von ihren vergangenen wahren oder erfundenen Meriten zehrten[66] (die späteren

64   Gidel. Op. cit. S. 214.
65   Abadie, Corcelette. Op. cit. S. 248.
66   Jacques Attali. C'était Mitterrand. Librairie Arthème Fayard. 2005. S. 18.

Generationen natürlich nicht zugänglich waren. Indochina- und Algerienveteranen zählten nicht!)

Als am 3. Mai alles noch nach harmlosen Krawallen aussieht, fahren Pompidou und seine Frau zu einem zehntägigen Besuch nach dem Iran und Afghanistan. Dort bewundern sie die altpersische Kunst in Isfahan und hellenistische Ruinen an der afghanisch-sowjetischen Grenze. Die Situation eskalierte mit Besetzungen, Straßenschlachten und dem Barrikadenbau im Quartier Latin, wo sie jetzt gefahrloser gebaut werden konnten als im August 1944. Die verbliebenen Minister sind uneins in ihrer Reaktion. Einerseits befiehlt de Gaulle Kompromisslosigkeit und rücksichtsloses Durchgreifen, andererseits wollen sie durch tote Märtyrer die Situation nicht verschlimmern. Ohnehin sind sie nicht mehr gewohnt, eigene Entscheidungen zu treffen. Nach Pompidous überstürzter Rückkehr aus dem Iran beginnen die Industriearbeiter- und Eisenbahnerstreiks. Doch de Gaulle besteht darauf, im Staatsinteresse nach Rumänien zu fahren, wo er in Ceausescu einen seelenverwandten Blocküberwinder zu treffen hofft. Aus Bukarest beschimpft er Pompidou telefonisch, er habe in seiner Abwesenheit das Chaos ausbrechen lassen[67]. Nach de Gaulles Rückkehr aus Bukarest am 18. Mai sind zehn Millionen Franzosen im Ausstand. Das Land ist gelähmt. Die gewalttätigen Räumungsbefehle und den Armee-Einsatz unterläuft Pompidou, der bei dem Gebrüll des Generals die Nerven behält.[68]

Am 24. Mai 1968 hält de Gaulle eine Fernsehansprache, bei der er ein Referendum zur „Partizipation" verspricht, aber an den Zuschauern mit seiner pathetischen gallischen Lyrik vorbeiredet. Mitterrand und Mendès France glauben, nun sei ihre Stunde gekommen und bieten sich bei einer Pressekonferenz zur Ablösung des Staatschefs (durch Mitterrand) und der Regierung (durch das provisorische Kabinett Mendés France) an. Im Parlament verlieren jede Menge Abgeordnete auch aus dem Regierungslager die Nerven. 233 Abgeordnete stimmen dem Missbilligungsantrag der Linken zu. Die Stimmung ist laut Pompidou chaotisch[69]. Nun gelingt es Pompidou, ein taktisches Bündnis mit der mächtigsten Gewerkschaft, der kommunistischen CGT zu schließen. Den Kommunisten ist eine Massenbewegung unheimlich, die aus randalierenden kleinbürgerlichen Studenten und trotzkistischen, anarchistischen und maoistischen Agitatoren in den Betrieben besteht, die sie nicht kontrollieren können. Zu Recht analysieren sie kaltblütig, dass die Situation nicht revolutionär und die Stimmung nicht nachhaltig ist[70]. So kommt es zu jenem finanziell extrem generösen „Grenelle"-Abkommen, das Chirac mit den Gewerkschaftsführern (unter Ausschluss des Finanzministeriums) in nächtelangen Verhandlungen schließt. Auch beteiligt ist Pompidous Kabinettsmitarbeiter für Soziales, Édouard Balladur. Pompidou verhandelt parallel dazu mit dem Unternehmerverband CNPF. Gleichzeitig besteht die KPF auf fortgesetzten Massendemonstrationen, um ihre Macht nach allen Richtungen zu demonstrieren. Während die Massen mit roten Fahnen am 29. Mai durch Paris marschieren und die Börse angezündet wird, kommen Gerüchte auf, sie wollten sich des Rathau-

67   Abadie, Corcelette. Op. cit. S. 280.
68   Gidel. Op. cit. S. 235.
69   Roussel. Op. cit. S. 243.
70   Roussel. Op. cit. S. 250.

ses bemächtigen und aufs Neue die Kommune von 1871 aufführen. Den 77-jährigen General packt im Élysée, obwohl von einigen Hundertschaften Gendarmen bewacht, die Panik. Er lässt sich – ohne jede akute Gefährdung – mit Frau, Sohn, Tochter und Schwiegersohn ins Kurzexil zur französischen Rheinarmee nach Baden-Baden fliegen, ohne allerdings seiner Regierung Bescheid zu geben. Eine Fahnenflucht, die umso dramatischer ist, als er alle Machtkompetenzen für Notstände, auch zur Auflösung des Parlaments, in seiner Person vereinigt hatte. Auch nach seiner reumütigen Rückkehr beginnen Pompidou und die seinen an der Urteilsfähigkeit des alten Herrn zu zweifeln. Pompidou überzeugt ihn, statt des Referendums Neuwahlen auszuschreiben, denn die Stimmung im Lande beginnt sich angesichts des revolutionären Chaos zu wenden.[71]

Nach der Auflösung des Parlaments organisieren die Gaullisten mit Jacques Foccart an der Spitze, der als graue Eminenz im Élysée im allgemeinen Chaos die Finanzen und die Logistik (einschließlich jener des SAC) organisieren kann, am 30. Mai eine Massendemo auf den Champs-Élysées, an der eine Million teilnehmen. Pompidou geht stattdessen zur Hochzeit seines Sohnes Alain, auch weil er nicht an den Erfolg der Operation glaubt.[72] Am Folgetag wiederholen sich dann in der Provinz die pro-gaullistischen Demonstrationen. Anfang Juni brechen die meisten Streiks ab. Die studentischen Besetzungen enden mit dem Beginn der Semesterferien. Die Wahlen am 30. Juni ergeben dann einen Erdrutschsieg für die UDR, mit 358 von 485 Sitzen für die Regierungsmehrheit. Am 10. Juli 1968 entlässt de Gaulle Pompidou, der gerade die schwierigste Krise Nachkriegsfrankreichs bravourös gemeistert hat, und ersetzt ihn durch Maurice Couve de Murville. Für de Gaulle waren Pompidous eigenständige Entscheidungen, die oft seinen Anweisungen zuwiderliefen, eine unverzeihliche Majestätsbeleidigung.[73] Verständlicherweise fühlt sich Pompidou verletzt und ist wütend. Als Abgeordneter von Cantal übernimmt er nun die parlamentarische Gruppe der UDR in der Nationalversammlung.

Als Positivum hat er nun wieder mehr Zeit und kann seine Reflektionen von sechs Jahren an der Macht in dem Buch „Der gordische Knoten", das von Claude erst posthum bei Plon veröffentlicht wird, zu Papier bringen[74]. Bei seinem Urlaub in Carjac sind besuchende Freunde über seine ständigen starken Erschöpfungszustände besorgt. Die Ärzte stellen bei ihm erstmals eine noch nicht genau diagnostizierbare Blutkrankheit fest, die sie mit hohen Kortisondosen behandeln.

Zum Zeichen der nationalen Versöhnung, eine Idee von General Massu, werden im Sommer 1968 nicht nur die eingesperrten Studenten wegen ihrer Sach- und Körperbeschädigungen amnestiert, sondern auch die Putschgeneräle und OAS-Anführer, die seit sechs Jahren einsitzen. Im September 1968 kündigt de Gaulle seine neuen Reformen an: Eine Verfassungsreform zur Regionalisierung und Partizipation, die den Senat als der zweiten Kammer, die von den Notabeln, regionalen Mandatsträgern also, gewählt wird, durch einen konsultativen Regio-

---

71   Gidel. Op. cit. S. 249.
72   Ibid. S. 251.
73   Abadie, Corcelette. Op. cit. S. 305.
74   Georges Pompidou. Le nœud gordien. Flammarion. 1974.

nal- und Sozialausschuss[75] ersetzen soll. Zweitens eine demokratisierende Hochschulreform, die in allen Gremien die Drittelparität einführen und alle Aufnahmekriterien abschaffen soll. Einziger Zweck der zweiten Übung ist, den Studentenrebellionen den Wind aus den Segeln zu nehmen. Als konservativer Experte, der an eine differenzierte Elitenbildung glaubt, und als Anhänger einer zentralistischen Verwaltungspraxis lehnt Pompidou beide Reformen des Generals innerlich ab. Es gelingt ihm, die Grandes Écoles vor der Auslöschung zu bewahren, stimmt dann aber doch der Bildungsreform zähneknirschend zu, bei der er hunderttausende unqualifizierter Studienanfänger in die Hochschulen strömen sieht, eine Konzession, die er bis an sein Lebensende bereuen sollte[76]. Auch in der Frage der Verfassungsreform, die im April 1969 in einem Referendum entschieden wird, hält er sich öffentlich zurück, um dann am Ende doch noch zuzustimmen.

Die Affäre Marković

Eine kleine miese Intrige um einen Mord, der nie aufgeklärt wurde – wie die meisten untergriffigen Geschichten im politischen Frankreich –, und die nur deshalb eine disproportionale Bedeutung bekam (und die noch heute die Gemüter erregen kann), weil sich das Paar Pompidou monatelang in furchtbare Erregungszustände versetzen ließ. Er, weil er sich mutmaßlich schuldig fühlte, dass die Ehre seiner geliebten Frau, die er gegen ihren Willen durch sein politisches Engagement einem solchem Denunziantentum ausgesetzt hatte, beschädigt wurde. Sie reagierte hysterisch, weil sie genau von jener Politik, die sie verabscheute, unschuldig, öffentlich und unvermutet mit Schmutz beworfen wurde. Die Affäre wäre weiter auch nicht der Rede wert, wenn Pompidou nicht alle seiner Partei„freunde", alle involvierten Beamten und Journalisten auf einer schwarzen Liste geführt und noch bis an sein Lebensende rachsüchtig verfolgt hätte, Leute, die er verdächtigte, aktiv involviert gewesen zu sein, die Gerüchte verbreitet oder ihn nicht rechtzeitig gewarnt zu haben. Während er versuchte, ihre Karrieren zu ruinieren, so wurden die reich belohnt, die wie Jacques Chirac in der Stunde seiner Not zu ihm gestanden und ihm geholfen hatten. Aber der Reihe nach.

Am 1. Oktober 1968 wurde im Abwasserkanal nahe einer Landstraße in Yvelines in einem Plastiksack verpackt eine halbverweste männliche Leiche gefunden, der das Gesicht fehlte. Was zunächst wie ein verunglückter Landstreicher aussah, stellte sich als der jugoslawische Leibwächter und Faktotum des Schauspielers Alain Delon heraus, der wegen eines Einbruchdiebstahls vorbestrafte Stefan Marković, dem viermal in den Hinterkopf geschossen der Schädel zersprengt worden war. Ein Mord also, kein Unfall, der dazu noch im Halbweltmilieu spielte, in dem Delon neben der Kulturschickeria gerne verkehrte. Als Nebenverdienst schoss Marković mit einer Polaroidkamera kompromittierende Bilder bei den wilden Partys, die Delon und seine Freunde organisierten. Gleichzeitig handelte er mit Drogen. Er hatte also

---

75   Ibid. S. 314. Sie erinnert sehr an die Konzeption des Regionalausschusses und des Wirtschafts- und Sozialausschusses der EU, spesenvertilgende Konsultationsorgane, von deren Meinung außerhalb ihrer Büros und Sitzungsräume in Brüssel seit Menschengedenken noch nie jemand Kenntnis genommen hat.
76   Roussel. Op. Cit. S. 258.

jede Menge Feinde: Delon, dem er die Frau ausgespannt hatte, wichtige Leute, die er erpresst, und Kunden, die er bei seinen Drogenlieferungen betrogen hatte. Während die Ermittlungen mühsam in Gang kommen, wird dem Untersuchungsrichter ein Brief eines anderen jugoslawischen Kriminellen, der in Fresnes einsitzt, zugespielt, in dem dieser behauptet, Marković habe Sexbilder von der blonden Frau Pompidou besessen.[77] Ohne weiter nachzuprüfen, schickt der Untersuchungsrichter den heißen Schrieb direkt an Justizminister René Capitant, seit 20 Jahren Erzfeind Pompidous, dem er damit den schönsten Tag seines Lebens bereitet[78]. Der ruft seinen Freund, den Innenminister an, und bald verbreitet sich die spannende Geschichte in immer neuen Ausschmückungen durch ganz Paris, wo plötzlich auch Fotomontagen von Claude auftauchen und unter der Hand weitergereicht werden. Am 1. November 1968 landet ein Hubschrauber des Élysée mit dessen Generalsekretär in Colombey, um de Gaulle die Akte zu zeigen. Der bekommt einen Wutanfall und staucht den Emissär zusammen: Er wolle von der unglaubwürdigen, dummen und unbewiesenen Schmutzgeschichte nichts wissen! Sechs Tage später besprechen de Gaulle, Couve de Murville und die Innen- und Justizminister doch den „Fall" nach einer Ministerratssitzung. De Gaulle ist immer noch angeekelt und nachdem Capitant einwirft, Madame hätte sich die Vorwürfe wegen ihrer unvorsichtigen Künstlerkontakte selbst zu zuschreiben, meint er, der er selbst die aus seiner Sicht frivolen Heimkinoabende der Pompidous missbilligt[79], gut, dann solle die Justiz entscheiden, Couve solle seinen Vorgänger jedoch ins Bild setzen. Da er ihn nicht leiden kann, tut dies Couve de Murville jedoch keineswegs und schützt eine starke Grippe vor.[80] Derweil genießt das Paar Pompidou noch unbeschwert den Kurzurlaub in Cajarc. Erst nach seiner Rückkehr nach Paris hat ein subalterner Kabinettsmitarbeiter den Mut, ihn über die in Paris umlaufenden Gerüchte ins Bild zu setzen. Pompidou stellt bald voller Zorn fest, dass jeder in seiner Umgebung Bescheid gewusst hatte.

War die Idee seiner Gegner ursprünglich gewesen, ihm mit dieser Intrige den Weg zum Élysée zu blockieren, so wird nun gerade wie bei einem verwundeten Tiger sein Ehrgeiz geweckt, genau das unbedingt zu tun[81].

Der in Fresnes inhaftierte Briefschreiber gibt in Verhören zu, er habe nur von Marković auf einer Autofahrt gehört, Frau Pompidou sei bei einer seiner Partys gewesen. Fotos habe er keine gesehen. Später kommt heraus, dass er den Brief nur geschrieben hatte, weil ihm ein Polizeiagent dafür Haftverschonung versprochen habe. Die Ermittlungen spießen sich, weil alle beteiligten jugoslawischen Bekannten des Marković wie gedruckt lügen[82]. Auch die Durchsuchung des angeblichen Ortes der Orgie, eine Industriellenvilla, bringt keinerlei Sachverhalte. Ein Verhör von Alain Delon, der sich zum Zeitpunkt des Mordes zu Dreharbeiten mit Romy Schneider in Cannes aufgehalten hatte, ergibt gleichsam nichts. Doch er erhält mysteriöse To-

---

77   Gidel. Op. Cit. S. 271.
78   Als Capitant im Mai 1968 zum Justizminister ernannt wurde, verkündete er: „Ich werde diese Natter Pompidou fressen. Es wird nicht angenehm sein, aber es ist meine Pflicht". Roussel. Op. cit. S. 251.
79   Abadie, Corcelette. Op. cit. S. 403.
80   Roussel. Op. cit. S. 275.
81   Ibid. S. 278.
82   Abadie, Corcelette. Op. cit. S. 382.

desdrohungen. Die Haltlosigkeit der nunmehr erwiesenen Anschuldigungen sickert nur sehr
langsam durch und hält mittlerweile die Auslandspresse, die der puritanischen Angloameri-
kaner zumal, nicht davon ab, die Nicht-Geschichte großartig aufgebauscht aufzumachen. Der
Konnex Mord – Sex – Filmstars und hohe Politik war einfach unwiderstehlich, zumal er alles
zu bestätigen schien, was man den dekadenten Franzosen und ihrer Elite ohnehin immer zu-
getraut hatte.

Damit hätte die leidige Sache ihr Bewenden haben können. Doch verlangen im Januar 1969
die Verteidiger eines Mordverdächtigen die staatsanwaltschaftliche Einvernahme von M. und
Mme Pompidou, ein Ansuchen, das in allen Medien, auch vom Staatsfernsehen in den Abendnachrichten gebracht wird. Einmal mehr ist Pompidou außer sich vor Zorn und merkt sich die
Schuldigen. Doch auch für de Gaulle ist das Maß überschritten. Er lädt beide zu einem Abendessen unter vier Augen ein, um öffentlich zu zeigen, was er von der Sache hält. Das zerrüttete
Verhältnis beider ist freilich irreparabel geworden. Seine alte, nahezu kindliche Zuneigung zu
dem bewunderten General ist dahin. Pompidou hält ihm innerlich verbittert vor, nach 25 Jahren treuer Dienste in jener Rufmordintrige keinen Finger zu seiner Verteidigung bewegt zu haben.[83] Neben den Politikern des eigenen Lagers, die ihm schaden wollten, verdächtigte er den
Geheimdienst des SDECE („les barbouzes"), die ihn aus Zeiten der OAS und der Affäre Ben
Barka hassten, operativ die Intrige eingefädelt und die Fotomontagen produziert und verbreitet zu haben[84]. Ja, er hielt es sogar für wahrscheinlich, dass Ostagenten involviert waren, die ihn
als eher pro-atlantischen Nachfolger de Gaulles verhindern und den Anti-Amerikaner Couve
de Murville gewählt sehen wollten[85].

Während des Wahlkampfes im Sommer 1969 holte holt ihn die Marković-Affäre noch einmal ein, als seine Frau Opfer von anonymen Hassbriefen mit neuen Fotomontagen wird und
mit Selbstmord droht[86] (anstatt den Müll ungelesen ins Feuer zu werfen oder der Polizei zu
übergeben).

Auf dem Weg zum Élysée

Im Januar 1969 fahren Pompidou und seine Frau zu einem halb-offiziellen, halb-privaten Besuch nach Rom. Neben den ausführlichen Besuchen von Museen und Galerien treffen sie italienische Spitzenpolitiker und machen dem Heiligen Vater ihre Aufwartung. Bei einem Hin-
tergrundgespräch mit französischen Romkorrespondenten bekommt er die Standardfrage
gestellt, wie er es mit der de Gaulle-Nachfolge halte. Pompidou antwortet routinemäßig wie
stets in Paris: Das Problem stelle sich nicht, denn die Amtszeit des Präsidenten laufe noch. Falls
aber der Fall einer Vakanz eintrete, stünde er zur Verfügung. Der AFP-Journalist verkürzt die
Meldung zu „Pompidou kandidiert für de Gaulle-Nachfolge", die in Paris wie eine Bombe ein-

---

83   Abadie, Corcelette. Op. cit. S. 324.
84   Roussel. Op. cit. S. 268.
85   Roussel. Op. cit. S. 270. Man sieht, die vermutete Einmischung Moskaus in westliche Wahlkämpfe ist nichts
      Neues. Die Technik des Kompromat für den KGB auch nicht. Es fehlten damals nur die Beweise.
86   Gidel. Op. cit. S. 304.

schlägt und einen Zornausbruch des Generals auslöst. Das Élysée verlautbart fünf Tage später eine Erklärung des Generals, er sei am 19. September 1965 für sieben Jahre gewählt worden und gedenke dieses Mandat auch bis zum Ende auszuüben. Die Erklärung ist umso merkwürdiger, als er seinen Verbleib im Amt mit dem Ausgang seines Partizipationsreferendums, dessen komplexe Reformen von den wenigsten verstanden werden, verknüpfen will. Für die meisten Franzosen ist jetzt klar, dass sie bei einem negativen Ausgang statt des alternden Generals die Nachfolge durch den vertrauenswürdigen Pompidou erwirken könnten. Die Alternative ist also nicht mehr das Chaos. Auf Pompidou steigt der Druck aus dem Élysée und der Partei, seine angekündigte Kandidatur zurückziehen. Denn für meisten Franzosen geht es statt der lustlos geführten Kampagne für oder gegen die unverständlichen Reformen um den Verbleib de Gaulles im Amt[87]. Das beflügelte auch die ungewöhnliche hohe Wahlbeteiligung von 80 %. Am 27. April 1969 verliert de Gaulle mit 53,2 % Nein-Stimmen seinen letzten Kampf. Er lässt schon vorher das Élysée leerräumen, fährt nach Colombey zurück und gibt noch am Abend seinen Rücktritt bekannt. Für seine Niederlage macht er Pompidous Ankündigung aus Rom im Januar verantwortlich. Sie habe ihm die entscheidenden Stimmen gekostet.

Alain Poher (1909–1996), der neue Senatspräsident, übernimmt interimistisch die Amtsgeschäfte. Er hatte ebenso wie Giscard mit Nein gestimmt. Die UDR nominiert recht zügig Pompidou als ihren Kandidaten. Sowohl Debré und Couve de Murville wurden zu stark mit dem verlorenen Referendum identifiziert. Selbst sein Erzfeind René Capitant ruft zu seiner Wahl auf. Auch bei den Unabhängigen Republikanern (RI) verfügt Pompidou über so viele Sympathien, zumal er den englischen EWG-Beitritt nicht länger blockieren will, so dass Giscard, der damals erst 43 Jahre alt ist und den Gaullismus für ein Auslaufmodel hält, verzichtet, einen eigenen Gegenkandidaten zu nominieren und ihn auch zögerlich unterstützt. Andere Kandidaten sind der Marseiller Bürgermeister Gaston Defferre (59) im Tandem mit Pierre Mendès France als künftigem Premier für die Sozialisten, Jacques Duclos (72) von der KPF, der seine stalinistischen Einstellungen hinter der Bonhomie eines ehemaligen Bäckergesellen verbirgt, der junge Michel Rocard (29) für die PSU und der trotzkistische 68er-Aktivist Alain Krivine (27). Im Gegensatz zu 1965 werden die linken Stimmen diesmal unter vier Kandidaten aufgesplittert. Pompidou könnte also einer sicheren Wahl entgegensehen. Da wirft in letzter Minute im Mai 1969 Alain Poher den Hut in den Ring, der sich als großer politischer Vermittler anpreist, ihm die zentristischen Stimmen abnehmen und das nicht-gaullistische Lager, die heterogene Gruppen von Rechtsaußen bis zu linksliberalen Laizisten umfassen, auf sich vereinigen will. Als solcher ist er der gefährlichste Gegner, den der Zorn Pompidous trifft. Er nennt ihn Tartuffe, Molières Hochstapler also, und einen Freimaurer, der wie ein Priester psalmodiert[88]. Im Wahlkampf ist Pompidous Motto „Öffnung in der Kontinuität". Er pflegt einen bescheidenen Stil, spricht eine einfache Sprache und signalisiert Bereitschaft zu Dialog und Zugänglichkeit. Inhaltlich verspricht er Monatsgehälter für Arbeiter, die Verteidigung von Kleinbauern und der Familienbetriebe, Unterstützung für Kleinhändler, die Liberalisierung

---

87   Abadie, Corcelette. Op. cit. S. 330.
88   Gidel. Op. cit. S. 302.

des Staatsfernsehens, die Fortsetzung des Baus Europas und seine Erweiterung (um England) und das Lebensrecht des Staates Israels. De Gaulle „unterstützt" seinen Wahlkampf nur durch einen kühlen persönlichen Brief, der nicht öffentlich wird[89]. Privat erklärt er, es sei ihm gleichgültig ob Pompidou oder Poher gewinnt.

Schließlich stimmten in der ersten Runde am 1. Juni 1969 44,5 % für Pompidou, 23,3 % für Poher, 21,3 % für den Kommunisten Duclos, und weit abgeschlagen 5,0 % für Defferre (SFIO), 3,6 % für Rocard (PSU) und 1,1 % für Krivine. Für die nicht-kommunistische Linke ist dies eine herbe Niederlage. Für die 68er-Agitatoren Rocard und Krivine noch mehr: Als politische Massenbewegung sind die jungen 68er schon ein Jahr später völlig gescheitert. Die Kommunisten geben keine Wahlempfehlung ab. Für Georges Marchais bleibt es die Wahl zwischen Pest und Cholera. Zudem will Moskau, auf das die KPF noch hört, keinen „atlantischen" Präsidenten Poher. So ist denn Pompidous Wahl in der zweiten Runde 14 Tage später gesichert. Dennoch bemüht er sich weiter. So empfängt er höflich Louis Ducatel, einen Splitterkandidaten, der mit seiner Kampagne gegen den Bürokratismus 290.000 Stimmen gesammelt hat, hört ihn aus und heißt viele seiner Ideen gut. Auch bei Bürgermeistern hört er lieber zu und nimmt Ideen und Anregungen entgegen[90]. Poher greift seine Kandidatur mit dem Argument an, es sei Zeit, zwölf Jahre des Amtsmissbrauches eines Klans zu beenden, der mit Methoden des Geheimdienstes, von Sondergerichten und einer parallelen Polizei regiert habe[91], Umstände, die Pompidou nur allzu geläufig waren und deren Opfer er selbst fast geworden wäre. Mit nur 68,9 % Wahlbeteiligung – der niedrigsten der V. Republik bisher – wird er schließlich von 58,2 % gewählt – immerhin ein besseres Ergebnis als de Gaulle vier Jahre zuvor.[92]

Im Élysée

Zunächst feiert der 57-Jährige mit Familie und privaten Freunden am Quai de Béthune. Sein Vater Léon hatte den Triumph seines Sohnes nicht mehr erleben können. Er war 4. Februar 1969 mit 82 Jahren gestorben. Der alte sozialistische Schulmeister hatte das gaullistische Engagement seines talentierten Sohnes immer mit gemischten Gefühlen verfolgt. Was er von der Rothschild-Bank hielt, behielt er zeitlebens auch für sich. Die gemischten Gefühle wurden, wenn auch aus anderen Gründen, auch von Claude geteilt. Der sparsame und persönlich anspruchslose de Gaulle hatte in dem Jahrzehnt seiner Herrschaft das übernommene Inventar im Élysée völlig unverändert gelassen. Die unpersönlich-repräsentativen Räumlichkeiten und das zusammengewürfelte Mobiliar des 18. Jahrhunderts missfallen ihr hochgradig. Bald wird sie ihre Entrümpelungs- und Modernisierungskampagne starten. Als Premier hatte Pompidou sich stets geweigert, die Dienstwohnung im Matignon zu beziehen. Als Präsident fühlte er, dass er es im Élysée anders halten müsste. Vom Stil her praktizieren die Pompidous eine neue Öffentlichkeit. Erstmals haben Fotografen Zugang zum Élysée. Der neue Präsident bemüht sich,

89   Abadie, Corcelette. Op. cit. S. 344.
90   Roussel. Op cit. S. 287.
91   Ibid. S. 292.
92   Guillaume Tabard. „Pompidou invente l'après-gaullisme". Le Figaro 22.12.2016.

seinen Wahlkampfstil der Zugänglichkeit und der einfachen verständlichen Kommunikation fortzusetzen: Ein Bürgerlicher statt eines Ersatzmonarchen. Drei Phobien pflegt Pompidou: Er hasst die Geschäftemacher, die die Zentren der Macht umflattern, linke Reformer und die historischen Gaullisten, die ihn wiederum als visionslosen Arrivisten und Umsetzer manipulierter Ideen des Generals verachten.[93]

Nach einigen Monaten schon beginnt die Existenz im Élysée ihren Tribut zu fordern. Wenn er alte Studienfreunde einlädt, fühlen sie unweigerlich die neue Distanz. Auch seinem Förderer und Freund Guy de Rothschild entgeht dies nicht bei ihren immer seltener werdenden Treffen. Immerhin scheint er bei seinen Besuchern immer Zeit zu haben, ist nie in Hetze. Er will auch um sich ruhige Mitarbeiter, keine nervösen Hektiker.[94] Pompidou selbst beklagt sich in Briefen, er fühle sich wie ein Gefangener, der von der Außenwelt abgeschnitten am Ersticken sei. Natürlich machen ihm auch die Erschöpfungszustände seiner Krankheit und ihre Behandlung zu schaffen. Mittlerweile hat er sich angewöhnt wie de Gaulle sonntags regelmäßig zur Messe zu gehen, und zwar zu traditionellen Gottesdiensten mit gregorianischem Kirchengesang[95]. Bei der Religion hört bei ihm die Modernisierung auf.

Als seinen ersten Premier ernennt Pompidou Jacques Chaban-Delmas (54). Seit 1958 ist der macht- und selbstbewusste Chaban (1915–2000) Präsident der Nationalversammlung und seit 1947 Bürgermeister von Bordeaux. Mit 29 Jahren hatte ihn de Gaulle zum Brigadegeneral und seinen Vertrauensmann für die Befreiung von Paris ernannt. Die Beförderung zum Premier war also eine klare und wahrscheinlich notwendige Geste an die Traditionsgaullisten, dass sie nach dem Verlust ihrer Gallionsfigur weiterhin an der Macht waren. Doch sie konnte nicht gut gehen. Obwohl er einen sehr entspannten Arbeitsstil pflegte, hatte Chaban seine eigenen politischen Ideen und sah sich in der linken Mitte, während Pompidou gedachte, wie de Gaulle das einzige politische Machtzentrum zu bleiben, auch in der Innenpolitik, in der er sich in seinen sechs Jahren als Premier profiliert hatte. Als weitere Schwergewichte ernannte er Michel Debré als Verteidigungsminister, Maurice Schumann zum Außenminister, der den britischen Beitritt verhandeln sollte, Raymond Marcellin zum Innenminister und Ortoli zum Forschungs- und Industrieminister. Giscard wurde wieder als Finanzminister eingebunden. Er erhält als gedachten Aufseher Jacques Chirac als den Staatssekretär für das Budget. Insgesamt wurden 38 Minister und 20 Staatssekretäre ernannt.

Während Chaban–Delmas im Namen der Öffnung und als Lektion der Ereignisse des Mai '68 auch Linke in sein technokratisch orientiertes Kabinett ins Matignon holt, zum Beispiel Simon Nora und den Gewerkschaftler Jacques Delors, lässt Pompidou sein Kabinett von 40 Mitarbeitern von Michel Jobert als Generalsekretär des Élysée führen. Jobert ist für alle delikaten Themen und Geheimverhandlungen zuständig und muss die Koordinierung mit dem Regierungsapparat am Laufen halten. Wichtige Mitglieder sind seine Vertrauensleute Édouard Balladur, Philippe Séguin (für die Landwirtschaft) und Jacques Foccart als unvermeidlicher Monsieur

93   Abadie, Corcelette. Op. cit. S. 414.
94   Ibid. S. 547.
95   Roussel. Op. cit. S. 331.

Afrique für die Ex-Kolonien. Dazu kommen Pierre Juillet, den der kommunistische Maquis FTP 1944 erschießen wollte, weil er zum gaullistischen Widerstand zählte, und Marie-France Garaud als rechtsintellektuelles Gespann. Sie gelten als Chaban-Gegner und sind als einflussreiche persönliche politische Berater auch für die Verwendung der Geheimfonds des Élysée zuständig[96]. Alle hatten schon im Matignon für Pompidou gearbeitet. Ein erstes Moment der Spannung zwischen Präsident und Premier entsteht im August 1969, als Pompidou zusammen mit Giscard entscheidet, den Franc um 12,5 % abzuwerten, ohne Chaban-Delmas vorher ins Bild zu setzen, der eine solche Abwertung zuvor öffentlich abgelehnt hatte[97]. Pompidou hat als Wirtschaftsexperte das Bedürfnis zu zeigen, wer Herr im Hause ist.

Chaban rächt sich, indem er im September 1969 in einer Parlamentsrede eine „Neue Gesellschaft" als Regierungsprogramm entwirft, das die Politik der letzten Jahre (an der Pompidou führend mitgewirkt hatte) hart kritisiert und liberalisierende und soziale Reformen in allen Bereichen ankündigt, um die erdrückende und ineffiziente Staatsbürokratie und archaische konservative Sozialstrukturen aufzulockern und flexibler zu gestalten. Er kündigt die Unabhängigkeit des Staatsfernsehens, des ORTF, die Autonomie der Hochschulen und Staatsbetriebe, die Verkürzung des Wehrdienstes, die Förderung der Berufsausbildung und die betriebliche Vermögensbildung der Arbeitnehmer an. In einer modernisierten Gesellschaft sollen die sozialen Blockaden fallen und die wirtschaftliche Schwäche Frankreichs und seine Unter-Industrialisierung behoben werden[98]. Obwohl das Parlament begeistert zustimmt, haben das Programm und die Rede den entscheidenden Nachteil, nicht mit Pompidou abgestimmt zu sein, der als pragmatischer Reformer nichts von der Rhetorik einer „neuen Gesellschaft", einer Ausgeburt der „pubertären Fantasie" seines Premiers, hält.[99] Es sei eine „falsche gute Idee", die nur Intellektuellen gefalle. Noch schlimmer, Chaban hatte den Präsidenten mit keinem Wort erwähnt und damit sich selbst gleichsam in eine präsidiale Rolle aufgeschwungen. Dazu passt Pompidou die taktische Stoßrichtung dieser Programmrede nicht: Er will angesichts der Widerstände der alten Garde keine zu schnelle und zu weite Öffnung nach links. Das Verhältnis beider ist also binnen weniger Monate schnell zerrüttet. Nur lässt sich ein Premier ohne triftigen Grund nicht so schnell austauschen. Immerhin werden beim Staatsfernsehen und -rundfunk die Statuten geändert, so dass die direkte Zensur durch den Informationsstaatssekretär aufhört. Ansonsten gehen 1969/70 die Massenstreiks periodisch weiter: Hafenarbeiter, Bergleute, Postbedienstete, Eisenbahner, E-Werksangestellte treten in den Ausstand. Dazu gibt es neue Studentenkrawalle, eine Welle von Selbstverbrennungen von Oberschülern und eine Bombenserie durch linksradikale Terroristen. 1971 streiken das Fernsehen und die Fluglinien. Erzürnte LKW-Fahrer blockieren zu Ostern die Autobahnen.

Im Vereinigten Königreich hatten im Juni 1970 die Tories mit Edward Heath gegen den Europaskeptiker Harold Wilson die Wahlen gewonnen. Die Chemie zwischen den beiden neuen

---

96   Roussel. Op. cit. S. 306.
97   Roussel. Op. cit. S. 312.
98   Ibid. S. 317.
99   Gidel. Op. cit. S. 325; Abadie, Corcelette. Op. cit. S. 443.

Männern stimmt. Die Beitrittsverhandlungen zur EWG gehen dann so zügig voran (auch weil das EWG-Recht damals noch relativ rudimentär entwickelt war), so dass Großbritannien, zusammen mit Irland und Dänemark bereits Anfang 1973 dem Gemeinsamen Markt beitreten kann.

Ansonsten setzt Pompidou die Traditionen der Außenpolitik de Gaulles fort. Das Waffenembargo gegenüber Israel bleibt bestehen, um die Beziehungen zu den arabischen Ländern zu verbessern. Mysteriöserweise gelingt es aber den Israelis im Januar 1967 fünf bereits bezahlte Kriegsschiffe aus dem Hafen von Cherbourg zu entführen. Statt in Norwegen enden sie plötzlich im Hafen von Haifa. Gleichzeitig lässt Pompidou an Gaddafi 50 Mirage Kampfflugzeuge und Kampfpanzer verkaufen. Begründung: Er würde sich sonst bei den Sowjets einkaufen. Im Februar 1970 fährt Pompidou mit seiner Frau zu einem Amerikabesuch. Dort passiert bei seiner ersten Station in Chicago ein Malheur. Ohne jeden Polizeischutz werden er und seine Frau im Hotel von wütenden jüdischen Demonstranten – insgesamt umlagern 5.000 das Hotel – bedrängt, bespuckt und beschimpft[100]. Claude reagiert hysterisch und Georges ist wütend und droht mit dem sofortigen Abbruch der Reise. Richard Nixon, der viel von Pompidou hält, seine weltpolitischen Analysen schätzt und die Beziehungen zu Frankreich nach de Gaulles Amokläufen reparieren will, muss persönlich anrufen, sich entschuldigen, um den Zorn des Präsidenten zu besänftigen. Die französische Presse reagiert sehr kritisch über den Mangel an Kaltblütigkeit und Professionalität des Präsidentenpaares. Unter dem Druck der jüdischen Lobby bleiben allerdings der Gouverneur und der Bürgermeister von New York einen späteren Staatsbankett zu Ehren der Pompidous fern[101].

Als General de Gaulle im November 1970 in Colombey plötzlich stirbt, kommt es zu einem – völlig entbehrlichen – Zerwürfnis mit seiner Familie. Pompidou, der davon ausgeht, dass der General in erster Linie der Nation gehört, gibt als erster sein Testament bekannt und lässt einen Staatsgottesdienst in Notre-Dame organisieren, ohne dies mit der Familie abzusprechen. Diese fühlt sich – aus ihrer Sicht völlig berechtigt – brüskiert und boykottiert die Trauerveranstaltungen des Élysée. Stattdessen lässt sie de Gaulle, wie von ihm gewünscht, in aller Stille und privatim auf dem Dorffriedhof von Colombey an der Seite von Anne bestatten.[102] Als Pompidou und Chaban-Delmas später der Familie in Colombey ihren Trauerbesuch abstatten, ist der Empfang eisig. Immerhin haben Pompidou und seine Minister nach dem Abtritt des überlebensgroßen Helden nunmehr die Gewissheit, dass ihnen niemand mehr aus der Ferne kritisch über die Schultern schaut und unberechenbare öffentliche Kritik und olympische Zornesblitze in Richtung Paris schleudern wird[103].

Im Sommer 1971 werden zwei Politskandale aus dem Umfeld von Chaban ruchbar. Es geht um begünstigte Immobiliengeschäfte und Beihilfe zum Steuerhinterziehen. Über ihn selbst wird

100 Roussel. Op. cit. S. 365.
101 Gidel. Op. cit. S. 339.
102 Gidel. Op. cit. S. 341.
103 Roussel. Op. cit. S. 374.

ruchbar, dass er – völlig legal – von 1966 bis 1969 so gut wie keine Steuern bezahlt hat.[104] Auch wird bekannt, dass Chirac als Budgetstaatssekretär sein frischerworbenes Schloss in Bity in der Corrèze zum historischen Monument hatte klassifizieren lassen, um es steuerschonend und mit Steuermitteln zu renovieren.

In der Europapolitik folgte Pompidou, der früher als Premier kein außenpolitisches Profil hatte entwickeln können, dem konföderalistischen Ansatz von de Gaulle vom Europa der Vaterländer. Gegenüber Deutschland pflegte er ein deutliches Misstrauen, auch gegenüber Brandts Ostpolitik[105]. Die deutsche Teilung wollte er so lange wie möglich aufrechterhalten. Eine stärkere Macht der Kommission lehnte er ebenso ab wie die Direktwahlen zum EP.[106] Den britischen EWG-Beitritt sah er als Mittel, um den wachsenden deutschen Einfluss zu neutralisieren und um einen Bundesgenossen gegen die supranationalen Ehrgeiz der anderen Kontinentaleuropäer zu gewinnen. Damit waren das mühsame funktionalistische Schneckentempo des Integrationsprozesses vorprogrammiert und große föderalistische Würfe ausgeschlossen. Immerhin verstand Pompidou, dass für die Großtechnologieprojekte, die er für seine Modernisierungsagenda forderte, europäische Konsortien und eine gemeinsame Forschungspolitik unabdingbar waren: so im Falle von Airbus, der europäischen Weltraumagentur und der Nuklearenergie. Hier glaubte er mit Deutschland gleichziehen zu können. Doch schon im Dezember 1969 legt er nach der Klärung der Agrarfinanzierung einen recht umfangreichen Forderungskatalog für europäische Initiativen im französischen Interesse vor: die Steuerharmonisierung, eine Koordinierung der Wirtschafts- und Währungspolitik auf Ministerebene, ein Europäisches Patentrecht, und ein Garantiefonds für Investitionen in Entwicklungsländern[107]. Beim Europagipfel der Sechs im Oktober 1972 in Paris plädiert Pompidou für die Schaffung einer „Politischen Union" bis 1980. Der Terminus „Union" soll eine Festlegung zwischen Föderation und Konföderation vermeiden. Intern argumentiert Pompidou für eine Konföderation, um eine Gegenmacht für ein mögliches Arrangement zwischen Amerikanern und Sowjets zu haben und um Westdeutschland im Westen zu fixieren[108]. Voraussehbar würde jedoch keiner der Gipfelteilnehmer die politische Union im Jahr 1980 erleben. Ebenso wird für das Folgejahr ein Fonds zur Währungszusammenarbeit beschlossen, der genauso wenig bringt.

Nach der feierlichen Unterzeichnung der Beitrittsverträge im März 1972 lässt Pompidou ein Referendum über den britischen Beitritt abhalten. Die Kommunisten mit Georges Marchais rufen zum Nein gegen das reaktionäre Europa auf. Die Sozialisten unter Mitterrand zur Enthaltung. Chirac und Jacques Duhamel organisieren die Pro-Kampagne: Ohne die Briten kann Europa nicht funktionieren, ist das Motto. Schließlich stimmen 68 % dafür. Doch bei einer Wahlbeteiligung von nur 60 % wird das Referendum, das die eigentlich erweiterungsfreundlichen Sozialisten in Verlegenheit bringen sollte, von den Kommentatoren und den Baronen

---

104   Abadie, Corcelette. Op. cit. S. 473.
105   Ibid. S. 479.
106   Sylvain Schirmann, Sarah Mohamed-Gaillard. Georges Pompidou et l'Allemagne. Presses Universitaires Européennes. 2012.
107   Roussel. Op. cit. S. 339.
108   Ibid. S. 522.

des Gaullismus als politische Niederlage Pompidous gewertet.[109] Natürlich brauchte es ein Bauernopfer. Pompidou stören schon lange Chabans Eigenmächtigkeiten und sein sehr entspannter Arbeitsstil. Außerdem glaubt er nicht, dass Chaban die Parlamentswahlen vom März 1973 gewinnen wird. Nach knapp drei Jahren im Amt bietet er Anfang Juli 1972 ohne großes Bedauern seinen Rücktritt an, der wie abgesprochen angenommen wird. Sein Nachfolger wird überraschend Pierre Messmer (1916–2007), der langjährige Verteidigungsminister unter de Gaulle, Bürgermeister von Saarburg (Lothringen) und bisherige Minister für die überseeischen Territorien. Messmer gilt als gradliniger, unbestechlicher loyaler Altgaullist, der mit militärischer Disziplin auftritt. Seine Ministerratssitzungen bereitet er – im Gegensatz zum Improvisationskünstler Chaban – immer sorgfältig vor. Pompidou kann sich also auf ihn verlassen, auch weil er ohne eigenes Charisma in der Öffentlichkeit stets den Präsidenten die erste Rolle spielen lässt[110]. Möglicherweise war seine Ernennung auch den Turbulenzen zu verdanken, die Pompidous Begnadigung von Paul Touvier ausgelöst hatte, der als Chef der Lyoner Miliz 1946/7 zweimal zum Tode verurteilt vor seiner Erschießung fliehen konnte und seither meist in kirchlichen Institutionen untergetaucht auf der Flucht war[111]. Messmer konnte als Gaullist der ersten Stunde die Gemüter etwas beruhigen. Die Ministerrunde bleibt fast unverändert. Chirac wechselt vom Minister für Parlamentsbeziehungen zur Landwirtschaft.

Außenpolitisch setzte Pompidou getreulich die gaullistischen Traditionen fort. Er wählte einen anderen Stil, eine andere Sprache und konziliantere Methoden. Doch blieben Ziele und Inhalte identisch: Die Unabhängigkeit von den USA, die Vermeidung eines Duumvirats von USA und UdSSR (und deshalb keine Beteiligung an ihren Waffenkontrollverhandlungen), eine eigene Rolle in Afrika und im Nahen Osten. Die arabische Welt wurde weiter hofiert, weil die USA sich mit ihrer Israelpolitik selbst schädigten. In Biafra wurden 1970 – vergebens – die Rebellen bewaffnet, um in Nigeria und in Rest-Afrika den amerikanischen und russischen Einfluss zu vermindern[112]. Das Misstrauen gegenüber Deutschland und Russland blieb weiter. Zwar kam Pompidou mit Breschnew persönlich gut aus, weil jener lebenslustig und kein Fanatiker war. Auch Brandts Ostpolitik wurde offiziell gutgeheißen, zumal Brandt mit seinen Ostverträgen die französische Forderung nach der Anerkennung der Oder-Neiße-Linie erfüllt hatte. Dennoch sind Pompidou die Deutschen weiter unheimlich. Warum haben die Russen immer noch Angst vor ihnen?[113] Wie kann man auf ein Drittel seines Landes verzichten – er selbst hätte einen Verzicht auf Elsass-Lothringen nie überleben können![114]. Deshalb will er kein neutralisiertes Deutschland, keinen Abzug von US-Truppen und keine deutschen Atomwaffen.[115] Bei seinem Parisbesuch im Oktober 1971 warnt der Sowjetdiktator vor dem deutschen Revan-

109 Abadie, Corcelette. Op. cit. S. 485.
110 Gidel. Op. cit. S. 379.
111 Touvier wurde 1989 erneut verhaftet, zu lebenslanger Haft verurteilt und starb 1996 ohne Gnade durch Chirac im Gefängnis von Fresnes an Prostatakrebs.
112 Abadie, Corcelette. Op. cit. S. 529.
113 Roussel. Op. cit. S. 356.
114 Ibid. S. 393.
115 Ibid. S. 394.

chismus, den Pompidou jedoch in Abrede stellt[116]. Auch bei einem Gipfeltreffen mit Nixon und Kissinger auf den Azoren im Dezember 1971 spielt Deutschland eine Hauptrolle. Nixon befürchtet als Folge von Brandts Ostpolitik eine Neutralisierung und ein Abdriften in den Osten[117]. Um das angebliche westdeutsche Exportdumping zu beenden, vereinbaren Pompidou und Henry Kissinger, eine deutsche Aufwertung von 8 % zu erzwingen[118]. Im Januar 1973 berichtet Breschnew Pompidou bei einem Treffen in Minsk, man habe 1972 „alles" getan, um die Wiederwahl Brandts gegen die Revanchisten von CDU/CSU zu sichern.[119]

Bei den Wahlen im März 1973 verliert die UDR mit 43 % zwar einige Sitze, aber das Regierungslager kann dank Messmers Einsatz bei den Unabhängigen und Zentristen (6 %) in Summe zulegen. Giscard wird einmal mehr unersetzlich. Sozialisten und Kommunisten haben mit 43,2 % mit Mitterrands gemeinsamen Programms ihre Sitze fast verdoppeln können. Minister mit verlorenem Parlamentssitz werden im Außenministerium durch Michel Jobert und im Justizministerium durch Jean Taittinger ersetzt. Michel Debré, der als fanatischer Gaullist, die – sehr moderate – Europapolitik Pompidous ablehnt, verliert das Verteidigungsministerium. Der anti-Gaullist Michel Poniatowski und Verbündeter Giscards wird Gesundheitsminister. Neuer Generalsekretär des Élysée wird Édouard Balladur.

Im Juli 1972 hatte Pompidou von der Schwere und Unheilbarkeit seiner seltenen Waldenström-Krankheit erfahren. Er leidet unter häufigen Kopfschmerzen und Nasenbluten, das nicht mehr gerinnen kann. Wegen der Immunschwächung des Körpers werden selbst banale Grippen lebensbedrohlich. Er weiß, dass seine Zeit befristet ist. Er wird bitter und reizbarer, und in seinen Reaktionen und Stimmungsumschwüngen unberechenbarer. Er wirkt häufig erschöpft, reduziert den Kontakt mit der Außenwelt, sein wegen des Kortisons aufgeschwemmtes Gesicht wirkt traurig, sein Gang unsicher. Intellektuell ist er weiter hoch wach, nur erträgt er – im Gegensatz zu früher, wo er Diskussionen genoss – keinen Widerspruch mehr[120]. Sein Leiden fällt seinen Mitarbeitern und Ministern umso mehr auf, da sein Regierungsstil im Gegensatz zu de Gaulle sehr detailorientiert ist, er aus der Innen- und Wirtschaftspolitik kommend sich weiter für sie interessiert. Während de Gaulle die großen Linien und historischen Visionen vorgab, und sich sehr nur selten – und dafür umso energischer und lauter – in Einzelentscheidungen der Minister einmischte, ist die von Pompidou kontinuierlich und systematisch: Von den Details der Mindestlohnberechnung, zum Auswahlverfahren der Grandes Écoles und dem Erhalt des Lateinunterrichts an den Gymnasien[121]. Kabinettsitzungen pflegten bei de Gaulle maximal zwei Stunden zu dauern. Pompidou dagegen dozierte professoral zu allen Themen. Obwohl die Minister (außer Michel Debré bis zu seinem Hinauswurf) wie brave Referatsleiter nur zu ihren eigenen Agenden sprachen, dauerten die Sitzungen am Mittwoch meist den ganzen Vormittag.

---

116   Ibid. S. 396 f.
117   Ibid. S. 471.
118   Ibid. S. 478.
119   Ibid. S. 536. Ein Thema, das sich noch gründlicher zu recherchieren lohnt!
120   Abadie, Corcelette. Op. cit. S. 571.
121   Roussel. Op. cit. S. 419.

Mitte 1973 sind die Wirtschaftsdaten noch positiv: 6% Jahreswachstum sind angesagt. Die Produktionszuwächse liegen bei 7%, und die Industrieproduktion im Plan mit 7,5%. Die TGVs und tausende von Autobahnkilometern sind im Bau. In La Défense lässt Pompidou ein Hochhausviertel hochziehen. In Montparnasse steht bereits eine solche Scheußlichkeit, und in Beaubourg werden die Hallen rücksichtslos abgerissen, um dem Centre Pompidou als seinem Vermächtnis Platz zu machen. In der Industrie hat er bei den Grundstoffen (Saint-Gobain, Pechiney), der Elektrotechnik (Thomson, CGE), Chemie (Rhône-Poulenc, PUK), der Telekom (Alcatel) und im Flugzeugbau (SNIAS) Großfusionen durchgesetzt, die es Frankreich in der Zukunft ermöglichen sollen, nicht nur in den alten Kolonien, sondern im Weltmaßstab wettbewerbsfähig zu sein. Zwar glaubt Pompidou weiter – zusammen mit den Briten – an den teuren Erfolg der Concorde, doch sollte Airbus (die Fusion der Flugzeugbauer von Frankreich, Deutschland und Spanien) wesentlich erfolgreicher werden. Da bricht kurz nach dem Jom-Kippur-Krieg im Oktober 1973 nach dem arabischen Boykott die erste Ölkrise aus. Auf den Ölschock reagieren Pompidou und Messmer mit Energiesparprogrammen und der Einschränkung des Autoverkehrs. Um die nationale Energiesicherheit wieder herzustellen, kurbeln sie ein ambitiöses Bauprogramm für neue Atomkraftwerke an.[122] Noch ahnen es wenige, doch die „Trente Glorieuses" sind vorbei.

Pompidous letztes politisches Projekt, eine Verfassungsreform, die die Dauer der Präsidentschaft von sieben auf fünf Jahre reduzieren sollte, scheitert, weil angesichts der Widerstände gaullistischer Traditionalisten in beiden Parlamenten nicht die nötigen Drei-Fünftel-Mehrheiten zusammen kamen. Erst sein politischer Ziehsohn Chirac, den er noch kurz vor seinem Ende zum Innenminister beförderte, sollte dies knapp 30 Jahre später durchsetzen – auf eigene Kosten!

Derweil werden Auslandsreisen für Pompidou immer beschwerlicher. Im Mai 1973 trifft er Nixon in Reykjavik, den seinerseits schwerkranken Mao und Tschou En Lai in Peking in September 1973, gefolgt vom Schah im Iran, und im März 1974 ein letztes Treffen mit Breschnew in Georgien. Die Fernflüge sind für ihn eine schmerzliche Tortur. Natürlich muss er bei seinen Besuchen Ruhepausen einlegen, Diners und Fototermine annullieren und kommt kaum noch ohne Hilfe aus dem Flugzeug. All das bleibt der Weltöffentlichkeit nicht verborgen.

Im Gegensatz zu Reisen, Veranstaltungen und Empfängen in Frankreich glaubt der Präsident diese Termine mit den Großen der Welt nicht absagen zu dürfen. Immerhin hat sein Amt eine Weltrolle zu spielen. Offiziell verkündet das Élysée, der Präsident leide unter verschleppten schweren Grippen. Auch Claude beruhigt ihre Sorgen damit, dass ihr Mann stets in bester dauernder Behandlung sei, zumal er selbst ihr in den Zeiten temporärer Besserungen verkündet er, das Schlimmste sei jetzt ausgestanden. Über einen Nachfolger macht er sich Gedanken: Messmer? Ohne Charisma. Chaban-Delmas? Zu leichtgewichtig. Giscard? Zu unreif. Chirac? Zu jung. Debré? Zu ungeduldig und zu ehrgeizig. An allen hat er etwas auszusetzen[123]. Vor

---

122 Gidel. Op. cit. S. 385.
123 Abadie, Corcelette. Op. cit. S. 578.

allem soll Frankreich nicht in die Hände von François Mitterrand fallen.[124] Natürlich war seine Weigerung einen Nachfolger zu benennen, nicht rational. Es würde nach einigem Hauen und Stechen und Wahlen ohnehin einen geben. Doch welcher Sterbende, der nicht sterben will, ist schon rational?

Am 21. März werden seine Teilnahme am Empfang des Diplomatischen Korps und alle bevorstehenden Auslandsreisen annulliert. Die Gerüchteküche kocht auf Hochtouren. Die Barone des Gaullismus überlegen sich, ihn zum Rücktritt zu bewegen. Doch keiner traut sich.

Am 30. März geht es ihm in Orvilliers mit einem Abfall des Blutdrucks so schlecht, dass er zusammen mit seinem Sohn Alain, der Arzt ist, vom Krankenwagen zum Quai de Béthune auf der Île Saint-Louis gebracht wird. Erst jetzt versteht Claude, dass ihr Mann im Sterben liegt. Dort stirbt der 63-Jährige zwei Tage später in der Osterwoche am 2. April um 19.20 Uhr in Begleitung von Frau und Sohn an Herzversagen. Zwei Stunden später wird der Tod des Präsidenten im Amt vom Élysée bekanntgegeben. Beim Staatsakt in Notre-Dame sind fünfzig Staatschefs, darunter sein Freund Richard Nixon, der mit der Watergate-Affäre zu kämpfen hat, zugegen. Das private Begräbnis findet in ähnlicher Schlichtheit wie bei de Gaulle in Orvilliers statt. Pompidous Amtszeit wäre noch zwei Jahre länger bis 1976 gelaufen. Der Diadochenkampf, den er durch seinen Nicht-Rücktritt hatte vermeiden wollen, trat bald in voller Schärfe auf, zumal Chaban schon am 4. April noch vor dem Begräbnis taktlos seine Kandidatur verkündete. Am 8. April erklärten Giscard und Mitterrand ihre Kandidaturen. Am 13. April erklären Chirac und mit ihm 42 andere UDR-Abgeordnete, dass sie nicht Chaban sondern Giscard unterstützen wollen.

Auch tauchten bald Spekulationen auf, der Präsident hätte noch einige Jahre länger leben können und eine bessere Behandlung erhalten, wäre er nicht Präsident und die professoralen Ärzte nicht uneins und in Angststarre vor seiner Funktion gewesen[125]. Andere Stimmen meinen, der Stress und die Arbeitsbelastung seines Amtes seien letztendlich bei seiner Krankheit[126] lebensverkürzend gewesen[127]. Das Problem stellt sich natürlich, welche Risiken Frankreich eingegangen wäre, wäre Pompidou nicht bis zum bitteren Ende Herr seiner Sinne gewesen.

Weiter fragte sich die Öffentlichkeit: Warum hat Pompidou so lange ausgehalten? Warum hat er sich die Qualen der Amtsführung so lange angetan? Zwei Erklärungen werden gemeinhin angeboten: Er wollte den tödlichen Ausgang seiner Krankheit nicht wahrhaben, und zweitens ein Pflichtgefühl gegenüber der Nation: Ihr habt mich gewählt. Frei nach Luther: Ich stehe hier, ich kann nicht anders. Vielleicht auch der Reflex, es seinen Eltern und dem entfremdeten Übervater de Gaulle zu beweisen, dass er doch nicht der epikureische lebenslustige Bruder Leichtfuß war, sondern jemand, der mit aller Härte gegen sich selbst bis zum bitteren Ende aushalten würde. Diese Einstellung wird durch ein interessantes Phänomen bestätigt, das bei

124   Gidel. S. 405.
125   Abadie, Corcelette. Op. cit. S. 561.
126   Der auch der Schah von Persien, Präsident Boumedienne und Golda Meir zum Opfer fielen.
127   Roussel. Op. cit. S. 612.

allen Präsidenten sichtbar wird: dass sie nämlich nie einen Nachfolger benennen, weil sie sich im Laufe ihrer Amtsführung für einzig kompetent und unersetzlich halten und alle potentiellen Nachfolger als entweder unfähig, unwürdig oder bestenfalls als zu jung und unerfahren einschätzen. Den alten Erfahrungssatz, dass im öffentlichen Leben grundsätzlich jedermann austauschbar ist, haben sie für die eigene Person außer Kraft gesetzt.

Für Claude Pompidou begann nach dem Schock und der Trauer über den Tod ihres Mannes eine über dreißigjährige Witwenschaft. Statt gemeinsam einen unterhaltsamen, kulturell anregenden Lebensabend zu genießen, auf den sie sich immer gefreut und über die Widrigkeiten seines politischen Engagements getröstet hatte, musste sie dies nun allein machen. Zunächst musste sie den fortgesetzten Bau des Centre Pompidou, der in der Presse nicht ohne Grund als „Raffinerie", „Monster von Marais" und „Notre-Dame des Tuyaux" (der Röhren) verhöhnt wurde[128], mit Hilfe Chiracs, der sogar seinen Rücktritt als Ministerpräsident androhte, gegen Giscard durchsetzen. Dann ging es um ihre Stiftung, die gute Werke in Krankenhäusern, Altersheimen und in der Behinderten-Betreuung verrichtete, und die öffentliche Nutzung der gemeinsam erworbenen Bildersammlung. Bei Problemen machte sich das Fehlen des mäßigenden Einflusses ihres Gatten auf ihr ungestümes Temperament bemerkbar. Als ihre einzige Schwester an Krebs starb und Alain sich scheiden ließ, blieb ihr in Bernadette Chirac eine gute Freundin, von der sie jedoch nie Einladungen ins Élysée annahm. Sie wollte das Haus ihres Unglücks nie wieder sehen. Im Jahr 2006 erkrankte sie schon sehr geschwächt an Krebs und starb in Gegenwart ihres Enkels Thomas im Juli 2007 im Alter von 95 Jahren. Sie wurde an der Seite ihres Mannes in Orvilliers beigesetzt.

Würdigung

Pompidous Ehrgeiz war es, als Präsident für Jahre des Friedens nach Innen, des Respektes nach Außen, von Wachstum, Wohlstand und höheren Lebensstandards für alle unter Hinterlassung eines modernisierten Landes ohne Krieg und Revolution erinnert zu werden. Von 1968 bis 1973 war unter seiner Präsidentschaft das Wachstum Frankreichs mit 5 % im Jahr das höchste Europas. Die Kaufkraft und die Lebensstandards stiegen von 1969 bis 1974 um 25 %. Die Nostalgie nach den Trente Glorieuses und den „Pompidou Jahren" von 1962 bis 1974 ist weiter lebendig. Es war die Zeit, als alles aufwärts ging, das Elend der Nachkriegszeit und der Kolonialkriege vorbei waren, Frankreich in der Industrie und Infrastruktur einen großen Sprung nach vorn machte, und Reformen und Neuerungen nicht gleich von Verteilungskämpfen und dem Nullsummenspiel der späteren Jahrzehnte blockiert wurden. Selbst am Ende seiner Amtszeit erhielt Pompidou weiter Zustimmungsraten von 55–60 %[129], von denen seine Nachfolger nur noch träumen konnten. Auch auf einer persönlichen Ebene konnten sich die meisten Franzosen in ihm wiedererkennen. Jemand, der sich aus kleinen Verhältnissen durch eigene Leistungen nach oben gearbeitet hatte, dabei gutes Essen und Wein schätzte, gerne Karten, Boule und Billard spielte, mit der Zigarette im Mundwinkel stets gemütlich und ansprechbar wirkte, im

128   Gidel. Op. cit. S. 425.
129   Abadie, Corcelette. Op. cit. S. 595.

Alter am liebsten mit seinen drei Enkeln, Alains Söhnen, spielte, gleichzeitig seine kulturellen Interessen wie Kino, Kunst und klassische Literatur kenntnisreich pflegte, und wenn es sein musste, auch würdig und untadelig bis zu seinen letzten Stunden den Staat und die Nation repräsentierte. Dass man mittlerweile über Einzelentscheidungen vom Bau der Concorde oder des Centre Pompidou, über die Einwanderungs- und Nuklearpolitik oder die ökologischen und sozialen Folgen seiner Verkehrs- und Stadtplanungspolitik geteilter Meinung sein kann, tut dem positiven Gesamtbild, das die meisten seiner Landsleute weiterhin von ihm haben, keinen Abbruch.

Kapitel 3

Valéry Giscard d'Estaing (1926–), der Mensch, der König sein wollte

Giscard – gemeinhin VGE abgekürzt – war eine tragische Figur. Seine Amtszeit war eine Zeit des Übergangs: Vom Gaullismus zu Mitterrands Sozialismus, von den konservativen Gewissheiten der Nachkriegsgesellschaft zu den offeneren Werten und Unwerten der postindustriellen 68er-Generation, vom soliden Wiederaufbau und modernisierenden Wachstum der „Trente Glorieuses" zu den „Quarante Piteuses", der noch immer andauernden Stagnationskrise mit ihren Reformblockaden. In der Übergangszeit von zwei Ölkrisen heimgesucht wurde er zur Übergangsfigur, die als erster Präsident seine Wiederwahl verlor. Auch heute löst er als würdiger älterer Herr, der sich im Alter von 93 Jahren immer noch aufrecht hält und intellektuell hellwach ist, mit seinem unnachahmlichen Hochmut im Gegensatz zu seinem schwerkranken, mittlerweile verstorbenen, lebenslangen Rivalen Chirac († 86) keinerlei öffentliche Sympathien noch ein gesteigertes Interesse aus.

Dabei sah alles bestens aus: Eine patrizianische Herkunft, ererbter Reichtum, ein gutes Aussehen, ein kurzes siegreiches Engagement im Krieg, der Durchlauf aller wichtigen Eliteakademien, Heirat ins große Geld der Großbourgeoisie, der Durchlauf wichtiger Ministerkabinette, der ererbte Parlamentssitz des Großvaters, Finanzstaatssekretär, dann Finanzminister unter de Gaulle. Bis zu seinem Hinauswurf 1966, als er mit 40 Jahren Pompidou zu mächtig wurde, hatte er in seinem cursus honorum alles richtig gemacht. Und es ging weiter so. Er nutzte die Zeit, um seine eigene Partei, die unabhängigen Republikaner (RI) als zentristische Alternative zu den Gaullisten aufzubauen und um dann wieder mit Pompidou verbündet, nach seinem Tod die Gaullisten an der Macht zu beerben.

In seinen sieben Jahren als Präsident gab er den Parisern, denen niemand politisch trauen wollte, und die deshalb nur zu Revolutionszeiten (1789/94, 1848 und 1870/71) ihren Bürgermeister wählen durften, 1977 das Recht zurück, ihren Bürgermeister diesmal dauerhaft zu wählen. Er schuf die Hauptstadtregion „Île-de-France", legalisierte die Abtreibung und schaffte das Staatsmonopol des ORTF ab. International begründete er zusammen mit seinem Freund Helmut Schmidt die Tradition der heutigen G7- bzw. G20-Gipfel, die der beginnenden Globalisierung einen politischen Leitungsrahmen geben sollten, bei der die UNO von Anfang an kläglich versagt hatte. Auf europäischer Ebene wurden auf seine Initiative hin die Europäischen Räte institutionalisiert und das Europäische Währungssystem, das die Grundlagen für das Zustandekommen des Euro schuf, eingerichtet. Das ist nicht nichts, doch gleichfalls nichts, was ein anderer mit kooperativen Neigungen in seiner Funktion ohne viel Mühe und Geistesblitze nicht auch hätte leisten können. Unumkehrbare historische Bilanzen sehen anders aus.

Mit 55 Jahren zwangspensioniert, wollte er die Ursachen seiner Niederlage nicht wahrhaben und versuchte über Regionalmandate in der Auvergne tapfer, jedoch vergebens sein Comeback.

Auch sein Projekt einer Europäischen Verfassung scheiterte 2005 ausgerechnet in Frankreich (neben den Niederlanden und Irland), um im Jahr 2009 als Mogelpackung „Lissaboner Vertrag" diesmal ohne störende Referenden wiederzuerstehen. Die politische Lebensbilanz dieses quasi-aristokratischen, hochintelligenten, liberalen, ersten richtigen Europäers im Amt, der im Gegensatz zu seinem Vorgänger und seinen Nachfolgern seinen lebenslangen Überzeugungen immer treu blieb, ist und bleibt also durchaus gemischt.

Am Anfang ein falscher Adel

Ursprünglich waren die Giscards calvinistische Grundbesitzer im heutigen Department Lozière (Auvergne) gewesen, die nach der Aufhebung des Toleranzedikts von Nantes durch Louis XIV. Anfang des 18. Jahrhunderts nicht das Bedürfnis hatten, zu Märtyrern zu werden und ihren Besitz zu verlieren, sondern wieder zum Katholizismus übertraten. Sie mehrten ihren Wohlstand weiter, als 1818 Giscards Urgroßvater eine Tochter des Grafen de la Tour Fondue und einer Madelaine d'Estaing heiratete. Es blieb bei ihm und Giscards Großvater natürlich weiter bei dem bürgerlichen Familiennamen, bis schließlich hundert Jahre später sich Giscards Vater Edmond und sein Onkel René in den Kopf setzten, ihren großbürgerlichen Wohlstand durch einen Adelstitel zu nobilitieren, der beim Eintritt in die Vorstände großer Banken und Versicherungsgesellschaften damals sehr hilfreich war[1]. Nun waren durch den grauenhaften Blutzoll, den adlige Truppenoffiziere im Ersten Weltkrieg entrichten mussten, (nicht nur in Frankreich) viele Adelslinien ausgerottet worden. Deshalb erlaubte ein hilfreiches Gesetz im Jahr 1923 die Übernahme trägerlos gewordener Adelstitel durch Dritte, vorausgesetzt, sie konnten eine entfernte Verwandtschaft nachweisen und es gab keine lebenden Träger des Namens mehr, die dieser Übernahme widersprachen. Es gab im republikanischen Frankreich nun eine Flut solcher fiktiven Nobilitierungen, die alle im Amtsblatt veröffentlicht werden mussten. Zunächst probierten es die beiden mit dem für eine künftige politische Karriere eher unglücklichen Namen „de la Tour Fondue" (der geschmolzene Turm). Glücklicherweise widersprach eine in Nordamerika noch lebende legitime Trägerin des Namens. Sie hatten mehr Glück mit „d'Estaing". Das berühmteste Mitglied der Familie, der Admiral Graf d'Estaing, war ursprünglich Oberst in Westindien gewesen, hatte im amerikanischen Unabhängigkeitskrieg eine französische Flottille kommandiert, dabei zwei Seeschlachten verloren und war als Kommandeur der Nationalgarde 1794 von seinen Landsleuten guillotiniert worden.

Der frischgeadelte Jungadel wurde vom echten Alt-Adel von Tout-Paris allgemein als „M. de Pupieu" verspottet. In einem „Gotha" findet sich noch 1950 folgender Eintrag: „Giscard d'Estaing. Auvergne. Kleinbürgertum des 18. Jahrhunderts". Doch die Parvenüs nahmen ihre neue Rolle ernst. So gibt es eine 1793 gegründete „Société des Cincinnati", den exklusivsten Klub Frankreichs und der Vereinigten Staaten, in den nur die direkten Nachfahren von höheren Marineoffizieren, die im Unabhängigkeitskrieg gekämpft hatten, aufgenommen werden. Der Antrag der beiden Hochstapler wird nach gründlicher Recherche mit schneidender Schär-

---

1   Georges Valance. VGE, une vie. Flammarion. 2011. S. 16f.

fe abgelehnt. Das Ganze hätte damit sein Bewenden haben können, hätte nicht VGE, kaum war er 1962 Minister, erneut einen Antrag auf Mitgliedschaft gestellt, der wiederum abgebürstet wurde. Als er schließlich 1974 Präsident wurde, erfolgte prompt ein neuer Antrag. Da er offenkundig nun mehr Prestige hatte als jedes andere Mitglied im Cincinnati-Klub, wurde er großzügig zum Ehrenmitglied auf Lebenszeit ernannt.[2] Auch bei der französischen Adelsgesellschaft bemühte er sich, die Authentizität der noblen Abkunft beider Elternteile bestätigen zu lassen, allein vergeblich. Mütterlichseits wurde eine angebliche Affäre von Louis XV. mit einem Dienstmädchen bemüht. Diese nicht gerade seltenen Geschichten um Louis XV. gehören für ernsthafte Genealogen in das Reich unbeweisbarer romantischer Legenden[3]. Doch Giscard nahm sie ernst, hatte er doch schon als kleiner Junge die Heldenbiografien seiner vermeintlichen Vorfahren verschlungen und ernstlich geglaubt[4].

Offenkundig wäre diese Realsatire nicht der Erwähnung wert – es laufen in Film und Fernsehen genug falsche Adelige herum –, wäre es VGE mit seiner falschen Nobilität nicht so tödlich ernst gewesen, so dass er im Jahr 2005 auch das eindrucksvolle, jedoch baufällige Schloss d'Estaing im Dorfe Estaing (Aveyron) erwarb, um die Verbindung zu seinen adoptiven Vorfahren zu vertiefen[5]. Zudem waren jene genussvoll von den Medien kolportierten Episoden ein wichtiges Element in der von ihm stets unverstandenen Entfremdung vom Durchschnittsfranzosen.

Denn auch VGEs Mutter May war stolz auf ihre sehr indirekte matrimoniale Nobilität. Ihr Vater Jacques Bardoux gehörte als Abgeordneter zum einflussreichen Provinzbürgertum. Ihre Mutter dagegen war die Tochter des Grafen Montalivet (1801–1880), des Innenministers unter Louis-Philippe. Dieser wiederum sei, wie erwähnt, der Enkel einer illegitimen Tochter von Louis XV. und einem Kindermädchen gewesen. So wurde Valéry von ihr stets stolz erzählt, nur sechs Generationen trennten ihn von seiner königlichen Herkunft, dank der, wenn die unwahrscheinliche Geschichte denn stimmen sollte, 1,125 % königlich-illegitimen Blutes in seinen Adern schwappte. Vater Edmond Giscard rechtfertigte diese Statusobsession in einem 1949 veröffentlichten Buch mit dem bezeichnenden Titel „La monarchie intérieur" mit dem heute skurril wirkenden Argument, der gesellschaftlich ererbte Platz müsse für den Lebenserfolg in einer möglichst statisch fixierten sozialen Hierarchie entscheidend sein. So wie die klassische französische Bourgeoisie der Kouponschneider (zu der übrigens auch Mitterrand gehörte) den Gelderwerb verachtete (Geld war nicht nur bei den Giscards sondern auch bei den de Gaulles als Tischgespräch verboten) und den ererbten Besitz bewunderte. Statt auf den eigenen Aufstieg und die eigene Leistung stolz zu sein, mussten wie bei weißrussischen Exilanten, die vom Klavierunterricht leben mussten, fiktive Ahnengeschichten her. Doch hatte der Vater durchaus eine sehr eindrucksvolle Lebensleistung aufzuweisen, d'Estaing hin oder her,

---

2   Valance. Op. cit. S. 20.
3   Michel Antoine. Louis XV. Hachette Littératures. 1997. S. 15 ff.
4   Jean-Pierre Corcelette, Frédéric Abadie. Valérie Giscard d'Estaing. Nouveau Monde. 2008. S. 16 f.
5   Dort kann man für 10 Euro eine geführte Tour der Ausstellung „VGE, ein Mann im Dienst von Frankreich und Europa" einschließlich seiner Ordenssammlung besichtigen.

dank der er und seines Geldes wegen vom provinziellen Großbürgertum zu den 200 reichsten Familien des Landes aufstieg[6].

Herkunft, Jugend und Krieg

Edmond Giscard (1894–1982) hatte sich, genau wie sein Sohn später, für eine administrative Spitzenfunktion glänzend vorbereitet. Er hatte mit 20 Jahren, als der Erste Weltkrieg ausbrach, das mathematische und philosophische Abitur abgelegt, ein Jahr der Vorbereitung für die Polytechnique absolviert, und zwei Lizenzen, für Recht und für Geschichte, erworben. Edmond hatte literarischen Ehrgeiz. Er publizierte sein ganzes Leben lang. 1917 erschien sein vor dem Krieg verfasstes Buch zum Neoklassizismus. Darin lehnt er die „literarische Anarchie" und das in Frankreich häufige „moralische Ungleichgewicht" ab, und fordert die Rückkehr zu klassischen Disziplinen, „die dem Denken Autonomie, Ordnung, Klarheit geben und den besten Einfluss auf den Nationalcharakter haben"[7].

Zum Kriegsdienst eingezogen, explodierte in der Sommeschlacht am 10. Juli 1916 bei Herbécourt nahe Péronne[8] eine Mörsergranate unter dem Pferd des Unterleutnants. Granatsplitter im linken Bein und Hüfte, linker Arm gebrochen, zwei große Wunden in den Schulterblättern, das Trommelfell zerrissen. Er wird mit einer Operation ohne Betäubungsmittel gerettet, ist aber nicht länger kriegsverwendungsfähig.

Der Vater besucht nun die École libre des sciences politiques, die vor der Schaffung der ENA (1945) die Beamtenelite der Finanzinspektoren ausbildete. Einer seiner Altersgenossen ist Pierre de Gaulle, der jüngere Bruder des Generals, der Bankier und später Pariser Politiker werden sollte. Nach einem Durchlauf durch die Finanzverwaltungen der Provinzen erhält er in Koblenz den Posten des obersten Finanzbuchhalters der französischen Besatzungstruppen im Rheinland. Er hatte alle Rechnungen und Gehälter der Militärs zu begleichen und die Rechnung dann an die Reichsregierung nach Berlin zur Rückerstattung zu schicken. Den Job verschaffte ihm sein künftiger Schwiegervater Jacques Bardoux (1874–1959), der damals das Zivilkabinett von Marschall Foch leitete und danach Rechtsberater des Hochkommissars des besetzten Rheinlands, Paul Tirard wurde. Das Ziel aller drei: Foch, Tirard und Bardoux, war es, eine rheinische Separatistenrepublik zu gründen, die französisiert Frankreich angegliedert werden konnte. Ein gewisser Konrad Adenauer, Oberbürgermeister in Köln sympathisierte zeitweise mit der von der Besatzungsmacht massiv geförderten und bewaffneten Bewegung, deren führende Verräter im Februar 1924 in Speyer erschossen wurden[9]. Edmond Giscard ist auch für die Eintreibung der Zölle, die Erträge der Staatsforsten und die Kohlesteuern zuständig (die alle in französische Taschen gingen) und sieht sich gleichzeitig mit dem passiven Widerstand der deutschen Behörden konfrontiert, die auf Anweisung der demokratischen Re-

---

6   Valance. Op. cit. S. 23.
7   Corcelette, Abadie. Op. cit. S. 12.
8   Zur Gegend und Umständen der Schlacht an der Somme auf beiden Seiten siehe auch: Albrecht Rothacher. Die Feldgrauen. Beltheim-Schnellbach 2014. S. 338 ff.
9   Günter Zerfass (Hg.). Die Pfalz unter französischer Besatzung von 1919 bis 1930. Koblenz 1996. S. 186.

gierung in Berlin möglichst wenig mit den Besatzern kooperieren. Seine Arbeit wird durch die nach der Ruhrbesetzung einsetzende galoppierende Inflation kompliziert, die erst nach der Währungsreform 1923 beendet wird. Giscard Senior beschreibt diese Erfahrungen in einem Buch mit dem feinsinnigen Titel: „Misère et splendeur des finances allemandes".

Im April 1923 heiratet er May Bardoux mit ihren Spurenelementen an königlichem Blut. 1928 wird er von seinem Schwiegervater, dem Banker Octave Homberg, vorgestellt. Homberg hatte die Banque d'Indochine und die Banque de l'Union Parisienne gegründet und die erste Kautschukplantage in Vietnam finanziert. Er investierte ohnehin die meisten seiner Publikumsfonds lukrativ in den Kolonien. Edmond Giscard steigt bei ihm als Direktor ein, und wird unter anderem für die Salinen in Dschibuti und in Madagaskar und das Salzmonopol in Äthiopien verantwortlich. Doch bald erschüttert die Weltwirtschaftskrise das Geschäftsmodell. Der Preisverfall von Kautschuk und Baumwolle führt zu Hungerrevolten in den Kolonien. Die Investoren verlieren ihr Geld. Aus den Trümmern des hombergschen Reiches rettet Giscard 1933 mit einem Sanierungskonzept die Filetstücke und befriedigt die meisten Gläubiger. 1936 ist die Gruppe saniert und wieder profitabel. 1934 wird er im 8. Arrondissement von Paris Präsident der Parti Social Français, des politischen Arms der antiparlamentarisch-nationalkatholischen Croix de Feu von Oberst de La Roque, deren Anhänger damals auch François Mitterrand war. Den Generalstreik von 1934 hält er für unerträglich, eine Anarchie, die nur dem Deutschen Reich in die Hände spielen würde. Bis an sein Lebensende blieb Edmond Giscard Kolonialwirtschaftler. Vor dem Krieg leitete er 14 Firmen in der französischen Metropole, 22 im Fernen Osten (von Zuckerraffinerien und Küstenschiffen zu Kautschukplantagen und Immobilienkrediten) und zehn in Madagaskar und Afrika (wiederum Hafenanlagen, Zuckerraffinerien, Salzwerke, und Immobilienkredite)[10]. 1933 reorganisiert er auf Wunsch des Finanzministeriums ein Werk für Auto- und Flugzeugmotoren, „La Lorraine", das ab 1935 Militärfahrzeuge aller Art herstellt. Auch leitet er den Aufsichtsrat der Versicherungsgesellschaft „Le Phénix", die Feuer-, Unfall- und Lebensversicherungen anbietet. Seine Geschäftsaktivitäten, die sein Sohn zeitlebens verschmähen und verachten sollte, sind also ungewöhnlich breit gefächert.

Im Krieg kümmert er sich um das Überleben seiner Firmen – vor allem im japanisch besetzten Indochina, wo bis zum März 1945 Admiral Jean Decoux für Vichy die japanische Kriegswirtschaft unterstützen muss –, sieht aber nach Kriegsende bald, dass die Stunde der Kolonien geschlagen hat. 1946 führt er den Aufsichtsrat der „Société financière pour la France et les pays d'outre-mer" (SOFFO), die mit Orangenhainen, Kohle- und Phosphatbergwerken, Kautschukplantagen in Indochina und der Glimmerförderung auf Madagaskar aber auch mit Immobilieninteressen sehr weit aufgestellt ist. Er beginnt sie aber nach und nach von der kolonialen Rohstoffwirtschaft in andere Geschäftsbereiche zu diversifizieren[11]. Die Entschädigungen für die kriegsbedingten Verluste in Indochina investiert er zum Beispiel in lukrative Immobiliengesellschaften, die Wohnungen für Führungskräfte errichten, oder die Fluglinie TAI,

---

10   Valance. Op. cit. S. 30.
11   Corcelette, Abadie. Op. cit. S. 22.

die später mit UTA fusionieren wird. Politisch bliebt er als konservativer, mit dem Opus Dei verbundener Katholik stets Monarchist[12].

War VGEs Vater ein erfolgreicher, bestens verbundener Geschäftsmann, so hatte es seinen Großvater mütterlicherseits in die Politik gezogen. Schon sein Vater, VGEs Urgroßvater also, der Anwalt Agénor Bardoux (1829–1880) wurde 1871 zum Bürgermeister von Clermont-Ferrand ernannt, nachdem er sich dort an die Spitze der Revolte gegen Napoleon III. gestellt hatte. Später wurde er in die Nationalversammlung als Abgeordneter der Mitte-Rechten gewählt. Er führte als Unterrichtsminister 1877 den kostenfreien Pflicht-Grundschulunterricht in Frankreich ein und tolerierte gleichzeitig die „freien" Konfessionsschulen, zumal er als Kämpfer gegen die Trennung von Kirche und Staat auftrat[13]. Weil er gleichzeitig Minister für die Schönen Künste war, wurde er von allen wichtigen damaligen Klassikern intensiv befreundet. Es geht für sie um Ehren, Orden, Posten und Geld[14]. Sein Sohn Jacques Bardoux (1874–1959) wurde 1874 in jenes einflussreiche Milieu geboren, und wechselte zwischen Lehrtätigkeiten, literarischem und politischem Engagement. Er hatte lange in Oxford studiert, war ein Bewunderer der englischen Demokratie und wollte sich mit 30 Büchern auch als Literat profilieren. Ein Werk über den Liberalismus mochte Vorbild für VGEs eigene Versuche als Politschriftsteller gewesen sein. Gleichzeitig pflegte er als Lobbyist und Propagandist für die Stahlindustrie auch intensiv die Beziehungen zu Unternehmenschefs und Wirtschaftsführern, von denen auch sein Schwiegersohn Edmond profitieren sollte. 1938 wurde er nach vier vergeblichen Anläufen mit der Unterstützung von Pierre Laval als Senator für Puy-de-Dôme gewählt.

Während des Krieges waren Vater Edmond und Großvater Jacques Bardoux anti-deutsch und pro-Pétain, eine durchaus übliche Mischung. So stimmte Bardoux als Senator mit der überwiegenden Mehrheit für Pétains Ermächtigung, pflegte aber gegen die Kollaboration Vorbehalte[15]. Ein wenig später erhielten die Brüder Edmond und René Giscard – ebenso wie François Mitterrand – den höchsten Orden von Vichy, den „Francisque", den es neben Verdiensten auch für die Bekundung der richtigen Gesinnung zum Regime des Marschalls gab. Bardoux dagegen hielt zu Pétain eine größere politische Distanz, vor allem nachdem er nicht das gewünschte Unterrichtsministerium erhalten hatte. Als er im August 1944 de Gaulle anbietet, der Senat könne jetzt wieder im Palais de Luxembourg tagen, wird er vom General, der alle Vorkriegspolitiker verachtet, abgebürstet[16]. So wurde er zum bürgerlichen Anti-Gaullisten.

VGE wird als zweites Kind Edmonds im Februar 1926 in Koblenz geboren. An das Geburtshaus des heutigen Ehrenbürgers, ein zweistöckiges konfisziertes Bürgerhaus mit Garten in den Rheinanlagen, erinnert nur noch ein Gedenkstein, so gründlich haben alliierte Bomben den Stadtteil Pfaffendorf an der „Rheinischen Nizza" 1944/45 samt ihren Bewohnern und 80 % der Koblenzer Innenstadt vernichtet. Da sein Vater schon im gleichen Jahr nach Paris als Finanzin-

12   Valance. Op. cit. S. 43.
13   Corcelette, Abadie. Op. cit. S. 15.
14   Valance. Op. cit. S. 37.
15   Corcelette, Abadie. Op. cit. S. 30.
16   Valance. Op. cit. S. 53.

spektor versetzt wird, wo er neun Jahre bis zum Beginn seiner Laufbahn in der Privatwirtschaft bleibt, findet Valérys frühe Jugend im Wesentlichen in Paris statt. Die Familienwohnung mit ihren sechs Zimmern im 5. Stock befindet sich in der Rue du Faubourg Saint-Honoré gegenüber dem Hotel Bristol[17] wenige hundert Meter vom Élysée entfernt. Neben seiner älteren Schwester werden in den nächsten Jahren noch vier weitere Kinder geboren, von denen ein Bruder jung an Tuberkulose stirbt. Mutter May wird von ihm als sehr liebevoll und fürsorglich geschildert. Sie erzieht die Kinder mit Hilfe eines deutschen Dienstmädchens zu Hause. Während der Grundschulzeit bekommen seine ältere Schwester Sylvie und Valéry Hausunterricht. In der Küche wirkt eine deutsche Köchin, die auch aus Koblenz mitgebracht wurde.

Es herrschen strenge Sitten: Kein Fluchen, Schweigen bei den Malzeiten, Tee um 18 Uhr, Abendgebet. Die Eltern werden gesiezt. Die einzige Zerstreuung außerhalb: Spaziergänge mit dem Dienstmädchen Mathilde in den Gärten der Champs-Élysées oder den Tuilerien. Katechismusstunden Samstagmorgen und Sonntagsmesse mit weißen Handschuhen[18]. Als er später Klavierstunden bekommt, schafft der Vater diese frivole Zeitverschwendung nach einer Weile wieder ab. Dabei glaubt die Mutter leidenschaftlich an ihren Sohn. Schon der Fünfjährige erfährt von ihr, dass er Präsident werden würde. Sie sollte recht behalten und dies auch noch während ihres langen Lebens (1901–2003) erleben. Die Programmierung für die höchsten Staatsämter hatte also früh angefangen. Der Vater dagegen war laut VGE „schwierig" und autoritär und kümmert sich kaum um die Kinder[19].

Seine erste politische Erinnerung: die Blutlachen des im Mai 1932 von einem weißrussischen Exilanten ermordeten Präsidenten Paul Doumer vor dem Élysée. Im Februar 1934 erlebt er vom Fenster aus die gewaltsame Zerschlagung einer Demonstration der Action française durch die Volksfrontregierung auf dem Place de la Concorde. Die Polizei stürmt zu Pferde mit gezogenem Säbel in die Menge, die 16 Tote und 516 Verwundete erleidet. Auch werden ein Polizist erschossen und 254 von ihnen verletzt. Im Mai 1936 geraten Valéry und seine ältere Schwester Sylvie auf dem Weg zur Großmutter in Aubervilliers in eine feindselige Proletarierdemonstration, die an den Bourgeois-Kindern den Klassenkrieg üben. Es blieb nach dieser kindlichen Traumatisierung eine lebenslange Aversion gegen Gewerkschaftler aller Art[20]. Ansonsten folgt das Jahr dem Rhythmus des Pariser Großbürgertums: Wintersport mit der Mutter in der Schweiz, und ein langer Sommer Juli bis September in der heimatlichen Auvergne, in den großen Anwesen in Saint-Saturnin bei den Großeltern Bardoux, in Saint-Amant-Tallende und im Château de Varvasse in Chanonat, wo die versippte Großfamilie sich in unterschiedlichen Konfigurationen trifft. Rezitationen und die Aufführungen im Kindertheater werden eingeübt und den Erwachsenen vorgeführt. Dabei spielt Valéry stets eine natürliche Führungsrolle. Im September 1939 wird der Vater nach der französischen Kriegserklärung als Reserveoffizier eingezogen. Die Kinder bleiben mit der Mutter in Chamalières in der Auvergne.

17 Dort steigen deutsche Staatsgäste mit Vorliebe bei Parisbesuchen ab.
18 Corcelette, Abadie. Op. cit. S. 19.
19 Valance Op. cit. S. 59.
20 Corcelette, Abadie. Op. cit. S. 25.

Nach der Demobilisierung des Vaters kehrt die Familie nach Paris zurück. Der vierzehnjährige Valéry wächst in Paris unter deutscher Besatzung auf. Weil sein Vater gut bezahlter Manager ist, braucht er sich nicht um den Schwarzmarkt und die Notrationen zu kümmern. Es gelingt dennoch nicht, die 8-Zimmerwohnung im Winter zu heizen. Das nahe Élysée steht leer[21], ebenso wie die Nationalversammlung im Palais Bourbon, der Senat im Palais de Luxembourg und die meisten Ministerien. 1941 und 1942 macht er sein Abitur. Danach lernt er am Lycée Louis-le-Grand für die Vorbereitung für die Polytechnique weiter, wo damals auch Pompidou unterrichtete. Sicherlich hatte damals ein Engagement in der Résistance seinen romantischen Reiz. Giscard scheint einige Pamphlete verteilt zu haben. Doch war ein in einem behüteten Elternhaus mit aristokratischen Ansprüchen im großbürgerlichen 16. Bezirk aufwachsender Junge, dessen Abenteuerspiele sich auf die Pfadfinder beschränkten, nicht ein natürlicher Kandidat, noch boten sich Kontakte an. Der Vater machte sich Sorgen um die Kolonien, um die kommunistischen Umtriebe in seinen Kautschukplantagen, alliierte Bombardierungen und Schiffsversenkungen. Der Großvater liebäugelte mit einem Ministerposten in Vichy. Da hat man geringe Neigungen zum kommunistischen Maquis oder anderen Widerständlern – es sei denn in einem totalen Bruch mit Herkunft und Familie. Wer seine Sommerurlaube auf den Schlössern der Familie verbracht hat, hat wenig Lust plötzlich im Freien oder in Schafställen zu nächtigen und subalterne Hilfsdienste für Banden zu leisten, die nur allzu leicht einen blutigen Ausgang nehmen konnten. Während der Befreiung von Paris erlebt er abstoßende Szenen, als die FFI kurzerhand die Passagiere deutscher Autos an die Wand stellt und erschießt.[22] Wie viele Nachkriegspolitiker hat auch VGE gelegentlich Résistanceaktivitäten für sich reklamiert, die freilich notgedrungen undokumentiert blieben. Wahrscheinlich beschränkten sie sich auf die Verteilung aufrührerischer Flugschriften an seinem Gymnasium Louis-le-Grand und auf Kurierdienste während der Befreiung von Paris im August 1944.

Gleichzeitig spürt der 18-Jährige, dass sich die Zeiten geändert haben und eine neue Elite die Macht ergreift mit Methoden, die nicht die seines Klans sind. Immerhin hatte auch sein Vorfahr Agénor Bardoux seine politische Karriere der Tatsache zu verdanken, dass er sich 1871 in Clermont-Ferrand an die Spitze der Revolte gegen Napoleon III. gestellt hatte. Gegen den Willen des Vaters, der einen Wutanfall bekommt, weil sein Sohn seine Prüfung für die Polytechnique und sein Leben für einen schon gewonnenen Krieg riskieren will, melden sich Valéry und sein Vetter François als Freiwillige zur 1. Armee von Lattre de Tassigny, einem entfernten Freund der Familie. Bei Colmar werden sie im Elsass vier Monate lang an einer Kriegsschule ausgebildet, wo er sich über die chaotische Organisation und die wochenlange öde Formalausbildung in Briefen an die Eltern beschwert, bis er schließlich dem 2. Dragonerregiment mit seinen 36 Panzern amerikanischer Bauart zugeteilt wird. Dabei muss er auch für den jungen Schah von Persien den Touristenführer spielen, der als Schlachtenbummler in der Etappe miterleben darf, wie sie übungshalber mit scharfer Munition ein befestigtes Blockhaus

---

21 François d'Orcival. L'Élysée sous l'Occupation. Le palais fantôme. Perrin/Tempus. 2017. Es wurde erst 1947 wieder von Vincent Auriol, dem ersten Nachkriegspräsidenten, bezogen. Er kam übrigens wie sein Nachfolger René Coty mit einem Kabinett von sieben Ratgebern aus.
22 Corcelette, Abadie. Op. cit. S. 75.

stürmen. Der richtige Krieg fängt für ihn erst am 5. April 1945 an, als seine Einheit bei Speyer den Rhein überquert und durch den Schwarzwald bis nach Konstanz vorstößt, wo sein Panzer am 26. April als erster ankommt. Dieser 3-Wochenkrieg gegen den geschlagenen Feind war kein Spaziergang. Etliche Panzer werden abgeschossen und samt Insassen vernichtet. Giscards eigener Jagdpanzer namens „Carrousel" wird bei einem Ort namens Zollhaus[23] von einer Panzerfaust getroffen, doch er feuert als Richtschütze weiter. Als der Panzer „Arc de Triomphe 2" bewegungsunfähig geschossen wird, fixiert er ihn im Feindfeuer mit einer Kette, um ihn abzuschleppen. Er wird im Heeresbericht belobigt und am 13. April zum Gefreiten befördert[24]. In Konstanz, das sie nach drei Wochen Krieg am 26. April fast kampflos besetzen, erreicht sie am 8. Mai die Nachricht von der deutschen Kapitulation. Mit seinen Kameraden amüsiert er sich in der unzerstört gebliebenen Stadt und schreibt Gedichte und Briefe nach Hause. Am 20. Mai sieht er neun Monate nach der Befreiung von Paris de Gaulle wieder, als dieser in Oberstdorf die Panzer seines Regiments gruß- und wortlos abschreitet. Am 14. Juli ist er dann als Gefreiter im Turm seines Panzers auch bei der Siegesparade auf dem Champs-Élysée dabei. Die Rechnung und die Abenteuer des 19-jährigen Kriegsfreiwilligen sind aufgegangen: Er ist mit dem Kriegskreuz ausgezeichnet auf der Siegerseite mit dabei. Niemals wird man ihm in der Zukunft mangelndes Engagement für die Befreiung vorwerfen können. Dazu bringt er als Beute ein gestohlenes Motorrad, einen Wolfshund und ein Akkordeon mit nach Haus.

Er selbst hatte sich in der kurzen Zeit als Besatzer im Allgäu das Spiel auf dem Akkordeon selbst beigebracht und konnte hinfort auf jenem „Klavier des kleinen Mannes" volkstümliche Weisen spielen, die zur immer nötigen Imagepflege nützlich sein würden. Ohnehin waren jene acht Monate seines Wehrdienstes die einzige Zeit, in der er mit normalen Männern des Volkes, Pieds-noirs aus Nordafrika zumeist, täglichen zwanglosen Umgang hatte. Am 14. Juli stahl er mit einem Kameraden in Paris einen amerikanischen Jeep, wurde von der Militärpolizei verhaftet und konnte, als sein Oberst eingegriffen hatte, nach zwei Tagen Militärarrest in jenem Jeep (es gab genug überzähliges US-Kriegsmaterial in Paris) triumphal nach Konstanz zu seiner Einheit zurückkehren.

Der Elite-Kursus

Im Herbst 1945 nimmt VGE nach einjähriger Unterbrechung seine Studien am Louis-le-Grand wieder auf und wird nach mittelmäßigen Leistungen mit einem Kriegsbonus 1946 in die Polytechnique aufgenommen. Seine Einstellungen haben sich durch das Besatzungs- und Kriegserlebnis nicht verändert. Er setzt genau den Lebenswandel und die ideologischen Wertungen fort, die jenen eines konservativen jungen Großbürgersohns seiner Zeit entsprachen. Von Ausflügen in den Existentialismus oder gar Marxismus keine Spur. Die Unruhen, Streiks und die Nahrungsmittelknappheit der Nachkriegszeit hinterlassen bei ihm keinen Eindruck. In der Polytechnique gilt er für viele als unkorrigierbarer Snob, der die meisten Mitstudenten

---

23   Es nicht ganz klar wo dieses „Zollhaus" sich befindet. Am wahrscheinlichsten erscheint Zollhaus-Blumberg, das auf der Strecke nach Konstanz liegt.

24   Corcelette, Abadie. Op. cit. S. 44.

ignoriert. Andere schildern ihn als freundlich, distanziert, stets gut angezogen, fleißig und ambitioniert, ein guter Kamerad, der gern Führungsfunktionen übernimmt[25].

Im Juni 1948 tritt er dank eines Sonderdekrets als erster Polytechnicien ohne Eignungsprüfung in die neugegründete ENA ein. Mit 22 Jahren ist es sein deklariertes Karriereziel mit 30 Jahren Finanzminister zu werden. Die ENA-Zöglinge müssen ein achtmonatiges Verwaltungspraktikum machen und haben dabei die Wahl zwischen einem Département, Nordafrika, einer Botschaft oder dem besetzten Deutschland. Giscard wählt die „autonome" Saarregierung, deren Gouverneur Oberst Grandval, ein Freund der Familie, offen den Anschluss an Frankreich betreibt. So lässt er im Mai 1946 eine Betonstatue des Marschalls Ney[26] auf einem Bunker in dem verwüsteten Saarlouis errichten und ohne Beteiligung der Öffentlichkeit die Rückkehr der Saar an Frankreich feiern. In dem völlig zerstörten Saarbrücken lebt Oberst Grandval auf Kosten der Saarländer auf großem Fuß. Die drei ENA-Praktikanten werden in einer Halbruine einquartiert und müssen in der Offiziersmesse essen. Unterhaltungsmöglichkeiten gibt es keine. Stattdessen fuhr man am Wochenende nach Straßburg. Dienstlich kümmerte er sich um Finanzfragen und um die von Bomben verschonten Röchlingschen Eisen- und Stahlwerke in Völklingen, die Frankreich gern konfiszieren will[27]. VGE gilt dort ebenso wie ab 1949 bei seinen anderen ENA-Kollegen im Unterricht weiter als hochmütiger Einzelgänger, freundlich-distanziert und äußert sich nicht zu politischen Fragen. Die Kurse sind ihm zu allgemein und die Vortragenden, wie Pierre Mendés France, mit ihrer Neigung für die Planwirtschaft als zu linksorientiert, wenn nicht offen kommunistisch[28]. In Debatten wird VGE zum Wortführer der liberalwirtschaftlich gesonnenen Studenten. Vor dem Abschluss müssen die Élèves noch ein Unternehmenspraktikum machen. VGE wählt die Banque de France. Dort ist ein anderer Freund der Familie, Wilfrid Baumgartner (1902–1978) Gouverneur. Die Banque de France ist damals ein behäbiger Apparat, der fünf Abwertungen in der Nachkriegszeit und die Anweisungen der amerikanischen Economic Cooperation Administration hinnehmen musste. Wie schon zuvor in der Saar verlässt VGE die Nationalbank Ende 1951 mit einer Bestnote. Im Vergleich zwischen der Polytechnique und der nach dem Krieg neugegründeten ENA schätzte er stets die Polytechnique höher ein, da an der ENA der damals modische staatshörigen Keynesianismus und für seinen Geschmack wertlose planwirtschaftliche Rezepturen indoktriniert wurden[29].

Die psychologischen Profile seiner damaligen jungen Zeitgenossen variieren zwischen distanzierter Sympathie und moderater Abneigung, zumal er zu keinen dauerhaften tiefen Freundschaften fähig schien, sich aber auch keine Feinde schuf. Eher suchte er die Anerkennung seiner Vorgesetzten zu finden als die seiner Klassen- und Arbeitskollegen. Stets werden sein scharfer Verstand, sein Bemühen intellektuell zu dominieren, seine Selbstbezogenheit, seine Standesdünkel, sein nervöser Ehrgeiz, seine Nonchalance gegenüber formalen Verwaltungsre-

25   Valance. Op. cit. S. 86.
26   Michel Ney, geboren 1789 in Saarlouis, 1815 in Paris wegen Hochverrats von den Bourbonen erschossen, weil er entgegen seinem Fahneneid auf Louis XVIII. wieder zu Napoleon übergelaufen war.
27   Erst 1956 erhielt die Familie Röchling ihr Eigentum aus der französischen Sequesterverwaltung zurück.
28   Valance. Op. cit. 91.
29   Corcelette, Abadie. Op. cit. S. 47 und 55.

geln mit gleichzeitig formal korrekten Umgangsformen und seine stets makellose Garderobe mit blankgeputzten Schuhen geschildert[30]. In jedem Fall erwartete man von ihm eine glänzende Karriere. Im Jahre 1949 kauft er sich mit 23 Jahren sein erstes Auto, einen 4CV, während seine Kommilitonen meist noch Fahrrad fuhren.

Die Bildungsreisen von Jünglingen der Oberschicht hatten in der Vorkriegszeit noch unweigerlich nach Italien und England geführt. Nach dem Krieg war Nordamerika de rigueur. So schifften sich Valéry und sein Bruder Olivier im Sommer 1948 nach New York ein. Weil der Vater nur bereit war, knapp die Hinfahrt zu bezahlen, fuhr Olivier (1927–) mit einem Einwandererschiff und finanzierte seinen Lebensunterhalt und seine Rückfahrt mit Botendiensten, während Giscard nach dem Verkauf des in Deutschland gestohlenen Motorrads mit dem edlen Dampfer „Île de France" fuhr. Weil er kein Englisch konnte und auf Hilfsarbeiten keine Lust hatte, reiste er gleich nach Québec weiter. Dort ließ er von einer Tante einen Termin beim Erzbischof vermitteln und ergatterte von ihm einen Ersatzlehrerjob für Geographie und Geschichte an einer Jesuitenanstalt, an der er einige Monate lang unterrichtete. VGE hatte sich zuvor in die in New York geborene Thérèse de Saint-Phalle[31] (1930–) verliebt, der er mit Blumen, Liebesbriefen, Gedichten und Kino- und Konzerteinladungen den Hof machte. Die Beziehung überlebte freilich seinen Québec-Aufenthalt nicht.

Um Englisch zu lernen schrieb er sich 1950 an der Summerschool der Universität Oxford ein, wo er Keynes im Original liest und hinfort die linksfranzösischen Fehlinterpretationen seines Werkes schmäht. Dem Vernehmen nach war er wenig überraschend dort bei jungen Amerikanerinnen sehr erfolgreich, zumal er gut aussehend, groß und schlank, sämtliche Tugenden eines jungen Mannes seiner Herkunft meisterte: zu tanzen, belesen zu sprechen, Ski zu fahren, Konversation zu machen, Klavier zu spielen … In Paris setzt er sein Leben als zunächst noch schüchterner Dandy fort. Doch auch wenn er im schicken Café Flore Sartre häufig beim Frühstück sieht, lässt ihn dessen marxistischer Existenzialismus völlig kalt. Bei seinen alten – wenigen – ENA- und Polytechniquefreunden lässt er sich bald kaum noch blicken und frequentiert stattdessen einen elitären Zirkel junger politisch Ambitionierter, den Jean-Jacques Servan-Schreiber (1924–2006), der spätere Gründer des L'Express, ins Leben gerufen hatte. Zu ihm gehören unter anderem Jacques Duhamel, der spätere Zentristenführer, der Literat Jean d'Ormesson, Simon Nora, später Hauptratgeber von Chaban-Delmas, und Prinz Jean de Broglie[32], der in den 60er-Jahren Staatssekretär unter de Gaulle und 1974 Giscards Wahlkampffinanzier war. Giscard verließ den Zirkel jedoch wieder, weil ihm seine Gruppenaktivitäten nicht passten und er mit seinen Mitte-Rechts-Überzeugungen immer Recht behalten wollte, während Servan-Schreiber meist linkere Positionen einnahm. So blieben als dauerhafte Freunde eigentlich nur seine drei Vettern und zwei adelige Regimentskameraden.

---

30 Valance. Op. cit. S. 96.
31 Sie sollte später eine bekannte und produktive Schriftstellerin werden. Ihre Werke La Chandelle, Le Tournesol, Le Métronome, La Clarière, Le Programme, und Le Mendigote sind sämtlich im hochreputierlichen Verlag Gallimard erschienen.
32 De Broglie (1921–1976) fiel einem Mord zum Opfer, der nie vollständig aufgeklärt wurde.

Der Karrierestart

Im Alter von 25 Jahren werden er und Vetter François (1926–2003), gleichfalls ENArque, im Jahr 1951 Finanzinspektoren. Ein Jahr später macht er der 19-jährigen Anne-Aymone Sauvage de Brantes ernsthaft den Hof. Er hatte sie Ende der 40er-Jahre auf dem Landhaus ihrer Tante, einer Prinzessin Faucigny-Lucinge kennengelernt. Sie hat eine höhere Töchterschule mit den Hauptfächern Hauswirtschaftslehre und schöne Künste traditionsgemäß ohne Abitur absolviert und wird nun von seinen Gedichten, seinen Vorträgen zur Literatur und Musik und mit Theatereinladungen überschüttet. Sie ist von dem gutaussehenden Mann, der eine glänzende Karriere verspricht, machtvoll beeindruckt. Doch Anne-Aymone ist auch für ihn eine gute Partie. Sie ist hübsch, elegant und kann einen großen Haushalt standesgemäß führen. Dazu sind ihre Adelsprädikate um einiges vorzeigbarer. Der Adel der Sauvage ist zwar mit einem kaiserlichen Dekret in den Grafenstand der de Brantes erhoben erst jüngeren Datums. Doch kann ihre Mutter als Gräfin de Brantes und geborene Faucigny-Lucinge, einem uralten Adelsgeschlecht aus Savoyen entstammend, auch direkte Wurzeln zu Charles X. verfolgen, ohne wie die republikanisch ernannten d'Estaings sich auf obskure Bastardengeschichten berufen zu müssen. Ihr Vater war ein Held der Befreiung. Oberstleutnant François Sauvage de Brantes war als Mitglied der ORA, des militärischen Widerstandes der alten Armee, Anfang 1944, als Anne-Aymone elf Jahre alt war, verhaftet worden und starb am 8. Mai 1944 im KZ Mauthausen, damals im Reichsgau Oberdonau. Vierter Vorteil: Die Sauvage de Brantes waren reich, sehr reich. François Vater, ihr Großvater also, hatte die Tochter von Henri Schneider geheiratet, den französischen Stahlmagnat der zweiten Hälfte des 19. Jahrhunderts. Jetzt Anfang der 50er-Jahre boomte die Stahlnachfrage wegen des Wiederaufbaus. Im September 1952 ist die Verlobung. VGE ist als Finanzinspektor viel unterwegs und schickt von seinen Stationen lange Briefe und Gedichte. Im Dezember 1952 wird in einer Schlosskapelle standesgemäß Hochzeit gefeiert. Anne-Aymone hatte damals noch keine Ahnung, dass sie jemanden geheiratet hatte, der nur sich selbst liebte. Nach den Flitterwochen in Griechenland zieht das junge Paar in eine Dienstwohnung in Neuilly.

Als Finanzinspektor reist der 26-jährige VGE durch die Provinzen, prüft wie seine Kollegen penibel alle öffentlichen Ausgaben und führt Steuerprüfungen durch. Auch nach Nordafrika, die Protektorate Tunesien und Marokko und die algerischen Départements, wird er geschickt, in die man damals noch gefahrlos reisen konnte. Von den reichen Pieds-noirs wird er dort hofiert. Kaum nach Paris zurückgekehrt wird er in die neue Prognoseabteilung des Finanzministeriums versetzt, wo man mit makroökonomischen Modellen arbeitet und keynesianische Methoden anwenden will. Während er tagsüber an seinen mathematischen Modellen bastelt, verliert er abends keine Zeit, die politischen Beziehungen zu pflegen, die die Beziehungen seiner Familie öffnen. In einem jener politischen Salons trifft er Ende 1952 neben alten Bekannten, wie Jacques Duhamel und Jean d'Ormesson, Edgar Faure (1908–1988). 1946 zum Abgeordneten der (linksliberalen) Radikalen gewählt hatte Faure, ähnlich wie Mitterrand, in der IV. Republik eine bewegte Laufbahn. Zwischen 1949 und 1956 war er Staatssekretär der Finanzen, Budgetminister, Justizminister, zweimal Ministerpräsident, Finanzminister, Planminister, Außenminister und Wirtschaftsminister. Im Sommer 1953 erinnert sich der damalige Finanzminister Faure mit Hilfe von Duhamel, der bereits in seinem Kabinett arbeitet, an den brillanten VGE jenes Salonabends, und lädt den vielversprechenden 27-Jährigen zur Mitarbeit in sein Kabinett als Referent für Finanzen ein. Er mag, dass der junge „Vizeinspekteur in Ausbildung" trotz seiner bürokratischen Schulung politisch denken kann und eine moderne Wirtschaftsauffassung hat.[33] Umgekehrt lernt Giscard bei Faure das kleine Einmaleins eines erfolgreichen Politikers, einschließlich der Erfahrung, das ein Finanzminister ungestraft frischerfundene Prognosezahlen zum Wachstum und zur Inflation aus dem Ärmel schütteln kann[34]. Als Faure bald Premierminister (damals „Président du Conseil") wird, steigt Giscard schnell in seinem Kabinett im Matignon – in der IV. Republik die Schaltstelle der politischen Macht – im Juli 1955 zum stellvertretenden Kabinettschef auf. Dabei kontrolliert er das wichtige Finanzministerium mit seinem Minister Pierre Pflimlin, den christdemokratischen Bürgermeister von Straßburg. Weil Faure von schwierigen internationalen und Kolonialfragen: dem Krieg in Indochina, Unruhen in Nordafrika, dem kalten Krieg und der Konferenz von Messina zur Vorbereitung der EWG, absorbiert ist, gibt er dem 29-jährigen VGE nahezu freie Hand, ja ernennt ihn informell zum „Staatssekretär". Als sich Faure in seinem Wahlkreis im Jura von den Poujadisten, den Verteidigern der kleinen Geschäftsleute, Handwerker und Händler gegen die neuen Supermärkte und die Großindustrie, bedroht fühlt, aktiviert Giscard die „Opération Jacqueline", Abhör- und Überwachungsaktionen des Inlandgeheimdienstes und der Polizei, die normalerweise gegen nordafrikanische Unabhängigkeitsaktivisten, Kommunisten und ihre Satellitenorganisationen, Botschaften und Unterweltfiguren angewandt wurden. Bei der wichtigsten Wahlveranstaltung von Pierre Poujade im Jura lässt er zu Beginn den Strom ausfallen und sabotiert damit erfolgreich dessen Wahlkampf in Faures Wahlkreis.[35] Immerhin beginnen jetzt, ab 1954 mit 5,5 % die Wachstumszahlen glorreich auszufallen, die „Trente Glorieuses" fangen als nachgeholtes Wirtschaftswunder an, die Giscards Aufstieg begleiten, doch in der Mitte seiner Präsidentschaft nach eigentlich erst zwanzig Jahren anno 1974 schon wieder enden sollten.

Im Herbst 1955 wird die Regierung Faure nach Endlosdebatten in der Nationalversammlung zu einer Wahlrechtsreform, als die 17. Regierung seit 1946 stürzt. Darauf löst er die Nationalversammlung auf. Giscard hat nahe den Regierungsbänken lange genug die Parlamentarier beobachtet, um vor ihnen die Ehrfurcht zu verlieren. Er hat jedoch keine Lust, sich wie die meisten anderen Aspiranten zunächst in einem unmöglichen Wahlkreis zu schlagen, der fest in den Händen eines Kommunisten, Gaullisten oder Poujadisten ist.

Der Einstieg in die Politik

Es gibt da doch Großvater Jacques Bardoux (1874–1959). Der alte Herr hatte nach 1945 bei der Kleinpartei der Unabhängigen Republikaner (die VGE mit dem gleichen Namen mehr als 2 Jahrzehnte später wieder gründen sollte) ein fulminantes Comeback hingelegt, sich auf

---

33   Ibid. S. 111.
34   Ibid. S. 113.
35   Ibid. S. 115.

der nicht-gaullistischen Rechten angesiedelt, wetterte dort gegen die EVG und die Europäische Integration als pangermanisches Komplott und gegen die Aufgabe jeglicher Kolonien,
einschließlich des Protektorats von Marokko. Lediglich nach der Schlacht von Dien Bien Phu
sah er ein, dass man in Indochina Frieden schließen müsse. Bei den Neuwahlen im Januar 1956
wollte der 81-Jährige erneut antreten, gab jedoch dem Druck seiner Familie, vor allem seiner
Tochter May nach, zugunsten Giscards zu verzichten. Er glaubte jedoch nicht an den Erfolg
des 29-Jährigen, zumal er selbst zwanzig Jahre vergeblich versucht hatte, den schwierigen
Wahlkreis Puy-de-Dôme zu erobern, auf dem man damals auf Regionallisten antreten musste. Zwei Listen kamen für VGE in Frage: die des Rassemblement des Gauches Républicaines
(RGR), einer Mittepartei seines vormaligen Gönners Faure, oder die rechte, Vichy-affine Liste
der Unabhängigen und Bauern (IPAS), auf der Bardoux gewählt worden war. Mit Unterstützung seiner Familie landete er dort auf dem gerade noch aussichtsreichen Platz 2. In seiner
Wahlwerbung erwähnte VGE seine Kriegserfahrung und seinen Kabinettsposten beim Premierminister, nicht aber seinen Rang als Finanzinspektor, der bei den Wählern mit einem Steu-
erfahnder gleichgesetzt wurde. Sein Wahlprogramm war von bemerkenswerter Schlichtheit.
VGE versprach einen preisstabilen Franc, gerechte Preise für Bauern, geringere Steuern für
Händler, verminderte Staatsausgaben und weniger Parteien[36]. Dazu wollte er etwas grandioser
Frankreichs Einfluss in der Welt wieder herstellen und die französische Präsenz in Nordafrika
garantieren[37]. Er tingelte nun durch die Hinterzimmer der Cafés und die Versammlungsräume
der Bürgermeistereien. Auch Bardoux setzte sich für ihn ein. Am Wahltag des 2. Januars 1956
verloren die Unabhängigen und Bauern mit nur noch 13,5 % zwar landesweit dreißig Sitze zumeist an die Poujadisten. Doch hielten sie in Puy-de-Dôme ihre zwei Listenplätze.

VGE nimmt nun den Abgeordnetenplatz seines Großvaters und Urgroßvaters ein, den die-
ser erstmals 1871 besetzte. Nach Jean-Marie Le Pen (28), damals Poujadist aus Paris, ist der
Dreißigjährige der zweitjüngste Abgeordnete der Nationalversammlung. Weil auch Faures
RGR Federn lassen musste, fehlt Faure ein Mandat, um das Quorum für eine parlamentarische
Gruppe zu erreichen. So bemüht er sich, VGE abzuwerben, der jedoch mannhaft widersteht.
Als Benjamin unter den IPAS-Veteranen wie Paul Reynaud (74) oder Antoine Pinay (64) hält
er im Parlament zunächst keine große Reden, sondern beschränkt sich auf eine konstruktive Mitarbeit in den Ausschüssen, auch wenn seine Partei die neue Regierung von Guy Mollet nicht unterstützt. Seine Vorträge im Plenum sind kurz, bescheiden in der Tonalität und
konzentrieren sich auf technische Themen, wie die Preise für Koksstaub oder die Erhöhung
der Zahl der Ingenieurstudenten. Dennoch fällt er bald mit seinen Talenten und mit seinem
Ehrgeiz auf, höheren Orts gefallen zu wollen. Für Mitterrand, der schon etliche Ministerämter
hinter sich hatte, war klar, dass der Neuling nach einem Ministerposten gierte[38].

Gleichzeitig gründet VGE eine interfraktionelle Gruppe junger Reformparlamentarier mit,
unter ihnen auch Roland Dumas aus Mitterrands Kleinpartei UDSR (Union Démocratique

36   Ibid. S. 121.
37   Corcelette, Abadie. Op. cit. S. 71.
38   Valance. Op. cit. S. 124.

et Socialiste de la Résistance). Sie treffen sich einmal im Monat zum Abendessen im Quartier Latin und legen im Juni 1956 Präsident Coty einen alternativen parlamentarischen Verfassungsentwurf vor, der den politischen Dauerkrisen abhelfen soll. Da die Initiative den Parteibossen missfällt, bleibt sie folgenlos. Die Suezkrise im Herbst 1956, als Frankreich, England und Israel von den Drohungen der Sowjets und Amerikaner zu einem demütigenden Rückzug aus Ägypten gezwungen werden, diskreditiert die alte Politelite mit ihren Fehlentscheidungen nach der Katastrophe von Dien Bien Phu (1954) und der Tatsache, dass jetzt Wehrpflichtige nach Algerien geschickt werden, weiter. Im November 1956 begibt sich deshalb eine Delegation von sieben jener mutigen Jungabgeordneten – darunter Roland Dumas und VGE – zum Élysée, um von Präsident Coty zu verlangen, de Gaulle als Reformator und Retter der Nation ins Matignon zu rufen. Wider Erwarten empfängt sie der Präsident durchaus wohlwollend, erklärt sich als Anhänger des parlamentarischen System, doch meint er als letzte Karte könne man de Gaulle mit präsidialen Vollmachten ausstatten, um eine neue Verfassung ausarbeiten zu lassen. In 18 Monaten würde es soweit sein ...

Giscard profiliert sich im Parlament sehr geschickt. Neben seiner öffentlichkeitswirksamen Arbeit zur Verfassungsreform arbeitet er innerhalb des Palais de Bourbon hauptsächlich zu Wirtschafts- und Sozialthemen. In der internationalen Arena fährt er Ende 1957 zur Generalversammlung der Vereinten Nationen in New York und verteidigt eloquent die französische Algerienpolitik, die dort wenige Freunde hat. Sein viertes Standbein ist die Europapolitik. Seit seiner Gründung durch Jean Monnet Ende 1955 ist er Mitglied in dessen Aktionskomitee für die Vereinigten Staaten von Europa. Im Januar 1957 kritisiert er in seiner ersten wichtigen Rede die Auslassungen des Vertrages von Rom, fordert aber gleichzeitig seine Unterzeichnung und eine neue Wirtschaftspolitik, damit Frankreich den neuen Gemeinsamen Markt wirksam nutzen kann. Im Juni 1957 wird er von Antoine Pinay für den Posten des Finanzstaatssekretärs in seiner neuen Regierung vorgesehen, die jedoch wie so viele in der IV. Republik totgeboren bleibt. Stattdessen lässt sich VGE in den Generalrat von Rochefort-Montagne und in den Stadtrat von Chanonat wählen, um seine regionale Verwurzelung in seinem Wahlkreis zu verstärken. Er hat also in den ersten zwei Jahren seiner politischen Laufbahn alles richtig gemacht und ist längst kein Hinterbänkler mehr.

Als im Mai 1958 die Algerienkrise mit der Generalrevolte einen neuen Höhepunkt erreicht, stimmt er mit den meisten seiner IPAS-Kollegen gegen die Regierung Pflimlin und für de Gaulles Ermächtigung. Er hat dabei gemischte Gefühle angesichts jener weitreichenden Vollmachten. So wird Giscard nach zwei Jahren vergeblicher Reformbemühungen zum Gaullisten wider Willen, ist jedoch entschlossen, das Beste für sich aus dieser neuen Situation zu machen[39]. Schon früh entwickelt er einen Teilungsplan für Algerien: die am stärksten europäisch besiedelten und schönsten Bezirke um Algier und Oran sollen mit dem Zugang zur Sahara und ihrem Öl bei Frankreich bleiben. Dort solle man wie in Israel mit der loyalen muselmanischen Bevölkerung weiter zusammenleben.[40]

---

39   Ibid. S. 133.
40   Corcelette, Abadie. Op. cit. S. 85.

Vom Staatssekretär zum Minister

Im November 1958 trat VGE im 2. Wahlkreis von Puy-de-Dôme, diesmal nach dem neuen Wahlrecht an, und gewann die Direktwahl gleich in der ersten Runde. Er war der politischen Heimat seines Großvaters, der IPAS, treu, und schließt sich nicht der neuen mächtigen Sammelbewegung der Gaullisten, der UDR an. Als de Gaulle im Januar 1959 vom Ministerpräsidenten ins Amt des Präsidenten gewählt wird und vom Matignon ins Élysée umzieht, wird der Ultragaullist Michel Debré sein neuer Ministerpräsident. Debré schlägt dem designierten Finanzminister Antoine Pinay VGE als einen seiner beiden Staatssekretäre vor. Pinay hat nichts dagegen, ist doch Giscard einer seiner politischen Gefolgsleute. Giscard jedoch macht Schwierigkeiten: Er will der wichtigere Staatssekretär sein und nicht nur wie vorgesehen für Budgetfragen zuständig sein. Er bekommt seinen Willen und wird damit eine Art Vizeminister, während sein Rivale für allgemeine Wirtschaftsfragen zuständig wird, die im Finanzministerium institutionell bedeutungslos sind[41]. Während Pinay sich ein altmodisches Kabinett aus politischen Freunden zusammensucht, ernennt Giscard für sich eines, das ausschließlich aus ENArquen besteht und dokumentiert damit frühzeitig seine Einsicht der neuen V. Republik als technokratisches Präsidialregime. Sein Kabinettschef ist sein lebenslanger Gefolgsmann Michel Poniatowski („Ponia"). Die drei weiteren wichtigsten Mitarbeiter sind Jean Sérisé, Jean-Pierre Fourcade und Jacques Calvet.

Innerhalb des Ministeriums ist Giscard von eisiger Höflichkeit. Wer unter den altgedienten Direktoren dem 33-Jährigen als respektlos oder inkompetent erscheint, ist binnen weniger Tage seinen Job los. Pinay lässt ihm weitgehend freie Hand. Ohnehin hat Premier Debré große industriepolitische Ambitionen und regiert direkt ins Finanzministerium hinein, um dafür seine Mittel zu bekommen. Dafür hält er den Ausgabenhunger der anderen Ministerien im Schach. Pinay lehnt Debrés Industrie-Interventionismus ab und weigert sich, de Gaulle im Gegensatz zu den anderen Ministern mit „mon Général" anzureden, sondern nennt ihn weiter „Monsieur le Président". Als einziger wagt er es in der Ministerrunde zu de Gaulles Ärger auch zu allgemeinpolitischen Themen zu sprechen, die sein Ministerium nicht direkt betreffen. Er kritisiert zum Beispiel dessen Algerien- und NATO-Politik, eine Majestätsbeleidigung, obwohl Pinay zuvor Ministerpräsident und Außenminister war und deshalb über eine mehr als adäquate Kompetenz verfügte. Für alle Beteiligten war klar, dass der damals populärste Politiker Frankreich bald gegangen werden würde. Im Herbst 1959 entließ ihn de Gaulle tatsächlich.

VGE tritt nicht mit ihm zurück, fühlt er sich jedoch eher gegenüber Michel Debré loyal, der ihn ernannt hat. Nachfolger von Faure wird Wilfrid Baumgartner, der bisherige Gouverneur der Banque de France, der ihn nur acht Jahre zuvor als ENA-Praktikanten dort – wiederum als Freund der Familie – empfangen hatte. Baumgartner ist nicht für die Arbeit geboren und amüsiert sich abends lieber im Theater und in Salons, wo er die Politik des Generals geistreich und witzig kritisiert. Im Spitzelsystem der Gaullisten wird dies dem General bald zugetragen.

---

41   Valance. Op. cit. S. 138.

Im März 1959 kandidiert VGE für den Bürgermeisterposten in Clermont-Ferrand. Der Hauptort der Auvergne ist als Industriestadt und Sitz der Michelin-Werke eigentlich linksorientiert. Doch ist das linke Votum dank dreier Kandidaten aufgesplittert, so dass sich der aufstrebende Urenkel von Bürgermeister Agénor Bardoux mit seinem Zugang zu den Pariser Subventionskassen gute Chancen ausrechnet. Allein, es gewinnt der sozialistische Platzhirsch, ein ehemaliger Metallarbeiter, dem es gelang, sich auch noch ein katholisches Mäntelchen umzuhängen, schon in der ersten Runde. Noch schlimmer, Giscard wird von einem Kommunisten, einem naturalisierten griechischen Michelin-Arbeiter auf Platz drei verwiesen[42]. Er erleidet seine erste politische Niederlage, die lebenslang an ihm nagen sollte. Die Kriegsveteranen vor Ort waren auf das Finanzministerium sauer, das ihre Veteranenrenten gerade gestrichen hatte, und VGE schien als Staatssekretär an jenem Bürgermeisterposten nicht wirklich interessiert[43].

Derweil überlässt ihm Baumgartner immer mehr Funktionen, unter anderem eine spektakuläre Reise nach Washington D.C., wo er Ende 1961 Präsident Kennedy den Scheck mit der letzten Rate der französischen Kriegsschulden über 293 Millionen US-Dollar überreicht. Der Präsident plaudert gut gelaunt mit dem jungen Staatssekretär und fragt ihn nach eigener Darstellung angeblich um Rat zur Inflationsbekämpfung[44].

Nachdem Pompidou den ihm angebotenen Posten des Finanzministers ausschlug, überrascht wenig, dass es im Januar 1962 der 36-jährige Giscard war, der nach Baumgartners Abtritt den Posten übernahm, den er bis zu seinem Hinauswurf 1966 ausfüllen sollte. Die würdigen Amtshallen, in denen er die nach seinen Angaben glücklichsten Jahre seines Lebens verbrachte, sind heute unschwer zu besichtigen. Es handelt sich jetzt um die Cafeteria des Louvre in der Rue de Rivoli, aus der das Finanzministerium von Mitterrand (dank Anne Pingeon) in Richtung Quai Bercy ausquartiert wurde. Für seine langjährigen Kabinettsmitarbeiter gilt er als schwieriger Charakter – ebenso wie Pompidou, und wird oft als „Dr. Jekyll und Mr. Hyde" beschrieben: mal freundlich und zugänglich, dann plötzlich von hochmütiger, unnahbarer Arroganz. Wutanfalle äußerten sich bei ihm – wie bei Mitterrand – durch Kälte und eisiges Schweigen. Gelobt wurden wie bei fast allen Präsidenten sein ausgezeichnetes Gedächtnis – Dutzende von Ziffern konnte er ohne Vorlage korrekt aus der Erinnerung zitieren –, sein gut organisierter ausgeruhter Arbeitsstil und sein schneller, scharfer analytischer Verstand[45]. Was ihm dagegen nach allen Aussagen völlig abging, war soziale Intelligenz und menschliche Empathie. Als Herrscher über 140.000 Beamter galt er einerseits als despotischer kleiner Junge, der den Chef spielen wollte und unbotmäßige altgediente Direktoren kurzerhand zwangspensionierte. Wenn er in romantischer Stimmung war, wollte er hingegen geliebt werden. Letztlich blieb er jedoch immer ein politisches Raubtier mit unerbittlichen Meinungen.[46] Originelle Ideen hatte er keine, doch galt er als rachsüchtig und berechnend.[47]

42   Corcelette, Abadie. Op. cit. S. 106.
43   Valance. Op. cit. S. 144.
44   Ibid. S. 145.
45   Ibid. S. 146.
46   Corcelette, Abadie. Op.cit. S. 113.
47   Ibid. S. 156.

Mit seiner schnellen Auffassungsgabe und seinem disziplinierten Arbeitsstil war er abends und an Wochenenden frei für sein extensives, zeitaufwändiges, diskretes Privatleben. Allerdings ließ er sich von seinem Kabinettschef Michel Poniatowski am Ende jeden Arbeitstags die dringendsten Vermerke seiner Mitarbeiter zusammenfassen und brachte sie am nächsten Morgen mit seinen Entscheidungen ins Büro. Auch die Pressearbeit wird von ihm kontrolliert und zentralisiert. Schon früh erkannte sein Förderer de Gaulle, dass VGE ein Empathie-Problem hatte („Son problème, ç'est le peuple").

Das wichtigste politisches Thema seiner Staatsekretärsjahre war sicher der Algerienkrieg. Großvater Bardoux war Koloniallobbyist. Sein Vater hatte sein Geld in den Kolonien verdient. 1952 hatte er selbst Finanzinspektionen in dem damals völlig friedlichen algerischen Hinterland durchgeführt. Im Kabinett von Edgar Faure musste er sich 1954 erstmals politisch mit der beginnenden Rebellion auseinandersetzen. Als junger Abgeordneter sprach er sich 1956 für die fortgesetzte französische Präsenz in Nordafrika und gegen die Unabhängigkeit aus, und im Mai 1957 (ähnlich wie Mitterrand ein wenig später) für die Föderierung eines autonomen algerischen Staates mit dem metropolen Mutterland. Da seine Partei, das umbenannte Centre National des Indépéndents (CNI), sich nach wie vor unbedingt für die „Algérie française" aussprach, blieb er gegenüber den Teilungsplänen, die nach 1958 auftauchten, nunmehr neutral. In diesem Jahr wurde der Herr Staatssekretär auch zu einem einjährigen Kriegsdienst als Reserveleutnant einberufen. Da er mittlerweile zweifacher Vater geworden war (Valérie-Anne 1953–, Henri, 1956–) gelang es ihm unschwer, statt im algerischen Hinterland einen Infanteriezug zu kommandieren, weiter Staatssekretär zu bleiben. Im März 1959 besichtigte VGE eine Befriedungsaktion bei Oran, bei der bei einem eigenen Gefallenen 62 Gegner getötet, 14 gefangen genommen und zahlreiche Infanteriewaffen erbeutet wurden. Wie viele Beobachter hatte er den Eindruck, dass die Aufstandsbewegung militärisch gebrochen worden war, behielt diese Meinung aber bei Kabinettssitzungen für sich, da Staatssekretäre bei de Gaulle kein Rederecht hatten. De Gaulles Angebot von „Selbstbestimmung" an die Algerier und seine Verhandlungen 1960 mit der FLN lehnt er ab, ebenso wie auch sein Chef, Premier Michel Debré, der aber auch gegenüber de Gaulle loyal bleibt[48]. Als de Gaulle zum ersten Mal im November 1960 von einer „Algerischen Republik" spricht, beschwert er sich schriftlich, dass seit einem halben Jahr das Algerienproblem bei Ministerratssitzungen nicht zur Sprache kam und erwägt seinen Rücktritt. Gleichzeit ist er aber zu ehrgeizig und zu realistisch, um nicht seine Karriere wegen einer verlorenen Sache zu ruinieren. Immerhin wagte er es, in einer Sitzung die Teilungsidee einer Region um Algier und Oran, als eine französische Exklave wie Israel zu erwähnen. De Gaulle bürstet sie als unpraktisch weg: Die Europäer dort würden nicht die unqualifizierte Arbeit machen wollen[49]. Einen Monat später weigert er sich als Finanzminister an den Schlussverhandlungen mit der FLN teilzunehmen. Immerhin kann er das Maison de l'Amérique Latine auf dem Boulevard Saint-Germain, das der Banque d'Algérie gehörte, noch rechtzeitig für den französischen Fiskus retten.

48   Valance. Op. cit. S. 160.
49   Ibid. S. 161.

War jener Schlüsselminister in einer gaullistischen Regierung je Gaullist? Von seiner politischen und sozialen Herkunft her sicher nicht. De Gaulle selbst misstraute den unpatriotischen Reflexen und Interessen des besitzenden Großbürgertums. Doch gab sich VGE wie alle anderen Politiker der Rechten, nach dem Tod des Generals im November 1970 gern als sein spiritueller Erbe aus. Es ging ihm nicht um konkrete politische Inhalte, sondern um Charakter, Herrschaftsstil, gute Regierungsführung, und den Sinn für die Unabhängigkeit und die Größe Frankreichs. Natürlich verdankt er seinen Aufstieg zum Finanzminister in erster Linie dem Erzgaullisten Michel Debré, der ihn von 1959 bis zu seinem Rücktritt im April 1962 nahezu väterlich förderte (auch wenn VGE dies später nicht mehr wahrhaben will). Zudem hat Giscard das Bedürfnis, seiner Chefetage zu gefallen, das heißt in erster Linie de Gaulle Eindruck zu machen. Häufig bestellt de Gaulle ihn als Finanzminister an Montagnachmittagen ein. Es gelingt VGE, das Interesse des Generals für die Währungs- und Fiskalpolitik zu wecken, indem er ihm klarmacht, dass solide Staatsfinanzen und Währungsreserven für die Verteidigung der nationalen Interessen genauso wichtig sind wie die Armee. Allerdings muss er auch fixe Ideen de Gaulles zügig ausführen, wie die Umwandlung aller französischen US-Dollar-Reserven in Gold, und die Rückführung aller französischen Goldreserven aus Fort Knox nach Frankreich. Auch muss der General zu Abwertungen überzeugt werden, die er ebenso wie später Mitterrand als nationale Demütigungen wahrnimmt. Ende 1958 beträgt die Franc-Abwertung 17,6 %, um Frankreich für den Gemeinsamen Markt vorzubereiten, bei dem am 1. Januar 1959 der hohe Zollschutz für den französischen Markt erstmals entfällt. Er wird durch eine Währungsumstellung, bei der dem alten Franc zwei Stellen gestrichen werden, etwas getarnt. Auch bleibt jenes Viertel des Rüstungshaushaltes weiter tabu, das die teure Atomrüstung verschlingt, die der General beschlossen hat.

Beim Referendum vom Oktober 1962 zur Direktwahl des Präsidenten steht Giscard vor einem Dilemma. Die meisten seiner politischen Freunde von den Unabhängigen Republikanern agitieren mit der Linken für das Nein. Um nicht mit de Gaulle zu brechen, votiert er für die Annahme. Bei einer Ablehnung wäre de Gaulle zurück nach Colombey gegangen und VGE in der politischen Wildnis gelandet. Zu Giscards Glück treibt die Kubakrise genug Wähler ins Regierungslager, so dass bei einer niedrigen Wahlbeteiligung von 46 % der Wähler 62 % für die künftige Direktwahl stimmen. Dennoch behält er weiter seine Distanz zum Gaullismus. Er ist Giscard zu autoritär, zu hierarchisch. Sein Überlegenheitsdünkel verlangt nach größerer Unabhängigkeit. Eine eigene Hausmacht entwickelt er nicht als Finanzminister. Unternehmer und das Patronat ziehen den pragmatischen Modernisierer und Ex-Bankier Pompidou dem liberal-technokratischen Unternehmerssohn vor, der ihre Wünsche nach Subventionen, Importschutz und anderen Staatshilfen stets herablassend abweist. Dazu versucht er mit Sanierungspaketen und Preiskontrollen die Inflation zu bekämpfen, während Pompidou und die Wirtschaftsverbände das Wirtschaftswachstum vorrangig als gefährdet sehen.

Im November 1965 standen die ersten Direktwahlen an, bei denen de Gaulle bekanntlich erst in der zweiten Runde wiedergewählt wurde. Pompidou suchte nun zwei Probleme mit einem Schlag zu lösen. Er bot Debré, der seine Politik von außen immer schärfer kritisiert hatte, das

Finanzministerium an, und Giscard ein angefettetes Infrastrukturministerium, mit dem dieser keinen Kontakt zu de Gaulle mehr haben würde. Denn zunehmend waren Pompidou VGEs hochmütige Alleingänge, sein Stehen im Rampenlicht, sein Bedürfnis, immer der Schlauste sein zu wollen, und seine ständigen Direktkontakte zu de Gaulle auf die Nerven gegangen, so dass er VGE als ernsthaften Rivalen zu fürchten begann. Als Giscard im Januar 1966 das Infrastrukturministerium ablehnte, weil er sich in der Rue de Rivoli unersetzlich fühlte, erlebte er mit knapp vierzig Jahren seinen ersten herben Karriereknick. Obwohl er selbst abgelehnt hatte, fühlte sich Giscard beleidigt und ungerecht behandelt und wie ein Hausknecht hinausgejagt.[50]

Als Parteichef der Unabhängigen Republikaner

Der überbeschützte, vom Erfolg verwöhnte Muttersohn kann seine erste richtige, selbst verursachte Niederlage nur schwer verkraften. Angebote wie so viele ENArquen oder sein Vater, nach einer öffentlichen Spitzenlaufbahn in eine lukrative Führungsfunktion in der Privatwirtschaft zu wechseln, schlägt er aus. Für ihn erbt oder erheiratet man Vermögen im Stil der Aristokratie des 19. Jahrhunderts, aber man muss es sich nicht verdienen. So hat er von seinen Eltern eine geräumige Stadtwohnung im 16. Bezirk erhalten, und Anne-Aymone erwarb günstig von einer entfernten Verwandten per Leibrente ein 450-Hektar-Landgut in Authon (Loir-et-Cher) mit Jagdrechten. Dazu besaß sie fünf große Pachthöfe und das Château de l'Étoile, an dem dauernd renoviert und ein Schwimmbad gebaut werden muss. Während seine Frau die Immobilien, ihre Bauarbeiten und die Finanzen überwacht, beschränkt sich sein Beitrag darauf, alles mit Jagdtrophäen zu verzieren.

In seinen Ministerjahren verstärkten sich gewissen Eigenheiten, die er in jener Funktion ungebremst ausleben konnte und die ihn zeitlebens begleiten sollten. So war VGE skrupellos geizig, nahm nie einen Geldbeutel mit und ließ die Mitarbeiter kleine Ausgaben auslegen, die er dann zu erstatten vergaß. In großen Dingen, wie Luxuskäufe für sich selbst, sein Jagdvergnügen und bei Frauen war er wieder sehr großzügig. In seinem Zeitbudget wirkte er immer gehetzt und hasste es, Zeit in Sitzungen zu verschwenden. Stets war es sein Ehrgeiz, der jüngste Abgeordnete, Finanzminister und Präsident zu sein (mit 55 Jahren wurde er auch erfolgreich der jüngste Ex-Präsident). Dazu immer das Bedürfnis, den Klassenprimus öffentlich darzustellen. Beim Studium des Mandarins ließ er das Lehrbuch stets vor Fotografen dekorativ in Stellung bringen. Er machte Pilotenscheine für Kleinflugzeuge und Hubschrauber. Im Sommer 1966 fuhr er den vereisten steilen Nordhang des Mont Blanc mit dem Ski herab. Ähnlich wie Mitterrand und Chirac mutierte er nach einer schüchternen Jugend in seiner Machtfunktion zu einem manischen Schürzenjäger. Die Liste der ihm nachgesagten Verhältnisse, den er immer mit Klaviermusik sehr romantisch den Hof machte[51], ist nahezu endlos: die Schauspielerinnen Marlène Jobert, Cathy Rosier und Mireille Darc, die Photographin Marie-Laure de Decker, die Sängerin Marie Laforêt, die schwarze Tänzerin Malidor, und selbst die Cousine seiner Frau, Catherine

---

50   Valance. Op. cit. S. 200.
51   Dagegen pflegte Chirac angeblich die „Fünf-Minuten Methode, einschließlich Dusche".

Schneider[52]. Die finale Leidenschaft seines narzisstischen Egos war schließlich die Jagd, die er Anfang der 60er-Jahre in den Wäldern seiner Verwandten in Loir-et-Cher und ab 1966 als Großwildjagd in Afrika für sich entdeckte. Je grösser und seltener das erschossene Tier, desto wertvoller die Trophäe als Machtsymbol. Hasen und Federwild waren, da unter seiner Würde, deshalb vor ihm sicher. In Afrika mussten es rare Waldelefanten sein, nicht gewöhnliche Savannenelefanten. Auch bei der Jagd galt für VGE das Leistungsprinzip. Bei späteren Staatsjagden um das Schloss Chambord war er es, der die größten Wildschweine abzuschießen hatte. Wer ihn unglücklicherweise übertraf, fiel in Ungnade und wurde nicht mehr eingeladen.[53] Ebenso wie für ihn nur die edelsten handgefertigten Repetierbüchsen in Frage kamen, hatte er auch für die Jagd jede Menge Zeit. Sein Terminkalender für den Herbst 1962 zeigt für den jungen Finanzminister mindestens sieben landesweit verteilte Jagdtermine an Arbeitstagen – ohne die Wochenenden und die Eigenjagden zu rechnen. Und jetzt darf man sich kurz das Familienleben vorstellen: Vier Kinder im frühen Teenager-Alter zu Hause im 16. Arrondissement, Sommerurlaub im leeren Schloss, die ihren Vater fast nur im Fernsehen und bei Fototerminen sehen, von ihm nur die Jagdtrophäen erleben, und eine Frau, die durch sein quasi-öffentliches Fremdgehen permanent gedemütigt wird und nur bei Wahlkampfauftritten, mit Home Storys als Jaqueline Kennedy-Imitat und in der Immobilienverwaltung ihre Nützlichkeit beweisen darf. Eine „offene Beziehung" der etwas einseitigen Art.

In seiner politischen Laufbahn hatte sich VGE stets mächtigen Mentoren angeschlossen: Edgar Faure, Antoine Pinay, Michel Debré und de Gaulle, ohne sich jedoch von ihnen ganz vereinnahmen zu lassen, um seinen Handlungsspielraum zu bewahren. Als er im Januar 1966 den angebotenen Ministerposten ausschlug, mochte es ihm trotz der verletzten Eigenliebe auch darum gegangen sein, die politische Initiative für die absehbare Zeit nach de Gaulle zurückzugewinnen, die er in die strenge Kabinettsdisziplin des Generals eingebunden nicht gehabt hätte.

Seine Strategie für das diskrete Fernziel, das Élysée, ist von bestechender Logik und Einfachheit. Er braucht ein zeitgenössisches Programm, eine landesweite politische Organisation, und politische Botschaften mit präsidialem Anstrich. Zunächst gilt es nach zehn Jahren im Parlament Chef der nicht-gaullistischen Mitte und Rechten zu werden, die aber auch für gaullistische Wähler wählbar werden soll. Der Weg führt über eine nichtantagonistische Distanz zur Regierungspolitik mit liberalen, zentristischen und pro-europäischen Akzenten. VGE zog diese Strategie während der nächsten acht Jahre bis zu seinem Sieg 1974 mit bemerkenswerter Konsequenz durch.

Schon zu Beginn seiner Ministerlaufbahn hatte sich Giscard von seiner politischen Ursprungsorganisation, dem konservativen, von Pierre Pflimlin geführten Centre National des Indépen-

---

52 Bezeichnend auch eine Passage in seinen Erinnerungen, als er von einem Auftritt seiner Universitätsministerin Alice Saunier-Seïté (1925–2003) in Korsika berichtet: „Ich sehe sie im Halbprofil vor mir. Ihr Körper ist kräftig, ihre Bewegungen sind von katzenhafter Geschmeidigkeit. Ein Gedanke durchzuckt mich während ihrer temperamentvollen Rede: Ob sie wohl beim Liebesspiel von gleicher ungestümer Leidenschaft ist?" Valéry Giscard d'Estaing. Macht und Leben. Frankfurt/Main, Berlin 1991. S. 221.

53 Valance. Op. cit. S. 212.

dants (CNI) entfremdet. Im Mai 1962 hatte es seine drei Minister wegen de Gaulles Algerien-
und EWG-Politik zum Rücktritt aufgefordert. Sie waren auf VGEs Insistenz nicht gefolgt und
prompt ausgeschlossen worden[54]. Im Herbst 1962 rief das CNI zum „Nein" beim Referendum
für die Direktwahl des Präsidenten auf. VGE agitiert für ein „Ja". Wie fast alle Nein-Sager erlitt
das CNI bei den Wahlen im November 1962 eine vernichtende Niederlage.

Giscard gründete mit 23 anderen überlebenden Ex-CNI-Ja-Sagern dann die Unabhängigen
Republikaner (RI), die als kleinerer Partner weiter Teil des Regierungslagers mit der mächti-
gen UDR bleiben. 1963 ließ er als Vorstufe zu einer Parteigründung ein Studienzentrum der
RI einrichten. Nach der Unterbrechung seiner Ministerlaufbahn gründete er im April 1966
mit der parlamentarischen Gruppe der RI die Fédération Nationale des Républicains Indépen-
dants (FNRI). Sie war nach seinem Geschmack eher als Kleinpartei konzipiert, die auf einer
Club- und Salonstruktur beruhte, und nicht als Massenpartei, die er mit ihren potentiellen
Konflikten und agitatorischen Vulgaritäten verabscheute. 38.000 Bürgermeister erhalten von
VGE ein „persönliches" Anschreiben. Als 6.000 von ihnen positiv antworten, werden sie als
Sympathisanten in der Kartei geführt. Um nicht das CNI mit ihren alten kleingewerblichen
Notabeln wiederzubeleben, suchte er die in allen Großstädten befindlichen, von ihm 1965 ge-
gründeten Clubs „Perspectives et Réalités" mit ihren 6000 jüngeren, meist wirtschaftsliberal
orientierten Mitgliedern zu integrieren. Solche losen, halbstrukturierten Debattierclubs waren
im Frankreich der 60er-Jahre auf der Rechten wie der Linken als Vorfeld-, Reflektions- und
Rekrutierungsgrund der Parteien sehr in Mode. Diese Klubs hatten den zusätzlichen Vorteil,
dass es wegen des Fehlens formaler Strukturen keine Abstimmungen, kein präzises Programm
und keine innerorganisatorische Demokratie gab und alle mehr oder diffus dem Leithammel,
in diesem Fall VGE, bei den FNRI-Veranstaltungen folgten. Die FNRI und seine Clubs sollten
im Wesentlichen Giscards Wahlorganisation werden. Oberster Organisator war sein vormaliger Kabinettchef und einziger Vertrauter Michel Poniatowski („Ponia") (1922–2002)[55], der als
Anti-Gaullist über geeignete Geheimdienst- und OAS-Verbindungen verfügte. Alle wichtigen
Entscheidungen fällte jedoch Giscard alleine.

Für die Schaffung eines präsidialen Images war sein großes Vorbild John F. Kennedy (1917–
1963)[56], der dem neureichen Großbürgertum der US-Ostküste entstammend mit einem jugendlichen Reform-Image und einer jungen Familie in einem fernsehorientierten Wahlkampf
die US-Wahlen gegen Richard Nixon, einen erfahreneren Rivalen, gewann. Schon als Minister
übt Giscard seine Fernsehauftritte mit kurzen Sätzen, fester Stimme, Blick in die Kamera und
einem freundlichem Lächeln sorgsam ein, zumal in den 60er-Jahren in Frankreich der Fernseh-
besitz rapide expandierte. Er steigt in seinem Bekanntheitsgrad von 62 % (1968) bis 1974 auf
82 %. Dabei gewinnt er mit seinen selbstsicheren, entspannten Auftritten bald ein Image moderner und fachlich kompetenter Souveränität. Als eine von ihm in Auftrag gegebene Image-

---

54   Corcelette, Abadie. Op. cit. S. 122.
55   Seine Familie stellte den letzten polnischen König und den Marschall Napoleons, der 1813 bei der Völker-
     schlacht von Leipzig fiel.
56   Valance. Op. cit. S. 230 f.

studie ergibt, dass die Franzosen ihn doch als hochnäsigen Großbürger und einschüchternden, kalten Technokraten halten, beginnt er eine minutiös geplante Imagekampagne vor ausgewählten Fotojournalisten und Kameras. Er fährt seine Töchter zur Schule, benutzt die Metro, lässt sich am Strand, beim Skifahren und im Pilotensessel ablichten, spielt Fußball und Akkordeon, und tritt im Pullover auf. Die katholischen Milieus hatte er noch in seinen letzten Amtstagen als Finanzminister befreundet, als er Gemeinden und den Klerus von der Steuer befreite.

Ab März 1966 absolviert er landesweit Großveranstaltungen in den wichtigsten Großstädten und spricht über die nötige Modernisierung der französischen Wirtschaft gegenüber der amerikanischen und deutschen Konkurrenz, und über eine konstruktivere Europapolitik mit einem direkt gewählten europäischen Parlament („europäischer Senat") und einer gemeinsamen Währung mit einer „Banque d'Europe". Seine RI erscheinen in Summe pro-europäisch, modern und sozialliberal.

Für die Parlamentswahlen im März 1967 hatten UDR und RI vereinbart nur mit jeweils einem gemeinsamen Kandidaten pro Wahlkreis anzutreten. In einem monatelangen mühsamen Kuhhandel schafft es VGE bis Ende 1966 83 Kandidaten seiner RI durchzusetzen – im Vergleich zu den 35 Abgeordneten über die sie damals verfügten. Bei den Wahlen in seinem Wahlkreis Puy-de-Dôme zweifelt er nicht an seiner Wiederwahl, will aber ein spektakuläres Ergebnis. Also tingelt er ohne Unterlass von Dorf zu Dorf. Während er in den Kneipen spricht, muss seine Frau draußen in der Kälte Plakate kleben. Die Mühe lohnte sich: Er wird glorreich in dem Wahlkreis, den er als Minister seinem Stellvertreter hatte überlassen müssen, wiedergewählt. Seine RI kann sich leicht von 35 auf 42 Sitze verbessern. Doch die UDR rutscht von 230 auf 200 Sitze. Giscard wird damit theoretisch zum Zünglein an der Waage für Pompidous Regierungskoalition. Doch hat er seine RI-Gruppe im Parlament kaum unter Kontrolle. Die beiden RI-Minister Raymond Marcellin (Plan) und André Bettencourt (Verkehr) und Staatssekretär Jean Chamant (Außen) sind eher im Lager von Pompidou. Für eines der Schlüsselministerien (Außen, Finanzen oder Verteidigung) kommt er für de Gaulle und Pompidou nicht mehr in Frage. So erhält er den Vorsitz des Finanzausschusses der Nationalversammlung, wo er seinen Nachfolger Debré kritisieren kann, den er alsbald bekriegt und an Form und Inhalt seiner Vorträge vor dem Parlament kein gutes Haar lässt.

Als der Sechstagekrieg im Juni 1967 ausbricht, greift er die Außenpolitik de Gaulles direkt an. Zusammen mit dessen Gegenkandidaten von 1965, François Mitterrand und Jean Lecanuet, protestiert er gegen das Waffenembargo des Generals, das hauptsächlich Israel trifft, das bislang am meisten französische Waffen bezogen hat. Nach de Gaulles „Québec Libre"-Rede in Montreal im Juli 1967 lässt er die RI ein Kommuniqué veröffentlichen, das die „Unfehlbarkeit" des Generals in der Außenpolitik anzweifelt, und hakt dann mit einer Kritik an der „einsamen Ausübung der Macht" in der Außenpolitik, die den französischen Zukunftsinteressen zuwiderlaufe, nach. Es waren elegant und mit stimmiger Schärfe formulierte Kritiken, die von de Gaulle und seinem Umfeld jedoch als Kriegserklärungen wahrgenommen wurden[57]. Die drei

---

57 Ibid. S. 255.

RI-Minister werden nun von de Gaulle und Pompidou gezwungen, sich von Giscard schriftlich zu distanzieren.

In seiner Politblase und seinem aristo-hedonistischen Lebensstil wurde Giscard ebenso wie die gesamte politische Klasse vom Mai '68 überrascht. Vom Überdruss und der Langeweile der frustrierten Studenten, der Militanz der Jungarbeiter und der anarcho-marxistischen Agitation hatten sie nichts mitbekommen, auch der rastlose VGE in seinen Perspectives et Réalités-Clubs nicht, die eher den Rotariern ähnelten. Er äußert sich zur Rebellion öffentlich überhaupt nicht, auch wenn die RI offiziell Übergriffe der Polizeigewalt ablehnten, und durchläuft stattdessen inkognito das Quartier Latin, um diese für ihn faszinierende Aufstandsbewegung besser zu verstehen. Ansonsten kommt er plötzlich sehr eifrig seinen Bürgermeisterpflichten in Chamelières mit seinen 17.000 Einwohnern nach, will also taktisch abwarten[58]. Doch selbst in der ruhigen Provinz sieht er in Clermont-Ferrand auf der geisteswissenschaftlichen Fakultät die flatternden schwarzen Fahnen der Anarchie. Als Chef der zweiten Koalitionspartei wird Giscard zwar von der Flucht des Generals am 29. Mai von Pompidou informiert, hat aber keine Einfluss auf das Geschehen, da die Ministerien und ihre Kabinette leer sind und das Land sich im Generalstreik befindet. Nachdem Mitterrand und Mendés France am 28. Mai sich zur Übernahme einer provisorischen Regierung bereit erklärt haben, fordert Giscard – nach langem Schweigen – am 30. Mai 1968 morgens vor laufenden Kameras auf dem Boulevard Saint-Germain den Abtritt Pompidous und die Übernahme der Regierungsgeschäfte im Matignon durch sich selbst[59]. Am selben Nachmittag kündigt jedoch de Gaulle an, er werde die Regierung beibehalten und stattdessen das Parlament auflösen. Darauf folgt am Abend die gaullistische Massendemo auf den Champs-Élysées, die die Wende bringen sollte.

Bei den Wahlen im Juni 1968 gewinnen die RI 64 Sitze, 19 mehr als 1967 – darunter auch Olivier Giscard in Cannes, obwohl Valéry gegen die Kandidatur seines jüngeren Bruders Vorbehalte hatte: Ein Scheitern könnte seiner eigene Karriere schaden. Doch gewinnt die erneut umbenannte UDR (Union pour la Défense de la République) der Gaullisten mit 294 Sitzen eine absolute Mehrheit. Die Giscardisten waren entbehrlich geworden. VGE verliert als erstes den Vorsitz des Finanzausschusses. Die vier RI-Minister in der neuen Regierung von Couve de Murville fühlen sich ihm nicht sonderlich verpflichtet. In Umfragen für den nächsten Präsidenten liegt er nach Pompidou und Couve de Murville, zusammen mit Mitterrand gleichauf abgeschlagen bei 9 %.

Die Politik des neuen Finanzminister François-Xavier Ortoli kritisiert VGE weniger scharf als die seines Vorgängers Debré, seines einstigen Ziehvaters. Stattdessen schießt sich Giscard auf de Gaulles neues Referendum zur Partizipation, der Regionalisierung und der Umwandlung des Senats ein. Er meint, dass eine zweite Kammer angesichts der Emotionalität der französischen Politik gegenüber einem Einkammersystem zum erneuten Nachdenken unabdingbar sei, und argumentiert die geplanten Regionen seien zu klein, hätten kein Budgetrecht über ihre

58   Cocelette, Abadie. Op. cit. S. 179.
59   Valance. Op. cit. S. 267.

Einkommen und keine gewählte Führung. Obwohl seine prinzipielle Einschätzung negativ ist, verhält er sich praktisch jedoch zunächst taktisch abwartend.

Als im April 1969 53 % der Franzosen mit Nein stimmen, befindet sich VGE nach dem Abtritt des Generals im Siegerlager. Doch spürt er, dass es für seine Kandidatur zu früh ist. Eine volle Amtszeit de Gaulles bis 1972 wäre für ihn angesichts des dann erwarteten allgemeinen Überdrusses am Gaullismus besser gewesen. Er unterstützt deshalb, nachdem der Säulenheilige der nichtgaullistischen Rechten, Antoine Pinay (77) abgewunken hatte, Pompidou. Die Unterstützung kommt nicht bedingungslos. Laut Giscard sind alle Auvergner misstrauisch, und ein Ober-Auvergner wie Pompidou gegenüber einem talentierten und jüngeren Unter-Auvergner wie ihm erst recht[60]. Dazu waren ihre Herkunft, Lebensstil (Jagd vs. Pétanque-Spiel), sozialer Umgang (Aristokraten vs. Künstler) und Ausbildung (ENA vs. Normalien), intellektuelle Neigungen und Temperament auch zu unterschiedlich und unvereinbar. Ein Beispiel: Bei Jagdausflügen geht es Pompidou um Spaziergänge im Freien, um Kontakte und zwanglose Plaudereien. Giscard geht es um Beute und Trophäen. Zum Schluss wollte Pompidou ein schönes Stück Wild auf dem Teller, was VGE völlig gleichgültig war[61]. Pompidou stimmt ohne große Bauchschmerzen seinen inhaltlichen Forderungen zu: Geldwertstabilität, europäische Integrationsfortschritte und den Erhalt der Atlantischen Allianz. Giscard nutzt den Präsidialwahlkampf, um mit seinem Konterfei seine Unterstützung für Pompidou zu plakatieren und sich bei Dutzenden von Massenveranstaltungen selbst ins Gespräch zu bringen.

Als Pompidou im Juni 1969 mit 57,5 % der Stimmen gewählt wird, fühlt sich Giscard erneut auf der Siegerseite und erwartet für sich ein schönes Ministerium, am besten wieder jenes der Finanzen. Ihm wird von Chaban-Delmas aber zunächst nur das Bildungsministerium angeboten, bis sich Antoine Pinay, der eigentliche Favorit, mit Pompidou über den von Pinay vorgeschlagenen Austeritätskurs zerstreitet. So wird es nach dreijähriger Unterbrechung doch wieder VGE. Allerdings wird ihm Jacques Chirac als Aufseher und Staatssekretär für das Budget in das Ministerium gesetzt. Die beiden anderen RI-Minister Marcellin und Bettencourt gelten ohnehin als Pompidou-Loyalisten. Belohnt dagegen wird die Konkurrenz vom Centre démocratie et progrès, die erst im letzten Moment zu Pompidou geschwenkt ist, mit Jacques Duhamel (Landwirtschaft), René Pleven (Justiz) und Joseph Fontanet (Arbeit).

Als Präsident regiert Pompidou, dessen Gemütlichkeit nur Fassade war und der dezidierte Vorstellungen von seiner Finanzpolitik hat, direkt in Giscards Ministerium hinein. Die Lage ist also wesentlich ungemütlicher als zu de Gaulles Zeiten, als er den großen Mann noch missionieren konnte. Dazu nervt VGE Pompidou in der Ministerratsrunde mit brillanten Exposés zur Finanzlage Frankreichs oder zur Weltwirtschaft[62], während die Realitäten vor Ort weniger erfreulich sind. Die rapide gestiegenen Arbeitskosten, mit denen die Rue de Grenelle-Abkommen den sozialen Frieden im Mai 1968 erkauft hatten, belasten die französische Wirtschaft sehr, deren Produktivitätsfortschritte nicht mithalten können. Im Mai 1969 muss der Franc

---

60   Ibid. S. 281.
61   Corcelette, Abadie. Op. cit. S. 139.
62   Ibid. S. 230.

um 12,5 % abgewertet werden. Im Oktober 1969 wertet die D-Mark um 9,3 % auf. Der Franc hat also im Vergleich zur D-Mark mehr als 21 % an Wert verloren. Im August 1971 kündigt Richard Nixon die Konvertibilität des US-Dollar in Gold auf und damit das Ende der fixen Wechselkurse. Im EWG-Europa vereinbaren Giscard und die anderen Finanzminister eine „Währungsschlange", binnen der die Währungen nur bis zu 2,25 % fluktuieren dürfen, um die Märkte nicht zu verzerren.

Chaban-Delmas' Neuer Gesellschaft steht Giscard positiv gegenüber. Es lässt das Thema in seinen RI-Clubs landesweit thematisieren und diskutieren. Es gibt mit Chaban eine Art Wettbewerb, wer progressiver, liberaler und moderner ist, wobei VGE die staatsdirigistischen Elemente von Chabans Konzept ablehnt. Dabei verschlechtern sich jedoch die persönlichen Beziehungen, weil sie ihre Kabinettschefs (Jacques Calvet[63] für VGE und Simon Nora für Chaban) einen Stellvertreterkrieg ausfechten lassen. Unklar bleibt, ob Giscard hinter der Veröffentlichung von Chabans Steuersparerklärungen im Canard Enchaîné und dem Giscard-nahen L'Express im November 1971 steckte, zu denen er als Finanzminister natürlich den Zugriff hatte[64], und die Chaban letztendlich politisch das Genick brachen. Andere verdächtigen das „schwarze Kabinett" im Élysée, das von Pierre Juillet und Marie-France Garaud gebildet wird, die ihren Erzfeind Chaban aus ideologischen Gründen ausschalten wollten[65]. Im Juli 1972 wird Giscards stärkster Rivale für die Pompidou-Nachfolge entlassen.

Der von der Waldenström-Krankheit bereits schwer angeschlagene Pompidou ernennt mit Pierre Messmer einen Premier, der mit seiner absoluten Loyalität und seinem Arbeitseinsatz eine echte Entlastung darstellt. Giscard betrachtet den alten Soldaten und Kolonialverwalter als ökonomischen Ignoramus. Im Jahr 1972 erfolgt die Anti-Inflationspolitik noch in homöopathischen Dosierungen, so dass die Inflation zwar noch etwas bekämpft, die Wahlen vom März 1973 jedoch noch knapp gewonnen werden. Mit 54 Sitzen gegen 184 für die UDR haben RI wieder die Mittlerfunktion, die sie 1968 verloren hatten. Michel Poniatowski, VGEs Mann fürs Grobe, erhält mit der Volksgesundheit endlich ein Ministeramt.

Mit dem Ölschock im Herbst 1973 steigt die Inflation schnell auf 5 %. Pompidou befürchtet, dass Giscards Anti-Inflationspakete das Wirtschaftswachstum, das damals noch – letztmalig – 5,5 % im Jahr betrug, abwürgen und soziale Unruhen provozieren wird. Giscard darf also weiter nichts tun, während in Deutschland der neue Finanzminister Helmut Schmidt, sein neuer Freund fürs Leben, als harter Inflationsbekämpfer eine unsterbliche Popularität erreicht. Giscard muss stattdessen internationale Milliardenanleihen auflegen, um das neue AKW-Bauprogramm zu finanzieren. Als der Preisauftrieb Anfang 1974 schließlich auf 18 % hochschießt, ist selbst der todkranke Pompidou beunruhigt.

63   Von 1983 bis 1997 Vorstandschef und erfolgreicher Sanierer von Peugeot-Citroën.
64   Corcelette, Abadie. Op. cit. S. 209. Nach einer glaubwürdigen Aussage war die Quelle eines Teils der „leaks"
       allerdings ein trotzkistischer Bürobote im Innenministerium, der die heikle Post abfing und an die Zeitung
       kopierte. Valence. Op. cit. S. 300.
65   Dominique de Villepin. De l'esprit de cour. Perrin. 2010. S. 163.

Bekanntlich benannte Pompidou keinen politischen Erben, sondern machte mal Chaban, bald Giscard oder Messmer Hoffnungen, damit sie sich gegenseitig neutralisierten und ihn in Frieden ließen. Jacques Chirac, der erst im Februar 1974 Innenminister geworden war, galt mit 42 Jahren noch als zu jung, um ein ernsthafter Rivale zu sein. Mit Pompidous Tod im Amt am 2. April 1974 schien Giscard prima vista als Chef einer Kleinpartei gegenüber dem Machtapparat der Gaullisten keine Chance zu haben. Der RI-Anteil an den Abgeordneten der Regierungskoalition hatte zwischen 1968 und 1973 immer nur zwischen 17 % und 22 % geschwankt.

Giscard nahm grundsätzlich keine unüberlegten Risiken in Kauf und kandidierte nur mit der Gewissheit des Sieges. Zunächst erfolgte Chabans überstürzte Kandidaturankündigung vor dem Begräbnis Pompidous, die ihm viele Feinde machte. Nachdem Messmer eine Gegenkandidatur ausschloss, erklärte Giscard mit Unterstützung seines Strategen Poniatowski und der Hilfe Chiracs und des „schwarzen Kabinetts" von Juillet und Garaud am 8. April 1974 – gleichtägig mit Mitterrand – seine Kandidatur. Chirac organisierte einen offenen Brief von 43 gaullistischen Abgeordneten und Ministern, der für eine Einheitskandidatur warb, zwischen den Zeilen aber Chaban zum Rückzug aufforderte. Dieser von Chaban so gesehene Verrat sollte Chirac die Ministerpräsidentschaft bringen. Der Kampagnenstart begann dann notgedrungen sehr improvisiert. Giscards RI sind zu klein und ohne echte regionale Basis, um kampagnenfähig zu sein. Zunächst sind die Großunternehmer und das Patronat beunruhigt über die Spaltung des rechten Lagers, die Mitterrand zu begünstigen scheint. Erst als Chaban in den Umfragen abrutscht, trudeln bei Giscard die Industriespenden ein.[66] Als Kampagnenarbeiter und Ordnungsdienste bei Großveranstaltungen taugen die braven Bürger seiner Clubs auch nicht. So muss Ponia seine alten OAS-Kontakte mobilisieren, um die Veranstaltungen des noblen Liberalen zu organisieren und zu schützen.

Inhaltlich lässt sich Giscard täglich über sein Image und die Entwicklung der Umfragen, bei denen er zunächst auf dem dritten Rang startete, beraten. So wird ihm geraten, über alles zu sprechen, außer über die Wirtschaft, da seine Kompetenz dort unbezweifelt war. Chaban hilft ihm, weil er sich eine rechte Agenda einreden lässt und seine Fernsehauftritte verdirbt. Normalerweise hätte dies genügt, um Mitterrand siegreich werden zu lassen. Doch Giscard gelingt es, bislang erstmalig (und bis Macron unwiederholt) das Wählerpotential der Mitte auszubauen, sich als Konservativer zu präsentieren, der mit dem Wahlslogan „Le changement" den Wechsel will, und als Einzelkämpfer wider seine Natur Massen zu begeistern. Der steife Aristokrat schafft es, auch dank seiner Kennedy-artigen Beherrschung des Mediums Fernsehens, plötzlich warm, freundlich und humorvoll zu wirken. Während Chaban in den Umfragen abstürzt, steigt er auf. Dies bestätigt sich im ersten Wahlgang. Mitterrand erhält 43,2 %, Giscard 32,6 % und der einstige Favorit Chaban nur 15,1 % der Stimmen. Beim anschließenden Fernsehduell, das 25 Millionen Zuschauer verfolgen, schlagt VGE Mitterrand, der gerade die Vision einer gespaltenen Gesellschaft entwickelt hat, rhetorisch mit dem Argument, er habe nicht das Monopol der Herzen und dürfe Millionen von Franzosen nicht in ihrer Würde verletzen. Schließlich schlägt sich in letzter Minute noch Servan-Schreiber mit seinem damals sehr einflussreichen

66 Valance. Op. cit. S. 324.

„L'Express" auf VGEs Seite. Am 19. Mai 1974 ist das Endergebnis mit 424.000 Stimmen Vorsprung einigermaßen knapp mit 50,8 % für Giscard und dennoch eindeutig.

Der Präsident

Der mit 48 Jahren jugendlich wirkende Giscard will auch protokollarisch mit dem alten Regime brechen. So geht er zu Fuß die Champs-Élysées hinab zum Élysée-Palast. Er wählt sich ein neues, kleineres Büro als de Gaulle und Pompidou und lässt sich sein Ministeriumsmobiliar aus der Rue de Rivoli einräumen. Auch sein Kabinett besteht aus den jungen ehrgeizigen ENArquen, die ihm schon im Finanzministerium gedient haben. Jacques Foccart, „Monsieur l'Afrique" und Chef des Service d'Action Civique, des gaullistischen Dienstes für Geheimaktionen, wird verabschiedet. Die Rache seiner Dienste sollte sich in der Diamantenaffäre erweisen. Dann reformiert VGE das Protokoll des Élysée. Die Frackpflicht für Botschafter wird abgeschafft. Die Wachen werden von 190 auf 120 Mann reduziert. Einmal gibt es 1977 sogar einen Tag der offenen Tür, bei dem er 5000 Hände schüttelte – und danach nur noch ohne ihn. Auch sein Nachfolger Mitterrand, der versprach den Park für Kinder zum Spielen zu öffnen, vergaß sein Wahlversprechen schnell. Heute ist selbst die Straße um den Park hermetisch abgeriegelt. Die Pressekonferenz wird von Monologen mit platzierten Fragen demokratisiert. Giscard besucht auch ein Gefängnis, wo erstmals ein Präsident Strafgefangenen die Hand gibt. Weihnachten 1974 lässt er seinen Kabinettschef vier Müllwerker, drei Malinesen und einen Franzosen, von der Straße weg zum Mittagessen einladen. Sie erhalten zum Abschied einen Truthahnbraten und je eine Flasche Champagner. In königlicher Tradition lässt er – von Louis XI inspiriert – sich von Durchschnittsfamilien zum Abendessen einladen, was sich für die beglückten Haushalte jedoch als enorm stresshaft und aufwendig herausstellt, bis das Medieninteresse erlahmt. Bei der traditionellen Neujahrsansprache am 31. Dezember 1975 muss vor dem flackernden Kamin auch Anne-Aymone, die dabei sichtlich unwohl wirkt, ein paar Sätzchen sagen. Kurzum, in Summe krampfhaft wirkende Versuche um jeden Preis volkstümlich zu werden und sich von der steifen Würde seiner Vorgänger abzusetzen. Ebenso kühl wie er auf das Ableben beider reagiert hatte, erwähnt er sie so gut wie nie[67].

Während für de Gaulle und Pompidou die Präsidentschaft eine Pflicht war, erfüllt sie Giscard mit triumphaler Freude. Er ist da angekommen, wo er immer hinwollte und hat damit auch den langgehegten Wunsch seiner Mutter erfüllt. Als Premier wählt er den 42-jährigen Chirac, weil er entgegen Ponias Ratschlag nicht das Risiko eingehen will, die Nationalversammlung aufzulösen, was wahrscheinlich seine RI in der Euphorie des Sieges gestärkt hätte, doch durch die Verluste der gespaltenen Gaullisten möglicherweise seine Regierungsmehrheit gekostet hätte. So will er denn mit seinen knapp 120 RI-Leuten, Zentristen und Reformatoren via Chirac mit einer gaullistischen Parlamentsmehrheit von 183 UDR-Abgeordneten regieren. Er hofft, dass Chirac, dem er seinen Sieg verdankt, zu ihm so loyal sein wird, wie jener immer gegenüber

---

67   Corcelette, Abadie. Op. cit. S. 253.

Pompidou war[68], zumal Chirac dank seines Verrats an Chaban mit etlichen gaullistischen Baronen gebrochen hatte.

Giscard und Ponia stellen dann das Ministerkabinett zusammen. Das wichtigste Kriterium: Das Alter. Das Durchschnittsalter der 15 Minister liegt bei 52 Jahren. Zweitens bekommt die gaullistische UDR abgesehen vom Verteidigungsministerium nur drei unwichtige Ministerien: Infrastruktur, Handel und Lebensqualität, für die drittrangige unbekannte Abgeordnete ernannt werden. In alle Schlüsselfunktionen platziert VGE seine politischen Freunde: Poniatowski wird als Innenminister mit freiem Zugang zum Präsidenten eine Art Vizekanzler. Die Richterin Simone Veil wird Gesundheitsministerin, der Diplomat Jean Sauvagnargues Außenminister, Jean Lecanuet Justizminister, Michel d'Ornano Industrieminister, Christian Bonnet Landwirtschaftsminister. Jean-Pierre Fourcade, der Leiter der Clubs Perspectives et Réalités, darf ihn bei den Finanzen beerben. Sein Jugendfreund Jean-Jacques Servan-Schreiber (JJSS), Erzfeind der Gaulisten, wird schließlich Reformminister. Offenkundig gedenkt VGE direkt zu regieren und sein eigener Regierungschef zu sein. Von dem seit 1958 errichteten gaullistischen Machtapparat in den Ministerien würde dann nicht viel übrig bleiben. Die Konflikte mit Chirac und der UDR sind damit vorprogrammiert. JJSS musste schon nach zwölf Tagen wieder gehen, nachdem er in Nancy die Force de frappe öffentlich kritisiert hatte. Die geplante Ministerernennung der radikalen Feministin Françoise Giraud scheiterte an Chiracs Veto.

Zu den Giscardschen Reformen zählen die Freigabe der Abtreibung (eine Initiative von Simone Veil), das Ende der Gästeregistrierungen in Hotels, die Abschaffung der Siegesfeiern über Deutschland am 8. Mai (von Mitterrand wieder eingeführt) und sein Ersatz durch den Europatag am 9. Mai, die Entflechtung des Staatsfernsehens, das Ende des Telefonabhörens (von Mitterrand wieder eingeführt), die Erleichterungen der Haftbedingungen und des Asylrechtes, die Senkung der Volljährigkeit und des Wahlrechts auf 18 Jahre, die Gleichstellung von Mann und Frau im öffentlichen Dienst, die Einführung der Scheidung im gegenseitigen Einvernehmen, Kindergeld für Alleinerziehende, ein Gesetz gegen das Rauchen, die erstmalige Möglichkeit des Parlaments (von mindestens 60 Parlamentariern) den Verfassungsrat (Conseil constitutionnel) anzurufen, etc. Allesamt gesellschaftspolitische Liberalisierungen unterschiedlicher Reichweite, die dem Wertewandel und dem Zeitgeist entsprachen, die nicht viel kosteten und ohne großen Aufwand umzusetzen waren. Die Zerlegung des ORTF in sieben Nachfolgegesellschaften und Kanäle hinderte die Regierung freilich nicht, die Berichterstattung weiter zu dominieren und Giscard in seinem Lieblingsmedium weiter omnipräsent bleiben zu lassen. Das Abtreibungsgesetz (das Loi Veil) konnte im Dezember 1974 schließlich nur mit den Stimmen der Kommunisten und Sozialisten gegen die Mehrheit der Regierungsabgeordneten durchgesetzt werden. Chirac gelang es, die wenigen noch nötigen Stimmen aus der mehrheitlich ablehnenden UDR zu mobilisieren. Die Legalisierung der Abtreibung sollte Giscard dauerhaft die Sympathien der Traditionsrechten und Katholiken kosten. Ein Verlust hunderttausender Stimmen, von dem er sich nicht mehr erholen sollte.[69] In seinen Memoiren ist

68   Valance. Op. cit. S. 336.
69   Ibid. S. 356.

das Kapitel „Frauen in der Politik", abgesehen von einer wenig glaubwürdigen Liebeserklärung an alle Französinnen, nahezu ausschließlich der Abtreibungsfrage gewidmet[70] – ein sehr merkwürdiger, wenn nicht bezeichnender Reduktionismus. Nach weniger als einem Jahr im Élysée war seine Liste der Reformen abgearbeitet. Die Zeit der Gesellschaftsreformen war vorbei[71].

Für die seit den 60er-Jahren in Schiffsladungen aus Nord- und Zentralafrika unter PM Pompidou importierten Gastarbeitern lassen Giscard und Chirac den Nachzug von Familienmitgliedern („regroupement familial") zu[72], der für die meisten ihren befristet gedachten Aufenthalt zu einer dauerhaften Einwanderung macht. Als Raymond Barre angesichts ihrer rapide steigenden Arbeitslosenzahlen 1978 eine Rückwanderungsprämie von 10.000 Francs pro Person auslobt, ist es bereits zu spät[73].

Gegenüber Wirtschafts-, Arbeitsrechts- und Steuerreformen ist VGE wesentlich schüchterner, und beschränkt sich angesichts des Widerstands des Arbeitgeberverbandes CNPF (heute: MEDEF) lieber auf die Inflationsbekämpfung, die im Zuge der Ölkrisen dringend nötig ist. Anno 1975, im ersten Rezessionsjahr nach dem Krieg beträgt die Inflation 9%, der Fall der Industrieproduktion –15%, während gleichzeitig die Arbeitslosigkeit, vor allem durch die Stahlkrise sich auf 690.000 verdoppelt. Es folgt die übliche Streikwelle in den Staatsbetrieben und in der Großindustrie. Im Süden krawallieren die Weinbauern. Korsika wird von einer Epidemie politischer Morde heimgesucht. VGEs Reaktionen beschränken sich zumeist auf das würdevolle Schönreden. Er nimmt die Ölkrise nicht ernst und hält sie für ein vorübergehendes Phänomen, während sich Premier Chirac (als wirtschaftspolitischer Erbe Pompidous) und Finanzminister Fourcade (in der Tradition des alten Giscard) lautstark um den richtigen Kurs streiten. Schließlich billigt er, wie von Chirac gefordert, trotz Vorbehalten selektiven Kredithilfen für notleidende Großfirmen, darunter Citroën, und die Verstaatlichung des LKW-Herstellers Berliet.

Aus seinen innenpolitischen Schwierigkeiten stürzt sich VGE in hektische Auslandsreisen, die ihn 1975 außerhalb Westeuropas in die Zentralafrikanische Republik, Algerien, Polen, Zaire, die UdSSR, Tunesien und Ägypten führen. Immerhin ist er der erste französische Staatschef, der Algerien und Tunesien nach der Unabhängigkeit besucht.

Die Beziehungen zwischen Giscard und Chirac blieben gespannt. Giscard hielt sich für intellektuell überlegen und unterschätzte deshalb Chirac, dem er seinen Wahlerfolg über Chaban zu verdanken hatte und der ihm in seiner Zeit als Finanzminister, als Chirac sein Staatssekretär für das Budget war, immer loyal zugearbeitet hatte[74]. Deshalb hatte er ihn auch ins Matignon ernannt und hielt ihn für ein gutes ausführendes Organ. Zunächst waren sie beide auch von ihren jeweiligen Erfolg berauscht. Chirac beschreibt in seinen Memoiren, er habe einerseits von Giscard viel lernen können, doch schnell gemerkt, dass er stets seinen Protegés im Élysée

---

70   Giscard d'Estaing. Macht und Leben. Frankfurt/Main, Berlin 1991. S. 208 ff.
71   Corcelette, Abadie. Op. cit. S. 267.
72   Ibid. S. 142.
73   Ibid. S. 329.
74   Ibid. S. 257.

recht gab, außerordentlich status- und protokollempfindlich war und dass es in seinem Universum nur einen Wert gab, nämlich er selbst, und dann kam sehr lange nichts.[75] VGE besteht darauf, weiter direkt mit seinen Ministern zu verhandeln, mit Poniatowski und Fourcade ohnehin. Dazu kritisiert er seinen Premier ohne Unterlass und lässt keine Gelegenheit aus, ihn zu demütigen. Bei einem offiziellen Abendessen mit Kanzler Schmidt im Élysée wird zwar der Außenminister eingeladen, aber nicht der Premier. Bizarrer Effekt: Je mehr sich der Präsident in die Innenpolitik einmischt und beschäftigt, desto mehr amüsiert sich sein funktionslos gewordener Premier in der Außenpolitik, wo er im Nahen Osten und in Nordafrika jede Menge Wirtschaftsabkommen schließt, um die Petrodollars wieder nach Frankreich zurückzuleiten und unter den örtlichen Machthabern neue Freunde zu gewinnen.

Gleichzeitig hat Chirac Zeit, sich um seine Partei, die UDR, zu kümmern, die er mit dem jetzt im Matignon angesiedelten Duo Pierre Juillet und Marie-France Garaud unter seine Kontrolle bringt. Ursprünglich hatten die Barone der Partei den Verräter Chirac geschnitten. Doch konnte er mit den schwarzen Kassen des Matignon ihre Wahlschulden regeln, und wohlgefälligen Abgeordneten durch den Status einer Sondermission zu einem Dienstwagen mit Sekretärin verhelfen. Durch die unermüdliche Arbeit seiner beiden Gehilfen ist im Dezember 1974 die Partei reif und willig, den einstigen Verräter zum Vorsitzenden zu wählen. Giscard hat zu seiner Überraschung nun einen Regierungschef mit einer größeren Hausmacht als die seinige.

Mitte 1975 bildet Giscard seine Regierung um – wieder ohne Chirac zu konsultieren. Jean Lecanuet von den Reformatoren wird befördert, und Ponias Stern, dem Versagen in einer Geiselkrise auf Korsika im Sommer vorgeworfen wird, beginnt zu sinken. Raymond Barre (1924–2007), Wirtschaftsprofessor und vormals Vizepräsident der Europäischen Kommission, bekommt den Außenhandel. Bei den Kantonalwahlen im März 1976 erreicht die vereinigte Linke erstmals eine absolute Mehrheit der Stimmen.

Darauf beschließen die zwei verfeindeten reformistischen Kleinparteien von Lecanuet und Duhamel ihre Fusion zu einem Centre Démocratie et progrès (CDS) und fordern Giscards RI auf, sich ihnen anzuschließen. Plötzlich scheint mit dem Segen des Élysée der UDR ein ernsthafter Wettbewerber zu erwachsen.

Nachdem Giscard bei einem größeren Abendessen im Feriensitz Brégançon vor Bernadette Chirac eine Anspielung auf die Beziehung ihres Mannes zu einer Fernsehjournalistin gemacht hatte, herrscht nur noch der blanke Hass zwischen beiden[76]. Ende August 1976 reicht es Chirac. Er erklärt dem verdutzten Präsidenten seinen Rücktritt. Das hatte es in der V. Republik noch nie gegeben. Premiers wurden vor ihrem erzwungenen Abtritt stets gezwungen, ein Rücktrittsschreiben zu entwerfen, das dann huldvoll angenommen wurde. VGE war umso überraschter und erschüttert, weil er selbst in seinem bisherigen Karrierestreben noch nie von irgendeiner Funktion zurückgetreten war.

---

75   Valance. Op. cit. S. 374.
76   Ibid. S. 390.

Als Nachfolger kann Giscard wiederum keinen der Seinen wie Poniatowski, Fourcade oder Lecanuet ernennen, obwohl er ihnen Hoffnungen machte, sondern muss auf den gaullistischen Mehrheitspartner Rücksicht nehmen. Schließlich entscheidet er sich für den „technischen" Kandidaten Raymond Barre, der ohne eigene politische Ambitionen, ohne Hausmacht und der Öffentlichkeit weitgehend unbekannt war, ähnlich wie vierzehn Jahre zuvor de Gaulle Pompidou als Premier auswählte. In der Tat sollte jene erstaunliche Partnerschaft mit ihrer Dauer von fünf Jahren zu einer der längsten und sicherlich harmonischsten der V. Republik werden. Erstaunlicherweise ließ Giscard Barre freie Hand bei seinen Ministerentscheidungen. Er besteht lediglich auf einer Troika der drei wichtigsten Koalitionspartner: Olivier Guichard (UDR), Jean Lecanuet (MRP) und Ponia (RI) in wichtigen Ministerposten. Nachdem sich Giscard zwei Jahre lang auf gesellschaftspolitische Reformen konzentriert hatte, ist es Barres Hauptaufgabe, die Inflation zu bekämpfen. Dazu erhält er auch gleich das Finanzministerium in Personalunion.

Im September 1976 will der erste „Plan Barre" in erster Linie die Inflationserwartungen brechen. Preise werden für drei Monate, öffentliche Tarife für sechs Monate eingefroren. Die Mehrwertsteuer wird von 20 % auf 17,6 % reduziert und die Händler werden gezwungen, diese Senkung an ihre Kunden weiterzugeben. Dafür werden die Mautgebühren, Benzin- und Unternehmenssteuern und die Krankenversicherungsbeiträge kräftig angehoben.

Im Oktober 1976 erschien mit ungeheurem Werbeaufwand seitens des Élysée Giscards programmatisches 175-Seiten-Taschenbuch „Démocratie française"[77], das im Wesentlichen vom stellvertretenden Generalsekretär des Élysée, Yves Cannac, geschrieben worden war, dessen Leistung Giscard jedoch mit keiner Zeile anerkennt. Beginnend mit einer Gesellschaftsdiagnose, dass mit dem fortgesetzten Wachstum der Trente Glorieuses Frankreich von einer gewaltigen prosperierenden Mittelschichtengesellschaft dominiert werden würde, setzt der Autor den marxistischen Konzepten von Verstaatlichungen, Arbeiterselbstverwaltung und Inflationspolitik liberale Alternativen von partizipativer Demokratie, Verwaltungsreformen, Dezentralisierung, sanftem Wachstum und einer volkskapitalistischen Umverteilung entgegen. Es plädiert für eine europäische Konföderation und soll die Doktrin der Giscardisten darstellen. In großen Teilen spendet das Büchlein, das sich eine Million Mal verkaufte, massives Eigenlob für die bislang durchgesetzten Reformen, verschweigt aber, wie die weiteren hehren Ziele künftig erreicht werden sollen. Bezeichnend auch, dass de Gaulle und Pompidou mit keinem Wort erwähnt werden.

Giscard hatte bei den Präsidialwahlen im Mai 1974 in Paris 57 % der Stimmen erhalten. Da die Zentralmacht mit einigem Recht Vorbehalte gegen die politischen Leidenschaften der Stadtbevölkerung hegte, war das Amt des gewählten Bürgermeisters nach der Kommune von 1871, die den Königspalast der Tuilerien angezündet hatte, abgeschafft worden. Tatsächlich wurde die vom Innenministerium organisierte Stadtverwaltung von den Gaullisten kontrolliert. Giscard führte deshalb die Region „Île-de-France" und die Wahl des Bürgermeisters nach mehr

---

77   Valéry Giscard d'Estaing. Démocratie Française. Fayard. 1976.

als einhundert Jahren wieder ein, um in Ponias Worten, die Stadt „von der gaullistischen Rattenplage zu befreien"[78]. Tatsächlich traf Giscard einige populäre Entscheidungen, etwa Pompidous Projekt einer Stadtautobahn am linken Seine-Ufer zu stoppen, oder angesichts Chiracs Widerstands leider vergeblich, das Centre Pompidou entweder ganz zu annullieren oder wenigstens in der Höhe zu kappen. Sein Kandidat war Industrieminister Michel d'Ornano (1924–1991), der einem normannischen Adelsgeschlecht und einer Parfümdynastie („Lancôme") entstammte. Leider war er eher in Calvados als in Paris verwurzelt. Giscard, der nur sein atypisches 16. Arrondissement kannte, hatte übersehen, dass der durchschnittliche Pariser in seinen dezentral strukturierten Arrondissements wie in einer Kleinstadt mit ihren eigenen sozialen und politischen Netzwerken (ähnlich wie in einem Berliner Kiez oder Wiener Grätzl) lebt, und kommunale Wahlentscheidungen trifft, für die seine Stimmabgabe in Präsidialwahlen meist unerheblich ist. Chirac sah seine Chance, trat an, und nutzte virtuos die gaullistische Einflussmacht seiner neuen RPR vor Ort. Im März 1977 erhielt die Liste d'Ornanos 15 Sitze, die der Linken 44, und die Chiracs 54. Als Bürgermeister von Paris hatte er nun eine autonome Machtbasis für Patronage – konnte Jobs, Wohnungen, Gelder und Verträge nahezu freihändig verteilen –, mit allen öffentlichen Darstellungsmöglichkeiten, von denen er als Premier nur hatte träumen konnte. Mit seiner verlorenen Schlacht um Paris hatte sich Giscard ein nicht korrigierbares Eigentor geschossen. Er rächt sich, in dem er hinfort versuchte, den Bürgermeister bei Staatsempfängen protokollarisch möglichst tief herabzustufen …

Dann gab es die üblichen Affären. Im Dezember 1976 wurde der Abgeordnete Prinz Jean de Broglie vor einem Pariser Lokal erschossen. Der Ex-Minister und ehemals erster Generalsekretär der RI, der mit dem Absprung zur RPR liebäugelte, war in dubiose Geschäfte verstrickt schon Wochen zuvor mit dem Tode bedroht worden, ohne dass etwas zu seinem Schutz getan worden war. Innenminister Poniatowski ließ nach der Verhaftung der Auftragsmörder alle Untersuchungen nach den Hintermännern sofort unterbinden. Im Januar 1977 folgte die Affäre Abu Daoud, als der Drahtzieher des Massenmordes an den israelischen Athleten bei den Olympischen Sommerspielen 1972 in München in Paris verhaftet wird. Bevor das von den Bonner Behörden absichtsvoll verzögerte Auslieferungsschreiben eintrifft, wird der lästige Terrorist Daoud freigelassen und nach Algier abgeschoben[79]. Von Giscard wurde für all dies sein alter Freund Ponia verantwortlich gemacht, der zudem aus seinem Hass auf die Gaullisten öffentlich kein Hehl machte. Giscard war außerdem irritiert, dass Ponia ihn weiter informell ansprach und unverblümt die – meist schlechten – Wahlaussichten der RI thematisierte, so wie er die meisten ablehnte, die ihn noch aus seinen alten Tagen ohne die Insignien der Macht kannten. So wurde Ponia denn im März 1977 im Rahmen einer kleinen Kabinettsumbildung unbedankt entlassen.

Nachdem die Kantonalswahlen von 1976 und die Stadtratswahlen von 1977 mit Siegen der Linken ausgegangen waren, rechneten alle Beobachter mit einem Sieg der vereinigten Linken bei den Nationalratswahlen von 1978. Ein „Plan Barre II" wurde aufgelegt, der Sozialmaßnah-

---

78   Valance. Op. cit. S. 405.
79   Ibid. S. 416.

men für Alte und Familien vorsah und durch befristete Beschäftigungsverträge (CDD)[80] die Einstellung arbeitsloser Jugendlicher begünstigen sollte. Giscards Ziel war es, den Sieg der Linken zu verhindern, der ihm die Mehrheit im Parlament gekostet hätte, aber dies möglichst auf Kosten der RPR. Mit ihnen ließ er ein Wahlabkommen schließen, das vorsah, dass in der zweiten Runde der jeweils Zweitplatzierte der Rechten zugunsten des Erstplatzierten sich zurückziehen würde. Dennoch versuchte er gleichzeitig mit seiner nunmehr UDF (Union pour la démocratie française) benannten Partei zusammen mit JJSS und anderen Mitte-Rechts-Kleinparteien eine Anti-RPR-Front aufzubauen, ein Verrat, der von JJSS gleich nach dem Abschluss des Wahlbündnisses in seinem L'Express veröffentlicht wurde. Nahezu gleichzeitig platzte zu ihrem Glück im September 1977 das Linksbündnis, aus dem die Radikalen (MRP) spektakulär vor laufender Kamera auszogen, in dem sie die Nationalisierungsforderungen der Kommunisten für 1800 Betriebe denunzierten. Im Wahlkampf setzte sich vor allem Chirac mit hunderten von öffentlichen Auftritten gegen die „Sozialo-Kommunisten" fulminant ein. Als Ergebnis gewann die Rechte im März 1978 mit 290 gegen 201 linke Sitze. Doch hatten die Gaullisten mit 154 Sitzen (−39) Federn lassen müssen, während die UDF mit 137 Sitzen aufholen konnte. Von Giscard kam wie üblich kein Wort des Dankes. Auch ohne eigenen Einsatz reklamierte er den Sieg für sich.[81]

In seiner „Démocratie française" bekundete Giscard wirtschaftsliberale Werte. Tatsächlich war aber seine Praxis seinen autoritären Neigungen entsprechend eher staatsinterventionistisch. Als Finanzminister unter gaullistischen Präsidenten hatte er damit keine Probleme. So regelte der Staat anno 1977 nicht nur die Gehälter, die Kreditzuteilungen und damit die Investitionen der Unternehmen, sondern auch deren Preise, die so gesetzt wurden, dass auch der schwächste Wettbewerber noch ein Auskommen hatte. Sie wurden erst im Sommer 1978 auf Betreiben von Raymond Barre, eines echten Wirtschaftsliberalen, zum Kummer vieler Unternehmer, die sich mit dem profitablen System arrangiert hatten, freigegeben.

Überzeugender war Giscards europapolitisches Engagement. Zum einen hatte er gleich mit Amtsantritt den Europäischen Rat der Staats- und Regierungschefs durchgesetzt, ein intergouvernementales Entscheidungsgremium, das die Gaullisten schon immer befürwortet hatten. Im Gegenzug akzeptierte er trotz der Proteste der RPR die Direktwahl des Europäischen Parlaments, dessen erste Wahl im Juni 1979 stattfinden sollte. Giscard bestimmt Simone Veil für die Spitze der UDF Liste, während Chirac sich selbst vorne auf die RPR Liste setzte. Er erleidet jedoch im November 1978 einen schweren Autounfall in der Corrèze. Am Krankenbett nötigen ihm Juillet und Garaud die Unterschrift unter einen militanten anti-europäischen Aufruf ab, der Nein zur politischen und wirtschaftlichen Unterjochung Frankreichs und zur „Partei des Auslands" (gemeint ist die UDF) sagt. Nach der allgemeinen Empörung, die bis ins eigene Lager reicht, erfolgt bei den Wahlen für ihn die Quittung: Seine RPR erreicht nur 16,3 % der Stimmen, die UDF 27,6 %, die demokratische Linke mit PS/MRG 23,5 % und die Kommunisten 20,5 %. Mit deutscher Unterstützung (Giscard hatte seinen Freund Helmut mobilisiert)

---

80   Contrat Durée Déterminée.
81   Ibid. S. 432.

wird Simone Veil gegen einen gaullistischen Gegenkandidaten zur ersten Präsidentin des EP gewählt. Das Duo infernale Juillet und Garaud muss zu Bernadette Chiracs Befriedigung nach der Niederlage das Pariser Rathaus verlassen.

Noch wichtiger für Giscard: Nachdem er in der Rue de Rivoli jahrelang mit der Lösung der ständigen Binnen- und Außenwertsschwäche des Franc befasst war, will er mit seinem Freund Helmut, den er schon aus dessen Zeit als Finanzminister (1972–1974) gut kennt, ein europäisches Währungssystem schaffen. Das Ganze soll so in eine europäische Konföderation eingebaut werden, dass Frankreich – ganz in der Gaullistischen Denkschule – weiter seine wirtschaftliche Schwäche kompensierend die Führungsrolle in Europa ausüben konnte[82]. Sein Biograf Georges Valance beobachtet richtig: „Niemals war die Währungsintegration so personalisiert und voluntaristisch. So blieb es übrigens auch mit Kohl und Mitterrand, was vielleicht … auch eine Ursache der späteren Schwierigkeiten der Währungsunion ist"[83]. Schmidt und Giscard heckten bei einem privaten Abendessen im Élysée 1977 eine neue „Schlange" aus, die sie sich beim Kopenhagener Gipfel im April 1978 absegnen ließen. Im Dezember 1978 beschloss der Aachener Gipfel die europäische Stabilitätszone mit dem Écu, der Währung der Kapetinger, als Rechnungseinheit. Schmidt nahm es auf sich, den Widerstand der Bundesbank zu brechen und zog dabei alle Register. Auschwitz musste dafür ebenso herhalten wie die Gefahr des Eurokommunismus. Auch die unangekündigte Annullierung der Stationierung der Neutronenbombe in Westdeutschland, deren Akzeptanz Schmidt gegen den Widerstand des links-pazifischen Flügels seiner Partei hatte durchdrücken müssen, durch Präsident Jimmy Carter 1977 beflügelte sein europäisches Engagement. Beim Gipfel auf Guadeloupe im Januar 1979 geben die beiden dem Erdnussfarmer aus Georgia Nachhilfestunden in Sachen Weltwirtschaft. Schmidt trifft VGE 1977/78 allein achtmal. Ein Foto in VGEs Memoiren zeigt ihn in der Kellerbar von Schmidts Hamburger Vorstadtvilla. Dem Vernehmen nach wirkte das bescheidene bürgerliche Anwesen des deutschen Regierungschefs wie ein Kulturschock auf den multiplen Schlossherrn.

Unter allen deutsch-französischen Paaren (Adenauer-de Gaulle, Brandt-Pompidou, Kohl-Mitterrand, Merkel-Sarkozy bzw. Merkel-Hollande)[84] war die Beziehung Helmut-Valéry sicher die engste und vorbehaltsloseste. Zum einen gab es keine Konfliktthemen, zum anderen akzeptierte Schmidt die nach außen dargestellte Führungsrolle Frankreichs in Europa. Zudem schätzte man die gegenseitige Verlässlichkeit. Auch funktionierte die persönliche Chemie und die gemeinsame Sprache – mittelmäßiges Englisch. Beide hielten sich für Genies vor allem in Wirtschafts- und strategischen Fragen und die meisten anderen Zeitgenossen – wie den US-Präsidenten – nicht zu Unrecht für Einfaltspinsel, ebenso wankelmütig wie Harold Wilson und (in Carters Fall durch Zbig Brzeziński) schlecht beraten, und bestätigten sich gegenseitig in

---

82   Ibid. S. 440.
83   Ibid. S. 442.
84   Ludwig Erhard war für de Gaulle ein unzuverlässiger Atlantiker, Kurt Georg Kiesinger zu kurz im Amt und
      Gerhard Schröder schlicht desinteressiert.

diesen Einschätzungen[85]. Die späteren G7-Gipfel waren ihrer gemeinsamen Idee entsprungen[86]. Der erste wurde im November 1975 als Reaktion auf die erste Ölkrise noch als G5 in Rambouillet abgehalten. Bei diesen Gipfeln traf man sich meist separat vorher, um danach eine abgesprochene gemeinsame deutsch-französische Position zu vertreten. Dies war umso nützlicher als die Angelsachsen der französischen Rhetorik mit ihren nebulösen operativen Konsequenzen stets misstrauten.

Psychologisch mochte bei Giscard dazukommen, dass er im Gegensatz zu de Gaulle und Mitterrand nie von den Deutschen verwundet gefangen genommen worden war oder wie Pompidou zu einer besiegten Einheit gehört hatte, sondern als Sohn eines hohen Besatzungsbeamten in Koblenz geboren, siegreich in Konstanz eingezogen, mit reicher Beute aus dem Allgäu abgezogen und später in der Saar selbst kurzzeitig Teil der Besatzungsbehörden war – sich also stets auf der Siegerseite befand, und deshalb keinerlei Ressentiments oder Minderwertigkeitsgefühle empfand. Seine Frau Anne-Aymone dagegen hegte anti-deutsche Vorbehalte und kam erstmals im Juli 1980 bei einem Staatsbesuch nur widerwillig mit nach Deutschland, weil ihr Vater laut Giscard „in der Deportation verschollen" war[87]. Tatsächlich war er im KZ Mauthausen am 8. Mai 1944 durch Unterernährung oder durch Krankheit gestorben.

Die Afrikapolitik war eine weitere große Leidenschaft des Präsidenten, nicht nur als Jagdrevier und vormalige Quelle des Reichtums seiner Familie. Als ehemaliger Anhänger von Französisch-Algerien wollte er sich mit dem Regime in Algier aussöhnen. Dies misslang, als er im Juni 1976 einen Militärschlag gegen die von Algerien unterstützte Polisario unternahm, die zur Befreiung des südlichen Teils der ehemals spanischen Sahara mauretanisches Territorium angegriffen hatte. Im April 1978 bedrohten von libyschen Truppen unterstützte Tubu-Rebellen die Hauptstadt des Tschads, N'Djamena. Der Einsatz französischer Jaguar-Kampfflieger zerschlägt ihren Vormarsch. Im Mai 1978 ordnete er den Einsatz von Fallschirmjägern in Kolwezi in Zaire an, um 3000 europäische Geiseln aus den Händen bewaffneter Rebellen („Katanga-Gendarmen") zu befreien, die in dieses reiche Bergbaugebiet mit angolanischer und kubanischer Unterstützung eingefallen waren und anfingen, die Weißen zu massakrieren. Die Aktion, die den kongolesischen Staat rettete, wird in seinen Memoiren auf 18 Seiten in großem Detail und Drama der Entscheidungsfindung dargestellt, so dass sie wie die für ihn wichtigste Entscheidung seiner siebenjährigen Präsidentschaft wirkt[88]. Im September 1979 lässt er den Kaiser von Zentralafrika, seinen alten Freund Bokassa, der begonnen hatte, Schulkinder an Krokodile zu verfüttern und nach französischer Kritik drohte die Seiten in Richtung Libyen zu wechseln, von seinem Militär stürzen. Unter den Restposten des französischen Kolonialreiches entließ VGE 1975 die Komoren und 1977 Dschibuti in die Unabhängigkeit.

---

85   In Helmut Schmidts Menschen und Mächte. Berlin 1987, gibt es dazu die folgenden Textstellen: S. 76, 88, 107, 244, 249, 253, 255, 263, sowie bei Giscard. Macht und Leben. Frankfurt/Main 1991. S. 117.
86   Schmidt. Op. cit. S. 213; Giscard. Op. cit. S. 109.
87   Giscard. Op. cit. S. 134.
88   Giscard. Op. cit. S. 189 ff.

Der Lebenswandel des 50-jährigen Präsidenten ist weiter sehr diszipliniert. Er raucht nicht, trinkt kaum, isst wenig und treibt viel Sport, vor allem Tennis und ist an den meisten Wochenenden an der frischen Luft auf der Jagd. Seine Frau und seine vier Kinder, die weiter separat im 16. Bezirk wohnen, sieht er gelegentlich beim Abendessen. Abends gibt er sich meist den Schäferstündchen mit hübschen Schauspielerinnen hin. Dies wurde spätestens im September 1974 publik, als er in einem geliehenen Maserati in Begleitung von Mireille Darc in den frühen Morgenstunden mit einem Milchwagen vor dem Élysée zusammenstieß.

Die Jagdleidenschaft des Finanzministers wurde zur Obsession des Präsidenten. Zum staatlichen Jagdschloss Chambord lässt er sich fast jeden Freitagabend mit dem Hubschrauber ausfliegen, gelegentlich auch auf Jagdgründe nach Schottland. Er selbst kaufte für eine Leibrente von einer Cousine das Schloss L'Étoile mit 505 Hektar Grund und Jagdrechten. Zu diesen Vergnügen lässt er politische Freunde und noble Industrielle einladen. Wesentlich diskreter ist er bei seinen exotischen Jagdsafaris, die ihn nach Kenia, Zentralafrika, Gabun, den Osten von Zaire, Marokko, die Elfenbeinküste und Ruanda führten. Dort schoss er hauptsächlich geschütztes Großwild wie Löwen, Waldelefanten und Riesenantilopen. Er musste schließlich überall der Beste sein. Kaiser Bokassa überließ ihm gratis einen Nationalpark als persönliches Jagdrevier. Trotz des internationalen Jagdverbotes nahm VGE stets die Stoßzähne in der Präsidentenmaschine als Trophäen mit. In Indien schließlich hatte es ihm die Tigerjagd und in der Sowjetunion, Polen und Rumänien die Bärenjagd angetan. Neben den afrikanischen Diktatoren pflegte er so auch im Pulverdampf die Männerfreundschaften mit Breschnew, Gierek und Ceausescu. Riskant war, dass er in jenen Wäldern und Urwäldern häufig nicht erreichbar war (ohnehin fuhr er stets ohne seine Frau) und ihm ein Oberst immer seinen Atomkoffer hinterhertragen musste[89].

Der Weg in die Niederlage

Am meisten irritierte Giscard, dass die Franzosen ihn nicht liebten, dass Chirac ein Feind blieb, er Wahlen verliert und die UDF nicht auf sein Kommando hören will. Als verwöhntes Muttersöhnchen vermag er an sich selbst keinen Fehler finden. Alle Mitarbeiter beschreiben als seine Haupteigenschaft unisono einen hemmungslosen Egozentrismus und den Mangel an Empathie. Wenn ihm etwas nicht passt, wird er sofort eisig. Freunde lässt er fallen, wenn sie ihm nicht mehr nützlich sind. Um persönliche Anliegen und das Fortkommen seiner Kabinettszuarbeiter kümmert er sich nicht[90]. Im Gegensatz zu Pompidou, Mitterrand oder Chirac schart er keine persönliche Gefolgschaft („Klan") um sich und ist als Ergebnis nach dem 10. Mai 1981 allein.

In einer Republik der Königsmörder war die Einführung eines königlichen Protokolls heikel. Bei offiziellen Diners musste ihm und seiner Frau zuerst serviert werden. Der Platz ihm gegenüber hatte frei zu bleiben. Beide thronen auf erhöhten Sesseln. Dazu seine Leidenschaft für

89   Corcelette, Abadie. Op. Cit. S. 303 ff.
90   Valance. Op. cit. S. 454 f.

seinen „Vorfahren" Louis XV., für den er eine große Ausstellung organisieren und mit dessen Mobiliar er im Élysée die Modernismen von Claude Pompidou ersetzen lässt. Wenn er als Präsident noch irgendwelche Freunde hatte, so waren dies adelige Jagdgenossen.

Ministerratssitzungen wurden wie zu de Gaulles Zeiten reine Formalien zur Absegnung von Tagesordnungspunkten. Auch mit seinen Kabinettsmitarbeitern gab es nur montägliche Arbeitssitzungen, bei denen der Präsident die Arbeit verteilte. Politische Debatten fanden weder hier noch dort statt. Gelegentlich nutzte er die Gelegenheit, um seine Minister zu demütigen und seine Überlegenheit darzustellen. So fragte er anlässlich einer Botschafterernennung: „Gibt es jemanden, der weiß wo die Malediven[91] liegen?" und sah Außenminister Sauvagnargues dabei an, während die Ministerrunde sich in ihre Papiere vergrub[92]. Lieber noch suchte er Einzelgespräche, etwa allmonatlich mit dem Budgetdirektor des Finanzministeriums und zweimal wöchentlich mit Raymond Barre, um seine Lieblingsthemen Wirtschaft und Finanzen zu besprechen. Parteileute der UDR wollte Giscard nicht sehen. Die nach dem Sieg bei den Europawahlen von 1978 mögliche Fusionierung des zersplitterten Lagers der politischen Mitte zu einer Volkspartei im Stil der RPR oder der PS unterbleibt angesichts des mangelnden Interesses des Élysée. Die ihm gelieferten Akten arbeitete VGE methodisch, schnell und diszipliniert von 8.45 bis 20.45 Uhr durch. So blieb er als Staatspräsident, war er neun Jahre zuvor schon gewesen war: ein technokratischer Finanzminister mit zunehmend royalen Allüren.

Diese werden ihm in der Diamantenaffäre zum Verhängnis. Als der Canard Enchaîné im Oktober 1979 dokumentiert, Giscard habe als Finanzminister 1973 vom damaligen Präsidenten (später „Kaiser") Jean-Bédel Bokassa der Zentralafrikanischen Republik einen 30-Karat-Diamanten als Geschenk erhalten, tat dies VGE als den traditionellen Austausch von Geschenken ab. Der Canard und Le Monde publizieren daraufhin Dokumente, die den Erhalt weiterer Großdiamanten beweisen sollten. Das Élysée hüllte sich daraufhin in ein siebenwöchiges, eisiges Schweigen. Bei einem Fernsehinterview im November 1979 vergisst dann Giscard seine gute, freundlich lächelnde Fernsehschule und bestreitet aggressiv den Wert von Diamanten, die er gar nicht erhalten haben will[93]. Gegen seine Gewohnheit brüllt er telefonisch den Chefredakteur von Le Monde an. Später behauptete er – ohne jede Belege – die Edelsteine seien zugunsten karitativer Einrichtungen versteigert worden. Anstatt die Preziosen – die er wie gemutmaßt wurde, entweder seinen Freundinnen verehrt oder wahrscheinlicher selbst zu Geld gemacht hatte – schnell dem Fiskus zu übereignen, wuchs sich sein Fehlverhalten von einer seine Person berührenden Krise – ein Narziss, der sich selbst für unfehlbar hielt und sich über den Gesetzen der Normalsterblichen stehend sah – zur Staatsaffäre aus, die ihn mit dem unvermeidlichen Reputationsschaden für die letzten anderthalb Jahre seiner Präsidentschaft im Élysée eingebunkert in die Defensive zwang.

Wie bei den meisten Staatsaffären in Frankreich wird man wahrscheinlich vergeblich auf die ultimative Aufklärung warten. Tatsächlich hatte der militärische Geheimdienst SDECE nach

---

91   Zu diesem Zeitpunkt waren die Inseln noch nicht für den Massentourismus erschlossen.
92   Corcelette, Abadie. Op. cit. S. 263.
93   Valance. Op. cit. S. 470.

dem gewaltlosen Sturz von Bokassa im September 1979 alle seine Villen durchsucht und die Archivalien mitgehen lassen, bevor sie zur Plünderung durch die Bevölkerung freigeben wurden. Einzelne vom Canard veröffentlichten Quittungen stellten sich im Nachhinein als Fälschungen heraus. Hinter der Geschichte und ihrer Publizität wird allgemein die Rache der von VGE kaltgestellten gaullistischen Afrikadienste um Foccart vermutet[94]. Doch bleiben die Preziosen so oder so nach wie vor spurlos verschwunden.

Für Giscard stellte sich in der Schlussphase seine Präsidentschaft die Frage: Sollte er Barre noch wie ursprünglich beabsichtigt auswechseln, um wie üblich durch die Opferung eines unpopulär gewordenen Premiers die eigenen Wiederwahlchancen zu verbessern? Nein, VGE mag die Alternativen nicht und schätzt den allwöchentlichen wirtschaftspolitischen Diskurse mit dem loyalen Professor zu sehr[95]. Ein Wechsel in der finanzpolitischen Solidität und der Politik des stabilen Franc, die Barre politisch verkörpert, würde zudem das währungspolitische Integrationsprojekt Giscards und die vertrauensvollen Beziehungen zu Deutschland und Helmut Schmidt gefährden.

Derweil wird Frankreich von der zweiten Ölkrise getroffen, nachdem Giscard den Ajatollah Khomeini in einem Staatsflugzeug in den Iran ausfliegen ließ, der dort seinen Jugendfreund, den Schah (dem er freilich kein Asyl anbot), stürzte[96]. Die Inflation steigt 1977/78 auf 9 %, die Zahl der Arbeitslosen auf 1,3 Millionen, obwohl das Wachstum mit 3,5 % noch sehr respektabel ist. Anfang 1980 verschärft sich die Stahlkrise und die Fischer blockieren die Häfen. Dazu die üblichen Politskandale: Arbeitsminister Robert Boulin, der in eine Grundstücksaffäre verstrickt ist, wird im Oktober 1979 tot in einem Waldsee aufgefunden. Nach den zurückgelassenen Briefen, die den Justizminister belasten, wird von Selbstmord ausgegangen. Im Februar 1980 wird der frühere Erziehungs- und Arbeitsminister Joseph Fontanet von einem Auto in Mordabsicht überfahren. Zufällig wird der Sterbende von Giscards Schwester Sylvie und ihrem Mann als Erste gefunden. Obwohl die Täter nie gefasst werden, wird der Mord als gewöhnliches Verbrechen verbucht. 1980 werden Korsika und das Festland von Dutzenden von Attentaten und Gewalttaten zwischen Autonomisten und Anti-Autonomisten heimgesucht. Dazu kommen Anschlage auf Synagogen.

Jene Unsicherheiten, die Härten der Ölkrise und das offenkundige Ende der „Trente Glorieuses" werden dem Präsidenten und seinem unpopulären Premier angelastet. Dass er das Wahlalter auf 18 Jahre gesenkt hat, rächt sich jetzt. Die undankbare Jugend stimmt überwältigend links. Im Januar 1981 geben ihm die Meinungsumfragen noch einen leichten Vorsprung vor Mitterrand. Er sieht in dem ökonomischen Laien mit seinen Verstaatlichungs- und Reflationsprogrammen keinen ernsthaften Konkurrenten für seine Wirtschaftskompetenz, dank derer die Franzosen der Krise entrinnen und deshalb für ihn stimmen würden. Außer in jener frühen Episode um den Bürgermeisterposten in Clermont-Ferrand 1959 hatte VGE noch nie eine Wahlniederlage erlitten. In seiner zunehmenden royal-protokollarischen Isolation fehlt

94 Corcelette, Abadie. Op. cit. S. 370.
95 Valance. Op. cit. S. 488.
96 Giscard. Macht und Leben. Op. cit. S. 101 f.

ihm jede Antenne für die Stimmung im Wahlvolk, das sich von seinem abgehobenen Verhalten in der Krise befremdet fühlt. Dazu kommt ein diplomatischer Fauxpas. Nach der Invasion Afghanistans durch die Sowjets im Dezember 1979 beschließt der Westen auf US-Druck eine diplomatische Quarantäne, die Giscard als erster mit einem Treffen mit Breschnew in Warschau im Mai 1980 durchbricht. Ein Ergebnis kann er nicht vorweisen. Das Treffen wird nur von zwei Zeitungen gelobt: der „Humanité" und der Prawda[97]. Mitterrand verspottet ihn prompt als „le petit télégraphiste de Moscou".[98]

Im Vorlauf der Kampagne gibt es die üblichen Verwirrspiele. Mitterrand und Chirac treffen sich zu einem strategischen Abendessen bei Édith Cresson, wo sie vereinbart haben sollen, Giscards Wiederwahl zu verhindern, weil dieser eine Wahlrechtsreform nach seiner Wahl angekündigt hatte, die zu Lasten beider Parteien gehen würde. Auf der Rechten tritt Michel Debré für die Gaullisten, Marie-France Garaud für die Pompidouisten, auf der Linken Michel Rocard (der zugunsten von Mitterrand später zurückziehen wird) und Georges Marchais für die KPF an. Der Komödiant Coluche liegt in den Umfragen bei 12 %[99]. Doch Giscard, der 1974 voller Dynamik gestartet war, hüllt sich Anfang 1981 in olympisches Schweigen und lässt bei der Wahlkampfvorbereitung die Zügel schleifen, zumal er noch auf positive Umfragedaten vertraut, die im Juli 1980 noch bei 55 % gelegen hatten. Seine leidenschaftlichsten Parteigänger werden systematisch frustriert und demotiviert. Inzwischen werfen Schwergewichte wie Mitterrand und Chirac ihren Hut in den Ring und beginnen in den Umfragen zu steigen. Giscard lässt sich jedoch bis zum 2. März Zeit, um seine Kandidatur anzukündigen, knapp sieben Wochen vor dem ersten Wahlgang am 26. April 1981. Die aus Ex-Ministern und hohen Verwaltungsbeamten zusammengewürfelte Wahlkampfmannschaft kann alles Mögliche, nur nicht in Teamarbeit harmonisch und systematisch planen und kurzfristig organisieren. Dann macht Giscard alles falsch, was man falsch machen kann. Er boykottiert RTL, wählt als Slogan „Il faut un Président à la France", so als sei er nicht schon sieben Jahre lang bereits Präsident gewesen, und verbietet allen Ministern, einschließlich Barre, und Kabinettsmitarbeitern Wahlkampf zu machen, um als „Bürger Giscard" auftreten zu können. Allenthalben werden seine Plakataugen mit Diamantenbildern verziert.

Am 26. April 1981 erhält Giscard die Quittung mit 28,3 % der Stimmen, dicht gefolgt von Mitterrand mit 25,8 %. Chirac erhält 18,0 %, Georges Marchais von der KPF 15,3 % und Brice Lalonde von den Ecologisten 3,9 %. Da die linksgrünen und kommunistischen Stimmen Mitterrand zufallen werden, braucht er für die zweite Runde dringend Chiracs Unterstützung. Der RPR-Chef kann es sich angesichts von Mitterrands Linksfront nicht leisten, Giscard nicht öffentlich zu unterstützen. Auch seine Industriespender machen Druck zugunsten des auch von ihnen ungeliebten Präsidenten. So wählt Chirac schließlich zögerlich die unverbindlichste Form der Unterstützung. Er gibt keine Wahlempfehlung ab und meint lediglich, er persön-

---

97   Valance. Op. cit. S. 498 f.
98   Corcelette, Abadie. Op. cit. S. 311.
99   Ihm gelingt es dann nicht die nötigen Unterstützer-Unterschriften unter den gewählten Notabeln zu sammeln.

lich würde Giscard wählen. Bei der letzten Großveranstaltung Giscards taucht er trotz einer persönlichen Einladung nicht auf. Viele RPR-Kader rufen offen zur Wahl Mitterrands auf. In seiner Verzweiflung bemüht sich Giscard auch um die Unterstützung der Rechtsextremen. Jean-Marie Le Pen meinte, der letzte Kontakt mit dem Präsidenten hätte im Jahr 1974 stattgefunden. Er käme jetzt sieben Jahre zu spät[100].

Letzte Chance: das Fernsehduell mit Mitterrand, das VGE im Jahre 1974 noch gewonnen hatte. War Giscard sieben Jahre zuvor noch frisch und unverbraucht erschienen, so wirkte er jetzt mit der Gravitas des Amtes eher arrogant. „Sie haben sich natürlich in den Fakten getäuscht" fällt er einer Fragerin ins Wort. Mitterrand dagegen hat an Ruhe und Charisma vor der Kamera gewonnen. Als Giscard ihn herablassend belehren will, entgegnet er: „Sie sind nicht mein Professor und ich bin nicht ihr Schüler". Dazu kann er Giscards Wirtschaftsbilanz mit 14 % Inflation, 1,5 Millionen Arbeitslosen und einem Außenhandelsdefizit von 40 Milliarden FF unschwer angreifen[101]. Das Match geht den Umfragen zufolge unentschieden aus, was Mitterrand vollauf genügt. Am 10. Mai 1981 gewinnt er mit 51,8 % der Stimmen. Giscard erhält 48,2 %.

Bei der Amtsübergabe am 21. Mai weiht er Mitterrand in die wichtigsten Staatsgeheimnisse ein, und erbittet sich einen Dienstwagen, einen Chauffeur und ein Sekretariat für seinen Ruhestand. Beim Abgang aus dem Élysée wird er von sozialistischen Parteigängern ausgepfiffen.

Das Leben danach

Von der nur für ihn überraschenden Niederlage traumatisiert, flüchtet sich Giscard mit Anne-Aymone zunächst in eine Luxusherberge in die ländliche Einsamkeit. Dann beginnt er eine unstete Weltreise über Kanada und Singapur nach Griechenland. Dort muss er schmerzlich feststellen, dass Botschaften für Ex-Präsidenten nicht mehr dienstfertig zur Verfügung stehen.

Mitterrand löst das Parlament auf. Unschwer gelingt es dem „Verräter" Chirac mit der UDF Wahlkampfabsprachen zu machen, denn auch ihre Abgeordneten machen Giscard für seine Niederlage verantwortlich und fühlten sich sieben Jahre lang vom Hochmut des Élysée vernachlässigt. Die Absprachen helfen freilich wenig. Die Sozialisten gewinnen in der Hochstimmung von Mitterrands Sieg im Juni 1981 die absolute Mehrheit. Die Sitze von RPR und UDF, aber auch der KPF werden nahezu halbiert.

Giscard ist erst 55 Jahre alt, bei bester Gesundheit, im Vollbesitz seiner beträchtlichen intellektuellen Fähigkeiten, weiter voll Ehrgeiz und Standesbewusstsein. Schnöder Gelderwerb in der Privatwirtschaft kommt trotz seiner Habsucht nicht in Frage. Zu dem ihm ex officio angebotenen Sitz im Verfassungsrat meint er, er wolle nur an wenigen wirklich wichtigen Sitzungen teilnehmen. Deshalb bezieht er nur das halbe Gehalt. Was tun also? Man bietet ihm die übliche Pensionärstätigkeit für die rüstige Politikprominenz: Gut bezahlter Konferenztourismus, Vorträge an wichtigen Universitäten, syndizierte Artikel in der Weltpresse, ein Buchprojekt. VGE

---

100   Ibid. S. 510.
101   Jacques Attali. C'était Mitterrand. Fayard. 2005. S. 57.

jedoch will sich weiter täglich in den Medien sehen. Sein Comeback-Versuch beginnt an der Basis. Im Februar 1982 verkündete er, er wolle bei den Kantonalwahlen in Chamalières in seiner heimatlichen Auvergne antreten, und gewinnt bescheidener geworden – nicht zuletzt auch dank der nationalen Berichterstattung – mit 72 %. Einen Monat später zieht er in den Generalrat von Puy-de-Dôme ein. Im September 1984 gewinnt er eine Nachwahl in Puy-de-Dôme mit 63 % im ersten Wahlgang und damit wieder einen Sitz in der Nationalversammlung, wo er alsbald den außenpolitischen Ausschuss leitet. Im März 1986 setzt er seine Mandatssammlung fort. Er wird in den Regionalrat der Auvergne gewählt und wird sogleich dessen Präsident. 1989 tauscht er seinen Sitz in der Nationalversammlung gegen einen im Europaparlament ein. In der Auvergne gilt er als tüchtiger Regionalpolitiker, der zwar weiter sehr statusorientiert ist – zum Beispiel weigert er sich an öffentlichen Veranstaltungen teilzunehmen, an denen der Präfekt protokollarisch den Vorrang hatte – dem es aber gelingt, regionale Großprojekte, wie den Autobahnbau der A 89, Industrieparks und die Renovierung von Gymnasien zügig und effizient voranzutreiben und umzusetzen.[102] Andere Projekte haben einen eher zweifelhaften Wert, so ein gigantisches Kino mit 8500 Plätzen, das sich „Zénith de Cournou-Auvergne" nennt, sowie „Vulcania", ein großes Vulkan-Museum, nach dem ähnlich monströsen und leeren „Futuroscope" bei Poitiers auch „Giscardoscope" genannt, das im Jahr jedoch nur knapp 200.000 Besucher anlockt und wie das Mega-Kino nur rote Zahlen schreibt[103].

In der nationalen Politik reaktiviert er seine „Perspectives et Réalités"-Clubs und vervielfacht seine nationalen Auftritte. Schließlich söhnt er sich Ende 1982 öffentlich mit Chirac aus. Der Grund: Beide sind beunruhigt über den phänomenalen Popularitätsanstieg von Raymond Barre. Der unbeliebteste Premier der V. Republik wird plötzlich angesichts der chaotischen Wirtschaftspolitik der Sozialisten zum großen Publikumsliebling. Im Februar 1984 veröffentlicht VGE sein zweites Buch „Deux Français sur trois"[104], in dem er als Botschaft „an die von Sozialismus Enttäuschten" die politischen Folgerungen seiner „Démocratie française" zieht: Frankreich als neue Mittelschichtengesellschaft muss sein traditionelles Links-Rechts-Schisma überwinden und von einer zentristischen Sammelpartei, einer Art französischer CDU, regiert werden, die für zwei Drittel der Bevölkerung wählbar ist. Das Buch, meint er auf seiner landesweiten Signiertour, sei keine Kandidaturschrift.

Nach den von den Sozialisten verlorenen Parlamentswahlen im März 1986 hofft VGE von Mitterrand mit der Führung der Kohabitationsregierung betraut zu werden[105]. Doch Mitterrand beruft stattdessen Chirac. Er will niemanden, der ihm in jeder Unterredung Lektionen erteilt. Giscard bleibt in der Auvergne und in Straßburg. Den Trostpreis eines Justizministers lehnt er ab. Stattdessen wird er wieder Präsident der außenpolitischen Kommission des Parlamentes. Im Blick auf die Präsidialwahlen von 1988 sind seine Umfragewerte schlecht. Seine Partei, die UDF, ist gespalten, zwischen denen, die in Chiracs Regierung stolze Minister sind oder andere

---

102 Valance. Op. cit. S. 523.
103 Corcelette, Abadie. Op. cit. S. 428.
104 Giscard d'Estaing. Deux Français sur trois. Flammarion. 1984.
105 Corcelette, Abadie. Op. cit. S. 420.

Privilegien der Macht genießen (die Giscard nicht mehr verteilen kann), und jenen, die mit Raymond Barre die Kohabitationsregierung ablehnen. Er glaubt, dass beide gegen Mitterrand scheitern werden: Chirac, weil ihm die Statur fehlt, und Barre, weil er zu unpolitisch ist.[106] Als Drittgereihter hat er gegen beide keine Chance, muss sich also bis 1995 gedulden. Erst im Januar 1988 gibt er sehr zögerlich als UDF-Gründer seine unvermeidliche Unterstützung für Barre bekannt. Als Barre im April 1988 in der ersten Runde ausscheidet, übertrifft Giscards lauwarme Unterstützung Chiracs nur knapp dessen Aufruf von 1981. Eine stärkere Unterstützung für seine beiden Ex-Premiers wäre ohnehin unter seiner Würde gewesen. Mit Mitterrands Sieg von 54 % im Mai 1988 scheinen beide bürgerliche Rivalen ausgeschaltet. Plötzlich erhält VGE eine positive Presse, die sein Standvermögen bewundert. Er übernimmt die UDF, zeigt erstmals am Parteileben Interesse, und versucht jene lose Föderation von Kleinparteien organisatorisch zu straffen. Er hat von Mitterrands Kontrolle der PS verstanden, dass die Rückeroberung des Élysée nur mit einem funktionierenden politischen Apparat möglich ist.

Zunächst sind im Juni 1989 wieder Europawahlen. Chirac überlässt Giscard die Führung der gemeinsamen Liste von RPR und UDF (auch deshalb, weil Gaullisten mit Europawahlen wenig anfangen können). Giscard fährt mit 29 % der Stimmen seinen schönsten post-elysischen Wahlerfolg ein. Eine konkurrierende Liste von Simone Veil scheitert mit 8 %. Die Sozialisten erhalten mit Laurent Fabius nur 25 %. Allerdings zeigt eine soziologische Wahlanalyse die Schwächen von Giscards Unterstützung: Seine Wähler entstammen hauptsächlich den Traditionsmillieus: Alte, Handwerker, Bauern und praktizierende Katholiken, nicht jedoch Angestellte, Arbeiter und Führungskräfte. Der Kennedy-Effekt ist Geschichte. Dazu hat er keine Stammwähler, die außerhalb der Auvergne sich ihm gegenüber verbunden fühlen. So führt Chirac als begnadeter Taktiker nunmehr Édouard Balladur als Jungtürken ins Feld, der genau jene politischen Inhalte vertritt, für die Giscard von Europa bis zu liberalen Wirtschaftsreformen auch steht.

Als das Wahljahr 1995 sich nähert, ist der 69-Jährige in den Umfragen weiter im Keller und sieht in dem Duell zwischen Chirac und Balladur keinen Platz für sich. Diesmal schlägt er sich auf Chiracs Seite, jene des künftigen Gewinners. Der erneute Versuch, nach 36 Jahren doch noch Bürgermeister von Clermont-Ferrand zu werden, scheitert 1995 erneut, diesmal knapp mit 49,1 % gegen einen sozialistischen Ex-Minister. Als Schlossherr lebt er an der Realität der Stadt und dem täglichen Leben der Einwohner völlig vorbei. Es reichte nicht, sich bei einem Rundgang über bröckelnde Fassaden in der Altstadt zu beschweren und Subventionen aus Paris zu versprechen[107]. Im März 1995 wird er von seiner UDF-Partei unter ziemlich würdelosen Umstanden von François Léotard im Vorsitz abgelöst.

So bleibt nur noch seine alte Leidenschaft Europa. Im Herbst 2001 hatte der Europäische Rat beschlossen, eine Konvention einzusetzen, die bis 2004 einen europäischen Verfassungsentwurf liefern sollte. VGE war sofort an seinem Vorsitz interessiert, träumte er doch noch immer

---

106   Valance. Op. cit. S. 534.
107   Brigitte Cante. „Clermont-Ferrand – le rêve d'un président". L'Express 1.6.1995.

davon, der erste Präsident Europas zu werden. Zwar wollte Lionel Jospin, der die Kohabitationsregierung unter Chirac leitete, lieber Jacques Delors beauftragen. Doch sagte jener zugunsten von Giscard ab. Auch Kanzler Schröder musste erst von Helmut Schmidt überzeugt werden. Im Dezember 2001 wurde Giscard nominiert und machte sich mit großer Umsicht und Engagement mit seinen knapp einhundert Konventionsmitgliedern an die Arbeit. Die Aufgabe war, die verschiedenen EU-Verträge zusammenzufassen, die Texte zu vereinfachen und als lesbaren Verfassungsvertrag akzeptabel zu machen. Die wichtigsten Partien trugen zweifellos seine Handschrift (einschließlich jener befristeten Austrittsklausel, die im Brexit-Verfahren von 2017–2019 eine notorische Bedeutung erwerben sollte), fühlte er sich doch als der europäische George Washington, der diesmal eine wesentlich voluminösere Verfassung schrieb. Dass er für seine Mühen ein Gehalt von 20.000 Euro bezog, eine Luxussuite in einem Brüsseler Palast gestellt bekam und die Härten des Aufenthaltes dort mit einem Tagegeld von 1000 Euro versüßt wurden, tut nichts zur Sache. Nach 17 Monaten ernster Arbeit in vorbildlich öffentlichen Sitzungen war das Werk vollendet und wurde in Rom im Oktober 2004 feierlich unterzeichnet. Weil es Verfassungsbestimmungen enthielt, auf die Giscard auch öffentlich stolz war[108], musste es in Frankreich wie in Irland und den Niederlanden Referenden unterworfen werden.

In jener Kampagne setzte sich der 81-Jährige für sein letztes großes Lebenswerk mit großem Engagement ein. Er ist wie immer siegessicher und rechnet mit 53 % Zustimmung[109]. Allein vergebens. Kommunisten, die Front National und die Souveränitisten lehnten es ab. Die Sozialisten waren gespalten. Selbst Laurent Fabius, einstiger Ziehsohn Mitterrands, und die gauche caviar, wie Danielle Mitterrand, agitierten für ein Nein gegen jene angeblich „liberale Verfassung". Chirac und die Gaullisten waren wie üblich lauwarm. So stimmten am 29. Mai 2005 54,7 % der Franzosen mit Nein. Als auch Iren und Niederländer es ebenso hielten, war der Verfassungsvertrag tot, um als Vertrag von Lissabon nach einer Schamfrist und einer kosmetischen Überarbeitung (keine „Gesetze" oder europäischen „Minister" mehr) wieder vollinhaltlich als Pfingstwunder im Jahr 2009 wieder aufzuerstehen. Giscard wurde dann doch nicht Europäischer Präsident. Es wurde dies ein braver Flame namens Herman Van Rompuy ohne royale Allüren und Ambitionen, der sich als Haiku-Dichter einen Namen machte. Im Jahr 2014 veröffentlichte Giscard seine Vision eines Kerneuropas der 12, der sechs Gründungsmitglieder, zuzüglich Österreichs, Spaniens, Portugals, Irlands, Finnlands und Polens: mit einem eigenen Haushalt und eigenen Steuern, das von einem Direktorium geleitet werden sollte[110] (und damit eine gewisse Ähnlichkeit mit Macrons heutigem Eurozonen-Konzept aufweist). Später forderte er eine europaweite vereinfachende Steuerreform, eine reduzierte Brüsseler Bürokra-

---

108   14 Jahre später wies VGE darauf hin, dass er die Brexit Austrittsprozedur sehr gut kenne, weil er Artikel 50 des späteren Lissaboner Vertrags damals selbst geschrieben habe. Anne Fulda. „Souvenirs, souvenirs …". Le Figaro 6.10.2016.
109   Corcelette, Abadie. Op. cit. S. 431.
110   Valéry Giscard d'Estaing. La dernière chance de l'Europe. XO. 2014 (mit einem Vorwort von Helmut Schmidt).

tie und effektive Einwanderungskontrollen, da die Aufnahmekapazitäten Europas angesichts der weltweit anschwellenden Migrationsströme erschöpft seien.[111]

Im Jahr 2004 verlor Giscard bei einem nationalen politischen Linksruck auch seine politischen Funktionen in der Auvergne. Da war es tröstlich, dass er im Dezember 2003 in die Académie française aufgenommen worden war. Tatsächlich hatte er bis dato einige historische Romane veröffentlicht, die ohne großes Echo geblieben waren. Als er „La princesse et le président" (Éditions de Fallois, 2009) veröffentlichte, war das Echo wesentlich stärker und die Verrisse von genussvoller Bosheit. Es handelt sich um das einer etwas pubertären Altherrenfantasie entsprungene Liebesleben der jungen Prinzessin Patricia von Cardiff und des französischen Präsidenten Lambertye, das in den 80er-Jahren spielte. Normalerweise sollten solche Skripte auf Dachspeichern unveröffentlicht Staub sammeln. Doch fing nun die interessierte Öffentlichkeit an zu rätseln, ob er nun wider alle Wahrscheinlichkeit doch etwas mit Lady Di hatte oder ob es bei ihrer Begegnung in Versailles im November 1994 nur bei seiner einseitigen Faszination für die flirtaffine Prinzessin geblieben war. Auch die britische Presse war ob des Groschenromans um die tote Prinzessin nur mäßig amüsiert. Einmal mehr stellte sich die Frage nach den fehlenden selbstkritischen Kapazitäten des Autors.

Schließlich geriet er mit dem Schnäppchenkauf des Schlosses d'Estaing in Aveyron wieder in die Schlagzeilen, als die Gemeinde, wo sein Bruder Olivier langjähriger Bürgermeister war, es für 500.000 Euro weit unter dem Marktpreis an ihn und seinen Bruder veräußerte. Das eindrucksvolle, wenngleich renovierungsbedürftige Anwesen, solle wohltätigen Zwecken dienen, wie der Veranstaltung von Konzerten, und sein Archiv beherbergen, verkündete Giscard. Immerhin gibt dort gegen 6 Euro Eintrittsgeld eine VGE-Ausstellung, einschließlich fiktiver Ahnentafeln, zu bestaunen.

Nahezu tragisch mutet die menschliche Isolierung VGEs an, dem es im Gegensatz zu Pompidou, Mitterrand oder Chirac nie gelungen war, echte Freundschaften zu schließen. Keiner seiner ehemaligen Mitarbeiter oder politischen Ex-Freunde (von seinen Gegnern ganz zu schweigen) äußerte auf Befragen eine positive Meinung von ihm. Generell wurden seine ungeheure persönliche Eitelkeit und seine Verachtung für Andere geschildert, die auch im Alter nicht nachgelassen habe. Es handle sich um einen Lügner auf hohem Niveau[112].

Würdigung

Giscard hatte von seiner Herkunft, seinem Werdegang und seiner Intelligenz alle Eigenschaften, die für das Erreichen des Präsidentenamts nötig sind. Dazu einen unbändigen Ehrgeiz und ein durch nichts getrübtes Selbstbewusstsein, die ihn dieses Amt auch zielstrebig erreichen ließen. Zweifellos ist die Bilanz seines ersten Jahres an gesellschaftlichen Reformen eindrucksvoll. Am nachhaltigsten war sicher sein außen- und europapolitisches Erbe. Er ermöglichte die Institution der Europäischen Räte und die Direktwahl des Europäischen Parlaments. Gemein-

---

111　Valéry Giscard d'Estaing. „Towards a smaller Europe". Politico 12.4.2018.
112　Corcelette, Abadie. Op. cit. S. 401.

sam mit Helmut Schmidt schuf er das Europäische Währungssystem als Vorläufer des Euros und die späteren G7-Gipfel zur Koordinierung der Weltwirtschaft und -politik als Alternative zum unfähigen UNO-System in einer globalisierten, multilateral organisierten Welt. Dennoch umweht die Tragik des Scheiterns seine politische Laufbahn. Nicht nur war er der erste Präsident, der seine Wiederwahl verlor und sein Comeback aufgeben musste, auch vermochte er es charakterlich bedingt nicht, zu jenen zwei Dritteln der Franzosen, die er erreichen wollte, einen mentalen Brückenschlag zu schaffen, noch ein nachhaltiges institutionelles oder intellektuelles Erbe in der politischen Mitte Frankreichs aufzubauen. Am Ende der „Trente glorieuses" standen deshalb keine wirtschaftsliberalen Reformen, sondern ab 1981 die doktrinären Experimente eines colbertistisch-keynesianistischen Staatssozialismus[113], an deren Bewältigung das Land heute noch laboriert.

113   Schmidt. Op. cit. S. 324.

Kapitel 4

François Mitterrand (1916–1996), sozialistische Sphinx: Machtpolitiker und Schöngeist

Mitterrand war mit 14 Jahren (1981–1995) der am längsten amtierende Präsident der V. Republik. Auch mehr als zwanzig Jahre nach seinem Tod ist seine Faszination für die Zeitgenossen ungebrochen. Ob Verehrung oder Hass, ebenso wie de Gaulle lässt seine Persönlichkeit kaum einen politisch interessierten Franzosen indifferent. Dabei sah sich Mitterrand bei allem Selbstbewusstsein stets im Schatten seines jahrzehntelangen politischen Gegners, an dessen historische Leistungen die seinigen nicht heranreichen konnten[1]. Nach ihm selbst, meinte er seherisch, würde es ohnehin keine großen Präsidenten mehr geben. Dabei sind die biographischen Parallelen beider von der konservativen, erzkatholisch und patriotisch geprägten Jugend in der Provinz bis zu Verwundungen 1916 bzw. 1940 jeweils bei Verdun, gefolgt von Gefangennahmen durch die Deutschen und Ausbruchsversuchen, frappant, ebenso wie die Neigung zur anspruchsvollen Lektüre und dem Schreiben, dem starken Sendungsbewusstsein, der Liebe zur mythischen France profonde, seiner Geschichte, seinen Landschaften und seiner Volks- und Nationalkultur, sowie nicht zuletzt ein autoritärer Herrschaftsstil mit einem unbefragten Quasi-Monarchismus im Élysée und der Fähigkeit zur Not über Leichen zu gehen und wenn es im persönlichen und nationalen Interesse notwendig erschien, vergangene Positionen und Freund und Feind jäh zu wechseln und zu verraten. Nicht zuletzt ist ihnen – vielleicht gerade wegen dieser biographischen Ähnlichkeiten – eine tiefempfundene, lebenslange gegenseitige Abneigung gemein.

Mitterrand trat 1981 mit dem in einer marktwirtschaftlich verfassten Demokratie unerfüllbaren Versprechen an, das Leben verändern zu wollen. Er versuchte dies mit Verstaatlichungen und einer Vielzahl sozialpolitischer Reformen und Ausgabenprogrammen in jenen ersten beiden Jahren seiner Präsidentschaft, die einem Präsidenten in aller Regel für signifikante Reformen zur Verfügung stehen. Danach holten ihn die Widerstände der Realwirtschaft und der Bevölkerung ein. Hinfort widmete er sich vorrangig der Außen- und Europapolitik, wobei er in jenem Schicksalsjahr 1989 mit seinem hinhaltenden Widerstand gegen die Wiedervereinigung, gegen den Zerfall des Ostblocks, der Sowjetunion und Jugoslawiens aufgrund seiner klischeehaften Historienkenntnisse eher Fehleinschätzungen aufsaß. Immerhin gelang es ihm mit dem Vertrag von Maastricht, Helmut Kohl und den anderen EU-Partnern weitere Integrationsschritte und die Schaffung des Euro als Preis für die Wiedervereinigung und eine künftige Osterweiterung der EU abzunötigen (sowie Deutschland zur Anerkennung der Oder-Neiße-Linie zu zwingen). Der Euro erlöste Frankreichs politische Klasse von jenen ständigen Währungskrisen, der Inflation und den als demütigend empfundenen periodischen Abwertungsdramen

---

1   Jacques Attali. C'était Mitterrand. Fayard. 2005. S. 116.

der letzten Jahrzehnte, doch ließ der Wegfall jener Alarmzeichen und des währungspolitischen Anpassungsdruckes den wirtschafts- und sozialpolitischen Reformeifer in den Folgejahrzehnten spürbar erlahmen und die Wettbewerbsfähigkeit der Wirtschaft weiter erodieren.

Mit der Gründung der Sozialistischen Partei (PS) im Jahr 1971 durch die Fusion der rivalisierenden linken Kleinparteien und Sekten und seiner Volksfrontstrategie mit der KPF gelang es Mitterrand, die Kommunisten in seiner Umarmung weitgehend zu erdrücken und für die nächsten viereinhalb Jahrzehnte eine machtvolle demokratische Alternative auf der Linken zu etablieren, die erst im Wahljahr 2017 erodierte.

Herkunft und Jugend

Seine regionale Herkunft in der Charente in Südwestfrankreich war Mitterrand zeitlebens sehr wichtig. Wiederholt definierte er ihre Natur, ihre Lebensart, das Arbeiten, die Erde, den Himmel und die Menschen dort als eine eigene Art von identitärer Zivilisation. Insofern kann man ihn mit seinem Kult der Erde und der Leistungen der Ahnen durchaus als Anhänger von Maurice Barrès ausweisen[2]. Jarnac, wo er am 26. Oktober 1916 während der weit entfernt noch tobenden Schlachten von Verdun und der Somme geboren wurde, ist eine Kleinstadt mit damals wie heute 4.500 Einwohnern. Sie ist für ihren Cognac, den Pineau de Charentes[3] und natürlich den Vin de Pays Charentais bekannt. Die sonnige, von Flüssen durchzogene Hügellandschaft besteht jedoch nicht nur aus Weinbergen, sondern ist mit Getreidefeldern und kleinen Wäldern durchmischt. Der junge Mitterrand erkundete diese alte Kulturlandschaft mit ihren romanischen Kirchen oft und ausführlich mit dem Fahrrad. In dem 70 Kilometer entfernten, im Weiler Nabinaud (90 Einwohner) abseits in der Natur stehenden Haus von Jules Lorrain, seines Großvaters mütterlicherseits, verbrachte er die meisten Sommer seiner Kindheit.

Sein Vater Joseph (1873–1946) war ursprünglich Eisenbahner. Nach einem glänzenden Abitur wollte er eigentlich Journalist werden. Doch sein Vater zwang ihn, eine sichere Laufbahn bei der Eisenbahn einzuschlagen. So arbeitete er sich auf der Linie Paris-Orléans vom Waggonrangierer und Fahrkartenkontrolleur bis zum stellvertretenden Bahnhofsvorsteher von Saint-Nazaire hoch. 1916 wurde er Vorsteher des Bahnhofes von Angoulême[4], des Hauptortes der Charente. Als er drei Jahre nach François' Geburt nach Paris befördert werden sollte, gibt er auf Wunsch seiner Frau im Jahr 1919 die Laufbahn bei der Bahn auf und eröffnet ein Versicherungsbüro und eine Besenmanufaktur in Jarnac. Als der Schwiegervater 76 Jahre alt wird und schwer erkrankt, übernimmt er ohne großes materielles Interesse dessen Essigfabrikation. Während der Weltwirtschaftskrise von 1929 gelingt es ihm, durch technische Verbesserungen im Produktionsprozess den Betrieb weiter profitabel zu führen. Als er Sozialist geworden war, gab François Mitterrand den Beruf seines Vaters stets als Eisenbahner an, tatsächlich gehörte er aber zu den Notabeln der Provinz: als Unternehmer ist er von 1939–1942 Präsident der nationalen Verei-

2   Michel Winock. François Mitterrand. Gallimard. 2015. S. 13.
3   Ein schwerer Dessertwein, der durch die Beimischung von Cognac entsteht.
4   Der Bahnhof ist heute modernisiert noch weitgehend erhalten, während jener in Saint-Nazaire in den 50er-Jahren durch eine gesichtslose Scheußlichkeit ersetzt wurde.

nigung der Essighersteller sowie Präsident der Vereinigung der freien (katholischen) Schulen in der Charente. 1941–1944 war er unter Vichy Mitglied des Stadtrates von Jarnac, ohne sich politisch jedoch hervorzutun. Zwar galten in Jarnac die Cognac-Häuser als etwas Besseres als die Essighersteller, doch hatte dies keinen Einfluss auf die konservativ-patriotischen Einstellungen des Vaters, eines regelmäßigen Kirchgängers, der den strengeren Katholizismus seiner Frau tolerierte. Als Familienvater wie als Geschäftsmann war er zurückhaltend, schweigsam, autoritativ, belesen und ausgleichend. Wenn er strafen wollte, tat er dies durch Schweigen. Eine Methode, die François auch als Präsident praktizierte. Der Vater angelte gerne ohne großes Interesse an seinem Fang und liebte einsame, lange Spaziergänge[5], ebenso wie später sein Sohn. Seine Lebensaufzeichnungen gingen später bei einem Zimmerbrand verloren.

Seine Mutter Yvonne Lorrain war wie der Vater sehr belesen, musikalisch und nahm ihre religiösen Überzeugungen sehr ernst. Der Bücherschrank der Familie war mit den Klassikern des 19. Jahrhunderts gut gefüllt. 1908 war ihr um acht Jahre jüngerer, literarisch talentierter und christlich-demokratisch engagierter Bruder Robert (François Mauriac war einer seiner Bekannten) mit nur zwanzig Jahren als Student in Paris an der Tuberkulose gestorben. Er wurde für François und seine Geschwister durch die vielen Erzählungen der Mutter zu einem nachahmenswerten und zu verehrenden Ideal. Von 1909 bis 1921 gebar sie trotz ihrer Herzschwäche acht Kinder. François war das fünfte Kind. Seine Lieblingsschwester Marie-Josèphe wurde Malerin und heiratete einen Marquis. Unter den Brüdern wurden Robert[6] (1915–2002) als Polytechnicien Vorstand verschiedener Bergbauunternehmen und Technologiekonzerne, und Jacques (1918–2009) General. Das Tagewerk der Mutter begann um 6 Uhr mit der Morgenmesse. Der Tag war gefüllt mit häuslichen Arbeiten und der „Arbeit für die Armen" wie Krankenbesuche und der Fürsorge um verarmte Kinder. Nach dem Abendessen las sie den Kindern Gedichte oder Zeitschriftenaufsätze vor. Abends folgten etwas Meditation und die Lektüre religiöser und klassischer Bücher unter der Petroleumlampe. Dazu führt sie ein Tagebuch. Mit ihrer asketischen Religiosität, die sie niemandem aufdrängte, war trotz ihrer herzlichen und engagierten Art das Leben für sie Arbeit und Pflicht und nicht zum Genuss da. Sie überwachte die Hausaufgaben und hielt ihre Kinder zu steter Lektüre und einem frommen Lebenswandel an. Doch war der Mutter ihr irdisches Fortkommen das wichtigste Lebensziel. Sie starb schwer herzkrank im Jahr 1936, als François erst 24 Jahre alt war.

Ihr Vater Jules Lorrain hatte jedoch vermutlich den größten Einfluss auf den jungen Mitterrand. Er war der Sohn eines Holzhändlers, eine starke, immer fröhliche Persönlichkeit, ein erfolgreicher Kleinunternehmer und als jovialer, lebensfroher Notable allseits beliebt. Bei Wahlen stimmt er für die antiklerikalen, linksliberalen Radikalen. Mit seinen Angestellten und Arbeitern unternimmt er gerne Betriebsausflüge, damals sehr ungewöhnlich. In seiner Jugend „rot" und ein Freidenker, wird er erst nach dem Tod seines Sohnes Robert fromm. François liebte das große Haus des Großvaters, das voller Kinder und Enkel war und das weder fließend Wasser noch Strom hatte. Man fuhr mit dem Pferdefuhrwerk zum Wochenmarkt und

---

5   Franz-Olivier Giesbert. François Mitterrand. Une Vie. Seuil. 1996. S. 15.
6   Sein Sohn Frédéric Mitterrand wurde Sarkozys übel beleumundeter Kulturminister (2009–2012).

zur Sonntagsmesse. Seine Frau Eugénie hatte ihre innige strenge Frömmigkeit an ihre Tochter, François Mutter, vermacht. Gleichzeitig war er ihr Lieblingsenkel. Sie selbst starb bereits 1931, als er 19 Jahre alt war, während der Großvater im Todesjahr seiner Mutter 1936 verstarb.

Der frühe Tod seiner Mutter und Großeltern hat Mitterrand laut Attali stets bedrückt. Er ging deshalb auch von einer eigenen kurzen Lebensdauer aus. In Gesprächen mit ihm sprach er stets mehr von der Mutter als vom Vater, mehr von den Großeltern als von den Eltern und nie von den Geschwistern. Dennoch fühlte er sich ihnen und ihren oft befremdlichen Ehepartnern zeitlebens sehr verbunden, so dass Beobachter angesichts ihrer Vielzahl von einem „Klan" sprachen.[7]

Mit neun Jahren wird François im Oktober 1925 auf eine Internatsschule, das Diözesan-Gymnasium Saint-Paul in Angouléme geschickt, das schon sein ein Jahr älterer Bruder Robert besucht. Viele der Lehrer sind Laienpriester oder oft recht elementar ausgebildete Landpfarrer. Er ist in der Schule anfangs sehr gottesfürchtig, angepasst und einigermaßen sportlich. Er liest weiter viel und zunehmend anspruchsvollere Lektüren von André Gide bis Drieu la Rochelle. Am liebsten ist er für sich allein und beteiligt sich weder an katholischen Jugendgruppen noch bei den Pfadfindern. An Politik ist er desinteressiert. Auch bei den Heimaturlauben liest er ruhig und diszipliniert in seinem Zimmer oder auf einem Speicher und träumte dort mit dem Blick in die Landschaft nach eigenen Erzählungen von einer Führungsrolle und dem Jubel der Massen[8]. Erst mit etwa zwölf Jahren beginnt der schüchterne Einzelgänger selbstbewusster aufzutreten. Dabei macht er sich mit scharfsinnigen und scharfzüngigen Debattenbeiträgen bei den biederen Lehrern nicht nur Freunde. Wie schon der junge de Gaulle und Pompidou – und die meisten einseitig Hochbegabten – lernt er nur für die Fächer, die ihm Spaß machen, wie Französisch, Geschichte und später Philosophie, und ist schlecht in Mathematik, Naturwissenschaften und Fremdsprachen. Als er deshalb durch das mündliche Abitur fällt, muss er ein Jahr wiederholen. Immerhin gewinnt er den Rhetorikpreis des katholischen Instituts von Angers und wird später seine Schule immer in positiver Erinnerung behalten.

Die katholische Prägung seiner Jugend durch Schule und Elternhaus ließ ihn zeitlebens ambivalent bleiben. Nie würde er sich als Atheist, stets nur als Agnostiker bezeichnen. Er habe eine mystische Seele und einen rationellen Verstand, meinte er an seinem Lebensende einmal[9]. Einer seiner Lieblingsorte waren kontemplative Gänge über Friedhöfe. An sozialistischen Kampagnen gegen die katholischen freien Schulen und für die Abtreibung auf Krankenschein beteiligte er sich als Präsident nur mit größten Vorbehalten.

Als Student in Paris

Im Oktober 1934 schreibt sich François Mitterrand mit 18 Jahren in Paris gleichzeitig in Jura und an der Sciences Po ein. In Paris war er ein armer Student, der über seine geringen Ausga-

---

7   Pierre Péan. Eine französische Jugend. François Mitterrand 1934–1947. München 1995. S. 24.
8   Attali. Op. cit. S. 68.
9   Giesbert. Op. cit. S. 20.

ben sorgfältig Buch führte. Später bekundete er habe sich „verloren gefühlt, ohne Identität in einer indifferenten Welt" und „ganz klein am Fuße eines Berges, der zu besteigen war"[10]. Seine Mutter besorgt ihm mit vier Empfehlungen, darunter eine von François Mauriac, einen Platz in einem katholischen Studentenwohnheim, einer Institution der Maristen, die sich „Réunion des étudiants" nennt. Dort sollen die Studenten neben ihrer weltlichen Ausbildung noch geistliche Studien betreiben, regelmäßig philosophische und theologische Vorträge besuchen und allabendlich an Andachten teilnehmen. Um 22 Uhr ist Sperrstunde. In der Hauszeitschrift des Heims, der „Revue Montalembert", beginnt er literarische Buchbesprechungen zu veröffentlichen. Mit einem Voltaire-ähnlichen Skeptizismus beginnt er mit wachsendem Selbstbewusstsein, jede Menge verehrungswürdiger Meisterdenker zu verwerfen und die Politikerklasse mit herablassender Geringschätzung zu beschreiben.

In seinen ersten dialogartigen Erinnerungen von 1969 behauptet er, er habe an Sitzungen mit antifaschistischen Dichtern wie André Malraux teilgenommen[11], der Anfang seiner irritierenden biographischen Lügengeschichten, die er später noch weiter antifaschistisch-zeitgeistig ausschmückte. Tatsächlich wurde er 1935 „Volontaire national" in der rechtskatholischen, freilich gewaltfreien und disziplinierten Miliz der Feuerkreuzler (Croix-de-Feu) des Obersten François de la Rocque mit ihren 380.000 Mitgliedern[12]. Mitglied der faschistischen Action Française war er, wie oft behauptet wird, jedoch schon deshalb nicht, weil ihren Mitgliedern die Exkommunikation drohte. Eine zweite Legende, die nur durch seine dauernden Lebenslügen Plausibilität gewann: Er sei Mitglied in der rechtsradikalen Terrorgruppe Cagoule gewesen. Tatsächlich war damals seine Schwester Colette mit einem ihrer Chefs sehr befreundet und Bruder Robert heiratete 1939 eine entfernte Verwandte des Cagoule-Führers. François Mitterrand kannte also einige ihrer Führungskader, was ihn aber längst nicht zum Mitglied dieser verschworenen Gemeinschaft machte[13].

Tatsächlich war damals der Rechtsintellektualismus an französischen Hochschulen im Schwange und Mitterrand besaß hierzu aufgrund von Herkunft und Erziehung die nötige Affinität. Im Quartier Latin herrschte auf den Straßen die Rechte, die Action Française zur Not auch mit der Faust, ähnlich wie dies 30–40 Jahre später die Linke tat.

De la Rocques Verband hatte zum Ziel, sowohl die siegreichen Errungenschaften des Ersten Weltkriegs zu verteidigen als auch die Doktrinen des Vatikans, seine Sozialdoktrin wie seine Ablehnung von Sozialismus und Liberalismus, durchzusetzen. Schon 1934, sechs Jahre vor Vichy, erfanden sie das Motto: „Travail, Famille, Patrie". Als die Volksfront im Juni 1936 alle rechten Milizen verbieten ließ, gründete der Oberst die Parti Social Française (PSF), die bald mehr Mitglieder hatte als KPF und SFIO zusammen. Mitterrands Aktivität ist abgesehen von seinen zustimmenden Zeitschriftenartikeln fotografisch an zwei Aktionen dokumentiert: So nahm er im Februar 1935 an einer Demonstration unter den Parolen „Frankreich den Franzosen" und

10   Attali. Op. cit. S. 69.
11   François Mitterrand. Ma part de vérité. Fayard. 1969. S. 18 f.
12   Péan. Op. cit. S. 39.
13   Winock. Op. cit. S. 26.

„Gegen die Invasion der ‚Métèques'" (zugewanderte Ausländer) und Anfang 1936 an einem Protest gegen einen Juraprofessor teil, der den Kaiser von Äthiopien in seiner Klage gegen den Kolonialkrieg Mussolinis vor dem Haager Gerichtshof beraten hatte[14]. Später behauptete er, er habe zugunsten des Professors demonstriert. Sein eigener Erlebnisbericht in „L'Écho de Paris" beweist das Gegenteil[15]. Damals war die französische Rechte voller Sympathie für das neue Regime und die Politik des Duce. Ob Mitterrand je Mitglied der PSF wurde, bleibt unklar. Auch beschreibt er, er habe die Machtübernahme der Volksfront 1936 bejubelt.[16] Auch dies ist denkbar unglaubwürdig. Schon damals fiel Mitterrand durch seinen literarischen Ehrgeiz, seine rhetorische Einsatzfreude und die Neigung, Erster und Bester sein zu wollen, auf. So hinterließ er deutliche Spuren und seine damaligen Zeitgenossen erinnerten sich gut an ihn, mehr als an irgendwelche namenslose Mitläufer.

1936/37 schreibt Mitterrand auf den Literaturseiten des „L'Écho de Paris", einem PSF-nahen, stramm rechten Blatt, das die Volksfrontregierung kompromisslos ablehnt. Im Jahr 1937 erhält er auch sein Diplom von der Sciences Po und im Folgejahr sein Doktorat in Jura. Der Anschluss Österreichs an das Reich veranlasst ihn im März 1938 in der „Revue Montalambert" zu einem sarkastischen Kommentar zu den müde gewordenen Siegern des Großen Krieges. Im Übrigen sei Österreich deutsch. Nach der Zerschlagung der Donaumonarchie gehöre es zum Reich, das es durch seine Kultur und heitere Lebensart nur positiv befruchten könne[17].

Doch gab es nicht nur Literatur und Politik. Auf einem Hochschulball im Januar 1938 trifft der 22-Jährige Marie-Louise Terrasse, die später als Catherine Langeais (1923–1998) eine bekannte Fernsehansagerin werden sollte, und verliebt sich in seine erste große Liebe, wahrscheinlich die einzige vor Anne Pingeot. Er sieht gut aus, hat ein ironisches Lächeln, stammt aus einer gutbürgerlichen Familie, ist literarisch gebildet, ist in Jura und an der Sciences Po diplomiert, muss also wie eine gute Partie mit einer vielversprechenden Zukunft erscheinen. Dazu ist er intelligent, voller lustiger Einfälle und schreibt schöne Liebesgedichte. Er macht ihr intensiv den Hof und will sie als guter Katholik auch gleich heiraten. Doch ist die Gymnasiastin erst 16 Jahre alt und stammt aus einer rechtsliberalen, nicht sonderlich frommen Pariser Professorenfamilie. Die Gegenseite hat es also nicht so eilig. Zudem fühlt sich Marie-Louise einerseits von seiner Zuneigung umworben und geschmeichelt, andererseits allzu heftig bedrängt und in ihren noch unbestimmten Zukunftsaussichten eingeengt[18]. Außerdem hat François seinen Wehrdienst noch nicht abgeleistet. Mit der ihm eigenen Ausdauer lässt er jedoch nicht nach und schreibt seiner Angebeteten in Zeiten der Trennung täglich lange Briefe. Schließlich wird im März 1940 doch bei den potentiellen Schwiegereltern die Verlobung gefeiert. Während seiner folgenden Wehrdienstzeit hasst er es, von ihr getrennt zu sein und erschlägt sie förmlich mit seiner Flut von mehr als eintausend ungestümen Liebesbriefen.

---

14   Ibid. S. 32.
15   Péan. Op. cit. S. 53.
16   Mitterrand. Op. cit. S. 23.
17   Péan. Op. cit. S. 94.
18   Giesbert. Op. cit. S. 36.

In Krieg und Kriegsgefangenschaft

Im September 1938 kommt er wie die meisten Hochschulabsolventen recht lustlos seiner Einberufung nach. Er wird einem Zug von Unteroffiziersschülern des 23. Kolonialinfanterieregiments im Fort d'Ivry zugeteilt. Zumindest abends kann er sich mit seinen Freunden in Paris amüsieren. Ein Jahr später erklären England und Frankreich nach dem deutschen Angriff auf Polen dem Reich den Krieg. Das Regiment wird an die Maginotlinie in die Ardennen befohlen. Der „drôle de guerre" beginnt. Hauptfeind ist die Kälte, die das Essen und den Wein gefrieren lässt. Feldwebel Mitterrand muss mit seinen Leuten in dem gefrorenen Boden Panzergräben ausheben. Wegen schmutziger Stiefel nach der Arbeit wird er von seinem Hauptmann disziplinar bestraft. Offenkundig kommt er mit der militärischen Disziplin nicht zurecht und macht in Briefen an Freunde aus seiner Verachtung für idiotische Befehle kein Hehl. Der Hass auf die rigide militärische Hierarchie und die Unterwerfung unter schwachsinnige Vorgesetzte bringt wenig überraschend sein bisheriges konservatives Weltbild ins Wanken. Nach dem deutschen Durchbruch bei Sedan im Mai 1940 flutet sein Regiment zurück. Seine Kompanie sitzt bei Verdun auf der Höhe 304, auch als „Toter Mann" bekannt, wo die Spuren der Schlacht von 1916 damals noch wesentlich frischer und sichtbarer waren als heute. Beim Angriff deutscher Truppen wird Mitterrand durch Minenwerfersplitter in das rechten Schulterblatt und den Brustkorb schwer verwundet. Er wird in einem zweirädrigen Karren durch etliche Feldlazarette transportiert und schließlich laut Giesbert im Thermalbad Vittel in einem Hotel abgeladen, wo ein Großteil der im Osten geschlagenen Armee ohne medizinische Versorgung in Hotelzimmern ihrem Schicksal überlassen wird[19]. Laut Péan jedoch wird er von den Deutschen aus dem „Krankenhaus" (mutmaßlich eher ein Feldlazarett) von Bruyères herausgeholt[20].

Mit dem Zug wird er ab Lunéville ins Stalag (Stammlager) IX A südwestlich von Kassel transportiert, wo sich bereits 30.000 Gefangene befinden. Seine Fahrt im Viehwagen mit 40 Mann hat er im Dezember 1942 leicht romanhaft („Le Pélerinage en Thuringe") dargestellt. Er will – nicht ganz stimmig – damals die Strecke „Gotha, Eisenach, Erfurt, Weimar" gefahren sein[21]. In der Lagerzeitung „L'Éphémère", deren Herausgeber er bald wurde, beschrieb er die Ankunft seines verlorenen Haufen eher wie eine seltsam distanzierte Naturbetrachtung. Noch ist dort nichts organisiert. Es gibt einmal täglich Kohl- oder Gerstensuppe in großen Kesseln mit Brot, um die es jedes Mal Streit gibt und die Stärkeren und die Besitzer von Brotmessern sich durchsetzen. Ob Mitterrand, wie Giesbert schreibt, bald die Essensausgabe organisiert und das Brot millimetergerecht schneiden lässt[22] oder die Selbstorganisation der Gefangenen durch Sprecher lediglich als Sozialstudie interessiert beobachtet[23], bleibt unklar.

In jenen 18 Monaten lernt er erstmals den sozialen Querschnitt der französischen Gesellschaft kennen – kleine Angestellte, Bauern, kommunistische Arbeiter – und mit ihnen jenes einzig-

19   Ibid. S. 31.
20   Péan. Op. cit. S. 117.
21   Ibid. S. 122.
22   Giesbert. Op. cit. S. 32.
23   Péan. Op. cit. S. 124.

artige Gemeinschaftserlebnis der klassenlosen Solidarität und Kameradschaft ohne Ansehen des Dienstgrads in widrigen Verhältnissen, in der sich natürliche Gemeinschaften ohne Bezug auf Herkunft oder Bildungsgrad ausformten, ein für den Individualisten Mitterrand lebenslang prägendes Erlebnis.[24] Zu den Eigenarten der deutschen Kriegsgefangenenpolitik zählte, französische Intellektuelle – Lehrer, Studenten, Priester, Rechtsanwälte, Journalisten (darunter auch viele Juden) im thüringischen Schaala (einem heutigen Ortsteil von Rudolstadt) in ein Sonderlager mit erleichterten Arbeitsbedingungen zu stecken. In den allabendlichen Debattierzirkeln spielte Mitterrand dank seiner Beherrschtheit und kulturbeflissenen Lebensart bald eine Hauptrolle als Diskussionsleiter, wobei er sich allerdings an den Pétain-Komitees, die die nationale Revolution diskutierten, nicht beteiligte. Tatsächlich war der Marschall 1941 nicht nur in Frankreich sondern auch in den Lagern beliebt, erwarteten sich doch die Gefangenen vom Sieger von Verdun ihre Befreiung oder zumindest bessere Lebensbedingungen. Auch die Versorgungspakete aus der Heimat wurden „Colis Pétain" genannt. Das alte Regime der III. Republik galt als diskreditiert und verantwortlich für die Niederlage der stärksten Armee der Welt. So war Vichy der natürliche Bezugspunkt für die meisten Kriegsgefangenen – auch für Mitterrand –, im Gegensatz zu den Radioparolen unbekannter Emigranten im sicheren, London[25]. Die Arbeitspflichten der 260 Gefangenen in der Porzellanfabrik von Schaala sind nicht sonderlich beschwerlich: Hilfsdienste in der Fahrschule der Luftwaffe im nahen Rudolstadt, das Verladen von Heu, der Ausbau eines Rangierbahnhofes und Gelegenheitsarbeiten bei Handwerkern und Kleinbetrieben in der Umgebung. Bei seinen Arbeiten als Gärtner und Heustapler zeichnete sich Mitterrand durch eine einzigartige Faulheit aus.[26]

Zwei biographische Schlüsselerlebnisse fallen in seine Stalag-Zeit. Er verliert nach und nach seinen katholischen Kinder- und Jugendglauben und mutiert, auch wenn er noch weiter zur Sonntagsmesse geht, zu einem deistischen Agnostiker. Dazu gibt ihm Marie-Louise Terrasse, die wohl eine Überdosis seiner Briefe erhalten hatte, den Laufpass. Ihre Antwortbriefe werden immer kürzer und seltener, bis sie schließlich ganz abbrechen. Die Treulose hatte sich in einen jungen Polen verliebt, den sie in erster Ehe bald heiratete. Auch nach ihrer und seiner späteren Hochzeit gab Mitterrand sie nie auf, traf sie gelegentlich heimlich und versprach ihr im Falle ihrer Scheidung, sofort ihre zwei Kinder zu adoptieren[27]. Oft wurde spekuliert, ob nicht in jenem ersten großen Liebeskummer die Ursache von Mitterrands merkwürdigem Verhältnis zu Frauen zu sehen ist: jene Mischung aus intensiver Aufmerksamkeit, obsessiven Besitzstreben und der Furcht vor Zurückweisung. Als melancholischer Charmeur suchte er zeitlebens die Gesellschaft von Frauen bei Mahlzeiten, in seiner Regierung, seiner Umgebung und auf Reisen. Dabei war er eher ein Sammler, der die Beziehungen weiter pflegte, weniger ein Trophäenjäger wie VGE oder Chirac. Gut möglich, dass auch sein politischer Ehrgeiz erst durch den Bruch der Beziehung zu Marie-Louise in kompensatorischer Absicht ab 1943 stimuliert wurde. Zunächst aber wirkte jener Verlust für ihn, der er ohnmächtig hinter Stacheldraht ohne

24   Winock. Op. cit. S. 45.
25   Ibid. S. 48.
26   Péan. Op. cit. S. 126.
27   Giesbert. Op. cit. S. 41.

Frauen eingesperrt war, wie eine doppelt schmerzliche Niederlage. Und als ein zusätzliches machtvolles Ausbruchsmotiv.

Im März 1941 flieht er zusammen mit einem Abbé. Die beiden haben sich Zivilkleidung organisiert, haben zwölf Kekse, eine Tafel Schokolade und zwei Stücke Zucker dabei. Bei der Durchquerung des Thüringer Waldes ernähren sie sich auch an Wildfutterstellen. Nachts wandern sie und umgehen alle Siedlungen. Tagsüber finden sie in Holzfällerhütten Unterschlupf. In 21 Nächten haben sie 550 km zurückgelegt. 30 km vor der rettenden Schweizer Grenze machen sie erschöpft und ausgehungert den Fehler eines Tagesmarschs. In Egesheim bei Spaichingen werden sie verhaftet und ins Stalag IX A nach Nordhessen zurückgeschickt. Dort, in Ziegenhain, wird Mitterrand einer der Referenten in der Lageruniversität. Seine Reputation stieg, weil er nach nur kursorischer Vorbereitung in der Lagerbibliothek mit ihren 35.000 Bänden zu anspruchsvollen literarischen, philosophischen und historischen Themen frei sprechend einstündige Fachvorträge halten konnte. Andere Zerstreuungen gibt es durch ein Orchester, eine Theatergruppe und Schach- und Bridgetourniere. Die Stimmung ist relativ gut, auch weil man die Deutschen nicht provozieren will.[28] Mitterrand wird von seinen Mitgefangenen als intelligent, hochgebildet, stets freundlich und charmant, aber zugleich als distanziert, ehrgeizig und hochmütig geschildert. Die meisten seiner Kameraden siezt er weiter. Politisch gilt er als elitär und rechtsgerichtet.[29]

Im November 1941 unternimmt er mit zwei Kameraden einen erneuten Ausbruchsversuch mit sorgfältig gefälschten Papieren. Einer wird sofort gefasst und einer kommt nach Paris durch. Doch Mitterrand wird in einem Bahnhofshotel je nach Version von der Inhaberin oder einer Empfangsdame verpfiffen. Er kommt nun in ein Lager für Wiederholungstäter in Bolchen (Boulay) an der Mosel. Ihm blüht nun ein Lager im Osten, mutmaßlich im polnischen Generalgouverment. Er muss also sofort wieder fliehen und tut dies bereits im Dezember 1941 von schießenden Wachen verfolgt. Wieder gibt es zwei Versionen. Einmal wird er von Krankenschwestern in einem nahen Spital verborgen, ein andermal sind es zwei alte Damen in einem Café-Bistro, in dem gerade auch eine deutsche Streife einkehrt. Von dort wird er von einer Kette christlicher Lothringerinnen über Metz und nach dem nächtlichen Überqueren der Reichsgrenze nach Nancy entlang der Bahnlinie bis nach Besançon weitergereicht. Mitte Dezember 1941 kann er die Demarkationslinie im Jura zum unbesetzten Teil Frankreichs überschreiten und ist nach 16 Monaten wieder frei. Zunächst kann er in der Schule einer Freundin unterschlüpfen, wo er sich von der Strapazen der Flucht erholt. Wie bei seiner Gefangennahme hat er auch bei seinen Fluchten stets neue dramatische Ausschmückungen und Varianten in Umlauf gesetzt, die schließlich die wildesten Gerüchte und Zweifel nährten[30].

28 Péan Op. cit. S. 139.
29 Ibid. S. 148.
30 Giesbert. Op. cit. S. 47.

In Vichy

Zu Mitterrands Lebenslügen zählt, er habe sich nach seiner Rückkehr nach Frankreich umstandslos der Résistance angeschlossen.[31] Stattdessen wurde er, wenngleich mit wachsender
Ambivalenz, um 1942/43 mindestens ein Jahr lang aus guten Gründen Funktionär der Regierung von Vichy. Zunächst besucht er seine Marschall-treue Familie in Jarnac, die er seit
Kriegsausbruch nicht gesehen hat und wo sein Vater (ähnlich wie VGEs Vater) Mitglied des
von Vichy eingesetzten Stadtrates ist, und fährt danach nach Paris zu Freunden und zu seinem
Abschiedstreffen mit Marie-Louise, die ihm klar macht, dass der Bruch unwiderruflich ist.

Mit seinen Sympathien für die Nationale Revolution des Marschalls ist es natürlich, dass er
sich für seinen künftigen Lebensunterhalt nach Vichy, der Hauptstadt der Freien Zone wendet.
Schließlich findet er, der arbeitslos und ohne bisherige Berufserfahrung ist, über Bekannte und
Familienfreunde im Kabinett von Admiral Darlan, dem Verteidigungsminister, einen Posten in
der „Dokumentationsabteilung", d. h. des Nachrichtendienstes des pétainistischen Kriegsvete-
ranenverbandes, der sich „Légion française des combattantes et des volontaires de la Révolution nationale" nennt und trotz seines martialischen Namens eine lose Sammlungsbewegung
ist[32]. Dieser Verband ist mit der Parti Social Française (PSF) und den Croix-de-Feux liiert, in
denen Mitterrand schon acht Jahre zuvor aktiv war. Seither haben sein Kriegserlebnis, seine
Verwundung, die Niederlange und die Gefangenschaft seine Ablehnung der III. Republik und
ihrer Politiker nur bestärkt.[33] Vichy war – unabhängig von den Waffenstillstandsbedingungen
und den Auflagen der Deutschen – die Rache der alten patriotisch-klerikalen Rechten an der
laizistisch-parlamentarischen III. Republik, die sie für die Niederlage von 1940 verantwortlich
machte. Der neue „État Français"" war ein Führerstaat, der vom Parlament bevollmächtigt im
Namen des Marschalls per Erlass regiert wurde und noch über eine Flotte, ein leichtbewaffnete
Restarmee und ein Kolonialreich verfügte. Er löste die laizistischen Lehrerbildungsstätten auf,
verbot Gewerkschaften und Geheimgesellschaften wie die Freimaurer und schloss Juden vom
öffentlichen Dienst und von freien Berufen aus. Mitterrand schien dies nicht zu stören, auch
wenn er, zeitlebens des Antisemitismus unverdächtig, damals weiter seine Freundschaften zu
jüdischen Kriegs- und Gefangenschaftskameraden wie Georges Dayan und Bernard Finifter
pflegte. Wenn er Vorbehalte hatte, so äußerte er sie hinsichtlich der Inkompetenz im Umfeld
des verehrten Marschalls und der Politiker von Vichy.[34] Wie in Mitterrands Leben so gab es
auch in Vichy jede Menge Ambivalenzen. So arbeitete sein „Dokumentationsdienst", ohne dass
er es wusste, direkt einer Résistancegruppe zu, die aus der militärischen Gegenspionage her-
vorgegangen war.[35]

---

31 Mitterrand. Op. cit. S. 25.
32 Nicht zu verwechseln mit der Légion des Volontaires Françaises (LVF), den Pariser Kollaborateure im Herbst
    1941 im besetzten Frankreich zur Unterstützung des deutschen Kampfes gegen die Sowjetunion rekrutierten.
    Ebenso nicht zu verwechseln mit dem Service d'ordre légionnaire (SOL), eines rechtsradikalen paramilitäri-
    schen Ordnungsdienstes, aus dem später die Milizen hervorgehen sollten.
33 Péan. Op. cit. S. 170.
34 Winock. Op. cit. S. 52.
35 Péan. Op. cit. S. 170.

Anfang 1942 gewöhnt sich Mitterrand wieder an das Leben als Zivilist, trifft in der Kleinstadt Vichy mit ihren 25.000 Einwohnern jede Menge alter Bekannter, überarbeitet sich nicht, versucht lebenshungrig die verlorene Zeit nachzuholen und nimmt die alten Lektüregewohnheiten wieder auf. Statt Romanen liest er jetzt Bücher zur Geschichte und Wirtschaft. Er fühlt sich in einem diffusen Sinn als „nationaler Revolutionär", der glaubt, der verehrte alte Marschall würde vom Großkapital und der alten Rechten manipuliert. Mit Kollaboration oder Antisemitismus hatte diese Einstellung – die erst nach der heutigen propagandistischen Dämonisierung von Vichy, das zu einer Masse von Verrätern, Feiglingen und Kriminellen reduziert wurde, unterstellt wird – im Jahr 1942 bei Mitterrand nicht das Geringste zu tun. Wie die meisten wartete er den Ausgang des Krieges zwischen Deutschland und Russland ab, um Frankreichs Schicksal durch eine geeignete innere Vorbereitung und Parteinahme im rechten Moment zum Besseren zu wenden[36].

Im Sommer 1942 nimmt Mitterrand eine Stelle im Kommissariat für Kriegsgefangenenfragen an. Noch immer sind von ursprünglich zwei Millionen Mann 1,5 Millionen hinter Stacheldraht. Sie haben das Gefühl, vergessen worden zu sein. Ein Teil der Öffentlichkeit macht sie für die Niederlage verantwortlich: Warum haben sie sich ergeben? Fast alle Familien sind betroffen und materiell und emotional vom Ausbleiben ihrer jungen Männer belastet. Gleichzeitig muss Vichy 350.000 entlassene oder entflohene Kriegsgefangene nach zwei Jahren wieder in die Gesellschaft und den Arbeitsprozess eingliedern. In jedem Department werden „Maisons des prisonniers" eingerichtet, die die Heimkehrer unterstützen sollen. Die Arbeit des Kommissariats ist also eine soziale und keine irgendwie geartete Kollaboration mit den Deutschen. Mitterrand ist als stellvertretender Abteilungsleiter für die Presse- und Propagandaarbeit zuständig und kann deshalb viel reisen. Er gibt auch einen monatlichen Rundbrief an alle Heimkehrer heraus. Ziel ist es, sie angesichts ihrer Frustrationen, des Verrats des alten Systems und ihrer höheren Offizieren, nicht zu Opfern der kommunistischen Agitation werden zu lassen[37]. Gleichzeitig helfen er und sein Kommissariat Gefangenenausbrüchen durch den Versand gefälschter Papiere, von Landkarten und anderen Hilfen, die in Nahrungsmittelpaketen versteckt werden. Im Oktober 1942 werden die drei Organisatoren der Studien- und Hilfszentren für Kriegsgefangene, darunter Mitterrand, von Marschall Pétain empfangen. Mitterrand sah in der Loyalität zu Pétain und in der illegalen Gefangenenarbeit keinen Widerspruch: Er wollte damit Frankreich dienen.

Mit der alliierten Landung in Nordafrika im November 1942 wollen die Amerikaner zuerst mit Admiral Darlan und nach dessen Ermordung mit General Giraud[38] die französische Rechte auf ihre Seite ziehen und de Gaulle ausschalten. Gleichzeitig besetzten die Deutschen die freie Zone und entwaffneten die französische Waffenstillstandsarmee. Mitterrand setzt seine Propagandaarbeit für den Marschall und die heimliche Fluchthilfe für die Kriegsgefangenen

---

36   Ibid. S. 181.
37   Ibid. S. 198.
38   General Henri Giraud war aus der deutschen Kriegsgefangenschaft entkommen und dann über Vichy mit
      einem US-U-Boot nach Algier geschmuggelt worden.

fort. Er beginnt dank seiner intensiven Reisetätigkeit aus losen Netzwerken eine eigene Organisation ehemaliger Kriegsgefangener aufzubauen, zunächst im Dunstkreis der patriotischen pétainistischen Jugendbewegungen. Anfang 1943 knüpft Mitterrand Kontakte zum militärischen Widerstand und zu Offizieren, die es mit Giraud in Nordafrika halten. Wie so viele in der Vichy-Regierung beginnt er eine diskrete Doppelrolle zu spielen. Beim Aufbau einer Kriegsgefangenenorganisation im Dienste der Résistance kommt Mitterrand de Gaulles Neffen Michel Cailliau (1913–2000) in die Quere. Während Mitterrand vorsichtig für den „Tag X" Vorbereitungen treffen will, drängt Cailliau auf sofortigen Aktionismus: Sabotageakte, Spionage und den Versuch, Aufstände in deutschen Lagern anzuzetteln.[39] Im Juli 1943 kommt es in Paris zu einem Zwischenfall. Bei den offiziellen Feierlichkeiten des Kongresses des pétainistischen „Mouvement Prisonniers" widerspricht Mitterrand in aller Öffentlichkeit dem Vorsitzenden Kommissar im Ministerrang, der daraufhin von den tausend Teilnehmern ausgelacht wird.[40] Es geht um den sogenannten „relève": Drei französische Arbeitswillige, die nach Deutschland gingen, konnten einen Kriegsgefangenen auslösen. Mitterrand nannte dies einen reinen Betrug und konnte in dem folgenden Durcheinander entkommen.

Für hervorragende Leistungen für Vichy, eine Eidesleistung und die loyale Unterstützung des Marschalls und ein Vorkriegsleben im Sinne der nationalen Revolution wurde der Francisque-Orden an einige tausend Würdenträger und Aktivisten verliehen. Dazu zählten unter anderem Edmond und René Giscard, Vater und Onkel von VGE, Jean Védrine, der Vater von Mitterrands Außenminister Hubert Védrine, und auch Mitterrand selbst für seine Gefangenenarbeit als mittlerer Funktionär des Regimes. Nach 1944 wurde jenes biographische Detail von den Betroffenen gerne vergessen. Später rechtfertigte er den Erhalt als gute Tarnung gegenüber den Besatzungsbehörden.

Im Widerstand

Ab wann Mitterrand zum Widerstandsaktivisten wurde, ist schwierig zu datieren, zumal er auf Autonomie erpicht, sich nie formal einer der großen Bewegungen anschloss. Sicherlich war ihm wie den meisten klarsichtigen Franzosen nach der Schlacht von Stalingrad Anfang 1943 klar, dass Hitler den Krieg verlieren und es günstiger sein würde, sich rechtzeitig auf der Siegerseite zu befinden. Für sein Doppelspiel, das ihm, der es hasst, durchschaut und festgelegt zu werden, und Gefahren und Risiken liebt, sehr viel Freude macht, benutzt Mitterrand für seine Untergrundarbeit nicht weniger als sieben Pseudonyme, am meisten jenen des Morland. Morland-Mitterrand zieht keine zentralisierte Bewegung auf, sondern koordiniert mit einer diskreten Führungsgruppe örtliche Gruppen bei ihrer Widerstands- und politischen Arbeit sowie der Fluchthilfe. Dabei arbeitet er eng mit der Widerstandsorganisation der entwaffneten Militärs ORA zusammen, die auf Girauds Anweisungen hören, waren doch seine ehemaligen Kriegsgefangenen bis vor kurzem aktive, ausgebildete Soldaten in Uniform. Entsprechend blieben die Übergänge zwischen Pétain und Giraud-Leuten weiter fließend. Ideologisch gab es

39   Péan. Op. cit. S. 255.
40   Giesbert. Op. cit. S. 63.

ohnehin keine Differenzen, nur solche taktischer Art. Gegenüber Cailliau, dem intriganten Befehlsempfänger de Gaulles, wacht Mitterrand streng auf seine Unabhängigkeit, zumal er über die ORA eigene Geldmittel erschließt und versucht, mit seinen Gefolgsleuten die offizielle Gefangenenorganisation von Vichy zu unterwandern. In der Londoner Umgebung de Gaulles wird Mitterrands Aktivität – wie die an Giraud orientierte ORA – mit größtem Misstrauen verfolgt. Nicht nur wird sie als Vichy-infiziert angesehen. Sodann zeichnet sich der Machtkampf de Gaulles gegen Giraud ab, denn die äußere Résistance möchte im sicheren London und später Algier über die innere, die ihre Haut riskiert, dominieren[41]. Einen Tito wollte de Gaulle in Frankreich nicht riskieren und tolerieren. So war es denn nach Girauds Kaltstellung durch de Gaulle für seinen Neffen Cailliau im Herbst 1943 ein Leichtes, den General davon zu überzeugen, dass nur seine eigene Kriegsgefangenen- und Deportiertenbewegung anerkannt, mit Waffen und Geld versorgt werden und in der „Assemblée consultative" in Algier vertreten sein würde[42].

Im November 1943 wird Morland-Mitterrand nach England ausgeflogen und dort vom englischen Geheimdienst verhört. Dies rettete ihn vor dem Verhaftungsversuch der Gestapo, die ihn am 11. November 1943 in seiner Wohnung in Vichy festnehmen wollte[43]. Aus seinen knappen Antworten wird klar, dass seine Organisation keinen unüberlegten Aktionismus will, sondern die befreiten Kriegsgefangenen in bürgerlichen Existenzen zur Bereitschaft für eine Untergrundarmee organisiert[44]. Nur in Ausnahmefällen sollen sie sich dem Maquis anschließen, dem es laut Mitterrand an Disziplin, Ausbildung und Waffen fehlt, ebenso wie er unfähig zu größeren Operationen sei. Seine Bewegung hat Einheiten in 52 von 96 Departements mit zwischen 45 und 350 Mann, in zwanzig Gefangenenlagern in Deutschland und kontrolliert viele der „maisons de prisonniers".

In London trifft er bei den „Freien Franzosen" die gleiche kleinkarierte Bürokratie wieder, die er schon in Vichy verachtet hat. Sie rächt sich, indem sie ihn in einem fensterlosen Raum unterbringt, ihm die Wechselwäsche und jeglichen Penny vorenthält. Als ehemaliger Vichy-Mann, der in der ORA auf Giraud gesetzt hatte, sah man ihn in de Gaulles Lager mit Misstrauen und Missfallen[45], die durchaus auf Gegenseitigkeit beruhten. So wird in London der „Major Morland" in giraudistischen Diensten zu einem „Hauptmann Monier" degradiert, der sich dem Kommando der Gaullisten unterwerfen muss. Im Dezember 1943 wird er von de Gaulles Geheimdienstchef, Oberst Passy, zum Rapport nach Algier bestellt. Zur dortigen erstmaligen Unterredung mit de Gaulle gibt es zwei Varianten, die Mitterrand je nach historischer Opportunität in Umlauf gesetzt hat. Eine von 1945, die noch von Eintracht und Harmonie berichtet, und eine einigermaßen plausiblere von 1971, die de Gaulles Forderung nach Mitterrands Unterordnung unter seinen Neffen beinhaltete (dessen Organisation Mitterrand für die Ausgeburt einer exzessiven Phantasie hielt). Erst dann werde es Geld und Waffen geben. Dem habe

41   Péan. Op. cit. S. 309.
42   Ibid. S. 315.
43   Giesbert. Op. cit. S. 60.
44   Péan. Op. cit. S. 326.
45   Giesbert. Op. cit. S. 68.

er sich verweigert. Außerdem habe de Gaulle den Einschluss der Kommunisten verlangt. Auch dies habe Mitterrand abgelehnt[46]. Auch tauchten Geschichten von angeblichen gaullistischen Mordplänen in dem algerischen Intrigennest gegenüber Mitterrand auf oder Pläne, ihn an die italienische Front als Truppenoffizier zu schicken, um ihn politisch aus dem Verkehr zu ziehen. Er entzog sich seiner Kaltstellung in Algier, indem er nach wochenlanger vergeblicher Suche über Marrakesch von General Montgomery einen Mitflug nach London erhält und sich von dort Ende Februar 1944 an die bretonische Küste absetzen kann.[47] Auch wenn die Berichte jener schicksalshaften ersten Begegnung der beiden künftigen größten Präsidenten der V. Republik durch die taktisch variablen Wahrheiten Mitterrands widersprüchlich bleiben, so stand doch de Gaulles Missachtung für ihn zeitlebens unerschütterlich fest, der ihn fortan für einen verantwortungslosen Abenteurer und Strolch hält. Dennoch pfiff de Gaulle nach jener mutmaßlich rauen Unterredung seinen Neffen zurück. Mitterrand erhielt die Oberaufsicht über beide Gefangenenorganisationen, auch wenn sein Selbstwertgefühl durch die Grobheiten des Generals stark verletzt worden war.[48]

Nach seiner Rückkehr nach Frankreich ist die Gestapo hinter Morland-Monier her. Seine Existenz besteht aus einem steten Wohnsitzwechsel, Pseudonymen und verschlüsselten Briefen. Es geht um die Befreiung verhafteter Kameraden, die Bestrafung von Verrätern, die vorsichtige Zusammenarbeit mit den Kommunisten und die Abwehr der Umtriebe von Cailliau[49], und schließlich im März 1944 die Fusion der drei Kriegsgefangenenverbände der Résistance: der Mitterrand-Leute, der Gaullisten und der Kommunisten. Programmatische Grundlage ist die deklarierte Feindschaft gegenüber den „Vichy-Verrätern"[50], zu denen Mitterrand noch sechs Monate zuvor gehört hatte. Innerhalb der Organisation setzt er sich mit einer formal kollektiven Führung, von der die Hälfte der Mandate auf seine Gruppe entfallen und je ein Viertel auf die Cailliaus (der bald wütend aufgibt) und die Kommunisten[51], meisterlich als tatsächlicher Chef durch, bei dem alle Fäden zusammenlaufen. Begünstigt wurde er auch durch die Verhaftung von Rivalen. Schon jetzt zeigt sich wie in seiner späteren Laufbahn, dass er am liebsten mit einem engen Zirkel von Vertrauten zusammenarbeitet, unabhängig von deren Fähigkeiten und Schwächen. Hauptsache, sie sind absolut loyal.

Im Frühjahr 1944 trifft Morland, der wie viele Résistance-Helden auch romantischen Abenteuern nicht abgeneigt ist, durch Vermittlung ihrer älteren Schwester die Gymnasiastin Danielle Gouze, die für die Resistance Kurier- und Sanitätsdienste leistet. Bei ihrer ersten Begegnung in einem Restaurant am Boulevard Saint-Germain, geht er der acht Jahre Jüngeren mit seiner extravaganten Kostümierung und seinem sarkastischen Ton eher auf die Nerven. Doch ließ er damals nicht locker, da ihn Ablehnungen eher anstachelten. Im Gegensatz zu ihm entstammt Danielle einer streng sozialistisch-laizistischen Lehrerfamilie. Danach sehen sie sich kriegsbe-

46   Péan. Op. cit. S. 339.
47   Giesbert. Op. cit. S. 75.
48   Winock. Op. cit. S. 59.
49   Péan. Op. cit. S. 367.
50   Péan. Op. cit. S. 380.
51   Giesbert. Op. cit. S. 83.

dingt eigentlich nur noch flüchtig bis zu ihrem Hochzeitstermin am 27. Oktober 1944, als sie 20 Jahre alt geworden war[52]. Schon am Abend will er zu einem politischen Treffen. Doch sie besteht zu seinem Erstaunen darauf mitzukommen. Ein wirklich gemeinsames Leben sollten sie später auch kaum führen.

An der Befreiung von Paris sollte neben Kommunisten und Gaullisten auch die Gefangenenbewegung bewaffnet mitwirken, um ihren Chefs einen künftigen politischen Einfluss als große Résistance-Führer zu sichern[53]. Am 25. August gehört Mitterrand zu denen, die de Gaulle im Rathaus empfängt (und von ihm hochmütig und unbedankt zurückgewiesen werden, schließlich hat aus seiner Sicht seine Division Leclerc Paris befreit) und darf am Folgetag das Siegesdéfilé des Generals auf den Champs-Élysées einige Ränge hinter ihm vor der extatischen Menge absolvieren.[54] Institutionell versuchten Mitterrand und seine Leute die Kontrolle über die 12.000 Zentren der Entraide zu sichern, um einen entscheidenden Einfluss auf die zwei Millionen bald endgültig zurückkehrenden Ex-Gefangenen als wichtiger politischer Nachkriegsgruppe zu erhalten. Nach der Befreiung hatte Mitterrand, der im Juni 1944 von de Gaulle provisorisch zum Kommissar für Kriegsgefangene ernannt worden war und am 18. August sein Kommissarsbüro in Paris gewaltsam besetzte[55], gehofft, Minister für Gefangene, Deportierte und Flüchtlinge zu werden. Doch de Gaulle, der der inneren Résistance mit ihren vielen Kommunisten und gewendeten Kollaborateuren misstraut, lässt nur zwei ihrer vormaligen „Generalsekretäre" als Minister in seine provisorische Regierung eintreten. Als ihm Mitterrand vorgestellt wird, ruft er aus: „Schon wieder Sie!" („Encore vous") und gibt ihm keinen Posten. Im September 1944 lädt ihn der neue Minister Henri Frenay ein, sein Generalsekretär im Ministerium zu werden. Doch der 27-jährige lehnt ab und bleibt lieber Chef der Gefangenenorganisation, um mit der Betreuung der Flut der arbeits- und orientierungslosen Rückkehrer seine eigene Karriere zu beginnen. Dies umso mehr als jene zwei Millionen im Gegensatz zu jenen jetzt an der Macht befindlichen, sich selbst mythisch feiernden Résistance-Helden als Kriegsverlierer galten, die jahrelang fern der Heimat für die Niederlage mitverantwortlich gemacht wurden, für eine ihre Belange unterstützende Organisation also empfänglich sind, da sie den neuen Machthabern weitgehend gleichgültig sind. Ihre Erfahrungen beschreibt Mitterrand in seinem ersten Büchlein „Les Prisonniers de guerre devant la politique" (Éditions du Rond-Point), das Ende 1945 erscheint.

Ab August 1944 werden die Aufrufe der Gefangenenbewegung von Tag zu Tag härter und aggressiver: mit Appellen zur Sabotage von Eisenbahnanlagen und der Industrieproduktion, dem bewaffneten Kampf durch Heckenschützen, der Vorbereitung eines Generalstreiks und der Rache an den Deutschen[56]. Die wirtschaftlichen Forderungen entsprechen denen der KPF: eine Revolution mit der Zerstörung aller Konzerne, der Verstaatlichung der Produktionsmittel und der Bildung von Agrarkooperativen. Kapitalisten seien als Agenten der internationalen Fa-

52   Ibid. S. 79.
53   Péan. Op. cit. S. 400 ff.
54   Winock. Op. cit. S. 63.
55   Giesbert. Op. cit. S. 90.
56   Péan. Op. cit. S. 395 f.

schisten und die privilegierten Bürger für Frankreichs Unglück verantwortlich. Diese Traktate wurden auch in Mitterrands Namen veröffentlicht. In weniger als neun Monaten hatte er einen erstaunlichen Gesinnungswandel vollzogen.

Im allgemeinen gesetzlosen Chaos tun sich einige Einheiten besonders hervor, auch durch die Einrichtung spontaner Gefängnisse, Folterkeller, von Volksgerichten und zügigen Hinrichtungen[57]. Einen angeblichen Verräter in den eigenen Reihen, einen unglücklichen Italiener, der von einer Concierge denunziert wird, lässt Mitterrand erschießen oder nimmt seinen Tod zumindest billigend in Kauf[58]. Giesbert jedoch zitiert etliche Quellen, nach denen Mitterrand gegen die vorgeschlagene Liquidierung angeblicher Spitzel und Verräter ohne Beweise in den eigenen Reihen aufgetreten sei. Wenn er sich dennoch die Finger schmutzig machen musste, habe er stets Exzesse vermieden.[59] Das Leben war damals wohlfeil, die Leidenschaften und die Mordlust stark, Waffen und Mörder im Überfluss vorhanden, der Wunsch nach Rache massiv und das Bedürfnis nach Differenzierung und Gerechtigkeit in der Atmosphäre der Abrechnungen und wilden Säuberungen gering, zumal sich auch echte Kollaborateure, etwa in den Reihen der Pariser Gendarmerie, durch Bluttaten in letzter Minute einen Persilschein auszustellen suchten. Mitterrands Zeitung ruft zur Rache an deutschen Kriegsgefangenen auf. Er lässt seinen Verband die mitleidslose Bestrafung von „Verrätern" fordern. Dazu zählt er Minister, Diplomaten, Generäle, Vorstände, Waffenstillstandsverhandler, Polizisten und Milizionäre, die kollaborierten.[60] „Es müssen Köpfe rollen" schreibt er im September 1944[61]. Mittlere Vichy-Beamte, die wie er selbst stellvertretende Abteilungsleiter waren, werden in seiner Definition sorgsam ausgespart. Auch Pétain wird in seiner Nachkriegspublizistik im Gegensatz zu den Vorkriegspolitikern stets geschont.

Im April 1945 erhält Mitterrand von de Gaulle den Befehl, aus dem von den Amerikanern befreiten KZ Dachau und dem Gefängnis Landsberg (das den Amerikanern später als Hinrichtungsstätte dienen sollte) die deportierten Franzosen heimzuholen. In Dachau erlebt er nicht nur, wie die Amerikaner summarisch die Wachmannschaften erschießen („Ein abstoßendes Spektakel")[62], sondern es gelingt ihm auch den halbtoten Robert Antelme zu identifizieren, ein Gefolgsmann und Freund, der im Juni 1944 von der Gestapo in Paris verhaftet worden war und ihn gegen alle US-Quarantänebestimmungen (wegen Typhusangst) nach Frankreich zurückzubringen. Seine damalige Frau Marguerite Duras – ebenfalls eine lebenslange Freundin Mitterrands – beschreibt in „La Douleur"[63] den langen Heilungsprozess des nahezu Verhungerten (von dem sie sich danach bald entfremdete).

Warum hat Mitterrand also über seine Vichy-Zeit gelogen und in „Ma part de vérité" und auch sonst behauptet, übergangslos nach seiner Flucht aus dem Stalag in die Résistance gegangen zu

57   Ibid. S. 405.
58   Ibid. S. 424 ff.
59   Giesbert. Op. cit. S. 86 f.
60   Péan. Op. cit. S. 446.
61   Winock. Op. cit. S. 63.
62   Giesbert. Op. cit. S. 93.
63   Marguerite Duras. La Douleur. Collection Folio (Gallimard). 1993; deutsch: Der Schmerz. München 1986.

sein, obwohl er sich, wie wir gesehen haben, in seiner Zeit als Vichy-Beamter nichts Unrechtes hatte vorwerfen müssen? Es ist ein Ding, Kriegs-, Gefangenschafts– und Fluchtabenteuer je nach Laune und Fabulierkunst zu behübschen und zu dramatisieren, aber ein ganzes Lebensjahr, die Begegnung mit dem Marschall, unzählige Publikationen und einen hohen Orden aus dem Lebenslauf zu streichen, das war schon ein starkes Stück. Die Antwort erscheint vielschichtig. Zum einen, weil (fast) alle logen und sich ex-post eine Résistance-Legende andichteten, was in jener Zeit der Wirren, Ambivalenzen und Doppelspiele gut möglich war. Mitterrand half deshalb auch stets jenen Vichy-Kameraden, denen der Wechsel zu spät gelungen war und die deshalb in die Mühlen der Säuberungen geraten waren. Zweitens waren für ihn nach dem Bruch mit der katholischen Orthodoxie und seiner ersten großen Liebe als Zyniker die Wahrheit und seine ideologischen Überzeugungen relativ: Es galt, was gerade nützlich war und ihn vorwärts brachte. Und eine oft genug öffentlich geäußerte Version der Wahrheit wollte er schließlich selber glauben, bis zum Beweis des Gegenteils. Letztlich war da auch die Schwierigkeit des Erklärens angesichts der Dämonisierung von Vichy und der eigenen Entmythologisierung, die er selbst vor der eigenen Ehefrau scheute. Wie groß wäre erst die Ernüchterung der jungen halbgebildeten Militanten der eigenen Partei und ihrer journalistischen Begleiter gewesen[64]? Als ihn sein langjähriger Vertrauter und Vorzimmerherrscher Jacques Attali, ein Jude nordafrikanischen Ursprungs, mehrfach fassungslos auf jene offenkundigen Unwahrheiten hinwies, als sei mit Péans Buch sein Kinderglaube an den großen Mann zusammengebrochen, antwortete Mitterrand meist nur, die Lage sei damals kompliziert gewesen und heute nicht mehr nachvollziehbar.[65] Mitterrand hatte Pierre Péans Teil-Biographie jedoch aktiv unterstützt und kam an seinem absehbaren Lebensende mit sich selbst öffentlich ins Reine. Frankreich habe sich für nichts zu entschuldigen, und die ewigen inner-französischen Bürgerkriege müssten endlich enden, sagte er[66]. Nachdem die erste Furore abgeklungen war, zeigte sich, dass die Wahrheit durchaus zumutbar war.

Als politisches Erbe der Résistance-Erfahrung blieb Mitterrand zweierlei. Einmal blieb er seiner Ambivalenz zur französischen Kriegsgeschichte treu. Während er das Grab des in Lyon von der Gestapo ermordeten Jean Moulin ins Panthéon verfrachten ließ, legte er gleichzeitig ab dem 11. November 1987 jährlich am Grab des Siegers von Verdun auf der Gefängnisinsel d'Yeu in der Vendée ein Blumengebinde nieder[67]. Das zweite Erbe war sein lebenslanger Anti-Gaullismus, der auf dem Gegensatz zwischen äußerer Résistance, die 1944 die Macht ergriff, und der inneren Résistance beruhte, der er sich zugehörig fühlte, die ihr Leben riskiert hatte und von den Gaullisten verdrängt worden war und die fortan die politische Rechte dominieren würden.

---

64 Winock. Op. cit. S. 37.
65 Attali. Op. cit. S. 363 und 395.
66 Guillaume Perrault. „Un souvenir de Mitterrand sur son passé à Vichy" Le Figaro 6.1.2016.
67 Auch taten dies Pompidou und VGE zuvor in den Jahren 1973 und 1978, allerdings nur als einmalige Geste. Chirac brach die Tradition ab.

Die Nachkriegszeit

Als Chef des Kriegsgefangenenverbandes sucht Mitterrand Gaullisten und Kommunisten, die ihre Unterwanderungsabsichten weiter verfolgen, gegeneinander auszuspielen. Vor allem um die Kontrolle der Zeitschrift „Libres", in der Mitterrand die Leitartikel schreibt, tobt der der Machtkampf. Minister Henri Frenay unterstützt ihn, indem er die CEA-Zentren im November 1944 seinem Verband unterstellt. Nach seiner Hochzeit mit Danielle im Oktober entdeckt Mitterrand, der sich noch nie um Geld gekümmert oder dafür interessiert hat, dass er finanzielle Probleme hat. So übernimmt er nebenher die Chefredaktion der Frauenzeitschrift „Votre Beauté", die er jedoch etwas an der Zielgruppe vorbei zu einem Literaturblatt mit einem angeschlossenen ernsthaften Verlagshaus umgestalten will. Da es sich im Besitz der kollaborationsaffinen L'Oréal-Gruppe befindet, gibt es bald die üblichen politischen Verdächtigungen seiner zahlreichen Gegner.

In der Verbandsführung und den turbulenten Auseinandersetzungen mit den Kommunisten und anderen wenig kontrollierbaren Aktivisten zeigten sich Mitterrands künftige politische Verhaltensweisen: Das tägliche Verbandsleben überließ er anderen und behielt stattdessen die Kontrolle über strategische Entscheidungen. Dabei war er von kaltem Ehrgeiz und ungeniertem Machtstreben beseelt, galt als zynisch, selbstbewusst, einzelgängerisch, chronisch unpünktlich und doch gleichzeitig loyal zu seinen Freunden und stand zuverlässig zu seinen Parteigängern. Jedoch ist sich Mitterrand nicht zu schade, sich im Juni 1945 an der öffentlichen Kampagne gegen seinen Förderer, Minister Frenay, zu beteiligen, um der kommunistischen Agitation den Wind aus den Segeln zu nehmen und sich bei de Gaulle, der seine Delegation nur sehr ungnädig empfängt, über das angeblich unfähige Ministerium zu beschweren[68]. Die Schriftleitung der Verbandszeitschrift „Libres" mit ihren 40.000 bis 80.000 Exemplaren übt er nur kursorisch aus. Er schreibt gerne polemische Leitartikel – vor allem gegen die aktuelle politische Führung und die alten Minister der III. Republik. Die geringe Gewinnträchtigkeit des Blattes und die bedrängten Arbeitsbedingungen von Redakteuren, Schriftsetzern und Druckern interessieren ihn weniger.[69]

Im September 1945 ist der Tod ihres ersten Sohnes Pascal mit knapp zwei Monaten durch die Cholera ein harter Schlag für das Paar. Danielle fühlt sich allein gelassen und wird krank. Als Hobby wendet sie sich dann der Buchbinderei zu, vielleicht um ihren bibliophilen, meist aushäusigen und offen untreuen Ehemann zu beeindrucken. Dazu ist sein Verlagsprojekt nach einem Jahr in der Krise, da er sich zu wenig kümmert und die Eigner traditionellere Vorstellungen von einer Frauenzeitschrift haben. So trennt man sich einvernehmlich.

Bei den Parlamentswahlen im Juni 1946 kandidiert Mitterrand in einem Wahlkreis an der Seine, der von Boulogne-Billancourt bis Neuilly reicht, für die linken Republikaner, die von dem von ihm stets geschmähten Daladier geführt werden. Er erreicht nur einen fünften Platz und begibt sich geschlagen auf eine Bildungsreise nach Amerika.

---

68   Péan. Op. cit. S. 475.
69   Giesbert. Op. cit. S. 97.

Schließlich wird ihm für die bald fälligen nächsten Wahlen von einem alten PSF-Bekannten ein alternativer Wahlkreis im ländlichen Nièvre angeboten, das seine lebenslange politische Wahlheimat werden sollte. Dort soll er als Rechter einen linken Sozialisten schlagen[70]. Vor Ort wird dem Ortsfremden das entsprechende Unterstützernetzwerk mobilisiert, vom adeligen Besitzer der größten Wurstkonservenfabrik und dem Klerus bis zur Bauernpartei und den Radikalen und Gaullisten[71]. Er durchfährt den Wahlkreis mit einem defekten Auto und hält täglich vier Veranstaltungen ab. Mitterrands Programm ist wirtschaftsliberal und antikommunistisch. Dem Kampf gegen die „Bolschewisierung des Landes" gilt seine besondere Leidenschaft – immerhin ist die stalinistische KPF die mächtigste Einzelpartei. Mit seinem erst zwei Jahre alten linksradikalen Verbandsprogramm haben seine Forderungen nach dem Schutz des Eigentums, einer freien Landwirtschaft und einem freien Handel, der Reprivatisierung der Verstaatlichungen und nach niedrigeren Steuern nichts zu tun[72]. Sein Einsatz und seine programmatische Flexibilität lohnen sich. Mit 25 % der Stimmen landet er im November 1946 nach den Kommunisten (33 %) knapp vor dem Sozialisten der SFIO (24 %) und ist damit gewählt.

In der Nationalversammlung schließt sich Mitterrand der kleinen Demokratischen und Sozialistischen Union der Résistance (UDSR) an, einer heterogenen, in Summe zentristischen Fraktion die sich aus damals 22 ausgeprägt individualistischen Persönlichkeiten ohne festes politisches Programm zusammensetzt, zu denen Mitterrand folglich gut passt. Bis zum Gründungskongress der PS in Épinay im Juni 1971 sollte Mitterrand dieser Kleinpartei treu bleiben. Mächtige Parteifürsten („Kaziken", „Barone", „Elefanten") halten hier seinen Aufstieg nicht auf. Schon bald kommen seine vielfachen politische Talente zur Geltung: seine geschliffene Rhetorik, die Gabe gut zu schreiben, seine Kaltblütigkeit, Willensstärke, sein gutes Aussehen und die jugendliche Frische des 30-Jährigen. Im Krieg hat er die nötigen existentiellen Erfahrungen gemacht. Da er weder Beamter noch Partei-Apparatschik werden will, versucht er weitgehend unabhängig von ideologischen Bekenntnissen und organisatorischen Bindungen seine politische Karriere zu machen. Theoretische Diskurse oder wirtschaftliche Analysen erspart er sich.

Im Dezember 1946 wird sein Sohn Jean-Christoph, der spätere Waffenhändler in Afrika, geboren, und bereits im Januar 1947 wird der Kriegsgefangenenaktivist, knapp 30 Jahre alt, zum Minister für die Kriegsveteranen ernannt. Bruder Robert wird sein Kabinettschef.

Minister in der IV. Republik

Durch die steten Regierungswechsel der IV Republik erscheint eine Übersicht hilfreich. Zwei Eindrücke drängen sich auf: Der junge Abgeordnete einer diffusen Kleinpartei, die sich an fast allen Koalitionen beteiligte und zu allen großen Lagern – der christdemokratischen MRP, der

---

70　Péan. Op. cit. S. 486.
71　Attali, den es im Revolutionsjahr 1968 als junger ENArque in das Kabinett des örtlichen Präfekten von Niévre verschlägt, profiliert seine Bewohner als „furchtsame Kleinbürger und mürrische Bauern". Der Wahlkreis von Château-Chinon sei „eine raue und geheimnisvolle Region mit dichten Eichenwäldern, nebligen Seen und schweigsamen Bauern". Op. cit. S. 17 und 20. Man meint, die Canterbury Tales beginnen jetzt.
72　Winock. Op. cit. S. 77.

sozialistischen SFIO, den Kommunisten und den Gaullisten – Distanz hielt, stieg in der Hierarchie der Ministerämter stetig aufwärts. Bevor de Gaulle 1958 seinen Staatsstreich inszenierte, hatte er sich mit gut sechs Jahren Ministererfahrung Hoffnungen auf den Posten eines Premierministers machen können. Mitterrand ließ sich auf seinem politischen Karrierepfad von ideologischen oder ethischen Vorbehalten nie ablenken oder aufhalten. Er lieferte in seinen oft notgedrungen kurzen Ministerposten stets verlässlich die Ergebnisse, die seine Ministerpräsidenten („président du conseil d'état") von ihm erwarteten. Er schaffte es damit bei aller politischer Instabilität zum „ewigen Berufsminister" zu werden, der in den meisten Ministerkabinetts seinen Posten fand. Konkurrenten und Neider empfanden dies schon damals als eine Überdosis an Opportunismus. Nachstehend Mitterrands Ministerposten:

- Januar–November 1947: Minister für Veteranenangelegenheiten unter PM Paul Ramadier (1888–1961, SFIO)

- November 1947–Juli 1948: Minister für Veteranenangelegenheiten unter PM Robert Schuman (1886–1963, MRP)

- Juli 1948: Staatssekretär für Information unter PM Henri Queuille (1884–1970, Radikal)

- Juli 1950 – August 1951: Minister für das überseeische Frankreich unter PM René Pleven (1901–1993, USDR)

- Januar – Februar 1952: Staatsminister für Tunesienfragen unter PM Edgar Faure (1908–1988, Radikal)

- Juni – September 1953: Stellvertretender Minister für den Europarat unter PM Joseph Laniel (1889–1975, CNIP)

- Juni 1954 – Februar 1955: Innenminister unter PM Pierre Mendès France (1907–1982, Radikal)

- Januar 1956 – Mai 1957: Justizminister unter PM Guy Mollet (1905–1975, SFIO)

Als Mitterrand als jüngster Minister der IV. Republik sein Amt im Januar 1947 übernimmt ist, sind seine Beamten, die von der kommunistischen CGT kontrolliert werden, noch im Streik und halten die Büros besetzt. Sein Vorgänger, der Sozialist Max Lejeune, hatte entdeckt, dass sich sein kommunistischer Vorgänger einen großen Fuhrpark geschaffen hatte, mit denen Aktivisten zu kommunistischen Demos gefahren wurden. Als er den Missbrauch abstellen wollte, streikte das gesamte kommunistisch kontrollierte Ministerium. Mitterrands Büro ist ebenfalls besetzt. Er kann nicht einmal telefonieren. Um den Streik zu brechen, entlässt er sämtliche streikenden Abteilungsleiter und ersetzt sie durch die Präsidenten der Veteranenverbände[73]. Über seinen Verband organisiert er einen offiziellen Status für seine Klientele und lässt ihre Pensionen erhöhen. Die Konflikte mit den Kommunisten spitzen sich mit zunehmend politi-

73   Giesbert. Op. cit. S. 108.

schen Streiks zu. Premier Ramadier muss schließlich die kommunistischen Minister, die sich zunehmend disloyal verhalten, entlassen. Unter Robert Schuman setzt Mitterrand seine Arbeit als Minister trotz aller politischen Streiks und Unruhen fort. 1948 will ihm Schuman sogar das Innenministerium anvertrauen, aber seine Partei, die UDSR legt sich quer. Als Staatssekretär für Information muss er sich mit dem kommunistisch kontrollierten Staatsradio herumschlagen. Ziel seiner Eingriffe war dem Vernehmen nach, eine Versachlichung der Verlautbarungen, die aus den Ministerien kamen, durchzusetzen[74]. Während er kommunistische Agitatoren vor die Tür setzt, weigert er sich gleichzeitig, der US-Botschaft den gewünschten Raum für amerikanische Propaganda einzuräumen.

Wie alle Abgeordneten ohne starke örtliche Verwurzelungen muss Mitterrand sich vor Ort dringend politisch verankern, um seine Wiederwahl zu sichern. Als erstes lässt er sich in den Stadtrat von Nevers, dem Hauptort seines Wahl-Départements wählen. Hier ist aber seine UDSR eine unbedeutende Kleinfraktion, keine gute Idee also. Schließlich schlägt er bei den Kantonalwahlen einen kommunistischen Bürgermeister, in dem er als Minister ein Vielzahl von Wohltaten aus Paris verspricht: reparierte Straßen, neue Wasserleitungen, den Bau von öffentlichen Gebäuden und Hilfe bei Unwettern[75]. Er lernt dabei auch, sich volkstümlich zu geben und so zu tun, als ob ihn Windbrüche oder Bergrutsche leidenschaftlich interessierten.

Intellektuell spannender ist seine Ernennung zum Minister für die überseeischen Territorien unter René Pleven. Dazu gehören die subsaharischen Kolonien, einschließlich Madagaskars, die Komoren, die französischen Pazifikinseln und Saint-Pierre-et-Miquelon. Nicht zu Mitterrands Reich zählte Algerien (als französische Départements im Remit des Innenministeriums), noch Marokko und Tunesien (als Protektorate in der Kompetenz des Außenministeriums) oder Indochina, das sich wegen des Viet-Minh-Aufstandes und de Gaulles Autonomieversprechen im Zuständigkeitsbereich eines obskuren Ministeriums für die assoziierten Staaten befand. Noch sind die Kolonien Mitterrands relativ ruhig. Ein Aufstand in Madagaskar war 1947/48 mit 15.000 bis 80.000 Toten blutig niedergeschlagen worden. In der Elfenbeinküste gibt es gewalttätige Demonstration, aber ansonsten können Mitterrand und seine Frau anno 1950 auf einer Afrikareise noch die aufgeklärten Kolonisatoren spielen, die die Eingeborenen durch wohlwollende Projekte auf eine Autonomie in ferner Zukunft vorbereiten wollten[76]. Die Kolonien „von Bizerte bis Casablanca" seien für Frankreich politisch und wirtschaftlich notwendig. Als er aber mit den Afrikanern vor Ort, zum Beispiel mit dem als Kommunisten denunzierten Félix Houphouët-Boigny, dem späteren Präsident der Elfenbeinküste, den Dialog sucht, kommt dies als neuer Wind bei altgedienten Kolonialbeamten und Siedlern nicht gut an. So überhört er bei einem Empfang im Tschad einen hohen Kolonialbeamten, der einem eingeladenen Afrikanerführer bedeutet: „Sobald Dein Minister weg ist, befördere ich Dich mit einem Tritt in den Hintern hier raus"[77]. Immerhin gelingt es Mitterrand, die Parlamenta-

---

74   Ibid. S. 115.
75   Winock Op. cit. S. 83.
76   Ibid. S. 86 f.
77   Giesbert. Op. cit. S. 125.

rier des nationalistischen „Rassemblement démocratique africain" (RDA), die in der Nationalversammlung bislang bei den Kommunisten saßen und mit ihnen stimmten, seiner UDSR
zuzuführen. Als sein Parteichef René Pleven den ihm zu einflussreich gewordenen bei einer
Kabinettsumbildung der MRP opfert, hat Mitterrand keine Skrupel mehr, ihm in der Zukunft
die Parteiführung der UDSR streitig zu machen. In der Kurzzeitregierung von Edgar Faure
versucht er Anfang 1952 die tunesische Regierung zu parlamentarisieren. Dies scheitert am
Widerstand der Europäer im Lande.

Im Juni 1951 muss Mitterrand um seine Wiederwahl kämpfen. Seine UDSR ist mit den Radikalen und Unabhängigen verbündet und will eine vierte Kraft bilden. Mitterrand verteidigt seine Leistungen als Minister: Er habe eine Veteranenkarte eingeführt und die Kriegsrenten um
75 % erhöht. Er habe 1948 das französische Fernsehen zum modernsten der Welt gemacht und
in den überseeischen Territorien herrsche dank seines Wirkens Ruhe, Ordnung und Frieden.
Dazu Attacken auf die Hauptfeinde: Kommunisten und Gaullisten. Sie gewinnen in Nièvre
dennoch die ersten beiden Plätze und Mitterrand wird auf Platz drei wiedergewählt.

Um Pleven als Parteichef abzusetzen, lässt Mitterrand seine alten Kameraden von den Vete-
ranenverbänden einsickern. Bei nur 13.000 Parteimitgliedern ist dies nicht so schwierig. Er
übernimmt 1953 bei einem Kongress in Nantes die Führung. Seine UDSR hat bei allen Koalitionen gegen Kommunisten und Gaullisten, die auf politische Instabilität setzen, eine Schlüs-
selrolle. Mitterrand ist als Parteichef erst 37 Jahre alt und kennt seine Macht.

Die Kolonialpolitik Frankreichs treibt ihn weiter um. Trotz seines Engagements auch für Europa – Mitterrand gehörte immerhin zu den wenigen prominenten französischen Teilnehmern
des föderalistischen Kongresses von Den Haag im Mai 1948 – tritt er als stellvertretender Minister für den Europarat (der damals vor Gründung der EWG wesentlich wichtiger war als heute) im September 1953 zurück, als der Pascha von Marrakesch mit aktiver französischer Unterstützung den Sultan von Marokko (den späteren König Mohammed V.) in einem Staatsstreich
absetzt, der darauf ins Exil geschickt wird. Dies sollte Mitterrands einziger Rücktritt bleiben.
Er hatte zuvor eine programmatische Schrift „Aux frontières de l'Union française"[78] veröffentlicht, in der er als Teil der Minderheit aufgeklärter Kolonialisten argumentiert, man müsse die
Eingeborenen rechtzeitig mit Gleichberechtigungs-Reformen und Bildungs- und Entwick-
lungsperspektiven gewinnen. Der konservative Immobilismus der Kolonialverwaltungen und
ihre repressive Praxis seien selbstzerstörerisch. Nicht nur in Indochina – ein Jahr vor Dien Bien
Phu – kamen diese Einsichten zu spät, sie wurden auch in Algerien als der einzigen großen
französischen Siedlungskolonie allzu spät und halbherzig umgesetzt. Als Mendès France als
neuer Premier im Juni 1954 nach der verlorenen Schlacht das Waffenstillstandabkommen mit
den Viet Minh schließt, hilft ihm Mitterrand die nötige Mehrheit in der Nationalversammlung knapp zu erreichen. Zur Belohnung wird er zum Innenminister ernannt. Während der
folgenden Friedensverhandlungen in Genf wird er von rechten Geheimdienstkreisen beschuldigt, Geheimpapiere zur Kriegsführung den Kommunisten zugespielt zu haben. In Debatten

---

78   Publiziert bei: Julliard. 1953.

in der Nationalversammlung geht das Wort vom „Verrat in Paris" um, durch den die materiell überlegenen Truppen in Indochina besiegt worden seien, bis schließlich die zwei wirklichen Übeltäter, zwei kommunistische Gesinnungstäter im nationalen Verteidigungsausschuss, enttarnt wurden[79]. Im Jahr 1957 veröffentlicht er „Présence française et abandon", in dem er für die föderierte Assoziierung der „gleichberechtigten" Kolonien mit dem Mutterland plädierte, das sich damit „von Flandern bis zum Äquator" erstrecke.[80]

Obwohl er ebenso wie Mendès France zu den Kolonialreformern zählt, verkündet Mitterrand als zuständiger Innenminister, als im November 1954 mit der Bombenkampagne der FLN und den ersten sieben Toten der Algerienkrieg beginnt (der freilich damals noch nicht als solcher erkennbar war), eine harte Linie: „Algerien ist Frankreich", Teil der unteilbaren Nation. Französisch-Algerien war für die öffentliche Meinung keine Kolonie wie die anderen. Es war seit 1830 als französisches Territorium in drei Départements gegliedert und seine Küstenstädte Algier, Bône und Oran französisch besiedelt und geprägt. Die sowjetisch unterstützten Rebellen würden durch einen verstärkten Polizeieinsatz eliminiert werden. Er sagt damals: „Die Handlung der Fellaghas (Aufständischen) erlaubt nicht, sich Verhandlungen vorstellen zu können. Es gibt nur eine Lösung, den Krieg". Dies wurde dann verkürzt zu: „Die einzige Verhandlung ist der Krieg"[81]. Gleichzeitig stoßen seine Vorschläge für das gleiche Stimmrecht aller Algerier für eine „Assemblée algériènne" (in der die Europäer höchstens 10 % der Mandate haben würden) allgemein auf Unverständnis. Dazu will er das Personal der Betonköpfe in der Verwaltung auswechseln, dort mehr arabisches Personal rekrutieren und faire Wahlen abhalten. Haben doch die bisherigen systematischen Wahlfälschungen die gemäßigten Nationalisten wie Ferhat Abbas gründlich diskreditiert. Für die weißen „Colons" ist er wie Mendès France ein Ausverkäufer französischer Interessen[82]. Zudem führt sich der junge Innenminister bei seinen Besuchen in Algier arrogant, würdevoll und distanziert auf, um, wie er hoffte, stärker respektiert zu werden. Das kam bei den Notabeln, Siedlern und den Militärs in Algerien, wo man sich eher hemdsärmelig auf die Schulter klopfte, sehr schlecht an[83]. Ohnehin glaubte man, die Metropole verstünde ihre Probleme nicht. Mitterrands Popularität liegt im Januar 1955 bei 1 %[84]. Im März 1956 gewährt die Regierung Mendès France die Unabhängigkeit für die Protektorate Marokko und Tunesien. Sie glaubt damit irrig, die Verhältnisse in Algerien besänftigen zu können.

Im Januar 1956 werden überraschend Neuwahlen angesetzt. Das Projekt von Pierre Mendès France einer „Front Républicain" ist noch nicht richtig konsolidiert. Nur mühsam einigen sich die SFIO von Guy Mollet, die UDSR von Mitterrand und die Républicains Sociaux von Jacques Chaban-Delmas mit der publizistischen Unterstützung des „L'Express" von Jean-Jacques Servan-Schreiber auf einige gemeinsame Listen, doch längst nicht überall. Mitterrand wird in Nièvre ohne Schwierigkeiten wiedergewählt. Doch erreichen die rechtspopulistischen Pouja-

---

79 Winock. Op. cit. S. 102.
80 François Mitterrand. Présence française et abandon. Plon. 1957. S. 237.
81 François Malye, Benjamin Stora. François Mitterrand et la guerre d'Algérie. Pluriel. 2012. S. 78.
82 Giesbert. Op. cit. S. 135.
83 Malye, Stora. Op. cit. S. 62.
84 Winock. Op. cit. S. 106.

disten mit 11,6 % landesweit 51 Sitze. Der nicht-kommunistischen Linken, deren Führer Mitterrands einstiger Freund Mendès France ist, reicht es nicht mehr zu einer Mehrheit. Dennoch
sieht Mitterrand in Mendès France mehr und mehr einen Rivalen für die eigenen Ambitionen[85]
und unterstützt deshalb im Januar 1956 erfolgreich die Bildung einer Koalition unter dem fle-
xibleren und weniger gefährlichen Guy Mollet (SFIO)[86].

Der Algerienkrieg

Mitterrand war Innenminister, als mit der Terrorkampagne der FLN der Algerienkrieg ausgelöst und die Eskalationsspirale in Gang gesetzt wurde. Im November 1954 ließ er die gemäßigte „Bewegung für den Triumph der demokratischen Freiheiten" (MTLD) verbieten und
ihre Anführer verhaften – und trieb damit alle nationalistischen Aktivisten in den Untergrund
und in die Arme der fanatischen FLN[87]. In seiner Amtszeit wuchs die Zahl der französischen
Soldaten in Algerien von 50.000 Mann auf 83.000 Mann. Größere militärische Operationen,
wie Bombenangriffe, mussten von ihm genehmigt werden, handelte es sich doch um keinen
„Krieg" sondern um innerfranzösische Unruhen („troubles"). Er war Justizminister, als die
„Schlacht von Algier", der städtische Terror der FLN und seine Repression ihren Höhepunkt
erreichten. Man kann dem Justizminister nicht die Tausende von „verschwundenen" gefangenen FLN-Kämpfern und Verdächtigen vorhalten, die „auf der Flucht" (der Fachterminus:
„corvée du bois")[88] erschossen oder aus Hubschraubern ins Meer geworfen wurden, wohl aber
die Todesurteile, die für in flagranti erwischte Terroristen von seinem Ministerium auf ihre
Begnadigungswürdigkeit geprüft und zur Weiterleitung an Staatspräsident René Coty auf seinem Schreibtisch zur Ausfertigung landeten. Mitterrand hat die meisten Gnadengesuche nicht
befürwortet und Coty folgte nahezu ausnahmslos seinen Empfehlungen[89]. So wurden während
seiner Amtszeit 44 Araber (von insgesamt 222 während der ganzen Kriegszeit) und ein Europäer, Fernand Iveton, ein kommunistischer Bombenleger, einen Kopf kürzer gemacht. Mitterrand fand es damals opportun Härte zu zeigen, um die Rechte der einen Million Pieds-noirs
und die Einheit Frankreichs zu verteidigen[90], so wie er es 25 Jahre später unter dem Einfluss
seines Justizministers Robert Badinter opportun fand, sich mit der Abschaffung der Guillotine
mit einem humanitären Heiligenschein zu bekränzen. Die Justiz, so führte er aus, war für ihn
ein Instrument der Kriegsführung.[91] Als im Juni 1956 Nasser den im anglo-französischen Besitz
befindlichen Suez-Kanal nationalisiert und England, Frankreich und Israel eine gemeinsame
Militäraktion gegen Ägypten planen, das die FLN aktiv mit Waffen, Logistik und Propaganda
unterstützt, plädiert Mitterrand im Ministerrat für ihre Durchführung und die Liquidierung
des ägyptischen Diktators[92]. Erst gegen Ende seiner Zeit als Justizminister machte er schriftlich

85   Ibid. S. 110.
86   Giesbert. Op. cit. S. 161.
87   Ibid. S. 141.
88   Bedeutung: Auf Holzsuche schicken und dann in den Rücken schießen.
89   Malye, Stora. Op. cit. S. 130.
90   Ibid. Op. cit. S. 12.
91   Ibid. Op. cit S. 132.
92   Ibid. Op. Cit. S. 160.

Vorbehalte gegen die Praxis der Sicherheitskräfte, d. h. der Fallschirmjäger von General Jacques Massu (zu dem sich de Gaulle im Mai 1968 nach Baden-Baden flüchten sollte) geltend, die mehr als 300 Algerier während der Schlacht von Algier hatten verschwinden lassen. Linke und christliche Medien, von Le Monde bis La Croix zogen die naheliegenden Parallelen zu den Praktiken von Gestapo oder der SS in Oradour. Doch der 41-jährige Mitterrand hoffte in erster Linie von Präsident René Coty, der eine harte Linie vertrat, mit der der nächsten Regierungsbildung nach dem absehbaren Scheitern von Guy Mollet beauftragt zu werden[93]. Er sah den 75 Jahre alten Herrn oft viermal wöchentlich und verhielt sich zu wie ihm ein Schüler zu seinem Mentor[94]. Noch einmal wie anno 1952 für seine aufgeklärten Überzeugungen zurückzutreten, glaubte er seiner Karriere nicht mehr zumuten zu dürfen. War es für ihn als Innenminister noch 1954 leicht gewesen, eine harte Linie zu fahren, so wurde dies mit der zunehmenden Unpopularität des Krieges und der kritischen Berichterstattung 1956/57 wesentlich schwieriger.

Beschreibungen der Folterpraktiken einschließlich glaubwürdiger Zeugen- und Anwaltsaussagen erscheinen damals sehr grafisch in der kommunistischen, sozialistischen und linkskatholischen Presse. Elektroschocks, Scheinertränken, Zwangseinführen von Wasser, Prügeln von aufgehängten Gefangenen mit Gummischläuchen sind gängige polizeiliche und militärische Praxis[95]. Die meisten gefolterten Verdächtigen werden ohnehin danach spurenlos beseitigt. Mitterrand weiß davon seit 1954 aus internen Berichten, lehnt sie persönlich ab, ohne einzuschreiten, streitet aber gegenüber linken Anwälten und Publizisten jede Kenntnis ab[96].

Als der Sozialist Guy Mollet, der versprochen hatte, den „schwachsinnigen, ausweglosen Krieg" zu beenden[97], im Februar 1956 Sondervollmachten („pouvoirs spéciaux") für den örtlichen Gouverneur verlangt, der damit ohne Genehmigung von Innenminister oder Parlament per Dekret die algerischen Probleme regeln sollte, stimmt Mitterrand zu. Diese sollten auch gegen kompromisslose Siedler, ihre Organisationen und ihre Presse eingesetzt werden. In der Folge wurden Militärgerichte für Gefangene und Deportierungslager eingerichtet und Polizeirechte für das Militär für Haussuchungen zu jeder Tages- und Nachtzeit eingeführt[98].

Mutmaßlich weil er im Algerienkrieg gegen seine eigenen Überzeugungen handelte, reagierte Mitterrand bei späteren Nachfragen außerordentlich unwirsch und ausweichend[99] und inszenierte sich öffentlich lieber als anti-kolonialer Freund der Dritten Welt, wobei seine frühere Rolle trotz ihrer damaligen Sichtbarkeit und so vieler Zeitzeugen merkwürdig unbefragt und unbeleuchtet blieb. Die halbherzig geführten, verlorenen Kolonialkriege von 1945 bis 1962 stellen sicherlich nach dem Blutzoll des Ersten Weltkriegs, der Niederlage von 1940 und Vichy das vierte große französische Trauma des 20. Jahrhunderts dar. Wie alle Traumata werden sie bis zur Stunde in eine weitgehende kollektive Amnesie gehüllt. Was Mitterrands Rolle anging,

---

93   Malye, Stora. Op. cit. S. 39.
94   Giesbert. Op. cit. S. 175.
95   Malye, Stora. Op. cit. S. 86.
96   Ibid. Op. cit. S. 80; Winock. Op. cit. S. 116 f.
97   Winock. Op. cit. S. 113.
98   Malye, Stora. Op. cit. S. 102.
99   Malye, Stora. Op. cit. S. 213 und 242.

wollte weder die Linke ihren einzig aussichtsreichen gemeinsamen Kandidaten beschädigen,
noch die äußerste Rechte (die seine jahrzehntelang ignorierte Vichy-Vergangenheit vergeblich
zu thematisieren versuchte) vom „Verrat" de Gaulles ablenken. Die Gaullisten selbst wollten
das Thema Algerien verständlicherweise überhaupt nicht mehr erwähnen.

Die Opposition zu de Gaulle

Mit de Gaulles Machtübernahme im Jahre 1958 schwinden alle Aussichten auf eine kurz- und
mittelfristige Übernahme eines Ministeramtes oder gar der Ministerpräsidentschaft. Mitterrand nimmt angesichts der anfangs weitverbreiteten Bereitschaft der politischen Klasse, mit de
Gaulle zusammenzuarbeiten, eine Position der noblen Verweigerung und eloquenten Fundamentalopposition ein, die ihm – von den Kommunisten und Pierre Mendès France einmal abgesehen – ein nahezu catonisches Alleinstellungsmerkmal verleiht. Als er dem General im Mai
1958 in der Nationalversammlung vorhält, mit seiner nach einem Putsch auf lateinamerikani-
sche Art personalisierten Herrschaft riskiere er durch seine Sterblichkeit die Sicherheit Frankreichs, verlässt de Gaulle empört das Parlament[100], um es nie wieder zu betreten. Der Applaus
der Kommunisten für Mitterrands antigaullistische Rhetorik bedeutet eine erste Annäherung
von beiden Seiten. Ohnehin hat ihn das Überlaufen der meisten Abgeordneten der Mitte und
gemäßigten Linken (wie Pflimlin, Pleven, Mollet etc.) zu de Gaulle und ihre Bejahung seiner
Verfassung (die Mitterrand „als Präsidialsystem südamerikanischen Typs" radikal ablehnt) fast
ohne eigenes Zutun deutlich auf die Seite der Linken gerückt.

Bei den Wahlen im November 1958, die nach der neuen Verfassung ablaufen, erreicht er in
der ersten Runde in seinem Wahlkreis Château-Chinon in Nièvre nur den dritten Rang. Auf
dem ersten ist ein Gaullist, auf dem zweiten ein Sozialist, der für de Gaulle gestimmt hat. So
nimmt Mitterrand entgegen dem Wahlabkommen mit der SFIO seine Kandidatur nicht zurück, während der viertgereite Kommunist auf Geheiß seiner Zentrale zugunsten Mitterrands
zurückzieht. Dank der kommunistischen Stimmen erreicht er dann in der Endrunde zwar den
zweiten Platz, wird aber immer noch von dem Gaullisten geschlagen. Für die Sozialisten ein
neuer Beweis für seinen Opportunismus, für ihn aber die frühe Einsicht, dass die Gaullisten
nur durch den Zusammenschluss aller linken Oppositionskräfte besiegt werden können[101].

Ohne Parlamentssitz wird Mitterrand mit 42 Jahren Anwalt, muss zum ersten Mal seit der
Nachkriegszeit wieder für seinen Broterwerb arbeiten und tritt in die Kanzlei von Irène Dayan,
die Frau seines Kriegskameraden Georges, ein. Dort gehen ihm die gestelzte Juristensprache,
die Formalitäten und peniblen Prozeduren des Rechtsgeschäftes ziemlich auf die Nerven[102]. Er
bleibt also im Herzen Berufspolitiker. In seiner USDR sind die meisten zusammen mit seinem
Parteifeind René Pleven zu de Gaulle übergelaufen. Mitterrand hat nur noch eine Handvoll
Getreue in der Kleinpartei. Schon im März 1959 beginnt er sein Comeback. Bei den Kommu-

---

100   Giesbert. Op. cit. S. 179.
101   Winock. Op. cit. S. 138.
102   Ibid. S. 141.

nalwahlen kandidiert er für den Bürgermeisterposten in der schläfrigen Kleinstadt Château-Chinon, die mit ihren 2200 Einwohnern im idyllischen Naturpark Morvan im Département Nièvre liegt. Sie wurde bisher von den Sozialisten regiert, die ihm sein kürzliches Bündnis mit den Kommunisten übelnehmen. Auch ihre einflussreiche Lehrergewerkschaft hält ihn nicht für glaubwürdig laizistisch genug. Tatsächlich gewinnt der Ex-Minister dann mit kommunistischer Hilfe 12 Stadtratsmandate – die Sozialisten nur fünf – und wird für die nächsten 22 Jahre Bürgermeister[103]. Sein Stellvertreter wird ein Kommunist. Mitterrand, der nie ein Ideologe war, hat gegenüber den Kommunisten keine Berührungsängste mehr. Für die KPF ist er ein nützlicher Verbündeter gegen die „gaullistische Diktatur". Während die marxistische SFIO und ihr Chef Guy Mollet in den Kommunisten bolschewistische Verräter an der reinen Lehre von Karl Marx sehen, zählen für den Nicht-Marxisten Mitterrand nur taktische Mehrheiten, keine ideologische Dispute. Wenn die Kommunisten in ihrem separaten Ghetto bleiben, kann es für ihn keine linke parlamentarische Mehrheit geben. Bei den im April 1959 bald folgenden Senatswahlen wird er erneut mit Hilfe kommunistischer Stimmen gewählt. Nun hat er im Senat im Palais de Luxembourg eine neue nationale Tribüne für seine Attacken gegen Gaulle und die Gaullisten. Die nicht-kommunistische Linke, zu der auch Mitterrand und seine wenigen Getreuen in der UDSR zählen, bleibt jedoch weiter in der SFIO, in feindlichen Kleingruppen und zerstrittenen Miniparteien, die sich zudem weiter spalten, zersplittert. Mitterrand beschrieb ihr Sektierertum bis zum Kongress von Épinay (1971): „Jeder glaubte sich im Besitz des heiligen Sakraments und lieferte dem Rest der Welt eine unverständliche Botschaft. Aus ihrem Totem machten sie eine Kapelle und aus ihrer Kapelle eine Kirche. Sie träumten von einer universalen Gemeinschaft und ertrugen den Nachbarn nicht, der sich schnäuzte"[104]. Von den wahren Gläubigen wird Mitterrand selbst natürlich weiter als Häretiker abgelehnt.

Im Zuge der sich zuspitzenden Algerienkrise häufen sich die gewalttätigen Turbulenzen nicht nur in Algier sondern auch in Paris. Mitterrand wird im Oktober 1959 von dem poujadistischen Ex-Abgeordneten Robert Pesquet, mit dem er sich trotz dessen dubioser Reputation wiederholt trifft, gewarnt, auch auf ihn sei ein Attentat geplant. Tatsächlich wird er einige Tage später von einem Auto hart bedrängt, springt dann aus seinem Wagen und flüchtet sich den Jardin de l'Observatoire, während aus einer Maschinenpistole auf ihn geschossen wird, ohne ihn zu treffen. Der alarmierten Polizei sagt er jedoch nichts von Pesquets Warnungen. Als der Fall publik wird und Wellen schlägt, behauptet Pesquet öffentlich, das „Attentat" sei von Mitterrand selbst bestellt worden, um die Aufmerksamkeit auf seinen Kampf gegen die Rechte zu ziehen. Seine parlamentarische Immunität wird aufgehoben und ein Verfahren gegen ihn eröffnet, weil er einen Untersuchungsbeamten durch Auslassungen belogen hatte. Warum hatte er vorher nicht um Polizeischutz gebeten? Die Affäre des „Observatoire" wurde nie aufgeklärt, ob sie von Mitterrand nun selbst inszeniert wurde, was seiner Lust zum Risiko zuzutrauen wäre, oder ob er in eine nicht sonderlich raffinierte Falle tappte und zum Opfer seiner Neigung zur Geheimnistuerei und seines Misstrauens gegen die gaullistisch kontrollierten Sicherheitskräfte

---

103   Heute gibt es in Château-Chinon ein Museum, das die von Mitterrand erhaltenen Staatsgeschenke ausstellt – der übliche Luxus-Gemischtwarenladen.

104   Zitiert in: Giesbert. Op. cit. S. 183.

wurde. Es kam nie zum Prozess. Warum? Weil Michel Debré als Premier die Untersuchungen kontrollierte, und Mitterrand aus seiner Zeit als Innenminister noch die Unterlagen über Debrés wahrscheinliche Verstrickung in das Bazooka-Attentat gegen General Salan vom Januar 1957 in Algier (dem dessen Adjutant zum Opfer fiel), das ebenso unter den Teppich gekehrt wurde, in Händen hatte[105]. Dennoch war der Reputationsschaden für Mitterrand enorm. Auch wenn er 1962 wieder in die Nationalversammlung gewählt wurde, bleibt er ein Paria. Er hat keinen Zugang zu Radio und Fernsehen und wird in der Presse nur mit Spott überhäuft. Bei seinen Reden im Parlament skandieren seine zahlreichen Gegner nur „Francisque, Francisque" oder: „Pesquet, Pesquet"![106]. 1962 schien er damit weitab von jeder politischer Konjunktur zu sein. Im Oktober stimmten 90 % der Franzosen de Gaulles Abkommen von Évian zu, mit dem er den Krieg in Algerien beendete und das Land der FLN überließ. Auch die SFIO von Guy Mollet unterstützte de Gaulle weiter. Mitterrands Fundamentalopposition gegen alles, was de Gaulle in der Innen- und Außenpolitik entschied, vom Élysée-Abkommen mit Deutschland bis zur Force de frappe, schien ins Leere zu laufen.

Mitterrand nutzt seine Zeit in der politischen Wildnis um zwei Traktate zu schreiben: „La Chine au défi"[107], in dem er nach einer Kurzreise nach China, bei der er auch Mao trifft, ein halbwegs nuanciertes Urteil über China abgibt, das sich gerade vom katastrophalen „Großen Sprung nach vorn" erholt: Einerseits hätten die Kommunisten die nationale Einheit wiederhergestellt und angeblich die Hungersnöte beendet, andererseits seien die Massenmobilisationen, die Repression und der intellektuelle Druck unerträglich. Sein zweites Buch, die Kampfschrift „Le coup d'état permanent"[108] spricht dem Gaullistischen Regime jede Legitimation ab. Es würde Recht und Gesetz ignorieren, weil es mit Sondervollmachten, Sondergesetzen und Sondergerichten, wie dem Staatssicherheitshof, herrsche und die bürgerlichen Freiheiten gefährde. Obwohl er mit seiner scharfsinnigen Kritik überzieht, wenn er de Gaulle mit Franco und Hitler und sein Präsidialregime mit Vichy vergleicht, bringt ihn diese Polemik wieder ins Gespräch und verleiht neue politische Respektabilität.

Mitterrand versucht nun verschiedene Optionen, um die Linke zu föderieren. Der Zusammenschluss verschiedener Diskussionsklubs im Juni 1964 bringt wenig. Aus den Trümmern der UDSR versucht er über eine „Ligue pour le combat républicain" eine „Convention des institutions républicaines" zu fusionieren. Sein Freund und Rivale Gaston Defferre bemüht sich, die SFIO, die Radikalen und die Reste der MRP zu föderieren. Auch dies mit wenig Erfolg. Ohne die KPF fehlt stets die kritische Masse, sowohl was ihren Gewerkschaftsarm, die CGT, als auch die Wählermobilisierung angeht. Im September 1965 bringt sein Liebeswerben, nachdem Defferre und Mendès France im Juni kein Interesse mehr an einer Präsidialkandidatur zeigen, endlich Frucht: Das Zentralkomitee der KPF unterstützt seine Kandidatur im Namen der

105   Winock. Op. cit. S. 152.
106   Giesbert. Op. cit. S. 200.
107   Julliard. 1961.
108   Plon. 1964.

„Union démocratique", die abgesehen von der KPF eigentlich nur aus einigen Debattierklubs und Kleinparteien besteht.[109]

Zwischenzeitlich nimmt Mitterrand seine Amtsgeschäfte als Bürgermeister von Château-Chinon ernst. Es gelingt ihm, in diesem Landstädtchen auch eine Fabrik für Strumpfhosen anzusiedeln. Anfang der 60er-Jahre trifft er Anne Pingeot. Danielle bietet ihm eine Scheidung an, die für ihn nicht in Frage kommt. So tröstet sie sich mit Jean, einem Sportlehrer, der oberhalb der gemeinsamen Wohnung ein Dienstbotenzimmer bezieht.[110]

Im Wahlkampf 1965 treten neben Mitterrand auch der Zentrist Lecanuet und der rechtsextreme Tixier-Vignancourt gegen de Gaulle an, der wie bereits erwähnt, sich mit Zustimmungsraten von anfänglich 66 % rarmacht und das Fernsehen als Medium ignoriert. Mitterrands Umfragewerte steigen von ursprünglich 11 % auf 27 % im Dezember 1965. Trotz, abgesehen von der gut geölten Organisation der Kommunisten, geringer Ressourcen und wenig Begeisterung bei seinen linken Mitstreitern, kommen seine rhetorischen und wahlkämpferischen Talente zur vollen Geltung. Langsam macht er sich auch mit dem Fernsehen vertraut, zu dem er unter der Herrschaft der Gaullisten bislang keinen Zugang hatte. In der ersten Runde gelingt ihm gegen de Gaulle, der nur 44,7 % der Stimmen erhält, mit 31,7 % ein Überraschungserfolg. Als Kandidat der Intellektuellen, aber auch der linken und rechten Anti-Gaullisten erhält Mitterrand im 2. Wahlgang dann respektable 44,5 % der Stimmen. Er ist nun eindeutig bis auf weiteres der Chef der antigaullistischen Opposition unter Einschluss der Kommunisten. Im Wahlkampf hatte er ohne viel Hemmungen jeder Berufsgruppe das versprochen, was sie gerne hören wollten: Bauern, Ärzte, Kleinhändler und Veteranen. Er lehnt das Europa der Monopole und Technokraten ab. Unabhängig soll es werden[111]. Während er die französischen Atomwaffen ablehnt, sind die Kommunisten für eine Kritik der antiamerikanischen Politik de Gaulles nicht zu haben. Anfang Dezember 1965 wird er zum Präsidenten der Föderation der demokratischen und sozialistischen Linken (FGDS) gewählt, zunächst ein reines Wahlbündnis ohne gemeinsames Programm. Sein getreuer Gefolgsmann Charles Hernu wird Generalsekretär. Seine eigentliche „Konvention der republikanischen Institutionen" (CIR) ist eine lose Föderation der mitterrandistischen Klubs und Zirkel, hat jedoch wenigstens eine gemeinsame Charta: Die Verteidigung der demokratischen Freiheiten, ein föderales Europa und die Demokratisierung der Wirtschaft werden gefordert. Eine Konkurrenzorganisation ist freilich die PSU von Mendès France. Bei den Parlamentswahlen im Juni 1967 funktioniert das komplizierte Dreierbündnis FGDS-PSU-KPF mit einem ersten großen Erfolg mit 49,8 % der Stimmen. Der nichtkommunistischen Linken war ein großer Durchbruch bei den Wählern der Mitte gelungen, ohne sie durch die Unterstützung der Kommunisten abzuschrecken.[112]

---

109 Giesbert. Op. cit. S. 208.
110 Winock. Op. cit. S. 157.
111 Giesbert. Op. cit. S. 218.
112 Winock. Op. cit. S. 179.

Vom Mai 1968 wird Mitterrand zusammen mit der gesamten politischen Klasse überrascht. Zunächst ist für ihn die Rebellion der Studenten an Haaren zu lang und an Ideen zu kurz[113]. Der 46-jährige Ex-Minister hat wie viele Altpolitiker und Apparatschiks der Partei- und Gewerkschaftsapparate Schwierigkeiten, den anarchistischen Charakter der Rebellion frustrierter Bürgerkinder zu verstehen, die nicht in seine Strategie der linken Einheit passen will. Im Parlament fühlt er sich mit einer Brandrede gegen Pompidou wohler als mit den Studenten, die nichts mit ihm zu tun haben wollen. Gegen den Willen von Sozialisten und Kommunisten bietet er sich und Mendès France als Ersatzregierung für den Fall eines Rücktrittes von de Gaulle und Pompidou an. Verfassungsgemäß müsste dieses Amt der Senatspräsident ausüben. Am 22. Mai 1968 erklärt er: „Es gibt keinen Staat mehr. Wir müssen eine sozialistische Demokratie begründen und der Jugend diese begeisternde Perspektive bieten: Das neue Bündnis von Sozialismus und Freiheit. Ich schlage vor, sobald wie möglich eine provisorische Regierung zu bilden. Wer soll sie führen? Falls nötig, werde ich diese Verantwortung übernehmen."[114] Und für die danach fälligen Präsidialwahlen kündigte er sich auch gleich als Kandidat an.

Mit dieser Bereitschaft zum linken Putschismus diskreditiert er sich einmal mehr durch den Eindruck von Machtgier und opportunistischem Abenteurertum. Die Wahlniederlage der Linken im Juni 1968 wird nicht zuletzt auch ihm angelastet. Nach der blutigen Unterdrückung des Prager Frühlings im August 1968 ist auch seine Volksfrontstrategie völlig diskreditiert. Im Parlament sitzt der politisch isolierte Mitterrand auf den Bänken der Unabhängigen. Nach de Gaulles Rücktritt überlässt er von der SFIO-Führung ignoriert das Feld Gaston Defferre. Ohnehin liegen in den Umfragen Alain Poher und Georges Pompidou vorne und seine Werte im Keller. Der Kommunist Jacques Duclos erhält 21,3 % der Stimmen, doch Defferre stürzt mit 5 % ab. Mit dem Bucherfolg „Ma part de vérité" hält sich Mitterrand jedoch im öffentlichen Gespräch. Es handelt sich um eine Mischung aus geschönter Biographie, de Gaulle Kritik und visionärer Programmatik für die Linksunion in lesbarer Dialogform. Die Verstaatlichungen der Schlüsselindustrien (zu ihnen zählt er die Banken, die Rüstungs- und Raumfahrtindustrie, die Pharmabetriebe, den Spezialstahl und die Energiewirtschaft) sollen den Weg in die Arbeiterselbstverwaltung bahnen.

Innerhalb der Sozialistischen Partei verbündet er sich mit den Chefs der großen Verbände des Nordens, Pierre Mauroy (Lille) und des Südens, Gaston Defferre (Marseille) und mit dem marxistischen Ceres[115]-Flügel von Jean-Pierre Chevènement gegen Guy Mollet. So kommt es im Juni 1971 zur Neugründung der Sozialisten auf dem Kongress von Épinay. Michel Rocard bringt große Teile seiner PSU und der CFDT mit, so dass die Sozialisten zum ersten Mal (wie die KPF mit ihrer CGT) einen Gewerkschaftsarm und eine betriebliche Basis bekommen. Mitterrand singt erstmals öffentlich die Internationale und lässt sich, obwohl erst seit zehn Tagen Mitglied, gleich als Erster Sekretär an die Spitze der Partei wählen. Es sind weniger seine Ideen, als seine Persönlichkeit, sein Charisma und sein rhetorisches Talent, die ihn für die Führung

---

113   Ibid. S. 183.
114   Zitiert in: Attali. Op. cit. S. 19 f.
115   Centre d'études, de recherches et d'éducation socialiste.

der heterogenen Partei, die aus Sozialdemokraten, marxistischen Linken, christlichen Sozialisten, selbstbestimmten Demokratisierern, Karrieristen, Gewerkschaftsfunktionären und Technokraten besteht, empfehlen. Dies obwohl er nicht die geringste Neigung zu den schismatischen Theorie- oder Geschäftsordnungsdebatten hat, die die Sozialisten auf ihren Parteitagen so lieben, sondern er nach wie vor recht offen und entspannt vorrangig seinen schöngeistigen und erotischen Interessen nachgeht. Dennoch gelingt es ihm mit Georges Marchais von der KPF 1972 ein gemeinsames Programm zu vereinbaren, das mit dem vielversprechenden Titel „Das Leben ändern" eine Gesellschaft der selbstbestimmten Arbeit entwirft. Dazu sollen weiter die Arbeitszeiten verkürzt, und die Unternehmenssteuern erhöht werden. Das Ganze solle zu höherem Wachstum und Wohlstand führen. Immerhin beginnen jetzt die sozialistischen Umfragewerte auf Kosten der KPF zu steigen. Auch bei den Kantonalwahlen im September 1973 bestätigen sich sozialistische Gewinne auf Kosten der Kommunisten. Die Zeiten, als Defferre 1969 mit nur 5 % eingebrochen war, sind (bis 2017) vorbei. Vor allem die anti-europäischen und pro-sowjetischen Reflexe der KPF schädigen ihr öffentliches Ansehen und setzen Mitterrand unter ständigen Rechtfertigungsdruck. Gleichzeitig half ihm die intellektuelle Dürftigkeit der KPF-Führung, deren Reaktionen stets vorhersehbar waren, die Partei je nach taktischer Notwendigkeit zu manipulieren und zu marginalisieren[116].

Nach Pompidous Tod tritt Mitterrand zum zweiten Mal bei Präsidialwahlen an. Er verspricht ein Pensionsalter mit 60, höhere Mindestlöhne und eine fünfte bezahlte Urlaubswoche. In der ersten Runde erreicht er gegen Giscard und Chaban-Delmas sowie die üblichen trotzkistischen Linksaußen-Kandidaten mit einer professionell geführten Kampagne 43,3 % der Stimmen, die er in der zweiten Runde auf 49,2 % steigern kann. Doch knapp verloren ist auch verloren. Bei 13 Millionen Stimmen fehlten 300.000. Unweigerlich hinterfragt er den Sinn seines politischen Einsatzes. Ist es nicht Zeit, an die nächste Generation zu übergeben?[117] Sein letztes Ministeramt liegt 17 Jahre zurück. Giscard ist vierzehn Jahre jünger als er. Die Aussicht auf weitere sieben Jahre auf den harten Oppositionsbänken ist wenig ermutigend. Im Jahr 1981 wird er 65 sein. So tröstet er sich denn mit seiner wahren zweiten Liebe, der Kuratorin Anne Pingeot, die ihm im Dezember 1974 eine Tochter, Mazarine zur Welt bringt, die heute eine Autorin sehr mittelmäßiger Romane ist, die von dekonstruierten Beziehungen in einer dekonstruierten Sprache handeln.

Trotz Dauerstreitigkeiten mit der KPF, die weiter die NATO, die Atomwaffen und die EU ablehnt, gelingt es bei den Kommunalwahlen 1977 die meisten Rathäuser zu erobern. Dabei schneiden in der zweiten Runde nach dem jeweiligen Wahlverzicht des Nachgereiten die sozialistisch geführten Listen meist deutlich besser ab als jene der Kommunisten.

Im Gegensatz zu Pompidou hat Mitterrand keine Angst vor Talenten. Er umgibt sich gerne mit aufstrebenden, intelligenten Karrieristen. Laurent Fabius, der aus der jüdischen Bourgeoise stammt und wie er Bücher, Frauen und die Macht liebt, gilt als sein Ersatzziehsohn.

---

116 Giesbert. Op. cit. S. 300.
117 Ibid. S. 277.

Der Höfling Jacques Attali wird Herrscher seiner Vorzimmer. Édith Cresson gefällt ihm, weil sie ihre Mitarbeiter mit ihren Launen stets in Furcht und Schrecken versetzen kann. Offiziell ist Pierre Mauroy, ein richtiger Arbeiterführer, sein Stellvertreter in der PS, dessen langsamer Stil ihn jedoch anödet. Idem Michel Rocard, ein sozialdemokratischer Intellektueller, dessen langatmige abstrakte Sprechweise und puritanische Art als Hugenotte ihm gleichfalls auf die Nerven geht. Dazu hatte Rocard als links-christlicher, antikolonialer Studentenführer ihn als Justizminister während des Algerienkriegs öffentlich des „Mordes" an FLN-Verdächtigen geziehen[118]. Wenn Mitterrand eine Fraktion in seiner PS hasste, so waren es die moralisierenden christlichen Sozialisten, die von den gleichen Ursprüngen einen ganz anderen politischen und biographischen Weg gegangen waren. Ging es Mitterrand um staatliche Macht und die Eigentums- und Verfügungsfrage über die Banken, Versicherungen und die Großindustrien, so war Rocards Hauptinteresse nicht ihre Verstaatlichung sondern die Arbeiterselbstverwaltung und dezentralisierte Entscheidungsstrukturen. Für das Bündnis mit den stalinistisch-jakobinischen Kommunisten war natürlich eine breite Verstaatlichungsstrategie die Vorbedingung. Auf dem linken Flügel fördert Mitterrand den doktrinären Pierre Joxe und den linksnationalistischen Jean-Pierre Chevènement. Schließlich verbündet sich Mitterrand mit der Linken, um Pierre Mauroy und Michel Rocard, die in den Umfragewerten weit vor ihm liegen, bei einem Parteikongress in Metz 1979 mit Hilfe von Lionel Jospin und Laurent Fabius als Rechtsabweichler auszubooten, die alte Garde zu säubern und mit seinen bedingungslosen Gefolgsleuten zu ersetzen.[119] Die Quittung folgt bei den Europawahlen vom Juni 1979 prompt. Die PS fiel auf 24 % der Stimmen. Mitterrand gilt in öffentlichen Profilierungen in den Umfragen als Mann der Vergangenheit, als ehrgeizig, opportunistisch und wechselhaft. Niemand rechnet mehr mit seiner Präsidentschaft, auch die linke Intelligenzija geht zu ihm auf Distanz. Das 1980 beschlossene Parteiprogramm ist planwirtschaftlich-protektionistisch, anti-amerikanisch und sowjetophil. Ja es schwadroniert auch vulgärmarxistisch von den zyklischen Akkumulationskrisen des Kapitalismus und seiner gesetzmäßig sinkenden Profitrate. Als Rocard im Oktober 1980 seine Präsidentschaftskandidatur bekanntgeben will, wird er von Mitterrand abgeschossen: Ohne den Segen der Partei, gegen die sich Rocard nicht auflehnen will, darf er trotz bester Umfragedaten nicht Kandidat werden[120].

Nun will Mitterrand zum zweiten Mal gegen den unschlagbar erscheinenden Giscard antreten. Von modernen Mediengurus wie Jacques Séguéla und Jacques Pilhan lässt er sich für einen „unpolitischen" Wahlkampf beraten. Mit der Parole „Une force tranquille" erscheint sein vertrauenserweckendes Porträt mit einem Dorfkirchhof im Hintergrund. 1965 waren es noch rauchende Schlote und Strommasten für ein „modernes Frankreich" gewesen. VGE dagegen wählt den wenig intelligenten Spruch „Il faut un président pour la France", der sofort naheliegende Kommentare einlud, was er wohl die letzten sieben Jahre gemacht habe. Zunächst kommt der Komiker Coluche (Michel Colucci) in Umfragen auf gut 12,5 %, der mit dem geistvollen Slogan „bleu-blanc-merde" linke Halb-Intellektuelle zu begeistern versteht, dann aber doch in

118 Winock. Op. cit. S. 247.
119 Giesbert. Op. cit. S. 321 ff.
120 Giesbert. Op. cit. S. 330.

Ermangelung von Unterschriften zurückzieht. Beim ersten Wahlgang im April 1981 kommt Mitterrand auf 25,9 % der Stimmen, weit vor Georges Marchais mit 15,3 %. Da Mitterrand den geschlagenen Kommunisten keinerlei Konzessionen zu machen scheint, macht die in seiner Umarmung erdrückte KPF nicht länger Angst. Entscheidend wurde nun Chiracs lustloses Plädoyer für ein Votum für Giscard. Er persönlich würde für ihn stimmen, gab aber keine Empfehlung an seine Wähler (18 %) und an seine machtvollen Apparate der gaullistischen RPR und des Pariser Rathauses. Die Fernsehdebatte ging zwischen beiden Endkandidaten, die sich an Hochmut, imperialem Gehabe und eiskalter gegenseitiger Verachtung in nichts nachstanden, unentschieden aus. Mitterrand verspricht dem Wahlvolk mit der 35-Stundenwoche, erhöhten Mindestlöhnen, einer zusätzlichen Urlaubswoche und Vermögenssteuern, die Arbeitsplätze zu vermehren. Die 110 Programmpunkte Mitterrands entsprachen in Jacques Delors' Worten „Träumen von Lebensqualität, sozialer Gerechtigkeit und einer besseren Verteilung des Ertrags der Fleißigen".[121] Sein „alter Feind" Helmut Schmidt kritisiert das gemeinsame Programm der Linken öffentlich und setzt offen auf seinen Freund VGE[122]. Doch gelingt es Giscard nicht, Mitterrands wirtschaftlichen Amateurismus darzustellen, indem er ihn oberlehrerhaft nach dem aktuellen D-Mark:Franc-Wechselkurs fragt. Zudem hat VGE eine Inflationsrate von 13,6 % (1980) und eine auf 1,4 Millionen angestiegene Zahl von Arbeitslosen zu rechtfertigen. Mitterrand macht von Kaiser Bokassas Diamanten keinen Gebrauch. Doch ist der Skandal dank der seit 1979 laufenden Kampagne des Canard Enchaîné hinreichend publik und allgemein bewusst. In der Endrunde am 10. Mai fehlten dann dem im Élysée, seinen Schlössern und Jagdgründen vom Volk und der öffentlichen Meinung isolierten Präsidenten zu seiner eigenen Fassungslosigkeit mit 48,2 % die entscheidenden Prozente zu Mitterrands 51,8 % und dessen mehr als 15 Millionen Stimmen.

Der Präsident der Reformen

Nach der Bekanntgabe des Ergebnisses erfolgt bei den sozialistischen Parteigängern über ihren ersten nationalen Wahlsieg seit 1936 eine Explosion der Freude. Am 21. Mai 1981 unternimmt Mitterrand einen pathetischen Triumphzug durch das jubelnde Paris mit der Rose in der Faust zum Panthéon, dem laizistischen Totentempel. Eine kuriose Mischung aus sozialistischen und monarchistischen Symbolismen, die sein Kulturbeauftragter Jack Lang für ihn ersonnen hat. Im Juni 1981 rundet er seinen Erfolg mit der absoluten Mehrheit in der Nationalversammlung ab. Allein 183 linke Lehrer ziehen ins Parlament ein. Mitterrands Zustimmungsraten steigen auf sagenhafte 74 %, von denen seine Nachfolger nur träumen können. Statt der Volksfront von 1936, die sich nur zwei Jahre an der Macht hielt, hat er nun sieben Jahre, um den versprochenen Sozialismus in Frankreich einzuführen. Ministerkandidaten bestellt er direkt zu sich, lässt sie aber über seine letztlichen Entscheidungen im Unklaren. Pierre Mauroy, der künftige Ministerpräsident, ein früherer Berufschullehrer, wird um seine Meinung nicht gefragt. Ähnlich wie unter de Gaulle und unter Giscard hält ein Stil des Monarcho-Präsidialismus wieder Einzug

---

121 Jacques Delors. Erinnerungen eines Europäers. Berlin 2004. S. 154.
122 Attali. Op. cit. S. 236.

im Élysée. Der Kritiker des „permanenten Staatsstreichs" füllt diese Rolle ab der ersten Stunde meisterlich aus. Störend, dass er gleich von einer Währungskrise begrüßt wird, denn nach dem linken Sieg setzt sofort eine Kapitalflucht ein, die die knappen Währungsreserven der Banque de France aufzuzehren drohen. Für den Präsidenten gilt das Primat der Politik vor der Ökonomie. Er will in jenen hehren Stunden von einer Währungskrise, Devisenkontrollen oder gar einer Abwertung nichts wissen.[123]

Bei der Machtübernahme stellt sich das konkrete Problem, dass Mitterrand vor einem Vierteljahrhundert seinen letzten Ministerposten hatte aufgeben müssen, ohne je Premiermister geworden zu sein. Außer ihm und Gaston Defferre hat niemand Ministererfahrung. Ansonsten hatte nur Delors vor einem Jahrzehnt im Kabinett von Chaban-Delmas gearbeitet und Claude Cheysson war EU-Kommissar für Entwicklungshilfe gewesen. Kurzum, es mangelte dramatisch an Führungserfahrungen für die komplexe Pariser Ministerialbürokratie, zumal von der sich verabschiedenden Mannschaft niemand zu Auskünften bereit war[124].

Seine erste Ministerrunde ist eine eklektische Mischung. Seine frühere Sekretärin Édith Cresson hat er zur Landwirtschaftsministerin gemacht, ein Fehlgriff wie alle ihre folgenden Ernennungen. Sein getreuer Gefolgsmann Charles Hernu bekommt die Verteidigung, wo er über die Tötung eines Greenpeace-Fotografen in Neuseeland stolpern sollte. Jacques Delors, linkskatholischer Gewerkschaftler die Finanzen, wo dessen Intimfeind Laurent Fabius das Budget beaufsichtigt. Pierre Joxe, damals noch Linksaußen, die Industrie, Michel Rocard den Plan, Jack Lang die Kultur, Gaston Defferre das Innenministerium, Claude Cheysson, ein Freund der Dritten Welt, das Außenministerium, Robert Badinter, Gegner der Todesstrafe, die Justiz. Die Kommunisten erhalten vier nachrangige Ministerien (Transport, Öffentlicher Dienst, Volksgesundheit und Berufsbildung). Mauroy soll diese bunt zusammengewürfelte Truppe koordinieren, während Mitterrand, bei den nun anstehenden vielen wirtschaftspolitischen Entscheidungen eher desinteressiert – je nach Laune großmütig oder rachsüchtig – bei ihren wöchentlichen Kabinettsvorträgen die Weisungen erteilte.

Kabinettssitzungen waren von Mitterrands Neigung zu Feierlichkeit und Formalismen geprägt. Gern pflegte er seine Minister mit gelegentlichen Tours d'horizon über die internationale geopolitische oder innenpolitische Lage zu beeindrucken. Sie waren wie bei seinen Vorgängern kein Ort für freimütige oder offene Diskussionen. Minister hatten zu den Themen ihres Ministeriums kurz und knapp zu sprechen. Weitschweifigkeit oder andere Themen duldete er nicht. Er bestand auf Abstand und Respekt und tolerierte weder Vertraulichkeiten noch Disziplinlosigkeiten. Um wichtige Partner für seine Anliegen zu gewinnen, konnte er freilich auf einer Klaviatur von Charme und Autorität meisterlich spielen[125].

Als US-Vizepräsident George Bush (Sr.) im Juni 1981 auf Parisbesuch sich besorgt über die kommunistischen Minister bei einem wichtigen Bundesgenossen äußerte, meinte Mitter-

123   Giesbert. Op. cit. S. 346.
124   Attali. Op. cit. S. 60.
125   Delors. Op. cit. S. 160 ff.

rand, die vier Minister hätten nur subalterne Funktionen. Im Übrigen entscheide er die Außenpolitik. Später übergab er Reagan die Liste „Farewell" mit Sowjetspionen im Westen, die ein Überläufer des KGB, Oberstleutnant Wladimir Wetrow, den Franzosen geliefert hatte[126]. Mitterrand versprach Bush, die Kommunisten unter Kontrolle zu halten und unter 10 % zu drücken. Er hielt Wort: Im März 1986 erhielt die KPF nur noch 9,7 % und 35 Sitze. Zu Attali meinte er zum Thema KPF einmal: „Täuschen Sie sich nicht. Zwischen ihnen und mir ist es ein Duell um Leben und Tod. Ich will sie zerstören. Und sie wollen das gleiche."[127] Als die französische Spionageabwehr 47 KGB-Agenten, die meisten davon in der Industrie- und Technologiespionage aktiv, unter den 749 (!) sowjetischen Botschaftsangehörigen in Paris enttarnt, lässt sie Mitterrand sofort alle ausweisen.

Mauroy war ein konservativer Sozialdemokrat, der verstand, dass ein Staat nicht auf Dauer mehr ausgeben als einnehmen konnte, während umgekehrt Mitterrands Einflüsterer Jacques Attali und Laurent Fabius, zwei ENArquen, die sich für Genies hielten, und Pierre Bérégovoy, der neue Generalsekretär des Élysée, ein gelernter Metall- und Gasarbeiter, ihm das Gegenteil erzählten und ein schuldenfinanziertes Konjunkturprogramm propagierten, während die teuren Verstaatlichungen die staatlichen Mittel verschlangen[128]. Als Mitterrands Feindbild mussten die – anonymen – Bankiers herhalten und er wunderte sich laut, warum man ihn noch nicht wie Allende oder Bob Kennedy eliminiert hatte[129]. Das Ausgabenprogramm von Laurent Fabius lässt dann im Jahr 1982 das Handelsbilanzdefizit explodieren. Das französische Konjunkturprogramm saugt vor allem Importe an – zumeist aus Deutschland.

Die erste große Reform mit Symbolkraft war die Abschaffung der Todesstrafe, das erklärte Ziel von Robert Badinter. Die Pensionierung der Guillotine erfolgte gegen den Willen der Bevölkerungsmehrheit, die zu 63 % für die Beibehaltung plädierte.[130] Noch unter VGE waren drei Mehrfachmörder nach langer Gewissenserforschung des Präsidenten ins Jenseits expediert worden.[131] Auch wurden die Strafbestimmungen für Homosexuelle, die Militärgerichte und der Staatssicherheitshof abgeschafft. Kulturpolitisch führte Mitterrand einen Einheitspreis für Bücher ein, um die Buchhandlungen zu retten, sowie Quoten für französische Musik und Filme in Radio und Fernsehen. Gaston Defferre legte im Dezember 1981 ein Gesetz zur Dezentralisierung vor, das die jahrhundertealte Tendenz zur Bevormundung der Provinzen durch Paris endlich umkehren sollte. Er selbst hatte als Bürgermeister von Marseille und Mitterrand als Bürgermeister von Château-Chinon und als Generalrat von Nièvre die lähmenden Absurditäten des Zentralstaats und die Diktatur seiner Präfekten erlebt[132]. Gemeinden, Départements

126 Daniel Psenny. „François Mitterrand, allié fidèle des Etats-Unis". Le Monde 22.10.2016; Pierre de Boishue „François Mitterrand. Le pouvoir et le territoire". Le Figaro 19.7.2017.
127 Attali. Op. cit. S. 34.
128 Denn Mitterrand bestand auf 100%igen Verstaatlichungen, während Kapitalanteile von 51% für einen kontrollierenden Einfluss, wie von Delors vorgeschlagen, zu den halben Kosten genügt hätten.
129 Giesbert. Op. cit. S. 361.
130 Winock. Op. cit. S. 266.
131 Giscard d'Estaing. Die Macht und das Leben. Frankfurt/Main, Berlin 1988. S. 225 ff.
132 Attali. Op. cit. S. 133.

und Regionen erhielten erstmals beschränkte Selbstbestimmungsrechte. Zentrale Kontrollen sollten nur noch ex posteriori stattfinden. Defferre wollte sogar das von Napoleon eingeführte System der Präfekte abschaffen, drang aber damit nicht durch. Dennoch wetterten die Gaullisten gegen den Verlust staatlicher Kontrolle und sahen Gefahren für die Einheit des Staates. Sie vergaßen dabei, dass de Gaulle selbst anno 1969 vergeblich ein Dezentralisierungsprojekt durchsetzen wollte. Neue Arbeitsgesetze schufen zwar nicht die Arbeiterselbstbestimmung, so doch erstmalig Mitbestimmungsmöglichkeiten und Konsultationsrechte der Belegschaften, sowie die Definition der Gewerkschaftsrechte im Betrieb und die Wahl ihrer Vertrauensleute.

Um die Konjunktur und die Kaufkraft zu beleben, gossen die Sozialisten ihr Füllhorn an fremdfinanzierten Wohltaten aus, wie dies eine Regierung seit Mai/Juni 1968 nicht mehr getan hatte: Der Mindestlohn (SMIC) stieg um 10 %, die Altersrenten um 20 %, die Familienbeihilfen um 25 %. Die 39 Stundenwoche wurde eingeführt, das Rentenalter auf 60 Jahre gesenkt und 55.000 neue Posten im öffentlichen Dienst geschaffen. Der Wachstumseffekt: weniger als 1 % des BIP.

Für Mitterrand war sein Nationalisierungsprogramm ein Glaubensartikel in seinem Kampf gegen seine imaginären Feinde im Großkapital und in den Banken geworden. Auch wenn die Kommunisten keine große Rolle mehr spielten, bestand er auf der Verstaatlichung von neun industriellen Großgruppen und 39 Banken und Finanzdienstleistern, die ab dem Februar 1982 durchgezogen wurde. Auch die Parteifunktionäre der PS radikalisierten sich zunehmend für das Verstaatlichungsprogramm – beim Parteitag von Valence im Oktober 1981 drohten Abgeordnete „vaterlandsverräterischen" Bankern die Todesstrafe an[133] –, von der sie sich und ihren Wählern alles Mögliche versprachen, auch wenn letztendlich nur einige konservative Industriemanager und Bankdirektoren durch linksgewirkte ENA-Apparatschiks ausgetauscht wurden, die jedoch nicht alle unfähig waren. Ein Fünftel der Industriearbeiter arbeitete jetzt für den Staat. Ein Drittel der Investitionen wurden öffentlich kontrolliert. Unternehmensleiter beschwerten sich, dass ihre Führungskräfte ihre Zeit in Ministeriumssitzungen verbringen müssen, dass sie ihre Investitionsentscheidungen aus der Zeitung erfahren, dass sie Opfer von bürokratischen Grabenkämpfen der Ministerien werden und dass das Industrieministerium von Jean-Pierre Chevènement von einer „Interventionitis" besessen sei. Als zu viele Klagen Mitterrands Ohr erreichen, wird Chevènement, der uneinsichtig ist, entlassen und die ebenfalls munter ihre Macht ausspielenden Élysée-Mitarbeiter eingebremst[134]. Zwar bringt die Verstaatlichung im Prinzip mehr Planungssicherheit bei Forschungen und Investitionen und weniger Kurzfristigkeit in den Gewinnerwartungen, doch zeigte sich der Staat bei profitablen Unternehmen wie den Glas- und Baumaterialhersteller Saint-Gobain wie ein privater Spekulant eher an hohen Dividenden als an Reinvestitionen interessiert. Auch die Sozialisten begannen die Segnungen von Gewinnen zu schätzen.

---

133 Giesbert. Op. cit. S. 378.
134 Delors. Op. cit. S. 176.

Es folgten Franc-Abwertungen im Jahrestakt: im Oktober 1981[135], Juni 1982[136] und März 1983[137] als Symbole des Scheitern – weswegen Mitterrand auch als Preis für die deutsche Wiedervereinigung ein Jahrzehnt später auf der Einführung des Euro bestand, sein letzter Triumph des politischen Willens über den Wirtschaftsverstand. Mit Mühe hielt sich Frankreich noch in der „Währungsschlange" mit den fixierten Bandbreiten des Europäischen Währungssystems (EWS). Im März 1983 gehen für die Linke die Kommunalwahlen verloren und ab 1983 rutschen seine Umfragewerte unter 50 %, als sich die widrigen Wirtschaftsverhältnisse und der ausbleibende Aufschwung nicht mehr verheimlichen lassen. Als 1982 auch die Exporte fallen, verlangt Mitterrand von der verstaatlichten Industrie ihre Investitionsprogramme zu beschleunigen, um die Importe zu verlangsamen![138]

Die Kehrtwende

Im Laufe das Jahres 1982 lässt Mitterrand Mauroy diskret einen Kurswechsel einleiten. Seinen Kabinettsdirektor[139] Bérégovoy schiebt er im Juni 1982 als Arbeitsminister ab. Um den Inflationsauftrieb abzubremsen, werden Preise und Gehälter für vier Monate eingefroren, die Mehrwertsteuer um einen Punkt erhöht und Ausgabenkürzungen beschlossen. Dazu muss Frankreich auf den internationalen Kapitalmärkten eine Anleihe über 4 Milliarden US-Dollar aufnehmen, um das Loch in seiner Zahlungsbilanz zu stopfen. Im März 1983 werden neue Maßnahmen fällig: Devisenkontrollen, die Beschränkung der Auslandsausgaben für jeden Franzosen per „Devisenpass" auf 2000 FF, das Ende der Indexierung der öffentlichen Gehälter am Preisauftrieb, eine Zusatzsteuer von 10 % in Form einer Zwangsanleihe des Staates für Mehrverdiener und für den Rest ein Prozent mehr Abgaben zur Finanzierung der Sozialversicherung. Die Autobahnmaut, die Tabak- und Alkoholsteuern und die Gebühren für Krankenhausbesuche werden erhöht und die staatlichen Ölvorräte verringert. Gleichzeitig führt Delors ein „Volkssparbuch" ein, um die französischen Haushalte zur Erhöhung ihrer Sparquote zu bewegen und damit eine Ende der Kapitalknappheit für die Wirtschaft zu bewirken. Semantisch wird diese Abkehr von der Reflationspolitik von PS-Führern als „Klammer" oder „Kurve" verkauft, nach dessen Ende die alte sozialistische Ausgabenpolitik wieder aufgenommen werden kann. Mitterrand selbst erklärt sich im März 1983 zum Schöpfer des neuen ökonomischen Realismus[140], den er bei Mauroy, Rocard und Delors so lange bekämpft hatte. Die Gewerkschaften schreien Verrat, und die Unternehmensverbande befürchten eine Konkurswelle.

---

135 Alle diese Währungsänderungen mussten im Rahmen des EWS in Brüssel verhandelt werden. So wurden D-Mark und Dänenkrone um 5,5 % aufgewertet und der Franc und die Lira um –3 % abgewertet.

136 Jacques Delors gelang es in diesem Jahr die Abwertung des Franc auf –5,5 % zu begrenzen und im Gegenzug die Aufwertung von D-Mark und Gulden um je 4,5 % zu erreichen.

137 Diesmal handelte Delors mit Deutschland eine D-Mark-Aufwertung um 5,5 % und eine Abwertung des Franc um –2,5 % aus.

138 Attali. Op. cit. S. 144.

139 Der offizieller Titel: „Generalsekretär". Er entspricht als graue Eminenz etwa der Rolle eines Staatsministers im Berliner Kanzleramt.

140 Giesbert. Op. cit. S. 420.

Als im Juli 1984 ausgerechnet Laurent Fabius die Regierungsgeschäfte von dem glücklosen Mauroy übernehmen konnte, zeigen sich die Früchte der Konsolidierungspolitik: Die Inflation sinkt von ursprünglich 13,4 % auf 6,7 % und schließlich bis 1985 auf 5,8 %. Die Handelsbilanz ist fast ausgeglichen. Nur die Arbeitslosigkeit beträgt weiter 2,3 Millionen. Weil verstaatlichte Großunternehmen wie Pechiney, Thomson und Rhône-Poulenc 1982 blutrote Zahlen mit Verlusten von insgesamt 7,8 Milliarden FF schrieben und der Staat die Rekapitalisierung nicht mehr stemmen konnte, musste durch private Kapitalbeteiligungen über die Börse eine „sanfte Reprivatisierung" durchgeführt werden. Ohnehin ist die öffentliche Meinung über die Leistungen des Staates als Unternehmer zunehmend skeptisch geworden. Mitterrand sucht einen gesichtswahrenden Ausweg in einer „ni-ni"-Politik: weder weitere Verstaatlichungen noch Reprivatisierungen. Er gibt zu, dass ihm die Verstaatlichung der Kreditwirtschaft kein Gramm an politischer Macht gebracht hat.[141] In der ersten Kohabitationsphase von 1986 bis 1988, als die Niederlage der Linken Jacques Chirac an die Regierung brachte, wurden die ersten Großprivatisierungen durchgeführt, die dringend benötigtes Geld in den Staatshaushalt sprudeln ließen. Als Michel Rocard nach Chiracs Niederlage 1988 Premier wird, wagt er sich sogar an ein Tabu, eine private Kapitalbeteiligung an Renault, immerhin eine Nachkriegsenteignung noch mit de Gaulles Segen. Édouard Balladur hatte dann bei der zweiten bürgerlichen Kohabitationsregierung von 1993 bis 1995 Chiracs ursprüngliches Reprivatisierungsprogramm weitgehend abgeschlossen. Von 1997 bis 2002 hatte auch Lionel Jospin, der als Sozialist sicherlich kein Wirtschaftsliberaler war, nicht gezögert, den Staatshaushalt durch private Kapitalbeteiligungen an verbliebenen öffentlichen Unternehmen zu entlasten.

Nicht nur war das sozialistische Dogma des durch Verstaatlichungen ermöglichten illusionären Traumes von Arbeiterselbstverwaltungen oder Investitionslenkungen im staatlichen Interesse binnen zwei Jahren einen teuren und traumatisierenden Tod gestorben, es starb auch das Programm einer ausgabenorientierten Konjunkturankurbelung mit offenen Grenzen in einem Land. Was also blieb als Zwischenbilanz des Mitterrandschen Sozialismusexperiments Mitte der 80er-Jahre, außer Schulden, Arbeitslosigkeit, der abgeschafften Todesstrafe, etwas Dezentralisungsreformen und Gewerkschaftsrechten im Betrieb? Das tägliche Leben hatte sich politikinduziert nicht merklich verändert, für die meisten in Summe kaum zum Positiven. Der versprochene Bruch mit dem Kapitalismus war nicht erfolgt. Die marktwirtschaftlichen Gesetze hatten sich als stärker als die Doktrinen der PS herausgestellt.

Nach seinem Sieg über Chirac 1988 zog Mitterrand für sich die Konsequenzen. Er wurde mit seiner angesagten „Öffnung" zur Mitte Sozialdemokrat und pragmatischer Reformer, ohne dies öffentlich zu sagen. Zu den neuen Reformen zählen etwa Vermögenssteuern (ISF), die zur sozialen Grundsicherung (RMI) der ärmsten Familien verwendet werden. Chevènement zitiert Philip Short zustimmend: „Nachdem er siebzehn Jahre lang vom Winter 1965 bis Mitte 1983 auf der Welle der Rhetorik der Linken gesegelt ist, ist Mitterrand zu seinen Wurzeln zurückgekehrt. Die ideologischen Mäntelchen, die er angelegt hatte, um an die Macht zu kommen, konnte er endlich fallen lassen. Sie haben ihm niemals wirklich gepasst. Ein Teil von ihm

141 Winock. Op. cit. S. 280.

bedauerte den Verlust der Illusionen. Aber ein anderer war glücklich, sie los zu werden". Schon Guy Mollet hatte 1971 beobachtet: „Mitterrand ist kein Sozialist geworden, er hat nur gelernt sozialistisch zu sprechen. Ein Unterschied."[142] Ein Ersatz für den verlorenen Halb-Glauben an den Sozialismus ist laut Chevènement dann sein quasi-religiöses europapolitisches Bekenntnis geworden, das er eigentlich schon bei der französischen Niederlage von 1940 mit der Einsicht, Frankreich könne nicht mehr allein als Großmacht agieren, gewonnen habe[143].

Wie alle Präsidenten genießt Mitterrand die Personalpolitik. Die Leitungen der Staatsfernsehens und -rundfunks werden als erstes gesäubert. Ab Februar 1982 werden auch die Führungen der verstaatlichten Unternehmen ausgewechselt, später nach und nach alle Chefs der wichtigen Kulturinstitute, Bibliotheken, Theater, der Polytechnique, des Rechnungshofes, aber auch der Staatsbahnen SNCF und der Nahverkehrsbetriebe von Groß-Paris (RATP). Bei Ernennungen in der Verwaltung interessierten ihn nur die höheren Posten des Innen-, Außen-, Verteidigungs- und Kulturministeriums. Die Wirtschafts- und Sozialressorts waren ihm gleichgültig. Die Spitzenbeamten interessierten ihn ohnehin nicht, da er sie für reaktionär, illiterat, konformistisch und abgehoben hielt und sie auch nie sehen wollte.[144]

Hauptsächlich wird aber die Außenpolitik, die ihn ohnehin schon immer fasziniert hat, zu Mitterrands großer Leidenschaft. Im Januar 1983 will er für Helmut Kohl und gegen die Pazifisten in der SPD und bei den Grünen eine große Rede im Bundestag halten, die die Deutschen zur Stationierung der Pershing-Raketen gegen die sowjetischen SS20 bekehren soll, die die Sowjets seit 1977 in ihren Satellitenstaaten installiert haben. Kurz vor der Abfahrt entdeckt er zornig, dass sein Redeentwurf nur aus historischem Freundschaftsgeschwätz besteht. Er bestellt eine Ministerrunde bestehend aus Hernu, Cheysson, Védrine, General Saulnier und Jacques Attali ein, die nachts seine Rede umschreiben müssen. Im Oktober 1983 wettert er in Brüssel: „Der Pazifismus steht im Westen und im Osten die Mittelstreckenraketen" (die auch Frankreich bedrohen)[145]. Was Kohl – ebenso wie Helmut Schmidt – aber auch von Mitterrand hören wollten, war eine französische Erklärung, dass die Force de frappe auch (West-)Deutschland verteidigen würde. Doch Mitterrand weigert sich. Die Verteidigung der Bundesrepublik sei Aufgabe der USA[146].

Wie Giscard ist er überzeugt, dass die europäische Integration nur im Schulterschluss mit Deutschland erfolgen kann, und wie de Gaulle, dass er auf Augenhöhe mit den Großmächten verhandeln muss, um Frankreichs Rang in der Welt zu verteidigen. Bei seinem ersten Gipfel in Ottawa 1981 ist er jeglicher Fremdsprachen unkundig gehandikapt, ist als einziger in der Runde kein Wirtschaftsliberaler, und gibt vor, Ronald Reagan und seine Witze zu mögen, obwohl dieser sein Hauptanliegen, die Schulden der Dritten Welt zu erlassen, nicht ernst nimmt[147].

142   Zitiert in: Attali. Op. cit. S. 23.
143   Jean-Pierre Chevènement. „C'était François Mitterrand …". Le Figaro 8.1.2016.
144   Attali. Op. cit. S. 72 und 109 f.
145   Psenny. Op. cit. S. 403.
146   Attali. Op. cit. S. 238 f.
147   Giesbert. Op. cit. S. 571.

Mitterrand und Frankreich bleiben isoliert und unverstanden. Gleichzeitig schätzen die Amerikaner seine – in Europa einzigartige – Unterstützung für ihre Position „Peace through strength" gegenüber der sowjetischen „Überrüstung" wie er sie nennt. Und sie sind entnervt, wenn er beim Gipfel von Williamsburg 1983 den Kommuniqué-Satz „Die Sicherheit unserer Länder ist unteilbar" strikt ablehnt, weil sie Japan miteinschließt[148]. Mitterrand behauptet allen Ernstes: „Mit Japan könnte man in einen Krieg mit den Philippinen gezogen werden"[149]. Oder als er beim Gipfel in Bonn 1985 es ablehnt, über die amerikanische „Strategic Defense Initiative" („Star Wars") zu diskutieren oder die Eröffnung einer neuen GATT-Runde zu befürworten. Er ist Teil jener kleinen Runde der Führer der westlichen Welt geworden, die damals noch etwas zu sagen hatte. Man hört ihm zu, aber man versteht ihn nicht. Seine Verteidigungsdoktrin ist einfach. Statt der damaligen NATO-Doktrin der „flexiblen Antwort" will er zurück zur massiven Vergeltung. Um einen sowjetischen Angriff abzuschrecken, soll die Sowjetunion in einem solchen Fall sofort mit dem massiven Einsatz aller Atomwaffen mit der Auslöschung bedroht werden[150] Das war ein großer intellektueller Wandel vom einst kompromisslosen Kämpfer gegen die Force de frappe von 1965! Wie bei allen seinen Wandlungen wollte er von seinen früheren Positionen nichts mehr wissen und die Änderung seiner Einsichten nie darstellen oder begründen. Mutmaßlich gefiel ihm an der Force de frappe auch, welchen Machtzuwachs sie ihm als Staatschef gegeben hatte. Bei einem Russlandbesuch 1984 ist er von Gorbatschow, dem neuen Landwirtschaftsminister, beeindruckt, der ihm ohne Umschweife das Scheitern der Planwirtschaft eingesteht. Mitterrand sah seither den Zusammenbruch des Sowjetreiches voraus, was ihn aber keinesfalls zu einem Aktivismus zu dessen beschleunigter Systemüberwindung bemüßigte[151].

Als Regierungschef begeisterten sich der ehemalige Feldwebel Mitterrand und Major Morland für die Verteidigung. Die Kampfeinsätze französischer Truppen im Tschad und im Libanon und die Bewegungen ihrer libyschen und syrischen Feinde, die im Jahr 1983 ihre Nachbarländer annektieren wollten, verfolgte er täglich auf Kartenmaterial im Élysée. Nachdem ein Terroranschlag in Beirut das Hauptquartier der Franzosen mit 55 Gefallenen am 23. Oktober 1983 zerstört hatte, begibt er sich trotz Sicherheitswarnungen sofort zu einem Truppenbesuch. Um die Schuldigen zu bestrafen, lässt er ihr Hauptquartier im Bekaa-Tal von Super Étendards bombardieren. Im Falklandkrieg von 1982 unterstützt er als einziges Land der Welt die Briten gegen die argentinischen Invasoren und lässt ihnen Informationen zu den von Frankreich gelieferten Exocet-Raketen zukommen, mit denen die Argentinier die Royal Navy bedrohen[152].

Hatte Mitterrand noch 1981 in Cancún nach seinem Machtantritt im Stile der Bergpredigt („Mut, die Freiheit wird siegen … Heil den Erniedrigten, den Emigranten, den Vertriebenen der eigenen Erde …") eine neue gerechtere Weltwirtschaftsordnung und eine neue Qualität

---

148   Die Idee, dass Frankreich Japan bei einem sowjetisch-russischen Angriff zu Hilfe kommen könnte, war damals wie heute genauso absurd, wie die Vorstellung des umgekehrten Szenarios!
149   Attali. Op. cit. S. 235.
150   Giesbert. Op. cit. S. 573 f.
151   Giesbert. Op. cit. S. 580.
152   Attali. Op. cit. S. 91.

der Nord-Süd-Beziehungen gefordert[153], so entsprach seine außenpolitische Praxis einer interessengeleiteten Machtpolitik. 9000 Soldaten der Fremdenlegion hatte er weiter in Dschibuti, dem Senegal, der Zentralafrikanischen Republik, dem Tschad, in Gabun und der Elfenbeinküste stationiert. Als 1989 der Arche-Gipfel in Paris 27 Milliarden US-Dollar Schulden der ärmsten – zumeist afrikanischen – Entwicklungsländer erließ, lehnte er eine „Vermischung" (d. h. einer Konditionalität mit der Beachtung von Menschenrechten) ab[154].

Mitterrand war 1982 der erste französische Präsident, der Israel besuchte. Gleichzeitig unterstützte Frankreich durch Waffenlieferungen Saddam Husseins Krieg gegen den Iran (1981–1988), wechselte aber nach seiner Invasion von Kuweit im Jahr 1990 die Seiten, um sich diesmal mit den USA zu verbünden. Verteidigungsminister Chevènement trat darauf zurück. Im jugoslawischen Bürgerkrieg (1991–1995) stand Mitterrand zunächst zusammen mit den Briten aufgrund ihrer pro-serbischen Reflexe auf der Seite der Kriegsverbrecher Milosevic, Karadzic und Mladic, um vergeblich das alte Jugoslawien zu rekonstituieren. Beide sabotierten gemeinsam eine europäische Intervention gegen die in Kroatien und Bosnien vorrückenden Serben. Auch sonst hatte Mitterrand keine Berührungsängste. Um auf Deutschland und seinen „Freund" Helmut Kohl Druck auszuüben, empfing er – gegen die erstmaligen öffentlichen Vorbehalte von Ex-Premier Fabius – den polnischen Kriegsrechtsadministrator General Jaruzelski im März 1990 im Élysée.[155]

Mitterrands Hofstaat war ein komplexes Gebilde, von dem Jacques Attali in zahlreichen Veröffentlichungen ein sehr einseitiges Bild mit sich selbst im Mittelpunkt gezeichnet hat. Tatsächlich arbeitete Mitterrand am liebsten ungestört allein mit schriftlichen Vermerken, die er entweder absegnete oder verwarf. In der Regel wollte er seine Mitarbeiter nicht sehen und spielte sie wie seine Minister gerne gegeneinander aus, um seine intellektuelle Unabhängigkeit und Entscheidungsfreiheit zu behalten. Um nicht vom seinem Apparat abhängig zu werden, suchte und bekam er den Rat von den ominösen „Abendbesuchern", alten politischen und persönlichen Freunden aus allen Lagern (schließlich war er in allen politischen Lagern außer bei den Gaullisten und Kommunisten einmal zu Hause gewesen), Literaten, Künstlern und Intellektuellen aller Art, die er zu Mittag- und Abendessen einlud[156]. Häufige Kontakte bestanden zu Françoise Sagan, Marguerite Duras und Michel Tournier. Dabei wollte er mit den Schriftstellern über Literatur reden oder ihnen von Personen oder Erlebnissen erzählen, die er für romanhaft darstellbar hielt. Sie allerdings wollten sich mit ihm lieber über Politik unterhalten oder um die üblichen Gefallen bitten, wie eine Mitgliedschaft in der Ehrenlegion, um Subventionen oder Steuervorteile ansuchen, da sie ihn für allmächtig hielten.[157] Auch hier – außer bei

153 Ein Redetext von Régis Debray. Ibid. S. 277.
154 Attali. Op. cit. S. 283. Der Schuldenerlass von 1989 hat diese Länder natürlich nicht davon abgehalten, seither noch mehr unbezahlbare Schulden durch unverantwortliche Staatsausgaben und korrupte Praktiken anzuhäufen.
155 Winock. Op. cit. S. 344.
156 Ganz anders als de Gaulle, der seine Mittag- und Abendessen am liebsten nur mit seiner Frau Yvonne einnahm. Danielle war freilich so gut wie nie eingeladen.
157 Attali. Op. cit. S. 87.

hübschen und intelligenten Frauen – bestand Mitterrand stets auf freundlicher Distanz, und siezte grundsätzlich jedermann außer Jugend- und Kriegsfreunde und Verwandte. Als ihn eine begeisterte Genossin einmal fragte, ob sie ihn duzen dürfte, entgegnete er eisig „Si vous voulez bien", worauf sie es natürlich unterließ.

Als im Herbst 1983 ihn Umfragen nur noch bei 38 % sehen, legt sich Mitterrand einen neuen Kommunikationsberater zu. Dieser empfiehlt ihm seine Rhetorik von lyrisch-historischen Referenzen zur konkreten Lebenswelt der Franzosen umzuorientieren und sich nicht länger hinter dem Premier zu verstecken. Doch Mitterrand vollzieht auch einen ideologischen Kurswechsel. Vom Sozialismus ist keine Rede mehr. Gewinne, Unternehmerinitiativen, Wettbewerbsfähigkeit, Modernisierungsinvestitionen sind gut, erdrückende Steuern, zu hohe Staatsquoten und der Protektionismus schlecht[158].

Es gibt jedoch noch ideologische Projekte der sozialistischen Linken, denen Mitterrand ohne große Überzeugung nachgibt. Ein Pressegesetz im Herbst 1983, das gegen Robert Hersant, den damaligen Besitzer des Figaro gerichtet ist. Freie Radios werden erlaubt, die allerdings keine Werbung machen dürfen und deshalb das Licht des Tages nicht überleben. Dann das Projekt einer laizistischen Einheitsschule, das den 11.000 kirchlichen freien Schulen, in denen auch Mitterrand seine Bildung genossen hatte, den Garaus machen soll. Massendemonstrationen von insgesamt mehr als 1,5 Millionen Eltern und Schülern im Namen der Wahlfreiheit in allen französischen Großstädten – 500.000 allein in Versailles – erzwingen zunächst einen Teilrückzug auch auf jener gesellschaftspolitischen Front. Studienräte mit Lehramtsprüfung („aggregation") auf jenen Schulen sollen weiter staatliche Gehälter bekommen. Bei den Europawahlen im Juni 1984 kommt die Quittung. Die Sozialisten erhalten nur noch 20,7 %, die KPF 11,2 %, Gaullisten und Liberale (UDF-RPR) 42,8 % und die Front National als neue Kraft 11 %. Ein klarer Rechtsruck nach drei Jahren sozialistischer Experimente. Es folgt eine Demonstration von mehr als zwei Millionen auf dem Place de la Bastille (der normalerweise linken Demos vorbehalten ist) gegen das verbliebene antiklerikale Projekt, das nunmehr zurückgezogen wird. Mitterrands Vorgehen ist dabei klassisch: Zunächst ließ er die Extremisten in der PS für das von ihm ungeliebte Schulprojekt gewähren. Angesichts der öffentlichen Widerstände schlug er dann ein Referendum vor, das diese mit Sicherheit verlieren mussten. Vor der PS-Führung gab er dann Bildungsminister Savary die Schuld. Er verstehe nicht zum ersten Mal nichts, sei starrköpfig und verbohrt und verwechsle moralische Prinzipien mit Sektiererei.[159] Als sein Nachfolger Chevènement 1985 die Abiturientenquote aus ähnlich dogmatischen Gründen auf 80 % hochsetzen wollte, stoppte ihn Mitterrand noch rechtzeitig: Was sollten die alle machen? Es müsse doch noch Bäcker geben![160]

Mitterrand sieht seine Parlamentswahlen im Jahr 1986 bereits als verloren an. Ein neues Verhältniswahlrecht soll 1986 die übermächtige Rechte nicht zuletzt durch die Begünstigung der Front National zersplittern und für ihn die Kohabitation mit Chirac doch noch verhindern.

---

158 Giesbert. Op. cit. S. 430 f.
159 Attali. Op. cit; S. 125.
160 Ibid. S. 135.

So setzt er den verdienten Sozialdemokraten und Lehrersohn Mauroy, den Bürgermeister von Lille, der contrecœur die Nationalisierungen, Reflations- und Laizismus-Politik durchsetzen musste, ab und ersetzt ihn im Juli 1984 durch Laurent Fabius (38), den aus dem Großbürgertum des 16. Bezirks entstammenden jugendlichen Scharfmacher und Dauerintriganten gegen die Rechte der PS, der nun ausgerechnet das Mandat erhält, die französische Wirtschaft zu modernisieren und liberalisieren. Der Unterschied zu Mauroy hinsichtlich Klasse, Einstellungen und Verhalten könnte größer nicht sein. Was sie bei aller gegenseitigen Aversion eint, ist, dass sie Mitterrand genau zu dem zwingt, was ihren politischen Überzeugungen widerspricht. Doch erscheint Fabius mit seiner kultivierten, kaltblütigen, beherrschten, zerebralen und distanzierten Art der richtige Mann in dem neuen Zeitalter des ideologiefreien Linksliberalismus, das keine Leidenschaften und Träume mehr braucht.

Im neuen Regierungsprogramm ist für die vier kommunistischen Minister offenkundig kein Platz mehr. Ohne echtes eigenes Programm hatten sie es in ihren drei Jahren an der Macht dank ihrer Kaderpolitik immerhin geschafft, den Einfluss der CGT auf die Staatsbahnen SNCF, die Post und das Staatsfernsehen mit ihren Betriebsräten und Vertrauensleuten deutlich auszuweiten[161]. Nach dem Auszug der kommunistischen Minister ist die KPF im Wesentlichen auf ihren Gewerkschaftsarm im öffentlichen Sektor und die Führung abgewirtschafteter mittelgroßer Industriestädte und Industriedörfer reduziert. Mit dem absehbaren Ende des Sowjetkommunismus, dem sie so lange treu verbunden war, hat sie auch jede Anziehungskraft auf die Intellektuellen und solche, die es gerne sein wollen, verloren. Als nennenswerte nationale politische Kraft haben die Kommunisten das Ende von Mitterrands Linksunion im Jahr 1984 nicht überlebt.

Doch auch Jacques Delors ist glücklich, das Kabinett unter Fabius in Richtung Brüssel als Kommissionspräsident zu verlassen. Da Helmut Kohl seinen angeblichen Favoriten und Rivalen Kurt Biedenkopf schnell fallen lässt und Claude Cheysson nicht durchsetzbar war[162], einigte man sich schnell auf den tüchtigen asketischen Ex-Finanzminister, der sich mit seinem Binnenmarktprogramm, der Unterstützung der Wiedervereinigung und der Vorbereitung der Osterweiterung bald als erfolgreichster Präsident der Europäischen Kommission erweisen sollte. Seinen Feind Rocard befördert Mitterrand vom Plankommissariat ins Landwirtschaftsministerium, wo er die von Édith Cresson erregten Bauern[163] besänftigen soll.

Genau am 14. Juli 1985 bricht über die französische Regierung die Affäre um das versenkte Greenpeace-Schiff Rainbow Warrior herein. 14 Tage lang noch spielen Mitterrand und Hernu, sein Verteidigungsminister, die Unwissenden. Für die neuseeländische Polizei war nach der

161　Giesbert. Op. cit. S. 447.
162　Delors. Op. cit. S. 190 ff. Kohl hatte ursprünglich gemeint, nach dem Luxemburger Gaston Thorn sei nun Deutschland wieder an der Reihe (Albrecht Rothacher. Die Kommissare. Vom Aufstieg und Fall der Brüsseler Karriere. Baden-Baden 2012. S. 120). Das passierte jedoch nie wieder, auch weil es keine wiederverwendungsfähigen Ex-Regierungschefs mehr vorweisen konnte. So blieb und bleibt Walter Hallstein weiter erster und einziger deutscher Kommissionspräsident.
163　Noch die harmlosesten Protestplakate lauteten: „Édith, wir hoffen Du bist besser im Bett als in Deinem Ministerium".

Verhaftung zweier französischer Agenten des Auslandsgeheimdienstes DGSE klar, wer hinter dem Terroranschlag mit einem Toten steckte, hatte dieser dem Verteidigungsministeriums unterstehende Dienst doch schon seit 1972 den Auftrag, die Störaktionen von Greenpeace gegen die Atomversuche auszukundschaften und zu sabotieren[164]. Aus französischer Sicht wurden die Greenpeace-Aktionen, die mit britischen, deutschen und norwegischen „Friedensbewegungen" affiliiert waren, indirekt aus Moskau und Ostberlin (auch über die DKP) unterstützt und finanziert. Die französische Gegenaktion konnte nicht ohne Genehmigung von ganz oben erfolgen. Mitterrands Stabschef General Salnier finanzierte sie mit 3 Millionen Franc aus dem Geheimfonds des Matignon. Premier Fabius wusste davon angeblich nichts. Ohne Befehle des Chefs des DGSE, Admiral Lacoste, ohne Anweisungen von Minister Hernu, und ohne Wissen von Mitterrands Stabschef konnte es keine Einsatzbefehle für eine solche Aktion geben, die Dutzende von Soldaten involvierte und die Monate an Vorbereitungszeit benötigte. Dass sein Stabschef ohne Wissen des Präsidenten handelte (und danach befördert wurde), ist ebenfalls undenkbar. Admiral Lacoste bestätigte später nach seiner ehrenhaften Kaltstellung, der Anschlag sei mit Billigung von Mitterrand erfolgt[165]. Tatsächlich gibt Mitterrand später gegenüber Attali angeblich zu, die Einsatzbefehle gebilligt zu haben, denn falls Greenpeace Mururoa erreicht hätte, wäre die Modernisierung der Force de frappe nicht länger möglich gewesen. Ohnehin hatte es Greenpeace nur auf französische Atomtest abgesehen. Der Befehl habe nur gelautet, sie Mururoa nicht erreichen zu lassen. Sabotage hatte es auch früher schon gegeben. Die Ausführung sei natürlich idiotisch gewesen[166]. Im August tut Mitterrand überrascht und kündigt die Bestrafung aller Schuldigen ohne Ansehen ihrer Stellung an. Hernu will zunächst irgendeinen Obersten opfern. Als das Lügengebäude unter dem Eindruck der polizeilichen und journalistischen Enthüllungen von „Le Monde" zusammenbricht, suchen Mitterrand und Fabius ihre Haut zu retten und opfern ihrerseits Charles Hernu, Mitterrand getreuen Gefolgsmann aus den Zeiten des Algerienkriegs. Er wird zum Rücktritt genötigt, weil er angeblich allein den Einsatzbefehl gegeben habe. Danach wurde er von Mitterrand mit dem Ritterschlag zur Ehrenlegion entschädigt.

Mitterrand sieht den im Jahr 1986 drohenden Verlust der Regierungsmehrheit im Parlament sehr entspannt. Er würde gegenüber einer Kohabitationsregierung eine Schiedsrichterrolle spielen, die immer populär sei (und damit seine Wiederwahl 1988 nicht gefährden). Die wichtigsten Reformen seien alle unternommen worden. Die PS würde nun die Früchte ernten. Fabius wird damit beauftragt gegenüber den erzürnten PS-Häuptlingen („Kaziken") die Verhältniswahl durchzusetzen, mit der ihre Niederlage abgeschwächt werden soll. Er versucht vergebens, sie ihnen mit der Aussicht auf neue Bündnisse mit der verhassten Mitte und Rechten schmackhaft zu machen. Zudem beginnt Mitterrand seine Personalpolitik zu intensivieren, indem er für die Zeit der Durststrecke alle möglichen staatlichen und halbstaatlichen Führung-

164 Giesbert. Op. cit. S. 471 ff.
165 Winock. Op. cit. S. 306.
166 Attali. Op. cit. S. 210 f.

und Koordinationsfunktionen mit sozialistischen Parteigängern, alten Freunden, Höflingen und entfernten Verwandten und Bekannten aller Art besetzt[167].

Im März 1986 funktionierte die neu eingeführte Verhältniswahl dann wie von Mitterrand vorhergesehen. RPR-UDF gewannen 291 Sitze, also nur knapp, und die Sozialisten fuhren mit den verbündeten MRG mit 216 Sitzen ein recht respektables Ergebnis ein. Gleichzeitig ermöglichte das neue Wahlsystem der Front National unter Jean-Marie Le Pen, den Mitterrand noch aus der IV. Republik gut kannte, und zu dem er aber keine Beziehungen unterhielt, mit 9,6 % und 35 Abgeordneten den nationalen Durchbruch. Ziel der Übung war die Spaltung und damit die dauerhafte Schwächung der Rechten. Schon früh hatte Mitterrand beschlossen, Jacques Chirac als Chef der neuen Mehrheit und als seinen gefährlichsten Gegner für seine Wiederwahl in das Ministerpräsidentenamt zu berufen. Die Idee war, ihn im Amt zu zermürben und die Verantwortung für alle Verwaltungsfehler und unpopulären Härten übernehmen zu lassen und gleichzeitig weiter auf dem internationalen Parkett und in repräsentativen Rollen zu glänzen. Mitterrand berichtet Henry Kissinger seine Idee der Kohabitation zu in schöner Offenheit: „Sie haben die Kontrolle über alles, außer dem Entscheidenden. ... Der Premier sollte verstehen, dass die SNCF für ihn ist, und die Armee, das bin ich"[168]. Er lehnte jede Rolle von Chirac in der Außen-, Verteidigungs- und Europapolitik ab, obwohl diese natürlich innenpolitische Konsequenzen hatte.

Ihr Verhältnis war von gegenseitigem Misstrauen, Antipathien und dem Unvermögen, direkt und offen zu kommunizieren geprägt. Mitterrand hasste Chiracs Stil des Schulterklopfens, der Patronage, der Witze und gelegentlichen Vulgaritäten und hielt ihn höherer Staatsämter für unwürdig. Chirac hatte laut Mitterrand keine Überzeugungen, sondern bestand nur aus machtorientierter Taktik. Er sei instabil und widerspreche sich dauernd. Chirac reise so viel, weil er vor sich selbst fliehe und weil er sich nichts zu sagen habe. Chirac dagegen hielt Mitterrand für einen pathetischen Clown, der bei öffentlichen Auftritten den Brustkorb herausstreckte, um grösser zu wirken, einen König ohne Kleider, der ständig log, und ließ dies ihn auch spüren. Dabei hatten sie eine große Gemeinsamkeit: Beide verdankten ihren politischen Karrierestart dem radikalen Ministerpräsidenten der IV. Republik, Henri Queuille (1884–1970). Er hat mitgeholfen, Mitterrand 1946 in Nièvre zu platzieren und Chirac 1967 seinen Wahlkreis in der Corrèze überlassen. Ihre künstliche lokale Verankerung, von denen beide zeitlebens so viel Aufhebens machen würden, verdankten sie also dem gleichen Mann.

Chirac trat mit keinem ehrgeizigeren Programm unter dem sozialistischen Präsidenten an, als die Verstaatlichungen per Dekret weitgehend wieder zu privatisieren und möglichst viele seiner RPR-Freunde in hohen Positionen unterzubringen und zu belohnen. Mitterrand lässt ihn wissen, dass er bis zu hundert solcher Ernennungen tolerieren würde[169]. Die erste Ministerratssitzung erfolgt in eisiger Atmosphäre. Schon in der zweiten macht der Präsident klar, dass er Dekrete, die Entlassungen erleichtern sollen, nicht gegenzeichnen werde. Doch auch

---

167　Giesbert. Op. cit. S. 486.
168　Attali. Op. cit. S. 163.
169　Giesbert. Op. cit. S. 496.

als Gesetz ist das Projekt unpopulär. Auch weigert sich Mitterrand Privatisierungen von 1945 enteigneten Betrieben (wie z. B. von Renault) zu akzeptieren. Sie seien ein „nationales Erbgut" („patrimoine national")[170]. Dann macht Chirac den Fehler, mit zum G7-Gipfel nach Tokyo zu fliegen, wo der Präsident protokollarisch Vorrang hat und der Premier als zweiter Mann von den meisten Besprechungen ausgeschlossen ist. Die Demütigung ist auf allen Bildschirmen nachvollziehbar. Da der eine zu geschäftig war und der andere zu hochmütig, kam es 26 Monate lang zu keinerlei Aussprache, während beide sich gegenseitig nur böse Absichten und beabsichtigte Demütigungen unterstellten. Wenn Mitterrand ihn irgendwo überging, bei Empfängen ausschloss, warten oder uninformiert ließ, Regierungspolitiken blockierte oder kritisierte, spielte er bei oder nach solchen Bosheiten immer wieder den Vater der Nation. Natürlich konnte ihm der Premier nicht in gleicher Münze heimzahlen oder ihn öffentlich kritisieren. So stiegen denn Mitterrands Zustimmungsraten im Herbst 1986 auf sagenhafte 61 %[171], während die seines Premiers sehr mäßig waren. Chirac fühlte, er könne nicht wie bei VGE anno 1976 ein zweites Mal zurücktreten. Er saß in der Kohabitationsfalle. Er rächte sich, indem er die Ministerien von Mitterrandisten säuberte.

Im März 1988 kündigt Mitterrand seine Kandidatur für seine Wiederwahl Ende April an, die schon im vertrauten Zirkel seiner verschwiegensten Weggenossen seit November 1987 besprochen und vorbereitet wurde: Organisation, Finanzen, Themen, Unterstützungskomitees. Mitterrand liebte die Heimlichkeit, weil aus seiner Sicht ein überraschter Gegner schon halb geschlagen war. So kann er unbeschädigt vom sich anheizenden Wahlkampf weiter den staatsmännischen Schiedsrichter – etwa bei gewalttätigen Schüler- und Studentendemos oder dem Streik der Elektrizitätswerke im Winter 1987 – spielen, der von niemandem ungestraft angegriffen werden kann.

Für Mitterrand sind die Religionskriege und der Sozialismusversuch längst vorbei. Es geht um sozialen Frieden und nationale Einheit ohne Querelen, um Frankreich für den Europäischen Binnenmarkt von 1992 vorzubereiten. Als Chirac ihm vorwirft, kein Programm zu haben (1981 hatte er immerhin noch 110 Punkte davon), entgegnet er, man könne Programme aus dem Hut zaubern, so wie man eine Dose Sardinen öffne. Auch Mitterrands überlanger, weitgehend inhaltsfreier „Brief an alle Franzosen" in einer Auflage von drei Millionen schadet nicht. Darin befürwortet er unter anderem eine „gemischte Wirtschaft", in dem der Staat vor den Märkten schützt. Die Staatsfirmen sind freilich aufgefordert, sich selbst zu finanzieren, wenn der Staatshaushalt nicht mehr ausreicht. Reformbedarf gibt es keinen mehr. Attali nennt den Brief eine „schöne Meditation über die französische Gesellschaft, aber kein konkretes Programm"[172]. In einer Fernsehdebatte mit Chirac bleibt er unangreifbar und damit unbesiegbar[173]. In der ersten Runde der Präsidialwahlen am 24. April 1988 erhält Mitterrand 34,1 % der Stimmen. Chirac endet weit abgeschlagen mit 20 %, relativ dicht gefolgt von Raymond Barre mit 16,5 % und

170 Attali. Op. cit. S. 171.
171 Giesbert. Op. cit. S. 505.
172 Attali. Op. cit; S 185.
173 Giesbert. Op. cit. S. 523.

Jean-Marie Le Pen mit 14,4 %. Vierzehn Tage später gewinnt Mitterrand triumphale 54 % der Stimmen. Diesmal sind die Siegesfeiern freilich nüchterner.

Die Gunst der Stunde nutzend plant Mitterrand Neuwahlen und ernennt seinen alten Gegner Michel Rocard, der sehr loyal für ihn Wahlkampf gemacht und selbst den missglückten „Brief an alle Franzosen" in den höchsten Tönen gepriesen hatte, zum Premier. Mitterrand hatte nach Chirac genug Erfahrung in der Domestizierung seines Premiers und benannte gleich alle Minister, denen immer ein feindselig gesonnener Staatssekretär zur Seite gestellt wurde. So erhielt zum Beispiel Außenminister Roland Dumas Édith Cresson als seine Europaministerin. Alle wichtige Minister: Bérégovoy (Wirtschaft), Joxe (Innen), Chevènement (Verteidigung) und Dumas (Außen) wurden aufgefordert unter Umgehung von Rocard direkt ans Élysée zu berichten, was diese sich nicht zweimal sagen ließen[174]. Während Rocard mit den Zentristen zusammenarbeiten will, was die Rechte weiter zersplittert hätte, will Mitterrand nach seinem Wahlsieg von einer solchen „Öffnung" nichts mehr wissen.[175] Er besteht auf den geplanten Neuwahlen, die das alte Links-Rechts-Schisma wieder bestätigen. Im Juni 1988 erreichen die Sozialisten 276 Sitze, die Kommunisten 27 und die Rechten 272. Der PS-Sieg fällt also wesentlich knapper aus als erhofft und die Niederlage der Rechten nicht so dramatisch wie von ihr befürchtet.

Nach dem knappen Wahlsieg der Sozialisten will Mitterrand die Partei- und Parlamentsposten verteilen und schlägt seinen Protegé Fabius für den Parteivorsitz vor. Damit will er mit dem 42-jährigen Fabius die „Génération Rocard", der 58 Jahre alt ist, überspringen. Für die Chefs der alten Garde, die oft kleinbürgerlich-proletarischen Ursprungs die herablassende aristokratische Art von Fabius und seine pragmatische Unverbindlichkeit hassen, ist die Bestimmung des offenkundigen Nachfolgers unakzeptabel. Die zweite Amtszeit Mitterrands wird von jenem langen Diadochenkrieg in der PS überschattet werden. Noch hält sich Lionel Jospin als der Hauptrivale für den Vorsitz zurück. Andere Haudegen wie Henri Emmanuelli, die sich von Mitterrand nicht einschüchtern lassen, gehen aus der Deckung. Offenkundig wollen die von den Neuwahlen gestärkten „Elefanten" Fabius nicht. Vom Élysée lassen sie sich nicht länger instrumentalisieren. Mitterrand geht nun auf Distanz zu seiner PS, versucht aber weiter unter seinen weiteren potentiellen Nachfolgern: Chevènement, Joxe und Jospin, Unfrieden zu säen[176]. Viele der Fraktionskämpfe, die die Partei während der nächsten dreißig Jahre erschüttern sollten, nahmen damals ihren Anfang.

Im Januar 1989 wird eine Affäre um Roger-Patrice Pelat ruchbar. Pelat ist ein alter Kriegs- und Résistancekamerad Mitterrands, der sich vom trotzkistischen Arbeiter und Kellner zum Unternehmer hochgearbeitet hatte. Mitterrands Konkubine Anne Pingeot konnte dank Pelats finanzieller Unterstützung 1987 ein Anwesen in Vaucluse erwerben, das von seiner Zweitfamilie diskret an Wochenenden benutzt werden konnte[177]. Seine Firma Vibrachoc hatte er 1982 an

174 Winock. Op. cit. S. 307.
175 Giesbert. Op. cit. S. 544 f.
176 Ibid. S. 549 und 561.
177 Winock. Op. cit. S. 297.

ein frischverstaatlichtes Unternehmen für 55 Millionen Francs verkauft, das jenes kurz danach als wertlos liquidierte. Einen Teil der Erlöse steckte Pelat in Aktien der „Holding Triangle", die die Firma American National Can besaß, welche die verstaatlichte Pechiney fünf Tage später kaufen sollte. Sein Einsatz vervierfachte sich in weniger als einer Woche an Wert. Die Insiderinformation hatte er drei Tage zuvor bei einem Dinner mitterrandistischer Geschäftsleute erhalten. Einige Wochen später starb Pelat an einem Infarkt. Für Mitterrand ein Zeichen, dass Geld von Übel ist und tötet[178], für andere, dass seine Freundschaftsnetzwerke in der Staatswirtschaft korrupt waren.

Nach acht Jahren an der Macht zeigt Mitterrand, je nach Situation „Dieu" oder familiärer „Tonton" genannt, wie schon Giscard vor ihm Neigungen zum Sonnenkönig. Das Protokoll wird verschärft. Obwohl er stets zu spät kommt, müssen die Minister schweigend warten, bis er den Kabinettssaal betritt und sich dann wie ein Mann erheben. Bei EU-Gipfeln hat er laut Protokoll gegenüber den minderen Regierungschefs ohnehin immer Vorfahrt. Er kommt deshalb immer als letzter, um die anderen zur Achtung zu zwingen. Bei G7-Gipfeln ist es schwieriger, weil es auch den amerikanischen Präsidenten gibt, der anfangs mehr Seniorität hat. Auch deshalb kommt er dort immer zu spät[179]. Auch die einfachen Untertanen müssen immer auf ihn warten und dürfen dabei keine Zeichen von Ungeduld zeigen. Obwohl er sich nicht wie de Gaulle für die Inkarnation Frankreichs hält, ist er von Protokoll und der Sucht nach persönlichen Ehrungen und Vorrang besessen. Teil der feudalen Systems ist, dass alle wichtigen Ernennungen, Beförderungen und Ehrungen vom Präsidenten selbst den Glücklichen verkündet werden. Das Streicheln ihrer Eitelkeit soll so lebenslange Loyalität und Dankbarkeitsbande schaffen. Dabei wird auch die eigene Familie nicht vergessen. Sein Bruder Philippe, der als Winzer Jagdhunde züchtet, wird ebenso wie der Vater seiner Geliebten Pierre Pingeot und seine Ex-Verlobte die Fernsehansagerin Catherine Langlais, Mitglied der Ehrenlegion. Zeichen der königlich-präsidialen Gunst sind Einladungen, deren Gipfelpunkt das Mitfliegen in der Präsidentenmaschine bei Auslandsbesuchen (absoluter Höhepunkt: Einladungen zu Malzeiten in der Präsidentenkabine) und zur gemeinsamen jährlichen Pfingstwanderung auf den Felsenberg Solutré bei Mâcon in Burgund sind. Das jährlich gleiche Ritual bestand in einem Abendessen im Haus von Danielles Eltern in Cluny, der vormittäglichen Hügelbesteigung gefolgt von einem langen Mittagessen in einer ländlichen Herberge. Am Folgetag besuchte man das Schloss von Cormatin und wanderte oft bis Taizé oder Cluny.[180]

Sein Sohn Gilbert, ein Rechtsprofessor, wurde sozialistischer Abgeordneter für die Gironde und Jean-Christophe, vormals AFP-Journalist, sein Afrikaberater im Élysée, der seine Sondermissionen für eigene Geschäfte („Angolagate" und andere) nutzte. Seinen Bruder Jacques, einen pensionierten General, ernannte er zum Präsidenten des Verbands der französischen Luft- und Raumfahrtindustrien (GIFAS). Bruder Robert, der nach dem Krieg schon sein Kabinett

---

178 Giesbert. Op. cit. S. 559.
179 Der frischgewählte Emmanuel Macron trieb das gleiche Spiel bei den G7- und NATO-Gipfeln im Mai 2017 mit Präsident Trump, dem der Affront wahrscheinlich nicht auffiel.
180 Attali. Op. cit. S. 70.

leitete, wurde 1982 zum Chef des Französischen Außenhandelszentrums befördert. In den Aufsichtsrat von Air France schickte er den bereits erwähnten Roger-Patrice Pelat, weil jener Vielflieger dies in jener Funktion nunmehr gratis tun konnte.

An seinem Hofstaat sind die Höflinge – sprich Kabinettsberater – nie seiner dauerhaften Zuneigung sicher. An einem Tag zu einem Spaziergang in Paris oder zu einer Auslandsreise eingeladen, bleibt am nächsten Morgen der Gruß unerwidert … Auch dies aus der Trickkiste von Louis XIV. Die Moral: Meriten und Wohlwollen überleben in aller Regel eine Nacht nicht. Sie müssen am nächsten Tag wieder aufs Neue erworben werden. Oberster Höfling war sicher der Herrscher seines Vorzimmers, Jacques Attali, der trotz aller Prügel, die auch er bezog, es ständig fertigbrachte, dem Präsidenten seine dauernd nötige Dosis an Streicheleinheiten zu reichen[181]. Giesbert nennt Attali: „besitzergreifend, ausschließend, pathetisch". Auch Winock meint, durch seine Dauerpräsenz im Vorzimmer habe er gleichzeitig die Rollen eines Hausmeisters, Gurus, einer Gesellschaftsdame und eines Wirtschaftsprofessors gespielt. Als genialer und skrupelloser Plagiator habe er stets die Ideen anderer als seine eigenen ausgegeben und verwertet[182].

Auf Kritik reagiert Mitterrand auch im vertrauten Kreise allergisch und mit Zuneigungsentzug. Unter seinen wichtigen Parteifreunden haben die meisten entweder ein zu großes Ego oder zu viel Sinn für Humor, um als Höflinge zu taugen. Das lässt den Monarchen an der PS-Spitze ziemlich allein.

Dennoch hat das jahrelange enge Vertrauensverhältnis zu Attali den vielschreibenden Autor zu Einsichten geführt, die plausibel und mitteilenswert sind. So zu Mitterrands Frankreichbild: Er „liebte unendlich die Sprache, die Literatur, die Landschaften und die Geschichte, die er bis in kleinste Details kannte"[183] … „Er liebte Frankreich vor allem als Vereinigung von Provinzen, von denen er die Landschaften, Wälder, Kirchen, Friedhöfe, Dörfer bewunderte. Ganze Abende verbrachte man, Geschichten und Geschichte erzählend: über die Kraft der Traditionen, die langen Spuren der Generationen, die Dauer der Freundschaften, das Vermögen, das man ererbt hatte. Seine Freunde hatten Wurzeln, eine Heimat. Seine Verwandten dagegen waren eher Nomaden. In Paris, das er zu erobern gedachte, hasste er die Oberflächlichkeit der menschlichen Beziehungen, das Geld, das man verdiente, die Macht der Büros, die zu bequemen Karrieren, das zu öffentliche Leben" …" Er beobachtete die Launen der großen Metropole, fürchtete ihre Revolten, machte aber dort eigentlich nur das, was allgemein die Notabeln der Provinz schätzten: die Straßen durcheilen, mit Schauspielerinnen dinieren, mit Buchhändlern plaudern, um sich alsbald zum Flughafen zu begeben" …" Er liebte auch eher die Provinzschriftsteller als die Pariser Literaten … Er glaubte nicht an den Einfluss von Paris auf den Rest Frankreichs („le pays profond"). Ein Abgeordneter der Hauptstadt interessierte ihn selten, einer aus der

---

181 Giesbert. Op. cit. S. 567; Attali dagegen behauptet wenig glaubwürdig, der Präsident habe Schmeichler durchschaut und verachtet.

182 Winock. Op. cit. S. 384.

183 Von welchem deutschen Nachkriegskanzler oder Präsidenten (abgesehen einmal von Kiesinger oder Carstens) könnte man dies behaupten?

Provinz immer" … „Im Ausland mochte er die Stadt-Staaten, die ihn an die französische Provinz erinnerten (Florenz, Venedig, Sevilla, Brügge)" (?!). Dazu präferierte er (im Gegensatz zu Chirac) Kontinentaleuropa, einschließlich des Heiligen Lands und Ägyptens, zu Übersee. An Amerika faszinierte ihn (im Gegensatz zu Giscard, Chirac und Sarkozy) außer Schriftstellern wie Steinbeck und Dos Passos so gut wie nichts.[184]

Zu Mitterrands Widersprüchen gehörte, dass er einerseits vom Ausbruch eines Atomkriegs überzeugt war, der Frankreich nach seiner Einschätzung in vier Tagen auslöschen würde[185], und andererseits noch an eine lange französische Geschichte glaubte, in der er Spuren hinterlassen wollte. So verbrachte er zum Beispiel enorm viel Zeit, um die stenografischen Berichte seiner Parlamentsreden zu redigieren, um einen positiven Eindruck bei künftigen Historikern zu hinterlassen.[186] Grundsätzlich meinte er Macht sei eine Droge, die jeden verrückt mache, der davon kostet, jeden korrumpiert, der sie in Besitz nimmt, jeden zerstört, der sie genießt, die dazu führt, dass man Ansehen und Ruf, Ruhm und Bekanntheit, Anerkennung und Lobhudelei, Bewunderung und Neugierde verwechsle. Seine Ausübung führe dazu, aufzuhören zu zweifeln, jeden selbstkritischen Geist zu verlieren, nicht mehr sein eigenes Selbst zu sein, zur Illusion, eine Art Ewigkeitswert zu haben und über Straflosigkeit zu verfügen, kurzum völlig entfremdet zu sein[187]. Falls er dies tatsächlich so dargestellt haben sollte, wandte der mächtigste Mann Frankreichs und Westeuropas vierzehn Jahre diese klarsichtigen Einsichten nicht auf sich selbst an. Er glaubte tatsächlich seinen Ministern genug Freiheiten und Ermessensspielräume zu lassen, um die wahren Herrscher ihrer Verwaltungen zu sein.

Von de Gaulle, mit dem er sich häufig verglich, hielt er wenig und von den Gaullisten nichts. Jedes Mal wenn eine Ehrung oder Namensgebung für den General vorgeschlagen wurde, lehnt er dies ab. Es sei dafür noch zu früh. De Gaulle habe im Krieg eher die innere Résistance bekämpft als die Deutschen, und habe er wichtige Führer, die zu Konkurrenten wurden (Admiral Darlan?), liquidieren lassen[188]. Sein Regime sei eine Diktatur gewesen. Seine Minister habe er behandelt wie ein Monarch seine Dienstboten. Dem Parlament habe er alle wichtigen Rechte entzogen, selbst das Recht seine eigene Tagesordnung festzusetzen, das Initiativrecht für Gesetze, über internationale Fragen zu entscheiden, oder den Staatshaushalt zu verändern[189]. Nicht, dass es unter Mitterrand diese Rechte zurückerhalten hätte! 1974 meinte er anlässlich der Wahlen nach Pompidous Tod: „Die Gaullisten werden trügen und tricksen. Sie werden die Stimmen der überseeischen Territorien (DOM-TOM) und die Briefwahlstimmen stehlen. Vergessen Sie nicht, die Gaullisten sind Aufständische. Sie sind Gangster. Sie werden alles tun,

---

184   Attali. Op. cit. S. 96 f.
185   Ibid. S. 233.
186   Eine interessante Überlegung Mitterrands. Bei deutschen Politikern, die keine Bücher mehr lesen und nach Kohl ahistorisch geworden sind, entfällt auch das normative Handlungskorrektiv: Was wird die Nachwelt von mir und meinen Handlungen halten? Was sind die Folgen meines Tuns und Lassens für die nächsten Generationen, für unser Volk, für die deutsche Kultur?
187   Attali. Op. cit. S. 101.
188   Ibid. S. 114.
189   Ibid. S. 104.

um an der Macht zu bleiben"[190]. Tatsächlich gewann Giscard dann gegen Mitterrand, der im metropolen Frankreich die Mehrheit hatte, nur dank des Vorsprunges bei den DOM-TOM, den Briefwählern und den Auslandsfranzosen!

Mitterrand hatte stets einen hohen Informationsbedarf, hörte frühs immer Radionachrichten, sah jedoch (im Gegensatz zu de Gaulle oder Chirac) so gut wie nie Fernsehen. Tatsächlich war er neben der Lektüre immer nur an persönlichen Gesprächen interessiert. Zwei Stunden verbrachte Mitterrand allmorgendlich mit den politischen Berichten der Botschaften, der Präfekten aus jedem der 96 Départements, des Innenministeriums, des Geheimdienstes und seiner Telefonmitschnitte. Im Gegensatz zu den meisten Politikern hasste er Sitzungen. Wenn er sich zu sehr langweilte, begann er mit den Fingern auf den Tisch zu trommeln, um den Redner abzukürzen. Die wöchentlichen Ministerratssitzungen waren eine reine Zeremonie. Während die Minister ihre Sprechvorlagen ablasen, sah er seine Post durch, und die anderen Minister schickten sich Zettel zu. Inhaltlich reagierte er nur beim Außenminister mit sofortigen Instruktionen. Bei den anderen hatte er die Entscheidungen schon vorher – allein – getroffen, oder würde dies später tun. Zusätzliche Ministerratssitzungen akzeptierte er nur zu Verteidigungsfragen, wo er ohne Debatten zuzulassen seine Entscheidungen bekanntgab.

Montagabends bestimmte er mit seinem Generalsekretär die Tagesordnung des Ministerrats für Mittwoch. Dienstagmorgens frühstückte er mit dem Premier, seinem Generalsekretär und dem Chef der PS. Mittwochs vor der Ministerratssitzung besprach er sich noch kurz mit dem Premier. Nach der Sitzung hatte er ein Mittagessen mit den wichtigsten PS-Führern. Freitagnachmittags dann noch ein Treffen mit dem Finanzminister und dem Ersten Sekretär der PS. Dies war die Regel in der Anfangsphase seiner Herrschaft. Nach und nach wurden die meisten regelmäßigen Arbeitssessen abgeschafft, so dass in seiner zweiten Amtszeit keine mehr übrig blieben. Sondersitzungen gab es nur noch bei militärischen Notfällen (Libanon, Irakkrieg, Geiselkrisen)[191]. Seinen Kabinettsmitarbeiter verbot er gemeinsame Sitzungen abzuhalten. Jeder sollte die Arbeit „seines" Ministeriums verfolgen und ihm direkt in analytischen Vermerken berichten. Es war ihnen auch untersagt, in seinem Namen zu sprechen. Dazu warnte er sie vor Frauen: „Sie werden von Leuten mit Macht angezogen und sie tun alles, um sich Ihnen zu nähern".[192]

Seine Entscheidungen fielen wie erwähnt nie in Sitzungen, nicht einmal unter vier Augen, sondern immer allein in seinem Büro schriftlich. Mündliche Zusagen, oder solche, die dafür gehalten wurden, galten nicht. Hauptsächlich äußerte sich seine Machtausübung in der täglichen Bearbeitung von Stapeln an Unterschriftenmappen, Vermerken, Briefen, Anfragen, Dekreten, Studien, Polizeiberichten, Petitionen und schriftlichen Anregungen aus allen Himmelsrichtungen, die meist vorsortiert und gefiltert auf seinem Schreibtisch landeten. Seine Kommentare am Rande hatten Entscheidungscharakter: „Ja", „Nein" oder „gesehen" (was bei ihm im Gegensatz zu Pompidou auch „Nein" hieß). Ansonsten äußerte er sich zu seinen Rat-

190 Ibid. S. 31.
191 Ibid. S. 106 ff.
192 Ibid. S. 64.

gebern im Kabinett und seinen Ministern schriftlich per Brief mit detaillierten Analysen und Instruktionen, deren schnelle Umsetzung er dann kontrollierte. Seine großen Bauprojekte der zweiten Amtszeit (die Pei-Pyramide des Louvre, das Finanzministerium in Bercy, Grand Arche de la Défense, die Große Nationalbibliothek) verfolgte er in enormen Detail einschließlich vieler Baustellenbesuche, ebenso wie auch sonst viele Einzelheiten, auf die ihn Besucher oder Bekannte hingewiesen hatten – von der Linienführung einer Autobahn zur Umgehung eines Waldgebiets bis zum Budget des französischen Konsulats in Aleppo.

Materiell desinteressiert fand Mitterrand nichts dabei, öffentliche Mittel zu verschwenden. Wie de Gaulle Lichter auszuschalten oder eigene Briefmarken zu verwenden, kam ihm nicht in den Sinn. Zum Golfspiel oder um sich mit einem Autor in einem rustikalen Edel-Lokal zu treffen, ließ er sich gern von seiner Luftbereitschaft mit dem Hubschrauber über hunderte von Kilometern in jene ländlichen Idyllen fliegen.

Mitterrand liebte das Élysée nicht und sprach davon wie Pompidou als einem Gefängnis, von dem er so oft wie möglich entkam. Er schlief dort nur selten und aß fast nie zu Abend. Er mochte die ausgezeichnete Élysée-Küche nicht und frequentierte lieber benachbarte Bistrots und Austern-Lokale. Morgens akzeptierte er keine Termine vor 9.30 Uhr, der Zeit für Arbeitsfrühstücke, und abends keine nach 18 Uhr. Es gab also weder Abendsitzungen noch abendliche Arbeitsessen. Gegen 14 Uhr machte er gerne Spaziergänge in Begleitung durch Paris, gefolgt von diskreten Leibwächtern. Noch 1977 spielte er jeden Dienstagmorgen Tennis. Nach einem krankheitsbedingten Zusammenbruch wurde dies vom zweistündigen Golfspiel an Montag- und Donnerstag-Morgen abgelöst. Als guter Höfling wechselte auch Attali sofort seine Disziplin[193]. War der Arbeitsalltag in Paris also noch einigermaßen entspannt, so galt dies nicht für Reisen. Hier war der Terminkalender durchgetaktet und von einem eisernen Protokoll bestimmt. Der Premier musste den Präsidenten zum Flughafen begleiten und ihn von dort wieder abholen. Sitzordnungen bei offiziellen Essen, in den Wagenkolonnen, im Flugzeug und selbst bei der Zuordnung von Hotelzimmern wurden von Mitterrand persönlich überwacht. Höhepunkt war für die glücklichen zwei bis drei Mitreisenden pro Flug die Einladung in den Präsidentensalon[194].

In Wirtschafts- und Sozialfragen wollte Mitterrand nie verhandeln. Er war weder an den Arbeitgebern (CNPF, heute: MEDEF) noch an den Gewerkschaften sonderlich interessiert, obwohl er die gut organisierten CGT und die FO respektierte, nicht aber die halbsozialistische CFDT. Dagegen versuchte er in der internationalen Politik ebenso wie in der Innenpolitik, wenn es um die Eroberung, den Erhalt und den Ausbau seiner Macht ging, stets wie ein Schachspieler einige Züge vorauszudenken. An seiner Partei, der von ihm geschaffenen PS, war er nur in der Phase 1971–1981, als er als Oppositionspolitiker wenig anderes zu tun hatte, intensiv interessiert und opferte landesweit ihren Gremiensitzungen viel Zeit. Als Präsident ging er auf

193   Ibid. S. 419.
194   Ibid. S. 79.

Distanz und sah sie als von „Mittelmäßigkeiten", „faulen Idioten" und „Schullehrern, die keine Sardinenbüchse verkaufen können" beherrscht an[195].

Die Wirtschaftswissenschaften hielt er für eine reaktionäre Erfindung der Rechten und konservativer Beamter, um die Gestaltungsfreiheit der politischen Macht einzuengen. Ökonometrie war für ihn als der Versuch, die Lebenswelt in Formeln zu packen, völliger Unfug. Schon gleich am Anfang seiner eigentlich wirtschaftlichen Beratertätigkeit hatte sein Entdecker Georges Dayan Jacques Attali gewarnt: „In der Wirtschaft ist er wirklich eine Null. Er glaubt alles zu wissen und hört niemandem zu. Er glaubt, die Ökonomen sind alles Pedanten. Versuchen Sie auf einfache Art mit ihm zu sprechen. Vielleicht wirft er sie nicht hinaus"[196].

Zum Geld hatte er eine aristokratische Einstellung. Geld verdienen war vulgär. Es zu haben und zu erben dagegen respektabel. In seiner kurzen Zeit als Anwalt hatte er immer Schwierigkeiten gehabt, Honorarnoten zu schreiben. Zum Erwerb seiner umfangreichen Sammlung wertvoller antiquarischer Bücher hatte er jedoch eine geniale Methode entwickelt. Er würde im Quartier Latin seine einschlägigen Lieblingsantiquariate in Begleitung wohlhabender Freunde durchstöbern und vor dem Gehen unmissverständlich seine Präferenzen darstellen ohne allerdings zu kaufen. Einige Tage später kamen sie dann als Geschenke im Élysée an.

Vom Mauerfall am 9. November 1989 wird Mitterrand überrascht. Fünf Tage später stellt er beim EU-Gipfel, den er nach Paris einberuft, fest, das Thema Wiedervereinigung stelle sich nicht, und avisiert eine Koalition mit der Noch-Sowjetunion und Großbritannien um dies zu verhindern.[197] In seiner Neujahrsansprache zu Sylvester 1989 fordert er eine „Europäische Konföderation" aller Länder des Kontinents, die alte Vision de Gaulles des Europas vom Atlantik bis an den Ural aus dem Jahr 1965 also. De Gaulle war damals klar, dass dies die deutsche Wiedervereinigung beinhalten musste, Mitterrand anscheinend nicht. Frankreich war ohnehin nicht in der Lage sie zu verhindern, wie es dies die hysterische Deutschen-Hasserin Thatcher wollte. Also versuchte er sie zu verzögern – möglichst bis 2015 –, aller jahrelangen Freundschaftsbekundungen zu Helmut Kohl und Händchenhalten in Verdun (1984) zum Trotz[198]. So bedrohte er im November 1989 Genscher, falls Deutschland nicht seine europapolitischen Forderungen (Euro und Oder-Neiße) akzeptiere, bekomme es wieder wie 1914 und 1941 eine Franko-Britisch-Russische Allianz gegen sich[199]. Am 6. Dezember 1989 versuchte er bei einem Besuch in Kiew bei Gorbatschow mit einer Deklaration zur Unverletzlichkeit der Grenzen die Wiedervereinigung hinter Kohls Rücken zu hintertreiben. Noch peinlicher sein Besuch am 20. Dezember 1989 beim untergehenden SED-Regime von Hans Modrow in Ost-Berlin und Leipzig. Als Kohl später mit einem Milliardenscheck an Gorbatschow die Lage klärte, war Mitterrands Spiel gescheitert. Es gelang ihm freilich mit dem Maastrichter Vertrag Kohl die Europäische Währungsunion abzunötigen, die Frankreich – damals noch nicht absehbar – auch in

---

195 Ibid. S. 112.
196 Ibid. S. 25 f.
197 Giesbert. Op. cit. S. 582.
198 Attali. Op. cit. S. 226 und 305.
199 Ibid. S. 321.

die Solidarhaftung für die nicht wettbewerbsfähigen Mittelmeerländer nehmen sollte und den wirtschaftlichen Anpassungszwang im eigenen Land bis auf weiteres weitgehend außer Kraft setzte. Zudem bestand er auf der Anerkennung der Oder-Neiße-Linie als polnischer West-grenze, der Kohl nach einigem Zögern Folge leistete[200]. Dieser ernüchternden Episode folgten wieder die üblichen deutsch-französischen Freundschaftsrituale, einschließlich der Schaffung einer deutsch-französischen Brigade, die sich 1995 zu einem Eurokorps auswachsen sollte, ei-ner Phantomarmee mit einem Stab von 1000 Mann in Straßburg.

Derweil schliefen die Diadochenkämpfe in der PS nicht ein. Nach dem Abtritt von Mauroy hatte Mitterrand Lionel Jospin, einen doktrinär-humorlosen, so doch integren Hugenotten als Kronprinzen auserkoren, um ihn nach und nach zugunsten seines politischen Ziehsohns Lau-rent Fabius zu verwerfen[201]. Schon vor der Ernennung von Rocard zum Premierminister im Mai 1988 löste Mitterrand Jospin als Parteichef ab und bot ihm das Erziehungsministerium an, sollte doch die Bildung die große Priorität seiner zweiten Halbzeit werden. Als Nachfolger zum Ersten Sekretär der PS bestimmte Mitterrand Fabius. Mitterrand lässt nun die PS weiter vom Élysée aus kontrollieren. Eine wirkliche Klärung des Dauerwiderspruchs zwischen ihren vulgärmarxistischen Doktrinen und Parolen und der reformistisch-sozialdemokratischen Pra-xis der Regierung findet nicht statt. Beim Kongress in Rennes im März 1990 entlädt sich die Frustration der Delegierten über die ideologische Leere und die gefühlte Marginalisierung der Partei. Die Mitterrandisten hinter Fabius sind plötzlich in der Minderheit. Mitterrandisten, die Fabius hassen wie Cresson und Dumas, sind neutral. Das Ergebnis: Die heterogene Anti-Fabius Koalition von Jospin, Mauroy und Chevènement setzt ihn ab und speist ihn mit einem machtlosen Stellvertreterposten ab. Mitterrand hat erstmals seit 1971 die Kontrolle über seine Partei und gleichzeitig seinen Nachfolger verloren. Seine Wut richtet sich kurioserweise haupt-sächlich gegen seinen Premier Rocard, den er für das Debakel verantwortlich macht.[202]

Seine Rache an Rocard und Jospin: Als im November 1990 gewalttätige Schülerproteste aus-brechen, empfängt Mitterrand ihre Abordnung im Élysée, gibt ihnen völlig Recht, so als sei er Oppositionsführer und nicht seit neun Jahren Präsident, und verspricht ihnen die geforderten 4,5 Milliarden FF als zusätzliche Mittel für die Bildung.[203] Die Verantwortlichen des Versagens: der Premierminister und sein Bildungsminister Jospin.

Im Mai 1991 setzt er den immer noch sehr populären Rocard ab und ersetzt ihn durch Édith Cresson, die erste und bislang einzige Premierministerin Frankreichs. Laut Attali wollte Mit-

---

200 Ibid. S. 338. Bezeichnend dagegen ist die wesentlich beschönigendere Darstellung, die Horst Teltschik, Attalis befreundeter Sherpa-Kollege, von jener Zeit zwischen November 1989 und März 1990 gibt (Horst Teltschik. 329 Tage. Innenansichten der Einigung. Berlin 1991). Er nennt Mitterrands Einstellung zur Wiedervereini-gung wiederholt „zurückhaltend" (S. 26 und 38). Es habe „zwei Seelen in seiner Brust" gegeben. Einerseits habe Mitterrand bekundet, er wolle nicht im Wege stehen, andererseits habe er dauernd Schwierigkeiten er-funden (S. 96). Im März 1990 habe er schließlich offen als Anwalt Polens gegen Deutschland agiert, was Kohl schmerzlich die „Grenzen der Freundschaft" klargemacht hätte (S. 171).
201 Giesbert. Op. cit. S. 589.
202 Winock. Op. cit. S. 286.
203 Giesbert. Op. cit. S. 604; Winock Op. cit. S. 311.

terrand damit Geschichte machen. „Er erstaunte sich über ihre Unkultur, die er für Charakterstärke, und ihre Verachtung für andere, die er für eine große Freiheit des Urteils hielt"[204]. Weiter schreibt Attali, sie habe all jene Eigenschaften, die Rocard fehlten: Entschlusskraft, Begeisterung, die Ablehnung von Details, einen Handlungsdrang, aber auch die damit verbundenen Schattenseiten: die Unvorsicht, eine große Fähigkeit, sich Feinde zu machen, die Weigerung, zu verhandeln[205]. Ihre Regierung hat 45 Minister, darunter Martine Aubry, die doktrinäre Tochter Jacques Delors als Arbeitsministerin. Hubert Védrine wird Generalsekretär im Élysée. Zunächst stößt ihre Ernennung bei der Presse und Öffentlichkeit auf Wohlgefallen. Doch hat sie das Problem, dass ihr Mitterrand als Superminister für die Wirtschaft Pierre Bérégovoy ins Kabinett setzt, der sich nach langen treuen Jahren für Mitterrand mit mehr Meriten für besser qualifiziert hält. In ihrer Unsicherheit malträtiert sie ihre Beamten, verbannt die ENA, die sie hasst, in eine Tabakfabrik nach Straßburg und redet sich aggressiv um Kopf und Kragen, nennt die meisten Engländer schwul und die Japaner gelbe Ameisen. Sie kündet an, illegale Einwanderer würden mit Charterflugzeugen zurückgeschickt. Passieren tat natürlich nichts. Mitterrand lässt sie gewähren und ermutigt sie sogar noch in ihrem Selbstzerstörungskurs.[206] Schon nach drei Wochen stürzen ihre Umfragewerte von 72 % auf 38 %[207]. Dazu sackte das Wachstum ab. Dagegen wuchsen die Schulden und die Arbeitslosigkeit auf 3 Millionen. Soziale Konflikte mehrten sich mit Bauern, Krankenschwestern, Hafenarbeitern (die ihre Lebenszeitanstellungen bedroht sehen) … Cresson hatte eigentlich die unter Rocard liegengebliebenen Reformprojekte für die Beschäftigung, Klein- und Mittelbetriebe, die Lehrlingsausbildung und die Regionalreform anpacken sollen. Nichts davon wurde jedoch ernsthaft umgesetzt, obwohl es ihr gelang, der Linken das deutsche duale System der Lehrlingsausbildung schmackhaft zu machen, die es bisher als Trick der Arbeitgeber abgelehnt hatte. Nachdem die Kantonalwahlen im März 1992 mit 18,3 % für die Sozialisten als Desaster enden, verlangt Fabius als PS-Chef ihre Ablösung. Nun lässt auch Mitterrand seine einstigen Protegés fallen und zwingt sie nach knapp elf Monaten an der Macht zum Rücktritt. Seine einstige Favoritin glaubte, er habe sie ohne Waffen an die Front geschickt und ihr dann in den Rücken geschossen. Erst an seinem Totenbett ist sie zu einer Versöhnung bereit.

Derweil stolpert Laurent Fabius über die Tatsache, dass während seiner Zeit als Premier AIDS-verseuchtes Blut an Bluter verabreicht wurde. Alle seine ständigen Intrigen, sein systematischer Klientelismus und sein charismafreier Machtwillen halfen nichts. Ein Sündenbock musste her und weil die Gesundheitsminister nicht hoch genug chargiert waren, wurde der Premier für die Sünden des Blutzentrums haftbar gemacht. Auch Mitterrand befürwortet, dass seinem vormaligen Ziehsohn ein politischer Prozess gemacht wird. Der arrogante Kronprinz wird nun brutal aufs menschliche Maß zusammengestutzt.[208]

---

204   Attali. Op. cit. S. 217.
205   Ibid. S. 218.
206   Giesbert. Op. cit. S. 631.
207   Winock. Op. cit. S. 313.
208   Giesbert. Op. cit. S. 643.

Nachfolger Cressons wird der noch glücklosere Pierre Bérégovoy. Der Arbeitersohn und loyale Mitterrand-Gefolgsmann war vom Anhänger der Verstaatlichungen als Wirtschaftsminister sehr flexibel gegenüber der jeweils herrschenden politischen Windrichtung in der PS zum
Freund der Banker geworden. Nachdem Jacques Delors und Jack Lang abgesagt hatten, war er,
die ewige Nummer Zwei, dem Mitterrand zuvor Mauroy, Fabius, Rocard und Cresson vorgezogen hatte, das letzte Aufgebot der Sozialisten, die er modernisieren wollte. Seine Ministerrunde
umfasst 26 Minister und fünfzehn Staatssekretäre. Unter ihnen macht „Béré" Ségolène Royal
auf Wunsch von Mitterrand zur Umweltministerin sowie Bernand Tapie, einen dubiosen Geschäftemacher im Sport- und Mediensektor im Dunstkreis der PS, nach einem Millionenkredit
zum Stadtminister. Den Kredit zahlte Bérégovoy angeblich mit edlen Möbeln und antiquarischen Büchern zurück, als deren Besitzer und Sammler er jedoch nie in Erscheinung getreten
war.[209]

Georges-Marc Benamou hatte als ein dem Präsidenten nahestehender Journalist seine letzten
drei Jahre intensiv beobachtet, in denen Mitterrand schwer krank war und in der Kohabitation
mit Balladur innenpolitisch nicht mehr initiativ sein konnte. Seine Einschätzung: „Er ist nicht
mehr der Sonnenkönig und Meister der Zeit, sondern ein Meister des nichts. Ein Elend. Der
Schatten einer Macht"[210].

Um die um sich greifenden Affären, den „affairisme rosé", den Mitterrand so hasste und trotzdem nicht unterband, in seiner zweiten Amtszeit einzudämmen, lässt er im Dezember 1989
eine Amnestie der Parteienfinanzierung beschließen. Sie funktionierte in seiner PS hauptsächlich über fiktive Rechnungen der Gesellschaft URBA ausgestellt an sozialistische Stadtverwal-
tungen vor allem in den damaligen sozialistischen Hochburgen des Südens (Midi), Nordens
und der Pariser Region. Dazu veruntreute Christian Nucci, Staatssekretär für Entwicklungshilfe, deren Gelder in einem „carrefour du développement".

Beim Putsch reaktionärer Kommunisten gegen Gorbatschow am 19. August 1991 leistete sich
Mitterrand eine ähnliche Fehlleistung. Zunächst ist er privatim engagiert unerreichbar, dann
nimmt er von ihm öffentlich Kenntnis, verdammt ihn in der Erwartung seines Gelingens nicht
und kontaktiert Jelzin, den wahren Sieger und Widerständler erst sehr verspätet.[211] Auch beim
Ersten Golfkrieg der Amerikaner gegen Saddams Invasion von Kuweit dreht Mitterrand diplomatische Pirouetten, die weder bei den Amerikanern noch bei den Arabern gut ankommen.
Folglich wird Frankreich bei der Friedenskonferenz in Madrid ausgeschlossen. Im jugoslawischen Bürgerkrieg, der der Unabhängigkeit von Slowenien und Kroatien folgt, ist Mitterrand
(wie die Briten) stets auf serbischer Seite: der Bundesgenosse Frankreichs von 1914 und des
Zweiten Weltkriegs[212]. Die alten Reflexe machen ihn für die Kriegsverbrechen von Milosevic
und Co. blind. Das von ihm mitbetriebene Waffenembargo begünstigt die gut ausgerüstete

209   Ibid. S. 661.
210   Georges-Marc Benamou. Dites-leur que je ne suis pas le diable. Plon. 2015.
211   Giesbert. Op. cit. S. 612; Marie-Amélie Lombard-Latune. „Dans les coulisses du diner de la mitterrandie à
      l'Élysée". Le Figaro 11.1.2016.
212   Giesbert. Op. cit. S. 656.

serbische Bundesarmee, die die in Serbien befindliche Rüstungsindustrie kontrolliert, und benachteiligt die schlecht ausgerüsteten Kroaten und Bosnier.

Mit mehr als zwanzigjähriger Verspätung tauchten 2017 nunmehr dokumentierte Vorwürfe auf, 1994 seien die Hutu-Machthaber in Ruanda und ihre mörderischen Milizen auf Geheiß des Élysée und seines Generalsekretärs Hubert Védrine während ihrer Massaker der verfeindeten Tutsi wissentlich mit Waffen ausgerüstet worden. Das Élysée habe diesen Konflikt als Abwehrkampf gegen die angeblich anglophone Tutsi-Führung im ugandischen Exil verstanden. Nach dem Sieg der Tutsi habe französisches Militär die marodierenden Täter auf ihrer Flucht in den Ost-Kongo weiter geschützt.[213]

Im März 1993 liegen Mitterrands Umfragewerte bei 26 %. Eine Mehrheit der Franzosen will, dass der schwerkranke Präsident vor dem Ende seines Mandats zurücktritt. Ein zinsfreier Millionenkredit des unvermeidlichen Roger-Patrice Pelat an Bérégovoy zum Immobilienerwerb im feudalen 16. Arrondissement, wo Arbeiterführer gemeinhin nicht logieren, wird ruchbar.

Nach den verlorenen Parlamentswahlen vom März 1993, bei der die Rechte 484 von 577 Sitzen erobert und die PS mit knapp 20 % und 67 Abgeordneten ihr schlechtestes Ergebnis seit zwei Jahrzehnten einfährt, erleidet „Béré" nicht nur die übliche Depression aller Ex-Premiers, wenn das Telefon nicht mehr klingelt und Entscheidungen nicht mehr abgefragt werden. Er ist plötzlich, von seinen politischen „Freunden" und dem Präsidenten verlassen, sehr allein. Prozesse drohen und er fühlt sich von den Medien verfolgt und für die Wahlniederlage der Sozialisten verantwortlich. Am 1. Mai 1993 erschießt er sich an einem Kanal bei Nevers in Nièvre, wo er ein populärer Vizebürgermeister war[214].

Sein Nachfolger wurde Ende März 1993 Édouard Balladur, der seine Nominierung aus dem Munde des Präsidenten im Fernsehen erfährt, ohne dass es vorher eine Unterredung gegeben hatte. Klar war für alle Beteiligten, dass Chirac für eine dritte Premierschaft nicht mehr zur Verfügung stehen würde. Balladur ist armenischer Herkunft. Seine Familie entstammte ursprünglich der Provinz Natchischevan. 1935 musste sie aus Smyrna (heute: Izmir) nach Marseille flüchten. Auch der Levantiner Balladur komponiert ein Ministerkabinett, in dem sich die Gegenkräfte stets neutralisieren würden, etwa der Rechtsgaullist Charles Pasqua mit der linksliberalen Simone Veil.

Wenn es eine politische Konstante in Mitterrands bewegtem Leben gab, so war es sicher seine Europapolitik, die ihm seit seiner Teilnahme am Kongress in Den Haag anno 1948 ein Herzensanliegen war. Seine letzte Rede vor dem EP in Straßburg im Januar 1995 kann durchaus als sein politisches Testament angesehen werden. Die Erweiterung der EWG um Spanien und Portugal, die VGE 1980 noch mit Rücksicht auf französische Agrarinteressen abgelehnt hatte, wurde von ihm gebilligt. Jacques Delors' Binnenmarktprojekt mit seinen vier Freiheiten für 1992 war ihm ein Anliegen, ebenso wie die Schaffung der Währungsunion, die er Helmut Kohl

213   Isabel Pfaff. „Blutige Spur in den Élysée-Palast". Süddeutsche Zeitung 18.7.2017.
214   Didier Arnaud. „Bérégovoy, au grand regret des Neversois". Libération 3.8.2017.

abgerungen hatte. Im September 1992 hatten 51,1 % der Franzosen gegen den Widerstand der Gaullisten (Pasqua, Séguin, de Villiers, Fillon) und der Kommunisten und Linkssozialisten wie Chevènement dem Vertrag von Maastricht knapp zugestimmt. Die Abstimmung war wegen der Verfassungsänderung, die EU-Bürgern das Kommunalwahlrecht gab, notwendig geworden. Doch auch für europäische Symbolismen war er empfänglich. So ließ er das Eurokorps am 14. Juli 1994 auf dem Champs-Élysée paradieren.

Krankheit und Tod

Mitterrand selbst war sich seiner eigenen Sterblichkeit stets bewusst. Nach dem frühen Tod seiner Mutter erwartete er selbst nicht sonderlich alt zu werden. Besuche auf Friedhöfen und die Begräbnisse von engen Freunden und Verwandten bewegten ihn von jeher stark. Auch war sein Eindruck auf die Nachwelt und künftige Historiker und der Wunsch Spuren zu hinterlassen eine Obsession[215]. Dazu gehörten natürlich auch steingewordene Monumente wie die „Grande Arche" des Défense-Viertels, die Türme der großen Nationalbibliothek und die Glaspyramide des Louvre, ein Wunsch von Anne Pingeot. Gelegentlich kokettiert Mitterrand mit der Idee, vorzeitig zurückzutreten, um in Venedig ein großes Buch zu schreiben[216]. Das Buch blieb ungeschrieben, denn allzu sehr liebt er die Macht, die Frauen, die Restaurants, das Reisen, die mediale Aufmerksamkeit und seinen Status, um genügend abgelenkt zu sein.

Seit November 1981, also kurz nach seiner ersten Wahl zum Präsidenten weiß Mitterrand, dass er unter Prostatakrebs leidet. Schon sein Vater starb daran, ebenso wie sein Bruder Philippe. Die Ärzte gaben ihm damals noch drei Jahre Lebenszeit. Es sollten 14 werden. Offiziell wurden schon wie zu Pompidous Zeiten alle Beteiligten zum Schweigen vergattert. Sein Leibarzt behandle nur die rheumatischen Beschwerden eines Ischias. Mitterrand überlebt mit täglichen Infusionen einer Hormontherapie. Tatsächlich verbessern sich seine Werte zwischen 1984 und 1990 deutlich und die Schmerzen verschwinden. Die Ärzte führen dies auf die unglaubliche Willensstärke Mitterrands zurück, der seine Krankheit so bekämpft, wie er seine politischen Gegner vernichtet hat. Seine unvermeidlichen Stimmungsschwankungen führt seine Umgebung auf seine Arbeitsbelastungen zurück. Erst nach einer Operation im September 1993 wird die Krankheit bekannt gemacht. Während Anne Pingeot von Anfang an auf dem Laufenden war, wusste Danielle bis dahin nichts[217].

Im April 1994 erschießt sich im Westflügel des Élysée François de Grossouvre[218]. Offiziell nur für die präsidialen Jagden zuständig, die Mitterrand kaum interessierten, war er ebenso wie Georges Dayan und Roger-Patrice Pelat ein Mann des absoluten Vertrauens Mitterrands gewesen. So gehörte de Grossouvre zu den wenigen, die sich um Mitterrands Zweitfamilie kümmern mussten. Er hatte seine Wohnung in der Etage darunter. Er beschäftigte sich auch um

215   Giesbert. Op. cit. S. 669.
216   Ibid. S. 683.
217   Muriel Frat. „Mitterrand, la maladie du secret". Le Figaro 15.12.2015.
218   Raphaëlle Bacqué. „Le dernier mort de Mitterrand". Les Arènes. 2010.

die Finanzierung der PS, um Waffenexporte und politischen Geschäfte in Afrika[219]. Allerdings hatten sich die beiden entfremdet, nachdem de Grossoeuvre ihn wegen Pelat und den Geschäften seines Sohnes Jean-Christophe gewarnt hatte. De Grossouvre kam mit seiner Kaltstellung nicht zurecht und drohte Geheimnisse zu veröffentlichen. Die polizeiliche Untersuchung seines Todes blieb sehr oberflächlich. Seine schriftlichen Aufzeichnungen blieben spurlos verschwunden. So hielt sich lange die Version seiner Familie, er sei im Élysée ermordet worden, die freilich angesichts der starken internen Überwachung nicht sonderlich glaubwürdig ist. Ein tragischer Verkehrsunfall oder ein als Raubmord getarnter Auftragsmord wären viel näherliegendere Lösungen gewesen.

Ab Juli 1994 tritt sein Krebs in das Spätstadium ein. Mitterrand ist sich dessen bewusst und verweigert das Morphin, um trotz dauernder Schmerzen weiter einen klaren Kopf zu bewahren. Auch bevor die Biographie seiner Jugend- und Kriegsjahre von Pierre Péan erschien, füllen sich die Buchhandlungen mit anti-mitterrandistischen Schmähschriften, die alte Geschichten von Vichy bis zum Algerienkrieg, Skandale vom selbstbereichernden Nepotismus in seiner Umgebung und hunderter abgehörter Telefonate ausgraben. Das Land und seine Intellektuellen haben nach dreizehn Jahren genug von ihrem alternden kranken Präsidenten. Dies kommt Balladur zugute, der nunmehr kaum noch behelligt, den Freiraum, den das Élysée mit seinem isolierten Präsidenten ihm jetzt einräumt, für quasi-präsidiale Funktionen nützen kann. Im November 1994 bringt Paris Match die Anne-und-Mazarine-Pingeot-Geschichte heraus, die Mitterrand solange zu verhindern wusste. Als die drei „Verbatim“-Bände seines Ex-Sekretärs Jacques Attali, die die Authentizität seiner Gespräche vorgeben, erscheinen, distanziert er sich von jenen romanhaften Nacherzählungen. Im Mai 1995 übergibt er sein Amt erleichtert am Ende seiner zwei vollen Amtszeiten an den frischgewählten Jacques Chirac, der sich in der ersten Runde gegen Balladur und in der Endrunde gegen Jospin durchsetzen konnte.

Trotz ständiger Schmerzen bleibt Mitterrand ebenso wie seinerzeit Pompidou bei klarem Verstand und plant seine Abschiede und sein Vermächtnis sorgfältig. Ebenso wie seine Vorgänger bestimmt er keinen Nachfolger. Gegenüber seinen Ärzten ist er ein schwieriger Patient. Das Team seiner Ärzte spielt er wie in der Politik gegeneinander aus und behält sich die Wahlfreiheit bezüglich ihrer rivalisierenden Methoden vor, einschließlich eines fragwürdigen Homöopathen[220]. So besteht er weiter auf seiner jährlichen Wanderung auf den Berg Solutré. Bei seinem Abschiedsbesuch am 8. Mai 1995 in Berlin würdigt er vierzig Jahre nach dem Ende des Zweiten Weltkriegs den Mut und die Tapferkeit aller Soldaten einschließlich der Deutschen und rührt Helmut Kohl zu Tränen[221].

Im Oktober 1995 fliegt er noch nach Colorado Springs, um dort mit Gorbatschow, Thatcher und Brian Mulroney über den Kalten Krieg und seine Überwindung zu diskutieren. Er fährt wie jedes Weihnachten auch 1994 mit den Pingeots nach Ägypten, feiert Neujahr mit Danielle,

219 Giesbert. Op. cit. S. 703.
220 Winock. Op. cit. S. 369.
221 Attali. Op. cit. S. 411.

seinen beiden Söhnen und der Großfamilie in Latche und setzt Medikamente oder Behandlungen, die ihm nicht mehr passen, einfach aus, so wie er das auch in der Politik gehalten hatte.

Sein Leben lang war Mitterrand furchtlos gewesen. So hat er auch keine Angst vor dem Tod. Ein Staatsbegräbnis lehnt er ab. Das Grab soll nach Jarnac, seinen Geburtsort. Am 8. Januar 1996 stirbt der 79-Jährige in den frühen Morgenstunden im Schlaf in Paris.

Würdigung

Fünfzig Jahre lang hat Mitterrand die französische Politik mitgestaltet, länger als de Gaulle, wenngleich, wie ihm schmerzlich bewusst war, weniger wirkungsmächtig. Gleichzeitig oder nacheinander war er, wie Giesbert trefflich beobachtete[222] Pétainist und Widerständler, Sozialist und Liberaler, Katholik und Laizist, Zentralist und Provinzler, autoritär und tolerant, egoistischer Machtpolitiker und literarischer Feingeist, brillanter Taktiker mit autoritärem Habitus, sozialistischer Konvertit mit aristokratischen Allüren, französischer Patriot und überzeugter Europäer und verkörperte so die Komplexität Frankreichs im letzten Jahrhundert. Er schuf in Gestalt der PS eine demokratische Linke, die ihn zwanzig Jahre lang überleben sollte, führte sie 45 Jahre nach der kurzlebigen Volksfront von 1936 für vierzehn Jahre wieder an die Macht und liquidierte dabei die Kommunisten als nationale Kraft. Er beendete mit dem Schulenstreit die Religionskriege in Frankreich, versöhnte die Linke mit den Streitkräften und nach teuren Irrwegen auch mit den Realitäten der modernen produktivitäts- und gewinnorientierten Wirtschaft in einem internationalisierten Umfeld.

Wie erwähnt wechselte er zeitlebens ideologische Positionen. Vom National-Katholiken zum Laizisten (und fast zurück), vom Pétainisten zum Widerständler, vom Marktwirtschaftler der IV. Republik zum Sozialisten in der V., vom Verstaatlicher zum Sozialdemokraten, vom aufgeklärten Kolonialisten zum Freund der Dritten Welt und der „neuen Weltordnung", vom Anhänger der tödlichen Repression im Algerienkrieg zum Abschaffer der Todesstrafe, vom Freund Deutschlands zum Gegner der Wiedervereinigung und zurück, vom Kritiker der Force de frappe zu ihrem unbedingten Anhänger. Ein Anti-Kommunist, der jahrelang mit Kommunisten paktierte. Ein treuer Freund, der langjährige Gefolgsleute aus Gründen der Opportunität auch skrupellos opfern konnte. Wer also war der wahre Mitterrand? Viele jene Einstellungen fühlte er gleichzeitig in seiner Brust und belebte sie je nach Situation und Sachlage. Dennoch gab es Konstanten: sein tiefer Patriotismus, seine europäischen Überzeugungen, seine Ablehnung des Gaullismus und der politischen Extreme, auch des Antisemitismus.

Im Élysée füllte und nutzte er die von ihm zuvor so brillant und leidenschaftlich abgelehnten quasi-monarchistischen Strukturen und Machtmittel, die er als Oppositionspolitiker einst zu demokratisieren versprochen hatte[223], so meisterlich wie vor und nach ihm kein anderer. Doch wie sein Charakter so ist auch seine politische Bilanz komplex und durchwirkt. Hatte er außenpolitisch seinen Beitrag zur Politik der Stärke des Westens geleistet, die den Ostblock

---

222 Giesbert. Op. cit. S. 731.
223 Philippe Alexandre. „Mitterrand n'était pas un homme d'état". Le Figaro 8.1.2016.

in die Knie zwang, so bleiben seine Fehlurteile hinsichtlich seines hinhaltenden Widerstands gegen die Wiedervereinigung und im jugoslawischen Bürgerkrieg. In jedem Fall korrigierte er – ähnlich wie Giscard – geschickt die gaullistischen Illusionen über eine Großmachtrolle Frankreichs in eine konstruktive Rolle als führende Mittelmacht im europäischen Konzert. Wirtschaftspolitisch waren seine 14 Jahre an der Macht von 1981 bis 1995 für Frankreichs Wettbewerbsfähigkeit, soziale Verfassung und öffentliche Finanzen mit drei Millionen Arbeitslosen und wachsenden Schuldenbergen am Ende seiner Amtszeit weitgehend verlorene Jahre. Über die Wirksamkeit der gesellschaftspolitischen Reformen seiner Frühzeit liegt das Urteil im Auge des Beschauers. In Summe aber erscheint es, als hätten die ehrgeizigen Träume des einzelgängerischen Jungen in jenem Dachschober in der Charente Ende der 20er-Jahre in einer der spannendsten und abwechslungsreichsten französischen politischen Biographien des 20. Jahrhunderts doch ihre Erfüllung gefunden.

Gab es konstante Überzeugungen in seinem wechselreichen politischen Leben? Éric Roussel findet nur wenige: Ein Gefühl für Europa, die Bejahung von Frauenrechten und Rechtstaatlichkeit, ein vages Gefühl für soziale Gerechtigkeit und eine Nostalgie nach den katholischen Glaubensgewissheiten seiner Jugend[224]. Zweifellos war er neben dem Europäer auch ein überzeugter französischer Patriot.

War Mitterrand auch ein großer Literat? Die meisten Franzosen sind davon überzeugt, dass er ähnlich wie de Gaulle (oder Churchill) auch einer hätte sein können. Doch hat er seine Jahre in der politischen Wildnis von 1957 bis 1981 nicht für ein historisch-literarisches Werk, sondern nur für angelegentliche Memoranden, Programm- und Kampfschriften und Selbstdarstellungen genutzt, die anlassbezogen waren und in ihrem Wahrheits- und Aussagegehalt heute zweifelhaft oder überholt erscheinen und außer für Historiker kaum noch der Lektüre lohnen. Lapaque sieht seine von 1945 bis 1971 erschienen Traktate als voll taktischer Verrenkungen, Unterstellungen, Fallen, Lügen, Auslassungen und Unklarheiten[225]. Nach dem Ende seiner Präsidentschaft fehlte ihm dann tragisch die Zeit. Mit der Veröffentlichung jener 1200 Seiten völlig politikfreier „Briefe an Anne" im Jahr 2016, die seine Liebe zu ihr und seine tiefe Kenntnis und Leidenschaft für die „France profonde" offenbarten, kam einmal mehr die Diskussion um seine ungenutzten schriftstellerischen Talente auf[226]. Mehr noch als bei jedem anderen Präsidenten zeigt der nicht versiegende Strom an weiteren biographischen Arbeiten, Monographien und Memoiren zu Details und Begegnungen seiner reichen Laufbahn die fortgesetzte Faszination der Franzosen mit jener Ausnahmegestalt, deren Ambivalenzen weiter niemanden kalt lassen.[227]

---

224 Éric Roussel. François Mitterrand. De l'intime au politique. Robert Laffont. 2015.
225 Sébastien Lapaque. „Mitterand: pas un écrivain raté, mais un écrivain manqué". Le Figaro Littéraire 5.1.2016.
226 Bernard-Henri Levy. A propos des lettres de François Mitterrand à Anne Pingeot. Le Point. 13.10.2016.
227 Zum 20-jährigen Todestag und 100-jährigen Geburtstag erschienen 2015/16 an wichtigen Werken allein: Éric Roussel. François Mitterrand. De l'intime au politique. Robert Laffont; Philip Short. François Mitterrand. Portrait d'un ambigu. Nouveau monde; Jean-Louis Bianco. Mes années avec Mitterrand. Fayard; Laure Adler. François Mitterrand, journées particulières. Flammarion; Georges-Marc Benamou. Dites-leur que je ne suis pas le diable. Plon; Philippe Alexandre. Notre dernier monarque. Robert Laffont; Alain Duhamel und

Mitterrand selbst sah sich in einem historischen Kontinuum. So sei mit ihm die Linke nach dem Ende der Revolution von 1789 erst zum vierten Mal an die Macht gekommen. Zuvor seien es vier Monate während der Revolte von 1848, zwei Monate 1870 während der Kommune von Paris 1870 und ein Jahr Volksfront anno 1936 gewesen. Ziel seiner vierzehnjährigen Herrschaft sei es zu zeigen, dass die Linke ihre Versprechen halten kann, ohne das Land zu ruinieren: „Ich werde erst dann wirklich erfolgreich gewesen sein, bis ein anderer Sozialist wieder zum Präsidenten gewählt worden ist"[228]. Dies geschah 17 Jahre nach seinem Abtritt in Gestalt eines eifrigen und talentierten Kabinettsmitarbeiters namens François Hollande, der in Ermanglung von kultureller Gravitas nie in den inneren Zirkel seines Hofstaats zugelassen worden war.

Gibt es zwanzig Jahre danach noch ein personal-ideengeschichtliches Erbe des Mitterrandismus, so wie es immer noch Gaullisten gibt? Ein kleines Institut François Mitterrand unter Leitung von Hubert Védrine bemüht sich mit Symposien und Publikationen, ähnlich wie das Kreisky-Institut in Wien, die inhaltliche Erinnerung wachzuhalten. François Hollande, der seinerzeit ein kleiner Kabinettsmitarbeiter an der Seite seiner schneller erfolgreichen Lebensabschnittsbegleiterin Ségolène Royal war, deklarierte sich zum spirituellen Erben, auch durch Besuche am Grab in Jarnac an der Seite von Gilbert Mitterrand und Mazarine Pingeot. Abgesehen von Kontinuitäten in der Europa- und Afrikapolitik hatte er zwischen 2012 und 2017 jedoch nicht viel vorzuweisen, außer einer Wende von hoher Besteuerung und schriller Rhetorik zu einer Periode der Stagnation, da ihm die Kontrolle über den übermächtigen linken Flügel in Partei und Parlament entglitten war. Mitterrand wäre dies nicht passiert. So hatte er seherisch doch bislang recht, der letzte der großen Präsidenten gewesen zu sein. Nach ihm würde es nur noch „Super-Premierminister" geben. Und die PS, die er in Épinay gegründet hatte, würde auch nicht mehr existieren[229] (zumal er selbst die Saaten des Unfriedens sorgsam gepflanzt hatte). Nach fünfzig Jahren PS sieht es anno 2019 sehr danach aus.

Jean-Pierre Chevènement. „Mitterrand vingt ans après". Revue le Débat No 188, Chez Gallimard und Robert Schneider. De Gaulle & Mitterrand. La bataille des deux France. Perrin.

228 Attali. Op. cit. S. 130.
229 Charles Jaigu.„La marche funèbre de Mitterrand". Le Figaro 14.1.2016.

Kapitel 5

Jacques Chirac (1932–2019), Bonhomie und die Klaviatur der Macht

Chirac war eine eindrucksvolle Persönlichkeit. Als Hai karikiert und als Bulldozer beschrieben planierte er sich zielstrebig seine Karriere. Er tötet und kümmert sich dann anteilnehmend um die Witwe, hieß es wohl zutreffend. Er war ein schulterklopfender Kumpeltyp, der eine hemmungslose Vetternwirtschaft pflegte, der aber gleichzeitig, Brust raus, den würdevollen Staatsmann, den die Öffentlichkeit erwartete, spielen konnte. Er konnte zynisch lügen und zehn Aspiranten gleichzeitig denselben Ministersessel versprechen, konnte eine starke wie schwache Führung darstellen, liberal und zugleich dirigistisch sein, populistisch oder technokratisch, sentimental oder berechnend. Seit seinem Eintritt in das Kabinett von Georges Pompidou im Jahr 1962 bis zum Ende seiner Amtszeit als Präsident im Jahr 2007 war er stets an der Macht oder in ihrer Nähe. Sieben Jahre lang war er Staatssekretär oder Minister unter de Gaulle und Pompidou. 1974 bis 1976 war er unglücklicher Premier unter Giscard, 1986 bis 1988 unter Mitterrand, gefolgt von jenen zwölf Jahren seiner eigenen Amtszeit als Präsident (1995–2007). Dazu kommen zwischenzeitlich siebzehn Jahre als Bürgermeister von Paris (1977–1995). Was bleibt nach fast fünfzig Jahren an der Macht? An der Eroberung von Macht war er mehr interessiert als an ihrer Ausübung und Gestaltung, die ihn bald langweilte. Eine große politische Idee hatte Chirac sicher nicht. Mit Bill Clinton war er in seiner ersten Amtszeit ein fähiger internationaler Krisenmanager auf dem Balkan und im Nahen Osten. Nach bleibenden Hinterlassenschaften sucht man eigentlich vergeblich, sieht man einmal von seinem Musée du Quai Branly, einem Überseemuseum in Nähe des Eiffelturms mit seinen eklektischen Sammlungen von Exotika, die jedem Kapitän des 19. Jahrhunderts zur Ehre gereicht hätten, einmal ab.

Herkunft und Jugend

Chiracs Großväter waren beide Schullehrer in der ländlich-rückständigen Corrèze und entsprachen ihrer klassischen Rolle in der III. Republik. Sie waren autoritär und streng, Aufklärer gegen Aberglauben und Religion zur Not mit dem Rohrstock, Republikaner, die an die Meritokratie glaubten, politisch Radikal-Sozialisten und Anti-Kommunisten. War der Großvater mütterlicherseits als Ex-Jesuit ein ruhiger Laizist, so war der Großvater väterlicherseits als Freimaurer ein militanter Gegner des Katholizismus. Ihre Vorfahren waren Landarbeiter, Maurer und Tischler gewesen. Nachdem er als Schulrektor pensioniert worden war, schrieb Louis Chirac regelmäßig in „La Dépêche de Toulouse" antiklerikale Polemiken.

Jacques' Vater Abel war 1916 eingezogen worden und kam aus dem Krieg als Hauptgefreiter, halb verhungert, hinkend und traumatisiert zurück. War er eher zurückhaltend, so spielte die Mutter Marie-Louise den energischen Part in der Familie. Um dem übermächtigen und cholerischen (Groß-)Vater Louis zu entgehen, gibt Vater Abel seinen Lehrerberuf auf und tritt in die

Filiale Clermont-Ferrand der Banque Nationale de Crédit (BNC) ein. Nach ihrer Eheschließung in Jahr 1921stirbt die erste Tochter mit zwei Jahren an einer Lungenentzündung. Jacques Chirac wird als nächstes Kind erst im November 1932 in Paris geboren. Dort wurde Abel Chirac mit der Leitung einer wichtigen Filiale betraut. Seine Mutter arbeitete ausschließlich als Hausfrau, war ihrem schweigsamen Ehemann zu Diensten und verwöhnte das Einzelkind Jacques. Als zunehmend erfolgreicher Bankier hat der Vater die üblichen Frauengeschichten, ist aber zuhause penibel und autoritär. Nachmittags hat Jacques keinen Ausgang, sondern seine Hausarbeiten zu machen. Politik ist in der Familie, die Chirac später „kleinbürgerlich" nennt, kein Thema. Doch als 1936 die Volksfront siegt, feiert der Großvater in der Corrèze, während der Vater zu der besiegten Gegenseite hält[1]. Als Filialleiter betreut Abel Chirac zwei Großindustrielle, die jüdischen Flugzeugbauer und genialen Erfinder Henry Potez und Marcel Bloch, der sich später Dassault nennen würde. Nach ihrer Verstaatlichung wurde Chirac Senior mit der Anlage der Entschädigungsgelder betraut und tritt als Generaldirektor in ihre privaten Dienste, zumal beide weiter zwei der damals sechs nunmehr staatlichen Flugzeughersteller leiten können. Während Potez die Entwicklung von Düsenmaschinen verschläft, entwickelt Bloch-Dassault die Mystères und die Mirages. In der neuen Funktion stieg Abel Chirac als Lehrersohn den provinziellen Mittelschichten entstammend nach und nach ins Pariser Großbürgertum auf.

Als im Juni 1940 die deutsche Einnahme von Paris bevorsteht, befindet sich der Vater mit Henry Potez auf einer Dienstreise in Kanada. Die Mutter flüchtet wie die meisten Pariser mit ihrem siebenjährigen Sohn in die elterliche Wohnung in der Corrèze und wartet auf die Rückkehr ihres Mannes, der nach zwei Monaten dort eintrifft. Potez zieht sich mit vier Angestellten, darunter seinem Finanzdirektor, der seinen Vornamen von Abel zu François ändert, in sein Landhaus in Südfrankreich zurück, vernichtet alle Flugzeugpläne und privatisiert während des Krieges. Der achtjährige Jacques Chirac besucht die Dorfschule von Rayol an der Côte d'Azur und entwickelt sich vom verwöhnten, sorgsam überwachten großstädtischen Einzelkind zum Wildfang an der zerklüfteten Küste. Mitte August 1944 finden hier die französischen Landungen an der Mittelmeerküste statt, wobei ein leibhaftiger General in dem Landhaus der Chiracs Aufnahme findet. Jener General Brosset sollte dem jungen Jacques Chirac ein erstes großes Vorbild werden[2].

Nach dem Krieg besucht Jacques das Gymnasium Hoche in Saint-Cloud, einer westlichen Vorstadt von Paris, wo er mehr durch Indisziplin, Jugendstreiche und Getuschel im Klassenzimmer als durch Lernerfolge auffällt. In seinen Zeugnissen[3] finden sich Bemerkungen wie „Neugieriger Gelegenheitsarbeiter, eher spontan als reflektiert" und: „Zu geschwätzig, zu abgelenkt und nervös, um Erfolg zu haben". Auch im nächsten Gymnasium Carnot im 7. Bezirk, in den seine Eltern ziehen, hinterlässt er kaum Spuren. Dennoch entwickelt er eigene intellektuelle Interessen außerhalb des Curriculums. So verlangt der 15-Jährige von seinen Eltern,

---

1   Franz-Olivier Giesbert. Chirac. Une vie. Flammarion. 2014. S. 23.
2   Giesbert. Op. cit. S. 32.
3   Französische Schulzeugnisse enthalten neben den Noten (Punkten) auch stets Kurzdiagnosen durch den jeweiligen Fachlehrer.

Lektionen in Sanskrit zu erhalten. Die erhält er von einem 70-jährigen ehemals zaristischen Diplomaten namens Wladimir Belanowitsch, der dem jungen Jacques in diesen Privatstunden auch die russische Literatur, die indische Philosophie, die chinesische Kunst und die persische Zivilisation nahebringt. Er legt die Grundlagen für eine lebenslange Kenner- und Leidenschaft für außereuropäische Kulturen, von der Chirac wenig öffentliches Aufheben machen wird[4]. Dazu sammelt er Postkarten moderner Künstler. Gelegentlich besucht er wie bei den Lokalwahlen 1947 ohne große Überzeugung die Veranstaltungen der Gaullisten. Schulbücher pflegt er nur zu überfliegen und diagonal zu lesen und legt zum allgemeinen Erstaunen noch ein durchschnittliches Abitur („assez bien") ab. Während seine Eltern ihn im elitären Louis-le-Grand zur Vorbereitung auf die Polytechnique einschreiben, fährt er per Autostopp nach Dünkirchen und heuert auf einem 5000-Tonnen-Frachtschiff, dem „Capitaine Saint-Martin", als Offiziersanwärter an, das Kohle und Eisenerz zwischen Dünkirchen und Nordafrika transportiert. Nach vier solcher Passagen holt ihn im Oktober 1951 schließlich sein zorniger Vater am Kai von Dünkirchen ab, beendet das Abenteuer in der Seefahrt und bringt ihn nach Paris zurück, wo er wieder ein angepasster Student werden soll.

Statt des Vorbereitungsdrills am Louis-le-Grand schreibt er sich jedoch auf der Sciences Po ein. Dort mutiert der 18-jährige ausgemusterte Matrose zu einem strebsamen, interessierten und gut gekleideten Studenten. Sein dauerndes nervöses Gezappel, weil er seine Beine nicht still halten konnte und er immer in Eile war, fiel einer Kommilitonin, Bernadette Chodron de Courcel, auf. Sie stammte aus einer wohlhabenden Industriellenfamilie. Ihr Onkel war nach dem Kriegsdienst für de Gaulle mit einem Botschafterposten belohnt worden. Die Familie war erst 1867 von Napoleon III. geadelt worden. Ihr Vater kam 1945 aus deutscher Kriegsgefangenschaft zurück. In seiner fünfjährigen Abwesenheit wurde Bernadette von ihrer Mutter standesgemäß erzogen und galt als fleißig, fromm und zurückhaltend[5]. Da Chirac ständig, wie ein anderer Kommilitone, Michel Rocard, beobachtete, von hübschen Mädchen umschwärmt wurde, machte sie sich nützlich, in dem sie ihm Exzerpte dickleibiger Pflichtlektüren anfertigte, zu deren Lektüre er keine Lust hatte. So kam jeder auf seine Kosten und sie sich näher.

Prägende Einflüsse an der Sciences Po sind für ihn die Vorlesungen von Raymond Aron, die Tageslektüre von „Le Monde" und die Wochenlektüre von „L'Express"[6], in Summe eine linksliberale Mischung der IV. Republik, die nichts mit dem Gaullismus der Nachkriegszeit am Hut hat. Michel Rocard, der Sekretär der sozialistischen Studentengruppe, lädt ihn zu einschlägigen Veranstaltungen ein, in denen sozialistische Doktrin und die Solidarität mit der Dritten Welt gepredigt wird. Als frischer Konvertit sind Chirac die kolonialpolitischen Positionen der SFIO, die Rocard damals vertritt, bald zu konservativ. Er gilt als Linksbürgerlicher, der sich an die jeweils vorherrschenden ideologischen Winde anpasst und sich die intellektuellen Tagesmoden im Brustton der Überzeugung zu eigen macht. Obwohl er es später abstritt, wurde er damals als „Mendèsist", als Anhänger von Pierre Mendès France, eines linksliberalen Ko-

---

4   Serge Raffy. „La vie rêvée de Jacques Chirac". L'Obs. 13.8.2015.
5   Engelkes. Op. cit. S. 57.
6   Giesbert. Op. cit. S. 49.

lonialkritikers, eingeordnet. Mit Rocard sollte ihn als zwei kettenrauchende Hyperaktivisten eine lebenslange Freundschaft verbinden. So flirteten sie beide anno 1971, Chirac als Minister für Parlamentsfragen und Rocard als PSU-Sekretär, mit der Idee der Arbeiterselbstverwaltung über die Parteigrenzen hinweg. 1950 jedoch driftet er weiter nach links in die Arme der KPF. Er unterschreibt den von Stalins Weltfriedenskomitee vorgelegten Appell von Stockholm, der Atomwaffen verboten haben will, zusammen mit anderen nützlichen Idioten wie Pablo Picasso und Louis Aragon. 1952 verkauft er die „Humanité" vor der Kirche Saint-Sulpice im hochbürgerlichen 7. Bezirk. Bewährung im Zeitungsverkauf war bekanntlich der erste Schritt zur Mitgliedschaft in einer KP.

Mehr als die Politik jedoch lockt ihn das Abenteuer. Mit einem Freund fährt er in den langen Sommerferien mit einem zwanzig Jahre alten Auto durch Schweden zum Nordkap. Natürlich befreunden sie dort auch junge Schwedinnen. Ein Jahr später 1953 setzt er mit 20 Jahren auf einem griechischen Frachter nach den USA über und schreibt sich in der Sommerschule von Harvard ein. Die Studiengebühren verdient er sich allabendlich in einem Restaurant von Howard Johnson, wo er auch kassieren darf und gute Trinkgelder verdient. Dabei verliebt er sich in eine hübsche Amerikanerin, Florence Herlihy, die Tochter eines reichen Südstaaten-Farmers, die am Radcliffe College ihre Sommerschule absolviert, und verlobt sich sogleich mit ihr. Ein Brandbrief seines Vaters zerstört dann aber die kurze große Liebe. Mit Freunden macht er sich dann von Neuengland in Richtung Westen auf. Als ihr Auto seinen Geist aufgibt, fahren sie per Autostopp auf Steinbecks Spuren[7] nach San Francisco und Los Angeles. Von dort fährt er eine alte Dame, die nicht selbst ans Steuer will, nach Dallas in Texas. Von dort geht es weiter nach New Orleans, wo er Material und Interviews über die Hafenentwicklung sammelt, die er zum Thema seiner Abschlussarbeit an der Sciences Po machen will. Über Washington und New York kehrt er nach Paris zurück, wo die Prüfungen und Bernadette warten. Im Oktober 1953 verlobt sich Chirac mit ihr, sein zweites Verlöbnis in diesem Halbjahr. Seine Rebellenzeit ist offenkundig beendet. Doch fühlt er sich als unkonventioneller Bürgerlicher in den Adelskreisen seiner künftigen Frau und seiner Schwiegereltern zeitlebens unwohl.

Sein Studium schließt er für sich selbst überraschend mit gutem Erfolg ab. Als nächstes Ziel hat er sich die ENA vorgenommen. Statt sich wie alle anderen in die Prüfungsvorbereitungen zu stürzen, fährt Chirac wieder für zwei Monate nach New Orleans, wo er für die kleine Zeitschrift „L'import-export françaises" eine illustrierte Sondernummer schreibt. Wie Giscard und Sarkozy gehört er zu jenen Präsidenten, die von den USA immer fasziniert blieben, und sicherlich war er der Präsident, der sie dank seiner studentischen Abenteuer am besten kannte.

In Algerien

Nach dem Bestehen der Eignungsprüfungen zur ENA wird der 22-Jährige im Sommer 1955 zum Militär eingezogen, das ihm überraschenderweise sehr gefällt. Da bemerkt er, dass er nach

---

7   Jack Kerouacs „On the road" erscheint erst vier Jahre später. Es stellt trefflich den damaligen, heute kaum noch vorstellbaren Geist der Freiheit im Westen Nachkriegsamerikas dar.

erfolgreich absolvierter Ausbildung nicht als Reserveoffiziersanwärter zugelassen wird. Sein Oberst bescheidet ihm, als Kommunist könne er nicht Offizier werden. Seine Unterschrift unter den Stockholmer Appell war nicht unbemerkt geblieben. Da mobilisiert er den Klan der Chodron de Courcel, der jene Beschmutzung der Familienehre mit einem Gang bis zum Generalsekretär des Verteidigungsministeriums, der zufällig zur weiteren Familie gehört, abzuwaschen versucht. General König persönlich verleiht ihm sodann den ihm zustehenden Dienstgrad und säubert seine Personalakte. Von seinem Ausbildungsort in Saumur an der Loire wird der Unterleutnant Chirac zunächst zum 11. Afrikanischen Jägerregiment nach Lachen im Unterallgäu versetzt. Dann sollte er eigentlich als Übersetzer nach Berlin gehen, besteht aber darauf, mit seinem Zug und dem Rest des Regimentes nach Algerien zum Kampfeinsatz abzurücken. Seinen Krieg wollte der Abenteurer auf keinen Fall verpassen[8]. Kurz vor seinem Abtransport nach Algerien heiratet der Unterleutnant im März 1956 noch Bernadette, eine Kriegshochzeit auf die Schnelle.

Als Zugführer kommandiert er 32 Mann und den befestigten Posten Souk El Arba an der marokkanischen Grenze. Die Einheit führt Säuberungsaktionen durch und legt Hinterhalte. Chirac gilt als Draufgänger, der sich um seine Leute kümmert und dem präzise militärische Befehle und ihre Ausführung – d.h. die unmittelbare Erfahrung von Macht – und die Risiken und Nervenkitzel eines asymmetrischen Kleinkrieges und die Erfahrung physischer Kämpfe Spaß machen und der sich auf seinem gottverlassenen Außenposten frei und glücklich fühlt. Er fährt stets im ersten Fahrzeug, das versteckten Minen am meisten ausgesetzt ist. Chirac wusste, dass der Krieg nur gewonnen werden konnte, wenn man sich die Zuneigung der Bevölkerung erwarb und sie vor dem Terror der FLN schützte. Das tat er wohl auch nach Kräften. In seinem Stützpunkt wurden keine Gefangenen gefoltert. Dies war die Aufgabe von Spezialisten im Regimentsstab, wohin die Gefangenen im Hubschrauber transportiert wurden, um sie so oder so zum Sprechen zu bringen. Für Chirac waren seine 14 Monate in Algerien ein sauberer Krieg, an den er sich als Veteran immer gern erinnerte. Kameraden beschreiben ihn als einen Linken, der aber für Französisch-Algerien war[9], nicht viel anders als der spätere Innen- und Justizminister Mitterrand.

Im Juni 1957 nach Paris zurückgekehrt, hat er nicht übel Lust, sofort zurückzukehren und sich freiwillig weiter zu verpflichten. Doch die ENA-Leitung zwingt ihn, seine Kurse zu absolvieren. Er habe sich mit der Aufnahmeprüfung verpflichtet, dem Staat und nicht der Armee zu dienen. Chirac hat nach Monaten in der Wildnis Probleme, wieder mit Büchern zu arbeiten. Dazu schickt ihn die ENA zu einem Praktikum auf die Präfektur von Grenoble, wo sich niemand um ihn kümmert und er zunächst als Bürobote eingesetzt wird. Kurz, er fühlt sich an der ENA unglücklich, zu Wichtigerem berufen und gibt sich kaum mit seinen Jahrgangskameraden ab. Besonders beliebt ist er deshalb nicht, auch weil er mit Urteilen über andere sehr schnell bei der Hand war. Als er im Juni 1959 mit einem durchschnittlichen Ergebnis die ENA abschließt, steht ihm der Rechnungshof, einer der „großen" Staatsdienste offen. Zunächst aber werden die

---

8   Giesbert. Op. cit. S. 69.
9   Ibid. S. 75.

ENArquen jener „Promotion" zur Verstärkung der Verwaltung in Algerien eingesetzt. Chirac meldet sich zur Generaldirektion für Landwirtschaft und Forsten in Algier. Nach de Gaulles damaligen Reformplänen soll sie 250.000 Hektar Ackerland an einheimische moslemische Bauern verteilen, eine längst überfällige Agrarreform. Doch sie kommt zu spät. Wer von den Arabern das Angebot annimmt, wird bald von der FLN mit seiner Familie abgeschlachtet. Bernadette zieht 1960 zu seinem Dienstposten in Algier und gebiert dort im März ihre erste Tochter Laurence. Als in Algier die Tumulte ausbrechen und die ersten OAS-Bomben explodieren, entwerfen die dorthin entsandten ENArquen eine Ergebenheitsadresse an de Gaulle. Nur Chirac unterschreibt nicht. Er argumentiert formal, dass Beamte nicht die Handlungen ihres Staatschefs öffentlich zu kommentieren hätten. Tatsächlich aber hat er ernstliche Vorbehalte gegen die Algerienpolitik des Generals, die er in die Aufgabe der Kolonie, die für ihn keine ist, münden sieht.

Die Anfänge der Karriere

Nach seiner Rückkehr nach Paris im April 1960 erhält er einen Posten im Rechnungshof. In dessen ruhigen Gemäuern langweilt sich der Umtriebige buchstäblich zu Tode. Über einen alten Studienbekannten von der Sciences Po erhält er dann einen Job im Büro des Premierministers, damals noch Michel Debré. Dort muss er die Protokolle der Ministerratssitzungen durchkorrigieren. Das „Geschwätz" von Finanzminister Giscard enerviert ihn besonders. Als Georges Pompidou im April 1962 zu aller Überraschung von de Gaulle zum Premier ernannt wird, sucht er, der Bank Rothschild und der Privatwirtschaft entstammend, wie zuvor John F. Kennedy die Besten und die Talentiertesten für seine Kabinettsmannschaft unter Leitung von François-Xavier Ortoli. Durch Empfehlung eines ENArquen erhält der 30-Jährige den zunächst bescheiden erscheinenden Zuständigkeitsbereich für die Bauwirtschaft und die Luftfahrt. In der neuen Funktion setzt er sich gegenüber den nachgeordneten Ministerien als neuer kleiner Kaiser brutal durch, während er gleichzeitig für seine älteren Kabinettskollegen ein netter junger Mitarbeiter bleibt[10]. Alle Vorgänge, die auf seinem Schreibtisch landen, sind wichtig, eilig und eine Staatsaffäre. Doch wollen Pompidou und Ortoli nicht gestört werden. So macht er sich bald einen Namen für kleine Gefälligkeiten, seien sie für Zuckerrübenraffinerien oder die Exporteure von Hubschraubern, immer seinen Ermessensspielraum weit auslegend, ein Markenzeichen seiner künftigen Herrschaftstaktik. Dabei ist er stets hektisch und in Eile, immer am Telefon mit nur begrenzter Aufmerksamkeit für Besucher oder Themen. In der Koordination mit den Ministerien ist er eine Katastrophe, weil er sich in keine komplexen Vorgänge einarbeitet und nie erreichbar ist, für seinen neuen Kabinettschef Michel Jobert dagegen der perfekte Mitarbeiter, der immer willig ist und alle Wünsche blitzartig umsetzt. Schnell erwirbt er seinen ersten Spitznamen: der Bulldozer. Dabei fällt er auch Premier Pompidou auf, der sich normalerweise um sein Kabinett nicht kümmert. Wenn er Chirac sagen würde, der Schatten jenes Baumes störe ihn, sei er in fünf Minuten gefällt, oder wenn er einen Tunnel vom Matignon zu seiner Wohnung auf der Île Saint-Louis haben wolle, sei er am anderen Morgen von

10   Ibid. S. 89.

ihm gebohrt[11]. Beide entstammten ursprünglich links-laizistischen Lehrerfamilien aus dem Zentralmassiv mit bäuerlich-provinziellen Wurzeln, die beide auch kulinarisch und gelegentlich auch im Lebensstil volksnah kultivierten. Im Temperament freilich unterschieden sie sich: war der Präsident langsam und berechnend, so war sein Mitarbeiter hektisch und intuitiv. Um ihn zu „amüsieren" schiebt der Chef ihm gerne politisch heikle Dossiers zu, zum Beispiel das der Schiffswerften oder das franko-britische Projekt der „Concorde", aus dem die Labour Partei nach ihrem Wahlsieg 1967 ebenso wie aus dem Kanaltunnelprojekt aussteigen will. Chirac gelingt es, die britischen Gewerkschaften von der Fortsetzung des unglückseligen Concorde-Abenteuers zu überzeugen. Schließlich wird Chirac zu einem der wenigen Lieblingen Pompidous. Er wird zu Filmabenden und zu Diners eingeladen, wo er wichtige Leute von „Tout Paris" trifft. Chiracs Vater wird von Pompidou zum Ritter der Ehrenlegion gemacht. Bis zu dessen Tode – und danach zu Diensten seiner anspruchsvollen Witwe – sollte Chirac Pompidou als seinen politischen Ziehvater betrachten und zum treuesten Pompidouisten werden. In seiner Kabinettsarbeit befreundet er sich auch mit Pierre Juillet, einem gaullistischen originalen Denker im Matignon, der zusammen mit Marie-France Garaud sein großer Ideengeber werden wird.

Ab 1965 knüpft er wieder Verbindungen in seine väterliche Heimat Corrèze. Man will ihn dort wohl für seine politische Laufbahn, ist aber über seine politischen Überzeugungen nicht ganz im Klaren. Der Wahlkreis Ussel des Alt-Radikalen Henri Queuille, der schon den jungen Mitterrand gefördert hat, wird frei. Ist er nun links oder rechts? Politisch hat die verarmte Corrèze eher linke Traditionen. Chirac lässt seine politischen Bekenntnisse eher vage und beginnt sich nun jedes Wochenende Dorf um Dorf, Weiler um Weiler, um Wasserleitungen, die Müllabfuhr, Brunnen, Schulen, Plätze in Altersheimen und Stipendienvergaben zu kümmern. Rastlos weiß er all dies in einer Endlosserie von Telefonaten umzusetzen. Später als er schon Präsident war, sollte der Chef eines der größten Metallunternehmen Frankreichs einen Anruf von ihm erhalten, ob er nicht einen arbeitslosen Schlossergesellen einstellen könne. „Gut, Herr Präsident" meinte der erstaunte Patron „das lässt sich schon machen, wenn Sie das wünschen." Die Mutter des jungen Mannes hatte ihn zuvor auf dem Marktplatz von Tulle, dem Hauptort der Corrèze angesprochen.

Ein Gegenkandidat der Linken ist Mitterrands Bruder Robert, der eine Industrielaufbahn absolviert hat. Er ist ein hervorragender Kandidat. Nur hat er die befremdliche Angewohnheit, in Bistrots Tee zu bestellen, den es dort nicht gibt. Also muss er wohl krank sein. Chirac dagegen streichelt auf der Hochebene der „Millevaches" alle Kühe, isst jede Menge an Kalbsköpfen (die örtliche Delikatesse) und spült sie mit noch mehr Apéros herunter. Finanziert wird seine Wahlkampagne von Marcel Dassault, dem Freund des Vaters und der Familie und dem genialen Erfinder der Mirage und des Falcon. Da trifft es sich gut, dass Chirac im Matignon für den Flugverkehr und die Flugzeugindustrie zuständig ist und Dassault gerade die örtliche Zeitung „L'Essor du Limousin" gekauft hat[12], die nunmehr Lobeshymnen auf den Kandidaten singt.

---

11   Heiko Engelkes. König Jacques. Chiracs Frankreich. Berlin 2005. S. 24.
12   Die Dassault sind heute auch Besitzer des „Figaro".

In der ersten Runde im März 1967 kommt der parteilose Chirac mit 15.000 Stimmen auf den ersten Platz, gefolgt von einem Kommunisten mit 11.000, Robert Mitterrand mit 9.000 und einem PSU-Kandidaten mit 1000 Stimmen. Gegen alle linken Stimmen zusammengenommen hätte er in der zweiten Runde keine Chance gehabt, so aber geht er nach einem erneuten intensiven Wahlkampfeinsatz rund um die Uhr mit 18.500 Stimmen, d. h. nur einem Vorsprung von 500 in der Endrunde knapp vor dem Kommunisten durchs Ziel. Nach seiner Wahl ist ihm die Verletzlichkeit seiner dünnen Wählerbasis klar. Er verdoppelt deshalb seine klientelistischen Bemühungen.

Im April 1967 gewährt de Gaulle, dem jungen Abgeordneten, dem einzigen, der unter den Neulingen der Rechten im schwierigen Limousin gewonnen hatte, eine Audienz von dreißig Minuten. Wie es seine Angewohnheit ist, erkundigt er sich hauptsächlich nach der Frau und den beiden jungen Töchtern, die Chirac im langen Wahlkampf und dessen Vorbereitung vermutlich sehr selten gesehen hat.

Zur Belohnung erhält Chirac mit 35 Jahren seinen ersten Staatssekretärsposten: für Arbeitsfragen. Er ist in der Ministerhierarchie auf Platz 29 ganz unten angesiedelt, ist aber mit der Zuständigkeit für die Beschäftigung in der Stahlindustrie, den Kohlegruben und den Werften mit ihrem Restrukturierungsbedarf sehr wichtig. Chirac hält von seinem vorgesetzten Sozialminister so weit wie möglich Abstand, vereinheitlicht die Arbeitslosenversicherung und schafft staatliche Arbeitsämter als Beschäftigungsagenturen. Als der Mai '68 über Frankreich und für seine politische Klasse überraschend hereinbricht, kommt Chiracs große Stunde.

Mit Pompidou, seinem Kabinettschef Michel Jobert, seinem politischen Ratgeber Pierre Juillet und den sozialpolitischen Ratgeber Édouard Balladur gehört er zum letzten „Carré" des Widerstandes des demoralisierten Establishments. Chirac verhandelt mit seinem Freund Michel Rocard, der als PSU-Chef die Seite der revoltierenden Arbeiter und Studenten vertritt, aber wichtiger noch mit dem CGT-Chef Henri Krasucki. Chirac zieht wie immer alle Register, ist herzlich, flexibel, zur Not auch drohend und brutal. Dem verunsicherten General empfiehlt sein jüngster Staatssekretär Vereinbarungen mit den Gewerkschaften, die alles Interesse haben, eine radikalisierte Streikbewegung zu beenden, die sie nicht länger kontrollieren[13]. In konspirativen Geheimverhandlungen mit den Kommunisten, die sich als paktfähiger erweisen als die rechte Force Ouvrière (FO) und die sozialistische CFDT, werden die allgemeinen Löhne im „Abkommen der Rue de Grenelle" um 10 % und der Mindestlohn um 35 % heraufgesetzt. Dazu dürfen in allen Unternehmen Gewerkschaftssektionen gebildet werden. In jenen kritischen Wochen des Mai/Juni 1968, als das Büro des stets besonnen bleibenden Premiers zum Lagezentrum wurde, in dem Chirac ein- und ausging und von der entscheidenden Streikfront Erfolgsgeschichten abliefern konnte, wurde er für Pompidou zum erwünschtem Nachfolger („Dauphin") und Ersatzsohn – neben dem eigenen Adoptivsohn Alain[14]. Chirac blühte in jener Krisensituation auf, während die meisten anderen Minister in Deckung gingen, sich in der

13   Giesbert. Op. cit. S. 132.
14   Ibid. S. 141.

Provinz versteckten, panisch nach Panzern gegen die Studenten riefen oder wie de Gaulle nach Baden-Baden flüchteten und kopflos Weltuntergangsszenarien pflegten. Ende Mai wird Chirac zum Staatssekretär für das Budget befördert, in die wichtigste zu vergebende Staatssekretärsfunktion im allmächtigen Finanzministerium.

Als im Juli 1968 Pompidou unbedankt von de Gaulle entlassen wird, bietet ihm der neue Premier Maurice Couve de Murville zuerst das Informations-, dann das Sozialministerium an, die Chirac jedoch dankend ablehnt. Er will lieber der mächtigere Budgetstaatssekretär bleiben und setzt sich damit durch. Es geht darum die teure Rechnung für den Mai '68 und die Rue de Grenelle aus den leeren Staatskassen zu bezahlen und wie von de Gaulle befohlen, die Staatsquote wieder auf 33 % zu senken. Er erleidet mit neuen Erbschaftssteuern, die von den gaullistischen Abgeordneten abgelehnt werden, eine Niederlage und wird von seiner Chefetage, Premier Couve und Finanzminister Ortoli, allein im Regen stehen gelassen. Dennoch genießt er seine weitgehende Autonomie. Vom Zoll bis zur Tabakregie und der Nationallotterie hört alles auf sein Kommando. Wenn er mit seinen Direktoren, die sich sehr wichtig vorkommen, eine Dienstbesprechung hat, erledigt er gleichzeitig seine Post aus der Corrèze. Dennoch bleibt er weiter offen und zugänglich. Auch bei schlechten Nachrichten hörte er interessiert zu – im Gegensatz zu Giscard, der ihre Überbringer bestraft. Als der Franc im Laufe des Novembers wieder unter Druck gerät, plädiert er in der Ministerrunde einsam mit dem Industrieminister für eine Abwertung. Die meisten anderen argumentieren wirtschaftsfremd mit dem Ansehen Frankreichs. Die Banque de France muss den Währungskurs also verteidigen und verliert dabei 15 Milliarden FF (2,3 Milliarden Euro).

Nach de Gaulles Rücktritt im April 1969 fungiert Chirac als Schatzmeister für Pompidous Wahlkampagne. Mit Pompidous Wahl wird er wieder Staatssekretär für das Budget, diesmal allerdings unter einem Finanzminister Giscard, der anders als Ortoli die Angewohnheit hat, alles an sich zu ziehen, sich für unersetzlich zu halten und nichts delegieren zu können. Pompidou hatte ihn als Aufseher für Giscard vorgesehen, dessen politischem Ehrgeiz er misstraut, und will seine direkte Zuarbeit zum Élysée. Obwohl beide die ENA absolviert haben, könnten ihre Charaktere und ihr Stil unterschiedlicher nicht sein. Pflegt Chirac einen rustikal-derben Stil, ist informal, direkt und gelegentlich offen brutal, im Umgang klassenlos und unkompliziert, hasst Repräsentationsfunktionen und stellt sich nur anlassgebunden gezwungenerweise staatsmännisch dar, so gibt sich Giscard stets distinguiert und distanziert, ahmt den Hochadel nach, zu dem er gerne gehören würde, liebt die protokollarischen Etikette, schätzt den Umgang nur mit sozial Hochgestellten, und gibt sich nur gezwungenerweise unter Verrenkungen volkstümlich. Dazu verabscheut er Chiracs rastlose Unruhe, seinen dauernden Zigarettenkonsum und seine vulgären Witze. Deshalb erfindet er ständig subtile Demütigungen. Sein Staatssekretär darf sein Büro nur durch die Kabinetts-, nicht durch die Besuchertür betreten. Wenn er sich vom Büroboten Tee bringen lässt, bekommt Chirac keinen. Es gibt auch keinen Aschenbecher für den Kettenraucher. Er muss seine Zigaretten auf Papier ausdrücken und in der Jackettasche wieder heraustragen. Als im August 1969 der Franc um 11,1 % abgewertet wird, sind alle Spitzenbeamten des Finanzministeriums vorher im Bilde – außer dem Staatssekretär.

Was die beiden eint, ist die gemeinsame Ablehnung von Premier Jacques Chaban-Delmas, den sie für faul und eine Inkarnation der gaullistischen Barone halten, die sich auf ihren Résistance-Lorbeeren ausruhen, ihn sozialdemokratischer Neigungen verdächtigen und im Matignon als seinen Aufgaben nicht gewachsen betrachten.[15] Im Januar 1971 wird Chirac schließlich Minister für die Beziehungen zum Parlament, der dem Premier und dem Élysée direkt zuarbeiten soll. Der nächste logische Schritt ist für ihn das Matignon. Politisch gibt er sich ohne starke persönliche Überzeugungen und mit wechselnden Meinungen als moderater Reformer, der die Wünsche des Präsidenten exekutiert. In seiner neuen Funktion hat er weder einen Verwaltungsapparat unter sich noch eigene Gesetzesprojekte, sondern soll sich 291 UDR-Abgeordnete anhören und ihr Ego streicheln. Dazu hat der vom Ehrgeiz und der Ungeduld getriebene Chirac jedoch weder Zeit noch Lust. Wenn, dann hört er sich am liebsten selbst reden. Wenn sein Gegenüber den Mund aufmacht, hat er dann plötzlich einen dringenden Termin im Élysée. Wenn er einem Abgeordneten die Hand gibt, ist er mit den Augen schon beim nächsten. So kommt es, dass sich im Juli 1971 die Vorsitzenden der wichtigsten Ausschüsse in einer gemeinsamen Resolution über ihre Vernachlässigung durch die Regierung beschweren.

Im Januar 1972 wird durch den Canard Enchaîné bekannt, dass Chirac als Staatssekretär das kleine Schloss Bity bei Sarran in der Corrèze für 210.000 Francs (32.000 Euro), dem Preis einer Garage, erworben hatte. Einen Monat darauf wurde das Schloss für denkmalgeschützt erklärt – mit dem günstigen Ergebnis, dass der Staat die Hälfte der Renovierungskosten tragen würde und die Kosten des Schlossherrn alle steuerabzugsfähig wurden. Der damalige Finanzstaatssekretär musste also keine Steuern mehr zahlen. Chirac behauptet, sein Kabinettchef habe seine Einkommensteuererklärung erstellt, die er ohne sie zu lesen, unterschrieben habe. Pompidou ist sauer: „Wenn man in die Politik geht, kauft man keine Schlösser. Wenn, dann muss es mindestens seit Louis XV. im Familienbesitz gewesen sein"[16]. Tatsächlich interessierte sich Chirac wenig für jenes Schloss und besuchte es auch später kaum. Es war ein Projekt seiner Frau, die hier ihrer adligen Herkunft als Chodron de Courcel ein würdiges Ambiente verschaffen wollte[17].

Als im Juli 1972 Chaban-Delmas endlich seinen Rücktritt einreicht, ist Chiracs Traum von Matignon angesichts der Affäre von Bity und seiner ungenügenden Leistungen als Parlamentsminister vorerst ausgeträumt. Das Amt erhält Pierre Messmer. Auf eigenen Wunsch wird Chirac Landwirtschaftsminister.

An seinem neuen Amt begeistert ihn das Budget zur ländlichen Entwicklung – vor allem in der Corrèze – und die Förderung der Familienbetriebe. Da sich die Bevölkerung bis zum Jahr 2000 verdoppeln und die Nahrung knapp werden würde, solle sich die Zahl der Höfe vervierfachen. Selten lag ein politisches Programm so falsch. Tatsächlich nahm die Zahl der Höfe in diesem Zeitraum von 1,6 Millionen um 60 % auf 660.000 ab. Er liebt die Bauernverbände, will die Überschussproduktion Frankreichs weiter erhöhen und kämpft in Brüssel nächtelang mit Be-

---

15   Ibid. S. 171 f.
16   Ibid. S. 189.
17   Béatrice Gurrey. Les Chirac. Les secrets du clan. Robert Laffont. 2015. S. 61.

geisterung bei den Agrarmarathons in Zigarettenrauch und Whiskydampf gehüllt um höhere Getreide-, Rindfleisch-, Zucker- und Milchpreise[18]. Die drohenden Weizenberge und Milchseen sollen alle mit EWG-Exportsubventionen in die Eroberung von Drittmärkten fließen, ein wirtschaftlicher Irrsinn, der die EU während der nächsten zwei Jahrzehnte jährlich über zehn Milliarden Euro kosten sollte.

Während die Führung der Gaullisten um Chaban-Delmas und Giscard 1973 vom „Reykjavik-Syndrom" gepackt werden, der Positionierung im Nachfolgekampf für den todkranken Pompidou, verweigert sich Chirac. Er glaubt unerschütterlich an die Gesundung seines Helden. Sein Mentor kann und darf nicht sterben. Bei der letzten Kabinettsumbildung wird er Anfang 1974 noch für drei Monate zum Innenminister ernannt. Er gibt sich ein liberales Profil und unterbindet das Abhören von Telefonaten aus ausschließlich politischen Gründen und reorganisiert den Auslandsgeheimdienst DST, der anno 1965 seine Schäferstündchen mit einer KGB-Agentin in Russland abgehört hatte. Die Mitschriften seiner Telefonate hatte er im Nouvel Observateur nachlesen können[19].

Als Pompidou im April 1974 stirbt, ist Chirac genuin untröstlich, will aber unbedingt Pompidous Erzfeind Chaban-Delmas verhindern. Pierre Messmer, der Premier, seine erste Wahl, ziert sich und lehnt dann ab. Als Chaban noch während der Trauerfeiern pietätlos verkündet, er sei Kandidat, beschließt Chirac sich mit Giscard zu verbünden. Der brave gaullistische Gefolgsmann und verlässliche Exekutor des Willens anderer beginnt mit 41 Jahren seine eigenständige politische Laufbahn. Nach Chabans absehbarer Niederlage kann er sich Hoffnungen machen, die zerstrittene gaullistische Partei zu übernehmen – vorausgesetzt sein „Verrat" ist nicht allzu offensichtlich – und gleichzeitig Giscards Premier zu werden. Chirac gelingt es, ein Manifest von vier Ministern und 39 gaullistischen Abgeordneten unterschreiben zu lassen, die die Wahl von Giscard unterstützen. Bei der ersten Wahlrunde am 5. Mai 1974 erhält Mitterrand 43 % der Stimmen und Giscard 33 %. Chaban scheidet mit nur 15 % aus. Mit ihm sind die historischen Chefs des Gaullismus geschlagen und der Weg für die Pompidouisten frei. Er überlässt Messmer die Rolle, die zersplitterte Rechte für die zweite Runde hinter Giscard zu vereinigen, der dann mit 50,8 % knapp gegen Mitterrand gewinnt.

Als Premierminister unter Giscard

Giscard offeriert Chirac das Matignon. Die Gaullisten sind damit zufrieden, nachdem sie nach 17 Jahren das Élysée verloren haben. Giscard ist 48, der jüngste Präsident seit Napoleon und Chirac 41, zwei ENArquen, die einen Generationswechsel darstellen, beide in Paris aufgewachsen, mit starken Wurzeln im zurückgebliebenen Zentralmassiv, der eine in der Auvergne, der andere in der Corrèze. Obwohl Giscard nur eine Minderheit in der rechten Koalition mit den Gaullisten kontrolliert, glaubt er in Chirac einen pflegeleichten willigen Assistenten zu haben, so wie jener ihm schon als Staatssekretär und Pompidou treu zugearbeitet hatte. Als erstes

18   Giesbert. Op. cit. S. 194.
19   Ibid. S. 210.

stellt Giscard seine Ministerriege zusammen, ohne seinen Premier, dessen verfassungsmäßige Aufgabe dies gewesen wäre, zu fragen. Nur vier Staatssekretäre darf Chirac nominieren. Dagegen ernennt Giscard geschworene Erzfeinde der Gaullisten wie den L'Express Herausgeber Jean-Jacques Servan-Schreiber (JJSS) und Michel Poniatowski, der das Machtzentrum des Innenministeriums zu antigaullistischen Zwecken umbaut. Giscard stellt seine Regierungsmannschaft im Fernsehen vor und verkündet, er würde direkt mit seinen Ministern Umgang pflegen. Erst Sarkozy sollte 33 Jahre später seinen Premier Fillon ähnlich öffentlich demütigen. Chirac nahm dies scheinbar ungerührt zähneknirschend zur Kenntnis.

Ursprünglich hatte Chirac geglaubt, der politisch konzeptionslose Giscard würde sich auf das Repräsentieren beschränken und ihn die Politik machen lassen. Doch es kam anders. Als Helmut Schmidt im Mai 1974 zum Bundeskanzler gewählt wurde, machte er drei Tage später seinen Antrittsbesuch in Paris. Chirac durfte ihn mit allen Honneurs am Flughafen abholen und mit der Eskorte im Élysée abliefern. Ein besserer Taxidienst also. Dann schlossen sich für ihn die Pforten, während Valéry und Helmut unter vier Augen drinnen über die Weltwirtschaft, Europa und die deutsch-französische Zusammenarbeit plauderten[20]. Als Loyalist Pompidous und Beschützer seiner Witwe Claude versucht er das architektonische Erbe des Präsidenten vor Giscards Absicht zu verteidigen, jene Vielzahl an Scheußlichkeiten und Bausünden zu annullieren. Im Fall der Hallen von Paris und des Centre Pompidou gelingt Chirac dies, im Fall der geplanten Stadtautobahn entlang des Seineufers quer durch Paris gottlob nicht. Bevor Chirac in der Nationalversammlung spricht (da dies seit de Gaulle unter der Würde von Präsidenten ist), muss er seinen Redetext im Élysée vorlegen, das ihn bis zur Unkenntlichkeit in einen nichtssagenden technokratischen Reformtext umschreibt. Chirac ist so demotiviert, dass er sich selbst um Wirtschaftsprobleme, wie die Folgen des ersten Ölschocks für die Inflation und Arbeitslosigkeit wenig kümmert, die er alle Giscard überlässt. Stattdessen beschränkt er sich auf die Erhöhung des Mindestlohns, der Alterspensionen, der Familienzuschläge, der Arbeitslosenunterstützung (auf 90 % des Bruttolohnes während eines Jahres), der Arbeitsbedingungen und des Kündigungsschutzes (die beim Arbeitsinspektorat genehmigungspflichtig werden), Themen die Giscard nicht interessieren, so als sei der Premier ein Super-Sozialminister. Er will die Einkommen stärker erhöhen als die Inflationsrate, damit die Kaufkraft stärken und die Franzosen bewegen mehr konsumieren (und weniger zu sparen und die Firmen weniger investieren). Wie schon als Landwirtschaftsminister lag er damit genau falsch. Doch Giscard lässt ihn gewähren. Die „Trente glorieuses" der Nachkriegszeit sollen sich unter ihm fortsetzen und nicht wie in den Nachbarländern in einer Rezession enden.

Dazu konzentriert sich Chirac auf die Eroberung der Führung seiner Partei, der UDR. Im Bündnis mit Charles Pasqua und mit Hilfe seiner getreuen Gehilfen Marie-France Garaud und Pierre Juillet trickst er die zerstrittenen Barone des Alt-Gaullismus wie Chaban-Delmas und Michel Debré aus, die eine kollektive Führung wollten, und lässt sich im Dezember 1974 an die Spitze der UDR wählen. Nachdem er offiziell einen Strohmann als Generalsekretär der UDR etabliert hat, beginnt Chirac ab Herbst 1975 die Partei von Konservativen zu säubern

20   Ibid. S. 245.

und mit ihm loyalen „Progressisten" zu ersetzen. Giscard sieht in der Wahl seines Premiers zum Chef der stärksten Koalitionspartei keine Bedrohung, weil er sich für grenzenlos überlegen und unbesiegbar hält[21]. Er behandelt ihn weiter mit gezielter Herablassung wie seinen Kabinettsdirektor.

Im Frühjahr 1975 holt die ökonomische Realität den politischen Voluntarismus der Regierung ein. Die Industrieproduktion war übers Jahr um 14 % abgestürzt, die Arbeitslosigkeit auf damals undenkbare 900.000 gestiegen. Über den Sommer arbeiten die Ministerien unter Federführung des Matignon einen Investitionsplan über 23 Milliarden Francs (3,5 Milliarden Euro) aus, der in den Bau von TGV-Linien, das Straßennetz, den Wohnungsbau und industrielle Restrukturierungen gehen soll. Giscard verkündet ihn beim Gipfel mit Schmidt in Bonn im Juli 1975 und reklamiert die eigene Urheberschaft.

Im Regierungsgeschäft wirkt Chirac abgelenkt, ist bei Sitzungen mit Ministern meist verspätet und am Telefon, gibt immer dem Letzten recht, der gerade zum Thema gesprochen hat, unterbricht Besprechungen durch Wutanfälle und hackt aus Rache am Präsidenten immer auf giscardistischen Ministern, wie jenen für Bildung und Landwirtschaft, herum, die er beleidigt und der Unfähigkeit zeiht.

Im Januar 1976 bilden Giscard und Poniatowski seine Ministerriege um, ohne dem Premier vorher Bescheid zu sagen. Am wichtigsten ist der Eintritt des Wirtschaftsprofessors Raymond Barre, zuvor Vizepräsident der Europäischen Kommission[22], in das Amt des Außenhandelsministers. Dazu werden die beiden Hauptrivalen Chiracs, Michel Poniatowski und Jean Lecanuet, zu vollen Staatsministern befördert. Im Juni 1976 lädt Giscard Jacques und Bernadette Chirac zum Abendessen in die präsidiale Ferienwohnung in Bregançon an der Côte d'Azur ein. Chirac erwartet eine klärende Aussprache, während sich die Frauen an der Abendsonne ergötzen. Doch nichts dergleichen. Giscard hat zusätzlich noch seinen Skilehrer und dessen Frau eingeladen. So wurde kein ernsthaftes Wort gewechselt, sondern nur ein royales Protokoll gepflegt, bei der VGE und Anne-Aymone auf erhöhten Sesseln zuerst bedient wurden. Die Episode findet ihren Weg in die Presse. Die Ministerratssitzungen mit VGE werden immer eisiger. Schließlich reicht Chirac am 25. August 1976 seinen Abschied ein. Politische Dispute und Divergenzen hat er mit VGE, der völlig überrascht ist, eigentlich nicht gehabt. Er beklagt nur – zu Recht – seinen völligen Mangel an Handlungsautonomie. Sein Nachfolger wird bis 1981 Raymond Barre, ein Anhänger der Austeritätspolitik, der Chiracs sozialpolitisches Füllhorn einschränken muss, zumal er leere Staatskassen vorfindet, jedoch keinerlei Hausmacht hat oder sichtbaren politischen Ehrgeiz zeigt.

---

21 Ibid. S. 268.
22 Eine der vielen Beispiele bis hin zu Pascal Lamy und Michel Barnier, wie französische EU-Kommissare nach ihrer Brüsseler Amtszeit in Frankreich nahtlos ihre politische Spitzenlauf fortsetzen können – im deutlichen Gegensatz zu Deutschland und Österreich, wo diese Funktion als Ausgedinge und politische Endstation gilt und wo ihre Talente und Erfahrungen vergeudet werden. Siehe: Albrecht Rothacher. Die Kommissare. Baden-Baden 2012.

Als Parteichef und Bürgermeister von Paris

Zunächst braucht der Mann mit wenigen und gelegentlich täglich wechselnden politischen Überzeugungen ein politisches Programm. Seine getreuen Berater Pierre Juillet und Marie-France Garaud, wiewohl pompidouische Gegner der Alt-Gaullisten, flüstern ihm den Traditions-Gaullismus ein, erwarten sie doch dass der oberflächliche Giscard-Reformismus im Zuge der Wirtschaftskrise bei den nächsten Wahlen im Jahr 1978 pulverisiert werden wird. Sodann lässt Chirac im Dezember 1976 in einer großartigen Massenveranstaltung seine UDR traditioneller in „Rassemblement pour la République" (RPR) umbenennen. Es war nicht die erste Umtaufe und sollte nicht die letzte sein.

Gemeinhin werden bei den Gaullisten (heute: Republikaner) vier Hauptströmungen unterschieden: die Traditionsgaullisten: anti-europäische Etatisten, die sowohl Colbertisten wie Sozialstaatler sind; modernistische Pompidouisten, die wirtschaftsliberal, pro-europäisch und wirtschaftsfreundlich sind; katholische Traditions-Konservative, die christliche Schulen, Moral und Soziallehren aufrechterhalten wollen; und schließlich der Sicherheitsflügel, der ein starkes Militär, einen starken Zentralstaat will und die Massenimmigration als Sicherheitsrisiko ablehnt. Je nach öffentlichen Verlautbarungen werden Politiker jenen Kategorien zugeordnet und von den Wählern entsprechend goutiert, oder auch nicht. Meist werden von RPR-Politikern gleich zwei Kategorien gewählt, zum Beispiel regelmäßig zur Sonntagsmesse zu gehen, seine Kinder in freie Schulen zu stecken und gleichzeitig das Militär zu lieben und sich kritisch zum politischen Islam zu äußern. Chiracs Problem (ebenso wie das seines Feindes Sarkozy) war, dass er alle diese Positionen oft gleichzeitig oder im schnellen Wechsel nacheinander einnahm. Er konnte sozial und reaktionär, arbeiterfreundlich und bonapartistisch in einem Atemzug sein. So blieben er und seine RPR weiter ambivalent. Auch die Presse und die Öffentlichkeit rätselt: Ist er faschistoid oder liberal, konservativ oder innovativ? So beschließt die herrschende Meinung, es bei einem opportunistischen Wetterhahn zu belassen, der sich den vorherrschenden Winden anpasst[23].

Derweil lässt Giscard zum ersten Mal seit 1871 in der Rebellenmetropole Paris einen Bürgermeister wählen. Da er hier in den Präsidialwahlen siegreich war, ist er sich sicher, dass ein Giscardist gewählt werden wird. Die Wahl fällt auf Industrieminister Michel d'Ornano, der bislang im Nebenberuf Bürgermeister des mondänen Badeortes Deauville in der Normandie mit knapp 4000 Einwohnern gewesen ist. Kurz nach seiner Kandidatur finden Nachwahlen für die ausgeschiedenen Minister[24] statt: die RPR-Leute gewinnen haushoch, während die beiden Giscardisten durchfallen. Weil sie mit der unpopulären Regierungspolitik nicht mehr identifiziert wird, hat die RPR plötzlich Rückenwind. Im Januar 1977 verkündet Chirac seine Kandidatur. Dennoch sind die Umfragen und die Staatsmedien gegen ihn. Doch nichts erfrischt ihn mehr als ein fröhlicher Straßenwahlkampf. Er schüttelt täglich tausend Hände und ist in

---

23   Giesbert. Op. cit. S. 319.
24   Die auf den Wahlzetteln vorgesehenen Nachrücker (und ursprünglich stellvertretende Kandidaten) räumen bei Ministerrücktritten ihre Sitze für die Neuwahlen der neuen Platzhirsche.

allen Arrondissements gleichzeitig. Dazu hat er die mächtige gaullistische Parteiorganisation in jedem Bezirk mobilisiert, die vor Ort wesentlich einflussreicher ist als die Giscardisten, denn auch in der Metropole Paris ist der Lebensmittelpunkt der Einwohner im Wesentlichen von ihrem Nachbarschaftsviertel, seinen Plätzen, Cafés und Einkaufsstraßen bestimmt. Das Überschreiten der Seine ist für viele wie eine seltene Auslandsreise, sie sind schließlich keine Touristen. So gewinnen denn im März 1977 die Listen von Jacques Chirac 54 Sitze, die von d'Ornano 15, und die der Linken 44. Chirac hat nicht nur gegen den Giscardisten, sondern auch gegen den nationalen Trend gewonnen, der der Linken die meisten anderen Großstädte zuerkannte. VGE hat seinen politischen Kredit eingesetzt und verspielt. Seine Autorität ist angeschlagen. Mit 67 gegen 40 Stimmen wurde der Abgeordnete der Corrèze dann zum Bürgermeister von Paris gewählt, ein Amt das er bis 1995 ausüben und zur vollen Neige auskosten würde. Er wird zum Herrscher über 36.000 Beamte, über ein Budget von 7,6 Milliarden Francs (1,2 Milliarden Euro), organisiert eine Stadtregierung mit u. a. zwei ehemaligen Außenministern (Couve de Murville und Pierre-Christian Taittinger) in seinen Diensten um sich und empfängt im Rathaus Staatsgäste. Da er protokollarisch über den Ministern steht, müssen sie ihn die Aufwartung machen, nicht er bei ihnen. Dazu macht er von den Patronagemöglichkeiten der Großstadtverwaltung reichen Nutzen. Parteifreunde wie Alain Juppé erhalten Luxuswohnungen zum Preis von Sozialmieten, Gefolgsleute aus der Corrèze und ihr Nachwuchs Lebenszeitstellungen, Parteiarbeiter der RPR stehen auf den Gehaltslisten des Rathauses und städtische Aufträge in der Bauwirtschaft gibt es oft gegen Baranzahlung ohne Quittung.[25]

Vor den Parlamentswahlen vom März 1978 stürzt sich Chirac wieder in den Wahlkampf, besucht in 80 Départements 450 Städte und hält dort öffentliche Reden. Wiederum gelingt es der RPR mit 22,7 % vor der UDF von VGE mit 20,2 % die stärkste Regierungspartei zu bleiben. Mit 290 Sitzen hat die Regierungsmehrheit den vorhergesagten Sieg der Linken, die nur auf 201 Sitze kam, abgewehrt. Doch Chiracs Einsatz bleibt unbedankt. VGE nimmt seinen Kleinkrieg gegen Chirac, der glaubt, dass sein Einsatz Giscards Regierung einmal mehr gerettet hat, wieder auf. Keiner von Chiracs Gefolgsleuten wird mit Ministerämtern belohnt.

Bei der Wahl des Parlamentspräsidenten passiert Chirac ein Fauxpas. Er entzieht Chaban-Delmas die ursprünglich zugesagte Unterstützung und lässt Edgar Faure kandidieren, zu dessen Frau, einer Schriftstellerin, er ein gutes Verhältnis hat. Chaban schwört Rache und wird dann dank giscardistisch-zentristischer Unterstützung und mit Hilfe von 40 RPR-Dissidenten doch gewählt. Der Vorteil der größten Abgeordnetengruppe von 153 Mandaten war verspielt.

Ende 1978 steht die Entscheidung zur Direktwahl zum Europäischen Parlament an, die VGE befürwortet und die die Gaullisten, auch Pompidou und Chirac, immer abgelehnt hatten, weil ein direkt gewähltes Parlament mehr supranationale Kompetenzen für die EWG (EU) in der Folge bringen würde.

Am 26. November 1978 glitt sein Fahrzeug auf einer vereisten Fahrbahn in der Corrèze aus und prallte gegen einen Baum. Chirac wurde mit mehreren Oberschenkelbrüchen und einem Wir-

25   Engelkes. Op. cit. S. 35.

belsäulenbruch schwer verletzt geborgen und zunächst in dem örtlichen Bezirkskrankenhaus von Ussel versorgt. Bernadette und seine Tochter Claude sind auch vor Ort. Im Pariser Cochin-Hospital bewahren ihn schmerzhafte Operationen vor einer Querschnittslähmung. Dort legt ihm sein Beraterduo Pierre Juillet und Marie-France Garaud einen militant anti-europäischen Aufruf („Appel de Cochin") im Dezember 1978 zur kommenden Europawahl vor, der in gaullistischer Diktion zum Widerstand gegen die Unterdrückung und Erniedrigung Frankreichs als Vasall eines Reichs der Kaufleute und zum neuen Kampf für Frankreichs Größe aufruft, so als handle sich um den Juni 1940. Mit 39 °C Fieber unterschreibt Chirac. Die Reaktion ist so katastrophal, dass Chirac später seine Thesen in einem offenen Brief an Barre zu korrigieren sucht. Die Europapolitik der gemeinsamen Regierung habe er damit nicht angreifen wollen. Chiracs Umfragedaten sind nunmehr furchtbar. Er wird für ehrgeizig und autoritär, keinesfalls aber für kompetent und demokratisch gehalten, noch würde er einen guten Präsidenten abgeben.[26]

Nach einem wochenlangen Krankenhausaufenthalt halbwegs genesen, stürzt sich Chirac in den Europawahlkampf und warnt – vor allem die Bauern – vor den Gefahren der EWG. Doch gelingt es nicht recht zu überzeugen, warum man die RPR in ein Parlament wählen soll, das sie eigentlich ablehnt. So wird am 10. Juni 1979 die UDR-Liste von Simone Veil von 27,6 %, die der PS von Mitterrand von 23,6 %, die der KPF von Georges Marchais von 20,6 % und die des RPR an vierter Stelle von nur 16,3 % der Wähler gewählt. Chirac findet in seinen zwei übermächtigen Ratgebern die Sündenböcke für seine Niederlage und wirft sie hinaus, was sich Bernadette und viele seiner RPR-Freunde schon lange wünschten.

Im Oktober 1980 organsiert Édith Cresson, mittlerweile PS-Parlamentarierin im EP in ihrer Wohnung zusammen mit ihrem Ex-Verlobten Jean de Lipkowski, seines Zeichen RPR-Abgeordneter ebenfalls im EP, ein diskretes Abendessen zwischen Mitterrand und Chirac. Dem Vernehmen begann es einigermaßen eisig, doch wärmte es gegen Ende auf. Man kam sich jedenfalls näher. Im Januar 1981 dagegen gab es ein Abendessen[27], bei dem man sich nicht näher kam, nämlich zwischen VGE und Chirac. Giscard, der in allen Umfragen oben schwamm, behandelte den Pariser Bürgermeister, von dessen Amt, das er selbst geschaffen hatte, er nicht viel hielt, mit der üblichen arroganten Herablassung und glaubte seine Unterstützung für den künftigen Präsidialwahlkampf voraussetzen zu können. Jedenfalls unternahm er keine werblichen Anstrengungen. Die Stimmung blieb während aller Gänge eisig.

Im Februar 1981 kündigt Chirac seine Kandidatur für die Präsidialwahl im Mai 1981 an. Wie immer kommt er in solchen Wahlkämpfen auf Hochform, wird witzig, spritzig und überall sichtbar. Er gilt im Vergleich zu seinen Konkurrenten Giscard, Mitterrand und Marchais als jung und unverbraucht und gewinnt rapide in den Sympathiewerten, an denen es ihm vorher so gemangelt hatte. Doch landete er in der ersten Runde Ende April mit nur 18 % vor Marchais mit 15,3 % und den beiden Erz-Gaullisten Marie-France Garaud und Michel Debré mit 1,3 % bzw. 1,7 % auf dem dritten Platz. In die Endrunde kommen Giscard mit 28,3 % und Mitterrand

---

26   Giesbert. Op. cit. S. 350.
27   Wichtige Entscheidungen, die in Deutschland bei einem Bier, am Rande von Sitzungen oder auf der Herrentoilette bei Parteitagen geregelt werden, brauchen in Paris mindestens ein edles Mittag- oder Abendessen.

mit 25,8 %. Das Élysée hatte dabei alles unternommen, um Chiracs Kandidatur zu sabotieren und Mitterrand und die beiden gaullistischen Dissidenten zu fördern, denn VGE gedachte gegen einen sozialistischen Kandidaten wie schon 1974 leichter zu gewinnen[28].

Chirac gibt nun nicht die erwartete Wahlempfehlung für den zweiten Wahlgang ab, sondern sagt, jeder seiner 5,2 Millionen Wähler möge nach bestem Wissen und Gewissen stimmen, verkündet aber, persönlich würde er für Giscard stimmen. Dies war das niedrigstmögliche Minimum einer Wahlempfehlung". Der RPR-Apparat rührt zugunsten von VGE ohnehin keinen Finger. Wiederum schafft es VGE nicht, über seinen Schatten zu springen, und mit Chirac Frieden und ein Wahlabkommen zu schließen. Er will dem RPR-Chef nach seinem Sieg weiter nichts schulden. Seine hochmütige schriftliche Einladung zu einem gemeinsamen Wahlauftritt bleibt unbeantwortet. Chirac glaubt nun an einen Wahlsieg Mitterrands. Nach dessen politischem Ende würden die Wähler wieder eine bürgerliche Mehrheit ins Parlament wählen und damit seine Stunde kommen. Nun ist VGE an der Reihe, sich wegen seiner fehlenden 1,1 Millionen Stimmen von Chirac verraten zu fühlen. Mit dem neuen UDF-Chef Lecanuet schließt Chirac auch gleich ein Wahlabkommen für nächsten Parlamentswahlen. Diese kommen im Juni 1981 jedoch schneller als erwartet. Im Zuge der Euphorie des Siegs Mitterrands erreicht die PS mit 269 Sitzen beinahe die absolute Mehrheit. RPR und UDR werden mit 83 bzw. 61 Sitzen nahezu halbiert.

Dennoch ist Chirac nun unumstrittener Chef der Opposition und liegt in den Umfragen bald weit vor dem Verlierer Giscard. Während er Giscard hasste, bekämpft er Mitterrand nur noch als Gegner und mutiert dabei in eine neue Rolle des staatsmännischen, vernünftigen Kritikers der „altmodischen, unangemessenen und doktrinären" sozialistischen Exzesse des neuen Regimes[29]. Bei den Nationalisierungen hat er nichts gegen den Austausch der Führungsmannschaften der Konzerne und Banken durch eine Zufuhr frischen Blutes. Mit der Forschungs-, Kultur- und Verteidigungspolitik ist er einverstanden. Mit einem manichäischen Links-Rechts-Schisma hat er als Pragmatiker nach seinen linken Jugendsünden nichts am Hut. Mit seinem Sinn für Humor, seiner natürlichen Freundlichkeit und seiner Neigung zu interpersonellen Kontakten pflegt er Freundschaften ins sozialistische Lager, darunter mit Michel Rocard und Édith Cresson und geht im Élysée ein und aus.

Die Entente mit Mitterrand hört jedoch auf, als dieser unverhofft die Kompetenzen des Pariser Bürgermeisters beschneiden und das Verhältniswahlsystem einführen will, um die Rechte durch die Förderung der Front National dauerhaft zu zersplittern. Beides nimmt Chirac als persönliche Angriffe wahr. Als Mitterrand Paris in 20 Gemeinden aufspalten will, gewinnt Chirac bei den Kommunalwahlen im März 1983 die Bürgermeisterposten in allen Arrondissements. Die Sozialisten werden im Pariser Stadtparlament auf 22 Sitze halbiert.

28   Ibid. S. 368.
29   Ibid. S. 379.

Als im März 1986 die Probleme der sozialistischen Experimente und die Kosten der Kehrtwende offenbar werden, wird nach dem Wahlsieg von RPR und UDF mit ihren 291 Sitzen[30]
Chirac von Mitterrand zum Premierminister ernannt. In der ersten Kohabitationsregierung
der V. Republik sah sich Chirac in seiner zweiten Premierministerschaft einem offen feindseligen Élysée gegenüber und mit Mitterrand einem ebenso eitlen und protokollsüchtigen, doch
wesentlich raffinierteren Taktiker als es VGE je war.

Jetzt jedoch glaubte Chirac mit seiner parlamentarischen Mehrheit bessere Karten zu haben,
zumal sich Mitterrand nur seine verfassungsmäßigen Prärogativen in der Außen- und Verteidigungspolitik ausbedang, in denen Chirac ohnehin kein Konfliktpotential sah. Diesmal konnte
er sich seine Ministerriege auch selbst zusammenstellen. Schwergewichte wurden Édouard
Balladur (Wirtschaft und Finanzen), Alain Juppé (Haushalt), Charles Pasqua (Innen) und
Philippe Séguin (Soziales). Programmatisch sollte diese Kohabitationsregierung laut Chirac
das Ende des Klassenkampfes, des Ausspielens der Interessen einer sozialen Schicht gegen die
einer anderen, kurz das Ende des kalten Kriegs in der französischen Gesellschaft bedeuten.
Mit Balladur will er die Verstaatlichungen reprivatisieren und die Staatsschulden, die sich von
1980 bis 1985 auf 1200 Milliarden Francs (180 Milliarden Euro)[31] verdreifacht hatten, zurück-
führen. Pasqua soll für ihn die Immigration und das Verbrechen eindämmen und so der Front
National das Wasser abgraben.

Wie schon bei Giscard findet Chirac bei Mitterrand einen Antipoden. Ist er spontan, extrover-
tiert, aktionistisch, stets in Eile und im Bedürfnis nach Begleitung und Gesellschaft, so ist Mitterrand ein bedächtiger und berechnender Einzelgänger, dem Gruppensitzungen und große
Gesellschaften nahezu physisch zuwider sind. Dazu sagt er, wie Chirac bald feststellen muss,
meist das Gegenteil von dem, was er wirklich denkt und will. Kulturell haben sie nicht viel
zu sagen. Während Mitterrand französische Romane liebt, zieht Chirac Bildbände exotischer
oder historischer Kunstwerke, Videoaufzeichnungen von Sumo-Wettkämpfen oder Sportsendungen und Westernfilme im Fernsehen vor. Es hieß auch, er lese nur Krimis und liebe nur
Marschmusik.

Dennoch gibt auch wichtige Elemente des gegenseitigen Verständnisses: Beide sehen die
Kontrolle ihrer Parteien als vertikal Machtapparate als essentiell an. Politik entsteht für sie aus
Machtverhältnissen, die sich aus Bündnissen, Anhängern, Propaganda und schwarzen Kassen
konstruieren lassen. Beide misstrauen politischen Ideologien und dem Einfluss von Basisbewe-
gungen. Während der eine von rechts und der andere von links kam, um als junge Erwachsene
zu konvertieren, verstanden sie die gegenseitigen Standpunkte nur zu gut. Schließlich hatten
sie den gleichen politischen Stammvater zu Beginn ihrer politischen Laufbahn: Henri Queuille, der radikale (linksliberale) Premier („Président du Conseil") der IV. Republik, der Mitterrand 1946 dessen Wahlkreis in Nevre vermittelte und Chirac 1965 seine Hochburg in Ussel in
der Corrèze vererbte.

---

30   Die Front National erhält dank Mitterrand mit ihren 10 % der Stimmen 33 Sitze.
31   Im Jahr 2017 liegt die Staatsschuld bei 2040 Milliarden Euro.

Ihre Unterredungen drehten sich selten über die hohe Politik oder Wirtschaftsfragen, sondern wie schon mit Giscard meist über Ernennungen und andere mehr oder minder wichtige Personalentscheidungen. Und ebenso wie VGE ertrug es Mitterrand kaum, dass Chirac ständig rauchte und nie Akten und Unterlagen dabei hatte.[32] Mitterrand verkündet ihm, er werde Erlasse der Regierung nur in sehr beschränkten Masse gegenzeichnen und solcher sozialpolitischer Natur nur, wenn sie einen Fortschritt gegenüber der bisherigen Rechtslage darstellten. Am 14. Juli 1986 kommt es zu einer ersten Krise. Am Nationalfeiertag kündigt Mitterrand in einem Fernsehinterview an, er werde einen Privatisierungserlass nicht unterschreiben.

Zum G7-Gipfel in Tokyo im Mai 1986 fliegen beide, Mitterrand in einer Concorde, Chirac in einem Air France-Linienflug, und steigen in unterschiedlichen Residenzen ab. Während Mitterrand die politischen Themen wahrnimmt und im Protokoll und in Vieraugengesprächen mit den anderen Staats- und Regierungschefs im Akasaka-Palast die erste Geige spielt, spricht Chirac mit den anderen Wirtschafts- und Finanzministern zu Wirtschaftsfragen, übernimmt also den Part, der eigentlich Balladur, der zuhause bleiben musste, zugedacht war. Als Bürgermeister von Paris hat er zusätzlich einen Termin mit seinem Amtskollegen von Tokyo, mit dem sich Paris auf seine Initiative hin verschwistert hat[33]. Der nipponphile Chirac, der in seiner politischen Laufbahn insgesamt 45-mal nach Japan geflogen war, hatte der Versuchung zu diesem Anlass wieder nach Fernosten fliegen zu können, einfach nicht wiederstehen können[34], obwohl ihm die protokollarischen Unerquicklichkeiten solcher Doppelbesuche noch aus Giscards Zeiten sicher lebhaft in Erinnerung geblieben sein mussten.

Eine zweite Leidenschaft Chiracs ist die arabische Welt. Schon als Giscards Premier (und mit dessen Billigung) befreundete er Saddam Hussein und schloss mit ihm Verträge zur Lieferung von Waffen, von Nukleartechnologie[35] und zum Bau von Talsperren und des Flughafens von Bagdad ab. Auch zu Gaddafi und Hafez al-Assad pflegte er gute Kontakte. Ihn reizen dabei das Abenteuer, der Nervenkitzel des Umgangs mit international weitgehend geächteten Bösewichtern und das Bedürfnis, für die französische Bau- und Rüstungsindustrie lukrative Geschäfte zu vermitteln. Mit welchen Mitteln sich die Despoten an der Macht halten, ist ihm (ähnlich wie seinerzeit Henry Kissinger) demgegenüber nachrangig[36].

Seine Regierung traut sich auch an eine Hochschulreform, an der bislang angesichts der erregbaren Studentenmassen noch jeder Bildungsminister scheiterte. Gleichzeitig brechen 40 % der eingeschriebenen Studenten, denen eine studienqualifizierende Vorbildung fehlt, ihr fehlgeleitetes Studium ab. Die Grundzüge der Reform waren: Die Hochschulen können die Zulassungen selbst bestimmen. Ihre Diplome enthalten den Titel der Universität. Nur ordentliche Professoren können Leitungsfunktionen an der Hochschule ausüben. Daraufhin gingen

32   Giesbert. Op. cit. S. 419.
33   Paul Lewis. „Summit in Tokyo: From France, ‚One Voice, two Mouths'". The New York Times 5.5.1986.
34   Die Vielzahl seiner Besuche führte zu Gerüchten, er habe mit einer japanischen Geliebten ein Kind, das er aus einem dortigen Schwarzgeldkonto alimentierte. Bewiesen ist jenes unwahrscheinliche Szenario freilich nicht.
35   1981 machte ein israelischer Bombenangriff auf den Reaktor Osirak dem franko-irakischen Atomrüstungsprogramm ein jähes Ende.
36   Giesbert Op. cit. S. 452.

im November 1986 in Paris 200.000 Studenten und Schüler und in den Provinzgroßstädten 300.000 auf die Straße. Innenminister Pasqua riet Chirac, das Paket zurückzuziehen, weil sich eine Radikalisierung der Proteste ankündigte. Er lehnte dies als Zeichen von Schwäche ab. Auch ein Kompromiss würde die Proteste nicht mehr abschwächen. So setzte er auf Härte und Durchziehen. Bei einer neuen Massendemo in Paris Anfang Dezember geriet die anfangs friedliche Demo am Ende außer Kontrolle, als die üblichen Gewalttäter („casseurs") ihr Zerstörungswerk begannen. Dennoch nahm ein Großteil der Öffentlichkeit wahr, als würde die Bereitschaftspolizei der CRS harmlose Schüler jagen und prügeln. Wie immer wenn jener periodische Unruhe-Virus Frankreich erfasst, gingen prompt auch die Eisenbahner der SNCF, gefolgt von den E-Werkbediensteten (EDF) und den Fahrern der öffentlichen Verkehrsbetrieben (RATP) in den Streik, um als unkündbare Staatsangestellte höhere Löhne zu erzwingen. Mitterrand bekundet seine Sympathien, während sein Premier zur Bekämpfung der Inflation eine harte Linie fahren will. So brechen im Januar 1987 seine Umfragewerte ein. Denn wie fast immer sind die Sympathien der Bevölkerung auf Seiten der Protestierer und Streikenden gegen die scheinbar allmächtige Regierung.

In seinem Führungsstil ist der 55-jährige Premier mit seiner bereits zwanzigjährigen politischen Laufbahn in Führungsfunktionen kein Despot, obwohl seine nächtlichen Telefonate störend sind. Er duzt seine Mannschaft und delegiert viel. Er trennt sich nur ungern von Mitarbeitern und verteidigt sie, auch wenn sie Fehler gemacht haben. Dies gilt – wie bei Mitterrand – besonders für langjährige loyale Freunde. Deren Zahl ist jedoch gering. Man ist bei ihm, wie Sarkozy beobachtete, „entweder Sklave oder Feind"[37]. Als Gefolgsmann verlangt er absolute Hingabe und totalen Einsatz, die auf die Dauer schwer durchzuhalten sind. Bei geringsten Zweifeln an der Loyalität wird man aus seinem Zirkel verstoßen und möglichst unschädlich gemacht. Gleichzeitig war er wie wenige Politiker zur Selbstkritik fähig, wenn er glaubte, politische Fehler gemacht zu haben, und sah seine Rolle oft in einem sehr distanzierten ironischen Licht. So war er zum Beispiel mit seinen Fernsehauftritten stets unzufrieden. Dazu hatte er eine emotionale Neigung zur spontanen großzügigen Hilfe. Als 1977 die Flucht der Boat-People – zumeist verfolgter ethnischer Chinesen aus Vietnam – losbrach, die in Südostasien auf ihrer Flucht von thailändischen und malaysischen Piraten und Fischern geplündert, vergewaltigt und teilweise auch ermordet wurden, mobilisierte er eine internationale Flüchtlingshilfe zu ihrer Aufnahme in den westlichen Industrieländern (die asiatischen waren nicht interessiert) und ließ 100.000 nach Frankreich ausfliegen. Bei ihrer Ankunft entdeckt er ein weinendes unbegleitetes Mädchen namens Anh Dao und adoptiert es ohne viel Aufhebens in seine Familie zu seinen beiden Töchtern (auch wenn die junge Frau volljährig geworden, die Familie Chirac wieder verließ und den Kontakt abbrach). Giscard hat ihn einmal trefflich so charakterisiert: „Chirac ist ein natürlich fröhlicher und herzlicher Mensch, der aber in seinem Leben wenige Momente des Glückes erlebt hat. In seinem Pariser Rathaus in den ersten Jahren sicherlich. An der Macht auch, aber niemals lange. Er ist nur im Wahlkampf sein eigenes selbst, wenn er frühs aufsteht und spätabends vor Erschöpfung ins Bett sinkt. Er muss immer rennen, als müsse er

---

37   Zitiert in: Giesbert. Op. cit. S. 488.

vor etwas weglaufen. Eine Leere, eine Angst, ich weiß es nicht. Er fühlt sich zu unwohl in seiner Haut, um ruhig an einem Ort zu bleiben".[38] Die Eroberung der Macht interessiert ihn viel mehr als seine Ausübung im Regierungshandeln.

Als Mitterrand im März 1988 seine Kandidatur zur Wiederwahl bekannt gibt, tritt er programmatisch als Präsident aller Franzosen an, ohne Klassen- oder ideologische Unterscheidungen mehr machen zu wollen. Es soll weder Privatisierungen noch Verstaatlichungen mehr geben. In der ersten Runde der Präsidentschaftswahlen schafft Chirac vom Regierungsgeschäft abgenutzt, wo er im Gegensatz zu Mitterrand für die schlechten Nachrichten zuständig ist, im April 1988 nur knapp 20 %, vor Raymond Barre mit 16,5 % und Jean-Marie Le Pen mit 14,4 %, doch weit abgeschlagen hinter Mitterrand mit seinen fast unerreichbaren 34,1 %. In der zweiten Runde im Mai 1988 erreicht er dann gerade einmal 46 % gegen 54 % für Mitterrand. Bernadette kommentiert: „Die Franzosen lieben meinen Mann nicht". Obwohl Le Pen und er beide Offiziere im Algerienkrieg waren, hatte sich Chirac geweigert, die geringsten Konzessionen, selbst in Sachen Immigration, an die FN zu machen[39]. Folglich entblieb eine Wahlempfehlung Le Pens und Chirac verlor.

Nach seiner zweiten Niederlage als Präsidentschaftskandidat und dem Verlust seines Postens als Premier setzte verständlicherweise eine Phase der Depression ein. Doch hatte er in seinem Leben nichts anderes als Politik gemacht, ergo gab es wenig Alternativen. Gleichzeitig setzte ihm sein Familienleben zu. Seine Frau Bernadette war ihm weitgehend gleichgültig, obwohl sie als Abgeordnete eines Kantons in der Corrèze eine regionalpolitische Rolle in seinem Wahlkreis spielte und dort dank ihres nimmermüden Einsatzes – an einem Weihnachten verteilte sie 3000 Geschenkpakete in 17 Altersheimen – mehr Direktstimmen bekam als er. Seine älteste Tochter Laurence, eine außerordentlich intelligente und sensible junge Frau war seit einer Gehirnhautentzündung in ihrer Jugend an Magersucht erkrankt, war als Ärztin berufsunfähig, litt unter Depressionen, unternahm Selbstmordversuche – zum Beispiel stürzte sie sich in einem unbeaufsichtigten Moment im April 1990 während eines Thailandurlaubes der Chiracs aus dem vierten Sock ihrer Pariser Stadtwohnung in den Innenhof – und aß eigentlich nur, wenn überhaupt, wenn ihr geliebter Vater bei ihr war. Der war aber so gut wie nie zuhause und von entsprechenden Schuldgefühlen gepeinigt. Laurence, die im April 2016 starb[40], war der wesentliche Kitt, der die Ehe der Chiracs zusammenhielt[41]. Auch bei öffentlichen gemeinsamen Pflichtauftritten hielt er stets auffällig von Bernadette Abstand. Seine dokumentierten ernsthafteren Liebschaften beliefen sich auf mindestens vierzig, meist, aber nicht ausschließlich, mit jenen jungen Journalistinnen, die die Redaktionen auf der Suche nach Exklusivgeschichten auf führende Politiker ansetzten. Ansonsten galt bei ihm angeblich das Prinzip „Fünf Minuten einschließlich Dusche".

38   Zitiert in: Ibid. S. 482.
39   Giesbert. Op. cit. S. 496.
40   Raphaëlle Bacqué. „Laurence Chirac, la fille ainée de Jacques Chirac, est morte". Le Monde 14.4.2016.
41   Anne Fulda. „Laurence Chirac, la discrète". Le Figaro 15.4.2016.

Umso enger wurden seine Beziehungen zu seiner 1962 geborenen Tochter Claude nach jenem Selbstmordversuch, die nach ihrem Studium seine Öffentlichkeitsarbeit als Bürgermeister von Paris übernahm, ihm völlig ergeben war und ihn gegenüber vermeintlich übel gesonnenen Journalisten und seiner Frau, ihrer Mutter, mit der sie sich nicht verstand, abschirmte. Sie sagte, seit sie fünf Jahre alt war, hätte sie nie einen ganzen Sonntag mit ihrem Vater erlebt. Nun sah sie ihn endlich häufiger. Als Ersatz für den Sohn, den er nie hatte, bot sich für ihn 1975 der junge Nicolas Sarkozy an. Zwei Jahrzehnte lang förderte Chirac den wie er hyperaktiven Ambitionierten, bis dessen Verrat zugunsten von Balladur anno 1995 in einem lebenslangen erbitterten Zerwürfnis endete.

Chirac hatte nie starke europäische Überzeugungen. Stets behauptete er wie alle guten Gaullisten, die Kommission in Brüssel habe zu viele Kompetenzen und missbrauche sie. Als Mitterrand 1992 ein Referendum zum Vertrag von Maastricht ansetzte, lehnten Erzgaullisten wie Pasqua und Séguin (ebenso wie die Kommunisten) den Vertrag zur Währungsunion sehr schnell ab[42]. Chirac ließ sich mit seiner Entscheidung Zeit und befürwortete schließlich die Einführung des Euro ohne große Begeisterung, vielleicht eines Diktums Mitterrands eingedenk, dass die Franzosen nur einen Pro-Europäer zum Präsidenten wählen würden[43]. So schreibt de Villiers in seinen Erinnerungen zu Chiracs Opportunismus: Er sei „einmal anti-europäisch, dann pro-europäisch, je nach momentanem politischen Interesse. Wichtig ist dabei nicht, was gut für Frankreich ist, sondern was gut für den Präsidenten ist"[44].

Mit Giscard versöhnt er sich wieder. Man diskutiert die Fusion ihrer Parteien, der RPR und der UDF, zu einer „Union pour la France". In den Wahlen von 1993 siegt das neue Wahlbündnis mit 44 % der Stimmen und 480 Sitzen (80 % der Mandate) triumphal. Das Land hat in der Endphase von Mitterrands Herrschaft faktisch fünf Millionen Arbeitslose und eine um 40 % gewachsene Staatsschuld. Die von Skandalen erschütterten Sozialisten haben mit 17 % nur noch 57 Sitze, die Kommunisten 23. Premier Bérégovoy erschießt sich. Das Ziel ist der Abreden zwischen Chirac und Giscard ist jedoch auch eine Präsidentschaft Édouard Balladurs zu verhindern, der als zweiter Kohabitationspremier unter dem sterbenden Mitterrand ohne viel Wirbel zu machen in den Umfragen vorne liegt und im Gegensatz zu Chirac eifrig anspruchsvolle politische Bücher publiziert. Nach der Wahlniederlage der Sozialisten hatte Chirac ihm die undankbare Aufgabe des zweiten Kohabitationspremiers zugeschoben, dem der geschwächte Mitterrand doch mehr Gestaltungsraum überließ, als vorhersehbar war. Mit Mitterrand versteht sich Balladur persönlich gut. Sie pflegen den gleichen ruhigen Zynismus und eine ähnliche Kultur, sind höflich und nehmen sich – im Gegensatz zum gehetzten Chirac – für Besucher Zeit. Beide sind enorm belesen und kennen ihre Klassiker. Der Levantiner Balladur hat eine hohe Meinung von sich selbst, ist unnachahmlich arrogant und emanzipiert sich schnell von seinem Ziehvater Chirac, mit dem ihn bald eine bittere Todfeindschaft eint. Mit unpopulären Reformen des Sozialsystems hält er sich nicht auf, sondern schiebt die Einnahmen der Privatisierung

---

42   Er wurde schließlich denkbar knapp von 50,8 % der Wähler gebilligt, in Dänemark dagegen abgelehnt.
43   Giesbert. Op. cit. S. 519.
44   Philippe de Villiers. Le moment est venu de dire ce que j'ai vu. Albin Michel. 2015.

von BNP, Rhône-Poulenc und Elf Aquitaine in die laufenden Ausgaben. Immerhin zeigt die französische Wirtschaft in seinem letzten Amtsjahr 1995 ein Wachstum von 3,3 %. Balladur schafft es, in der Öffentlichkeit gegenüber dem sterbenden Mitterrand höflich und respektvoll zu erscheinen und hatte Erfolge bei der Inflationsbekämpfung vorzuweisen. Ja er verstand es auch, Chiracs Ziehsohn, den jungen Sarkozy, in sein Lager abzuwerben. Am Ende schädigten ihn sein Snobismus und Beraterhonorare[45].

Zwanzig Jahre lang waren Chirac und sein ehemaliger Wirtschaftsminister Balladur gute Freunde gewesen. Die beiden ENArquen hatten zusammen im Kabinett von Pompidou ihre politische Laufbahn angefangen. Der von seinen Niederlagen destabilisierte Chirac hatte in dem ruhigen „Balla" immer einen vertrautem Ratgeber und Seelentröster. Erst mit dessen Premierministerschaft trat eine Entfremdung ein, die Chirac ebenso wie bei Sarkozy nicht ernst nehmen wollte. Er schlug alle Warnungen in den Wind, bis Balla im Juni 1994 seine Kandidatur verkündete und alle Brücken zu ihm abbrach. Chirac selbst machte seine Kandidatur erst im November 1994 publik. Natürlich gab es stets programmatische Unterschiede. So galt Balladur als wirtschaftsliberal, während Chirac eher einen sozialdemokratischen Gaullismus vertrat[46].

Im April 1993 holt Chirac ein privates Problem ein. Der mit Claude frisch getraute und nach einigen Monaten schon wieder in Scheidung lebende Schwiegersohn Philippe Habert, ein von Psychopharmaka und Unmengen von Kaffee und Zigaretten abhängiger Politologe des Figaro, erschoss sich. Er hatte sich von der Ehe in die höchsten Kreise der französischen Politik Macht und Einfluss versprochen – und dies auch laut und deutlich in hemmungslosen Kommentaren zum Weltgeschehen zu verstehen geben –, dann aber im Zuge seiner cholerischen Auseinandersetzungen bemerken müssen, dass Claudes Loyalitäten eher bei ihrem Vater als bei ihm lagen. Sie war nach sieben Monaten einer gescheiterten Kurzehe Witwe. Aus einer kurzfristigen Beziehung mit einem Judotrainer entstammte dann ein Sohn, Martin Rey-Chirac, der einzige Enkel der Chiracs.

Im Jahr 1994 finden auch Chirac und Mitterrand wieder zueinander. Der todkranke Präsident wird von seiner Vichy-Vergangenheit eingeholt und fühlt sich von seinen Genossen verlassen und zunehmend im fin de régime verraten. Wie immer in emotionalen Situationen, in denen der einstige Gegner keine Gefahr mehr darstellt, empfindet Chirac echte Sympathien. Auch Mitterrand sieht in Chirac im Gegensatz zu Jospin oder Balladur den richtigen Nachfolger. Er zeigt wie er selbst nach zwei Niederlagen die gleiche Ausdauer und hat ebenfalls jene enzyklopädische Kenntnis der politischen Geografie Frankreichs.[47]

Chirac kündigt seine Präsidentschaftskandidatur im November 1994 in einer Provinzzeitung des Nordens an. Doch der erwartete Überraschungseffekt funktioniert nicht. Die Medien mögen ihn nicht, so bleibt die Nachricht seiner dritten Kandidatur unter ferner liefen. Selbst langjährige Freunde raten ihm, die Kandidatur zurückzuziehen. Wenn er gegen den Favoriten

---

45 Engelkes. Op. cit. S. 46.
46 Blaise de Chabalier. „Balladur-Chirac, le choc des contraires". Le Figaro 23.3.2017.
47 Giesbert. Op. cit. S. 570.

Balladur verlöre, würde er auch seinen Posten als Pariser Bürgermeister riskieren. Immerhin geht zu seiner Erleichterung der in den Umfragen weit vorne liegende Kommissionspräsident Jacques Delors nicht ins Rennen, der vor Wahlkämpfen einen Horror hat und am liebsten nur in hohe Posten ernannt werden will. Balladur verspricht derweil in bewährter chiracischer Manier dutzende von Kabinettsposten gleichzeitig an hunderte von übergelaufenen Gefolgsleuten, darunter auch an Chiracs verräterischen Ziehsohn Sarkozy. Gegen den sich staatsmännisch gebenden Balladur spielt Chirac die Rolle des Populisten und attackiert den politisch korrekten Einheitsgedanken („la pensée unique") seines Rivalen. Er verspricht, im Élysée maximal 15 Kabinettsmitarbeiter zu haben und jene der Minister auf vier persönliche Referenten zu beschränken, um jene ausufernde Paralleladministration zu stutzen. Ansonsten verkündet er einen vagen sozialpolitischen Wechsel, der allen zu Gute kommt und niemandem wehtut und stürzt sich wie gewohnt in einen nimmermüden Wahlkampf.

Das Ergebnis der ersten Runde im April 1995: Knapp 20 % für ihn, 23,3 % für Jospin und 18,5 % für Balladur. Er muss also dringend mit Balladur Frieden schließen und dessen Wähler einsammeln. Zwei Wochen später ist es so weit: Am 5. Mai 1995 schlägt er Jospin mit 52,7 % der Stimmen. 14 Jahre der PS-Herrschaft im Élysée sind vorbei. Im Rathaus übergibt nun Chirac Jean Tiberi die Amtsgeschäfte. Dessen Hauptaufgabe ist nach Art des Kohl'schen Kanzleramtes und der Stasi die Säuberung der Aktenschränke des Rathauses von sämtlichem verfänglichen Material.[48]

Als Präsident

Chirac ist nach seinem dritten, nunmehr erfolgreichen Versuch 63 Jahre alt, fast ebenso alt wie Mitterrand anno 1981 mit 65 Jahren. Als erstes unternimmt er eine Bilanz von Mitterrands pharaonischen Großprojekten, die wie jene von Pompidou alle in Paris zentriert und gedankenlos überteuert sind. Als Mitterrand am 8. Januar 1996 stirbt, würdigt er, der kühle Europäer, seinen Vorgänger als einen großen Europäer des Herzens. Als Premier wählt Chirac statt des cholerischen Séguin seinen getreuen Gefolgsmann Alain Juppé, der ihm schon im Pariser Rathaus gedient hatte und mit seinem großbürgerlichen Habitus als sozialer Aufsteiger aus einer südwestfranzösischen Bauernfamilie verlässlich pro-europäisch, liberal und zentristisch ist. Die eiserne Regel Chiracs: Keiner der Balladurischen Verräter bekommt einen Ministerposten, am wenigsten Nicolas Sarkozy. Charles Millon erhält das Verteidigungsministerium, Jean-Louis Debré das Innenressort, Alain Madelin die Wirtschaft und Hervé de Charette das Außenministerium. Dann gibt es noch jede Menge Jobs für Frauen, „juppettes" genannt, die bei der erst besten Gelegenheit wieder entlassen werden, weil sie dem administrativen Aufgabendruck und politischen Stress nicht gewachsen sind. Unter Chirac und Juppé setzt sich die muntere Ausgabenpolitik per Scheckbuch auf Kredit der sozialistischen Vorgängerregierung weiter fort. Was zählt, ist nicht das Haushaltsdefizit sondern der nächste Wahltermin.

48   Engelkes. Op. cit. S. 117.

Drei Monate nach der Wahl verbringt Chirac seinen ersten Sommerurlaub im August 1995 statt wie sonst an exotischen Stränden brav im Urlaubsschloss Bregançon zum Aktenstudium. Er langweilt sich bald. Als Zerstreuungen gibt es nur die Sonntagsmesse mit Bernadette und danach das Bad in der Touristen-Menge, sowie gelegentliche Besuche von Industriellenfreunden und von Premier Juppé zur Vorbereitung der Herbstsaison. Reforminitiativen stehen nicht an. Er befiehlt die Wiederaufnahme der Atomtests in der Südsee (die Mitterrand nach der Rainbow-Warrior-Affäre unterbunden hatte), verspricht die algerische Groupe islamique armé (GIA), die im Juli 1995 in Paris mit 7 Toten und 117 Verletzten den ersten islamistischen Terroranschlag verübt hatten, zu unterdrücken und auszumerzen und lässt seinen sozialliberalen Wirtschaftsminister Alain Madelin wegen unvorsichtiger Äußerungen entlassen. Dann wird durch den Canard Enchaîné die Pariser Billigwohnungsaffäre für seine Gefolgsleute losgetreten. Abwiegelungs- und Vertuschungsmanagement ist angesagt. Kurzum, es ging in seinem ersten Sommer um politische Routine, nicht die Umsetzung von systemischen Wahlversprechen.[49]

Schon im Pariser Rathaus hatte Chirac auf großem Fuß gelebt. Im Élysée sollte es noch besser werden. In zehn Jahren verneunfachte er sein Repräsentationsbudget auf 32 Millionen Euro, teilweise bedingt durch die Abschaffung der Sonderzuschüsse der Ministerien an das Élysée durch die Regierung Jospin (1997–2002). Seit 1977 lebte er als Pariser Bürgermeister im Luxus mit einer Dienstwohnung von 1500 m^2 und Chauffeuren auf Staatskosten ohne einen Groschen für die eigene Lebenshaltung ausgeben zu müssen, nächtliche Abenteuer eingeschlossen. So war er zum Beispiel bei dem Paparazzi-Tod von Lady Di die ganze Nacht unerreichbar. Es oblag Bernadette, anstelle ihres verschwundenen Ehemanns zu kondolieren. Persönlich sieht sie ihn nur frühmorgens als einen „Windhauch" nach dem Duschen und Rasieren[50]. Auf Reisen darf sie eh so gut wie nie mit.

Für Bernadette ist nach dem Luxus der Rathauswohnung, in der sie siebzehn Jahre lang von 1977 bis 1995 residierte und repräsentierte, das Élysée tatsächlich zu klein. Sie beschließt umfängliche Renovierungsarbeiten und wird obsessiv über die Blumen-Dekorationen, die nicht aufwendig genug sein können. Ihr Mann, dem dies gleichgültig ist, lässt sie gewähren und das Personal terrorisieren. Bernadette gilt als sowohl lustig wie bösartig. Ihre Masche ist es bei Empfängen manche Mitarbeiter freundlich zu begrüßen und dann wieder andere – die meisten – komplett zu schneiden, die danach tagelang schlaflose Nächte haben[51]

Auch kappt Chirac seine regionalen Wurzeln, die er dreißig Jahre lang so sorgfältig kultiviert hatte. In der Corrèze sieht man ihn so gut wie nie mehr als Präsident.[52] im Jahr 2001 fällt auch seine Pariser Hochburg an die Sozialisten. Damit kommen auch Dinge ans Tageslicht, wie die Billigvermietung von Luxuswohnungen der Stadt Paris an politische Freunde, darunter allein fünf an Premier Alain Juppé und seine Familie, und die Scheinbeschäftigung von hauptberufli-

---

49   Anne Fulda. „Les promesses de campagne ne durent qu'un été". Le Figaro 20.7.2017.
50   Engelkes. Op. cit. S. 59.
51   Gurrey. Op. cit. S. 80.
52   Giesbert. Op. cit. S. 597.

chen RPR-Apparatschiks auf Lohnlisten der Stadt, die im Patronage-System Chirac gang und gäbe waren, und für die gleichfalls Juppé für seinen von der Immunität geschützten Chef mit einer Bewährungsstrafe den Kopf hinhalten musste.

Für den Etatisten Chirac, der das Wirtschaftsleben, abgesehen von der Weidewirtschaft in der Corrèze, nicht kennt, und zu Wirtschaftsführern kaum Kontakte pflegt, erscheint das Problem der Arbeitslosigkeit einfach. Der Staat entscheidet per Dekret und die Betriebe stellen ein. So ernennt er in allen 80 Départements Beschäftigungskommissare, die für die Umsetzung zuständig sind. Das Ziel ist 700.000 Arbeitsplätze in 18 Monaten zu schaffen. Pro Job gibt es zwei Jahre lang eine Prämie von 2000 Francs (300 Euro) im Monat, plus die Befreiung von Sozialabgaben. Das Ganze kostet 50 Milliarden Francs (7,6 Milliarden Euro), die durch den Anstieg der Mehrwertsteuer um zwei Punkte auf 20,6 % finanziert werden sollen. Gleichzeitig droht das Defizit von 180 Milliarden Francs (27 Milliarden Euro) der Sozialversicherungen das System zu bankrottieren. Die Regierung Juppé sucht durch Erhöhung der Beiträge, der Kontrolle der Ausgaben der Krankenkassen und der Erhöhung des Rentenalters der Staatsbetriebe wie den Eisenbahnen (die „Sonderregime"), das aus Zeiten der Dampfloks bei sage und schreibe 50 Jahren liegt, den Konkurs abzuwenden. Vorhersehbar sind die üblichen Massenstreiks der kommunistischen CGT die Folge, die das öffentliche Leben in Paris lähmen. Gleichzeitig entzieht die Regierung der „Force Ouvrière" (FO), der rechten Gewerkschaftsbewegung ihre privilegierte Rolle im Sozialversicherungssystem, die hunderten ihrer Funktionäre ein auskömmlichen Einkommen mit wenig Aufwand verschafft hatte. Das Ergebnis jener großartigen Ankündigungen: Einmal mehr kapituliert der Staat und zahlt. Das Pensionsalter der Eisenbahner bleibt bei 50. Zweites Ergebnis: Neben der Rentenreform werden auch die angekündigten Gesundheits- und Steuerreformen zurückgenommen. Dabei wirkt Premier Juppé kühl, arrogant und überheblich. Als er ironisch verkündet, er werde erst dann zurücktreten, wenn zweieinhalb Millionen auf der Straße sind, heizt er die Demonstrationen nur noch mehr an[53]. Drittes Ergebnis: die Umfragewerte des Präsidenten stürzen auf 14 % Zustimmung.

Umso mehr flüchtet sich Chirac in die Außenpolitik. Im Dezember 1995 wird in Paris der bosnische Friedensvertrag unterzeichnet. Nach dem Bürgerkrieg, der nach der serbischen Aggression 300.000 Tote forderte, darunter auch die von holländischen Blauhelmen angeblich beschützten massakrierten 20.000 Bosnier in Srebrenica, wird Bosnien nach intensiven franko-amerikanischen Verhandlungen in eine kaum regierbare Föderation von zwei Einheiten geteilt: eine kroatisch-muselmanische und eine serbische Republik.[54] Die hilflose Armee der UNO-Blauhelme, die von serbischen Truppen attackiert und als Geisel genommen wurde[55], wird dank des Einsatzes von Chirac, der die einseitig pro-serbische Politik von Mitterrand beendete, durch 60.000 Mann einer internationalen Friedenstruppe mit besserer Bewaffnung und einem muskulöseren Einsatzbefehl abgelöst.

53   Engelkes. Op. cit. S. 124.
54   Gilles Delafon, Thomas Sancton. Dear Jacques, cher Bill. Au cœur de l'Élysée et de la Maison Blanche 1995–
      1999. Plon. 1999. S. 120 ff.
55   Allein 60 französische Soldaten fielen oder wurden ermordet.

Kanzler Kohl hatte als politisches Genie offen auf die Karte Balladur bei den Präsidentschafts-wahlen gesetzt, denn die widersprüchlichen Äußerungen des Kandidaten Chirac zur Europa- und Währungspolitik hatten ihn entsetzt. So gab es denn einigen Klärungsbedarf auf beiden Seiten. Im Jahr 1996 hebt Chirac gegen den Widerstand im Generalstab ohne große Vorwar-nung die Wehrpflicht auf und schafft damit eine deutlich teurere Berufsarmee, die jedoch für Auslandseinsätze verfügbarer ist. In Sachen Symbol- und Geschichtspolitik entschuldigt sich Chirac erstmals für die Beihilfe des Vichy-Regimes und der Pariser Gendarmerie bei der De-portation der Pariser Juden in die KZs des Dritten Reiches. Seine Vorgänger hatten dies nie für nötig erachtet.

Als Kabinettschef und Generalsekretär des Élysée ernennt Chirac Dominique de Villepin. Der ENArque und Diplomat entstammt dem falschen Adel des Kaiserreiches und hat eine sehr hohe Meinung von sich selbst, hält sich für einen großen Dichter und ein politisches Genie. Als Egomane kann er nicht delegieren und erregt mit seinem aufgeregten Gehabe den ohnehin nervösen Staatschef mehr als nötig, anstatt einen beruhigenden Einfluss auszuüben. Er gilt als pyromanischer Feuerwehrmann, der Krisen anzettelt, um sie anschließend zu löschen und da-mit seinen Machtbereich zu erweitern. Seine Mitarbeiter teilte er in kleine und große Idioten ein, lässt sie ständig vor seinem Büro warten und bei Besprechungen stehen. Auch Premier Juppé ist von Selbstzweifeln nicht angekränkelt. Auch er der Typ des hyperintelligenten ENAr-quen, der es sich nicht verkneifen kann, seiner Umwelt deutlich mitzuteilen, dass er sie für intellektuell minderwertig hält. Beide, die von der politischen Wirklichkeit Frankreichs gründ-lich abgeschottet sind, setzen Chirac im Frühjahr 1997 den Floh ins Ohr, die Nationalver-sammlung aufzulösen und Neuwahlen auszuschreiben. Der Erfolg, das Haushaltsdefizit von 5,6 % auf 3,6 % des BIP in Richtung der Maastricht-Verpflichtungen vermindert zu haben, ließ sich nicht wirklich wählerwirksam verkaufen. Im Mai 1997 erfolgt dann die Quittung. Schon im ersten Wahlgang erreicht die Rechte nur 36 %. Im zweiten erhält sie dann 190 Mandate, die Linke 246, und die Front National nach der Rückkehr zum Mehrheitswahlrecht nur noch eines. Fünf Jahre einer neuen Kohabitation, diesmal mit dem sozialistischen Premier Lionel Jospin, folgen bis 2002.

Mit dem humorfreien doktrinären Ideologen Lionel Jospin, der bei den Trotzkisten angefan-gen hatte, bevor er Sozialist wurde, kommt Chirac trotz aller Fraternisierungsversuche nicht zurecht, zumal sein Premier bei Ministerratssitzungen immer versucht, das letzte Wort zu haben.[56] Jospin lässt das „Interministerielle", die Direktleitung des Élysée in die Ministerien, abschalten, und das Élysée baut in seinem Kabinett, eine Art Schattenregierung auf, deren Mit-arbeiter mitbekommen sollen, was ihre Ministerien treiben oder im Sinn haben[57]. Dennoch gelingt es Chirac wie seinerzeit Mitterrand als „Präsident der Opposition" in der Kohabitation eine gute Figur zu machen. Jospin und Chirac lassen die linkssozialistische Martine Aubry, die Tochter von Jacques Delors, die 35-Stundenwoche bei vollem Lohnausgleich einführen, ohne Rücksicht auf die wirtschaftlichen Kosten, so als sei der Arbeitsmarkt ein Kuchen, den man

---

56   Giesbert. Op. cit. S. 659.
57   Engelkes. Op. cit. S. 134.

locker in kleinere Schnitten aufteilen könnte. Dazu werden Kündigungen erschwert. Arbeits-
inspektoren überwachen, dass abends kein Licht mehr in den Fabriken und Büros brennt. Die
Arbeitslosenzahl bleibt dennoch unverändert. Die von Aubry versprochenen Arbeitsplatzge-
winne bleiben aus.

Inzwischen war der damals erst 43-jährige Nicolas Sarkozy, der ebenso wie Chirac im Sitzen
seine Beine nicht stillhalten kann, Generalsekretär der RPR geworden. Die Europawahlen vom
Juli 1999 gehen erneut unbefriedigend für den Präsidenten aus: Die Liste Sarkozys erreicht nur
12,8 %, jene der Traditionsgaullisten Pasqua-Villiers 13 % und der verbündeten UDF-Zentris-
ten von Bayrou 9,3 %. Es bleibt bei der Kohabitation mit Jospin.

Ähnlich wie Mitterrand ist Chirac (im Gegensatz zu VGE) materiell desinteressiert. Dennoch
hat er die Tendenz seine Privatkassen mit denen des Staatshaushalts zu verwechseln, wenn es
um die Parteien- und Wahlfinanzierung geht. Die gleiche Bauernschläue bei seinem Immobilienerwerb. Um die Bebauung des benachbarten Terrains zu seinem Schlosses in Bity zu verhindern, lässt er 1978 die Stiftung Claude Pompidou das benachbarte Großgrundstück von 5
Hektar zum angeblichen Bau eines Ferienzentrums für behinderte Ältere erwerben und den
Kauf von der Stadt Paris finanzieren[58]. Es bleibt dann bei der Naturbrache. Dazu kommt die
Miete einer großen Innenstadtwohnung plus Privatgarten in der Rue du Bac, wo Paris am teuersten ist, zum Schleuderpreis.

Im Jahr 2002 tritt Chirac wieder an. Ein richtiges Programm hat er nicht, nicht einmal einen
griffigen Slogan. Mit seiner Mischung aus Egoismus, Klarsicht und Selbstherabsetzung fehlt
ihm auch der Glaube an sich selbst. Jospin liegt in den Umfragen weit vorne. Chiracs neue
Wahlversprechen bleiben nach seinen Jahre an der Präsidentschaft unglaubwürdig. In diesem
Dilemma entdecken seine Wahlkampfberater plötzlich eine Geheimwaffe: Seine Frau Bernadette mit ihren volkstümlichen konservativ-katholischen Ansichten, die sie gerade in einem
Interviewband, der überraschend zum Bestseller wurde[59], zum Besten gegeben hatte. Natürlich
weiß sie, dass ihr Gatte pathologisch untreu ist. An die vierzig Frauennamen, Claudia Cardinale
eingeschlossen, wurden von der Gerüchteküche gehandelt. Einmal lebte er mit einer Journalistin zusammen. Bei EU-Gipfeln amüsierten Berlusconi und er sich mit dessen Begleiterinnen. Was die Ehe der Chirac jedoch zusammenhielt, war die gemeinsame Sorge um die an
Magersucht und Depressionen leidende älteste Tochter Laurence, die vor allem den ständig
abwesenden Vater mit Schuldgefühlen erfüllte. Bernadette kompensiert ihre Frustrationen mit
dem Besuch teurer Modetempel im 16. Arrondissement und indem sie das Élysée-Personal bei

---

58   Im Jahr 2011 fanden Journalisten das Schloss von sechs Gendarmen rund um die Uhr bewacht und für Be-
      sucher als Sperrzone unzugänglich vor, obwohl es offenkundig dem Verfall preisgegeben und sein Park völlig
      verwildert war. Offensichtlich haben Claude und ihr Sohn kein Interesse oder keine Mittel zum Unterhalt.
      Der Eindruck drängt sich auf, wenn schon öffentliche Mittel verschwendet werden, dann vielleicht nutzbrin-
      gender für Handwerker oder Gärtner. Das Chirac-Museum in Sarran hatte 2008 62.000 Besucher, die Ein-
      trittskarten für 200.000 Euro lösten. Der Unterhalt kostet den Generalrat der Corrèze jedoch 1,7 Millionen
      Euro im Jahr. Ein Defizit das pro Einwohner des Departments 30 Euro jährlich ausmacht. Yvan Stefanovitch.
      „Ce que coute Chirac aux contribuables" France Soir 7.3.2011.
59   Bernadette Chirac avec Patrick de Carolis. Conversation. Plon. 2001.

Blumengestecken, beim Speiseplan und den Tischdekorationen schikaniert. Als Gemeinderätin im Dorf Sarran (mit ihrem Schloss Bity und 200 Einwohnern) beginnend absolviert sie eine 25-jährige regionalpolitische Karriere als Generalrätin im Kanton Meymac in der Corrèze – dank ihres intensiveren Einsatzes mit besseren lokalen Ergebnissen als ihr Mann[60]. Auch schafft sie es, einmal die Tour de France durch Sarran zu legen. Wenn sie im Élysée immer weniger eingeladen und gesehen wird, so schiebt sie dies auf den ständig wachsenden Einfluss ihrer feindseligen Tochter Claude, die ihrem Vater völlig ergeben ist, so als wolle sie die Zeit ihrer vaterlosen frühen Jugend kompensieren.

Inzwischen beginnt wie in der Endphase Mitterrand, eine Fülle kritischer Anti-Chirac-Pamphlete zu erscheinen, die ihm Abgehobenheit, die Verschwendung öffentlicher Gelder (zumal er alle seine zahllosen Auslandsreisen und seine teure Lebenshaltung schon als Pariser Bürgermeister immer mit großen Scheinen aus der Stadtkasse geregelt hat) und zunehmend royale Allüren vorwerfen. Im Wahlkampf hat der 70-Jährige seine alte Energie, seinen Optimismus und seinen Kampfgeist verloren. Er wirkt gealtert, ermüdet und von der Macht abgenutzt. Politisch gibt er sich als Mann der Mitte, er sei weder rechts noch ein Wirtschaftsliberaler, sondern konservativ-sozial wie Mitterrand in seiner zweiten Amtszeit. Dieser Schwenk zur Mitte erlaubt es Le Pen über seine rechten anti-gaullistischen Protestwähler ins katholisch-patriotische Traditionsmillieu vorzustoßen. Gleichzeitig sind die linken Stimmen mit einer langen Kandidatenliste von den Trotzkisten bis zum Linksnationalisten Chevènement so zersplittert, dass die Konzentration auf den Sozialisten Jospin scheitert. Jospin wirkt im Wahlkampf lustlos, untermotiviert, falsch beraten und kommt bei den Wählern mit seiner schroffen, finsteren Art nicht an. Ein außen- und europapolitisches Interesse zeigt er auch nicht, das für das Image eines Präsidenten (weniger allerdings für die Wählerentscheidung) wichtig ist[61]. So kommt schließlich zur allgemeinen Überraschung am 5. Mai 2002 Jean-Marie Le Pen (16,9 %) gegen Chirac (19,9 %) in die Endrunde. Jospin (16,2 %), der Kohabitationspremier während der letzten fünf Jahre, beendet seine politische Laufbahn. Während Mitterrand Le Pen noch als Parlamentarier der IV. Republik kannte und glaubte, ihn mit dessen Streben nach sozialer Anerkennung kontrollieren zu können, gab es für Chirac nur die politische Quarantäne dieses politischen Feindes und Beelzebubs mit einer Mischung aus Ignorieren, moralischen Verurteilungen und Beleidigungen, sowie der Verweigerung jeglicher Wahlbündnisse auch auf regionaler Ebene gegen die Linksunion. So sammelte er im Mai 2002 dann mit 82,2 % auch die zähneknirschenden Stimmen der Linken gegen Le Pen ein, der aus seinem Ghetto mit 17,8 % nicht ausbrechen konnte. Für Chirac ein Triumph, der keiner war.

Als Premierminister benennt er Jean-Pierre Raffarin, der eher den Chiracisten der bürgerlichen Mitte zuzurechnen und auch für Giscardisten akzeptabel ist. Bei den Neuwahlen im Juni 2002 gewinnt die neue Einheitspartei der gemäßigten Rechten, die UMP, die Chirac und Raffarin unterstützt, mit 309 Abgeordneten mehr als zwei Drittel der Sitze. Unter den 27 neuen

---

60 Die Bürgermeisterei von Paris hatte ihr für die Wählerbesuche Fahrer und Wagen zu stellen. Engelkes. Op. cit. S. 54.
61 Ibid. S. 171.

Ministern gibt es einige Schwergewichte wie Nicolas Sarkozy (Innen), François Fillon (Soziales), Dominique de Villepin (Außen) und Michèlle Alliot-Marie (Verteidigung). Das Land muss jetzt mit der 35 Stundenwoche und seinen übergenerösen Rentensystemen leben. Die Öffentlichkeit will Reformen, doch keine Streiks und vor allem keine Änderungen, die den eigenen Besitzstand tangieren. Die ersten hundert Tage, sechs bis maximal neun Monate nach dem Wahlsieg, wären für solche Durchbrüche entscheidend, solange die positiven Umfragewerte noch anhalten, der frische Wahlsieg legitimiert und die Opposition noch demoralisiert ist. Doch weder Chirac, der voll im Wahlkampf aufgegangen war, noch der überraschend ernannte Raffarin hatten Rezepte in der Schublade. Raffarin war im Gegensatz zu dem abgehobenen ENArquen Juppé ein gemütvoller zentristischer Provinzpolitiker aus Poitiers, der es jedem recht machen wollte und nachher nichts umsetzte (und deshalb „Faire-rien" genannt wurde). Auch Chirac glaubte sich als von ganz Frankreich gewählt und wollte damit als Präsident aller Franzosen niemanden vor den Kopf stoßen. Es fanden bis 2004 also keine Reformen mehr statt. Dank dauernd steigender Sozialausgaben wuchs die Staatsverschuldung in jenen Jahren ohne eine aktuelle Krise um 10 Punkte auf 66 % des BIP[62].

Schon zu Beginn seiner Präsidentschaft war Chirac stets mehr als an der Außen- als an der Innenpolitik interessiert, die er Alain Juppé weitgehend überlassen hatte[63]. In der Außenpolitik gab es spannende geopolitische Krisen zu lösen, in der Innenpolitik nur mühsame Reformen zu bewerkstelligen, die politisch kurzfristig nur kosteten und zunächst nichts brachten. Zwischen 2002 und 2007 gab es denn nur eine einzige Pressekonferenz zu innenpolitischen Themen und von Claude betreute Interviews nur zur Außenpolitik[64]. Chirac hatte unter Bush Senior und Bill Clinton ernsthaft versucht, die Beziehungen zu den USA zu normalisieren, gaullistische Erblasten abzutragen und wieder als verlässlicher wichtiger Bündnispartner zu erscheinen. Gemeinsam gelang es den Bürgerkrieg in Bosnien, in dem Chirac nicht die proserbischen Reflexe seines Vorgängers teilte, mit einem gemeinsamen muskulösen militärischen und in Dayton auch diplomatischen Einsatz zu beenden.[65] Man arbeitete in der nahöstlichen Friedenssuche (mit weniger Erfolg) und bei afrikanischen Krisen eng zusammen. Gegenüber Saddam erzwangen Clinton und Chirac als „bad cop, good cop" nach US-Bombendrohungen in intensiven koordinierten Verhandlungen die Inspektion und das Ende des irakischen Hochrüstungsprogramms[66]. Nach dem Ende der Sowjetunion und der Ost-West-Konfrontationen war auch die Logik des französischen Austritts aus den Kommandostrukturen der NATO aus Chiracs Sicht nicht länger gegeben. Allerdings will er im Gegenzug den französischen Oberbefehl über die NATO-Truppen im Mittelmeerraum im Hauptquartier von AFSOUTH in Neapel, d. h. auch mit dem Kommando über die 6. US-Flotte mit ihren zwei Flugzeugträgern, was wiederum für das amerikanische Militär und seine Marine unakzeptabel ist. Dass europä-

62   Zum Vergleich: Griechenland: 109 % des BIP und Italien: 106 % (2004).
63   Gilles Delafon und Thomas Sancton. Dear Jacques, Cher Bill. Au cœur de l'Élysée e et de la Maison blanche 1995–1999. Plon. 1999. S. 234.
64   Gurrey. Op. cit. S. 12.
65   Delafon und Sancton. Op. cit. S. 104 ff.
66   Ibid. S. 332.

ische Truppen unter ihrem Kommando dienen müssen, ist für sie voll in Ordnung. Ihr eigener Dienst unter verbündeten Offizieren dagegen völlig undenkbar[67]. Weil Chirac somit wenig vorzuweisen hat, unterbleibt der Plan unter dem desinteressierten Jospin. Bei der ersten NATO-Osterweiterung bestehen die USA nur auf einer kleinen Runde mit Polen, der Tschechei und Ungarn. Frankreich und Italien, die auch Rumänien bzw. Slowenien dabei haben wollen, werden abgeschmiert[68]. Chirac besteht jedoch auch weiter – erfolgreich – auf einer gemeinsamen Erklärung der NATO mit Russland, bevor diese Erweiterung über die Bühne geht. Die Franzosen gelten also weiter als schwierige und sehr profilierte Partner und hatten sich so unter Bush Junior in die Feuerlinie des US-Medien- und Volkszorns begeben.

Unter dem Einfluss von Claude verschärft Chirac seine weltpolitische Rhetorik, gibt sich als globalisierungsfeindlicher Freund der Dritten Welt, will eine Finanztransaktionssteuer gegen den Welthunger einführen, agitiert für internationale Ökologieagenden und den EU-Beitritt der Türkei[69]. Was bei Danielle Mitterrand gut und schön war, kommt von ihm beim heimischen Publikum nicht gut an.

Im Jahr 2001 zeichnet sich der zweite Irakkrieg der Amerikaner ab. George Bush Junior war unter den Einfluss der Neo-Kons geraten, die als Konvertiten der politischen Linken das westliche Regierungs- und Kapitalismusmodell weltweit exportieren wollten. An Afghanistan und im Irak sollen erste Beispiele statuiert werden. Es wird von Amerikanern und Briten lügnerisch die Existenz von Massenvernichtungsmittel behauptet. Die Ölquellen sollen das blutige Experiment bezahlen. Als Chirac, der sich in der Region besser auskennt und mit Saddam einstens befreundet war, ein Veto im UNO-Sicherheitsrat androht, beschließen die USA Frankreich zu bestrafen, doch Deutschland unter Schröder dank des Einflusses von Condoleezza Rice zu vergeben. Zum Verständnis muss man sich vergegenwärtigen, dass die Periode von Chiracs Präsidentschaft, von 1995 bis 2007 also, genau jene Zeit war, in der Russland noch am Boden lag und China noch keine Rivalenrolle spielte, die USA also als einzige Supermacht der Welt unantastbar war.

Ein enges Verhältnis zu Schröder konnte Chirac nach dem endgültigen Ende der Ära Mitterrand-Kohl im Dezember 1998 nicht aufbauen. Beide hatten zum Nachbarland keine persönliche Beziehungen, Schröder mit seinem ruppigen Verhandlungsstil (zum Beispiel beim EU-Gipfel von Nizza nach mehr deutschen Stimmrechten) auch kein diplomatisches Talent[70]. Die Chemie zwischen ihnen wollte also nicht klappen, wiewohl beide als „politische Tiere" und begnadete Wahlkämpfer den direkten Kontakt zu Menschen und die unverschnörkelte Problemansprache vorzogen. Immerhin, die gemeinsame Allianz gegen den Bush'schen Irakkrieg hielt. Dabei war Chiracs Ablehnung des unprovozierten amerikanischen Angriffskriegs gegen den Irak aufgrund einer stimmigen landes- und regionalpolitischen Analyse erfolgt, schließlich kannte er Saddam und die Probleme des Iraks, während Schröder im August 2002 nur

---

67   Ibid. S. 194 ff.
68   Ibid. S. 305.
69   Engelkes. Op. cit. S. 195.
70   Ibid. S. 205.

seinen Wahlkampf im Blick hatte, um spontan und lauthals die in Deutschland und seiner Publizistik immer populäre antiamerikanische Verweigerungshaltung im Pazifismusgewand zu artikulieren. Als dann Chirac nach dem ominösen „Brief der Acht", einem gelungenen Versuch der USA[71], die EU aufzuspalten, unter den Unterzeichnern: Großbritannien, Spanien, Italien, Portugal, Dänemark, Ungarn, die Tschechei und Polen, ausgerechnet nur die letzten Drei öffentlich abkanzelte, dies wäre eine gute Gelegenheit gewesen, den Mund zu halten, wurde Frankreich das Opfer von US-Boykottmaßnahmen[72], während Schröders Deutschland unbehelligt in der Deckung blieb.

Nach seinem Gehirnschlag wird er von Claude und seinem Generalsekretär im Élysée, Frédéric Salat-Baroux, einem ambitiösen ENA-Absolvent jüdischer Herkunft (die beiden sollten 2011 heiraten), im Élysée aus Angst vor Pannen und Aussetzern immer mehr abgeschirmt. Dabei geht seine geniale und witzige Spontanität, die ihn so populär machte, zugunsten kontrollierter Stellungnahmen von öder Langweile endgültig verloren[73]. Er darf auf ärztliche Anweisung auch nicht mehr Fernflüge unternehmen und wird damit von seiner Lieblingsbeschäftigung, der außenpolitischen Aktion vor Ort, abgeschnitten. Im November 2003 enthüllt L'Express, dass er ein Hörgerät tragen muss. Doch war seine Schwerhörigkeit durch sein ständiges lautes Nachfragen „Comment? Comment?" ohnehin buchstäblich unüberhörbar geworden. Chirac beginnt, Namen, Orten und Daten zu vergessen. Die respektlose Auslandspresse beginnt ihn als lebendigen Toten zu porträtieren. Dazu führt sich Sarkozy auf, als habe er ihn schon beerbt, lästert laut über bisherige Tabus, wie kriminelle Migranten in den Vorstädten, über Sumo, Chiracs Lieblingssport, als einen Zeitvertreib für Schwachsinnige[74], sowie über den „roi fainéant", den nichts tuenden König[75].

Bei den Regionalwahlen im März 2004 verliert die Rechte alle Regionen, außer ihrer elsässischen Hochburg. Die Regierung hatte auf die Hitzewelle der Hundstage („canicule") mit ihren 15.000 Hitzetoten, vor allem alte Menschen, die in ihren überhitzten Dachwohnungen wegstarben oder in Krankenhäusern in der Urlaubszeit unterversorgt blieben, ebenso ungeschickt reagiert wie auf die sich verbreitenden Arbeitslosenproteste und die Krawalle in den Vorstädten. Im Oktober 2004 bricht schließlich die Clearstream-Affäre auf. Über die Luxemburger Clearingbank waren im großen Stil Schwarzgelder gewaschen worden, die Rückflusse aus Waffenexporten waren, am prominentesten jene, die nach dem Verkauf von sechs Fregatten an Taiwan flossen. Dabei wurden auch zwei angeblich von Sarkozy eröffnete Konten publik, die jedoch von einem Vertrauten de Villepins manipuliert worden waren, der damit Sarkozys Griff an die Spitze der UMP und seine künftige Präsidentschaft verhindern wollte[76].

71   Und eine Niederlage der europäischen und insbesondere der deutsch-französischen Diplomatie!
72   Engelkes. Op. cit. S. 226.
73   Gurrey. Op. cit. S. 48.
74   Ibid. S. 35.
75   Ibid. S. 174.
76   Giesbert. Op. cit. S. 769.

Im Mai 2005 erleidet Chirac schließlich seinen politischen Tod, von dem er sich nicht mehr erholen sollte. Nach einer lustlos geführten Referendumskampagne, lehnen 54,7 % der Franzosen (ebenso wie später die Niederländer) den Europäischen Verfassungsvertrag ab, den Giscard hauptverantwortlich mitgestaltet hatte. Er sollte erst 2009 nach einigem Etikettenschwindel (der Streichung von Giscards Präambel und einiger europäischer Souveränitätssymbole) als „Vertrag von Lissabon" in Kraft treten. Chirac entlässt Raffarin als Premier und ersetzt ihn durch de Villepin. Dieser soll eine „nationale Mobilisierungskampagne" für mehr Beschäftigung in Gang setzen, einem Potpourri alter Maßnahmen und neuer Rhetorik. Sein Erzfeind Sarkozy bleibt im Innenministerium. Stattdessen säubert de Villepin den Apparat von Juppé-Leuten, um seine Stellung für den Endkampf mit Sarkozy um die Chirac-Nachfolge zu stärken. Während sich die Krise und die Krawalle in Vorstädten immer mehr verschärfen, lehnt de Villepin alle Vorschläge seines Innenministers zu ihrer polizeilichen Bekämpfung ab. Sarkozy soll sich nicht als Krisenmanager profilieren können. Ex-Premier Juppé ist derweil nach seiner Verurteilung wegen Scheinbeschäftigungen von Angestellten der Stadt Paris zugunsten der UMP ins Exil nach Québec gegangen, wo er an einer Hochschule lehrt. Chirac verbringt mittlerweile seine Abende am liebsten allein ohne Besucher im Élysée vor dem Fernseher mit seinem Corona-Bier. Am 2. September 2005 erleidet er einen leichten Hirnschlag und verliert auf einem Auge die Sicht. Vereinsamt fühlt er sich in seinem Palast wie lebendig begraben.[77]

Als Nachfolger zieht er eigentlich de Villepin gegenüber dem disloyalen, skrupellosen und undankbaren Sarkozy vor. Doch ist de Villepin zu autoritär, zu ungeduldig und hochmütig, um konsensfähig zu sein. Doch sind beide sich als monomanische Narzissten sehr ähnlich. Stets bewegen sie sich ohne Selbstbeherrschung am Rande von hysterischen Anfällen. Chirac versucht auf de Villepin mäßigend einzuwirken, vergeblich. Privat vergleicht er sie mit Trotzki und Stalin. Der eine hat mehr Klasse, literarisches Talent und Schwung, der andere den kalten Willen und das Organisationstalent und kontrolliert den Staats- und Parteiapparat. Während Chirac sich von de Villepin immer mehr entfremdet, kommt er Sarkozy nicht näher. So beendet er im Mai 2007 seine Karriere von einem halben Jahrhundert ohne einen Wunschnachfolger. In seinem letzten Amtsjahr verschlechtert sich sein Gesundheitszustand. Er hört schlecht, ist abgemagert, geht langsam und gebeugt, hat Zuckungen im Gesicht und ein Zittern im Arm. Der 75-Jährige hat eine erleichterte Tagesordnung, macht lange Mittagsschlafe, verwechselt Daten und Namen und sucht nach Worten. Er hält keine improvisierten Reden mehr, sondern liest nur noch Großbuchstaben monoton vom Blatt ab. Auch für Bernadette ist klar, dass ihr Mann keine dritte Amtszeit mehr leisten kann. Doch fürchtet sie die Justiz nach dem Verlust seiner Immunität und den eigenen Statusverlust, nicht länger erste Dame von Frankreich zu sein.

Das Ende

Nach seiner Amtsübergabe an Sarkozy im Mai 2007 verschlechtert sich sein geistiger Zustand schneller. Er vergisst die Namen von Leuten, die ihn gerade vorgestellt wurden, oder die er

---

77 Ibid. S. 811.

früher gut kannte. Bei seinem Prozess um die fiktiven Beschäftigungen der Stadt Paris im Jahr 2011 rettet ihn der Alzheimer vor einer Verurteilung. Obwohl er sich keiner Schuld bewusst ist und seine Ehre vor Gericht verteidigen will, bekommt der alte Herr gutachtlich bescheinigt, dass er sich an nichts mehr erinnert und das Verfahren eingestellt werden muss. Bei den präsidialen Vorwahlen der Republikaner im Jahr 2016 soll er gefragt haben „Fillon, ç'est qui?". Tatsächlich waren seinem Gehirnschlag von 2005 mehrere kleinere gefolgt, die zu einem weiteren Ausfall von Gehirnfunktionen geführt hatten.[78]

Bernadette nimmt ihren sozialen Abstieg aus dem Élysée übel auf. Bei den seltenen öffentlichen Auftritten streitet sich das Paar wegen seiner Schwerhörigkeit unüberhörbar laut. In ihrer Anwesenheit sind ihm fette Nahrung, Alkohol und Zigaretten, die er so liebt, verboten. Wenn, dann muss der einst mächtigste Mann Europas sie in ihrer Abwesenheit heimlich genießen. So als ob sie sich für seine früheren Ehebrüche und abschätzige Behandlung rächen wollte[79], zahlt sie ihm nun alles heim, behandelt ihn nach den ersten Schwächezeichen wie einen Behinderten und oder einfach schlecht und spricht herabwürdigend auch in seiner Gegenwart mit und über ihn. Immerhin gelingt es ihm noch seine Memoiren in zwei Bänden zu schreiben und zu korrigieren, die überraschenderweise mit der unter Sarkozy einsetzenden Chirac-Nostalgie mit 400.000 verkauften Exemplaren zu einem kommerziellen Erfolg werden. Im Jahr 2011 verzichtet Chirac „vorläufig" auf sein Recht, im Verfassungsrat („Conseil constitutionnel"), wo er wie Giscard als ehemaliger Präsident eine statutorische Mitgliedschaft besitzt, zu sitzen. Ohnehin war er dort nie aufgetaucht. Doch Bernadette ist zornig, weil er damit auf ein großzügiges Nebeneinkommen von 11.000 Euro im Monat ohne viel Aufwand verzichtet[80].

War Sarkozy der ungeliebte Nachfolger, so war die Beziehung zu François Hollande ab 2012 wesentlich besser: Beide waren ENArquen, hatten im Rechnungshof angefangen und dann in der Corrèze ihre Wahlkreise mit einem bodenständigen Stil gepflegt. Beide waren keine Ideologen, hatten kein Interesse an Theoriedebatten und weckten keine messianischen Erwartungen. So gaben denn Jacques und Claude Chirac im April 2012 eine Wahlempfehlung zugunsten Hollandes ab, während es Bernadette weiter mit Sarkozy hielt[81]. Während der Vorwahlen vom Herbst 2016 erhielt Alain Juppé als alter zentristischer Chirarcist[82] noch einmal von Claude Chirac bei einer Veranstaltung in der Corrèze die Segnungen ihres Vaters[83]. Allein vergeblich. Die Parteiaktivisten wollten François Fillon und seine Art des Gaullismus in der Schule von Charles Pasqua und Philippe Séguin.[84]

---

78   Gurrey. Op. cit. S. 165.
79   Er nannte sie meist „tortue" (Schildkröte), weil sie mit seinem Sturmschritt nie mithalten konnte. Sie war wie es so schön hieß, die einzige Frau, die er nie duzte. Zu politischen Fragen hatte sie, wie schon Mme de Gaulle, den Mund zu halten. Engelkes. Op. cit. S. 67.
80   Gurrey. Op. cit. S. 119.
81   Ibid. S. 145.
82   Bruno Dive. „Alain Juppé. L'homme qui revenait de loin". L'Archipel 2016. S. 32 ff.
83   Marion Mourgue. „Juppé revendique l'héritage de Chirac". Le Figaro 7.11.2016.
84   Anne Fulda. „Chiraquisme, la fin d'une époque". Le Figaro 1.12.2016.

Nachdem Tod von Laurence durch einen jähen Herzinfarkt im April 2016, der das Paar hart traf, wurden sie im Herbst 2016 beide nach einem gemeinsamen Urlaub in Marokko in verschiedene Pariser Krankenhäuser eingeliefert, er mit einer Lungeninfektion, sie mit einer Bronchitis.

Chirac hatte im Gegensatz zu de Gaulle oder Mitterrand nie den Ehrgeiz, in Geschichtsbücher einzugehen oder wie Pompidou und Mitterrand Monumentalbauten zu hinterlassen. Mit seiner Leidenschaft und tiefen Kenntnis außereuropäischer Kulturen, vor allem jener Asiens, Arabiens und Afrikas oder, wie er es nannte, „der vergessenen Völker der Erde", hatte er sich eine beträchtliche Sammlung aufgebaut, die er museal erhalten wollte. Sie wurde dann Teil des Musée du quai Branly, einem im Jahr 2006 geschaffenen futuristischen Bau an der Seine unweit des Eiffelturms, das von Präsident Hollande später in Musée Chirac umbenannt wurde[85].

Anfang 2017 wurde Chirac auf Initiative seines Ex-Premiers Jean-Pierre Raffarin und anderer Getreuer für den Friedensnobelpreis vorgeschlagen. Die Begründung: sein Einsatz für die UNO, den Multilateralismus, sein Respekt für fremde Kulturen und seine Opposition gegen den Irakkrieg[86]. Die Initiative wurde von 280 Abgeordneten unterstützt. Oslo entschied sich anderweitig. Ohnehin wäre der alte Herr gesundheitlich kaum mehr in der Lage gewesen, zur Annahme anzureisen und eine Rede zu halten.

Wenn er nach wie vor weithin eher menschliche als politische Sympathien genoß, dann deshalb weil es ihm – ähnlich wie seinem Mentor Pompidou – gelang, das Amt des Präsidenten sowohl menschlich mit allen Stärken und Schwächen zugänglich sowie gleichzeitig, wenn es sein musste, die Würde des Staates als Repräsentant des ewigen Frankreichs glaubwürdig darzustellen. Er vermied also die Rollen von de Gaulle, Giscard und Mitterrand, die sich wie unnahbare Ersatzkönige gaben, und jene von Sarkozy und Hollande, die mit ihren privaten Problemen vorrangig befasst und in ihrer bürgerlichen Normalität bei offiziellen Anlässen oft nur noch wie unglaubwürdige Laienschauspieler und austauschbare Pausenclowns wirkten und das Amt entwürdigten.

Er starb am 26. September 2019 im Alter von 86 Jahren in seiner Pariser Wohnung. Die Trauer um jenen, nach seinem politischen Abtritt beliebtesten Ex-Präsidenten umfasste alle politischen Lager, auch das politisch oft zynisch gewordene Wahlvolk.

---

85   Éric Bietry-Rivierre. „Le Quai Branly rebaptisé Musée Chirac". Le Figaro 14.4.2016. Macron verkündete im Jahr 2019 die Absicht, die meisten Exponate als koloniale „Raubkunst" an wen auch immer zurückzugeben.
86   Anne Fulda. „Jacques Chirac en lice pour le prix Nobel de la paix". Le Figaro 25.1.2017.

Kapitel 6

Nicolas Sarkozy (1955–), der Mann der schneller als sein Schatten rannte

Nach dem Jahrzehnt der politischen und wirtschaftlichen Stagnation unter Chirac versprach Sarkozy im Jahr 2007 einen dynamischen Wechsel. Er hatte sich selbst in der Politik hochgearbeitet, hatte in keinen Kabinetten gedient, entstammte keiner noblen Familie mit Geld, noch hatte der Jurist eine der großen Eliteschulen der Nation besucht. Manisch, hektisch, allzuständig, ungeduldig und omnipräsent hatten die Franzosen von seiner „Hyperpräsidentschaft", die mit ihren ständig wechselnden Prioritäten und Meinungen zwar gutes Krisenmanagement zeigte, aber ansonsten richtungslos und aktionistisch wirkte und sich meist in lautstarken Ankündigungen ohne Folgen erschöpfte, bald genug. Dies auch, weil Sarkozy sich, stil- und hemmungslos als Parvenü wirkend, Statussymbolen und dem Geld und Einfluss der Reichen und Schönen hingab und sein wechselhaftes Privatleben in der Öffentlichkeit zelebrierte, den Nimbus des Präsidentenamtes daher trivialisierte und dauerhaft schädigte. So wurde er 2012 sang- und klanglos abgewählt. Auch seine Comeback-Versuche gelangen bislang nicht. Wenn er etwas Bleibendes hinterlassen hat, so ist es sein Krisenmanagement in der Finanzkrise von 2008 und die Zerschlagung des Gaddafi-Regimes und des libyschen Staates im Oktober 2011.

Herkunft und Jugend

Sarkozy entstammt väterlicherseits dem ungarischen Landadel ab. Einer seiner Vorfahren wurde Anfang der 17. Jahrhunderts von den Türken nach tapferem Kampf massakriert. So durften seine Nachfahren durch ein Dekret von Kaiser Ferdinand II. den Ortsnamen („Nagy Bocsa") mit dem Familiennamen verbinden. Als Großgrundbesitzer bei Szolnok an der Theiß entsprach ihr Status der untersten Stufe des Kleinadels. Urgroßvater und Großvater waren Vizebürgermeister des Dorfes und Protestanten[1]. Sein Vater Pal besuchte Ende der 30er-Jahre eine Internatsschule im schweizerischen Wallis und lernte dort Französisch. Nach dem Angriff der Roten Armee auf Ungarn flüchtete die Familie 1945 nach Kärnten und kehrte 1946 zurück, nur um ihren Besitz im roten Nachkriegsterror enteignet zu finden. Der Vater stirbt knapp fünfzigjährig. Ein Bruder wird zu jahrelanger Haft in kommunistischen Kerkern verurteilt. Der 19-jährige Pal befürchtet seine Deportation nach Sibirien und flüchtet Ende 1947 mit dem Segen seiner Mutter, der er verspricht für sie ein Modehaus in Paris zu eröffnen, nach Österreich. Nachdem er in Baden-Baden, dem Hauptort der französisch besetzten Zone Deutschlands, kein Visum für Frankreich bekommt, lässt er sich in Salzburg für die Fremdenlegion zum Kampf in Indochina anwerben. Im Ausbildungslager der Legion in Fréjus in der Var trifft er auf einen

---

[1] Es ist also völlig unrichtig (und bei Adeligen ohnehin unstimmig), wenn der ehemalige ARD-Korrespondent Heiko Engelkes schreibt, sie seien Juden gewesen. Engelkes. König Jacques. Berlin 2005. S. 347.

ungarischen Arzt, der ihn als Kanonenfutter für zu schade hält und ihn untauglich schreibt. Nachdem er seine Fallschirmjägerstiefel hatte verkaufen müssen, kommt er im Dezember 1948 völlig mittellos in Paris an. Ein Großonkel führt ihn in die ungarische Diaspora ein und verhilft ihm zu Gelegenheitsjobs in Fotoläden und Architektenbüros. Bei jener Suche nach Arbeit trifft er auf Andrée Mallah, die Tochter des Chirurgen und Facharztes für Geschlechtskrankheiten Benedict Mallah. Er war als junger Mann 1904 als Jude aus Saloniki ausgewandert – damals hieß er noch Aaron Mallah –, hatte in Paris die Oberschule und ein Medizinstudium absolviert, 1917 eine französische Kriegerwitwe geheiratet und war zum Katholizismus konvertiert. Von seiner religiösen Vergangenheit erfährt die Familie erst nach seinem Tode. Die Familie überlebt den Zweiten Weltkrieg in der Corrèze. In jenem Bandengebiet des Marquis muss Doktor Mallah sowohl verwundete Partisanen wie SS-Leute behandeln.

Als Pal recht bald um die Hand seiner Tochter anhält, war der alte Arzt wenig begeistert: ein Ausländer ohne Geld, richtige Arbeit und Ausbildung. Doch für seine Frau Adèle war der charmante Exilant als Pal Sarkozy de Nagy-Bocsa wenigstens ein Aristokrat. Im Februar 1950 wird in einer katholischen Kirche geheiratet und Pal bei einem Landsmann zum Werbefachmann angelernt. Von seinem ersten Geld kann das junge Paar sich bald eine eigene Wohnung anmieten und einrichten. Der älteste Sohn Guillaume wird 1951 geboren, Nicolas folgt im November 1955 und der dritte Sohn François anno 1959. Kurz nach dessen Geburt ist die Mutter das ständige Fremdgehen und die Gewalttätigkeiten ihres Gatten leid. Sie zieht mit den drei kleinen Söhnen zurück in ihr Elternhaus im 17. Bezirk, wo nur noch ihr mittlerweile verwitweter Vater lebt und im Erdgeschoß seine Praxis hat. Die Mutter schließt derweil ihre unterbrochene Ausbildung zur Anwältin ab, während sie ihre drei Jungen versorgt und erzieht. Als Strafverteidigerin trifft sie ihre Kundschaft im Gefängnis oder in Cafés und agitiert gegen die Todesstrafe. Sie wird trotz dieser Belastungen als optimistisch und ausgeglichen geschildert. Streng ist sie nur bei Lügen und in Hygienefragen. Wenn Nicolas kein Gemüse und keine Leber essen will, braucht er das nicht. Freunde sind auch jederzeit am Mittagstisch eingeladen. In den Schulen jenes bürgerlichen Viertels sind die drei Sarkozy-Jungen die einzigen Scheidungskinder. Doch nur Nicolas schlägt über die Stränge. Er erhält in einem Gymnasium wegen Dauerstörens und Schwänzens einen Schulverweis und muss in einem anderen die 6. Klasse wiederholen. Er verschlingt Bücher zum Zweiten Weltkrieg, darunter Guy Sajers „Der vergessene Soldat"[2]. Während der ältere Bruder Guillaume und der jüngere Bruder François fleißig sind und gute Noten abliefern, – der eine sollte später Textil- und Versicherungsunternehmer werden, der andere Kinderarzt –, war Nicolas faul mit entsprechend schlechten Noten.

Interessant ist, dass Bruno Le Maire 43 Jahre später berichtet[3], der Präsident habe ihm im Januar 2011 erzählt, er habe gerade Enzensbergers „Hammerstein"[4] mit großem Gewinn als das

---

2   Die sehr berührende Geschichte eines zur Wehrmacht eingezogenen Elsässers an der Ostfront. Aachen 2016. Das Original erschien bei Robert Laffont 1967.

3   Bruno Le Maire. Zeiten der Macht. Reinbek 2014. S. 88.

4   In Frankreich veröffentlicht als: Hans Magnus Enzensberger. Hammerstein ou l'intransigence. Gallimard 2010. Sarkozy hätte bei der nicht-lesenden politischen Klasse in Berlin wahrscheinlich Schwierigkeiten gehabt, sich dort darüber auszutauschen.

„beste Buch seit Wochen" gelesen. Zweifellos war es für ihn und seine Brüder kompliziert, ein klares historisches Weltbild zu finden. Ist es das der ungarischen Verwandten des ungeliebten Vaters, die als Verbündete Deutschlands und als Großbauern unter der sowjetischen Okkupation litten, oder das der – erst viel später bekannt gewordenen – Verwandten des Großvaters, die nach der Deportation der Thessaloniker Juden mutmaßlich zahlreich in KZs zugrunde gingen? Oder wahrscheinlicher, da perfekt akkulturiert, das offizielle Geschichtsbild der Republik der Großeltern mütterlicherseits? Gelegentlich schwindelt Sarkozy auch kreativ. Er sei eigentlich fast auch ein Türke, erzählt er im Februar 2011 dem türkischen Präsidenten Gül, weil sein Großvater aus Saloniki, der Heimatstadt Atatürks stamme[5]. Mit der Genealogie zu sephardischen Juden ist das ein starkes Stück. Immerhin scheint seine Affinität zu historischen Grenzgängern eine lebenslange Faszination: Vom elsässischen Wehrmachtssoldaten Sajer bis zum anti-nazistischen General Kurt von Hammerstein-Equord.

Das Mietshaus des Großvaters ist stark renovierungsbedürftig, dunkel und stinkt nach Desinfektionsmitteln. Doch hat er ein altes Landhaus bei Rambouillet gekauft, das zwar weder Heizung noch Fernsehen hat, wo aber die ganze Großfamilie ihre Wochenenden verbringen kann. Alle dürfen bei der Pflege und Ernte seines großen Gemüsegartens mithelfen. Sein zweites Hobby, das Briefmarkensammeln, gibt er an seinen mittleren Enkel weiter. Als überzeugter Gaullist sieht er im Mai 1968 die drohende Anarchie und beginnt wie im Krieg Zucker, Mehl und Seife zu horten. Der 13-jährige Nicolas beteiligt sich nicht an den Studenten- und Schülerkrawallen, sondern demonstriert im August vor der sowjetischen Botschaft gegen die Invasion der CSSR. Auch wenn sich ihr Vater aus dem Staub gemacht hat, sind alle drei Sarkozy-Söhne leidenschaftliche Anti-Kommunisten.[6] Für die Sommerferien mietet die Mutter mit Freunden jedes Jahr ein Strandhaus bei Royan, wo sich zehn Kinder gemeinsam tummeln können. Wenn die Mutter wieder zur Arbeit nach Paris zurück musste, übernahmen der Großvater und eine Tante die Jungen. Sie unternehmen mit ihnen gelegentlich auch Auslandsreisen oder Aufenthalte an der Côte d'Azur, wo sie erstmals Luxus bestaunen konnten und den eigenen bescheideneren Status als Mittelschichtkinder erfahren, zumal der Vater zumeist vergisst, seine Alimente zu überweisen.

Der Vater, der sich so gut wie nie bei seiner ersten Familie sehen lässt – und bei seinen raren Besuchen nur die beiden Musterschüler unter seinen Söhnen lobt –, genießt als Werbeunternehmer in seriellen Kurzzeit-Heiraten und Liebschaften sein Leben, ohne um sich um seinen Nachwuchs – auch jene beiden anderen Kinder mit einer anderen Frau, Halbgeschwister Sarkozys also, – zu kümmern. Er fährt einen Jaguar, trägt teure Uhren und ist wie aus dem Ei gepellt gekleidet. Mit dem ältesten Bruder Guillaume, der gerne den Ersatz-Familienvater spielt, streitet sich Nicolas unausgesetzt. Ihre jahrelange Rivalität nährt den Ehrgeiz des aggressiven, wesentlich kleinwüchsigeren jüngeren Bruders, den Älteren zu übertreffen. Nicolas gilt als

---

5   Le Maire. Op. cit. S. 137.
6   Catherine Nay. Un pouvoir nommé désir. Biographie. Grasset. 2007. S. 37.

schwieriges Kind, ist schweigsam, melancholisch, einzelgängerisch, wirkt gequält und bekundet später stets, als Armer unter Reichen eine unglückliche Jugend gehabt zu haben.[7]

1973 stirbt Doktor Mallah, als Nicholas knapp 18 Jahre alt ist. Andrée Sarkozy und ihre drei Söhne im Alter von 24, 18 und 14 Jahren ziehen aus der alten Wohnung nach Neuilly um. Nicolas legt ein mäßiges Abitur ab und schreibt sich lustlos in Nanterre, der sicherlich schmutzigsten und wahrscheinlich auch schlechtesten Universität Frankreichs, in Jura ein. Mit einem Freund bricht er mit einem Kleinwagen über Deutschland, Österreich, Jugoslawien und Bulgarien nach Istanbul auf. Auf dem Rückweg fahren sie in Saloniki vorbei, wo er bei einem Notar seinen Anteil am Erbe seines Urgroßvaters, der Juwelier war, reklamiert. Tatsächlich erhält er nach längeren Disputen einige tausend Francs, die jedoch nach damaligen Devisengesetzen im Lande ausgegeben werden müssen. In Neuilly mit seiner Schickeria und seinem neureichen Großbürgertum ist die Familie fremd und ohne Beziehungen. Derweil verdient der Vater mit Großkunden das große Geld, kauft sich auf Ibiza eine Villa, spielt den mondänen Playboy, unterhält zwei Jachten und legt sich in seiner Pariser Stadtwohnung eine teure Gemäldesammlung an, wobei er lediglich an der Alimente weiter hart spart. Nicolas beginnt seinen Vater, den er zuvor nur verachtete, zu hassen. Bei einer Verhandlung vor der Schiedsstelle des Familiengerichtes gelingt es dem elegant gekleideten Pal den Richter zu überzeugen, dass er mittellos ist. Nach der Verhandlung greift ihn Nicolas physisch an[8].

Auch zu Ungarn, der Heimat seines Vaters, hat Sarkozy ein distanziertes Verhältnis. Nur ein einziges Mal zu Pals 70. Geburtstag fährt er 1998 mit Mutter, Vater und Frau Cécilia in dessen alte Heimat zu einem Kurzurlaub.

Da entdeckt Nicolas einen Weg, der sozialen Isolierung und Nichtachtung im angeblich so snobistischen Neuilly zu entkommen[9], den großen Bruder zu übertrumpfen und es dem miesen Vater zu zeigen: Nicht durch ein glorreiches Studium, sondern durch die Politik. Im März 1974 klopft Nicolas im Büro der örtlichen UDR an. Präsident Pompidou ist noch knapp am Leben, VGE ist Finanz- und Chirac Landwirtschaftsminister. Seit dem er sich erinnern kann, sind die Gaullisten an der Macht. Er engagiert sich im Wahlkampf von Chaban-Delmas, genießt dessen Wahlversammlungen gegen Giscard und erlebt Chiracs Verrat. Seine Lieblingslektüre sind jetzt die Biographien großer Franzosen: Louis XIV., Napoleon, de Gaulle. Ihn treiben zwei Motivbündel zur Nachahmung jener Größen: der Wunsch, Frauen zu erobern und das Streben nach sozialer Anerkennung. In Nanterre passiert erstmal das Gegenteil. Er

---

7   Ibid. S. 46.
8   Ibid. S. 60.
9   Im Juli 2017 durchwanderte ich Neuilly, das Reich Sarkos von 1983 bis 2002, das grob gesehen zwischen Triumphbogen und La Défense und der Seine liegt. Nicht, dass es dort irgendetwas Sehenswertes zu sehen gäbe. Das Rathaus und die benachbarte, von ihm dreimal benutzte Hochzeitskirche in der Avenue Achilles-Peretti sind im üblichen neoklassizistischen Stil des späten 19. Jahrhunderts gehalten. Im einzig offenen Straßenlokal waren das Publikum und die Passanten bürgerlich, weitgehend touristen- und immigrantenfrei, ruhig, freundlich und höflich (in Paris eher eine Seltenheit). Doch schienen sie keinesfalls so snobistisch, als dass sie dem Sohn einer Anwältin lebenslange Minderwertigkeitskomplexe hätten zufügen können. Das bürgerliche Milieu erscheint nicht viel anders als in Berlin-Dahlem, Hamburg-Blankenese oder Kronberg im Taunus.

wird von militanten Linken verprügelt, als er sich als Gaullist bekennt und sich gegen einen Studentenstreik ausspricht. Nach und nach überzeugt ihn Chiracs kämpferisches Auftreten in der durch den Machtverlust demoralisierten UDR, dass er der einzige Retter sein kann. Sarkozy verbündet sich mental mit dem neuen starken Mann – ein Bündnis, das die nächsten 21 Jahre bis 1995 halten sollte. In der Sektion Neuilly meldet sich Sarkozy für die freiwerdende Position eines Schatzmeisters und wird gleich gewählt. Nach Chiracs Rücktritt als Premier darf er im Dezember 1976 die Rede „Jugend für Chirac" zum Aufwärmen des Parteitags der in RPR umbenannten Chirac-Partei halten. Schließlich geht er auch in allen wichtigen Sitzungen des Regionalverbandes Hauts-de-Seine ein und aus. Er tritt im Fernsehen als politischer Berufs-jugendlicher auf und wird dafür von der Partei geschult. Sein gelungener Auftritt erbringt das persönliche Lob von Charles Pasqua. Der Parteichef und seit 1947 Bürgermeister von Neuilly, Achille Peretti setzt den 22-Jährigen daraufhin auf die Liste für die Stadtratswahlen von 1977, allerdings nur auf Rang 37. Die zentrale Parteiführung gibt ihn den Auftrag, einen Verband der Junggaullisten mit mindestens 25.000 Aktivisten zu gründen und zu leiten. Für die Grün-dungsveranstaltung droht ihm ein jovialer Chirac einen Tritt in den Hintern an, wenn er auch nur einen freien Platz sehe.

1975 trifft Nicolas seine erste große Liebe. Clara Lebée ist wie er gaullistische Aktivistin an der feindlichen Nanterre. Die beiden sind bald unzertrennlich. Doch wird sie bei einem Skiausflug von einem LKW erfasst und stirbt. Seine Trauer erstickt er in noch umtriebigerer politischer Arbeit und wird unter der politisch aktiven Jugend von Neuilly eine unbestrittene Führungs-gestalt, die unermüdlich neue Ideen für Aktionen, Plakate und Flugblätter hat. 1977 macht ihn Pasqua, der starke Mann in der Region und RPR-Chef im Senat, zum stellvertretenden Sekretär der Regionalpartei. Peretti und Pasqua, beides politische Urgesteine der rauen korsi-schen Schule der Alt-Gaullisten, werden seine ersten politischen Lehrmeister, zu denen er bald ein besonderes Vertrauensverhältnis hat. 1978 schließt er nach seinem Jurastudium noch eines der Politikwissenschaften ab[10] und wird zu den Fahnen gerufen. Tagsüber muss er nun einige Monate lang vormittags mit Bohnerwachs das Hauptquartier der Luftwaffe in einer Pariser Ka-serne verschönern. Ihm bleibt daher an den Nachmittagen und Abenden noch genügend Zeit für die Politik und die Muße zur Lektüre. Danach legt er die Anwaltsprüfung ab und tritt als Spezialist für Gesellschaftsrecht in eine befreundete Kanzlei in Neuilly ein, in der er bis 1993 bleiben sollte. Der einstige Problemschüler hat jetzt den gleichen Beruf wie seine stolze Mutter.

Bürgermeister von Neuilly

1982 heiratet er Marie-Dominique Culioli, eine fromme Apothekerstochter, rein zufällig auch aus Korsika stammend. Ein Jahr darauf mit, 28 Jahren macht ihn Peretti zu seinem Stellver-treter im Rathaus und setzt ihn auf Platz 7 der Stadtratsliste. Jetzt wird er auch Delegierter für die Jugendarbeit der nationalen RPR-Organisation. Da bricht Peretti im April 1983 bei einem koreanischen Empfang mit einem Infarkt zusammen und stirbt einige Tage später. Pasqua will

---

10   Er erhält zwar eine „Lizenz" für Jura. Ihm wird aber das Diplom für das Politikstudium verweigert, weil sein Englisch zu schlecht ist.

sein Nachfolger als Bürgermeister der reichsten Gemeinde Frankreichs werden. Er braucht die Stimmen von mindestens 25 der 49 Stadträte, die er prompt zu massieren beginnt. Etwa 40 gehören der RPR an oder gelten als Sympathisanten. Doch auch Sarkozy hat zum Entsetzen seiner Familie seinen Hut in den Ring geworfen. Der wütende Pasqua will, dass Chirac ihn zurückpfeift. Doch der ziert sich. Dann gibt Pasqua auf. Das Risiko einer Niederlage ist für ihn als Ortsfremder zu groß. Schließlich gewinnt Sarkozy knapp mit 26 Stimmen gegen den Kandidaten der UDF. Mit 28 Jahren wird Sarkozy zum jüngsten Bürgermeister einer Stadt mit mehr als 50.000 Einwohnern. Er hat seinen politischen Durchbruch aus eigener Kraft geschafft, das Schwergewicht Pasqua vertrieben und genießt jetzt die soziale Anerkennung, die ihm vor einem Jahrzehnt noch so bitter fehlte. Seinen unterlegenen UDF-Konkurrenten macht er zu seinem Stellvertreter. Doch die nationale Parteiführung beginnt ihn zu schneiden. Es gibt keine Einladungen mehr. Seine nationale Rolle wird auf Eis gelegt. Erst als er bei den Kantonalswahlen zwei Jahre später Marie-Caroline Le Pen, die älteste Tochter Jean-Maries mit 72 % der Stimmen schlägt, gilt er als rehabilitiert. Zur Belohnung wird er Vizepräsident im Generalrat Hautes-de-Seine.

Von der Kommunalverwaltung hat Sarkozy zunächst wenig Ahnung. Er muss in Neuilly 1000 Bedienstete führen und ein Budget von 350 Millionen Francs verwalten. Gleichzeitig ist die reichste Stadt Frankreichs jene mit den niedrigsten kommunalen Gebühren und Abgaben. Er verändert zunächst nichts und verlässt sich auf die angestammte Führungsriege seiner Beamtenschaft. Um seriöser zu wirken, lässt er sich die Haare schneiden, trägt konservative Anzüge und lässt sich siezen. Einerseits ist er in seinen Arbeitsanforderung anspruchsvoll bis zur Grausamkeit und kann bei Fehlern herabsetzende laute Kritik nicht unterdrücken, andererseits nimmt er bei persönlichen Problemen, Trauer- oder Glücksfällen persönlichen Anteil, will also von seinen Leuten nicht nur gefürchtet, sondern auch geliebt werden.[11] Dann inspiziert er alles: die Gehwege, Straßen, Signalanlagen, die Häuser und Geschäfte. Nachts geht er häufig mit der Polizei auf Streife. Er ist omnipräsent und trifft mehr und mehr alle mehr oder weniger wichtigen Entscheidungen selbst: von der Zuteilung von Subventionen bis zur Verteilung von Kindergarten- und Schulplätzen. Er stellt dabei sicher, dass er gesehen wird und die glücklichen Empfänger erfahren, wem sie dies verdanken. Auf allen Wochenmärkten, Schulfesten und Feuerwehrbällen ist er gleichfalls präsent. Er begrüßt jedermann freudig und versucht sich die meisten Namen einzuprägen. Jeder Einwohner bekommt von ihm bei allen Jubiläen, Geburtstagen, Kommunionsfeiern, Hochzeiten oder im Trauerfall persönlich unterzeichnete Karten. An allen Wochenenden ist er im Einsatz. Der Urlaub im Sommer besteht aus acht Tagen auf Korsika, der Heimat seiner Frau. Im Winter fahren sie acht Tage Ski. Mehr nicht. Der Lohn der Mühe: 1989 fährt seine Liste 75 % der Stimmen ein. 1995 ist das Ergebnis mit 60 % weniger gut, weil Chirac aus Rache für sein Überlaufen zu Balladur einen RPR-Gegenkandidaten aufgestellt hat. Die besondere Vorliebe des Bürgermeisters gilt der reichen und schicken Oberschicht Neuillys, um deren Zuneigung und Freundschaft er buhlt. Sie reichen von Jacques Attali über Baulöwen bis hin zu Medienleuten wie Jacques Martin.

11   Nay. 2007. Op. cit. S. 130.

Mit dem Aufstieg seines Sohnes meldet sich auch Vater Pal in sein Leben zurück. Die Mutter tröstet seine vierte Frau über Pals fortgesetzte Eskapaden und nimmt auch die Halbgeschwister ihrer zwei Söhne bei Familienfeiern freundlich auf, zumal alle den gleichen Nachnamen Sarkozy haben.

Im August 1984 tut Sarkozy etwas, was er besonders gerne tut: Er verheiratet seinen Freund, den alternden Fernsehstar Jacques Martin mit einer 25 Jahre jüngeren Frau namens Cécilia Ciganer-Albéniz. Nur verliebt er sich leider sofort in die ebenso aparte wie eigenwillige Schönheit, die mütterlicherseits einer spanischen Familie von Diplomaten und Komponisten und väterlicherseits einer aus Moldawien stammenden Pelzhändlerfamilie entstammte, die halb jüdischen, halb zigeunerischen Ursprungs war. Weil der Vater die Hoch- und Halbwelt von Paris mit edlen Pelzen belieferte, hat die junge Frau schon früh die entsprechenden Kontakte und Ansprüche und arbeitet nach der Oberschule als Fotomodell. Martin führt sie in die große Welt der Medien, der Schönen und Reichen und ihres Glitzers ein. Der kleine Bürgermeister und Anwalt kann da nicht mithalten. Aber er versucht mit aller Kraft, das neue Paar noch enger zu befreunden und lässt gegenüber Cécilia seinen beträchtlichen Charme und Witz sprühen. Als Cécilia ihr erstes Kind bekommt, wird er der Pate der kleinen Judith. Die Paare machen gemeinsam Urlaub. Nun hat Martin häufig Geschäftstermine im Ausland. Cécilia ist daher oft allein und langweilt sich. Da kommen Sarkozys unermüdliche Aufmerksamkeiten und Einladungen gerade recht. Bei einem Wochenende zu dritt (Martin ist wie stets auf Reisen), erwischt die arme Marie-Dominique die beiden in flagranti. Im Herbst 1988 verlässt Cécilia kühl und kalt ihren Mann. Doch Sarkozy ist noch nicht zur Scheidung bereit, zumal seine Mutter Cécilia ablehnt und zu Marie-Dominique, der Mutter seiner zwei kleinen Söhne Jean und Pierre hält. Dazu ist die kalte und hochmütige Cécilia in den führenden Zirkeln von Neuilly unbeliebt, die sie bald „Hure des Bürgermeisters" nennen und schneiden[12]. Sarkozy pendelt zwischen seiner Familie und seiner launischen und temperamentvollen Geliebten hin- und her und kann sich nicht entscheiden. Sicherlich hätte es Sarkozy gerne wie Giscard, Mitterrand und Chirac gehalten: Eine leidensfähige Frau zu Hause, für offizielle Anlasse und die mediale Vorführung eines intakten kinderreichen Familienlebens, und die feurige Geliebte für den Spaß und das Ego nebenher. Doch Cécilia war keine Anne Pingeot. Sie wollte selbst im Mittelpunkt stehen, den Vorrang haben und nicht diskret auf Schäferstündchen warten.

Im Jahr 1986 ist er 31 Jahre alt und hat schon eine Menge erreicht: Bürgermeister von Neuilly und Vizepräsident des Regionalrats von Hauts-de-Seine. Als Bürgermeister hat er viele neue kommunaler Bauprojekte umgesetzt und die achtspurige Nationalstraße, die Neuilly durchschneidet, durch Überquerungen menschlicher gemacht. Die Bürger und die Bauwirtschaft sind zufrieden. Im Regionalrat ist er für die Kulturförderung in jenem Speckgürtel westlich von Paris mit seinen 1,6 Millionen Einwohnern zuständig. Er wird zum Mäzen von Theatern, deren Vorstellungen er nie besucht. Die linke Kulturmafia, die ihre Subventionsinteressen stets aggressiv verteidigt, ist damit auch befriedigt. Im März 1986 stehen Parlamentswahlen an. Mitterrand hatte bekanntlich Verhältniswahlen durchgesetzt. Auf den Listen der RPR reservieren

---

12   Ibid. S. 148.

sich die altgedienten altgaullistischen Schwergewichte die vorderen, sicheren Plätze. In Hauts-de-Seine bekommt die RPR maximal fünf Sitze durch. Der erzürnte Sarkozy landet auf Platz 7. Als Mitterrand nach der linken Niederlage Chirac in die Kohabitationsregierung beruft, fällt für Sarkozy bei der Regierungsbildung nichts ab. Er vermutet die Rache von Pasqua, der Innenminister wird. Er muss also Frieden schließen. Die Gelegenheit bietet sich bald. Als bei den regelmäßigen Schülerkrawallen, die neben den Eisenbahnern am leichtesten mobilisierbar sind, ein Schüler zu Tode kommt, und Chirac und Pasqua in den Umfragen abstürzen und mit Rücktrittsforderungen überschüttet werden, organisiert Sarkozy in Hauts-de-Seine eine Massensolidaritätsveranstaltung für Pasqua, die den alten Haudegen zu Tränen rührt. Sarkozy wird bald mit dem Posten eines Sonderbeauftragten für die Katastrophenvorbeugung im Innenministerium belohnt. Er hängt sich nun an die Rockschöße von Pasqua, um das Innere der nationalen Politik, des Parlaments und der Zentralverwaltung kennenzulernen. Als Chirac 1988 zum zweiten Mal antritt, wird Pasqua sein Wahlkampfleiter, und Sarkozy der Generalsekretär des Unterstützungskomitees der Jugend für Chirac, eine Funktion, in der er sein Organisationstalent mit einem unermüdlichen Einsatz zur Geltung bringen kann.

Bei den folgenden Parlamentswahlen schiebt Sarkozy in Hauts-de-Seine die von Chirac eigentlich schon bestätigte bisherige RPR-Abgeordnete beiseite. Diesmal mit dem Segen von Pasqua, dem er seinen Sitz im Generalrat versprochen hat, den er nach den neuen Anti-Kumulationsregeln im Falle seiner Wahl räumen müsste. Trotz der landesweiten Niederlage der Rechten wird Sarkozy schon im ersten Wahlgang mit mehr als 50 % der Stimmen gewählt.

Er beginnt nun Balladur zu befreunden, der als nächster Premier der Rechten gehandelt wird, nachdem Chirac nachdrücklich erklärt hatte, die unerfreuliche Erfahrung nicht noch drittes Mal erleiden zu wollen. Er organisiert ein großes Galadiner zu seinen Ehren in Neuilly, zu denen alle wichtigen Unternehmer und Wirtschaftsführer der Stadt geladen sind. Der Grandseigneur fühlt sich geehrt und führt den Bürgermeister, der noch immer nach der Anerkennung durch Ersatz-Väter heischt, in die bessere Gesellschaft von Paris und Deauville und in die feinere Lebensart ein. Gleichzeitig sucht er über Claude, mit der er zum Ärger der eifersüchtigen Cécilia an Wochenenden auch zu Konzerten und Sportveranstaltungen geht, die Beziehungen zu Chirac zu intensivieren. Zwischen 1989 und 1993 wird er Teil der komplexen Chirac-Familie, mit guten Beziehungen auch zu Bernadette. Vielleicht sah Chirac in dem jungen Sarkozy und dessen dreister Unerschrockenheit auch seine eigenen Anfänge und den Sohn, den er nie hatte.

Für die gemeinsame Liste von UDF und RPR für die Europawahlen, die von Giscard und Alain Juppé angeführt wird, ist Sarkozy der Wahlkampfleiter. Mit 28,8 % der Stimmen fährt er einen unerwartet hohen Sieg ein. Ab 1992 bereitet er, der sich in dieser Zeit politisch „eher liberal als rechts" definiert, zusammen mit Claude bereits diskret die Kampagne für Chirac für 1995 vor. Über Sartres einstigen Lieblingscafé „de Flore" am Boulevard Saint-Germain richten sie eine Planungszelle ein. Gleichzeitig arbeitet er weiter für Balladur, der im Gegensatz zum Pariser Bürgermeister noch keinen hochrangigen Stab um sich versammelt hat (gegenüber dem sich Sarkozy nur schwer durchsetzen könnte) und der auf seine Ideen meist sofort positiv reagiert.

Noch gibt es in diesem doppelten Engagement keinen Widerspruch: der eine will ins Élysée, der andere ins Matignon.

So erhält Sarkozy 1990 als stellvertretender Generalsekretär einen ersten hohen Parteiposten. Allerdings ist er nur für die Beziehungen zum politischen Gegner zuständig. Zwei Jahre später erhält er eine wichtigere Aufgabe: die Verbände der RPR so zu organisieren, dass die UDF bei den Wahlen von 1993 wieder auf den zweiten Platz verwiesen wird. Gleichzeitig wird er einer der Parteisprecher und wirkt dabei völlig ideologie- und überzeugungsfrei. Weil er keinen polit-bürokratischen Jargon sondern klar und volkstümlich spricht, immer verfügbar ist und keinen Fragen ausweicht, ist er bald der präferierte Gesprächspartner der politischen Journalisten[13]. Am liebsten legt er dabei die Füße auf einen Sessel, bestellt eine Cola Light und steckt sich eine Zigarre an. Dabei pflegt er gelegentlich auch einen ruppigen Stil. So beschimpfte er den Kommentator Giesbert als „Kanalratte" und „stinkenden Perversling" und versucht ihn bei seinem damaligen Arbeitgeber, dem öffentlichen Fernsehen, zu denunzieren.[14]

Der Haushaltsminister

Nach einer Endlosserie von Skandalen der an der Macht korrumpierten Sozialisten siegt die Rechte im März 1993 mit 20,4 % für die RPR (242 Sitze) und 19,2 % für die UDR (207 Sitze). Die Belohnung: Balladur ernennt ihn in seiner neuen Regierung wunschgemäß zum Haushaltsminister und Regierungssprecher. Sein politischer Jugendfreund Brice Hortefeux wird sein Kabinettschef. Cécilia bekommt ein Büro im Bercy neben dem seinigen und nennt sich Cécilia Sarkozy, obwohl er noch mit Marie-Dominique verheiratet ist. Nicht, dass sie irgendetwas Nützliches zur Arbeit beisteuern könnte, nein, sie will Claudes Einfluss auf Sarkozy kappen und öffentliche Anerkennung als Ministerfrau, die sie noch nicht ist, finden.

Zunächst ist der junge Minister, der keine Ahnung von der komplexen Beschlussfassung und Kontrolle der nationalen Finanzen hat und die eigenartige Verwaltungssprache des Bercy nicht versteht, von der neuen Aufgabe überfordert, zumal auch Balladur ein anspruchsvoller Chef ist[15]. Schließlich hat die Regierung des toten Bérégovoy, mit Wachstumserwartungen von 2,8 %, die in der Wirklichkeit sich auf −1,3 % beliefen, heillos zerrüttete Staatsfinanzen hinterlassen. Sarkozy bestellt sich zu allen wichtigen Fragen täglich 20 bis 30 erklärende Vermerke, die er bis in die Nacht studierte, um sich so schnell wie möglich sachkundig zu machen. Schließlich hält er seine erste Haushaltsrede vor dem Budgetausschuss des Parlaments wie seinerzeit Giscard in freier Rede.

Die neue Regierung wird von der Öffentlichkeit freudig begrüßt. Balladur erhält im Frühjahr 1993 Zustimmungsraten von 75 %. Im September 1993 wollen 67 % der Franzosen Balladur als nächsten Präsidenten und nur 20 % Chirac. Die Rivalitäten zwischen beiden wachsen. Die Garde der Altgaullisten beginnt, Balladurs Politiken zu kritisieren. Doch rufen Claude und

---

13   Ibid. S. 181.
14   Giesbert. Op. cit. S. 12.
15   Nay 2007. Op. cit. S. 197.

Chirac Sarkozy als ihren Vertrauensmann in der Regierung weiter fast täglich um Informationen und Rat an. Er wird also deutlich zwischen seinen beiden Ersatz-Vätern zerrissen. Doch schon Ende Juni 1993 besucht Sarkozy die präsidentielle Zelle oberhalb des Café de Flore nicht länger, angeblich aus Termingründen. Im Chirac-Lager nimmt man dies als eine beginnende Distanzierung wahr. Bei der Sommeruniversität der RPR in Straßburg taucht er nur kursorisch auf, ist zu Claude unfreundlich und weigert sich mit der Parteiprominenz auf die Bühne zu gehen. Trotz öffentlicher Freundschaftsbekundungen beider bahnt sich zwischen Chirac und Balladur für alle Parteiaktivisten offenkundig ein Krieg der Chefs an, bei der man rechtzeitig auf der richtigen (Sieger-)Seite stehen sollte. Für Sarkozy ist die Wahl klar: Er hat die freundschaftlicheren Beziehungen zu Balladur. Der Premier hat ihn zum Minister gemacht, eine Arbeit, die er zu lieben begonnen hat, und am wichtigsten: Balladur liegt in den Umfragen anscheinend unschlagbar weit vorne[16]. Den Bruch seines Engagements für Chirac rechtfertigt er mit dem Argument, dass er als Regierungssprecher für Balladur sich nicht länger parteipolitisch exponieren dürfe. Für Chirac und Claude ist das Tischtuch damit fast schon zerschnitten.

Dennoch glaubt Chirac weiter nicht, dass Balladur ein ernsthafter Konkurrent ist. Er hält ihn für zu hochmütig, arrogant, entfremdet, verwöhnt und weichlich, um letztendlich zu kandidieren. Er glaubt auch, dass Sarkozy in der Wahlkampfphase zu ihm zurückkommen wird. Auch Claude, für die Sarkozy als Freund wie ein Bruder war, den sie nie hatte, versucht es weiter mit Telefonaten, die nicht erwidert werden. Auch in der Parteiorganisation der chiracistischen RPR fällt das Ausbleiben seines mitreißenden Organisationstalentes schmerzlich auf.

Anfang 1993 drohen einmal mehr die üblichen Schüler- und Studentendemonstrationen, begleitet von den unvermeidlichen Schlägerbanden („casseurs"). 750.000 arbeitslosen Jugendlichen sollen kurzfristige Jobs unter dem Mindestlohn angeboten werden, um sie ans Arbeitsleben zu gewöhnen und ihnen eine Weiterbeschäftigungschance zu geben. Unakzeptabel für ihre militanten Organisationen, die nach Vorwänden für Krawalle suchen. Zunächst weigert sich Balladur dem Druck der Straße nachzugeben. Doch nach fünf Wochen von Massenprotesten und nachdem die Casseurs in Paris, Lyon und Nantes genug Polizisten verletzt, Autos angezündet und Schaufensterscheiben zerschmissen haben, gibt er nach und zieht das Beschäftigungsprogramm zurück. Im Januar 1994 wollte die Regierung eigentlich die Zuschüsse erhöhen, mit denen Gemeinden die bei ihnen befindlichen freien Schulen subventionieren können. Auch dieses Projekt wurde nach dem Protestgeschrei der laizistischen Linken zurückgenommen. Im Herbst 1994 schließlich wollte Air France, um seine Verluste einzudämmen, in einem Sozialplan 4000 Stellen streichen. Nach Streiks und Startbahnbesetzungen knickt die Regierung ein und entlässt den Vorstandschef. Der Regierungssprecher hat Mühe, jene kumulative Rückratlosigkeit schönzureden.

Derweil versucht Sarkozy massiv mit Charme, Drohungen, Versprechen und Subventionen Abgeordnete und Regionalräte aus den Reihen der RPR und UDF als Unterstützer für Balladur zu rekrutieren, was im gegnerischen Lager natürlich nicht unbemerkt bleibt. Sein Haupt-

16   Ibid. S. 208.

argument ist die Siegeszuversicht: Balla wird gewinnen, was kann Dir dann Chirac bringen? Sein aggressiver Optimismus verstärkt sich, als sich der beste Kandidat der Linken, Jacques Delors, im Dezember 1994 selbst aus dem Rennen nimmt. Doch Mitte März 1995 beginnen Balladurs Umfragewerte um zehn Punkte einzubrechen. Der Canard Enchaîné veröffentlicht millionenstarke Aktiengewinne Balladurs, die er vor der Übernahme seines Amtes gemacht hatte. Nichts Illegales, nur stellt es sich heraus, dass er mit (umgerechnet) 3 Millionen Euro dreimal reicher ist als Chirac. In einem Land, wo die katholische Soziallehre den Reichtum für sündig hält und die Linke den Sozialneid pflegt, kam dies einem politischen Todesurteil gleich. Dazu wurde bekannt dass er als Abgeordneter jahrelang ein Monatsgehalt von 16.000 Euro für undefinierte Beratungsdienste für eine Informationsgesellschaft bezogen hatte. Und wenig später schreibt der Canard, Sarkozy, der als Minister die Finanzämter kontrolliert, würde sich lebhaft für die Steuerbescheide von M. und Mme Chirac interessieren. Die Ergebnisse lassen nicht auf sich warten. So haben die Chodron de Courcels ohne große Anstrengung einen schönen Profit aus dem Verkauf eines großen Brachlandes an die von Chirac kontrollierte Pariser Hafengesellschaft gezogen. Sarkozy ist also mittendrin im Bruderkrieg der Rechten, wo untergriffig schmutzige Wäsche gewaschen und gnadenlos Rufmord geübt wird. Im Wahlkampf zeigt sich dann deutlich, dass Chirac doch der erfahrenere Wahlkämpfer ist, der über ein größeres Beziehungsnetzwerk verfügt und geschickter die Volksseele streicheln kann. Am Ende geht er im April 1995 mit 20,8 % als zweiter, hinter Jospin mit 23 %, knapp doch entscheidend vor Balladur mit seinen 18,6 % durch das Ziel. Im Duell mit Jospin im Mai bleibt den Balladuristen nur, eine Wahlempfehlung zugunsten Chiracs auszusprechen, die ihm dann in seinem dritten Anlauf zum Sieg verhilft.

In der politischen Wildnis

Der siegreiche Chirac vergibt nichts, am wenigsten dem Verräter, der sich als sein Ziehsohn ausgegeben, seine Tochter unglücklich gemacht, den gegnerischen Wahlkampf inspiriert und in seinen Steuerakten geschnüffelt hatte. Er nennt ihn nur noch den „Zwerg" und redet vier Jahre lang nicht mehr mit ihm, Claude überhaupt nie wieder. Nur Bernadette sollte ihm nach Jahren wieder vergeben. Für Sarkozy, der auf das falsche Pferd gesetzt hatte, ist die Niederlage Balladurs eine politische Katastrophe, die erste schwere Niederlage des 40-Jährigen, nachdem es zwanzig Jahre lang immer lustig bergauf gegangen war. Dazu hatte er sich in der Partei mit seinen ruppigen Methoden viele Feinde gemacht. Er hatte schließlich nicht nur Karotten (Subventionen aller Art) für die Unterstützer Balladurs versprochen, sondern auch Uneinsichtige, gleich ob Minister oder Abgeordnete, mit der Steuerfahndung bedroht[17]. Das vergisst und vergibt man nicht so schnell. Als sein aggressiver Übereifer publik wird, ist auch sein öffentliches Image ruiniert. Karikaturen zeigen ihn als kleinwüchsigen Beelzebub. Vom Status eines potentiellen Premierministers wurde er über Nacht zum Paria. Die nächsten sieben Jahre würde er sich wohl auf seine Bürgermeisterei konzentrieren müssen.

---

17   Ibid. S. 234.

Die neue Regierung unter Alain Juppé legt einen schlechten Start hin. Um für die EU-Währungsunion fit zu werden, müssen angesichts der Schulden und Haushaltslöcher die versprochenen Sozialgeschenke gestrichen, die Steuern erhöht und die Ausgaben gekürzt werden. Bei der ersten Regierungsumbildung wird die unter großen Fanfahren frischrekrutierte, unerfahrene Frauenriege (die „jupettes") wieder an die Frischluft gesetzt und durch alte Fahrensleute ersetzt. Im Winter 1995 erschüttern wieder Streiks das Land, die es sechs Wochen lang lahmlegen, das Wachstum auf null setzen und durch den Ausfall von Steuereinnahmen das Haushaltsdefizit verschlimmern. Die Popularität der Regierung stürzt auf 27 % ab.

Um seinen Parlamentssitz zurückzuerobern, den Sarkozy als Minister hatte er räumen müssen, wird sein Nachrücker auf den von Pasqua freigemachten Sitz im Senat geschoben. Bei den nun fälligen Nachwahlen gewinnt Sarkozy mit 75 % der Stimmen triumphal. Fünf Monate nach der Wahl Chiracs haben ihm seine Wähler wenigstens vergeben. Das Élysée und die RPR-Führung jedoch nicht. Immerhin ist im Herbst 1996 sein langwieriges Scheidungsverfahren abgeschlossen und Sarkozy kann bald darauf im Oktober 1996 Cécilia ehelichen. Die Industriellen und Milliardäre Bernard Arnault und Martin Bouygues sind Trauzeugen. Bald folgt die Geburt des kleinen Louis, ihres einzigen gemeinsamen Kindes.

In der Stunde der Krise schlägt Juppé seinem Präsidenten eine neue Kabinettsumbildung vor, die im Zeichen der Versöhnung mit den Balladuristen stehen soll, darunter auch einen Posten für Sarkozy, der Chirac zwischenzeitlich einen bemerkenswerten Entschuldigungsbrief geschrieben hat, in dem er für seinen politischen Irrtum um Vergebung bittet, doch gleichzeitig betont, er habe den politischen Verrat von ihm als seinem Lehrmeister gelernt[18]. Das Zerwürfnis mit Chirac geht ihm persönlich nahe. Doch Chirac will von einer Versöhnung nichts wissen. Stattdessen lässt er, ohne triftige Gründe zu nennen, das Parlament auflösen, um sich von den lästigen Balladuristen-Abgeordneten, die dennoch bei seinen Gesetzesprojekten mitspielen, zu befreien. Was kurz nach seiner Wahl im Mai 1995 erfolgreich gewesen wäre, ist im April 1997 nach allen Krisen und Popularitätsabstürzen zu spät. Die vereinigte Rechte verliert 222 Mandate und die Mehrheit. Fünf Jahre Kohabitation mit Lionel Jospin kündigen sich an, der jetzt die Innenpolitik übernimmt. Unter den nur sieben RPR-Abgeordneten, die im ersten Wahlgang mit absoluter Mehrheit gewählt werden, befindet sich auch Sarkozy. Auf einen Glückwunsch aus dem Élysée wartet er freilich vergeblich.

Wie immer bei politischen Katastrophen, die denen Schwergewichte ihre Posten verlieren und die Sündenböcke bestraft werden, gibt es bei den demoralisierten Gaullisten auch Aufstiegschancen. Sarkozy, der intern der „kleine Satan" genannt und bei öffentlichen Auftritten von chiracistischen Parteiaktivisten noch immer als „Verräter" und „kleiner Dreckskerl" („salaud") laut beschimpft wird, verbündet sich mit Philippe Séguin im Sommer 1997 für die Rückeroberung der Parteiorganisation. Mit Séguin im Parteivorsitz wird er als Sprecher und „Koordinator" (d.h. Organisationsbeauftragter) sein faktischer Stellvertreter. Nolens volens muss Chirac jetzt nach vier Jahren wieder mit ihm sprechen, wenngleich eisig und distanziert. Während Sé-

18   Ibid. S. 240 f.

guin in der Zentrale sitzt, Pizzas verschlingt und Sportzeitungen liest, durcheilt Sarkozy meist in Begleitung von Cécilia das Land, besucht die Abgeordneten, die Notabeln, die Parteibasis und die Lokalzeitungen. Im Januar 1998 wird er offiziell Generalsekretär der RPR. Für die kommenden Regionalwahlen durchreist er noch intensiver das Land. Er muss vor allem einigen von der Linken bedrohten Regionalverbänden ausreden, sich mit der FN zu verbünden. Trotz seines Einsatzes setzen sich die Wahlverluste von 2007 fort. Die Île-de-France fällt an die Sozialisten unter Dominique Strauss-Kahn (DSK), den Wirtschafts- und Finanzminister unter Jospin.

In der Vorbereitungsphase für die Europawahlen 1999 zersplittert sich die Rechte weiter. Charles Pasqua will mit einer separaten Anti-EU-, Anti-Maastricht-Liste kandidieren, der Zentrist François Bayrou mit einer dezidiert pro-europäischen Liste antreten, und Séguin schmeißt im Parteivorsitz das Handtuch, nicht nur weil seine Herzensdame wieder zu ihrem Ehemann zurückkehrt, sondern auch weil er die neuen Wahlen schon im vorhinein für verloren hält. In seiner Not bietet Chirac Sarkozy den RPR-Vorsitz interimistisch und die Spitze der Liste für die verloren geglaubten Europawahlen an, die niemand anderes haben will. Sarkozy, der nicht nein sagen kann, stürzt sich nun in seinen einsamen Wahlkampf und holt mit seiner Liste im Juni 1999 für seine Mühe gerade einmal 12,8 %. Die Sozialisten mit François Hollande an der Spitze gewinnen mit 22 %. Doch am schlimmsten: Er wird auch von Pasqua mit 13,1 % überholt, der in seiner Rache für Neuilly vor 16 Jahren triumphiert. Bayrou liegt mit 9,3 % auch nicht ferne. Sarkozy muss nun auf allen Fernsehkanälen seine Wahlniederlage erklären. Er ist so deprimiert, dass Chirac ihn trösten muss, der ihm aber gleichzeitig den Vorsitz der RPR entziehen und die Partei wieder re-chiracisieren will.

Sarkozy hat nun erstmals freie Wochenende, die er Cécilia und den Kindern widmen kann. Zwei Tage opfert er sogar für das Disneyland. Während sie davon träumt, dass dies immer so bleibt, träumt er von der Wiederaufnahme seiner Karriere. Nach einem langen Italienurlaub lässt ihn Chirac im September 1999 den Vorsitz niederlegen, bietet ihm aber an, sein Programm für die beabsichtigte Wiederwahl im Jahr 2002 zu schreiben, solange es nicht ultraliberal ist. Für Sarkozy ist dies ein Signal, dass er sich bei einem Sieg Hoffnungen auf den Premierposten machen kann, zumal sein Rivale Juppé aus seiner Vergangenheit im Pariser Rathaus einen Prozess wegen Amtsmissbrauches am Hals hat.

Seine Vorarbeiten und Überlegungen für diese Programmatik lässt er in ein Buch[19] einfließen, das wie so viele Politikerbücher in Frankreich teils autobiographisch und anekdotisch und teils programmatisch ist und die Belesenheit des Autors darstellen soll. So kombiniert er zum Beispiel seinen Bericht einer Abenteuerfahrt auf einem öffentlichen Bus durch die Pariser Banlieue, wo der Fahrer ihn nachts am Aussteigen hindert, weil es zu gefährlich sei, mit der Forderung, Familien, die sich nicht mehr um ihre halbwüchsigen delinquenten Kinder kümmerten, das Kindergeld zu sperren. Ansonsten geht es um die Wiederherstellung von Autorität in Staat und Gesellschaft, um die Sicherheit, Arbeit und die Freiheit des Unternehmertums. Dazu ein

---

19 Nicolas Sarkozy. Libre. Robert Laffont. 2001.

buntes Potpourri an Einzelforderungen zum Steuersystem, der Dezentralisierung, der Schule, der Kultur, zu Korsika und zur Krebsbekämpfung, das ein passables Regierungsprogramm abgeben würde. Wie immer ist der Zweck solcher Bücher, sich wieder ins Gespräch zu bringen, besprochen und ins Fernsehen eingeladen zu werden. Auf die Lokalwahlen vom März 2001 hat das Buch keinen Einfluss. Die Rechte gewinnt zwar mit 49,7 % viele Mittel- und Großstädte in der Provinz, verliert aber Lyon und Chiracs einstige Zitadelle Paris.

Ein Glücksfall ist für ihn eine Einladung nach Algerien Ende September 2001, wo er Präsident Bouteflika eine persönliche Botschaft von Jaques Chirac überreichen und sich erstmals im Ausland auf einem für Frankreich heiklen Pflaster staatsmännisch geben kann. Doch als Chirac im Mai 2002 gegen Le Pen wenig überraschend wieder gewählt wird, wartet er vergeblich auf einen Anruf aus dem Élysée. Chirac wählt stattdessen den loyalen, gemütlich wirkenden Jean-Pierre Raffarin, einen Konsenstypen und Provinzpolitiker aus Poitiers, der keinen Ehrgeiz hat, je Präsident werden zu wollen. Raffarin tröstet ihn: „Du weißt, dass man vom Matignon aus noch nie das Élysée erobert hat".[20]

Der Innenminister

Als richtigen Trostpreis erhält Sarkozy das Innenministerium, wo er nicht nur protokollarisch zum starken zweiten Mann der Regierung wird. Wie schon Clemenceau kündigt er sich als der „erste Polyp Frankreichs" („le premier flic de France") an[21]. Beim Bezug der Diensträume am Place Beauvau (der dem Haupteingang des Élysée-Palastes gegenüber liegt) schreitet Cécilia ihm im knallroten Gewand voran. Ein Signal, dass er im Amt nicht alleine das Regiment führt. Schon am ersten Abend fährt er zusammen mit dem Polizeipräfekten von Paris mit einer Streife durch eines der übelsten Problemviertel. Die zivilen Wagen werden mit Steinen beworfen. Doch als sie an einem brennenden Auto vorbeikommen, wird er gewarnt nicht auszusteigen: Zu gefährlich, nur schnell weiter. Im örtlichen Kommissariat entsetzt er sich über die veraltete Ausrüstung und die abgewrackte Ausstattung. Die Polizisten beginnen den Minister zu lieben, der zum ersten Mal ein ernsthaftes Interesse an ihrer Arbeit und ihren Problemen zeigt und zuhört, bevor er Besserung verspricht. Die Maßnahmen lassen nicht auf sich warten.

Zwei Tage später fusioniert er per Dekret Polizei und militärische Gendarmerie, um Kräfte und Material zu fusionieren, Informationen zu teilen und bisherige Doppelgleisigkeiten und Rivalitäten zu beenden. Die Polizisten jubeln, die Gendarmen weniger, obwohl sie ihren Status behalten. Eine Woche später lässt er „Regionale Einsatzgruppen" (GIR) organisieren, die die Kräfte von Polizei, Justiz, Zoll, der Gendarmerie und der Steuerfahndung zusammenfassen, um das organisierte Verbrechen und die unterirdische Schattenwirtschaft der Großstädte zu bekämpfen. Binnen eines Monats errichtet er mit Belgiern und Briten ein gemeinsames Kommissariat in Tournai bei Lille, um den Drogenhandel und andere grenzüberschreitenden Verbrechen, die im grenzenlosen Europa florieren, zu bekämpfen. Schließlich setzt er um

20   Nay. 2007. Op. cit. S. 302.
21   Françoise Giroud. Cœur de Tigre. Plon, Fayard. 1995. S. 103.

18.30 Uhr tägliche Konferenzen mit dem Pariser Polizeipräfekten und den nationalen Polizei- und Gendarmerieführern an. Er hat eine große Polizeioperation pro Tag angeordnet. Es geht um deren Planungen und Auswertungen. Da die innere Sicherheit eine der größten Sorgen der Franzosen ist, steigt er in der Beliebtheitsskala binnen Monatsfrist nach Amtsantritt im Mai 2002 um 18–20 Punkte. Im Juli setzt er im Parlament sechs Milliarden zusätzlich über fünf Jahre für die Polizei durch und kann dann vor 2000 Polizeioffizieren verkünden: Alle Polizisten erhielten bis Jahresende schusssichere Westen. Ein neuer Wagenpark würde angeschafft, die Kommissariate allesamt renoviert. 13.500 neue Stellen würden geschaffen und wer mehr als 35 Stunden arbeite, bekäme seine Überstunden bezahlt. Gleichzeitig bestand er auf Leistungs- kontrollen. Allmonatlich wurden die Präfekten der zehn Departements mit den besten Ergeb- nissen in der Verbrechensbekämpfung nach Paris zu Belobigung eingeladen, während die mit den zehn schlechtesten Resultaten dort von ihm den Kopf gewaschen bekamen.

Seinen Aktivismus und seine Parlamentsauftritte inszeniert er als Schau, die ihm eine tägliche Fernsehpräsenz in den Abendnachrichten garantieren. Der Kontrast zu seinen vorsichtigen und hölzernen Ministerkollegen, die ihre nichtssagenden Kabinettsvorlagen vom Blatt ablesen, könnte grösser nicht sein. Im Dezember 2002 stimmen 65 % in den Umfragen seiner Art der Verbrechensbekämpfung zu.

Schließlich verkündet er, es gäbe zwei Arten von Immigranten: die einen, die das Recht hätten in Frankreich zu leben und zu arbeiten, und die anderen, die das nicht hätten und repatriiert werden sollten. Weil das Innenministerium auch für die Religionsorganisationen zuständig ist, wollte Sarkozy eine Einheitsorganisation der Muslime schaffen, die wie jene der Katholiken, Juden oder Protestanten der einzige Ansprechpartner der laizistischen Republik sein würde. An diesem Problem waren angesichts jener zerstrittenen Religionsgemeinschaft bereits sechs Minister gescheitert, zumal viele der radikalisierten Moscheen sich in Kellerlokalen oder Ga- ragen der Vorstädte befinden und nirgendwo organisiert sind. Nach hunderten von Stunden an Palavern und Vorbereitungen gelang es dem Innenministerium schließlich, die verfeindeten Imame und ihre Organisationshäuptlinge zu einem Achtstunden-Seminar in ein Schloss des Innenministeriums einzuladen, wo sie Sarkozy solange agitierte, bis sie sich zu einem „Conseil français du culte musulman" (CFCM) konföderierten, der intern natürlich weiterstreitet und auch jede Menge Extremisten enthält. So liegt die Nützlichkeit jener aufwendigen Organisati- on weiter im Auge des Beschauers.

Auch auf Korsika wollte Sarkozy da erfolgreich sein, wo seine Vorgänger scheiterten. Die Insel mit ihren 320.000 Einwohnern hatte 400 Jahre lang zur Republik von Genua gehört und war 30 Jahre lang unabhängig gewesen, bevor sie 1769 von Frankreich annektiert wurde. Sie liegt in allen Wirtschafts-, Sozial- und Bildungsstatistiken des metropolen Frankreichs regelmäßig am Ende und führt nur in der Verbrechens- und Korruptionsstatistik. Sarkozys einsichtiger Plan war, Korsika zu einem Musterbeispiel gelungener Dezentralisierung machen. Er wollte die bei- den Départements und Generalräte der Insel zu einer Einheit verschmelzen und damit eine einheitliche Verwaltungsbehörde schaffen, die die Insel in einer integrierten Weise entwickeln und vor Ort demokratisch geführt und kontrolliert werden könnte. Acht Besuche absolvierte er dort und bekundete seine Liebe zu Korsika und seinen Bewohnern, schließlich waren seine beiden ältesten Söhne doch auch halbe Korsen. Für den 6. Juli 2003 wurde das Referendum über die Verschmelzung der beiden Departments angesetzt. Zunächst waren die örtliche UMP und die Nationalisten und selbst die Sozialisten, wenngleich lauwarm, dafür. Da spuckte der Zentralist Chirac in die Suppe, in dem er in einem Interview verkündete, ein „Ja" beim Referendum sei ein Bekenntnis der Zugehörigkeit Korsikas zur Republik. Sofort sprangen die Nationalisten ab. Mittlerweile befürchteten die Gewerkschaften eine Verminderung der öffentlichen Bediensteten, ist der öffentliche Dienst doch der wichtigste Arbeitgeber auf Korsika. So kam, was kommen musste: 51 % stimmten mit „Nein", und damit weiter für den staatlich alimentierten Status quo der Unterentwicklung[22]. Sarkozy rächte seine Frustration, indem er in einer spektakulären Polizeiaktion ein Netzwerk korsischer Mafiosi hochgehen und verhaften ließ[23].

Zwar hatte Sarkozy als Minister wegen der Anti-Kumulationsregeln die Bürgermeisterei von Neuilly aufgeben müssen, doch bereitete er seine Nachfolge für Charles Pasqua als Präsident von „Hauts-de-Seine" im Jahr 2004 bereits sorgsam vor und lud alle 36 Bürgermeister seines Départements ins Innenministerium ein. Im November 2003 wird er in einem Fernsehinterview gefragt, ob er morgens beim Rasieren an die Präsidentschaft denke, wobei er sicherlich ehrlich antwortet: „Nicht nur beim Rasieren". Bei einem weiteren Interview legt er nach und fordert die Begrenzung sämtlicher Wahlmandate auf zwei konsekutive Perioden (die er in Neuilly längst überschritten hatte). Begründung: Mit der Befristung der Amtsdauer agiere man dynamischer in der Problemlösung. Wiederum konnte sich Chirac angesprochen fühlen. Um sein staatsmännisches Image aufzupolieren, fährt Sarkozy nach China mit dem Vorwand ein Abkommen gegen die illegale Einwanderung zu unterzeichnen. Er schafft es, einen Termin mit Präsident Hu Jintao zu ergattern. Doch die Chinesen bitten ihn, um Chirac nicht zu verärgern, keine Journalisten mitzubringen. Doch er denkt nicht daran und bringt stattdessen eine Kohorte von französischen Journalisten mit, während die chinesischen Medien seinen Besuch totschweigen. In einer Tischrede vergleicht er dann Japan, das Chirac über alles liebt, negativ zu China und charakterisiert dessen Lieblingssport Sumo, deren Feinheiten und Kämpfer Chirac als Experte kennt, als eine Leidenschaft von Idioten[24]. Diese infantilen Attacken unterstreichen seine Absicht, sich von Chirac nach und nach öffentlich zu distanzieren, um nicht mit seiner politischen Erblast belastet zu werden. So macht er im Januar 2004 Premier José María Aznar in Madrid seine Aufwartung, um mit jenem Erzfeind Chiracs – beide liegen sich hinsichtlich der Beziehungen zu den USA ständig über Kreuz – öffentlich große Übereinstimmungen festzustellen und von König Juan Carlos mit einem hohen Orden belohnt zu werden.

Schließlich lässt im Januar 2004 Außenminister Dominique de Villepin, ein Vertrauter Chiracs, wahrscheinlich in dessen Auftrag die Rolle Sarkozys in der Clearstream-Affäre untersuchen. Es handelt sich um Rückflüsse von „Kommissionen" (d. h. Bestechungsgeldern) an einen

22   Das Ganze erinnert sehr an die gescheiterte Fusion von Brandenburg und Berlin, zweier ähnlich organisierter
     problematischer Regionalbehörden, als im Mai 1996 63 % der Brandenburger mit Nein stimmten.
23   Nay 2007. Op. cit. S. 316.
24   Ibid. S. 327.

chinesischen Mittelsmann, der den nicht allzu schwierigen Verkauf von sechs französischen Fregatten an Taiwan hatte einfädeln sollen, und die von dieser Summe abgezweigt auf Konten französischer Politiker bei der Luxemburger Clearstream-Verrechnungsbank gelandet waren. Auf einer jener Listen findet de Villepin dann angeblich den recht auffälligen Familiennamen „Nagy-Bocsa", statt etwa Dupont oder Dubois. Wie in der Endphase Mitterrand so brechen in der Schlussphase Chirac die Affären über das Regime herein. Ex-Premier Alain Juppé wird als erstes zu 18 Monaten Haft auf Bewährung verurteilt. Premier Raffarin ist der Sache der Hitzetoten ein ähnlicher Sündenbock in der Öffentlichkeit geworden wie seinerzeit Laurent Fabius für die AIDS-verseuchten Blutkonserven. Die einstige Umweltministerin Ségolène Royal schickt sich an, seinen Erbhof in der ländlichen Poitou-Charentes zu erobern. Gegenüber dem unpopulären Raffarin wird selbst von chiracistischen RPR-Kandidaten in ihrer Verzweiflung der populäre Sarkozy als Wahlhelfer vorgezogen[25]. Im März 2004 sind die Regionalwahlen ein Desaster für die RPR. Sie verlieren fast überall außer im Elsass und auf Korsika. Sarko wird im Kanton Neuilly triumphal wiedergewählt. Er übernimmt von Pasqua die Präsidentschaft im Generalrat von „Hauts-de-Seine", die über fast ebenso viele Ressourcen verfügt wie das Rathaus von Paris.

Als Finanzminister

Als Raffarin von Dominique de Villepin als Premier abgelöst wird, muss Sarkozy vom Innenministerium ins Finanzministerium wechseln, wo er, so glaubt Chirac, weniger populäre Selbstdarstellungsmöglichkeiten haben wird. Wie schon im Place Beauvau so beginnt er auch am Quai de Bercy gleich nach der Amtsübergabe eine Blitzoffensive. Sein Ziel: Ausgabenkürzungen. Hauptziel: Chiracs heilige Kuh, das Militär, das dieser von allen Kürzungen ausgenommen sehen will. Dazu macht er nun internationale Reisen, wo er mit Cécilia zusammen vor allem den Amerikanern seine Aufwartung macht. Im Gegensatz zu Chirac ist der Finanzminister „Sarko l'Americain"[26] und wird von Bush Junior, Colin Powell und Condo Rice mit allen Ehren empfangen. Gegenüber feindseligen CGT-Gewerkschaftlern muss er die Öffnung des EU-weiten Gas- und Strommarktes rechtfertigen. Doch ansonsten spielt er sich gegenüber Berlin bei französischen Übernahmen deutscher Firmen wie Hoechst und der Ablehnung deutscher Übernahmen in Frankreich (Siemens – Alstom) als knallharter Wirtschaftsnationalist auf, gegenüber dem man in der Berliner Politik außer kurzatmiger Empörungsrhetorik wie üblich nichts entgegenzusetzen wusste[27].

Im November 2004 wird er endlich Parteichef der UMP, die sowohl die alte RPR als auch die meisten Liberalen der UDF mit einschließt und hat damit die Kontrolle ihres Apparates und den Zugriff auf ihre Finanzen. Er fühlt sich wie jemand, der seine politische Karriere aus eigener Kraft geschaffen hat und niemandem etwas schuldet. Neun Jahre hatte er gebraucht um Bürgermeister zu werden, 14 Jahre zum Abgeordneten, 19 Jahre zum Minister und 30 Jahre zum Parteichef, der zuvor die Wahlkämpfe auf allen Ebenen führend mitgemacht hatte. Seine

---

25   Ibid. S. 333.
26   Ibid. S. 336.
27   Ibid. S. 351.

Inthronisierung wurde von Publicis Events und deren Präsidenten Richard Attias organisiert, ein Ereignis über das Cécilia in allen Einzelheiten wachte. Das Amt des Finanzministers muss er nach den neuen Regeln von Chirac niederlegen.

Als erstes entlässt er die aus seiner Sicht 35 am wenigsten effizientesten der 120 Angestellten der Zentrale. Dann erhöht er die Mitgliederzahl der UMP von 120.000 auf 320.000 zahlende Mitglieder (die in Frankreich immer massiv fluktuieren: Vor begeisternden Wahlkämpfen steigt ihre Zahl rapide an, um danach mit den stets verlässlich eintretenden politischen Frustrationen – gleich ob Sieg oder Niederlage – schnell wieder abzuebben). Die Mitglieder sollen nun wie bei den Sozialisten ihren Präsidentschaftskandidaten in einer Vorwahl wählen. Ein Bruch mit dem Traditionsgaullismus, der will, dass die Partei das Instrument des Präsidenten ist und nicht umgekehrt! Die politischen Themen lässt er von Kommissionen von der Sozial- bis zur Kulturpolitik abarbeiten. Spannender wird es bei den Benennungen von Wahlkreiskandidaten. Wie immer funktioniert dies von oben nach unten, schafft aber verlässlich Spannungen oder spalterische Konkurrenzkandidaturen durch die Zukurzgekommenen, vor allem in der querulatorischen Pariser Parteiorganisation. Doch im März 2005 erhält er in Neuilly wieder 70 % der Stimmen für sein Abgeordnetenmandat.

Bei dem Referendum vom Mai 2005 zur Europäischen Verfassung, die Chirac mit seinem unnachahmlichen Talent für politische Dummheiten öffentlich mit seiner Befürwortung des türkischen EU-Beitritts verknüpft hat, wirkt Sarkozy bemerkenswert geistesabwesend. Der Grund: Cécilia ist mit Richard Attias, dem, wie er sagt, „Beleuchtungstechniker" der Partei, durchgebrannt und ausgezogen. Sie ist von seiner Parteiarbeit angeödet. Umgekehrt nehmen die Apparatschiks der UMP ihre Anweisungen nicht mehr ernst. Das einzige, was Cécilia noch interessiert, ist die mediale Inszenierung von Großveranstaltungen als Leni Riefenstahl sozusagen mit Richard Attias, der auch das Weltwirtschaftsforum von Davos organisiert. Der manisch possessive Ehemann verliert seine Trophäen-Frau. Es ist also nicht nur eine Frage des gebrochenen Herzens, sondern auch des im Inneren angegriffenen fragilen Egos, das hier reagiert. Zehnmal täglich rief er sie an.

Seine pubertäre Reaktion: Ich komme ganz groß raus und werde Präsident von Frankreich. Der Bürgermeister, der Innenminister, der Parteichef waren nicht gut genug. Das wird Cécilia zurückbringen! Dabei war sie ehrlich genug, wiederholt zu sagen (und sollte sich dabei auch treu bleiben), dass sie die Funktion einen Dreck interessierte. Nach 18 Jahren Zusammenleben mit einem karrierebesessenen Ehemann hatte sie die Nase voll. Sie kannte seine zahllosen Seitensprünge. Anscheinend hatte sie ihn auch einmal in seinem Parteichefbüro in flagranti erwischt.[28] Die öffentlich zelebrierte Seifenoper nahm ihren Lauf.

Im Mai 2005 stimmen schließlich 55 % der Franzosen gegen den europäischen Verfassungsvertrag. Raffarin muss als Sündenbock gehen. Chirac ist politisch schwer angeschlagen. Sarkozy ist gebrochenen Herzens. Er kündigt auch als Chef der UMP einen radikalen Bruch an: Das Ende des „Einheitsgedankens" (la pensée unique), der alten Rezepte, die nichts taugten, und

28   Ibid. S. 376.

des französischen Modells, das nur drei Millionen Arbeitslose produzierte. In der neuen Regierung seines Feindes de Villepin wird er ausgerechnet wieder Innenminister und kann nun dank seiner Kontrolle der Polizei und der Geheimdienste genau jene verfolgen und abstrafen, die ihn in der Clearstream-Affäre anzuschwärzen versucht hatten. Chirac mag mit der Ernennung versucht haben, seine potentiellen Nachfolger de Villepin und Sarkozy gegeneinander auszuspielen. Für Sarko war dies kein Spiel, sondern ein Kampf um Leben und Tod, und er gewann.

In der übelberüchtigten „Cité de 4000" von La Courneuve sondert er angesichts von Mordfällen vor betroffenen Eltern den berühmten Spruch ab, man müsse die Vorstadt mit dem deutschen Druckreiniger Kärcher vom dem Gesindel („la racaille") säubern[29]. Am 14. Juli 2005 organisiert er seinen eigenen Empfang im Innenministerium Place Beauvau gegenüber dem Élysée und tröstet sich mit Anne Fulda, einer attraktiven Journalistin des Figaro. De Villepin fragt ihn, ob er der Regierung noch angehöre und Chirac schneidet ihn. Cécilia macht ihre Liaison mit Attias immer öffentlicher. Die üblichen „People"-Illustrierten dokumentieren ihre neue Liebe. Als die Wankelmütige dann auf sein ständiges elektronisches Liebeswerben hört und kurzfristig zurückkommt (und dabei wie üblich das Personal der UMP-Zentrale und seines Kabinetts terrorisiert)[30], lässt er die Figaro-Journalistin sausen und schreibt eine schwülstige, buchstarke Liebeserklärung „Témoignage", in der er als politischer Außenseiter auch seine präsidialen Ambitionen anmeldet[31]. Damit ist er der erste Präsidentschaftskandidat, der sein Privatleben höchst offiziell vor der gesamten Öffentlichkeit ausbreitet. Die von Chirac gegebene Hauptaufgabe an de Villepin schien dagegen gewesen zu sein, Sarkozys Präsidentschaft zu verhindern. Er ließ die süffisante These verbreiten, wer seine Frau nicht halten könne, könne auch Frankreich nicht führen.[32] Doch zu spät. Sarkozy kontrolliert den Parteiapparat. Im quasi täglichen Schlagabtausch gewinnt er meist und nimmt auch gegenüber Chirac an Selbstbewusstsein zu. Der neue Favorit bleibt jenseits des Atlantiks nicht unbemerkt. George W. Bush lädt den pragmatischen Atlantiker zu sich ein, für einen Innenminister eine unerwartete Ehre. Chirac, um den es immer einsamer wird, schafft es nicht, über seinen Schatten zu springen und mit seinem immer stärker werdenden Nachfolger endlich Frieden zu schließen. So lässt er ihm, dem voluntaristisch und autoritär Orientierten auch keinerlei politisches Vermächtnis. Umgekehrt verachtet Sarko sein einstiges Vorbild Chirac in dessen Spätphase als den König des Nichtstuns („roi fainéant"), als entschlussschwach, zynisch und feige, der ihn zudem auch in die Clearstream-Affäre hatte ziehen wollen[33]

Der Wahlkampf 2007

Die Dramatikerin Yasmina Reza, die in ihren Theaterstücken eher auf die Zuspitzung interpersonaler und familiärer Dramen spezialisiert ist, folgte anno 2006/2007 dem Wahlkampf

29 Ibid. S. 388.
30 Giesbert. Op. cit. S. 49.
31 XO. 2006.
32 Nay 2007. Op. cit. S. 413.
33 Giesbert. Op. cit. S. 76 f.

Sarkozys. Sie beschreibt in impressionistischen Skizzen einen gehetzten Mann, der immer am Zappeln und Knabbern ist, in ständiger Unruhe befindlich unfähig ist, seine Mitarbeiter auszuhören, sich Erläuterungen oder Ausschweifungen anzuhören, in Summe ein großes Kind. Wenn er sich politisch korrekten Schwachsinn von Frauenvereinen und Selbsthilfegruppen in Mülhausen und anderswo anhören muss, lächelt er nur abwesend und hört nicht eigentlich zu, während er sich geistesabwesend unausgesetzt Notizen macht. Auch bei Besuchen in Krankenhäusern schreibt er die Wünsche des Personals mit, ohne wirklich zuzuhören.

Seine Mitarbeiter erscheinen ihr ängstlich und vorsichtig und wagen keinen Widerspruch, was sie für gefährlich hält[34]. Bei Expertenbefragungen unterbricht er gerne und hört sich selbst am liebsten reden. Er will sich vom Quai d'Orsay freimachen, nennt einen Ex-Botschafter in Russland einen Idioten und den im Libanon einen Kretin. In Kontakten mit Menschenmassen lächelt er nur und geht weiter. Die einen schreien „Sarko Président", die anderen beschimpfen und beleidigen ihn lauthals. Dabei wird er von den Terminen gehetzt, hat keine Zeit sich Städte oder Landschaften anzuschauen und überfliegt die Zeitungen nur. Das giftige Presseecho, das ihn als heimtückisch beschreibt und teuflisch mit hitlerhaften Fotos und Karikaturen darstellt, jene Dämonisierungsversuche gehen an ihm spurenlos vorbei[35]. In der Fernsehdebatte mit Ségolène Royal, der sozialistischen Kandidatin, bremst er seine natürliche Aggression ein und lässt sie in ihrer Inkompetenz auflaufen. Er gewinnt, weil er nicht nur kompetenter, sondern auch ungewöhnlich sanftmütig, kühl, entspannt, subtil und intelligent wirkt. Während er freundlich lächelt, will Royal in ihrer Unsicherheit ihre Überlegenheit zeigen. Sie wirkt wie eine Mischung aus Jeanne d'Arc und der Jungfrau Maria, die die Vorsehung schon ernannt hat, ist aggressiv, angespannt, nervös – und verliert prompt[36].

Sein von Benamou erdachter Wahlslogan appelliert auch an das Gemeinschaftsgefühl: „Ensemble, tout devient possible" (Gemeinsam wird alles möglich), im Gegensatz zu Royal, die in ihrer schrillen meinungsstarken Art eher polarisiert. Statt „Sarko l'Américain", der nicht ankommt, wird er als Sarko, der auf Fabrikbesuchen an den Nöten der Arbeiter Anteil nimmt, abgelichtet. Dennoch hat Sarkozy für einen anderen Zeitzeugen, Franz-Olivier Giesbert, den er wiederholt bei Abendessen sprach, „keinerlei Größe, außer dem Willen vorwärts zu kommen", ein Wille, der sehr ins Leere laufen könne. Er habe seine Akten immer gut durchgearbeitet und kannte stets die letzten Zahlen.[37]

Präsident Sarko

Alles geschah für Cécilia und endete beinahe auch mit ihr. Mitterrand und Chirac mussten dreimal Anlauf nehmen. Bei Sarko funktionierte es beim ersten Versuch. Am 6. Mai 2007 gewinnt er mit zwei Millionen Stimmen vor Ségolène Royal, der attraktiven, aber gleichfalls etwas erratischen Kandidatin der Sozialisten. Statt einer Euphorie ist er jedoch deprimiert. „In

---

34   Yasmina Reza. Frühmorgens, abends oder nachts. Ein Jahr mit Nicolas Sarkozy. Frankfurt/Main 2011 S. 37.
35   Ibid. S. 141.
36   Richard Michel. François Hollande. L'inattendu. L'Archipel. 2011. S. 174.
37   Franz-Olivier Giesbert. M. le Président. Scènes de la vie politique 2005–2011. Flammarion. 2011. S. 9 f.

dem Moment, wo Du gewählt bist, gehe ich" hat ihm Cécilia angedroht, und sie macht diese Drohung auch fast wahr[38]. Dagegen glaubt er völlig irrational, nach seiner Wahl könne sie ihn nicht mehr verlassen. Ein Beziehungsdrama wird nun an der Staatspitze ausgelebt. Während des Wahlkampfes war er ohnehin von ihr schon delogiert worden und übernachtete in der Wohnung eines reichen Unternehmerfreundes im 16. Bezirk. Den Wahlkampf führt er nur mit halben Herzen. Stets schielt er auf sein Handtelefon nach Nachrichten von ihr. Er sagt bei Veranstaltungen weder Danke noch auf Wiedersehen. Am Wahltag geht sie nicht einmal wählen. Bei der Siegesfeier überlässt er Cécilia die Einladungen. In das teuerste Restaurant der Champs-Élysées, Fouquet's, lädt sie nur ihre Schickeria- und Milliardärsfreunde ein, keinen einzigen seiner politischen Parteigänger und Wahlkampfhelfer, die sie allesamt verachtet. Der erste große Stilbruch findet statt, als jene an der Restaurant-Tür mediengerecht abgewiesen werden[39]. Bei der Siegesfeier auf dem Place de la Concorde müssen seine 35.000 Fans stundenlang auf ihn warten, weil sie keine Lust hat, sich dort zu zeigen, und er deshalb noch mit ihren Reichen und Schönen befasst ist. In anderen Worten: Disziplinlose Albernheiten, die auf höchstem Niveau zelebriert werden und sofort zu einem Absturz in den Umfragen führen. Ihre despotischen Launen setzen sich auch bei Personalfragen und in der Entfremdung von seiner Familie durch. Unter anderem drückt sie ihre Freundin Rachida Dati[40] als völlig überforderte Justizministerin durch und blockiert seinen Freund Brice Hortefeux als Verteidigungsminister[41]. Der junge Präsident wirkt als ich-schwacher Kasper des Bling-Bling. Hatte er zuvor staatstragend-philosophisch verkündet, er würde nach seiner Wahl in einem Kloster in aller Einsamkeit Antworten auf die wichtigsten Herausforderungen suchen, so wurde er stattdessen auf einer Milliardärsjacht seines Freundes Vincent Bolloré mit Cécilia vor Malta gesichtet. Er hat nun alle Statussymbole: das Élysée, eine Präsidentenmaschine, Leibwächter, Hofköche, das Wochenendschloss von La Lanterne im Park von Versailles, das Ferienschloss von Bregançon an der Côte d'Azur, aber das reichte ihr immer noch nicht.

Eine erste außenpolitische Rolle hat er ihr bereits zugedacht: Die Befreiung der fünf bulgarischen Krankenschwestern und des palästinensischen Arztes, die das Gaddafi-Regime wegen deren angeblicher AIDS-Infizierung von Kindern zum Tode verurteilt hatte. Die EU hebt das Handelsembargo gegenüber Libyen auf und jede Menge Staatschefs von Tony Blair bis Gerhard Schröder machen dem Diktator ihre Aufwartung. Während EU-Außenkommissarin Ferrero-Waldner mit Gaddafi verhandelt, kommt gleichzeitig eine französische Delegation mit Cécilia auf Staatskosten nach Tripolis. Gaddafi geht es hauptsächlich um eine Entschädigungssumme für die Familien der AIDS-infizierten Kinder und mehr noch um seine internationale Anerkennung. Was auch immer an Geldern geflossen sein mag, Gaddafi erhält die gewünschte

---

38 Catherine Nay L'impétueux. Tourments, tourmentes, crises et tempêtes. Grasset. 2012. S. 18.

39 Benamou. Op. cit. S. 145.

40 Die gemeinsame Freundin fungiert fortan als Verbindungsfrau, bis sie von Clara ausgebootet wird. Im Amt kompensierte die Tochter eines marokkanischen Maurers ihre Unsicherheit durch Wutausbrüche, Dreistigkeit und Intrigen: Raphaëlle Bacqué „Rachida Dati, Rastignac des temps modernes" Le Monde 27.12.2015; Als spätere Bürgermeisterin des Pariser 7. Bezirks zeichnete sie sich zur Erleichterung ihres Personals vor allem durch häufige Abwesenheit aus.

41 Nay 2012. Op. cit. S. 36.

Einladung zu einem Staatsbesuch nach Frankreich, darf in Paris seine Beduinenzelte aufschlagen und lässt seine sechs Geiseln frei. Als die Bulgaren Cécilia als Heldin feiern wollen, hat sie keine Lust mehr nach Sofia zu fliegen und sagt ab. Bei seinem letzten Urlaub in den USA lässt Cécilia auch eine Einladung zu den Bushs sausen. Sie lässt Sarkozy stundenlang hängen und zu spät kommen. Er muss für sie eine Grippe vortäuschen, während sie munter und lustig beim Shopping gesichtet wird. Aus einer Laune wird eine Staatsaffäre, die Sarkozy international und vor allem im eigenen Land lächerlich macht. Jeden Tag geht sie mehr auf Distanz. Sarkozy hält Schlüsselreden vor den Vereinten Nationen, zur Landwirtschafts- und zur Sozialpolitik. Nichts interessiert sie mehr. Mitte Oktober 2007 reicht sie die Scheidung ein. Elf Ehejahre und insgesamt zwanzig Jahre des Zusammenlebens sind vorbei. Die erste Scheidung eines französischen Präsidenten ist für das Personal des Élysée eine Erlösung, so hatte es unter ihren despotischen Launen gelitten[42].

Seinen Machtantritt hatte er großmäulig gefeiert: Er fühle sich nun frei. Er habe niemanden mehr über sich. Er werde alle seine Versprechungen umsetzen. Niemand und nichts könnten ihn daran mehr hindern. „Ich werde Minister für alles sein"[43]. Als Premier wählt er François Fillon, der als Jahrgang 1954 nur knapp älter ist. Beide sind keine ENArquen, hatten unter Chirac gedient und Abstand gewonnen, waren Minister unter Balladur, hatten 1995 zu ihm gehalten (und dafür bezahlen müssen), und waren eine Zeitlang Séguin-Loyalisten gewesen. Doch während Sarkozy als neoliberaler Pro-Europäer gilt, ist Fillon erzkatholischer Traditionsgaullist. Dazu sind die Temperamente sehr unterschiedlich. Für Sarkozy ist alles eilig, alles gleich sofort super-wichtig. Er glaubt, die Dinge werden geregelt, während er davon spricht. Es gilt das Prinzip des Hofes: Der Präsident hat immer recht, auch dann wenn er irrt. Dazu pflegt er eine verbale Aggression gegen jedermann, mit Äußerungen, die oft ungerecht, undurchdacht, verletzend und fehl am Platze sind. Dabei zeigt er sich unfähig zu dauerhaften Freundschaften, ist rüde, unbeherrscht und herabsetzend auch zu langen getreuen Gefolgsleuten des eigenen Lagers[44]. Als Charmeur kann er dagegen auch viel Empathie, menschliche Wärme und Mitgefühl zeigen, wenn ihm das gerade opportun ist oder emotional in den Sinn kommt. In Krisensituationen fährt er normalerweise zur Hochform auf, ist kaltblütig und umsichtig. In Normalzeiten dagegen fällt er wieder in eine narzisstische, egozentrische Selbstbespiegelung zurück.

François Fillon dagegen ist introvertiert, schweigsam und selbstbeherrscht. „Ein kalter Fisch", der distanziert ist, der im Gegensatz zu Sarko weder positive noch negative Gemütsregungen zeigt. Anwürfe und Beleidigungen durch Sarkozy nimmt er fünf Jahre lang ohne sichtbare Reaktionen hin. Er gilt als solide und loyal und kompensiert sein diszipliniertes Auftreten mit Extremsportarten wie Bergsteigen im Hochgebirge und Autorennen[45].

Als Minister ernennt Sarkozy Frauen in Schlüsselfunktionen wie die Verteidigung, Justiz, Landwirtschaft, Gesundheit, Bildung, Wohnungsbau und Kultur sowie später auch Christine

42   Ibid. S. 86.
43   Ibid S. 89.
44   Georges-Marc Benamou. Comédie française. Choses vues au cœur du pouvoir. Fayard. 2016. S. 94.
45   Christine Kelly. François Fillon. Coulisses d'une ascension. L'Archipel. 2017. S. 173 ff.

Lagarde ins Superministerium für Wirtschaft und Finanzen und im Rahmen seiner „Öffnung" nach links, den sozialistischen Menschenrechtsaktivisten Bernard Kouchner, den Gründer von Medecins sans frontières, ins Außenministerium, der ebenso wie er hauptsächlich am Medienecho seiner Aktionen interessiert ist. Den Wirtschaftsminister unter Jospin, Dominique Strauss-Kahn, lobt er als IWF-Chef nach Washington weg und hofft damit einen Rivalen losgeworden zu sein. Er warnt ihn noch, bei seinen Frauengeschichten in den puritanischen USA vorsichtig zu sein[46]. Vergeblich, wie sich zeigen sollte. Jacques Attali, Mitterrands ehemaliger Vorzimmer-Mann, erhält den Vorsitz einer Kommission, die Barrieren des Wachstums identifizieren soll (und engagiert dabei einen gewissen Emmanuel Macron als seinen Sekretär)[47]. Michel Rocard soll sich um Besserbewertung des Lehrerstandes kümmern. Alle sind glücklich, nur seine UMP-Leute nicht, die sich von der Öffnung übergangen fühlen.

Zur Gegenfinanzierung seiner Reformen soll die Mehrwertsteuer „aus sozialen Gründen" erhöht werden. Das kommt bei den Parlamentswahlen im Juni 2007 schlecht an. Die nach Ségolène Royals Niederlage demoralisierten Sozialisten gewinnen wider Erwarten mit 43 neuen Mandaten leicht dazu. Der Erdrutsch zugunsten der Rechten bleibt nach der Präsidialwahl aus. Ohnehin hat er trotz seiner Hektik in den ersten drei Monaten, die berühmten hundert Tage mutmaßlich wegen seiner privaten Kümmernisse verpasst, in denen in Frankreich Präsidenten Reformen in der allgemeinen Siegeseuphorie noch durchsetzen können, bevor die allgemeine Ernüchterung und der öffentliche Widerstand wächst[48].

Im Élysée, wo in der Spätphase Chirac ebenso wie in jener Mitterrands, die Atmosphäre – abgesehen von der diplomatischen Zelle für die Außenpolitik – sehr schläfrig geworden war, zieht nun eine neue Hektik ein. Sarkozy will zu jedem Thema Arbeitsgruppen und ihnen möglichst auch immer vorsitzen, das erste und das letzte Wort haben, gleich ob es sich um die Libyenkrise oder große Exportaufträge für die französische Nuklearindustrie handelt. Wenn irgendetwas nicht klappt oder bei schlechten Nachrichten, reagiert Sarkozy verlässlich mit einem Wutanfall von in der Regel zwanzig Minuten Dauer, in Lautstärke und Heftigkeit abhängig von den Kümmernissen seines Privatlebens. Da sich Sarkozy in alles, auch in der Innenpolitik, einmischt, bleibt für Premier Fillon nicht viel Luft zum Atmen. Die Kabinettsarbeiter des Élysée können sich frei zu politischen Fragen äußern. Die Minister können ihre Wünsche dann der Zeitung entnehmen. Als Fillon mit 2000 Milliarden Euro Staatsschulden öffentlich von der Konkursreife Frankreichs spricht, wird er zurückgepfiffen[49]. Sarkozy attackiert die EZB wegen angeblich zu hoher Zinsen. Sarkozy will nichts mehr von Schulden und Defiziten wissen, stattdessen will er Vorschläge zur Kaufkraftsteigerung. Ein neues Gesetz (TEPA) soll die Beschäftigung fördern, die Kaufkraft erhöhen, die 35-Stunden-Woche flexibler gestalten und gleichzeitig die Mittelschichten steuerlich entlasten. Als er versucht, die Sonderregelungen des öffentlichen

---

46 Nay 2012. Op. cit. S. 119.
47 In Attalis Liste von 316 Vorschlägen finden sich u. a. die Abschaffung der Départements, die Aufhebung der Beschränkungen für Hypermärkte und die Öffnung der geschützten Berufe (Notare, Taxifahrer, Friseure, Tierärzte und Apotheker).
48 Giesbert. Op. cit. S. 245.
49 Nay 2012. Op. cit. S. 157.

Dienstes anzutasten – etwa das Pensionsalter für Lokführer von 50 Jahren (das noch aus den Zeiten der Dampflok stammt) – gibt es die üblichen Streiks im November 2007. Sarkozy geht zum Streikzentrum der CGT im kommunistischen Saint-Denis in die Höhle des Löwen und hört sich geduldig die Beschwerden der Eisenbahner an. So kauft man sich gegenseitig den Schneid ab. Auch zu den empörten Fischern, ebenfalls keine Waisenknaben, geht er, zu denen sich noch kein Präsident getraut hat. Im Salon International de l'Agriculture, der größten Landwirtschaftsmesse und einer jährlichen Pflichtveranstaltung für alle Präsidenten, stößt er beim Händeschütteln auf einen Bauersmann, der das nicht tun will und sagt, er wolle nicht von ihm beschmutzt werden. Darauf Sarko vor laufender Kamera: „Casse toi, pauvre con" (Schleich Dich, armseliger Idiot). Wiewohl verständlich kam der unpräsidiale, vulgäre Jargon nicht gut an. Das Präsidentenamt wird von ihm also gründlich entmystifiziert.

Immerhin limitiert er den Höchstsatz der Einkommenssteuer auf 50 %. Das macht ihn bei seinen Freunden in Neuilly beliebt. Dort gelingt es ihm auch, seinen Wunschnachfolger als Bürgermeister zu installieren. Sohn Jean (21) gewinnt einen Sitz im Kanton Neuilly-Süd. Zum ersten Mal erlebt er, dass sein Vater mit ihm ernsthaft über Politik redet.

Im Herbst 2007 trifft er bei einem Abendessen auf Carla Bruni. Beide sind gerade solo. Er braucht nach seiner Scheidung dringend einen Ersatz für sein angeschlagenes Ego und sie ist als gutbezahltes Spitzen-Modell und Sängerin, die ihre eigenen Lieder schreibt, auf der Suche nach einem neuen Abenteuer. Zweieinhalb Monate später heiraten sie. Sarkozy mochte auch beabsichtigt haben, sich mit der Verlobung für die pathologisch eifersüchtige Cécilia wieder interessant zu machen. Dennoch hat Carla den Vorteil, ererbtes Geld aus ihrer italienischen Industriellen- und Musikerfamilie reichlich mitzubringen. Zudem wirkt sie vom Temperament her ausgleichend auf den Hypernervösen. Ab sofort gibt es keine Familiendramen mehr. Sie schafft es auch, ihn mit seiner Familie, seiner Mutter und seinen Brüdern auszusöhnen und zu seinen Söhnen und seinem Vater wieder den Gesprächsdraht zu knüpfen, der unter Cécilia gekappt worden war[50]. Auch wenn sie wie die meisten Kunstschaffenden zur gauche caviar zählt, passt sie sich an die Politik des Präsidenten ziemlich schnell an. Beide haben für den anderen den Wert einer Trophäe. Auch ist Carla, die ihr eigenes professionelles Leben fortsetzt, eine amüsantere Unterhalterin und bringt ihm moderne Literatur und die aktuelle Filmszene nahe. Im Februar 2008 fliegt er mit ihr mit der Privatmaschine seines Freundes Vincent Bolloré nach Petra in Jordanien und nach Luxor, wo Cécilia schon mit Attias geturtelt hatte, so als müsse er der Welt nach seiner Demütigung als verlassener Ehemann sein neues Glücke im Scheinwerferlicht zeigen: Jetzt habe ich eine jüngere, erfolgreichere, reichere und schönere Frau. Dennoch kommt die Sarko-Show im Lande schlecht an, zumal die Medien genüsslich ihr reichhaltiges Vorleben nebst einer Endlosliste an prominenten Liebhabern ausbreiten. Cécilia rächt sich mit Enthüllungsinterviews, in denen sie ihn als einen lieblosen Narzissten darstellt, der nicht einmal seine Kinder liebt und emotional unfähig sei ein hohes Staatsamt verantwortlich auszufüllen[51]. In den Umfragen rutscht er mit 33 % weit unter seinen Premier Fillon (55 %),

---

50   Ibid. S. 301.
51   Ibid. S. 236.

den er in aller Öffentlichkeit kritisiert. Auch bei den UMP-Abgeordneten ist der schweigsame Premier wesentlich beliebter als der geschwätzige Präsident. Inzwischen beginnt Carla Cécilias Freunde und Vertrauensleute aus dem Élysée und aus Sarkozys Umfeld zu verbannen. Eine davon ist Rachida Dati, die Justizministerin marokkanischer Herkunft.

Zu den Carla-Kritikern zählt Patrick Buisson, Sarkozys entfremdeter Präsidialberater, der ihn auf einen nationalkatholischen Traditionskurs einschwören wollte und seine Bemühungen von ihr aus frivolen Motiven sabotiert sieht. Er zitiert sie gegenüber Sarko: „Die Republik ist mir egal. Die Politik ist mir egal. Das was ich mache, ist für Dich und Dich allein, denn offengesagt, wir haben Geld, wir haben alles, was man braucht, um glücklich zu sein. Warum also sich von den Hyänen zerfleischen lassen?"[52]

Am 1. Juli 2008 übernimmt Frankreich die halbjährige EU-Präsidentschaft. Nun entdeckt Sarkozy seine Liebe zu Berlin und zu Angela, die vorher nicht existierte. Tatsächlich hatte er sich zuvor eher mit Großbritannien und Spanien verbünden wollen[53] und verkündete in seinem Wahlkampf noch: „Berlin ist der Horror für mich! Und Frankfurt auch!"[54] Nicht dass sich die EU wahnsinnig auf diese Präsidentschaft gefreut hätte. Die französische Führung unter Sarkozy gilt als arrogant, erteilt ständig Lektionen, ist aber gleichzeitig unfähig, ihre Haushaltsdisziplin zu wahren. Als erstes stimmen die Iren gegen den Vertrag von Lissabon, den schon die Franzosen und Niederländer als Europäische Verfassung nicht haben wollten. Israel nutzt das Vakuum der abtretenden Bush-Administration, um den Gaza-Streifen mit Bomben zu überziehen, darunter auch mit Phosphorbrandbomben. EU-Forderungen nach einem Waffenstillstand überhört es souverän. Im August 2008 greifen russische Truppen Georgien an, um die südossetischen Separatisten zu verteidigen. Während Bush und Putin sich ungerührt bei den Olympischen Spielen in Peking vergnügen, verhandelt die finnische OSZE-Präsidentschaft in Moskau einen Waffenstillstand. Sarkozy mischt sich ein und akzeptiert mehr oder minder das russische Diktat. Die Truppen ziehen sich zurück, nachdem sie alles kurz und klein geschossen haben[55], und Georgien ist endgültig zweier Grenzprovinzen verlustig[56]. Von der territorialen Integrität Georgiens ist nach jener diplomatischen Meisterleitung keine Rede mehr[57]. Niemand wollte für Süd-Ossetien sterben. Dennoch blieb das amputierte Georgien im westlichen Lager, das damit weiter einen Zugang zum Südkaukasus und nach Zentralasien behielt.

Kurz danach explodierte im September 2008 die US-Subprime-Krise mit dem Zusammenbruch der Lehman Brothers, die sich in Europa zu einer Staatsschuldenkrise der überschuldeten Euro-Südländer und Irlands ausweitete. In Europa stehen die belgisch-niederländische Fortis Bank und die französisch-belgische Dexia vor der Pleite. In Deutschland sind die Hypo Real Estate und die Commerzbank, in Österreich die Hypo Alpe Adria schwer angeschlagen. Die

---

52   Patrick Buisson. La cause du peuple. L'histoire interdite de la présidence Sarkozy. Perrin. 2016.
53   Le Maire. Op. cit. S. 67.
54   Reza. Op. cit. S. 97.
55   Im Hafen von Poti zerstörten sie z. B. alle Schiffe der Küstenwache, die die Bundesmarine den Georgiern aus NVA-Beständen geschenkt hatten.
56   Giesbert. Op. cit. S. 121.
57   Nay 2012. Op. cit. S. 323.

Briten müssen drei Großbanken verstaatlichen. Die nationalen Rettungspakete sehen Liqui-
ditätsspritzen, Staatsgarantien für Inter-Bank-Kredite und Rekapitalisierungen angeschlagener
Systembanken vor. Wenn alles gut geht, kosten sie letztendlich den Steuerzahler nichts. Das
Paket Sarkozys für die französischen Banken beträgt zunächst einmal stolze 360 Milliarden
Euro. Im Parlament stimmen im Oktober 2008 Grüne und Kommunisten dagegen. Sarkozy
erinnert daran, dass die Bankenverstaatlichung von 1982 und die Krise von Crédit Lyonnais
damals teurer gekommen waren[58]. Insgesamt läuft Sarkozy während seiner EU-Präsidentschaft
als Krisenmanager zu seiner Hochform auf, fühlt sich als Präsident der Vereinigten Staaten von
Europa, ist mit sich zufrieden und genießt die internationale Anerkennung, die ihm zu Recht
zukam. Mit dem Vorrang seiner intergournementalen Methode schiebt er die europäischen Institutionen, wie die EU-Kommission mit ihrem wirkungslosen Präsidenten Barroso beiseite[59].

Während seine Vorgänger das Élysée oft unter der Woche kaum verließen und ihre Reden und
Empfänge dort gaben, reist Sarkozy ohne Unterlass durch das Land, um Polizisten in Orleans
zu beglückwünschen, Kulturwochen in Nîmes einzuweihen oder in Saint-Lô vor Gymnasias-
ten zu verkünden, ab sofort sei ihr Museumseintritt und der ihrer Lehrer gratis. Sein Problem
ist, dass er so viele Reden hält, so dass sie eigentlich niemand mehr zur Kenntnis nimmt.

Bei den Haushaltsdebatten im Januar 2009 wendet er sich gegen eine Konjunkturankurbelung
durch Verbrauchssteigerungen, wie sie die Sozialisten fordern. Schon Mitterrand und Chirac
seien damit gescheitert, in dem sie Wasser in den Sand gegossen hätten. Linke Massendemonstrationen protestieren gegen alles, wofür Sarko steht: gegen ihn selbst, gegen die Banker, die
Arbeitslosigkeit, die Krise und den Versuch die Privilegien des öffentlichen Dienstes zu beschneiden. Die Professoren und die Hochschulassistenten streiken. Die Assistenten wollen
nicht mehr als vier Wochenstunden Seminare halten und nicht evaluiert werden. Publizieren
sie doch wesentlich weniger als ihre Kollegen in Deutschland oder Großbritannien[60]. Die Professoren streiken fünfzehn Wochen lang gegen die angebliche Umfunktionierung der Hochschulen zu Unternehmen und ihre „Privatisierung", von der jedoch keine Rede sein kann.

Als man ihm Kulturlosigkeit vorwirft, reagiert Sarkozy, indem er bei allen öffentlichen Gelegenheiten Romane mit sich herumträgt und auch bei Ministerratssitzungen über moderne
Literatur, gerade gelesene Romane oder mit Carla gesehene Filme zu dozieren anfängt[61]. An
deutschen Autoren taucht nur der in Frankreich nach wie vor sehr populäre Stefan Zweig in
seinen Literaturlisten auf und unter den Amerikanern John Steinbeck, der schon von Mitterrand als einer der wenigen US Autoren sehr geschätzt wurde.[62]

Mit dem Umfragen im Keller, rapide steigenden Arbeitslosenzahlen und einem wachsenden
Außenhandelsdefizit beginnt Sarkozy im April 2008 Sozialgeschenke zu verteilen: Je 150 Euro

---

58   Ibid. S. 349.
59   Thomas Guénolé. Nicolas Sarkozy, chronique d'un retour impossible? First-Gründ. 2013. S. 110.
60   Nay 2012. Op. cit. S. 393.
61   Pascal. Op. cit. S. 186. Dabei lästert er gerne über den Publizisten, seinen Biographen Franz-Olivier Giesbert
     (FOG), den er gerne als „fat" (Geck, Laffe) tituliert, der seine eigenen Bücher nicht gelesen habe.
62   Nay. Op. cit. S. 410.

für drei Millionen sozial schwache Schüler und 500 Euro zusätzlich für 230.000 Arbeitslose, die ein paar Monate in den letzten beiden Jahren gearbeitet hatten. Immerhin gewinnt seine UMP mit 28 % und einer sehr schwachen Wahlbeteiligung die Europawahlen vom Juni 2009 gegen die Sozialisten von Martine Aubry mit nur 16,5 %. Nach der anschließenden Kabinettsumbildung gehen Michel Barnier und Rachida Dati ins Europaparlament nach Straßburg. Frédéric Mitterrand übernimmt auf Wunsch von Carla das Kulturresort[63]. Im Sommer 2009 beschließt Sarkozy die Mehrwertsteuer für Restaurants auf 5,5 % zu reduzieren. Das Bistrot soll als nationales Kulturerbe gerettet werden. Das Ganze hat nur den Schönheitsfehler, dass die Steuerersparnis von den Wirten nicht an ihre Kundschaft weitergegeben wird, den Verbrauch also nicht erhöhen kann.

Im Oktober 2009 kandidiert Jean Sarkozy, der seit anderthalb Jahren im Generalrat von „Hauts-de-Seine" sitzt, für den Vorsitz des Établissement public pour d'aménagement de la Défense" (EPAD), der die Verwaltung und die Immobilientransaktionen jenes größten futuristischen Finanzzentrums Europas obliegen. EPAD hat 150.000 Mitarbeiter, die drei Millionen Quadratmeter Bürofläche verwalten und Milliarden an Bauaufträgen vergeben. Leider hat der 22-Jährige nach einer einjährigen Theaterpraxis erst ein Jahr Jura an der Sorbonne studiert und keinerlei Verwaltungserfahrung[64]. Seine Wahl durch den Generalrat, der mehrheitlich der UMP angehört, scheint eine reine Formsache zu sein. Vater Nicolas nimmt die Ambitionen seines Filius ohne sichtbares Engagement zur Kenntnis. Doch als ein Aufschrei ob des offenkundigen Nepotismus durchs Land geht und er in den Umfragen um 6 Punkte rutscht, bekommt er kalte Füße.[65] Als sein Sohn schließlich seine Kandidatur zurückzieht und sich mit einem schlichten Vorstandsposten begnügt, sind beide beschädigt.

Im November 2009 ist Schluss mit der Öffnungspolitik. Die undiszipliniertesten Kabinettsmitglieder, Außenminister Kouchner, die feministisch-sozialistische Algerierin Fadela Amara als Stadt-Staatssekretärin und die aus dem Senegal stammende Sport-Staatssekretärin Rama Yade müssen gehen. Derweil laufen die Prozesse gegen de Villepin in Sachen Clearstream weiter. Ihm wird vorgeworfen, Sarkozys Namen auf die Schwarzgeldlisten gesetzt zu haben, verteidigt sich aber lautstark, all dies sei ein Komplott des Élysée. Als de Villepin im Jahr 2010 freigesprochen wird, bleibt auch diese Affäre ungeklärt.

Außenpolitisch versucht Sarkozy – ebenso wie schon vorher Chirac – die Rückkehr Frankreichs in die Kommando-Strukturen der NATO, zumal Frankreich schon in vielen NATO-Operationen vom Kosovo bis Afghanistan beteiligt ist, ohne jedoch in den Führungsetagen vertreten zu sein. Doch zeigt sich Obama, der auf Hawaii und in Indonesien als Sohn eines kenianischen Vaters aufgewachsen ist und zu Europa wenig Affinitäten hat, uninteressiert. Zudem sind die beiden vom Temperament her kaum kompatibel. Obama ist zerebral, distanziert,

---

63   Er hatte zuvor die Villa Medici in Rom geleitet. In seinem Buch „La mauvaise vie" (Robert Laffont 2005) beschreibt er in graphischen Detail seine homoerotischen Abenteuer mit minderjährigen Knaben in Thailand und Malaysia.
64   Giesbert. Op. cit. S. 167.
65   Guenole. Op. cit. S. 146.

unentschieden, diskret und misstrauisch – das Gegenteil des impulsiven Sarkozy, der sofort einen persönlichen Zugang sucht. Dazu widerspricht Obamas nukleare Abrüstungsrhetorik dem Konzept der Force de frappe. Idem seine Agitation für den türkischen EU-Beitritt, den Sarkozy ablehnt. So schließt er lieber im Jahr 2010 ein Abkommen zur militärischen Zusammenarbeit mit David Cameron, der die gemeinsamen Operationen der beiden stärksten militärischen Kräfte Westeuropas ermöglicht – wiewohl sie im libyschen Abenteuer ein Jahr später erneut auf US-Logistik zurückgreifen mussten.[66]

Wie viele französischen Präsidenten vor ihm pflegt Sarkozy seine weltmissionarischen Steckenpferde, auch wenn immer schnell klar wird, dass diese keine Akzeptanz finden. Zuerst will er die steuerfreien Boni für die Börsen- und Devisenhändler der Banken deckeln, gefolgt von der Tobin-Steuer auf Finanztransaktionen. Dann will er die Kohlesteuern auf den $CO2$-Verbrauch massiv erhöhen[67]. Dazu fliegt sein Landwirtschaftsminister Bruno Le Maire um die Welt, um weltweit höhere Rohstoff- und Agrarpreise auf dem Verhandlungsweg politisch durchzusetzen. Diese netten teuren Ideen werden freundlich kurz angehört und landen dann unweigerlich im Papierkorb, weil niemand außer den Franzosen sie umsetzen will.

Inzwischen lädt die Griechenland-Krise auch zu einem kritischen Blick auf die französischen Staatsfinanzen ein. 1980 hatte Raymund Barre den letzten ausgeglichenen Haushalt vorgelegt. Danach griffen Mitterrand und Chirac mit vollen Händen in die Kassen. Doch auch Sarkozy war kein sparender Präsident, wenngleich er die Neuverschuldung etwas eindämmte. Seit 2007 stiegen die Sozialausgaben um 3–4 % jährlich, weit über der Einnahmeentwicklung. Im Jahr 2009 betrug das Haushaltsdefizit 8,2 %. Das bedeutete, dass ab 30. Juni die Kassen leer waren und alle weiteren Ausgaben, auch die Beamtengehälter, kreditfinanziert werden mussten[68]. Als die internationalen Kreditagenturen androhten, die Kreditwürdigkeit Frankreichs vom Dreifach-A herabzustufen, wurden sie von der Politik beschimpft und bedroht, wie immer wenn – nicht nur in Frankreich – fiskalisches Politikversagen offenkundig wird. Tatsächlich zeigte die französische Exportwirtschaft – einschließlich der Landwirtschaft und Lebensmittelindustrie – seit 2000 unübersehbare Zeichen der Erosion und des Verlustes von Wettbewerbsfähigkeit. Durch die 35 Stundenwoche sind die Arbeitskosten auf 112 % des Niveaus Deutschlands angestiegen. In dem Jahrzehnt 2000–2010 wurden durch den ständigen Verlust an Weltmarktanteilen in Summe mehr als 100 Milliarden Euro an Exporten verloren. Im Jahr 2010 legt Sarkozy eine „Große Anleihe" von 35 Milliarden Euro auf (2 % der französischen Wirtschaftsleistung entsprechend). Sie soll ganz in der colbertistischen Tradition der staatszentrierten Entwicklung, vorrangig die Ausbildung, Forschung und Entwicklung, die Innovation und das Transportwesen finanzieren. François Fillon, der von Sarkozy geprügelt wurde, weil er schon 2007 öffentlich gesagt hatte, er sei der Premier eines konkursreifen Landes und für den die Schuldenfreiheit eine Frage der intakten nationalen Souveränität ist, ist bereit zu einer „Blut, Schweiß und Tränen"-Politik, um die Staatsschulden dauerhaft zu reduzieren. Doch Sarkozy

66   Nay. 2012. Op. cit. S. 423.
67   Ibid. S. 475.
68   Ibid. S. 501.

will davon nichts wissen[69]. Er will nicht die Streiks von 1995 gegen Juppés Politik wiederhaben, die das Land damals erschütterten und Chirac fünf Jahre Kohabitation mit Jospin brachten.

Gegenüber seinen Ministern ist Sarkozy auch in der Öffentlichkeit unhöflich. Premier Fillon ist für ihn nur ein „Mitarbeiter" („collaborateur") der unteren Preisklasse. Den Wohnbauminister disqualifiziert er vor Journalisten als „Idioten"[70]. Auch sonst verkündet er, er sei nur von Unfähigen, Scharlatanen, Zombies, Waschlappen und Nullen umgeben. Das gilt sowohl für seine Minister wie seine Kabinettsmitarbeiter. Alles müsse er, der offensichtlich delegationsunfähig ist, selbst machen[71]. Seine infantilen Wutanfälle dauern in der Regel zwanzig Minuten. In den ersten fünf Minuten, während denen sich sein Groll steigert, darf man ihn nicht unterbrechen und muss anschließend ruhig abwarten, bis der Zorn verraucht ist.

Im März 2010 sind wieder Regionalwahlen. Die Linke siegt mit 54 % – Ségolène Royal in der ländlichen Poitou-Charentes gar mit 61 % –, so dass der Rechten nur noch das Elsass bleibt. Gleichzeitig ist die FN in ihren Stammregionen, den einstigen sozialistischen Hochburgen im Nordwesten und Südosten stark im Kommen.

Heroisch packt Sarkozy eine Rentenreform an, an der alle seine Vorgänger gescheitert sind (wofür er im Gegenzug von der unpopulären CO_2-Steuer nichts mehr wissen will). Die Rente mit 60, von Mitterrand 1982 eingeführt, ist weiter sehr beliebt. Nur stieg erfreulicherweise die Lebenserwartung seither um sieben Jahre. Dazu benutzen viele Firmen (wie in Deutschland vor Schröders Hartz-IV-Reformen) die Vorruhestandsregeln, um sich ihrer überflüssigen, missliebig oder müde gewordenen Mitarbeiter ab 53–55 Jahren zu entledigen. Auch die Sozialisten schienen anfangs ein Einsehen zu haben, dass das Rentenalter und die Lebensarbeitszeit langsam nach oben verschoben werden mussten[72]. Doch selbst eine Erhöhung auf 63 Jahre mit 45 Arbeitsjahren hätte das Defizit in den Rentenkassen bis 2050 nur halbiert. Das Ergebnis des präsidialen Muts: Ab 2011 sollte das Rentenalter alljährlich um vier Monate steigen, um im Jahr 2018 62 Jahre zu erreichen. Doch selbst jenes homöopathische Reförmchen konnte den Volkszorn nicht besänftigen. Die Parlamentsdebatten wurden ab Ende Mai 2010 von siebzig Demonstrationen der CGT in ganz Frankreich begleitet, an der bis zu einer Million Menschen teilnahmen. Mit der Verabschiedung im September war zwar die unmittelbare Gefahr für die Rentenfinanzierung abgewendet, doch Sarkozys Beliebtheit schrumpfte unaufhaltsam weiter auf 26 %. In der Schlussabstimmung gab es zwar eine breite Mehrheit für die kleine Rentenreform, doch stimmten Sozialisten, Kommunisten und Grüne dagegen. Gleichzeitig begann wie gerne im Herbst auch im September 2010 eine Streikwelle, angeführt von den Raffineriearbeitern von Total, die weiter mit 55 Jahren mit voller Rente auf Kosten des Hauses in den Ruhestand gehen wollten.

---

69   Benamou. Op. Cit. S. 130.
70   Giesbert. Op. Cit. S. 33.
71   Ibid. S. 34 f.
72   Lediglich Jean-Luc Mélenchon und die Kommunisten verweigerten sich weiter: Die Reichen sollten zahlen!

Wie immer in späten Präsidentschaftsphasen akkumulieren die Skandale. Am spektakulärsten war die Affäre um Liliane Bettencourt (79), die Erbin des L'Oreal-Vermögens. Die alte Dame wird nicht nur von ihrem Personal und ihrem Fotografen-Freund um Millionen erleichtert, sondern ist auch mit politischen Barspenden an die UMP großzügig. Weil von ihrer entfremdeten Tochter reihenweise Zeugen bestochen wurden, ist die Affäre bis zur Stunde nicht geklärt. Dazu kommen die üblichen Kleinskandale: Minister, die ihr Ferienhaus ohne Baugenehmigung erweitern, andere, die auf Ministeriumsrechnung für 12.000 Euro Zigarren einkaufen, überflüssige Luxusreisen auf Steuerkosten in die Tropen unternehmen, ihre Dienstwohnung an Familienmitglieder untervermieten oder nach ihrer Entlassung weiter ohne erkennbare Leistungen schöne Gehälter beziehen[73]. Sarkozy reagiert, indem er die Dienstwohnungen kontrollieren lässt, die Flugreisen von Ministern einschränkt, die Kabinettsgrößen herabsetzt, 10.000 Dienstwagen streichen lässt und die traditionelle Gartenparty zum 14. Juli ausfallen lässt. Wenn zwei Beamte in Pension gehen, soll eine Stelle nicht mehr nachbesetzt werden.

Sparen ist für Sarkozy schön und gut, solange es nicht ihn selbst betrifft. So lässt er die Präsidentenmaschine („Air Sarkozy") aufwendig umbauen und veredeln. Sie enthält ein großes Privatzimmer und Badezimmer für ihn selbst, ein Büro des Präsidenten und einen Versammlungs- und Essraum für elf. So wird die Fernreisediplomatie erträglich – im Gegensatz zu Managern und Beamten, die von den Sparprogrammen auf die Holzbänke der Economy-Klasse verbannt werden.

Im Sommer 2010 stürmt ein aufgebrachter Zigeunerklan in der friedlichen Provinz ein Polizeirevier, blockiert Fernzüge und die Autobahn mit brennenden Autoreifen und nimmt vier Geschäfte im Ort auseinander. Dazu erlebt Grenoble eine Welle von Gewalttätigkeiten, die von muslimischen Immigranten ausgeht. Zeit für Sarko, sein Law and Order-Image wieder aufzupolieren. Wie schon als Innenminister hält er wöchentliche Sicherheitstreffen ab, zumal die öffentliche Meinung ein hartes Durchgreifen will: Massive Mehrheiten sind für die Unterdrückung von Betrug bei den Familienbeihilfen, das Verbot von Unterstützerorganisationen für Asylanten und Illegale und von Minaretten. Sarkozy verkündet, er wolle die 540 illegalen Zigeunerlager auflösen lassen und ihre Insassen ausweisen. Immigranten, die sich gegen Amtspersonen gewalttätig verhielten, sollten ihre französische Staatsbürgerschaft verlieren, die Illegalen abgeschoben werden. Die politisch korrekte Publizistik empört sich wie vorhergesehen und in Brüssel droht Kommissarin Viviane Reding, eine christdemokratische Journalistin aus Luxemburg, gegen Frankreich ein Vertragsverletzungsverfahren einzuleiten[74] (obwohl kein einziger EU-Vertrag verletzt worden war) und versteigt sich in einen Vergleich zu den Deportationen und Massenvertreibungen des Zweiten Weltkriegs.

Derweil steigt der Stern von Dominique Strauss-Kahn (DSK) in den Umfragen auf astronomische Höhen von 59–62 %. Je weiter entfernt der IWF-Chef von der Heimat in Washington zu Wirtschaftsfragen aus konsensualer sozialdemokratischer Sicht orakelt und je mehr er sich

73   Nay. 2012. Op. cit. S. 565 f.
74   Ibid. S. 589.

als gauche caviar mit seiner Millionärsgattin, der Medienprinzessin Anne Sinclair aus den politischen Schlammschlachten heraushält, desto mehr wird er mit dem Rückenwind der ihm geneigten Presse, die Sarkozy hasst[75], geliebt – bis er sich im Mai 2011 im Sofitel in New York schließlich selbst zerstört. Obwohl er wegen der Unglaubwürdigkeit und der Widersprüche seines mutmaßlichen Opfers letztendlich laufen gelassen wird, war seine herabwürdigende Vorführung durch die US-Justiz und das Bekanntwerden seiner Vielzahl anderer unbeherrschter gewalttätiger sexuellen Eskapaden („halb Mensch, halb Schwein") doch zu viel, sich ihn noch im Élysée vorstellen zu können. Sarkozy war seinen gefährlichsten Rivalen für die Wiederwahl los. Platz frei für den biederen François Hollande, der noch mit Ségolène Royal, der Mutter seiner vier Kinder liiert erscheint, und die grantige Martine Aubry in den sozialistischen Vorwahlen schlägt, die jedoch weiter die Partei und die Kandidatenaufstellung der PS kontrolliert. Der Austausch der sozialistischen Kandidaten ändert jedoch zunächst die öffentliche Meinung nicht, die Sarkozys Wiederwahl mehrheitlich ablehnt.

Mit dem Arabischen Frühling von 2011 werden die französischen strategischen Interessen in ihrem mediterranen Hinterhof unmittelbar betroffen. Das erste französische Opfer ist Michèle Alliot-Marie (MAM), die sich als Verteidigungs- und Außenministerin von dem in Schmach gestürzten Ben-Ali-Klan zu Luxusurlauben in Tunesien hatte einladen lassen. Was früher als normal durchgegangen wäre, wird nun unakzeptabel. MAM muss gehen. Sarkozy, der an den Arabischen Frühling glaubt, nimmt nun die Seite der Aufrührer in Tunesien und Ägypten, lässt die alten Bundesgenossen Ben Ali und Hosni Mubarak fallen sowie bald auch in Libyen Gaddafi.[76] In Bengasi brechen die alte Stammesfeindschaften der Ostlibyer gegen das Gaddafi-Regime auf, die dieser mit seiner nicht zuletzt dank Sarkozy mit französischen Waffen gut ausgerüsteten Armee angeblich mit Gewalt niederschlagen will. Ob es sich wie bei Gaddafi üblich, nur um großmäulige Drohungen handelte oder ob er wirklich die Opposition massakrieren wollte, wird ewig ungeklärt bleiben. Sarkozy steht unter dem Einfluss des Publizisten Bernard-Henri Lévy, der vor Ort und im Élysée zugunsten der Aufständischen agitiert. Sarkozy erkennt gegen den Willen des Außenministeriums das Übergangskomitee von Bengasi diplomatisch an und erlässt zusammen mit den Briten eine Flugverbotszone, so dass Gaddafis Luftwaffe nicht mehr zum Einsatz kommen kann. Andere EU-Staaten, zum Beispiel Deutschland, sowie Obama, teilen die Begeisterung von Sarkozy und David Cameron für weitere Militäreinsätze nicht. Immerhin gelingt es ihm eine Koalition von 22 Ländern zusammenzuzimmern, darunter die saudischen Erzfeinde Gaddafis, die mit ihm den libyschen Diktator stürzen wollen, und im UNO-Sicherheitsrat russische und chinesische Vetos zu vermeiden. Sechs Monate nach dem Beginn des Aufstandes kontrollieren die Rebellen dank alliierter Luftschläge und des Einsatzes von Sonderkommandos die Hauptstadt Tripolis und das Staatsfernsehen. Bei einem Besuch in Bengasi wird Sarko zum gefeierten Kriegshelden. Gaddafi wird später aus einem Kanalloch gezogen und als Gefangener ermordet. Sarkozy glaubte nun tatsächlich, nach dem Sturz Gaddafis als seinem einzigen Ziel[77] werde ein „Friedensmarsch" und die Demokratie in der gesam-

---

75 Camille Pascal. Scènes de la vie quotidienne à l'Élysée. Plon. 2012. S. 167.
76 Nay. 2012. Op. cit. S. 655.
77 Le Maire. Op. cit. S. 195.

ten arabischen Welt ausbrechen[78]. Stattdessen hat er zusammen mit den Briten den eigentlich wohlhabenden libyschen Staat zerschlagen und ins Elend gestürzt und das Gewaltpotential der ungelösten Stammesrivalitäten und die Gefahr radikaler Islamisten im Land sträflich unterschätzt.

Ein zweiter Interventionsort für seine Außenpolitik mit moralischen Ansprüchen war die einstige Musterkolonie Elfenbeinküste, in der Diktator Laurent Gbagbo, der im Jahr 2000 an die Macht kam, mit der PS verbündet war und über die Sozialistische Internationale publizistische Schützenhilfe erhielt[79], noch fünf Jahre nach dem Ablaufen seiner Mandatszeit mit Hilfe von Terror und Todesschwadronen weiter amtierte. Schließlich gab es unter internationalem Nachdruck im Herbst 2010 doch Wahlen unter internationaler Aufsicht, die sein Gegner Alassane Ouattara mit 54 % prompt gewann. Sarkozy gab ihm acht Tage Zeit, um den Präsidentenpalast für seinen Freund Ouattara zu räumen[80]. Gbagbo denkt jedoch nicht daran, akzeptiert keine Vermittler und lässt auf Demonstranten schießen. Gleichzeitig bekämpfen sich Armee-Einheiten mit Hunderten von Toten. Vier Monate nach den Wahlen greifen französische Truppen nach einem Mandat des Sicherheitsrates mit Artillerie und schließlich Panzern den Präsidentenpalast an, in dem sich Gbagbo verschanzt hat, und ermöglichen den Ouattara-Leuten das Eindringen[81]. Kritik erscholl nur auf der französischen extremen Linken.[82]

Bei jenen Militäreinsätzen war Sarkozy, ebenso Mitterrand im Fall des Tschad, Giscard in Katanga und Chirac im Libanon nicht sein normales Selbst, sondern wurde wie seine Vorgänger unter der Last der Verantwortung schweigsam, ließ sich ausführlich informieren und traf seine Entscheidungen ohne den üblichen Medienrummel. Tatsächlich spielte er hier die klassische französische Präsidentenrolle: der Mann der Vorsehung, der Krisen durch seine Willenskraft, überlegene Intelligenz und Nervenstärke löst und Frankreichs einzigartige Rolle im Konzert der Nationen darstellt[83]. Dies ist eine Rolle, bei der Deutschland nicht mitspielen kann und will. Nicht zuletzt deshalb weil unsere strategischen Interessen vorrangig in Ost- und Südosteuropa liegen und nicht etwa in Nord- und Zentralafrika, im Libanon oder gar am Hindukusch. Es war sicher nicht im deutschen Staatsinteresse, Diktatoren wie Gaddafi oder Gbagbo gewaltsam zu stürzen, so widerlich ihre Herrschaft auch gewesen sein mag. Diese Grenzen der deutsch-französischen militärischen Zusammenarbeit wurden Sarkozy durch den Abzug der deutschen AWACS-Soldaten aus ihren Funktionen nur allzu deutlich gemacht, der den Einsatz dieser Maschinen sabotierte und das anglo-französische Bündnis von der US-Luftaufklärung abhängig machte.

Den ganzen Sommer 2011 über köchelt die griechische Schuldenkrise, verursacht durch Haushaltslügen in Athen (ein Haushaltsdefizit von -13 % wurde unter Karamanlis plötzlich

---

78   Ibid. S. 150.
79   Pascal. Op. cit. S. 150.
80   Nay. 2012. Op. cit. S. 679.
81   Er sitzt seit November 2011 im Haager Kriegsverbrechergefängnis ein.
82   Nay. 2012. Op. cit. S. 684.
83   Guenole. Op. cit. S. 109.

ein Überschuss von +3,7 %) und gefälschte Statistiken, eine Schattenwirtschaft von 20 %, den nationalen Volkssport keine Steuern zu zahlen (auch von der orthodoxe Kirche und den Großreedern nicht), dem Fehlen einer Exportindustrie und der Bereitschaft vor allem französischer Großbanken (BNP, Société Générale, Crédit Agricole) großmütig und ungeprüft Kredite zu verteilen. Sarkozys Interesse war es, die „unabhängige" EZB dazu zu bringen, den Euro-Raum mit Liquidität zu fluten, die EZB vertragswidrig zum Kauf südeuropäischer Staatsanleihen zu motivieren und deutsche Garantien für die diversen Euro-Megarettungsschirme zu bekommen. Es gelang ihm auf der gesamten Linie, die ständig taktisch zögerliche, misstrauische und konzeptionslose Merkel (die er seine „Feindin" nennt[84]) durch seine Daueragitation und Beschwörungskünste über den Tisch zu ziehen, ihr einen Eurorettungsschirm von 1700 Milliarden Euro aufzudrücken und ihr gegenüber auch noch Mario Draghi, den ehemaligen Goldman Sachs-Banker (immerhin hatte die Bank den griechischen Euro-Schwindel möglich gemacht) als EZB-Chef gegen Axel Weber durchzusetzen. Er konnte sich dann im Dezember 2011 und Januar 2012 freuen, als Draghi ein Feuerwerk bestehend aus einer Nullzinspolitik und Anleihekäufen zur Flutung der Kapitalmärkte mit Liquidität und zur Schwächung des Außenwertes des Euro, zur Entlastung der französischen Banken und des verschuldeten Fiskus auf Kosten der deutschen Sparer, Banken und Versicherungen durchziehen konnte[85].

Bei einem aktivistischen Präsidenten, der sich in alles einmischte und der seinen Premier François Fillon und seine Minister stets zur Seite schob, waren in seinem Kabinett die Rivalitäten und der Kampf um das Ohr des beeinflussbaren und oft erratischen Präsidenten stark, zumal jene Ratgeber auch in der Öffentlichkeit als einflussreicher und mächtiger als die meisten Minister galten. Bekanntlich versuchte Sarkozy alle vier ideologischen Felder der Rechten je nach Konjunktur und Laune sequentiell oder gleichzeitig zu besetzen: den Traditionsgaullismus eines starken Staates mit einer sozialen Ader, den konservativen Volkskatholizismus, das Sicherheits- und Identitätsthema der harten Rechten und den Wirtschaftsliberalismus (der seiner Herkunft und seinen Wählerinteressen in Neuilly entsprach: So sein Slogan von 2007 gegen den Steuerstaat: „Mehr arbeiten, um mehr zu verdienen"). Da Politikerreden immer auch ideologische Markierungen darstellen, tobte ein ständiger Kampf zwischen den führenden Redenschreibern, dem Gaullisten Henri Guaino[86] und dem rechtskatholischen Identitären Patrick Buisson[87]. Dazu gab es Schreiber, die eher in eine sozial-liberale und pro-europäische

---

84 Georges-Marc Benamou. Comédie française. Choses vues au Cœur du pouvoir. Fayard. 2014. S. 20.

85 Nay. 2012. Op. cit. S. 713; Giesbert. Op. cit. S. 150 ff.

86 Guaino hatte in der Parlamentswahl 2017 in dem für die Rechte eigentlich sicheren bürgerlichen 2. Pariser Wahlbezirk (der das 7. Arrondissement und Teile des 5. und 6. umfasst) gegen die von Fillon eingesetzte Nathalie Kosciusko-Morizet (NKM) kandidiert. Als er in der ersten Runde nur 4,5 % der Stimmen bekam, beschimpfte er die dortigen Wähler als egoistische „bobos" (bohèmiens bourgeoises), die „zum Kotzen" seien. Die ehemalige Umweltministerin NKM, die zum linken Flügel der Republikaner zählt, verlor dann in der Endrunde deutlich gegen einen völlig unbekannten Macron-Jünger.

87 Buisson veröffentlichte 2016 „La Cause du Peuple. Histoire interdite de la présidence Sarkozy", (Perrin) eine anti-sarkozistische Schmähschrift, in der er den Ex-Präsidenten als charakterlich ungeeignet für das Amt beschreibt und Carlas aus seiner Sicht unheilvollen linkskonformistischen Einfluss auf ihn kritisiert. Sarkozy brauche dauernd eine affektive Zuneigung. Er sei eine unglückliche Seele, die von seinen weiblichen Eroberungen beherrscht werde. Seine öffentliche Persönlichkeit werde stets von seiner privaten eingeschränkt, von

Richtung tendierten wie Georges-Marc Benamou, oder solche, die wie Camille Pascal es sowohl mit Buisson und Guaino hielten. Diese Redenschreiber saßen nicht wie üblich im stillen
Kämmerchen. Sarkozy traf sich mit seinen „Kommunikatoren" (die auch die Pressearbeit und
die Medienpolitik machen oder wichtige und interessante Intellektuelle aller Schattierungen
zu Abendessen einladen mussten) dreimal wöchentlich zu Besprechungen, Sonntags auch in
seiner Stadtwohnung im 16. Bezirk, wo Carla den Kaffee kochte[88]. Wie die meisten Präsidenten nahm Sarkozy seine Reden wichtig, deklamierte sie, wenn er Zeit und Lust hatte, oft laut
vor versammelter Mannschaft und nahm sie bei Gefallen bis auf weiteres als seine persönlichen
Worte und Überzeugungen an.

Für den Wahlkampf gegen Hollande 2012 schwenkte der in den Umfragen weit zurückliegen-
de Sarkozy auf eine sanftere, zentristischere Linie. Er ernannte NKM zu seiner Sprecherin, um
sein Image zu feminisieren. Im Wahlkampf lieferte er trotz einer feindseligen Presse, die ihn
längst höhnisch abgeschrieben hatte, ein Aufholrennen. Fast jeden Tag ging es in der Schlussphase um einen halben Punkt aufwärts. Zehn Punkte hatte er in drei Monaten gut gemacht[89].
Am Ende reichte es im Mai 2012 nur zu 48,4 % gegenüber Hollandes 51,6 %. Doch Sarkozy
nahm die erste verlorene Wiederwahl eines Präsidenten seit Giscard im Gegensatz zu VGE
sportlich: Nur fünfzehn Tage hätten ihm zum Überholen Hollandes gefehlt[90].

Rückkehrplanungen

Sarkozy verkündigte zu Carlas Erleichterung – leider wenig glaubwürdig – seinen Ausstieg aus
der Politik an. Im Alter von 56 wolle er nach 25 Jahren in der Politik ein neues Kapitel aufschlagen und in einem neuen Leben unter Ausschluss der Öffentlichkeit als Anwalt viel Geld verdienen. Ganz offenkundig wollte er nicht wie VGE über die Regionalpolitik eine Ochsentour zum
Comeback einschlagen. Das ihm zustehende Büro als Ex-Präsident richtete er sich in der Rue
de Miromesnil, zwei Minuten vom Élysée entfernt, ein.

Doch haben politische Mitstreiter wie Brice Hortefeux und Christian Estrosi ein Interesse
an einer Rückkehr und gründen schon im Mai 2012 eine „Association des amis de Nicolas
Sarkozy", deren Sprecher bald verkünden, er sei der einzige, der die Linke um Hollande 2017
schlagen könne[91]. Nach drei Monaten schon bricht Sarkozy im August 2012 seine mediale
Funkstille mit einem Aufruf zur militärischen Intervention in Syrien. Zwischenzeitlich befeuert er durch seine Gewährsleute den in der UMP ausgebrochenen Nachfolgekrieg zwischen
seinem ungeliebten Ex-Premier Fillon und Jean-François Copé. Im November lässt er durch-

seinen Leidenschaften, seinen Unordnungen und seiner schuldhaften Schwäche für den Zeitgeist und die
Wohlgerüche der Modernität. Letztendlich sei sein Voluntarismus nichts anderes als eine Mischung aus harten Reden und schlaffen Taten.
Er berichtet auch, wie Sarkozy beim Besuch bei Benedikt XIV. zwanzig Minuten zu spät zur Audienz kam und
während der Unterredung angeblich auf seinem iPad herumspielte.
88   Pascal. Op. cit. S. 121 und 176.
89   Ibid. S. 255.
90   Benamou. Op. cit. S. 20.
91   Guenole. Op. cit. S. 18.

schauen, dass er beide für ungeeignet hält[92]. Die Überlegung ist einfach: Je schwächer die künftige UMP-Führung, desto geringer die Chance für einen starken Rivalen im Jahr 2017, der wie seinerzeit er selbst den Parteiapparat kontrolliert[93]. Fillon, der vor allem auf dem rechten Flügel als Gaullist (aus der Schule Philippe Séguins) und traditioneller Katholik stark ist, muss aus seiner Sicht unbedingt geschlagen werden. Gleichzeitig darf Copé nicht zu stark gewinnen, um Sarkozys Parteibasis nicht zu gefährden und seine Gefolgsleute bei der eigenen Stange zu halten. So organisiert er über falsche Vollmachten, Auszählungsschwindel und mit manipulierten elektronischen Stimmen im Dezember 2012 einen massiven Wahlbetrug, der Copé zwar gewinnen lässt, ihn aber mit einem Image als Betrüger schädigt und die Partei fast bis zur Spaltung führt.[94]

Derweil werden nach und nach die sechs Affären, in die er verwickelt ist, juristisch aufgearbeitet. Christine Lagarde, die mutmaßlich auf seine Anweisung als Finanzministerin 405 Millionen Euro an den dubiosen Geschäftsmann Bernard Tapie als Entschädigung für einen angeblichen Betrug der damals staatlichen Crédit Lyonnais beim Verkauf einer Adidas-Aktienmehrheit überwiesen hatte, wurde zwar wegen Veruntreuung schuldig gesprochen. Doch der (politisch rechtsprechende) Staatsgerichtshof verzichtet auf eine Bestrafung, weil sie nicht im französischen Interesse sei (und die IWF-Chefin sonst ihren Job verlöre). Fall erledigt. Idem im Fall „Karachi", den angeblichen Rückflüssen von „Kommissionen" beim Verkauf von U-Booten an Pakistan und Fregatten an Saudi-Arabien im Jahr 1994, um Balladurs Wahlkampf von 1995 zu finanzieren, für den er zuständig war. Im Fall Bettencourt, wo sein Schatzmeister Éric Woerth – oder sogar er selbst – angeblich Umschläge, die jeweils 10.000 bis 200.000 Euro enthielten, zugesteckt bekommen haben sollen, ist angesichts der von der Gegenseite bestochenen Zeugen die Wahrheitsfindung unmöglich geworden. Fall ungeklärt und erledigt. Weiter zieht sich die sogenannte „Bygmalion"-Affäre in die Länge. Es geht um Scheinrechnungen, die jene Kommunikationsgesellschaft zur Finanzierung seines Wahlkampfes im Jahr 2012 über 20 Millionen Euro ausgestellt hatte und die sein Überschreiten der offiziellen Ausgabenbeschränkungen tarnen sollten[95]. Schließlich schien angesichts der sorgfältigeren Aktenführung und Archivlage im Prinzip eine sechste Affäre am gefährlichsten: Umfragen, die das Élysée in seinen Amtsjahren ohne öffentliche Ausschreibung für 9 Millionen Euro in Auftrag geben hatte und vor deren Ergebnissen keine Spur mehr zu finden war[96]. Trotz einer sozialistischen Folgepräsidentschaft wurde auch dieser Fall einer potentiellen Untreue unter den Teppich gekehrt (oder wahrscheinlicher: zur allfälligen Verwendung im Stahlschrank gelagert). Im März 2018 wurde Sarkozy jedoch in Sachen angeblicher Gaddafi-Spenden im Wahlkampf 2007 von den Untersuchungsrichtern der Anti-Korruptionsbehörde zwei Tage in U-Haft genommen. Angeblich waren ihm damals fünf Millionen Euro in einem Geldkoffer zugesteckt worden, die ihm eine bekannt luxuriöse Wahlkampfführung mit einem Privat-Jet, separaten Edel-Logen bei

---

92   Ibid. S. 14.
93   Ibid. S. 72.
94   Ibid. S. 96.
95   Violette Lazard. „Sarkozy sauvé par les juges?". L'Obs 13.10.2016.
96   Guenole Op. cit. S. 177.

Auftritten und Champagner-Gelagen jenseits des offiziellen 20-Millionen-Euro-Limits ermöglicht habe. Wegen des Verdachtes der Bestechlichkeit und der illegalen Parteienfinanzierung
droht dem Altpräsidenten seither eine Anklage mit bis zu zehn Jahren Haft.[97] Die von ihm
angeordnete gewaltsame Eliminierung Gaddafis im Oktober 2011 erinnert damit fatal an die
Eliminierung eines Mitwissers – ähnlich wie der Sturz des Kaisers Bokassa im September 1979
durch den von ihm Diamanten beschenkten Giscard.

Ansonsten war Sarkozys Taktik, sich möglichst staatsmännisch zu geben, mit der identitären
Buisson-Linie nichts mehr tun zu haben zu wollen, altgaullistische Traditionen zu pflegen und
bis zum Vorwahlkampf 2016 mediale Funkdisziplin zu wahren. In den Vorwahlen bei den Republikanern positionierte er sich im Herbst zwischen François Fillon auf der Traditionsrechten und dem eher zentristischen Alain Juppé in der rechten Mitte mit einem Programm von
Steuerkürzungen, einem Kampf gegen den politischen Islam und für eine neue Immigrationspolitik und versuchte seine internationale Erfahrung zu thematisieren.[98] Eine Mischung also
von Wirtschaftsliberalismus und einer harten Linie gegen muslimische Extremisten und die
illegale Immigration[99]. Dabei rieb Sarkozy sich vor allem mit dem in den nationalen Umfragen
führenden Juppé, der so gut wie keinen aktiven Wahlkampf führte.[100] Er agitierte für eine starke
nationale Identität und gegen die multikulturelle Gesellschaft, der die Geschichte und Kultur
der Nation gleichgültig sei. Auch wendete er sich gegen militante Minderheiten, die öffentliche
Projekte und Infrastrukturen blockieren.[101]

Sarkozy veröffentlicht pünktlich zum Vorwahlkampf ein neues Programmbuch, in dem er
an gezählten 27 Entscheidungen („Irrtümer und Dummheiten") seiner Präsidentschaft von
2007–12 vorsichtig Selbstkritik übt. Auch dies ein Novum für einen Ex-Präsidenten, das einem
de Gaulle, Mitterrand und VGE nicht in den Sinn gekommen wäre. So hätte er mit Cécilia zur
Rettung seiner Ehe nicht auf Bollorés Jacht steigen, den Bauern im Salon der Landwirtschaft
nicht beleidigen dürfen und mehr gegen den islamischen Terror und die illegale Immigration
tun müssen, obwohl er sich damals beim politisch-medialen System unbeliebt gemacht hätte.[102]
Er habe zu viel gleichzeitig angepackt und keine Prioritäten gesetzt. Er hätte die Einkommens-
und Unternehmenssteuern kürzen und die Vermögensteuer abschaffen sollen und die „soziale"
Mehrwertsteuer nicht einführen dürfen. Er fordert nunmehr ein Verbot der Burkas und der
Vollverschleierung (Niquab), das Ende der Doppelstaatsbürgerschaft für Terroristen und Kriminelle, sowie flexiblere Regelungen für die 35-Stunden-Woche auf Unternehmensebene. Von
dieser programmatischen mea culpa verkauften sich in Kürze immerhin 120.000 Exemplare.

Dennoch hatten die Anhänger der Republikaner das überwältigende Gefühl, Sarkozy habe seine Chance fünf Jahre lang gehabt und nicht genutzt – Buissons Sarkozy-Kritik war gerade er-

97   Michaela Wiegel. „Die Perlen des Champagners". Frankfurter Allgemeine Zeitung 23.3.2018.
98   Nicolas Sarkozy. „Avec moi, personne n'imposera à la France quoi que ce soit". Interview im Figaro 17.11.2016.
99   Christian Wernicke. „Hollandes neue Mitte". Süddeutsche Zeitung. 21.12.2015.
100   Matthieu Goar. „Sarkozy cherche la voie pour se relancer". Le Monde 10.10. 2016.
101   Charles Jaigu. „Sarkozy exalte ‚la nation'". Le Figaro 9.6.2016.
102   Nicolas Sarkozy. La France pour la vie. Plon. 2016.

schienen und führte in den Bestsellerlisten[103] – und optierten für Fillon, der nach seinem Sieg in den Vorwahlen jedoch im November 2016 wegen der millionenschweren Scheinbeschäftigung seiner Frau als seiner nicht-arbeitenden Parlamentsassistentin in schwere Turbulenzen geriet. Sarkozy, der nach seiner Niederlage bei den Vorwahlen von 2016 eine Wahlempfehlung zugunsten von Fillon abgegeben hatte[104], war nicht bereit, auf dessen Ablösung durch Alain Juppé zu drängen.[105] So nahmen das Verhängnis für Fillon und der Wahlsieg für Macron im April/Mai 2017 ihren Lauf.

Doch auch für 2022 – als gereifter 67er – will Sarkozy sein Pulver wieder trocken halten, sollte die Macromania vom Sommer 2017, wie zu erwarten war, wieder abflauen. Er installierte Laurent Wauquiez gegen den Widerstand der Juppéisten an der Spitze der Republikaner in der Hoffnung, in der gespaltenen Partei im richtigen Moment als Nothelfer wieder die Führung übernehmen zu können[106].

Würdigung

Quer durch alle persönlichen Erinnerungen und journalistischen Profile werden Sarkozys Fleiß, seine unerschöpfliche Energie, sein Mut, seine schnelle Auffassungsgabe, sein Krisenmanagement und seine Spontanität gelobt. Zu den Schattenseiten zählen sein Autoritarismus, seine Aggressivität, ständige Ungeduld, der Bruch von Versprechungen, sein Mangel an Überzeugungen, sein (oft gespielter?) Jähzorn, der Mangel an rhetorischer Selbstbeherrschung, seine Hyperaktivität, seine Kritikempfindlichkeit, seine Unfähigkeit zu Schweigen und zur Selbstanalyse, sein Hang zum großen Geld, in Summe sein egomanischer Narzissmus.[107] Ideen, Freunde und Bündnisse wechselt er wie das Hemd[108]. Mal ist Angela seine große Freundin und Pseudo-Mutter, mal seine erklärte Feindin.

Verständlich werden die Laufbahn und das politische Wirken dieser ambivalenten Persönlichkeit nur per Psychogramm. Da ist der kleinwüchsige, linkische Junge mit dem schiefen Gesicht, einem leichten Buckel und Hinken. Er ist unansehnlich (im Gegensatz zu den jugendlichen Schönlingen Mitterrand, Giscard, Chirac und Macron), mit schlechten Schulnoten, ein verhaltensauffälliger Sitzenbleiber, ohne Freunde, vom Vater verlassen, mit einem übermächtigen großen Bruder, den er ablehnt, einer wohlmeinenden, aber oft überforderten Mutter in einem miefigen Altbau in einem bürgerlichen Viertel wohnend. Den Großvater, der Geschlechtskrankheiten behandelt, will seine Kundschaft auch nicht auf der Straße kennen.

---

103 La cause du peuple. Perrin. 2016. Ein angebliches Zitat aus dem Munde des Ex-Präsidenten: „Ich möchte reich sterben. Blair hat mir gesagt, dass er sich pro Konferenz-Auftritt 240.000 US-Dollar zahlen lässt. Ich muss das noch besser machen."
104 Marion Mourgue. „Nicolas Sarkozy se retire de la vie politique". Le Figaro 21.11.2016.
105 Emmanuel Beretta. „Le retour de ‚don Nicholas'". Le Point 9.3.2017.
106 Pierre Briançon. „Going, going, not gone – Sarkozy dreams of comeback". Politico 12.4.2017.
107 Guenole. Op. cit. S. 230; Benamou. Op. cit . S. 22.
108 Giesbert. Op. cit. S. 76.

Kurzum es entsteht in dem sich herabgesetzt fühlenden, aggressiven und intelligenten Jugend-lichen ein massives, eigentlich nie erfüllbares Streben nach sozialer Anerkennung, Zuneigung und Status. Andere wollen in einer ähnlichen Situation ein erfolgreicher Fußballer werden, ein gefeierter Schlagersänger, reicher Unternehmer, Erfolgsschriftsteller oder Nobelpreisträger. Sarko aber will die Macht und ihre Attribute und geht so früh wie möglich in die Politik, wo er vorrangig die Anerkennung durch Ersatzväter und Statusgewinn sucht. Seine egozentrische fundamentale Unsicherheit treibt ihn zu immer manischeren Anstrengungen, die es in ihrer Rücksichtslosigkeit gegen sich selbst, gegen seine Familie und seine Umwelt ihm nicht immer leicht machen, denn sie schaffen Feinde und stoßen eher ab, als dass sie die wenigen von ihm dringend ersehnten Mentoren (Peretti, Pasqua, Chirac, Balladur) anziehen.

Mit seiner fundamentalen psychischen Unsicherheit, die sich auch physisch durch unbe-herrschtes, infantiles Verhalten ausdrückt – zum Beispiel durch dauerndes Zappeln, Knabbern, Kopf- und Beinewackeln – sowie durch eine ständige Ungeduld, provozierte Wutanfälle, die Unfähigkeit, lange zuzuhören, den Unwillen, Widerspruch zu ertragen, und die unausgesetzte Sucht nach Anerkennung und Bestätigung[109], akkumulierte er als Erwachsener ohne Unterlass gezielt die wichtigsten Symbole von Macht und Status: Vom Budgetminister (dem Herrscher über das Geld der Minister) über den Innenminister (dem Herrscher über die Polizei und die Geheimdienste) bis zum Präsidenten, als dem Herrscher über Frankreich und seine Armee und Mit-Herrscher Europas (zusammen mit der halb-verachteten und mit ständigem Miss-mut betrachteten Angela). Dazu sammelte er, ungerührt um seinen Reputationsschaden im theoretisch egalitären Frankreich, öffentliche Statussymbole: die teuersten Rolex-Uhren, Son-nenbrillen und Schreibwerkzeuge, die schicksten Trophäen-Frauen, Jachturlaube, Diners mit den Reichen und Schönen in den edelsten Restaurants, Freundschaften am liebsten nur mit Milliardären und dem Jetset. Jener neureiche Protz von „Bling-Bling-Sarko" war weder in den verarmten Unter- und Mittelschichten noch beim betuchten konservativen Bürgertum vermit-telbar, von seinen politischen Feinden auf der Linken und in den Medien, die sich über sein karikaturhaftes Auftreten sehr freuten, ganz zu schweigen.

Dazu kam die öffentlich Entblätterung seines chaotischen Privatlebens: der Tausch seiner bra-ven korsischen Frau gegen eine ungestüme „Spanierin" mit despotischen Allüren im Élysée und schließlich einer „Italienerin" mit einem selbstpublizierten Vorleben, plus vier Patchwork-Kindern, um die er sich kaum kümmerte. Es gab zu viele Stilbrüche, zu viele Unglaubwürdig-keiten, zu viele politische Spagate: von Programmen zum Moscheen-Bau zur bis zur Sammel-ausweisung krimineller Zigeuner. Schlecht erzogen, hatte er weder Sinn für das Symbolische noch für Etikette[110].

Nie hat Sarkozy den Versuch gemacht, sich wie seine Vorgänger irgendwo regional einzuwur-zeln, blieb also Pariser Großstädter. Immobilistisch benutzte er schlicht Carlas abgeschirmte

---

109   Diese Analyse wurde schon zu Beginn des Wahlkampfes 2004 mit Blick auf seine Abhängigkeit von der Zu-
        neigung von Cécilia offenkundig, mit ihrer Rolle als eine Art (Über-)Mutterersatz. Benamou. Op. cit; S. 52 –
        Ähnlich wie Brigitte Macron 2016/17.
110   Ibid. S. 135.

Strandvilla in Cap Nègre mit, zeigte jedoch nie eine Neigung zur mythischen „France profonde", den Dörfern und Kleinstädten außerhalb des Pariser Zentralraums[111]. Eher zog es ihn zu Luxusurlauben in Südeuropa, in den Nahen Osten und nach Nordamerika.

Die französische Öffentlichkeit erwartet von ihren führenden Staatsdienern, dass sie sich in jener republikanischen Monarchie feierlich, sparsam und (zumindest bei öffentlichen Auftritten) moralisch einwandfrei darstellen. Die öffentlichen Rollen de Gaulles und Mitterrands gelten nach wie vor als Ideal der verkörperten Staatswürde. Als Sarkozy sein Problem verspätet erkannt hatte und ab 2010 nur noch dunkle Anzuge trug und sich um ein seriöses Auftreten bemühte, war der Schaden bereits getan.

Hat dieser eigentlich traurige Fall für den Psychoanalyten eher politischen Nutzen oder Schaden gestiftet? Innenpolitisch blieb es bei der sich verschlechternden Sicherheitslage, die von den zunehmend muslimisch dominierten Vorstädten ausgeht und bei martialischen Ankündigungen, die weitgehend folgenlos blieben, sozialpolitisch zuckte Sarkozy – die schlechten Umfragedaten fest im Blick – wie alle seine Vorgänger seit Giscard vor den angekündigten Großreformen trotz bester Einsichten und Absichten stets zurück. Es blieb bei einer gestaffelten Verschiebung des Renteneintrittsalters, mehr nicht. In der Außen- und Europapolitik bleiben nach einer hektischen Reisediplomatie ein Krisenmanagement in Sachen russischer Krieg gegen Georgien im August 2008, die Abtrennung zweier Provinzen (Abchasien und Südossetien) und die Zerstörung des libyschen Staates nach dem Sturz Gaddafis im Jahr 2011. In Sachen Europolitik gelang es ihm, die Kosten für die temporäre „Rettung" der Südländer, der französischen Griechenlandkredite und Staatsschulden weitgehend dem deutschen Fiskus und den deutschen Sparern anzulasten. Nachhaltig ist diese Lösung nicht und eher der Regierungsschwäche in Berlin und der Fehlkonstruktion der EZB anzulasten. Das sind in Summe nicht gerade Errungenschaften, die einen großen Präsidenten ausmachen.

Seine frühere innovativ-dynamische Arbeit als Minister (Budget-, Innen- und Finanzen) war zweifellos bemerkenswert. Doch war sie bei den kurzen Verweildauern im Amt – kaum mehr als zwei Jahre – wie in der V. Republik üblich, zu kurz, um als Minister nachhaltige Wechsel in der Sicherheits- und Fiskalpolitik durchzusetzen.

Für die Franzosen waren sein Gehabe und seine Bilanz als Präsident so abschreckend, dass sie ihn 2012 abwählten und dass ihn selbst nach fünf Jahren Hollande das eigene Lager trotz seiner besten Bemühungen bei den Vorwahlen 2016 nicht wieder als Präsidenten sehen wollte. Im März 2018 holte ihn eine dubiose Wahlkampffinanzierung aus dem Jahr 2007 ein: Ausgerechnet die Zuwendungen Gaddafis brachten ihm 48 Stunden Untersuchungshaft („garde à vue"), untrügliches Zeichen für den Beginn einer Endlos-Saga mit der Justiz, die man auch seinem ärgsten Feind nicht wünschen kann.

---

111 Giesbert. Op. cit. S. 233.

Kapitel 7

François Hollande (1954–), ein normaler Präsident mit gebrochenen Wahlversprechen

Hollandes Lebenswerk ist schwierig zu resümieren, weil es wenig vorzuweisen gibt. Fast sein ganzes Erwachsenenleben hatte er im Parteiapparat der PS verbracht und nie ein Ministeramt ausgeübt. So schien er froh und stolz zu sein, unverhofft das Präsidentenamt übernommen zu haben und sich in der Rolle des geschäftsführenden Amtsträgers ohne Charisma und gestalterischen Ehrgeiz zu begnügen. Hollande nahm einige Reformen seines Vorgängers zurück und erhöhte den Spitzensatz der Einkommensteuer wieder auf 75 %. Als er nach zwei Jahren linker Rhetorik einen Kurswechsel vornahm, folgte ihm die linkssozialistische Parlamentsmehrheit nicht länger. Selbst rein symbolische Reformen kamen nicht länger durch. Bei öffentlichen Auftritten wirkte er oft linkisch, auch in seinem unglücklichen Privatleben. Er galt als entschlussschwach, weil er es allen verfeindeten Parteiflügeln recht machen wollte, und landete damit regelmäßig zwischen allen Stühlen. Dazu hatte er die Angewohnheit, Indiskretionen – auch viele herabsetzender Art gegenüber Freund und Feind – an die Presse zu lancieren. Am Ende blieb er mit Zustimmungsraten von 3 % so abgeschlagen, dass er nach dem Nachdruck seiner Parteifreunde auf eine Wiederwahl verzichtete. Seine PS erlebte bei den Präsidial- und Parlamentswahlen 2017 eine möglicherweise vernichtende Niederlage. Eher wie ein überforderte Schulrektor wirkend, an dem Kritik jedoch spurenlos abperlte, erregte er bei seinem Abtritt weder Leidenschaften noch öffentliches Interesse. Unter den bisher acht Präsidenten der V. Republik wirkte Hollande bislang als der sicherlich schwächste. Die Staatsschulden, die Arbeitslosigkeit und der islamische Terror stiegen, alle ohne effektive Gegenmaßnahmen. In Summe bedeutete die Ära Hollande fünf weitere verlorene Jahre für Frankreich. Außenpolitisch beschränkte sich sein Wirken auf Militäreinsätze in Mali und in der Zentralafrikanischen Republik sowie auf Bombenangriffe gegen Terrorbasen des Islamischen Staates in Syrien. Es blieb die Legalisierung der Homo-Ehe als „Ehe für alle", die Gedenkfeiern für die Terroropfer gegen Charlie Hebdo, des Bataclan und von Nizza, eine Achterbahn in der Steuerpolitik und eine fast völlig zerstörte sozialistische Partei. Ein nach dem Zufallsprinzip ausgewählter Präsident hätte es wahrscheinlich nicht besser oder schlechter machen können.

Herkunft und Jugend

Die Hollandes stammen tatsächlich aus den Niederlanden und flüchteten als Calvinisten im 16. Jahrhundert vor der spanischen Inquisition in das nordfranzösische Dorf Plouvain nahe der belgischen Grenze bei Arras. Sie wurden dort Kleinbauern, lebten als Müllergesellen und von der Geflügelzucht und wurden irgendeinmal katholisch. Im Ersten Weltkrieg wurde das 500-Seelen-Dorf 1917 in einem Artilleriegefecht völlig zerstört. Vater Georges kam hier 1926 als Sohn eines Lehrerehepaars zur Welt, um später in Paris Medizin zu studieren. Dort traf er seine künftige Frau Nicole, eine gelernte Krankenschwester. In Rouen eröffnete er seine Praxis in einem wohlhabenden Bürgerviertel, die er bald zu einer Klinik ausbaute, die er als Chefarzt leitete. Seine Frau half zunächst in der Praxis mit und arbeitete später als Sozialarbeiterin in einem örtlichen Elektronikbetrieb. 1952 wurde der älteste Sohn Philippe geboren und im August 1954 François als der zweite Sohn. War die Mutter die Seele der Familie, so war der Vater autoritär, unnahbar und kommandierte die Familie mit einsamen Entscheidungen. Politisch stand er der extremen anti-gaullistischen Rechten nahe, für die er auch bei den Kommunalwahlen 1959 und 1965 ohne Erfolg kandidierte. 1965 agitiert er auch für Tixier-Vignancour in dessen Wahlkampf gegen de Gaulle. Die Söhne werden in katholische Schulen gesteckt, in denen eine eiserne Disziplin herrschte. François passt sich an, wird ein guter Schüler und entkommt den meisten Körperstrafen.[1] Im Gegensatz zu seinem rebellischen Bruder passt er sich auch zuhause gegenüber dem übermächtigen Vater an. Den Sommer verbringen sie in einem angemieteten Ferienhaus des Großvaters mütterlicherseits, einem gelernten Schneider, wo die ganze Großfamilie nebst zahlreichen Nichten und Neffen gemeinsam fröhlich urlaubt. Beide Großväter erzählen gern und viel von ihren Abenteuern und erlittenen Dramen des Ersten Weltkriegs. Politisch stehen die Mutter und die Großmutter väterlicherseits auf der Linken. Die Großmutter besorgt sich ihre politische Literatur aus der Stadtbibliothek. François teilt schon früh ihre Sympathien für Mitterrand, den der Vater für einen intriganten Zyniker hält.

Der älteste Bruder, der sich nur für Rockmusik interessiert und Berufsmusiker werden will, wurde wegen seiner schlechten Schulnoten strafweise auf ein katholisches Internat nach Paris geschickt[2]. Der Mai '68 erreicht auch Rouen mit Lehrer- und Schülerstreiks. Da beschließt der Vater, der befürchtet, Kommunisten würden seine gutgehende Klinik enteignen, sie zu verkaufen und widmet sich nur noch der Immobilienentwicklung von großen Wohnhäusern und Parkplätzen. Hals über Kopf muss die Familie auf seinen Befehl nach Paris umziehen. Der 13-jährige François muss sich von seinen Freunden und seinem Lieblingsverein, dem FC Rouen, trennen. Damit der Umzug schneller geht, wirft der Vater den gesamten Besitz seiner Söhne, ihre Spielsachen und Plattensammlungen, in den Müll. François wird in Neuilly in ein öffentliches Gymnasium umgeschult. Nicht viel anders als der nur ein Jahr jüngere Sarkozy hat er dort seine Anpassungsschwierigkeiten. Doch im Gegensatz zu seinem rebellischen Hippie-Bruder macht er sich behutsam auf die Entdeckung von Paris. Der Vater, der nur noch Teilzeit als Arzt arbeitet, ist wegen seiner Geschäftsaktivitäten meist außer Haus. Er gründet Reisebüros und engagiert sich in landesweiten Aktien- und Immobilienspekulationen. Während viele seiner Schulkollegen sich zu radikalen Gesellschaftsentwürfen bekehren, wird François wie seine Mutter und Großmutter ein braver junger Sozialdemokrat. Ohne aktiv zu sein schwärmt er für die SFIO und François Mitterrand[3], die anno 1970 eigentlich als Auslaufmodelle der IV. Republik gelten. Kommunistische Sekten, Trotzkisten, Maoisten, Stalinisten und Anarchisten, die an allen Gymnasien wie die Pilze aus dem Boden schießen, schrecken ihn ab.

---

1   Serge Raffy. Le président. François Hollande, itinéraire secret. Fayard/Pluriel. 2012. S. 15.
2   Der spätere Experimental-Jazzmusiker starb im Mai 2017 im Alter von 64 Jahren.
3   Raffy. Op. cit. S. 35.

Mit Freunden fährt er nach Südengland per Autostopp, und später nach Griechenland und Korsika mit den üblichen alten Kleinwagen. An seinem Gymnasium wird er Schülervertreter in der Schulleitung. Nach dem Abitur 1971 schreibt er sich an der Sciences Po ein und nimmt im Juni 1971 mit 17 Jahren am Kongress von Épinay teil, wo Mitterrand die frischgegründete PS übernimmt und auf den Kurs der Linksunion trimmt. Als er sich in linken Studentenverbänden tummelt, wird er von Édith Cresson kontaktiert, die für das PS-Sekretariat einen sozialistischen Studentenverband gründen soll und seine Mithilfe braucht. Dazu hat er aber keine Lust. An der Porte de Versailles erlebt er im Dezember 1972 den großen Aufmarsch von hunderttausend Anhängern der Linksunion mit Mitterrands rhetorischen Talenten als Volkstribun und das euphorisierende Bad in der Masse. An der Sciences Po verlobt er sich mit einer jungen Kommilitonin, die mit einem sozialistischen Abgeordneten aus dem Calvados verwandt ist, den er zu befreunden sucht. Doch misslingen beide Unterfangen, jene des Herzens und die der Politik.

Im Herbst 1976 schafft Hollande im zweiten Anlauf die Eignungsprüfung für die ENA. Seine Idee ist, in den künftigen Führungsfunktionen den Staatsapparat von den Gaullisten und Giscardisten zu übernehmen. Im Januar 1977 wird er trotz seiner Kurzsichtigkeit zum Militärdienst eingezogen, landet aber mit anderen ENArquen, Richteranwärtern und anderen Elitezöglingen auf einer Offiziersschule in Morbihan. Wieder an der ENA zurück hoffen er und seine linken Mitverschwörer (darunter Michel Sapin, sein späterer Finanzminister, und Jean-Pierre Jouyet, sein künftiger Kabinettschef) von seiner Alterskohorte, der mittlerweile einschlägig berühmten „Promotion Voltaire", auf einen sozialistischen Wahlsieg, um anschließend einen hübschen Karrierestart im Dienste von Mitterrand hinlegen zu können, zumal Mitterrand ja umfangreiche Verstaatlichungen versprochen hatte, die die Karrierechancen linientreuer höherer Staatsdiener nur massiv vermehren konnten[4].

Unabhängig von ihrer Gruppe hat sich auch ihre Jahrgangsgenossin Ségolène Royal der PS in Paris angeschlossen. Sie ist jedoch hauptsächlich an feministischen Themen interessiert und keinesfalls an der kleinen Politik der linken Studentengewerkschaft, die François umtreibt, dessen Betriebsamkeit und Dauergrinsen ihr auf den Geist gehen. Ansonsten hat sie den Spitznamen „Eisblock" erhalten, weil sie sich aus Schüchternheit stets unnahbar abseits hält. Die beiden kommen sich erst näher, als beide als Einzige ihr Arbeitspraktikum in einer jener fehlgeplanten Trabantensiedlungen namens „La Noé" im Westen von Paris machen und sie im Vorstadtzug täglich zu jenem Slum fahren müssen. Tatsächlich entdecken sie Gemeinsamkeiten: Beide stammen aus erzkonservativen Elternhäusern, haben katholische Schulen absolviert, dominante Väter (Ségolènes Vater war Kolonialoffizier in Dakar gewesen und hatte von seinen acht Kindern seine Töchter angeblich nie zur Kenntnis genommen[5]), die beide als Anti-Gaullisten es mit Rechtsaußen hielten[6], und unterdrückte Mütter gehabt. Sie teilen nunmehr

4   Raffy. Op. cit. S. 59.
5   Heiko Engelkes. Ségolène Royal. Eine Frau auf dem Weg zur Macht. Berlin 2007. S. 8.
6   Oberstleutnant Jacques Royal geriet im Zweiten Weltkrieg in deutsche Kriegsgefangenschaft, diente dann im Indochina- und im Algerienkrieg und war dann wie viele Offiziere über de Gaulles Verrat so angeekelt, dass er 1964 seinen Abschied nahm. Er starb 1982. Engelkes. Op. cit. S. 25.

ähnliche sozialistische Überzeugungen an einer Eliteakademie für eine steile Verwaltungskarriere und die höhere Politik.

Der Karrierestart

Im Herbst 1980 tritt Hollande (Platz 8 der Absolventenrangliste) in den Rechnungshof ein, ähnlich wie Jacques Chirac zwanzig Jahre zuvor. Ségolène (Platz 60) wird Richterin am Verwaltungsgerichtshof. Beide Jobs sind weder sonderlich stresshaft noch gut bezahlt. Doch lassen sie Zeit für politische Aktivitäten. Die beiden wohnen zusammen in einer Studentenbude im 6. Bezirk und besitzen einen Kleinwagen. Gleichzeitig hat Jacques Attali die Aufgabe erhalten, eine kleine Zelle zu bilden, die Mitterrands Wahlkampf für das Folgejahr inhaltlich vorbereiten soll. Die Verfügbarkeit des Pärchens Royal/Hollande begeistert ihn sehr. Arbeiten doch die meisten politisch aktiven ENArquen für attraktive liberale Kandidaten wie Giscard oder für Michel Rocard, der eine moderne, wirtschaftskompetente Sozialdemokratie vertritt, und nicht für ein altmodisches Fossil wie Mitterrand.

Nach Mitterrands Wahlsieg im Mai 1981 treten sie in sein Kabinett ein, nicht als die großen Hauptratgeber, die im Rampenlicht stehen, sondern als Zuarbeiter für Attali, den Herrscher des Vorzimmers und Sherpa des Präsidenten für die Weltgipfel, im zweiten Glied ohne offiziellen Status. Beide haben als subalterne Mitarbeiter Büros, die weitab vom Schuss liegen und bekommen „Dieu" nur sehr selten zu sehen. Wie immer liebt Mitterrand Doppelstrukturen. Hollande arbeitet zu Wirtschafts- und Finanzthemen, wie den Zustand der Staatsfinanzen oder der Stahlindustrie und Royal zu Gesellschafts- und Jugendfragen. Das tun natürlich auch andere Referate im Élysée, die die Zelle Attali und ihren Direktzugang zum Präsidenten hassen. Dazu hat Ségolène die Angewohnheit, mit niemandem zusammenzuarbeiten und ihre Vorlagen immer als solitäre, autoritäre und eigensinnige Einzelkämpferin durchzusetzen, während Hollande mit Finanzminister Delors gut zusammenarbeitet.[7]

Bei den folgenden Parlamentswahlen beschließt Hollande mit 26 Jahren ausgerechnet in Chiracs Hochburg der Corrèze, wo Chirac seit 14 Jahren mit einem beispiellosen Klientelismus wiedergewählt wird, zu kandidieren, weil sonst niemand dort antreten will. Eigentlich zählt der Wahlkreis um Tulle historisch zur Linken, wäre also gewinnbar. Nur will in der Pariser PS-Zentrale niemand Hollande helfen, hat doch Chirac Mitterrands Wahlsieg gegen seinen Rivalen VGE erst ermöglicht. Am Ende scheiterte er mit knapp 350 Stimmen.

Mitterrand freut sich über Hollandes tapferen Einsatz in der Corrèze, bestellt ihn ein, fachsimpelt ein wenig zur politischen Situation vor Ort, den er wie in allen Nicht-Pariser Départements sehr gut kennt, und gibt ihm dann einen delikaten Auftrag: Er soll die Finanzen und die Aktivitäten von Danielles Stiftung „Cause commune" diskret überwachen und regelmäßig Bericht erstatten. Mitterrand will verhindern, dass bei ihrem chaotischen Management und Finanzgebaren Skandale erwachsen könnten. Im März 1983 ernennt Mitterrand nach neu-

---

7   Raffy. Op. cit. S. 83.

en Wahlniederlagen den Autor Max Gallo zum Staatssekretär für Information. Da Gallo von Verwaltungsabläufen keine Ahnung hat, wird ihm ein tüchtiger ENArque als Kabinettschef zur Seite gegeben: François Hollande, der seinerseits nun die Öffentlichkeitsarbeit und das Medienmanagement lernt. Dazu bemüht er sich weiter um die Corrèze. Bei den Kantonalswahlen wird er 1982 geschlagen, bei den Kommunalwahlen 1983 auch. Jeden Freitagabend fährt er mit der Bahn fünf Stunden nach Tulle, um dort Wahlkreisarbeit bis Sonntag früh zu machen. Als Max Gallo im Juni 1984 die Regierung verlässt, hat der neue Regierungschef Laurent Fabius keinerlei Verwendung für den Öffentlichkeitsarbeiter Hollande. Doch als Gallo Chefredakteur beim linken „Le Matin" wird, lädt er Hollande ein, die Wirtschaftsredaktion zu übernehmen. Natürlich hat er Schwierigkeiten, nicht für einen Regierungsschreiber gehalten zu werden. Während François das Zeitungsgewerbe und die wichtigsten Wirtschaftsjournalisten kennenlernt, kommt Ségolène Mitterrand näher und wird vom ihn zur offiziellen Beauftragten für Sozial- und Umweltfragen ernannt. Eine Ernennung, die sie mit der Brechstange betrieben hatte und die im Élysée nicht nur Freude hervorruft[8]. Im Dezember 1984 wird ihr erster gemeinsamer Sohn Thomas geboren.

Mit 30 Jahren ist Hollande gerade einmal ein bescheidener Stadtrat in der Kleinstadt Ussel mit ihren 10.000 Einwohnern in der Corrèze. Er gehört keiner der sich befehdenden Fraktionen von Jospin, Fabius oder Rocard an, und gilt als verschwiegener unauffälliger Technokrat. Mitterrand gibt ihm als weitere diskrete Sonderaufgabe, auch die Buchführung der mit den Sozialisten affiliierten Agitationsorganisation „SOS Rassismus" regelmäßig zu überprüfen. Mit Ségolène, die im Élysée dank Mitterrands Affinität zu hübschen, intelligenten Frauen immer weiter aufsteigt, verbindet ihn eine symbiotische Beziehung. Er redigiert ihre Berichte und sie hält ihn über alle Initiativen des Élysée auf dem Laufenden. Nicht alle ihre Projekte finden freilich Wohlgefallen. So schlägt sie vor, einen G7-Gipfel, für deren Organisation sie auch zuständig geworden ist, in der alten Industriestadt Le Creusot in eine stillgelegte Fabrik zu legen. Mitterrand dagegen entscheidet sich für Versailles. Dazu war ihr Bruder Gérard Royal als Kampftaucher bei der Versenkung des Rainbow Warrior in Auckland beteiligt. Er war es, der die Sprengladungen an dem Schiff anbrachte[9], wo ein Kilo Zucker in den Öltank genügt hätte. Keine gute Optik!

Nach Mitterrands Wiederwahl im Mai 1988 hat auch Hollande in Tulle erstmals Rückenwind. Es gelingt ihm, den kommunistischen Kandidaten im ersten Wahlgang nach siebenjährigem Klinkenputzen und geduldiger Kärrnerarbeit vor Ort zu schlagen. Es war ihm mittlerweile klar, dass er ohne Mandat und regionale Hausmacht in der sozialistischen Hierarchie stets nur ein intellektueller Knecht bleiben würde, ohne die Chance, je in den Führungskreis aufsteigen zu können. Nun würde sein Wort zählen.[10] Inzwischen wurden auch ihre Kinder Clémence (1986) und Julien (1987) geboren. Die beiden Großmütter kümmern sich um sie. Außerdem leistet die von Danielle Mitterrand gegründete Crèche de l'Élysée wertvolle Dienste. Noch am

---

8   Ibid. S. 105.
9   Engelkes. Op. cit. S. 28.
10   Raffy. Op. cit. S. 121.

ehesten hat Ségolène Zeit für die Familie, da sie kaum Parteiarbeit macht und noch am ehesten einen halbwegs geregelten Arbeitstag hat. Die beiden nennen sich stets nur gegenseitig „Begleiter" (Compagnon). Von einer Eheschließung ist angesichts der unglücklichen Ehen beider Eltern nie die Rede.

Kurz nach den Präsidentschaftswahlen von 1988, als François schon längst seinen Wahlkampf vor Ort intensiviert hat, kommt auch Ségolène auf die Idee, sie wolle einen Wahlkreis haben. Zuerst reagiert Mitterrand auf diese Laune ungehalten. Dann telefoniert er doch noch und findet ihr einen im ländlichen Deux-Sèvres, wo die Wähler und örtlichen Politiker nicht gerade begierig auf importierte junge Pariser Politdamen sind. Doch sie strengt sich an und findet den richtigen Ton. In einem Blitzkrieg von 15 Tagen hat sie ein Mandat zum gleichen Zeitpunkt erobert, für das François sieben Jahre lang jedes Wochenende opfern musste. Sofort wird die fotogene Abgeordnete zum Medienliebling. Im Palais Bourbon macht sie sich sehr rar und beteiligt sich nie an Debatten. Wenn sie aber anwesend ist, wartet sie stets in ein weißes Kostüm gehüllt – weswegen sie „Dame blanche" genannt wird –, auf die Fernsehkameras[11]. Es gelingen dank ihrer Élysée-Verbindungen jedoch zwei bleibende Großtaten für ihren verarmten Wahlkreis: Die örtliche Delikatesse „chabichou", ein Ziegenweichkäse erhält das dringend nötige AOC-Ursprungs- und Gütesiegel ohne viel Umstände, und das bedrohte Sumpfgebiet Marais Poitevin wird dank Mitterrands persönlicher Intervention als Naturschutzgebiet dauerhaft gesichert[12].

Als Abgeordneter

François wird im Haushaltsausschuss der Berichterstatter zum Verteidigungsbudget. Sehr schön, nur geht er in der anonymen Masse der sozialistischen Parlamentarier natürlich unter. Mitterrand interessiert sich nur noch für die Außenpolitik. Die drei „Manitous" unter den Diadochen: Jospin, Fabius und Rocard bekämpfen sich aufs Messer. Er glaubt nun, dass seine Zukunft bei Jacques Delors liegt. Im Zuge der Urba-Affäre, bei der mit fiktiven Rechnungen sozialistischer Regionalverwaltungen der Wahlkampf Mitterrands mitfinanziert wurde, riskiert der Präsident, dass seine Wahl annulliert wird. Schleunigst wird mit einem Nacht-und-Nebel-Amnestiegesetz im Dezember 1989 die Neugierde der Staatsanwälte unterbunden.

In dem Kampf von jedem gegen jeden hält Mitterrand dem Paar bitter ihren Verrat vor. Er habe ihnen zwei Mandate verschafft und zum Dank würde es Ségolène mit Jospin halten und François mit Delors[13]. Immerhin wird Ségolène vergeben. Sie wird Umweltministerin in der Regierung Bérégovoy. François wird nichts. Angeblich will Mitterrand kein Paar in seiner Regierung. Sie wird mit 39 Jahren als jüngste Ministerin der neue mediale Superstar der Regierung.

„Ségo" brachte ihre kleinen Kinder mit ins Ministerium und nutzte die damals neuen Elektroautos und den erzwungenen Abriss von Strandvillen für den freien Zugang zum Meer haupt-

---

11   Engelkes. Op. cit. S. 40.
12   Ibid. S. 56 f.
13   Raffy. Op. cit. S. 138.

sächlich für PR-Effekte.[14] François darf weiter Lehraufträge halten. Sein Ziel: Delors, dem in Frankreich beliebtesten Politiker, einen asketischen, autodidaktischen Wirtschaftsexperten und Linkskatholiken den Weg zum Élysée zu bereiten. Ja, er organisiert so viele Kolloquien für seinen Freund Delors, dass er plötzlich keine Zeit mehr für die Corrèze hat und die nächsten Wahlen im April 1993 verliert, während Ségolène das Umgekehrte machte und ihren Wahlkreis in Deux-Sèvres fleißig beackerte und wiedergewählt wurde, obwohl die Rechte sonst fast überall gewann. Da er im Élysée nun keine Gnade und nette Aufgaben mehr erwarten kann, organisiert Hollande landesweit die deloristischen Clubs „Témoin", die zwar formal Debattierklubs frommer Sozial- und zentristischer Wirtschaftspolitik sein sollen, faktisch aber als eine Wahlkampforganisation konzipiert sind. Dabei kommt es zu einem lebenslangen Konflikt mit Martine Aubry, der Tochter Delors, die Hollande offenbar verdächtigt, sich als Ersatzsohn für ihren in jungen Jahren an Leukämie verstorbenen Bruder Jean-Paul bei ihrem Vater einzuschmeicheln.[15] Sie hat das Gefühl, dass die ganze Truppe um „Témoin", Hollande und Royal eingeschlossen, ihren Vater für ihren eigennützigen Ehrgeiz missbraucht. Doch Delors, der kaum persönliche Feinde hat und der als erfolgreicher Kommissionspräsident (der den EU-Binnenmarkt mit seinen vier Freiheiten fast eigenhändig mit Hilfe seines hart durchgreifenden Kabinettchefs Pascal Lamy durchgesetzt hatte) in der Bevölkerung populär und für alle PS-Fraktionen als Kompromisskandidat akzeptabel war, ziert sich. Er will gebeten werden und, da er persönlich schüchtern, zerebral und kritikempfindlich ist, sich den rauen Wahlkampf mit seinen populistischen Vergröberungen nicht zumuten und vielleicht auch die künftige Karriere seiner Tochter Martine Aubry nicht belasten. Letztlich scheute er auch vor der Machtfülle, dem Popanz und der Verantwortung des Élysée zurück[16]. So kam, was kommen musste und was seine Kabinettsmitarbeiter schon aus Brüssel diskret signalisiert hatten: Delors gab im Dezember 1994 bei einem Fernsehinterview mit Anne Sinclair bekannt, er stehe nicht zur Verfügung. Für Hollande und seine Mitstreiter waren 12 Jahre Arbeit, hunderte von Kolloquien und tausende von Arbeitsstunden und Telefonaten, die sie für ihren Favoriten investiert hatten, vergebens geworden.

Doch Hollande trug die Katastrophe mit Fassung. Er hatte für den Plan B vorgebaut und mit Jospin Frieden geschlossen, auf den es nun hinauslaufen würde, denn Fabius hatte ein Strafverfahren wegen seiner Bluteraffäre am Hals und Rocard versuchte seine Depressionen mit langen Segelurlauben zu vertreiben. So kam es, dass Jospin nach seiner knappen (47 %) Niederlage gegen Chirac im Oktober 1995 das politische Chamäleon Hollande, der allen ideologischen Richtungen nach dem Mund reden konnte, und nicht einen seiner engen Gefolgsleute zu seinem Ersten Sekretär und Parteisprecher und damit zum Herrscher des Parteiapparats und der Zentrale in der Rue de Solférino machte. Parteipräsident Jospin wollte jemanden, der

---

14 Engelkes. Op. cit. S. 62.
15 Raffy. Op. cit. S. 150.
16 Ich habe Jacques Delors bei Besuchen in Tokyo 1991 und Wien 1996 persönlich aus der Nähe als jemanden erlebt, der so streng und selbstkritisch mit sich selbst war, dass er ständig rückversichert werden musste, dass seine öffentlichen Äußerungen völlig korrekt, bestens platziert, angemessen und nützlich waren. Übrigens ist sein Besuch in Tokyo im Mai 1991, einschließlich seiner persönlichen Aufzeichnungen, in den Historischen EU-Archiven am EHI in Florenz dokumentiert und einsichtig.

die Flügel einbinden und beruhigen konnte, der endlich Eintracht stiftete und hinter einer stets freundlich lächelnden Fassade eiserne Nerven und politischen Ehrgeiz besaß[17]. Da war Hollande der richtige Mann. Er war zwar bei den Parteigrößen nicht sonderlich beliebt, hatte aber außer Martine Aubry und Laurent Fabius keine offenen Feinde.

Parteisekretär und der Aufstieg Ségolène Royals

Der Wirtschafts- und Haushaltsspezialist muss sich nun in die politische Geographie Frankreichs und die Subtilitäten und Geschichte ihrer 590 Wahlkreise einarbeiten und gibt sich dieser Aufgabe bis in die Verästelungen der Kommunalpolitik, der politischen Biographien selbst von sozialistischen Lokalpolitikern bis in die IV. und III. Republik hin. Ein guter Parteisekretär muss, wenn ein innerparteilicher Konflikt, in, sagen wir, Morbihan in der Bretagne, auftaucht, sofort ein enzyklopädisches Wissen abrufen können, wer die wichtigsten örtlichen Akteure sind, wie sie zu einander stehen, und wie eine konfliktbereinigende Lösung möglichst schnell dauerhaft gefunden werden kann. Nicht nur in der französischen Politik sind auf der Linken wie der Rechten solche Konflikte das tägliche Brot in der streitsüchtigen politischen Klasse und müssen gelöscht werden, bevor die Presse davon allzu viel Wind macht, die Akteure sich eingraben, verbittern und ein Flächenbrand durch Stellvertreterkriege entsteht. Die Meisterprüfung ist natürlich die Platzierung der richtigen Kandidaten, von denen sich viele in Paris und in den Wahlkreisen für berufen fühlen, am richtigen Ort, einschließlich der Hoffnungsträger, die die Zentrale benötigt und von oben eindrücken muss, ohne die Lokalmatadoren zu beleidigen, denn die PS-Parlamentarier sollen schließlich nicht ausschließlich aus verdienten Funktionären der Lehrergewerkschaften bestehen. Das gilt auch für ihn selbst. Hollande erhält das verlockende Angebot, einen sicheren Wahlkreis im Midi zu erben, will aber 1998 in der wesentlich schwierigeren Corrèze wieder antreten. Vielleicht weil er in 14 Jahren die Gegend und ihre Bewohner liebgewonnen hat oder seine örtlichen Unterstützer nicht enttäuschen will. Wichtiger ist sicher, dass sich Chirac als Präsident in der Corrèze rar macht, seine Protektions- und Klientelismusmaschine dort nicht mehr funktioniert und er mit zu vielen Affären am Hals auch vor Ort an Popularität verliert. Hollande will also in der Höhle des Löwen den Regionalrat für die PS und für sich erobern und dann Chiracs Mandat übernehmen. Der Präsident wäre dann seiner regionalen Hochburg verlustig gegangen. Ihm bliebe nur noch seine Pariser Bürgermeisterei. Der Plan hat nur einen Haken: Die PS hat bislang nur vier von 37 Sitze im Generalrat der Corrèze[18]. Hollande hat zwar gelernt, mittlerweile nicht mehr den falschen Fußballmannschaften am falschen Ort zuzujubeln, aber er kommt wie alle Pariser Politiker immer zu spät und nimmt sich beim Händeschütteln zu wenig Zeit.

Als PS-Sekretär muss er seinen Job beim Rechnungshof aufgeben, wo er sich kaum noch hatte sehen lassen und tritt, ähnlich wie Royal vor ihm, in eine Anwaltskanzlei ein, wo er natürlich genauso wenig tun kann. Als Parteisekretär spielt er den hundertprozentigen Loyalisten zu Jospin, führt ihm sogar Delors führungslose „Témoin"-Clubs zu. Nach Mitterrands Tod im

---

17   Raffy. Op. cit. S. 165.
18   Ein Sitz wird von Bernadette Chirac von 1979 bis 2011 gehalten.

Januar 1996 wird die Einheit der Partei beschworen und ansonsten vom Parteisprecher bei seinen regelmäßigen Pressekonferenzen die Untätigkeit von Chirac trotz seiner massiven Mehrheiten in allen nationalen und regionalen Parlamenten beklagt. Als Frankreich schließlich im Dezember 1995 von fünfzehntägigen Massenstreiks gelähmt wird, sind für Hollande die unsozialen Sozialreformen von Alain Juppé schuld. Chirac regierte bekanntlich auf seine fallende Popularität mit der Selbstmordstrategie von Neuwahlen im Juni 1997, bei denen er über 200 Sitze verlor und Jospin für fünf Jahre als Kohabitationspremier akzeptieren musste. Als einer von 319 PS-Abgeordneten wurde Hollande mit 54 % im Wahlkreis Tulle in der Corrèze zurückgewählt und ist nun Vertrauensmann des neuen Premiers.

Er will, nun 43-jährig, endlich Minister werden. Doch Ségolène funkt dazwischen, als sie unangekündigt für die Präsidentschaft der Nationalversammlung kandidiert, einen Posten, den Jospin für Fabius vorgesehen hat. Nun setzt sich François für ein Ministeramt für sie ein und erhält gerade mal den Posten der Staatssekretärin für das Bildungswesen[19] für sie, da Jospin – im Gegensatz zu Mitterrand – ihre egomanischen undisziplinierten Vorstöße nicht schätzt und er sie unter Kontrolle behalten will. Hollandes Kredit ist damit bei ihm erschöpft. Es bleibt bei dem Parteijob. Einmal mehr hat er wegen seiner Begleiterin das Nachsehen. Im Hause Hollande/Royal beginnt erstmals – für die Öffentlichkeit unsichtbar – der Haussegen schief zu hängen[20].

Er bleibt also Erster Parteisekretär, erhält keine ministerielle Weihen, Funktionen, in denen Martine Aubry mit ihrer 35-Stunden-Woche und Strauss-Kahn mit seiner liberalen Wirtschaftskompetenz zu Superstars aufsteigen, sondern muss als „Mann der kleinen Witzchen" (so Laurent Fabius) oder als „Presse-Attaché von Jospin" die sich weiter munter mit allen Mitteln bekriegenden Flügel und ihre persönlich oft unangenehmen Häuptlinge zusammenhalten. Statt ministrabel zu sein, wird er in der öffentlichen Wahrnehmung zum ewigen Apparatschik. Dennoch gelingt die Operation. Beim PS-Kongress von Brest im November 1997 wird er von 84 % der Delegierten im Amt bestätigt. Er war ganz offensichtlich unterschätzt worden. Über seine Freunde im Matignon, die ihn stets verlässlich in allen Einzelheiten informieren, kann er die unersetzliche Rolle als Treibriemen und Scharnierstelle zwischen Regierung, Abgeordneten und Partei spielen. Dazu kommt noch eine zweite Rolle: Premier Jospin und die sozialistischen Minister können ihren Präsidenten nicht öffentlich angreifen. Hollande als Parteisekretär aber sehr wohl. Seine regelmäßigen Attacken auf Chirac sind stets witzig, pointiert und pressefreundlich. Seine Pressekonferenzen in der Rue de Solférino werden bei Journalisten sehr beliebt.

Inzwischen kommt ein Skandal hoch, bei dem die von den Sozialisten kontrollierten Versicherungsgenossenschaften für Studenten (MNEF) mit falschen Rechnungen die PS finanziert hatten. Zufällig haben lauter Jospinisten, darunter auch Dominique Strauss-Kahn (DSK) Dreck am Stecken. Verdächtigt wird Jospins Feind Pierre Joxe, der Ex-Innenminister, der sich als Chef

---

19   Von 2000 bis 2002 wird sie Staatssekretärin für Familie und Jugend.
20   Raffy. Op. cit. S. 176.

des Rechnungshofes langweilt, das Dossier platziert zu haben. Hollande wird zu diskreten in-nerparteilichen Recherchen aufgefordert und muss bald Gefahr im Verzug melden. Sowohl Joxe und Strauss-Kahn interessieren sich für die Pariser Bürgermeisterei, die die Gaullisten nach Chiracs Misswirtschaft verlieren werden. Jetzt muss Hollande die Propagandatrommel zugunsten des Genies von DSK rühren, der immerhin Aubrys 35-Stunden-Woche als Wirt-schafts- und Finanzminister klaglos geschluckt hatte. Im Dezember 1999 wird Strauss-Kahn dann wegen gefälschter Belege und weil er zu viel Provisionen eingestrichen hatte, gezwungen, doch zurückzutreten. Die Reputationen von Jospin und Hollande werden damit auch beschä-digt[21].

Bei einer neuerlichen Kabinettsumbildung im März 2000 geht Hollande wieder leer aus. Die freiwerdenden Posten wie Bildung und Wirtschaft bekommen alte Mitterrandisten, wie Jack Lang und Laurent Fabius, mit denen sich Jospin verbünden will. Hollande fühlt sich für seine getreuen Dienste unbedankt und wird erstmals gegenüber Jospin heftig, behandelt doch der stets wie aus dem Ei gepellte arrogante Großbürger Fabius ihn nur als Hausmeister der Partei und straft ihn mit seiner rustikalen Art und seinen schlechtsitzenden Anzügen nur mit offener Verachtung[22].

Da Jospin an der Basedowschen Krankheit leidet, werden seine zunehmenden cholerischen Anfälle auf diese Erkrankung zurückgeführt. Da wurde bekannt, dass er früher einer verschwö-rerischen trotzkistischen Zelle angehört hatte, nie ausgetreten war und dies gegen alle Evidenz weiter abstreitet. Das Élysée lässt die Gelegenheit, ihn als Lügner und eingeschleusten Agen-ten darzustellen, nicht ungenutzt. Dazu steigen Chiracs Aktien wieder, weil er sich bei einem Blitzbesuch am Katastrophenort des 11. September 2001 und mit der sofortigen Entsendung französischer Truppen nach Afghanistan nach langer Sendepause wieder als internationaler Staatsmann darstellen kann. Doch sind Jospin und seine Regierung so siegessicher, dass sie den störenden Plan des kleinen Apparatschiks Hollande, endlich ernsthaft Wahlkampf zu machen und an das Überleben der ersten Runde mit den zahlreichen konkurrierenden Linkskandida-ten zu denken, souverän ignorieren. Sie beginnen lieber mit dem weitaus amüsanteren Spiel, die Pöstchen in der künftigen Regierung nach der sicher erwarteten Eroberung des Élysée im Mai 2002 zu verteilen[23]. Aus Stolz und Siegeszuversicht werden keine Anstrengungen unter-nommen, die vielen linken Splitterkandidaten zum Zurückziehen zu bewegen.

Nachdem am 21. April 2002 Jospin in der ersten Runde spektakulär scheitert und seinen Rück-zug aus dem politischen Leben bekannt gibt, ist Hollande der erste Sozialist, der aufruft, gegen Le Pen Chirac zu wählen. Nach dem Ausstieg seiner adoptiven Mentoren Delors und Jospin und ohne echte Bundesgenossen, die zählen, ist er nur noch auf Abruf auf dem Parteivorsitz. Für die Kaziken seiner Partei, die plötzlich keine Minister mehr sind, werden Parteiposten plötzlich interessant. Doch zunächst muss Hollande um seinen Sitz in der Corrèze kämpfen, ohne den er seine politische Laufbahn vergessen kann.

21   Ibid. S. 192.
22   Ibid. S. 197.
23   Ibid. S. 206.

Als erstes beschließt Jacques Chirac, der dank Hollandes Aufruf in der Corrèze mehr als 90 % der Stimmen eingefahren hat, mit ihm – Dankbarkeit ist keine politische Kategorie – kurzen Prozess zu machen. Falls Hollande aus dem Spiel wäre, würde die PS monatelang mit ihrer Selbstzerfleischung befasst sein, wer den Parteivorsitz beerben würde. Er bläst zur Mobilisierung seiner Gefolgsleute, lässt die Jagdzeiten vor Ort verlängern und setzt seine Geheimwaffe Bernadette ein, die dort Vollzeit agitieren kann. Nach einem totalen Einsatz gewinnt Hollande doch noch mit 52,4 % der Stimmen – dank seiner mittlerweile besseren lokalen Verwurzelung.

In Paris müssen die „Elefanten" – Fabius, DSK, Aubry, Lang etc. – ihm angesichts der sozialistischen Kalamitäten gequält gratulieren und bestätigen ihn weiter „interimistisch" bis zum nächsten Parteikongress im Frühjahr 2003. Statt nach alter Gallier-Art nun als politischer Chef Köpfe abzuschlagen, versucht er mit seinen Feinden Frieden zu schließen. Seinen ärgsten Gegner, Laurent Fabius, macht er gar zu seinem Stellvertreter. Der Undankbare beginnt über ihn als „die Inkarnation des Verrats" öffentlich zu lästern. Weil Hollande es weiter allen recht machen will, wird er selbst von den wohlmeinenden Delors, Jospin und Rocard wegen seiner „Doppelsprache", seines Opportunismus und seiner mitterrandistischen Ambivalenz kritisiert[24]. Wie immer ist man in Tout Paris mit boshaften Spitznamen erfinderisch. So wird er zu „Flanby", einem wackeligen Gelatine-Karamell-Pudding der Firma Nestlé. Allwöchentlich macht er die Tour der sozialistischen Parteilokale und Sektionen in Paris und in der Provinz und muss sich dort die Verwünschungen der linken Sekten anhören, die Henri Emmanuelli, Jean-Luc Mélenchon und Arnaud Montebourg in der Partei gegründet haben und die in ihm einen Sündenbock für Jospins Niederlage suchen. Hollande symbolisiert für sie die Entfremdung der Partei von der Arbeiterklasse und den Unterschichten, die sie nicht mehr repräsentiert und deren Sorgen sie nicht mehr hören will. Er plädiert dafür die moderne Linke neu zu erfinden, als eine verantwortliche Regierungspartei erhalten zu bleiben und nicht in die Versuchung des Linksradikalismus abzugleiten.[25]

Er besucht die Parteibasis, die großen Föderationen, wie damals die des Nordwestens und des Südostens[26], und die örtlichen Barone. Dabei setzte er auch verlässliche Adjutanten ein, die das Terrain für ihn bearbeiteten. Gegenüber den großen Chefs, die ihn nach wie vor verachteten, war seine Taktik, kein Misstrauen zu erregen, verdeckt offensiv vorzugehen, zu verkünden, dass das Élysée ihn ohnehin nicht interessiere, er nur am Matignon oder an Bercy fasziniert sei, ihre Egos zu streicheln und ihnen bei ihren Wiederwahlen behilflich zu sein. Die Taktik funktionierte. Beim Kongress in Dijon im Mai 2003 wurde der „kleine Mechaniker", der sich schon sieben Jahre lang im Vorsitz gehalten hatte, von 62 % der Delegierten wieder gewählt[27]. Er hatte in der nach Jospins Abtritt zerrissenen Partei das Wunder der Einheit geschafft. Die Elefanten stört er nicht länger. Ohnehin liegt er bei allen Umfragen am unteren Ende aller Hitparaden der PS-Politiker. Er startet Kampagnen zur Mitgliederwerbung und zur Verjüngung der Par-

---

24   Ibid. S. 218.
25   Ibid. S. 221.
26   Seit 2017 handelt es sich um Hochburgen der Front National.
27   In der disziplinierten SPD oder SPÖ wäre ein solches Ergebnis ein politisches Todesurteil. In der fraktionierten PS mit ihren mörderischen Bruderkämpfen war es ein Triumph!

teikader. Da ist niemand dagegen. Fabius ist ohnehin Nummer Zwei. Auch die anderen sind honorig abgefunden. Sie bereiten sich jeder auf seine Art auf die Kampagne 2007 vor, wenn Chirac abgelöst werden soll.

Die Regionalkampagne vom März 2004 interessiert sie nicht. Sie überließen sie Hollande. Doch waren während der Hundstage im August 2003 15.000 dehydrierte ältere Franzosen in ihren überhitzten Stadtwohnungen gestorben, ohne dass die im Urlaub befindliche Regierung von Raffarin nennenswerte Reaktionen gezeigt hatte. Zwei Jahre nach Chiracs Wahlsieg war die Popularität seiner neuen Regierung schon wieder am Ende. Hollande fuhr im März 2004 mit der Eroberung von 20 von 22 Regionalräten einen triumphalen Sieg ein. Ségolène hatte auf seinen Rat hin in der Poitou-Charentes in Raffarins Hochburg kandidiert und prompt in dieser für die Sozialisten unwahrscheinlichen Region mit ihren vier ländlichen Départements den Posten der Präsidentin des Regionalrates mit 55 % aus dem Stand erobert. Zu seinem Erstaunen wird sie als „Madonna des Poitou" und erste Chefin eines Regionalrates als neuer Superstar von den Medien mehr gefeiert als er, der Ingenieur des Wahlsieges. In Poitiers, der regionalen Hauptstadt, kompensiert sie ihre Unsicherheiten wie üblich durch einen herrischen und autoritären Führungsstil[28]. Später sollte sich herausstellen, dass die Region ihre Misswirtschaft etwa 260 Millionen Euro kosten würde[29].

Es folgen die Europawahlen vom Juni 2004, die diesmal erstmals nicht mehr über nationale Listen, wo sich die Parteigrößen die vorderen Plätze reservierten, sondern als Verhältniswahl in acht Wahlregionen veranstaltet wurden. Es kamen also jene Regionalfürsten zum Zuge, die Hollande viel besser kultivieren konnte als die nationalen Fraktionschefs. Einmal mehr waren sie an dem zweitrangigen Spektakel desinteressiert und überließen Hollande das Feld. Tatsächlich fuhr er mit 29 % für die PS einen historischen Wahlsieg bei Europawahlen ein.

Im Juli 2004 setzte Chirac in einem seiner unerforschlichen Ratschlüsse ein Referendum zum Europäischen Verfassungsvertrag an, den sein Feind VGE so mühsam ausverhandelt hatte und der ihn zum ersten Präsidenten Europas machen sollte. Reflexartig waren deshalb natürlich die PS-Linke und die Parteibasis gegen den Verfassungsvertrag. Das Referendum würde als netter Nebeneffekt für Chirac die eigentlich pro-europäische PS zerreißen. Und ein Pro-Votum wäre nach den verlorenen Regional- und EP-Wahlen ein natürliches Plebiszit für ihn. Die Hollandisten in der PS erfinden deshalb den genialen Slogan „Nein zu Chirac, ja zum Vertrag". Doch Laurent Fabius, der sich literarisch und politisch als einzig legitimer Erbe von Mitterrand sieht, will den Aufstieg von Hollande, der ihm immer unheimlicher wird, mit allen Mitteln verhindern, zumal er selbst mit seinen großbürgerlichen Allüren an der Basis denkbar unpopulär ist. Selbst wenn er sich einmal zu freundschaftlichen Kumpelhaftigkeiten zwingt und Genossen auf die Schultern klopft, kommt das nicht gut an. So optiert der eigentliche Pro-Europäer für ein Nein[30]. Bei einer internen Parteiabstimmung votieren dann 58,6 % der Mitglieder für ein

28   Engelkes. Op. cit. S. 73.
29   Patrick Guilloton. La Princesse Royal. Cherche Midi. 2016.
30   Raffy. Op. cit. S. 230.

Ja, und nur 41,4 % für ein Nein zum Verfassungsvertrag[31]. Hollande hätte den Verräter, wie von Ségolène angeraten, nun herauswerfen und kaltstellen lassen können. In den Umfragen steigt Hollande plötzlich. Doch er hat eine merkwürdige Beißhemmung, die in Frankreich beim Publikum, das Blut sehen will, schlecht ankommt. Anfang 2005 agitieren deshalb Mélenchon, Montebourg und Fabius offen weiter für ein Nein und denunzieren Hollande als neoliberalen Technokraten, als hätte das Votum in der Partei nie stattgefunden. Statt Fabius zu sanktionieren, glaubt er, der Konkurrent für das Élysée würde sich, je lauter er schrie und sich von allen sozialdemokratischen Parteien Europas entfremdete, selbst eliminieren. Doch als im Mai 2005 dann 54,7 % der Franzosen gegen den Verfassungsvertrag stimmen, hat auch Hollande ein Verliererimage. Beim Kongress in Le Mans im November 2005 hat er alle Hände voll zu tun, die Partei zusammenzuhalten. Derweil sind wieder Vorstadtkrawalle ausgebrochen, die Premier de Villepin zur Ausrufung des Ausnahmezustandes veranlassten, sowie die Clearstream-Affäre, die den gnadenlosen Kampf zwischen Chiracisten und Sarkozisten in der UMP ins Offene brachten. Beim PS-Kongress trat jedoch die Madonna von Poitou weitgehend wortlos als Diva auf, hauptsächlich dort wo die Kameras blitzten.

Ségolène liegt derweil als attraktive, unkonventionelle Politikerin in allen Umfragen weit vorn und wird als Medienliebling als „Jeanne d'Arc aus den Vogesen"[32] gehandelt. Die Häretikerin der sozialistischen Orthodoxie, die sich einen Kehricht um alle Parteiintrigen und ideologischen Haarspaltereien schert, wird von den Elefanten der Partei noch mehr gehasst als ihr Noch-Lebensbegleiter. DSK mobilisiert über Anne Sinclair seinen Medienklan und Laurent Fabius träufelt öffentlich Gift. Sie behandle nur lokale und regionale Themen, inszeniere sich je nach Meinungsumfragen, wolle eine personalisierte Macht und favorisiere eine Art des Liberalismus nach Tony Blair.[33] Tatsächlich liest sie inhaltliche Reden eher schlecht vom Blatt ab, antwortet auf Fragen ausweichend und übertönt das Ganze mit einem Dauerlächeln. Außenpolitisch redet sie ahnungslos einfach drauflos ohne Rücksicht auf die Konsequenzen. Doch ist sie im Oktober und November 2006 auf allen Titelblättern der Wochen- und Frauenzeitschriften die große Quotenbringerin.

Für Hollande wird die Situation kritisch. Seine bisherigen Mentoren und Vater-Ersätze, an die er sich bisher geklammert und hochgerankt hatte: Mitterrand, Delors und Jospin, gibt es oder sie zählen nicht mehr. Ersatz gibt es keinen. Da veröffentlicht der Nouvel Obs im Dezember 2005 eine Umfrage, in der Ségolène unter den sozialistischen Parteigängern für das Erbe von Chirac mit 29 % vorn lag, gefolgt von ihm selbst mit 13 %, und mit Aubry und Fabius mit 8 % unter ferner liefen[34]. Seine Lebensbegleiterin war als dreimalige Ministerin zu seiner schärfsten Konkurrentin geworden und hielt ihn über ihre Absichten immer mehr im Dunkeln. Bei ihrem Sieg wären für ihn als Prinzgemahl weder ein Regierungs- noch wahrscheinlich ein Parteiamt mehr möglich gewesen.

---

31 Richard Michel. François Hollande, l'inattendu. L'Archipel. 2011. S. 31.
32 Obwohl Ségolène in Wirklichkeit in Dakar geboren und in Nancy (Lothringen) aufgewachsen ist.
33 Engelkes. Op. cit. S. 95.
34 Raffy. Op. cit. S. 242.

Mittlerweile hatte er sich von ihr auch mental mehr und mehr entfremdet, begehrliche Augen auf eine ambitiöse Journalistin des Paris Match (dem französischen Äquivalent der „Bunten"), Valérie Trierweiler, geworfen, die bescheidenen Verhältnissen aus Angers entstammend mit einem Redakteur und Philosophie-Experten, mit dem sie drei Söhne hatte, verheiratet war. Das vorhersehbare Verhängnis konnte also seinen Lauf nehmen, zumal der kurzsichtige und brave Hollande nicht zum Typ des Lebemannes der Sorte Mitterrand-VGE-Chirac-Sarkozy gehörte (von DSK ganz zu schweigen). Bis zum Sommer 2005 gehörte Valérie nur lose zum journalistischen Freundeskreis von Hollande, die dieser im Palais Bourbon und in der Rue de Solférino als Ex-Kollege kultivierte und mit Insider-Informationen und lustigen Anekdoten unterhielt. Doch man kam sich über professionelle Sympathien hinausgehend nach und nach näher. Sie genoss den Aufstieg aus den Plattenbauten (HLM) der Provinz mit einem ewig arbeitslosen, jähzornigen invaliden Vater und einer überarbeiteten Mutter als Kassiererin und fünf Geschwistern in die Glitzerwelt der Pariser hohen Politik. Bei wichtigen Männern der PS, die dafür empfänglich waren, ließ sie ihren Charme, ihre Schönheit und ihre teure Garderobe spielen[35]. Für Ségolène erschien sie zunächst harmlos. Bei anderen Politikerinnen wie Anne Hidalgo[36] war sie grundlos hemmungslos eifersüchtig geworden. Dabei hatten sich Ségolène und François als Karrierepaar der Macht bislang immer gut ergänzt. Er liebte Parteisitzungen, die sie verabscheute. Sie mochte das Reisen, er nicht. Sie erzog die vier Kinder streng. Er war eher lax. Er reagierte zerebral, sie instinktiv. Er plante strategisch, sie agierte spontan nach Tageslaunen. Auf die Dauer war diese Komplementarität vielleicht zu anstrengend. Dennoch sehen sie sich selten. Er ist in der Parteizentrale in Paris, im Rathaus von Tulle (wo er Vizebürgermeister geworden ist), im Generalrat der Corrèze und muss als Parteichef alle Provinzstädte aufsuchen, wo man ihn sehen will. Sie ist Stadträtin in der idyllischen Kleinstadt Melle mit 4300 Einwohnern in Deux-Sèvres (La France profonde!), Regionalpräsidentin in Poitiers und steht stets den Medien zur Verfügung, die hinter ihr herjagen. Dazu haben beide ihre Parlamentsmandate. Seit einem Vierteljahrhundert geht das halbwegs, trotz gelegentlicher lauter Auseinandersetzungen im Palais Bourbon (der einzigen gemeinsamen Arbeitsstätte) wider Erwarten gut.

Doch im Élysée ist nur für einen Platz. Beide gelten in der Öffentlichkeit präsidiabel. Als politische Rivalen leben sie zwar im Vorlauf von 2007 noch lose ohne große Kommunikation miteinander zusammen. Familienfreunde halten es für eine temporäre Krise. Viel verlockender ist es da für Hollande, für eine junge temperamentvolle Journalistin zu optieren, die nie eine Rivalin sein wird und die ihn anhimmelt. Mit seinem Fleiß und Organisationstalent schafft es Hollande auf dem Parteikongress in Nantes von 2006 ein PS-Programm für die Wahlen 2007 über die Bühne zu bringen. Abgelenkt und entschlussschwach verpasst er jedoch im Vorlauf von 2007 rechtzeitig seinen Hut in den Ring zu werfen. Ségolène kommt ihm wie üblich zuvor. Nun kann er schlecht gegen die Mutter seiner Kinder die übliche Wahlkampf-Schlammschlacht führen. Als Profis lassen sich François und Ségolène bis nach den Wahlen von 2007 ihre Divergenzen

35   Ibid. S. 249.
36   Die heutige, linkssozialistische Bürgermeisterin von Paris (2014–).

und faktische Trennung öffentlich nicht anmerken. Der politische Ehrgeiz hatte die beiden zusammengeführt. Ihr ungewöhnlicher paralleler Erfolg tötete die Beziehung.

In Journalistenkreisen werden langsam die Beziehungen der beiden Kolleginnen Anne Fulda (Le Figaro) zu Sarkozy und von Trierweiler (Paris Match) zu Hollande, den beiden konkurrierenden Parteichefs, publik. Trierweiler wird in der Redaktion von der Berichterstattung über die PS zur UMP umgelenkt. Statt über Hollande Jubelberichte zu schreiben, soll sie über de Villepin berichten. Royal trifft sich mit ihrem Ehemann Denis Trierweiler, um die Sachlage zu klären und die beiden Beziehungen noch zu retten. Laut Valérie Trierweiler soll sie auch versucht haben, sie im Paris Match zu kündigen[37], in der sensiblen Vorwahlzeit ein eher unwahrscheinliches Manöver. Gemeinsame Freunde aber zwingt Ségolène, zwischen ihr und François zu wählen.

Inzwischen laufen dank seiner Passivität und ihrer guten Umfragedaten François' Parteigänger zu Ségolène über. Durch seine Untreue erwachsen der Kämpferin im Wahlkampf Flügel. Alle Männer macht sie nieder, ob sie nun DSK, Fabius, Jospin, Jack Lang oder Hollande heißen, und natürlich auch Martine Aubry. Ihre diffuse Losung ist „Partizipation", die Nutzung der kollektiven Intelligenz aller Betroffenen, die sie allen politischen Entscheidungen voranstellen will. Das geht gegen die Pariser politische Klasse im Allgemeinen und die Apparatschiks in der PS-Zentrale in der Rue de Solférino in Sonderheit. Dazu plädiert sie für den „ordre juste", eine gerechte Ordnung für alle Lebensbereiche[38], ähnlich wie die „soziale Gerechtigkeit" der SPD, was auch immer gemeint sein mag.

Im Juni 2006 mitten im Wahlkampf macht Ségolène noch einen verzweifelten öffentlichen Versuch zur Rettung ihrer Familie. Sie kündigt an, sie würden im Sommer heiraten und zwar auf die romantischste Art in Polynesien![39] Die zahlreichen Fans beider, die sie gern als Paar im Élysée sehen würden, sind begeistert. Doch François bleibt ungerührt beim „Nein". War es die neue Liebe oder die abschreckende Vorstellung, nur als erster Gatte im Élysée oder Minister in ihrer Regierung zu enden, obwohl er weiter nicht an ihren Erfolg glaubt, weil sie die Partei, die sie offen verachtet, nicht zu mobilisieren vermag? Wie Trierweiler (die auch gerne von ihm geheiratet worden wäre) später schreibt, sei er wirklich herzlos. Die vier Kinder halten auf alle Fälle zur Mutter, vielleicht auch, weil sie die Trierweiler ablehnen. Der älteste Sohn Thomas trägt das T-Shirt „Ségoland" und leitet ihre Wahlkampfseite „Désirs d'Avenir" (Wünsche an die Zukunft). Doch auch Hollande macht landesweit Wahlkampf für sie, obwohl er glaubt, dass sie nicht das Format für die Präsidentschaft hat[40]. Erst nach der verlorenen Wahl machen sie ihre Trennung publik.

Royal bot ein öffentliches Dauerlächeln, war immer von schlanker Eleganz, offerierte unangreifbare Gemeinplätze als Programm und genoss eine unerklärliche Popularität, die keiner-

37   Valérie Trierweiler. Merci pour ce moment. Les Arènes. 2014. S. 227.
38   Engelkes. Op. cit. S. 120.
39   Raffy. Op. cit. S. 267.
40   Trierweiler. Op. cit. S. 231.

lei politischen Kriterien entsprach[41]. Politisch hatte sie sich längst von Hollande emanzipiert. Für sie hatte er sich vom Moloch der Partei verschlingen lassen. Der einst mitreißende und witzige Redner war selbst zum Elefanten der sozialistischen Korrektheit geworden. Seine ursprüngliche Idee, die PS von einer Funktionärsorganisation zu einer undogmatischen Massenbewegung, die auf der Zivilgesellschaft und der Jugend beruhe, umzuformen, war jetzt von ihr übernommen worden.[42] In einer Fernsehdebatte drückt sie als „Frau des Volkes", die alltagssprachlich den gesunden Menschenverstand und das Volksempfinden anspricht, die Elefanten DSK und Fabius mit ihren gestelzten korrekt-leeren Worthülsen spielend an die Wand. Im November 2006 gewinnt sie die Vorwahlen der PS mit 61 % gegen das missgünstige Parteiestablishment durch die Unterstützung von 80.000 Neumitgliedern. Wiederum versucht sie Hollande nach ihrem Triumph zu sich zurückzugewinnen. Doch der erste Sekretär hält es lieber in unverbindlicher Distanz mit den Parteibonzen. Im Wahlkampf geht dann vieles schief. Royal glaubt mit ihrem kleinen Team aus der Poitou-Charentes auskommen zu können und schiebt die Zentrale in Paris mit Hollande und den Elefanten beiseite. Wenn ihre Leute zu wild programmatisch improvisieren, erinnert er öffentlich an das Parteiprogramm. Dauernd gibt es Koordinationsprobleme. Die Elefanten kümmern sich lieber um ihre eigenen Leute und den eigenen Wahlkreis als um Ségolènes Wahlkampf. Dazu macht sich ihre wirtschafts- und außenpolitische Inkompetenz bemerkbar. Bei einem Chinabesuch lobt sie beispielsweise die chinesische Justiz, weil sie so viel schneller und effektiver urteile als die französische.[43] Später würde sie wie Danielle Mitterrand Fidel Castro als „historisches Denkmal" ehren.[44]

Dennoch schafft sie es im April 2007 mit 26 % in die Endrunde gegen Sarkozy, der allerdings seinen gesamten Parteiapparat fast vereint hinter sich hat. Am Ende siegt Sarkozy, wie bekannt, im Mai mit 53 %. Royal ist nicht gebrochen. Sie plant die Übernahme der Partei, während die rachsüchtigen Elefanten von DSK über Aubry und Fabius ihre Eliminierung planen. Erst jetzt nach der Wahl wird die faktische Trennung des Paares publik. Nach der ersten Runde der Parlamentswahlen im Juni 2007, bei den die Sozialisten gut dazugewinnen und Hollande in Tulle triumphale 69 % einfährt, veröffentlicht Ségolène eine Presseerklärung, in der sie lapidar verlautbart, sie habe ihn gebeten, die gemeinsame Wohnung zu verlassen (die er schon längst verlassen hatte), sein Liebesleben außerhalb zu praktizieren und wünsche ihm dabei viel Glück.[45]

Doch da Sarkozys Beliebtheit sehr kurzlebig war, fuhr die Linke schon bei den Kommunalwahlen im März 2008 großartige Wahlergebnisse ein. Hollande wurde in Tulle mit 72,3 % als Bürgermeister wiedergewählt. Mit einer Stimme Mehrheit übernahm er sogar den Regional-

41 Nachvollziehbar in der Hagiographie Heiko Engelkes (Op. cit.) von 2007, die auch politisch weitgehend inhaltsfrei ist.
42 Emmanuel Macron sollte sie 2016/17 mit „En Marche" schließlich umsetzen. Doch für Ségolène sah er trotz ihrer Bemühungen als einen zu unabhängigen Geist in seinem Regime der Macronisten keinen Platz. Die einstige Umweltministerin wurde bei ihm Sonderbotschafterin für die Antarktis und den Nordpol – die ultimative sarkastische Ironie für die einstige Mademoiselle „Packeis" der ENA.
43 Raffy. Op. cit. S. 282.
44 Yves Thréard. „Castritude". Le Figaro 5.12.2016.
45 Raffy. Op. cit. S. 308.

rat in der Corrèze. Ein Vierteljahrhundert nach seinem Antritt hatte er es geschafft, Chiracs Machtapparat zu zerbrechen. Jetzt war er der Herrscher der Corrèze geworden. Doch wusste er nicht recht wozu eigentlich. Er wirkte weiter wie ein ewiger, freundlicher Student, den ein nicht übermäßiges Ego weniger zu einem Macht- und Gestaltungswillen, sondern eher zu neuen Erfahrungen aus amüsierter Neugier treibt.

Dazu rumort es in der Partei. Fabius und DSK, der Zweite über Mittelsmänner aus Washington, wollen sich des Apparats bemächtigen, um die Wiederkehr von Ségolène als Kandidatin zu verhindern, die ebenfalls das Gefühl hat, eine bessere Kontrolle der Partei hätte ihr den Sieg gesichert.[46] Beim Parteikongress in Reims im November 2008 predigt Hollande vor tauben Ohren die Einheit der Partei, die in zwei Lager gespalten ist: in Royalisten und Anti-Royalisten. Schließlich gewinnt Martine Aubry mit 42 Stimmen Vorsprung von 136.000 angeblich abgegebenen Mitgliederstimmen gegen Royal. Beide Seiten schreien Betrug. Beide haben Recht. Nur hat das Anti-Royal-Lager etwas erfolgreicher betrogen. Hollande gelingt es noch, gegenseitige Rechtsklagen abzubügeln, dann übernimmt Martine Aubry die Parteizentrale, wirft den Ex-Parteichef nach elf Jahren an der Spitze unzeremoniell und unbedankt hinaus und kritisiert lauthals alle bisherigen Entscheidungen als falsch und desaströs. Sie nennt ihn den „Ersten Sekretär der verlorenen Jahre" und macht ihn für alle Übel in der Partei verantwortlich, angefangen bei der kaputten Heizung und den verstopften Toiletten in der Parteizentrale[47]. Dabei kann die fleißige Aubry durchaus charmant, witzig und aufmerksam, aber genauso gut jähzornig, aggressiv und ungerecht sein. Hollande hat jetzt keinen Chauffeur, kein Parteibüro, keine Sitzungen und keine Interviewanfragen mehr. Jetzt liegt auch seine Mutter Nicole, die immer zu ihm gehalten und immer an ihn geglaubt hat, mit 83 Jahren mit einer Krebskrankheit im Sterben. Beim Begräbnis wollen seine vier Kinder die Trierweiler nicht sehen. Der Harmoniesüchtige wollte es allen recht machen und fuhr damit sein Partei- und sein Privatleben gegen die Wand.

Derweil sind im Juni 2009 Europawahlen. Nachdem sie die Zentrale von Hollande-Loyalisten gesäubert hat, taucht Aubry nach ihrer Bürgermeisterei in Lille ab und kümmert sich hauptsächlich um ihren Parteiverband im Norden. Um den Kongress von Reims vergessen zu machen, trifft sich Aubry mit Royal zu einer Versöhnungszeremonie, an die niemand glaubt, und offeriert ihr den Vizepräsidentenposten der Sozialistischen Internationale, wo sie auf Parteikosten in der Welt herumfliegen kann. Doch der Posten ist noch von Hollande besetzt, der ihn sofort zugunsten seiner Ex-Lebensbegleiterin räumt. Für die Wähler ist dies uninteressant. Die PS bricht auf 16,5 % ein, fast gleichauf mit den Grünen mit 16,3 %. Fünf Jahre zuvor hatte Hollande noch 28,9 % erobert. Hollande versucht nun mit einigen Getreuen, Aubry den vorzeitigen Rücktritt nahelegen. Doch da verweigert Royal die nötige Zusammenarbeit zum Putsch. Sie ist mittlerweile selbst Elefantin in der Partei geworden und treibt ihre taktischen Spielchen.

Hollande beginnt sein Comeback mit der Versammlung von 500 Getreuen in der Hafenstadt Lorient in der Bretagne. Derweil hat auch DSK in Washington die professionelle Lücke an der

---

46   Ibid. S. 318.
47   Michel. Op. cit. S. 120.

Parteispitze entdeckt und lässt seinen 60. Geburtstag in einem Pariser Stadtschloss feiern, wo Tout Paris sich ein Stelldichein gibt. Der Kontrast könnte größer nicht sein. Zwischen Hollande und Strauss-Kahn herrscht keine Feindschaft, nur gegenseitige Missachtung. DSK hält ihn für einen vernachlässigbaren Klempner des Apparats und er DSK für einen neureichen Hochschullehrer, den es zufällig in die Politik verschlagen hat. Derweil verlassen Royals Gefolgsleute einer nach dem anderen das sinkende Schiff, entfremdet von ihren despotischen Anwandlungen. Dann kommt heraus, dass der neue Begleiter von Royal 40.000 Euro für Netzseiten verlangt, die er nicht erstellen kann. Schon ist das Image von Frau Saubermann angeschlagen. Auch Aubry hat Schwierigkeiten, die Partei mit ihren vielen Jungtürken, die ohne ihre Erlaubnis mit der Presse reden, zusammenzuhalten und droht fortgesetzt mit ihrem Rücktritt.

Derweil steigt DSK, anscheinend die Seriosität in Person, scheinbar unaufhaltsam in den Umfragen bis 2010 gegen den unpopulären Hektiker Sarkozy[48]. Aubry und Royal sind weit abgeschlagen, auch vor Hollande, der zwar wahrnehmbar ist, doch unter ferner liefen rangiert. Da Sarkozy als der Freund der Reichen gilt, die er steuerlich entlastet hat, tritt der Haushaltsexperte Hollande als derjenige an, der sie mit Steuererhöhungen wieder zur Kasse bitten will und positioniert sich links vom Globalisierer DSK. Er nutzt die zwangsweise Abwesenheit und die statutorisch bedingte parteipolitische Neutralität des IWF-Generaldirektors, um in die Lücke zu stoßen, die Aubrys Unfähigkeit und Royals rückläufiger Einfluss in der Opposition gegen Sarkozy gelassen haben. Ohnehin hatte DSK nie die geringste Lust, sich mit der PS-Basis und ihren Sektierern herumzuschlagen oder in Gremiensitzungen seine Zeit zu verschwenden. Viel schöner als IWF-Direktor mit Staatschefs Aug in Auge zu verhandeln und sich danach auf seine Art zu vergnügen. Hollandes Operationen sind ihm weitgehend gleichgültig. Auch will er, ähnlich wie schon Delors 1995, nicht bei den sozialistischen Vorwahlen antreten und die Lehrergewerkschaftler zur Weltwirtschaft missionieren.

Im März 2011 wird Hollande erneut mit einer Stimme Mehrheit zum Präsidenten des Generalrates der Corrèze wiedergewählt, die er mit seiner Präsidialkandidatur gefördert hat. Die Gefahr eines Absturzes zum einfachen Parlamentarier unter 590 anderen ist gebannt. Er bleibt in der Spitzenliga.

Nach DSKs Verhaftung und Entehrung am 14. Mai 2011 in Manhattan sieht das Spiel plötzlich anders aus[49]. Hollande liegt in den Sympathien der linken Parteigänger deutlich vor Aubry

48   Sarkozy greift DSK als IWF-Chef auch an der Griechenland-Front an: „Die Griechen sind in der Scheiße. Sie wissen genau, dass sie keine Steuern zahlen. Das ist ihr Nationalsport, größtmöglich zu gaunern". Michel. Op. cit. S. 58.
49   Jüdische Verschwörungstheoretiker nehmen immer wieder Sarko und das Élysée in dieser Affäre ins Visier. Immerhin ist das Sofitel Teil der französischen Hotelkette Accor, in der auch der französische Geheimdienst zur Not einen Durchgriff hat (Michel. Op. cit. S. 132). Doch wer hatte ein objektives Interesse an der politischen Vernichtung von DSK gehabt? Sarko sicher nicht, denn DSK liebte wie er Amerika, das große Geld, das süße Leben, war im Jetset abgehoben, von der France profonde entfremdet, war Privatisierungsminister gewesen und konnte als Globalist daher nicht Sarkos offene Flanken angreifen. Material über seine zahlreichen Affären hatte man genug in der Hinterhand, um ihn zur Not rechtzeitig unschädlich zu machen. Der einzige, der davon objektiv profitierte war Hollande, der aber als Generalrat der Corrèze und schlichter Abgeordneter

und Royal. Nach dem neurotischen Hektiker Sarkozy und dem Nymphomanen DSK gibt er sich als ein normaler Präsidentenkandidat, ein Kumpel mit dem man wie mit Pompidou oder Chirac in ihren besten Tagen im Bistrot ein Glas Wein trinken konnte. War das real? Er ging immer mit der Miene des harmlosen Grinsens verdeckt vor, um in der Welt der aufgeblasenen politischen Egos und intellektuellen Wichtigtuer unterschätzt zu werden. Er lässt sich nie in die Karten schauen. Das Élysée von Sarkozy hat ihn als den gefährlicheren Gegner richtig erkannt. Sarko will lieber gegen die unberechenbare Martine Aubry antreten, nicht gegen ihn.[50] Doch sie wird mittlerweile zwischen den linken und rechten Parteiflügeln zerrieben, während der frühere Apparatschik Hollande sich als Landmann aus der Corrèze wie weiland Jacques Chirac reinkarnieren lässt, als dessen Erbe er sich dort erfolgreich ausgibt und nach Möglichkeit den gleichen Klientelismus praktiziert.

Ohnehin verstehen sich die beiden auch persönlich gut. Als der gesundheitlich bereits sehr angeschlagene Chirac 2011 verkündete, er würde, falls Juppé nicht anträte, Hollande (anstelle von Sarkozy) wählen,[51] war dies eine Sensation. Sie wurde zwar pflichtgemäß von Claude Chirac als Scherz unter Corèzzern abgetan, doch niemand wurde getäuscht. Hollande war damit für Gaullisten wählbar geworden. Die Dämonisierungsversuche mit dem Gespenst einer neuen Linksunion von Seiten des Sarko-Lagers würden ins Leere laufen. Da gleichzeitig auch eine Chirac-Nostalgie das Land erfasst, steigen Hollandes Umfragewerte gewaltig.

Im Januar 2012 wird er nach den gegen Martine Aubry, Arnaud Montebourg, Ségolène Royal und Manuel Valls gewonnenen Vorwahlen zum Kandidaten der Sozialisten ernannt. Seine „Ex" unterstützt ihn, die Trennungsschmerzen sind vorbei. Die dreimalige Ministerin kann sich aber die Bemerkung nicht verkneifen, in seinen dreißig Jahren in der Politik habe er bislang nichts erreicht[52]. Nach seinem Sieg belässt er seine Feinde Aubry, die ihn als „Systemkandidat der weichen Linken" denunziert hatte, und Fabius in ihren Funktionen und spielt den großen Versöhner. Als Ergebnis gilt Hollande bei den Wählern als „sympathisch, zuvorkommend, als Zuhörer, neugierig, wenig beeinflussbar, durchsetzungsfähig und entschieden"[53]. Er tourte die deindustrialisierten Zonen Frankreichs wie die Ardennen und Lothringen, und heuchelte Engagement und Anteilnahme, Gegenden, in denen er als Präsident nie wieder auftauchte. Tatsächlich halfen jene dauernden regionalen Wahlbesuche die Netzwerke von Regionalpolitikern zu mobilisieren[54], wie zum Beispiel jene von Jean-Yves Le Drian, seinem späteren Verteidigungsminister und Macrons Außenminister als politischer Chef und Regionalpräsident der Bretagne.

Das Sarkozy Lager greift ihn wegen seines Mangels an Regierungserfahrung – schließlich war er nur sieben Jahre lang Bürgermeister der Kleinstadt Tulle mit ihren 14.000 Einwohnern –,

---

nicht die geringsten Möglichkeiten hatte, eine morbides Komplott in New York mit einer guineischen Putzfrau zu schmieden.

50 Raffy. Op. cit. S. 383.
51 Ibid. S. 389. Michel. Op. cit. S. 187.
52 Michel. Op. cit. S. 230.
53 Ibid. S. 64.
54 Ibid. S. 104.

seiner teuren Wahlversprechungen und seiner Tendenz, harte Entscheidungen stets zu verta-
gen an. Befragt nach seiner Lieblingslektüre, bekennt er Camus' „Mythos von Sisyphos" und
wurde damit nach allen vergeistigten Analysen, die sofort angestellt wurden, zum lächelnden
Pessimisten. Noch schlimmer, ein Film zur Parteigeschichte exorzierte Ségolènes Kampagne
von 2007, bei der sie immerhin 17 Millionen Stimmen gewonnen hatte. Die Ursache: Valérie
Trierweiler hatte den Zensurstift angesetzt und ihre geschlagene Rivalin auf stalinistische Art
aus der Parteigeschichte ausmerzen wollen. Einmal mehr schlechte Optik.

Von jeder Menge Parteiexperten lässt Hollande nun ein Wahlprogramm mit detaillierten, bezifferten Versprechen, die von 60.000 neuen Lehrerstellen, 10.000 neue Stellen für Polizisten,
die Umwandlung des Verfassungsrates in einen Verfassungsgerichtshof, über weitere Justiz-,
Regional- und Steuerreformen, die üblichen Subventionen für sozialistische Staatskünstler[55]
bis zum Rückzug aus Afghanistan reichten, erstellen. Im Wahlkampf gelang es, frühere Irr-
lichter wie Jean-Pierre Chevènement wieder einzufangen und ein an Sitzen für die Sozialisten
teures Bündnis mit den Grünen zu schließen. Hollande sorgte für einen professionellen Ab-
lauf der Kampagne, auch wenn Valérie Trierweilers (bald „Rottweiler" genannt) Auftritte im
Hauptquartier mit ihrer Vermischung von Privatem und Politischen häufig für Chaos sorgten[56].
Demungeachtet siegte Hollande im Mai 2012 doch noch mit 51,6 % gegen den Amtsinhaber.

Als Präsident

Hollande startete mit einer dreifachen Hypothek. Zum einen begann er mit einer linksradikalen Rhetorik, die die Hochfinanz und die Reichen zu Feinden erklärte, die seinen eigenen
Ansichten widersprach und später im Jahr 2014 einen Kurswechsel mit einer Kabinettsumbildung nötig machte, den die linken Genossen in der Nationalversammlung (die „Frondeure")
mehrheitlich als Verrat empfanden.[57] So entwickelt er den linken Traditionsstrang der geteilten
Gesellschaft. Sie geht für ihn von der Revolution 1789 und der Gründung der Republik, über
die Résistance, die Revolte von 1968 bis zu Mitterrands Wahl im Mai 1981[58]. Um die linke
PS-Führung unter Martine Aubry nicht zu antagonisieren, schlug er ein Koalitionsangebot der
Zentristen unter François Bayrou aus, der gern Minister geworden wäre[59].

Sodann wurde er bald an jenen sechzig meist bezifferten Wahlversprechen[60] gemessen, deren
Bruch minutiös dokumentiert werden konnte. So hatte er ein Haushaltsdefizit von 0 % im Jahr
2017 versprochen. Es waren dann 3,4 %, obwohl die Abgabenbelastung auf 44,8 % des BIP
gestiegen war. Vor jener seit 2009 bestehenden „Situation des exzessiven Defizits" verschloss
sein seinerzeitiger Wirtschaftsminister Moscovici als später zuständiger EU-Wirtschafts- und

---

55   Die „Mafia der Freunde der Macht" von jenen genannt, die nicht in den Genuss jener Manna kommen. Mi-
      chel. Op. cit. S. 107.
56   Raffy. Op. cit. S. 453.
57   Christian Wernicke. „Abschied eines Ungeliebten". Süddeutsche Zeitung 13.5.2017.
58   Richard Michel. François Hollande. L'inattendu. L'Archipel. 2011. S. 53.
59   Charlotte Chaffanjon und Bastien Bonnefous. Le Pari. Plon. 2016.
60   François Hollande. Le Changement. C'est maintenant. Mes 60 engagements pour la France. 2012. Eine milli-
      onenfach verteilte Broschüre.

Finanzkommissar fest die Augen[61]. Die Staatsschuld sollte maximal 80 % des BIP betragen. Es wurden 100 % (2100 Milliarden Euro, 1600 Milliarden davon von Sarkozy übernommen). Noch gewagter versprach er ab 2014 2 % Wirtschaftswachstum. Es wurden 0,2 % (2014) und 1,1 % (2015). Die Arbeitslosenkurve sollte sich bis 2013 positiv verändern. Es wurden 750.000 Arbeitslose mehr.[62] Die Quote stieg auf 10 %. Zur Pensionenreform hatte er für den Sommer 2012 Verhandlungen mit den Sozialpartnern zur nachhaltigen Regelung der Finanzierung der Pensionskassen, Pensionierungsalters und der Pensionshöhen angekündigt. Nichts dergleichen passierte. Er hatte versprochen den Stabilitätspakt von Maastricht umzuverhandeln, weil er keine „Austeritätspolitik" in Frankreich wünsche. Stattdessen ignorierte er ihn einfach.

Hollandes Ministerauswahl war symptomatisch. Er wollte es allen recht machen und wählte sie nach dem Gleichgewicht der Fraktionen, Geschlechter und Regionen aus. Als Ergebnis hatte laut Trierweiler außer Fabius (als sein feindlich gesonnener Außenminister) niemand Format. Denn Kompetenz war kein Kriterium gewesen[63]. Der Stil der Regierung, deren Minister ebenso wie Hollande meist keinerlei Erfahrung in der Führung von Ministerien hatten, war deshalb von Anfang an chaotisch. Als erstes musste Budgetminister Jérôme Cahuzac im März 2013 gehen, der dem Schwarzgeld den gnadenlosen Kampf angesagt hatte, weil er und seine Frau als erfolgreiche Schönheitschirurgen selbst solche Konten in der Schweiz unterhielten. Nach den verlorenen Kommunalwahlen vom März 2014 wurde der medienscheue Premier Jean-Marc Ayrault gegangen, ein trockener, autoritärer früherer Deutschlehrer. Minister umgingen ihn meist, in dem sie eine SMS direkt an den Präsidenten schickten. Nach und nach wurden linke Minister ausgewechselt und gingen im Parlament als „Frondeure" in Opposition. Hollandes Taktik des Kompromisses und Aussitzens und seine langjährige Erfahrung als Parteichef brachten nichts mehr. Die doktrinäre Parteilinke mit Benoît Hamon, Arnaud Montebourg und Martine Aubry sah den ab 2014 wieder wirtschaftsfreundlicheren Kurs seiner Regierung Valls mit dem Rothschild-Banker Macron als Wirtschaftsminister als Verrat an und bekämpfte sie ohne Rücksicht auf Verluste[64].

Nach den islamistischen Terroranschlägen vom 13.11.2015 auf das Musiklokal Bataclan, ein kambodschanisches Restaurant und das Stade de France mit insgesamt 129 Ermordeten und 350 Verletzten, verkündete Hollande martialisch: „Frankreich ist im Krieg". Es handle sich um einen „Angriff auf unser Land, unsere Jugend und unseren Lebensstil". Er versprach die „gnadenlose Ausrottung des Terrors" und die Zerstörung des Islamischen Staats im Irak und in Syrien als der „größten Terrorismusfabrik der Welt" und forderte mehr Polizei, größere militärische Anstrengungen und eine Verfassungsänderung[65], um Elemente der Notstandsverordnung, wie nächtliche polizeiliche Haussuchungen ohne Richterbefehl dauerhaft zu machen. Vorübergehend brachte der Versuch, den Vater der bedrohten Nation zu spielen, bessere Umfragedaten. Doch brachen sie nach einigen Wochen wieder ein, als nach weiteren Terroran-

61   „Das lange Leben des französischen Staatsdefizits". Frankfurter Allgemeine Zeitung 14.9.2016.
62   Marc Landré. „François Hollande, le président des promesses non tenues" Le Figaro 5.2.2016.
63   Trierweiler. Op. cit. S. 276.
64   Gérard Courtois „Métamorphoses de François Hollande". Le Monde 18.11.2015.
65   François-Xavier Bourmand. „Hollande repasse par le case Ayrault". Le Figaro 12.2.2016.

schlägen die üblichen Trauerzeremonien nur die Zahnlosigkeit des seitherigen Vorgehens und seiner leeren Kampfrhetorik demonstrierten. Für den Chef des Inlandgeheimdienstes DGSI Patrick Calvar steht Frankreich „am Rande des Bürgerkriegs"[66]. In der Tat sind Polizeireviere in Paris mittlerweile mit Stacheldrahtverhauen so abgeriegelt, als befänden sie sich in Hanoi von 1954 oder in Algier von 1960. Schwerbewaffnete Fallschirmjägerpatrouillen in den Straßen sollen subjektive Sicherheitsgefühle vermitteln. Doch effektive Maßnahmen, um die bevorstehende Gewalteskalation im Keim zu ersticken, sucht man vergebens.

Zwar war die Politik der Steuererhöhungen schon unter Sarkozy eingeleitet worden, doch begann Hollande mit seinen dauernden Kursänderungen in den Unternehmenssteuern eine Achterbahn für Firmen, indem er nach vorherigen Steigerungen die Körperschaftsteuern für KMU im Wahljahr 2016 von 33 % auf 28 % senken ließ. In der EU bemühte er sich wie Sarkozy zuvor mit Merkel um weitere Griechenlandrettungen, stimmte einem EU-Militärstab ohne Truppen in Brüssel zu und ließ einen EU-Investitionsfonds auf 630 Milliarden Euro bis zum Jahr 2020 verdoppeln. Durch die Ausrufung des Notstandes und die Fallschirmjägerpatrouillen in den Straßen von Paris suchte er den islamistischen Terror in Frankreich zu bekämpfen. Doch selbst ein eher symbolisches Projekt, verurteilten Terroristen, die eine doppelte Staatsbürgerschaft besitzen, die französische zu entziehen, um sie nach Verbüßung ihrer Strafe deportieren zu können, scheiterte am Widerstand der blockierenden linken Sozialistenfraktion im Parlament, der Frondeure, über die Hollande keine Kontrolle mehr hatte. Es rächte sich, dass er im November 2011 Martine Aubry als Erster Parteisekretärin bei der Kandidatenaufstellung freie Hand gelassen hatte. Aus Rachsucht hatte sie den linken PS-Flügel massiv begünstigt. Auch die verbündeten ultralinken Grünen erhielten so viele reservierte sichere Sitze, dass sie eine parlamentarische Gruppe bilden konnten. Auf beide hatte Hollande von Anfang an keinen Einfluss und damit nie eine sichere parlamentarische Mehrheit[67]. Die Option, das Parlament für Neuwahlen aufzulösen, gab es bei seinen Umfragewerten nie.

Als erster sozialistischer Präsident nach Mitterrand suchte Hollande die ideologisch-symbolische Anknüpfung an den großen Präsidenten. So pilgert er im Januar 2016 zu seinem hundertsten Geburtstag mit dessen Kindern Gilbert Mitterrand und Mazarine Pingeot zum Grab von Mitterrand in Jarnac (Charente). Doch war jedermann klar, dass der damalige subalterne Kabinettsmitarbeiter und Haushaltsspezialist, der keine Romane las, als klassischer Delorist nie Mitterrands Ziehsohn war oder sich dafür ausgeben konnte.[68]

An Auslandsbesuchen – Staats- und Arbeitsbesuche, sowie diverse Gipfeltreffen – absolvierte Hollande in seinen ersten vier Jahren deren 176. Der erste und die meisten (12) führten ihn nach Deutschland, gefolgt von den USA (8), je sieben nach Italien und Großbritannien, fünf nach Polen und Russland und vier nach Saudi-Arabien. Lediglich der Balkan, Österreich, das anglophone Afrika, Zentralamerika, die Mongolei, Südostasien und der Pazifik blieben ausge-

66   Thomas Hanke. „Pulverfass Frankreich". Handelsblatt 29.7.2016.
67   Franz-Olivier Giesbert. Le théâtre des incapables. Albin Michel. 2017.
68   Solenn de Royer. „Hollande: Mitterrand, c'est moi". Le Figaro 27.10.2016; Dies. „Mitterrand: l'hommage in-
      téressé de Hollande". Le Figaro 8.1.2016.

spart. Die Ergebnisse: der Prozess von Minsk, der der Ostukraine einen Waffenstillstand geben sollte, sowie seine Triumph-Reise nach Mali, dessen miserable Armee mit französischer und EU-Militärhilfe befähigt werden soll, den örtlichen Al-Quaida-Tuareg-Aufstand niederzuschlagen. Ein Tag, den er als seinen wichtigsten in seinem politischen Leben beschrieben hat[69]. Schon im Mai 2013 hatte er den französischen Militäreinsatz angeordnet, als die Dschihadisten kurz vor der Einnahme von Bamako standen. Er hatte damals schnell und beherzt entschieden[70]. Bei Auslandsbesuchen in der Dritten Welt verwendete sich Hollande auch für die Interessen der französischen Rüstungsindustrie. Im Jahr 2015 vermittelte er Rafale-Jagdbomber von Dassault Aviation an Katar und Ägypten. Ein Jahr später war es ein Großgeschäft von 36 der Kampfjets an Indien für 7,9 Milliarden Euro, auf das er sehr stolz war[71]. Dies obwohl sein „Freund", der konservative Senator Serge Dassault, ihn auf jedem zweiten Titel des Figaro der Unfähigkeit zeihen ließ.

Im Jahr 2014 ließ er zwei Journalisten seiner Lieblingszeitung Le Monde während einer Arbeitswoche hinter die Kulissen des Élysée schauen. Sie durften sich außer dem Kommandobunker eigentlich alles anschauen, an allen Sitzungen teilnehmen und Fotos machen. So entstand ein schönes Panorama von der Arbeit im Élysée im Allgemeinen und von Hollandes Arbeitsstil im Besonderen. Es geht in der montäglichen Kabinettssitzung um das Wochenarbeitsprogramm des Präsidenten und welche Leistungen das 40-Mann-Team, das alle Themen der Welt bearbeitet, erbringen muss. Als Hollande dazu stößt, beschwert er sich sanft (nicht brüllend wie Sarkozy[72]), dass ihm Änderungen seines Tagesprogramms, Aktenvermerke und Redeentwürfe immer nur in letzter Minute – für ihn zu spät – vorgelegt werden[73]. Bei den mittwöchlichen Ministerratsratssitzungen scheint es relativ informell zuzugehen. Die Minister begrüßen sich wie alte Fahrensleute, geben ihre iPads ab und gehen dann durch eine recht detaillierte, umfangreiche Tagesordnung. Trotz dauernder unterschwelliger Rivalitäten scheint es in beiden Gremien – zumindest in der Anwesenheit der Journalisten – recht freundschaftlich zuzugehen. Auch sieht Hollande anders als die meisten seiner Vorgänger seinen Premier Manuel Valls mit großer Häufigkeit: Am Montag zum Mittagessen unter vier Augen, dienstags zum Abendessen und in der Vorbesprechung vor dem Ministerrat am Mittwochmorgen. Dennoch verhält sich der feurige Katalane häufig kritisch und unbeherrscht. Der Bildteil des Bandes zeigt neben jenen Sitzungen und dem üblichen Dekor und uniformierten Personal des Palastes auch die Küche, einen Kinoabend, die Vorbereitungen von protokollarischen Essen

69 Solenn de Royer und Guillaume Tabard. „François Hollande, 71 pays visites 176 déplacements à l'étranger". Le Figaro 24.2.2016.

70 David Revault d'Allonnes. Les guerres du Président. Seuil. 2015.

71 Leo Klimm. „Treffer versenkt". Süddeutsche Zeitung 23.9.2016.

72 Kollegen in der französischen Botschaft in Tokyo berichteten mir glaubwürdig vom Kontrast der Japan-Besuche Sarkozys im März 2011 und von Hollande – damals noch mit Trierweiler – im Juni 2013. Der Kontrast zwischen dem irritierten, stets ungeduldigen und jähzornigen Besucher, der bei geringsten Verzögerungen ausrastete, und dem anderen, der ausgeglichen, höflich, interessiert, zu jedermann freundlich und dankbar war, war für alle Beteiligten frappant.

73 Vanessa Schneider, Jean-Claude Coutausse. L'énigmatique monsieur Hollande. Dans les coulisses de l'Élysée. Stock. 2015. S. 14.

und Pressekonferenzen, bilaterale Unterredungen des Präsidenten mit Justizministerin Taubira (beide noch lustig lachend, bald sollte sie erzürnt zurücktreten), mit seinen Generalstabschefs und mit Griechenlands Premier Tsipras. Dabei kommt auch sein grauenvoll unaufgeräumter Schreibtisch ins Bild, mit Zeitungsstapeln von Le Figaro und Le Monde und herumliegenden Unterschriften- und Vorlagemappen. Auch fehlt das teure Schreibgerät, das auf Sarkozys makellos aufgeräumtem Arbeitstisch stets sichtbar war. Was auffällt, ist die ungeheure Detailorientiertheit der Themen, die dem Präsidenten vorgelegt werden. Neben den zu erwartenden außenpolitischen Themen und Personalentscheidungen geht es da um Apothekerproteste, den Automobilsalon und die Dauer des Sozialarbeitspraktikums für ENA-Studenten[74]. Damals hoffte Hollande noch, der ungewöhnliche Band mit der ihm wohlgesonnenen Dokumentation seiner normalen Präsidentschaft würde ihm in den Umfragen helfen. Das tat es aber nicht.

Hollande hatte auch versprochen, als normaler Präsident sein Privatleben nicht wie Sarkozy öffentlich zu machen. Trotz sicherlich bester Absichten geschah genau dies in den unschönsten Einzelheiten. Mit der Wahl seiner Lebensabschnittsbegleiterin Valérie Trierweiler, die sich in der neuen Funktion emotional überfordert sah, hatte er einen Fehlgriff getan, die er mit herzloser Brutalität mit einer lapidaren Pressenotiz im Januar 2014 bereinigte: „François Hollande gibt der AFP das Ende seines gemeinsamen Lebens mit Valérie Trierweiler bekannt." Offiziell hatte die Liaison im Juni 2007 begonnen, als Ségolène den bereits Aushäusigen aus der gemeinsamen Wohnung verwies[75], realiter aber bereits 2005. Doch Valérie rächte sich anders als Ségolène, die ihn mit aller Gesichtswahrung politisch zappeln ließ. Sie schrieb ein schrilles Enthüllungsbuch, von dem sich sofort 800.000 Exemplare verkauften, in dem sie sich als cholerische Hysterikerin und ihn als gefühlsarmes, egoistisches Charakterschwein darstellte, der als verwöhntes Großbürgersöhnchen die Arbeiterklasse und die Unterschichten ("die Zahnlosen") verachtete, aus denen Trierweiler entstammte. So hatte sie ihn zu einer Weihnachtsfeier zu ihrem Familienklan nach Angers eingeladen, wo 25 Proletarier lustig feierten und auf Statusunterschiede keine Rücksicht nahmen. Für sie habe der Sozialistenhäuptling nur Verachtung übrig gehabt[76]. Er sei noch nie in Discountläden gewesen, kenne die Preise von Lebensmitteln nicht, bestehe nur auf teuren Markenartikeln (außer bei der Kleidung), esse ausschließlich in Edelrestaurants und wolle als Unterkünfte nur Luxushotels[77]. Selbst wenn man ihre offene Bitterkeit diskontiert, sind manche ihrer Aussagen bemerkenswert. So interessiere er sich nur für Politik, ansonsten weder für Literatur, Musik oder Theater, nur etwas für das Kino. Er liest ihre wöchentlichen Rezensionen im Paris Match nicht, sondern überblättert sie nur, und kennt ihre Fernsehsendung nicht.[78] Weder seinen Vater noch seinen Bruder hatte er je in das Élysée eingeladen (obwohl der Vater, wiewohl politisch weiter anderer Meinung, die politische Laufbahn seines Sohnes stets öffentlich unterstützt hat). Seine einzigen Freunde seien jene der ENA-Promotion Voltaire. Bei einem Abendessen im Élysée nimmt sie sie als Leute wahr, die sich

---

74   Schneider und Coutausse. Op. cit. S. 48.
75   Elise Karlin. Le président qui voulait vivre ses vies. Les coulisses d'un vaudeville d'Etat. Fayard. 2014. S. 18.
76   Trierweiler. Op. cit. S. 270.
77   Ibid. S. 218.
78   Ibid. S. 255.

nach 30 Jahren an der Macht für Halbgötter halten und die vor Arroganz platzen.[79] Er selbst habe sich durch den Einfluss der Macht verändert, spräche nur noch verächtlich von Mitarbeitern, Ministern und von Premier Ayrault, sei unfähig zur Empathie geworden. Er lüge ständig, um sich aus Konfrontationen zu stehlen[80].

Im Januar 2012 war Hollandes Affäre mit der Schauspielerin Julie Gayet durch Paparazzi-Fotos in dem Skandalblatt „Closer" öffentlich geworden. Doch schon vorher waren Spannungen im „ersten Paar" sichtbar gewesen. Valérie wurde am 12. Januar 2014 mit einem Nervenzusammenbruch und wegen akuter Selbstmordgefahr in ein Krankenhaus eingeliefert. Die wichtigste Fernsehnachricht des Tages. Tenor der Kommentare: Der rationale Politikplaner versage in seinem emotionalen Leben. Dennoch war sie bereit – ähnlich wie Royal 2007 – ihm zu vergeben, zu ihm zurückzukehren, um von ihm geheiratet werden[81]. Vergeblich. Dann gab es jene ominösen Bilder, die ihn mit einem schlecht sitzenden Helm auf dem heimlichen nächtlichen Motorrollerritt zu seiner Mätresse zeigen. Ein Präsident kann in Frankreich alles machen. Nur lächerlich aussehen darf er nicht.

Trierweiler hatte es in knapp einem Jahr als „erste Dame" geschafft, mehr noch als Cécilia Sarkozy von der französischen Öffentlichkeit verachtet zu werden. Mitleid gab es mit der verratenen Verräterin nicht. Sie hatte sich Danielle Mitterrand als Vorbild genommen, sich über das Protokoll hinweggesetzt, das Personal und die Kabinettsmitarbeiter des Élysée mit ihren Launen und Wutanfällen terrorisiert, verlangte ständig teure Extravaganzen und prozessierte ohne Unterlasse gegen Journalisten-Kollegen wegen Artikeln, die ihr nicht passten. Wie schon Cécilia mischte sie sich in die Personalpolitik ein und zerstörte die Laufbahnen von Leuten, die ihr unsympathisch waren, die ihr gegenüber den leichtesten Fauxpas begangen hatten oder die sie für Freunde der Ségolène hielt.[82] In einem Anfall von Klarsicht glaubt Trierweiler auch, dass sich Hollande von ihr getrennt habe, weil er ihre schlechten Imagewerte für ansteckend gehalten habe[83], abgesehen einmal von ihren offen ausgetragenen hysterischen Szenen. Inhaltlich engagierte sie sich für NGOs, die sich gegen Gewalt gegen Frauen in Afrika engagierten, nicht gerade eine Priorität für Hollande oder die französische Außenpolitik.

Nach ihrer zögerlichen Unterstützung für Hollande gegen Aubry hatte sich Royal nach ihren verlorenen Vorwahlen 2012 eigentlich den Vorsitz in der Nationalversammlung ausbedungen, das protokollarisch dritthöchste Amt des Staates. Es war ein Versprechen, das Hollande ohnehin nicht zu halten gedachte, weil ihm seine Ex zu unkontrollierbar und zu egozentrisch war. Dennoch opponierte Trierweiler hysterisch. Es hätte zu viele gemeinsame Termine gegeben.[84] Auch zu seinen Inthronisierungsfeierlichkeiten hatte sie ihre Einladung schon blockiert. Zu einem politischen Skandal wuchs sich ihre Eifersucht gegen Royal aus, als sie einem sozialis-

---

79   Ibid. S. 292.
80   Ibid. S. 313.
81   Karlin. Op. cit. S. 31.
82   Ibid. S. 155.
83   Trierweiler. Op. cit. 95.
84   Karlin. Op. cit. S. 52.

tischen Dissidentenkandidaten, Olivier Falorni, in der Charente-Maritime, der gegen die offizielle PS-Kandidatin Royal angetreten war, im Juni 2012 eine Unterstützungsbotschaft per
Twitter schickte.

Wie Ségolène zu Recht bemerkte, war Valérie zu obsessiv mit ihrer Vorgängerin beschäftigt, als
das sie genügend auf eine potentielle Nachfolgerin achtete. Ab dem Sommer 2013 wurde Hollandes Beziehung zu der Schauspielerin Julie Gayet ernsthaft. Er kannte ihren Vater, den Chirurgen Brice Gayet, der seinem Vater bei einer Krebsoperation das Leben gerettet hatte, und
besuchte im August 2013 das Familienschloss der Gayets, das Château de Cadreils. Wie schon
Carla blieb Julies öffentliche Rolle wesentlich diskreter als die ihrer Vorgängerin. Offiziell trat
die geschiedene Mutter zweier Kinder nie als „erste Dame" auf und hatte nur über diskrete
Seiteneingänge Zugang zum Élysée. Lediglich ihre Rolle auf die Filmpolitik des Élysée wurde
als stark eingeschätzt.[85] Dabei setzte sie im Februar 2016 ihre Freundin Audrey Azoulay, die als
Kulturreferentin im Élysée die Filmabende organisiert hatte, als Kulturministerin durch[86]. Erst
nachdem Trierweiler von der Szene abgetreten war, traute sich Hollande Ségolène Royal zu seiner Umweltministerin zu machen, wo sie in bereits bekannter Art ihre Beamten tyrannisierte.

Im Herbst 2016 beginnt Hollande eine Art von Vorwahlkampf und intensiviert seine Besuche
vor Ort. Er lässt den „Dschungel von Calais" säubern, wo tausende illegaler Migranten mit
allen Mitteln versuchen, sich nach England durchzuschlagen, verstärkt die Bombenangriffe
auf ISIS-Stellungen in Mosul, treibt Symbolpolitik mit Auftritten zu 80 Jahren Volksfront und
100 Jahren Verdun, verteilt Wahlgeschenke an Studenten und Beamte und versucht den Anti-
Terrorkampf zu nutzen. Noch bis Anfang November 2016 glaubt er, er könne gegen den „ultra-
liberalen" Alain Juppé antreten. Er ist weiter überzeugt, er sei der Beste und glaubt in stoischer
Ruhe an die Provinz, auch wenn das Pariser Establishment ihn ablehnt[87]. Im Oktober 2016
gibt er ein langes Interview mit „L'Obs", dem Leibmagazin der lesenden gemäßigten Linken[88].
Er feiert sich und das Ende der Finanzkrise, die niedrigen Zinsen, die Null-Inflation, das Pariser Klima-Abkommen und die Tatsache, dass die EU die Vorgaben des Maastrichter Vertrags
in Sachen Haushaltsdefizit jetzt „flexibel" interpretiere und die Europäische Zentralbank seit
2012 (d.h. seit Draghi) eine „auskömmliche und zufriedenstellende" Währungspolitik für ein
Großschuldnerland wie Frankreich führe. Wiederum ein militantes Bekenntnis zur politischen
Linken – nicht mehr die Behauptung Präsident aller Franzosen sein zu wollen –, die ihn schon
längst abgeschrieben hat. Interessant seine Forderung, Europa solle die gleichen Sanktions-
möglichkeiten für US-Konzerne haben, wie sie die US-Justiz und -Administration gegenüber
europäischen Firmen anwendet. Für alle Wirtschaftsprobleme sei sein Vorgänger Sarkozy verantwortlich, bei dem die Schulden auf 90 % des BIP explodiert seien, der die Mehrwertsteuer
erhöht und nichts gegen die Deindustrialisierung Frankreichs zwischen 2007 und 2012 getan habe. Seine Arbeitsrechtsreform (das El Khomri-Gesetz) – das wegen der Opposition der

85   Karlin. Op. cit. S. 109.
86   Le Figaro 12.2.2016. Azoulay wurde im Herbst 2017 Generaldirektorin der UNESCO.
87   Solenn de Royer. „Hollande, spectre de l'Élysée". Le Figaro 2.11.2016.
88   François Hollande. „Je suis prêt". L'Obs 13.10.2016.

Frondeure nur auf dem Verordnungswege (per Verfassungsartikel 49.3) durchgesetzt werden konnte – würde über betriebsgerechte Vereinbarungen mehr Beschäftigungsmöglichkeiten schaffen. Jenes Wahlinterview kam jedoch zur Unzeit.

Der politische entscheidende Reputationsverlust des Präsidenten erfolgte kurz darauf mit der Publikation des Interviewbandes „Un président ne devrait pas dire ça" mit den beiden Le Monde Journalisten Davet und Lhomme[89]. In diesem 672-seitigen Band, dessen Korrekturfahnen er nicht einmal durchgeschaut hatte und von dem sofort 200.000 Exemplare verkauft wurden, gibt er sich in insgesamt 61 Interviews ausgesprochen offenherzig mit oft sehr intelligenten Bemerkungen über seine präsidiale Rolle, die Innen- und die Außenpolitik. Teilweise durften die Journalisten auch bei seinen Telefonaten mithören. Dabei riet er Alexis Tsipras, dem griechischen Premier, in der Euro-Zone zu bleiben und nicht wie von Putin angeblich offenbart, neue Drachmen in Russland drucken zu lassen. Er solle sich von der OECD wohlwollende Wirtschaftsanalysen bestellen. Hollande befürchtete, dass Griechenland in eine russische Einflusszone abgleiten würde. Er lästert über die Feigheit der Richter[90], die schwachsinnigen Fußballer der Nationalelf und seine politischen Freunde und Mitstreiter. Seine Bildungsministerin sei nicht besonders schlau, weil sie keine ENArquin ist, und der Parlamentspräsident habe nicht das Format, Premier zu sein. Die PS sollte man zerstören und als „Fortschrittspartei" neu gründen. Macron sei ein netter Junge und sein politischer Ziehsohn. Er bekundet, dass er mindestens vier Todeskommandos zur Neutralisierung von Djihadisten durch den Geheimdienst genehmigt hat. Und dass durch seine Intervention in Katar Canal+ die Fussballübertragungsrechte erhalten habe. Zu François Fillon erzählt er, dieser habe von seinen Kabinettschef Jean-Pierre Jouyet verlangt, die juristischen Ermittlungen gegen Sarkozy zu beschleunigen. Seine grünen Koalitionspartner nennt er Zyniker und Störenfriede und breitet gegenüber seiner Umwelt eine Aura der intellektuellen Überlegenheit aus. Natürlich wurden Zitate aus dem Kontext gerissen und skandalisiert. Wichtiger aber: Er gibt zu, dass der Islam nicht integrierbar ist und die unkontrollierte Massenimmigration ein Sicherheitsproblem darstellt, ohne sich dabei zu politischen Lösungen bemüßigt zu fühlen[91]. Er wirkt damit eher wie ein intelligenter, amüsierter und zynischer Zuschauer des Lebens und Schicksals seiner Nation und Europas. In seinem Amtsverständnis lehnt er de Gaulles und Mitterrands Doktrin „L'état ç'est moi" ab und sieht sich nur noch als dessen Abbild („spectre"). Er verkündet selbstverliebt: „Mein Leben ist schon ein Erfolg", nur weil er es auf diesen Posten geschafft hat[92] und nennt sich den Besten seiner Generation. Doch seine Diskurse beschränken sich auf Anekdoten und Werturteile. Es

89 Gérard Davet, Fabrice Lhomme. Un président ne devrait pas dire ça. Stock. 2016.

90 Die französischen Richter, die unter unmöglichen Arbeitsbedingungen arbeiten müssen – siehe das Beispiel einer Familienrichterin: Odile Barral. Chroniques de l'enfance en danger. Cherche midi. 1997 – und ständig unter dem Druck der Staatsbehörden und der Regierungspolitik stehen, protestierten sofort: Jean-Baptiste Jacquin. „Le Monde judiciare réagit vivement aux ,outrances' du chef de l'État". Le Monde 15. 10. 2016. Immerhin hatten sie zuvor seinen Budgetminister Jérôme Cahuzac wegen seiner Schwarzgeldkonten in der Schweiz verurteilt.

91 Vincent Tremolet de Villers. „Immigration: l'incroyable aveu de François Hollande". Le Figaro 13.10.2016.

92 Auch Trierweiler berichtet, er habe Fabius eine gescheiterte Existenz genannt. Auf ihre Gegenfrage: „Warum?" habe er geantwortet: „Weil er nicht Präsident wurde".

fehlen ihnen jegliche Vision, Kohärenz oder Größe. Die unter Sarkozy begonnene Desakralisierung der Präsidentschaft hatte sich also noch weiter gesteigert, zumal er als eitler Schwätzer wirkt, der seine Worte nicht unter Kontrolle hat.

War das Buch ursprünglich als eine Mischung von Wahlkampfauftakt und politischem Testament gedacht gewesen, so ging der Schuss trotz oder wegen seiner ungefilterten Offenheit und des Verzichts auf politisch korrekte Worthülsen nach hinten los. Seine vom politischen Biedersinn geprägten Parteigenossen sind zu Tode schockiert, fassungslos ob seines politischen Selbstmords und halten ihn sogar für einen verkappten Nazi.[93] Die Öffentlichkeit dagegen empfand jedoch weder Hass noch Verachtung, sondern – tödlicher – nur Mitleid mit dem alleingelassenen Narziss, der sich eingebunkert hatte. Wahrscheinlich suchte der eigentlich misstrauische Eigenbrötler in jenen Gesprächen, die hunderte von Stunden dauerten, Freundschaft und eine psychoanalytische Katharsis[94]. Das Ergebnis jener Transparenzübung war politischer Selbstmord. Zu seinem Privatleben meint er, Ségolène sei jene Frau gewesen, die ihn am besten verstanden habe. Valéries Obsession sei gewesen, dass sie zurückkehren würde. Ihr Enthüllungsbuch sei die Handlung einer unglücklichen Frau gewesen. Und Julie würde ihn gerne heiraten, aber er nicht sie. Er bleibt seinem öffentlichen Image treu: Unter einem Dauergrinsen kalt, glatt, zaudernd und taktierend zu sein.

Von 80 % der Franzosen wird er abgelehnt („kein Vertrauen" und für die Funktion ungeeignet). Auch im linken Lager halten im Dezember 2016 nur noch 25 % ihn für glaubwürdig. Seine Kabinettsmitarbeiter gehen, solange es noch Zeit ist und sie seine politische Protektion haben.[95]

Premier Manual Valls nahm den kurz zuvor erschienenen Interviewband zum Vorwand, um Hollande im November 2016 zum offiziellen Rückzug von seiner hoffnungslosen Wiederwahl zu nötigen[96], bei französischen Präsidenten, die normalerweise ihre Ministerpräsidenten hinauswerfen, wenn die Umfragedaten schlecht sind, eine unfassliche Prozedur. Hollande tut dies in einer zehnminütigen Fernsehansprache mit tonloser Stimme in einem Vortrag voller Selbstrechtfertigungen, frei nach dem Motto, nach mir die Sintflut, ohne einen Nachfolger zu empfehlen[97]. Nach viereinhalb Jahren hatte er abgedankt.

Doch auch Valls Vorwahl-Kampagne war vom Unheil seiner missratenen Regierungsarbeit verfolgt. Er wurde geohrfeigt, mit Mehl beworfen, predigte vor leeren Versammlungsräumen und verlor, ebenso unpopulär wie Hollande, die Vorwahlen. Der offizielle sozialistische Präsidialkandidat Benoît Hamon, von dem das Élysée keinerlei Notiz nahm, ging dann zwischen Macron und dem linken Demagogen Jean-Luc Mélenchon zerrieben im April 2017 trotz eines Bündnisses mit den Grünen mit 6 % der Stimmen sang- und klanglos unter.

---

93   Cécile Amar und Julien Martin. „Les socialistes cherchent un plan B". L'Obs 20.10.2016.
94   Emmanuel Berretta und Charlotte Chaffanjon. „Hollande, le forcené de l'Élysée". Le Point 20.10.2016.
95   De Royer. Op. cit. Le Figaro 2.11.2016.
96   Cécile Amar. „Le choix du président". L'Obs 1.12.2016.
97   Alexis Brezet. „Le président qui ne l'était pas". Le Figaro 2.12.2016.

Nach Valls wahlkampfbedingtem Abgang[98] ernannte Hollande im Dezember 2016 den seitherigen Innenminister Bernand Cazeneuve (53) zum Interimspremier für die verbleibenden fünf Monate des Jahres 2017. Hollande wollte sein baldiges Abtreten nicht wahrhaben und nicht als lebendiger Toter seine letzte Monate im Amt verbringen. Er war mit 62 Jahren nicht schwer krank wie Mitterrand, Pompidou oder Chirac. Er entwickelte eine hektische Reisediplomatie, die ihn nach Kolumbien, Chile, Singapur, Malaysien, Burkina Faso, Portugal, Malta und Brüssel führte. Reisen, von denen niemand mehr Kenntnis nahm und von denen keine Ergebnisse berichtet werden. Er nimmt keinen Urlaub und verlangt weiter jede Menge Aktenvermerke, obwohl das Telefon immer seltener klingelt und Journalisten sich rarmachen. Bis zum Frühjahr 2017 hoffte Hollande noch auf ein „Mauseloch", eine unerwartete Chance, ähnlich wie beim Rücktritt des entehrten DSK im Jahr 2011, als er selbst auch nur bei 3 % in den Umfragen lag, die ihm doch noch eine Wiederwahl als akzeptablen Kompromisskandidaten ermöglichen würde. War nicht schon der im Herbst 2016 in den Umfragen führende François Fillon durch die mutmaßlich aus dem Élysée stammenden Enthüllungen – denn nur es allein hatte gleichzeitig über die sozialistisch kontrollierte Parlamentsverwaltung Zugang zu den Gehaltsdaten und über Bercy Einblick in die Steuererklärungen der scheinbeschäftigten Penelope Fillon und ihrer Kinder[99] – im Canard Enchaîné unheilbar beschädigt worden? Doch der Siegerzug der „En Marche" war unaufhaltsam, und sein linker Erzfeind Hamon machte keine Anstalten zum Aufgeben, obwohl er von dem linksradikalen PS-Renegaten Mélenchon im Verbund mit den Kommunisten aufgerieben wurde. So fand der Wahlkampf 2017 ohne Hollande statt. Ja, Macron sah sich gezwungen, alles zu tun, um nicht als Ziehsohn des ungeliebten Präsidenten zu erscheinen. Unterstützer und Überläufer wollte er möglichst nur aus der zweiten und dritten Liga der PS haben. Wahlempfehlungen der Prominenz wie von Royal und Valls waren unwillkommen. Der Zauberlehrling hatte sich von seinem Hexenmeister emanzipiert, um den es nun einsam wurde.

Abschiedszeremonien und ein architektonisches Vermächtnis lehnte er ab. Eigentlich wollte Hollande Donald Tusk als Präsidenten des Europäischen Rates beerben, so als würde ein schlechter Präsident Frankreichs ein guter europäischer werden. So bleibt ihm, der Politik im Blut hat, nur mit einer Stiftung zur sozialen Innovation („La France s'engage") Bürgerinitiativen zu koordinieren und zu hoffen, dass sich sein einstiger Ziehsohn Macron für einen internationalen Job für ihn einsetzt[100]. Bislang wartet er vergeblich. Wenn jemand Hollande vermissen

---

98   Manuel Valls lief nach Macrons Wahlsieg zu dessen LREM über und wurde mit einem Mandat in der Nationalversammlung belohnt. Macron vergab seinem einstigen Chef jedoch nicht dessen damalige öffentliche Kritik und bot ihm kein Regierungsamt an. So versuchte sich der französische-spanische Doppelstaatsbürger mit einer parteilosen Kandidatur als Bürgermeister von Barcelona im Frühjahr 2018. Seine Ablehnung der katalanischen Unabhängigkeit und seine europäischen Predigten halfen jedoch genauso wenig wie sein schon Frankreich gepflegter arroganter, polemischer Stil und seine Unkenntnis der örtlichen Problemlagen, wie die die Wohnraumknappheit und das Drogenproblem. Nach einigen Monaten Aufenthalt in Barcelona wusste er nicht einmal, wieviel ein U-Bahnfahrschein kostet. Entsprechend spektakulär war sein vorhersehbares Scheitern. Frankfurter Allgemeine Zeitung 3.5.2018.

99   In „Le complot anti-Fillon". Valeurs actuelles 16.2.2017. S. 14 ff. wird ein anonymer Polizeioffizier zitiert: „Das Verbrechen ist zu perfekt, um nicht ferngesteuert zu sein."

100   Serge Raffy. „Le fantôme de l'Élysée". L'Obs 16.2.2017.

wird, dann sein Leibfrisör, der ihn für 9900 Euro im Monat, ein Gehalt, das jenes eines Staatssekretärs übersteigt, täglich im Élysée frisieren durfte.

Wie schon Chirac und Sarkozy vor ihm, hinterließ Hollande mangels Interesse keinerlei kulturelle oder kulturpolitische Hinterlassenschaft, die in den Jahrzehnten von Pompidou bis Mitterrand noch eine beträchtliche präsidiale Rolle spielte. Dies obwohl das kulturelle Tout Paris weiterhin mehrheitlich auf der Linken steht und ihn im Jahr 2012 gegen Sarkozy lautstark unterstützt hatte. Jene Schickeria spielte im Wahlkampf 2017 bezeichnenderweise keinerlei Rolle mehr.[101]

In seinem testamentarischen Interview mit Le Point[102] erklärt er seine Karriere-Planung. Nein, er habe nicht schon als kleiner Junge Präsident werden wollen, sondern erst nach Ségolènes Scheitern im Jahr 2007, nachdem er ihr den Vortritt überlassen habe, sich mental und politisch auf die Präsidentschaft vorbereitet. Er habe sich stets als Bürger verhalten und sich mit nie dem Staat verwechselt. Er habe nicht einmal zehn Tage Urlaub nehmen können. Er sei immun gewesen gegen die Schmeicheleien von Höflingen, ebenso wie gegen mediale Kritik. Das Parlament habe er nicht auflösen können, weil er sonst eine rechte Mehrheit bekommen hätte. Benoît Hamons Kandidatur sei ein „schlechter Witz", aber er sei stolz, dass die konstruktive CFDT jetzt bei den Betriebsratswahlen die CGT überrundet habe.

Als Polit-Pensionär tourt Hollande die Provinz, ist ein beliebtes Objekt für „Selfies", die man in der Verwandt- und Bekanntschaft als Kuriosum herumschickt, und hält Vorträge zu gemischten Themen von der Globalisierung über die Ökologie zur Kultur, von den denen die nationalen Medien mangels Aktualität keine Kenntnis mehr nehmen. Er verteilt Preise seiner Stiftung „La France s'engage" an ökologisch und sozial motivierte Jungunternehmer, fliegt zur Einweihung des „Louvre Abu Dhabi" in die Vereinigten Emirate, trifft sich ebenso folgenlos mit Ex-Präsident Obama, unternimmt eine ausgedehnte Afrikareise, der außenpolitischen Lieblingsspielwiese aller Präsidenten, und trifft bei einem Besuch in der zum Verkauf stehenden Parteizentrale in der Rue de Solférino noch die letzten Getreuen, um mit ihnen noch Träume an die politische Wiedergeburt der PS zu pflegen.[103] Im März 2018 wurde sein Vertrauter Stéphane Le Foll von dem Apparatschik Olivier Faure in der Urwahl um den Posten des Ersten Sekretärs der wiederaufzubauenden PS geschlagen. Gerade einmal 40.000 der nur noch 102.000 Mitglieder beteiligten sich[104]. Die Hollandisten spielen in jener Kleinpartei keine Rolle mehr.

Im April 2018, auf dem Höhepunkt der Eisenbahner-, Müllmänner-, Piloten- und Studentenstreiks, veröffentlichte Hollande seine bittere Abrechnung mit Macron[105]. Als Präsident der Reichen erhöhe er die soziale Ungleichheit. Die Kultur und Geschichte der Sozialdemokratie sei ihm zeitlebens fremd geblieben. Neben Macrons Verrat hätten auf der Linken die Frondeure in ihrem europapolitischen Unverstand durch Dauerobstruktion die Errungenschaften

---

101   Bertrand de Saint-Vincent. „La culture en rase campagne". Le Figaro 8.4.2017.
102   François Hollande, Franz-Olivier Gisbert. „L'entretien testament". Le Point 13.4.2017.
103   Tristan Quinault-Maupoil. „Hollande fait tout pour ne pas se faire oublier". Le Figaro 2.12.2017.
104   Astrid de Villaines. „Olivier Faure, futur patron d'un PS à rebâtir". Le Monde 17.3.2018.
105   François Hollande. Les Leçons du pouvoir. Stock. 2018.

seiner Präsidentschaft zerstört. Doch eines Tages werde nach jener Zeit der Krisen die Welt der Sozialdemokratie mit ihren Hoffnungen wieder erstehen. Bei den Europawahlen 2019 kam seine Partei mit nur noch 6,2 % auf die fünfte Stelle mit sechs Mandaten ins EP.

Würdigung

Hollande betrieb eine ähnliche Politik wie Sarkozy, zu dessen Generation er gehörte. Beide waren trotz ihrer unterschiedlichen Führungsstile – der eine hektisch, dynamisch und jähzornig, der anderen zerebral, langsam und beherrschter – wie von ihren Mitarbeitern Buisson und Morelle beschrieben unfähig, eine präsidiale Funktion auszuüben. Laut Morelle sei Hollande weder rechts noch links, gleichzeitig rechts und links, dem äußeren Anschein nach Sozialist, aber mit liberalen Überzeugungen. „Er wollte nicht die Macht ausüben, er wollte nur Präsident der Republik werden. Vielleicht um der Macht zu entfliehen, die er vom Volk erhalten hatte, stürzte er sich in die internationale Szene, da wo die Dinge paradoxerweise leichter erschienen. Hollande ist ein Killer und zwar von der gefürchteten Sorte – die Sorte die dabei lächelt. Ich weiß es, er hat versucht mich zu töten"[106].

Hollande und Sarkozy, wiewohl talentierte Wahlkämpfer, enttäuschten auf gleiche Art ihre Wähler so, dass sie nicht wiedergewählt wurden. Gegenüber den außenpolitischen Diktaten von Washington und den vermeintlichen Sachzwängen der EU-Außen- und Währungspolitik hatten sie angesichts der wirtschaftlichen Schwächen Frankreichs nichts entgegenzusetzen. Dennoch sah sich Hollande unverdrossen als Erfolgsgeschichte: Er wollte seine Macht nicht gestalterisch einsetzen, sondern einfach nur als „Erster Sekretär der Republik" (Cyril Graziani) Präsident werden und hatte damit sein Lebensziel erreicht.

Seine Wirtschaftsbilanz ist, wie die seiner vier Vorgänger, nicht anders als verheerend zu beurteilen. Die Staatsschuld wuchs je nach Statistik auf 2150 bis 2200 Milliarden Euro, einem Jahr der nationalen Wirtschaftsleistung entsprechend. Ernsthafte Anstrengungen zu ihrer Eindämmung oder gar Rückführung waren nie erkennbar. Man kann sich leicht ausrechnen, welcher Zinsendienst auf Frankreich zukäme, würde das Zinsniveau im Euro-Raum wieder auf ein normales Niveau von, sagen wir, 5 % angehoben. Die Zahlungsbilanz blieb negativ[107]. Die Arbeitslosigkeit stieg trotz aller öffentlichen Schulungs- und Scheinbeschäftigungen auf 9,7 %. Und trotz Nullzinspolitik und niedriger Energiepreise blieb das Wachstum hartnäckig im Schnitt nur bei 1 % jährlich. Am schlimmsten: Während Paris prosperiert und teuer ist, bluten die Provinzen als Ergebnis der anhaltenden Deindustrialisierung, der Misere der Landwirtschaft und einer fehlgeleiteten Wirtschaftspolitik weiter aus.

Hollande hatte es nicht geschafft, die verschiedenen Strömungen der PS: militante Linke, Traditionslinke, Gewerkschaftler und sozialdemokratische Blairisten, zusammenzuhalten, noch

---

106 Aquillino Morello. L'abdication. Une présidence anormale. Grasset. 2017.
107 Sie wird vom System der „Targetsalden" des Euro-Raums kaschiert, die jedoch als unbeglichene Zahlungsverpflichtungen des französischen Staates bleiben, die sich gegenüber Deutschland im Jahr 2017 auf 80 Milliarden Euro belaufen.

irgendeines der ökonomischen, politischen und sozialen Probleme des Landes zu lösen. Damit reiht er sich in eine lange Kette gescheiterter sozialistischer Regierungsbeteiligungen in Frankreich ein, die seit Gründung der SFIO im Jahr 1905 an der Macht zwischen ihrer marxistischen anti-kapitalistischen Programmatik und ihrer reformistisch-sozialdemokratischen Regierungspraxis zerrieben wurden. Mit der unter Hollande anhaltenden Deindustrialisierung Frankreichs und dem Bedeutungsverlust der Industriegewerkschaften, versuchte er wie alle Sozialliberale (Bill Clinton, Tony Blair, Gerhard Schröder) durch die Flexibilisierung der Arbeitsmärkte und höhere Bildungsinvestitionen mit der Globalisierung mitzuhalten, eine Strategie, die durch prekärere Beschäftigungsverhältnisse die Ungleichheiten steigert und als Wirtschaftsliberalismus denunziert wurde[108]. Sein persönliches Scheitern illustriert so auch die Krise der europäischen und amerikanischen Linken[109].

---

108   Marc Lazar. „LE PS mine par le pouvoir". Le Monde 20.5.2017.
109   Für eine vernichtende Kritik siehe auch: Éric Zemmour. Un quinquennat pour rien. Chroniques de la guerre de civilisations. Albin Michel. 2016.

Kapitel 8

Emmanuel Macron (1977–), vom kleinen Prinzen zum entzauberten Jupiter

Macron, der in der Öffentlichkeit zwei Jahre zuvor völlig unbekannt war und noch nie in irgendein Amt gewählt worden war, keiner Partei mehr angehörte und sich seinen Wahlapparat „En Marche" erst binnen Jahresfrist mit Internetbewerbungen aus dem Boden stampfen musste, war im Mai 2017 mit dem vagsten aller Programme als „weder links, noch rechts" im jugendlichen Alter von 39 Jahren Präsident geworden. Ein Alter, in dem de Gaulle, eine andere Ausnahmegestalt, noch ein unbekannter Major und Militärschriftsteller war. Wie viele Charismatiker hat er wenige Freunde, hält stets Distanz, legt ein freundliches und unverbindliches Dauerlächeln auf und will von allen geliebt werden. Er ließ die traditionelle politische Laufbahn, die angeblich so wichtige regionale Verwurzelung, die Hahnenkämpfe und die eigene Gefolgschaftsbildung des politischen Lebens aus. Dieser ungewöhnliche Ansatz entstand aus einem enormen Selbstvertrauen, einem charismatischen Auftreten und einem wenig getarnten Überlegenheitsgefühl, das durch seine hohe Intelligenz, seinen schnellen beruflichen Aufstieg und seine ungewöhnliche Jugend bestätigt wurde, die durch eine starke Affinität zu seiner bildungsorientierten fordernden Großmutter geprägt war, gefolgt vom lebenslangen ermutigenden Coaching durch seine vormalige Theaterlehrerin[1] und späteren Frau Brigitte. Schon als Kind wurde er immer als Klassenbester gefördert und bewundert. Er suchte stets mit gezieltem Charme die Zuneigung durch Ältere: Lehrer, Professoren, Intellektuelle, wirtschaftliche und politische Mentoren, um sie dann kalt abzuservieren, wenn sie Schuldigkeit getan und ihre Nützlichkeit überlebt hatten. Keine Frage, nur unter den Legitimationsproblemen und Krisenbedingungen der zeitgenössischen französischen politischen Klasse konnte jemand wie er ungewählt in Spitzenfunktionen kooptiert werden und anschließend mit einer personalisierten Erweckungsbewegung die Herrschaft übernehmen und die etablierte Parteienherrschaft zertrümmern. Nach seiner Wahl mutierte Macron in eine neue Rolle: in die eines autoritären, distanzierten, wortkargen Staatschefs, der die Ersatz-Monarchen de Gaulle und Mitterrand zu imitieren suchte. Schneller als alle seine Vorgänger stürzte der Laiendarsteller mit seiner abgehobenen Darbietung in den Umfragen ab.

---

1   Er selbst nennt sie inkorrekt „ma prof de français", Jérôme Garcin. „Macron. Confidences littéraires". L'Obs 16.2.2017.

Herkunft und Jugend

Macron wurde im Dezember 1977 in Amiens[2] im Département Somme nahe der Kanalküste geboren. Damals war Giscard an der Macht. De Gaulle und Pompidou sind längst tot. Die IV. Republik, der Algerienkrieg und der Mai '68 sind graue Vergangenheit. Die beiden Eltern sind Ärzte. Vater Jean-Michel ist Neurologe, Spezialist für Epilepsie und Schlafstörungen. Die Mutter Françoise hat ihre Fachausbildung zur Kinderärztin wegen ihrer Schwangerschaften abgebrochen, arbeitet aber weiter Teilzeit in einem Krankenhaus. Das Paar, das 1975 geheiratet hatte, war von einer ersten Todgeburt traumatisiert. Emmanuel war ihnen als erster Sohn umso willkommener. Zwei weitere Geschwister folgten, Laurent und Estelle, die auch Ärzte werden sollten. Ursprünglich hatte der Vater, der als introvertierter Intellektueller geschildert wird, Archäologe werden wollen, doch seine Eltern bestanden auf einem solideren Broterwerb. Er war jedoch wie seine Frau sehr belesen und gab seinem Ältesten Griechisch- und Philosophie-Unterricht, der an der Schule nicht angeboten wurde. Die Eltern waren als Jugendliche vom Mai '68 in Amiens geprägt worden, hatten in Paris Medizin studiert, waren Agnostiker und hatten 1981 die Wahl Mitterrands begrüßt, bevor sie wie die meisten Franzosen desillusioniert wurden. Die Familie wohnte im ruhigen Bürgerviertel von Amiens, einer wirtschaftlich zurückgebliebenen „roten" Stadt, die als Hauptort der Picardie gegenüber Lille und Paris unter einem doppelten Komplex leidet, zumal nicht einmal der TGV dort hält. Sie führte das bürgerlich-normale Familienleben eines Akademikerhaushaltes in der Provinz: Tennis, Klavierunterricht, Skikurse für die Kinder, Urlaube in Griechenland, Italien und auf Korsika[3]. Der junge Emmanuel wird von ihnen als freundliches, fleißiges und nettes Kind geschildert, der schon mit zwei Jahren vorgab mit Bleistiftunterstreichungen Bücher zu lesen, so wie er es von ihnen abgeschaut hatte. An Sport zeigte er außer am Schwimmen kein Interesse.

Doch verbrachte er die meiste Zeit seiner Jugend bei Germaine Noguès, seiner Großmutter mütterlicherseits, die in der Nähe wohnte, und kam nach der Schule eigentlich nur zum Abendessen oder Schlafen nach Hause. Mit fünf Jahren verkündete er seinen Eltern sogar, er wolle ganz zu ihr ausziehen. Die alte Dame war eine pensionierte Mittelschulrektorin und stammte aus relativ einfachen Verhältnissen aus den Pyrenäen. Der Vater war Bahnhofsvorsteher gewesen und Mutter angeblich analphabetische Hausfrau. Die klassische Bildungs-Aufstiegssaga der III. Republik also: Humanistische Bildung als Königsweg zum sozialen Aufstieg[4]. Sie war eine leidenschaftliche Liebhaberin von Literatur, Poesie und klassischer Musik und brachte ihrem Lieblingsenkel mit fünf Jahren das Lesen und Schreiben bei, lehrte ihn Grammatik, Geschichte und Geographie und ließ ihn von früh an französische Klassiker von Molière und Racine bis Mauriac laut vorlesen. Die Beziehung wird als ausschließlich, anspruchsvoll und intensiv geschildert. Als früher strenge Lehrerin bewunderte, forderte und liebte sie ihren Enkel,

2   Amiens war unerreichtes Ziel vieler deutschen Offensiven im Ersten Weltkrieg, um hier die alliierten französischen und britischen Heeressektoren auseinanderzuschneiden. Aber dies fand 60 Jahre vor seiner Geburt statt.
3   Anne Fulda. Emmanuel Macron, un jeune homme si parfait. Plon. 2017. S. 21.
4   Deshalb hat die gut sortierte Bücherwand in Frankreich heute immer noch die gleiche Attraktion eines Statussymbols wie etwa in Deutschland die PS-Stärke in der Garage.

und er sie. Zu ihrer Tochter war das Verhältnis eher gespannt. Der Vater sah die Herrschaft seiner Schwiegermutter über seine Erstgeburt naturgemäß auch mit gemischten Gefühlen[5]. Doch sie tolerierten dies, weil sie fühlten, dass ihr hochintelligenter Sohn „besonders" war. Er lebt in seiner eigenen Welt der literarischen Fantasien und ist ansonsten nur am Klavierspiel und am Theater interessiert. Am liebsten ist er allein oder mit der Großmutter. Als er mit zwölf Jahren getauft werden will, wird sie seine Taufpatin. In späteren Jugendjahren verliert er jedoch seinen Glauben wieder[6]. In seinem Wahlkampfbuch „Révolution"[7] schreibt er in seiner autobiografischen Einleitung außer von Brigitte nur von seiner Großmutter, so als sei er von ihr allein erzogen worden. Auch in seinen Wahlkampfreden tauchte sie kurioserweise regelmäßig auf. Beim Fall der Mauer 1989 war er zwölf Jahre alt. Die Befreiung Mittel- und Osteuropas ist ein Jugenderlebnis für ihn. Mit 16 Jahren schrieb Emmanuel einen blutrünstigen Roman zur Zivilisation der Inka, der zur Zeit der Eroberung Perus durch die Konquistadoren spielt, der aber von den Verlagen freundlich abgelehnt wurde. Er hatte nach einer Lateinamerika-Reise seiner Eltern die Örtlichkeiten und ihre Geschichte gründlich nachrecherchiert.

In diesem Alter las er auch den ersten Band von Jacques Attalis „Verbatim"[8] und hatte das durchaus nachfühlbare Gefühl, im Zentrum der Macht dabei zu sein. Die Wiederwahl Mitterrands wurde von der Großmutter 1988 (aber nicht mehr von den Eltern) gefeiert.

Aus praktischen Gründen wurde er, wie später seine beiden Geschwister in das Jesuitengymnasium La Providence eingeschult. La Providence galt als eine bessere Oberschule als das benachbarte öffentliche Gymnasium. Mit 2000 Schülern war es jedoch keine Eliteanstalt für die örtlichen Bürgerkinder mehr. Auch die Prägung durch die Jesuiten hatte bereits stark nachgelassen. Der Messebesuch war nur noch freiwillig[9]. In der Schule fiel auf, dass Emmanuel wiewohl er sich stets freundlich anpasste, keine Freunde unter Gleichaltrigen hatte, sondern als Klassenbester – mit Stärken vor allem in Französisch, Geographie und Geschichte – nur bei Lehrern Anerkennung suchte, nach dem Pausenzeichen blieb und noch weitere Fragen stellte[10]. Mit 15 Jahren traf er dort auf Brigitte Auzière, die als spätberufene Französisch- und Lateinlehrerin die Theater-AG betrieb. Sie entstammte der örtlichen Schokoladen- und Pralinendynastie der Trogneux, die in einem seit fünf Generationen erfolgreichen artisanalen Mittelstandsunternehmen Qualitätssüßwaren mit eigenen Geschäften in der ganzen Picardie vertrieb. Als sechstes und jüngstes Kind in einer konservativen Familie aufgewachsen, war sie in ihrer katholischen Schule, wo der Unterricht erst nach der Morgenmesse begann, mit Miniröcken und dem Besuch alkoholisierter Jugendfeten rebellisch gewesen. Weil sie gerne bald Kinder haben wollte, hatte sie schon mit zwanzig Jahren André-Louis Auzière, einen künftigen Direktor der Französischen Außenhandelsbank (BFCE) in Straßburg geheiratet. Sie waren dann nach Amiens

---

5   Fulda. Op. cit. S. 44.
6   Nicolas Prisette. Emmanuel Macron. Le président inattendu. First Gründ. 2017. S. 182.
7   Emmanuel Macron. Révolution. XO 2016; auf Deutsch: Revolution. Wir kämpfen für Frankreich. Kehl/Rhein 2017.
8   Librairie générale française 1986.
9   Marie-Amélie Lombard-Latune. „Une adolescence à la Providence". Le Figaro 30.5.2017.
10   Auf Deutsch: Streber, auf Englisch vielleicht besser: teacher's pet.

zurück gezogen, wo sie drei Kinder zeugte: Sébastien, der Ingenieur wurde, Laurence, eine spätere Kardiologin, die Emmanuels Klasse besuchte, und Tiphaine, die Anwältin und bei En Marche 2017 Ersatzkandidatin werden sollte. Nach zwei Jahren Pressearbeit für die regionale Industrie- und Handelskammer legt Brigitte Auzière die Lehramtsprüfung für Französisch und Latein ab und lehrt als beliebte und engagierte Pädagogin an dem reputierlichen örtlichen Jesuitengymnasium, wo sie auch die erwähnte Theater-AG übernimmt. Dort trifft die 39-Jährige auf den enthusiastischen Emmanuel und ist von seinen Talenten, seinem Charme, seiner Redegabe, seiner außergewöhnlichen Intelligenz und Charakterstärke beeindruckt[11]. Jeden Freitagnachmittag trifft man sich, um gemeinsam Theaterstücke oder Regiebücher zu schreiben, die dann oft mit ihm in der Hauptrolle aufgeführt werden. So weit so gut. Doch kommt man sich bei der begeisternden Arbeit in jener intellektuellen Kameradschaft mehr und mehr näher, so dass die Drehbucharbeit nach und nach nur noch zum Vorwand für Zusammenkünfte wird. Er bedrängt sie, schwört ihr, er wolle sie und niemanden anderen heiraten. Obwohl in einer in Routinen erschöpften, zunehmend unglücklichen Ehe verheiratet, wird sie mit Sicherheit den ungestümen, gutaussehenden 16-Jährigen mit dem wilden Haarschopf, der sich für gleichaltrige Mädchen nicht interessiert, zunächst abgewehrt haben, zu unwahrscheinlich und kompromittierend ist die Mesalliance[12].

Als die Geschichte ruchbar wird, verzichten die liberalen Eltern auf eine Anzeige wegen Unzucht mit minderjährig Abhängigen[13]. Doch verbieten sie ihr den Umgang mit ihm, bis er volljährig ist und weisen darauf hin, dass er mit ihr keine Kinder haben könne. Die Großmutter unterstützt die Liaison jedoch. Platonische Flirts und Liebeleien zwischen attraktiven Lehrerinnen und frühreifen Schülern gibt es sicher an allen französischen Gymnasien (und nicht nur dort). Doch irgendwann werden sie eingebremst. Im konservativen Bürgertum von Amiens ist der Skandal perfekt. Denn die Trogneux sind nicht irgendwer und La Providence kein Hurenhaus. Da trifft es sich gut, dass Emmanuel sein letztes Gymnasialjahr („khâgne") in Paris absolvieren soll, um sich am berühmten Lycée Henri IV auf die wichtigen Eingangsprüfungen für die Elitehochschulen vorzubereiten. Nach seiner eigenen Darstellung hat er Amiens wegen seiner Liebesbeziehung verlassen müssen, die seine Lage dort unhaltbar gemacht habe[14].

Er wohnt in Paris in Untermiete, fern von Oma und Brigitte, und ist in dieser hyperkompetitiven Umgebung nicht mehr das Wunderkind, sondern ein Provinzler unter Parisern, der

11   Interessant ist, dass auch ein anderer, letztlich gescheiterter, hochintelligenter, egomanischer und begnadeter Selbstdarsteller sich als Jugendlicher für das Theaterspielen begeisterte, bevor er sich in die Politik stürzte. Es handelte sich um den ehemaligen Kärntner Landeshauptmann Jörg Haider (1950–2008). Andreas Mölzer. Jörg. Der Eisbrecher. Klagenfurt 1990. S. 271.

12   Offenkundig ein reiches Feld für einschlägige Projektionen und deshalb ein beliebtes Genre in Porno-Filmen. Die reiferen Damen, die oft Lehrerinnen darstellen, mit den jüngeren Liebhabern werden dort „cougar" genannt. Einen Ausdruck, den die französische Presse auch für Brigitte („Bibi") ebenso wie den gleichfalls uncharmanten Terminus „Barbie" gelegentlich verwendet.

13   In einem berühmt gewordenen tragischen Fall verübte im Jahr 1969 die Studienrätin Gabrielle Russier (32) die mit einem 17-jährigen Schüler liiert war, Selbstmord, als sie nach einer Klage der Eltern zu 12 Monaten Haft verurteilt worden war.

14   Garcin. Loc. cit.

ihre Rituale, Gepflogenheiten und Örtlichkeiten nicht kennt[15]. Heimlich trifft er sich weiter mit ihr bei regelmäßigen Heimfahrten, wobei sie unvermeidlich von ehemaligen Schülern erkannt wird, die das nicht für sich behalten. Zweimal fällt er bei den Eignungsprüfungen für die École Normale Supérieur, angeblich von seinem Liebesleben abgelenkt, durch und schließt dann ein Philosophie-Studium in Paris X (Nanterre) mit einem Diplom (DEA) ab. Dort sucht der alternde Philosoph Paul Ricœur (87) einen Hilfslektor für sein Alterswerk „La mémoire, l'histoire, l'oubli"[16] und einen intelligenten Studenten, der sein Archiv katalogisieren soll. Macron wird ihm empfohlen, macht sich an die Arbeit und verkündet fürderhin, da er sicherlich seinen Charme gegenüber dem alten Herrn hatte spielen lassen und nicht nur im Keller Karteikästen beschriftete, er sei die rechte Hand des großen Meisters gewesen[17]. So will er auch heute im Internet-Zeitalter, ähnlich wie sein Wirtschaftsminister Bruno Le Maire, als politischer Philosoph und Mann der Bücher (homme de lettres) gesehen werden, und damit anders – und besser – sein als die anderen Politiker.

Macron behauptet auch, an Nanterre mit dem marxistischen Philosophen Étienne Balibar eng zusammengearbeitet zu haben und von ihm inspiriert worden zu sein. Als Balibar dagegen feststellt, keine Erinnerung an diesen jungen Studenten zu haben und sich Bezüge zu ihm verbittet, nennt Macron ihn einen „fast psychiatrischen Fall"[18]. Kratzer an seiner selbstkonstruierten Philosophen-Vita sind ihm unerträglich.

Es folgen seine Studien am Institute d'études politiques (IEP) und der Sciences Po in Paris, gefolgt von der ENA (2002–2004). Politisch flirtet er vom linksliberalen Elternhaus und der sozialistischen Großmutter geprägt, mit der Linken ohne sich jedoch zu engagieren oder, aus Furcht, seine Unabhängigkeit und Gedankenfreiheit zu verlieren, der PS beizutreten. Als junger Student gilt er als Chevènementist, als staatsgläubiger Linksnationalist also, der ein sozialistisches „Europa der Nationen" will.[19] Als man in der Ära Royal für 20 Euro PS-Mitglied werden kann, tritt er der Partei kurzzeitig bei, da er sich über die sozialen Ungleichheiten empört – wie viele ehrgeizige studentische Seelen, die es noch nicht auf die Schokoladenseiten der Gesellschaft geschafft haben. Im Jahr 2006 engagiert er sich im Wahlkampf für DSK, taucht also schon auf dem rechten PS-Flügel auf (und sollte seine DSK-Bekanntschaften weiter in Hollandes Élysée kultivieren)[20].

15   Fulda. Op. cit. S. 67.
16   Seuil 2000. Paul Ricœur (1913–2005), ursprünglich Professor für evangelische Theologie, führte die Phänomenologie von Edmund Husserl in Frankreich ein, die er in einem weitgespannten und schwierig zu lesenden Werk mit dem Existenzialismus und der hermeneutischen Methode verband. Er steht für Konzepte wie Kommunitarismus, Personalismus und Ökumene. In seinem Hauptwerk „La métaphore vive" sieht er im gelungenen Sprechakt und seinen poetischen Bildern die Kraft, neue Wirklichkeiten zu schaffen. Als politische Methode empfahl er gelenkte Dialoge der Herrschenden mit ihrem Volk. Bei Macron fielen einige seiner Einsichten offenkundig auf fruchtbaren Grund.
17   Fulda. Op. cit. S. 102.
18   Garcin. Loc. cit.
19   Prisette. Op. cit. S. 152.
20   Ibid. S. 157.

An der ENA fiel wiederum auf, dass er nicht an seinen Studienkollegen, gleich welchen Geschlechts interessiert ist, sie alle mit freundlich-distanzierter Indifferenz behandelt, und, da er von keinerlei Beziehungsproblemen abgelenkt ist, immer gute Studienergebnisse abliefert und jedes Wochenende zu Brigitte nach Amiens fährt. Auch zu seiner Großmutter, die ihm lesenswerte Zeitungsausschnitte aus Le Monde schickt, hält er weiter intensiven Kontakt. Seine Praktika macht er in der Präfektur von Oise, nördlich Paris', also rein zufällig nicht allzu weit von der Heimat entfernt, und dann ein halbes Jahr in der französischen Botschaft in Abuja in Nigeria, zum ersten mal sechs Monate lang von Brigitte getrennt. Danach tauschen sie Verlobungsringe aus. Damals im Jahr 2002 wurde Jospin aus dem Präsidialrennen geworfen. Macron war 25 Jahre alt.

Zwischenzeitlich hatten sich 1999 seine Eltern getrennt. Der Vater hat sich neu verheiratet. Emmanuel hat bald eine junge Halbschwester, die seine Tochter hätte sein können. Die Mutter, die aus beruflichen Gründen nach Paris zieht (wo sie ihn allerdings kaum zu Gesicht bekommt), verbringt im Jahr 2000 sogar den Urlaub gemeinsam mit dem beiden und Brigittes jüngster Tochter. Die Zeit der elterlichen Missbilligung ist also vorbei.

Karriereanfänge

Trotz seiner literarischen Neigungen optiert er 2004 für die unliterarische Zahlenwelt der Inspection général des finances und schreibt dort einen Bericht über den Betrug bei den Pflichtabschöpfungen und ihre Kontrollmöglichkeiten. Mit seinem Talent sich bei älteren Herren einzuschmeicheln, hatte er schon im Jahr 2000 die Bekanntschaft von Laurent Fabius gemacht und wurde dann an seinen später wichtigsten Gönner Henry Hermand, der 2016 starb, weiterempfohlen. Hermand war Besitzer und Entwickler von Großmärkten („Hypermarchés") auf der grünen Wiese und Mäzen der progressiven Linken. Er bezuschusste reformistische Thinktanks und die Aktivitäten von Michel Rocard, ebenso wie er seinem neuen Ziehsohn Macron mit 500.000 Euro die erste Wohnung und seine Hochzeit im Jahr 2007 als Trauzeuge finanzierte. Wichtiger noch, er führte Macron als brillanten Charmeur in alle rosaroten Pariser Politzirkel ein und stellte den lächelnden Jüngling Leuten wie Jacques Attali, Jean-Pierre Jouyet, Alain Minc, David de Rothschild, Michel Rocard und François Hollande vor[21]. So wurde denn neben Hermand auch Rocard Trauzeuge bei seiner Hochzeit in Amiens im Jahr 2007. Auch seine Eltern waren dabei, auch wenn er sie immer weniger sah und bei Familienfeiern kaum noch auftauchte.

So kam es, dass Jacques Attali als Leiter einer von Sarkozy berufenen, hochkarätigen Kommission, die die Wachstumshemnisse für die französische Wirtschaft und ihre Abhilfen identifizieren sollte, und deren 42 Mitglieder aus beiden Lagern stammten, den jungen Finanzinspektor Macron zu seinem stellvertretenden Berichterstatter bestellte. Die Kommission trifft sich zwischen Juni 2007 und Januar 2008 mehrmals wöchentlich zwischen 18 und 23 Uhr im Palais de Luxembourg und sondert schließlich ein Potpourri von 316 Empfehlungen ab. Macron leistet

21   Fulda. Op. cit. S. 125 ff.

am Podium als Sekretär gute Arbeit, schafft es, diverse Vorschläge gekonnt zu synthetisieren, ohne irgendeinem der großen Egos auf die Füße zu treten und ist dabei stets von jugendlich guter Laune, eine Rarität in der Arena der großen Denker von Politik und Wirtschaft. Obwohl Attali später ohne falsche Bescheidenheit bekundet: „Ich habe ihn erfunden. Völlig.“[22] und behauptet, Macron habe nur Koordinationsdienste geleistet, während die inhaltliche Arbeit bei ihm lag, so spielte Macron natürlich später die eigenen Leistungen in der Attali-Kommission hoch – so habe er nächtelang an Ausbildungsprogrammen für Arbeitslose gearbeitet –, die immerhin indirekt intellektuelle Vorarbeiten für En Marche zehn Jahre später lieferte. Denn an was es in Frankreich mangelt, sind nicht gute Ideen, sondern ihre Umsetzung.

Am wichtigsten für Macron jedoch war, dass er in jenen sieben Monaten sich vor vielen der wichtigsten Entscheidungsträger in Wirtschaft und Politik profilieren und sie für sich gewinnen konnte. Seine Masche war stets die gleiche. Er begrüßte jeden persönlich, hatte Zeit für Gespräche, bei denen er jedem Gesprächspartner tief in die Augen sah, ihnen immer recht gab und sie wissen ließ, dass sie ihm gerade die wichtigsten Einsichten vermittelt hätten. Als aufmerksamer Zuhörer – eine Seltenheit bei elitären Finanzinspektoren – hört er sich Vertraulichkeiten an, ohne selbst etwas preiszugeben. Dazu zeigte er einen unermüdlichen Arbeitseinsatz und jenen steten jugendlichen Frohsinn, der in der dünnen Luft der Paris Politszene rar ist. Kurzum, er traf die richtigen Leute mit Macht und Einfluss im richtigen Moment und spielte ihnen den Lieblingssohn vor, er, der seinen eigenen Vater schon längst verraten hatte, so wie er es mit seinen künftigen Ersatzvätern und Mentoren auch tun würde, wenn sie ihre Schuldigkeit getan und ihre Nützlichkeit erschöpft hatten. Dabei suchte er sich dauernd zu perfektionieren, um noch mehr zu gefallen und sich nach neuen Heldenmodellen zu orientieren[23]

Die Rothschild-Jahre

In der Attali-Kommission lernte David de Rothschild (64) Macron kennen und schätzen. Die auf Consulting und Unternehmensfusionen und -käufe spezialisierte Privatbank legt seit jeher auf politische Beziehungen großen Wert[24]. Sie muss es im colbertistischen Frankreich auch, schließlich war sie von Mitterrand 1981 für einige Jahre verstaatlicht worden. Ohne staatlichen Segen funktioniert auch heute keine Großakquisition. Ähnlich wie sein flamboyanterer Vater Guy de Rothschild die Talente des jungen Pompidou erkannte und ihm zu einer Blitzkarriere verhalf, so rekrutierte sein zurückhaltenderer Sohn den jungen Macron (dem er später En Marche diskret mitfinanzieren sollte). Sein politisches Engagement bei den Sozialisten (2006–2009) war der Bank durchaus willkommen, ganz im Gegensatz etwa zu den Usancen britischer Banken. So stieg Macron denn mit 30 Jahren gleich als Direktor ein. Doch wenn

22   Ibid., S. 152.
23   Derrieu, Nedelec. Op. cit. S. 107.
24   Der Aufschwung des Bankhauses seit Anfang des 19. Jahrhunderts fand meist über Geschäftsanbahnungen und Finanzierungsangebote durch die politische Beziehungspflege zu illiquiden Regierungen statt, gleich ob in Paris, London, St. Peterburg, Wien oder Frankfurt. Auch mit einer eingeschränkteren Rolle im 20. und 21. Jahrhundert hat sich das Geschäftsmodell der Privatbankiers nicht fundamental geändert. David Landes. Die Macht der Familie. Wirtschaftsdynastien der Weltgeschichte. München 2006. S. 86 ff.

andere jugendliche ENArchen, die in ähnliche Führungsfunktionen einsteigen, sich dadurch auszeichnen, ihre Unsicherheit durch eine unnachahmliche Arroganz zu tarnen, so tut Macron wie immer das Gegenteil. Wie ein Wahlkämpfer begrüßt er den Portier mit Handschlag, idem die Büroboten, Bussi („Bise") für die Sekretärinnen. Ein freundliches Wort, die Frage wie es ihnen geht, für jedermann. Ein echtes Alleinstellungsmerkmal. Er spielt nicht den gestressten, gehetzten Superman. Er hat es nicht nötig. Brigitte hat ihm gesagt, dass er besser ist.

Ebenso wie Pompidou, der bei seinem Einstieg vom Bankgeschäft keine Ahnung hatte, schreibt er erstmal Unternehmensbewertungen und Finanzierungspläne und redigiert Branchenberichte. Er lernt Power-Point-Darstellungen und Wirtschaftsenglisch. Er ist bei den Arbeitsgruppen dabei, die für jede Großakquisition gebildet werden, zum Beispiel jene, in der Atos das IT-Geschäft von Siemens erwirbt. Dem Wall Street Journal gibt er bald ein keckes Interview: „Der Job eines Bankers ist wie der einer Prostituierten: zu verführen".[25]

So bleibt er nicht am gemütlichen Schreibtisch sondern ist wie ein Luxushändler stets auf Kundenbesuch und lädt in extravagante Lokale auf Rothschild-Kosten ein. Sein erster großer Deal, der Verkauf der internationalen Presse des Verlagshauses Lagardère an den Bauer-Verlag in Hamburg geht schief, weil Bauer – trotz vieler Flüge in die Hansestadt – in letzter Minute kalte Füße bekommt. Für Rothschild und Macron: außer Spesen nichts gewesen.

Dann wirkt er als Organisationskonsulent, um die wirre Föderation der Crédit Agricole mit ihren 39 Regionalkassen rationeller zu strukturieren, schließlich ist der „Grüne Riese" die größte und komplizierteste Finanzorganisation Frankreichs.

Es wird spannender als Sofiprotéol, ein Konzern der Agrarindustrie und stark im Speiseölgeschäft engagiert, sich Lesieur Cristal, den größten marokkanischen Speiseöl- und Seifenhersteller einverleiben will. Der aber gehört einer Holding von König Mohammed VI. Nachdem Macron vor Ort die politischen Sensibilitäten geklärt und ausgeräumt hat, gehen 42 % der marokkanischen Firma für 115 Millionen Euro an die Franzosen. Macron kann für Rothschild die Provisionen einstreichen.

Am wichtigsten schließlich: Nestlé als Rothschild-Kunden zu akquirieren. In der Attali-Kommission hat er Peter Brabeck-Letmathe, den als schwierig geltenden, tüchtigen österreichischen Chef des Konzerns kennengelernt und befreundet ihn seither systematisch. Doch nicht nur ihn. Ein Jahr lang besucht er regelmäßig die Firmenzentrale in Vevey, wo er die Leiter der Rechtsabteilung, der für Firmenkäufe und der Firmenstrategie und ihre führenden Mitarbeiter kultiviert. Als Nestlé die Kindernahrungssparte von Pfizer kaufen will, sind Rothschild und Macron bestens platziert und hatten die traditionellen Hausbanken Nestlés ausmanövriert. Als sich dann Nestlé im Bieterverfahren gegen Danone mit 9 Milliarden Euro durchsetzte, hat – in der Wahlnacht von Hollande – Macron seinen ersten Megadeal gewonnen. In den 44 Monaten bei Rothschild verdiente das Jünglingwunder 2,8 Millionen Euro, von denen ihm der französische Fiskus gleich wieder 1,3 Millionen Euro abnahm. Das prägt sich ein.

25   Zitiert in: Marie Bordet. „Les années Rothschild". Le Point 11.5.2017.

Ähnlich wie Claude Pompidou, die sich gewünscht hatte, das schöne Investmentbanker-Leben mit Georges würde sich an der Seite der Reichen und Schönen mit Theater, Kinos und Restaurants mit Tout Paris und in Saint-Tropez aufs edelste eingekleidet und in anregender Gesellschaft ausgezeichnet speisend mit viel Geld aus dem Hause Rothschild ad infinitum fortsetzen, so hoffte dies auch verständlicherweise Brigitte für sich und ihren Gatten[26], obgleich auch sie zu seinem Gelderwerb, den Unternehmensübernahmen keinen mentalen Bezug hatte. Doch ließ er sich seine politischen Ambitionen genauso wenig ausreden.

In Hollandes Élysée

Hollandes Generalsekretär Jean-Pierre Jouyet (wie Hollande ENArque der „Promotion Voltaire"), der Macron zuvor kennen- und schätzen gelernt hatte, schlägt nach dem Wahlsieg dem neuen Präsidenten im Mai 2012 den Investmentbanker als seinen für Wirtschafts- und Währungsfragen zuständigen Stellvertretenden Generalsekretär im Élysée vor. Den Posten eines schlichten „Conseiller" als Kabinettsratgeber hatte Macron abgelehnt. Hollande, der im Wahlkampf noch die „Finanz" zu seinem Feind erklärt hatte, sagte zu, zumal Macron sich schon im Vorwahlkampf für ihn engagiert hatte, als er noch bei 3 % weit abgeschlagen hinter DSK lag. Konkurrierende Offerten von Fillon und Sarkozy hatte Macron angeblich ausgeschlagen. Schon früh hatte er geahnt, dass DSK trotz seiner Popularität nie Präsident Frankreichs werden würde, weil zu viele üble Geschichten über ihn im Umlauf waren[27]. Macron bleibt also weiter ein Mann der progressiven „zweiten Linken", die in der sozialdemokratischen Traditionslinie Rocard-DSK zur Mitte offen war[28]. Im Wahlkampf von Hollande war er als Berater hauptsächlich für „die Wirtschaftszahlen" zuständig gewesen. Michel Sapin, der spätere Finanzminister und alter ENA- und Militärkamerad und damit Vertrauter Hollandes war in jener Wahlkampftruppe sein Mentor.

Im Schlangennest des Élysée trat Macron als „Mozart des Élysée" auf: ein rarer ungestresster Kunst- und Opernliebhaber. Er war ungemein beliebt: hart arbeitend, lustig, ein Charmeur, brillant, und bald ein anerkannter Liebling des eigentlich misstrauischen Präsidenten. Es eint sie auch ein gemeinsamer Sinn für Humor. Und wer das Ohr des Präsidenten hatte, wurde alsbald als sein Wirtschaftsreferent auch von den wichtigsten Konzernchefs kultiviert. Im Wesentlichen arbeitet Macron zur Euro- und zur Griechenland-Krise. Er gibt gerne Interviews und lässt sich ebenso gerne fotografieren (was er als Präsident seinen Leuten sofort verbot). Hollande meint über ihm zu Davet und Lhomme: „Macron ist ein netter Junge („garçon gentil"). Ein einfacher Junge. Und er ist mir völlig ergeben"[29]. Einmal mehr hatte Macron es geschafft, sich unterschätzen und seine wahren Absichten völlig im Dunkeln zu lassen. Denn in Wirklichkeit war er mit dem Wirtschaftskurs von Hollande und seinem Stückwerk der Rentenreform nicht einverstanden und verkündete dies auch Ende 2013 in einem Interview als Un-

---

26 Fulda. Op. cit. S. 164.
27 Prisette. Op. cit. S. 227.
28 Fulda. Op. cit. S. 43.
29 Gerard Davet. Fabrice Lhomme. Un président ne devrait pas dire ça. Stock. 2016.

recht gegenüber der jungen Generation[30]. Angesichts der trüben Wirtschafts- und Fiskaldaten schlägt er Hollande eine „Blut-, Schweiß- und Tränen-Rede" im Stil Winston Churchills vor. Vorübergehend solle man zur 37-Stunden-Woche zurückkehren und die Überstunden wieder unbesteuert lassen. Doch Hollande lehnt ab. Er will kein „Outing" als verkappter Wirtschafts-liberaler. Niemand im Élysée weiß, was der Präsident wirklich will[31].

Als 2013 seine geliebte Großmutter stirbt, vertraut er sich Hollande an, der sich wundert, wa-rum sein stellvertretender Generalsekretär am Boden zerstört nur noch mit Beerdigungsfor-malitäten befasst ist. Er kondoliert wie jeder Chef mit den üblichen Banalitäten: „Es ist trau-rig, wenn man seine Großmutter verliert. Ich war auch traurig, als meine starb". Was hätte er sonst sagen sollen? Doch Macron empfand dies als Herzlosigkeit und war persönlich bitter enttäuscht[32].

Als Wirtschaftsminister

Im April 2014 verspricht ihm Manuel Valls vor der Kabinettsumbildung das Staatsekretariat für den Haushalt, das durch Bernard Cazeneuves Beförderung zum Innenminister frei wird, ei-nen Posten, den Macron als strategische Position (die Giscard, Chirac und Sarkozy auch schon einnahmen) gerne hätte. Auch Jouyet unterstützt ihn[33]. Doch Hollande lehnt ab, weil er zu jung ist, noch nie in irgendeine Funktion gewählt worden war, und ihm für die PS die Stallwärme und die Akzeptanz fehlen[34]. Im Juli 2014 tritt Macron frustriert zurück und will nach einem Besuch mit Brigitte im Silicon Valley inspiriert eine eigene Firma („Macron Partners") aufma-chen und an europäischen und amerikanischen Hochschulen lehren[35]. Start-up also, nicht die übliche Parachutage in den Vorstand eines staatsnahen Großbetriebes!

Doch bevor der Start-up starten konnte, bekommt er zwei Monate später nach dem geräusch-vollen Abtritt des ultralinken Arnaud Montebourg als Wirtschaftsminister von Hollande das Angebot seiner Nachfolge und wird mit 36 Jahren Minister. Im gleichen Alter also wie VGE 55 Jahre zuvor als ähnliche Inkarnation der Moderne – nur mit dem Unterschied, dass Gis-card in dieser Funktion zehn Jahre lang diente und sich dabei in der Auvergne örtlich politisch einwurzelte. Zuvor gab er noch Le Point ein Interview, in dem er kess die 35-Stunden-Woche angriff und sich sofort in Martine Aubry eine ewige Feindin schuf. Er gilt aber, da ohne jegli-che Hausmacht, weder bei den Sozialisten noch bei den Republikanern als ernsthafter Macht-faktor, sondern als vorübergehende Mediensternschnuppe, die wie andere vor ihm spurenlos verglühen wird.

---

30   Charlotte Chaffanjon. „La fabrique d'un chef". Le Point 11.5.2017. S. 39.
31   Prisette. Op. cit. S. 237.
32   Fulda. Op. cit. S. 187.
33   Jean-Piere Jouyet sollte von Macron im Juli 2017 mit dem Botschafterposten in London belohnt werden. Anne Fulda. „Jouyet, l'appel de Londres". Le Figaro 10.7.2017.
34   François-Xavier Bourmand und Marcelo Wesfreid. „Hollande-Macron ‚Je t'aime, moi non plus'". Le Figaro 29.3.2017.
35   Chaffanjon. Le Point 11.5.2017.

Die Rechte ist sich ohnehin ihres Sieges im Jahre 2017 absolut sicher. Auf der Rechten toleriert man ihn als Irritant der Linken, die ihn, je frecher seine Sprüche gegen ihre Orthodoxie werden und je populärer er wird, immer mehr hasst. Er dosiert kleine Tabubrüche in allen Reden: Die jungen Franzosen sollten Lust bekommen, Milliardäre zu werden. Liberalismus sei ein Wert der Linken. Er sei kein Sozialist, aber auch kein Zentrist, will sich als modischer Androgyner nicht einordnen und festlegen lassen. Streikende Arbeiterinnen eines Schlachthofs nennt er „Analphabeten". Der Beamtenstatus sei nicht länger adäquat. Dazu kündigte er Projekte an, die die Privilegien von Notaren, Gerichtsvollziehern, Zahnärzten, Auktionatoren, Taxifahrern und Führerscheinprüfern bedrohten (und die nie umgesetzt wurden). Seine sozialreformistischen Sprüche gelten als harm- und folgenlose Versuchsballons, die die Reaktion der betroffenen Interessen und der doktrinären Linken austesten sollen, sonst nichts. Im Bercy predigt er, die Gewinne, Investitionen und die Wettbewerbsfähigkeit müssten erhöht und Innovationshemmnisse abgebaut werden. Um souverän zu bleiben, müsse Frankreichs technologische Transformation gelingen. Er ist also eindeutig eher angebots- als nachfrageorientiert und widerspricht damit den Glaubenssätzen der sozialistischen Orthodoxie[36]. Gerne erzählt er, dass sein Gehalt als Minister im Vergleich zum Banker gezehntelt wurde. Auch treten Brigitte und er häufig als Paar auf, das wegen seiner ungewöhnlichen Zusammensetzung die willkommene mediale Aufmerksamkeit erregt. Sie landen bald auf dem Titelbild von „Paris Match", was dessen verkaufte Auflage plötzlich nach oben treibt – schließlich gibt es unter Hollande nach dem Auszug der Trierweiler kein „erstes Paar" mehr. Als Hollande Strandbilder von Ministern verbietet, tauchen beide prompt in Biarritz händchenhaltend wieder auf der Seite eins auf, angeblich von Paparazzi geschossen, doch in Wirklichkeit von einer von Macron bezahlten Celebrity-Agentur, um „gute" Bilder in Umlauf zu bringen und nicht jene, wie sie den Präsidenten linkisch auf dem Motorroller zeigen. Sein Bekanntheitsgrad steigt von Oktober 2014 bis Februar 2015 von 53 % auf 82 %.

Die beiden lieben Künstler, Kino, lesen Bücher und gehen zusammen ins Theater. Brigitte organisiert auf Kosten des Ministeriums[37] in seiner Dienstwohnung Glamour-Diners für Tout Paris und seine Show-Biz-Glitterati, Sarkozy und Pompidou nicht unähnlich[38], häufig auch mit wichtigen Managern und Superreichen. Bernard Arnault, der Eigner des Luxusunternehmens LVMH, ist ein nahezu wöchentlicher Gast.[39] Ab Frühjahr 2016 dienten jene Diners zunehmend, um seine Präsidialkandidatur vorzubereiten und Sponsoren und politische Unterstützer anzuwerben.

Die Wochenenden verbringen beide meist in Touquet, dem bourgeoisen Strandstädtchen der Picardie mit 4500 Einwohnern an der Kanalküste, die einen ähnlichen Charme wie die flämische Küste ausstrahlt. Das Ferienhaus („Villa Monéjan"), das mit vielen Balkons am Eingang der Fußgängerzone steht, hatte Brigitte von ihren Eltern geerbt. Auch ihre Kinder kommen

---

36   Dominique Nora. „Une doctrine forte, des réalisations entravées". L'Obs 1.9.2016.
37   Die Kosten beliefen sich 2016 bis zu seinem Rücktritt im August auf 120.000 Euro.
38   Fulda. Op. cit. S. 181.
39   Caroline Derrien und Candice Nedelec. Les Macron. Fayard. 2017.

mit ihren Familien häufig dorthin. Emmanuel hat die Großfamilie praktisch übernommen (und seine eigene verlassen) und lässt sich von Brigittes sieben Enkelkindern „Daddy" nennen, spricht auch öffentlich stets von „seinen" Kindern und „seinen" Enkeln. Um seine richtige Herkunftsfamilie kümmert er sich kaum noch, ebenso wenig wie um seine zwischenzeitlichen spirituellen Väter und Mütter. Paul Ricœur, Henry Hermand und Michel Rocard sind längst verblichen. Doch da wären immer noch Attali, de Rothschild, Jouyet, Sapin, Valls, Royal und Hollande. Doch sie alle werden abgeschmiert.

An angebotenen Wahlkreisen im heimatlichen Amiens oder in den großmütterlichen Hautes-Pyrénées, wo ein Onkel in der Kleinstadt Bagnères-de-Bigorre Vize-Bürgermeister war, bleibt er desinteressiert, da er nicht als Parteipolitiker gesehen werden will. So bleiben ihm die Probleme der Lokal- und Regionalpolitik fremd, die für sämtliche örtlich verwurzelten Abgeordneten der Altparteien das tägliche Brot und den mentalen Bezug für ihre politische Arbeit darstellen. Ohnehin kennt er als Minister weder das Parlament noch die PS, noch zeigt er ein großes Interesse, dies zu ändern.

Gleichzeitig wird er in öffentlichen Umfragen nicht länger als der Investmentbanker angesehen, sondern als ein unkonventioneller politischer Geist, der eher auf der Rechten als auf der Linken beliebt ist[40]. Dabei identifizierte man sich nicht mit ihm, wie dies viele mit Pompidou, Chirac oder Raffarin taten, oder bewunderte ihn wie de Gaulle oder Mitterrand. Denn dazu ist er zu jung, zu glatt und hatte schlicht zu wenig vorzuweisen. Was er in zwei Jahren als Minister geschafft hatte, war zweierlei: die Liberalisierung des Fernbusverkehrs (der wie das Unternehmen Flixbus weiter defizitär blieb) gegen die Konkurrenz der Staatsbahn SNCF und die freiwillige sonntägliche Ladenöffnung in Tourismuszonen. In Paris etwa war die Umsetzung erst möglich geworden, als die Belegschaften der betroffenen Geschäfte (die sonntags das doppelte Gehalt beziehen können) gegen die Blockadepolitik der linken Bürgermeisterin Anne Hidalgo protestiert hatten. Sinnvolle, eher spektakuläre als substantielle Reformen also. Ohnehin werfen ihm seine Ministerkollegen bald vor, sich eher um sein eigenes Fortkommen zu kümmern als um sein Ministerium. Sie haben nachvollziehbare Vorbehalte gegen seine Blitzkarriere: Während sie jahrzehntelang kraxeln mussten, landete er mit dem Hubschrauber auf dem Mont Blanc. Schneller als Hollande, der das lange nicht wahrhaben will, durchschauen sie sein Doppelspiel.[41] In einer allzu späten Einsicht bekundet Hollande: „Er hat mich methodisch verraten"[42]. Hollande befindet sich damit in guter Gesellschaft.

Dazu war seine angebliche wirtschaftsreformerische Agenda nicht gerade lupenrein. Im April 2015 erhöht er in einer Nacht- und Nebel-Aktion mit dem Einsatz von 1,2 Milliarden Euro (und Bankgebühren und Provisionskosten von 79 Millionen Euro) den Staatsanteil an Renault-Nissan um 4,7 % auf 20 % und verdoppelt damit nach dem sozialistischen „Loi Florange" seine Stimmrechte, ohne die Firmenleitung und den verärgerten japanischen Partner, der mit 15 % Anteil an Renault keine Stimmrechte hat, davon zu informieren. Er nutzt sie für ein medi-

---

40   Prisette. Op. cit. S. 209.
41   Ibid. S. 250.
42   François Bazin. Rien ne s'est passé comme prévu. Les cinq années qui ont fait Macron. Robert Laffont. 2018.

atisch effektives Duell, um die Entlohnung des damaligen Erfolgsmanagers Carlos Ghosn[43] von Renault-Nissan zu verringern und um die Dividendenabschöpfungen des Staates wie ein Heuschreckenfonds zu erhöhen. Mit diesem Kapitalentzug vereitelt Macron geplante strategische Kapitalbeteiligungen Renaults am russischen AvtoVAZ und an Mitsubishi Motors[44].

Der Kandidat

Im August 2016, als er Valls und Hollande lange genug provoziert hatte, tritt er zurück und hat außer seinem Glauben an sich, Brigitte, hohen Zustimmungsraten und einigen Finanziers in der Hinterhand praktisch nichts. An den sozialistischen Vorwahlen will er ohnehin nicht teilnehmen, zumal er sie verloren hätte. Es war ein verrücktes Unternehmen. Er hatte keine Partei, keine Gefolgsleute, war noch nie in irgendeine Funktion gewählt worden (nicht einmal in die eines Klassensprechers), hatte nie eine läuternde politische Durststrecke („le désert") wie alle anderen durchquert, und hatte doch als 39-Jähriger eigentlich nichts zu verlieren. Normalerweise beginnen so Splitterkandidaten, die dann als Fußnoten unter 1 % in den Wahlstatistiken der ersten Runde enden und für immer aus der Politik verschwinden. Das gesamte politische Establishment wartete entspannt, dass wie schon bei Alain Juppé in den LR-Vorwahlen zuvor, die Macron-Blase früher oder später platzen würde.

Doch sind alle seine politischen Gegner geschwächt. Die Ergebnisse der Vorwahlen von rechts und links lassen ihm den Mittelgrund weit offen. Seine gefährlichsten Rivalen in der Mitte, Alain Juppé bei den Republikanern werden von François Fillon, und Manuel Valls von Benoît Hamon bei den Sozialisten besiegt. Die vom Élysée via Canard Enchaîné gesteuerte Penelopegate-Affäre (eine Million Euro an Honorar für nichtgeleistete Assistentenarbeit ist zu viel, um vergessen zu werden) macht den Spitzenreiter Fillon nieder, und Benoît Hamon wird in einem mörderischen Bruderkampf von Jean-Luc Mélenchon linksaußen zerkleinert. Dann schließt Macron ein Bündnis mit François Bayrou, dem persönlich populären Chef der zentristischen Kleinpartei MoDem, der ihm die kritischen Prozente vor Fillon bringt. Die taktische Wahl („vote utile") will in der ersten Runde für die zweite Runde kein Duell Fillon-Le Pen oder gar Mélenchon-Le Pen, sondern wählt Macron als kleineres Übel[45]. Ohnehin hatte er, um den Fehler seiner Vorgänger zu vermeiden, die Vorlage eines Programm in die Schlussphase des Wahlkampfes verschoben, als sich niemand mehr für Details und Stimmigkeiten interessierte, sondern monatelang nur Obama-mäßige Gemeinplätze absonderte, wie zum Beispiel: „Ich bin der Träger einer Hoffnung für die Zukunft, weil ich Euch liebe und Euch schützen will"[46]. Oder in Toulon im Februar 2017: „Weil ich Präsident sein will, habe ich Euch verstanden und ich liebe Euch". Ähnlich schwachsinnige Sprachhülsen auf seiner Netzseite, die aus einer Bio-Reklame oder von einem Oskar-Preisträger stammen könnten. Jene inhaltsfreie Effektha-

---

43   Der seit Ende 2018 wegen des Verdachts der Untreue in japanischer U-Haft sitzt.
44   Bertille Bayart. „Le coup de force de Macron chez Renault critique." Le Figaro 26.1.2017; Christian Schubert. „Macron im industriepolitischen Stresstest". Frankfurter Allgemeine Zeitung 27.4.2017.
45   Prisette. Op. cit. S. 20.
46   Philippe-Joseph Salazar. „Le macronmantra". Le Point 11.5.2017. S. 58.

scherei zur Sympathiewerbung könnte man E-Populismus nennen. Um sein technokratisches Image als ENArque abzustreifen, veranstaltete er messianische Auftritte, mit ausgebreiteten Armen verzückt in die Höhe starrend, nachdem er vorher in der Garderobe mit geschlossenen Augen meditiert hatte. Nur wenn die Hallen halb leer sind oder die Reaktion seiner Wahljünger ausblieben, sackte er in sich zusammen und verlor die Fassung. Auch seinem nüchternen Vater wurden der Exhibitionismus seines Filius im Paris Match und seine feldgottesdienstähnlichen Wahlversammlungen zu viel.[47]

Macron will den Dauerwechsel Links-Rechts durchbrechen. Im November 2016 erscheint sein erstes und bisher einziges Buch „Révolution" in den Buchhandlungen, an dem er noch als Minister zusammen mit Brigitte wochenlang an den Wochenenden in Touquet gefeilt hatte und das er angeblich fünfzehnmal Korrektur gelesen haben will[48]. Nach einem kurzem biographischen Vorspann (Fokus: Großmutter, die heimliche Liebe zu Brigitte) folgen 150 Seiten politisch-reformistischer Gemeinplätze, um Frankreich zu seinem rechten Platz in Europa und der Welt zurückzuführen. Bis zur Präsidialwahl verkaufen sich 126.000 Exemplare des Werkleins, das von der Kritik als vergeistigte Schwafelei verrissen wurde[49]. Bei 234.000 erklärten Macronisten in En Marche bis zur ersten Runde kein beeindruckender Erfolg.

Dann treten trotz dauerndem öffentlichen Händchenhalten mit Brigitte im Januar 2017 in Paris all überall wie von Zauberhand gestreut Gerüchte auf, er sei schwul und führe ein Doppelleben mit dem homosexuellen Chef von Radio France, Mathieu Gallet. Er dementiert in einer kuriosen Weise: Dafür könne er wohl kaum Zeit haben, es müsse wohl sein Hologramm gewesen sein. Gallet habe er nur dreimal im Leben getroffen[50]. Der asexuelle Don Juan entschwebte wieder[51].

Doch es gab ernsthaftere Fauxpas. Im Februar 2017 verkündete er: „Es gibt keine französische Kultur. Es gibt eine Kultur in Frankreich. Sie ist divers". Sofort wurde er als wurzelloser Globalisierer verrissen. Und noch verheerender. Bei einem Besuch ausgerechnet in Algier bekundet er dem dortigen Radio: „Kolonisation ist Teil der französischen Geschichte. Er ist ein Verbrechen, ein Verbrechen gegen die Menschheit, eine wahre Barbarei, und sie ist Teil der Vergangenheit, der wir uns stellen müssen"[52]. Nach einem verständlichen Aufschrei der Piedsnoirs, der Harkis und der Veteranen des Algerienkriegs, die ihn ob jenen ahistorischen Wortmülls[53], der opportunistisch an die Bewohner der arabisierten Vorstädteslums gerichtet war, als Verräter beschimpften, ruderte Macron prompt zurück, zumal jetzt auch seine Umfragedaten

---

47   Fulda. Op. cit. S. 33.
48   Garcin. Loc. cit.
49   Derrien, Nedelec. Op. cit. S. 171.
50   Prisette. Op. cit. S. 43.
51   Darauf verkauften Zeitungskolporteure ihre Le Monde in den Pariser Straßencafés mit dem Ruf: „Es ist offiziell. Macron ist nicht schwul!"
52   Prisette. Op. cit. S. 45.
53   1849 gab es 2,9 Millionen Algerier. Zum Zeitpunkt der Unabhängigkeit 1962 lebten dort 12 Millionen (heute 40 Millionen). Wie man aus diesen Zahlen ernsthaft einen Völkermord („Verbrechen gegen die Menschheit") bei klarem Verstand konstruieren kann, bleibt unerforschlich.

einbrachen. Er habe eine schlechte Woche gehabt und sehe natürlich auch die zivilisatorischen Errungenschaften der Kolonisation. Er suchte aber weiter seine vage wirtschaftsliberale Agenda ideologisch mit linksliberaler Symbolpolitik auszugleichen und setzte Wahlkampfauftritte zur Shoah, in Oradour-sur-Glane und zu in Paris massakrierten Arabern fort.[54] Im Wahlkampf kopierte er auch Sarkozys Stil von „Postkarten": Vor einem visuell attraktiven, geeigneten Hintergrund wurden thematische Thesen verkündet. Einen Abend widmete er in einem entsprechenden Zentrum nur den Frauenrechten. Bei Angela Merkel in Berlin verkündete er als wohl einziger französischer Politiker seine Unterstützung ihrer Migrantenpolitik und versprach sogar, den EU-Stabilitätspakt einzuhalten.[55] Auch bei einem Auftritt bei Theresa May in London, die er in der Downing Street länger warten ließ, suchte er seine Statur als international anerkannter Politiker zu festigen.

Dringend suchte Macron den Eindruck zu vermeiden, er sei als ehemaliger Ziehsohn Hollandes eine Neuauflage dessen unpopulärer Regierung. Dabei waren die meisten Minister durch den Sieg des linksdoktrinären Frondisten Hamons bei den PS-Vorwahlen politisch heimatlos geworden. Unterstützerangebote von Ségolène Royal (Umwelt) und Marisol Touraine (Soziales) wimmelte er ebenso ab wie die von Premier Valls. Lediglich die von Verteidigungsminister Jean-Yves Le Drian akzeptierte er, weil er parteipolitisch kaum exponiert war und als Regionalpräsident der Bretagne die Unterstützung einer ganzen Region mitzubringen versprach. Weiter boten sich Daniel Cohn-Bendit und Ex-KP Chef Hue an. Umso mehr suchte er Renegaten aus dem rechten Lager. Die machten sich jedoch vor der ersten Runde rar, liefen aber nach Fillons Niederlage umso reichlicher über. Dennoch verkündete er, er wolle keine alten Minister ernennen, nur neue Gesichter[56].

Am Beispiel der feministisch angehauchten Modezeitschrift „Elle" ist das Strickmuster seiner Agitation unschwer zu erkennen: der Kandidat redet den Redakteurinnen – und nach eigener Einschätzung mutmaßlich den meisten ihrer Leserinnen – voll nach dem Mund. Das wird mit einem netten Profil honoriert: „Ein warmer Händedruck, ein breites Lächeln, … er erscheint zugänglich und absichtsvoll charmant, … antwortet, in dem er seine Gesprächspartnerinnen direkt ansieht" und sie am 8. März, dem internationalen Frauentag empfängt! Macron verurteilt den sexuellen Missbrauch von Minderjährigen, die Frauen-Diskriminierung, will Abtreibungskliniken in allen Regionen in Betrieb halten, ist für die künstliche Befruchtung von ledigen Frauen und Lesben, doch gegen Leihmütter, will sexuellen Belästigungen mit sofortigen Geldstrafen ahnden, die die Gendarmerie wie bei Verkehrsdelikten vollstrecken soll. Durch Branchenverträge sollen gleichberechtigte Löhne durchgesetzt werden und entsprechende Arbeitsbedingungen von Arbeitsinspektoraten kontrolliert werden. Sünder würden veröffentlicht und empfindlich bestraft. 50 % seiner Parlamentskandidaten und Minister würden Frauen sein, einschließlich einer Ministerin für Frauenrechte.[57]

54 Prisette. Op. cit. S. 14.
55 Er erhielt dort auch die Unterstützung von Siegmar Gabriel, während das politische Genie des Martin Schulz es mit Benoît Hamon hielt.
56 Prisette. Op. cit. S. 73.
57 Elle 17.3.2017.

Seine Bewegung En Marche hatte er ab April 2016 binnen neun Monaten mit Hilfe von In-
ternet-Bewerbungen aus dem Boden gestampft. Durch einen rigoros autoritären Stil vermied
der Parteinovize die Kinderkrankheit aller Jungparteien: das Sammelbecken von Querulanten,
Glücksrittern und gescheiterten Existenzen zu werden. Vom „Chef", wie er sich nur nennen
ließ, wurden persönlich regionale „Koordinatoren" ausgesucht, die die gewünschten Profile
als örtliche Animateure auswählen mussten: Keine gescheiterten Altpolitiker, Gewerkschafts-
bonzen, Arbeitslose oder Vorbestrafte, sondern jung-dynamische, akademisch gebildete bürgerliche Yuppie-Typen vom Jungunternehmer, freien Journalisten bis zur Jogalehrerin. Am
liebsten waren Aktivisten aus der gutmenschlichen „Zivilgesellschaft", Organisatoren von
Suppenküchen und Vereinigungen zur Rettung der Menschheit. Auf Mitgliedsbeiträge wurde
verzichtet. Die sich vorher Unbekannten durften sich alle wie in einem Blind Date von Tinder
oder einer Tupperware-Party ab Herbst 2016 als Fans von Macron in 3800 Ortsgruppen treffen und, nachdem ihnen ein Moderator die Spielregeln erklärt hatte, in einer harmonischen
Gruppensitzung gemeinsam erarbeitete „neue" politische Ideen seiner Zentrale zuschicken,
die dann jene Versatzstücke zu einem unverbindlichen Programm zusammenbastelte, das dann
abgefeiert wurde. Kontoverse Themen wie die Immigration oder die Kriminalität der Vorstädte waren tabu. Es musste harmonisch-reformistisch sein. Jene 100.000 (im November 2016)
und schließlich 270.000 (im Frühjahr 2017) Aktivisten wurden dann mit frischen T-Shirts
ausgestattet in den Präsidialwahlkampf geschickt. Ihre Hauptaufgabe war das Klinkenputzen
bei Hausbesuchen. Eigene Presseaktivitäten oder die Gegenwart von Journalisten waren unerwünscht. Regionalhäuptlinge als Zwischenglieder mit eigener Hausmacht oder eigenen politischen Ideen gab es in jener strukturlosen Erweckungsbewegung nicht. Alles musste zentral
vom „Chef" genehmigt werden. Selbst Brigitte musste sich ihre Interviewanfragen von ihm
genehmigen lassen, die er nur selten gewährte[58]. Jene Führerbewegung – mehr noch als die
Forza Italia Berlusconis oder die kurzlebige F-Bewegung der Orangen Jörg Haiders – zeigte
also alle Markenzeichen einer Polit-Sekte, einer Erweckungsbewegung, in der eine Ausnahmeerscheinung der Vorsehung (ähnlich Jeanne d'Arc, Napoleon, de Gaulle), die alle bisherigen
politischen Usancen ablehnt, mit einem Führer, der sich niemandem unterordnet und bedingungslos geliebt werden will, aus den Trümmern der diskreditierten Politlandschaft und Par-
teiapparate hervorstieg. Nach einem gängigen Scherz brauchte Macron nicht schwimmen zu
können, weil er über das Wasser geht[59].

Das politische und mediale Establishment nahm seine Bewegung als sympathischen Kinder-
garten, der höchstens gescheiterte Politiker der zweiten und dritten Garnitur aus ihren eigenen
Reihen anzog, und als mediale Seifenblase bis zum Frühjahr 2017 nicht ernst. Vielmehr konzentrierte man sich auf die ethischen Probleme des Kandidaten Fillon und die Binnenkämpfe
unter den Sozialisten. Kritische Fragen zu seiner Organisation, Programmatik und den Finanzen unterblieben deshalb. Tatsächlich bekam En Marche, weil es keinen einzigen Abgeordneten aufzuweisen hatte, keine Centime an Steuergeldern. Ende September 2016 sind hauptsäch-

---

58   Prisette. Op. cit. S. 103.
59   Der Economist brachte den Scherz dann graphisch am 17.6.2017 mit der Überschrift „Europe's Saviour?" mit
      einer untergegangenen Premierministerin May aufs Titelblatt.

lich durch einige zehntausend Kleinspenden von je 50 Euro zwei Millionen Euro beieinander, die jedoch längst nicht ausreichen. So nimmt Macron einen Kredit über acht Millionen Euro auf.[60] Seine Tilgung und die Rolle von Großspendern wie David de Rothschild, Henry Hermand, Martin Bouygues, Bernard Arnaud (LVHM) und dessen Schwiegersohns Xavier Niel (Telekomgesellschaft Free Mobile) blieb bislang unterbeleuchtet.

Auf den Vorwurf, er habe zwar ein Potpourri an Ideen vorgelegt, aber kein kohärentes Programm, antwortet Macron mit präsidialer Mystik. Der Präsident verkörpere mehrere Rollen. Er sei der verfassungsgemäße Garant der Institutionen und verkörpere die Würde des öffentlichen Lebens. Seine Funktion verlange eine entsprechende Ästhetik und Transzendenz. Statt ein Programm für den Moloch der Medien und der Politik vorzulegen, wolle er einen moralischen Vertrag mit der Nation schließen[61]. In diesem Vertrag wolle er den Franzosen die Macht zurückgeben, das Land und die Arbeit befreien. Direkte Demokratie würde durch ihn als die Inkarnation des empirischen Volkswillens praktiziert[62]. Kein Diktator hat diesen Unsinn je schöner formulieren können.

Eine operative Schwierigkeit war, dass der „Chef" im Wahlkampf sich alle Entscheidungen selbst vorbehielt und seine vorbereiteten Termine je nach Laune und Intuition ständig wechselte, ebenso wie die Programmpunkte der Bewegung, und dazu nur sorgsam kontrollierte Pressetermine zuließ, um nicht auch der Geschwätzigkeit wie Hollande zum Opfer zu fallen[63]. Am wichtigsten waren für ihn jubelnde Mengen. Doch traute er sich auch vor feindseligen Belegschaften sprechen, wie in von der Schließung bedrohten Whirlpool-Werken in Amiens[64], um sie mit freundlichen Worten zu den Marktrealitäten zu bekehren, mit dem Ziel auch von ihnen letztendlich bewundert und geliebt zu werden. Sein Wunsch nach dauernder narzisstischer Selbstbestätigung war unübersehbar[65]. Nur gelegentlich schien seine Arroganz durch, etwa als er über den Alkoholismus und Tabakmissbrauch der Arbeiter im Norden lästerte[66]. Auch hatten seine Jünger Schwierigkeiten, seinen programmatischen Eingebungen zu folgen. So verkündete der Ungediente plötzlich, alle jungen Männer und Frauen sollten einen einmonatigen Militärdienst leisten. Die Kosten dieser sicherlich sehr unterhaltsamen Pfadfinderlager mit Lagerfeuern und Schieß- und Marschübungen: zwei Milliarden Euro[67].

Am 23. April 2017 erhielt er in der ersten Runde mit 24 % 8,7 Millionen Stimmen, eine Million Vorsprung vor Marine Le Pen. Er sammelte dabei gut 50 % der ehemaligen Hollande- und Bayrou-Wähler ein und 17 % der früheren Sarkozy-Wähler. Daraufhin trafen Brigitte und er sich mit rund 150 Schickeria-Freunden siegessicher in ihrem Lieblingsrestaurant La Rotonde in Montparnasse um wie weiland Sarkozy 2007 in Fouquet's zu feiern, obwohl er ja nun

60   Prisette. Op. cit. S. 135.
61   Garcin. Loc. cit.
62   Gerard Grunberg. „Il réarticule libéralisme et solidarité". Le Point 19.1.2017.
63   Prisette. Op. cit. S. 38.
64   Deren US-Eigner die Fertigung nach Polen verlagern wollen.
65   Fulda. Op. cit. S. 115.
66   Le Point 19.1.2017.
67   Prisette. Op. cit. S. 81.

wirklich noch nicht gewonnen hatte. In dem folgenden Fernsehduell wirkte Le Pen schlecht vorbereitet und unbeherrscht, konnte ihr wirtschaftliches Selbstmordprogramm (Euro- und EU-Ausstieg, eine autarkische Schutzzollpolitik und neue Schuldenprogramme) nicht gegen den kühl und souverän wirkenden Macron verteidigen, und ging dann in der Endrunde mit 32,9 % gegen Macron vorhersehbar und zur Erleichterung der gesamten europäischen politischen und medialen Klasse unter. Macron blieb mit seinen 66,1 % natürlich deutlich unter jenen 82,2 % von Chirac anno 2002 gegen Jean-Marie Le Pen. Von einem großen Siegesjubel war angesichts der geringen Wahlbeteiligung von 65,3 % außerhalb der organisierten En Marche Macronisten nichts zu spüren. Dazu hatten 11,5 % der Wähler unbeschriftete Stimmzettel („bulletins blancs") abgegeben. Tatsächlich war Macron nur von 43,6 % der Wahlberechtigten gewählt worden. Man hatte nicht wirklich ihn gewählt, sondern hauptsächlich Marine Le Pen nicht haben wollen. Kurioserweise war nun ein Anti-System-Kandidat mit einem messianischen Glauben an sich selbst an die Macht gekommen, den die Nomenklatura und die Medien, die er beide so verachtete, selbst als Ziehsohn und Protegé in einer Blitzkarriere hochgebracht hatten. Paradoxerweise waren die Mentoren zunächst stolz auf die Erfolge ihres Schützlings, bevor sie bemerkten, dass es zu spät war und sie von ihm keinen Dank und keine Nachsicht erwarten konnten.

Der Sieg Macrons löste auch in den Kreisen der Vorstandschefs (PDG) und Industriekapitäne eine große Erleichterung aus, die unter dem Alptraum eines Duells Le Pen-Mélenchon gezittert hatten. Statt populistischer Experimente, des Exits vom Euro, einer anti-europäischen Autarkiepolitik und einer internationalen Vertrauenskrise für Frankreich hatten sie es jetzt mit einem jungen, offen unternehmerfreundlichen Pro-Europäer zu tun. Allerdings hegten sie aus leidvoller Erfahrung die Befürchtung, die großen Reformerwartungen könnten nach dem Abflauen der ersten Euphorie einmal mehr im Sand verlaufen[68].

Die Tradition des politischen Zentrismus

Die Zweidrittel-Mehrheit der abgegebenen gültigen Stimmen im Mai 2017 rechtfertigen den Blick auf den vernachlässigten Traditionsstrang des mittleren Lagers, als dem meist zwischen Gaullisten und Sozialisten zerriebenen politischen Treibsand der V. Republik, in dem vor ihm nur VGE anno 1974 erfolgreich war. Ein Blick auf seine erratischen Ergebnisse in den ersten Runden: 1965 war Jean Lecanuet vom Centre Démocrat gegen de Gaulle und Mitterrand mit 15,6 % im ersten Wahlgang ausgeschieden. Alain Poher (Centre Démocrat) hatte 1969 mit 23,3 % die Endrunde gegen Pompidou erreicht. Giscard (UDF) hatte 1974 32,6 % und 1981 28,3 % erhalten – wie man sieht, wesentlich bessere Ergebnisse als Macron im April 2017 (24 %). Es folgten Raymond Barre mit 16,5 % (1988) und Édouard Balladur mit 18,6 % (1995), die beide als UDF-Kandidaten gegen Chirac verloren. Schließlich der unermüdliche François Bayrou (MoDem), Macrons Kurzzeitminister im Mai 2017, der jeweils abgeschlagen 6,8 % (2002), 18,6 % (2007) und 9,1 % (2012) einfuhr, bevor er mit den wenigen Seinen An-

68   Bertille Bayart. „Macron, dans les yeux des grands patrons". Le Figaro 3.7.2017.

fang 2017 rechtzeitig zu Macron überlief, dem er zu den entscheidenden Prozentpunkten über François Fillon verhalf.

Die Zahl der zentristischen Abgeordneten in der Nationalversammlung variierte noch erratischer von Gipfelpunkten anno 1978 (123 Sitze), 1988 (131 Sitze) und 1997 (113 Sitze), bis sie unter Bayrou mit vier (2007) bzw. zwei Sitzen (2012) unter die Wahrnehmungsschwelle rutschten[69], wo sie Macron im Juni 2017 durch fünfzig reservierte Wahlkreise als Teil des Wahlabkommens mit Bayrou erlöste.

Als politische Ideologie spielte der Zentrismus nur zu Zeiten von Giscard und Barre in den 70er- und 80er-Jahren eine Rolle als bürgerlich-liberale Alternative zur Dogmatik der Sozialisten und dem erstarrten Herrschaftsapparat der Gaullisten. Macron war damals noch zu jung, um von Giscards Anspruch, zwei von drei Franzosen zu repräsentieren, die von der politischen Mitte heraus regiert zu werden wünschten, beeinflusst zu werden. Statt dessen stieß er auf seinem intellektuellen Entwicklungspfad auf einen noch älteren Repräsentanten des „3. Wegs" zwischen dem liberalen Kapitalismus und dem Marxismus: den bereits erwähnten Paul Ricœur und seine Zeitschrift „Esprit", deren Lehren von einem ökumenischen Personalismus geprägt waren, eine Orientierung, die Macron genug Spielräume für seine eklektischen Anleihen in allen politischen Lagern – einschließlich einer kurzzeitigen PS-Mitgliedschaft – gab, und die mit der technokratischen Kultur des Grands Corps gut vereinbar war und Kompromisse, das „juste milieu" und eine Affinität zur Macht schätzte[70]. Also genau die Ingredienzien, die den politischen Mittelweg aus Sicht seiner Verächter diskreditierten, doch ihm gleichzeitig in seiner prekären Existenz trotz aller voreiligen Abgesänge seine unverhoffte Auferstehung sicherten.

Ein Wahlprogramm, das keines war

Bekanntlich ließ Macron von den frisch rekrutierten Angehörigen seiner Bewegung unter Aufsicht von Animateuren Programmvorschläge ausarbeiten – man muss sich dies wie ein Demokratie-Simulationsspiel mit Notizensammlungen auf Flipchart-Staffeleien vorstellen – und seiner Zentrale zusenden, aus denen er dann im März 2017 sechs Wochen vor den Wahlen eine Auswahl als sein Wahlprogramm vorstellte. Anschließend verkündete er, dies seien nicht seine Ideen, er sei lediglich der Sprecher der Kollektivität seiner Anhänger, konzeptionell und in der Tonalität ähnlich wie ein US-Tele-Evangelist, der seine Zunge vom Heiligen Geist geführt sieht. Le Monde hatte sich dennoch die Mühe gemacht, jenes inkohärente Potpourri in einer Synopse mit den Programmen seiner Wettbewerber, die wie jene von Fillon, Hamon und selbst von Mélenchon und Le Pen auf ihre Art wesentlich konsistenter waren, zu kontrastieren[71]. Auch L'Obs versuchte eine Synthese.[72]

---

69   Guillaume Tabard. „Quel fut le sort des candidates centristes à la présidentielle?". Le Figaro 1.3.2017.

70   Pascal Perrineau. „Aux sources idéologiques et politiques du macronisme". Le Figaro 14.6.2017.

71   „Présidentielle 2017. L'heure du choix". Le Monde 15.4.2017.

72   Caroline Brizard e. a. „Son programme au banc d'essai". L'Obs 16.2.2017.

Mit einem „Großen Gesetz zur Moralisierung des Öffentlichen Lebens" wollte er Parlamentariern Lobbyistentätigkeiten, Mandate-Kumulierungen und die Beschäftigung von Familienangehörigen verbieten. Dazu sollten ihre Sonderpensionen gestrichen und die Abgeordnetendiäten steuerpflichtig werden. Ihre Zahl sollte um ein Drittel vermindert werden und Kandidaten mit Vorstrafen das passive Wahlrecht verlieren. Tatsächlich wurden bald nach der Wahl das Kumulationsverbot (das die En Marcher als Novizen ohnehin nicht betraf) und das Ende der Sonderpensionen (für die jugendbewegten En Marcher noch in weiter Ferne) ohne große Widerstände durchgesetzt. Der gestandene Bürgermeister-Abgeordnete (darunter ehemals Mitterrand, Giscard, Chirac, Sarkozy, Hollande …) gehört also bis auf weiteres der Vergangenheit an. Für die innere Sicherheit wollte Macron 15.000 neue Gefängnisplätze schaffen, 10.000 Polizisten und Gendarme zusätzlich einstellen, die Kamera-Überwachung im öffentlichen Raum umfassend einsetzen, die Gerichtverfahren für Bagatelldelikte beschleunigen, alle Strafurteile auch tatsächlich vollstrecken, die Straßenpatrouillen der Infanteristen in Paris („Opération Sentinelle") langsam auslaufen lassen und den Verteidigungshaushalt auf 2 % des BIP erhöhen. Tatsächlich wurde er jedoch als eine seiner ersten Amtsmaßnahmen weiter gekürzt.

Fiskalpolitisch wollte Macron während seiner fünf Jahre 60 Milliarden Euro vor allem bei den Krankenversicherungen (15 Milliarden Euro) und bei der Arbeitslosenversicherung (10 Milliarden Euro) sparen und gleichzeitig 50 Milliarden Euro für Zukunftsinvestitionen bei der Ausbildung und der Energiewende mobilisieren. Für Brillen, Gebisse und Hörgeräte sollten die Kosten voll erstattet und durch eine bessere Organisation des Gesundheitswesens finanziert werden. Auch sollen die Beiträge der Gehaltsempfänger zu den zu vereinfachenden Sozialversicherungssystemen gekürzt, die Arbeitslosenversicherungsprämien vom Staat getragen und die 37 verschiedenen Rentensysteme fusioniert werden, die Mindestaltersrente dagegen um 100 Euro monatlich erhöht werden, während das Renteneintrittsalter mit 60 Jahren und der Mindestlohn (SMIC) bleiben sollen. In Summe will er eine Umverteilung zugunsten der Kleinrentner – auf Kosten wohlhabenderer Pensionäre.

120.000 Stellen sollten im öffentlichen Dienst eingespart werden. Bei öffentlichen Ausschreibungen sollen europäische Unternehmen begünstigt werden. Die Unternehmenssteuern würden von ihm von 33 % auf 25 % gesenkt und die Arbeitsbedingungen auf Unternehmensebene zwischen den Sozialpartnern geregelt werden (tatsächlich wurden es im Herbst 2017 dann zumeist Branchenverträge). Im Hochschulbereich forderte Macron mehr Autonomierechte, bei den Grundschulen 5000 mehr Lehrer, die in Problemschulen mit Klassenstärken von maximal zwölf Kindern eine Jahresprämie von 3000 Euro erhalten sollen. Je eine Million Arbeitslose und Jugendliche sollten eine Berufsausbildung erhalten. Auch würden Lehrlinge in den Genuss von Erasmus-Programmen kommen. Das Abitur schließlich soll weiter nur durch eine Prüfung erworben und nicht als Teilnahmeschein ersessen werden. Auch der bedrohte Latein- und Griechischunterricht und zweisprachige Klassen sollten erhalten bleiben und iPhones an den Schulen verboten werden.

Außenpolitisch kündigte Macron ein EU-Rahmenabkommen mit China an und forderte gleichzeitig, strategische Auslandsinvestitionen zu überwachen und die EU-Anti-Dumping

Regeln zu verschärfen. Er ist für das Freihandelsabkommen CETA mit Kanada, das wie alle EU-Freihandelsabkommen jedoch von Bürgerausschüssen überwacht werden soll. Den UNO-Sicherheitsrat will er vergrößern, die Sanktionen gegen Russland beibehalten und die Briten nach dem Brexit vom Binnenmarkt ausschließen. Frankreich solle in Drittländern seltener militärisch eingreifen. Der Abtritt von Assad sei für ihn keine Vorbedingung für Friedensverhandlungen in Syrien. Kulturpolitisch forderte Macron die Rationalisierung der französischen Kulturinstitute im Ausland. Kulturgutscheine im Wert von 500 Euro wollte er an alle Jugendlichen verteilen und die Bibliotheken abends und an Wochenenden öffnen, 200 Millionen Euro in die Kulturindustrien investieren, Kunstwerke von der Vermögensteuer ausnehmen, Autorenrechte verteidigen und die Filmförderung reformieren. In der Energieerzeugung wollte er den Atomanteil auf 50 % verringern und das alternde, im Dreiländereck zwischen Mülhausen, Freiburg im Breisgau und Basel am Rhein gelegene AKW Fessenheim sowie alle Kohlekraftwerke schließen. Dazu kündigte er an, die Förderung von Ölschiefer weiter zu verbieten, eine Million Häuser besser zu isolieren und eine Prämie von 1000 Euro für den Kauf umweltfreundlicher PKWs zu zahlen, sowie eine artgerechtere Tierhaltung in der Landwirtschaft subventionieren.

In den Grundrechenarten versierte Ökonomen rechneten schnell aus, dass den präzise bezifferten Ausgabeversprechungen keinesfalls Schätzungen plausibler Einsparsparprogramme gegenüberstanden, die Reduktion des chronischen Haushaltsdefizites mit Macrons Programm also unmöglich war[73]. Auch die FAZ kommentierte, sein Programm glänze nicht durch innere Logik, sondern sei ein Potpourri an zusammengeklaubten Inhalten, die sich an die nötigen beherzten Einschnitte in die Staatsaufgaben nicht herantrauten.[74] Kommentare des Figaro verglichen jenen Flohmarkt der Politangebote von eklektischem Kleinkram und vagen großartigen Visionen als Mischung von sozialliberalen Blairismus mit den Autonomie-Ideen Giscards für Regionen, Sozialpartner und Bildungsinstitutionen, mit einem Multivitamin-Multifruchtsaft, der es ohne eigenen Charakter jedem wohl und niemandem wehe, also allen recht machen sollte[75]. Tatsächlich versuchte Macron seinen Wählern die glückliche Situation der Trente Glorieuses wieder zu verkaufen, als man Modernismus und sozialen Fortschritt dank des mit 5 % jährlich wachsenden Verteilungskuchens harmonisch vereinen konnte. Aus seiner Sicht brauchte er nur reglementierende Wachstumsblockaden beseitigen, die Risikobereitschaft erhöhen und die Chancengleichheit herstellen.

Im April 2017 lag er mit 24 % knapp vor Marine Le Pen mit 21 %, die ihrerseits ebenfalls nur knapp François Fillon mit 20 % und Jean-Luc Mélenchon mit 19,6 % schlug. Weit abgeschlagen war der sozialistische Kandidat Benoît Hamon (6 %). In der zweiten Runde gelang es Le Pen, die mit Ausstiegsdrohungen aus dem Euro und Autarkieforderungen Wirtschaftsängste schürte, kaum aus ihrem rechten Wähler-Ghetto auszubrechen. Macron konnte sich als sicherer Sie-

73   Cécile Crouzel. „Le projet économique de Macron concentre les critiques". Le Figaro 29.3.2017.
74   Christian Schubert. „Frankreichs großes Experiment". Frankfurter Allgemeine Zeitung 9.7.2017.
75   François-Xavier Bourmand. „Macron présente enfin son projet attrape-tout", sowie Guillaume Tabard „Séduire tout le monde, ne fâcher personne". Le Figaro 3.3.2017.

ger entspannen. Seine Stärken lagen wenig überraschend im Großraum Paris, bei Städtern und Hochschulabsolventen, im Westen und Südwesten.[76]

Die Anfänge des Präsidenten

Hatte er bei den Präsidentschaftswahlen im Mai mit seinem Vorstoß in die linke Mitte die sozialistische Partei nahezu zerstört, galt es bei den im Juni 2017 folgenden Parlamentswahlen mit einem Rechtsschwenk den Republikanern den Garaus zu machen. So gingen die ersten symbolischen Gesten und Personalentscheidungen in Richtung Rechte. Seine Tour auf den Champs-Élysées absolvierte auf einem militärischen Kommandowagen. Er ließ an dem Ort, wo zuvor ein Polizist von einem Islamisten ermordet worden war, anhalten, um dort ein Blumengebinde niederzulegen, bevor er am Arc de Triomphe den traditionellen Kranzabwurf tätigte. Die erste Auslandsreise führte ihn zum Truppenbesuch nach Mali, wo er als ihr neuer Oberkommandeur den wichtigsten Auslandseinsatz der Armee inspizierte. Das kam bei der Truppe und der Rechten gut an. Ohnehin hatte er sein gaullistisches Amtsverständnis zuvor unmissverständlich klar gemacht[77]. Seit dem Verschwinden des Königtums sei eine Leere an der Spitze des Staates entstanden, die durch die „Normalisierung" der Präsidentschaft (seit Chirac) nicht mehr gefüllt sei. Er wolle diese „Leere" füllen.[78] Als guter Schauspieler mutiert er nun in seine dritte Rolle: Vom lächelnden Technokraten der Zeiten der Attali-Kommission und als Wirtschaftsminister über den messianisch-autoritären Rockstar des Wahlkampfes versuchte er wieder einen Ersatzmonarchen als gaullistischer Jupiter (wenngleich notgedrungen im Kleinformat) zu inkarnieren, der die Parteien verachtet, die Presse ausschließt, ganz Frankreich jenseits von rechts und links zu repräsentieren sucht und auf höfische Würde, der Unterordnung des Premiers und der absoluten Diskretion seiner Mitarbeiter und Minister besteht. Ein stellvertretender Generalsekretär und Wirtschaftsminister Macron, der sich niemandem je hatte unterordnen wollen und ständig dissidente Meinungen in der Presse zum Besten gab, hätte sich in seinem neuen Regime nicht lange halten können.

Als Premier wählt er den ENArquen Édouard Philippe[79], den Bürgermeister von Le Havre aus den Reihen der liberalen Republikaner, und als Wirtschafts- und Finanzminister den nationalliberalen ehemaligen Agrarminister Bruno Le Maire, ebenfalls Ex-LR und ENArque. Das Außenministerium erhält Jean-Yves Le Drian, als wichtigster Unterstützer aus den gelichteten Reihen der PS, und die Justiz François Bayrou, der Koalitionspartner von MoDem. Sämtliche Posten sind brav nach Mann und Frau paritätisch aufgeteilt. Auf den minderen Posten dürfen sich auch politische Amateure aus der Zivilgesellschaft tummeln. Die Linke denunziert sofort einen Rechtsdrall im Kabinett, was für Macron im unmittelbar folgenden Parlamentswahlkampf sehr hilfreich ist. Hauptgegner sind die angeschlagenen Republikaner, während die zwi-

---

76   „The happy gambler". The Economist 29.4.2017.
77   Jonathan Fenby. „Macron lays claim to the mantle of de Gaulle". Financial Times 22.7.2017.
78   Fulda. Op. cit. S. 48.
79   Der Sohn von Französischlehrern, der ohne Fernsehen mit Klassikerlektüren aufgewachsen ist, veröffentlichte bald seine gesammelten Leseimpressionen von Homer über Dante bis Proust und André Gide: Edouard Philippe. Des hommes qui lisent. JC Lattès. 2017.

schen Mélenchons Insoumises und den En Marchern zerriebenen demoralisierten Sozialisten kaum noch eine Rolle mehr spielen.

Die gängige Stimmung in jener Vorwahlzeit ist es, Macron eine Chance zu geben. Das zerreißt die beiden führungslos gewordenen ehemaligen Volksparteien der Sozialisten und Republikaner in jeweils zwei Lager: die einen, die zunächst einmal „konstruktiv" mitarbeiten wollen, und jene, die von Anfang an einen harten Oppositionskurs fahren wollen. Zudem haben beide Parteien nach den gescheiterten Präsidentschaftswahlen kein aktuelles politisches Programm mehr.

Macron überlässt MoDem gut vierzig Wahlkreise und rettet auch die Sitze einiger befreundeter Promis in den anderen Parteien (etwa von Ex-Landwirtschaftsminister Stéphane Le Foll, einem Intimus von Hollande, sowie von Manuel Valls), indem er vor Ort keine Gegenkandidaten aufstellen lässt. 15.000 Bewerbungen für Kandidaturen hat En Marche von seinen Gefolgsleuten erhalten. Aus ihnen fischt eine Auswahlkommission geeignete Lebensläufe nach Interviews heraus und legt sie dem „Chef" zur Entscheidung vor. Der entscheidet, wer wo kandidieren darf. Wiederum die üblichen Quoten: Frauen, Minderheiten, ein paar versprengte Altpolitiker. Aber die meisten sind jung-dynamische städtische Akademiker-, Unternehmer- und Zivilgesellschaftstypen, die von ihrem Glück kandidieren zu dürfen, erst vier Wochen vor dem Wahltermin erfahren. Sie treten als meist völlige politische Laien gegen erfahrene Platzhirsche der Gegner an. Das schadet ihnen nicht, im Gegenteil. Schon in der ersten Runde, in der En Marche und MoDem 32,3 % der Stimmen erhalten, können die meisten sozialistischen Kandidaten, darunter viele Ex-Minister, die in ihren Wahlkreisen unter der kritischen Schwelle von 12,5 % der Wahlberechtigten bleiben, die Koffer packen. In der zweiten Runde, wo es nur noch um die relative Mehrheit geht, sind die Republikaner an der Reihe. Am Ende erreichen En Marche und MoDem statt der erwarteten 400 Sitze „nur" 350, eine komfortable Mehrheit der Kammer mit ihren 577 Sitzen, die PS 45, Linksaußen, der Insoumises von Mélenchon einschließlich der Kommunisten 27, die Republikaner, die sich bald spalten, 136, und die Front National nur acht Sitze statt der erhofften vierzig. Unter ferner liefen: drei korsische Nationalisten (Autonomisten). Nachdem 400 bisherige Abgeordnete ihren Broterwerb verloren hatten und entweder in Rente oder auf Arbeitssuche gehen mussten, waren die hunderte von Neulingen ein ziemlich verlorener Haufen, die die parlamentarischen Regeln und Usancen nicht verstanden, da sie nie in Stadt- oder Regionalparlamenten gewesen, noch mit den Prozeduren auf Parteitagen vertraut oder in der praktischen Politik angelernt worden waren. Dreitägige Kurzseminare und interaktive Netzseiten genügten offenkundig nicht, um einen Parlamentsausschuss aus dem Stand zu leiten. Sie haben weiter keinerlei Hausmacht und wissen, dass sie ihr Mandat nur einem Mann zu verdanken haben: dem Präsidenten. Entsprechend löste ihr kritikloser, diskussionsfreier und schafsartiger Kadavergehorsam bei Abstimmungen bei der linken wie der rechten Opposition nur Hohn und Spott aus. Da sie erst sechs Wochen vor der Wahl von ihrer Nominierung erfahren hatten, hatte die Amateurtruppe auch keine Ahnung von Wahlkreisarbeit und ist örtlich eher nur zufällig oder privat verwurzelt. Dank des von Macron durchgesetzten und von ihnen in der Nationalversammlung abgenickten Kumulationsverbotes mit kommunalen und lokalen Mandaten wird ihre politische Einwurzelung in ihren Wahlkreisen nahezu unmöglich werden. Es werden also auch in Zukunft keine gestandenen Bürgermeister und Vizebürgermeister in ihren Reihen geben, die die Ergebnisse der notgedrungen abgehobenen Pariser Politik in ihren Auswirkungen vor Ort erfahren und möglicherweise korrigieren können. Die Bewegung der Gelbwesten im Winter 2018/19 kam für die yuppen Marcher denn auch aus heiterem Himmel. Für ihre allfällige Wiederwahl im Jahr 2022 dürfte wieder die politische Konjunktur Macrons entscheidend bleiben.[80]

Inzwischen holte ihre politische Vergangenheit einige Minister ein. Regionalminister Richard Ferrand, einer der ersten wichtigen Bundesgenossen Macrons in der PS, hatte als Chef einer sozialistischen Versicherungsgenossenschaft seiner Lebensbegleiterin billige Grundstücke zugeschoben[81]. Dann hatte Martin Schulz als wackerer Antifaschist als sein Abschiedsgeschenk als EP-Präsident die Praxis von Marine Le Pen denunziert, ihre parlamentarische Assistenten in Straßburg für die Parteiarbeit in Frankreich zu verwenden. Nachdem Ermittlungen eingeleitet wurden, rächte sich die FN, in dem sie 39 andere französische Kollegen im EP verpfiff, die das genauso machten.[82] Betroffen war vor allem MoDem, die als Kleinpartei kaum eigene Ressourcen hatte. So mussten denn, kaum ernannt, neben Ferrand auch Justizminister Bayrou, Verteidigungsministerin Goulard und Europaministerin de Sarnez das Kabinett verlassen. Sechs Wochen nach seiner Wahl regierte Macron – dank Martin Schulz – ohne seinen Koalitionspartner.

Ähnlich wie Sarkozy mit Yasmina Reza anno 2007 so hatte Macron sich auch eine eingebettete Schriftstellerin im Wahlkampf als gedachte künftige Minnesängerin zugesellt. Gaël Tchakaloff besuchte ihn nach seinem Sieg im Élysée, um festzustellen, ob er sich verändert habe. Sie fand eine jugendliche Atmosphäre mit einem konservativen Stil und seriösen Ratgebern. Er sagte weiter „Danke" für den Kaffee, weniger allerdings für Vermerke oder Ideen. Er ist anspruchsvoll, dauernd unzufrieden und lässt seine Reden achtzehnmal umschreiben. Seinen Mitarbeitern hat er ein Redeverbot zur Presse erteilt und lässt die seiner Minister kontrollieren (ganz im Gegensatz zu seiner eigenen Praxis als Élysée-Mitarbeiter und kecker 38-jähriger Minister). Er selbst dosiert seine Botschaften sorgfältig und sucht nicht länger die täglichen Schlagzeilen und Sensationen. Mit seinem Autonomiebedürfnis setzt er sich wie schon im Wahlkampf über Tagesordnungen und vorgesehene Zeitplanungen hinweg. Mit Brigitte eint ihn weiter eine gegenseitige distanzlose Faszination. Als intellektuelle Sparring-Partner vermischen ihre Unterhaltungen oft übergangslos Theaterthemen, Privates und Politisches. Mit Premier Philippe pflegt Macron öffentlich Harmonie. Sie entstammen der gleichen Generation, wuchsen außerhalb von Paris auf, sind ENArquen, mit Erfahrungen im öffentlichen und Privatsektor. Es eint sie die Liebe zur Literatur, ein großer Hochmut und die Neigung zum Aktenfressen und Notizenmachen. Sie sprechen sich mehrmals täglich, sehen sich mehrmals die Woche und haben

---

80   Etienne Ollion. „Les inconnues de l'Assemblée". Le Monde 8.7.2017.
81   Julien Martin. „Le poison de l'affaire Ferrand". L'Obs 8.6.2017.
82   Das Phänomen ist nicht auf Frankreich begrenzt!

gemeinsame Ratgeber zu Steuer- und Wirtschaftsfragen. Und obwohl Macron seine Minister-riege eigenhändig zusammengestellt hat, spricht Philippe von einem gemeinsamen Entwurf.[83]

In der Außenpolitik gelangen die oft entscheidenden ersten Schritte dank Macrons Mischung aus freundlicher Verbindlichkeit, der Beherrschung der Thematik, Energie und innerer Härte. Er machte bei den NATO- und G7-Gipfeln im Mai 2017 in Brüssel und auf Sizilien als Neuling, wiewohl Donald Trump im Mittelpunkt stand, eine gute Figur. Er demonstrierte bei Merkels missratenem Hamburger G20-Gipfel seine Solidarität mit Deutschland, angefangen mit dem Begrüßungsküßchen für die Kanzlerin. Auch mit Theresa May war er bei einem Parisbesuch charmant, obwohl Frankreich in den Brexit-Verhandlungen von 2018/19 eine knallharte Linie fuhr, die kompromissloseste aller EU-Staaten. Er lud Putin nach Versailles ein (und beleidigte ihn nicht wie Hollande zuvor als Kriegsverbrecher in einem Lokalzeitungsinterview) und führ-te ihm Frankreichs imperiale Größe am richtigen Ort vor. Er lud Donald und Melania Trump zur Parade des 14. Juli 2017 ein. Praktischerweise war 100 Jahre zuvor das US-Expeditions-korps angelandet, um im Ersten Weltkrieg die Wende zu bringen, so dass US-Truppen am De-filee beteiligt waren. Man besichtigte Napoleons Grab im Invalidendom, speiste nobel zu viert im Eiffelturm zusammen. The Donald ging sicher im Glauben, die Parade sei nur ihm zu Ehren ausgerichtet worden. Great Show! Im Gegensatz zu Theresa May und Angela Merkel fand Ma-cron sofort den richtigen Zugang zu Trump, auf dessen Eitelkeiten er mit gespielter Empathie und kühler Berechnung einging. Schließlich waren beide zuvor ungewählte Außenseiter ihrer politischen Systeme und wollen ihre Nationen wirtschaftlich und geopolitisch wieder „groß" machen.[84]

Mit den wichtigsten libyschen Kriegsparteien verhandelte Macron in einem Schloss nahe Paris einen Waffenstillstand aus. Sollte er denn halten, hätten er und seine Diplomaten in Rekordzeit die übelste Fehlentscheidung von Sarkozy und David Cameron im Jahr 2011 in Rekordzeit halbwegs korrigiert.

In Afrika teilt Macron nicht die traditionelle Leidenschaft der Präsidenten, die er mit ihrer bis-herigen Privilegierung der etalierten frankophonen Staatschefs für einen Anachronismus hält. Ohnehin hat er mit französischer Kolonialgeschichte, wie mit Geschichte überhaupt, die mit ihm eigentlich erst angefangen hat, wenig am Hut. Er überlässt die Beziehungen der Privatwirt-schaft – und den Chinesen, die mit Dschibuti, wo sie einen Marinestützpunkt errichten, einen Kooperationsvertrag nach postkolonialem Muster abschließen. Dazu will Macron die militä-rische Präsenz in Afrika verringern, die dort nicht mehr leistbar ist. Auch ist kein europäischer Partner für eine Rollenteilung in Sicht. Während französische Truppen in der Sahelzone im Kampfeinsatz gegen Al-Quaida Terroristen sind, halten sich die EU-Missionen, einschließlich der Bundeswehr, in ihren sicheren Feldlagern im Hinterland auf und produzieren Selfies vor ihren Spähpanzern. Doch sind trotz jener Ausbildungshilfen viele afrikanischen Armeen – die Staatschefs lassen sie aus Angst vor Putschen lieber als korrupte Phantomtruppen verrotten –

83   Gaël Tchakaloff. „Jupiter' a l'Élysée". Le Point 8.6.2017.
84   Pierre Briançon. „Does Macron like Trump back?". Politico 1.2.2018.

noch lange nicht in der Lage, den einheimischen islamistischen Terror und viele traditionelle Stammeskriege zu befrieden[85].

Zu Macrons linkskulturellen Überzeugungen zählt die Ablehnung der französischen Kolonialherrschaft als „Verbrechen gegen die Menschlichkeit", eine Obsession, die ihm bei seinem missglückten Algerienbesuch schon im Wahlkampf von 2017 schadete. Im September 2018 entschuldigte er sich öffentlich für das Verschwinden und Foltern von FLN-Kämpfern und Terrorverdächtigen durch französisches Militär und Polizei im Algerienkrieg[86]. Massakrierte französische Zivilisten, Kriegsgefangene und Harkis wurden in seinem Skript nicht erwähnt. Dazu ließ Macron von einer zweiköpfigen präsidialen „Kommission" die Rückgabe kolonialer Raubkunst prüfen. Die kam zum vorhersehbaren Ergebnis, dass 90.000 solcher Kunstwerke, die in Afrika während der Kolonialzeit gesammelt wurden, als Sühne und Buße zurückzugeben seien. In einer Rede in Burkina Faso im Dezember 2018 kündigte Macron an, dies binnen 5 Jahren durchzuführen. Dies dürfte die Sammlungen des Louvre und des neuen Museums Jacques Chirac einigermaßen leeren, ohne dass die meisten afrikanischen Staaten entsprechende sichere Aufbewahrungsorte oder gar Museen besitzen, oder sie das geringste Interesse zeigten. Das Schicksal von Palmyra, der Manuskripte von Timbuktu, der Buddha-Statue von Bamyan und die Plünderung der Museen von Bagdad sollte Menetekel genug sein. Die rechte Opposition warf Macron vor, einen Kulturkampf inszenieren zu wollen[87].

Schon bald haben es Macron die weltpolitischen Bühnen angetan. Im Januar 2018 besuchte er Präsident Xi in Peking. Im März schließt er in Delhi ein Abkommen zur militärischen Zusammenarbeit im Indischen Ozean ab, in dem Frankreich den von der chinesischen Hochseeflotte beunruhigten Indern die Nutzung der französischen Stützpunkte und Seegebiete von Mayotte und La Réunion im Indischen Ozean und in Dschibuti und den Vereinigten Emiraten anbietet[88]. Im April 2018 wird seine Rede im US-Kongress begeistert gefeiert. Trump demonstriert bei einem Festbankett ihre innige Freundschaft. Frankreich gilt in den USA nach dem Brexit mit der britischen Selbstisolation als der einzig verlässliche europäische Partner, nicht zuletzt auch dank seiner weltweit einsetzbaren schlagkräftigen Armee und Marine[89]. Ein enormes Umdenken seit dem Irakkriegsboykott Chiracs und Schröders. Jene schrille anti-französische Kampagne („surrender monkeys", „Freedom fries" statt French fries) von 2003 ist längst vergeben und vergessen. Der wenig später folgende Washingtonbesuch von Kanzlerin Merkel ging dagegen sang- und klanglos unter. Mit ihrer Sicherheitspolitik gelten sie und damit Deutschland als unverlässliche Trittbrettfahrer des US-Militärschutzes.[90]

---

85   Antoine Glaser. „La Françafrique s'est privatisée". Le Figaro 2.12.2017; David Chuter, Florence Gaub. Understanding African armies. ISS Report. Paris 27. April 2016.
86   Frankfurter Allgemeine Zeitung 15.9.2018.
87   Jürg Altwegg. „Kontinent ohne Kultur". Frankfurter Allgemeine Zeitung 23.11.2018; David Pilling. „France urged to send back treasures plundered from Africa". Financial Times 24.11.2018.
88   Julien Bouissou. „Contre la Chine, l'Inde mise sur l'aide de Macron". Le Monde 10.3.2018.
89   Tunku Varadarajan. „Move over Britain, France is America's ‚special' friend". Politico 3.5.2018.
90   Guy Chazan. „Merkel's Washington visit overshadowed by Macron triumph". Financial Times 27.4.2018.

Im April 2018, dem elften Monat seiner Amtszeit schon, ordnet Macron seinen ersten Militärschlag an. Er behauptet Beweise für den – militärisch völlig sinnlosen – Chemiewaffeneinsatz des syrischen Regimes auf Zivilisten in der Stadt Douma zu haben und kündigt Bombenangriffe sinnigerweise bei einem Grundschulbesuch in der Normandie an. Nachdem die Terrortruppe von ISIS zurückgedrängt worden war, kommt anscheinend wieder das Assad-Regime in das Fadenkreuz.[91] In der EU selbst sind ihm die Entscheidungsverfahren mit dem Einstimmigkeitsprinzip in der Außen- und Sicherheitspolitiknachvollziehbar zu umständlich, langsam und am kleinsten gemeinsamen Nenner orientiert. So forderte er eine gemeinsame Interventionstruppe von zehn Teilnehmerstaaten (Frankreich, Großbritannien, Deutschland, Italien, Spanien, die Niederlande, Belgien, Portugal, Dänemark und Estland) außerhalb von NATO- und EU-Strukturen, ohne das schwierige Polen unter Kaczyński und die lästigen Neutralen und Blockfreien, wobei das Angebot an Deutschland trotz seiner fehlenden militärischen Einsatzfähigkeit und aller französischen Frustrationen wohl unvermeidlich war[92]. Vor dem Europäischen Parlament forderte Macron im April 2018 eine Stärkung der Währungsunion und mehr Geld zur Bewältigung der Migrationskrise und für die Außen- und Sicherheitspolitik, nicht zuletzt auch gegenüber ungenannt bleibenden „autoritären Demokratien"[93].

In Summe gilt sicher Éric Zemmours Beobachtung, dass die außenpolitischen Schritte aller Präsidenten der V. Republik als „erfolgreich" von den nationalen und internationalen Medien bejubelt wurden. Zunehmend aber mache sich unabhängig von seiner Persönlichkeit auf jener Lieblingsspielwiese der Präsidenten der außenpolitische Bedeutungsverlust Frankreichs wegen des relativen Verlustes an militärischer und wirtschaftlicher Macht bemerkbar. Dazu werde die französische Außenpolitik vom atlantisch-universalistischen Gutmenschendenken in einer europäischen Konsens-Soße angeleitet und sei entsprechend ziellos und ergebnisfrei, statt sich an Realpolitik im französischen Nationalinteresse leiten zu lassen.[94]

Für die Organisation des Staatsapparates begann Macron mit vernünftigen Ideen. Die Ministerkabinetts wurden an Personalstärke limitiert, so dass sie – wie deutschen Ministerbüros oder die Kabinette der EU-Kommission – gezwungen werden, mit den Dienststellen ihres Ministeriums zusammenarbeiten, statt als Parallelverwaltung alles allein zu machen und besser zu wissen. Die neue Praxis musste natürlich erst einmal gelernt und eingelebt werden. Dann hatte er die schlaue Idee, um das ständige Gegeneinander zwischen Élysée und Matignon zu beenden, sollten zehn Conseillers des Premiers nunmehr gemeinsam für beide Institutionen arbeiten. Die Bedauernswürdigen sind nun zumeist in ihren Büros im Élysée und setzen dann nach Dienstschluss ihre Arbeit im Matignon fort, fallen also für den Premier praktisch aus … Mit Macrons gaullistisch-bonapartistischem Ansatz von personalisierter Herrschaft zieht er alle Entscheidungen an sich. Einmal mehr wird einem Premier, diesmal Édouard Philippe, die Luft zum Atmen genommen, ohne dass sich Macron bisher zu den demütigenden Machtspiel-

91 Michaela Wiegel. „Macron nimmt das Heft in die Hand". Frankfurter Allgemeine Sonntagszeitung 15.4.2018.
92 „Emmanuel Macron's coalition of the willing". Politico 3.5.2018.
93 Frankfurter Allgemeine Zeitung 18.4.2018.
94 Éric Zemmour. „Des néoconservateurs à l'Élysée". Le Figaro 8.6.2017.

chen, die Giscard, Mitterrand und Sarkozy pflegten, bemüßigt gefühlt hätte. Die Minister kontaktieren ihn und das Élysée einfach direkt und bekommen unter Umgehung des Premiers die schnelle Entscheidung, die sie brauchen und erhoffen.

Macron kannte das Élysée aus seinen Tagen als stellvertretender Generalsekretär Hollandes und wollte nach eigenem Bekunden nicht wie er hier lebendig begraben sein. Er empfand die Rituale, Prozeduren und die Architektur der Büros als geisttötend, weil mental einschränkend. So ließ er das klassische Präsidentenbüro für Fotoszenen intakt, wo er als Staatsschauspieler nach dem Muster des Weißen Hauses in der Gegenwart der betroffenen Minister Gesetze unterschrieb und wichtige Besucher beindrucken wollte, und eröffnete im Nachbarzimmer sein Arbeitsbüro, wo er die Aktenberge durchackert und seine Mitarbeiter zum Rapport einbestellt. Es gibt keine „Abendbesucher" mehr, nur noch ausgewählte „En Marcher", die von der Basis berichten sollen, ähnlich wie Mitterrand sich gerne die Berichte regionaler Abgeordneter anhörte. Pompidous Kinosaal bleibt unbenutzt, während das Präsidentenpaar ganz im Stil jenes Vorgängerpaares die Räumlichkeiten behutsam nach und nach einmal mehr modernisiert. Aus Popularitätsgründen wurde auch ein Präsidentenhund stilgerecht aus einem Tierasyl angeschafft, der prompt öffentlich an einen Kamin pinkelte. Dazu wurde die Zahl der Leibwächter auf 77 aufgestockt[95].

In der Nationalversammlung hat Macron freie Hand. Seine LREM hatte zusammen mit den 50 MoDem-Koalitionären eine solide Zweidrittel-Mehrheit. Dazu bot sich die zentristische Abspaltung von etwa zwanzig juppéistischen Republikanern, „Les Constructifs", zur Mitarbeit (und für Posten) an. Die „Nouvelle Gauche" (Ex-PS) leckte ihre Wunden und war mit ihrer Existenz- und Finanzkrise befasst, die nicht einmal der Verkauf der Parteizentrale in der Rue de Solférino entspannen konnte. Eine echte Opposition gab es im ersten Jahr seiner Präsidentschaft nur von Seiten von „La France Insoumise", der von Jean-Luc Mélenchon kontrollierten Protestbewegung und der verbündeten, stark geschrumpften KPF („Gauche démocrate et républicaine") zur Linken gegen die von Macron beabsichtigten Steuer- und Sozialreformen, den Republikanern (LR) zur Rechten, denn auch die FN befand sich in ihrer Nachwahlen-Depression. Laurent Wauquiez, der neue LR-Chef, nannte Macron den Anwalt der nationalen Selbstauslöschung. Er sähe Frankreich als identitätslose „Start-up-Nation" und destrukturierte die Überlieferungen der französischen Geschichte, Literatur und Kultur.[96]

Innenpolitisch ging es um die entscheidenden ersten hundert Tage, solange die durchaus fragile Macromania noch hielt. Bis zu den Sommerferien kann man in Frankreich alles machen. Ab Herbst wird es dann kritisch. Die ersten Sparmaßnahmen schienen harmlos genug.

Er führte für Beamte wieder die Gehaltsaussetzung für den ersten Krankheitstag ein, den Sarkozy erfunden und Hollande wieder aufgehoben hatte und der wundersamerweise die enormen Abwesenheitsraten in den Regional- und Lokalverwaltungen auf ein Normalmaß redu-

---

95   François-Xavier Bourmand und Marcelo Wesfreid. „Macron imprime sa marque sur le fonctionnement du
      Palais de l'Élysée". Le Figaro 2.12.2017.
96   Le Point 19.10.2017.

ziert hatte. Dann kürzte er die Mietsubventionen für Sozialbaubewohner um 5 Euro pro Monat (Sparvolumen 100 Mio. Euro). Ein Aufschrei der Linken: Wie unsozial! Sodann schnitt er aus dem Militärbudget 850 Millionen Euro, was den Zorn des Generalstabschefs, General de Villiers erregte, zumal Macron im Wahlkampf eigentlich astronomische Steigerungen des Verteidigungshaushaltes von 32,2 Milliarden (2017) auf 50 Milliarden (2025) versprochen hatte. Vor der versammelten Militärführung staucht der ungediente Macron im Stil eines miesen kleinen Unteroffiziers den Generalstabschef, den er zuvor schon bei der Parade des 14. Juli geschnitten hatte, ohne ihn zu nennen öffentlich zusammen: „Ich bin der Chef. … Ich will keine Kommentare hören"[97]. Außerdem warf er dem General öffentlich vor, sich gegenüber ihm unangemessen geäußert zu haben. In Frankreich ist die Ehre der Armee und ihrer Generalität unantastbar. De Gaulle konnte die Rebellion der Generale 1962 nur deshalb überleben und niederschlagen, weil er de Gaulle war. Aber wer ist der ungediente Herr Macron? Die Empörung der Presse und der rechten wie linken Opposition war ungeheuer. Macron hatte seine erste Krise verursacht. Die Zustimmungsraten fallen binnen Wochenfrist von 64 % auf 54 %. Der öffentliche Eindruck verstärkt sich, er sei wie Hollande nach außen freundlich, im Inneren eiskalt.

Im Juli 2017 begann Macron die versprochene Reform des Arbeitsrechtes durchzuführen und band dabei im Gegensatz zu der Regierung Valls unter Hollande die Gewerkschaften so rechtzeitig in mehr als einhundert Sitzungen ein, dass es diesmal zu keinen ausgedehnten Herbststreiks und Protestaktionen nach der Sommerpause kam. Insgesamt bestand die Reform, die anders als die Hartz-Reformen von Gerhard Schröder das Sozialsystem nicht antasteten, aus einem von beiden Kammern gebilligten Rahmengesetz und einem Sammelsurium von 36 Einzelmaßnahmen, die im September durch Verordnungen umgesetzt und sofort anwendbar wurden. Am wichtigsten war, dass Regelungen der 35-Stunden-Woche, von Vergütungen und Arbeitsbedingungen bei Kleinbetrieben bis zu 50 Mitarbeitern (d. h. 95 % der Firmen, deren Belegschaften meist nicht gewerkschaftlich organisiert sind) mit betrieblichen Vereinbarungen, die sich auf die Auftragslage einstellen können, umgesetzt werden können und auf Druck der Force Ouvriere (FO) bei größeren Firmen als Branchenabkommen ausverhandelt werden. So können jetzt zum Beispiel in der Bauindustrie und im Hotelgewerbe befristete Arbeitsverträge unproblematischer geschlossen werden. Dazu wurde durch eine Obergrenze für Kündigungsentschädigungen den Arbeitsrichtern der Ermessensspielraum nach oben, den manche in ideologischer Absicht gerne nutzten, beschnitten. Auch genügt es bei internationalen Unternehmen für betriebsbedingte Entlassungen darzulegen, dass sie in Frankreich Umsatzeinbußen erlitten und nicht mehr länger für ihr weltweites Geschäft dies nachweisen mussten[98]. Ziel war es durch das skandinavische Modell der „flexicurity", der Erleichterung von Entlassungsprozeduren, die Unternehmen zu verstärkten Einstellungen zu motivieren. Weiter wurden die vier verschiedenen Mitbestimmungsgremien pro Unternehmen zu einer einzigen zusammengefasst. Während der Arbeitgeberverband MEDEF verständlicherweise zufrieden war[99], war

97 Pierre Alonso, Laure Bretton. „Le général de Villiers oblige de rendré les armées". Libération 20.7.2017.
98 Thomas Hanke. „Frankreich reformiert den Arbeitsmarkt". Handelsblatt 3.8.2016.
99 Christian Schubert. „Wirtschaft ist mit Macrons Arbeitsmarktreform zufrieden". Frankfurter Allgemeine Zeitung 1.9.2017.

die Gewerkschaftsreaktion gespalten: Die FO hatte die von ihr gewünschten Branchenverträge durchgesetzt, die sozialistische CFDT blieb unzufrieden, ohne zu Arbeitskämpfen bereit zu sein, während die KPF-nahe CGT, die allerdings durch verlorene Betriebsratswahlen geschwächt war, und Mélenchon zu nationalen Protesten aufrufen, die jedoch wesentlich schwächer als in der Vergangenheit ausfielen. Was auf den ersten Blick wie ein politischer Erfolg Macrons erschien, wurde von der französischen Öffentlichkeit anders gesehen. Seine Zustimmungsraten fielen im Zuge der Reformbemühungen auf 34 %–36 %, die schlechtesten, die ein Präsident in den ersten einhundert Tagen je einfuhr, während seine Ablehnungsquote auf 49 % stieg[100]. Bei den Wahlen zum Senat im September verlor „La République en Marche" (LREM) 8 Sitze (von 29 Überläufern) prompt gegen die oppositionellen Republikaner. Bei den Regionalwahlen in Korsika im Dezember 2017 gewannen die Korsischen Autonomisten mit 56,5 % die absolute Mehrheit. Von der geforderten Gleichberechtigung der korsischen Sprache will Macron nichts wissen. Wie den meisten Linksliberalen sind ihm autochthone Volksgruppenrechte fremd.

Im Dezember 2017 veröffentlichte Le Monde etwas differenzierte Umfrageergebnisse. Danach waren sechs Monate nach seinem Amtstritt 23 % der Franzosen mit ihm zufrieden bis sehr zufrieden und 31 % unzufrieden bis sehr unzufrieden. Doch waren 46 % weiter unentschieden[101]. Dabei war die Kritik stärker bei Anhängern der politischen Linken, die ihn als Apostel der Globalisierung und Vertreter von Kapitalinteressen sehen, als bei jenen der Rechten. Doch es gibt auch ein deutliches Stadt-Land-Gefälle. Schon im Mai 2017 hatte Macron auf dem Land nur 58 % der Stimmen erhalten, dagegen 65 % in den Provinzstädten und 79 % im Großraum Paris. Von der Opposition als Präsident der Städte und der Eliten kritisiert, der vom Lande abgeschnitten und dem die Agrarkrise gleichgültig sei[102], versuchte Macron im Januar 2018 bei einem Besuch in der Auvergne in der politischen Heimat von VGE symbolisch gegenzusteuern. Er ließ sich in Kuhställen ablichten und versprach einen „neuen Frühling" für die Überlebenden in der Landwirtschaft (die von einer Selbstmord-Epidemie verschuldeter Bauern heimgesucht wurde) und sie mit der Globalisierung auszusöhnen. Tatsächlich aber blieben seine Einführung von Tempo 80 auf den Landstraßen, der Zwang zu elf Pflichtimpfungen, die Erhöhung der Zigarettensteuern und die Kürzungen der Mietzuschüsse (APL) vor allem bei Beziehern schwacher Einkommen auf dem Land und in den Klein- und Mittelstädten in der Peripherie unpopulär.[103] Sie sollten die Rebellion der Gelbwesten („gilets jaunes") ab Oktober 2018 beflügeln.

Im Winter 2017/18 setzte Macron seine Reformserie fort. Sie folgte dem mittlerweile vertrauten Muster von fanfarenartig angekündigtem Stückwerk, das in seinen Konsequenzen nicht recht durchdacht war und in seinen Widersprüchen zwischen Wirtschaftsliberalität und Etatismus die zwiespältigen Einstellungen des Präsidenten getreulich widerspiegelten. So kündigte

100   Judith Hecht. „Arbeitsmarktreform lässt Macrons Beliebtheit sinken". Die Presse 4.8.2017.
101   Gérard Courtois. „L'attentisme prudent des Français à l'égard de Macron". Le Monde 6.12.2017.
102   In der Tat begann Frankreich historisch erstmalig nach seinem Antritt in Brüssel für eine Kürzung der Agrarausgaben zugunsten von innovativen Zukunftsprojekten aller Art zu plädieren.
103   Solenn de Royer. „Après Davos, Macron au chevet du monde rural". Le Monde 27.1.2018.

er Ende 2017 an, die 1974 eingeführte Wohnungssteuer („taxe d'habitation"), die die meisten Nutzer, Mieter wie Eigentümer, an die Gemeinden zahlen müssen, für 80 % der Haushalte abschaffen zu wollen. Unklar blieb, ob auch das obere Fünftel der Wohlhabenden auch befreit und wie die chronisch klammen Gemeinden für ihre Steuerausfälle von 20 Milliarden Euro entschädigt werden würden.[104] Ebenso kündigte er an, dass Arbeitslosen, die sich nicht an der Arbeitssuche beteiligten, eine Ausbildung und eine zumutbare Stelle ablehnten, die Bezüge während zwei Monaten halbiert würden, um dann für zwei Monate gänzlich zu entfallen. Die stärkere staatliche Überwachung der Arbeitslosen sorgte bei der Linken sofort für Empörung.[105] Weiter würden gezielte Fehlinformationen („fake news"), die Lügenmärchen über Prominente – darunter auch über ihn, seine angeblichen Geheimkonten und seine vita sexualis – verbreiten, verboten, gerichtlich geahndet und im Schnellverfahren durch eine Medienaufsichtsbehörde[106] unterdrückt werden[107]. Dazu wurden die Notstandsbestimmungen, die Hollande nach dem Bataclan-Massaker verordnet hatte (nächtliche Haussuchungen auf Verdacht, Ausweis-Pflicht, längere U-Haft für Terror-Verdächtige), als Dauer-Recht verabschiedet.

Es blieben seine Wahlversprechen, die Unternehmenssteuern von 33 % und die Staatsquote von 56 % auf 53 % zu verringern. Dazu will er das politische Minenfeld der 25 Rentenkassen mit ihren zahlreichen Berufsprivilegien vereinheitlichen. Schließlich sollte auch noch ein Investitionsprogramm von 50 Milliarden Euro entwickelt und bei der existierenden Staatsschuld von 100 % des BIP ohne Neuschulden finanziert werden.

Die Umsetzung ließ freilich auf sich warten. Die Staatsausgaben wurden 2018 nicht gesenkt. Dank reichlicher Steuereinnahmen betrug das laufende Haushaltsdefizit in diesem Jahr nur noch 2,3 % des BIP. Erst in der Endzeit Macrons soll im Jahr 2022 ein Überschuss erwirtschaftet, die Gesamtverschuldung auf unter 90 % des BIP gesenkt und die gesamten Staatsausgaben auf 51,% des BIP sanft vermindert werden. Die Übernahme der Schulden der staatlichen SNCF von 50 Milliarden Euro bleibt jedoch weiter unklar.[108] Im Juni 2018 kündigte Bruno Le Maire als Wirtschafts- und Finanzminister drei große Privatisierungsprojekte an: die Mehrheitsanteile an den Aéroports de Paris (Charles de Gaulle, Orly und Le Bourget), dem Lotteriebetreiber „Française des Jeux" und dem Energieversorger „Engie" (früher: GDF Suez) sollten 15 Milliarden Euro Erlöse bringen, die der Innovationsförderung und der Schuldentilgung dienen sollten[109]. Ein sehr willkommener Tropfen auf einen sehr heißen Stein.

Waren im Frühjahr 2018 die Eisenbahnerstreiks zunächst noch unpopulär und stießen die militanten Studentenproteste gegen sanfte, universitätsspezifische Zulassungsbeschränkungen (die Schulnoten, Motivationsschreiben und Lehrerempfehlungen berücksichtigen sollen)

104 „Macron will die Wohnsteuer kippen". Frankfurter Allgemeine Zeitung 2.1.2018.
105 „Präsident will Arbeitslose stärker kontrollieren". Frankfurter Allgemeine Zeitung 29.12.2017.
106 Das „Netzwerkdurchsetzungsgesetz" der Großen Koalition von 2017 weist die Verantwortung für die Netz-Zensur den privaten Betreibern zu.
107 „Macron plant Gesetz gegen Fake News". Frankfurter Allgemeine Zeitung 5.1.2018.
108 Frankfurter Allgemeine Zeitung 12.4.2018.
109 Les Echos 13.6.2018.

ebenfalls auf wenig öffentliche Sympathien[110], so begann im Mai 2018 die wie immer volatile öffentliche Meinung sich gegen den Präsidenten zu wenden. So gab es erste Intellektuellenresolutionen gegen seine „liberale und autoritäre" (!) Politik[111]. Ihm wurde mit seiner wirtschaftsfreundlichen Rhetorik und der Flexibilisierung der Arbeitsmärkte (um die 35-Stunden-Woche formal nicht anzutasten und für die Unternehmen erträglicher zu machen) immer häufiger vorgeworfen, ein „Präsident der Reichen" zu sein. Es war auch nicht hilfreich, dass er Arbeitslose und Streikende als Faulenzer und „Menschen, die nichts sind" beleidigte und im Widerspruch zu seinen Wahlkampfversprechen keine „Lösungen" – sprich neuaufgelegte Ausgabenprogramme – für die verarmten und verwahrlosten Ghettos der Banlieues anbot[112]. Zu Frankreichs umfangreichen Sozialhilfen meinte er durchaus zutreffend: „Wir geben verrückt viel Geld für Soziales aus, trotzdem bleibt die Armut"[113], und kündigte mittelfristige Einschnitte an.

Die üblichen Affärchen des neuen Regimes ließen nicht lange auf sich warten. In den ersten drei Monaten betrug Macrons Schminkrechnung auf Staatskosten 26.000 Euro. Seinen 40. Geburtstag ließ er mit Gattin, Freunden und Familien im edlen königlichen Palast Chambord mit Wildbrettafeln feiern, die erste solche Feier seit VGE. Dass er für 34.000 Euro das Schwimmbad im Fort de Brégançon erweitern ließ (das Meer ist immerhin nicht allzu weit entfernt), wurde ebenfalls mit der üblichen öffentlichen Entrüstung registriert. Premier Philippe verschmähte im Dezember 2017 in Tokyo für den Rückflug den bereitstehenden Militärflieger und ließ sich und seine Delegation für 350.000 Euro in einem Privatjet ausfliegen. Die Arroganz der Macht und das Prassen auf Staatskosten hatten die neue Führungsmannschaft, die eine neue Moral versprochen hatte, ohne große Widerstände sehr schnell infiziert.

Im Zug der vom Fehlverhalten des Hollywood-Moguls Weinstein ausgelösten „Me too"-Kampagne wurden Anfang 2018 auch die Minister Hulot (Umwelt) und Darmanin (Haushalt) früherer sexueller Übergriffe mit mehr oder minder großer Glaubwürdigkeit bezichtigt[114], immerhin ein wesentlich geringerer Prozentsatz des Kabinetts (dank Macrons Frauenquote?), als jener, der Whitehall und Westminster heimsuchte.

Im Juli 2018 traten der grüne Umweltaktivist Nicolas Hulot als Umweltminister und die Sportministerin (ihrerseits wegen Steuerunregelmäßigkeiten) zurück. Kurz danach brach die „Benalla-Affäre" ihren Lauf. Alexandre Benalla war als „conseiller" für Sicherheitsfragen im Élysée der höchstrangige Leibwächter Macrons. Für die sozialistische Prominenz hatte er zuvor als Fahrer und Mann fürs Grobe agiert, bis ihm wegen eines Falles von Fahrerflucht gekündigt wurde. Bei den gewalttätigen Demonstrationen zum 1. Mai 2018 mischte er sich in Polizeikluft unter die CRS und wurde gefilmt und erkannt, wie er zwei Demonstranten zusammenschlug und als sie am Boden lagen, noch auf sie eintrat. Im Juli 2018 wurde von Le Monde aufgedeckt, dass Macron schon am Folgetag von dem peinlichen Zwischenfall Bescheid wusste und ihn

110 Le Figaro 6.4.2018.
111 Jürg Altwegg. „Macron im Mai". Frankfurter Allgemeine Zeitung 4.5.2018.
112 Frankfurter Allgemeine Zeitung 25.5.2018.
113 Christian Schubert. „Frankreich braucht Europa". Frankfurter Allgemeine Zeitung 27.6.2018.
114 Pierre Briançon. „French budget minister investigated for alleged rape". Politico 1.2.2018.

zweieinhalb Monate lang ohne Sanktionen vertuschen wollte.[115] Prompt wurden Bilder veröffentlicht, die u. a. zeigten, wie Macron Benalla bei einem Messerundgang mit Käsestückchen fütterte[116] – ein etwas ungewohnter Umgang mit einem Leibwächter – was einmal mehr die naheliegenden, jedoch unbewiesenen Gerüchte beflügelte, die sein Fehlverhalten beim versuchten Vertuschen des Dienstvergehens erklären sollte.

Jupiter hatte sich auf das irdische Politikerformat selbst zusammengestutzt. Seine Zustimmungsraten fielen im September 2018 auf 23 %. Im Mai hatten sie noch bei 40 % gelegen. Erstmals seit 1980, als die Linke Raymond Barre stürzen wollte, gab es im Herbst 2018 einen diesmal gemeinsamen – freilich chancenlosen – Misstrauensantrag der linken und der rechten Opposition gegen die Regierung, nicht gegen den Präsidenten, denn der kann vom Parlament nicht abgesetzt werden. Macron reagierte mit öffentlichen Schmähungen von Parlament, Presse und Justiz[117]. Auch seine schon im Wahlkampf offen gewordene Verachtung der Unterschichten, die er wahlweise als Alkoholiker und Analphabeten bezeichnet hatte, setzte sich in der periodischen Beleidigung von Arbeitslosen, die an ihrer Lage selbst schuld seien, fort[118]. Höhepunkt der erratischen Stillosigkeiten des Präsidenten war, dass er sich auf der verzweifelten Suche nach seiner verlorengegangenen Beliebtheit und um den Vorwurf olympischer Abgehobenheit zu entgegnen, bei einem Besuch auf den Antillen jedermann umherzte und küsste. Darunter waren auch halbnackte Farbige, unter ihnen ein wegen Raubes Vorbestrafter, die die Gelegenheit nutzten, in der Umarmung mit dem Präsidenten unbeanstandet den Stinkefinger in die Kamera zu halten. Das Bild stellte selbst Hollandes Scooter-Auftritt in den Schatten. Mit seiner Bürgerferne rächte sich, dass Macron nie vor seiner Präsidentschaft ein Wahlamt ausgeübt hatte. Einem erfahrenen Bürgermeister oder Regionalpolitiker wäre das nicht passiert.

Im Herbst traten Innenminister Christoph Castaner, ein sozialistischer Unterstützer der ersten Stunde und erster Vorsitzender von LREM, und die Verlegerin Françoise Nyssen als Kulturministerin als weitere prominente Minister frustriert von Macrons autoritärem Regierungsstil zurück. Nyssen meinte, die „Gewalt und Brutalität" des Politikbetriebs seien unerträglich[119]. Dazu ernannte Macron den affärenbelasteten Richard Ferrand (Ex-PS) zum Parlamentspräsidenten. Die Personaldecke von LREM war sehr dünn geworden.

Schließlich gab es nach dem Jahr Eins seiner Herrschaft auch die Zukunft seiner Wahlbewegung En Marche (LREM) zu klären. Als Fan-Club seiner Regierung und seiner selbst zählte sie angeblich 400.000 „Mitglieder", die sich irgendwann auf der EM-Netzseite als Unterstützer hatten gratis registrieren lassen. Nach dem Wahlsieg in den Präsidial- und Parlamentswahlen war sie weitgehend funktionslos geworden[120]. Im Gegensatz zu Parteien hat seine Bewegung

115 Nadia Pantel. „Späte Kampfrede". Süddeutsche Zeitung 26.7.2018.
116 Closer 21.7.2018.
117 Frankfurter Allgemeine Zeitung 1.8.2018.
118 Zachary Young. „Macron's 9 Greatest Gaffes". Politico 10.11.2018.
119 Der Spiegel 20.10.2018.
120 Bastien Bonnefois. „En 2018, le parti présidentiel veut se remettre en marche". Le Monde 27.1.2018.

bekanntlich kein Programm, keine Statute, keine Strukturen, keine assoziierten Thinktanks und keinen beschlussfassenden Parteitag, sondern nur amorphe Ortsgruppen mit ihren „flash-mobs"[121]. Würde man sie wieder zum Programm-Entwerfen und als nützliche Idioten zum Klinkenputzen für die nächsten Wahlen animieren können[122], wo doch alle politischen und Personal-Entscheidungen für jedermann sichtbar im Élysée fielen?

Die Europapolitik

War im ersten Wahlgang vom April 2017 noch die absolute Mehrheit aller Stimmen in Summe an explizite EU-Gegner wie Le Pen, Mélenchon, an EU-kritische Splitterkandidaten der Rechten und Linken, sowie an die EU-Skeptiker Fillon und Hamon gegangen, so erfüllte die Zweidrittelmehrheit der abgegebenen Stimmen (bei einer Wahlbeteiligung von freilich nur 43,6 % zwei Wochen später einen Gutteil der ausländischen und vor allem deutschen Medien mit einer messianischen Hochstimmung, mit einem völlig kritiklosen Jubel über den manichäischen Sieg des edlen jugendlichen Ritters über die böse alte Hexe, eine intellektuelle Schlichtheit des Urteils, die einem Duell von Jim Knopf gegen den Drachen Frau Mahlzahn angemessen gewesen wäre.

Tatsächlich empfiehlt sich wie stets eine differenziertere Betrachtung. Auch für Macron haben französische Interessen Vorfahrt. Als eine seiner ersten Amtshandlungen ließ er die Groß-Werft STX in Nazaire verstaatlichen, um sie vor einer italienischen (und befürchteten chinesischen) Übernahme zu schützen. Im Blick auf chinesisches Stahldumping verlangte er härtere Anti-Dumping-Regeln der EU. Auch sollten ebenfalls mit Blick auf strategische chinesische Unternehmensübernahmen in der EU Reziprozitätsregeln und Kontrollen eingeführt werden. Idem ein „Buy European Act" bei öffentlichen Ausschreibungen. Bedenkenswerte Positionen, die man „sanften Protektionismus" in der Tradition des colbertistischen Merkantilismus oder der Schutzzollpolitik Friedrich Lists nennen könnte und die dem naiven Berliner Globalisierungsglauben deutlich widersprechen[123].

Schon im Wahlkampf verlangte Macron laut und deutlich eine Revision der EU-Entsenderichtlinie, die bislang die Beschäftigung von EU-Ausländern (d. h. hauptsächlich von Osteuropäern und Spaniern) für bis zu 36 Monate zu den Mindestlöhnen des Arbeitsortes und zu den wesentlich niedrigeren Sozialbeiträgen des Herkunftslandes erlaubte. Stattdessen sollte durch das Prinzip „gleiches Geld für gleiche Arbeit am gleichen Arbeitsort" und die Begrenzung auf zwölf Monate sowie die Zahlung der Wohn- und Anfahrtskosten durch den Arbeitgeber der Anreiz für jenes in Frankreich endemische Sozialdumping entzogen werden.[124] Die polni-

---

121   Nicolas Roussellier. „Une majorité presque encombrante pour le vainqueur" L'Obs 15.6.2017.
122   Clément Petreault. „La république en marche, parti ‚liquide'" Le Point 16.11.2017.
123   Nicholas Vinocur. „The two faces of Emmanuel Macron". Politico 29.11.2017; Jakob Hanke und Hans von der Burchard. „Macronomics". Politico 4.5.2017.
124   „Macron will Osteuropa von ‚Sozialdumping' abbringen". Frankfurter Allgemeine Zeitung 23.8.2017.

sche Premierin Beata Szydło warf ihm prompt „durch politische Unerfahrenheit begründete Arroganz"[125] vor.

Das prioritätenfreie Potpourri von Macrons Europapolitik wurde auch in seiner gefeierten Sorbonne-Rede im September 2017 bestätigt. Er begann mit einer stimmigen Diagnose, dass der weltweite rückläufige Einfluss der USA eine stärkere Verteidigungsverantwortung der EU verlange. Dazu bedürfe es, wie er schon als Kandidat an der Humboldt-Universität ausführte, die Partnerschaft mit Deutschland.[126] Wörtlich hatte er in einem syndizierten und rar gewordenen Interview ausgeführt: „Deutschland braucht Frankreich, um sich zu schützen und um Europa zu schützen". Es dürfe sich nicht hinter „nationalen Egoismen" verstecken, die als „langsames Gift" unsere Demokratien und unsere kollektiven Handlungsfähigkeit gegenüber unseren historischen Herausforderungen schwächten.[127] An der Sorbonne verlangte er den Schutz auch gegen soziales und wirtschaftliches Dumping. Nicht zuletzt gegen unlauteren Wettbewerb von China müsse sich die EU effektiver verteidigen. Er will als relativ wenig kontroverse Ideen gemeinsame europäische Universitäten mit echten Diplomen[128], mehr Geld für den Erasmus-Studentenaustausch, die Zahl der Kommissare wie vor der Osterweiterung auf fünfzehn begrenzen (auf wessen Kosten wohl?), einen Europäischen Digital- und Energiemarkt, einen Fonds zur gemeinsamen Entwicklung und der Anschaffung von Rüstungsgütern und einen europäischen Geheimdienst. Dazu wird einmal mehr eine europäische Armee, eine Phantomtruppe die seit zwei Jahrzehnten durch die Texte europäischer Sonntagsreden geistert, vorgeschlagen. Frankreich will sie als eine internationale Interventionstruppe außerhalb der EU-Strukturen. Deutschland will, dass ihr das Kommando und ihre Kampfaufträge vom Ministerrat und von einem Verteidigungsausschuss des EP gegeben und kontrolliert werden. Beim Blick auf den Zustand der Bundeswehr löst dies in Paris (und nicht nur dort) akute Krämpfe aus. Weiter wärmt Macron solche sozialdemokratischen Alt-Forderungen auf, wie eine europäische Finanztransaktionssteuer, eine Kohlenstoffsteuer auf Importe und einen Solidaritätsfonds für die Entwicklungshilfe[129]. Dazu solle die EU eine führende Rolle gegen die Erderwärmung spielen. Ein Eurozonenbudget solle durch eine neue Unternehmenssteuer finanziert werden[130]. Während seines Wahlkampfes hatte er einen Europäischen Finanz- und Wirtschaftsminister gefordert, der über einen Eurozonenhaushalt als Investitionsfonds z. B. für Start-ups und eine eigene Europäische Finanzfazilität als neuen Rettungsfonds verfügen sollte. All dies solle von einem eigenen Parlament der 19 Eurozonenmitglieder kontrolliert werden.

125 Vinocur. Loc. cit.
126 Pierre Briançon. „Macron sets out Vision for Europe's future". Politico 28.9.2017.
127 Emmanuel Macron. „L'Europe n'est pas un supermarché". Le Figaro 22.6.2017.
128 Die Postgraduierten-Institute wie das Europa-Kolleg in Brügge und Natolin, das Europäische Hochschulinstitut in Florenz, das Europäische Institut für Öffentliche Verwaltung in Maastricht, das Europa-Institut des Universität des Saarlandes u. a. m. übersieht Macron dabei geflissentlich, ebenso wie jene Vielzahl an kombinierten Magister-Studiengängen sehr unterschiedlicher Qualität, die von drei bis vier europäischen Hochschulen gemeinsam angeboten werden.
129 Den es als EEF bereits seit 1959 unter führender französischer Beteiligung für die assoziierten AKP-Länder gibt. Von 2015 bis 2020 verfügt der EEF über 20,5 Milliarden Euro. Über seine Erfolgsbilanz während der letzten 60 Jahre kann man freilich geteilter Meinung sein.
130 Thomas Hanke. „Frankreich springt in die Bresche". Handelsblatt 24.11.2017.

In anderen Worten: eine bizarre Wiederauflage des alten Konzeptes eines Kern-Europas, ein-schließlich allerdings so unsicherer Kantonisten wie Griechenland, Malta, Zypern und Italien. Nicht-Euroländer wie Polen, Ungarn, Rumänien und Bulgarien würden von jenem Manna aus-geschlossen. Dazu setzte er Ideen wie eine EU-Arbeitslosenversicherungen, eine europäische Einlagenversicherung für eine Bankenunion und Euro-Bonds in Umlauf, die in Summe eines unverkennbar gemeinsam haben: Auf Kosten Deutschlands, Finnlands, der Niederlande und Österreichs per multiple Gemeinschaftshaftungen eine Transferunion in Richtung Süden zu schaffen. Das weckte Befürchtungen, das zu Hollandes Zeiten mit Sigmar Gabriel, Peer Stein-brück und Frank Steinmeier ausgetüftelte Konzept neu zu beleben, mit Gemeinschaftsanleihen staatliche Altschulden zu entsorgen, die sich für Frankreich auf unbezahlbare 2400 Milliarden Euro (2017) belaufen[131]. Neben der Transferproblematik laufen alle Maßnahmen auf einen wesentlich ausgeweiteten europäischen Etatismus heraus mit neuen EU-Steuern und einer möglichen Verdreifachung der verschiedenen EU-Haushalte[132], die, unkontrollierbar gewor-den niemand, mehr überwachen kann. Die SPD-Führung bekundete, man müsse dem sozial-liberalen Wunderkind und Frankreich „helfen", weil sonst das Schreckgespenst Marine Le Pen ihm und der EU bei den nächsten Wahlen den Garaus machen würde.[133] Tatsächlich begriff man aber in Paris auch an der minimalistisch-zögerlichen Reaktion in Berlin, dass Deutsch-land nach Endlos-Serien an großen und nie gehaltenen Reformankündigungen von Chirac bis Hollande den europapolitischen Vorschlägen Frankreichs misstraut: Sie seien in ihren schönen Visionen und Worten nur auf das deutsche Geld aus[134]. Tatsächlich aber glaubt Macron, mit seinen Arbeitsmarkt- und Steuerreformen (die in Deutschland unter Merkel weiter auf sich warten ließen) und der Rückführung der Neuverschuldung als eine Art quid pro quo in Vor-leistung gegangen zu sein[135]. Es schien, als hätte Berlin in Paris mit Macron nach dem Ausfall der Briten einen verlässlichen Bündnispartner in Sachen Freihandel und Multilateralismus, den es dort zuletzt zu Zeiten Giscards gab. Allerdings lehnte Macron im Frühjahr 2019 ein Ver-handlungsmandat für Handelsverhandlungen mit den USA zur Abwendung der Trumpschen Strafzölle, die hauptsächlich die deutschen PKW-Exporte treffen würden, ab.

Für die Europawahlen im Mai 2019 plante Macron ursprünglich eine Ausweitung seiner Bewe-gung auf die gesamte EU, die zunächst einmal von „demokratischen Treffen" ausgehen sollte, die dann noch unverfänglicher zu „Bürgerkonsultationen" umbenannt wurden[136]. Wie in sei-ner LREM sollten jene Wählerkonventionen, die sich wiederum im Wesentlichen aus wohl-habenden, gebildeten, städtischen, männlichen, pro-europäischen Mittelschichtlern (nicht gerade den Durchschnittswähler repräsentierend!) zusammensetzen würden, unverbindliche

131 Focus 20/2017. S. 25.
132 Eine Folge des Vorschlages, die „Eigenmittel" der EU von einem Prozent der Wirtschaftsleistung auf drei Pro-zent zu erhöhen.
133 „Zwischen Paris und Berlin droht Streit um Europapolitik". Frankfurter Allgemeine Zeitung 9.5.2017; Man-fred Weber. „Keine Alimente für Frankreich". Wirtschaftswoche 12.5.2017.
134 Michaela Wiegel. Emmanuel Macron. Ein Visionär für Europa – eine Herausforderung für Deutschland. Eu-ropa Verlag. Berlin 2018.
135 Sophie Pedder. Revolution Française: Emmanuel Macron and the Quest to Reinvent a Nation. London 2018.
136 Aline Robert. Euractiv.fr 21.12.2017.

Programmideen in die Stratosphären eines Komitees „weiser Europäer" zur Beschlussfassung senden[137]. Im unwahrscheinlichen Fall eines Erfolgs würden wie in Frankreich als erstes die europäischen Sozialisten die Opfer werden. Die etablierten Partei- und Medienapparate hielten sich – mit Ausnahme der Liberalen (ALDE) und darunter besonders der spanischen Ciudadanos im EP – in ihren Reaktionen sehr bedeckt, zu gemischt sind die Erfahrungen mit anderen Ein-Mann-Bewegungen (Forza Italia, Cinque stelle, Podemos, Fidesz, PiS etc.) und die Unlust auf die unerwünschte, unberechenbare Konkurrenz. Als erstes schossen sie im Februar 2018 im EP mehrheitlich seine Idee von europaweiten Wahllisten ab, die seiner Bewegung mit Hilfe von Deserteuren aus anderen Parteien den Weg geebnet hätten[138]. So wurde denn ein klassisches Wahlbündnis mit den liberalen Parteien der ALDE-Fraktion als wahrscheinlichste Option umgesetzt, zumal Macron auch das mit Jean-Claude Junckers Wahl von 2014 geprobte Konzept eines pan-europäischen „Spitzenkandidaten" mangels europäischer Vernetzung seiner En Marche-Bewegung ablehnt. Da die Kommissionspräsidenten immer noch von den EU-Regierungschefs (seit 1995 stets aus ihren eigenen Reihen stammend) ernannt und nicht vom EP gewählt werden, blieb die Benennung von „Spitzenkandidaten" wie der Herren Manfred Weber (EVP) und Frans Timmermans (SPE) gegen den Willen Macrons illusorisch.

Die Rebellion der Gelbwesten

Am 17. November 2018 brach in der Provinz die Rebellion der Gelbwesten aus, die größten Massenunruhen seit dem Mai 1968. Sie war unorganisiert, spontan und weitgehend führungslos, hat also mit den ritualistischen, wohlgeplanten Streiks der linken Gewerkschaften nicht das Geringste zu tun. Auslöser war die drastische Erhöhung der Benzinsteuern in Gestalt einer neuen „Öko"-CO_2-Steuer, die das Autofahren aus vorgeblichen Klimaschutzgründen weiter verteuern sollte. Laut Automobilverband ACA haben sich die Abgaben pro PKW ohnehin seit 2000 vervierfacht. Neben Benzinpreisverteuerungen, PKW-Steuern, Versicherung, Zulassung, Wartung zählen dazu auch der Straßenmaut, saftige Strafmandate fürs Falschparken und die Radarfallen auf den meisten Landstraßen, deren Tempolimit auf 80 km/h gesenkt worden war.[139] Die Demonstranten mobilisierten landesweit durch Videos, Twitter und über Facebook. Sie belagerten Raffinerien und Treibstofflager und blockierten Kreisverkehre und Mautstellen. Nur wer „Macron, démission!" rief, wurde durchgelassen[140]. Bald schlossen sich Proteste der Schüler gegen die Abi-Reform, die Krankenwagenfahrern gegen die Liberalisierung ihrer Dienste und der Bauern an, bei Pariser Massendemos leider auch die unvermeidlichen anarchistischen „casseurs" des Schwarzen Blocks, die Schaufenster einwarfen, Autos und Läden plünderten und anzündeten und den Arc de Triomphe vandalisierten. Doch auch in der Provinz wurden Präfekturen eingeäschert und selbst das unschuldige Confiseriegeschäft der Trogueux in Amiens regelmäßig bespuckt und mit Boykott-Drohungen verfolgt. So versuchte die Regierung die Bewegung, die

---

137 Claudia Chwalisz und David van Reybrouck. „Macron's Sham Democracy". Politico 8.2.2018.
138 Maia de la Baume. „Macron's opening European gambit". Politico 8.2.2018.
139 Bis April 2019 wurden drei Viertel der 3200 Radarfallen zerstört, mit Mindereinnahmen von 1,2 Milliarden Euro für den Fiskus, oder 68 Euro Ersparnis pro Fahrer.
140 Christian Schubert. „Französischer Volkszorn". Frankfurter Allgemeine Zeitung 8.12.2018.

sowohl von Mélenchon als auch von Le Pen rhetorisch unterstützt wurde, als gewalttätig und antisemitisch zu denunzieren[141]. Tatsächlich hat aber ihr mit rücksichtsloser Härte befohlener Polizeieinsatz von November 2018 bis April 2019 allein 11 Menschenleben gekostet.

Hauptträger der Rebellion waren die unteren Mittelschichten (Handwerker, kleine Angestellte, Industriearbeiter, Ladenbesitzer: die „classe populaire"), die Bewohner in der vernachlässigten abgehängten Provinz, wo die soziale Infrastruktur aufdröselt, Gaststätten, Polizeireviere, Schulen, Kirchen, Postämter, Arztpraxen und Bahnhöfe schließen und den „périurbaines", den Stadtrandgebieten und Mittelstädten jenseits der Speckgürtel, wo die Deindustrialisierung immer längere Pendlerstrecken zum Arbeitsplatz (sofern vorhanden) erzwingt[142], zumal Innenstadtwohnungen für Mittelschichtler nicht mehr leistbar sind, und wo die Familien auch mit Doppeleinkommen dank der horrenden Steuer- und Abgabenlast, denen für sie wenig sichtbare öffentliche Dienstleistungen entsprechen, nur noch knapp über die Runden kommen und dies nur durch Einkäufe per Auto in den Hypermarchés. Nicht alle Demonstranten mögen direkt von der Pauperisierung bedroht gewesen sein, doch nährten die Defizite der französischen Regionalpolitik und die überbordende Steuerlast jene latenten Abstiegsängste, die das Fass zum überlaufen brachten. Regionale Schwerpunkte der Rebellion waren genau die Gegenden, wo Le Pen, Mélenchon und die Republikaner 2017 siegreich waren: Nordfrankreich vom Ärmelkanal bis zum Elsass, Ostfrankreich bis zur Mittelmeerküste und der Süden bis Bordeaux.

Obwohl die Proteste das Weihnachtsgeschäft und die Tourismussaison in Paris gründlich verhagelten, brachte die Bevölkerungsmehrheit ihnen überwältigende Sympathien entgegen (dies im Gegensatz zum Mai 1968!). Wie schon VGE vier Jahrzehnte zuvor feststellen musste, beträgt das Potential wirtschafts- und linksliberaler Stammwähler, wohlhabende, gebildete Großstädter, der Macronisten also, aus denen sich seine Bewegung nahezu ausschließlich rekrutiert, gerade einmal 6 %.[143]

In seiner Reaktion auf die ihn überraschenden Proteste machte Macron alles falsch, was ein politischer Anfänger falsch machen konnte. Zunächst ignorierte er sie, bunkerte sich im Élysée ein und traute sich kaum noch in die Öffentlichkeit[144]. Er überließ seinem populäreren Premier Philippe, der ruhig und besonnen wirkte und Verständnis für die Ängste der Protestierer und ihr Gefühl allein gelassen zu werden, zeigte[145], die Stellungnahmen. Dann verkündete er: Keine Kompromisse, keine Verhandlungen unter dem Druck der Straße – zumal die Gelbwesten mit ihren diffusen Forderungen auch keine autorisierten Verhandler hatten.

14 Tage später, Mitte Dezember 2018, knickte er überraschend ein. Die Ökosteuer auf Benzin und Diesel, die das Weltklima hätte retten sollen, wurde ersatzlos gestrichen, die Steuererhöhungen für Rentner zurückgenommen, der Mindestlohn um 100 Euro im Monat erhöht,

141   Michaela Wiegel. „Und der Präsident kauft neues Porzellan". Frankfurter Allgemeine Zeitung 8.12.2018.
142   Claus Leggewie. „Landleben ist kein politisches Schicksal". Frankfurter Allgemeine Zeitung 16.1.2019.
143   Der Spiegel 8.12.2018.
144   Ähnlich wie Kanzlerin Merkel im BT-Wahlkampf 2017 nur noch in geschlossenen Sälen vor ausgewähltem Publikum auftrat, um dem „Hau ab"-Geschrei auf den Marktplätzen zu entrinnen.
145   Frankfurter Allgemeine Zeitung 20.11.2018.

Weihnachtsprämien und Überstunden wurden steuerfrei. Zur Gesichtswahrung wurde ein „débat national" bis März 2019 durchgeführt[146], in dem in allen Provinzstädten Minister sich die Beschwerden und Anregungen eines handverlesenen Publikums – brave Bürgermeister und Notabeln zumeist, die Macron bislang ignoriert hatte – verständnisinnig anhören mussten.

In Summe verlor der französische Fiskus durch die Steuerausfälle durch Blockaden und das verlorene Weihnachts- und Tourismusgeschäft 6 Milliarden Euro. Zusätzlich kosten Macrons Steuergeschenke für den sozialen Frieden 10 bis 15 Milliarden Euro jährlich. Macht in Summe ein Haushaltsdefizit von 3,2 % des BIP in 2019 und damit eine Steigerung von Frankreichs Gesamtschuldlast auf über 100 % des BIP[147] – dies ohne eine seriöse Strategie zu haben, sein Wahlkampfversprechen einer langfristigen Haushaltssanierung doch noch durchzusetzen. Er setzt damit nahtlos die Tradition seiner Vorgänger der letzten drei Jahrzehnte seit François Mitterrand fort. Seine Glaubwürdigkeit als Fiskalreformer ist damit dahin und damit auch das Vertrauen in die von ihm geforderte Seriosität einer Haftungs- und Risikogemeinschaft des Euro-Raums.

Auch wenn die Bewegung der Gelbwesten bis Ostern 2019 auf eine krawallartige Bewegung einiger 10.000 schrumpfte, blieb doch die Drohung, bei ähnlich unpopulären Steuern oder Reformen erneut zur lähmenden Massenbewegung zu werden, als Damoklesschwert über dem Haupt des traumatisierten jungen Präsidenten.

Erste Bewertung

Zweifellos hat Macron den Intellekt, die Energie, das diplomatische Talent und die Härte, um internationale Krisen zu meistern und möglicherweise auch zu lösen, mehr sicherlich als fast alle anderen europäischen Staatenlenker anno 2019. Angesichts der sich ständig verschärfenden Krisenlage von der Sahelzone über die arabische Welt bis in den postsowjetischen Raum – im Jahr 2002 konnte Kommissionspräsident Romano Prodi noch behaupten, die EU sein von einem „Ring von Freunden" umgeben, heute ein schlechter Witz – sind solche Eigenschaften dringend notwendig, vor allem in einem Land wie Frankreich, das einzig in der Rest-EU noch über eine einsatzfähige Armee, eine illusionslose professionelle Diplomatie und die notwendigen schnellen Entscheidungskapazitäten verfügt.

An der innenpolitischen Front, an der er zwanzigjährige Reformbaustellen, tief eingegrabene, aggressive Besitzstandwahrer, ein erdrückendes Steuersystem und konkursreife Staatsfinanzen geerbt hatte, sieht es düsterer aus. In seiner diffusen Wahlprogrammatik und den kritischen ersten hundert Tagen wurden keine Ansätze für seriöse Strukturreformen sichtbar. Zwar hat er im Gegensatz zu seinem Vorgänger eine solide numerische Mehrheit in der Nationalversammlung, die ihm mangels eigener Hausmachten auch persönlich ergeben ist. Doch kann der Zusammenhalt jener diffusen Bewegung aus Weltverbesserern, Karrieristen und übergelaufenen

---

146 „Macron cherche une sortie de crise". Metro 11.12.2018.
147 Jens Münchrath. „Der Autoritätsverlust". Handelsblatt 24.12.2018; Liz Alderman. „Unrest in France hinders Macron's push to revive economy". New York Times 11.12.2018.

Alt-Politikern fraglich werden, wenn es keine Pfründe mehr zu verteilen gibt, der Nimbus des neuen Jupiter angekratzt ist, soziale Unruhen im Lande wieder zunehmen oder die Wiederwahl bedroht ist.

Mit seinem distanzierten Stil hat Macrons Wahl (ebenso wie die Wiederwahl Chiracs im Jahr 2002) im Land keinen Jubel ausgelöst, sondern nur die Erleichterung des kleineren Übels. Er hat das Amt in einem Alter übernommen in dem ein Major de Gaulle noch Hilfsschreiber des Marschalls Pétain war. Im Gegensatz zu de Gaulle und Mitterrand hat er sich stets an Mentoren geklammert und sich von ihnen fördern lassen, bis sie er sie mangels weiterer Nützlichkeit fallen ließ. Wenn wir uns die ziemlich abfallende Kurve der Qualität der Präsidentschaften der V. Republik vergegenwärtigen, ist dies kein Zeichen von politischer oder charakterlicher Stärke.

Mental und vom Karriereprofil her gibt es bei Macron Ähnlichkeiten mit fast allen seinen Vorgängern. Mit de Gaulle eint in der Glaube an die Vorsehung, die ihn schicksalshaft für dieses Staatsamt auserkoren hat, das Syndrom der Jeanne d'Arc-Identifikation, die autoritäre Attitüde mit etatistischem Gepräge, die Verachtung für die etablierten Politiker und die Verwaltung, und die Gründung einer „weder links, noch rechts", führerzentrierten Sammlungsbewegung, die keine Partei sein will, sie aber ohne demokratische Binnenstrukturen doch ist; mit Pompidou die literarischen und die modernistischen künstlerischen Interessen, die Laufbahn in der Kaderschmiede hochplatzierter Rothschild-Banker und die enge Beziehung zu seiner Frau; mit Giscard der unverbindliche sozialliberale Zentrismus, die freundlich-unnahbare Distanz zur Umwelt und seine Europa- und Deutschlandorientierung; mit Mitterrand die katholische Schulbildung und die Affinität zur Literatur des 19. Jahrhunderts und zu royalen Auftritten; mit Sarkozy die Neigung zur Glitzerwelt des „Tout Paris", die Arbeitswut und die herrische Geste; mit Chirac und Hollande schließlich, die Macht erobert zu haben, ohne recht zu wissen, wozu eigentlich – außer im Élysée zu sitzen, die Großen der Welt zu treffen und auf anfallende Krisen, an denen kein Mangel ist und sein wird, energisch zu reagieren. Wie Giscard, Chirac und Hollande ist er ENArque und zählt damit bereits zur Liga der schwächeren Präsidenten. Mit allen außer Giscard und Sarkozy ist ihm die jugendliche Sozialisation in der Provinz gemein und damit die Faszination für die polit-literarische Hauptstadt Paris, wo nach der Lektüre von Balzac, Stendhal und Zola jeder wichtige innerstädtische Straßenname bereits eine unwiderstehliche Ausstrahlung ausübt. Andererseits ist bei ihm im Gegensatz zu de Gaulle, Pompidou, Mitterrand, Chirac und selbst Giscard nicht die geringste Affinität zur mystischen und gleichzeitig sehr realen und liebenswerten „France profonde" sichtbar. Sie wird nicht einmal als schauspielerischer Versuch inszeniert. Die Parallelen enden hier. Von dem verratenen Ziehvater Hollande lernte der 39-Jährige mit dem möglichst ehrgeizlosesten und vagsten Minimalprogramm anzutreten, so dass er nie der Nichterfüllung geziehen werden konnte. Die 35-Stunden-Woche soll bleiben, ebenso das Rentenalter mit 62. Die Reichensteuer ISF wird auf Immobilien, die Macron für unproduktiv hält, begrenzt, die Staatsquote homöopathisch von 56 % auf 53 % reduziert und die Zahl der Staatsdiener möglicherweise um 120.000 auf natürlichem Wege reduziert werden. Die einzige Innovation: ein einmonatiger Schnupper-Wehrdienst, der, sofern er je umgesetzt wird, genügen dürfte, um zweimal im Biwak zum Schießplatz zu marschieren.

Der narzisstische Glaube an sich selbst und die eigene überlegene Einzigartigkeit ersetzen jedoch auch bei Macron keine kohärente Vision für die Zukunft Frankreichs und Europas. Vielleicht setzt politisch-historische Größe von der Art eines de Gaulle oder Mitterrand einen Charakter und Lebensweg voraus, der in entscheidenden Momenten auf die eigene Kraft gebaut hat, existentielle Risiken auf sich nahm, jahrelange Rückschläge verkraften musste und sich nicht wie seither üblich in Seilschaften organisiert oder sich mächtigen politischen Bossen andienert, bis man sie schließlich verrät und sich selbst für unfehlbar hält.

Macron wurde nach seiner Wahl in deutschen Medien ähnlich wie seinerzeit Barack Obama als edler Jüngling und Ritter ohne Fehl und Tadel gefeiert, der in manichäischer Diktion die böse alte Hexe Marine Le Pen besiegte[148]. Ein Kindermärchen von schlichten Gemütern aufgetischt, die ihre Leser für ähnlich gestrickt halten. Die französischen Wahler nahmen diesen falschen Heldenmythos etwas differenzierter wahr. Vier Wochen Tage nach der zweiten Runde der Präsidialwahlen vom Mai 2017 neigte das öffentliche Stimmungsbild dazu, dem frischgewählten Macron eine Chance zu geben. Die Protestwähler von links- und rechtsaußen blieben zu Hause. Sozialdemokraten und gemäßigte Republikaner stimmten in großen Zahlen für die neuen „En Marcher". Doch sehr schnell zeigte sich, dass Dreitages-Seminare die Amateur-Parlamentarier in der Nationalversammlung nicht in Polit-Profis verwandeln konnten. Ihre Anfängerfehler in den Führungsfunktionen der Ausschüsse machten sie sofort zum Gespött der Altparlamentarier und der Presse. Noch gravierender: Der ewig lächelnde Kandidat mutierte gleichsam über Nacht in eine neue Rolle: in einen autoritären Chef, der als Ungedienter knapp zwei Monate im Amt den altgedienten Generalstabschef öffentlich abkanzelte und hinauswarf. Mit machtpolitisch fixierten Charakteren wie Putin, Xi und Trump mochte ein herrisches, selbstbewusstes Auftreten im imperialen Rahmen richtig und angemessen sein. In der französischen Öffentlichkeit, die Seniorität schätzt, kam der nassforsche 39-Jährige schlecht an, der sich in seiner Minister- und Kabinettsriege von jungdynamischen ENArquen umgeben ließ, die mit Premier Philippe angefangen wie Klone seiner selbst wirkten und bei der Mehrzahl der Wähler ungute Assoziationen an ungeliebte arrogante Nachwuchschefs im eigenen beruflichen Umfeld weckten.

Weiter wurden in Frankreich die hysterischen Weltuntergangsszenarien der deutschen Medien im Mai 2017 von Marine ante portas nicht geteilt. Es war jedermann klar, dass sie mit ihrem doktrinären wirtschafts- und europapolitischen Selbstmordkurs nicht mehrheitsfähig war und aus dem Lager der Republikaner keine Bündnispartner finden würde, zumal Le Pen auch nicht erklären konnte, wie sie nach dem Euro-Ausstieg mit einem abgewerteten Franc die französischen Staatsschulden und ihre neuen Sozialprogramme finanzieren wollte. Spiegelbildlich wie die Kommunisten vor 1981 würde sie in ihrem rechten Ghetto trotz aller Proteststimmenzuwächse in den Problemgebieten des desindustrialisierenden Nordwestens und Südostens iso-

---

148 Pars pro toto das Titelthema in der Frankfurter Allgemeinen Woche 20/2017. S. 15 ff.

liert bleiben. Nach ihrer Niederlage bei den Parlamentswahlen, bei der sie mit acht Mandaten unter der nötigen Fraktionsstärke blieben, beschäftigte sich die FN zunächst einmal mit sich selbst. Viel spannender dagegen bleibt die Frage, ob es Mélenchon mit seiner Fundamentalopposition „France Insoumise" zusammen mit der CGT und der KPF als Junior-Partnern gelingen würde, die Trümmer der führungslosen und demoralisierten PS als Linksoppostion gegen die zart dosierten Liberalisierungsmaßnahmen Macrons abzulösen. Oder ob sich nach Abspaltung der „konstruktiven" zentristischen Zuarbeiter der Präsidentenmehrheit die stärker konservativ positionierten Republikaner unter Führung des früheren Forschungs- und Europaministers Laurent Wauquiez nach ihrem Sieg bei den Senatswahlen im September 2017 über die Macronisten als Führungsalternative konsolidieren können. Obwohl die französische Politik spannend bleibt, sind Untergangsszenarien verfrüht. Wie immer gilt: Sind die Erwartungen – wie jene der meist frustrierten französischen Öffentlichkeit – niedrig genug, gibt es stets genug Raum für positive Überraschungen.

Zum Zeitpunkt des Schreibens (Mai 2019) erscheint notgedrungen noch unklar, ob der entzauberte Jupiter seinen Trick von 2017 angesichts seiner Unbeliebtheit, minimalen Stammwählerbasis und virtuellen politischen Organisation im Jahr 2022 noch einmal wiederholen kann. Die von ihm genial zersplitterte Opposition der Republikaner und der Linken könnte das Duell mit der unvermeidlichen, vielleicht diesmal europageläuterten Marine Le Pen noch einmal wiederholen.

Im Fall seines Scheiterns jedoch würde Macron die Reihe seiner Einmal-Vorgänger wie Giscard, Sarkozy und Hollande fortsetzen. Doch was macht ein hochintelligenter und ambitionierter Ex-Präsident von 44 Jahren mit dem Rest seines Lebens?

Bei den Wahlen zum Europaparlament im Mai 2019 wurde Macron von Marine Le Pen mit 23,3 % zu 22,4 % für seine „Renaissance"-Liste knapp geschlagen. Tatsächlich aber war seine vermeintliche Niederlage – vorallem in den vernachlässigten Provinzen mit starken Gelbwesten-Protesten – ein taktischer Triumph. Es war ihm gelungen, alle Repräsentanten der demokratischen Linken und republikanischen Rechten zu deklassieren. Die Republikaner („Droit et Centre") erreichten nur noch 8,5 %, die Ex-Sozialisten 6,2 % und damit den Status von Kleinparteien, ebenso wie die Linksaußen Koalition von „Insoumise" mit 6,3 %. Nur die wenig organisierten Écolos schafften mit 13,5 % einen Achtungserfolg. Wenn seine Rechnung, angesichts der Zersplitterung und symmetrischen Selbstzerstörung der Republikaner und Sozialisten, der zwei großen Traditionsparteien als Nachfolgern der Gaullisten und der SFIO der V. und IV. Republik, nicht unwahrscheinlich, aufgeht, befände er sich zum Zeitpunkt seiner beabsichtigten Wiederwahl im Jahr 2022 erneut in der Situation eines alternativlosen Kandidaten in der zweiten Runde mit einem sicheren, wenngleich im Vergleich 2017 geschmälerten Sieg über Le Pen, wobei es ihm gleichgültig sein kann, ob sie dann 40 % oder selbst 45 % erreicht. Ein taktisches Kalkül, das nur ein großes Risiko in sich trägt: Es muß am Ende aufgehen.

Nachwort

Ein kontrafaktueller Epilog

Die V. Republik mit ihrem in Westeuropa einzigartigen Präsidialregime existiert seit sechs Jahrzehnten. Die parlamentarischen Systeme der III. und IV. Republik sind in Frankreich seither als Exempel des Politikversagens so dämonisiert worden, dass sie dort so gut wie niemand trotz aller seit Ende der 70er-Jahre wachsenden mehrheitlichen Kritik an den einzelnen Präsidentenpersönlichkeiten und ihrer Politik ernsthaft wieder herstellen möchte. Dies trotz siebenundzwanzig mehr oder minder gut funktionierenden parlamentarischen Varianten in den benachbarten und befreundeten EU-Partnerstaaten. Die Direktwahl des Präsidenten bleibt unstreitig populär und erfreut sich nach dem Motto „Hoffnung gegen Erfahrung" weiter außerordentlich hoher Wahlbeteiligungen.

Die legitime Frage stellt sich: Hätte der General 1957 nicht geputscht und 1962 mit harter Hand sein personales Regime auch für seine Nachfolger verfassungsmäßig verankert, wäre Frankreichs innen- und außenpolitischer Kurs ein anderer, möglicherweise erfolgreicherer geworden? Fest steht sicher, dass die Streitsucht, die Neigung zu Spaltungen und Politintrigen, sowie die Liebe zu Parteineugründungen in Frankreichs politischer Klasse in allen Lagern nicht abgenommen haben. Gerne werden als amüsante Erklärung gallische Traditionen bemüht, deren Stämme, wie wir seit Cäsar wissen, wie alle vorstaatlichen Stammesgesellschaften (ebenso wie die Germanen, Slawen und große Teile des heutigen Nahen Ostens und Afrikas) mit instabilen Herrschaftssystemen in ständigen Machtkämpfen und Raufhändeln verstrickt waren. Die Anthropologie hilft in der politischen Soziologie also nur beschränkt weiter.

In Frankreich hat jedoch das Zeitalter der großen Volksparteien, das für Westdeutschland, Österreich, Italien, Großbritannien, die Niederlande und Schweden nach der Jahrtausendwende noch fast ein Jahrzehnt lang gang und gebe war, jenseits des Links-Rechts-Schismas der Gesellschaft nie stattgefunden. Parteien waren stets Flugsand und das Ergebnis von zeitweisen Politikerkoalitionen. Ihre Mitglieder („militants") werden deshalb gerne mit einem Haufen Sperlingen verglichen. Gibt es spannende Wahlen, die politische Leidenschaften erregen, treten sie in großen Zahlen bei. Bei der ersten unpopulären Krise, husch, sind die meisten in alle politischen Winde zerstreut wieder weg. Folglich gibt es auch keine verlässlichen Mitgliederzahlen[1]. Sie variieren in beiden Lagern zwischen einhunderttausend und einer halben Million. Die innerparteiliche Demokratie ist deshalb notgedrungen eine schöne Fiktion. Mitterrands PS (1971–2017) war trotz ihrer äußeren Scheinstabilität, formal strengen Parteidisziplin und als bewährte Kaderschmiede für Wahlen mit ihren ständigen brutal geführten Fraktionskriegen keine Ausnahme. Die Zahl der Parteineugründungen und Umbenennungen der Gaullis-

---

1   Das gleiche Phänomen lässt sich aus ähnlichen Gründen auch im politisch weniger leidenschaftlichen Japan sehr schön beobachten.

ten ist selbst für Spezialisten und Beteiligte unübersehbar geworden. Die zersplitterte Mitte bestand von Giscard bis Macron ohnehin nur aus höchst instabilen Ein-Mann Bewegungen. Schismen finden sich naturgemäß auch im politischen Links- und Rechtsaußen zuhauf.

Kurzum, parlamentarisch begründete Regierungen wären wie in der IV. Republik weiter instabil und kurzzeitig geblieben. Es hätte natürlich stabilisierende Reformversuche nach britischem (Mehrheitswahlrecht) oder deutschem Muster (konstruktives Misstrauensvotum) geben können, wer weiß? Stünde aber im Endeffekt die französische Wirtschaft und Gesellschaft besser da? Wären das Bildungssystem, die Staatsfinanzen, die Vorstädte, die Provinzen, Kleinstädte und Dörfer in einem besseren Zustand? Gäbe es weniger islamistischen Terror, unproduktiven Bürokratismus, Massenarbeitslosigkeit und rechtsfreie Zonen? Oder umgekehrt, wäre Frankreich außen- und verteidigungspolitisch weniger handlungsfähig und spielte weltpolitisch in einer moralisierenden Zwergenrolle wie etwa Deutschland, Luxemburg oder der Vatikan? Die Antworten liegen natürlich nur im Ungefähren und im Auge des Beschauers.

Die IV. Republik war bei allem politischen Drama und Durcheinander nicht handlungsunfähig. Sie gewährleistete den Wiederaufbau und die Westintegration Frankreichs, unterdrückte kommunistische Massenstreiks und die Umsturzabsichten der KPF, legte mit Robert Schuman die Grundlagen der europäischen Integration und beendete mit Pierre Mendés France 1956 den Indochinakrieg zu ehrenhafteren Bedingungen als de Gaulles Kapitulation vor der FLN 1962 im Algerienkrieg. Es ist auch gut denkbar, dass eine parlamentarisch verantwortliche Regierung nicht so bedenkenlos aus einem anti-gewerkschaftlichen Reflex heraus Millionen an integrationsunwilligen maghrebinischen und afrikanischen Gastarbeitern ins Land geholt hätte, wie dies Pompidou unter de Gaulle in den 60er-Jahren tat. Gut möglich auch, dass eine parlamentarische Regierung mit dem Geld der Steuerzahler (und jenem der künftigen Generationen) pfleglicher umgegangen wäre, als dies Mitterrand, Chirac und Hollande als Ausgabenpräsidenten, die nur auf ihre Amtszeiten und Zustimmungsraten schielten („après moi le déluge") taten. Mutmaßlich hätte es auch weniger militärische Exkursionen nach Afrika und die Absetzungen missliebig gewordener Diktatoren von Bokassa bis Gaddafi gegeben. Auch ohne Giscard und Mitterrand wären das Abtreibungsverbot und die Todesstrafe früher oder später gefallen.

Und sicherlich hätten wir als führende Repräsentanten Frankreichs eher umgänglichere Kumpeltypen, witzeerzählende Schulterklopfer und zugänglichere Koalitionsschmiede erlebt als jene intellektuell hochgezüchteten, selbstverliebten, pompösen Staatsschauspieler. Es gäbe dann natürlich kaum noch einen Grund sich angesichts jener Vielzahl an Kurzzeitpremiers und machtlosen Staatsnotaren mit den Banalitäten ihrer Biografien noch ausführlicher zu befassen. Sammelstatistiken könnten die politikwissenschaftliche Neugier besser befriedigen.

Eine summarische Beurteilung bietet sich nicht unmittelbar an: Der Parlamentarismus liefert notgedrungen mehr „checks and balances", in der Regel willkommene Beharrungsmomente, die eine zusätzliche Reflektion erlauben und politische Fehlentscheidungen zumindest abmildern können[2]. Im politischen Alltagsgeschäft ist dies sicher vorteilhaft, in Krisenmomenten und bei militärischem Entscheidungsbedarf eindeutig dysfunktional. Umgekehrt hat sich das Präsidialsystem paradoxerweise gerade wegen seiner scheinbaren Allmacht innenpolitisch als besonders schwach erwiesen, weil alle Präsidenten seit Mitterrands kurzlebigem Sozialismus-Experiment von 1981 aus Furcht vor Popularitätsabstürzen (die ohnehin unweigerlich und unkorrigierbar schon nach wenigen Monaten der Ausübung der Macht erfolgten) vor den nötigen Struktur- und Ausgaben-Reformen zurückschreckten.

Ob die regelmäßigen, präsidial inspirierten afrikanischen und nahöstlichen Abenteuer Frankreichs geopolitischen Interessen tatsächlich nützten und sie es machtpolitisch über das europäische Klein-/Mittelmaß hinauswachsen ließen, kann man ebenso füglich bezweifeln. In Summe also: In dubio pro parlamentario.

Doch zum zweiten wäre eine sowohl politisch wie menschlich interessante Frage zu beantworten: So wie das System der V. Republik nun einmal konstruiert ist, was wäre bei anderen Wahlentscheidungen passiert? Meist gaben nur knapp eine Million Stimmen, die etwa 5 % der Wähler entsprachen, den Ausschlag. Lassen wir die Le Pen-Szenarien von 2002 und 2017 als allzu hypothetisch unberücksichtigt, denn eine ernsthafte Siegeschance bestand mit ihrem wirtschafts- und europapolitischen Autarkieprogramm des ökonomischen und fiskalischen Selbstmords mit dem Ausstieg aus dem Euro und der EU-Zollunion nie.

Doch hätte Mitterrand schon im Dezember 1965 gewonnen, hätte es dann einen Mai 1968 in Paris (oder sonst irgendwo auf der Welt abgesehen von amerikanischen College-Krawallen gegen den Vietnam-Krieg) gegeben? Hätte er als französischer Patriot die Massenimmigration maghrebinischer und afrikanischer Gastarbeiter zum Schaden der Arbeitnehmer und ihrer Gewerkschaften, wie Pompidou, absichtsvoll gefördert? Hätte er bei einem Sieg 1974, sieben Jahre jünger und gesünder als 1981, sein Sozialismus-Experiment nachdrücklicher und ausdauernder durchgezogen? Hätten sieben Jahre mehr Giscard ab 1981 Frankreichs Wirtschaft nicht dauerhaft wettbewerbsfähig gemacht, den Staatssektor auf europäisches Normalmaß gestutzt und die Staatsfinanzen gründlich saniert? Und hätte ein Sieg von Chirac über Mitterrand anno 1988 dem Land nicht sieben Jahre spätsozialistischer Agonie und „Affärismus" erspart? Oder umgekehrt, hätte Jospin 1995 und 2002 über Chirac gewonnen, wäre da nicht Frankreich zu einer Art von sozialdemokratischem Musterland nach skandinavischem Vorbild geworden? Was eine Präsidentin Royal ab 2007 gemacht hätte, wissen wir nicht, sie selbst wohl auch nicht. Eine zweite, 2012 beginnende Amtszeit von Sarkozy hätte wenig Überraschungen, sondern sicherlich mehr des gleichen hektischen Aktionismuses gebracht. Hätte ein Präsident Fillon ab 2017 entstaatlichende Strukturreformen energischer und erfolgreich angepackt und den militanten Islamismus, wie angekündigt, in Frankreich ausgemerzt und vertrieben?

---

2   Erinnern wir uns, dass die Entscheidungen der Merkel-Regierung zum Atomausstieg 2011, dem Ende der Wehrpflicht, den Griechenland-Umschuldungspaketen und den unkontrollierten Masseneinwanderungen im Sommer 2015 den Bundestag rechtsfrei umgingen. Merke: Bei einem Institutionenversagen hilft auch das Verfassungsrecht nicht mehr.

Jenes amüsante Gedankenspiel zeigt eines überdeutlich: Um wieviel stärker in den 60er-
und 70er-Jahren strategische Weichenstellungen wirkten, wieviel größere Entscheidungs-
spielräume in jener dynamischen Hochwachstumszeit mit einer starken staatlichen Autonomie noch bestanden – und um wieviel mehr verringert sie drei bis vier Jahrzehnte später
erscheinen, wo das Präsidentenamt durch die anhaltende wirtschaftliche Stagnation, marode
öffentliche Finanzen, und europäische und globale Parameter eingeengt, sich in Symbolpolitik,
Öffentlichkeitsarbeit, Krisenmanagement und austauschbarer Staatsschauspielerei zu erschöpfen scheint, die Akteure der beiden großen Lager als nahezu austauschbar erscheinen.

Schließlich, die menschlich-allzumenschliche Überlegung: Wie wäre es unseren acht Prota-
gonisten ergangen, hätten sie ihre jeweiligen Endrunden verloren – immerhin ein Szenario,
mit dem sie sich realistischerweise auseinandersetzen mussten –, wären sie vom Unglück ihrer
Macht verschont geblieben? De Gaulle hätte sich 1965 ohne Zweifel verbittert nach Colombey
zurückgezogen, um an seinen Memoiren zu schreiben. Pompidou hätte 1969 als Ex-Premier
möglicherweise wieder bei Rothschild angeheuert oder hätte mit Claude zu ihrem Glück einfach nur im Kreise der Reichen und Schönen privatisiert. Auch Mitterrand hätte sich 1981
mit 65 Jahren nach seinem dritten Anlauf aus der aktiven Politik zurückgezogen, sich zu Anne
Pingeot bekannt und mit einigem Erfolg auch literarisch betätigt. Giscard hätte 1974 das getan,
was er 1981 auch tat, nämlich nicht aufgegeben und versucht, sich als führender zentristischer
Kandidat gegen Chirac und die Gaullisten durchzusetzen. Auch Chirac hätte 1995 das fortgesetzt, was er schon vorher gemacht hatte, nämlich das Pariser Rathaus zu seiner persönlichen Patronage-Maschine zu perfektionieren, sich in der Corrèze zu amüsieren und die Pariser
Partnerstädte in aller Welt möglichst häufig zu besuchen. Sarkozy hätte 2007 ebenfalls von der
Politik nicht lassen können, die Partei weiter kontrolliert und wie Giscard, Mitterrand und Chirac vor ihm ein Comeback versucht. Hollande hätte es mit Valérie ohne ihre peinlichen Auftritte im Rampenlicht länger ausgehalten und wäre als braver, umgänglicher Budgetminister
wahrscheinlich völlig zufrieden gewesen. Der tüchtige Macron schließlich hätte sich bei einem
Scheitern als politische Sternschnuppe weiterhin für großartig gehalten, zumal ihm die Medien
als jugendlichen Sympathieträger Rosen streuten und auch Bibi ihm das weiter versicherte.
„Macron Partners" würden mit der Pariser Hochfinanz sicher gutes Geld verdienen – mehr als
im Élysée.

Anhang I

Übersicht von Präsidenten und Premiers

de Gaulle	1959–1962 Michel Debré
	1962–1968 Georges Pompidou
	1968–1969 Maurice Couve de Murville
Pompidou	1969–1972 Jacques Chaban-Delmas
	1972–1974 Pierre Messmer
Giscard	1974–1976 Jacques Chirac
	1976–1981 Raymond Barre
Mitterrand	1981–1983 Pierre Mauroy
	1984–1986 Laurent Fabius
	1986–1988 Jacques Chirac (Kohabitation)
	1988–1991 Michel Rocard
	1991–1992 Édith Cresson
	1992–1993 Pierre Bérégovoy
	1993–1995 Édouard Balladur (Kohabitation)
Chirac	1995–1997 Alain Juppé
	1997–2002 Lionel Jospin (Kohabitation)
	2002–2005 Jean-Pierre Raffarin
	2002–2005 Dominique de Villepin
Sarkozy	2005–2012 François Fillon
Hollande	2012–2014 Jean-Marc Ayrault
	2014–2016 Manuel Valls
	2016–2017 Bernard Cazeneuve
Macron	2017– Édouard Philippe

Anhang II

Die Ergebnisse der Präsidialwahlen der V. Republik[1]

5./19. Dezember 1965
1. Wahlgang, Wahlbeteiligung: 84,8 %
de Gaulle: 44,7 %, Mitterrand: 31,7 %, Lecanuet: 15,6 %, Tixier-Vignancour: 5,2 %
2. Wahlgang, Wahlbeteiligung: 84,3 %
de Gaulle: 55,2 %, Mitterrand: 44,8 %

1./15. Juni 1969
1. Wahlgang Beteiligung: 77,6 %
Pompidou: 44,5 %, Poher: 23,3 %, Duclos: 21,3 %, Deferre: 5,0 %, Rocard: 3,6 %
2. Wahlgang, Beteiligung: 68,9 %
Pompidou: 58,2 %, Poher: 41,8 %

5./19.5.1974
1. Wahlgang, Wahlbeteiligung: 84,2 %
Mitterrand: 43,3 %, Giscard: 32,6 %, Chaban-Delmas: 15,1 %, Royer: 3,2 %
2. Wahlgang, Wahlbeteiligung: 87,3 %
Giscard: 50,8 %, Mitterrand: 49,2 %

26.4./10.5.1981
1. Wahlgang Wahlbeteiligung: 81,3 %
Giscard: 28,3 %, Mitterrand: 25,9 %, Chirac: 18,0 %, Marchais: 15,3 %, Lalonde: 3,9 %
2. Wahlgang, Wahlbeteiligung: 85,9 %
Mitterrand: 51,8 %, Giscard: 48,2 %

24.4./8.5.1988
1. Wahlgang, Wahlbeteiligung: 81,4 %
Mitterrand: 34,1 %, Chirac: 20,0 %, Barre: 16,5 %, Le Pen: 14,4 %, Lajoini: 6,7 %
2. Wahlgang, Wahlbeteiligung : 84,3 %
Mitterrand : 54,0 %, Chirac : 46,0 %

---

1 Die Wahl de Gaulles 1959 wurde noch nach der Wahlordnung der IV. Republik von 81.000 „grands électeurs",
Notablen also, als Wahlmännern mit 78,5 % ihrer Stimmen vorgenommen.

23.4./7.5.1995
1. Wahlgang, Wahlbeteiligung: 78,4 %
Chirac: 20,8 %, Jospin: 23,3 %, Balladur: 18,6 %, Le Pen: 15,0 %, Hue: 8,6 %,
Laguiller: 5,3 %, Villiers: 4,7 %
2. Wahlgang, Wahlbeteiligung: 79,7 %
Chirac: 52,6 %, Jospin: 47,3 %

21.4./5.5.2002
1. Wahlgang, Wahlbeteiligung: 71,6 %
Chirac: 19,9 %, Le Pen: 16,9 %, Jospin: 16,2 %, Languiller: 5,7 %, Chevènement: 5,3 %,
Besancenot: 4,3 %, Saint-Josse: 4,2 %
2. Wahlgang, Wahlbeteiligung: 79,7 %
Chirac: 82,2 %, Le Pen: 17,8 %

22.4./6.5. 2007
1. Wahlgang, Wahlbeteiligung: 83,7 %
Sarkozy: 31,2 %, Royal: 25,9 %, Bayrou: 18,6 %, Le Pen: 10,4 %, Besancenot: 4,1 %
2. Wahlgang, Wahlbeteiligung: 84,0 %
Sarkozy: 53,1 %, Royal: 46,9 %

22.4./6.5.2012
1. Wahlgang, Wahlbeteiligung 79,5 %
Hollande: 28,6 %, Sarkozy: 27,2 %, Marine Le Pen: 17,9 %, Mélenchon: 11,1 %,
Bayrou: 9,1 %
2. Wahlgang, Wahlbeteiligung: 80,4 %
Hollande: 51,6 %, Sarkozy: 48,4 %

23.4./7.5.2017
1. Wahlgang, Wahlbeteiligung: 75,8 %
Macron: 24,0 %, Marine Le Pen: 21,3 %, Fillon: 20,0 %, Mélenchon: 19,6 %,
Hamon: 6,4 %, Dupont-Aignan: 4,7 %
2. Wahlgang, Wahlbeteiligung: 74,6 %
Macron: 66,1 %, Le Pen: 33,9 %

Abkürzungsliste

AMGOT	Allied Military Government for occupied territories (geplante US Militärregierung für Frankreich)
APL	Aide personnalisée au logement (Mietzuschüsse)
BBC	British Broadcasting Corporation
BNP	Banque national de Paris
CDD	Contrat à durée déterminée (befristete Zeitarbeitsverträge)
CDP	Centre démocratie et progrés (zentristisch)
CETA	EU-Freihandelsabkommen mit Kanada
CFDT	Confédération française démocratique du travail (sozialdemokratische Gewerschaftsbewegung)
CGE	Compagnie générale d'électricité (Eletrizitätsgesellschaft)
CGT	Confédération générale du travail (kommunistische Gewerkschaftsbewegung)
CNI	Centre national des indépendants
CNPF	Conseil national du patronat français (Arbeitgeberverband) – heute: MEDEF (Mouvement des entreprises de France)
CRS	Compagnies républicaines de sécurité (Kasernierte polizeiliche Einsatzgruppen)
DATAR	Délégation interministérielle à l'aménagement du territoire et à l'attractivité régionale (Regionalplanungsbehörde)
DB	Division blindée (Panzerdivision)
DGSE	Direction générale de sécurité extérieure (Auslandsgeheimdienst)
DGSI	Direction générale de la sécurité intérieure (Inlandsgeheimdienst)
DSK	Dominique Strauss-Kahn (ehemals Wirtschaftsminister und IWF-Präsident)
EBRD	European Bank for Reconstruction and Development
ECU	European Currency Unit
EDF	Électricité de France
ENA	École nationale d'administration
EHI	Europäisches Hochschulinstitut (Florenz)
EP	Europäisches Parlament
EPAD	Établissement public pour l'aménagement de la région de la Défense (Stadtplanungs- und Bauamt in La Défense)
EuGH	Europäischer Gerichtshof
EVG	Europäische Verteidigungsgemeinschaft
FFI	Forces Françaises de l'Intérieur
FLN	Front de libération nationale (Algerien)
FN	Front national (seit 2018: RN Rassemblement national)

FNRI   Fédération nationale des républicains indépendants
FNSEA   Fédération nationale des syndicats d'exploitants agricoles (Bauernverband)
FO   Force Ouvrière (reformistische Gewerkschaftsbewegung)
FTP   Francs-tireurs et partisans (kommunistische Maquis)
GDF   Gaz de France
HLM   Habitation à loyer modéré (Trabantensiedlungen mit Sozialwohnungen)
IGF   Impôt sur les grandes fortunes (Vermögenssteuer)
IR   Infanterieregiment
ISF   Impôt de solidarité sur la fortune (Vermögenssteuer)
IWF   Internationaler Währungsfonds
JJSS   Jean-Jacques Servan-Schreiber (Herausgeber von l'Express)
KMU   Klein- und Mittelbetriebe
KPF (PCF)   Kommunistische Partei Frankreichs
LR   Les Républicains (Ex-Gaullisten)
LREM   La République en marche (Ex-EM, Macronisten)
LVMH   Moët Hennessey – Louis Vuitton
MAM   Michèle Alliot-Marie (ehemalige Verteidigungsministerin)
MoDem   Mouvement démocrate (zentristisch)
MRG   Mouvement radicaux de gauche (linksliberal)
MRP   Mouvement républicain populaire (christdemokratisch)
NKM   Nathalie Kosciusko-Morizet (ehemalige Umweltministerin)
OAS   Organisation de l'armée secréte (Gemeinbund algerischer Siedler und dissi-
                denter Kolonialoffiziere)
OECD   Organization for Economic Co-operation and Development
ORA   Organisation de résistance de l'Armée (Giraudisten)
ORTF   Office de radiodiffusion-télévision française (Staatsfernsehen)
OSZE   Organisation für Sicherheit und Zusammenarbeit in Europa
PACA   Provence-Alpes-Côte d'Azur
PDG   Président-directeur général (Vorstandsvorsitzender, Generaldirektor)
PS   Parti socialiste
PSF   Parti social français (rechtsgerichtete Vorkriegspartei)
PSU   Parti socialiste unifié (Rocardisten)
PUK   Pechiney Ugine Kuhlman (ehem. Aluminium und Chemiehersteller)
RATP   Régie Autonome des Transports Parisiens (Nahververkehrsbetriebe von Groß-
                Paris)
RGR   Rassemblement des Gauches républicaines (Linksgaullisten)
RI   Républicains indépendants (Giscardisten)
RPR   Rassemblement pour la république (Gaullisten)
RTL   Radio Télé Luxembourg
SAC   Service d'action civique (Geheimdienst der gaullistischen Partei)

SDECE	Service de Documentation extérieure et de contre-espionnage (Geheimdienst)
SFIO	Section française de l'Internationale ouvrière (die Sozialistische Partei bis 1971)
SMIC	Salaire minimum interprofessionnel de croissance (Mindestlohn)
SNCF	Société nationale des chemins de fer français
SNIAS	Société nationale industrielle aérospatiale (jetzt: Aerospatiale)
STO	Service du travail obligatoire (Kriegsarbeitsdienst in Deutschland)
SUD	Solidaires Unitaires Démocratiques (linksradikale Gewerkschaft)
UDF	Union pour la Démocratie Française (Giscardisten)
UDR	Union des Démocrates pour la République (gaullistisch)
UNR-UDT	Union pour la nouvelle République-Union démocratique du travail (linksgaullistisch)
UMP	Union pour un mouvement populaire (ex-Gaullisten)
UDSR	Union démocratique et socialiste de la Résistance
UTA	Union de transports aériens (Fluglinie)
TGV	Train à grande vitesse (Hochgeschwindigkeitszug)
VGE	Valéry Giscard d'Estaing

Literaturverzeichnis

Abadie, Frédéric und Jean-Pierre Corcelette. Georges Pompidou. Le désir et le destin. Nouveau Monde 2014

Alexandre, Philippe. „Mitterrand n'était pas un homme d'état" Le Figaro 8.1.2016

Algullion, Maurice. La République 1880–1932. Hachette 1990

Alonso, Pierre und Laure Bretton. „Le général de Villiers obligé de rendre les armées" Libération 20.7.2017

Altwegg, Jürg. Die Republik des Geistes. München/Zürich 1989

Altwegg, Jürg und Gerard Davet „Er wäre der ideale Kanzler für eine große Koalition" Frankfurter Allgemeine 7.12.2016

Altwegg, Jürg. „Macron im Mai" Frankfurter Allgemeine 4.5.2018

Amar, Cécile und Julien Martin „Les socialistes cherchent un Plan B" L'Obs 20.10.2016

Amar, Cécile „Le choix du président" L'Obs 1.12.2016

Andreani, Jean Louis. Bail précaire à Matignon. Jacob-Duvernet 2006

Antoine, Michel. Louis XV. Hachette Littératures 1997

Arnaud, Didier. „Bérégovoy, au grand regret des Neversois" Libération 3.8.2017

Aron, Raymond. De Gaulle, Israël et les Juifs. Plon 1968

Atkinson, Rick. An Army at Dawn. The War in North Africa 1942–1943. New York 2002

Attali, Jacques. Verbatim. Bd. I–III, Librairie générale française 1986

Attali, Jacques. C'était Mitterrand. Librairie Artheme Fayard 2005

Attias, Cécilia. Une envie de vérité. Flammarion 2013

Bacqué, Raphaëlle. L'enfer de Matignon. Albin Michel 2008

Bacqué, Raphaëlle. Le dernier mort de Mitterrand. Les Arènes 2010

Bacqué, Raphaëlle und Ariane Chemin. Les Strauss-Kahn. Albin Michel 2012

Bacqué, Raphaëlle. „Rachida Dati, Rastignac des temps modernes" Le Monde 27.12.2015

Bacqué, Raphaëlle. „Laurence Chirac, la fille ainée de Jacques Chirac, est morte" Le Monde 14.4.2016

Barral, Odile. Chroniques de l'enfance en danger. Cherche Midi 1997

Barral, Pierre. Léon Gambetta. Editions Privat 2008

Bayart, Bertille. „Le coup de force de Macron chez Renault critique" Le Figaro 26.1.2017

Bayart, Bertille. „Macron, dans les yeux des grands patrons" Le Figaro 3.7.2017

Bazin, François. Rien ne s'est passé comme prévu. Les cinq années qui ont fait Macron. Robert Laffont 2018

Becker, Jean-Jacques. Victoire et frustrations 1914–1929. Seuil 1990

Bechtel, Marie-Françoise. „Les énarques reviendraient-ils à la mode?" Le Figaro 19.2017

Beevor, Anthony und Artemis Cooper. Paris. After the Liberation: 1944–1949. London 1995

Beevor, Anthony. Ardennes 1944. Calmann-Lévy 2015

Benamou, Georges-Marc. Dites-leur que je ne suis pas le diable. Plon 2015

Benamou, George-Marc. Comédie française. Choses vue au cœur du pouvoir. Pluriel, Fayard 2016

Beretta, Emmanuel und Charlotte Chaffanjon. „Hollande, le forcené de l'Elysée" Le Point 20.10.2016

Beretta, Emmanuel „Le retour du ‚don Nicolas'" Le Point 9.3.2017

Berger, Maurice. La folie cachée des hommes du pouvoir. Albin Michel 1993

Bernard, Daniel. Madame Royal. Jacob-Duvernet 2010

Berteloot, Tristan. „A Colombey-les-Deux-Eglises, ‚De Gaulle doit se retourner dans sa tombe'" Libération 10.11.2017

Beyer, Muriel. „Avec mes auteurs, je suis un caméléon" Le Figaro 15.12.2016

Bied-Charreton, Solange. „Livres politiques: un déluge de mots pour ne plus rien dire" Le Figaro 26.1.2016

Bietry-Rivierre, Eric. „Le Quai Branly rebaptisé Musée Chirac" Le Figaro 14.4.2016

Bluche, François. Frankreich zur Zeit Ludwigs XVI. Stuttgart 1989

Bock-Côté, Mathieu. Le nouveau régime. Boréal 2017

Bon, Frédéric und Michel-Antoine Burnier. Les nouveaux intellectuels. Seuil 1971

Bonnefois, Bastien. „En 2018, le parti présidentiel veut se remettre en marche" Le Monde 27.1.2018

Bordet, Marie. „Les années Rothschild" Le Point 11.5.2017

Bouissou, Julien. „Contre la Chine, l'Inde mise sur l'aide de Macron" Le Monde 10.3.2018

Bourmand, François-Xavier. „Hollande repasse par le case Ayrault" Le Figaro 12.2.2016

Bourmand, François-Xavier. „Macron présente enfin son projet attrape-tout" Le Figaro 3.3.2017

Bourmand, François-Xavier und Marcelo Wesfreid. „Hollande-Macron ‚Je t'aime, moi non plus'" Le Figaro 29.3.2017

Bourmand, François-Xavier und Marcelo Wesfreid. „Macron imprime sa marque sur le fonctionnement du Palais de l'Élysée" Le Figaro 2.12.2017

Brezet, Alexis und Solenn de Royer (Hg.) Le Deuil du pouvoir. Perrin 2017

Brezet, Alexis. „Le président qui ne l'était pas" Le Figaro 2.12.2016

Briançon, Pierre. „Going, going, not gone – Sarkozy dreams of comeback" Politico 12.4.2017

Briançon, Pierre. „Does Macron like Trump back?" Politico 1.2.2018

Briançon, Pierre. „French budget minister investigated over alleged rape" Politico 1.2.2018

Briançon, Pierre. „Macron sets out vision for Europe's future" Politico 28.9.2017

Brizard, Caroline e. a. „Son programme au banc d'essai" L'Obs 16.2.2017

Buisson, Patrick. Au nom du peuple. L'histoire interdite de la présidence Sarkozy. Perrin 2016

Camus, Albert. Chroniques algériennes 1939–1958. Gallimard 1958

Cante, Brigitte. „Clermont-Ferrand – le rêve d'un président" L'Express 1.6.1995

Carrère d'Encausse, Hélène. Le Général de Gaulle et la Russie. Fayard 2017

Chaffanjon, Charlotte und Bastien Bonnefous. Le pari. Plon 2016

Chaffanjon, Charlotte. „La fabrique d'un chef" Le Point 11.5.2017

Chandler, David. Napoleon. München 1974

Chazan, Guy. „Merkel's Washington visit overshadowed by Macron triumph" Financial Times 27.4.2018

Chevènement, Jean-Pierre. „C'était Mitterrand …" Le Figaro 8.1.2016

Chirac, Bernadette avec Patrick de Carolis. Conversation. Plon 2001

Chirac, Jacques. Chaque pas doit être un but. NiL 2009

Chirac, Jacques. Le temps présidentiel. NiL 2011

Chuter, David und Florence Gaub. Understanding African Armies. ISS Report. Paris 27.4.2016

Clerc, Christine. J'ai vu cinq présidents faire naufrage. Robert Laffont 2017

Collins, James B. La Monarchie républicaine. Etat et société dans la France moderne. Odile Jacob 2016

Collins, Larry und Dominique Lapierre. Brennt Paris? Bern, München 1964

Corcelette, Jean-Pierre und Frédéric Abadie. Valéry Giscard d'Estaing. Nouveau Monde 2008

Courtois, Gérard. „Métamorphoses de François Hollande" Le Monde 18.11.2015

Courtois, Gérard. „L'attentisme prudent des Français à l'égard de Macron" Le Monde 6.12.2017

Cronin, Vincent. Paris im Aufbruch. Kultur, Politik und Gesellschaft 1900–1914. München 1989

Crouzel, Cécile. „Le projet économique de Macron concentre les critiques" Le Figaro 29.3.2017

Chwalisz, Claudia und David van Reybrouck. „Macron's Sham democracy" Politico 8.2.2018

Dalloz, Jacques. La guerre d'Indochine 1945–1954. Seuil 1987

Davot, Gérard und Fabrice Lhomme. Un président ne devrait pas dire ça. Stock 2016

De Boishue, Pierre. „François Mitterrand. Le pouvoir et le territoire" Le Figaro 19.7.2017

De Boni, Marc. „Les candidats dévoilent leur patrimoine" Le Figaro 23.3.2017

De Chabalier, Blaise. „Pasqua, itinéraire d'un Gaulliste" Le Figaro 29.6.2016

De Chabalier, Blaise. „Balladur-Chirac, le choc des contraires" Le Figaro 23.3.2017

De Gaulle-Anthonioz, Geneviève. La Traversée de la nuit. Stuttgart 2005

De Gaulle, Charles. Le Fil de l'épée. Plon 1971

De Gaulle, Charles. Mémoires de guerre. L'appel 1940–1942. Plon 1954

De Gaulle, Charles. Mémoires de guerre. L'unité 1942–1944. Plon 1956

De Gaulle, Charles. Mémoires de guerre. Le salut 1944–1946. Plon 1959

De Gaulle, Charles. Mémoires d'espoir. Le renouveau 1958–1962. Plon 1970

De la Baume, Maia. „Macron's opening European gambit" Politico 8.2.2018

Delafon, Gilles und Thomas Sancton. Dear Jacques, cher Bill. Au cœur de l'Élysée et de la Maison Blanche 1995–1999. Plon 1999

Delors, Jacques. Erinnerungen eines Europäers. Berlin 2004

Dely, Renaud und Marie Guichoux. „Manuel Valls. Le prisonnier du Matignon" L'Obs 19.5.2016

De Royer, Solenn. „Hollande: Mitterrand c'est moi" Le Figaro 27.10.2016

De Royer, Solenn. „Mitterrand: l'hommage intéressé de Hollande" Le Figaro 8.1.2016

De Royer, Solenn und Guillaume Tabard. „François Hollande, 71 pays visités, 176 déplacements à l'étranger" Le Figaro 24.2.2016

De Royer, Solenn. „Hollande, spectre de l'Élysée" Le Figaro 2.11.2016

De Royer, Solenn. „Après Davos, Macron au chevet du monde rural" Le Monde 27.1.2018

Derrien, Caroline und Candice Nedelec. Les Macron. Fayard 2017

De Sagazan, Patricia. „Mademoiselle sans gêne" in: Les secrets de l'Élysée. Valeurs actuelles. Hors-série Nr. 10, 2017

De Saint-Exupéry, Antoine. Flug nach Arras. Reinbek 1973

De Saint-Vincent, Bertrand. „La culture en rase campagne" Le Figaro 8.4.2017

De Tocqueville, Alexis. De la démocratie en Amérique. Robert Laffont 1986

De Villaines, Astrid. „Olivier Faure, futur patron d'un PS à rebâtir" Le Monde 17.3.2018

De Villepin, Dominique. De l'esprit de cour. Perrin 2010

De Villiers, Philippe. Le moment est venu de dire ce que j'ai vu. Albin Michel 2015

Dive, Bruno. Alain Juppé. L'homme qui revient de loin. L'Archipel 2016

D'Orcival, François. L'Elysée sous l'Occupation. Perrin/Tempus 2017

Dosière, René. L'argent caché de l'Elysée. Seuil 2007

Droz, Bernard. La fin des colonies françaises. Gallimard 2009

Droz, Bernard und Evelyne Lever. Histoire de la Guerre d'Algérie 1954–1962. Seuil 1982

Dubief, Henri. Le déclin de la IIIe République 1929–1938. Seuil 1976

Duchêne, François. Jean Monnet. New York/London 1994

Duquesne, Jacques. Pour comprendre la Guerre d'Algérie. Perrin 2003

Durand, Yves. La France dans la Deuxième Guerre mondiale. Armand Colin 1993

Duranton-Crabol, Anne-Marie. Le temps de l'OAS. Complexe 1995

Duras, Marguerite. Der Schmerz. München 1986

Duroselle, Jean-Baptiste. La Grande Guerre des Français 1914–1918. Perrin 2002

Eltchaninoff, Michel. Dans la tête de Marine Le Pen. Actes Sud 2017

Engelkes, Heiko. König Jacques. Chiracs Frankreich. Berlin 2005

Engelkes, Heiko. Ségolène Royal. Eine Frau auf dem Weg zur Macht. Berlin 2007

Enzensberger, Hans Magnus. Hammerstein oder der Eigensinn. Frankfurt/Main 2008

Eveno, Patrick und Jean Planchais. La guerre d'Algérie. La Découverte/Le Monde 1989

Fauvet, Jacques und Jean Planchais. La fronde des généraux. Arthaud 1961

Fenby, Jonathan. „Macron lays claim to the mantle of de Gaulle" Financial Times 22.7.2017

Foucrier, Jean-Charles. La stratégie de la destruction. Vendémiaire 2017

Franchini, Philippe. Les guerres d'Indochine. De la conquête française à 1949. Pygmalion 2008

Frat, Muriel. „Mitterrand, la maladie du secret" Le Figaro 15.12.2015

Frat, Muriel „Français et politiques: le divorce" Le Figaro 28.2016

Fulda, Anne. Emmanuel Macron. Un jeune homme si parfait. Plon 2017

Fulda, Anne. „Laurence Chirac, la discrète" Le Figaro 15.4.2016

Fulda, Anne. „Souvenirs, souvenirs…" Le Figaro 6.10.2016

Fulda, Anne. „Chiraquisme, la fin d'une époque" Le Figaro 1.12.2016

Fulda, Anne. „Jacques Chirac en lice pour le prix Nobel de la paix" Le Figaro 25.1.2017

Fulda, Anne. „Jouyet, l'appel de Londres" Le Figaro 10.7.2017

Fulda, Anne. „Les promesses de campagne ne durent qu'un été" Le Figaro 20.7.2017

Galiero, Emmanuel. „Présidentielle, un sport de combat" Le Figaro 5.4.2017

Garcin, Jérôme. „Macron. Confidences littéraires" L'Obs 16.2.2017

Giap, Vo Nguyen. Dien Bien Phu. Hanoi 1999

Gidel, Henry. Les Pompidou. Flammarion 2014

Giesbert, Franz-Olivier. François Mitterrand. Une vie. Seuil 1996

Giesbert, Franz-Olivier. M. le Président. Scènes de la vie politique 2005–2011. Flammarion 2011

Giesbert, Franz-Olivier. Chirac. Une vie. Flammarion 2014

Giesbert, Franz-Olivier. Le théâtre des incapables. Albin Michel 2017

Giroud, Françoise. Cœur de Tigre. Plon/Fayard 1995

Giscard d'Estaing, Valéry. Démocratie Française. Fayard 1976

Giscard d'Estaing, Valéry. Deux Français sur trois. Flammarion 1984

Giscard d'Estaing, Valéry. Macht und Leben. Berlin 1988

Giscard d'Estaing, Valéry. La dernière chance de l'Europe. XO 2014

Giscard d'Estaing, Valéry. „Towards a smaller Europe" Politico 12.4.2018

Glaser, Antoine. „La Françeafrique s'est privatisée" Le Figaro 2.12.2017

Goar, Mathieu „Sarkozy cherche la voie pour se relancer" Le Monde 10.10.2016

Goubert, Pierre. Louis XIV et vingt millions de Français. Fayard 1982

Grant, Charles. Delors. Inside the House that Jacques Built. London 1994

Grenadou, Ephraïm und Alain Prévost. Grenadou, paysan français. Seuil 1966

Grunberg, Gérard. „Il réarticule libéralisme et solidarité" Le Point 19.1.2017

Gueniffey, Patrice. Napoléon et de Gaulle. Deux héros français. Perrin 2017

Guénolé, Thomas. Nicolas Sarkozy, chronique d'un retour impossible? First-Gründ 2013

Guilloton, Patrick. La Princesse Royal. Cherche Midi. 2016

Gurrey, Béatrice. Les Chirac. Les secrets du clan. Robert Laffont 2015

Hanke, Jakob und Hans von der Burchard. „Macronomics" Politico 4.5.2017

Hanke, Thomas. „Pulverfaß Frankreich" Handelsblatt 29.7.2016

Hanke, Thomas. „Frankreich reformiert den Arbeitsmarkt" Handelsblatt 3.8.2016

Hanke, Thomas. „Frankreich springt in die Bresche" Handelsblatt 24.11.2017

Hecht, Judith. „Arbeitsmarktreform läßt Macrons Beliebtheit sinken" Die Presse 4.8.2017

Henry, Michel. La nièce. Le phénomène Marion Maréchal-Le Pen. Seuil 2017

Hollande, François. Le changement. C'est maintenant. Mes 60 engagements pour la France. 2012

Hollande, François. „Je veux que la France puisse rester elle-même" Le Monde 18.11.2015

Hollande, François. „Je suis prêt" L'Obs 13.10.2016

Hollande, François und Franz-Olivier Giesbert „L'entretien testament" Le Point 13.4.2017

Hollande, François „Les Leçons du pouvoir" Stock 2018

Houellebecq, Michel. Unterwerfung. Köln 2015

Iacub, Marcela. Belle et bête. Stock 2012

Jacquin, Jean-Baptiste. „Le monde judiciare réagit vivement aux ‚outrances' du chef de l'État" Le Monde 15.10.2016

Jeanneney, Jean-Noël. Un attentat. Petit-Clamart, 22 août 1962. Seuil 2016

Jaigu, Charles. „La marche funèbre de Mitterrand" Le Figaro 14.1.2016

Jaigu, Charles. „Sarkozy exalte 'la nation'" Le Figaro 9.6.2016

Jauvert, Vincent. „L'étrange ami français de Clinton" L'Obs 27.10.2017

Johnson, Jo und Martine Orange. The Man who tried to buy the World. Jean-Marie Messier and Vivendi Universal. London 2003

Joignot, Fréderic. „De multiples premiers" Le Monde 20.5.2017

Jospin, Lionel. Le mal napoléonien. Seuil 2014

Kantorowicz, Ernst. Die zwei Körper des Königs. Eine Studie zur politischen Theologie des Mittelalters. München 1990

Kapferer, Reinhard. Charles de Gaulle. Stuttgart 1985

Karlin, Elise. Le président qui voulait vivre ses vies. Les coulisses d'un vaudeville d'Etat. Fayard 2014

Kelly, Christine. François Fillon. Coulisses d'une ascension. L'Archipel 2017

Klimm, Leo. „Treffer, versenkt" Süddeutsche Zeitung 23.9.2016

Landes, David. Die Macht der Familie. Wirtschaftsdynastien in der Weltgeschichte. München 2008

Landré, Marc. „François Hollande, le président des promesses non tenues" Le Figaro 5.2.2016

Lanez, Emilie. La garçonnière de la République. Grasset 2017

Lanez, Emilie. „Le destin de ‚Bibi'" Le Point 11.5.2017

Lapaque, Sébastien. „Mitterrand: pas un écrivain raté, mais un écrivain manqué" Le Figaro Littéraire 5.1.2016

Lazard, Violette. „Sarkozy sauvé par les juges?" L'Obs 13.10.2016

Lazar, Marc. „Le PS miné par le pouvoir" Le Monde 20.5.2017

Le Bailly, David und Caroline Michel „Les Macron, mari, femme et associés" L'Obs 1.9.2016

Leggewie, Claus. „Der Staatssekretär für Empörung – oder Tintin im Ministerrat" in: Helmut Berking e. a. (Hg.) Politikertypen in Europa. Frankfurt/Main 1994, 136–151

Le Maire, Bruno. Zeiten der Macht. Reinbek 2014

Les Dossiers du Canard. April 2008

Levy, Bernard-Henri. „A propos des lettres de François Mitterrand à Anne Pingeot" Le Point 13.10.2016

Lewis, Paul. „Summit in Tokyo: From France, ‚one Voice, two Mouths'" The New York Times 5.5.1986

Lombard-Latune, Marie-Amélie. „Dans les coulisses du diner de la mitterrandie à l'Élysée" Le Figaro 11.1.2016

Lombard-Latune, Marie-Amélie. „Une adolescence à la Providence" Le Figaro 30.5.2017

Loth, Wilfried. Charles de Gaulle. Stuttgart 2015

MacMillan, Margaret. Paris 1919. New York 2003

Macron, Emmanuel. Révolution. C'est notre combat pour la France. XO 2016

Macron, Emmanuel. „L'Europe n'est pas un supermarché" Le Figaro 22.6.2017

Malbrunot, Georges und Christian Chesnot. Nos très chers émirs. Michel Lafon 2016

Malye, François und Benjamin Stora. François Mitterrand et la Guerre d'Algérie. Pluriel 2012

Marr, David G. Vietnam 1945. The Quest for Power. Berkeley 1995

Martin, Julien. „Le poison de l'affaire Ferrand" L'Obs 8.6.2017

Martinet, Gilles. Les Clés de la Ve République. Seuil 2002

Menasse, Robert. Die Hauptstadt. Berlin 2017

Meny, Yves und Vincent Wright. La crise de la sidérurgie européenne 1974–1984. Presses Universitaires de France 1985

Michel, Richard. François Hollande. L'inattendu. L'Archipel 2011

Miquel, Pierre. Les poilus. Plon 2000

Mitterrand, Danielle. Gezeiten des Lebens. Düsseldorf 1996

Mitterrand, François. Présence française et abandon. Plon 1957

Mitterrand, François. Ma part de vérité. De la rupture à l'unité. Fayard 1969

Mitterrand, François. Lettres à Anne. Gallimard 2018

Mitterrand, Fréderic. La mauvaise vie. Robert Laffont 2005

Mölzer, Andreas. Jörg. Der Eisbrecher. Klagenfurt 1990

Monar, Jörg. „Walter Hallstein aus französischer Sicht" in: Wilfried Loth e.a. (Hg.) Walter Hallstein. Der vergessene Europäer. Bonn 1995, 265–280.

Morello, Aquilino. L'abdication. Une présidence anormale. Grasset 2017

Moulin, Annie. Les paysans dans la société française. Seuil 1988

Mourgue, Marion. „Juppé revendique l'héritage de Chirac" Le Figaro 7.11.2016

Mourgue, Marion. „Sarkozy se retire de la vie politique" Le Figaro 21.11.2016

Nay, Catherine. Un pouvoir nommé désir. Biographie. Grasset 2007

Nay, Catherine. L'impétueux. Tourments, tourmentes, crises et tempêtes. Grasset 2012

Nora, Dominique. „Une doctrine forte, des réalisations entravées" L'Obs 1.9.2016

Nouschi, André und Antoine Olivesi. La France de 1848 à 1914. Nathan 1981

Ollion, Etienne. „Les inconnues de l'Assemblée" Le Monde 8.7.2017

O'Mahony, Olivier e. a. DSK, l'enquete. Collection Paris Match 2011

Ottenheimer, Ghislaine. Poison présidentiel. Albin Michel 2015

Ousby, Ian. The Road to Verdun. London 2003

o. V. „Julie Gayet l'Ardennaise, héritière de la dynastie Faure" L'Est éclair 2.2.2014

o. V. „Le Président. Un numéro historique" Le Point 11.5.2017

o. V. „Notre Guerre. 14 novembre 2015 à Paris près du Bataclan" Le Point 19.11.2015

o. V. „Das lange Leben des französischen Staatsdefizits" Frankfurter Allgemeine 14.9.2016

o. V. „Le complot anti-Fillon" Valeurs actuelles 16.2.2017

o. V. „Présidentielle 2017. L'heure du choix" Le Monde 15.4.2017

Pantel, Nadia. „Späte Kampfrede" Süddeutsche Zeitung 26.7.2018

Pascal, Camille. Scènes de la vie quotidienne à l'Élysée. Plon 2012

Paxton, Robert O. De Gaulle and the United States. Oxford 1995

Paxton, Robert O. La France de Vichy 1940–1944. Seuil 1997

Péan, Pierre. Eine französische Jugend. François Mitterrand 1934–1947. München 1995

Pedder, Sophie. Révolution Française. Emmanuel Macron and the Quest to Reinvent a Nation. London 2018

Perrault, Guillaume. „Il y a 50 ans, le présidentielle de 1965" Le Figaro 4.11.2015

Perrault, Guillaume. „Un souvenir de Mitterrand sur son passé à Vichy" Le Figaro 6.1.2016

Perrineau, Pascal. „Aux sources idéologiques et politiques du macronisme" Le Figaro 14.6.2017

Petreault, Clément. „La république en marche, patri 'liquide'" Le Point 16.11.2017

Peyrelevade, Jean. Journal d'un sauvetage. Albin Michel 2016

Pfaff, Isabel. „Blutige Spur in den Élysée-Palast" Süddeutsche Zeitung 18.7.2017

Philibert, Jean-Marc. L'argent de nos présidents. Max Milo 2008

Philippe, Édouard. Des hommes qui lisent. JC Lattés 2017

Pompidou, Claude. L'élan du Cœur. Plon 1997

Pompidou, Georges. Anthologie de la poésie française. Hachette 1974

Prissette, Nicolas. Emmanuel Macron. Le président inattendu. First-Gründ 2017

Prittie, Terence. Adenauer. München 1987

Psenny, Daniel. „François Mitterrand, allié fidèle des États-Unis" Le Monde 22.10.2016

Quéméner, Soazig und François Aubel. Julie Gayet. Une intermittente à l'Élysée. Editions du Moment 2016

Quinault-Maupoil, Tristan. „Hollande fait tout pour ne pas se faire oublier" Le Figaro 2.12.2017

Raffy, Serge. „La vie rêvée de Jacques Chirac" L'Obs 13.8.2015

Raffy, Serge. „Le fantôme de l'Élysée" L'Obs 16.2.2017

Raffy, Serge. Le président. François Hollande, itinéraire secret. Fayard/Pluriel 2012

Rebérioux, Madeleine. Le République radicale? 1898–1914. Seuil 1975

Revault d'Allonnes, David. Les guerres du Président. Seuil 2015

Reza, Yasmina. Frühmorgens, abends oder nachts. Ein Jahr mit Nicolas Sarkozy. Frankfurt/Main 2011

Ricœur, Paul. La mémoire, l'histoire, l'oubli. Seuil 2000

Rioux, Jean-Pierre. La France de la Quatrième République 1944–1952. Seuil 1980

Rioux, Jean-Pierre. La France de la Quatrième République 1952–1958. Seuil 1983

Rosenberger, Sigrid Elisabeth. Der Faktor Persönlichkeit in der Politik. Wiesbaden 2005

Rothacher, Albrecht. The Japanese Power Elite. Houndmills, Basingstoke 1993

Rothacher, Albrecht (Hg.). Corporate Globalization. Business Cultures in Asia and Europe. Singapur 2005

Rothacher, Albrecht. Demokratie und Herrschaft in Japan. Ein Machtkartell im Umbruch. München 2010

Rothacher, Albrecht. Die Kommissare. Vom Aufstieg und Fall der Brüsseler Karrieren. Eine Sammelbiographie der deutschen und österreichischen Kommissare seit 1958. Baden-Baden 2012

Rothacher, Albrecht. Die Feldgrauen. Leben, Sterben und Kämpfen an der Westfront 1914–1918. Beltheim-Schnellbach 2014

Roupnel, Gaston. Histoire de la campagne française. Librairie Plon 1981

Roussel, Éric. Charles de Gaulle, Band I, 1890–1945. Perrin 2006

Roussel, Éric. Charles de Gaulle, Band II, 1946–1970. Perrin 2002

Roussel, Éric. Georges Pompidou. Perrin 2004

Roussel, Éric. François Mitterrand. De l'intime au politique. Robert Laffont 2015

Roussel, Éric. „Mon Amour…" Le Figaro 7.10.2016

Roussellier, Nicolas. La Force de gouverner. Gallimard 2015

Roussellier, Nicolas. „Une majorité presque encombrante pour le vainqueur" L'Obs 15.6.2017

Sajer, Guy. Der vergessene Soldat. Aachen 2016

Salan, Raoul. Mémoires. Fin d'un empire. Algérie française 1954–1958. Presses de la Cité 1972

Salazar, Philippe-Joseph. „Le macronmantra" Le Point 11.5.2017

Sarkozy, Nicolas. Libre. Robert Laffont 2001

Sarkozy, Nicolas. La France pour la vie. Plon 2016

Sarkozy, Nicolas. „Avec moi, personne n'imposera à la France quoi que ce soit" Le Figaro 17.11.2017

Sauvard, Jocelyne. Les trois vies de Danielle Mitterrand. L'Archipel 2012

Schirmann, Sylvain und Sarah Mohamed-Gaillard. Georges Pompidou et l'Allemagne. Presses Universitaires Européennes 2012

Schmidt, Helmut. Menschen und Mächte. Berlin 1987

Schneider, Robert. Premières Dames. Perrin 2014

Schneider, Vanessa und Jean-Claude Coutausse. L'énigmatique monsieur Hollande. Dans les coulisses de l'Élysée. Stock 2015

Schubert, Christian. „Macron im industriepolitischen Stresstest" Frankfurter Allgemeine 27.4.2017

Schubert, Christian. „Frankreichs großes Experiment" Frankfurter Allgemeine 9.7.2017

Schubert, Christian. „Wirtschaft ist mit Macrons Arbeitsmarktreform zufrieden" Frankfurter Allgemeine 1.9.2017

Schubert, Christian. „Frankreich braucht Europa" Frankfurter Allgemeine 27.6.2018

Schümer, Dirk. „Entpolitisiert Euch" Die Welt 20.5.2017

Seume, Johann Gottfried. Spaziergang nach Syrakus im Jahre 1802. München 1985

Simpson, Howard R. Dien Bien Phu. Washington D. C. 1994

Stefanovitch, Yvan. „Ce que coûte Chirac aux contribuables" France Soir 5.4.2016

Stendhal. Lucien Leuwen. Leipzig 1996

Tabard, Guillaume. „La parution d'un livre permet-elle de rebondir en politique?" Le Figaro 27.1.2016

Tabard, Guillaume. „Le général de Gaulle en ballotage, qui l'eût cru" Le Figaro 20.12.2016

Tabard, Guillaume. „Pompidou invente l'après-gaullisme" Le Figaro 22.12.2016

Tabard, Guillaume. „Quel fut le sort des candidates centristes à la présidentielle?" Le Figaro 1.3.2017

Tabard, Guillaume. „Séduire tout le monde, ne fâcher personne" Le Figaro 3.3.2017

Tardieu, Christophe. La dette de Louis XV. Cerf 2017

Tchakaloff, Gaël. „Jupiter' à l'Élysée" Le Point 8.6.2017

Teltschik, Horst. 329 Tage. Innenansichten der Einheit. Berlin 1991

Thréard, Yves. „Castritude" Le Figaro 5.12.2016

Trémolet de Villers, Vincent. „Immigration: l'incroyable aveu de François Hollande" Le Figaro 13.10.2016

Trierweiler, Valerie. Merci pour ce moment. Les Arènes 2014

Turpin, Frédéric. Jacques Foccart. Dans l'ombre du pouvoir. CNRS éditions 2015

Valance, Georges. VGE, une vie. Flammarion 2011

Varadarajan, Tunku. „Move over Britain, France is America's ‚special' friend" Politico 3.5.2018

Védrine, Hubert. Les Mondes de François Mitterrand: à l'Élysée 1981–1995. Fayard 1996

Vinocur, Nicolas; „The two faces of Emmanuel Macron" Politico 29.11.2017

Waechter, Matthias. Der Mythos des Gaullismus. Göttingen 2006

Weber, Manfred. „Keine Alimente für Frankreich" Wirtschaftswoche 12.5.2017

Wernicke, Christian. „Hollandes neue Mitte" Süddeutsche Zeitung 21.12.2015

Wernicke, Christian. „Abschied eines Ungeliebten" Süddeutsche Zeitung 13.5.2017

Wesfreid, Marcelo „A l'Élysée François Hollande occupe le temps qu'il lui reste" Le Figaro 14.3.2017

Wiebking, Jennifer. „Vorbild par excellence" Frankfurter Allgemeine Sonntagszeitung 14.5.2017

Wiegel, Michaela „Die Perlen des Champagners" Frankfurter Allgemeine 23.3.2018

Wiegel, Michaela. „Macron nimmt das Heft in die Hand" Frankfurter Allgemeine Sonntagszeitung 15.4.2018

Wiegel, Michaela. „Macrons historische Entschuldigung" Frankfurter Allgemeine 13.9.2018

Wiegel, Michaela. Emmanuel Macron. Ein Visionär für Europa – eine Herausforderung für Deutschland. Berlin 2018

Winock, Michel. L'agonie de la IVe République. Gallimard 2013

Winock, Michel. François Mitterrand. Gallimard 2015

Wolzogen, Wilhelm von. Pariser Tagebuch 1788/89. Frankfurt/Main 1989

Zemmour, Éric. „Des néoconservateurs à l'Élysée" Le Figaro 8.6.2017

Zemmour, Éric. Un quinquennat pour rien. Chroniques de la guerre de civilisations. Albin Michel 2016

Zerfass, Günter (Hg.). Die Pfalz unter französischer Besatzung von 1918 bis 1930. Koblenz 1996

Ziebura, Gilbert. Die deutsch-französischen Beziehungen seit 1945. Stuttgart 1997

Zweig, Stefan. Joseph Fouché. Bildnis eines politischen Menschen. Frankfurt/Main 2016

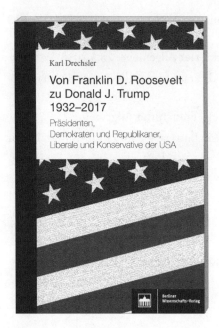

Karl Drechsler

Von Franklin D. Roosevelt zu Donald J. Trump 1932–2017

Präsidenten,
Demokraten und Republikaner,
Liberale und Konservative der USA

Wie wird ein Reality-TV-Star der mächtigste Mann der Welt?

14 Präsidenten wählten die USA, seit Franklin D. Roosevelt mit seinem „New Deal for the American people" der sozialen Ungleichheit den Kampf ansagte. Keine einhundert Jahre später sitzt im Weißen Haus ein Mann, der dem amerikanischen Volk viele „great deals" verspricht und doch wie kein anderer die wachsende Ungleichheit in der Gesellschaft repräsentiert.

Wie konnte es soweit kommen?

Der Historiker Karl Drechsler sucht Antworten darauf in der wechselhaften US-Geschichte des 20. und 21. Jahrhunderts. Im Tauziehen von Demokraten und Republikanern um die innen- und außenpolitische Ausrichtung der USA findet er Entwicklungslinien und Zäsuren, die letztlich im Wahlergebnis vom Herbst 2016 gipfelten.

2018, 231 S., kart., 29,90 €,
978-3-8305-3831-8
eBook PDF 978-3-8305-2992-7

DER AUTOR

Karl Drechsler, geb. 1932, emeritierter Professor für Neueste Geschichte. Er war Direktor des Instituts für Allgemeine Geschichte der Akademie der Wissenschaften der DDR und langjähriger Redakteur der Zeitschrift für Geschichtswissenschaft und des Jahrbuchs für Geschichte.

AUS DEM INHALT

Die Ära der sozial-liberalen Reformen und Bürgerrechtsgesetze (1932–1968): Von Franklin D. Roosevelt zu Lyndon B. Johnson | Der Beginn einer konservativen Wende (1968–1980): Fünfeinhalb Jahre Richard M. Nixon, zweieinhalb Jahre Gerald Ford, vier Jahre Jimmy Carter | Die Ära einer zeitweisen Vorherrschaft von Konservatismus und Neoliberalismus (seit 1980): Von Ronald W. Reagan zu Donald Trump | Die Wahl von Donald J. Trump am 8. November 2016 und der Beginn seiner Präsidentschaft (bis zum Herbst 2017)

Berliner Wissenschafts-Verlag | Markgrafenstr. 12–14 | 10969 Berlin
Tel. 030 84 17 70-0 | Fax 030 84 17 70-21
www.bwv-verlag.de | bwv@bwv-verlag.de

Berliner
Wissenschafts-Verlag